Couverture inférieure manquante

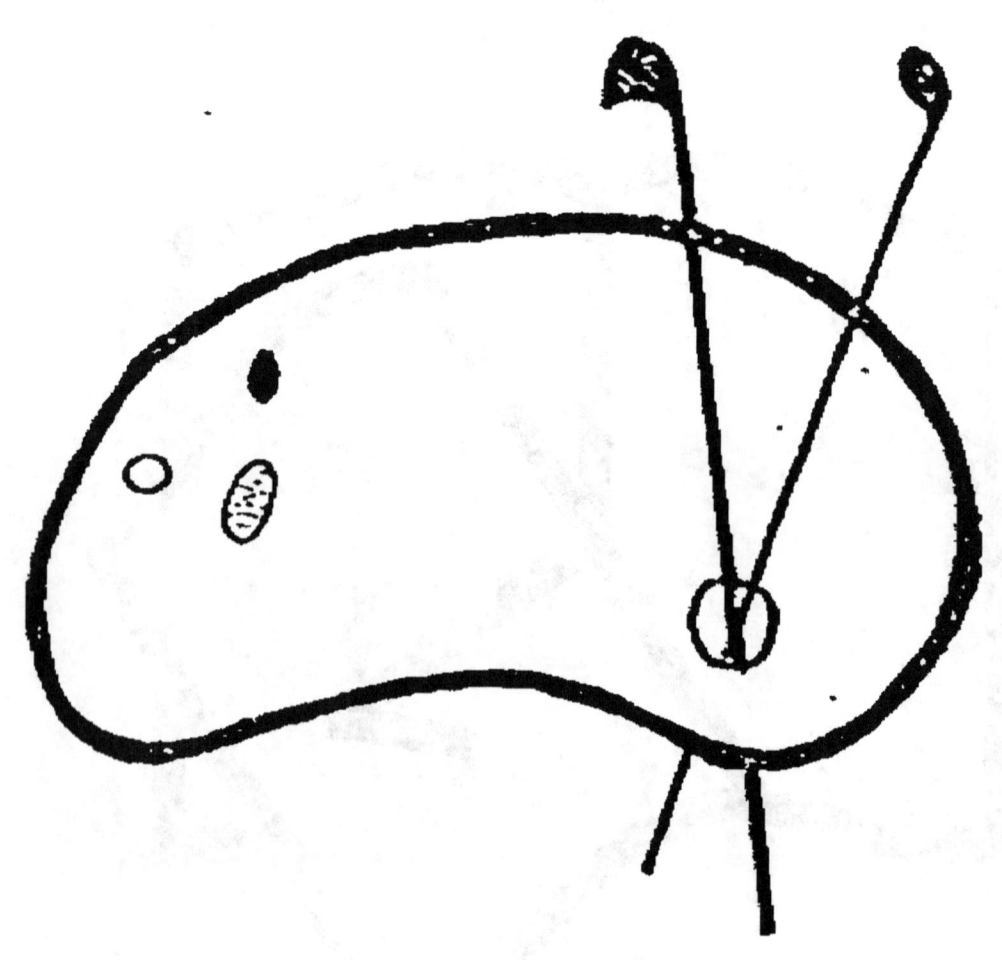

DEBUT D'UNE SERIE DE DOCUMENTS EN COULEUR

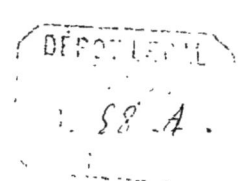

INVENTAIRE HISTORIQUE

DES ACTES TRANSCRITS

AUX INSINUATIONS ECCLÉSIASTIQUES

DE

L'ANCIEN DIOCÈSE DE LISIEUX

et

DOCUMENTS OFFICIELS

ANALYSÉS

POUR SERVIR A L'HISTOIRE DU PERSONNEL DU CLERGÉ DE
DE LA CATHÉDRALE, DES COLLÉGIALES, DES ABBAYES ET PRIEURÉS,
DES PAROISSES ET CHAPELLES,
ainsi que de toutes les Familles notables de ce Diocèse

1692 — 1790

Par M. L'Abbé PIEL,

CURÉ DE MESNIL-MAUGER,
MEMBRE DE LA SOCIÉTÉ HISTORIQUE DE LISIEUX.

Ouvrage précédé d'une Introduction sur l'ancien Droit ecclésiastique
et suivi de tables très complètes des noms cités dans chaque volume,
orné de cartes, plans et vues de monuments,
publié avec l'approbation de S. G. Mgr l'Évêque de Bayeux et Lisieux.

TOME II

LISIEUX

IMPRIMERIE TYPOGRAPHIQUE ET LITHOGRAPHIQUE E. LEREBOUR
10, Grande-Rue, 10

1892

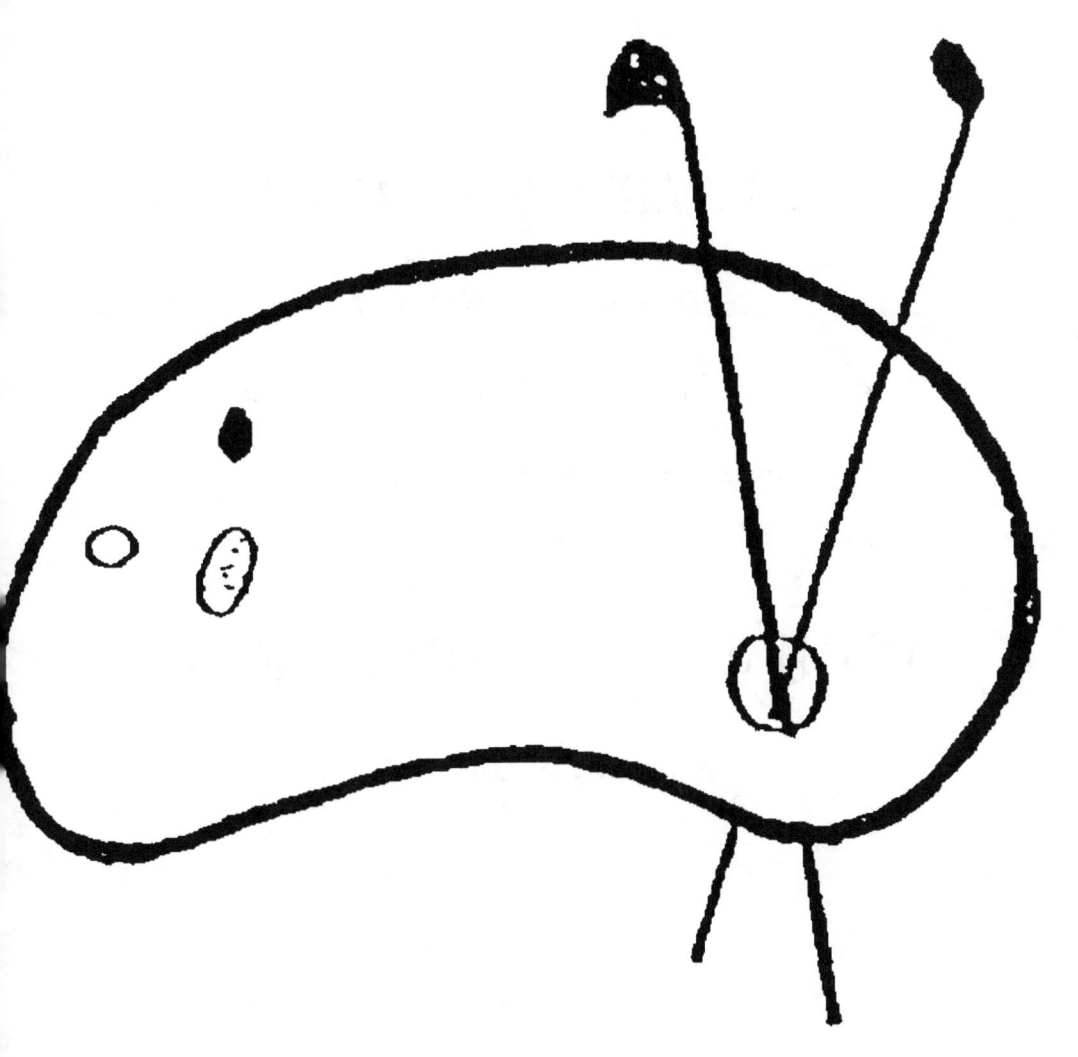

FIN D'UNE SERIE DE DOCUMENTS
EN COULEUR

INVENTAIRE HISTORIQUE

DES ACTES TRANSCRITS

AUX INSINUATIONS ECCLÉSIASTIQUES

DE L'ANCIEN DIOCÈSE DE LISIEUX

ou

DOCUMENTS OFFICIELS

ANALYSÉS

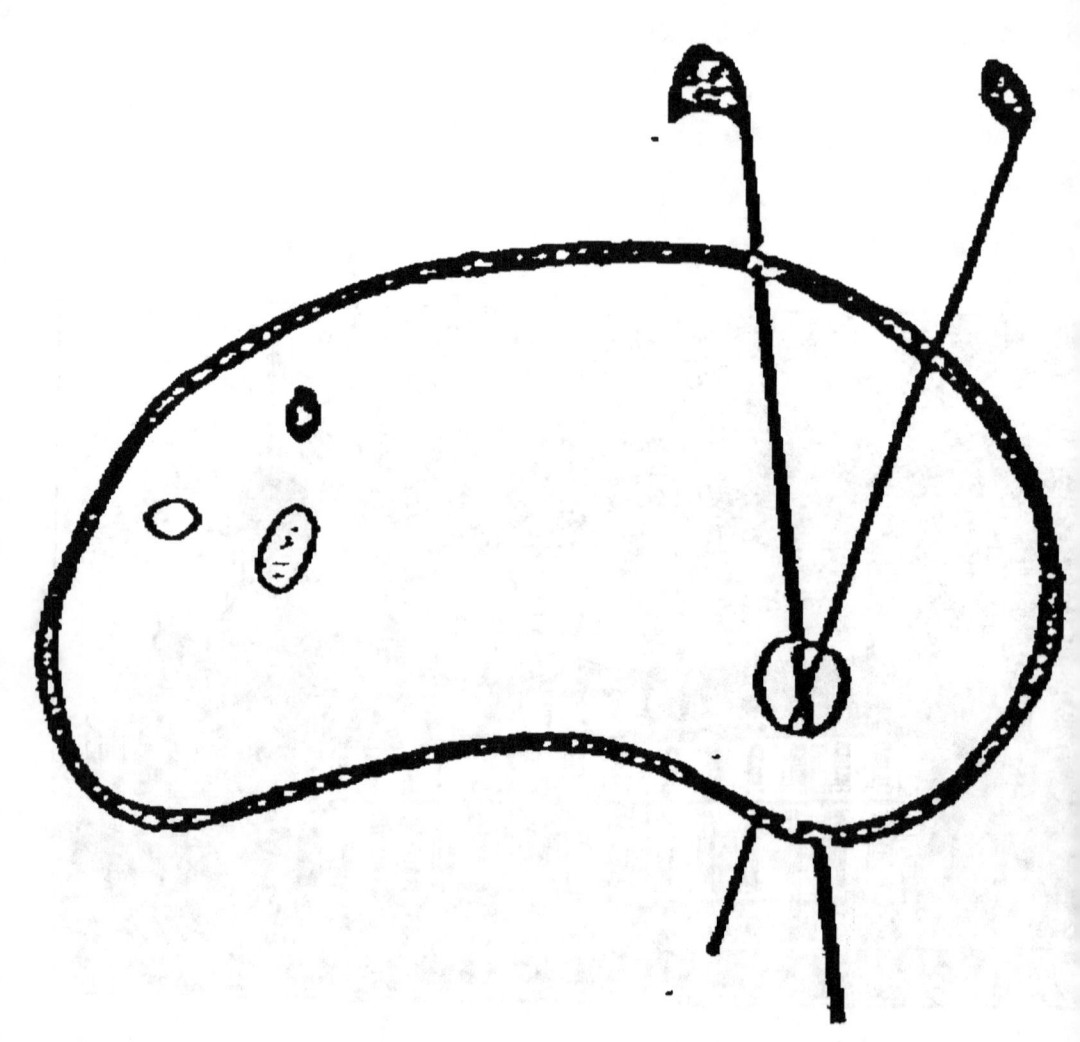

ORIGINAL EN COULEUR
NF Z 43-120

INVENTAIRE HISTORIQUE

DES ACTES TRANSCRITS

AUX INSINUATIONS ECCLÉSIASTIQUES

DE

L'ANCIEN DIOCÈSE DE LISIEUX

OU

DOCUMENTS OFFICIELS

ANALYSES

POUR SERVIR A L'HISTOIRE DU PERSONNEL DE L'ÉVÊCHÉ,
DE LA CATHÉDRALE, DES COLLÉGIALES, DES ABBAYES ET PRIEURÉS,
DES PAROISSES ET CHAPELLES,
ainsi que de toutes les Familles notables de ce Diocèse.

(1692 — 1790)

Par M. l'Abbé PIEL,

CURÉ DU MESNIL-MAUGER,
MEMBRE DE LA SOCIÉTÉ HISTORIQUE DE LISIEUX.

Ouvrage précédé d'une Introduction sur l'ancien Droit ecclésiastique
et suivi de tables très complètes des noms cités dans chaque volume,
orné de cartes, plans et vues de monuments,
publié avec l'approbation de S. G. Mgr l'Evêque de Bayeux et Lisieux.

TOME II

LISIEUX

IMPRIMERIE TYPOGRAPHIQUE ET LITHOGRAPHIQUE E. LEREBOUR
49, Grande-Rue, 49

1892

INSINUATIONS ECCLÉSIASTIQUES

DU DIOCÈSE DE LISIEUX.

REGISTRE IX.

1. — Le 22 sept. 1690, Nicolas Leloup, fils de Thomas et de Jacqueline Guillard, de la parr. de St Nicolas de Coutances, reçoit la tonsure à Coutances.

Le 4 mars 1697, Me Nicolas Leloup de St Loup, pbre de St Nicolas de Coutances, est nommé M^e ès-arts en l'Université de Caen.

Le 5 mars 1697, il reçoit des lettres de quinquennium du recteur de lad. Université.

Le même jour, il est nommé par la même Université sur l'archevêché et le chapitre de Rouen, sur les évêchés et les chapitres de Bayeux, Lisieux, Coutances, Avranches et Limoges, ainsi que sur bon nombre d'abbayes et de prieurés de ces divers diocèses.

Le 20 mars 1709, le seig^r évêque de Lx se trouvant à Paris, led. s^r Leloup lui fait signifier ses noms et grades.

2. — Le 31 mars 1709, Me Gabriel de Grosourdy, diacre, chanoine prébendé de la 1re portion de Verson et trésorier de la Cathédrale, se trouvant alors chanoine de semaine, nomme, en cette qualité, à la chapelle de Ste Marie-Magdeleine en lad. Cathédrale, vacante par la démission de Me Philippe Bardouleau de Luat, pbre, chanoine et doyen du chapitre de Valence en Dauphiné et dernier titulaire de lad. chapelle, la personne de Me Bon-Thomas Athinas, pbre du diocèse de Coutances. Fait en présence de Me Alexandre Moessard, pbre, pris pour secrétaire d'office ; Mes Guillaume Véron et Gabriel Moisy, chapelains de la Cathédrale.

Le 5 avril 1709, le s^r Athinas prend possession de la chapelle de Ste Marie-Magdeleine, en présence dud. s^r Guillaume Véron, et de Mes André et Charles Lesueur, acolytes et tous deux officiers de la Cathédrale. (*V.* **257**).

3. — Le 2 avril 1709, le seig' évêque donne une attestation de bonnes vie et mœurs à M° François Cousin, théologal et archidiacre de Gacé.

Le 11 avril 1709, « haute et puissante dame, dame Marie-Anne Roüillé, épouse et procuratrice de haut et puissant seig' M'° Charles-Denis de Bullion, chevalier marquis de Gaillardon, seig' de Bonnelles, Fervaques, Bullion, Esclimont, Montlouet et autres lieux, cons' du roy en ses conseils, gouverneur et lieutenant-général pour Sa Majesté en ses provinces du Maine, Perche et comté de Laval, prévost de Paris, demeurant à Paris en l'hostel de Bullion, rue Plastrière, parr. S' Eustache, ayant égard à la très humble supplication que luy en a faite Etienne Le Bas, pbrē, licencié ès-loix, et curé de la parr. de S' Pierre de Prestreville, au doyenné de Livarot, dont le patronage appartient aud. seig' marquis de Bullion, vouloir bien agréer et consentir la permutation que led. s' Le Bas est prest et disposé à faire, sous son bon plaisir, en cour de Rome ou autrement, avec la prébende théologale de S' Jacques de Lx et l'archidiaconé de Gacé possédés depuis 18 ans par M° François Cousin, pbrē, bachelier en théologie de la faculté de Paris, » lad. dame de Bullion donne par ces présentes son agrément et consentement à lad. permutation.

Le 20 avril 1709, led. s' Cousin donne sa procuration pour résigner ses bénéfices entre les mains de N.-S.-P. le pape en faveur dud. s' Le Bas, et celui-ci donne aussi sa procuration pour résigner sa cure entre les mains de Sa Sainteté en faveur dud. s' Cousin, le tout pour cause de mutuelle permutation.

Le 15 mai 1709, le s' Le Bas obtient en cour de Rome des lettres de provision de lad. prébende théologale et de l'archidiaconé de Gacé.

Le 8 juillet 1709, le seig' évêque donne aud. s' Le Bas la collation de ces bénéfices.

Le lendemain, celui-ci est mis en possession, par le ministère de M. le doyen du Chapitre, des « canonicat et prébende de S' Jacques, nommée la théologale, et de la dignité d'archidiacre de Gacey » en la Cathédrale. (*V.* **81, 83**).

4. — Le 5 avril 1709, Messire Antoine de Bernart, chevalier marquis d'Avernes, patron présentateur de la cure de S' Martin-de-Bienfaite, en qualité de seig' engagiste du domaine et comté d'Orbec, demeurant à Paris, rue d'Enfer, donne sa procuration à noble et discrète personne François Le Rebours, chanoine de la Cathédrale et archidiacre de Pontaudemer, pour consentir en son nom « que Monseig' l'évêque de Lx nomme et pourvoie pour cette fois seulement telle personne que bon luy semblera à la cure de S' Martin-de-Bienfaite » vacante par la démission de M° Jean d'Anctoville, pbrē, dernier titulaire.

Le 15 avril 1709, en vertu du consentement du seig' d'Avernes, le seigr évêque de Lx nomme à lad. cure de Bienfaite la personne de Me Jean Duval, pbre de ce diocèse.

Le 10 oct. 1709, led. sr Duval prend possession de la cure de Bienfaite, en présence de Me Nicolas Le Front, pbre, curé de Tordouet ; Me Jacques Buchard, pbre, desservant la parr. de Bienfaite ; Me Jean Vigne, pbre, chapelain de la Charité d'icelle ; Isaïe Le Bourgeois, sr de la Guertière, demeurant à Orbec ; Louis Cogent, sr de la Boullaye, demeurant à Bienfaite, et autres témoins.

5. — Le 17 mai 1708, Me Jean Eudes, pbre du diocèse de Séez, obtient en cour de Rome des letttres de provision de la cure de Villers-en-Ouche, vacante par la mort de Me François Miard, pbre, dernier titulaire.

Le 19 avril 1709, led. sr Jean Eudes, demeurant en la parr. de St Martin de Cintray, diocèse d'Evreux, requiert du seigr évêque la collation dud. bénéfice de Villers. Sa Grandeur répond qu'elle ne peut donner lad. collation, attendu que le requérant ne lui présente aucune attestation de bonnes vie et mœurs de la part de Mgr de Séez, et que d'ailleurs le bénéfice est rempli. (*V.* **59**).

6. — Le 7 avril 1708, Charles Pinard, fils de Bertrand et de Catherine Gobert, de la parr. de Boisney, reçoit la tonsure et les ordres mineurs des mains de Msr Jacques de Matignon, ancien évêque de Condom.

7. — Le 23 avril 1709, vu l'attestation du sr Formeville, curé de Toutainville, dispense de bans pour le mariage entre Adrien Desjardins et Marguerite Duhamel.

8. — Le 23 sept. 1702, Jacques Aubry, acolyte de Ste Croix de Bernay, est ordonné sous-diacre.

Le 22 sept. 1703, il est ordonné diacre.

Le 11 avril 1705, il est ordonné prêtre.

9. — Le 22 juin 1708, Me Pierre Chemin, acolyte de St Denis-de-Mailloc, se constitue 150 livres de rente, afin de pouvoir parvenir aux ordres sacrés. (*V.* **91**).

10. — Le 23 avril 1709, Me David-François Lesage, pbre, chanoine régulier, pourvu du prieuré-cure de St Paul-sur-Risle, vacant par le décès de Me Marc-Aurèle de Morsang, dernier titulaire, prend possession dud. bénéfice. (*V.* **188, 243**).

11. — Le 13 juin 1708, dame Marie Galopin, Vve de feu Me Robert Jean, sr de Cloppé, vivant procureur au bailliage et vicomté d'Orbec, demeurant en cette ville, constitue 150 livres de rente en faveur de son fils, Me Charles Jean, acolyte, afin qu'il puisse parvenir aux ordres sacrés. Fait à Orbec en présence de Me Guillaume Perrier, organiste, et Roger Houssaye, de lad. parr. d'Orbec.

12. — Le 29 mars 1709, — Pierre Soyer, fils de Joseph et de Michelle Fleury, de S¹ Germain de Lx, reçoit la tonsure.

13. — Le 20 juin 1708, François Surlemont, fils de Pierre, de la parr. de Canapville (Vimoutiers), constitue 150 livres de rente en faveur de son frère, M° Michel Surlemont, acolyte, afin qu'il puisse parvenir aux ordres sacrés.

14. — Le 12 sept. 1708, Nicolas Barbey, marchand, bourgeois, demeurant à Bernay, parr. S¹° Croix, constitue 150 livres de rente en faveur de M° Robert Bucaille, acolyte, afin qu'il puisse parvenir aux ordres sacrés. Dans cet acte led. s¹ acolyte fut représenté par son père, Guillaume Bucaille, marchand et bourgeois de Bernay ; et M¹° André Barrey, Esc¹, s¹ de Montfort, cons¹ʳ du roy, vicomte de Bernay et lieutenant général de police, et le s¹ Charles Desmonts, marchand, bourgeois, demeurant aud. lieu, intervinrent pour cautionner cette rente.

Led. s¹ acolyte, originaire de Bernay, parr. S¹° Croix, se trouvait alors au séminaire de Lx.

15. — Le 3 mai 1709, vu l'attestation du s¹ Havron, vicaire de Tourgéville, et du s¹ Pitou, vicaire d'Auvillers, dispense de bans pour le mariage entre Guillaume Bachelet et Marie Fosse.

16. — Le 18 juin 1708, Guillaume Bayeux, laboureur, demeurant à Duranville, constitue 150 livres de rente en faveur de son frère, M° Pierre Bayeux, acolyte de lad. parr., afin qu'il puisse parvenir aux ordres sacrés.

17. — Le 14 juin 1708, Marie Hayes, V¹° de Noel Lemaire, demeurant à Echauffour, constitue 150 livres de rente en faveur de son fils, M° Jacques Lemaire, acolyte, afin qu'il puisse parvenir aux ordres sacrés. Fait en présence de M° Louis David, pbrē, curé d'Echauffour, et autres témoins.

18. — Le 6 mai 1709, vu l'attestation du s¹ de Monthuchon, curé d'Orbec, dispense de bans pour le mariage entre M¹° François de Malleville, Esc¹, s¹ de Corneville et de Monpoignant, de la parr. d'Orbec, fils de Pierre de Malleville, Esc¹, et de feue noble dame Jourdaine Le Michel, de la parr. de Thinollent (Theil-Nollent), d'une part, et dam¹¹° Madeleine Joué, V¹° de M¹° René Le Grand, vivant cons¹ʳ du roy, président en l'élection de Conches, demeurant en la parr. de S¹ Etienne de Conches, d'autre part.

19. — Le 7 mai 1709, vu l'attestation du s¹ Lemoine, vicaire de S¹° Catherine d'Honfleur, dispense de bans pour le mariage entre Charles Loret et Anne Houllet.

20. — Le 7 mai 1709, vu l'attestation du s¹ Aupoix, curé de S¹ Aubin-du-Thenney, et du s¹ Burhard, pbrē, desservant la parr. de

Bienfaite, dispense de bans pour le mariage entre Nicolas Follin et Madeleine Fortin.

21. — Le 7 avril 1708, Pierre Hédiard, fils de François et de Suzanne Lecomte, de la parr. de Grandval, reçoit la tonsure et les ordres mineurs des mains de M' de Condom. (*V.* **123**).

22. — Le 8 mai 1709, M° Jacques Lefebvre, pbrë, curé de la 2° portion de la cure de S' Désir de Lx, déclare qu'il a passé, le 4 courant, devant les notaires de Caen, une procuration pour permuter sond. bénéfice avec M° Jacques Soubzlebieu, pbrë du diocèse de Séez, chapelain de M™° l'Abbesse de Lx, et aussi chapelain de la chapelle S' Clair-et-S'-Blaise, parr. de S' Désir, avec réserve de cent livres de pension viagère sur les revenus de lad. cure, « ce qu'il a fait avec précipitation et sans avoir fait les réflexions nécessaires, et que la pension de cent livres par luy retenue peut estre révocable sans avoir son effet et estre l'occasion d'un procès, led. s' Lefebvre n'ayant point desservy sond. bénéfice-cure pendant quinze ans, suivant et au désir des déclarations du roy. » Pour ces raisons led. s' Lefebvre révoque lad. procuration et tout ce qui pourrait avoir été fait en conséquence.

Le même jour, M° Gaspard Daufresne, notaire royal-apostolique, demeurant à Lx, signifie aud. s' Soubzlebieu la révocation faite par led. s' Lefebvre, curé de S' Désir. Passé en présence de M° Guillaume Lemonnier, greffier de l'Hôtel-de-Ville de Lx. (*V.* **463**).

23. — Le 30 avril 1709, la nomination à la cure de Fontenelle appartenant au seig' du lieu, M™ François de Grieu, Esc', seig' de Grandouet, de Fontenelle et autres lieux, nomme aud. bénéfice, vacant par la mort de M° (Charles-Gabriel) (1) de Pierres, dernier titulaire, la personne de M° Jacques de Mézières, pbrë, curé de Plainville.(*V.* **38,93**).

24. — Le 7 mai 1709, M° Gabriel Gondouin, pbrë, chapelain de la chapelle S™ Barbe-des-Brières, parr. de S' Jean-de-Livet, ayant été présenté à la cure de S' Martin-de-la-Lieue dont il n'a pas requis la collation ni pris possession, se démet de tous les droits qu'il pourrait avoir à lad. cure entre les mains de Mes™ François Deauga, pbrë, curé d'Imbleville-en-Caux, diocèse de Rouen, fils aîné et héritier de feu Mes™ Antoine Deauga, Esc', seig' présentateur de lad. cure de S' Martin.

Le même jour, le s' Deauga nomme à la cure de S' Martin-de-la-Lieue, à la place dud. s' Gondouin, la personne de M° Louis Hérault, pbrë, curé de Montpinçon-en-Ouche, diocèse d'Evreux.

25. — Le 11 mai 1709, vu l'attestation du s' Urset, curé de

---

(1) Ces prénoms nous sont fournis par les registres de l'état civil de Fontenelle.

Heugon, dispense de bans pour le mariage entre M̊ Jacques Landon, cons͏͏ʳ du roy, lieuten͏ᵗ général de police à Montreuil, fils de M̊ Jacques Landon, médecin, et de feue Anne Vattier, de la parr̄. de Heugon, d'une part, et dam͏ᵉ Marie Delanoë, fille de feu Mathieu et de feue Anne Bisson, originaire de S͏ᵗ Pair du Mesny, et demeurant en la parr̄. de Chambord, diocèse d'Evreux.

26. — Le 10 juin 1708, Nicolas Frontin, de la parr̄. de Boulleville, constitue 150 livres de rente en faveur de son fils, M̊ Jean Frontin, acolyte, afin qu'il puisse parvenir aux ordres sacrés. (*V.* **88, 240**).

27. — Le 13 mai 1709, vu l'attestation du s͏ʳ Nicolle, vicaire de Prêtreville, dispense de bans pour le mariage entre Louis de Bonnechose, Esc͏ʳ, fils de feu François de Bonnechose, Esc͏ʳ, et de feue Françoise Courcol, demeurant à Lx, parr̄. de S͏ᵗ Germain, d'une part, et dam͏ᵉ Marie-Anne de Fautereau, fille de feu M̊ Louis de Fautereau, seig͏ʳ de S͏ᵗᵉ Genevielve, en son vivant chevalier des ordres du roy et et gentilhomme de sa chambre, et de noble dame Marguerite de Mauduit, de la parr̄. de Prêtreville, d'autre part.

28. — Le 13 mai 1709, autre dispense de bans accordée par l'officialité du Chapitre pour le mariage de Louis de Bonnechose et de Marie-Anne de Fautereau.

29. — Le 13 mai 1709, dispense de bans pour le mariage entre M̊ François Mignot, greffier en chef du grenier à sel de Lx, fils de feu M̊ Thomas Mignot, aussi greffier en chef dud. grenier, et de dam͏ᵉ Gabrielle Bosquet, de la parr̄. de S͏ᵗ Germain de Lx, d'une part, et dam͏ᵉ Marie Paris, fille de M̊ Pierre Paris et de feue dam͏ᵉ Jeanne Hébert, de la parr̄. de S͏ᵗ Jacques de Lx.

30. — Le 28 février 1709, M̊ Nicolas Jouen, cons͏ʳ du roy, élu en l'élection de Lx, constitue 150 livres de rente en faveur de M̊ François-Joseph Maillet, acolyte, afin qu'il puisse parvenir aux ordres sacrés.

31. — Le 20 déc. 1708, Jean Deschamps, de la campagne S͏ᵗ Jacques et S͏ᵗ Germain de Lx, constitue 150 livres de rente en faveur de son fils, M̊ Jean Deschamps, acolyte, afin qu'il puisse parvenir aux ordres sacrés. (*V.* **68, 163, 370**).

32. — Le 11 mars 1709, François Cocquerel, bourgeois, demeurant à S͏ᵗ Désir de Lx, constitue 150 livres de rente en faveur de son fils, M̊ Pierre Cocquerel, acolyte, afin qu'il puisse parvenir aux ordres sacrés.

33. — Le 15 mai 1709, M̊ Robert Salerne, pbr̄, curé de S͏ᵗ Vincent-de-la-Rivière, dépendant de la nomination de M͏ᵍʳ l'évêque de Lx, donne sa procuration pour résigner entre les mains de N.-S.-P. le pape sad. cure de S͏ᵗ Vincent en faveur de M̊ Nicolas de la Brosse, pbr̄ de ce diocèse. Il se réserve sur les revenus dud. bénéfice, qu'il a desservi pendant plus de dix-huit ans, « une rente annuelle de 100 livres pour lui aider à subsister, à raison de son grand âge de plus de 70 ans, et de son infirmité, étant fort sourd. » (V. 144).

34. — Le 28 déc. 1708, Jacq. Lecomte, s' des Coutures, demeurant en la parr. de Résenlieu, co. e en faveur de son fils, M° Jacques-Laurent Lecomte, acolyte, la somme de 150 livres de rente, afin de parvenir aux ordres sacrés. — A ce contrat furent présents : Raven Lecomte, s' de la Crespinière, de lad. parr. de Résenlieu, et Rolland Laisney, marchand, demeurant à Gacey. Fait en présence de M° François Mallet, pbrē, demeurant aud. lieu de Gacé ; Raven Lecomte, s' du Rouvray, de lad. parr. de Résenlieu et François Lecointe, s' du Coudré, consᵉʳ du roy, président au grenier à sel d'Exmes, demeurant à Coulmer.

35. — Le 30 mars 1709, Charles-Thomas Moullin, diacre de Sᵗᵉ Catherine d'Honfleur, est ordonné prêtre.

36. — Le 28 février 1709, Michel Mézières, marchand, bourgeois de Lx, constitue 150 livres de rente en faveur de son fils, M° Pierre Mézières, acolyte, afin qu'il puisse parvenir aux ordres sacrés.

37. — Le 20 déc. 1708, Jean Hue, demeurant à Quetiéville, constitue 150 livres de rente en faveur de son fils, M° Marin Hue, acolyte, afin qu'il puisse parvenir aux ordres sacrés. Fait en présence de M° Pierre Lemonnier, curé des Authieux-sur-Corbon ; M° Jacques Hubert, pbrē, curé de Sᵗ Loup-de-Fribois ; M° Nicolas de Boudinet, pbrē, curé de Mirebel ; M° Pierre Le Belhomme, pbrē, curé d'Estrées ; M° Noel Turquetil, pbrē, curé de Quetiéville ; M° Marin Bouquier, vicaire de Sᵗ Loup-de-Fribois, qui ont cautionné led. acolyte.

38. — Le 18 mai 1709, nouvelle présentation du s' de Mézières à la cure de Fontenelles. *(Je n'ai pas trouvé la raison de cette nouvelle présentation à dix-huit jours de distance. Elle est conçue dans les mêmes termes que la première, sauf que dans la première on dit que le s' de Grieu a droit de présenter* « à cause de son fief de Fontenelles », *ce qui est omis dans la seconde.* (V. 23, 93).

39. — Le 23 mars 1709, Gabriel Huet, demeurant en la parr. et campagne de Sᵗ Désir de Lx, constitue 150 livres de rente en faveur de son fils, M° Guillaume Huet, acolyte, afin qu'il puisse parvenir aux ordres sacrés. — L'acte passé en l'étude du notaire de Bonnebosq, nous apprend que led. s' acolyte avait « fait son cours de philosophie et théologie tant au grand que petit séminaire de Lx. »

40. — Le 21 déc. 1708, Jean Loutreul, marchand, de la parr. de Vimoutiers, constitue 150 livres de rente en faveur de son fils, M° Christophe Loutreul, acolyte, afin qu'il puisse parvenir aux ordres sacrés. (*V*. 322).

41. — Le 14 mai 1709, M° Pierre Thierry, pbre, curé de S' Michel de « Henqueville-sur-la-Mer » (Hennequeville), de l'exemption de l'abbaye de S'° Trinité de Fécamp, au diocèse de Lx, y demeurant, donne sa procuration pour résigner sond. bénéfice entre les mains de N.S.-P. le pape en faveur de M° Nicolas Havard, pbre dud. diocèse de Lx. (*V*. 82).

42. — Le 14 mars 1709, M° Pierre Guillemin, demeurant à S'° Eugénie (S' Eugène), constitue 150 livres de rente en faveur de son fils, M° Pierre Guillemin, acolyte, afin qu'il puisse parvenir aux ordres sacrés. — A ce contrat furent présents Henry de Couret, Esc', s' de Colombiers, demeurant en la parr. des Groselliers, et Jean-Auguste Guillemin, demeurant à Tourgéville, l'un des gardes de Monsg' le duc d'Orléans.

43. — Le 4 février 1709, Jean Leroux, marchand, et Nicolas Delacroix, son frère-en-loi, aussi marchand, demeurant en la parr. de S' Martin de Pontchardon, constituent 150 livres de rente en faveur de M° François Leroux, acolyte, fils dud. Jean, afin qu'il puisse parvenir aux ordres sacrés.

44. — Le 28 décembre 1708, Robert Gravelle, s' de Grandmont, officier chez le roy en sa grande fauconnerie, demeurant ordinairement en la parr. de Crouttes, constitue 150 livres de rente en faveur de son fils, M° François Gravelle, acolyte, afin qu'il puisse parvenir aux ordres sacrés. Fait en présence de M° Charles Gauthier, pbre, curé de S' Bazile ; Richard de Billard, Esc', s' de Champeaux, de S' Germain de Montgommery ; Louis Gauthier, Esc', s' du Tertre, l'un des gens d'armes de la garde du roy, et François Lelasseur, Esc', s' de Champozoult.

45. — Le 17 décembre 1708, M° Louis Asse, avocat en bailliage et vicomté d'Orbec, demeurant à l'Hôtellerie, constitue 150 livres de rente en faveur de son fils, M° Louis Asse, acolyte, afin qu'il puisse parvenir aux ordres sacrés.

46. — Le 5 avril 1709, la nomination à la cure de S' André de Clarbec appartenant au roy « à cause du litige formé entre ceux qui se prétendent patrons de lad. cure, Sa Majesté nomme aud. bénéfice, vacant par la démission pure et simple de M° Guillaume Crosnier, dernier titulaire, la personne de M° Alexandre Jouen, pbre du diocèse de Lx. (*V*. 57).

47. — Le 20 décembre 1708, Jean Levillain, laboureur, demeurant à S' Paul-de-Courtonne, constitue 150 livres de rente en faveur de son fils, M° François-Charles Levillain, acolyte, afin qu'il puisse parvenir aux ordres sacrés.

48. — Le 22 avril 1707, Etienne Caresme, fils de Jean et d'Elisabeth Leduc, de la parr. de St Léonard d'Honfleur, reçoit la tonsure et les ordres mineurs. (*V.* **382**).

49. — Le 20 décembre 1708, Germain Pastey, laboureur, demeurant à St Martin d'Ouillye, constitue 150 livres de rente en faveur de son fils, Me Richard Pastey, acolyte, afin qu'il puisse parvenir aux ordres sacrés. Fait en présence de Me Jacques Gombault, sergent-royal à Hermival, et autres témoins.

50. — Le 22 avril 1707, Joseph Bloche, fils de François et de Marie Delafosse, de la parr. de St Hymer, reçoit la tonsure et les ordres mineurs.

51. — Le 27 décembre 1703, Nicolas Le Bellenger, fils de Guillaume et de Marie Marinier, de la parr. du Prédauge, reçoit à Bayeux la tonsure et les ordres mineurs.

Le 28 février 1708, Me Nicolas Le Bellenger, pbre du diocèse de Bayeux est reçu M^e ès-arts en l'Université de Caen.

Le 29 février 1708, il obtient des lettres de quinquennium du recteur de lad. Université.

Le même jour, led. s^r Le Bellenger, pbre, âgé de 26 ans, est nommé par icelle sur l'archevêché et le Chapitre de Rouen ; sur les évêchés et les Chapitres de Bayeux, Lisieux et Séez, et sur les abbayes et prieurés de Troarn, le Val-Richer, Ste Barbe-en-Auge, Cormeilles et St Pierre-sur-Dives.

Le 27 mars 1709, le s^r Le Bellenger, pbre, demeurant en la parr. du Prédauge, fait signifier ses noms et grades aux religieux de Ste Barbe. (*V.* **238, 435**).

52. — Le 17 mars 1709, Robert Langlois, Jean Vallée, Robert Leliepvre, Jean Quetel et Jean Le Tardif, tous demeurant à Bonnebosq, constituent 150 livres de rente en faveur de Me Robert Le Tardif, fils Charles, écolier, afin qu'il puisse parvenir aux ordres sacrés. Led. s^r acolyte avait fait son cours de philosophie tant au grand qu'au petit séminaire de Lx. Fait à Bonnebosq, en présence de Me François Mignot, sergent à Beuvron.

53. — Le 21 décembre 1708, Guillaume Lecoq, demeurant à Bernay, parr. de la Couture, et son fils, François Lecoq, demeurant à Saint-Quentin-des-Iles, constituent 150 livres de rente en faveur de Me Louis Lecoq, acolyte, fils dud. Guillaume, de lad. parr. de la Couture, afin qu'il puisse parvenir aux ordres sacrés.

54. — Le 18 décembre 1708, François Heudier, fils Pierre, de la parr. de Formoville, constitue 150 livres de rente en faveur de son fils, Me Pierre Heudier, acolyte, afin qu'il puisse parvenir aux ordres sacrés. — Led. s^r acolyte était fils dud. François et de Marguerite Lemaistre.

55. — Le 6 janvier 1709, Marie Lemesle, v^{ve} de Jean Deschamps, demeurant à Gacé, et François Lévesque, de la parr. de Cisay, constituent 150 livres de rente en faveur de Me Thomas Deschamps, acolyte, fils de lad. Lemesle, afin qu'il puisse parvenir aux ordres sacrés. Fait en présence de Me Pierre Férey, bachelier en théologie de la faculté de Paris, demeurant parr. de Montfort.

56. — Le 29 mars 1709, Jean Graffard, fils de Jean et de Marguerite Piquot, de la parr. de St Désir de Lx, reçoit la tonsure et les ordres mineurs.

57. — Le 1er juin 1709, le seig^r évêque donne à Me Alexandre Jouen, pbre, la collation de la cure de Clarbec, à laquelle il a été nommé par le roy.

Le 11 juin 1709, led. s^r Jouen prend possession de ce bénéfice, en présence de Mre Pierre Audran, pbre, docteur de Sorbonne, chanoine, official et grand vicaire du diocèse de Lx; Me Guillaume Crosnier des Brières, à présent curé de Courbépine; Mes^{re} Gilles Le Diacre, Esc^r, s^r de Martinbosc, cons^{er} du roy, lieutenant général en la vicomté d'Auge; Gilles Le Diacre, aussi esc^r, s^r de Martinbosc, fils dud. s^r Gilles; Louis de Mézières, Esc^r, s^r de Bornainville et y demeurant; Me François Hémery, pbre, desservant la parr. de Clarbec; Me Jean-Baptiste Lemoine, acolyte de lad. parr., et autres témoins. (*V*. **46**).

58. — Le 22 sept. 1708, Me Guillaume de la Bertherie, sous-diacre de Marmouillé, est ordonné diacre.

59. — Le 16 mai 1709, en vertu de l'ordre de M^r le lieutenant général civil et criminel au siège de Conches du 10 de ce mois, donné sur le refus de Me François-Joseph Paisant, seul notaire royal-apostolique au diocèse de Lx, de recevoir le présent acte, Me Philippe Vallée, notaire à Verneuil, met en possession de la cure de Villers-en-Ouche Me Jean Eudes, pbre du diocèse de Séez, vicaire de Cintray au diocèse d'Evreux, et pourvu par Sa Sainteté dud. bénéfice de Villers. Après cette prise de possession « s'est présenté Me François Morel, pbre, lequel a dit qu'il est curé de lad. parr. et pourvu dud. bénéfice canoniquement, et qu'ainsy la présente prise de possession ne luy pourra préjudicier; et par led. s^r Eudes a esté répondu qu'il a esté pourvu canoniquement dud. bénéfice-cure de Villers avant que led. s^r Morel fust pourveu. » Le s^r Morel proteste de nullité lad. prise de possession. Fait en présence de noble et discrète personne, Me Antoine d'Espinay, pbre, curé de N.-D.-du-Hamel, et de Me Jacques Roger, pbre, desservant lad. cure, lequel a refusé de signer, ainsi que plusieurs paroissiens et autres personnes qui se sont retirées. (*V*. **5**).

60. — Le 10 juin 1709, vu l'attestation du s^r Vacquet, vicaire du Torpt, dispense de bans pour le mariage entre Mes^{re} Jean Desson, seig^r et patron de lad. parr. du Torpt, fils de feu Mre François et de noble dame Marie de Grieu, de la parr. du Torpt, d'une part, et noble dam^lle Magdeleine-Marguerite Guérin, fille de feu Mes^re Pierre Guérin, s^r de Poissieux, et de noble dame Magdeleine Rivet, de la parr. de Regmalard, diocèse de Chartres.

61. — Le 9 juin 1709, Me Louis Marette, pbrē de St Jacques de Lx, pourvu de la 1re portion de la cure de Villers-sur-la-Mer par les Religieux de l'Hôtel-Dieu de Lx, prend possession dud. bénéfice, en présence de Me Jean Lecoq, pbrē, curé de la 2e portion, et autres paroissiens.

62. — Le 12 juin 1709, Me Adrien Brunet, pbrē du diocèse de Bayeux, pourvu de la cure de St Martin de Pontfol, vacante par la démission de Me Pierre Rivière, pbrē, dernier titulaire, prend possession dud. bénéfice, en présence de Me Edmond Daguin, pbrē, curé de la Boissière et doyen rural ; Me Pierre Lebelhomme, curé d'Estrez ; Me Pierre Lemonnier, pbrē, curé des Authieux (sur Corbon) et autres témoins.

63. — Le 15 juin 1709, vu l'attestation du s^r Vattier, curé de St Ouen-le-Hoult, et du s^r Daubichon, vicaire de St Michel-de-Livet, dispense de bans pour le mariage entre Jacques Goupil et Catherine Merieult.

64. — Le 22 avril 1707, Jean Buquet, fils de Nicolas et de Catherine Davy, de la parr. de St Martin d'Ouillye, reçoit la tonsure et les ordres mineurs. (*V.* **100**).

65. — Le 7 avril 1708, Louis Postel, fils de Jacques et de Marguerite Delamare, de la parr. de St Cyr-des-Roncerés, reçoit la tonsure et les ordres mineurs de la main de Mgr Jacques de Matignon, ancien évêque de Condom. (*V.* **92**).

66. — Le 29 mars 1709, Thomas Lebreton, fils de Gilles et de Françoise Fils, de la parr. du Torpt, reçoit la tonsure et les ordres mineurs.

67. — Le 22 sept. 1708, Me Robert Leudet, acolyte de la parr. de Blangy, est ordonné sous-diacre.

68. — Le 30 mars 1707, reçurent le sous-diaconat :
Me Jean Deschamps, acolyte de St Germain de Lx. (*V.* **31, 163, 370**).
Me Jacques Lecomte, acolyte de St Pierre de Gacé.

69. — Le 24 sept. 1707, Me Nicolas Touquet, sous-diacre de la parr. de St Jacques de Lx, est ordonné diacre.

70. — Le 22 sept. 1708, reçurent le diaconat des mains de Mgr de Condom :
Me Louis Leprevost, sous-diacre de la parr. de Boisney ;
Me Jacques Picquet, sous-diacre de Ste Croix de Bernay ;

Mc Antoine Boessel, sous-diacre de St Ouen de Pontaudemer. (V. 187).

71. — Le 7 avril 1708, Me Jean Richard, sous-diacre de la parr. des Essarts, est ordonné diacre.

72. — Le 30 mars 1709, Me Guillaume Vattier, sous-diacre de la parr. de Cernay, est ordonné diacre.

73. — Le 4 avril 1709, Me Thomas Bellière, pbrē, obtient en cour de Rome des lettres de provision de la cure de la Brevière, vacante par la résignation faite en sa faveur par Me Théodore Regnoult, pbrē, dernier titulaire.

Le 14 juin 1709, le seigr évêque donne son visa auxd. lettres de provision. (V. 78).

74. — Le 18 janv. 1709, les vicaires généraux du seigr évêque de Lx déclarent qu'ils ont trouvé Me Jacques-Claude Aveline, pbrē du diocèse de Rouen, capable d'être mis à la tête d'une paroisse ; mais qu'ils lui refusent cependant la collation de la cure de la Noë, parce qu'il ne présente pas de certificat de bonnes vie et mœurs.

Le 22 juin 1709, led. sr Aveline, habitué en l'église St Patrice de Rouen, nommé à la cure de la Noë par le seigr abbé du Bec, requiert du seigr évêque la collation dud. bénéfice, lui présentant entr'autres pièces une attestation de bonnes vie et mœurs signée du curé de St Patrice de Rouen, et un acte de réquisition, faite par lui-même au seigr archevêque de Rouen, de lui donner un certificat de bonnes vie et mœurs. Mais le seigr évêque de Lx lui répond qu'il ne présente pas une attestation de vie et mœurs signée du seigr archevêque de Rouen dont il est diocésain. Sur quoi le seigr évêque de Lx s'est retiré sans signer sa réponse, et le sr Aveline a protesté se pourvoir devant qui il appartiendra. (V. 114).

75. — Le 22 juin 1709, Me Nicolas du Houlley, pbrē, Me ès-arts en l'Université de Paris, docteur de Sorbonne, demeurant à Paris au séminaire des Bons-Enfants, pourvu de la chapelle du château d'Ouillye, fondée en l'honneur de St Jacques et St Philippe, parr. de St Martin d'Ouillye, et représenté par Me Louis du Houlley, pbrē, curé du Torquesne, prend possession de lad. chapelle, en présence de Me Louis Hébert, greffier de la haute-justice d'Ouillye, et plusieurs autres témoins. (V. 213, 346).

76. — Le 6 juillet 1709, vu l'attestation du sieur Lejuif, curé d'Hermival, et du sr Duval, vicaire de Fauguernon, dispense de bans pour le mariage de Louis Anglement et Jacqueline Marais.

77. — Le 9 juillet 1709, dispense de bans pour le mariage entre Louis de Giverville, Escr, seigr du lieu, fils de Louis de Giverville, et de dame Marie-Claude Fleury, de lad. parr. de Giverville, d'une part, et damlle Anne de Pierres, fille de Paul de Pierres, Escr, sr du Thuillé,

de noble dame Catherine Lambert d'Herbigny, de la parr. de Jouveaux. (V. 279).

78. — Le 2 juillet 1709, M⁰ Thomas Bellière, pbrē, pourvu de la cure de S¹ Pardoul de la Brevière, prend possession dud. bénéfice, présence de M⁰ Olivier Lelasseur, pbrē, curé des Loges et doyen de Livarot, M⁰ Charles Vattier, curé de S¹ Ouen-le-Hoult, et autres témoins. (V. 73).

79. — Le 15 juillet 1709, dispense de bans pour le mariage de Charles de Courteuvre, Esc⁰, s⁰ de Bocandrey, fils de Charles de Courteuvre, Esc⁰, et de noble dame Geneviève de Tilly-Champion, de la parr. de S¹ Germain-la-Campagne, d'une part, et dam¹¹⁰ Geneviève Gislain, fille de Nicolas Gislain, s⁰ des Longchamps, et de dam¹¹⁰ Geneviève Gaulard, de la parr. de Montreuil et demeurant à présent en celle de Tortisambert. (V. 140).

80. — Le 7 avril 1708, Gabriel Duplessis, fils de Gabriel et de Catherine Duval, de la parr. de S¹ Cyr de Salerne, reçoit la tonsure et les ordres mineurs des mains de M⁰⁰ Jacques de Matignon, ancien évêque de Condom. (V. 126, 281).

81. — Le 15 mai 1709, M⁰ François Cousin, pbrē, obtient en cour de Rome des lettres de provision de la cure de Prêtreville, vacante par la résignation faite en sa faveur par M⁰ Etienne Le Bas, dernier titulaire.

Le 9 juillet 1709, le seig⁰ évêque donne son visa auxd. lettres de provision.

Le 11 juillet 1709, le s⁰ Cousin prend possession de la cure de Prêtreville, en présence de plusieurs paroissiens parmi lesquels M⁰ François Rioult, s⁰ de la Cressonnière, et Pierre Lefebvre, s⁰ de la Normandière. (V. 3, 83).

82. — Le 28 juillet 1709, M⁰ Pierre Thierry, pbrē, curé de Hennequeville, dépendant de la nomination des religieux de Fécamp, exemption dud. lieu, et chapelain de la chapelle de N.-D. de Patie en la même parr., y demeurant, donne sa procuration pour résigner sesd. bénéfices entre les mains de N.-S.-P. le pape en faveur de M⁰ Jacques Butergs, pbrē, vicaire du Mont-S¹-Jean. Il se réserve toutefois cent livres de pension sur les revenus desd. bénéfices. Fait en la parr. de Launay-sur-Calonne, en présence de Charles de Lannoy, cons⁰ du roy, lieutenant des Eaux et Forêts de la vicomté d'Auge, demeurant à Honfleur. (V. 148, 406).

83. — Le 15 mai 1709, bref du S¹ Père approuvant la pension de 200 livres tournois que M⁰ François Cousin s'est réservée sur le canonicat et prébende théologale et l'archidiaconé de Caen qu'il a cédés à M⁰ Etienne Le Bas. (V. 3, 81).

84. — Le 20 juin 1709, M⁰ Jacques Daufresne, clerc tonsuré de Lx, obtient en cour de Rome des lettres de provision du bénéfice simple de la chapelle de S⁺ Louis de Bonneville-la-Louvet, vacant par la mort du dernier titulaire.

Le 5 août 1709, le seigneur évêque donne son visa auxd. lettres de provision.

Le 11 août 1709, le s⁺ Daufresne, prend une seconde fois possession de la chapelle simple de S⁺ Louis de Bonneville, en présence de Richard de Louis, Esc⁺, s⁺ de Louis, capitaine aide-major au régiment d'infanterie d'Issel, demeurant à S⁺ Jean-d'Asnières, et plusieurs autres témoins. (*V.* **440**).

85. — Le 5 août 1709, vu l'attestation du s⁺ Anfrie, curé de la grande portion de la par̄r. de S⁺ Germain-la-Campagne, dispense de bans pour le mariage entre Pierre Trinité et Catherine Mabire.

86. — Le 5 août 1709, dispense de bans pour le mariage entre Alexandre Tegnier, fils de Jacques et de dam^{lle} Catherine Lecordier, de la par̄r. de Bellengreville, diocèse de Bayeux, d'une part, et dam^{lle} Catherine Dauverne, fille de feu Pierre Dauverne, Esc⁺, s⁺ du Désert, et de feue dam^{lle} Réné de Lespée, de la par̄r. d'Estrées, d'autre part.

87. — Le 30 juillet 1709, M⁺ Louis Pollin, pbr̄e, M⁺ ès-arts en l'Université de Caen, pourvu de la cure de S⁺ Jean-de-Livet, vacante par la mort de M⁺ Louis Gaillard, décédé au mois de janvier dernier, prend possession dud. bénéfice, en présence de M⁺ Gabriel Gondouin, pbr̄e, chapelain de la chapelle Ste Barbe des Brières et desservant lad. par̄r. de S⁺ Jean ; M⁺ Gabriel de Beaurepos, chev⁺, seig⁺ de S⁺ Jean, y demeurant, et autres témoins.

88. — Le 22 sept. 1708, M⁺ Jean Frontin, acolyte de la par̄r. de Boulleville, est ordonné sous-diacre. (*V.* **26, 240**).

89. — Le 12 août 1709, dispense de bans pour le mariage entre M⁺ Nicolas Lefebvre, cons⁺ du roy, président en l'élection de Pontaudemer, fils de feu M⁺ Nicolas Lefebvre et de dam^{lle} Catherine Parin, de S⁺ Ouen de Pontaudemer, d'une part, et dam^{lle} Catherine Lemonnier, fille de Michel Lemonnier, Esc⁺, s⁺ de la Vallée, et de dam^{lle} Françoise Le Normand, de la par̄r. de Biéville, d'autre part. (*V.* **524**).

90. — Le 9 août 1709, la nomination à la cure de S⁺ Germain-de-Clerfeuille appartenant au chapitre de la collégiale de Toussaints de Mortain, les s⁺⁺ chanoines nomment aud. bénéfice, vacant par la mort de M⁺ Georges Chausson, pbr̄e, dernier titulaire, décédé le 7 du présent mois, la personne de M⁺ Alexandre Le Tourneur, pbr̄e, chanoine de cette collégiale.

Le 12 août 1709, le seig⁺ évêque donne aud. s⁺ Le Tourneur la collation de ce bénéfice.

Le 14 août 1709, le s' Le Tourneur prend possession de la cure de Clerfeuille, en présence de M° Pierre Jucherau, pbrē, grand chantre de la collégiale de Mortain ; M° Louis Gérard, pbrē, desservant la paȓ. de Clerfeuille : Etienne Billard et François de Laumosne, Esc', s' de Fontenay.

91. — Le 22 sept. 1708, M° Pierre Chemin, acolyte de S' Denis-de-Mailloc, est ordonné sous-diacre. (*V*. **9**).

92. — Le 10 juillet 1709, Jacques Postel, laboureur, de la paȓ. de S' Cyr-du-Ronceray, constitue 150 livres de rente en faveur de son fils, M° Louis Postel, acolyte, afin qu'il puisse parvenir aux ordres sacrés. (*V*. **65**).

93. — Le 31 août 1709, Mes'° Jacques de Mézière, pbrē, curé de Plainville et présenté à la cure de Fontenelle, dont il n'a pas requis collation ni pris possession, se démet purement et simplement de tous les droits qu'il pourrait avoir à lad. cure de Fontenelle, entre les mains de Mes'° François de Grieu, Esc', seig' de Grandouet et de Fontenelle, et seig' présentateur à lad. cure. (*V*. **23, 38**).

Le même jour, led. s' de Grieu nomme aud. bénéfice de Fontenelle la personne de Mes'° Alphonse-Alexandre Racine du Tremblé, acolyte.

Le 2 sept. 1709, le seig' évêque donne aud. s' du Tremblé la collation de la cure de Fontenelles. (*V*. **131, 183, 197**).

94. — Le 2 sept. 1709, Mes'° François Durozey, pbrē, docteur en théologie de la faculté de Paris et curé de S' Germain-de-Livet, dépendant de la nomination de M' le haut-doyen de la Cathédrale, constitue son procureur pour résigner sad. cure entre les mains de N.-S.-P. le pape en faveur de M° Jean Rohays, pbrē, vicaire de la paȓ. de S' Germain-de-Livet, avec la réserve de 120 livres de pension annuelle. Fait en la maison canoniale de M' le haut-doyen, en présence de M° Sébastien Bardel et Jean Guion, pbrēs de l'église de S' Germain de Lx. (*V*. **153**).

95. — Le 22 avril 1707, Isaac Letellier, fils d'Ambroise et de Marie Lefort, de la paȓ. de la Noë, reçoit la tonsure et les ordres mineurs.

96. — Le 17 juillet 1709, Charles Moullin, de la paȓ. de Fervaques, constitue 150 livres de rente en faveur de son fils, M° Guillaume Moullin, acolyte, afin qu'il puisse parvenir aux ordres sacrés. Fait en présence de M° Pierre Rioult, pbrē, curé de Fervaques, et de M°° Jean Pottier et Jean Martin, pbrēs, vicaire du lieu.

97. — Le 9 sept. 1709, vu l'attestation du s' Liesse, curé de S' Benoît-d'Hébertot, et du s' Duhaut, pbrē, desservant la paȓ. de S' André-d'Hébertot, dispense de bans pour le mariage entre Jean Rebut et Jeanne Marinet.

98. — Le 29 mars 1709, Clément Gaubert, fils d'André et de Marie

Mesnel, de la par̄. de S᷎ André-d'Echauffour, reçoit la tonsure et les ordres mineurs. (V. **136**).

99. — Le 12 sept. 1709, vu l'attestation du s᷎ Thibout, curé de la Goulafrière, et du s᷎ Bélouin, vicaire d'Orbec, dispense de bans pour le mariage entre Gabriel de Louchard, Esc᷎, s᷎ de la Vaulière, officier de la maison de Sa Majesté, fils de Gabriel de Louchard, Esc᷎, s᷎ de Montlion, lieutenant de la grande fauconnerie du roy, et de noble dame Marie-Magdeleine-Léonore Lefebvre de Graffard, de la par̄. d'Orbec, d'une part, et dam˭˟ Louise-Elisabeth Deshayes, fille de Pierre Deshayes, Esc᷎, seig᷎ du Tremblé, et de noble dame Françoise de Bos-Henry, demeurant en la par̄. de la Goulafrière.

100. — Le 5 août 1709, François Formeville, s᷎ de Channal, exempt en la prévôté générale de Normandie, demeurant à Lx, par̄. S᷎ Germain, constitue 150 livres de rente en faveur de M᷎ Jean-Baptiste Buquet, acolyte, afin qu'il puisse parvenir aux ordres sacrés. (V. **64, 281**).

101. — Le 22 août 1709, Jean Thomas, s᷎ du lieu, marchand, demeurant à Heurtevent, constitue 150 livres de rente en faveur de son fils, M᷎ Jean Thomas, acolyte, afin qu'il puisse parvenir aux ordres sacrés. (V. **146**).

Dans cet acte led. s᷎ acolyte fut représenté par M᷎ Jacques de Mannoury, s᷎ de Bocquemare, de lad. par̄. de Heurtevent.

102. — Le 9 sept. 1709, Jean-Baptiste Hauvel, officier dans la vénerie du roy, demeurant à Lx, et Guillaume Hauvel, étudiant en la ville de Caen, constituent 150 livres de rente en faveur de leur frère, M᷎ Pierre Hauvel, acolyte, afin qu'il puisse parvenir aux ordres sacrés. (V. **117, 221, 350**).

103. — Le 17 sept. 1709, vu l'attestation du s᷎ de Bernière, curé de S᷎ Martin-des-Noyers, dispense de bans pour le mariage entre Jacques de Martainville, Esc᷎, s᷎ de Bois-Hébert, fils de Christophe de Martainville, Esc᷎, et de noble dame Barbe Bonnet, de la par̄. de S᷎ Martin-des-Noyers, d'une part, et dam˭˟ Catherine de Launay, fille de Robert et de Madgdeleine Levavasseur, et veuve d'Alexis Dubois, s᷎ du Vochel, de la par̄. de S᷎ Germain-la-Campagne.

104. — Le 5 août 1709, vu l'attestation du s᷎ Hagueron, pbr̄e, curé du Pin, le seig᷎ évêque accorde dispense de bans pour le mariage entre Mes᷎᷎ Léonor Achard, ch᷎᷎ seig᷎ de Vacognes, fils de Mes᷎᷎ Charles Achard, ch᷎᷎, vivant seig᷎ et patron du Pin, et de dame Marie-Antoinette Le Petit, de lad. par̄. du Pin, d'une part, et noble dam˭˟ Marguerite-Françoise Dufour, fille de Mes᷎᷎ Barthélemy Dufour, vivant chev᷎᷎, seig᷎ du Faulq, cons᷎᷎ du roy, maître ordinaire en sa cour des Comptes, Aides et Finances de Normandie, et de dame

Claude-Françoise Duhamel, demeurant à Rouen, parr. Ste Croix.

105. — Le 20 juin 1709, Me Pierre Rogère, acolyte, et Eustache Delisle, s^r de Bois-Delisle, de la parr. de Vimoutiers, constituent 150 livres de rente en faveur dud. s^r Rogère, afin qu'il puisse parvenir aux ordres sacrés. (V. **175**).

106. — Le 18 sept. 1709, vu l'attestation du s^r Lochet du Carpont, curé de Ste Croix de Bernay, et du s^r Louvet, vicaire de Neuville, dispense de bans pour le mariage entre Robert Chemin et Anne Leferme.

107. — Le 8 août 1709, François Cally, marchand, demeurant à Monnay, constitue 150 livres de rente en faveur de son fils, Me Pierre Cally, acolyte, afin qu'il puisse parvenir aux ordres sacrés. — Cette rente est cautionnée par Charles et François Cally, frères dud. acolyte.

108. — Le 21 sept. 1709, dispense de bans pour le mariage entre Adrian Lefebvre, Esc^r, s^r de St Eglas, l'un des 200 chevau-légers de la garde du roy, fils d'Adrian Lefebvre, et de dam^lle Catherine Forget, de la parr. de St Honoré de Paris, d'une part, et dam^lle Marie-Anne de la Houssaye du Plessis, fille de Louis de la Houssaye, Esc^r, s^r de la Motte, l'un des 200 chevau-légers de la garde du roy, et de noble dame Marguerite-Geneviève Pépin, de la parr. de Lisores.

109. — Le 21 sept. 1709, Me André Le Boulenger, diacre de la parr. de la Potherie-Mathieu, est ordonné prêtre.

110. — Le 23 juillet 1709, Me Charles Simon de la Valéserie, cons^er et premier avocat du roy au bailliage et vicomté d'Orbec, y demeurant, constitue 150 livres de rente en faveur de son frère, Me Pierre Simon, acolyte du diocèse de Lx, bachelier en théologie en la faculté de Sorbonne, afin qu'il puisse parvenir aux ordres sacrés. Cette rente est cautionnée par Me Louis Simon, pbre, curé de St Mards-de-Fresne, et par Me Jean-Baptiste Dauge, droguiste, demeurant à Orbec.

111. — Le 24 sept. 1709, vu l'attestation du s^r de la Croix, curé de St Jacques de Lx, dispense de bans pour le mariage entre Mes^re Jean-Baptiste de Nollent, Esc^r, s^r de Bouchailles, fils de Mes^re Gabriel de Nollent, aussi Esc^r, et de dam^lle Charlotte de Mailloc, de la parr. de St Jacques, d'une part, et dam^lle Marie Junot, v^ve du s^r Leboucher, de la parr. de St Gervais de Falaise, d'autre part.

112. — Le 25 sept. 1709, vu l'attestation du s^r Thomeret, curé de Quetteville, dispense de bans pour le mariage entre François Le Grand Esc^r, lieutenant dans les cuirassiers du roy, fils de feu Olivier Le Grand, Esc^r, et de dam^lle Anne Taillefer, de la parr. de Quetteville, d'une part, et dam^lle Marguerite Drubec, fille de feu Samuel Drubec et de dam^lle Gabrielle de la Taille, demeurant à Rouen, parr. St André. (V. **277**).

113. — Le 25 sept. 1709, vu l'attestation du s^r Aubert, vicaire de

Lécaude, dispense de bans pour le mariage entre Jean Corneille et Anne de Lespiney.

114. — Le 16 sept. 1709, Mᵉ Jacques Aveline, pbrē, demeurant à Rouen, parr. Sᵗ Godard, et habitué en l'église Sᵗ Patrice, expose au lieutenant général civil et criminel au bailliage de Pontaudemer qu'il a été présenté à la cure de la Noë par le seigʳ abbé du Bec et que les grands vicaires de Lx, qui l'on trouvé capable de desservir led. bénéfice, lui en ont refusé la collation, parce qu'il n'a pu présenter un *exeat* du seigʳ archevêque Rouen, quoiqu'il ait réclamé plusieurs fois cet *exeat*; comme il est obligé de prendre possession de lad. cure *ad conservationem juris*, il prie led. lieutenant de l'autoriser à cette prise de possession; ce qui lui est accordé.

Le 23 sept. 1709, le sʳ Aveline, en vertu de l'ordonnance du lieutenant général, prend possession de la cure de la Noë pour la conservation de son droit seulement, en présence de Mᵉ Jacques Desmares, desservant lad. parr.; Benoit Durand, consᵉʳ du roy, vérificateur du « franc-sallé » du grenier à sel de Pontaudemer, et autres témoins.

Le 18 févr. 1710, le sʳ Aveline requiert de nouveau du seigʳ évêque de Lx la collation de la cure de la Noë. Celui-ci déclare qu'il persiste dans sa première réponse et qu'il est prêt à donner aud. sʳ Aveline la collation dud. bénéfice quand il lui présentera une attestation de bonnes vie et mœurs signée du seigʳ archevêque de Rouen. Le sʳ Aveline proteste de se pourvoir devant qui de droit.

Le 28 mai 1710, les vicaires généraux du seigʳ évêque de Lx donnent à Mᵉ Aveline la collation de lad. cure, vacante par la démission de Mᵉ Louis Aveline, pbrē, curé de Sᵗ Denis-de-Pizeux, diocèse d'Evreux.

Le 9 août 1710, le sʳ Jacques Aveline prend possession de la cure de la Noë, en présence de Mesʳᵉ Jacques de Livet, Escʳ, sʳ de la Noë; Mᵉ Adrian Maugard, acolyte de lad. parr., et autres témoins. (*V.* **74**).

115. — Le 26 sept. 1709, la nomination à la chapelle de Sᵗ Jacques d'Argentan, sise en la chaussée et faubourg Sᵗ Jacques, parr. de Colandon, de lad. ville d'Argentan, appartenant à Robert de Marguerie, Escʳ, sʳ de Valambois de Montpinçon, comme fondateur d'icelle, led. sʳ de Marguerie nomme aud. bénéfice, vacant par la mort de Mᵉ Nicolas Hurel, pbrē, dernier titulaire, la personne de Mᵉ Antoine-Joseph Eudes, pbrē du diocèse de Séez.

116. — Le 21 sept. 1709, Mᵉ Jean-Charles Leboullenger, sous-diacre de Sᵗ Germain de Pontaudemer, est ordonné diacre.

117. — Le 21 sept. 1709, Pierre Hauvel, acolyte de la parr. de Sᵗ Germain de Lx, reçoit le sous-diaconat. (*V.* **102, 221, 350**).

118. — Le 21 sept. 1709, Mᵉ Jean-Baptiste Lepare, diacre de Sᵗ Cande-le-Vieil, est ordonné prêtre. (*V.* **490**).

119. — Le 29 sept. 1709, le seig⁽ʳ⁾ évêque donne à M⁰ Pierre Moulin, sous-diacre de S¹ Caude-le-Vieil, un dimissoire qui l'autorise à se faire ordonner diacre à Paris.

120. — Le 17 sept. 1694, François Le Turc, fils de Jean et de Jacqueline Le Viollet, de la parr. de S¹ Evremond-de-Bonnefosse, diocèse de Coutances, reçoit la tonsure cléricale.

Le 1ᵉʳ avril 1697, led. s⁽ʳ⁾ Le Turc, acolyte, est reçu M⁰ ès-arts en l'Université de Caen.

Le 8 mars 1702, le s⁽ʳ⁾ Le Turc, pbrē, professeur au collège du Bois à Caen, reçoit des lettres de quinquennium du recteur de lad. Université.

Le même jour, le s⁽ʳ⁾ Le Turc, âgé de 26 ans, est nommé par icelle sur les archevêchés et les chapitres de Reims, Sens, Paris, Rouen et Tours ; sur les évêchés et les chapitres d'Amiens, Belley, Chartres, Orléans, Bayeux, Evreux, Séez, Lisieux, Coutances, Le Mans, Rennes, S¹ Malo, Dol et Blois, et sur les abbayes et prieurés de ces divers diocèses. (*V.* **122, 149, 230, 385, 449**).

121. — Le 1ᵉʳ oct. 1709, dispense de bans pour le mariage entre Claude Audoart, Esc⁽ʳ⁾, s⁽ʳ⁾ de Belmont, et dame Barbe Pierre, de la parr. de S¹ Jacques de Lx.

122. — Le 27 sept. 1709, M⁰ François Le Turc, pbrē du diocèse de Coutances, M⁰ ès-arts et professeur au collège du Bois à Caen, fait signifier ses noms et grades au seig⁽ʳ⁾ évêque et au chapitre de Lx. (*V.* **120, 149, 230, 385, 449**).

123. — Le 25 juin, Jean Hédiard, marchand, de la parr. de Grandval, constitue 150 livres de rente en faveur de son frère, M⁰ Pierre Hédiard, acolyte, afin qu'il puisse parvenir aux ordres sacrés. (*V.* **21**).

124. — Le 24 juin 1709, Pierre Galles, marchand à Aubry-le-Panthou, constitue 150 livres de rente en faveur de son frère, M⁰ Jacques Galles, acolyte, afin qu'il puisse parvenir aux ordres sacrés.

125. — Le 14 juillet 1709, M⁰ Nicolas Marais, bourgeois de Pont-l'Evêque, constitue 150 livres de rente en faveur de son neveu maternel, M⁰ Etienne Levillain, acolyte, afin qu'il puisse parvenir aux ordres sacrés. Fait en présence de M⁰ Nicolas Duclos, pbrē, vicaire de S¹ Thomas de Touques.

126. — Le 21 juin 1709, Gabriel Duplessis, acolyte de la parr. de S¹ Cyr de Salernes, y demeurant, constitue 150 livres de rente en faveur de son fils, M⁰ Gabriel Duplessis, acolyte de lad. parr., afin qu'il puisse parvenir aux ordres sacrés. (*V.* **80, 281**).

127. — Le 24 juin 1709, « M⁰ Gabriel Vattier, acolyte de lad. parr. S¹ Germain, fils de feu Robert Vattier, vivant apothicaire aud. Lx », constitue en sa faveur 150 livres de rente, afin de parvenir aux ordres sacrés. Cette rente est cautionnée par M° Jean Vimont, docteur en médecine, demeurant à Lx. (V. 290).

128. — Le 22 juin 1709, M° Jacques Bodeau, de la parr. de Pont-de-Vie, constitue 150 livres de rente en faveur de M° Antoine Hauton, acolyte de la parr. de Crouttes, afin qu'il puisse parvenir aux ordres sacrés. Fait en présence de M° Pierre Dufour, s° de Montfort, de la parr. de Vimoutiers.

129. — Le 17 oct. 1709, Mes° François de Piperey de Marolles, pbre, curé de Cirfontaine, y demeurant, donne sa procuration pour résigner sa cure entre les mains de N.-S.-P. le pape en faveur de M° Guillaume Piel, pbre, curé de S¹ Hippolyte-de-Canteloup. Ce bénéfice était « dépendant de nomination alternative de Monseig° l'évêque et comte de Lx et de Mes° Adrian du Houlley de Courthonne, seigneurs présentateurs alternatifs de lad. cure », et led. s° constituant la tenait « pour cette fois de la présentation dud s° du Houlley de Courthonne. » (V. 177, 308).

130. — Le 21 août 1709, M° Charles Lebreton, pbre, demeurant en la parr. de Formoville, constitue 150 livres de rente en faveur de son neveu, M° Thomas Lebreton, acolyte, afin qu'il puisse parvenir aux ordres sacrés. Fait en présence de M° François Coustey, pbre, vicaire de Formoville. Led. s° acolyte fut représenté dans cet acte par son frère, Charles Lebreton, demeurant à Formoville.

131. — Le 17 avril 1669, Alexandre Racine du Tremblé, fils de Pierre et de dame Catherine de Chalons, du diocèse de Lx, *rite dimissus* reçoit la tonsure à Rouen.

Le 29 mars 1709, led. s° Racine, de la parr. de Neuville, reçoit à Lx les ordres mineurs. (V. 93, 183, 196).

132. — Le 25 juin 1709, Claude Letellier, demeurant en la parr. de Brestot, constitue 150 livres de rente en faveur de son frère, M° Isaac Letellier, acolyte du diocèse de Lx, afin qu'il puisse parvenir aux ordres sacrés. (1).

133. — Le 27 août 1709, dam¹¹° Marie Roussel, V° du s° Jacques Goubard, marchande, demeurant à Honfleur, parr. S° Catherine, constitue 150 livres de rente en faveur de Guillaume Le Signerre, acolyte, afin qu'il puisse parvenir aux ordres sacrés.

Led. s° acolyte, natif de lad. ville, se trouvait présentement au séminaire de Lx. (V. 294).

---

(1) Il devint plus tard vicaire de S¹ Martin-du-Doult.

134. — Le 22 juin 1708, M⁰ Robert Jacquet, notaire-royal demeurant à Piencourt, constitue 150 livres de rente en faveur de son fils, M⁰ Louis Jacquet, acolyte, afin qu'il puisse parvenir aux ordres sacrés.

135. — Le 23 juin 1709, Jacques De la Salle, bourgeois demeurant à Honfleur, parr. S⁰ Catherine, constitue 150 livres de rente en faveur de son fils, M⁰ Guillaume De la Salle, acolyte, afin qu'il puisse parvenir aux ordres sacrés.

136. — Le 4 juillet 1709, André Gaubert, marchand, et Marie Mesnel, sa femme, demeurant à S¹ André-d'Echauffour, constituent 150 livres de rente en faveur de leur fils, M⁰ Clément Gaubert, acolyte, afin qu'il puisse parvenir aux ordres sacrés. Cette rente est cautionnée par M⁰ Clément Mesnel, pbrē, curé de Ferrières, diocèse de Séez. Fait en présence d'André Gaubert, frère dud. acolyte ; M⁰ Jean Peu, chirurgien, son oncle ; M⁰ Antoine Jehan, pbrē, curé de S¹ Vandrille ; M⁰ Clément Peu, pbrē, son cousin-germain ; M⁰ Louis David, pbrē, curé de lad. parr. d'Echauffour, et autres témoins. (V. **98**).

137. — Le 9 avril 1706, Marie Duval, Vᵛᵉ de Guillaume Couture, et Jacques Couture, son fils, de la parr. de S¹ André-d'Eschauffour, constituent 150 livres de rente en faveur de M⁰ André Couture, acolyte, fils de lad. veuve, afin qu'il puisse parvenir aux ordres sacrés. Cette rente est cautionnée par M⁰ Jacques Dubosc, pbrē de lad. parr. d'Echauffour. Fait en présence de M⁰ Gaspard Mesnil, diacre, et de Jacques Avroüin, de lad. parr.

138. — Le 26 mars 1701, M⁰ Michel Le Prevost, diacre de la Couture de Bernay, est ordonné prêtre.

139. — Le 2 nov. 1709, vu l'attestation du s⁰ de Pierres, curé de Bonnebose, dispense de bans pour le mariage entre Jacques Patrix, Escr, s⁰ de Glanville, fils de feu Guillaume, Escr, s⁰ de Bordeaux, et de feue damˡˡᵉ Magdeleine Fabry, d'une part, et Magdeleine Senoze, fille de feu François et de Marie Le Manicher, d'autre part, tous deux de lad. parr. de Bonnebose. M⁰ Pierre Patrix, Escr, s⁰ de Cricquebeuf, mit opposition à ce mariage qui, paraît-il, eu lieu quand même.

140. — Le 3 nov. 1709, dispense de bans pour le mariage entre Jacques Gislain, Escr, s⁰ de Beaupare, consʳ secrétaire du roy, Maison et Couronne de France, fils de feu Nicolas Gislain, s⁰ de Longchamps, et de damˡˡᵉ Geneviève Gaullard, de la parr. du Sap, d'une part, et damˡˡᵉ Anne-Jacqueline Le Normand, fille de Gabriel Le Normand, Escr, s⁰ du Buchet, consʳ et procureur du roy au bailliage et vicomté d'Orbec, « procureur du roy de police » et subdélégué de Monseigʳ l'intendant en la généralité d'Alençon, et de noble dame Marie de Pommeret, demeurant à Orbec, d'autre part. (V. **79**, **158**, **491**).

141. — Le 4 nov. 1709, M⁰ Martin Lemoine, pbrē, curé de

S¹ Martin de Coulmer, se trouvant malade et gisant dans son lit, donne sa procuration pour résigner entre les mains de N.-S.-P. le pape sond. bénéfice en faveur de M⁰ François Mallet, pbrē habitué en l'église paroissiale de Gacey. Fait en présence de M⁰ Pierre Ferey, pbrē, bachelier en théologie, curé de Gacey ; M⁰ Pierre Lecomte, diacre de la parr. de Résenlieu, et Jacques Lecomte, s¹ des Coutures, demeurant aussi à Résenlieu. (V. 204).

142. — Le 5 nov. 1709, la nomination à la cure de Douville appartenant au seigneur du lieu, noble dame Marie-Magdeleine Hélye, vᵉ et non héritière de feu Mesʳᵉ Guillaume Desson, vivant seigʳ et patron de lad. parr. de Douville, agissant en sa qualité « de propriétaire et envoyée en possession pour ses remplacements de la terre et seigneurie de Douville », nomme aud. bénéfice, vacant par la mort de M⁰ Louis Blandin, pbrē, dernier titulaire, la personne de M⁰ Grégoire Ridel, pbrē du diocèse de Lx.

Le 7 nov. 1709, le seigʳ évêque donne aud. sʳ Ridel la collation de la cure de Douville.

Le 8 nov. 1709, le sʳ Ridel prend possession dud. bénéfice de Douville, en présence de M⁰ Pierre Badin, pbrē, vicaire de lad. parr. ; Pierre Girot, pbrē, aussi de lad. parr. ; M⁰ Charles de Lannoy, consʳ du roy, président en l'élection de Pont-l'Évêque et y demeurant, et plusieurs autres témoins.

143. — Le 18 nov. 1709, dispense de bans pour le mariage entre M⁰ Jacques Bréant, consʳ du roy, régisseur du grenier à sel de Bernay, fils de M⁰ Jacques Bréant, consʳ du roy, grènetier au grenier de Louviers, et de damˡˡᵉ Marguerite Guibert, de la parr. de S¹ᵉ Croix de Bernay, d'une part, et damˡˡᵉ Marguerite Desperroys, Escʳ, sʳ de Bouchau, et de noble dame Magdeleine de Guerez, de la parr. de N.-D. de la Couture de Bernay.

144. — Le 19 juin 1709, M⁰ Nicolas de la Brosse, pbrē, obtient des lettres de provision en cour de Rome de la cure de S¹ Vincent-de-la-Rivière, vacante par la résignation faite en sa faveur par M⁰ Robert Salerne, pbrē, dernier titulaire.

Le 9 nov. 1709, le seigʳ évêque donne son visa auxd. lettres de provision.

Le 29 déc. 1709, le sʳ de la Brosse prend possession de la cure de S¹ Vincent, en présence de M⁰ Pierre Le Doucet, curé de Chamblanc, et autres témoins. (V. 33).

145. — Le 20 oct. 1709, la nomination à la cure des Astelles appartenant au seigʳ du lieu, Mesʳᵉ André de Bernart, chevʳ, seigʳ et patron de Courmesnil, les Astelles, S¹ Arnoult et autres lieux, nomme à lad. cure des Astelles, vacante par la mort de Messire Jacques de Parfouru de Tilly, dernier titulaire, la personne de M̃ᵉ Jean Laffilay, pbr̃e du diocèse de Séez.

Le 22 nov. 1709, led. sʳ de Bernart de Courmesnil nomme à la cure des Astelles, vacante par la mort de Mᵉ Jacques de Parfouru, Escʳ, dernier titulaire, la personne de Mᵉ Jean Chéron, pbr̃e, chapelain de la chapelle Sᵗ Joseph attachée à l'église de Sᵗ Denis du Mesnil-Hubert.

Le 17 janvier 1710, le seigʳ évêque donne aud. sʳ Chéron la collation dud. bénéfice.

Le 6 févr. 1710, le sʳ Chéron prend possession de la cure des Astelles, en présence de Mᵉ Jean Dumoutier, pbr̃e, curé de la Fresnaye-Fayel ; Mᵉ Saturnin de la Londe, pbr̃e, curé du Mesnil-Hubert ; Mᵉ Christophe de la Bove, pbr̃e, chapelain de la chapelle Sᵗ Joseph de la Roche ; Mʳᵉ Guillaume de Parfouru, Escʳ ; Georges de Parfouru, Escʳ, demeurant tous deux en la parr̃. de Rocquencourt, diocèse de Bayeux, et autres témoins. (*V.* 210).

146. — Le 21 sept. 1709, Jean Thomas, acolyte de la parr̃. de Mesnil-Bacley, est ordonné sous-diacre. (*V.* **101, 533**).

147. — Le 28 nov. 1709, vu l'attestation du sʳ Cousin, curé de Prêtreville, dispense de bans pour le mariage entre Jacques Le Crays et Marie Laniesse. (*V.* **81**).

148. — Le 19 août 1709, Mᵉ Jacques Butengs, pbr̃e, obtient en cour de Rome des lettres de provision de la cure de Hennequeville et de la chapelle simple de N.-D. de Pitié, bénéfices vacants par la résignation faite en sa faveur par Mᵉ Pierre Thierry, pbr̃e, dernier titulaire.

Le 11 nov. 1709, « Fr. Mathieu Gilbert, humble prieur de l'Insigne et Royale abbaye de Sᵗᵉ Trinité de Fécamp, ne relevant d'aucun diocèse et appartenant immédiatement au siège de Rome, et vicaire général au spirituel et au temporel de toute l'exemption de Fécamp, donne aud. sʳ Butengs la collation de la cure d'Hennequeville et de la chapelle de N.-D. de Pitié.

Le 5 décembre 1709, le sʳ Butengs prend possession desd. bénéfices sans aucune opposition. Seulement Guillaume Lévesque, bourgeois, demeurant à Toucques, proteste contre les termes des lettres de provision et le visa desd. lettres qui désignent la chapelle de N.-D. de Pitié « comme un bénéfice à titre, quoiqu'elle ne soit qu'une fondation faite par ses prédécesseurs, par une pure dévotion et pour faire dire une messe tous les vendredis, et dont luy et ses prédécesseurs ont toujours consenty et comme il consent encore que led. sʳ curé de la parr̃. d'Hennequeville acquitte lad. fondaton et service d'icelle privativement à tous aũes ; mais empesche formellement qu'elle passe pour titre de bénéfice et qu'acte lui soit accordé de sa protestaton. Et par le sʳ Butengs a esté dit qu'il n'empesche point qu'acte ne soit accordé au sʳ Lévesque de sa protestaōn, n'entendant rien changer à l'ordre de la fondaōn ». Fait en présence de Mᵉ Pierre Mabon, pbrē, desservant la parr. de Villerville ; Mᵉ Alexandre Liétout, procureur fiscal en la haute-justice de Hennequeville ; Léonor de Nollent, Escʳ, sʳ de Vallois ; Jean Dabin, syndic d'Hennequeville. (*V.* **82, 406**).

149. — Le 25 nov. 1709, Mᵉ François Le Turc, pbrē du diocèse de Coutances, Mᵉ ès-arts en l'Université de Caen et professeur au collège de Bois, fait signifier ses noms et grades aux religieux de Préaux, en parlant à dom Jean Birée, prieur de lad. abbaye, trouvé en icelle. (*V.* **120, 122, 230, 385, 449**).

150. — Le 27 août 1709, Mᵉ Nicolas-Geoffroy du Sart, clerc du diocèse de Paris, obtient en cour de Rome des lettres de provision de la chapelle simple de Sᵗ Paul en la Cathédrale, vacante par la résignation faite en sa faveur par Mᵉ Louis Nicolas du Gard de Pincheval, clerc tonsuré, dernier titulaire. (*V.* **160**).

Le 2 décembre 1709, le seigʳ évêque donne son visa auxd. lettres de provision.

Le 4 décembre 1709, led. sʳ du Sart, Mᵉ ès-arts en l'Université de Paris, représenté par Mᵉ Pierre Renier, pbrē, sacristain de la Cathédrale, est mis en possession de la chapelle Sᵗ Paul.

151. — Le 20 mars 1709, Guillaume Cordier, fils de Jacques et d'Anne Bédouin, de la parr. de Bellouet, reçoit la tonsure et les ordres mineurs.

152. — Le 6 décembre 1709, la nomination à la cure de Villerville appartenant au seigneur du lieu, Mʳᵉ Hardouin-François de Oilliamson, chevʳ, marquis de Courcy, seigʳ de Villerville et autres lieux, nomme aud. bénéfice, vacant par la mort de Mᵉ Claude de Sᵗ Rémy, dernier titulaire, décédé le 17 septembre dernier, la personne de Mᵉ Thomas Moutier, pbrē du diocèse de Bayeux, au refus de Mᵉ Thomas Hardy, pbrē, qu'il avait présenté le 1ᵉʳ octobre dernier. Fait à Falaise en présence de Mᵉ Thomas Maheut, pbrē, curé de Courcy, et de Mᵉ Edmond Turquetil, pbrē, curé d'Angloischeville.

Le 13 décembre 1709, le seigʳ évêque donne aud. sʳ Moutier la collation dud. bénéfice de Villerville. (*V.* **166**).

153. — Le 25 sept. 1709, Mᵉ Jean Rohays, pbrē, obtient en cour de Rome des lettres de provision de la cure de Sᵗ Germain-de-Livet, vacante par la résignation faite en sa faveur par Mᵉ François Durosey, pbrē, dernier titulaire.

Le 27 nov. 1709, le seigʳ évêque donne son visa auxd. lettres de provision.

Le 19 déc. 1709, le sʳ Rohays prend possession de la cure de Sᵗ Germain-de-Livet, en présence de Mesʳᵉ Pierre de Touraebu, chevʳ, sire et baron du lieu, seigneur de la parr. de S¹ Germain-de-Livet, et patron honoraire d'icelle. (V. **94**).

154. — Le 11 décembre 1709, la nomination à la cure de S¹ Léger-sur-Bonneville appartenant au chanoine de semaine et la présentation au Chapitre de la Cathédrale, M⁰ Charles Inger, pbrē, chanoine de semaine, nomme aud. bénéfice, vacant par la mort de M⁰ Louis Bethan, dernier titulaire, la personne de M⁰ Etienne Inger, pbrē de Lx, que le Chapitre présente au seig¹ évêque.

Le 18 décembre 1709, le seig¹ évêque donne aud. s¹ Etienne Inger la collation de lad. cure de S¹ Léger. (V. **167**).

155. — Le 28 nov. 1709, la nomination à la cure de Rumesnil appartenant au seig¹ abbé du Val-Richer, Monseig¹ François Blouet de Camilly, évêque de Toul et abbé du Val-Richer, nomme à ce bénéfice, vacant par la démission de M⁰ Jacques Barasin, pbrē de Bayeux, dernier titulaire, la personne de M⁰ Charles-Auguste Delaunay, pbrē du diocèse de Séez.

Le 18 décembre 1709, le seig¹ évêque donne aud. s¹ Delaunay la collation de lad. cure. (V. **173**).

156. — Le 7 avril 1708, Jean-Baptiste Lefrançois, fils de Nicolas et d'Anne Farain, de la parr. de Piencourt, reçoit la tonsure et les ordres mineurs. (V. **359**).

157. — Le 21 déc. 1709, vu l'attestation du s¹ Bellencontre, pbrē habitué en l'église de Pont-l'Evêque et cy-devant desservant le bénéfice dud. lieu, dispense de bans pour le mariage entre François Chauffer, fils d'Isaac et de Renée Fontaine, d'une part, et Marie-Anne Dubreuil, fille de Jacques et de Marguerite Levasseur, tous deux de la parr. de Pont-l'Evêque. — Suit l'autorisation de célébrer ce mariage malgré l'opposition dud. s¹ Chauffer, père, et de lad. dame Fontaine.

158. — Le 31 déc. 1709, vu l'attestation du s¹ de Monthuchon, pbrē, curé d'Orbec, dispense de bans pour le mariage entre Louis de Rély, Esc¹, fils de feu François, Esc¹, seig¹ d'Esquinbosc-en-Caux, et de noble dame Marie Auber, d'une part, et dam¹¹ᵉ Renée Le Normand, fille de Gabriel Le Normand, Esc¹, s¹ du Buschet, cons¹ et procureur du roy au siège d'Orbec, et de noble dame Marie de Pommeret, tous deux de lad. parr. de N.-D. d'Orbec. (V. **140, 491**).

159. — Le 27 déc. 1709, la nomination à la chapelle de S¹ Agapit, située dans la parr. d'Aubry-le-Panthou, et « fondée d'antiquité dans les enclaves du château dud. lieu », appartenant au seig¹ du lieu, haut et puissant seig¹, Mes¹ᵉ René-Henry d'Osmont, chev¹, seig¹ et patron d'Aubry-le-Panthou, la Fresnaye-Fayel, le Mesnil-Froger et autres lieux, chevalier et commandeur des ordres du roy et mestre-de-camp en ses armées, seig¹ et patron de lad. chapelle, nomme à ce bénéfice, vacant par la démission de M° François Osmont, grand archidiacre d'Angoulême, la personne de M° Jacques Fortin, pbrē, demeurant en la parr. d'Aubry-le-Panthou.

Le 28 déc. 1709, le seigr évêque donne aud. sr Fortin la collation de la chapelle de St Agapit.

Le 29 déc. 1709, le sr Fortin prend possession de ce bénéfice.

160. — Le 25 sept. 1700, Nicolas-Geoffroy du Sart, fils de Geoffroy et de Louis Clousier, du diocèse de Paris, reçoit la tonsure en lad. ville. (*V.* **150**).

161. — Le 5 janvier 1710, la nomination à la chapelle de N.-D. du Vallet, sise en la parr. de Monnay, appartenant à M° François de Droullin, chever, seigr de St Christophe, Le Plessis, Chantelou, Monnay et autres lieux, demeurant à Monnay, agissant en sa qualité de tuteur de damlle Elisabeth-Marie-Françoise de Droullin, héritière de feu noble dame Thérèse de Malvoue, dame et patronne de la chapelle du Vallet, à cause de feu Mre Gaspard de Malvoue, chever, seigr de Monnay, led. seigr de Droullin, nomme à ce bénéfice, vacant par la mort de M° François Duval, pbrē, curé de St Germain-d'Aulnay, dernier titulaire, la personne de M° Jacques Frère, clerc tonsuré, demeurant à Montreuil.

Le même jour, le seigr évêque donne aud. sr Frère la collation de lad. chapelle.

Le 12 janvier 1709, le sr Frère prend possession dud. bénéfice.

162. — Le 22 avril 1707, reçurent la tonsure et les ordres mineurs :

Jean-Louis Hébert, fils de Louis et de Françoise Estienne, de la parr. d'Estrées ;

Jean Mariolle, fils de Guillaume et de Marie Peullier, de la parr. de St Germain de Lx. (*V.* **393**).

Jean Guillemin, fils de Michel et de Marguerite des Boves, de la parr. de Bellou. (*V.* **307**).

Jean Prevost, fils de Jean et de Charlotte Dausine de la parr. de St Ouen-le-Hoult. (*V.* **282**).

163. — Le 21 sept. 1709, M° Jean Deschamps, sous-diacre de St Germain de Lx, est ordonné diacre. (*V.* **31, 68. 370**).

164. — Le 22 sept. 1708, M° François Tiphaine sous-diacre de la parr. de Croisilles, est ordonné diacre. (*V.* **351**).

165. — Le 7 avril 1708, Antoine Guillemin, fils de Michel et de Marie Lerebours, de St Jacques de Lx, reçoit la tonsure et les ordres mineurs. (*V.* **325**).

166. — Le 8 janvier 1710, M° Thomas Moutier, pbrē du diocèse de Bayeux, demeurant à Coliboeuf, pourvu de la cure de Villerville, prend possession dud. bénéfice, en présence de Jean Duchemin, receveur des fermes du roy à Villerville, et autres. (*V*. 152).

167. — Le 18 décembre 1709, M⁰ Etienne Inger, pbrē, pourvu de la cure de S¹ Léger-sur-Bonneville, prend possession dud. bénéfice, en présence de M⁰ Louis Farain, pbrē, desservant lad. parr., M⁰ Louis Bethan, acolyte demeurant à Piencourt, et autres. (*V*. 154).

168. — Le 21 sept. 1709, M⁰ Hercule-Pomponne-Louis de Corday, diacre, curé de Cerquigny, est ordonné prêtre.

169. — Le 15 janvier 1710, la nomination à la cure de S¹ Germain-d'Aulnay appartenant au seig¹ du lieu, Mes¹ᵉ Joseph-Germain de Malvoue, chev⁰ʳ, seig¹ et patron de S¹ Germain et de N.-D. d'Aulnay, demeurant en lad. parr. de N.-D. d'Aulnay, nomme aud. bénéfice de S¹ Germain, vacant par la mort de M⁰ François Duval, dernier titulaire, la personne de Mes¹ᵉ Antoine Pigace, pbrē du diocèse d'Evreux, demeurant à S¹ Aubin-le-Guichard, vicomté de Beaumont-le-Roger. (*V*. 161, 181).

170. — Le 25 décembre 1709, le seig¹ évêque, collateur ordinaire de la cure de Formoville, nomme aud. bénéfice, vacant par la mort du dernier titulaire, la personne de M⁰ Pierre Lambert, pbrē du diocèse de Rouen, curé d'Ableville. (*V*. 179).

171. — Le 7 avril 1708, Jacques Giffard, fils de Charles et de Marie Heliot, de S¹ᵉ Catherine d'Honfleur, reçoit la tonsure et les ordres mineurs. (*V*. 335).

172. — Le 22 sept. 1708, M⁰ Roger Ridel, acolyte de la parr. de Crouttes, reçoit le sous-diaconat.

173. — Le 23 décembre 1709, M⁰ Charles-Auguste Delaunay, pbrē du diocèse de Séez, demeurant en la parr. de Vaux, pourvu de la cure de Rumesnil, prend possession dud. bénéfice. (*V*. 155).

174. — Le 21 sept. 1709, M⁰ Jacques Le Petit du Boulley, sous-diacre de la parr. d'Orbec, est ordonné diacre.

175. — Le 21 septembre 1709, Pierre Rogère, acolyte de Vimoutiers, est ordonné sous-diacre. (*V*. 105).

176. — Le 30 mars 1709, François Inger, acolyte, chapelain de la Cathédrale, est ordonné sous-diacre.

177. — Le 6 nov. 1709, Guillaume Piel, pbrē, curé de S¹ᵉ Hippolyte-de-Cantelou, obtient en cour de Rome des lettres de provision de la cure de N.-D. de Cirfontaine, vacante par la résignation faite en sa faveur par M⁰ François de Piperey de Marolles, pbrē, dernier titulaire.

Le 16 janvier 1710, le seig¹ évêque donne son visa auxd. lettres de provision.

Le 20 janvier 1710, le s¹ Piel prend possession de la cure de Cirfontaine. (*V*. 129).

178. — Le 28 janvier 1710, vu l'attestation du sr d'Espinay, curé de N.-D.-du-Hamel, dispense de bans pour le mariage entre Jacques Duclos, sr du Hamel, Escr, gendarme du roy, fils de François Duclos, sr du Rouvré, et de damlle Marie Chanu, de la parr. de Ste Croix de Bernay, d'une part, et damlle Renée Chagrin, fille de Guillaume Chagrin, sr du Miqueray, officier de la feue reine-mère, et de damlle Renée Baudrais, de la parr. de N.-D.-du-Hamel.

179 — Le 28 janvier 1710, Noble et discrète personne Me Pierre Lambert, pbre du diocèse de Rouen, curé de St Martin d'Ableville, pourvu de la cure de Formoville, vacante par la mort de Me Jean Lignel, pbre, dernier titulaire, prend possession dud. bénéfice en présence de Me Nicolas Vitrel, pbre, curé de Criqueville ; Me François Constey, pbre, vicaire de Formoville ; Me Pierre Vauviel, pbre, habitué aud. lieu et y demeurant, et Me Estienne-Philippe Lecomte, chevr, seigr de Montullé, demeurant à Pontaudemer. (V. **170. 320**).

180. — Le 5 février 1710, la nomination à la chapelle de St Jacques de la Boutonnière, sise en la parr. de St Germain-de-Clerfeuille, appartenant au seigr du lieu, Mesre Henry du Bouillonné, chevr, marquis de Mireville, seigr et patron de St Jean de Malnoyers, de la Boutonnière et du Mesnil-sous-Lillebonne, seigr de Montchaunel (?), Bordeaux et Gaullières, ancien capitaine de dragons au régiment de Caylus et Lautrec, nomme à lad. chapelle, vacante par la mort de Me Georges Chausson, pbre, curé de St Germain-de-Clerfeuille et dernier titulaire, la personne de noble et discrète personne, Me Louis Le Petit du Castillon, pbre du diocèse de Lx, habitué en l'église du Mesnil-sous-Lillebonne, pays de Caux.

Le 7 février 1710, le seigr évêque donne aud. sr Le Petit du Castillon la collation de lad. chapelle. (V. **287**).

181. — Le 14 janvier 1710, le seigr évêque donne à Me Antoine Pigace, pbre du diocèse d'Evreux, la collation de la cure de St Germain d'Aulnay.

Le 21 janvier 1710, led. sr Pigace prend possession de ce bénéfice en présence de Me François Dutertre, pbre, curé de Verneusses ; Me Jean Lecesne, pbre, curé des Essarts ; Me Jean-Baptiste Thibout, pbre, curé de la Goulafrière ; Jean Desmellières, Escr, sr de la Mondière, l'un des gardes des chevau-légers de Sa Majesté, demeurant en la parr. de N.-D. d'Aulnay ; Me Jacques Lehoult, pbre, vicaire desservant lad. parr. de St Germain-d'Aulnay ; Me Nicolas Routtier, pbre, vicaire de la Goulafrière. (V. **169**).

182. Le 15 février 1710, vu l'attestation du sr Levavasseur, curé de St Jean-de-la-Lecqueraye, dispense de bans pour le mariage entre David-Charles Levavasseur, avocat, bailli de St Philbert, fils de Me

Charles Levavasseur, vivant avocat, et de dam^lle Gilonne Cambette, d'une part, et dam^lle Agnès de Vitrouil, fille de Jacques de Vitrouil, Esc^r, s^r de Longchamp, et de noble dame Anne Aupoix, les deux parties demeurant en lad. paṝ. de St Jean-de-la-Lecqueraye. (V. 365).

183. — Le 21 sept. 1709, Alexandre Racine, acolyte de Neuville, reçoit le sous-diaconat. (V. **93, 131, 197**).

184. — Le 18 février 1710, vu l'attestation du s^r Bullet, vicaire desservant la paṝ. de Fontenelle, dispense de bans pour le mariage entre Mre François de Grieu, Esc^r, fils de Mre Pierre de Grieu et de noble dame Catherine de Paisant, demeurant en la paṝ. de Fontenelle, d'une part, et dam^lle Marguerite-Julie Heudière, fille de Mre Eustache et de dame Marie-Anne Piédoux, de la paṝ. de St Jean de Caen, d'autre part.

185. — Le 18 février 1710, vu l'attestation du s^r Présey, vicaire de Manneville-la-Raoult, dispense de bans pour le mariage entre Jean de Cécire, Esc^r, s^r de Raulbeunier, fils de Jean de Cécire, Esc^r, s^r de Cressanville, et de noble dame Suzanne Duval, de lad. paṝ. de Manneville, d'une part, et Marie Lambert, fille de Mre Gabriel Lambert, chev^r, seig^r de St Marc, et de noble dame Françoise de Borel, de la paṝ. de Manerbe.

186. — Le 18 février 1710, dispense de bans pour le mariage entre Louis du Barquet, Esc^r, s^r du Buisson, fils de Louis du Barquet, Esc^r, s^r de Présigny,, et de noble dame Marie le Fillastre, de la paṝ. de St Benoît d'Hébertot, d'une part, et dam^lle Marie-Geneviève Nantier, fille de Louis Nantier, Esc^r, s^r de Quetteville, et de noble dame Geneviève Desson, de lad. paṝ. de Quetteville.

187. — Le 21 sept. 1709, Me Antoine Boissel, diacre de la paṝ. de St Ouen de Pontaudemer, est ordonné prêtre. (V. **70**).

188. — Le 25 février 1710, vu l'attestation du s^r Lesage, prieur-curé de St Paul-sur-Risle, dispense de bans pour le mariage entre François de Naguet, Esc^r, s^r du Gruchey, fils de feu Tanneguy, Esc^r, et de dame Marie Guérin, d'une part, et dam^lle Marie-Magdeleine-Charlotte Le Gras, fille de N........ Le Gras, Esc^r, s^r de Réel, et de dame Marie de Hally, d'autre part, tous deux de St Paul-sur-Risle.

189. — Le 25 février 1710, vu l'attestation du s^r Gosseaume, curé de Berville-sur-Mer, et du s^r Hubert, curé de St Michel de Préaux, dispense de bans pour le mariage de Mes^re Philippe de Houel, chev^r, seig^r de Berville, fils de feu Mes^re Philippe de Houel, et de feue noble dame Françoise de Préaux, de la paṝ. de Berville, d'une part, et dam^lle Marie-Florence Dupuys, fille de feu Mre André Dupuys, Esc^r, et de dame Florence Moysant, de la paṝ. de St Michel de Préaux, d'autre part.

190. — Le 7 février 1710, la nomination à la 2e portion de la cure du Mesnil-Germain appartenant au seig^r du lieu, Messire René de Bounechose, Esc^r, s^r de la Boullaye, nomme aud. bénéfice, vacant par la mort de Me Jacques Lepetit, pbrē, dernier titulaire, la personne de Mes^re François de Vaumesle, pbrē, curé du Pontallery.

Le 8 février 1710, le seig^r évêque donne aud. s^r de Vaumesle la collation de ce bénéfice.

Le 18 février 1710, le s^r de Vaumesle prend possession de la cure du Mesnil-Germain, 2e portion, en présence de Me Henry Fergant, pbrē, curé de la 1re portion ; Jean Petit, syndic de lad. parr., et Jean Fergant, marchand, aussi dud. lieu.

191. — Le 22 sept. 1708, Me Jacques Bourdenceau, sous-diacre de St Désir de Lx, est ordonné diacre par Mgr Jacques de Matignon, ancien évêque de Condom.

192. — Le 3 mars 1710, dispense de bans pour le mariage entre Me Charles-Adrien Simon de la Valaiserie, Esc^r, fils de feu Me Jean Simon et de dam^lle Anne Estable, d'une part, et dam^lle Marie-Magdeleine de Mannoury, fille de feu Nicolas, Esc^r, et de feue noble dame Anne de Billard, les deux parties de la parr. d'Orbec. (*V.* **110**).

193. — Le 3 mai 1710, vu l'attestation du sieur Hamel, curé de Beuvron, et du s^r Demouceaux, vicaire de Victot, dispense de bans pour le mariage entre Michel Perceboseq et Anne Pallon.

194. — Le 5 février 1710, la nomination à la chapelle St Joseph, « desservie et attachée à l'église de la parr. du Mesnil-Hubert », appartenant à Mes^re Charles de la Pallu, chev^er, seig^r du Mesnil-Hubert, Neufville, Chesney, Mardilly, et autres lieux, et aide de camp de Son Altesse Royale feu Monsieur, frère unique du roy, fondateur et patron ordinaire de lad. chapelle, led. seig^r nomme à ce bénéfice, vacant par la démission de Me Jean Chéron, pbrē, dernier titulaire, la personne de Me Christophe de la Bove, pbrē du diocèse de Lx, titulaire de la chapelle de St Joseph-de-la-Roche, sise dans la parr. de la Bellière, diocèse de Séez. Fait au Mesnil-Hubert, en la maison seigneuriale dud. s^r de la Pallu. (*V.* **145, 412**).

195. — Le 4 mars 1710, dispense de parenté au 3e degré pour le mariage entre Marc-Antoine de la Sauvagère, Esc^r, et dam^lle Louise Bonnet, demeurant en la parr. de Cirfontaine.

196. — Le 2 avril 1706, Pierre Tragin, fils de Robert et de Marie Lejeune, de la parr. de St Jacques de Lx, reçoit la tonsure et les ordres mineurs. (*V.* **233, 283**).

197. — Le 2 février 1710, noble et discrète personne, Mre Alphonse-Alexandre Racine du Tremblé, sous-diacre, demeurant à Neuville, pourvu de la cure de Fontenelle, prend possession dud. bénéfice, en présence de Jean-Baptiste Do, Esc^r, s^r de Brucourt et du Breuil, demeurant à Caen, parr. St Jean ; Me Pierre Levavasseur, pbrē, curé de Fontaine ; M⁰ Charles Bellière, pbr̃e, chapelain en la Cathédrale ; M⁰ Jean-Baptiste Castelain, pbr̃e, vicaire de S¹ Aubin-de-Scellon, et M⁰ Louis Bullet, pbr̃e, vicaire de lad. par̃. de Fontenelle. (V. 93, 131. 183).

198. — Le 11 mars 1710, M⁰ Pierre Varennes, pbr̃e du diocèse de Lx, demeurant au diocèse d'Evreux, nommé le 24 février dernier par le seig⁰ abbé de Cormeilles à la cure de S¹ Croix dud. lieu de Cormeilles, requiert du seig⁰ évêque la collation de ce bénéfice. Le s¹ Audran, vicaire général, répond « qu'il diffère de la luy accorder, jusqu'à ce qu'il fasse apparoir de l'attestation de ses vie et mœurs, subir l'examen » qu'il passera après qu'il aura présenté lad. attestation.

199. — Le 30 août 1708, M⁰ François Durozey, pbr̃e du diocèse de Lx, est reçu docteur en théologie par la faculté de Paris.

Le 11 mars 1710, led. s¹ Durozey, pbr̃e, docteur en théologie, demeurant à Lx. par̃. S¹ Germain, donne sa procuration pour faire signifier ses noms et grades au seig⁰ archevêque et au chapitre de Rouen. (V. 207).

200. — Le 11 mars 1710, M⁰ François Dornay, pbr̃e, curé de S¹ Georges de Romilly-sur-Andelles, diocèse de Rouen, et aussi pourvu de la cure de la Chapelle-Gautier, avait résigné sa cure de Rouilly en faveur de M⁰ Toussaint Govion, pbr̃e du diocèse d'Evreux, à la condition « qu'il rentrerait dans lad. cure en cas qu'il fust troublé dans la possession de la cure de la Chapelle-Gautier » ; mais il donne présentement sa procuration pour résigner purement et simplement entre les mains de N.-S.-P. le pape sond. bénéfice de Romilly en faveur dud. s¹ Govion.

201. — Le 22 sept. 1708, M⁰ Jacques de la Bertherie, sous-diacre de Marmouillé, est ordonné diacre par M⁰⁰ de Matignon, ancien évêque de Condom.

202. — Le 13 mars 1710, M⁰ Georges Gallot, pbr̃e, chanoine régulier de l'Hôtel-Dieu de Caen, ordre de S¹ Augustin, M⁰ ès-arts en l'Université de Caen, fait réitérer ses noms et grades aux religieux de S¹ Barbe-en-Auge.

203. — Le 14 mars 1710, vu l'attestation du s¹ de Bonnechose, curé de la Croupte, dispense de bans pour le mariage entre Mathieu Prudhomme, s¹ de Bellefontaine, fils de feu François et de feue Marie Lebourgeois, bourgeois de Falaise et demeurant de présent à Magny-le-Freulle, d'une part, et dam¹¹ᵉ Marie de Bonenfant, fille de feu noble homme Georges de Bonenfant et de noble dame Anne de Neufville, de la par̃. de S¹ Michel-de-Livet, veuve de Jean Le Prévost, s¹ de la Dangerie, demeurant depuis plusieurs années en la par̃. de la Croupte. — Suit l'autorisation de célébrer le mariage en temps de carême.

204. — Le 28 nov. 1709, M⁰ François Mallet, pbrē, demeurant au bourg de Gacé, obtient en cour de Rome des lettres de provision de la cure de S¹ Martin de Coulmer, vacante par la résignation faite en sa faveur par M⁰ Martin Lemoine, pbrē, dernier titulaire.

Le 11 mars 1710, M⁰ Pierre du Mesnil, vic. g¹, donne son visa auxd. lettres de provision.

Le 19 mars 1710, le s¹ Mallet, prend possession dud. bénéfice de Coulmer, en présence de M⁰ Pierre Férey, pbrē, curé de Gacé; M⁰ Jacques-Laurent Lecomte, diacre de la parr. de Résenlieu; Jacques Lecomte, Esc⁰, s¹ de la Chapelle, gendarme du roy; Antoine Lecomte, Esc⁰, s¹ du Hamel, tous de lad. parr. de S¹ Martin de Coulmer. (*V.* **141**).

205. — Le 31 juillet 1683, Robert-Bertrand Pinard, fils de M⁰ Bertrand Pinard, cons⁰ʳ du roy et élu en l'élection de Bernay, et de dam¹¹ᵉ Catherine Gobert, a été baptisé en la parr. de Boisney, par M⁰ Pierre Salle, pbrē, vicaire dud. lieu. Son parrain est M⁰ Robert Le Mesnier, s¹ des Moulins, et sa marraine est dam¹¹ᵉ Marie Pinard. — Cet extrait de l'acte de baptême fut donné, le 23 avril 1702, par le s¹ Douche, pbrē, vicaire de Boisney.

Le 24 sept. 1707, M⁰ Robert-Bertrand Pinard, diacre de Boisney, est ordonné prêtre.

206. — Le 12 mars 1710, M⁰ Gabriel Durozey, pbrē du diocèse de Lx, docteur en théologie, grand vicaire du diocèse de S¹ Flour, demeurant à Paris, représenté par son frère, M⁰ François Durozey, pbrē, demeurant à Lx, parr. S¹ Germain, fait réitérer ses noms et grades au seig⁰ évêque et au Chapitre de Lx.

207. — Le 12 mars 1710, M⁰ François Durozey, pbrē, docteur en théologie de la faculté de Paris, demeurant à Lx, parr. S¹ Germain, fait signifier ses lettres de docteur, obtenues en 1708, et réitérer ses noms et autres grades au seig⁰ évêque et au Chapitre de Lx. (*V.* **199**).

208. — Le 18 mars 1710, dispense de parenté du 2ᵉ au 3ᵉ degré pour le mariage entre Louis de la Lande, Esc⁰, et dam¹¹ᵉ Marie de la Lande, tous deux de la parr. de Cerqueux, doyenné d'Orbec.

209. — Le 20 mars 1710, M⁰ Pierre du Mesnil, vicaire général, donne à M⁰ Christophe de la Bove, pbrē, la collation de la chapelle de S¹ Joseph, sise en la parr. des Moutiers-Hubert. (*V.* **145**, **194**).

210. — Le 11 mars 1710, M⁰ Pierre Audran, vicaire général, donne à M⁰ Jean Chéron, pbrē, la collation de la cure des Astelles.

Le 20 mars 1710, led. s¹ Chéron, demeurant en la parr. du Mesnil-Hubert, prend possession dud. bénéfice, en présence de M⁰ Christophe de la Bove, pbrē, chapelain de S¹ Joseph au Mesnil-Hubert, et autres témoins. (*V.* **145**, **191**).

211. — Le 21 mars 1710, M⁰ Christophe de la Bove, pbrē,

demeurant au Mesnil-Hubert, chapelain de la chapelle de S¹ Joseph de la Roche, diocèse de Séez, M⁰ ès-arts en l'Université de Paris, fait réitérer ses noms et grades au seig⁰ évêque et au Chapitre de Lx, ainsi qu'aux religieux de S¹ Evroult. (*V*. **209**).

212. — Le 21 mars 1710, M⁰ Sébastien Le Dagu, pbr̄e, M⁰ ès-arts en l'Université de Caen, demeurant à Bernay, fait réitérer ses noms et grades au seig⁰ évêque et au Chapitre de Lx, ainsi qu'aux religieux de Bernay. (*V*. **399**).

212 bis. — Le 6 mars 1710, la nomination à la 2ᵉ portion de la cure de Plasnes appartenant au seig⁰ du lieu, haut et noble seig⁰, Mesʳᵉ Marc-Antoine de Prye, chev⁰ʳ, seig⁰ et marquis de Prye, baron haut-justicier de Plasnes, Echauffrey, Lessard, Le Chesne, Coquainvilliers et autres lieux, seig⁰ et patron ordinaire de lad. cure de Plasnes, 2ᵉ portion, nomme à ce bénéfice, vacant par la mort de M⁰ André Thuret, pbr̄e, dernier titulaire, la personne de M⁰ Léonor Sécard, pbr̄e, chapelain en la Cathédrale. Fait au château de Plasnes, en présence de M⁰ Claude Regnault, pbr̄e, curé de la 1ʳᵉ portion de lad. cure, et plusieurs autres témoins.

Le 11 mars 1710, M⁰ᵉ Pierre du Mesnil donne aud. s¹ Sécard la collation dud. bénéfice.

213. — Le 27 mars 1710, M⁰ Nicolas du Houlley, pbr̄e, M⁰ ès-arts en l'Université de Paris, docteur en Sorbonne, demeurant à Paris au séminaire des Bons-Enfans, représenté par M⁰ Louis du Houlley, pbr̄e, curé du Torquesne, fait réitérer ses noms et grades au seig⁰ évêque et au Chapitre de Lx. (*V*. **75**).

214. — Le 27 mars 1710, M⁰ Gabriel Odienne, pbr̄e de Lx, par̄, S¹ Germain, y demeurant, M⁰ ès-arts en l'Université de Caen, fait réitérer ses noms et grades au seig⁰ évêque et au Chapitre de Lx. (*V*. **422, 442**).

215. — Le .... 1710, la nomination à la cure de Fontaine-la-Soret appartenant au marquis de Thibouville, M⁰ᵉ Pierre-Charles de Lambert, chev⁰ʳ, marquis de Thibouville, nomme à la 1ʳᵉ portion de lad. cure, vacante par la mort de M⁰ Jacques Chagrin, dernier titulaire, la personne de M⁰ François Richomme, pbr̄e du diocèse d'Evreux.

Le 18 mars 1710, les vicaires généraux du seig⁰ évêque donnent aud. s¹ Richomme la collation dud. bénéfice.

Le 22 mars 1710, le s¹ Richomme prend possession de la cure de Fontaine-la-Soret, 1ʳᵉ portion, en présence de M⁰ Thomas Baudouin, pbr̄e, chapelain de la Rivière-Thibouville, et autres témoins. (*V*. **481**).

216. Le 7 avril 1708, Philippe de Mailloc, fils de Philippe et de Françoise de Mailloc, de la par̄ d'Orbec, reçoit la tonsure. (*V*. **375, 488**).

217. — Le 26 mars 1710, M⁰ Joseph Mahiet, pbrē, M⁰ ès-arts en l'Université de Caen, demeurant à Paris, représenté par M⁰ Pierre Thorel, pbrē, chapelain en la Cathédrale, demeurant à Lx, fait réitérer ses noms et grades au seig⁰ évêque et au chapitre de Lx. (*V.* **296**).

218. — Le 29 mars 1710, M⁰ Guillaume Jehenne, pbrē, aumônier du seig⁰ évêque, M⁰ ès-arts en l'Université de Paris, demeurant à Lx, fait réitérer ses noms et grades aud. seig⁰ évêque et au Chapitre de Lx. (*V.* **474**).

219. — Le 22 sept. 1708, M⁰ Jean du Buisson, sous-diacre de la parr. de N.-D. de Courson, est ordonné diacre.

Le 10 mars 1710, led. s⁰ du Buisson, diacre est reçu M⁰ ès-arts en l'Université de Caen.

Le 12 mars 1710, il obtient des lettres de quinquennium du recteur de lad. Université.

Le même jour, le s⁰ du Buisson, âgé d'environ 24 ans, est nommé par icelle sur l'archevêché et le chapitre de Rouen, sur les évêchés et les chapitres de Bayeux, Lisieux, Evreux, Séez et Le Mans, et sur bon nombre d'abbayes et prieurés de ces divers diocèses.

Le 31 mars 1710, led. s⁰ du Buisson fait signifier ses noms et grades au seig⁰ évêque et au Chapitre de Lx. (*V.* **351**).

220. — Le 3 avril 1710, M⁰ Jacques Gosset, pbrē, curé de la 1ʳᵉ portion de Verson, en portion congrue, M⁰ ès-arts en l'Université de Caen, demeurant en lad. parr. de Verson, fait réitérer ses noms et grades au seig⁰ évêque et au Chapitre de Lx. (*V.* **434**).

221. — Le 6 mars 1710, M⁰ Pierre Hauvel, sous-diacre du diocèse de Lx, est reçu M⁰ ès-arts en l'Université de Caen.

Le 12 mars 1710, il obtient des lettres de quinquennium du recteur de lad. Université.

Le même jour, le s⁰ Hauvel, âgé d'environ 27 ans, est nommé par icelle sur les archevêchés et les Chapitres de Paris, Rouen, Tours et Bourges ; sur les évêchés et les Chapitres de Bayeux, Lisieux, Coutances, Avranches, Evreux, Séez, Le Mans et Condom, et sur la plupart des abbayes et prieurés de ces divers diocèses.

Le 31 mars 1710, le s⁰ Hauvel, demeurant à Lx, parr. St Jacques, représenté par M⁰ Jean Hauvel, officier dans la vénerie de Sa Majesté, fait signifier ses noms et grades au seig⁰ évêque et au Chapitre de Lx. (*V.* **102, 117, 350, 431**).

222. — Le 22 mars 1710, la nomination à la cure de la Chapelle-Haute-Grue appartenant au seig⁰ de Caudemonne, Mes⁰⁰ Gratian Dufour, seig⁰ et patron de lad. parr. et du fief et seigneurie de Caudemonne, nomme à lad. cure, vacante par la mort de M⁰ Nicolas de Drouillin, Esc⁰, pbrē, dernier titulaire, décédé le 2 févr. dernier, la personne de

Mº René-François Gautier, diacre de ce diocèse, (originaire des Authieux-en-Auge).

Le 22 mars 1710, Mʳᵉ Pierre du Mesnil, vicaire général, donne aud. sʳ Gautier la collation dud. bénéfice. (V. 300).

223. — Le 19 sept. 1704, Louis d'Hôtel, fils de Louis et de Françoise Lefebvre, de la parr. de Doumesnil, diocèse de Rouen, reçoit la tonsure à Rouen.

Le 3 août 1706, led. sʳ d'Hôtel est reçu Mᵉ ès-arts en l'Université de Paris.

Le 3 août 1709, le sʳ d'Hôtel, acolyte du diocèse de Rouen, obtient des lettres de quinquennium du recteur de lad. Université.

Le 3 oct. 1709, il avait été nommé par icelle sur l'abbaye de Cormeilles, à laquelle il fait signifier ses noms et grades le 6 avril 1710. (V. 468).

Le 1ᵉʳ février 1710, il est reçu bachelier en théologie de la faculté de Paris.

224. — Le 22 sept. 1708, Mᵉ Robert Miocque, sous-diacre de Sᵗ Eugène, est ordonné diacre par Mᵍʳ Jacques de Matignon, ancien évêque de Condom.

225. — Le 4 avril 1710, Mᵉ François Grip, pbrē du diocèse de Bayeux, Mᵉ ès-arts en l'Université de Caen, chapelain de la chapelle Sᵗ Romain, non distributive, en la cathédrale de Lx, demeurant à Hérouvillette, diocèse de Bayeux, fait réitérer ses noms et grades au seigʳ évêque et au Chapitre de Lx, par le ministère de Mᵉ Jacques Crochon, pbrē, Mᵉ ès-arts en l'Université de Paris, notaire royal-apostolique du diocèse de Lx, parr. Sᵗ Germain.

226. — Le 14 nov. 1709, Mᵉ Pierre Morand, du diocèse de Lx (parr. de Ticheville), est reçu Mᵉ ès-arts en l'Université de Caen.

Le 12 mars 1710, il obtient des lettres de quinquennium du recteur de lad. Université.

Le même jour, led. sʳ Morand, pbrē, âgé d'environ 27 ans, est nommé par icelle sur l'archevêché et le chapitre de Rouen ; sur les évêchés et les chapitres de Bayeux, Lisieux, Coutances, Evreux et Séez, et sur bon nombre d'abbayes et prieurés de ces divers diocèses.

227. — Le 3 avril 1710, Mᵉ Claude Vitrel, pbrē, demeurant à Pontaudemer, parr. Sᵗ Ouen, Mᵉ ès-arts en l'Université de Caen, fait réitérer ses noms et grades au seigʳ évêque et au Chapitre de Lx, ainsi qu'aux religieux de Cormeilles, Préaux, Grestain et aux dames de l'abbaye de Sᵗ Léger de Préaux. (V. 404, 447).

228. — Le 8 avril 1710, Mᵉ Jacques Bunel, pbrē de N.-D. de Pontaudemer, prieur de l'Hôtel-Dieu de lad. ville, « de revenu modique », Mᵉ ès-arts en l'Université de Caen, fait réitérer ses noms et grades aux religieux de Corneilles, Préaux, et Grestain et aux dames de S⁺ Léger de Préaux. (V. **436**).

229. — Le 8 avril 1710, M⁰ Paul Bellant, pbrē, pourvu de la cure de S⁺ Cloud-en-Auge, « de valeur d'environ 250 livres tout au plus », M⁰ ès-arts en l'Université de Caen, fait réitérer ses noms et grades au seig⁺ évêque et aux s⁺ˢ chanoines de Lx, ainsi qu'aux religieux de Beaumont. (V. **452**).

230. — Le 4 avril 1710, M⁰ François Le Turc, pbrē du diocèse de Coutances, professeur au collège du Bois à Caen, M⁰ ès-arts en l'Université de lad. ville, représenté par M⁰⁰ Jean-Louis-Henry de Borel, ch⁰⁰, seig⁺ de Manerbe, grand-maître des Eaux et Forêts des duchés de Tancarville et Gournay, demeurant en son château de Manerbe, fait réitérer ses noms et grades au seig⁺ évêque et au Chapitre de Lx. (V. **120, 122, 149, 385, 449**).

231. — Le 3 avril 1706, M⁰ Pierre Le Prevost, acolyte de Grancamp, est ordonné sous-diacre. (V. **395**).

232. — Le 8 avril 1710, vu l'attestation du s⁺ Lebourg, curé de Pierrefitte, et du s⁺ Morel, curé de S⁺-Samson-en-Auge, dispense de bans pour le mariage entre Pierre Deshays, Esc⁺, s⁺ de Pierrefitte, fils de feu Sébastien et de dame Isabelle Le Gallois, de lad. par. de Pierrefitte, d'une part, et dam⁰⁰ Marie-Anne Onfray, fille de feu Pierre et de dame Geneviève Lorphelin, de la par. de S⁺ Samson, d'autre part.

233. — Le 10 mars 1710, M⁰ Pierre Tragin, diacre du diocèse de Lx, est reçu M⁰ ès-arts en l'Université de Caen.

Le 12 mars 1710, il obtient des lettres de quinquennium du recteur de lad. Université.

Le même jour, led. s⁺ Tragin, âgé de vingt-quatre ans et trois mois, est nommé par icelle sur l'archevêché et le Chapitre de Rouen ; sur les évêchés et les Chapitres de Bayeux, Lisieux, Coutances, Avranches, Evreux, Séez, Beauvais, Chartres et Le Mans, et sur la plupart des abbayes et prieurés de ces divers diocèses. (V. **196, 283**).

234. — Le 11 avril 1707, M⁰ Alexandre Pecqueult, du diocèse de Lx, est reçu M⁰ ès-arts en l'Université de Caen.

Le 12 mars 1710, led. s⁺ Pecqueult, pbrē, bachelier, obtient des lettres de quinquennium du recteur de lad. Université.

Le même jour, le s⁺ Pecqueult de Clairemare, pbrē, âgé d'environ 34 ans, est nommé par icelle sur l'archevêché et le Chapitre de Rouen, sur l'évêché et le Chapitre de Lx, et sur les abbayes et prieurés de ces diocèses.

235. — Le 1ᵉʳ avril 1710, M⁰ Cyprian Morel, pbrē du diocèse d'Evreux, M⁰ ès-arts en l'Université de Caen, demeurant à la Gonfrière aud. diocèse, fait réitérer ses noms et grades au seig⁺ évêque et au Chapitre de Lx, ainsi qu'aux religieux de S⁺ Evroult et de Bernay. (V. **470**).

236. — Le 16 mars 1710, Me Léonor Secard, pbre, demeurant à Lx, pourvu de la cure de Plasnes, 2e portion, prend possession dud. bénéfice en présence de Me Claude Regnault, pbre, curé de la 1re portion dud. lieu ; Me Jean Fourquemin, pbre habitué en lad. parr ; Me Laurent Parent, receveur des rentes seigneuriales de M^r le marquis de Prye ; Me Louis Levain, greffier de la haute-justice de Plasnes ; Me Olivier Morin, trésorier en charge de l'église de Plasnes ; Me André Levain, sergent, et autres témoins de lad. parr. (*V.* **212**).

237. — Le 9 avril 1710, Me Jean-Jacques Lebourg des Alleurs, pbre, licencié en théologie, demeurant à Paris, fait réitérer ses noms et grades au seig^r évêque et au Chapitre de Lx. (*V.* **454**).

238. — Le 12 avril 1710, Me Nicolas Le Bellenger, pbre du diocèse de Bayeux, demeurant au Prédauge, M^e ès-arts en l'Université de Caen, fait réitérer ses noms et grades au relig^x de Ste Barbe-en-Auge. (*V.* **51, 435**).

239. — Le 9 avril 1710, Me Charles Bellière, pbre, chapelain en la Cathédrale, M^e ès-arts en l'Université de Paris, demeurant à Lx, fait réitérer ses noms et grades au seig^r évêque et au Chapitre de Lx. (*V.* **197, 469**).

240. — Le 21 sept. 1709, Me Jean Frontin, sous-diacre de la parr. de Boulleville, est ordonné diacre. (*V.* **26, 88**).

241. — Le 25 mai 1709, Me Jacques-Claude Martin, diacre du diocèse de Paris, *rite dimissus*, est ordonné prêtre à Nonant.

242. — Le 16 avril 1710, Me Pasquier Renoult, pbre, originaire de Ste Gauburge-sur-Risle et y demeurant, diocèse de Séez, M^e ès-arts en l'Université de Caen, fait réitérer ses noms et grades au seig^r évêque et au Chapitre de Lx, ainsi qu'aux religieux de St Evroult.

243. — Le 11 avril 1710, la nomination au prieuré-cure de St Paul-sur-Risle, appartenant au prieur du prieuré de St Gilles, proche Pontaudemer, Mre Alexandre Bigot, prieur commendataire dud. prieuré, demeurant à Rouen, nomme à ce bénéfice, vacant par le décès de Fr. David-François Lesage, pbre, chanoine régulier, dernier titulaire, la personne de Fr. Claude-Nicolas Mahault, pbre, religieux et chanoine régulier de la congrégation de France, demeurant au prieuré de St Gilles. (*V.* **10, 251**).

244. — Le 17 avril 1710, Me Jacques Vimont, pbre, bachelier de Sorbonne, M^e ès-arts en l'Université de Paris, curé de Roques, « de portion congrue et non remply à cause de sa modicité, et pourvu des canonicat et prébende de Bourguignoles, pour lequel il est actuellement en procèz au parlement de Rouen », fait réitérer ses noms et grades au seig^r évêque et au Chapitre de Lx. (*V.* **482**).

245. — Le 16 avril 1710, Me Nicolas Sallen, pbre, chapelain de la

Cérandière, diocèse de Bayeux, demeurant à Monts, aud. diocèse, M⁰ ès-arts en l'Université de Caen, fait réitérer ses noms et grades au seig⁺ évêque et au Chapitre de Lx, ainsi qu'aux religieux de S⁺ Evroult. (*V.* **472**).

246. — Le 11 avril 1710, Mᵉ Jacques Crochon, pbr̄e, Mᵉ ès-arts en l'Université de Paris, notaire royal-apostolique, demeurant à Lx, fait réitérer ses noms et grades au seig⁺ évêque et au Chapitre de Lx, ainsi qu'aux religieux de Cormeilles et de Préaux. (*V.* **225, 473**).

247. — Le 21 avril 1710, dispense de bans pour le mariage entre Jean Poullain, fils de Pierre et de Catherine Delamare, de la par̄r. d'Heudreville, d'une part, et damˡˡᵉ Catherine de Vauquelin, bourgeoise de Rouen, fille de Louis de Vauquelin, Escʳ, sʳ de la Brosse, et de damˡˡᵉ Catherine Anglement, d'autre part.

248. — Le 22 avril 1710, Mᵉ Jean de Soubzlebieu, pbr̄e, demeurant à Aubry-le-Panthou, Mᵉ ès-arts en l'Université de Caen, ayant élu domicile en la maison de Mᵉ Jacques Soubzlebieu, pbr̄e, chapelain de l'abbaye aux dames de S⁺ Désir de Lx, fait signifier ses noms et grades au seig⁺ évêque et au Chapitre de Lx. (*V.* **261, 411**).

249. — Le 4 août 1703, Mᵉ Jean Bizet, clerc du diocèse de Lx (par̄r. de Berthouville), est reçu Mᵉ ès-arts en l'Université de Paris.

Le 7 août 1706, il obtient des lettres de quinquennium du recteur de lad. Université.

Le 6 oct. 1706, il est nommé par icelle sur l'abbaye de S⁺ Evroult.

Le 5 avril 1710, led. sʳ Bizet, pbr̄e, demeurant à Paris, au collège de Lx, fait signifier ses noms et grades au seig⁺ abbé de S⁺ Evroult, en parlant à Mʳᵉ Antoine Le Moine, docteur en Sorbonne et grand vicaire du seig⁺ abbé, demeurant en lad. maison de Sorbonne.

250. — Le 14 avril 1710, la nomination à la chapelle de Sᵗᵉ Trinité de Bréholles, située dans le manoir dud. lieu, par̄r. S⁺ Clair-de-Barneville, appartenant au seig⁺ de Bréholles, honnête homme Guillaume Desprez, marchand, demeurant en la par̄r. de Coustranville, seig⁺ de la terre de Bréholles, nomme à lad. chapelle, vacante par la mort de Mᵉ François Defrance, pbr̄e, dernier titulaire, la personne de Mᵉ Michel Venlelet, pbr̄e, originaire de Grandouet, exemption de Cambremer. Fait à Lx, en l'hôtellerie « où pend pour enseigne l'Image S⁺ Christophe, par̄r. S⁺ Désir, où led. sʳ Desprez » a requis le notaire « de se transporter à cause de son infirmité de la goutte ». (*V.* **258**).

251. — Le 17 avril 1710, Pierre du Mesnil, vicaire-général, donne à Claude-Nicolas Mahault, pbr̄e, chanoine régulier, la collation du prieuré-curé de S⁺ Paul-sur-Risle.

Le 19 avril 1710, led. sʳ Mahault prend possession dud. prieuré-cure. (*V.* **243**).

252. — Le 25 avril 1710, vu l'attestation du sʳ Bucaille, vicaire de Noards, dispense de bans pour le mariage entre Jean de la Houssaye, Escʳ, sʳ de la Maillardière, fils de feu François de la Houssaye, aussi Escʳ et sʳ de la Maillardière, et de feue noble dame Catherine de Hally, de la parr. de Noards, d'une part, et damˡˡᵉ Jeanne Lailler, fille de feu Mᵉ Nicolas Lailler et de damˡˡᵉ Louise Leroy, de la parr. de Sᵗ Désir de Lx.

253. — Le 16 avril 1710, Mᵉ Guillaume Hovey, pbre du diocèse de Séez, Mᵉ ès-arts et bachelier en théologie de la faculté de Paris, ayant un droit litigieux aux cures de N.-D. de Maisse et de N.-D. de Buthiers dans le diocèse de Sens, chapelain des chapelles de Sᵗ Jean-Baptiste du Petit-Précigny, diocèse de Tours, et de celle de Sᵗ Maur et de Sᵗ Sulpice en l'église paroissiale de Sᵗ Paul à Paris, demeurant à Maisse, proche Milly en Gâtinois, représenté par Claude-Laurent Libourg, bourgeois de Paris, fait réitérer ses noms et grades au seigʳ abbé de Sᵗ Evroult, en parlant à son vicaire général demeurant à la Sorbonne.

254. — Le 17 avril 1710, « Mᵉ Jean Caboulet, pbre, curé de Sᵗ Aubin-sur-Auquainville, icelle cure étant d'un revenu modique », Mᵉ ès-arts en l'Université de Paris, ayant élu domicile en la maison de son frère. « Charles Caboulet, Mᵉ de l'hostellerie où pend pour enseigne Le More, faubourg de la porte d'Orbec, parr. Sᵗ Jacques de Lx », fait signifier ses noms et grades au seigʳ évêque et aux sieurs chanoines de Lx. (*V.* **257, 267, 480**).

255. — Le 19 avril 1710, Mᵉ Pierre-Paul Ménard, pbre du diocèse de Lx, chapelain de la chapelle Sᵗᵉ Anne dans l'église N.-D. de Paris, et bénéficier du personat de Ranchicourt et de la chapelle de Gueneppe, diocèse d'Arras, Mᵉ ès arts et docteur en théologie de la faculté de Paris, demeurant en icelle ville dans la communauté de Sᵗ Nicolas-des-Champs, fait réitérer ses noms et grades au seigʳ évêque et au Chapitre de Lx, ainsi qu'aux religieux de l'abbaye de Sᵗ Evroult. (*V.* **443, 451**).

256. — Le 30 avril 1710, la nomination à la cure de Sᵗ Martin-le-Vieil, près Honfleur, appartenant au seigʳ du lieu, Mʳᵉ Charles de Bois-l'Evêque, Escʳ, seigʳ et patron de Sᵗ Martin-le-Vieil, nomme à ce bénéfice, vacant par la mort de Mᵉ Robert Houvet, pbre, dernier titulaire, la personne de Mᵉ Jacques Leduc, pbre, demeurant en la ville d'Honfleur.

Le 1ᵉʳ mai 1710, Mʳᵉ Pierre du Mesnil, pbre, vicaire général, donne aud. sʳ Leduc la collation de la cure de Sᵗ Martin. (*V.* **336**).

257. — Le 19 sept. 1692, Jean Caboulet, fils de François et de Magdeleine Dutertre, du diocèse de Lx, *rite dimissus*, reçoit la tonsure à Paris.

Le 20 août 1691, il avait été reçu Mᵉ ès-arts en l'Université de Paris.

Le 6 oct. 1694, led. s' Caboulet, clerc du diocèse de Lx, avait obtenu des lettres de quinquennium du recteur de lad. Université.

Le 14 décembre 1694, il est nommé par icelle sur l'Évêché et le Chapitre de Lx.

Le 30 avril 1710, la nomination à la chapelle S⁺ Magdeleine en la Cathédrale appartenant au chanoine de semaine et M⁰ Charles du Thiron, chanoine prébendé de la 1ʳᵉ portion de Crèvecœur, se trouvant chanoine de semaine, mais n'étant pas dans les ordres sacrés, le Chapitre tout entier nomme aud. bénéfice, vacant par la mort de Mᵉ Bon-Thomas Athinas, pbrē, dernier titulaire, décédé le samedi 26 avril dernier, la personne de Mᵉ Jean Caboulet, pbrē de ce diocèse, curé de S' Aubin-sur-Auquainville, l'ait en présence de M⁰ Claude Corset, et Guillaume Couture, pbrēs et officiers de la Cathédrale. (V. 2).

Le 3 mai 1710, led. s' Caboulet, est mis en possession de la chapelle de S⁺ Magdeleine, en présence de Mᵉ Guillaume Véron, secrétaire du Chapitre, M⁰ Claude Corset, et Guillaume Couture, pbrēs, officiers de lad. Cathédrale. (V. **254, 267, 480**).

258. — Le 24 avril 1710, Mᵉ Pierre Audran, vicaire général, donne à Mᵉ Michel Verderet, pbrē du diocèse de Bayeux, la collation de la chapelle de S⁺ Trinité de Broholles, sise dans le manoir de S' Clair-de-Barneville.

Le 1ᵉʳ mai 1710, le s' Verderet prend possession de lad. chapelle. (V. **250**).

259. — Le 21 sept. 1697, Charles Billard, fils de Robert et de Geneviève Denise, de la parr. de Grossé, diocèse d'Évreux, reçoit à Évreux la tonsure et les ordres mineurs.

Le 4 août 1699, Charles Billard, acolyte du diocèse d'Évreux, est reçu Mᵉ ès-arts en l'Université de Paris.

Le 5 août 1702, led. s' Billard, sous-diacre, obtient des lettres de quinquennium du recteur de lad. Université.

Le même jour, il est nommé par icelle sur l'abbaye de S' Evroult.

Le 15 avril 1710, led. s' Billard, pbrē, demeurant à Corbeil, diocèse de Paris, fait signifier ses noms et grades au vicaire général du seigʳ abbé de S' Evroult, résidant à la Sorbonne.

260. — Le 13 mai 1710, Mᵉ Alexandre Moessard, pbrē, ayant exposé à Sa Sainteté « que quoy qu'il ait resté au service du roy en qualité de cavalier au régiment de la cornette blanche et porté les armes, il ne s'est néanmoins jamais trouvé en aucunes occasions où il ait tué ny mutilé ; duquel service s'estant retiré, il se seroit fait promouvoir aux ordres sacrés, et de plus ayant mesme esté pourveu d'une chapelle simple en la cathédrale de Lisieux, de laquelle il auroit pris possession et acquitté les charges et fait toutes les fonctions de son ministère, le tout sous la bonne foy, ne croyant pas avoir encouru aucune irrégularité et par conséquent nul besoin de dispense d'absolution, et *ores* (comme) il est encore nouvellem* pourveu et a aussy pris possession de la seconde portion des trois portions du bénéfice-cure de la par̄r. de S* Germain de la Campagne, de ce diocèse, pour plus grande seureté et pour lever tout doute, obtient de Sa Sainteté un bref d'absolution de toute irrégularité. M* Pierre Audran, vicaire général et official de l'Evêché de Lx et commissaire de Sa Sainteté en cette partie, fulmine le bref apostolique d'absolution et permet and. s* Moessard de jouir du bénéfice dont il est pourvu et de tout autre qu'il pourrait obtenir à l'avenir.

261. — Le 10 mars 1710, M* Jean de Soubzlebien, pbr̄e du diocèse de Lx, est reçu M* ès-arts en l'Université de Caen.

Le 12 mars 1710, il obtient des lettres de quinquennium du recteur de lad. Université.

Le même jour, il est nommé par icelle sur les archevêchés et les Chapitres de Paris et de Rouen ; sur les évêchés et les Chapitres de Bayeux, Lisieux, Evreux, Séez et Coutances et sur beaucoup d'abbayes de ces divers diocèses, notamment sur S* Evroult, S* Pierre de Préaux, Cormeilles, Bernay, Grestain et S* Léger de Préaux. (*V.* **248, 411**).

262. — Le 17 mai 1710, vu l'attestation du s* Pellerin, vicaire de S* Pierre de Cormeilles, dispense de bans pour le mariage entre Pierre Renouard et François Vallée.

263. — Le 18 mai 1710, vu l'attestation du s* Le Marchand, curé de Pont-l'Evêque, dispense de bans pour le mariage entre M* Jean-Baptiste Lesueur, fils de feu M* Jean-Baptiste Lesueur et de dam*** Anne de Lannoy, d'une part, et dam*** Marie-Agnès-Jeanne Le Court, fils de Vincent-Louis Le Court, Esc*, s* de Noirval, et de dame Agnès Levavasseur, d'autre part, tous deux de lad. par̄r. de Pont-l'Evêque.

264. — Le 23 avril 1707, M* Jacques Beuzelin, diacre du Bosc-Regnoult, est ordonné prêtre.

265. — Le 22 mai 1710, dispense de bans pour le mariage entre Mes** André de Bernart, chev*, seig* de Courmesnil, S* Arnoult, les Astelles et autres lieux, fils de feu Mes** François de Bernart, chev*, seig* desd. lieux, lieutenant-colonel du régiment de Grancey, et de noble dame Catherine Moreau, d'une part, et dam*** Marie-Anne Guénet, fille de feu Mes** Alexandre Guénet, seig* châtelain de Louye et autres lieux, en son vivant cons* de grand'chambre au parlement de Normandie, et de feue noble dame des Moullins, d'autre part, tous deux de la par̄r. de Vimoutiers.

266. — Le 16 mai 1710, M* Robert Jouanne, pbr̄e, demeurant à Caen, M* ès-arts en l'Université dud. lieu, fait signifier ses noms et grades au seig⁺ évêque et au Chapitre de Lx et, le 22 du même mois, aux relig⁺ de S⁺ Evroult. (*V.* **435**).

267. — Le 20 août 1691, Jean Caboulet, du diocèse de Lx, est reçu Mᵉ ès-arts en l'Université de Paris.

Le 19 sept. 1692, led. sʳ Caboulet, fils de François et de Magdeleine Duterare, *rite dimissus*, reçoit la tonsure à Paris.

Le 6 octobre 1694, il obtient des lettres de quinquennium du recteur de l'Université de Paris.

Le 14 décembre 1694, il est nommé par icelle sur l'évêché et le Chapitre de Lx, etc. (*V.* **254, 257, 480**).

268. — Le 22 mai 1710, la nomination et collation du prieuré simple de S⁺ Arnoult-sur-Touques, ordre de Cluny, appartenant au prieur de Longpont, diocèse de Paris, Mʳᵉ Jean-Paul Bignon, prieur commendataire dud. prieuré de Longpont, ordre de Cluny, nomme à ce bénéfice, vacant par la mort de dom Jean Dakins, religieux bénédictin, dernier possesseur, la personne de dom Philippe Brunet, pbrē, religieux-profès de l'ordre de Cluny, bachelier en droit de la faculté de Paris.

Le 1ᵉʳ juin 1710, led. sʳ Brunet, demeurant au collège de Cluny, place de Sorbonne à Paris, représenté par Mᵉ Germain Morin, pbrē, curé de S⁺ Thomas de Touques, prend possession du prieuré de S⁺ Arnoult, en présence de Mᵉ François de Lessard, pbrē, curé de S⁺ Arnoult ; Nicolas Duclos, pbrē, vicaire de S⁺ Thomas de Touques ; Mʳᵉ Jacques Du Mesnil de S⁺ Germain, Esc⁺, demeurant en lad. parr. de S⁺ Thomas.

269. — Le 9 juin 1710, vu l'attestation du sʳ Parent, vicaire de S⁺ Evroult-de-Montfort, dispense de bans pour le mariage entre Jean Lecomte et Marie Thiesse.

270. — Le 5 juin 1710, Mᵉ Guillaume Hercent, pbrē, chanoine en la cathédrale de Rouen, bachelier en théologie de la faculté de Paris, prieur du prieuré simple de Sᵗᵉ Marie-l'Egyptienne, situé en la parr. de Tourville et dépendant de l'abbaye de Cormeilles, ordre de S⁺ Benoît, donne sa procuration pour résigner led. prieuré entre les mains de N.-S.-P. le pape en faveur de Mᵉ André Hercent, clerc du diocèse de Rouen, bachelier en théologie de l'Université de Caen, chapelain de la chapelle S⁺ Martin en la cathédrale de Rouen, demeurant au séminaire de Lx. Cette résignation est faite avec la réserve de trois cents livres de pension annuelle sur les revenus dud. prieuré. (*V.* **314**)

271. — Le 26 février 1710, Nicolas de Sepvrey, Esc⁺, sʳ du lieu, demeurant au Ronceray, constitue 150 livres de rente en faveur de son frère, Mᵉ François de Sepvrey, acolyte, afin qu'il puisse parvenir aux ordres sacrés. Cette rente est cautionnée par Jean-Baptiste Collet, Esc⁺, sr des Boves, demeurant en la parr. d'Ouillye. Fait en présence de Robert Vimont, sr des Vallées, demeurant au Ronceray.

272. — Le 12 juin 1710, la nomination à la cure de St Martin-des-Authieux appartenant au seigr du lieu, Mesre Charles Labbey, chr, seigr et patron des Authieux, nomme aud. bénéfice, vacant par la mort de Me Félix Guérin, pbre, dernier titulaire, la personne de Me Jacques Bence, pbre du diocèse de Séez, demeurant en la ville d'Argentan.

Le 13 juin 1710, Pierre du Mesnil, vic. gl, donne aud. sr Bence la collation de la cure des Authieux.

Le 16 juin 1710, le sr Bence prend possession dud. bénéfice en présence de Me Gabriel Le Courtois, pbre, bachelier en théologie de la faculté de Paris, curé du Merlerault, et autres témoins.

273. — Le 27 février 1710, Jean Gaultier, marchand, demeurant à Pontallery, constitue 150 livres de rente en faveur de son fils, Me Jean Gaultier, acolyte, afin qu'il puisse parvenir aux ordres sacrés. Fait en présence de Me François de Vaumesle, pbre, curé de Pontallery, et autres témoins.

274. — Le 17 juin 1710, vu l'attestation du sr Scelles, curé de St Martin-de-Fresnay, et du sieur Jouenne, curé de St Nicolas-des-Authieux, dispense de bans pour le mariage entre François Pouyer, de lad. parr. des Authieux, d'une part, et damlle Françoise Vigan, fille de feu François Vigan, Escr, sr de Ste Croix, et de damlle Charlotte Lévesque, de lad. parr. de St Martin-de-Fresnay.

275. — Le 17 juin 1710, la nomination à la 2e portion de la cure de Vieux-Pont appartenant au seigr abbé de St Pierre-sur-Dives, Mesre François de Camilly, évêque de Toul et abbé de lad. abbaye de St Pierre, nomme à cette cure, vacante par la mort de Me François Cappelain, pbre, dernier titulaire, décédé le 7 juin dernier, la personne de Me François Duthrosne, pbre du diocèse de Séez.

Le 26 juin 1710, Me Pierre du Mesnil, vic. gl, donne aud. sr Duthrosne la collation dud. bénéfice.

Le 8 juillet 1710, le sr Duthrosne, pbre du diocèse de Séez, demeurant à Donville aud. diocèse de Séez, prend possession de la 2e portion de la cure du Vieux-Pont, en présence de Me Robert Mignot, officier chez le roy ; Me Guillaume De la Perelle, marchand et bourgeois, demeurant à Lx.

276. — Le 29 juin 1710, vu l'attestation du sr Jullien, pbre, curé de Neuville-sur-Authou, dispense de bans pour le mariage entre Marc-Antoine Racine, fils de feu Pierre-François Racine, sr du Tremblay, et de dame Catherine-Françoise de Chaslon, de lad. parr. de Neuville, d'une part, et damlle Anne Girard, de la parr. de St Barthélemy de Paris, fille de Joachim Girard et de Suzanne Martinot, demeurant à Rouen. (*V.* **131**).

277. — Le 25 février 1710, Marguerite Minot, vve de François Magdelaine, de la parr. de Quetteville, constitue 150 livres de rente en faveur de son fils, Me Jean Magdelaine, acolyte, afin qu'il puisse parvenir aux ordres sacrés. Cette rente est cautionnée par François Le Grand, Esc{sup}r{/sup}, lieutenant des cuirassiers du roy.

278. — Le 7 avril 1708, Charles-Christophe de la Garenne, fils de Charles et de Nicolas Gérardin, de la parr. de Giverville, reçoit la tonsure et les ordres mineurs.

279. — Le 29 mars 1709, reçurent la tonsure et les ordres mineurs :

Charles Lepeltier, fils d'Adrian et de Marie Moutier, de la parr. d'Epaigne ; (*V*. **534**).

Jacques Dufay, fils de Georges et de Julienne Dorentot, de la parr. de Cerquigny ; (*V*. **534**).

Olivier Tirelet, fils de Denis et de Marie Cordouen, de Ste Catherine d'Honfleur ;

Charles de Giverville, fils de Louis et de Marie-Claude Fleury, de la parr. de Giverville ; (*V*. **535**).

Yves Huet, fils de Michel et d'Elisabeth Desvaux, de la parr. d'Orbec.

280. — Le 25 juin 1710, la nomination à la cure de St Martin-du-Ham, appartenant au seigr abbé de Troarn, Mesre Jean-Louis de Sourches, pbre, cons{sup}er{/sup} et aumônier ordinaire du roy, abbé commendataire de l'abbaye de Troarn, nomme aud. bénéfice, vacant par la mort du dernier titulaire, la personne de Me Jacques Naude, pbre du diocèse de Bayeux.

Le 15 juillet 1710, Mre Pierre du Mesnil, vic. g{sup}l{/sup}, donne aud. sr Naude la collation de la cure du Ham. (*V*. **398**).

281. — Le 21 sept. 1709, furent ordonnés sous-diacres :

Jean Busquet, acolyte de St Germain de Lisieux ; (*V*. **64, 100**).

Gabriel Duplessis, acolyte de St-Cyr-de-Salerne. (*V*. **80, 126**).

282. — Le 19 janvier 1710, Jean Prévost, laboureur de St Ouen-le-Hoult, constitue 150 livres de rente en faveur de son fils, Me Jean Prévost, acolyte, afin qu'il puisse parvenir aux ordres sacrés. Fait et passé en présence de Me Guillaume Vattier, pbre, et Charles-Alexandre Lesueur, acolyte, tous deux demeurant en lad. parr. de St Ouen-le-Hoult. (*V*. **162**).

283. — Le 16 janvier 1710, Me Alexis Seney, receveur des Aides au bureau de Moyaux, y demeurant, constitue 150 livres de rente, en faveur de son fils, Me Jean-Baptiste Seney, acolyte, afin qu'il puisse parvenir aux ordres sacrés. Fait en présence de Me Pierre Guerrier, avocat, demeurant à Marolles, et de Me Jacques Legrand, procureur fiscal en la haute-justice d'Ouillye, demeurant à Hermival.

284. — Le 28 juin 1710, la nomination à la cure du Sap appartenant aux relig˟ de S˟ Evroult, dom Pierre Chevillard, prieur dud. monastère et les autres religieux nomment à cette cure, vacante par la mort de M˟ Gabriel Langlois, pbr̃e, dernier titulaire, la personne de M˟ Pierre du Brunet, pbr̃e, originaire de la par̃r. de S˟ Gervais de Séez.

Le 2 juillet 1710, M˟˟ Pierre du Mesnil, vic. g˟, donne aud. s˟ du Brunet la collation dud. bénéfice.

Le 3 juillet 1710, le s˟ du Brunet, pbr̃e, demeurant en la par̃r. de S˟ Hilaire de Combled, diocèse de Séez, prend possession de la cure du Sap, en présence de M˟ Louis Maignet, pbr̃e, vicaire de lad. par̃r. ; M˟ François Lecomte, pbr̃e habitué en icelle ; François Berthelot, acolyte ; M˟ François Frère, syndic, tous demeurant au bourg du Sap. (V. 304).

285. — Le 27 juin 1710, M˟ Louis Maignet, pbr̃e, demeurant au Sap, M˟ ès-arts en l'Université de Caen, fait signifier ses noms et grades au seig˟ évêque et au Chapitre de Lx, et, le 30 juin, aux religieux de S˟ Evroult, en parlant à dom Pierre Chevillard, prieur. (V. 284, 400).

286. — Le 30 juin 1710, M˟ Pierre de Jouis, pbr̃e, curé de S˟ Laurent de Plainville « qui ne vaut tout au plus que 150 livres », dépendant du diocèse de Séez, M˟ ès-arts en l'Université de Caen, demeurant à Plainville, et ayant élu domicile en la maison de Philippe Le Vallois, Esc˟, s˟ des Barres, demeurant en la par̃r. d'Ouville-la-Bien-Tournée, fait signifier ses noms et grades aux religieux de S˟˟ Barbe-en-Auge.

287. — Le 8 juillet 1710, M˟˟ Louis Le Petit du Castillon, pbr̃e du diocèse de Lx, demeurant au Mesnil-sous-Lillebonne, diocèse de Rouen, pourvu de la chapelle de S˟ Jacques de la Boutonnière, par̃r. de S˟ Germain-de-Clerfeuille, prend possession dud. bénéfice, en présence de Jacques Faucon, s˟ des Costières, fermier et receveur de la terre de la Boutonnière, demeurant en icelle, et autres témoins. (V. 180).

288. — Le 17 janvier 1710, M˟ Jacques Daubichou, clerc acolyte de S˟ Philbert-des-Champs, constitue en sa faveur 150 livres de rente, afin de parvenir aux ordres sacrés. Cette rente est cautionnée par l'oncle dud. acolyte, M˟ Nicolas Daubichon, pbr̃e, demeurant à Lx.

289. — Le 15 juin 1710, dispense de bans pour le mariage entre Jean Guérin, Esc˟, fils de Tenneguy Guérin, Esc˟, et de dame Barbe Lefebvre, d'une part, et Marie Avisse, fille de François Avisse et de dam˟˟˟ Charlotte Ledanois, d'autre part, tous deux de la par̃r. de S˟ Ouen de Pontaudemer.

290. — Le 21 sept. 1709, M˟ Gabriel Vattier, acolyte de la par̃r. de S˟ Germain de Lx, est ordonné sous-diacre. (V. 127, 388).

291. — Le 18 juillet 1710, Mᵉ Christophe de la Rive, pbrē du diocèse de Lx, chapelain de la chapelle de Sᵗ Joseph-de-la-Roche, diocèse de Séez, Mᵉ ès-arts en l'Université de Paris, demeurant au Mesnil-Hubert, ayant élu domicile « chez le sʳ Cabouillet, Mᵉ de l'hôtellerie où pend pour enseigne Le More, faubourg des Loges, parr. Sᵗ Jacques », requiert, en sa qualité de gradué, des sʳˢ chanoines du Chapitre de Lx et spécialement de Mᵉ François Daubin, pbrē, se trouvant chanoine de semaine, sa nomination à la cure de Mardilly dépendant dud. chapitre et vacante par la mort de Mᵉ Charles Lefebvre, pbrē, dernier titulaire, décédé le 16 de ce mois. (*V.* **312**).

292. — Le 16 mars 1710, Guillaume Mariolle, marchand cordonnier, bourgeois, demeurant en la ville de Lx, constitue 150 livres de rente en faveur de son fils, Mᵉ Jean Mariolle, acolyte, afin qu'il puisse parvenir aux ordres sacrés. Lad. rente fut cautionnée par Pierre Mariolle, frère dud. acolyte, demeurant à Sᵗ Hymer.

293. — Le 24 février 1710, Jacques Morand, maître de la poste du Noyer-Menard, y demeurant, constitue 150 livres de rente en faveur de son fils, Mᵉ Louis Morand, acolyte, afin qu'il puisse parvenir aux ordres sacrés. Lad. rente fut cautionnée par Mᵉ Jacques Hain, acolyte du Sapandré ; Mᵉ Charles-Antoine Chastelain, sʳ d'Ambruval, intendant de M. l'abbé de Sᵗ Evroult, demeurant à Sᵗ Evroult ; Jacques du Valpoutrel, sʳ de la Coudraye, et Mᵉ Jean-Baptiste Morand, sʳ de la Verderie, de lad. parr. du Noyer-Menard.

294. — Le 21 sept. 1709, Guillaume Le Signerre, acolyte de Sᵗᵉ Catherine d'Honfleur, est ordonné sous-diacre. (*V.* **133**).

295. — Le 28 février 1710, Catherine Douis, vᵛᵉ de Nicolas Fortin, et François Fortin, son fils, demeurant l'un et l'autre à Orbec, constituent 150 livres de rente en faveur de Mᵉ Roger Fortin, acolyte, afin qu'il puisse parvenir aux ordres sacrés.

296. — Le 19 juillet 1719, Mᵉ Joseph Mahiet, pbrē, Mᵉ ès-arts en l'Université de Caen, demeurant à Paris, représenté par Mᵉ Pierre Thorel, pbrē de la Cathédrale, demeurant à Lx, requiert, en sa qualité de gradué, du seigʳ évêque, collateur du canonicat du Faulq, sa nomination aud. bénéfice vacant par la mort de Mᵉ Jacques Deleau, dernier titulaire. Le sʳ Audran, vic. gᵛ, répond qu'il donnera avis au seigʳ évêque de lad. réquisition. Led. sʳ Mahiet, prenant cette réponse pour un refus, proteste de se pourvoir devant qui de droit. (*V.* **217, 386, 407**).

297. — Le 27 juin 1710, la nomination à la chapelle de Sᵗ Laurent-de-Planche, en la parr. d'Echauffour, appartenant au seigʳ abbé de Sᵗ Evroult, Mesʳᵉ Charles, comte de Reckeim, chanoine de Cologne et de Strasbourg et abbé commendataire de Sᵗ Evroult, nomme aud. bénéfice, vacant par la mort de Mᵉ Jean-Baptiste Héroult, pbrē, curé de

Monteval, dernier titulaire de lad. chapelle, la personne de M⁰ Antoine Lemoyne, pbrē de Paris, docteur en Sorbonne. (V. **305**).

298. — Le 30 juillet 1710, dispense de bans pour le mariage entre M⁰ François d'Epaigne, avocat au Pontaudemer, fils Michel, d'une part, et Marie Véron, fille de Jacques, greffier en l'élection de Pontaudemer, tous deux de la parr. de St Ouen de Pontaudemer.

299. — Le 22 juillet 1710, M⁰ Pierre du Mesnil, vic. g¹, donne à M⁰ Pierre Tragin, diacre, la collation de la cure de S⁰ Croix de Cormeilles, vacante par la mort du dernier titulaire.

Le 25 juillet 1710, led. s⁰ Tragin, demeurant à St Jacques de Lx, prend possession dud. bénéfice de Cormeilles, en présence de M⁰ Jacques Blondel, pbrē, curé de Jouveaux ; M⁰ Nicolas David, pbrē, desservant lad. parr. de S⁰ Croix de Cormeilles ; Jacques Auger, pbrē habitué en icelle ; Louis Couel, pbrē, vicaire de S¹ Jean d'Asnières, et autres témoins.

300. — Le 22 juillet 1710, Mes⁰⁰ René-François Gautier, diacre, demeurant à S¹ Georges-des-Authieux, pourvu de la Chapelle-Haute-Grue, prend possession de ce bénéfice, en présence de Mes⁰ Philippe Bertheaume, pbrē, curé de Réveillon, diocèse de Séez ; M⁰ Marin Billon, pbrē, desservant lad. parr. de la Chapelle ; Gratian Gondouin, acolyte, et autres habitants dud. lieu. (V. **222**).

301. — Le 30 juillet 1710, vu l'attestation du s⁰ Routtier, pbrē, vicaire de la Goulafrière, dispense de bans pour le mariage entre Jacques de la Rouvraye, Esc⁰, s⁰ du Moutier, fils de Louis de la Rouvraye, Esc⁰, s⁰ du Hamel, et de noble dame Marguerite de Lannoy, de la parr. de la Gonfrière, d'une part, et dam¹ˡᵉ Marie du Chapelet, fille de feu Isaac du Chapelet, vivant Esc⁰, s⁰ de la Chaisnaye, et de noble dame Marie de Bardouil, originaire de la parr. de St Denis-d'Augerons et demeurant en la parr. de la Goulafrière, d'autre part.

Le même jour dispense de parenté au 4ᵉ degré pour led. mariage.

302. — Le 17 juillet 1710, la nomination : · ·ure du Sapandré appartenant aux religieux de St Evroult, M⁰ Maignet, pbrē, demeurant au bourg du Sap, M⁰ ès-arts et · niversité de Caen, requiert desd. religieux, en sa qualité de gradué, sa nomination à lad. cure, vacante par la mort de M⁰ Jean Cheradame, pbrē, dernier titulaire, décédé le 8 de ce mois. Dom Pierre Chevillard, prieur de lad. abbaye et les autres religieux consentent à nommer le s⁰ requérant aud. bénéfice du Sapandré.

Le 18 juillet 1710, M⁰ Pierre du Mesnil, vic. g¹, donne au s⁰ Maignet la collation de la cure du Sapandré. (V. **284, 328, 387**).

303. — Le 1ᵉʳ août 1710, dispense d'affinité au 2ᵉ degré pour le mariage entre Charles Martin, Esc⁰, s⁰ des Costils, demeurant en la parr. de Victot, et dam^lle Catherine Hubert, demeurant en la parr. d'Estrées.

Le 3 août 1710, dispense de bans pour le mariage entre led. s^r Martin, fils de feu François et de dam^lle Gabrielle Fergant, d'une part, et lad. dam^lle Catherine Hubert, fille de feu Pierre et de Barbe Dutheil, d'autre part.

304. — Le 2 juillet 1710, la nomination à la cure de St Pierre du Grand-Sap appartenant au seig^r abbé de St Evroult, le vicaire général de Mes^re de Reckeim, abbé commendataire de lad. abbaye, nomme à ce bénéfice, vacant par la mort de Me Gabriel Langlois, pbrē, dernier titulaire, la personne de Me Jacques de Vauquelin, pbrē du diocèse de Lx.

Le 26 juillet 1710, le seig^r évêque, étant à Paris, donne aud. s^r de Vauquelin la collation de la cure de St Pierre du Grand-Sap. (V. **284**).

305. — Le 4 août 1710, Me Antoine Le Moyne, pbrē, docteur de la Maison et Société de Sorbonne, demeurant à Paris en icelle maison, pourvu de la chapelle St Laurent-des-Planches, parr. d'Echauffour, représenté par Me Louis Maignet, vicaire du Sap, prend possession dud. bénéfice, vacant par la mort de Me Jean-Baptiste Héroult, pbrē, curé de Menneval, dernier titulaire. (V. **297**).

306. — Le 7 août 1710, vu l'attestation du s^r Thillaye, pbrē, desservant la parr. de Cirfontaine, dispense de bans pour le mariage entre Joseph Buisson et Anne Dubong.

307. — Le 26 février 1710, Jean Guillemin, acolyte de la parr. de Bellou, fils et héritier en partie de feu Michel Guillemin, s^r du Rouvray, constitue en sa faveur 150 livres de rente, afin de parvenir aux ordres sacrés. Cette rente est cautionnée par Alphonse Guillemin, s^r de Durenglais, oncle dud. acolyte, et Jacques Guillemin, s^r du Rouvray, son frère. Fait en présence de Mes Nicolas Bellière et Jean Lechangeur, pbrēs, demeurant à Courson. (V. **162**).

308. — Le 1er août 1710, la nomination à la cure de St Hippolyte de Cantelou appartenant au seig^r du lieu, Mes^re Pierre de Piperey, Esc^r, seig^r de Marolles, Cantelou et autres lieux, nomme aud. bénéfice, vacant par la démission de Me Guillaume Piel, pbrē, curé de Cirfontaine et dernier titulaire de St Hippolyte, la personne de son frère, Mre François de Piperey, pbrē de ce diocèse.

Le même jour, Mre Pierre du Mesnil, vic. g^l, donne aud. s^r de Piperey la collation de ce bénéfice.

Le 6 août 1710, le s^r de Piperey, pbrē, prend possession de la cure de St Hippolyte de Cantelou, en présence de Me *Guillaume Piel*, pbrē, vicaire de lad. parr. (V. **129**).

309. — Le 1er août 1710, le seig^r évêque, se trouvant à Paris, donne à Me Jean Nicolle pbrē du diocèse de Lx, la collation de la cure de S¹ Georges des Authieux-sous-le-Renouard, à laquelle il a été nommé par son Eminence le cardinal de Bouillon, abbé commendataire de S¹ Ouen de Rouen, — Cet acte de collation fut remis par le greffier des Insinuations « au s¹ curé de Bouttemont frère dud. s¹ Nicolle ». (V. 405).

310. — Le 16 janvier 1710, Jacques Lecordier, marchand, demeurant en la parr. de Bellouet, constitue 150 livres de rente en faveur de son fils, M⁰ Guillaume Cordier, acolyte, afin qu'il puisse parvenir aux ordres sacrés. Fait en présence de M⁰ Nicolas Bellière, pbrē, vicaire de N.-D.-de-Courson, et de M⁰ Noel Pottier, chirurgien, demeurant à Livarot. (V. 151).

311. — Le 6 février 1710, M⁰ Charles-Alexandre Lesueur, acolyte de S¹ Ouen-le-Hoult, fils et héritier en partie de Charles Lesueur, vivant s¹ de Launay, constitue en sa faveur 150 livres de rente, afin de parvenir aux ordres sacrés. Cette rente est cautionnée par Jean Prévost, laboureur à S¹ Ouen-le-Hoult, et Isaie Le Michel, s¹ des Varendes, de la parr. de Bellou.

312. — Le 18 juillet 1710, la nomination à la cure de Mardilly appartenant au chanoine de semaine en la Cathédrale et la présentation au Chapitre tout entier, M⁰ François Daubin, pbrē, chanoine prébendé de la 2⁰ portion de Crèvecœur, nomme aud. bénéfice, vacant par la mort de M⁰ Charles Lefebvre, dernier titulaire, la personne de M⁰ Christophe de la Bove, pbrē, M⁰ ès-arts en l'Université de Paris et chapelain de S¹ Joseph-de-la-Roche au diocèse de Séez.

Le 23 juillet 1710, M⁰ Pierre du Mesnil, pbrē, vic. g¹, donne aud. s¹ de la Bove la collation de la cure de Mardilly. (V. 291).

Le 6 août 1710, la nomination à la cure de Grandval appartenant au chanoine de semaine en la Cathédrale, le s¹ de la Bove, déjà pourvu de la cure de Mardilly et demeurant au Mesnil-Hubert, requiert sa nomination à la cure de Grandval, vacante par la mort de M⁰ François Regnouard, pbrē, dernier titulaire, décédé le 29 juillet dernier.

Le 8 août 1710, M⁰ Charles-François de Montaing, pbrē, chanoine prébendé, de la Pluyère, se trouvant chanoine de semaine, nomme aud. bénéfice le s¹ Christophe de la Bove. (V. 415).

313. — Le 30 avril 1710, M⁰ Jacques Hulin, clerc du diocèse de Paris, obtient en cour de Rome des lettres de provision de la chapelle simple de la Sᵗᵉ Trinité dans l'église des religieuses de Préaux, vacante par la résignation faite en sa faveur par M⁰ Henry Levasseur, clerc tonsuré.

Le 6 août 1710, Mʳᵉ Pierre Du Mesnil, vic. g¹, donne aud. s¹ Hulin la collation de la chapelle de la Trinité. (V. 323).

314. — Le 8 juillet 1710, M⁰ André Hercent, clerc du diocèse de Rouen, obtient en cour de Rome des lettres de provision du prieuré simple de Sᵗᵉ Marie-l'Egyptienne, ordre de Sᵗ Benoit, sis en la parr. de Tourville, vacant par la résignation faite en sa faveur par Mᵉ Guillaume Hervent, pbrē, bachelier en théologie de la faculté de Paris.

Le 13 août 1710, les vicaires généraux de Lx. donnent aud. sʳ André Hervent la collation dud. prieuré.

Le 15 août 1710, le sʳ A. Hervent, bachelier en théologie de l'Université de Caen et chapelain de la chapelle Sᵗ Martin en la cathédrale de Rouen, demeurant au séminaire de la ville de Lx, prend possession de lad. chapelle de Sᵗᵉ Marie-l'Egyptienne, en présence de Mᵉ Pierre Moris, pbrē habitué à Sᵗ Ouen de Pontaudemer, et autres témoins. (V. 270).

315. — Le 28 mars 1710, la nomination à la cure de Sᵗ Pierre de Putot, 1ʳᵉ portion, appartenant par indult royal au chapitre de Cléry, les sʳˢ chanoines de lad. collégiale nomment à ce bénéfice, vacant par la mort de Mᵉ Gabriel Parquet, pbrē, dernier titulaire, la personne de Mᵉ François de Corlay, pbrē, curé de la 2ᵉ portion dud. bénéfice.

Le 18 août 1710, Mᵉ Pierre du Mesnil, vic. gᵗ, donne aud. sʳ de Corlay la collation de la 1ʳᵉ portion de Putot.

316. — Le 14 août 1710, dispense de bans pour le mariage entre Estienne Nasse, serrurier, fils Antoine, de la parr. de Sᵗ Germain de Lx, originaire de Richemont, diocèse de Rouen, et Charlotte Lestorey, aussi de lad. parr. de Sᵗ Germain de Lx.

317. — Le 21 août 1710, dispense de bans pour le mariage entre Mᵉ Nicolas du Buisson, consᵉʳ et avocat du roy au bailliage et vicomté de Pontaudemer, fils de feu Mᵉ Nicolas, aussi avocat du roy, et de damˡˡᵉ Anne Legrix, de la parr. de Sᵗ Ouen de Pontaudemer, d'une part, et damˡˡᵉ Elisabeth Bosquier, fille de Louis et de damˡˡᵉ Madeleine Durand, de la parr. N.-D. dud. lieu.

318. — Le 9 août 1710, la nomination à la cure du Bosc-Regnoult appartenant au seigʳ abbé du Bec-Hellouin, Mesʳᵉ Roger de la Rochefoucauld, abbé commendataire de lad. abbaye, nomme à ce bénéfice, vacant par la mort de Mᵉ Henry Charpentier, dernier titulaire, décédé dans le mois de juillet dernier, mois réservé aux gradués, la personne de Mᵉ Claude Buissot, pbrē de la ville et diocèse de Paris, Mᵉ ès-arts, professeur septennaire en philosophie dans l'Université de Paris et chapelain de la chapelle Sᵗ Blanchard, diocèse de Troyes, du revenu annuel de trente livres, demeurant au collège de Lx, à Paris.

Le 10 août 1710, le seigʳ évêque de Lx, étant à Paris, donne aud. sʳ Buissot la collation de la cure du Bosc-Regnoult. (V. **327, 401**).

319. — Le 15 février 1710, Mᵉ Jean Rioult, Thomas Quillet, Mᵉ Guillaume Quillet, consᵉʳ du roy, officier au grenier à sel d'Honfleur, tous demeurant en lad. ville, constituent 150 livres de rente en faveur de Mᵉ Michel Leduc, acolyte, afin qu'il parvienne aux ordres sacrés.

320. — Le 19 août 1710, la nomination à la cure de S¹ Martin d'Ableville appartenant au seig⁺ du lieu, noble dame Charlotte de Fatouville, v⁵⁰ de M⁰ Henry Le Doyen, vivant cher⁺, seig⁺ d'Ablon, Fatouville, Equainville et autres lieux, nomme, à cause de ses droits de douairie, à lad. cure d'Ableville, vacante par la démission de noble et discrète personne M¹⁰ Pierre Lambert, pbr͞e, dernier titulaire, la personne de M⁰ Guillaume Le Gallois, pbr͞e, curé de Fiquefleur. Fait au manoir seigneurial de la Rue, où lad. dame d'Ablon fait actuellement sa demeure, par͞r. d'Equainville, en présence de M⁰ Guillaume du Mesnil, Esc⁺, demeurant à Trouville-sur-la-Mer. (V. **179**).

Le 23 août 1710, M⁰ Pierre du Mesnil, vic. g⁺, donne aud. s⁺ Le Gallois la collation de la cure d'Ableville. (V. **363**).

321. — Le 1ᵉʳ sept. 1710, dispense de bans pour le mariage entre Guillaume du Mesnil, Esc⁺, fils de feu Robert du Mesnil, vivant Esc⁺, s⁺ de S¹ Germain, et de feue noble dame Madeleine de Nollent, de la par͞r. de Pont-l'Évêque, d'une part, et dam⁰¹⁰ Charlotte Robut, fille de feu M⁰ Guillaume Robut, cons⁺ du roy, auditeur en sa chambre des comptes à Rouen, et de dame Catherine Dubuc, de la par͞r. d'Equainville. (V. **320**).

322. — Le 25 février 1710, Pierre, Philippe et Robert Loutreul, frères, de la par͞r. de Vimoutiers, constituent 150 livres de rente en faveur de M⁰ Jean Loutreul, acolyte, fils dud. Pierre, afin qu'il puisse parvenir aux ordres sacrés. (V. **40**).

323. — Le 29 août 1710, M⁰ Jacques Hulin, acolyte, licencié ès-droits, pourvu de la chapelle S¹⁰ Trinité en l'abbaye de S¹ Léger de Préaux, demeurant à Paris, représenté par M⁰ Jean Mignot, pbr͞e, chanoine de Lx, prend possession de lad. chapelle de la S¹⁰ Trinité, en présence de M⁰ Michel Hubert, pbr͞e, curé de S¹ Michel de Préaux, et autres témoins. (V. **313**).

324. — Le 28 août 1710, la nomination à la 1ʳᵉ portion de la cure de Lieurey appartenant au chanoine prébendé de la 1ʳᵉ portion de Lieurey en la Cathédrale, noble et discrète personne M⁰ Simon-Charles de Belleduc, acolyte, chanoine de la 1ʳᵉ portion de Lieurey, nomme à lad. cure, vacante par la mort de M⁰ François Hémery, pbr͞e, dernier titulaire, la personne de M⁰ Jean-Baptiste Hémery, pbr͞e, demeurant aud. lieu de Lieurey.

Le 29 août 1710, les vicaires généraux du seig⁺ évêque donnent aud. s⁺ Hémery, la collation dud. bénéfice.

Le 21 août 1710, le s⁺ Jean-Baptiste Hémery prend possession de la cure de Lieurey, 1ʳᵉ portion, en présence de M⁰ Georges Quesnent, pbr͞e habitué en lad. église ; M⁰ André Millet, notaire royal ; M⁰ Martin Quesney ; Nicolas Furet, syndic, demeurant tous en lad. par͞r. de Lieurey.

325. — Le 6 mars 1710, Jacques Guillemin, marchand, demeurant à S¹ Jacques de Lx, constitue 150 livres de rente en faveur de son frère, M⁰ Antoine Guillemin, acolyte, afin qu'il puisse parvenir aux ordres sacrés. — Fait et passé à Moyaux. (*V.* **165**).

326. — Le 7 sept. 1710, M⁰ Robert Delaborne, pbr̃e, curé de Berthouville et titulaire de la chapelle S¹ Ursin en la cathédrale d'Avranches, donne sa procuration pour résigner entre les mains de N.-S.-P. le Pape sa chapelle S¹ Ursin, en faveur de M⁰ Christophe Boisney, pbr̃e du diocèse de Lx.

327. — Le 6 sept. 1710, M⁰ Claude Buissot, pbr̃e du diocèse de Paris, pourvu de la cure de S¹ Pierre du Bosc-Regnoult, prend possession dud. bénéfice, en présence de M⁰ Pierre Huet, pbr̃e, curé de la Halboudière ; M⁰ François Berthelot, acolyte ; M⁰ Pierre Beuzelin, syndic de lad. parr., et autres témoins. (*V.* **318**).

328. — Le 7 sept. 1710, M⁰ Louis Maignet, pbr̃e, demeurant au Sap, pourvu de la cure de S¹ Aubin du Sapandré, prend possession de ce bénéfice, en présence de M⁰ Nicolas Piel, pbr̃e, desservant lad. parr. ; Messⁿ Gabriel du Chapelet, chev⁰ʳ, seigʳ de Maillebois et autres lieux ; M⁰ Jacques Hain, acolyte de lad. parr. (*V.* **302**).

329. — Le 23 août 1710, la nomination et collation de la chapelle S¹ Firmin et S¹ Fiacre, en la parr. de Sᵗᵉ Croix de Cormeilles, appartenant aux religieux de l'abbaye dud. lieu, Dom Jean-Baptiste Pelvey, pbr̃e, prieur, dom Charles Letellier, pbr̃e, sous-prieur, et dom Charles Leudet, acolyte, tous religieux-profès de l'abbaye de Cormeilles nomment à lad. chapelle, vacante par le décès du dernier titulaire, la personne dud. Charles Letellier. (*V.* **377**, **467**).

330. — Le 16 sept. 1710, vu l'attestation du sʳ Duchemin, curé de S¹ Léger-du-Bosc, et du sʳ Descalles, curé de S¹ Jouin, dispense de bans pour le mariage entre Jean Picard et Marie Pannier.

331. — Le 16 sept. 1710, vu l'attestation du sʳ Guerrier, vicaire de Guerquesalles, dispense de bans pour le mariage entre Jean Jeanneaux et Charlotte Beuzeval.

332. — Le 17 sept. 1710, vu l'attestation du sʳ Desdouits, curé de Carnette, dispense de bans pour le mariage entre André-Jacques de Mesange, Esc⁰ʳ, sʳ du Parc, fils de feu Georges de Mesange, Esc⁰ʳ, sʳ des Grandchamps, et de damˡˡᵉ Perrine Louret, de la parr. de la Ferrière-Béchet, diocèse de Séez, d'une part, et damˡˡᵉ Anne Bigot, vᵛᵉ de Pierre Brard, domiciliée en lad. parr. de Carnettes. (*V.* **509**).

333. — Le 17 sept. 1710, vu l'attestation du sʳ Leprince, curé de S¹ Paul-de-Courtonne, et du sʳ Chéron, vicaire de Courtonne-la-Ville, dispense de bans pour le mariage entre Jean Lozoult et Louise Beaumontel.

334. — Le 11 août, 1710, la nomination à la cure de Tortisambert appartenant au seig⁻ de la terre d'Argentan, « Messire Louis de Vendôme de Mercœur et d'Etampes, comte de Dreux, prince d'Anet et de Martigues, pair de France et général des Galères, lieutenant général des mers du Levant, gouverneur pour Sa Majesté en Provence, commandeur des trois Ordres du roy, cons⁻ au Conseil Suprême d'Etat et de Guerre de Sa Majesté Catholique, chevalier de l'Ordre de la Toison d'Or, » led. seig⁻, « tenant en engagement la terre d'Argentan du roy, notre souverain seigneur », nomme à lad. cure de Tortisambert, vacante par la mort de M⁻ Henry de Maulion, dernier titulaire, la personne de M⁻ Charles Dubuse, pbrē du diocèse de Lx.

Le 6 sept. 1710, le seig⁻ évêque donne aud. s⁻ Dubuse la collation de ce bénéfice.

Le 9 sept. 1710, le s⁻ Dubuse, prend possession de la cure de Tortisambert, en présence de M⁻ Jacques-Louis Desmares, pbrē, vicaire de lad. parr. ; Jean-Charles de Brossard, Esc⁻, s⁻ des Vaux, et autres paroissiens de lad. paroisse.

335. — Le 17 janvier 1710, Charles Giffard, marchand, et sa femme Marie Héliot, demeurant à Honfleur, constituent 150 livres de rente en faveur de leur fils, M⁻ Jacques Giffard, acolyte, afin qu'il puisse parvenir aux ordres sacrés. (*V*. **171**).

336. — Le 10 sept. 1710, la nomination à la cure de S⁻ Martin-le-Vieil, près Honfleur, appartenant au seig⁻ du lieu, M⁻⁻ Charles de Bois-l'Evêque, Esc⁻ seig⁻ et patron de S⁻ Martin, nomme à ce bénéfice, vacant par la démission de M⁻ Jacques Leduc, pbrē, qui n'a pas pris possession, la personne de M⁻ Jacques Duhault, pbrē, vicaire de S⁻ André-d'Hébertot.

Le 11 sept. 1710, le seig⁻ évêque donne aud. s⁻ Duhault la collation de ce bénéfice.

Le 14 sept. 1710, le s⁻ Duhault prend possession de la cure de S⁻ Martin-le-Vieil, en présence de plusieurs paroissiens. (*V*. **256**).

337. — Le 22 sept. 1710, vu l'attestation du s⁻ Poutrel, curé de Planquay, et du s⁻ Saussaye, vicaire de Drocourt, dispense de bans pour le mariage entre André Dumont et Françoise Marie.

338. — Le 23 sept. 1710, vu l'attestation du s⁻ Hue, curé du Mesnil-Simon, dispense de bans pour le mariage entre Robert-Louis Mallet de la Pennetierre, Esc⁻, s⁻ des Douaires, fils de feu Jean-Baptiste Adrian Mallet, aussi Esc⁻, et de noble dame Louise-Elisabeth Dufey, de la parr. du Mesnil-Simon d'une part, et dam⁻⁻ Marie-Anne-Thérèse Cauvin, fille de Guillaume, s⁻ de Longchamp, et de feue dam⁻⁻ Marie de Chantelou, de la parr. de S⁻ Pierre de Caen.

339. — Le 23 sept. 1710, dispense de bans pour le mariage entre

Philippe Hardy, Esc', s' de la Roche, de la parr. de Canapville (sur-Touques), fils de feu Guillaume, Esc', et de dam^lle Françoise Flambard d'une part, et dam^lle Françoise Poesson, fille de Julien et de Françoise Lecousteur, de la parr. de St Germain de Lx.

340. — Le 12 oct. 1704, Eustache Le Lasseur, fils de Pierre et de Marie d'Eschallard, de la parr. de St Georges-de-Pontchardon, reçoit la tonsure et les ordres mineurs.

341. — Le 29 sept. 1710, vu l'attestation du s^r Leroy, curé de N.-D. de la Couture de Bernay, dispense de bans pour le mariage entre « Me Pierre Foucques, cons^er du roy, maire antien alternatif et triennal de la ville de Bernay », fils de feu Me Martin Foucques, et de dam^lle Marie-Magdeleine Vaultier, de lad. parr. de Bernay, d'une part, et dam^lle Marie-Marguerite de Lanney, fille de feu Me Gabriel et de dam^lle Marie-Marguerite Morin, de la parr. de St Germain de Lx.

342. — Le 17 déc. 1701, Etienne de Robert, fils de Me Jean-François de Robert et de dam^lle Claire de Tournier, de la parr. de St Saturnin de Toulouse, reçoit la tonsure à Toulouse.

Le 21 avril 1704, il est nommé M^e ès-arts en l'Université de Toulouse.

Le 28 mai 1704, led. s^r Robert, M^e ès-arts, bachelier en théologie de la faculté de Toulouse, reçoit des lettres de quinquennium du recteur de lad. Université. (V. **439, 519**).

343. — Le 1er oct. 1710, la nomination au prieuré simple de St Siméon, diocèse du Mans, appartenant au prieur du Plessis-Grimoult, diocèse de Bayeux, Mes^re Léonor de Matignon, pbre, docteur de Sorbonne, abbé commendataire de l'abbaye ou prieuré du Plessis-Grimoult, et vicaire général de Monseig^r l'Évêque et comte de Lx, demeurant au palais épiscopal dud. lieu, nomme à ce prieuré la personne de François-Jacques Leroy, pbre, chanoine régulier de l'ordre des Prémontrés, profés en la maison de Paris. Fait au palais épiscopal de Lx, en présence de Me Charles-François de Montaing, pbre, et François Le Grand, tous deux chanoines de la Cathédrale de Lx ; Me Charles Bellière, pbre, chapelain en la Cathédrale, et Me Jacques Surlemont, receveur général de l'Évêché de Lx, demeurant tous en la parr. St Germain. (V. **376**).

344. — Le 24 avril 1689, Jacques Roger, fils de Marin et de Jacqueline Derostes, de la parr. de Beaufay, reçoit la tonsure et les ordres mineurs.

Le 24 sept. 1695, led. s^r Roger, diacre, *rite dimissus*, est ordonné prêtre à Bayeux.

345. — Le 15 avril 1710, Me Philippe Boisney, pbre du diocèse de Lx, professeur émérite en l'Université de Paris, chanoine prébendé de la Pommeraye en la cathédrale de Lx, demeurant à Paris, au collège de la Marche, et M⁰ Martin Delaborne, pbrē du diocèse de Lx, chapelain de la chapelle simple de S¹ Maur en la cathédrale d'Avranches, demeurant aussi à Paris, donnent leur procuration devant les notaires du Châtelet pour résigner entre les mains de Sa Sainteté leursd. bénéfices en faveur l'un de l'autre, pour cause de mutuelle permutation. Toutefois le s¹ Boisney se réserve une pension annuelle de 200 livres de rente sur les revenus de la prébende de la Pommeraye. (V. **389**).

Le 30 avril 1710, M⁰ Martin de la Borne obtient en cour de Rome des lettres de provision du canonicat de la Pommeraye.

Le 20 oct. 1710, le seig¹ évêque donne son visa auxd. lettres de provision.

Le même jour, devant les s¹⁰ chanoines assemblés, le s¹ Delaborne est mis en possession des canonicat et prébende de la Pommeraye par le ministère de M¹ le doyen du Chapitre. Fait en présence de M⁰⁰ Claude Cachet et Christophe Courtin, pbrēs, vicaires de la Cathédrale.

346. — Le 12 oct. 1710, le seig¹ évêque, collateur ordinaire des canonicat et prébende des Chesnes en la Cathédrale, nomme aud. bénéfice, vacant par la mort de M¹⁰ Louis Mahieu, pbrē, dernier titulaire, décédé dans ce mois d'octobre, mois réservé aux gradués, la personne de M⁰ Nicolas du Houlley, pbrē et docteur en Sorbonne. Fait en présence de M¹⁰ Jean Corset et Jean Pigeon, pbrēs officiers de la Cathédrale.

Le 17 oct. 1710, devant les s¹⁰ chanoines assemblés, le s¹ du Houlley est mis en possession de la prébende des Chesnes par le ministère de M¹ le doyen du Chapitre. (V. **751**).

347. — Le 29 mars 1709, reçurent la tonsure et les ordres mineurs :

Gabriel Turpin, fils de François et d'Anne Duval, de la parr. de S¹ André-d'Echauffour.

François-Antoine Lefrançois, fils de François et de Marie-Anne Belin, de la parr. de Morsan.

348. — Le 14 sept. 1710, Pierre-Jacques de Papavoine, fils de Mes¹⁰ Jacques et de dame Magdeleine Bordel, de la parr. de Canapville, diocèse d'Evreux, *rite dimissus* reçoit la tonsure à Lx.

349. — Le 29 mars 1709, Pierre Rouvin, fils de Charles et de Jeanne Froudière, de la parr. de Montreuil, reçoit la tonsure et les ordres mineurs. (V. **358**).

350. — Le 20 sept. 1710, M⁰ Pierre Hauvel, sous-diacre de S¹ Germain de Lx, est ordonné diacre. (V. **102, 117, 221 431**).

351. — Le 20 sept. 1710, furent ordonnés prêtres :

M⁰ Pierre Lecomte, diacre de la parr. de Résenlieu ; (V. **141**).

M⁰ François Tiphaine, diacre de la parr. de Croisilles ; (V. **164**).

M⁰ Jean Buisson, diacre de la parr. de N.-D.-de-Courson ; (V. **219**).

352. — Le 19 oct. 1710, François Bellenger, fils d'André et de Marguerite Leroy, de la parr. de St Gervais d'Asnières, reçoit la tonsure et les ordres mineurs.

353. — Le 28 oct. 1710, vu l'attestation du s^r Jouettes, curé de St Benoit-des-Ombres, et du s^r Racine, vicaire de Neuville, dispense de bans pour le mariage entre Jean-Baptiste-Gabriel de Montgoubert, de lad. parr. de St Benoit, fils de Me Jean de Montgoubert et de Louise Leprevost, d'une part, et Anne Talbot, d'autre part.

354. — Le 29 oct. 1710, vu l'attestation du s^r Lemonnier, curé des Authieux-sur-Corbon, et du s^r Chasot, curé de Biéville, dispense de bans pour le mariage entre Nicolas Estienne, s^r de la Sauvagerie, fils de feu Adrian Estienne et de Marie Gonfrey, de lad. parr. des Authieux, d'une part, et Marie Aubrée, fille de feu Nicolas et de Marguerite Roger, de lad. parr. de Biéville.

355. — Le 7 avril 1703, Me Charles Simon, diacre de la parr. de Thiberville, est ordonné prêtre. (*V.* **364**).

356. — Le 22 oct. 1710, la nomination à la cure de Druval appartenant au seig^r abbé du Bec-Hellouin, Monseig^r Roger de la Rochefoucauld, abbé commandataire de lad. abbaye, demeurant en son hôtel, à Paris, nomme aud. bénéfice, vacant par la mort de Me Jean Lefebvre, pbrē, dernier titulaire, la personne de Me Jacques Vaulegeard, pbrē du diocèse de Bayeux.

Le 28 oct. 1710, le seig^r évêque donne aud. s^r Vaulegeard, la collation de la cure de Druval. (*V.* **440**).

357. — Le 4 nov. 1710, la nomination au prieuré-cure de la Roche-Nonant appartenant au s^r prieur de l'abbaye de Ste Barbe-en-Auge, qui la fait desservir par un de ses religieux, Fr. Louis Davy, humble prieur claustral dud. monastère, nomme aud. bénéfice, vacant par la mort de Me Jean De Ramé, pbrē, chanoine régulier, dernier titulaire, la personne de Me Nicolas-Claude Le Gros de la Varenne, pbrē, chanoine régulier de St Augustin de la Congrégation de France. (*V.* **362, 374**).

358. — Le 6 février 1710, Jeanne Froudière, v^{ve} et héritière de feu Charles Rouvin, et Nicolas Rouvin, son fils, demeurant à St Laurent-des-Grès, constituent 150 livres de rente en faveur de Me Pierre Rouvin, acolyte, aussi fils de lad. veuve et frère dud. s^r Nicolas, afin qu'il puisse parvenir aux ordres sacrés. Fait en la parr. de St Laurent, au village de Glatigny, en présence de Me Pierre d'Aureville, pbrē, curé dud. St Laurent, et de Me Nicolas Pains, aussi pbrē de lad. paroisse. (*V.* **349**).

359. — Le 15 mars 1710, Nicolas Lefrançois, marchand boucher, demeurant en la parr. de Piencourt, et André Farain, aussi marchand, demeurant au même lieu, constituent 150 livres de rente en faveur de Me Jean-Baptiste Lefrançois, acolyte, fils dud. s^r Nicolas et neveu dud. s' Farain, afin qu'il puisse parvenir aux ordres sacrés. (*V.* **156**).

360. — Le 13 nov. 1710, Mes^re Thomas Baudouin, pbre du diocèse de Lx, demeurant à présent au diocèse d'Evreux, titulaire de la chapelle St Nicolas du château de la Rivière-Thibouville, sise en la parr. de Nassandre aud. diocèse d'Evreux, et pourvu de la chapelle de N.-D.-de-la-Tour, parr. St Pierre de Caniret, diocèse de Séez, donne sa procuration pour prendre possession de ce bénéfice.

361. — Le 20 sept. 1710, Me Jacques Daubichon, acolyte de St Germain de Lx, est ordonné sous-diacre.

362. — Le 20 sept. 1710, Fr. Claude-Nicolas Legros, diacre, chanoine régulier de Ste Barbe, est ordonné prêtre. (*V.* **357, 274**).

363. — Le 23 oct. 1710, la nomination à la cure de St Martin d'Ableville appartenant au seig^r du lieu, Mes^re Louis-François-Nicolas Le Doy[…], seig^r et patron d'Ablon, Ableville, Fatouville, Equainville, la chapelle St Clair et autres lieux, demeurant à Rouen, nomme à lad. cure, vacante par la démission de Me Pierre Lambert, pbre, dernier titulaire, la personne de Me Guillaume Le Gallois, pbre, curé de Fiquefleur.

Le 21 nov. 1710, Mre Pierre Du Mesnil, pbre, vicaire général, donne la collation dud. bénéfice aud. s^r Le Gallois qui y avait déjà été nommé par noble dame Charlotte de Fatouville. (*V.* **320**).

364. — Le 28 oct. 1710, la nomination à la cure de Menneval appartenant au seigneur du lieu, Mes^re François-Philippe de Brèvedent, chev^r, seig^r et patron de Menneval, nomme à cette cure, vacante par la mort de Me Jean Héroult, pbre, dernier titulaire, la personne de Me Charles Simon, pbre du diocèse de Lx (parr. de Thiberville). Fait à Rouen, par devant les notaires apostoliques. (*V.* **355**).

Le 31 oct. 1710, le. seig^r évêque donne aud. s^r Simon la collation dud. bénéfice.

Le 5 nov. 1710, le s^r Simon, demeurant à Rouen, prend possession de la cure de Menneval, en présence de Me Jean Ledanois, curé de Giverville ; Me Jean Grimont, pbre, desservant en icelle parr. ; Me Martin Dubusc, pbre habitué en l'église de Ste Croix de Bernay, et autres témoins.

365. — Le 22 nov. 1710, dispense de bans pour le mariage entre Jean de Bouffay, Esc^r, fils de Jean de Bouffay, Esc^r, et de noble dame Françoise du Buisson, de la parr. de Cordebugle, d'une part, et dam^lle Jeanne Levavasseur, fille de Charles, s^r du Mézeré, et de dam^lle Gillonne Cambette, de la parr. de St Jean-de-la-Lequeraye. (*V.* **182**).

366. — Le 24 nov. 1710, vu l'attestation du s^r Formage, curé de Piencourt, et du s^r Bullet, desservant la parr. de Fontenelle, dispense de bans pour le mariage entre Guillaume Duquesney, exempt en la maréchaussée, fils de feu Jacques Duquesney, s' de la Chesnée, et de dam^lle Marie Joas, de la parr. de Fontenelle, d'une part, et dam^lle Marie-Charlotte de Costard, fille de feu Jean-Baptiste de Costard, s^r de Beaurepaire, et de dam^lle Marie Riquier, de la parr. de Piencourt.

367. — Le 5 nov. 1710, Me Gilles-Léonor de Séran, pbrē, curé de St Vigor d'Authie, diocèse de Bayeux, donne sa procuration pour résigner sa cure entre les mains du seig^r évêque de Bayeux, qui en est le collateur ordinaire, en faveur toutefois de Me Jacques Beneult, pbrē, curé de la 2e portion de Fontaine-la-Soret, et celui-ci donne aussi sa procuration pour résigner led. bénéfice de Fontaine, avec l'agrément de Pierre-Charles de Lambert, chev^er, seig^r d'Herbigny et de Fontaine, marquis de Thibouville, cons^er du roy en tous ses conseils, maître des requêtes ordinaires de Son Hôtel, patron présentateur de lad. cure de Fontaine, entre les mains du seig^r évêque de Lx, en faveur dud. s^r de Séran, curé d'Authie, le tout pour cause de permutation réciproque.

Suit l'acte de consentement dud. seig^r de Fontaine.

Le 6 nov. 1710, led. s^r de Séran « déclare qu'ayant passé le jourdhyer une résignation pour cause de permutation réciproque entre luy et Me Jacques Beneult, pbrē, curé de la 2e portion de Fontaine-la-Soret, avec sad. cure d'Authie, son intention est de remettre purement et simplement tous et tels droits que lad. permutation luy donne sur lad. cure, seconde portion de Fontaine, entre les mains de Pierre-Charles de Lambert, chev^er, seig^r d'Herbigny et de Fontaine, marquis de Thibouville. »

368. — Le 25 nov. 1710, dispense de bans pour le mariage entre Thomas Durand, demeurant à St Samson-sur-Risle, exemption de Dol, d'une part, et dam^lle Madeleine Laisney, fille de Benjamin Laisney, Esc^r, s^r de Trimetot, et de dam^lle Martel, demeurant à St Ouen de Pontaudemer.

369. — Le 17 janvier 1710, Nicolas et Pierre Berthelot, père et fils, laboureurs, demeurant en la parr. du Bosc-Regnoult, constituent 150 livres de rente en faveur de Me François Berthelot, acolyte, fils dud. Nicolas, afin qu'il puisse parvenir aux ordres sacrés. (*V.* **327**).

370. — Le 20 sept. 1710, Me Jean Deschamps, diacre de St Germain de Lx, est ordonné prêtre. (*V.* **31, 68, 163**).

371. — Le 28 nov. 1710, vu l'attestation du s^r Cantel, pbrē, curé de Canapville, et du s^r Lecomte, vicaire du Sap, dispense de bans pour le mariage entre Pierre de Louis, Esc^r, s^r de Livet, de lad. parr. de Canapville, d'une part, et dam^lle Suzanne Allard, de lad. parr. du Sap.

372. — Le 29 nov. 1710, dispense de bans pour le mariage entre André Laisné, s^r des Rouges-Terres, et Marie Halley, tous deux de la parr. de Gacey.

373. — Le 1ᵉʳ déc. 1710, dispense de bans pour le mariage entre Charles Durand, sʳ de Villais, fils de Jacques Durand, sʳ de Valence, et de feue damˡˡᵉ Claude Guetté, de la parr. de Ferrières d'une part, et damˡˡᵉ Marie-Claude Le Prévost, fille de feu Adrian Le Prévost, Escʳ, sʳ de la Vallée, et de damˡᵉ Henriette de Blois, de la parr. de Grandcamp.

374. — Le 20 nov. 1710, les R. P. Louis Davy, prieur claustral, Michel Chaillou, sous-prieur et professeur de théologie, Jacques Dufour, Louis-Dominique Beaudoux et Ponce Aubert, tous pbrēs, chanoines réguliers de l'abbaye de Sᵗᵉ Barbe, étant assemblés en chapitre, le R. P. Nicolas-Claude Legros de la Varenne, pbrē, et chanoine de lad. abbaye, remontre qu'ayant été nommé par eux au prieuré-cure de la Roche-Nonant, le 4 du présent mois, il désirait, pour des raisons justes et légitimes et particulièrement à cause du peu de temps qu'il est promu au sacerdoce, de se démettre du droit qu'il avait aud. prieuré-cure. Les religieux, ayant accepté lad. démission nomment aud. bénéfice la personne de Mᵉ Richard Rungeard, pbrē, curé de N.-D. de Tallonney, « à la charge néammoins de se faire chanoine régulier, quand il en aura obtenu la permission de N.-S.-P. le pape. » (*V*. **357, 362, 477, 503**).

375. — Le 19 oct. 1710, Philippe de Mailloc, clerc de la parr. d'Orbec, reçoit les ordres mineurs. (*V*. **216, 488**).

376. — Le 24 nov. 1710, le seigʳ évêque donne des lettres de vicaire-général à Mʳᵉ Léonor de Matignon, pbrē, docteur de Sorbonne et abbé commendataire du Plessis-Grimoult. (I . **343**).

377. — Le 13 août 1710, Jean-Baptiste Lecoq, religieux-profès de l'ordre de Sᵗ Benoit en l'abbaye de Lessay, diocèse de Coutances, obtient en cour de Rome des lettres de provision du prieuré simple de Sᵗ Fiacre et Sᵗ Firmin, dépendant de l'abbaye de Cormeilles et vacant par la mort de dom Gabriel Badouet, religieux de lad. abbaye de Cormeilles.

Le 9 déc. 1710, le seigʳ évêque donne aud. sʳ Lecoq la collation de ce bénéfice.

Le 10 déc. 1710, le sʳ Lecoq, acolyte et religieux-profès, prend possession dud. prieuré simple, situé en la parr. de Sᵗᵉ Croix de Cormeilles. Fait en présence de Mᵉ François Baudouin, pbrē, desservant led. prieuré, et Nicolas Davy, aussi pbrē de Sᵗ Germain de Lx et à présent demeurant, ainsi que le sʳ Baudouin, dans le bourg de Cormeilles. (*V*. **329**).

378. — Le 5 déc. 1710, la nomination à la 1ʳᵉ portion de la cure du Mesnil-Mauger appartenant au chanoine de semaine en la Cathédrale, le Chapitre tout entier, en l'absence ou pour cause de non-résidence du chanoine de semaine, nomme à cette cure, vacante par la mort de Mᵉ François Formage, pbrē, dernier titulaire, la personne de Mᵉ Jean Prévost, pbrē de ce diocèse.

Le 10 déc. 1710, Mre Pierre Audran, vic. g^l, donne aud. s^r Prévost la collation dud. bénéfice.

Le 23 déc. 1710, le s^r Prévost, demeurant à Lx, prend possession de la cure de Mesnil-Mauger, en présence de Me Olivier Lelasseur, pbr̄e, curé de Ste Marguerite-des-Loges ; Me François Fromage, pbr̄e, curé de Piencourt ; Me Jean Formage, pbr̄e, curé de la 2e portion ; Me Jacques Formage, pbr̄e de la par̄r. de Lessard. (V. 483).

379. — Le 15 mars 1710, Marie Cazier, v^ve de Jacques Fourey, et Charles Fourey, son fils, demeurant à Honfleur, par̄r. St Etienne, constituent 150 livres de rente en faveur de Me Pierre Fourey, acolyte, aussi fils de lad. veuve, afin qu'il puisse parvenir aux ordres sacrés.

380. — Le 15 mars 1710, David Bourde et Antoine Bourde, frères, marchands de la par̄r. des Champeaux, constituent 150 livres de rente en faveur de Me Antoine Bourde, acolyte, fils dud. s^r David et neveu dud. s^r Antoine, afin qu'il puisse parvenir aux ordres sacrés. Cette rente est cautionnée par Daniel Gouhier, Esc^r, s^r de Verneville, Louis Hauvel, Esc^r, s^r de Ménerville, et plusieurs autres personnes des Champeaux. Fait en présence de Me François de Mannoury, sergent de la par̄r. des Champeaux, et Pierre Vallet, s^r de la Croix, de la par̄r. de Camembert.

381. — Le 20 janvier 1710, Pierre Présey, s^r du Clos, et Marie Delafosse, son épouse, et Louis Hébert, marchand, tous demeurant en la par̄r. d'Estrées, constituent 150 livres de rente en faveur de Me Jean-Louis Hébert, acolyte, fils dud. Louis, afin qu'il puisse parvenir aux ordres sacrés. Fait en présence de Me Jean-Jacques Dancerville, pbr̄e, curé de Livet et doyen de Beuvron; Me Pierre Lebelhomme, pbr̄e, curé d'Estrées; Pierre Lemonnier, pbr̄e, curé des Authieux-sur-Corbon ; Gilles de la Roque, s^r des Noyers, et Gilles-Gabriel de la Roque, son fils, demeurant au Mesnil-Mauger, et Nicolas Hébert, frère dud. acolyte. (V. 162).

382. — Le 12 février 1710, Jean Caresme, bourgeois, demeurant à Honfleur, par̄r. St Léonard, constitue 150 livres de rente en faveur de son fils, Me Etienne Caresme, acolyte, afin qu'il puisse parvenir aux ordres sacrés. (V. 48).

383. — Le 22 mars 1704, Me Robert Loysel, sous-diacre de la par̄r. d'Epreville, est ordonné diacre.

384. — Le 9 déc. 1710, haut et puissant seig^r, Mes^re Louis du Plessis-Chatillon, chev^er, seig^r, marquis de Nonant, colonel du régiment de Provence, brigadier des armées du roy, demeurant ordinairement à Paris, rue des Bons-Enfans, nomme au canonicat vacant en l'église St Nicolas du Merlerault par la mort de Me Pierre Langerant, pbr̄e, habitué à Ste Geneviève, à Paris, dernier titulaire, décédé il y a quelques jours, la personne de Me Louis Durand, pbrē, curé de Montmarcey.

Le 24 déc. 1710, Mre Pierre du Mesnil, pbrē, vic. g^l, donne aud. s^r Durand la collation dud. canonicat. (*V*. **502**).

385. — Le 24 déc. 1710, Mre Jean Le Chartier, pbrē, recteur de l'Académie de Caen, certifie que Me François Le Turc, pbrē du diocèse de Coutances, a rempli de la manière la plus honorable les fonctions de professeur au collège du Bois, à Caen, depuis 1702, jusqu'à ce jour (*V*. **120, 122, 149, 230**).

Le 29 déc. 1710, le s^r Le Turc, requiert du seig^r évêque sa nomination à la prébende volante du Faulq, vacante par la mort du Me Jacques Deleau, dernier titulaire, décédé dans le mois de juillet, mois réservé aux gradués. (*V*. **296**).

Le même jour, Mre Pierre Audran donne au s^r Le Turc la collation de lad. prébende *ad conservationem juris*. (*V*. **296, 409, 449**).

386. — Le 27 déc. 1710, Mes^{re} Léonor de Matignon, pbrē, vicaire général de Lx, donne à Me Joseph Mahiet, pbrē, la collation de la prébende non-distributive du Faulq, dite prébende volante, vacante par la mort de Me Jacques Deleau, pbrē, dernier et paisible possesseur. (*V*. **296, 385, 407**).

387. — Le 30 déc. 1710, Me Cyprian Morel, pbrē du diocèse d'Evreux, demeurant à la Gonfrière aud. diocèse, M^e ès-arts en l'Université de Caen, représenté par son frère, Me Nicolas Morel, officier de feu Monsieur, demeurant aussi à la Gonfrière, requiert des religieux de St Evroult sa nomination à la cure de St Aubin du Sapandré, dépendant de lad. abbaye et vacante par la mort de Me Jean Cheradame, dernier titulaire, décédé dans le mois de juillet, réservé aux gradués. Le s^r prieur de l'abbaye répond qu'il s'est déjà présenté plusieurs gradués requérant led. bénéfice ; il ne conteste les droits de personne et garde les siens. Cette réponse prise pour un refus, le s^r requérant proteste de se pourvoir devant qui de droit. (*V*. **302**).

Le lendemain en conséquence de cette réquisition, Mes^{re} Léonor de Matignon, vic. g^l, donne à Me Cyprian Morel, la collation de la cure du Sapandré.

Le 1er janvier 1711, le s^r Morel prend possession de la cure du Sapandré, en présence de Me Nicolas Puel, pbrē de lad. parr., et de plusieurs autres témoins. (*V*. **470**).

388. — Le 22 avril 1707, Gabriel Vattier, fils de Robert et de Catherine Vimont, de la parr. de St Germain de Lx, reçoit la tonsure et les ordres mineurs.

Le 20 sept. 1710, il est ordonné diacre. (*V*. **127, 290**).

389. — Le 24 sept. 1707, Philippe Boisney, fils de Charles et de

Marie Aubert, de la parr. de Bazoques, reçoit la tonsure et les ordres mineurs. (*V.* **345**).

390. — Le 29 mars 1709, Pierre Bazire, fils d'Antoine et de Louise Pottier, de la parr. de S¹ André-d'Echauffour, reçoit la tonsure et les ordres mineurs.

391. — Le 7 avril 1708, Martin Desvaux, fils d'Edouard et de Françoise Marescot, de la parr. de Guerquesalles, reçoit la tonsure et les ordres mineurs.

392. — Le 19 oct. 1710, Thomas Hardy, fils de Guillaume et de Suzanne de Varin, de N.-D. de la Couture de Bernay, reçoit la tonsure et les ordres mineurs.

393. — Le 20 sept. 1710, reçurent le sous-diaconat :

Mᵉ Jean Mariolle, acolyte de la parr. de S¹ Germain de Lx ; (*V.* **162**).

Mᵉ Jean-Baptiste Paulmier, acolyte de Verneusses. (*V.* **532**).

394. — Le 30 mars 1709, Mᵉ François Courant, sous-diacre de N.-D. de Neuville, est ordonné diacre.

395. — Le 20 sept. 1710, Mᵉ Pierre Le Prévost, sous-diacre de la parr. de Grandcamp, est ordonné diacre. (*V.* **231**).

396. — « Le 1ᵉʳ nov. 1671, il a esté baptisé un fils sorti du mariage de Jacques Le Chartier, sʳ du Buisson, et d'Elisabeth Rairie, son espouse, nommé Jean par discrepte personne Mᵉ Jean De la Troëtte, pbre, et Jeanne Rairie. — Extrait du registre des baptêmes de la parr. de S¹ Martin des Besaces, diocèse de Bayeux.

Le 5 mars 1697, Mᵉ Jean Le Chartier, sous-diacre du diocèse de Bayeux, est nommé Mᵉ ès-arts en l'Université de Caen.

Le 6 mars 1697, il reçoit du recteur de lad. Université des lettres de quinquennium.

Le même jour, led. sʳ Le Chartier, sous-diacre (dit ici de Thorigny), est nommé sur l'archevêché et le chapitre de Rouen ; sur les évêchés et les chapitres de Bayeux, Lisieux, Coutances, Avranches, Evreux, Séez, Chartres et Le Mans, et sur la plupart des abbayes et prieurés de ces divers diocèses.

Le 23 sept. 1695, Jean Le Chartier, fils de Jacques et d'Elisabeth Rairie, de la parr. de S¹ Martin-des-Besaces, diocèse de Bayeux, reçoit à Bayeux la tonsure et les quatre ordres mineurs.

Le 2 janvier 1711, Mᵉ Jean Le Chartier, pbre, professeur royal de la langue grecque et des humanités dans le collège du Bois en l'Université de Caen depuis treize ans, Mᵉ ès-arts, recteur de lad. Université, demeurant à Caen, parr. S¹ Sauveur, représenté par Guillaume Lamidey, maitre-cordonnier, demeurant à Lx, parr. S¹ Germain, fait signifier ses noms et grades au seigʳ évêque et aux sʳˢ chanoines du Chapitre de Lx. (*V.* **450**).

397. — Le 3 janvier 1711, la nomination à la chapelle de la S¹ᵉ Trinité en l'église de Tallonney appartenant au seigʳ du lieu, Mesʳᵉ Charles Ragaine la Hustellière, Escʳ, seigʳ et patron de Tallonney, la Motte, Fresneaux et autres lieux, demeurant en son manoir seigneurial de la Motte, parr̄. de Tallonney, nomme à lad. chapelle, vacante par la mort de Mesʳᵉ Thomas Ragaine, pbr̄e, Escʳ, dernier chapelain, la personne de Mᵉ Guillaume de Macey, pbr̄e, vicaire de Godisson.

Le 8 janvier 1711, Mʳᵉ Pierre du Mesnil, vic. gˡ, donne au sʳ Macey la collation de lad. chapelle. (*V.* 501).

398. — Le 26 déc. 1710, Mᵉ Jacques Naude, pbr̄e du diocèse de Bayeux, demeurant à Troarn, pourvu de la cure du Ham, prend possession dud. bénéfice vacant, par la mort de Mᵉ Philippe Samin, pbr̄e, dernier titulaire. Fait en présence de Michel-Claude de Piédoue, Escʳ, sʳ des Chapelles, demeurant à Caen. (*V.* 280).

399. — Le 12 janvier 1711, Mᵉ Sébastien Le Dagu, pbr̄e habitué en l'église Sᵗᵉ Croix de Bernay, demeurant en lad. ville, requiert en sa qualité de gradué d'être nommé à la cure de Mardilly par le sʳ chanoine de semaine.

Le 13 janvier 1711, la nomination à la cure de Mardilly appartenant au chanoine de semaine en la Cathédrale, Mᵉ François Daubin, pbr̄e, chanoine prébendé de la 2ᵉ portion de Crèvecœur, se trouvant chanoine de semaine le 16 juillet dernier, lors de la mort de Mᵉ Charles Lefebvre, pbr̄e, dernier titulaire de lad. cure, nomme à ce bénéfice la personne dud. sʳ Le Dagu, Mᵉ ès-arts en l'Université de Caen. (*V.* 212).

Le même jour, Mʳᵉ Léonor de Matignon, vic. gˡ, lui donne la collation de la cure de Mardilly.

Le 15 janvier 1711, le sʳ Le Dagu prend possession dud. bénéfice, en présence de Mᵉ François Pellerin, pbr̄e, vicaire desservant en lad. parr̄.; Jacques Périer, Escʳ, seigʳ et patron d'Orville, consʳ du roy en la vicomté du Sap et procureur fiscal en la haute-justice de Gacey, et plusieurs autres témoins.

400. — Le 29 déc. 1710, Mᵉ Louis Maignet, pbr̄e, demeurant au Sap, Mᵉ ès-arts en l'Université de Caen, fait signifier ses noms et grades aux religieux de Sᵗ Evroult. (*V.* 302).

401. — Le 5 janvier 1711, Mᵉ François Legrip, pbr̄e du diocèse de Bayeux, Mᵉ ès-arts en l'Université de Caen, représenté par Mᵉ Bonaventure Moussinot, clerc du diocèse de Paris, requiert du seigʳ abbé du Bec, demeurant en son hôtel à Paris, sa nomination à la cure du Bosc-Regnoult dont il est patron présentateur à cause de son abbaye. Le seigʳ abbé répond qu'il a pourvu aud. bénéfice et que le lieu est rempli. Le sʳ requérant proteste se pourvoir devant qui de droit. (*V.* 225, 318).

Le 15 janvier 1711, le s' Legrip, pbre du diocèse de Bayeux, chapelain de la chapelle S' Romain en la Cathédrale de Lx, demeurant à S'e Honorine de Ducy, aud. diocèse de Bayeux, expose à M° Pierre Audran, qu'en sa qualité de gradué, il a requis du seig' abbé du Bec sa nomination à la cure du Bosc-Regnoult, et le prie en conséquence de lad. réquisition de lui accorder la collation de ce bénéfice. Le s' Audran refuse également. (*V*. **448, 508**).

402. — Le 29 déc. 1710, la nomination au prieuré-cure de S' Michel de la Motte appartenant au prieur de S'e Barbe-en-Auge, Fr. Louis Davy, humble prieur claustral du monastère de S'e Barbe-en-Auge, autrement dit de S' Martin d'Ecajeul, chanoine régulier de S' Augustin, nomme à ce prieuré-cure, vacant par la mort de Fr. Benoit de Succa, pbre, chanoine régulier et dernier titulaire, la personne de Fr. Estienne Gond, aussi pbre et chanoine régulier de lad. abbaye.

Le 8 janvier 1711, M° Pierre du Mesnil, vic. g¹, donne aud. s' Gond la collation dud. bénéfice.

Le 15 janvier 1711, le s' Gond prend possession du prieuré-cure de la Motte, en présence de M° Claude-Nicolas de la Becardière, pbre, chanoine de S'e Barbe, desservant led. bénéfice, et autres témoins.

403. — Le 20 janvier 1711, dispense de bans pour le mariage entre Réné-Charles Bresnart, Esc', fils de feu Charles de Bresnart, Esc', et de dame de Courdemanche, de la parr. de Rey, d'une part, et noble dame Marguerite de Giroult d'Apremont, v'e de feu M'e Jacques de Bocquencey, fille de feu Guillaume de Giroult, Esc', et de dame Catherine Carel, de la parr. de Heugon.

404. — Le 21 janvier 1711, M° Claude Vitrel, pbre habitué en l'église S' Ouen de Pontaudemer, demeurant aud. lieu, M° ès-arts en l'Université de Caen, requiert en cette qualité, des relig' de S' Pierre de Préaux sa nomination à la cure de N.-D. de Préaux dont ils sont patrons, et qui est tombée vacante dans le présent mois par la mort de M° François Bardel, pbre, dernier titulaire. Dom Jean Birée, pbre, prieur de lad. abbaye, répond que lui et ses religieux consentent à lad. nomination. (*V*. **227**).

Le 22 janvier 1711, Mes'e Léonor de Matignon, vic. g¹, donne aud. s' Vitrel la collation de ce bénéfice. (*V*. **227, 447, 460**).

405. — Le 13 janv. 1711, M° Jean Nicolle, pbre du diocèse de Lx, demeurant en la parr. de Fauguernon, pourvu de la cure des Authieux-sous-Regnouard, vacante par la mort de M° Michel Morin, prend possession dud. bénéfice. (*V*. **309**).

406. — Le 31 déc. 1710, la nomination à la cure de S' Michel d'Hennequeville appartenant aux religieux de Fécamp de qui lad. parr. relève, même au spirituel, Mes'e François-Paul de Neufville de Villeroy, abbé commendataire de lad. abbaye, donne à M® Louis Le Baube, pbrē du diocèse de Lx, demeurant au diocèse de Bayeux, présenté par les srs religieux de Fécamp, la collation de lad. cure d'Hennequeville et de la chapelle N.-D. de Pitié, sise sur lad. parr., vacantes par la mort de Mᵉ Jacques Butengs, pbrē, dernier titulaire.

Le 4 janvier 1711, le sʳ Le Baube prend possession de la parr. d'Hennequeville et de la chapelle de N.-D. de Pitié.

407. — Le 23 janvier 1711, les chanoines de la Cathédrale étant assemblés, Mᵉ Joseph Mahiet, pbrē, Mᵉ ès-arts en l'Université de Caen, nommé au canonicat du Faulq par Mesʳᵉ Léonor de Matignon, pbrē, vicaire général de Monseigʳ l'évêque de Lx, est mis en possession dud. bénéfice par le ministère de Mʳ le doyen du Chapitre, en la manière accoutumée. (V. 296, 386, 409).

408 — Le 3 fév. 1711, dispense de parenté au 3ᵉ degré pour le mariage entre Laurent Le Villain, Escʳ, demeurant à Sᵗ Léger-du-Bosc, et damᵉˡˡᵉ Geneviève Labbey, de la parr. de Beaufour.

409. — Le 31 janv. 1711, Mᵉ François Le Turc, pbrē du diocèse de Coutances, professeur septennaire, au collège du Bois, demeurant à Caen, représenté par Mᵉ Guillaume Cousture, pbrē, chapelain de Sᵗᵉ Croix en la Cathédrale, est mis en possession du canonicat du Faulq dont la collation lui a été donnée par Mʳᵉ Pierre Audran, vic. gˡ, *ad conservationem juris*. (V. 385, **407**).

410. — Le 31 janv. 1711, la nomination aux clérimonies de la chapelle Sᵗ Louis de Bonneville ou Bonnevillette, en la parr. de Bonneville-la-Louvet, appartenant à l'abbaye de Cormeilles, ordre de Sᵗ Benoist, Dom Jean-Baptiste Pelvey, pbrē, prieur, Dom Louis Lejumel, diacre, et Dom Pierre Sauvalle, tous religieux de lad. abbaye, réunis en chapitre, nomment à l'une des clérimonies, vacante par la mort de Mᵉ François Bardel, dernier titulaire, la personne de Mᵉ Jacques Daufresne, clerc du diocèse de Lx.

Le 2 fév. 1711, Mʳᵉ Pierre Audran, vic. gˡ, donne au sʳ Daufresne la collation de lad. clérimonie. (V. 84).

411. — Le 5 fév. 1711, la nomination à la cure de Ternant appartenant au seigʳ évêque de Lx, Mᵉ Jean de Soubzlebieu, pbrē du diocèse de Lx, demeurant en la parr. d'Aubry-le-Panthou, Mᵉ ès-arts en l'Université de Caen, représenté par Mᵉ Jacques de Soubzlebieu, pbrē, chapelain confesseur en l'abbaye aux dames de Sᵗ Désir, requiert de Mʳᵉ Pierre du Mesnil, vic. gˡ dud. seigʳ évêque, sa nomination à la cure de Ternant, vacante par la mort de Mᵉ Mauduit, dernier titulaire, décédé dans le mois de janvier. Le sʳ du Mesnil répond « qu'il consent que acte soit accordé au sʳ de Soubzlebieu de la présente réquisition, mais qu'il est à propos qu'il en donne avant tout advis à Mond. seigʳ l'Evesque de Lx qui est prñtement à Paris pour affaires de son Evesché, pour après sa réponse faire ce qu'il conviendra. » (V. 248).

412. — Le 28 janvier 1711, Me Christophe de la Bove, pbr͞e, curé de Grandval, M^e ès-arts en l'Université de Paris, chapelain de la chapelle St Joseph-de-la-Roche, au diocèse de Séez, et titulaire de la chapelle St Joseph, desservie dans l'église du Mesnil-Hubert et dont il n'a pas pris possession, demeurant au Mesnil-Hubert, remet entre les mains de haut et puissant seig^r, Mes^re Charles de la Pallu, seig^r du Mesnil-Hubert, Gisney, Neuville, Mardilly et autres terres seign^les, ci-devant aide-de-camp de Son Altesse Royale feu Monsieur, frère unique du roy, lad. chapelle St Joseph dont led. seig^r est patron présentateur. (V. 209, 412).

Le même jour et séance tenante, le seig^r de la Pallu nomme aud. bénéfice de St Joseph la personne de Me Nicolas Dutac, pbr͞e, demeurant en la parr. de St Pierre-de-la-Rivière. Fait au manoir dud. seig^r, parr. du Mesnil-Hubert.

Le 4 février 1711, Mre Pierre du Mesnil, vic. g^l, donne aud. s^r Dutac la collation de la chapelle St Joseph.

413. — Le 2 février 1710, la chapelle ou prieuré de Fribois venant à vaquer, les religieux de Ste Barbe, de qui dépend lad. chapelle et par qui elle est desservie, ont droit de choisir en chapitre trois de leurs membres et sur ces trois candidats le seig^r de Fribois en désigne un pour desservir le prieuré. Or ce bénéfice étant depuis peu de temps vacant par la mort du R. P. Bonaventure d'Angennes, dernier titulaire, lesd. religieux présentent les PP. Michel Chaillou, professeur de théologie ; Jacques Dufour et Nicolas-Claude Legros de la Varenne, tous trois religieux de Ste Barbe.

414. — Le 10 février 1711, vu l'attestation du s^r Lemarchand, curé de Pont-l'Evêque, et du s^r Dubuisson, vicaire desservant la parr. de Druval, dispense de bans pour le mariage entre Me Jean-Pierre Bicherel, cons^er et avocat du roy, au bailliage et vicomté d'Auge, fils de feu Me Jean Bicherel, aussi cons^er du roy aud. siège, et de dam^lle Jeanne Lecordier, de la parr. de Pont-l'Evêque, d'une part, et dam^lle Marie-Anne de Semilly, fille de feu Pierre de Semilly, Esc^r, s^r de Bernières, et de dam^lle Marguerite Collet, de la parr. de Druval.

415. — Le 26 janvier 1711, Mre Pierre du Mesnil, vic. g^l, donne la collation de la cure de Grandval à Me Christophe de la Bove, pbr͞e, chapelain de St Joseph-de-la-Roche, diocèse de Séez.

Le 27 janvier 1711, le s^r de la Bove prend possession dud. bénéfice, en présence de Me Jean Lecordier, pbr͞e, desservant lad. parr. ; Me Pierre Hédiard, diacre du lieu, et plusieurs autres témoins.

416. — Le 10 fév. 1711, vu l'attestation du s^r Lechangeur, vicaire de Bellou, et du sr Vattier, vicaire de St Ouen-le-Hoult, dispense de bans pour le mariage entre Jacques Lesueur et Marie Meslin.

417. — Le 14 fév. 1711, vu l'attestation du sr Vanembras, curé de St Pierre-de-Cantelou ; et du sr Prévost, vicaire de Moyaux, dispense de bans pour le mariage entre Guy Mallerne et Catherine Horslaville.

418. — Le 16 fév. 1711, vu l'attestation du sr Landry, vicaire de St Victor-de-Chrétienville, dispense de bans pour le mariage entre André Hareng et Catherine Doublet.

419. — Le 16 fév. 1711, vu l'attestation du sr Bosquier, curé de St Vaast, dispense de bans pour le mariage entre Jean Mézerey et Anne Tollemer.

420. — Le 16 fév. 1711, vu l'attestation du sr Martin, vicaire de Fervaques, dispense de bans pour le mariage entre Henry Godey et Catherine Mullot. (*V.* 96).

421. — Le 16 fév. 1711, vu l'attestation du sr Leblanc, vicaire de Ste Foy, et du sr Jonquet, vicaire de St Germain-de-Montgommery, dispense de bans pour le mariage entre Jacques Sanson et Marie Chambrey.

422. — Le 4 fév. 1711, Me Guillaume Le Gallois, pbre, curé de Fiquefleur, y demeurant, pourvu de la cure de St Martin d'Ableville, prend possession de ce bénéfice, vacant par la démission de Me Pierre Lambert, curé de Formoville. Fait en présence de Me Jacques Leduc, pbre habitué en l'église St Léonard d'Honfleur ; Me Gabriel Odienne, pbre habitué en l'église St Germain de Lx ; Me Jean-Baptiste Cabar, pbre, vicaire d'Equainville. (*V.* 320, 363).

423. — Le 16 fév. 1711, vu l'attestation du sr Noncher, vicaire de St Désir de Lx, dispense de bans pour le mariage entre Jacques Aubry et Françoise Nicolas.

424. — Le 12 fév. 1711, noble et discrète personne Mesre François de Corday, pbre, curé de la 2e portion de Putot et à présent pourvu aussi de la 1re portion de lad. parr., prend possession de ce bénéfice, en présence de Me Jean Perrée, pbre, curé d'Angerville ; dom Nicolas Viel, pbre, prieur-curé de Brocottes, et Me Guillaume Tirard, pbre, vicaire de Hotot. (*V.* 315).

425. — Le 8 janv. 1710, Jacques Bertin, marchand à Rouen, y demeurant, constitue 150 livres de rente en faveur de son fils, Me Romain Bertin, Me ès-arts en l'Université de Paris, acolyte de la parr. de St Cande-le-Vieil « dépendant du doyenné de St Cande-le-Vieil, de nul diocèse, annexé à l'évêché de Lx. » Cette rente est constituée pour que led. acolyte, demeurant chez son père, parr. St Etienne-de-la-Grande-Eglise, puisse parvenir aux ordres sacrés. Elle est garantie par Mᵉ Robert Plet, pbrē habitué en l'église Sᵗ Cande-le-Jeune, et par plusieurs autres personnes.

426. — Le 26 fév. 1711, Mᵉ François Regnault, pbrē, demeurant à Sᵗ Germain-de-Clerfeuille, Mᵉ ès-arts en l'Université de Caen, fait signifier ses noms et grades au seigʳ évêque et au Chapitre de Lx. (*V.* 498).

427. — Le 20 sept. 1709, Jean de Gémare, fils de Bertrand et de Marie Cavelande, de la parr. de Heulland, reçoit la tonsure et les ordres mineurs.

428. — Le 5 mars 1711, Mᵉ Gabriel Durozey, pbrē du diocèse de Lx, docteur en théologie de la faculté de Paris, demeurant à Paris, représenté par Mᵉ Jean Durosey, son frère, pbrē, curé de Drucourt, fait réitérer ses noms et grades au seigʳ évêque et au Chapitre de Lx.

429. — Le 20 sept. 1710, Philippe Guilbert, acolyte de la parr. de Marolles, est ordonné sous-diacre.

430. — Le 9 mars 1711, Mᵉ Robert Jouanne, pbrē habitué à Sᵗ Sauveur de Caen, y demeurant, fait réitérer ses noms et grades au seigʳ évêque et au Chapitre de Lx. (*V.* 266).

431. — Le 10 mars 1711, Mʳᵉ Pierre du Hauvel, diacre, demeurant à Lx, parr. Sᵗ Jacques, Mᵉ ès-arts en l'Université de Caen, fait réitérer ses noms et grades au seigʳ évêque et au Chapitre de Lx. (*V.* 221, 350).

432. — Le 14 mars 1711, Mᵉ Louis Pollin, pbrē de Lx, demeurant à Sᵗ Jean-de-Livet et pourvu de la cure dud. lieu, « de valeur d'environ 250 livres tout au plus », Mᵉ ès-arts en l'Université de Caen, fait réitérer ses noms et grades aux religˣ de Beaumont.

433. — Le 17 mars 1711, vu l'attestation du sʳ de Giverville, curé de Vazouy, et du sʳ Guerard, vicaire de Fatouville, dispense de bans pour le mariage entre François Descalles, Escʳ, sʳ de Boishébert, fils de Hélie Descalles, Escʳ, et de damᵉˡˡᵉ Gillonne Lemaitre, de la parr. de Fatouville, d'une part, et damᵉˡˡᵉ Françoise Bourgeot, fille de Mᵉ Pierre et de Jeanne Thierry, de lad. parr. de Vazouy.

434. — Le 12 mars 1711, Mᵉ Jacques Gosset, pbrē, curé de la 1ʳᵉ portion de Verson, exemption de Nonant, en portion congrue, fait réitérer ses noms et grades au seigʳ évêque et au Chapitre de Lx. (*V.* 220).

435. — Le 17 mars 1711, Mᵉ Nicolas Bellenger, pbrē du diocèse de Bayeux, demeurant au Prédauge, Mᵉ ès-arts en l'Université de Caen, fait réitérer ses noms et grades aux religieux de Sᵗᵉ Barbe. (*V.* 51, 238).

436. — Le 18 mars 1711, Mᵉ Jacques Bunel, pbrē de N.-D. de Pontaudemer et y demeurant, prieur de l'Hôtel-Dieu dud. lieu, de revenu modique, Mᵉ ès-arts en l'Université de Caen, fait réitérer ses noms et grades aux religieux de S¹ Pierre de Préaux, Cormeilles et Grestain, et aux dames de l'abbaye de S¹ Léger de Préaux. (*V.* **228**).

437. — Le 23 fév. 1711, M° Edouard Desvaux, pbre du diocèse de Lx, est reçu M° ès-arts en l'Université de Caen.

Le 25 fév. 1711, il obtient des lettres de quinquennium du] recteur de lad. Université.

Le même jour, le s¹ Des Vaux, âgé de 27 ans, est nommé par icelle sur l'archevêché et chapitre de Rouen, sur l'évêché et le chapitre de Lx, ainsi que sur les abbayes de S¹ Vandrille, Jumièges, Le Bec, Cormeilles et Beaumont-en-Auge. (*V.* **455**).

438. — Le 1ᵉʳ mars 1692, Claude Robert, fils de Jean-François Robert, chev⁻, et de dam¹¹ᵉ Claire de Tournier, de la parr. de S¹ Saturnin de Toulouse, reçoit la tonsure à Toulouse.

Le 21 avril 1704, il est reçu M° ès-arts en l'Université de Toulouse.

Le 30 mai 1704, led. sʳ Claude Robert, M° ès-arts et bachelier en théologie de la faculté de Toulouse, obtient des lettres de quinquennium du recteur de lad. Université.

Le 18 mars 1711, le sʳ Claude Robert, nommé par icelle Université (1) supérieur du séminaire de N.-D. de Lx, et y demeurant, parr. S¹ Germain, fait signifier ses noms et grades au seigʳ évêque et au Chapitre de Lx.

439. — Le 18 mars 1711, M° Estienne Robert, pbre du diocèse de Toulouse, bachelier en théologie de l'Université dud. lieu, demeurant à Paris, et représenté par son frère, M° Claude Robert, pbre, supérieur du séminaire de Lx, fait signifier ses noms et grades au seigʳ évêque et au Chapitre de Lx. (*V.* **342, 519**).

440. — Le 18 mars 1711, M° Jacques de Vaulegeard, pbre du diocèse de Bayeux et y demeurant, pourvu de la cure de Druval, prend possession dud. bénéfice, en présence de M° Mathieu Sonnet, pbre, vicaire de Beaufour, et plusieurs autres témoins. (*V.* **356**).

441. — Le 21 mars 1711, dispense de bans pour le mariage entre François-Hippolyte de Bellemare, chev⁻, fils de Mesʳᵉ Gabriel-Joseph de Bellemare, chev⁻, seigʳ de Duranville, consʳ du roy en ses conseils, cy-devant maistre ordinaire en sa chambre des comptes de Paris, et de dame Marguerite Rousseau de Surincourt (?), demeurant en lad. parr. de Duranville, d'une part, et dam¹¹ᵉ Françoise-Antoinette Le Viconte, fille de M° Pierre Le Viconte, chev⁻, seigʳ et baron de Blangy, et de dame Marie-Anne de Valois, demeurant en la parr. de Fontaine, diocèse de Bayeux.

---

(1) L'Université de Toulouse était dirigée alors par les Jésuites. — M° Robert fut du nombre des appelants de la bulle *Unigenitus*. (*Nouvelles Eccl.*, 11 août 1751).

442. — Le 16 mars 1711, M⁰ Gabriel Odienne, pbrē de la parr. S¹ Germain de Lx, y demeurant, M⁰ ès-arts en l'Université de Caen, fait réitérer ses noms et grades au seigʳ évêque et au Chapitre de Lx. (*V.* **214**).

443. — Le 21 mars 1711, M⁰ Pierre-Paul Menard, pbrē du diocèse de Lx, M⁰ ès-arts et docteur en théologie de la faculté de Paris, chapelain de la chapelle S¹ᵉ Anne de l'ancienne communauté de l'église de Paris, bénéficier du personnat de Ranchicourt et de la chapelle de Quenappe, diocèse d'Arras, tous cesd. bénéfices formant 250 livres de revenu environ, led. sʳ Menard, demeurant à Paris, dans la petite communauté des prêtres de S¹ Nicolas-des-Champs, représenté par Pierre Leroy, huissier en la vicomté d'Orbec, fait réitérer ses noms et grades au seigʳ évêque et au Chapitre de Lx. (*V.* **255, 451**).

444. — Le 23 mars 1711, M⁰ Jacques Loriot, pbrē de N.-D. de Guibray, diocèse de Séez, M⁰ ès-arts en l'Université de Caen, représenté par M⁰ Joseph Loriot, son frère, greffier en la vicomté de Falaise, demeurant aussi aud. Guibray, fait signifier ses noms et grades aux religieux de S¹ Evroult.

445. — Le 23 fév. 1711, M⁰ Thomas Lebreton, diacre de Pontaudemer, est reçu M⁰ ès-arts en l'Université de Caen.

Le 25 fév. 1711, il obtient des lettres de quinquennium du recteur de lad. Université.

Le même jour, led. sʳ Lebreton, âgé de 24 ans environ, est nommé par icelle sur les archevêchés et chapitres de Paris, Rouen et Tours, sur les évêchés de Bayeux, Lisieux, Coutances, Avranches, Evreux, Séez, Chartres, Le Mans et Rennes et sur la plupart des abbayes et prieurés de ces divers diocèses, notamment sur les abbayes de S¹ Evroult, S¹ Préaux de Préaux, Cormeilles, Bernay, Beaumont-en-Auge, Grestain, S¹ᵉ Barbe-en-Auge et Mondaie, ainsi que sur l'abbaye aux dames de S¹ Léger de Préaux.

446. — Le 23 fév. 1711, M⁰ Hilaire Brière, pbrē du diocèse de Lx, est reçu M⁰ ès-arts en l'Université de Caen.

Le 15 fév. 1711, il reçoit des lettres de quinquennium du recteur de lad. Université.

Le même jour, led. sʳ Brière, âgé d'environ 27 ans, est nommé par icelle sur les archevêchés et les chapitres de Paris, Rouen et Tours, sur les évêchés et les chapitres de Bayeux, Lisieux, Coutances, Avranches, Evreux, Séez, Chartres, Le Mans et Rennes, et sur la plupart des abbayes et prieurés de ces divers diocèses, notamment sur les abbayes de S¹ Evroult, S¹ Pierre de Préaux, Cormeilles et S¹ᵉ Barbe-en-Auge.

447. — Le 20 mars 1711, M⁰ Claude Vitrel, pbrē, demeurant à Pontaudemer, parr. S¹ Ouen, pourvu de la cure de N.-D. de Préaux, du revenu annuel de 200 livres, de laquelle il n'a pas pris possession, M° ès-arts en l'Université de Caen, fait réitérer ses noms et grades aux religieux de S¹ Pierre de Préaux et de Grestain et aux dames de l'abbaye de S¹ Léger de Préaux. (*V.* **227, 404**).

448. — Le 26 mars 1711, Mᵣᵉ Léonor de Matignon, vic. gˡ, donne à François Legrip, pbrē du diocèse de Bayeux, la collation de la cure du Bosc-Regnoult, vacante par la mort de Mᵉ Henry Le Charpentier, pbrē, dernier titulaire dud. bénéfice.

Le 26 mars 1711, led. sʳ Grip, chapelain de la chapelle S¹ Romain, non-distributive en la Cathédrale, Mᵉ ès-arts en l'Université de Caen, demeurant à Hérouvillette, diocèse de Bayeux, fait réitérer ses noms et grades au seigʳ évêque et aux sʳˢ chanoines du Chapitre de Lx. (*V.* **401, 508**).

449. — Le 27 mai 1711, Mᵉ François Le Turc, pbrē du diocèse de Coutances, professeur au collège du Bois à Caen, Mᵉ ès-arts en l'Université de Caen, fait réitérer ses noms et grades au seigʳ évêque et au Chapitre de Lx. (*V.* **120, 122, 149, 230, 385**).

450. — Le 27 mars 1711, Mᵉ Jean Le Chartier, pbrē, professeur royal de la langue grecque et des humanités dans le collège du Bois depuis treize ans et recteur de l'Université de Caen, fait réitérer ses noms et grades au seigʳ évêque et aux sieurs chanoines de Lx. (*V.* **396**).

451. — Le 18 mars 1711, Mᵉ Pierre-Paul Menard, pbrē, Mᵉ ès-arts et docteur en théologie de la faculté de Paris, demeurant en lad. ville, fait réitérer ses noms et grades aux religieux de S¹ Evroult. (*V.* **245, 443**).

452. — Le 27 mars 1711, Mᵉ Paul Bellant, pbrē, pourvu de la cure de S¹ Cloud-en-Auge, « de valeur viron deux cent cinquante livres tout au plus », Mᵉ ès-arts en l'Université de Caen, demeurant à S¹ Cloud, fait réitérer ses noms et grades au seigʳ évêque et au chapitre de Lx, ainsi qu'aux religieux de Beaumont-en-Auge. (*V.* **229**).

453. — Le 20 mars 1711, Mᵉ Nicolas Gosset, pbrē, curé du Mesnil-Durand, de la valeur de 250 livres de revenu, Mᵉ ès-arts en l'Université de Paris, demeurant aud. lieu du Mesnil-Durand, fait réitérer ses noms et grades au seigʳ évêque et au Chapitre de Lx, ainsi qu'aux religieux de l'abbaye de Grestain.

454. — « Le 8 janvier 1682, Jean-Jacques, fils de Mᵉ Pierre Lebourg le jeune, avocat, et de damˡˡᵉ Barbe Harou, fut baptisé, âgé de deux jours. Ses parrain et marraine, Jacques Lebourg et Marie Lebourg. » — (Extrait du registre des Baptêmes célébrés en l'église parˡˡᵉ de S¹ Ouen majeure de Pontaudemer, diocèse de Lx.)

Le 27 mars 1711, Mᵉ Jean-Jacques Lebourg des Alleurs, pbrē du diocèse de Lx, docteur licencié en théologie de la faculté de Paris et y demeurant, représenté par M° Nicolas Toucquet, pbrē en l'église S¹ Jacques de Lx, fait réitérer ses noms et grades au seig⁴ évêque et au Chapitre de Lx. (V. **237**).

455. — Le 7 avril 1708, M° Edouard Desvaux, diacre de Vimoutiers, est ordonné prêtre.

Le 28 mars 1711, led. s⁴ Desvaux, pbrē, vicaire de S¹ Philbert-des-Champs et y demeurant, M° ès-arts en l'Université de Caen, fait signifier ses noms et grades au seig⁴ évêque et au Chapitre de Lx. (V. **437**).

456. — Le 30 mars 1711, M° François Halbout, pbrē de la parr. des Places, desservant en qualité de vicaire en la parr. de Jouveaux, M° ès-arts en l'Université de Caen, fait réitérer ses noms et grades au seig⁴ évêque et au Chapitre de Lx.

457. — Le 27 mars 1711, M° Pierre Thillaye, pbrē de S¹ Germain de Lx, y demeurant, M° ès-arts en l'Université de Paris, fait réitérer ses noms et grades au seig⁴ évêque et au Chapitre de Lx, ainsi qu'aux religieux de Cormeilles.

458. — Le 13 nov. 1693, Jean-Baptiste de Lange, fils de François et d'Anne Dodemain, de la parr. de Rabodange, diocèse de Séez, reçoit la tonsure à Séez. (V. **530**).

459. — Le 19 octobre 1710, François Duval, fils de Jean Duval et de Catherine Pierres, de la parr. de S¹ Léonard d'Honfleur, reçoit la tonsure et les ordres mineurs.

460. — Le 28 mars 1711, M° Claude Vitrel, pbrē habitué en l'église S¹ Ouen de Pontaudemer, pourvu de la cure de N.-D. de Préaux, prend possession dud. bénéfice, en présence de M° Jean Blondel, pbrē, vicaire de Triqueville, et autres témoins. (V. **404**).

461. — Le 22 mars 1711, Fr. Jacques Delahaye, de la parr. de S¹ Pierre-sur-Dives, diocèse de Séez, fait profession en l'abbaye de Cormeilles entre les mains de Dom Jean-Baptiste Pelvey, pbrē, prieur dud. monastère, en présence de Dom Charles Letellier, Dom Louis Lejumel, Dom Pierre Sauvalle, relig⁴ de lad. abbaye.

462. — Le 20 mars 1711, Fr. Noël de la Gohière de Gueroult, de la parr. de S¹ Mards de Réno, diocèse de Séez, fait profession en l'abbaye de Cormeilles entre les mains de Dom Jean Pelvey, prieur dud. monastère, en présence de Dom Charles Letellier, Dom Louis Lejumel, et Dom Pierre Sauvalle, religieux de lad. abbaye.

463. — Le 30 mars 1711, M° Jacques Lefebvre, pbrē, curé de la 2° portion de S¹ Désir de Lx, de valeur de 300 livres de pension congrue, demeurant aud. S¹ Désir, M° ès-arts en l'Université de Paris, fait réitérer ses noms et grades sur l'évêché et le Chapitre de Lx. (V. **22**).

464. — Le 10 mars 1711, la nomination à la cure de N.-D.-de-

Livet appartenant au seigr du lieu, Mesre Etienne de Belleau, chevr, seigr et patron de Livet, nomme à cette cure, vacante par la mort de Me Louis Fresnel, pbre, dernier titulaire, la personne de Me Jacques Masselin, pbre, desservant lad. parr.

Le 31 mars 1711, le seigr évêque donne aud. sr Masselin la collation de ce bénéfice.

465. — Le 18 déc. 1710 : « Je soubzné François de Vaumesle, pbre, curé du Mesnil Germain, remets le bénéfice-cure de la parr. de Pontallery, entre les mains de noble dame Françoise-Elisabeth d'Oraison, patrone présentatrice dud. bénéfice et consens qu'elle en dispose comme elle advisera b'en, et y pnter telle personne qu'il lui plaira. » — Signé « VAUMESLE. »

Le 24 mars 1711, la nomination à la cure de Pontallery, appartenant au seigr du lieu, noble dame Françoise-Elisabeth d'Oraison, baronne, châtelaine de Livarot, dame de Pontallery, des Loges, Cheffreville, Piencourt et autres seigneuries, vve de Mesre Charles de Nicolle, chevr, seigr de Bricqueville et de Calmesnil, nomme aud. bénéfice de Pontallery, vacant par la démission de Me François de Vaumesle, pbre, dernier titulaire, présentement curé du Mesnil-Durand, la personne de Me Jacques-Robert Tabar, pbre du diocèse de Lx, chapelain titulaire de la chapelle de St François, en la parr. de Fresnay-le-Samson, diocèse de Séez. (*V.* **190**).

Le 1er avril 1711, Mre Léonor de Matignon, vic. gl, donne aud sr Tabar la collation de la cure de Pontallery. (*V.* **495**).

466. — Le 1er août 1711, Me Antoine Jehan, pbre, Me ès-arts, curé de Noron, au diocèse de Séez, lad. cure étant de portion congrue, fait réitérer ses noms et grades aux religieux de St Evroult.

467. — Le 19 février 1711, Dom Charles Letellier, pbre, sous-prieur de l'abbaye de Cormeilles, ordre de St Benoit, pourvu de la chapelle de St Fiacre et St Firmin, située en la parr. de Ste Croix de Cormeilles, prend possession dud. prieuré, en présence de Me Pierre Tragin, pbre, curé de Ste Croix de Cormeilles ; François Baudouin, pbre, desservant lad. chapelle, demeurant à Cormeilles ; Jean Lerat, sr de la Fontaine, receveur général de lad. abbaye, demeurant en icelle. (*V.* **329**).

468. — Le 1er avril 1711, Me Louis d'Hostel, sous-diacre du diocèse de Rouen, demeurant à Douxmesnil, au même diocèse, bachelier, Me ès-arts en l'Université de Paris, représenté par Jean Lerat, sr de la Fontaine, fait réitérer ses noms et grades aux religieux de Cormeilles. (*V.* **223**).

469. — Le 31 mars 1711, Me Charles Bellière, pbre, chapelain de la Cathédrale, Me ès-arts en l'Université de Paris, fait réitérer ses noms et grades au seigr évêque de Lx. (*V.* **239**).

470. — Le 2 avril 1711, M⁰ Cyprian Morel, pbrē du diocèse d'Evreux, demeurant à la Gonfrière, M⁰ ès-arts en l'Université de Caen, représenté par son frère Nicolas Morel, sʳ du Bocage, officier de feu Monsieur, demeurant aussi à la Gonfrière, fait réitérer ses noms et grades aux religieux de Bernay. (*V.* **235, 387**).

471. — Le 4 avril 1711, Pierre-Joseph Costil, fils de François et de Catherine Maupoint, de la parr. de Sᵗ Léonard d'Honfleur, reçoit la tonsure et les ordres mineurs des mains de Monseigʳ Charles-Alexandre Le Filleul de la Chapelle (1), évêque de Vabres, faisant l'ordination générale dans la chapelle du séminaire de Lx.

472. — Le 1ᵉʳ avril 1711, Mesʳᵉ Nicolas de Sallen, pbrē, chapelain de la Cérandière au diocèse de Bayeux, M⁰ ès-arts en l'Université de Caen, fait réitérer ses noms et grades au seigʳ évêque et au Chapitre de Lx, ainsi qu'aux religieux de Sᵗ Evroult. (*V.* **245**).

473. — Le 27 mars 1711, M⁰ Jacques Crochon, pbrē, M⁰ ès-arts en l'Université de Paris, notaire royal-apostolique au diocèse de Lx, demeurant en lad. ville, parr. Sᵗ Germain, fait réitérer ses noms et grades au seigʳ évêque et au Chapitre de Lx, ainsi qu'aux religieux des abbayes de Cormeilles et de Sᵗ Pierre de Préaux. (*V.* **225, 246**).

474. — Le 2 avril 1711, M⁰ Guillaume Jehanne, pbrē, aumônier du seigʳ évêque de Lx, M⁰ ès-arts en l'Université de Paris, demeurant en lad. ville, rue Sᵗ Dominique, représenté par son père, Jacques Jehenne, bourgeois de Lx, y demeurant, parr. Sᵗ Germain, fait réitérer ses noms et grades au seigʳ évêque et au Chapitre de Lx. (*V.* **218**).

475. — Le 4 avril 1711, M⁰ Christophe Courtin, pbrē, vicaire de Rez en la cathédrale, de la valeur de 200 livres annuelles, et chapelain titulaire de la chapelle Sᵗ Laurent en lad. cathédrale, du revenu de 80 livres, M⁰ ès-arts en l'Université de Caen, fait réitérer ses noms et grades au seigʳ évêque et au chapitre de Lx. (*V.* **345**).

476. — Le 24 février 1711, la nomination à la cure de Champ-Hault appartenant au seigʳ du lieu, Mʳᵉ Jean Patrix, Escʳ de Verrière (?), Champ-Hault et autres lieux, demeurant à Gournay, pays Loudunois, a droit de nommer aud. bénéfice à cause de dame Marie-Jacqueline de Champin, son épouse, propriétaire de lad. terre et seigneurie de Champ-Hault, et y nomme la personne de M⁰ Jacques Grillon, pbrē, curé de Pomont, en conséquence de la mort de M⁰ François Durand, pbrē, dernier titulaire. (*V.* **486, 497**).

477. — Le 9 avril 1711, Mʳᵉ Léonor de Matignon, vic. gᵗ, donne à M⁰ Richard Rungeard, pbrē, curé de Tallonney, la collation du prieuré-cure de la Roche-Nonant auquel il a été nommé par les religieux de

---

(1) Mᵍʳ Le Filleul de la Chapelle était originaire de la Chapelle-Gautier. (V. Reg. V. 212).

Ste Barbe à la condition que dans le délai d'une année, il ferait profession dans l'ordre des chanoines réguliers de St Augustin, condition qui a été approuvée par les lettres apostoliques du 4 des nones de janvier dernier. (*V*. **374, 503**).

478. — Le 24 sept. 1701, Louis Guilbert, fils de Louis et d'Elisabeth Loiseleur, de la parr. de Combon, diocèse d'Evreux, reçoit la tonsure à Evreux.

Le 15 mars 1707, led. s^r Guilbert est reçu M^e ès-arts en l'Université de Caen.

Le 29 février 1708, il obtient des lettres de quinquennium du recteur de lad. Université.

Le même jour, le s^r Guilbert, sous-diacre du diocèse d'Evreux, âgé d'environ vingt-trois ans, est nommé par icelle sur l'archevêché et le Chapitre de Rouen, sur les évêchés et les Chapitres de Lisieux et d'Evreux, et sur les abbayes et prieurés de St Ouen de Rouen, Le Bec-Hellouin, St Evroult, St Pierre de Préaux, Cormeilles, Bernay, Beaumont-en-Auge, Grestain, Ste Barbe-en-Auge, St Taurin d'Evreux, St Pierre et St Paul de Conches.

Le 20 mars 1711, Me Louis Guilbert, pbrē du diocèse d'Evreux, demeurant à Combon, M^e ès-arts en l'Université de Caen, fait signifier ses noms et grades aux religieux de St Pierre de Préaux.

479. — Le 19 oct. 1710, Nicolas Turpin, fils de Nicolas et d'Anne Doisy, de la parr. de St André-d'Eschauffour, reçoit la tonsure et les ordres mineurs. (*V*. **517**).

480. — Le 31 mars 1711, Me Jean Caboulet, pbrē, curé de St Aubin-sur-Auquainville, de revenu très modique, et pourvu de la chapelle de la Magdeleine en la Cathédrale, M^e ès-arts en l'Université de Paris, demeurant en lad. parr. de St Aubin, fait réitérer ses noms et grades au seig^r évêque et au Chapitre de Lx. (*V*. **254, 257, 267**).

481. — Le 8 avril 1711, Mre Léonor de Matignon, vic. g^l, donne à Me François Richomme, pbrē, curé de la 1re portion de Fontaine-la-Soret, la collation de la 2e portion de lad. cure à laquelle il a été nommé par Mes^{re} Charles de Lambert, chev^{er}, marquis de Thibouville, seig^r et patron de Fontaine, en conséquence de la démission de Me Gilles Léonor de Seran, pbrē, dernier titulaire « ayant droit ou prétendant avoir droit aud. bénéfice ».

Le 9 avril 1711, led. s^r Richomme prend possession dud. bénéfice-cure de Fontaine-la-Soret, 2e portion, présence de Me Pierre Peauger, pbrē, curé de Nassandre ; Thomas Baudouin, pbrē, chapelain titulaire de la chapelle de la Rivière-Thibouville ; Jean Gosset, pbrē, demeurant au château de la Rivière-Thibouville ; Me Claude Renaut, pbrē, curé de la 1re portion de Plasnes. (*V*. **215**).

482. — Le 1er avril 1711, « Me Jacques Vimont, pbre, bachelier de Sorbonne, curé de St Ouen de Rocques, en vertu d'un arrêt du Parlement de Normandie, rendu contradictoirement le 13 février dernier, entre luy et le sr François Lefebvre, pbre, Me ès-arts en la Faculté de Paris », requiert des sieurs chanoines de Lx être mis en possession des canonicat et prébende de Bourguignoles, vacants par la mort de Mre Pierre André, dernier titulaire, décédé au mois de janvier 1709. Sur quoi les srs chanoines ayant délibéré, led. sr Vimont est mis en possession dud. canonicat par le ministère de Mr le doyen avec toutes les cérémonies accoutumées. — Le nouveau chanoine signe : de Vimont. (*V.* 244).

483. — Le 28 mars 1711, Me Jean Formage, pbre, curé de la 2e portion du Mesnil-Mauger, de valeur de 300 livres de pension congrue, Me ès-arts en l'Université de Caen, demeurant aud. lieu de Mesnil-Mauger, fait réitérer ses noms et grades au seigr évêque et au Chapitre de Lx, ainsi qu'aux religieux de Ste Barbe-en-Auge. (*V.* **378**).

484. — Le 22 sept. 1696, Louis Gibert, diacre de la parr. d'Epaignes, est ordonné prêtre.

485. — Le 20 février 1709, Me Guillaume De la Cousture, pbre du diocèse de Lx, parr. de Neuville, âgé de vingt-six ans, est nommé par l'Université de Caen sur les archevêchés et les chapitres de Paris et de Rouen, sur les évêchés et les chapitres de Bayeux, Lisieux, Evreux et Séez et sur les abbayes et prieurés de St Denis-en-France, Ste Geneviève de Paris, St Vandrille, Jumièges, le Bec-Hellouin, St Etienne de Caen, St Evroult, Bernay, St Pierre de Préaux, Cormeilles, Ste Barbe-en-Auge, et St Pierre-sur-Dives. (Il était de Neuville).

486. — Le 8 avril 1711, Mre Léonor de Matignon, pbre, vic. gl, donne à Me Jacques Grillon, pbre, curé de Pomont, la collation de la cure de St Martin de Champ-Hault. (*V.* **476, 497**).

487. — Le 14 février 1710, Elie Le Cesne, demeurant à Honfleur, parr. Ste Catherine, constitue 150 livres de rente en faveur de Me Pierre Le Cesne, son fils, acolyte, afin qu'il puisse parvenir aux ordres sacrés.

488. — Le 13 mars 1711, Philippe de Mailloc, Escr, acolyte du diocèse de Lx, fils et héritier de feu Philippe de Mailloc, Escr, sr de Bailleul, conser du roy, lieutenant particulier, assesseur criminel au bailliage d'Orbec, constitue en sa faveur 150 livres de rente, afin de parvenir aux ordres sacrés. Cette rente est cautionnée par Louis Deshays, conser du rey, assesseur ancien civil et criminel au bailliage d'Orbec, et par Jean-Gabriel de Mailloc, Escr, sr de Bailleul, gendarme de la garde du roy, demeurant tous deux à Orbec. (*V.* **216, 375**).

489. — Le 8 février 1711, Louis Bretocq, marchand, demeurant à St-Etienne-la-Thillaye, constitue 150 livres de rente en faveur de

Mᵉ Pierre Halley, acolyte, son frère-en-loi, afin qu'il puisse parvenir aux ordres sacrés.

490. — Le 28 juin 1707, Mᵉ Jean-Baptiste Leparc, acolyte, originaire de Sᵗ Cande-le-Vieux, dans la ville de Rouen, est reçu Mᵉ ès-arts en l'Université de Paris.

Le 5 juillet 1710, led. sʳ Leparc, pbrē du diocèse de Lx, exemption de Sᵗ Cande, obtient des lettres de quinquennium du recteur de lad. Université.

Le 8 oct. 1710, il est nommé par icelle sur l'Evêché et le Chapitre de Lx.

Le 24 avril 1711, le sʳ Leparc, demeurant à Rouen, rue des Tapissiers, parr. Sᵗ Cande, fait signifier ses noms et grades au seigʳ évêque et au Chapitre de Lx. (V. 118).

491. — Le 14 mars 1711, Gabriel Le Normand, Escʳ, sʳ du Buchet, consᵉʳ du roy et son procureur au bailliage d'Orbec, subdélégué de M. l'Intendant de la Généralité d'Alençon au département dud. Orbec, y demeurant, constitue 150 livres de rente en faveur de son fils, Mᵉ Pierre-Gabriel-René Le Normand, Escʳ, acolyte du diocèse de Lx, représenté par César de Marguerie, Escʳ, sʳ de Sorteval, son frère-en-loi. (V. 140. 158).

492. — Le 18 fév. 1711, Elisabeth Thillaye, vᵉ de Martin Halley, en son vivant marchand chandelier-cirier, et François Halley, demeurant au bourg de Beaumont, constituent 150 livres de rente en faveur de Mᵉ Thomas Halley, acolyte, originaire de Beaumont et demeurant actuellement au séminaire de Lx, afin qu'il puisse parvenir aux ordres sacrés.

493. — Le 24 avril 1711, dispense de bans pour le mariage entre Jean-François Le Maistre, Escʳ, fils de feu Adrian Le Maistre, Escʳ, sʳ de Vauvert (?), et de damˡˡᵉ Anne de Courseulles, de la parr. de Barneville (Basneville), d'une part, et Catherine Deshays, fille de Louis Deshays et de Magdeleine Dumoulin, de la parr. des Authieux-sur-Corbon.

494. — Le 18 sept. 1700, Joseph Robequin, fils d'Antoine et de Françoise Lepainteur, de la parr. de Bray, diocèse d'Evreux, reçoit la tonsure à Evreux.

Le 3 mars 1705, led. sʳ Robequin, diacre, est reçu Mᵉ ès-arts en l'Université de Caen.

Le 24 mars 1705, il obtient des lettres de quinquennium du recteur de lad. Université.

Le 4 mars 1705, il est nommé par icelle Université sur les archevêchés et chapitres de Paris et de Rouen, sur les évêchés et chapitres de Bayeux, Lisieux, Evreux et Chartres et sur un grand nombre d'abbayes et prieurés de ces divers diocèses.

Le 31 mars 1711, le sʳ Robequin, pbrē, représenté par son frère,

M⁰ Antoine Robequin, bourgeois de Paris, y demeurant, fait signifier ses noms et grades au seig⁺ abbé de S⁺ Evroult.

495. — Le 6 avril 1711, M⁰ Jacques-Robert Tabar, pbrē, chapelain titulaire de la chapelle de S⁺ François de Fresné-le-Samson, diocèse de Séez, y demeurant, pourvu de la cure de S⁺ Vigor de Pontallery, prend possession dud. bénéfice, en présence de M⁰ François de Vaumesle, pbrē, curé du Mesnil-Germain ; M⁰ Jacques de Mannoury, pbrē, curé de Livarot ; Augustin Duquesney, cons⁺ du roy, lieutenant de longue robe en la Prévôté générale de Normandie ; M⁰ Jean Cautier, sous-diacre, et autres témoins. (*V.* 485).

496. — Le 27 mars 1711, la nomination à la chapelle S⁺ᵉ Marie-Magdeleine, située dans le manoir seigneurial de Gonneville-sur-Dives, appartenant au seig⁺ d'Aché, fief situé en lad. parr. de Gonneville, M⁺ᵉ François de Seran, chev⁺ʳ, seig⁺ honoraire de Beuzeval, seig⁺ et patron ordinaire de lad. chapelle, à cause de sond. fief d'Aché, capitaine colonel d'un régiment de milice dans la côte de Dives, nomme à cette chapelle, vacante par la démission de Mes⁺ᵉ Léonor de Séran, pbrē, curé de Beuzeville-la-Grenier-en-Caux, diocèse de Rouen, la personne de M⁰ Jacques Auvray, pbrē du diocèse de Bayeux, cy-devant vicaire dans le diocèse de Lx, et depuis deux ans desservant la cure de Beuzeval.

Le même jour, M⁺ᵉ Pierre du Mesnil, pbrē, vic. g⁺, donne aud. s⁺ Auvray la collation de la chapelle S⁺ᵉ Marie-Magdeleine.

Le 10 avril 1711, le s⁺ Auvray prend possession de lad. chapelle.

497. — Le 22 avril 1711, M⁰ Jacques Grillon, pbrē, curé de la parr. de Pomont, pourvu aussi de celle de Champ-Hault, prend possession de ce dernier bénéfice, en présence de plusieurs habitants de lad. parr., et en particulier de Réné Rousselais, maître d'école. (*V.* 476, 486).

498. — Le 22 avril 1711, M⁰ François Renault, pbrē, demeurant en la parr. de S⁺ Germain-de-Clerfeuille, M⁺ ès-arts en l'Université de Caen, fait réitérer ses noms et grades aux religieux de S⁺ Evroult. (*V.* 426).

499. — Le 2 mai 1711, la nomination à la cure de N.-D. de Beaufay appartenant au seig⁺ du lieu, Mes⁺ᵉ Tanneguy de S⁺ Aignan, Esc⁺, seig⁺ et patron de Beaufay, nomme à cette cure, vacante par la mort de M⁰ Antoine Trassard, pbrē, dernier titulaire, la personne de M⁰ Guillaume Périer, pbrē de la parr. d'Orbec. Fait et passé à Lx, en présence de M⁰ François Vigan, pbrē, curé de Lessard, se trouvant présentement à Lx.

Le même jour, M⁺ᵉ Léonor de Matignon, vic. gén⁺, donne aud. s⁺ Périer la collation dud. bénéfice.

500. — Le 25 fév. 1711, M⁰ Charles-Antoine Mégret de la Ferrière, pbre du diocèse de Noyon, obtient en cour de Rome des lettres de provision du prieuré simple de la Genevraye, vacant par la résignation faite en sa faveur par Mes⁰⁰ Charles-Hippolyte des Acres de Laigle, clerc tonsuré.

Le 6 avril 1711, le seig⁰ évêque de Lx donne aud. s⁰ Mégret de la Ferrière la collation de ce prieuré.

Le 28 avril 1711, le s⁰ Mégret de la Ferrière, demeurant à Paris, « à l'hostel du Grand Prieuré, par̃. du Temple », prend en personne possession dud. bénéfice, en présence de M⁰ Charles Lemarchand, pbre, desservant le prieuré, et de plusieurs habitants de la Genevraye.

501. — Le 28 avril 1711, M⁰ Guillaume de Macé, pbre, originaire de la par̃. de Marmouillé et demeurant à Tallonney, pourvu de la chapelle de la S⁰⁰ Trinité, jointe à l'église de Tallonney, prend possession dud. bénéfice, en présence de M⁰ Richard Rungeard, pbre, curé du lieu, et de M⁰ Louis Durand, pbre, curé de Montmarcey. (*V.* **397**).

502. — Le 28 avril 1711, M⁰ Louis Durand, pbre, curé de Montmarcey, pourvu de la seconde prébende de la collégiale du Merlerault, prend possession de ce bénéfice, en présence de M⁰ Richard Rungeard, pbre, curé de Tallonney.

503. — Le 29 avril 1711, M⁰ Richard Rungeard, pbre, curé de Tallonney, y demeurant, pourvu du prieuré-cure de la Roche-Nonant, dépendant de l'abbaye de S⁰⁰ Barbe-en-Auge, prend possession de ce bénéfice, en présence de M⁰ Philippe-Antoine Hauton, pbre, desservant ad. par̃. ; M⁰ Jacques Heuzé, et autres témoins. (*V.* **374, 477**).

504. — Le 19 janvier 1710, Jean Goguet, marchand, demeurant en la par̃. de S⁰ Etienne-la-Thillaye, constitue 150 livres de rente en faveur de son fils, M⁰ Gabriel Goguet, acolyte, afin qu'il puisse parvenir aux ordres sacrés.

505. — Le 11 mai 1711, vu l'attestation du s⁰ Lecomte, pbre, desservant la par̃. du Sap, dispense de bans pour le mariage entre François-Charles de Grieu, Esc⁰, seig⁰ de la Fontaine et de Paperotte, fils de Jacques de Grieu, vivant Esc⁰, seig⁰ dud. lieu de la Fontaine, et de noble dame Marie-Jacqueline de Bernart, d'une part, et dam⁰⁰ Anne Gislain de Grennes, fille de Roger, vivant Esc⁰, seig⁰ de Grennes, chevau-léger de la garde ordinaire du roy, et de dam⁰⁰ Anne des Boves, de la par̃. du Sap. (*V.* **284**).

506. — Le 13 mai 1711, dispense de parenté au 3⁰ degré pour le mariage entre François de Bosc-Henry, Esc⁰, seig⁰ de Plainville, demeurant en lad. par̃., et dam⁰⁰ Marie-Antoinette Despériers, fille de Jean-Baptiste Despériers, Esc⁰, seig⁰ haut-justicier de S⁰ Mards, demeurant aud. lieu de S⁰ Mards.

Dispense de bans pour le mariage entre led. sieur François de Bosc-Henry, fils de feu Jean-Baptiste de Bosc-Henry, Esc', seig' de Plainville, et de noble dame Magdeleine de Guénet, de lad. par̄r. de Plainville, d'une part, et lad. dam^lle Despériers, fille dud. s^t Jean-Baptiste Despériers, Esc^r, seig^r haut-justicier, chev^r de l'Ordre militaire de St Louis, ancien maréchal-des-logis des chevaux-légers de la garde du roy, et de noble dame Marie-Magdeleine Doublet, de la par̄r. de St Mards-de-Fresne.

507. — Le 18 mai 1711, vu l'attestation du s^r Goubert, curé des Parfontaines, dispense de bans pour le mariage entre Mre François-Nicolas de Cantel, chev^r, seig^r et patron des Parfontaines et autres lieux, fils ainé de feu Mre Guillaume de Cantel, chev^r, seig^r des mêmes seigneuries, et de noble dame Catherine de Campion, de lad. par̄r. des Parfontaines, d'une part, et dam^lle Marie-Marguerite de Bonnechose, fille de Mre Pierre de Bonnechose, chev^r, seig^r de la Frenaudière, et de noble dame Marie-Marguerite Girard, de la par̄r. de St Amand de Rouen.

508. — Le 20 mai 1711, Me François Legrip, pbr̄e du diocèse de Bayeux, chapelain de la chapelle St Romain en la Cathédrale de Lx, pourvu de la cure du Bosc-Regnoult en sa qualité de gradué, prend possession dud. bénéfice-cure, en présence de Pierre Benzelin, syndic de la par̄r., et autres habitants dud. lieu du Bosc-Regnoult. (V. **401, 542**).

509. — Le 3 mai 1711, la nomination à la cure de St Pierre de Carnette appartenant au seig^r évêque de Lx, Sa Grandeur nomme à cette cure, vacante par la mort du dernier titulaire, la personne de Me Guillaume Jehanne, pbr̄e, son aumônier, et M^e ès-arts en l'Université de Paris. Fait à Paris, en l'hôtel de Matignon, rue St Dominique. (V. **332**).

510. — Le 10 avril 1695, Jean Du Lys, fils de François et de Catherine Lechien, de la par̄r. de St Germain de Lx, reçoit la tonsure cléricale.

511. — Le 1er juin 1711, vu l'attestation du s^r Tragin, curé de Ste Croix de Cormeilles, et du s^r Halley, vicaire de St Pierre-de-Cormeilles, dispense de bans pour le mariage entre Gabriel Duquesney et Marguerite Delanney.

512. — Le 2 juin 1711, vu l'attestation du s^r Du Pissot, curé de Périers, dispense de bans pour le mariage entre François Gruchet et Marguerite Lefebvre.

513. — Le 8 juin 1711, vu l'attestation du s^r Gouhier, curé de Guerquesalles, et du s^r Paulmier, vicaire de Pierrefitte, dispense de bans pour le mariage entre Louis-François de Nollet, Esc^r, s^r de Vimer, fils de feu Jean-Baptiste de Nollet, Esc^r, et de noble dame Marie-

Françoise Deshayes, de la parr. de Guerquesalles, d'une part, et dam^lle Marie-Magdeleine-Françoise de Grieu, fille de feu Sébastien de Grieu, Esc^r, s^r de la Cour-du-Bose, et de noble dame Marie Racine, de la parr. de Pierrefitte.

514. — Le 9 juin 1711, Fr. Jean Pasquet, pbrē, chanoine régulier de St Augustin, congrégation de St Antoine, en Viennois, prieur-curé de St Gervais de Fierville, pourvu par Sa Sainteté d'un canonicat régulier en l'église collégiale de St Evremond de Creil, diocèse de Beauvais, dont il n'a pas pris possession, donne sa procuration pour résigner led. canonicat entre les mains de N.-S.-P. le pape en faveur de Fr. Mathieu Desnos, chanoine régulier dud. ordre de St Augustin et curé de St Jean-des-Salles, diocèse de Limoges.

515. — Le 15 juin 1711, vu l'attestation du s^r Guilloche, curé de Querville, dispense de bans pour le mariage entre Jean-Guillaume de Paisant, s^r de la Louterie, garde de Son Altesse Royale, Monseig^r le Duc d'Orléans, fils de feu Guillaume de Paisant, s^r de la Louterie, ancien garde de feu Monsieur, et de dame Marguerite de Romé, de lad. parr. de Querville, d'une part, et dam^lle Agnès-Françoise de Formeville, fille de feu Me Pierre de Formeville, cons^er du roy, vicomte et maire perpétuel de la ville de Pont-audemer, et de dam^lle Marie Levavasseur, de la parr. de St Germain de Lx, d'autre part.

516. — Le 19 oct. 1710, Guillaume Bayeux, acolyte de Folleville, reçoit les ordres mineurs.

517. — Le 18 juin 1711, vu l'attestation du s^r Delisle, curé de Crouttes, et du s^r Lemaire, vicaire de St André-d'Echauffour, dispense de bans pour le mariage entre Pierre Pellerin, s^r des Fondis, fils de Jean et de dam^lle Marie Duchesne, de lad. parr. de Crouttes, d'une part, et dam^lle Anne Turpin, fille de Nicolas Turpin, officier du roy, et de dam^lle Anne Doisy, de lad. parr. de St André-d'Echauffour. (V. 479).

518. — Le 9 juin 1711, la nomination à la cure de Barneville-la-Bertrand appartenant au seig^r du lieu, Mes^re Jules-Horace de Puccis (1), chev^er, seig^r de Barneville, à cause de noble dame Henriette de la Motte (2), son épouse, représenté par Me François Chauffer, cons^er du roy, receveur des tailles en l'élection de Pont-l'Évêque et y demeurant, nomme aud. bénéfice, vacant par la mort de Me Jacques de Montreuil, la personne de Me Adrien Louvet, pbrē, habitué en l'église St Germain de Lx, demeurant en lad. ville.

---

(1) Le s^r seig^r de Puccis était originaire de Florence. Il était fils de Robert-Horace de Puccis, marquis, noble patricien de Florence. La procuration est datée de cette ville.

(2) Elle était fille de Mes^re François de la Motte, baron d'Aunois et de dame Marie Le Jumel de Barneville.

Le 26 juin 1711, Mre Léonor de Matignon, vic. g^l, donne aud. s^r Louvet la collation de la cure de Barneville-la-Bertrand.

Le 28 juin 1711, le dimanche à l'issue de la première messe, le s^r Louvet prend possession dud. bénéfice, en présence de plusieurs habitants de la par̄r. qui tous refusent de signer l'acte de prise de possession.

Le 22 juin 1711, « la nomination à la cure de Barneville-la-Bertrand appartenant à Mes^re Philippe-Louis Le Jumel, chev^er, seig^r d'Equemauville, Lisores, et autres terres et seigneuries, comme ayant les droits ceddez de Mre Claude Denis de Hère, en son vivant chev^er, seig^r de Vaudoit, et de noble dame Marie-Anne de la Motte, son épouse, aînée des copartageants et présentateurs alternativement aud. bénéfice cure de Barneville, à cause de la succession de noble dame Marie-Catherine Le Jumel, en son vivant épouse de Me François de la Motte, baron d'Aunois ou d'Aulnois », led. seig^r d'Equemauville nomme à la cure de Barneville, vacante par la mort de Mre Jacques de Montreuil (1), pbr̄e, dernier titulaire, la personne de Me Adam Estièvre, pbr̄e, demeurant en la par̄r. de Ste Catherine d'Honfleur. Fait et passé à Equemauville, au manoir seigneurial dud. lieu, en présence de Me François Saintier, pbr̄e, curé d'Equemauville.

Le 8 juillet 1711, Mre Pierre Audran, vic. g^l, donne aud. s^r Estièvre la collation dud. bénéfice.

Le 9 juillet 1711, le s^r Estièvre prend possession de la cure de Barneville, en présence de Mes^re Philippe-Louis Le Jumel, chev^er, seig^r d'Equemauville ; Mre Jacques de Bautot, Esc^r, seig^r de Meautrix ; Thomas Liétout, trésorier en charge ; Laurent Thouret, syndic, et autres habitants de lad. par̄r., qui tous ont signé l'acte de prise de possession.

519. — Le 23 mai 1711, la nomination à la cure de St Pierre-du-Châtel appartenant au seig^r abbé de Grestain, Mes^re Chrysanthe de Lévis, pbr̄e, aumônier de Madame la duchesse de Bourgogne, abbé de Grestain, nomme à cette cure, vacante par la mort de Me Nicolas Grandin, dernier titulaire, et par le refus de Me Georges Lachaux qui y a été nommé dernièrement, la personne de Me Etienne Robert, pbr̄e du diocèse de Toulouse, bachelier en théologie.

Le même jour, le seig^r évêque étant à Paris donne aud. s^r Robert la collation de ce bénéfice. — (Le greffier des Insinuations remet ces deux actes à Me Claude Robert, pbr̄e, supérieur du petit séminaire de Lx). (V. **342, 439**).

---

(1) Il fut inhumé le 28 février 1711, par Mre de Giverville, curé de Vasouy. (Reg. des décès de lad. paroisse).

520. — Le 12 juin 1711, Mre Pierre du Mesnil, vic. g^l, donne la collation de la chapelle ou prieuré de Fribois au R. P. Michel Chaillou, chanoine régulier de Ste Barbe-en-Auge, choisi sur les trois candidats du chapitre de Ste Barbe, par noble dame Caroline Duval de Lanchal, veuve de Mre François-Hardouin d'Oilliamson, chevalier, marquis de Courcy, patronne dud. bénéfice. (V. **413**).

Le 18 juin 1711, le s^r Chaillou prend possession dud. prieuré, en présence de Me Marin Boucquier, pbre, vicaire de St Loup-de-Fribois et desservant lad. chapelle ; Guillaume Manchon, s^r des Parcs, receveur et fermier de lad. terre de Fribois.

521. — Le 2 janvier 1711, Me Jean Fouësil, pbre, chanoine régulier de l'ordre de St Augustin, demeurant au prieuré de Friardel, obtient en cour de Rome des lettres de provision de la cure de St Martin de Friardel, vacante par la résignation faite en sa faveur par Me Robert Hébert, pbre, chanoine régulier dud. ordre.

Le 26 juin 1711, Mre Pierre du Mesnil, vicaire général, donne aud. s^r Fouësil la collation dud. bénéfice.

Le 29 juin 1711, le s^r Fouësil prend possession de la cure de Friardel, en présence de Me Thomas Huet, diacre, chanoine régulier du Valaugrain ; Me Pierre Houssaye, syndic de lad. par^., et autres habitants de Friardel.

522. — Le 4 juillet 1711, dispense de bans pour le mariage entre Jean-Charles Thirel, Esc^r, s^r de Siglas, fils de feu Charles et de noble dame Catherine Thirel, de la par^. de St Ouen de Pontaudemer, d'une part, et dam^lle Marie-Marguerite Collet, fille de feu Me Philippe Collet, en son vivant agent des affaires de Son Altesse Royale, et de dam^lle Anne Lecordier, de la par^. de Pont-l'Évêque.

523. — Le 2 juillet 1711, la nomination à la cure de Manneville-la-Pipard appartenant au seig^r du lieu, Mes^re Charles du Val, chev^er, seig^r et patron de Manneville-la-Pipard, Varangeville, baron de Beaumais et autres seigneuries, nomme à cette cure, vacante par la mort de Me Jean Sorel, pbre, dernier titulaire, la personne de Me Antoine Mollien, pbre, demeurant en lad. par^. de Manneville. Fait au Mesnil-sur-Blangy, en la maison de Me Samuel Lecordier, s^r de St Laurent, cons^r du roy, lieutenant en l'élection de Pont-l'Évêque.

Le 4 juillet 1711, Mre Pierre du Mesnil, vic. g^l, donne aud. s^r Mollien la collation dud. bénéfice.

Le 5 juillet 1711, le s^r Mollien prend possession de la cure de Manneville, en présence de Mes^re Charles du Val, seig^r de Manneville ; Mre Jean-Baptiste Moulin, pbre, archidiacre en la Cathédrale de Lx ; Samuel Lecordier, s^r de St Laurent ; Me Jean-Baptiste-François Pellerin, cons^r du roy, maître ordinaire en sa Cour des Comptes, Aides et Finances, à Rouen ; Pierre Selot, s' de la Brosse; Pierre Duhamel, s' des Marests; et M° Richard Selot, avocat, tous demeurant en lad. parr. de Manneville.

524. — Le 13 juillet 1711, dispense de bans pour le mariage entre Pierre de S' Denis, chev'', seig' de Vervaines, Condé, Anciennes (?), et Montaudin, fils de feu M'° Charles de S' Denis, Esc'', et de noble dame Magdeleine de James, de la parr. de Condé-sur-Sarthe, diocèse de Séez, d'une part, et dam''° Anne Lemonnier, fille de Michel Lemonnier, Esc'', seig' de Biéville, et de noble dame Françoise Le Normand, de lad. parr. de Biéville. (V. 89).

525. — Le 28 nov. 1711, M° Bertrand Chenu, pbre du diocèse de Paris, chapelain des chapelles simples de S' Laurent dans l'église séculière et collégiale de S' Denis-en-France, et de S'° Marie-Magdeleine dans l'église conventuelle des Capucins de Pontoise, diocèse de Paris, obtient en cour de Rome des lettres de provision de la chapelle simple de la Sainte-Trinité dans l'église des religieuses de Préaux, vacante par la mort de Paul de la Rue du Fresnay, dernier titulaire dud. bénéfice.

Le 28 juin 1711, le seig' évêque, étant à Paris, donne aud. s' Chenu la collation de lad. chapelle.

526. — Le 5 juillet 1711, la nomination à la cure de S' Martin de Gerrots appartenant au seig' du lieu, Mes'° Louis-François Le Gouez, Esc'', seig' et patron de Gerrots, nomme aud. bénéfice, vacant par la mort de Mes'° Pierre de Gémane, pbre, dernier titulaire, la personne de Mes'° Nicolas de Boisard, pbre du diocèse de Rouen et résidant depuis environ vingt-cinq ans dans le diocèse de Bayeux où il dessert dans la parr. de Fontaine-le-Pin en qualité de chapelain. Fait à L.., en l'hôtellerie où pend pour enseigne la Couronne.

Le 6 juillet 1711, M'° Léonor de Matignon, vic. g', donne aud. s' de Boisard la collation de ce bénéfice.

Le 7 juillet 1711, le s' Boisard prend possession de la cure de Gerrots, en présence de noble homme M'° Laurent Descalles, pbre, curé de S' Jouin ; Mes'° Louis-François Le Gouez, seig' de Gerrots ; Charles Descalles, Esc'', demeurant en la parr. S' Jouin.

527. — Le 20 sept. 1701, Jean Harel, fils d'André et de Magdeleine De la Vigne, de la parr. de S' Pierre de Caen, reçoit, avec l'autorisation du seig' évêque de Bayeux, la tonsure et les ordres mineurs dans l'église de S' Jean de Caen, des mains de Monseig' Pierre-Daniel Huet, ancien évêque d'Avranches.

Le 20 fév. 1709, M'° Jean Harel, âgé de 23 ans environ, diacre de Caen, est reçu M'° ès-arts en l'Université dud. lieu.

Le même jour, il obtient des lettres de quinquennium du recteur de lad. Université.

Le même jour encore, il est nommé par icelle sur les archevêchés et les chapitres de Paris et de Rouen ; sur les évêchés et les chapitres de Bayeux, Lisieux, Coutances, Avranches, Evreux, Séez, Chartres, Le Mans et Rennes, et sur la plupart des abbayes et prieurés de ces diocèses.

Le 8 juillet 1711, led. s¹ Jean Harel, pbrē de Caen et y demeurant, M⁰ ès-arts en l'Université de Caen, fait signifier ses noms et grades au seig¹ évêque et au Chapitre de Lx.

528. — Le 1ᵉʳ juillet 1711, M⁰ Pierre du Mesnil, pbrē, vic. g¹, donne à M⁰ Jean de Soubzlebien, pbrē, la collation de la cure de Ternant.

Le 14 juillet 1711, led. s¹ de Soubzlebien, demeurant en qualité de desservant en la par⁵⁵ᵉ de Chaumont, prend possession dud. bénéfice de Ternant, en présence de M⁰ François Pierres, pbrē, curé de Chaumont ; M⁰ Cyprian Morel, pbrē, desservant led. bénéfice-cure de Ternant et pourvu de la cure de Sapandré ; M⁰ Jacques Charpentier, receveur général de l'abbaye de St Vandrille, demeurant à Rouen ; Marguerin Chagrin, s¹ de Claulieu, syndic de Ternant. (V. 411).

529. — Le 7 déc. 1710, Jean Meullin, du diocèse d'Evreux, *vitâ dimissus*, reçoit à Lx la tonsure et les ordres mineurs.

530. — Le 25 juin 1697, M⁰ Jean-Baptiste de Lange, acolyte de Falaise, diocèse de Séez, est reçu M⁰ ès-arts en l'Université de Caen.

Le 16 février 1701, led. s¹ de Lange, sous-diacre, obtient des lettres de quinquennium du recteur de lad. Université.

Le même jour, le s¹ de Lange, âgé d'environ 23 ans, est nommé par icelle Université sur les archevêchés et les chapitres de Paris et de Rouen, sur les évêchés et les chapitres de Bayeux, Lisieux, Evreux, Séez, Coutances et Avranches, et sur les abbayes et prieurés de ces divers diocèses. (V. 458).

Le 27 juillet 1711, led. s¹ de Lange, sous-diacre, étant présentement au séminaire de Caen pour se disposer à recevoir l'ordre de diacre, représenté par M⁰ Denis Chédot, pbrē, habitué en la par⁵⁵ᵉ de Rabodange, requiert des religieux de St Pierre-sur-Dives, en sa qualité d'ancien gradué, sa nomination à la cure de Meulles vacante par la mort de M⁰ Jacques Robine, pbrē, dernier titulaire dud. bénéfice dont ils sont patrons-présentateurs, led. s¹ Robine étant décédé dans le présent mois réservé aux gradués.

Le 28 juillet 1711, M⁰ Pierre du Mesnil, vic. g¹, donne la collation de lad. cure de Meulles, aud. s¹ de Lange, sous-diacre du diocèse de Séez et chapelain de Sillé-la-Guillaume, au diocèse du Mans, ancien gradué en l'Université de Caen et nommé par elle sur l'abbaye de St Pierre-sur-Dives.

Le 4 août 1711, led. s^r de Lange, sous-diacre du diocèse de Séez, demeurant en la par̄. de Rabodange, chapelain de la chapelle de Sillé-la-Guillaume, diocèse du Mans, pourvu de la cure de Meulles et représenté comme ci-dessus par Me Chedot, prend possession dud. bénéfice, en présence de Me Louis Louvet, pbr̄e, vicaire de lad. par̄. ; Philippe Pitard, acolyte ; Paul Crespin, chirurgien, aussi dud. lieu de Meulles.

531. — Le 29 mars 1709, Charles Montfort, fils d'Olivier et de Marie Levavasseur, de la par̄. du Mesnil-Eudes, reçoit la tonsure et les ordres mineurs.

532. — Le 5 avril 1711, Me Jean-Baptiste Paulmyer, sous-diacre de Verneusses, est ordonné diacre à Lx par Monseig^r Charles-Alexandre Le Filleul de la Chapelle, évêque de Vabre, faisant l'ordination générale dans la chapelle du séminaire de Lx. (V. **393**).

533. — Le 20 sept. 1710, Me Jean Thomas, sous-diacre du Mesnil-Bacley, est ordonné diacre. (V. **146**).

534. — Le 20 sep. 1710, furent ordonnés sous-diacres :
Me Jacques Dufay, acolyte de la par̄. de Corquigny (V. **279**) ;
Me Charles Lepeltier, acolyte de la par̄. d'Epaigne. (V. **279**).

535. — Le 5 avril 1711, Me Charles de Giverville, acolyte de la par̄. de Giverville, est ordonné sous-diacre par le seig^r évêque de Vabres. (V. **279**).

536. — Le 19 oct. 1710, reçurent la tonsure et les ordres mineurs :
Jean Pottier, fils d'Alexandre et de Marguerite Lemaistre, de la par̄. de Ste Catherine d'Honfleur ;
Jacques Lechevalier, fils d'Elie et de Marie Guerard, de lad. par̄. ;
Hugues Lechevalier, id.

537. — Le 7 avril 1708, Jean De la Barre, fils de François et de Françoise Vorillon, de la par̄. de St Pierre-des-Ifs, reçoit la tonsure et les ordres mineurs.

538. — Le 21 fév. 1702, Anne Lebelhomme, v^ve de Marguerin Lebelhomme, demeurant en la campagne de St Désir de Lx, fonde en l'église paroissiale de St Désir deux services solennels qui devront être acquittés chaque année à perpétuité, « par les s^rs curés, vicaires et anciens pbr̄es de lad. par̄., le tout au nombre de huit faisant ordinairement le service divin en icelle église, le s^r curé en sepmaine faisant pour deux ». Pour assurer le service de la fondation, lad. veuve donne au trésor de St Désir la somme de deux cent cinquante livres en principal avec les intérêts de cette somme depuis l'année précédente. Le trésorier, Jacques Hesbert, accepte la fondation du consentement de Mes Alexandre Odienne, Jacques Lefebvre, pbr̄es, curés de lad. par̄., et Mre Guillaume Bréard, pbr̄e en icelle.

539. — Le 10 juin 1711, la nomination à la cure de Vauville appartenant au chapitre de la Collégiale de Cléry, les s⁻ chanoines nomment aud. bénéfice, vacant par la mort de M⁰ Jean Dubois, pbr̄ē, dernier titulaire, la personne de M⁰ Jean Dumont, pbr̄ē du diocèse de Lx, habitué en lad. église de Cléry.

Le 22 juillet 1711, M⁰⁰ Léonor de Matignon, vic. g¹, donne aud s⁻ Dumont la collation dud. bénéfice de Vauville.

Le 23 juillet 1711, led. s⁻ Dumont, ayant fait élection de domicile en la maison de son père, Henri Dumont, marchand, demeurant en la par̄r. de Meulles, prend possession de lad. cure de Vauville, en présence de M⁰ François Hémery, pbr̄ē, desservant lad. par̄r., et autres témoins.

540. — Le 3 août 1711, vu l'attestation du s⁻ Odienne, curé d'Equainville, et du s⁻ Lion, desservant de Barneville-la-Bertrand, dispense de bans pour le mariage entre Jacques de Bautot, seig⁻ de Meautrix et de la Plane, fils de feu Jacques, seigneur de la Rivière, et de noble dame Avoye Le Paulmier, de lad. par̄r. de Barneville, d'une part, et dame Catherine Dubuse, v⁰ de Guillaume Rebut, cons⁻ du roy, auditeur en sa chambre des Comptes de Normandie, demeurant à Equainville. (V. **518**).

541. — Le 29 juillet 1702, testament de M⁰ Hiérosme Tabarie, pbr̄ē, curé de Bray-en-Cinglais.

« Au nom du Seigneur mon Dieu, j'ay soussigné Hiérosme Tabarie, pbr̄ē, curé de Bray-en-Singlais, reconnaissant que la plus grande partie des meubles et effets dont je suis maintenant saisy et que je laisse en mourant est provenue des fruits de mon bénéfice et de mon industrie et de la succession de feu mon frère prestre, et mon intention et ma volonté ne sont pas qu'ils entrent dans ma famille ny dans celle d'aucun autre, leur laissant tout le fond dont j'ai hérité de feu mon père, mais je veux et souhaitte que auparavant qu'ils en puissent disposer, il soit pris autant qu'il en sera nécessaire pour faire et acquitter toutes les charges portées aux articles suivants. Premièrement que mon corps soit inhumé honorablement comme pbr̄ē et hon̄n. pauvre dans l'église de Lescaude devant le crucifix, si c'est le plaisir de Mons⁻ le prieur, parce que c'est le lieu de ma naissance et de ma régénération, et que pour le repos de mon âme trois services de douze ou quinze pbr̄ēs soient chantés, sçavoir celluy de mon inhumation, huitain et anniversaire, et que à chaque service on donne aux pauvres 20 livres ; qu'on célèbre une messe basse toutes les semaines de l'année avec un *Libera* à la fin de chaque, pour rétribution desquelles on donnera vingt livres ; qu'on fonde dans la même église un obit à perpétuité de trois messes par semaine avec un *Libera* à la fin, qui sera dit sur ma tombe. Ces messes seront acquittées par un prestre qui saura parfaitement le plain-chant, parce qu'il sera obligé d'ayder gratis à Monsʳ le prieur à faire tout le service ordinaire de son église, et sera en outre obligé à faire tous les ans à ses propres frais un service de six prestres le joʳ de mon inhumāon. Icelluy pbre sera regénéré de la par̄. de Lescaude s'il y en a, et s'il n'y en a pas, il sera eslu par quatre de mes plus proches parents obligés de le pater et faire agréer par le sʳ prieur de Ste Barbe. Pour l'accomplissement et maintien d'icelluy obit, je donne deux cents livres de rente hypothéquées...... De plus je donne au thresor de St Rosaire dud. lieu de Lescaude soixante sols de rente............ Je donne à l'église de Bray mon ciboire, soleil d'argent et le tiroir qui est dans la sacristie. Mes ornemens, qui consistent en quatre chasubles de dames, seront mis en l'église de Lescaude et mon calice d'argent pour l'usage d'icelluy qui sera establi pour faire mon obit...... Je donne à ma petite cousine D......... mes cuillers et fourchettes d'argent....... / Déposé en l'étude du notariat de St Julien-le-Faucon, le 6 déc. 1702, par Jean Tabarie, marchand, de la par̄. de Lescaude, frère dud. feu Me Hiérosme Tabarie.

542. — Le 20 juillet 1711, Me François Legrip, pbr̄e du diocèse de Bayeux, chapelain de la chapelle St Romain en la Cathédrale de Lx, demeurant à Ste Honorine, par̄. d'Heronvillette, Mre ès-arts en l'Université de Caen, gradué nommé sur l'abbaye du Bec-Hellouin, requiert de Mre Léonor de Matignon, vic. gal, demeurant au séminaire de Lx, la collation de la cure de Livarot, dépendant de l'abbaye du Bec et vacante par la mort de Me Jacques de Mannoury, pbr̄e, dernier titulaire, décédé dans le présent mois de juillet, mois réservé aux gradués. Led. seigʳ de Matignon, en l'absence du seigʳ évêque, répond qu'il est prêt à accorder lad. collation, sauf le droit d'autrui. (V. **508**).

543. — « A Blois, le 20 juillet (1711). — Je ne demande pas mieux, Monsieur, que de prêter à Monsieur de Lisieux pʳ vre par̄. de St Martin d'Ouillie un sujet capable d'y continuer tout le bien que le deffunt curé y a fait et les bons exemples qu'il y a donnés pendant sa vie ; et je ne croy pas pouvoir prendre de meilleur party pour cela que de m'en rapporter au choix qu'en fera Monsʳ l'évesque ou messrs ses grands vicaires à votre sollicitation. Ce sera donc à vous, Monsʳ, à ménager la chose auprès d'eux, en sorte qu'on ne soit point prévenu en cour de Rome. Car ce n'est point la datte prise au secrétariat du pntateur qui empesche cette prévention, mais seulement la datte du titre qu'en fait l'évesque ou bien Messrs les grands vicaires, sur la pntation qui lui est faite. Sur ce pied là, Monsʳ, rien n'empesche, ce me semble, que sitost après la réception de ma lettre, vous ne travailliez à faire expédier le titre en faveur d'un bon sujet tel que Monsʳ de Lisieux ou Messrs ses grands vicaires jugeront à propos de le choisir de concert avec vous. Je suis bien persuadé qu'un choix de cette nature ne saurait estre que bon et que ma conscience n'en sera point chargée, personne ne devant mieux connaistre les subjets propres aux cures que les ordinaires des lieux ; mais il est important pour la conservation de mon droit de nomination qu'il soit bien spécifié dans le titre qu'on expédiera que le pourvu a été pñté par l'évesque de Blois à qui ce droit appartient à cause de l'abbaye de St Laumer unie à son évesché, et on le peut dire avec vérité, puisqu'en effet je veux bien tenir pour pñté par moy celui que M. l'évesque choisira. Je consens volontiers que ce soit cet Adrien Ricquier dont vous dites tant de bien, si son deffault d'age ne paroist pas estre un obstacle à conserver ce bénéfice sur sa teste. Je m'en rapporte aux supérieurs des lieux tant pour celluy là que pour les autres subjets poȓ lad. cure vacante. Je croy que c'est tout ce que je puis faire de mieux pour obvier à tout retardement capable de produire la prévention en cour de Rome, aussi bien que pour vous marquer, Monsieur, que je suis très sincèrement votre très humble et très obéissant serviteur. † DAVID NICOLAS, év. de Blois. » — Cette lettre n'a pas d'adresse, mais il est présumable quelle fut écrite à Mre Nicolas du Houlley, chanoine de Lx et fils du seig^r d'Ouillye. C'est lui qui la fit enregistrer au greffe des Insinuations, ainsi que l'acte qui suit.

Le 25 juillet 1711, les vicaires généraux du seig^r évêque donnent aud. Sr Adrian Ricquier, acolyte, la collation de la cure de St Martin d'Ouillie. — *Il est à remarquer que Mre Lénor de Matignon, quoique nouvellement nommé vicaire général, signe avant les deux anciens.*

INSINUATIONS ECCLÉSIASTIQUES

DU DIOCESE DE LISIEUX

REGISTRE X.

1. — Le 12 février 1704, honnête homme Jacques Descourts, marchand, demeurant en la campagne de St Désir de Lx, fonde en l'église de lad. par̄., une messe basse qui sera célébrée chaque dimanche à onze heures à perpétuité pour lui et ses parents défunts « par les s^{rs} curés, vicaires et anciens prestres, nez et régenerez dud. lieu, au nombre de huit, le sieur curé en sepmaine faisant pour deux ». Cette fondation est acceptée par Me Jacques Lefebvre, pbr̄e, l'un des curés de lad. par̄., et par honnête homme Philippe Lefebvre, hôtellier, bourgeois de Lx, trésorier, année présente, de lad. église.

2. — Le 11 août 1711, Mes^{re} Bertrand Chenu, pbr̄e, docteur et professeur du roy en théologie de l'Université de Paris, grand-maitre de la maison et société et collège royal de Navarre, y demeurant, par̄. St Etienne-du-Mont, chapelain de St Laurent en l'église de Ste Marie-Magdeleine des Capucins de Pontoise, représenté par Me Thomas Chalot, pbr̄e, curé de St Michel de Préaux, prend possession de la chapelle Ste Trinité en l'église de St Léger de Préaux, vacante par la mort de Mre Paul de la Rue de Fresnay, dernier titulaire. Fait en présence de Me André Sallrey et de Me Michel Hubert, pbr̄es, curés de St Michel de Préaux.

3. — Le 3 août 1711, la nomination à la cure de N.-D. de Beaufay appartenant au seig^r du lieu, Mre Tenneguy de St Aignan, seig^r et patron de Beaufay, représenté par Guillaume Lamidey, maitre-cordonnier, bourgeois de Lx, nomme à cette cure, vacante par la mort de Me Antoine Trassard, pbr̄e, dernier titulaire, et par la démission de Me Guillaume Perrier, pbr̄e, demeurant à Orbec et qui n'a pas pris possession, la personne de Me Clément Le Broussois, pbr̄e, de la ville d'Exmes, diocèse de Séez, et y demeurant.

Le même jour, Mre Léonor de Matignon, vic. g^l, donne aud. s^r Lebroussois la collation dud. bénéfice.

Le 10 août 1711, led. s^r Lebroussois prend possession de la cure de

Beaufay, en présence dud. seig' de Beaufay, et de M° René Lehoult, pbre, desservant ce bénéfice.

4. — Le 6 avril 1708, Fr. Charles Letellier, clerc tonsuré, religieux de Cormeilles, reçoit les ordres mineurs.

Le 22 sept. 1708, il est ordonné sous-diacre.

Le 30 mars 1709, il est ordonné diacre.

Le 21 sept. 1709, il reçoit la prêtrise. (V. 7).

5. — Le 19 oct. 1701, Philippe Noel, fils de Guillaume et de Marguerite Vauquelin, de St Ouen de Pontaudemer, reçoit la tonsure et les ordres mineurs.

Le 22 juillet 1711, led. sr Noel est reçu Mre ès-arts en l'Université de Caen.

6. — Le 29 mars 1709, Pierre Aussy, fils de Christophe et de Marguerite Lefebvre, de la parr. de St Etienne-Lallier, reçoit la tonsure et les ordres mineurs. (V. **122, 476**).

7. — Le 5 février 1711, Fr. Charles Letellier, pbre, religieux de l'ordre de St Benoît, ayant exposé à Sa Sainteté que le prieuré simple de St Fiacre, ordre de St Benoît, au diocèse de Lx, est vacant par la mort du dernier titulaire et que led. prieuré est en ce moment détenu par un sujet qui n'y a pas été légitimement nommé, obtient en cour de Rome des lettres de provision dud. bénéfice. (V. **4**).

8. — Le 25 juillet 1711, devant le notaire royal-apostolique du diocèse de Chartres résidant à Mantes, Mesre Louis David, pbre du diocèse d'Evreux, curé de St André-d'Eschauffour, diocèse de Lx, donne sa procuration pour résigner sond. bénéfice entre les mains du seig' évêque de Lx, en faveur de Mre Pierre Delaire, pbre du diocèse de Lx, curé de St Martin de Vert, diocèse de Chartres ; et celui-ci donne aussi sa procuration pour résigner son bénéfice de Vert entre les mains du seig' évêque de Chartres en faveur dud. sr David, pour cause de mutuelle permutation. Fait et passé au village de Mézières-sur-Seine.

Le 27 juillet 1711, le seigneur évêque, retenu à Paris pour les affaires de son diocèse et pour cause de maladie, donne aud. sr Delaire la collation dud. bénéfice de St André-d'Echauffour dépendant du seig' abbé de St Everces (*sic* pour St Evroult). (V. **41**).

9. — Le 5 août 1711, la nomination à la chapelle Ste Marguerite de Neuilly, sise en la parr. de Beuzeville, appartenant au seig' du lieu, Mesre Pierre Fauche, Esc', seig' de Corday et de lad. chapelle, nomme à ce bénéfice, vacant par la mort de Me Balluet, dernier titulaire, la personne de Me Michel Leboucher, pbre du diocèse de Séez, ancien curé de Corday. Fait et passé à Falaise.

Le 17 août 1711, les vicaires généraux du seig' évêque de Lx donnent aud. sr Leboucher la collation dud. bénéfice.

Le 21 août 1711, le s' Leboucher, représenté par M' François Trotin pbre de Beuzeville, prend possession de la chapelle S'° Marguerite.

10. — Le 29 août 1711, vu l'attestation du s' Allaire, curé de S'-Clair-de-Barneville, et du s' Lefebvre, desservant de Cresseveuille, dispense de bans pour le mariage entre Louis de Baillehache, Esc', fils de feu Robert Baillehache, aussi Esc', et de noble dame Hélène Patry, de la par̄. de Cresseveuille, d'une part, et dam'''' Marie-Marguerite de Méflet, fille de Guillaume-François de Méflet, Esc', seig' d'Asseville, et de dame Marguerite Onfroy, de lad. par̄. de S' Clair.

11. — Le 22 juin 1710, Michel Fortin, fils Jean, marchand, demeurant à Vimoutiers, constitue 150 livres de rente en faveur de son fils, M' Denis Fortin, acolyte, afin qu'il puisse parvenir aux ordres sacrés.

12. — Le 16 août 1710, Denis Cocquerel, marchand, demeurant à S'-Jacques de Lx, constitue 150 livres de rente en faveur de M' Daniel Desmaison, acolyte, afin qu'il puisse parvenir aux ordres sacrés. (*V.* **480**).

13. — Le 17 août 1710, Raphaël Letellier, époux de Marie Prevost, demeurant en la par̄. de Lessard, constitue 150 livres de rente en faveur de leur fils, M' Robert Letellier, acolyte, afin qu'il puisse parvenir aux ordres sacrés.

14. — Le 22 juin 1710, M' Robert Briant, acolyte, originaire de la par̄. de S' Martin de Pontchardon, demeurant à Vimoutiers, fils de feu Guillaume Briant, constitue 150 livres de rente en sa faveur, afin de parvenir aux ordres sacrés.

15. — Le 28 août 1710, M' François Gondouin, acolyte de la Chapelle-Haute-Grue, constitue en sa faveur 150 livres de rente, afin de parvenir aux ordres sacrés. Cette rente est garantie par M' Christophe Gondouin, pbre, curé de N.-D. du Tilleul, et par les sieurs Jean, Denis et Pierre Gondouin, frères dud. acolyte. (*V.* **266**).

16. — Le 30 août 1710, dam'''' Henriette de Blois, v° d'Adrian Le Prevost, Esc', demeurant en la par̄. de Grandcamp, constitue 150 livres de rente en faveur de M' Pierre Schier, acolyte, afin qu'il puisse parvenir aux ordres sacrés.
Ledit s' acolyte était fils de Pierre Schier, demeurant à Bernay, par̄. S'° Croix. (*V.* **266**).

17. — Le 21 juillet 1710, François Noel, demeurant à Tourville, près Pont-l'Évêque, et Hélène Linel, v° de Jean Noel, demeurant à Lx, par̄. S' Désir, constituent 150 livres de rente en faveur de M' Pierre Froger, acolyte, afin qu'il puisse parvenir aux ordres sacrés.
Led. s' acolyte, fils de M' Jean Froger, était originaire de Villers-en-Ouche.

18. — Le 27 fév. 1710, M' Robert Gosselin, procureur en l'élection de Bernay, demeurant par̄r. de la Couture, constitue 150 livres de rente en faveur de M⁰ Claude Lecoq, acolyte de lad. par̄r., afin qu'il puisse parvenir aux ordres sacrés. Cette rente est garantie par Nicolas Lecoq, père dud. acolyte, et par M⁰ Jean-Baptiste Maurey, huissier, tous demeurant à Bernay. Fait en présence de M⁰ Claude Bataille, pbr̄e, et de M⁰ Jacques Chanu, greffier, demeurant à Bernay.

19. — Le 29 mars 1709, Michel Langlois, fils de Jean et de Marquise Hébert, de la par̄r. d'Orgères, reçoit la tonsure et les ordres mineurs.

Le 27 juillet 1710, Jean Langlois, laboureur, demeurant à Orgères, constitue 150 livres de rente en faveur de son fils, M⁰ Michel Langlois, acolyte, afin qu'il puisse parvenir aux ordres sacrés. (V. **266**).

Le 20 sept. 1710, il est ordonné sous-diacre.

20. — Le 16 août 1710, Charles Marette, Escʳ, sʳ de la Garenne, gendarme de la garde du roy, demeurant à Giverville, constitue 150 livres de rente en faveur de son fils, M⁰ Charles-Christophe Marette, acolyte de lad. par̄r., afin qu'il puisse parvenir aux ordres sacrés. Cette rente est garantie par Alexandre de la Mondière, Escʳ, sʳ du lieu, et par François de la Mondière, Escʳ, sʳ du Valrimbert, frères, demeurant en la par̄r. de Morsan.

21. — Le 10 sept. 1710, M⁰ Thomas Laumosnier, pbr̄e, curé de Cagny, diocèse de Bayeux, constitue 150 livres de rente en faveur de son neveu, M⁰ Thomas-Antoine Laumosnier, acolyte, natif de la par̄r. de Putot, fils de Tanneguy et de Marie Roussel, afin qu'il puisse parvenir aux ordres sacrés. Fait en présence de M⁰ Charles Bertheaume et de M⁰ Bertrand Langlois, pbr̄es, chapelains en la par̄r. de Criqueville, y demeurant.

22. — Le 30 août 1710, M⁰ Guillaume Morel, consᵉʳ du roy, receveur des gabelles en la ville d'Honfleur, y demeurant, constitue 150 livres de rente en faveur de M⁰ Thomas Liberge, acolyte, afin qu'il puisse parvenir aux ordres sacrés.

Led. sʳ acolyte, originaire de lad. ville, demeurait présentement au séminaire de Lx. (V. **261**).

23. — Le 20 juin 1710, M⁰ Pierre Le François, pbr̄e, et damˡˡᵉ Marie-Anne Belin, vᵛᵉ de feu François Le François, sʳ de Billy, sa sœur-en-loy, demeurant à Morsan, constituent 150 livres de rente en faveur de M⁰ François-Antoine Lefrançois, acolyte, fils de lad. veuve, afin qu'il puisse parvenir aux ordres sacrés.

24. — Le 17 juin 1710, Robert Harenc, archer en la grande Prévôté de Normandie, demeurant en la par̄r. de Thuit-Signol, près Elbeuf, constitue 150 livres de rente en faveur de M⁰ Jacques Dufay, acolyte, afin qu'il puisse parvenir aux ordres sacrés. Cette rente est garantie

7

par Georges Dufay, marchand mercier, frère dud. acolyte et demeurant aussi en lad. par̄.

Led. sr acolyte, originaire de Cesquigny, demeurait alors à Thuit-Signol.

25. — Le 30 juillet 1710, Guillaume Charpentier, hôtellier, demeurant à Lx, constitue 150 livres de rente en faveur de son fils, Me Jean Charpentier, acolyte de St Clair de Bonneval, afin qu'il puisse parvenir aux ordres sacrés.

26. — Le 29 mars 1709, Robert Malfrain, fils de Robert et de Marie Boissaye, de la par̄. de St Germain de Pontaudemer, reçoit la tonsure et les ordres mineurs.

Le 21 juillet 1710, Robert Malfrain, bourgeois, demeurant à Pontaudemer, constitue 150 livres de rente en faveur de son fils, Me Robert Malfrain, acolyte, afin qu'il puisse parvenir aux ordres sacrés.

Le 20 sept. 1710, led. sr acolyte est ordonné sous-diacre. (V. **266**).

27. — Le 20 juin 1699, François-Philippe Milet, fils de François et de Jeanne Person, de la par̄. de St Martin-des-Vignes (*in Vineis*) diocèse de Troyes, reçoit la tonsure.

Le 10 avril 1711, led. sr Milet, pbr̄e du diocèse de Troyes, est reçu Me ès-arts en l'Université de Paris.

Le 2 mai 1711, il obtient des lettres de quinquennium du recteur de lad. Université.

Le 22 juin 1711, il est nommé par icelle sur les abbayes de St Evroult et de Lire.

Le 29 août 1711, le sr Milet, représenté par Me Hiérosme-Jean Rémy, bourgeois de Paris, fait signifier ses noms et grades à Mre Charles-Philippe d'Aspremont-Reckeim, chanoine capitulaire des Illustres Chapitres de Cologne et Strasbourg, abbé commendataire de l'abbaye royale de Barbeau, diocèse de Sens, et de l'abbaye de St Evroult, en Normandie, en parlant à Mre Antoine Lemoine, docteur de la Maison et Société de Sorbonne, son grand vicaire, trouvé en lad. maison de Sorbonne où il demeure.

28. — Le 14 sept. 1711, vu l'attestation du sr Lemoine, vicaire de Ste Catherine d'Honfleur, dispense de bans pour le mariage entre Marin Prévost et Marie Fontenelle.

29. — Le 19 juillet 1710, Jean Corbin, marchand, bourgeois de Bernay, y demeurant par̄. Ste Croix, constitue 150 livres de rente en faveur de son fils, Me Jacques Corbin, acolyte, afin qu'il puisse parvenir aux ordres sacrés. (V. **222, 226, 266, 616**).

30. — Le 22 août 1710, Me Jacques Aubin, pbr̄e, curé de Bretteville-sur-Dives, constitue 150 livres de rente en faveur de Me François Aubin, acolyte du diocèse de Lx, afin qu'il puisse parvenir aux ordres sacrés. Cette rente est garantie par M' François Duthuosne, pbrë, demeurant à Douville, diocèse de Séez. (V. **240**)

31. — Le 17 juillet 1710, Adrian Lepeltier, fils Robert, marchand, demeurant à Epaignes, constitue 150 livres de rente en faveur de son fils, M' Charles Lepeltier, acolyte, afin qu'il puisse parvenir aux ordres sacrés. Cette rente est garantie par M° Charles Lebreton, pbrë, demeurant à Fontville, et autres cautions. (V. **31, 480**).

32. — Le 14 août 1711, la nomination à la cure de Ferrières appartenant au seig' du lieu qui choisit l'un des trois candidats officiers douze-livres, présentés par M" du Chapitre de Lx, haute et puissante dame, Catherine Ladvocat, v" de haut et puissant seig' Mes" Simon-Arnauld de Pomponne, chev", marquis dud. lieu, sire ou baron de Ferrières, Chambrois et Auquainville, seig' de Grandchamp, ministre et secrétaire d'État et des Commandements de Sa Majesté, surintendant général des Postes et Relais de France, demeurant à Paris, en son hôtel, place des Victoires, nomme à lad. cure de Ferrières, vacante par la mort de M° François Cosnard, pbrë, dernier titulaire, la personne de M° Pierre Rogère, pbrë, l'un des trois officiers douze-livres présentés par le Chapitre de Lx.

Le 1" sept. 1711, M" Pierre du Mesnil donne au s' Rogère la collation dud. bénéfice.

Le 21 sept. 1711, le s' Rogère, demeurant à Lx, prend possession de la cure de S' Hilaire de Ferrières, en présence de M° Louis Margé, pbrë, vicaire de Chamblac; M° Estienne Meslin, pbrë, desservant lad. parr. de Ferrières; M° Jean-Baptiste Daubin, peintre, demeurant à Lx, parr. S' Germain; M° Estienne Quesnel, demeurant à Ferrières.

33. — Le 5 avril 1711, M° Philippe Guilbert, sous-diacre de la parr. de Marolles, est ordonné diacre à Lx par M" Charles-Alexandre Le Filleul de la Chapelle, évêque de Vabre.

Le 19 sept. 1711, il est ordonné prêtre par le seig' évêque de Lx. (V. **100**).

34. — Le 21 sept. 1711, dispense de bans pour le mariage entre Pierre Formage, fils de feu M° Adrian Formage, en son vivant notaire, et de Marie Toustain, d'une part, et Madeleine Bailleul, fille de feu Jean, tous deux de S' Jacques de Lx.

35. — Le 17 sept. 1711, M° Guillaume Duval, pbrë, curé de S' Laurent-du-Tencement, remet sa cure entre les mains du seig' évêque en faveur de M° Sébastien Laisney, pbrë, curé de S' Denis-des-Augerons, dépendant aussi de la nomination dud. seig' évêque; et led. s' Laisney remet de même son bénéfice entre les mains du seig' évêque en faveur dud. s' Duval, curé de S' Laurent-du-Tencement.

Le 18 sept. 1711, le seig' évêque nomme le s' Guillaume Duval à lad. cure de S' Denis-d'Augerons.

Le même jour, il donne aud. s' Laisney des provisions de lad. cure de S' Laurent-du-Tencement.

Le même jour encore, le s' Duval prend possession dud. bénéfice de S' Denis-d'Augerons par le ministère de M' Jacques Crochon, pbrē, notaire royal-apostolique de Lx. (*V.* **194**).

Le 19 sept. 1711, led. s' Laisney prend possession de la cure du Tencement, en présence de quelques paroissiens.

36. — Le 22 sept. 1711, vu l'attestation du s' Cantel, curé de Canapville, et du s' Louvet, vicaire de Meulles, dispense de bans pour le mariage entre Jacques Rasse et Catherine Chastel.

37. — Le 22 sept. 1711, vu l'attestation du s' Lebailly, curé de S' Julien-sur-Calonne, et du s' de Lannoy, vicaire de Pont-l'Evêque, dispense de bans pour le mariage entre Jean Fontaine et Anne Ballain.

38. — Le 14 sept. 1711, la nomination à la cure de N.-D. de Selles appartenant aux religieux de S' Pierre de Préaux, le prieur et les religieux de lad. abbaye nomment à cette cure, vacante par la mort de M' Antoine Bazire, pbrē, dernier titulaire, la personne de M' Nicolas Duval, sous-diacre du diocèse de Séez.

Le 21 sept. 1711, le seig' évêque donne aud. s' Nicolas Duval la collation dud. bénéfice.

Le 22 sept. 1711, noble et discrète personne M'° Nicolas Duval, diacre, demeurant en la ville d'Alençon, prend possession de la cure de Selles, en présence de M' Robert Laisney, pbrē, curé de N.-D. de Pontaudemer ; M' Jean de Crotte, pbrē, curé de Bouquelon, diocèse de Rouen ; M' Jean Fortin, pbrē, vicaire de Selles ; M' Philippe Adam, acolyte de lad. parr. ; M' Pierre Letellier, huissier à Pontaudemer. (*V.* **612**).

39. — Le 25 sept. 1711, vu l'attestation du s' Puel, vicaire de S' Aubin du Sapandré, dispense de bans pour le mariage entre Pierre Blanchet et Louise Boë.

40. — Le 25 sept. 1711, M' Pierre Gilles, pbrē, chapelain de la chapelle S' Charles-Borromée de Daubœuf, diocèse de Rouen, pourvu de la cure de Dourville au même diocèse, ayant, sur le refus de l'archevêque de Rouen de donner la collation, porté appel au Souverain Pontife, s'adresse, en vertu du rescrit de Sa Sainteté, au seig' évêque de Lx pour obtenir l'institution canonique.

41. — Le 24 sept. 1711, M' Louis David, pbrē du diocèse d'Evreux, curé de S' André-d'Echauffour, présentement à Paris, remet purement et simplement sond. bénéfice entre les mains de Mes" Charles, comte de Reckeim, abbé de S' Evroult, qui en est patron présentateur.

Le même jour, led. seig^r abbé de St Evroult nomme à lad. cure de St André-d'Echauffour la personne de Me Pierre Delaire, pbrē du diocèse de Lx.

Le même jour, le seig^r évêque, présent à Paris, donne aud. s^r Delaire la collation dud. bénéfice d'Echauffour. — L'acte est signé du s^r Du Mesnil, vicaire général.

Le 6 oct. 1711, le s^r Delaire prend possession de lad. cure, en présence de Me Louis David, pbrē, cy-devant curé du lieu ; Me Nicolas Turpin, sous-diacre et bachelier en théologie de la faculté de Paris ; Mre Nicolas Turpin, s^r du Tertre ; Simon Boutelet, s^r du Tremblay, et autres témoins de lad. parr. (*V.* **8**).

42. — Le 2 oct. 1711, Me François Pierres, pbrē, curé de Chaumont, donne sa procuration pour résigner entre les mains de N.-S.-P. le Pape, sond. bénéfice en faveur de Me Charles Duval, pbrē du diocèse de Lx, et ce sous le bon plaisir de Mes^{re} Charles-Auguste de Matignon, comte de Gacey et maréchal de France, auquel le patronage de lad. cure appartient à cause de son comté de Gacé. Seulement le s^r Pierre se réserve 200 livres de rente sur les revenus de lad. cure qu'il a desservie pendant vingt années accomplies.

Le 12 oct. 1711, le s^r Pierres révoque lad. résignation pour raisons qu'il déduira en temps et lieu, s'il est nécessaire. (*V.* **47, 445**),

43. — Le 13 oct. 1711, vu les attestations du s^r Lelanois, curé de Giverville, et du s^r Dubuse, vicaire de Ste Croix de Bernay, dispense de bans pour le mariage entre Me André Lemaistre, commissaire de police de lad. ville de Bernay, et Jeanne Leprevost.

44. — Le 13 oct. 1711, dispense de bans pour le mariage entre Mre Charles-Gabriel de Bocquencey, Esc^r, seig^r du Chesney, fils de feu Jacques de Bocquencey, Esc^r, seig^r du Chesney, et de noble dame Marguerite de Giroult d'Aspremont, demeurant à Heugon, d'une part, et dam^{lle} Marie-Anne Haymet, fille de Claude Haymet, s^r du Homme, officier chez le roy, et de noble dame Catherine Le Portier, dame et patronne de Samesle, d'autre part.

45. — Le 22 sept. 1708, Me Pierre Lecomte, acolyte de la parr. de Rézenlieu, est ordonné sous-diacre par Mgr Jacques de Matignon, ancien évêque de Condom.

Le 21 sept. 1709, il est ordonné diacre.

46. — Le 11 sept. 1711, le seig^r évêque donne à Me Pierre Ferey, pbrē, curé de Gacey, les provisions de la cure de Montgenouil, vacante par la mort du dernier titulaire. — Il est à remarquer que le seig^r évêque n'exige pas du nouveau titulaire qu'il passe six semaines au séminaire. (*V.* **371, 518**).

47. — Le 13 oct. 1711, Me Jacques Crochon, pbrē, notaire royal-apostolique de Lx, signifie à M⁰ Charles Duval, pbrē, vicaire de Mittois, en parlant à M⁰ Marin Levallet, pbrē, curé de Mittois, la révocation de la résignation de la cure de Chaumont que M⁰ François Pierres, curé de cette parr., avait faite en faveur dud. sʳ Duval.

Le 19 oct. 1711, led. sʳ Pierres, ayant appris que le sʳ Duval était descendu à Lx en l'hôtellerie du Lion d'Or, parr. Sᵗ Jacques, lui fait signifier de nouveau la révocation de la résignation de la cure de Chaumont, qu'il lui avait déjà fait signifier, le 13, à Mittois et, le 16, à Lieurey, lieu d'origine dud. sʳ Duval.

Le même jour, led. sʳ Duval signe l'acte par lequel il déclare agréer lad. révocation. (*V.* **42, 445**).

48. — Le 16 oct. 1711, M⁰ Guillaume Le Gallois, pbrē, curé de Sᵗ Georges de Fiquefleur, dépendant de patronage ecclésiastique, donne sa procuration pour résigner entre les mains de N.-S.-P. le pape en faveur de M⁰ Jean-Baptiste Cabart, pbrē, vicaire d'Equainville, sond. bénéfice de Fiquefleur dont il est titulaire depuis cinq ans environ. (*V.* **95, 220**).

49. — Le 3 oct. 1711, la nomination à la cure de Sᵗ Pierre de Carnette appartenant au seigʳ évêque de Lx. Sa Grandeur nomme à cette cure, vacante par la mort de M⁰ François Desdouits, pbrē, dernier titulaire, décédé au mois d'avril, la personne de M⁰ Guillaume Jehanne, pbrē, son aumônier, M⁰ ès-arts en l'Université de Paris.

Le 6 oct. 1711, led. sʳ Jehanne, représenté par M⁰ François Lemonnier, pbrē, desservant la cure de Carnette, prend possession dud. bénéfice, en présence de Jacques de Mésange, Escʳ, sʳ du Parc, demeurant à Carnette; André de Cardonné, Escʳ, sʳ de Longauney, demeurant à la Genevraye; Nicolas-Bernard Lemarchand, Escʳ, sʳ du Castel, gendarme de la garde du roy, demeurant à Alençon et se trouvant présentement en la parr. de Carnette, et Pierre Rombault, laboureur, demeurant en icelle.

50. — Le 19 oct. 1711, noble et discrète personne M⁰ François Sénée, pbrē, chanoine et ci-devant pénitencier en la Cathédrale, titulaire de la chapelle Sᵗ Ursin en lad. Cathédrale, demeurant à Lx, parr. Sᵗ Germain, donne sa procuration pour résigner lad. chapelle entre les mains de N.-S.-P. le pape en faveur de M⁰ Michel Ricquier, clerc du diocèse de Lx, demeurant aussi en la parr. de Sᵗ Germain. Le sʳ Sénée se réserve une rente viagère de trente livres sur les revenus de lad. chapelle. (*V.* **140**).

51. — Le 30 déc. 1703, Pierre Fouët, fils de Robert et d'Anne Le Courtois, de la parr. Sᵗ Sauveur de Caen, reçoit la tonsure et les ordres mineurs dans la chapelle du séminaire de Caen.

Le 10 juillet 1703, Pierre Fouët des Crottes, de la ville de Caen, est reçu M⁰ ès-arts en l'université de lad. ville.

Le 16 mars 1707, led. s' Fouët, diacre, obtient des lettres de quinquennium du recteur de lad. Université.

Le même jour, le s' Fouët, âgé d'environ 23 ans, est nommé par icelle sur les archevêchés et les chapitres de Paris et de Rouen ; sur les évêchés et les chapitres de Bayeux, Lisieux, Coutances, Avranches, Evreux, Séez, Chartres, Le Mans et Rennes et sur un grand nombre d'abbayes, couvents et prieurés de ces divers diocèses.

Le 29 sept. 1711, le s' Fouët, pbrē, demeurant à Caen, fait signifier ses noms et grades aux religieux de S' Evroult, en parlant à Dom Jacques Irrebert, prieur de lad. abbaye.

Le 9 oct. 1711, même signification aux religieux de Bernay, en parlant à Dom Gabriel Papillon, pbrē, sous-prieur de lad. abbaye. (*V.* **172**).

52. — Le 29 oct. 1711, Pierre Dunot, Esc', s' de la Dannerye, demeurant à S' Macleu-en-Auge, et dam¹¹ᵉ Anne Auger, fille de François, demeurant en la parr. du Doux-Marest, obtiennent de l'official de l'évêché la levée de l'opposition mise à leur mariage par dame Marguerite Turrault, vᵛᵉ de Nicolas Dunot, Esc', s' du Quesnay, agissant au nom de Georges Dunot, Esc', s' d'Hermonville, enseigne de vaisseau, lad. opposition n'ayant été mise que par malice et sans raisons, dans le but de faire manquer ou retarder leur mariage.

53. — Le 9 oct. 1711, dame Cécile de Brunon, vᵛᵉ de Mesʳᵉ François Le Doyen, chev', seig' et patron d'Ablon, Ableville, Equainville et de la chapelle S' Clair, demeurant à Rouen, nomme, en sa qualité de douairière dud. seig', à la cure d'Ablon, vacante par la mort de Mᵉ Louis Angomare, pbrē, dernier titulaire, la personne de Mᵉ Elie Commely, pbrē, curé de S' Ouen de Grestain.

Le 29 oct. 1711, le seig' évêque donne aud. s' Commely la collation du bénéfice d'Ablon. (*V.* **77, 88**).

54. — Le 29 oct. 1711, noble et discrète personne Mᵉ François du Thiron, pbrē, curé de S' Pierre de Mallouy, remet purement et simplement entre les mains du roy sond. bénéfice dont il jouit depuis vingt-sept ans et dont il se réserve de jouir jusqu'au 1ᵉʳ janvier 1712. (*V.* **79, 106**).

55. — Le 13 nov. 1711, dispense de parenté du 2ᵉ au 3ᵉ degré pour le mariage entre Thomas Leduc, Esc', demeurant en la parr. de Périers, et damˡˡᵉ Marguerite Le Cloustier, demeurant en la parr. de Dives. (*V.* **65**).

56. — Le 19 oct. 1711, la nomination à la cure de Courbépine, 2ᵉ portion, appartenant au seig' du lieu. Mgʳ Léonor de Matignon, évêque de Lx, agissant à cause de son fief noble de Courbépine, nomme aud. bénéfice, vacant par la mort du dernier titulaire, la personne de Mᵉ Martin Delaborne, pbrē, chanoine de la Cathédrale.

Le 21 oct. 1711, Mesre Martin Delaborne, pbre, chanoine de la cathédrale de Lx, demeurant à Paris en la communauté des prêtres de la parr. St Paul, donne sa procuration pour résigner entre les mains de N.-S.-P. le pape son canonicat de la Pommeraye en faveur de Me Guillaume Crosnier des Brières, curé de la 1re portion de la parr. de Courbépine. Led. sieur Delaborne fait observer que lad. prébende de la Pommeraye est grévée par autorité apostolique de 200 livres de rente en faveur de Mre Philippe Boisney, ci-devant possesseur dud. canonicat.

Le 22 oct. 1711, Me Martin Delaborne, pbre, chanoine de Lx, nommé par le seigr évêque de Lx à la 2e portion de la cure de Courbépine, donne sa procuration pour prendre en son nom possession dud. bénéfice « et ensuite faire faire visite, estimaon et dresser procès-verbaux des lieux dépendants de la 2e portion, traitter, accorder et composer au sujet d'icelle coe (comme) aussy de traitter par permutation canonique entre les mains de Mond. seigr comte de Lx, patron et collateur des bénéfices cy après déclarés, de sesd. canonicat et prébende de lad. église cathédrale de Lisieux dont il est paisible possesseur, avec Mesre Guillaume Crosnier des Brières, curé de la 1re portion de lad. cure de Courbespines, pour icelle pre portion de cure ; et ensuite, en vertu des provisions qui seront accordées aud. sr constituant par led. seigr évesque sur lad. permutation, en prendre pareillement la possession corporelle, réelle et actuelle, consentir à ce que lesd. première et seconde portion de cure soient réunyes et ne composent plus à l'advenir qu'un seul et mesme titre, faire et signer tous procès verbaux à ce sujet, » etc... Fait et passé à Paris.

Le 13 nov. 1711, Mre Guillaume Crosnier des Brières, pbre, curé de la 1re portion de la cure de Courbépine, donne sa procuration pour résigner sond. bénéfice entre les mains de N.-S.-P. le pape en faveur de Me Martin Delaborne, pbre, chanoine de Lx, pourvu de la 2e portion de lad. cure de Courbépine ; et led. sr Delaborne, représenté par son frère, Me Robert Delaborne, pbre, curé de Berthouville, donne aussi sa procuration pour résigner entre les mains de N.-S.-P. le pape, en faveur dud. sr Crosnier des Brières, son canonicat de la Pommeraye grévé par autorité apostolique de 200 livres de pension, le tout pour cause de permutation canonique desd. bénéfices.

Le même jour, lesd. srs Crosnier et Delaborne remettent leursd. bénéfices en faveur l'un de l'autre, entre les mains du seigr évêque qui en est patron et collateur. Vu la pension de 200 livres dont est chargée la prébende de la Pommeraye au profit de Me Philippe Boisney, le sr Delaborne consent, sous le bon plaisir dud. seigr évêque, qu'une pension de pareille somme soit créée par N.-S.-P. le Pape sur les revenus de la cure de Courbépine, 1re portion, en faveur de Me Crosnier qui en jouira tant qu'il servira celle affectée sur les revenus de lad. prébende.

Le 14 nov. 1711, le seigr évêque donne aud. sr Martin Delaborne la collation de la 1re portion de la cure de Courbépine.

Le 15 nov. 1711, le sr Delaborne, représenté par son frère, prend possession des deux portions de la cure de Courbépine, en présence de Me Pierre Bernays, pbre, vicaire de lad. parr.; Me Jacques Douche, pbre ; Me Charles Lecordier, pbre, chapelain de Monseigr l'Evêque de Lx, tous deux demeurant à Courbépine ; Nicolas Leblond, Escr, ancien garde de feue Son Altesse ; Pierre Marquet, trésorier de lad. église. (V. 86).

Le 14 nov. 1711, le seigr évêque donne à Me Guillaume Crosnier des Brières la collation des canonicat et prébende de la Pommeraye.

Le 20 nov. 1711, le Chapitre de la Cathédrale étant assemblé, le sr Crosnier, après avoir montré ses lettres de tonsure en date du 25 mars 1678, est mis en possession du canonicat de la Pommeraye par le ministère de Mr le doyen, en présence de Mes Guillaume Couture et Christophe Courtin, pbres de la Cathédrale, et du secrétaire du Chapitre.

57. — Le 13 nov. 1711, vu l'attestation du sr Dumont, vicaire de Cheffreville, et du sr Vy, pbre, curé de Beuvillers, dispense de bans pour le mariage entre Jean Marette et Jeanne Bisson.

58. — Le 26 août 1711, Me Estienne Robert, pbre du diocèse de Toulouse, bachelier en théologie de l'Université dud. lieu, pourvu de la cure de St Pierre-du-Chastel, diocèse de Lx, vacante tant par le décès du dernier titulaire que par la répudiation de Mr Jacques Lachaux, donne, à Paris où il demeure, sa procuration pour faire prendre en son nom possession dud. bénéfice de St Pierre-du-Chastel.

Le 12 nov. 1711, led. sr Robert, représenté par son frère, Me Claude Robert, pbre dud. diocèse de Toulouse, bachelier en l'Université de lad. ville et supérieur du séminaire de N.-D. de Lx, y demeurant parr. St Germain, prend possession de lad. cure de St Pierre-du-Chastel, en présence de Jean Boudin, maître d'école, et de plusieurs autres habitants de lad. parr.

59. — Le 19 nov. 1711, vu l'attestation du sr Lemarchand, curé de Pont-l'Evêque, et du sr Levasseur, curé de Formentin, dispense de bans pour le mariage entre Me Guillaume Train et Marie Hébert.

60. — Le 19 oct. 1711, la nomination à la seconde portion de la cure de St Martin-de-Fresnay appartenant au seigr d'Argentan, Mgr Louis-Joseph, duc de Vendôme, de Mercœur et d'Estampes, prince d'Anet et de Martigues, pair de France, gouverneur et lieutenant-général pour Sa Majesté en Provence et des villes et citadelles de Toulon et de St Tropez, général des galères de France, généralissime des armées de Sa Majesté Catholique, seigr engagiste du domaine et vicomté d'Argentan, représenté par Madame Marie-Anne de Bourbon, princesse du sang, son épouse, nomme aud. bénéfice, vacant par la mort de Mº Pierre Scelles, pbrē, dernier titulaire, la personne de Mº Jean Jollain, pbrē du diocèse de Séez. (V. **74**).

61. — Le 23 nov. 1711, vu l'attestation du sr Couture, curé de Grandcamp, dispense de bans pour le mariage entre Nicolas de Bonnechose, Escr, sr de la Boullaye, fils de feu Louis de Bonnechose, Escr, et dame Angélique Descorches, de la parr. de Grandcamp, d'une part, et damlle Charlotte du Plessis, fille de feu Messre Jean du Plessis et de dame Charlotte Olivier, de la parr. de St Car-de-le-Vieil.

62. — Le 24 nov. 1711, vu l'attestation du sr Gauquelin, vicaire de Gerrots, et du sr Hurel, desservant de Clarbec, dispense de bans pour le mariage entre Louis Follebarbe et Marie Adam.

63. — Le 25 nov. 1711, vu l'attestation du sr Levon, vicaire de St Germain-de-Montgommery, dispense de bans pour le mariage entre Robert de Cossette, Escr, sr de Belleuse, fils de feu Jacques et de damlle Anne de Rieucourt, de la parr. de Champosoul, d'une part, et damle Catherine de Billard, fille de feu Jean de Billard, Escr, sr des Vaux, et de feue noble dame Geneviève de la Houssaye, de lad. parr. de St Germain-de-Montgommery.

64. — Le 25 nov. 1711, vu l'attestation du sr Plouin, vicaire de Genneville, dispense de bans pour le mariage entre Thomas Levieil et Jeanne Baudry.

65. — Le 25 nov. 1711, vu l'attestation du sr Du Bourget, curé de Dives, et du sr Pissot, curé de Périers, dispense de bans pour le mariage entre Thomas Le Duc, Escr, sr de Bernières, fils de Thomas et de noble dame Marguerite Lemière, de lad parr. de Périers, d'une part, et damlle Marguerite Le Cloustier, fille de Pierre Le Cloustier, Escr, sr de Boishibout, et de noble dame Marie-Anne Le Duc, de la parr. de Dives. (V. **55**).

66. — Le 25 nov. 1711, vu l'attestation du sr Louvet, vicaire de Neuville-sur-Toncques, dispense de bans pour le mariage entre François Bunel et Anne Motte.

67. — Le 15 nov. 1711, « Messre Allain Descorches, pbrē, curé de St Pierre-de-la-Rivière, considérant son grand âge, qui est de près de cent ans, » donne sa procuration pour résigner entre les mains de N.-S.-P. le pape en faveur de noble et discrète personne, Mº Jean Farain, pbrē, curé de Domjean, diocèse de Bayeux, sond. bénéfice qu'il possède depuis plus de soixante ans. Il se réserve sur les revenus de lad. cure une pension de 700 livres ; le tout fait de l'agrément de haut et puissant seigr Messre Alexandre de Melun, seigr et patron ordinaire dud. bénéfice de St Pierre-la-Rivière, à cause de sa noble baronie de Survie, seigneur honoraire de lad. parr. de Survie, de St Denis-des-Ifs, seigr et patron de la Cressonnière et autres terres seigneuriales. (V. 224, 227).

68. — Le 25 nov. 1711, vu l'attestation du sr Fourquemin, curé de Chambrois, et du sr Meslin, pbrē, desservant la parr. de Ferrières, dispense de bans pour le mariage entre Michel Legay et Catherine Laisney.

69. — Le 26 nov. 1711, vu l'attestation du sr Vauviel, vicaire de Formoville, et du sr Lemercier, vicaire de Martainville, dispense de bans pour le mariage entre Pierre Léger et François Bénard.

70. — Le 18 nov. 1711, la nomination à la cure de St Martin de Foulbec appartenant à l'abbesse de Ste Trinité de Caen, Mme Gabrielle-Françoise de Froullay de Tessé, abbesse de lad. abbaye royale de Caen, ordre de St Benoit, nomme à cette cure, vacante par la mort de Me Robert Blanchet, pbrē, dernier titulaire, la personne de Me Jean de Vaux, pbrē du diocèse de Bayeux, desservant en qualité de vicaire en la parr. de St Gilles de Caen. Fait en présence de Me Gilles Lemaistre, pbrē, docteur en théologie à Caen, et de Me René Duhamel, pbrē.

Le 19 nov. 1711, le seigr évêque donne aud. sr de Vaux la collation dud. bénéfice.

Le 27 nov. 1711, le sr de Vaux prend possession de la cure de Foulbec, en présence de Me Jean Gueroult, vicaire de lad. parr., et de plusieurs paroissiens.

71. — Le 26 nov. 1711, vu l'attestation du sr Hardy, vicaire de St Victor-de-Chrétienville, dispense de bans pour le mariage entre Guillaume Lecomte et Anne Laubinière.

72. — Le 19 sept. 1711, Mgr Philibert-Charles de Pas Feuquière, évêque et comte d'Agde, faisant les ordinations générales dans la chapelle du séminaire de Lx, confère les ordres mineurs et le sous-diaconat à Jean de Coybo-Bourgeois, clerc tonsuré de la parr. de St Jean d'Angély, diocèse de Saintes, *rité dimisso*.

73. — Le 27 avril 1707, Pierre de la Rue, fils de Robert et de Geneviève Le Roux, de la parr. de Hotot, reçoit la tonsure et les ordres mineurs.

Le 13 nov. 1711, il est reçu Me ès-arts en l'Université de Caen. (V. 162).

74. — Le 20 nov. 1711, le seigr évêque donne à Me Jean Jollain, pbrē du diocèse de Séez, la collation de la 2e portion de la cure de St Martin-de-Fresnay.

Le 26 nov. 1711, led. sr Jollain, demeurant en la parr. de Tostes, diocèse de Séez, prend possession de la cure de St Martin, en présence de Me Philippe Morel, pbrē, curé de la 1re portion, et de Me Jean Barbedienne, notaire royal en la vicomté d'Argentan. (V. 60.

75. — Le 5 déc. 1711, M⁰ Pierre Letailleur, pbrē, curé de S¹ Etienne-Lallier, « pourvu de la chapelle de la Magdeleine-lèz-Pontaudemer, diocèse de Rouen, étant en son lit, malade, considérant son grand âge de soixante-dix ans et son infirmité », donne sa procuration pour résigner entre les mains de N.-S.-P. le pape sad. cure, dont il est titulaire depuis plus de vingt-deux ans, en faveur de M⁰ Pierre Barbe, pbrē de S¹ Etienne-Lallier et y demeurant. Il se réserve toutefois une pension de deux cents livres à prendre sur les revenus dud. bénéfice. Fait au manoir presbytéral de S¹ Etienne, en présence de M⁰ Guillaume Courel, pbrē, chapelain de lad. par̄r. et y demeurant ; M⁰ Pierre-Barthélemy de Grimoux, pbrē, licencié en théologie de l'Université de Paris et curé de Manneville, près Pontaudemer, diocèse de Rouen ; M⁰ Pierre Guérin, seig¹ et patron de Tourville ; M⁰ Georges-Alexandre Dufour, seig¹ de Fosseur, y demeurant en lad. par̄r. de S¹ Etienne. (*V.* **142, 160**).

76. — Le 3 déc. 1711, la nomination à la chapelle de S¹ Clair, près Honfleur, appartenant au seig¹ d'Ablon, noble dame Cécile de Brunon, vᵉ de Mesʳᵉ François Le Doyen, chevʳ, seig¹ et patron d'Ablon, Ableville, Equainville, la chapelle S¹ Clair, et autres lieux, demeurant à Rouen, nomme à lad. chapelle, vacante par la mort de M⁰ Louis Angomare, pbrē, curé d'Ablon et dernier titulaire de la chapelle S¹ Clair, décédé le 31 juillet dernier, la personne de Mesʳᵉ Claude Le Doyen, seig¹ du Boulley et autres lieux, pbrē, curé de Fatouville-sur-la-Mer, doyenné de Pontaudemer. (*V.* **53, 89**).

77. — Le 14 déc. 1711, M⁰ Elie Commely, pbrē, curé de S¹ Ouen de Grestain, doyenné de Pontaudemer, donne sa procuration pour résigner sond. bénéfice entre les mains de N.-S.-P. le pape en faveur de M⁰ Guillaume De la Salle, pbrē, demeurant à Sᵗᵉ Catherine d'Honfleur. (*V.* **53, 321, 611**).

78. — Le 12 déc. 1711, la nomination à la cure de S¹ Pierre-des-Ifs, doyenné de Cormeilles, appartenant à l'abbé du Bec-Hellouin, « Très-haut et très-Illustre Mgⁿʳ Roger de la Rochefoucault, abbé commendataire de l'abbaye du Bec-Hellouin », nomme à lad. cure, vacante par la mort de M⁰ Marin Marc, pbrē, dernier et paisible titulaire, la personne de M⁰ Clément Pantin, pbrē du diocèse de Rouen, gradué nommé sur lad. abbaye.

Le 23 déc. 1711, le seig¹ évèque donne aud. s¹ Pantin la collation dud. bénéfice.

Le 24 déc. 1711, le s¹ Pantin, demeurant en la par̄r. du Saussay, diocèse de Rouen, prend possession de la cure de S¹ Pierre-des-Ifs, en présence de M⁰ Jacques Pecqueult, pbrē, vicaire de lad. par̄r. ; Pierre Dupin, Escʳ, s¹ des Vastinnes, et plusieurs autres habitants dud. lieu.

79. — Le 15 déc. 1711, « Mᵉ Guillaume Legras, consᵉʳ du roy, assesseur au bailliage et vicomté de Pontaudemer, y demeurant, agissant au nom et comme procureur de Très-Illustre dame Madᵉ Louise de Vaudetard, abbesse de l'abbaye de Sᵗ Léger de Préaux, dame et patronne de Sᵗ Pierre de Mallouy », nomme en cette qualité à lad. cure, vacante par la démission de Mᵉ François du Thiron, pbrē, dernier titulaire, la personne de Mᵉ Jean Thouas, pbrē, vicaire de Sᵗ Ouen de Pontaudemer. (*V.* **54, 106**).

80. — Le 12 déc. 1711, la nomination à la cure de Sᵗ Pierre du Grand-Sap appartenant aux religieux de Sᵗ Evroult, à cause de leur mense conventuelle, Fr. Jacques Irrebert, prieur, et les religieux de lad. abbaye, nomment à cette cure, vacante par la mort de Mᵉ Pierre du Brunet, pbrē, dernier titulaire, la personne de Mᵉ Albert Benoist, pbrē du diocèse de Tours.

Le 14 déc. 1711, le seigʳ évêque donne aud. sʳ Benoist la collation dud. bénéfice.

Le 17 déc. 1711, le sʳ Benoist, demeurant en la parr. de Loches, diocèse de Tours, « ayant élu domicile, aux fins du pnt seullement, en la maison et personne de Mᵉ Louis Maignet, pbrē, desservant en lad. parr. et bourg du Sap, y demeurant, » prend possession de la cure du Sap, en présence de Mᵉ Michel Scelles, pbrē, curé de N.-D.-du-Bois, diocèse d'Evreux ; Mᵉ François Rousseau, curé de la Gonfrière, même diocèse ; Mᵉ Jacques Daubichon, pbrē, curé du Douet, diocèse de Lx ; Mᵉ François Lecomte et Mᵉ Pasquier Tousey, pbrēs habitués en la parr. du Sap.

81. — Le 16 août 1710, Michel Huet, sʳ du Clos, bourgeois d'Orbec, y demeurant, constitue 150 livres de rente en faveur de son fils, Mᵉ Ives Huet, acolyte, afin qu'il puisse parvenir aux ordres sacrés.

82. — Le 18 juin 1710, Réné Bullet, marchand, demeurant à Fontaine-la-Louvet, constitue 150 livres de rente en faveur de son fils, Mᵉ Noël Bullet, acolyte, afin qu'il puisse parvenir aux ordres sacrés.

83. — Le 17 août 1710, François Turpin et Anne Duval, sa femme, demeurant en la parr. d'Echauffour, constituent 150 livres de rente en faveur de leur fils, Mᵉ Gabriel Turpin, acolyte, afin qu'il puisse parvenir aux ordres sacrés. (*V.* **241**).

84. — Le 12 sept. 1710, Jean Eudes, marchand de laines, bourgeois, demeurant à Pontaudemer, constitue 150 livres de rente en faveur de son fils, Mᵉ Pierre Eudes, acolyte, afin qu'il puisse parvenir aux ordres sacrés. Cette rente est cautionnée par Marc-Aurèle Letellier, Escʳ, sʳ de Vaulibert, et par Jacques Sebire, Escʳ, sʳ du Chesne, demeurant tous deux à Pontaudemer. — Led. sʳ acolyte était fils dud. Jean Eudes et de Catherine Levesque.

85. — Le 26 déc. 1701, Jacques Lussot, fils de François et de Marie Bauroule, de la parr. de N.-D.-du-Hamel, reçoit la tonsure et les ordres mineurs. (V. **135**).

86. — Le 5 janvier 1712, vu la requête présentée au seigr évêque, Le 22 oct. dernier, par Me Martin Delaborne, pbrē, curé des deux portions de la cure de Courbépine, à l'effet d'obtenir la réunion des deux portions en un seul et même bénéfice ; vu l'enquête de *commodo* et *incommodo* ordonnée par le seigr évêque et l'information faite par Mr l'Official du diocèse ; vu le consentement « de Très-haut et Très-puissant seigr, Charles-Auguste de Matignon, chevr, comte de Gacé et de Bricquebec, maréchal de France, seigr et patron de Courbespines, demeurant à Paris, tant pour luy que pour Messre Jean-Baptiste-Louis de Matignon, chevr, comte de Gacé, brigadier des armées du roy et mestre de camp du régiment Dauphiné-Etranger-Cavallerie, son fils, qu'il promet faire ratifier et agréer les pntes » ; vu le consentement des habitans et paroissiens assemblés en état de commun par le sr Bernays, vicaire de lad. parr., le 15 nov. dernier ; led. seigr évêque éteint et supprime à perpétuité le titre de la seconde portion de lad. cure de Courbépine et le réunit à la première portion, à la condition que le titulaire supportera toutes les charges de lad. seconde portion et qu'il entretiendra à toujours à ses frais un vicaire dont le traitement est dès à présent fixé à la somme de 300 livres, « afin que led. bénéfice soit bien desservy par une personne de mérite et de capacité. » (V. **56**).

87. — Le 7 janvier 1712, vu l'attestation du sr Bérenger, pbrē, curé de Franqueville, et du sr Regnier, curé de St-Vincent-du-Boulay, dispense de bans pour le mariage entre Pierre Touillet et Marguerite Duhamel.

88. — Le 4 janvier 1711, Me Elie Commely, pbrē, curé de Grestain, y demeurant, pourvu de la cure d'Ablon, prend possession dud. bénéfice, en présence de Me Claude Le Doyen, pbrē, curé de Fatouville et titulaire de la chapelle St Clair, située en la parr. St Léonard de Honfleur ; Me Nicolas Lefebvre, pbrē, curé de Carbec ; Me Jacques Fossey, pbrē, vicaire de Fatouville. (V. **53**).

89. — Le 17 déc. 1711, le seigr évêque donne à Me Claude Le Doyen curé de Fatouville, la collation de la chapelle St Clair, sise sur le territoire de la parr. St Léonard d'Honfleur.

Le 4 janvier 1712, led. sr Le Doyen, seigr du Boullay, prend possession de la chapelle de St Clair, en présence de Me Elie Commely, pbrē, curé de St Ouen de Grestain ; Me Nicolas Lefebvre, curé de Carbec ; Me Robert Courdoux, pbrē, chapelain, desservant de St Sauveur, en la parr. d'Ableville ; Me Jacques Fossey, pbrē, vicaire de Fatouville ; Me Jacques Le Gallois, notaire royal à Honfleur. (V. **76**).

90. — Le 3 janvier 1712, Fr. Paul Grineau, de la par̄r. de S¹ Barthélemy de Paris, fait profession en l'abbaye de Cormeilles entre les mains de R. P. dom Jean-Baptiste Pelvey, prieur, et de tous les religieux de lad. abbaye. (*V.* **107**).

91. — Le 12 janvier 1712, vu l'attestation du s¹ Levillain, curé de Canapville, et du s¹ Lebailly, curé de S¹ Julien-sur-Calonne, dispense de bans pour le mariage entre Guillaume Domin et Marguerite Fergant.

92. — Le 22 sept. 1703, Guillaume Cosnard, fils de Robert et de Marguerite Leroy, de la par̄r. de S¹ᵉ Croix de Bernay, reçoit la tonsure et les ordres mineurs des mains de Mgʳ Jacques de Matignon, ancien évêque de Condom.

93. — Le 20 janvier 1712, dispense de bans pour le mariage entre Louis-François Pigis, fils de feu François, de la par̄r. de S¹ Michel-de-Livet, d'une part, et dam¹¹ᵉ Anne de Louis, fille de Pierre de Louis, Ec̄r, s¹ de Livet, et de feue dam¹¹ᵉ Marguerite de Sallen, de la par̄r. de Canapville.

94. — Le 20 janvier 1712, vu l'attestation du s¹ Derothes, vicaire de S¹ Germain de Pontaudemer, dispense de bans pour le mariage entre François Le Carpentier, fils de feu Charles et de dam¹¹ᵉ Marie-Magdeleine Le Carbonnier, de lad. par̄r. de S¹ Germain, d'une part, et dam¹¹ᵉ Anne-Marguerite Laneuville, fille de feu Mᵉ Jacques et de dam¹¹ᵉ Anne-Marguerite Lebarbier, de la par̄r. S¹ Georges de Rouen.

95. — Le 11 nov. 1711, Mᵉ Jean-Baptiste Cabart, pbr̄e, obtient en cour de Rome des lettres de provision de la cure de S¹ Georges de Fiquefleur, vacante par la résignation faite en sa faveur par Mᵉ Guillaume Le Gallois, pbr̄e, dernier titulaire.

Le 12 janvier 1712, Mʳᵉ Pierre Audran, vicaire général, donne aud. sieur Cabart la collation de lad. cure de Fiquefleur. (*V.* **48, 220**).

96. — Le 21 sept. 1709, Mᵉ Jacques-Laurent Lecomte, sous-diacre de Gacé, est ordonné diacre.

Le 20 sept. 1710, il est ordonné prêtre.

97. — Le 23 janvier 1712, Mʳᵉ Pierre Audran, vic. g¹, donne son visa aux lettres de provision des quatre clérimonies de S¹ Louis de Bonneville-la-Louvet obtenues en cour de Rome, le 21 mai 1711, par Mᵉ Jacques Daufresne, clerc du diocèse de Lx, chapelain de lad. chapelle ou prieuré simple de S¹ Louis. (*V.* **275**).

98. — Le 11 mars 1711, Mᵉ Jacques Vauquelin, pbr̄e du diocèse de Lx, titulaire du prieuré simple de S¹ᵉ Citroinne, diocèse de Poitiers, obtient en cour de Rome des lettres de provision du prieuré simple de S¹ Eloy des Astelles, ordre du Val des Choux, dépendant du prieuré de Royal-Pré, et vacant par la démission faite en sa faveur, pour cause de mutuelle permutation, par Mᵉ François Lehoult, clerc, dernier titulaire.

Le 26 déc. 1711, le seigr évêque donne aud. sr Vauquelin la collation dud. bénéfice.

Le 30 déc. 1711, le sr Vauquelin, demeurant à Paris, rue d'Enfer, parr. St Séverin, et ayant fait élection de domicile pour le présent en la maison de Charles Potevin, laboureur et fermier du prieuré de St Eloy, prend possession de ce prieuré avec toutes les cérémonies ordinaires.

99. — Le 29 déc. 1711, Me François Grip, pbrē, chapelain de la chapelle St Romain en la Cathédrale, expose en bailliage d'Orbec, qu'étant gradué nommé sur l'abbaye du Bec-Hellouin, il auroit été cy-devant pourvu de la cure du Bosc-Regnoult qui lui aurait été contestée par le sr Buissot, régent septennaire en l'Université de Paris et que le droit de celui-ci l'aurait emporté. Led. suppliant, ayant appris que la cure de Livarot, dépendant de lad. abbaye du Bec, était vacante du mois de juillet dernier, la requit de Mesre de Matignon, vicaire général de Lx. Celui-ci répondit qu'il était prêt d'accorder la collation dud. bénéfice. Le sr Grip, ayant obtenu des religieux du Bec sa présentation à lad. cure, reçut, le 25 juillet, l'*Expediatur* dud. sr vicaire général. Mais le secrétaire de l'évêché aurait dit que le seigr évêque lui avait défendu d'expédier le visa, fondant sa défense « sur un décret de prise de corps dénoncé contre led. suppliant en l'année 1697 ; ce qui n'auroit pas du estre un obstacle à l'expédition dud. visa, puisque le sr suppliant fist apparoir sur le champ aud. secrétre d'une sentence du sr official, du 11 déc. 1703, rendue sur la pñtation d'une autre de l'année 1700 », donnée en bailliage d'Orbec, par laquelle il a été relevé de la première sentence, la partie adverse ayant été obligée de reconnaitre son innocence et l'injustice de l'accusation. Mais tout cela fut inutile et led. secrétaire persista dans son refus. Cependant comme le temps de six mois accordé pour la prise de possession est sur le point d'expirer, le sr Grip, « afin de ne pas déchoir de son droit », recourt à l'autorité du lieutenant-général aud. bailliage d'Orbec pour qu'il lui soit permis de prendre possession de la cure de Livarot *ad conservationem juris* ; ce qui lui est accordé.

Le 30 déc. 1711, le sr Grip, demeurant en la parr. de Ste Honorine, près Caen, sur lad. autorisation du lieutenant général d'Orbec, prend possession de la cure de Livarot, vacante par la mort de Me Jacques de Mannoury, dernier titulaire, en présence de Me Pierre Costard, pbrē, desservant lad. parr. de Livarot ; Me Nicolas Vattier, sous-diacre, demeurant à Lx, parr. St Jacques ; Henry Pottier, chirurgien à Plasne, et plusieurs habitans de Livarot. « Comme les témoins estoient prêts a signer le présent acte de prise de possession, s'est à l'instant présenté dans la sacristye de lad. Eglise le nommé Noel Pottier, syndic de lad. parr. et bourg de Livarot, lequel paroissant tout ému et sans aucun sujet auroit deffendu auxd. témoins de signer le présent acte, les ayant à cette fin intimidés et empeschés et mesme dit hauttement qu'ils luy faisaient plaisir de ne le pas f^{re}; ce que voyant iceux tesmoins se seroient tous retirés après avoir néanmoins esté interpellés de signer : ce qu'ils ont refusé f^{re}. »

Le mercredi 13 janvier 1712, led. s^r Grip, ayant assigné les susdits témoins en bailliage d'Orbec pour s'entendre condamner à signer led. acte de prise de possession, led. s^r Costard, pbrē, desservant lad. parr., s'excuse en disant qu'il est prétendant au même bénéfice-cure de Livarot ; les autres, qu'ils sont les parents et amis dud. s^r Costard. Mre Paul de Vitrouil, Esc^r, s^r des Hauttières, cons^{er} du roy, lieutenant particulier civil et criminel en la vicomté d'Orbec, après avoir pris l'avis de Me Pierre Deshays, cons^{er} du roy, lieutenant général du vicomte d'Orbec et premier assesseur en ce siège, de Pierre Motte, cons^{er} du roy, assesseur certificateur, ordonne que tous les « adjournez » signeront l'acte de prise de possession « le vendredi suivant, 15 janvier, à dix heures du matin, devant la porte de l'église de Livarot », sans que cela puisse préjudicier aux droits dud. s^r Costard.

Le vendredi 15 janvier 1712, tous les témoins présents à la prise de possession, se rendent, suivant lad. sentence du bailliage d'Orbec, devant la porte de l'église de Livarot pour signer l'acte de prise de possession, après avoir déclaré que lad. prise de possession avait été faite canoniquement et dans les formes ordinaires. (*V*. **178, 251**).

100. — Le 30 juillet 1710, Me Jean Bardou, pbrē, curé de Bois-le-Roy, diocèse d'Evreux, y demeurant, représenté par Jean Bardou, demeurant à Courtonne-la-Meurdrac, constitue 150 livres de rente en faveur de Me Philippe Guilbert, acolyte, originaire de Marolles, afin qu'il puisse parvenir aux ordres sacrés. Cette rente est cautionnée par Me Thomas Guerrier, pbrē, et par Guillaume Guerrier, son frère, demeurant tous deux en la parr. de Marolles. (*V*. **33**).

101. — Le 5 sept. 1710, Me Jean Cordouen, pbrē, curé de St-Aubin-juxte-Boullen, doyenné des Perriers, vicomté de Pont-de-l'Arche, représenté par Me François Langlois, pbrē, chapelain en l'église Ste Catherine d'Honfleur, constitue 150 livres de rente en faveur de son neveu, Me Olivier Tirlet, acolyte du diocèse de Lx, afin que led. acolyte puisse parvenir aux ordres sacrés. Cette rente est hypothéquée sur une ferme sise à Drucourt. Fait et passé en la parr. d'Equemauville. Led. s^r acolyte, présentement au séminaire de Lx, fut représenté par son père Denis Tirlet, s^r du Moulin.

102. — Le 15 mars 1711, Jean Desjardins, laboureur, demeurant à Capelles, constitue 150 livres de rente en faveur de son fils, Me Jean Desjardins, acolyte, afin qu'il puisse parvenir aux ordres sacrés. (*V*. **262**).

103. — Le 18 août 1711, Louis Osmont, Esc", s" de Malicorne, du Bas-Millouet et du Mesnil-aux-Crottes en partie, demeurant en son manoir de Malicorne, parr. S' Désir de Lx, constitue 150 livres de rente en faveur de son fils, M° Jean-Baptiste Osmont, acolyte, afin qu'il puisse parvenir aux ordres sacrés.

104. — Le 12 août 1711, Charles Laugeois, s" des Masliers, demeurant au Pin, constitue 150 livres de rente en faveur de son fils, M° Guillaume Laugeois, acolyte, afin qu'il puisse parvenir aux ordres sacrés. (*V.* 262).

105. — Le 21 janvier 1712, Dom Pierre Descalles, pbrē, religieux, supérieur de l'abbaye de Grestain, prieur du prieuré simple de S' Pierre de Rouville, dépendant de l'abbaye de S' Pierre de Préaux et situé en la parr. de Périers, doyenné de Beaumont, donne sa procuration pour résigner led. prieuré entre les mains de N.-S.-P. le pape en faveur de Dom Jean Birée, pbrē, relig' de l'ordre de S' Benoit et supérieur de l'abbaye de S' Pierre de Préaux. Le s" Descalles se réserve toutefois une pension viagère de 300 livres. (*V.* 212).

106. — Le 24 déc. 1711, la nomination à la cure de S' Pierre de Mallouy appartenant au roy à cause du conflit formé entre ceux qui se prétendent patrons de lad. cure, Sa Majesté nomme à ce bénéfice, vacant par la démission pure et simple de M° François du Thiron, dernier titulaire, la personne de M° Jean Morand, pbrē du diocèse de Lx.

Le 27 janvier 1712, M" Léonor de Matignon, vic. g', donne aud. s" Morand la collation de lad. cure.

Le 28 janvier 1712, le sieur Morand, demeurant à la Chapelle-Gaultier, prend possession dud. bénéfice-cure de Mallouy, en présence de M° Pierre Rocher, pbrē, desservant lad. parr., et de plusieurs autres paroissiens dud. lieu. (*V.* 54, 79).

107. — Le 23 janvier 1712, Fr. Robert Legendre, de la parr. de Carville, diocèse de Rouen, fait profession en l'abbaye de Cormeilles entre les mains de dom Jean-Baptiste Pelvey, prieur claustral, et en présence de dom Charles Letellier, dom Louis Lejumel, dom Pierre Sauvalle, dom Jacques Delahaye, dom Noel de la Gohière de Gueroult, dom Paul Grineau, tous religieux de lad. abbaye de Cormeilles. — Cet acte fut remis après l'insinuation à dom Louis Lejumel, cellérier de l'abbaye.

108. — Le 1" février 1712, vu l'attestation du s" Froger, curé de Valage (Valailles), et du s" Bernays, vicaire de Courbépine, dispense de bans pour le mariage entre François de la Quaize et Catherine Farvacques.

109. — Le 18 nov. 1711, M° Michel Seney, pbrē du diocèse de Lx, obtient en cour de Rome des lettres de provision de la cure de

S¹ Ouen de Roques, vacante par la résignation faite en sa faveur par M⁰ Jacques de Vimont, pbrᵉ, dernier titulaire.

Le 29 janvier 1712, Mʳᵉ Léonor de Matignon, vicaire général, donne aud. sʳ Seney la collation dud. bénéfice.

Le même jour, le sʳ Seney prend possession de la cure de Roques, en présence de Jean Rebui, syndic de la par̄r., et de quelques autres habitants dud. lieu. (V. 198, 280).

110. — Le 1ᵉʳ février 1712, vu l'attestation du sʳ Delaire, curé de S¹ André-d'Echauffour, dispense de bans pour le mariage entre Louis Roussel, Escʳ, sʳ de Mézerville, l'un des chevau-légers de la garde du roy, fils de feu Jean Roussel, officier chez le roy, et de damˡˡᵉ Louise Le Berseur, d'une part, et damˡˡᵉ Louise Bouttelet de la Boissière, fille de feu Gaspard Bouttelet, sʳ de la Boissière, officier de Sa Majesté, et de damˡˡᵉ Louise Flambart, d'autre part, tous deux de lad. par̄r. d'Echauffour.

111. — Le 2 février 1712, vu l'attestation du sʳ Prouverre, curé de Neuville, dispense de bans pour le mariage entre Jacques Havette, Escʳ, garde du roy, fils de feu Robert Havette et de Charlotte Dubois, d'une part, et Barbe Estard, fille de Michel et de damˡˡᵉ Catherine Guilbert, vᵛᵉ de Pierre Aubrée, d'autre part, tous deux de lad. par̄r. de Neuville-sur-Touques.

112. — Le 4 février 1712, vu l'attestation du sʳ Mannoury, curé de Heurtevent, dispense de bans pour le mariage entre Charles de Mannoury, Escʳ, sʳ de Riviers, fils de feu Pierre de Mannoury, Escʳ, sʳ de Valingou, et de noble dame Geneviefve de Morel, de lad. par̄r. de Heurtevent, d'une part, et damˡˡᵉ Marie-Anne de Colliboeuf, fille de feu Jacques, Escʳ, seigʳ de Bloqueville, et de noble dame Marie-Eléonore d'Oilliamson, de la par̄r. de Morteaux, diocèse de Séez, d'autre part.

113. — Le 4 février 1712, dispense de bans pour le mariage entre Henry Roger, fils de feu Henry Roger et de Charlotte de Bonenfant, d'une part, et damˡˡᵉ Marguerite-Angélique de Paysant, fille de feu Guillaume de Paysant, Escʳ, sʳ de la Louterye, et de dame Marguerite de Romé, d'autre part, tous deux de la par̄r. de Querville.

114. Le 1ᵉʳ août 1711, François Besley, marchand de la par̄r. de Heurtevent, constitue 150 livres de rente en faveur de son fils, Mᵉ François Besley, acolyte, afin qu'il puisse parvenir aux ordres sacrés.

115. — Le 8 février 1712, vu l'attestation du sʳ Vattier, vicaire de S¹ Gervais-d'Asnières, dispense de bans pour le mariage entre Louis Toufflet et Marguerite Lefebvre.

116. — Le 8 février 1712, vu l'attestation du sʳ Levellain, curé de S¹ Gervais-d'Asnières, et du sieur Tabur, vicaire de Bailleul, dispense de bans pour le mariage entre Robert Aubert et Françoise Lefebvre.

117. — Le 22 janvier 1712, la nomination à la cure de S' Pierre de Cerqueux appartenant aux religieux de Friardel, les chanoines reguliers dud. monastère nomment à l'une des portions de lad. cure de Cerqueux, vacante par la démission pure et simple de dom Jean Gallot, pbre, chanoine régulier, dernier titulaire de lad. portion, la personne de Dom Jean Marye, pbre, chanoine régulier de lad. abbaye.

Le 29 janvier 1712, Mre Pierre du Mesnil, vic. g^l, donne aud. s^r Marye la collation dud. bénéfice.

Le 12 février 1712, le s^r Marye, pourvu de l'une des portions de la cure de Cerqueux, en prend possession en présence de dom Robert-Dominique Moullin, pbre, chanoine régulier de Friardel ; Me Jean Deschamps, pbre, curé de l'autre portion de lad. cure de Cerqueux ; Mre Réné de Champeron, demeurant en lad. abbaye, et André Ferté, laboureur de lad. parr. (*V.* **615**).

118. — Le 8 août 1711, Me Nicolas Gasnier, pbre, curé de St Pierre de Cernières, diocèse d'Evreux, et Charles Gasnier, contrôleur des affaires du roy, demeurant à Bernay, parr. de la Couture, constituent 150 livres de rente en faveur de leur frère, Me Jean Gasnier, acolyte, afin qu'il puisse parvenir aux ordres sacrés. (*V.* **257, 262**).

119. — Le 11 août 1711, Pierre Merouze, marchand, demeurant à St Pierre-de-Cantelou, constitue 150 livres de rente en faveur de Me Vincent Le Boullenger, acolyte, afin qu'il puisse parvenir aux ordres sacrés. (*V.* **322**).

120. — Le 29 août 1711, Me François Dumoutier, bourgeois de Rouen, y demeurant, constitue 150 livres de rente en faveur de son frère, Me Jacques Dumontier (1), acolyte, afin qu'il puisse parvenir aux ordres sacrés. Cette rente est garantie par Me Jacques Dumoutier, pbre, vicaire de Fontaine-la-Louvet, oncle dud. acolyte. Fait en lad. parr. de Fontaine, en présence de Me Pierre Levavasseur, pbre, curé du lieu, et d'Alexandre Odienne, aussi de lad. parr. (*V.* **262**).

121. — Le 29 août 1711, Mr Maurice Fleury, avocat à Bernay et bailly de Menneval, demeurant en cette parr., constitue 150 livres de rente en faveur de Me Pierre Vauchel, acolyte de Ste Croix de Bernay, afin qu'il puisse parvenir aux ordres sacrés. Cette rente est garantie par Me François Champion, chirurgien royal, et Jacques Vauchel, marchand, tous deux demeurant à Bernay. Fait et passé en présence de Me Jean De la Noë, pbre, et de François Dumoulin, dud. lieu de Bernay. (*V.* **578**).

122. — Le 1er juillet 1711, Christophe Aussy, marchand, demeurant à St Etienne-Lallier, constitue 150 livres de rente en faveur

---

(1) Led. s^r acolyte signait *Dumontier* ; ses parents écrivaient *Dumoutier*.

de son fils, M⁰ Pierre Aussy, acolyte de lad. parr., afin qu'il puisse parvenir aux ordres sacrés. (V. 6, 476).

123. — Le 7 février 1711, André de Folleville, Esc¹, s¹ du lieu, demeurant en la parr. de Morainville, constitue 150 livres de rente en faveur de son fils, M⁰ Adrien de Folleville, Esc¹, acolyte de lad. parr., afin qu'il puisse parvenir aux ordres sacrés. Cette rente est garantie par Jacques de Livet, Esc¹, s¹ de la Noë, le Boislouvet et autres lieux, de la parr. de la Noë, et Benoit Boudin, de la parr. de Morainville. (V. 242, 254).

124. — Le 23 août 1711, Joseph Fleuriot, marchand, de la parr. de Vieux-Pont, constitue 150 livres de rente en faveur de son fils, M⁰ Jean Fleuriot, acolyte, afin qu'il puisse parvenir aux ordres sacrés. Fait à Vieux-Pont, en présence de M⁰ Louis Lecoq, pbre, curé dud. lieu. (V. 256, 262, 481).

125. — Le 3 mars 1711, M⁰ Maurice Lefebvre, acolyte, natif de la ville d'Honfleur, fils de feu Charles Lefebvre et de Rénée Souchey, se constitue 150 livres de rente afin de parvenir aux ordres sacrés. Cette rente est garantie par M⁰ Mathieu Souchey, cons⁰¹ du roy, grènetier au grenier à sel de Laigle, et par Philippe Legrand, s¹ de Boislandry, de lad. ville de Laigle. Fait et passé à Laigle.

Led. s¹ acolyte demeurait alors en la ville de Laigle. Il fut représenté par M⁰ Claude Henry, demeurant en la parr. du Buat, diocèse d'Evreux.

126. — Le 29 août 1711, Nicolas Turpin, s¹ de la Louterye, officier de la maison du roy, demeurant à Echauffour, constitue 150 livres de rente en faveur de son fils, M⁰ Nicolas Turpin, s¹ de la Vente, acolyte et bachelier en théologie de l'Université de Caen, afin qu'il puisse parvenir aux saints ordres. — Led. s¹ acolyte était fils dud. Nicolas et de dam⁽ˡᵉ⁾ Anne Doisy. — Fait et passé en présence de Nicolas Turpin, s¹ du lieu, cousin dud. acolyte, et aussi en présence de M⁰ Jacques Le Maire, pbre, vicaire d'Echauffour. (V. 41, 157, 317, 425).

127. — Le 16 août 1710, dam⁽ˡᵉ⁾ Suzanne de Varin, vᵉ de M⁰ Guillaume Hardy, cons⁰¹ et procureur du roy aux vicomtés de Montreuil et Bernay, demeurant en lad. ville, parr. de la Couture, constitue 150 livres de rente en faveur de son fils, M⁰ Pierre Hardy, acolyte, afin qu'il puisse parvenir aux Saints Ordres. Cette rente est garantie par M⁰ François Hardy, avocat, et Henry-Guillaume Hardy, tous deux demeurant à Bernay. Fait en lad. ville, en la maison de Robert Dupuis, Esc¹, cons⁰¹ du roy, receveur des tailles de l'élection de Bernay. (V. 199).

128. — Le 4 août 1711, Olivier Montfort, maréchal, demeurant au Mesnil-Eudes, vicomté d'Auge, constitue 150 livres de rente en faveur de son fils, M⁰ Charles Montfort, acolyte de lad. parr., afin qu'il puisse parvenir aux ordres sacrés. (V. 262).

129. — Le 24 juillet 1711, Me Nicolas Vattier, acolyte de St Germain de Lx, constitue en sa faveur 150 livres de rente, afin de parvenir aux ordres sacrés. Fait à Livarot, en présence de Me Pierre Costard, pbrē, vicaire dud. lieu, et Robert Marescot, s^r de Bellozier, demeurant au bourg de Vimoutiers. (*V*. **99, 256, 262, 481**).

130. — Le 19 mars 1711, Me Olivier Jumel, pbrē, curé d'Ouilly-le-Vicomte, et son neveu, François Jumel, demeurant à Rocques, constituent 150 livres de rente en faveur de Me Adrian Jumel, acolyte, afin qu'il puisse parvenir aux ordres sacrés.

131. — Le 30 août 1711, Antoine Bazire et Louise Pottier, sa femme, demeurant en la parr. d'Échauffour, constituent 150 livres de rente en faveur de leur fils, Me Pierre Bazire, acolyte, afin qu'il puisse parvenir aux ordres sacrés.

132. — Le 15 février 1712, Me Guillaume De la Couture, pbrē du diocèse de Lx, vicaire de la parr. et prieuré de Montfort, aud. diocèse, M^e ès-arts en l'Université de Caen, fait signifier ses noms et grades aux abbé, prieur et religieux de l'abbaye de St Evroult, en parlant à Dom Jacques Irrebert, pbrē, prieur de lad. abbaye. — Led. s^r De la Couture avait reçu la tonsure à Lx, le 23 sept. 1702. (*V*. **399, 608**).

133. — Le 19 février 1712, Me Jean Le Chartier, pbrē, professeur royal de langue grecque et des humanités dans le collège du Bois de l'Université de Caen depuis quatorze ans, et recteur de lad. Université demeurant à Caen, fait réitérer ses noms et grades au seig^r évêque et au Chapitre de Lx. (*V*. **421, 184**).

134. — Le 19 février 1712, Me François Leture, pbrē du diocèse de Coutances, professeur septennaire au collège du Bois de la ville de Caen, pourvu du canonicat du Faulq en la cathédrale de Lx, de la valeur de 250 livres, M^e ès-arts en l'Université de Caen, fait réitérer ses noms et grades au seig^r évêque et aux chanoines de Lx, ainsi qu'aux religieux de l'abbaye de St Pierre de Préaux. (*V*. **144, 440**).

135. — Le 5 déc. 1711, le seig^r évêque, collateur ordinaire de la cure de St Vincent-de-la-Rivière, nomme aud. bénéfice vacant par la mort de Me Nicolas de la Brosse, pbrē, dernier titulaire, la personne de Me Jacques Lussot, pbrē de ce diocèse.

Le 17 février 1712, led. s^r Lussot, demeurant en la parr. de St Vincent-de-la-Rivière, prend possession de lad. cure, en présence de Claude Le Normand, s^r de Longparc, et de Me Louis Anglement, receveur de Me Guénet, cons^{er} du roy en la Cour de Parlement de Normandie, demeurant tous en lad. parr. (*V*. **85**).

136. — Le 24 juillet 1711, Me Guillaume Cousture, acolyte de la parr. de Livarot, constitue en sa faveur 150 livres de rente, afin de parvenir aux ordres sacrés. Cette rente est garantie par Me Nicolas

Cousture, marchand boucher, père dud. acolyte, demeurant aussi à Livarot. (*V.* **256, 262**).

137. — Le 18 fév. 1712, la nomination à la cure du Mesnil-Eudes appartenant au seigʳ du lieu, noble seigʳ Mʳᵉ Pierre de Tournebu, chevʳ, sire et baron dud. lieu et patron de lad. parr̄. du Mesnil-Eudes et autres lieux, nomme à lad. cure, vacante par la mort de Mᵉ Guillaume de la Planche, pbr̄ē, dernier titulaire, la personne de Mᵉ Maurice Picquot, pbr̄ē, curé de Sᵗ Martin-des-Noyers. Fait et passé à Lx en la maison de Charles De la Croix, maître tailleur, demeurant en la parr̄. Sᵗ Germain. (*V.* **288, 354**).

Le 29 fév. 1712, le seigʳ évêque donne aud. sʳ Picquot la collation de ce bénéfice. (*V.* **288, 354**).

138. — Le 19 fév. 1711, François Bloche et François Lesguillon, demeurant en la parr̄. de Sᵗ Hymer, constituent 150 livres de rente en faveur de Mᵉ Joseph Bloche, acolyte, fils dud. François, afin qu'il puisse parvenir aux ordres sacrés.

139. — Le 29 août 1711, Pierre Ledanois, fils Sidrac, de la parr̄. de Lieurey, constitue 150 livres de rente en faveur de son fils, Mᵉ Jean-François Ledanois, acolyte de lad. parr̄., afin qu'il puisse parvenir aux ordres sacrés. Cette rente est garantie par Mʳᵉ Louis Clouet, seigʳ de la Saussaye, archer en la prévôté générale de Normandie pour le bailliage d'Evreux, demeurant à Lieurey.

140. — Le 18 nov. 1711, Mᵉ Michel Ricquier, clerc du diocèse de Lx, obtient en cour de Rome des lettres de provision de la chapelle simple de Sᵗ Ursin en la Cathédrale, vacante par la résignation faite en sa faveur par Mᵉ François Senée, pbr̄ē, dernier titulaire.

Le 2 février 1712, la collation de la chapelle de Sᵗ Ursin en la Cathédrale appartenant au chanoine de semaine, Mʳᵉ François-Nicolas Caboulet, pbr̄ē, chanoine prébendé de Deauville, 1ʳᵉ portion, se trouvant chanoine de semaine, donne son visa auxd. lettres de provision. Fait en présence de Mᵉ Christophe Courtin et Guillaume Cousture, pbr̄ēs, chapelains en la Cathédrale, et de Mᵉ Guillaume Véron, pbr̄ē, secrétaire du Chapitre.

Le 12 fév. 1712, le sʳ Ricquier est mis en possession de lad. chapelle Sᵗ Ursin par le ministère de Mʳ le doyen. (*V.* **50**).

141. — Le 24 février 1712, Mᵉ François Durosey, pbr̄ē du diocèse de Lx, docteur en théologie de la faculté de Paris, demeurant en cette ville, représenté par Mᵉ Pierre Thillaye, pbr̄ē de l'église Sᵗ Germain de Lx, fait réitérer ses noms et grades au seigʳ évêque et au Chapitre de Lx.

Le 24 février 1712, led. sʳ Thillaye fait les mêmes réitérations au nom de Mᵉ Gabriel Durosey, frère du précédent et, comme lui, docteur en théologie et demeurant à Paris.

142. — Le 20 déc. 1711, M⁶ Pierre Barbe, pbrē, vicaire de S⁺ Etienne-Lallier, obtient en cour de Rome des lettres de provision de lad. cure, vacante par la résignation faite en sa faveur par M⁶ Pierre Letailleur, pbrē, dernier titulaire.

Le 26 février 1712, M⁶ Léonor de Matignon, vic. g¹, donne aud. s⁺ Barbe la collation de lad. cure. (*V.* **75, 160**).

143. — Le 22 février 1712, M⁶ Jean-Nicolas Lecourt, diacre du diocèse de Bayeux, chanoine régulier de la Maison-Dieu de Caen, M⁶ ès-arts en l'Université dud. Caen, fait réitérer ses noms et grades aux religieux de l'abbaye de S⁺⁶ Barbe.

144. — Le 20 février 1712, le Chapitre de la Cathédrale étant assemblé, M⁶ François Leturc, pbrē, du diocèse de Coutances, est mis en possession des canonicat et prébende volante du Faulc, *ad conservationem juris* par le ministère de M⁶ le doyen. (*V.* **134, 440**).

145. — Le 15 février 1712, M⁶ Hilaire Brière, pbrē, vicaire de Beuzeville, M⁶ ès-arts en l'Université de Caen, fait signifier ses noms et grades aux religieux de S⁺ Evroult.

146. — Le 29 février 1712, M⁶ Robert Delisle, pbrē, chanoine régulier de la Maison-Dieu de Caen, M⁶ ès-arts en l'Université de lad. ville, fait réitérer ses noms et grades aux relig⁺ de S⁺⁶ Barbe. (*V.* **422**).

147. — Le 29 février 1712, M⁶ Jean Le Bastard, pbrē du diocèse de Bayeux, chanoine régulier de la Maison-Dieu de Caen, M⁶ ès-arts en l'Université de lad. ville, fait réitérer ses noms et grades aux religieux de S⁺⁶ Barbe. (*V.* **419**).

148. — Le 25 mars 1703, Thomas Moullin, fils de Thomas et d'Anne Belloeil, du diocèse de Lx (par̄r̄. de N.-D. du Tilleul), *rite dimissus*, reçoit la tonsure à Paris, des mains du seig⁺ évêque de Dol, à ce autorisé par le cardinal de Noailles, archevêque de Paris.

Le même jour, il est reçu M⁶ ès-arts en l'Université de Paris.

Le 7 août 1706, led. s⁺ Moullin, diacre, obtient des lettres de quinquennium du recteur de lad. Université.

Le 16 juin 1708, il est reçu docteur en théologie de la faculté de Paris. Les lettres du doyen de lad. faculté sont datées du 1ᵉʳ juillet.

Le 6 oct. 1706, il est nommé par lad. Université sur l'évêché et le Chapitre de Lx.

Le 24 février 1712, led. s⁺ Moullin, pbrē, demeurant à Paris, représenté par M⁶ François Daufresne, demeurant à Lx, par̄r̄. S⁺ Jacques, fait signifier ses noms et grades au seig⁺ évêque et au Chapitre de Lx.

149. — Le 24 février 1712, M⁶ Gabriel Odienne, pbrē, demeurant à Lx, par̄r̄. S⁺ Germain, fait réitérer ses noms et grades au seig⁺ évêque et au Chapitre de Lx. (*V.* **410**).

150. — Le 11 nov. 1711, Nicolas Philippes, fils de Martin et de Barbe Letellier, de la par. de St Gervais de Séez, reçoit la tonsure cléricale de Mgr Turgot, évêque de lad. ville. (V. **154**).

151. — Le 31 août 1711, Jacques Vallée, sr de Beauchamp, cons^{er} du roy et son lieutenant en la vicomté de Moyaux, constitue 150 livres de rente en faveur de son frère, Me Michel Vallée, acolyte, chanoine en l'église collégiale de Croissanville, représenté par Me Pierre Levavasseur, pbr̄e, curé de Fontaine-la-Louvet, afin que led. acolyte puisse parvenir aux ordres sacrés. Cette rente est garantie par Me Yves Du Lys, cons^{er} du roy et président en l'élection de Lx, demeurant en lad. ville. (V. **238, 262, 481**).

152. — Le 23 février 1711, Gilles Coignard, marchand, demeurant au Sap, constitue 150 livres de rente en faveur de son fils, Me Gilles Coignard, acolyte, afin qu'il puisse parvenir aux ordres sacrés. Cette rente est garantie par André Touzé, marchand, demeurant au Sap, oncle dud. acolyte, et Jean Selles, son frère-en-loi, demeurant à N.-D.-du-Bois. Fait en présence de Me Michel Selles, pbr̄e, curé de N.-D.-du-Bois ; de Me Pasquier Touzé, pbr̄e habitué au Sap, et de Me Jacques Gislain, chirurgien, tous deux demeurant au Sap.

153. — Le 16 février 1712, « Me Louis Pollin, pbr̄e, curé de St Jean-de-Livet, de la valleur d'environ 250 livres tout au plus », fait réitérer ses noms et grades aux religieux de Beaumont. (V. **439**).

154. — Le 12 déc. 1711, Me Charles-Antoine Mégret de la Ferrière, pbr̄e du diocèse de Noyon, prieur commendataire du prieuré de N.-D. de la Genevraye, demeurant à Paris, dans l'enclos et par. du Temple, donne sa procuration pour résigner sond. bénéfice entre les mains de N.-S.-P. le pape en faveur de Me Nicolas Philippes, clerc du diocèse de Séez. Il se réserve toutefois une pension annuelle de six cents livres.

Le 30 déc. 1711, led. sr Philippes obtient en cour de Rome des lettres de provision dud. prieuré.

Le 23 février 1712, Me Pierre du Mesnil, vicaire général de Lx, donne son visa auxd. lettres de provision.

Le 25 février 1712, le sr Philippes, clerc tonsuré, demeurant à Séez, ayant élu domicile, pour le présent seulement, en la maison de Me Jacques Philippes, pbr̄e, curé de la Genevraye, prend possession dud. prieuré, en présence de Me Charles Lemarchand, pbr̄e, desservant le prieuré, et de plusieurs habitants du lieu.

155. — Le 17 février 1712, Me Charles Lepeltier, diacre du diocèse de Lx, reçoit des lettres de quinquennium du recteur de l'Université de Caen.

Le même jour, led. sr Lepeltier, âgé de 23 ans et 6 mois, est nommé par icelle sur les archevêchés et les chapitres de Paris, Rouen et Tours; sur les évêchés et les chapitres de Bayeux, Lisieux, Le Mans, Rennes et Dol, ainsi que sur un grand nombre d'abbayes et prieurés de ces diocèses. (V. **31, 480**).

156. — Le 7 mars 1712, Me Jacques Bunel, pbre de N.-D. de Pontaudemer, prieur de l'Hôtel-Dieu de lad. ville, « de modique revenu », fait réitérer ses noms et grades aux religieux de St Pierre de Préaux, de Cormeilles et Grestain, ainsi qu'aux dames de St Léger de Préaux. (V. **400**).

157. — Le 17 février 1712, Me Nicolas Turpin, sous-diacre d'Echauffour, bachelier en théologie de la faculté de Caen, reçoit des lettres de quinquennium du recteur de l'Université de lad. ville.

Le même jour, led. sr Turpin, âgé de 21 ans et 6 mois, est nommé par icelle sur les archevêchés et les chapitres de Paris et de Rouen; sur les évêchés et les chapitres de Bayeux, Lisieux, Coutances, Avranches, Séez et Chartres, ainsi que sur bon nombre d'abbayes et prieurés de ces divers diocèses. (V. **41, 126, 317, 426**).

158. — Le 15 février 1712, Me Clément Gaubert, diacre d'Echauffour, est reçu Me ès-arts en l'Université de Caen.

Le 17 février 1712, il obtient des lettres de quinquennium du recteur de lad. Université.

Le même jour, led. sr Gaubert, âgé de 24 ans, est nommé par icelle sur les évêchés et les chapitres de Lisieux, Evreux et Séez, ainsi que sur les abbayes et les prieurés de ces divers diocèses. (V. **264, 318**).

159. — Le 3 mars 1700, Me Pierre Vicaire, diacre de Vimoutiers, reçoit du recteur de l'Université de Caen des lettres de quinquennium.

Le 17 février 1712, led. sr Vicaire, pbre, âgé de 35 ans, est nommé par icelle Université sur l'archevêché et le chapitre de Rouen; sur les évêchés et les chapitres de Bayeux, Lisieux et Séez, ainsi que sur les principales abbayes de ces quatre diocèses.

160. — Le 27 février 1712, Me Pierre Barbe, vicaire de St Etienne-Lallier, pourvu de lad. cure, en prend possession en présence de Me Pierre Letailleur, ancien curé du lieu; Me Guillaume Courel, pbre habitué de lad. église; Georges-Alexandre Dufour, Escr, seigr de Fosseury et autres fiefs, et plusieurs autres paroissiens. (V. **75, 142**).

161. — Le 9 mars 1712, Me Jean Harel, pbre de St Pierre de Caen, Me ès-arts en l'Université dud. lieu, représenté par Messire Guillaume de Franqueville, pbre, chanoine et grand-chantre en la Cathédrale, fait réitérer ses noms et grades au seigr évêque en parlant à Mesre Pierre Audran, vicaire général, et au Chapitre de Lx, en parlant à Mesre Claude de Franqueville, haut-doyen; François Lerebourg, Henry de Romé de Vernouillet, Estienne Le Bas, archidiacre; Jacques de Setz, Adrian de Mailloc, François Daubin, Gilbert Hébert, Olivier de Montargis, François Dubois, Jean Mignot, Nicolas du Houlley, Charles Inger, pénitencier, et Jacques de Vimont, tous chanoines, sortant de la grand'messe de la Cathédrale. (*V*. **426**).

162. — Le 17 février 1712, Pierre de la Rue, acolyte du diocèse de Lx (parr. de Hotot), reçoit des lettres de quinquennium du recteur de l'Université de Caen.

Le même jour, il est nommé par icelle sur les archevêchés et les chapitres de Paris et de Rouen ; sur les évêchés et les chapitres de Bayeux, Lisieux, Coutances, Avranches, Evreux, Séez, Chartres et Le Mans, et sur la plupart des abbayes et prieurés de ces divers diocèses. (*V*. **73**).

163. — Le 11 mars 1712, Me Jacques Gosset, pbrē, curé de la 1re portion de Verson, qui est de portion congrue, Me ès-arts en l'Université de Caen, fait réitérer ses noms et grades au seigr évêque et au Chapitre de Lx. (*V*. **397**).

164. — Le 12 mars 1712, Me Nicolas Le Bellenger, pbrē du diocèse de Bayeux, demeurant au Prédauge, Me ès-arts en l'Université de Caen, fait réitérer ses noms et grades aux chanoines de Ste Barbe. (*V*. **398**).

165. — Le 3 mars 1712, Me Jacques Masselin, pbrē, demeurant en la parr. de N.-D. de Livet, pourvu dud. bénéfice par la nomination faite de sa personne par Mesre Etienne de Belleau, seigr et patron de lad. parr., prend possession de cette cure, en présence dud. seigr de Belleau ; de Me Charles de Montargis, pbrē de Courtonne-la-Ville ; Me Robert Chéron, pbrē, vicaire dud. Courtonne.

166. — Le 12 mars 1712, Me Nicolas de Sallen, pbrē du diocèse de Bayeux, Me ès-arts en l'Université de Caen, fait réitérer ses noms et grades au seigr évêque et au Chapitre de Lx, ainsi qu'aux religieux de l'abbaye de St Evroult. (*V*. **404**).

167. — Le 11 mars 1712, Me Claude Vitrel, pbrē, pourvu de la cure de N.-D. de Préaux, du revenu de 200 livres, Me ès-arts en l'Université de Caen, demeurant en lad. parr. de Préaux, fait réitérer ses noms et grades aux religieux de St Pierre et aux dames de St Léger de Préaux. (*V*. **572**).

168. — Le 12 mars 1712, Me Pierre Thillaye, pbrē de St Germain de Lx, Me ès-arts en l'Université de Paris, fait réitérer ses noms et grades au seigr évêque et au Chapitre de Lx. (*V*. **141, 168**).

169. — Le 15 mars 1712, vu l'attestation du sr Thiboult, curé de la Goulafrière, et du sr Jollain, curé de St Martin-de-Fresnay, 2e portion, dispense de bans pour le mariage entre François Vigan, Escr, sr de la Boullaye, fils de feu Michel Vigan, Escr, et de noble dame Elisabeth Le Hure, de lad. par̃. de St-Martin-de-Fresnay, d'une part, et dam^lle Marie-Joachime Le Cornu, fille de Gilles-Félix Le Cornu, Esc^r, s^r de Tellière (?), et de noble dame Joachine Lemoine, de la par̃. de la Goulafrière.

170. — Le 15 mars 1712, Me Louis Guilbert, pbr̃e du diocèse d'Evreux, demeurant à Combon, M^e ès-arts en l'Université de Caen, fait réitérer ses noms et grades aux religieux de Préaux. (V. **423**).

171. — Le 16 mars 1712, dispense de parenté du 2e au 3e degré pour le mariage entre Pierre-Alexandre Le Prevost, Esc^r, et dam^lle Henriette-Françoise Périer, de ce diocèse.

172. — Le mars 1612, Me Pierre Fouët, pbr̃e du diocèse de Bayeux, demeurant à Caen, M^e ès-arts en l'université de cette ville, fait réitérer ses noms et grades aux religieux de Bernay et de St Evroult. (V. **51**).

173. — Le 15 oct. 1709, Me Gabriel-Henry Levasseur, clerc du diocèse de Paris, y demeurant, obtient en cour de Rome des lettres de provision de la chapelle simple de la Ste Trinité de Préaux, vacante par la mort de Me Paul de la Rue de Fresnay, précédemment titulaire dud. bénéfice.

Le 11 avril 1710, led. s^r Levasseur donne sa procuration pour résigner entre les mains de N.-S.-P. le pape, lad. chapelle de la Ste Trinité de Préaux, « qui est à présent dans l'Eglise abbatiale des religieuses de Préaux », en faveur de Me Jacques Hulin, aussi clerc du diocèse de Paris.

174. — Le 18 mars 1712, Me Claude Robert, pbr̃e du diocèse de Toulouse, bachelier en théologie en l'Université dud. lieu, supérieur du séminaire de N.-D. de Lx, y demeurant par̃. St Germain, M^e ès-arts en lad. Université, fait réitérer ses noms et grades au seig^r évêque et au Chapitre de Lx. (V. **58, 414**).

175. — Le 20 mars 1712, « Mes^re Richard Rungeard, pbr̃e, curé de Talonney, y demeurant, et aussi pourvu du prieuré-cure de la Roche-Nonant, estant demeuré au lit, malade depuis quelque temps », cède à Me Guillaume de Macey, pbr̃e, chapelain de la Ste Trinité en l'église de Talonney, sad. cure de Talonney dont la nomination appartient alternativement 1° à Me Charles Ragaine de la Hutellière, Esc^r, seig^r et patron de Talonney, la Motte, Fresneaux, la Ramée et autres lieux, ayant les droits cédés de Jacques Le Hantier, Esc^r, s^r de Mellerye (?), et du s^r de St Léonard, son frère, en son vivant seig^r de Tallonney ; 2° au s^r prieur de la Genevraye ; et led. s^r de Macey cède aud. s^r Rungeard lad. chapelle de la Ste Trinité dont le patronage appartient aud. s^r de la Hutellière seul, à cause de la seigneurie de Talonney. (V. **282**).

Le 21 mars 1712, Mre Pierre du Mesnil, vic. g^l, donne aud. s^r de Macey la collation de la cure de Talonney.

Le 22 mars 1712, le sᵣ de Macey prend possession dud. bénéfice, en présence de Mᵉ Gabriel Le Courtois, pbrē, curé du Meslerault ; Mᵉ Laurent Voisin, pbrē habitué en lad. parr. du Meslerault, et plusieurs paroissiens dud. lieu de Tabenney.

176. — Le 22 mars 1712, Mᵉ Antoine Jehan, pbrē, curé de Noron, diocèse de Séez, Mᵉ ès-arts en l'Université de Caen, fait réitérer ses noms et grades aux religieux de l'abbaye de Sᵗ Evroult.

177. — Le 23 mars 1712, « vu la requeste présentée par Jean Louis Adrian Aubert, de la ville de Pontaudemer, narrative qu'il y a environ traize à quatorze années, il fust travaillé d'une fluxion à la teste, laquelle s'estant répandue sur son œil gauche luy auroit fait perdre l'usage de la veüe du mesme costé, son autre œil estant beau et d'une parfaite constitution, ce qui ne luy cause néamoins aucune difformité qui puisse faire scandalle au peuple ny l'empescher de faire les fonctions sacerdotales ; et cᵐᵉ il a dessein, moyennant la grâce de dieu, de se faire promouvoir aux ordres sacrés, il a esté obligé d'avoir recours à Sᵃ Sainteté, de laquelle il a obtenu un bref apostolique pour estre permis d'entrer dans lesd. ordres, nonobstant ce deffaut et perte d'œil, » Mᵉ Pierre Audran, vicaire général et official de l'évêché de Lx, commis par Sa Sainteté en cette partie, fulmine lad. dispense après avoir vérifié la véracité des faits exposés dans la supplique (*V.* **475**).

178. — Le 31 janvier 1711, Mgʳ de Nesmond, évêque de Bayeux, donne un *Escul*, à Mᵉ François Grip, pbrē de la parr. de Manerbe. (*V.* **99, 251**).

179. — Le 22 mars 1712, Mᵉ Pierre Hauvel, pbrē du diocèse de Lx, Mᵉ ès-arts en l'Université de Caen, demeurant à Paris, au séminaire de Sᵗ Magloire, représenté par Mᵉ Jean-Baptiste Hauvel, son frère, président en l'élection de Lx et y demeurant, parr. Sᵗ Jacques, fait réitérer ses noms et grades au seigʳ évêque et au Chapitre de Lx. (*V.* **405**).

180. — Le 23 mars 1712, Mᵉ Jean-Baptiste Lepare, pbrē de Sᵗ Cande-le-Vieil, y demeurant, Mᵉ ès-arts en l'Université de Paris, fait réitérer par procureur ses noms et grades au seigʳ évêque et au Chapitre de Lx.

181. — Le 19 mars 1712, Mᵉ François Renault, pbrē, demeurant à Sᵗ Germain-de-Clerfeuille, Mᵉ ès-arts en l'Université de Caen, fait réitérer ses noms et grades au seigʳ évêque et au Chapitre de Lx, ainsi qu'aux religʳ de Sᵗ Evroult. (*V.* **428**)

182. — Le 18 mars 1712, Mᵉ Nicolas Gosset, pbrē, curé du Mesnil-Durand, de la valeur de 250 livres de revenu, Mᵉ ès-arts en l'Université de Paris, fait réitérer ses noms et grades au seigʳ évêque et au Chapitre de Lx, ainsi qu'aux religieux de Sᵗ Pierre de Préaux. (*V.* **415, 435**).

183. — Le 25 mars 1712, M̃ Cyprian Morel, pbr̃e de la Gonfrière, diocèse d'Evreux, M̃ ès-arts en l'Université de Caen, représenté par Nicolas Morel, s' du Bocage, son frère, officier de feu Monsieur, demeurant aussi à l: Gonfrière, fait réitérer ses noms et grades aux religieux de Bernay et de S' Evroult. (*V.* **430, 496**).

184. — Le 3 mars 1712, le recteur de l'Académie de Caen atteste que M̃ Jean Le Chartier, pbr̃e, professeur des belles-lettres et de langue grecque au collège du Bois, à Caen, a brillamment rempli ses fonctions depuis le mois d'octobre 1687 jusqu'à ce jour. (*V.* **133, 421**).

185. — Le 17 février 1712, M̃ Jean Thomas, pbr̃e du diocèse de Lx, reçoit des lettres de quinquennium du recteur de l'académie de Caen.

Le même jour, led. s' Thomas, âgé de vingt-cinq ans environ, est nommé par l'Université de Caen sur les archevêchés et les chapitres de Paris et de Rouen ; sur les évêchés et les chapitres de Bayeux, Lisieux, Séez et Evreux, et sur bon nombre d'abbayes et de prieurés de ces divers diocèses.

Le 19 mars 1712, led. s' Thomas, demeurant en la par̃r. de Heurtevent, fait signifier ses noms et grades au seig' évêque et au Chapitre de Lx. (*V.* **210**).

186. — Le 26 mars 1712, M̃ Christophe Courtin, pbr̃e, vicaire de Retz en la Cathédrale, du revenu de 200 livres, et chapelain de la chapelle S' Laurent en lad. église, de la valeur de 80 livres de rente, M̃ ès-arts en l'Université de Caen, fait réitérer ses noms et grades au seig' évêque et au Chapitre de Lx. (*V.* **140, 434**).

187. — Le 26 mars 1712, M̃ Charles Bellière, pbr̃e, chapelain en la Cathédrale, demeurant à Lx, par̃r. S' Germain, M̃ ès-arts en l'Université de Paris, fait réitérer ses noms et grades au seig' évêque. (*V.* **420**).

188. — Le 30 mars 1712, Daniel-François de S' Denis, Esc', capitaine au régiment de Barrois-Infanterie, demeurant à Vieux-Pont, diocèse de Séez, et dam'lle Louise-Judic de S' Denis, demeurant à la Brevière, obtiennent dispense de parenté du 2e au 3e degré, afin de pouvoir se marier ensemble.

189. — Le 16 mars 1712, Mes̃re Jean-Jacques Lebourg des Alleurs, pbr̃e, docteur en théologie de la faculté de Paris, y demeurant, cour Ste Geneviève, représenté par M̃ Charles Picquenot, apothicaire, bourgeois de Lx, fait réitérer ses noms et grades au seig' évêque et au Chapitre de Lx.

190. — Le 16 mars 1712, M̃ Jacques Crochon, pbr̃e de Lx, M̃ ès-arts en l'Université de Paris, notaire royal-apostolique du diocèse de Lx, fait réitérer ses noms et grades au seig' évêque et au Chapitre de Lx, ainsi qu'aux religieux de Cormeilles et de S' Pierre de Préaux. (*V.* **427**).

191. — Le 1ᵉʳ avril 1712, dispense de compaternité spirituelle pour le mariage entre Mᵉ Jean-Baptiste Le Seigneur, conseiller et procureur du roy de l'Hôtel de Ville d'Orbec, veuf de damˡˡᵉ Jeanne Cauvin, d'une part, et Françoise Piperel, demeurant aussi à Orbec.

192. — Le 24 mars 1712, Mᵉ Jean Caboulet, pbrē, curé de Sᵗ Aubin-sur-Auquainville, étant d'un revenu très modique, pourvu de la chapelle de la Magdeleine en la Cathédrale, Mᵉ ès-arts en l'Université de Paris, fait réitérer ses noms et grades au seigʳ évêque et au Chapitre de Lx. (*V.* **431**).

193. — Le 19 mars 1712, Mᵉ Joseph Robequin, pbrē du diocèse d'Evreux, Mᵉ ès-arts en l'Université de Caen, représenté par son frère, Mᵉ Antoine Robequin, bourgeois de Paris, y demeurant, fait réitérer ses noms et grades à Mʳᵉ Charles-Philippe, comte d'Apremont-Reickeim, abbé commendataire de Sᵗ Evroult, en parlant à Mʳᵉ Antoine Le Moyne, docteur de la Maison et Société de Sorbonne, son grand vicaire, trouvé en lad. maison de Sorbonne où il demeure. (*V.* **443**).

194. — Le 22 mars 1712, la nomination à la cure de Sᵗ Denis-des-Augerons appartenant à l'évêque de Lx, Sa Grandeur nomme aud. bénéfice, vacant par la mort de Mᵉ Guillaume Duval, pbrē, dernier titulaire, la personne de Mᵉ Jean-Baptiste Hamon, pbrē du diocèse de Lx. Cette nomination, faite en présence de Mʳˢ Jean Corset et Michel Bordeaux, est contresignée par Mᵉ F. Daubin, secrétaire de l'Evêché. (*V.* **35, 234**).

195. — Le 19 mars 1712, la nomination à la cure de Bailleul appartenant au seigʳ du lieu, Mʳᵉ Louis Asselin de Fresnelle, Escʳ, seigʳ et patron de Bailleul et autres lieux, consʳ du roy en la Grande Chambre du Parlement de Normandie, demeurant à Rouen, nomme à cette cure, vacante par la mort de Mᵉ Robert Simon, pbrē, dernier titulaire, la personne de Mᵉ Nicolas Elie, pbrē du diocèse de Rouen et habitué en l'église N.-D.-de-la-Ronde dud. Rouen.

Le 7 avril 1712, le seigʳ évêque donne aud. sʳ Elie la collation dud. bénéfice.

Le 8 avril 1712, le sʳ Elie prend possession de la cure de Bailleul, en présence de Mʳᵉ Louis Asselin de Fresnelle : Mᵉ Jean Tabur, pbrē, desservant lad. parr., et plusieurs autres habitants de Bailleul.

196. — Le 30 mars 1712, la nomination au prieuré-cure de la Roche-Nonant appartenant au prieur de Sᵗᵉ Barbe, Fr. Louis Davy, prieur claustral dud. monastère, nomme à ce bénéfice, vacant par la mort de Mᵉ Richard Rungeard, pbrē, dernier titulaire, la personne de Fr. Charles du Buat, pbrē, chanoine régulier de Sᵗᵉ Barbe, et prieur-curé de la Cochère, diocèse de Séez.

Le 11 avril 1712, le seigʳ évêque donne aud. sʳ du Buat la collation de lad. cure. (*V.* **221**).

197. — Le 11 avril 1712, dispense de bans pour le mariage entre M⁰ Pierre Labbey, chev⁰ʳ, seigʳ d'Ecajeul, fils de feu M⁰ Pierre Labbey, vivant chevalier, seigʳ de la Rocque, et de noble dame Marguerite Crestey, d'une part, et dam⁽⁾ Catherine-Jeanne de Lambert, fille de feu Benjamin de Lambert, Esc⁰ʳ, sʳ de Janville, et de noble dame Jeanne Dubois, tous deux de la par͞r. de St Germain de Lx.

198. — Le 20 oct. 1711, noble et discrète personne M⁰ Jacques de Vimont, pbr͞e, bachelier en théologie de l'Université de Paris, chanoine de la Cathédrale et titulaire de la cure de St Ouen de Roques, donne sa procuration pour résigner lad. cure entre les mains de N.-S.-P. le pape en faveur de M⁰ Michel Seney, pbr͞e, vicaire du Favril. (V. **109, 280**).

199. — Le 2 janvier 1711, dam⁽ˡˡᵉ⁾ Suzanne de Varin, vᵛᵉ de feu M⁰ Guillaume Hardy, consʳ du roy aux vicomtés de Montreuil et Bernay, demeurant à Bernay, par͞r. de la Couture, constitue 150 livres de rente en faveur de son fils, M⁰ Thomas-Guillaume Hardy, acolyte, afin qu'il puisse parvenir aux ordres sacrés. Cette rente est garantie par Henry Hardy, frère dud. acolyte. Fait à Bernay, en la maison de M⁰ Robert Dupuis, consʳ du roy, receveur des tailles de l'élection de Bernay. (V. **127**).

200. — Le 20 juin 1711. Sanson Gavelle, maitre pâtissier, bourgeois, demeurant à Pontaudemer, constitue 150 livres de rente en faveur de son fils, M⁰ Guillaume Gavelle, acolyte, afin qu'il puisse parvenir aux ordres sacrés. Cette rente et garantie par Jean-Sanson Gavelle, frère dud. acolyte ; M⁰ Jean-Antoine Lesparey, procureur au bailliage de Pontaudemer ; M⁰ Jacques Lerat, huissier, tous bourgeois dud. lieu. — Led. acolyte était fils dud. Sanson et de feue Anne Dumontier. (V. **255, 262, 481**).

201. — Le 17 août 1711, André Bellenger, fils Antoine, marchand, demeurant en la par͞r. de St Gervais-d'Asnières, vicomté d'Orbec, constitue 150 livres de rente en faveur de son fils, M⁰ François Bellenger, acolyte, bachelier de Sorbonne, afin qu'il puisse parvenir aux ordres sacrés. (V. **262**).

202. — Le 16 mars 1712, M⁰ Jean Bizet, pbr͞e (originaire de Berthouville), M⁰ ès-arts en l'Université de Paris, demeurant au collège de Lx, à Paris, fait réitérer ses noms et grades au seigʳ abbé commendataire de St Evroult.

203. — Le 18 avril 1712, vu l'attestation du sʳ Perrée, curé d'Angerville, dispense de bans pour le mariage entre Yves Blacher, demeurant à Hérouville, diocèse de Bayeux, fils de feu M⁰ Yves Blacher et de dam⁽ˡˡᵉ⁾ Catherine Legrand, d'une part, et dam⁽ˡˡᵉ⁾ Marguerite Dauge, fille de feu Rolland Dauge, Escʳ, sʳ de Marimont, et de feue dam⁽ˡˡᵉ⁾ Jeanne Ballard, de lad. par͞r. d'Angerville.

204. — Le 5 fév. 1711, Mᵉ Jean Fossard, de la ville de Caen est reçu Mᵉ ès-arts en l'Université de Caen.

Le 25 fév. 1711, led. sʳ Fossard, pbre, obtient des lettres de quinquennium du recteur de lad. Université.

Le même jour, le sʳ Fossard, âgé d'environ vingt-huit ans, est nommé par icelle sur les archevêchés et les chapitres de Paris et de Rouen, et sur les évêchés et chapitres de Bayeux, Lisieux, Coutances, Avranches, Séez, Chartres, Le Mans et Rennes et sur la plupart des abbayes, prieurés et monastères de ces divers diocèses.

Le 30 mars 1712, « Mᵉ Jean Fossard, pbre, originaire de Sᵗ Etienne de Caen, Mᵉ ès-arts, nommé sur les bénéfices dépendants des RR. PP. recteur, religieux jésuites de la Société de Jésus de Caen, à cause de leur prieuré de Sᵗᵉ Barbe-en-Auge, » fait signifier ses noms et grades auxd. RR. PP. (*V.* **417**).

205. — Le 30 mars 1712, la nomination à la cure de Sᵗ Victor-de-Chrétienville appartenant au seigʳ du lieu, « Mesʳᵉ Gabriel de Montenay le Neuf, Escʳ, seigʳ et patron de Sᵗ Victor et de Sourdeval, consʳ du roy, trésorier de France et grand voyer en la généralité de Paris, de pnt à Sᵗ Victor, près Bernay, » nomme à cette cure, vacante par la mort de noble et discrète personne Mᵉ Pierre de Courtonne-Le Neuf, pbre, dernier titulaire, décédé le 19 de ce mois, la personne de Mᵉ Pierre-Jacques Le Bas, sʳ de Cambes, pbre du diocèse de Bayeux.

Le 14 avril 1712, le seigʳ évêque donne aud. sʳ Le Bas la collation dud. bénéfice.

Le 14 avril 1712, noble et discrète personne Mʳᵉ Pierre-Jacques Le Bas, pbre, demeurant à Caen, parr. Sᵗ Julien, prend possession de la cure de Sᵗ Victor-de-Chrétienville, en présence de Mᵉ François Bizet, pbre, curé de Fierville-la-Campagne, diocèse de Bayeux ; Mᵉ Savinien Pinard, garde au grenier à sel de Bernay, et y demeurant ; Mᵉ Jean Rivière, aussi garde aud. grenier à sel, et plusieurs paroissiens de Sᵗ Victor.

206. — Le 21 mars 1712, la nomination à la cure de Sᵗ Philbert-sur-Risle appartenant au seigʳ abbé du Bec-Hellouin, Mᵉʳ Roger de la Rochefoucauld, abbé commendataire de lad. abbaye, demeurant en l'hôtel de la Rochefoucauld, rue de Seine, à Paris, nomme à cette cure, vacante par le décès de Mᵉ Michel Grosse, dernier titulaire, la personne de Mᵉ Jean Martin, pbre du diocèse de Lx.

Le 22 avril 1712, le seigʳ évêque donne aud. sʳ Martin la collation dud. bénéfice.

Le 24 avril 1712, le sʳ Martin, demeurant au prieuré de Sᵗ Philbert-sur-Risle, prend possession de la cure de Sᵗ Philbert, en présence de

M⁰ Jean Rabasse, pbrē habitué en lad. parr. ; M⁰ Jean Lisot, notaire, et autres habitants du lieu.

207. — Le 18 août 1711, André Barrey, Esc⁰, s⁰ de Montfort, cons⁰ʳ du roy, vicomté de Bernay, y demeurant parr. S⁰ᵗᵉ Croix, constitue 150 livres de rente en faveur de M⁰ François Périer, acolyte de lad. parr., afin qu'il puisse parvenir aux ordres sacrés. Cette rente est cautionnée par M⁰ Nicolas-Joseph Morisse, procureur aux vicomtés d'Orbec et de Bernay, et par Nicolas Baudry, maître perruquier, tous deux de lad. parr. de S⁰ᵉ Croix. (*V.* **262, 481**).

208. — Le 20 avril 1712, la nomination à la cure de S⁰ᵗ Martin-du-Doult et à son annexe, la chapelle S⁰ᵗ Firmin, appartenant aux religieux de S⁰ᵗ Pierre de Préaux, à cause de leur mense conventuelle, les prieur et religieux de lad. abbaye, nomment auxd. bénéfices, vacants par la mort de M⁰ Jacques Cordier, pbrē, dernier titulaire, décédé le 17 avril dernier, la personne de M⁰ Claude Vitrel, pbrē, curé de N.-D. de Préaux, gradué nommé sur lad. abbaye.

Le 22 avril 1712, led. s⁰ Vitrel reçoit du seig⁰ évêque la collation desd. bénéfices.

Le 12 mai 1712, le s⁰ Vitrel prend possession de la cure de S⁰ᵗ Martin-du-Doult et de la chapelle S⁰ᵗ Firmin, son annexe. La cérémonie se fit d'abord dans l'église S⁰ᵗ Martin, en présence de M⁰ Guillaume Courel, pbrē habitué en la parr. de S⁰ᵗ Etienne-Lallier, et de Jacques Delahaye, trésorier en charge de lad. église. Elle fut ensuite reproduite dans la chapelle S⁰ᵗ Firmin en présence dud. s⁰ Courel ; de M⁰ Isaac Letellier, pbrē, vicaire de S⁰ᵗ Martin ; de M⁰ Jean Blondel, pbrē, vicaire de Trique-ville, et dud. s⁰ Delahaye, trésorier.

209. — Le 24 avril 1712, dispense de bans pour le mariage entre Mes⁰ʳᵉ Antoine de Fresnel, chev⁰ʳ, seig⁰ de la Pipardière, fils de feu Mes⁰ʳᵉ César de Fresnel, aussi chev⁰ʳ, seig⁰ de la Pipardière et autres lieux, et de feue noble dame Marie de Saffrey, demeurant en la parr. de Magny, diocèse de Bayeux, d'une part, et dam⁰ˡˡᵉ Françoise-Elisabeth Leboucher, fille de feu M⁰ʳᵉ Jacques Leboucher, chev⁰ʳ, seig⁰ de Sassy, Pontollin, trésorier de France et trésorier général des finances au bureau d'Alençon, et de feue noble dame Catherine Georges, demeurant depuis dix-huit mois environ en la parr. de Castillon, diocèse de Lx. — On lit en note à la marge du registre des Insinuations : « Dispense de 2 bans p⁰ʳ la nièpce de M⁰ l'abbé Dumesnil. G.-V. »

210. — Le 22 avril 1712, la nomination à la cure de S⁰ᵗᵉ Marguerite-des-Loges appartenant au chanoine de semaine en la Cathédrale, et la présentation du candidat étant le droit du Chapitre de lad. Cathédrale, Mes⁰ʳᵉ Louis-Henry de Romé de Vernouillet, archidiacre, prébendé de la 2⁰ᵉ portion de Deauville, nomme à cette cure, vacante par la mort de

M⁰ Olivier Lelasseur, pbrē, dernier titulaire, décédé de la veille, la personne de M⁰ Jean Thomas, pbrē, gradué en l'Université de Caen, et le Chapitre réuni l'ayant agréé le présente au seigʳ évêque. Etaient présents au Chapitre : Mʳᵉˢ Jacques de Setz, Adrian de Maillot, François Daubin, Charles Costard, Olivier de Montargis, Gilbert Hébert, François du Houlley, Jean Mignot, Charles Le Bas, Charles Inger, François-Nicolas Caboulet, François Le Bas, François Le Grand, Jacques de Vimont, Guillaume Crosnier, tous chanoines.

Le 30 avril 1712, le seigʳ évêque donne aud. sʳ Thomas la collation dud. bénéfice.

Le 9 mai 1712, le sʳ Thomas, demeurant à Heurtevent, prend possession de la cure de Sᵗᵉ Marguerite-des-Loges, en présence de M⁰ Charles Mannoury, pbrē, curé de Heurtevent ; M⁰ Louis Lecoq, pbrē, curé du Mesnil-Bacley ; M⁰ Pierre Costard, pbrē, desservant la parr. de Livarot ; M⁰ Gabriel Vattier, demeurant à Lx ; François Gion (Guyon), Escʳ, sʳ de Belleau ; Simon Sauvage, sʳ de Bellecourt, de la parr. du Mesnil-Bacley, et autres témoins de la parr. des Loges. (*V.* **185**).

211. — Le 27 avril 1712, M⁰ Jean Landon, sous-diacre du Mesnil-Gonfrey, ayant été pourvu par la résignation de M⁰ Charles Debains, de la cure des Authieux, diocèse d'Evreux, de laquelle il a pris possession, supplie le seigʳ évêque de Lx de lui imposer les mains, attendu que, d'après le droit, s'il n'est pas prêtre dans l'année qui suit la prise de possession, il court risque de perdre son bénéfice. Le seigʳ évêque lui accorde acte de sa requête, se réservant de l'ordonner au temps où il conférera les ordres : ce qui suffit pour sauvegarder ses droits. (*V.* **263, 481, 484**).

212. — Le 17 février 1712, Dom Jean Birée, pbrē, religieux-profès de la Congrégation de Sᵗ Maur, obtient en cour de Rome des lettres de provision du prieuré simple de Sᵗ Pierre de Rouville, dépendant de l'abbaye de Sᵗ Pierre de Préaux et vacant par la résignation faite en sa faveur par Dom Pierre Descalles, pbrē, religˣ de l'ordre de Sᵗ Benoit, dernier titulaire.

Le 18 avril 1712, le seigʳ évêque donne son visa auxd. lettres de provision.

Le 29 avril 1712, Dom Jean Birée, pbrē, prieur de l'abbaye de Sᵗ Pierre de Préaux, prend possession du prieuré de Rouville, situé dans la parr. de Périers-en-Auge, en présence de Dom Pierre Descalles, pbrē, prieur de l'abbaye de Grestain, ancien titulaire dud. prieuré ; M⁰ Marc-Antoine Dupuis, pbrē, curé de Cabourg, diocèse de Bayeux, et M⁰ Henry Vigneron, commis aux Aides du bourg de Dives, et y demeurant parr. Notre-Dame. (*V.* **105**).

213. — Le 20 août 1711, Alexandre Matrot, laboureur, demeurant à Neuville-sur-Touques, et Gabriel Grigy, marchand, demeurant à Royville, constituent 150 livres de rente en faveur de M̊ François Matrot, acolyte, afin qu'il puisse parvenir aux ordres sacrés. — Led. sʳ acolyte, fils dud. sʳ Alexandre et de Catherine Fosse, était originaire de la Goulafrière.

214. — Le 9 mai 1712, dispense de bans pour le mariage entre Mᵉ Nicolas Foucques d'Orville, consᵉʳ du roy et procureur de police de la ville de Bernay, fils de feu Mᵉ Jacques Foucques, sʳ d'Orville, avocat au parlement de Rouen, consᵉʳ du roy en l'élection et grenier à sel de Bernay, et de damᵉˡˡᵉ Marie Lemarchand, de la parr. de la Couture de Bernay, d'une part, et damᵉˡˡᵉ Anne Pierres de la Boullaye, fille de feu Mᵉ Robert Pierres, sʳ de la Boullaye, et de damᵉˡˡᵉ Catherine Le Michel, de la parr. de Sᵗ Jacques de Lx.

215. — Le 4 août 1711, dame Marie Guerard, veuve d'Elise Lechevalier, sʳ des Ysards, et Michel Lechevallier, son fils, majeur, agissant pour lui et ses frères, héritiers en partie de feu Mᵉ Robert Lechevallier, pbrē, curé d'Englesqueville, leur oncle, demeurant tous à Honfleur, parr. Sᵗᵉ Catherine, constituent 150 livres de rente en faveur de Mᵉ Jacques Lechevallier, acolyte, fils de lad. veuve, afin qu'il puisse parvenir aux ordres sacrés. (*V.* **262, 481**).

216. — Le 10 mai 1712, dispense de bans pour le mariage entre Adrian Dirlande, Escr, fils de feu Antoine Dirlande, Escr, sʳ de la Thillaye, et de noble dame Elisabeth de Maillot, d'une part, et damᵉˡˡᵉ Elisabeth de la Mondière, fille de feu Gabriel de la Mondière, Escr, sʳ de Belleville, et de noble dame Françoise Dassy, d'autre part, tous deux de la parr. d'Orbec.

217. — Le 17 mars 1711, François Leloup, sʳ des Parcs, marchand, de la parr. de Mardilly, et Jean Lecomte, aussi marchand, de la parr. de Grandval, constituent 150 livres de rente en faveur de leur neveu, Mᵉ Jean Leloup, fils Jean, présentement au séminaire de Lx, afin qu'il puisse parvenir aux ordres sacrés.

218. — Le 20 juin 1711, François Delabarre, marchand, demeurant à Sᵗ Pierre-des-Ifs, constitue 150 livres de rente en faveur de son fils, Mᵉ Jean Delabarre, acolyte de lad. parr., afin qu'il puisse parvenir aux ordres sacrés. (*V.* **262**).

219. — Le 1ᵉʳ mars 1711, Louis de Giverville, Escr, seigʳ et patron du lieu, y demeurant, constitue 150 livres de rente en faveur de son frère, Mᵉ Charles-Ignace de Giverville, Escr, acolyte de lad. parr., afin qu'il puisse parvenir aux ordres sacrés. Cette rente est garantie par Nicolas de Giverville, Escr, oncle dud. sʳ acolyte, demeurant aud. lieu, et Charles Marette, Escr, sʳ de la Garenne, gendarme du roy, demeurant aussi à Giverville.

220. — Le 6 mai 1712, M⁰ Jean-Baptiste Cabart, pbr͞e, demeurant en la parr. de Fiquefleur, prend possession dud. bénéfice, en présence de M⁰ Nicolas Odienne, pbr͞e, curé d'Equainville ; M⁰ Guillaume Le Gallois, pbr͞e, curé d.. 'leville ; M⁰ Gabriel Odienne, pbr͞e habitué à S¹ Germain de Lx, et autres témoins. (*V*. **48, 95**).

221. — Le 9 mai 1712, M⁰ Charles du Buat, pbr͞e, chanoine régulier de S¹ Augustin, pourvu du prieuré-cure de la Coc... re, et y demeurant, prend possession du prieuré-cure de la Roche-N... nant auquel il a été nommé par le s¹ prieur de S¹ᵉ Barbe. (*V*. **198**).

222. — Le 10 mai 1712, M⁰ Jacques Corbin, ... re, bachelier en théologie et M⁰ ès-arts en l'Université de Paris, d... urant à Bernay, parr. S¹ᵉ Croix, fait signifier ses noms et grades au ...g⁰ évêque et au Chapitre de Lx. (*V*. **29, 228, 266, 616**).

223. — Le 18 janvier 1712, M⁰ André Lefort, pbr͞e, vicaire de S¹ Ouen de la Noë, obtient en cour de Rome des lettres de provision dud. bénéfice, vacant par la résignation faite en sa faveur par M⁰ Jacques-Claude Aveline, pbr͞e, dernier titulaire. (*V*. **231**).

Le 9 mai 1712, le seig⁰ évêque donne son visa ... d. lettres de provision.

Le 13 mai 1712, le s¹ Lefort prend possession ... a cure de la Noë, dépendant de l'abbaye du Bec, en présence d... Pierre Prevost, vicaire de S¹ Georges-du-Mesnil ; M⁰ Jacques D... uil, pbr͞e, vicaire de la Poterie-Mathieu ; Adrian Maugard, acoly... Pierre Maugard, syndic de la parr. de la Noë.

224. — Le 15 mai 1712, M⁰ Jean Farain, pb... curé de Domjean, diocèse de Bayeux, pourvu de la cure de S¹ Pi... -la-Rivière, donne sa procuration pour résigner lad. cure de Domjea... ntre les mains de N.-S.-P. le pape en faveur de M⁰ Nicolas Duta... br͞e de la parr. du Mesnil-Hubert. Fait au manoir presbytéral de S¹... ierre-la-Rivière, en présence de Mes⁰ Charles de Villade, Esc⁰, sei... du Bois-Hamel et patron de Cosseville et du Bosc, demeurant ... Survie ; Nicolas de Guerpel, s¹ du lieu, demeurant à Lx ; Christophe... la Houssaye, Esc⁰, s¹ de la Maillardière, demeurant à Montorm... diocèse de Séez ; M⁰ Jean de Villade, pbr͞e, chapelain de la chapelle... acques-S¹ Philippe, demeurant à Survie, et M⁰ François Hédiard, pb... vicaire de S¹ Pierre-la-Rivière. (*V*. **67, 227**).

225. — Le 28 avril 1712, la nomination à la ... pelle de « S¹ᵉ Marie ou Marguerite » des Houlettes, en la parr. des M... s-Hubert, appartenant au baron des Moutiers-Hubert, M⁰ Je... Baptiste Deshays, chev⁰⁰, seig⁰ de la Cauvinière, tenant du roy ... engagement lad. baronnie, nomme à cette cure, vacante par la ... de M⁰ Thomas Baudouin, pbr͞e, dernier titulaire, la person... de Mes⁰ Léonor

Deshays de la Cauvinière, chanoine en la Cathédrale, demeurant à Lx.

Le même jour, led. s' Deshays, clerc tonsuré, reçoit du seig' évêque la collation de lad. chapelle « de S¹ᵉ Marguerite. »

Le 29 avril 1712, il prend possession de lad. chapelle « de S¹ᵉ Marie ou Marguerite des Houlettes », en présence de M° Nicolas Leguey, pbrē de la paīr. des Moutiers-Hubert, et y demeurant, et de plusieurs autres habitants du lieu. (*V.* 528).

226. — Le 3 août 1708, M° Jacques Corbin, clerc tonsuré du diocèse de Lx, est reçu M° ès-arts en l'Université de Paris.

Le 1ᵉʳ août 1711, led. s' Corbin, sous-diacre, obtient des lettres de quinquennium du recteur de lad. Université.

Le 7 oct. 1711, le s' Corbin, diacre, est nommé par icelle sur l'évêché et le Chapitre de Lx, ainsi que sur l'abbaye de N.-D. de Bernay.

Le 9 mai 1712, le s' Corbin, diacre, bachelier en théologie de la faculté de Paris, demeurant à Bernay, paīr. S¹ᵉ Croix, fait signifier ses noms et grades aux religieux de l'abbaye de Bernay en parlant à Dom Mathieu Huvé, pbrē, prieur de lad. abbaye. — Il avait été baptisé en l'église de S¹ᵉ Croix le 19 sept. 1686. (*V.* 29, 222, 266, 616).

227. — Le 2 mars 1712, M° Jean Farain, pbrē du diocèse de Bayeux, obtient en cour de Rome des lettres de provision de la cure de S¹ Pierre-la-Rivière, vacante par la résignation faite en sa faveur par M° Allain Descorches, pbrē, dernier titulaire.

Le 6 mai 1712, le seig' évêque donne son visa auxd. lettres de provision.

Le 15 mai 1712, le s' Farain prend possession de la cure de S¹ Pierre-la-Rivière, en présence de M° Allain Descorches, ancien curé du lieu ; M°ˢ Jacques de Villade, pbrē, titulaire de la chapelle S¹ Jacques-S¹ Philippe, paīr. de Survie ; Nicolas Dutac, pbrē, titulaire de la chapelle S¹ Joseph du Mesnil-Hubert, et y demeurant : François Hédiard, pbrē, vicaire de S¹ Pierre-la-Rivière ; Allain Duchemin, Esc', seig' d'Avernes ; Nicolas de Guerpel, Esc', s' du lieu ; Jean-Baptiste du Bouillonney, Esc' ; Charles de Rupierres, Esc' ; Laurent Edouard, Esc', tous demeurant en lad. paīr. de S¹ Pierre-la-Rivière. (*V.* 67, 224).

228. — Le 23 mai 1712, dispense de bans pour le mariage entre Jean-Baptiste Le Dorey, fils de feu M° Jean Le Dorey, consᵉʳ du roy en l'élection de Lx, et de dam¹¹ᵉ Marie Levavasseur, de la paīr. de S¹ Germain de Lx, d'une part, et dam¹¹ᵉ Françoise Tabarie, fille de feu Laurent Tabarie, s' des Demaines, et de dam¹¹ᵉ Angélique Leperché, aussi de la paīr. de S¹ Germain.

229. — Le 28 mai 1712, dispense de bans pour le mariage entre Jacques Galliot, fils de feu M° Jean Galliot, officier chez le roy, et de dam¹¹ᵉ Marguerite Crévin, de la paīr. de S¹ Etienne-la-Thillaye, d'une part, et dam^lle Marie-Charlotte Porée, fille de feu Me Jean Porée, officier en l'élection de Pont-l'Evêque, et de dam^lle Marie Renault, de la parr. de Pont-l'Evêque.

230. — Le 13 mai 1712, vu la requête présentée, le 14 avril dernier, par Me François Richomme, pbrē, curé des deux portions de Fontaine-la-Soret, demandant la réunion des deux dites portions en un seul titre de bénéfice ; vu le résultat de l'enquête *de commodo et incommodo*, faite par le s^r Audran, official de l'Evêché ; vu le consentement donné à lad. réunion par Mre Pierre-Charles de Lambert, chev^er, seig^r d'Herbigny et de Fontaine-la-Soret, marquis de Thibouville, cons^er du roy en tous ses Conseils, maitre des requêtes ordinaires de Son Hôtel, demeurant à Paris, vu le consentement des paroissiens dud. Fontaine réunis en état de commun, le seig^r évêque « éteint et supprime à perpétuité le titre dud. bénéfice de la seconde portion de la parr. de Fontaine la Soret, » et le réunit à la 1re portion, à charge par le titulaire de satisfaire aux obligations de lad. portion réunie et d'entretenir à ses frais un vicaire pour le traitement duquel led. seig^r évêque fixe la somme à 300 livres. Le vicaire sera obligé « de tenir les petites escolles. »

231. — Le 28 déc. 1711, Me Jacques-Claude Aveline, pbrē, curé de St Ouen de la Noë, doyenné de Cormeilles, et pourvu de la cure de St Sauveur de Sahurs, diocèse de Rouen, donne sa procuration pour résigner lad. cure de la Noë entre les mains de N.-S.-P. le pape en faveur de Me André Lefort, pbrē, desservant actuellement led. bénéfice. (V. 223).

232. — Le 23 mai 1712, « vu le contrat ce jourd'huy passé, par lequel le s^r Gabriel Laurent Coquet, Esc^r, s^r de Tolleville et Bonneville, demeurant à Pont-l'Evêque, a fondé en la chapelle qui est construite dans l'enclos de son manoir dud. lieu de Bonneville, fondée en l'honneur de Dieu et sous l'invocation de Ste Geneviefve, laquelle est éloignée de l'église de lad. parr. de Bonneville (sur-Touques) d'une grande distance et veu la difficulté des chemins, tout ce que dessus meurement délibéré et considéré », le seig^r évêque agrée « la fondation de cinquante livres faite en icelle par led. s^r Coquet, pour estre icelle desservie par le pbrē qui aura reçu » dud. seig^r évêque ou de ses prédécesseurs « la collation de lad. chapelle à la pñtāōn (présentation) dud. s^r Coquet ou de ses successeurs, à condition toutefois que la messe ne sera célébrée dans lad. chapelle aux heures des messes par^lles (paroissiales) ; que dans lad. chapelle ne se fera ny pain bényt, ny eau bénitte et qu'aucuns sacrements n'y seront administrés que du consentem^t du s^r curé et que les paroissiens de lad. parr. de Bonneville n'y seront admis. » — Cet acte fut donné à Pont-l'Evêque dans le cours des visites pastorales et contre-signé par G. Jehanne, aumônier du seig^r évêque.

233. — Le 6 juin 1712, noble et discrète personne Mes^re Jean-Baptiste de Nobilé, pbre du diocèse de Carpentras et grand archidiacre de la Cathédrale de Nimes, demeurant aud. lieu et se trouvant de présent en la ville de Lx, donne sa procuration pour résigner entre les mains de N.-S.-P. le pape sa dignité de grand archidiacre et ses annexes de Margueritte et d'Auche, dont il est titulaire, en faveur de noble et discrète personne Me Antoine de Georges de Langnac, pbre du diocèse de Nimes. Led. s^r constituant se réserve une pension viagère de 1,200 livres sur les revenus desd. bénéfices.

234. — Le 23 mai 1712, Me Jean-Baptiste Hamon, pbre, vicaire de Valages (Valailles), y demeurant, pourvu de la cure de St Denis-d'Augeron, prend possession dud. bénéfice, en présence de Me Gaspard Froger, curé de Valages ; Mre Jacques de la Rouvraye, Esc^r, s^r du Moutier ; Mre Louis Agis, Esc^r, s^r de Mélicourt et de St Denis ; Mre Guy Agis, Esc^r, s^r de Mélicourt, demeurant en la parr. de St Denis ; Mre François d'Aureville, Esc^r, s^r de la Bertrière, demeurant à Mélicourt, diocèse d'Evreux ; Me Guillaume-François de Rély, Esc^r, s^r de Gournay, demeurant en la parr. du Hamel ; Mre Jean-Baptiste de Guerpel, Esc^r, s^r de Bar, demeurant à St Germain-d'Aulnay. (*V.* **194, 486**).

235. — Le 4 juin 1712, Me Gabriel Duplessis, pbre du diocèse de Lx, est reçu M^e ès-arts en l'Université de Caen. (*V.* **413, 468**).

236. — Le 8 juin 1712, la nomination à la cure de St Ouen de Genneville appartenant au chanoine de semaine en la Cathédrale, et la présentation étant le droit du Chapitre tout entier, Mre Jacques de Setz, pbre, chanoine prébendé du Pré, se trouvant chanoine de semaine, nomme à cette cure, vacante par la mort de Me Antoine Morin, pbre, dernier titulaire, la personne de Me Nicolas Jardin, pbre de Lx, que le Chapitre présente au seig^r évêque.

Le 10 juin 1712, le seig^r évêque donne aud. s^r Jardin la collation dud. bénéfice.

Le 25 juin 1712, le s^r Jardin, pbre, pourvu de la 1re portion de la chapelle St Etienne en la Cathédrale et de la cure de Genneville, prend possession de lad. cure, en présence de Me Alexandre Odienne, curé de St Désir de Lx ; Me Nicolas Odienne, pbre, bachelier de Sorbonne, curé d'Equainville ; Mes^re Léon de Brévedent, Esc^r, s^r du Plessis, de lad. parr. de Genneville, et autres témoins.

237. — Le 14 juin 1712, vu l'attestation du s^r Lefebvre, pbre, vicaire de St Germain de Lx, dispense de bans pour le mariage entre Gabriel Desperroys, officier chez le roy, fils de feu Gabriel et de dam^lle Jeanne Thillaye, de la parr. de Cirfontaine, d'une part, et dam^lle Marie Mignot, fille de feu Me Thomas Mignot, greffier au grenier à sel de

Lx, et de dam^lle Gabrielle Bosquet, de lad. parr. de St Germain.

238. — Le 8 juin 1712, la nomination à la chapelle St Taurin en la Cathédrale appartenant au chanoine de semaine, Mre Jacques de Setz, pbr͞e, chanoine prébendé du Pré, nomme aud. bénéfice, vacant par la mort de Me Antoine Morin, pbr͞e, dernier titulaire, la personne de Me Michel Vallée, sous-diacre de ce diocèse. (*V.* **236, 262, 151, 481**).

Le 10 juin 1712, led. s^r Vallée est mis en possession de lad. chapelle qui n'impose pas charge d'âmes, mais qui pourtant requiert la résidence.

239. — Le 20 juin 1712, noble et discrète personne, Me Robert Louvel, pbr͞e, curé de Victot, remet purement et simplement sond. bénéfice entre les mains de Thomas Le Normand, Esc^r, s^r du Val, garde de feue Son Altesse Royale, Mg^r le duc d'Orléans, led. s^r du Val étant seig^r et patron de lad. cure à cause de son noble fief et seigneurie de Victot.

Le 21 juin 1712, la nomination à la cure de St Denis de Victot, appartenant au seig^r du lieu, Mre Thomas Le Normand, Esc^r, s^r du Val, et aussi seig^r de Victot et du Bois, nomme à cette cure, la personne de Me Jean Burnel, pbr͞e, choriste de N.-D. de S^t Lo, diocèse de Coutances, demeurant aud. lieu de S^t Lo.

Le 22 juin 1712, le seig^r évêque donne aud. s^r Burnel la collation dud. bénéfice.

Le même jour, led. s^r Burnel prend possession de la cure de Victot, en présence du s^r du Val, seig^r présentateur; Robert Lambert, Esc^r, s^r d'Herbigny; Me Robert Louvel, pbr͞e, ancien curé de Victot, et plusieurs paroissiens de lad. parr.

240. — Le 20 sept. 1709, François Aubin, fils de Pierre et d'Anne Dubois, de la parr. de Heurtevent, reçoit la tonsure et les ordres mineurs.

Le 20 sept. 1710, il est ordonné sous-diacre. (*V.* **30**).

241. — Le 20 sept. 1710, Gabriel Turpin, acolyte de la parr. de St André-d'Echauffour, est ordonné sous-diacre.

Le 26 mars 1712, il est ordonné prêtre (*V.* **83**).

242. — Le 4 avril 1711, Me Adrian de Folleville, acolyte de Morainville, est ordonné sous-diacre à Lx, par le seig^r évêque de Vabre.

Le 26 mars 1712, il est ordonné diacre. (*V.* **123, 254**).

243. — Le 24 mai 1712, Me Jean Cheradame, sous-diacre du diocèse de Séez, obtient en cour de Rome des lettres de provision de la cure de St Aubin du Sapandré, vacante par la résignation faite en sa faveur par son frère, Me Marin Cheradame, dernier titulaire, avec la réserve toutefois de deux cents livres tournois de rente à prendre sur les revenus dud. bénéfice. (*V.* **246**).

244. — Le 10 juin 1712, la nomination à la cure de S‍t Nicolas de l'Hôtellerie appartenant au seig‍r évêque, Sa Grandeur nomme à cette cure, vacante par la démission pure et simple de M‍e François Pouchin, pb‍re, dernier titulaire, la personne de M‍e Nicolas Lefebvre, pb‍re, vicaire de la par‍r. de Cresseveulle. (*V.* **10**).

Le 5 juillet 1712, led. s‍r Lefebvre prend possession dud. bénéfice, en présence de M‍es Jean-Baptiste et Adrian Combault, Jean Halbout, syndic de lad. par‍r.; Louis Castel, maréchal; Pierre Alabarbe, cabaretier; René Lucas, huissier, et Jean Thibout, boucher, tous demeurant à l'Hôtellerie.

245. — Le 4 juillet 1712, vu l'attestation du s‍r Surlemont, curé de N.-D.-de-Fresnay, dispense de bans pour le mariage entre Pierre de Malherbe, Esc‍r, seig‍r et patron de N.-D.-de-Fresnay, fils de feu Nicolas de Malherbe, Esc‍r, s‍r de Beauval, seig‍r de N.-D.-de-Fresnay, et de noble dame Anne Parent, de lad. par‍r. de Fresnay, d'une part, et dam‍lle Marguerite Goupil, fille de François Goupil, Esc‍r, s‍r de la Porte, cons‍er secrétaire du roy, maison et couronne de France, et de noble dame Marie Goupil, de la par‍r. de S‍t Martin d'Argentan.

246. — Le 14 mai 1712, le roy, « voulant traitter favorablement le s‍r Cheradame pourveu de la cure de Sapandré, lui permet de jouir de la pension de deux cents livres qu'il s'est réservée sur les fruits et revenus de la cure par la résignation qu'il a faite, nonobstant qu'il ne l'ait desservie le temps porté par la déclaration du mois de juin 1671, pourveu touttes fois que lad. pension n'excède pas le tiers du revenu de lad. cure et qu'elle soit homologuée en cour de Rome. (*V.* **243**).

247. — Le 27 avril 1707, M‍e Robert Dumoullin, pb‍re, curé de Piencourt, et Charles Dumoullin, son frère, demeurant à Cernières, et M‍e Jean-Baptiste Dumoullin, pb‍re, curé de Cernières, fondent trois grandes messes et seize basses messes en l'église de Marolles. La fondation est acceptée par Etienne Lailler, fils Charles, trésorier de lad. église, du consentement de M‍e Marin Hesbert, pb‍re, curé de Marolles.

248. — Le 13 août 1711, Robert et Jacques Guilbert, frères, demeurant en la par‍r. de Fourneville, constituent 150 livres de rente en faveur de M‍e Gilles Guilbert, acolyte, fils dud. Robert, afin qu'il puisse parvenir aux ordres sacrés. (*V.* **256, 262, 481**).

249. — Le 4 août 1711, Jean Duval, marchand boucher, demeurant à Honfleur, par‍r. S‍te Catherine, constitue 150 livres de rente en faveur de son fils, M‍e François Duval, acolyte, afin qu'il puisse parvenir aux ordres sacrés.

250. — Le 11 juillet 1712, M‍re Claude de Franqueville, pb‍re, licencié ès-droits, chanoine et haut doyen en la Cathédrale, et seul juge ordinaire ecclésiastique pour la ville et banlieue de Lx, accorde dispense de bans pour le mariage entre Charles Dubreuil, de la parr. S¹ Germain, et Marie-Madeleine Aubert, de la parr. S¹ Désir de Lx.

251. — Le 20 juin 1712, M⁰ François Grip, pbrē du diocèse de Bayeux, chapelain de la chapelle S¹ Romain, en la Cathédrale de Lx, ayant requis, du seig' abbé du Bec-Hellouin, en sa qualité de gradué, sa nomination à la cure de Livarot, vacante par la mort de M⁰ Jacques de Mannoury, pbrē, dernier titulaire, le seig' évêque lui donne la collation dud. bénéfice.

Le 14 juillet 1712, led. s' Grip, demeurant en la parr. de S¹ᵉ Honorine, près Caen, ayant déjà pris possession de la cure de Livarot, le 30 décembre dernier, *ad conservationem juris*, prend de nouveau possession de lad. cure, en présence de M⁰ Pierre Costard, pbrē, desservant cette parr.; M⁰ Marc Samin, pbrē habitué en lad. église; M⁰ Adrian Chaumont; M⁰ Charles Camus, acolyte, et autres témoins demeurant aud. lieu. (*V. 99, 178*).

252. — Le 8 mars 1703, noble dame Marie Desjardins, vᵉ de noble homme Pierre de Marescot, Esc, seig' et patron de Lizores, fonde à perpétuité pour elle et son mari en l'église de Lisores, une messe tous les samedis et deux services qui seront célébrés, l'un le 5 mars, jour du décès dud. seig', et l'autre en l'anniversaire du jour où mourra lad. dame. La fondation, du consentement de M⁰ François Leprevost, curé de Lisores, et des paroissiens réunis en état de commun, est acceptée par Jean Vasse, fils Pierre, trésorier en charge de lad. église. Fait en présence de M⁰ Charles Fortin, pbrē, et de M⁰ Pierre Chopin, procureur aux vicomtés d'Exmes et de Trun.

253. — Le 2 avril 1706, Jacques Dumontier, fils de François et de Barbe Leloutre, de la parr. de Fontaine-la-Louvet, reçoit la tonsure et les ordres mineurs. (*V. 120, 262*).

254. — Le 7 avril 1708, Adrian de Folleville, fils d'André et de Marguerite-Elisabeth de Livet, de la parr. de Morainville, reçoit la tonsure et les ordres mineurs. (*V. 123, 242*).

255. — Le 29 mars 1709, reçurent la tonsure et les ordres mineurs:
Nicolas Lefebvre, fils de François et de Catherine Lengelé, de la parr. de la Chapelle-Becquet. (*V. 262, 290*);

Guillaume Gavelle, fils de Samson et d'Anne Dumoutier, de la parr. de S¹ Ouen de Pontaudemer. (*V. 290, 262, 481*);

Louis Goholin, fils de Pierre et d'Anne-Angélique Patin, de la parr. de Canapville, doyenné de Touques. (*V. 351*);

François Du Vallet, fils de Claude et de Françoise Dupuis, de la parr. de N.-D.-du-Hamel. (*V. 369, 478*);

Augustin Lentrain, fils de Christophe et de Marie Haveron, de la parr. de Beaumont. (*V. 345*).

256. — Le 19 oct. 1710, reçurent la tonsure et les ordres mineurs :

Jean Morin, fils de Jacques et de Catherine Lachey, de la parr. de S‡ Jacques de Lx. (*V*. **370. 478**) ;

Jean Fleuriot, fils de Joseph et d'Anne Philippes, de la parr. de Vieux-Pont. (*V*. **124, 262, 481**) ;

Guillaume Couture, fils de Nicolas et de Françoise Vattier, de la parr. de Livarot. (*V*. **136, 262**) ;

François Besley, fils de François et de Catherine Louvet, de la parr. de S‡ Foy-de-Montgommery ;

Nicolas Vattier, fils de Robert et de Catherine de Vimont, de la parr. de S‡ Germain de Lx. (**99, 159, 262, 481**) ;

Gilles Guilbert, fils de Robert et d'Anne Hannequin, de la parr. de Fourneville. (*V*. **248, 262, 481**) ;

Félix Maillet, fils de Jean et de Marie Poullain, de la parr. de S‡ Jacques de Lx. (*V*. **292, 477**) ;

Adrian Ricquier, fils de Charles et d'Anne Noncher, de la parr. de N.-D. des Vaux. (*V*. **263**) ;

Pierre Conard, fils de Pierre et de Marie Cordier, de la parr. de S‡ Martin-le-Vieil. (*V*. **366, 478**) ;

Philippe Dasnières, fils de Gabriel et de Marie de Mannoury, de la parr. de S‡ Sylvestre de Cormeilles. (*V*. **358, 478**) ;

Pierre Duval, fils de Pierre et de Suzanne Malbranche, de la parr. du Theil-Nollent. (*V*. **533**) ;

Jean Cally, fils de Noel et de Louise Perrotte, de la parr. du Mesnil-Hubert. (*V*. **368**) :

Nicolas Greslebin, fils de Guillaume et de Marie Daragon, de la parr. de S‡ Germain de Lx. (*V*. **344**) ;

Pierre Panthou, fils de Pierre et de Jeanne Doisy, de la parr. de Talonney. (*V*. **357**) ;

Jean Toustain, fils de François et de Catherine Legrix, de la parr. de S‡ Gatien-des-Bois. (*V*. **343, 478**).

257. — Le 5 avril 1711, Jean Gasnier, fils de Robert et d'Elisabeth Peulvey, de la Chapelle-Gautier, reçoit la tonsure et les ordres mineurs à Lx des mains du seigr évêque de Vabre. (*V*. **118, 262**).

258. — Le 18 oct. 1711, reçurent la tonsure et les ordres mineurs :

Pierre Manchon, fils de Thomas et de Jeanne Renault, de la parr. de S‡ Loup-de-Fribois ;

Jean-Baptiste-Ignace Barbe, fils de Benoit et de Thérèse Eudes, de la parr. de Berville ;

Jean Monseillon, fils de Jean et de Marguerite Aubert, de la parr. de Fresne ;

François Halley, fils de Martin et d'Elizabeth Thillaye, de la parr. de Bourgeauville ;

François Camus, fils de François et de Marie Mannoury, de la parr. de Bellou (V. 361, 478, 505) ;

Jean Gondouin, fils de Christophe et d'Anne de Montreuil, de la parr. de Heurteveut (V. 359) ;

Guillaume-François Cambremer, fils de Nicolas et de Barbe Guérin, de la parr. de Pont-l'Évêque. (V. 360).

Jacques Glasson, fils de François et de Marguerite Thorel, de St-Jacques de Lx, (reçoit la tonsure seulement).

259. — Le 19 sept. 1711, Pierre Scelles, fils de Jacques et de Jeanne Scelles, de la parr. de Nonant, reçoit la tonsure et les ordres mineurs des mains de Monseig^r Philbert de Pas-Feuquière, évêque d'Agde, faisant les ordinations à Lx. (V. 347).

260. — Le 7 avril 1708, Jean Bence, fils de Jean et de Jeanne Margot, de la parr. de Fervaques, reçoit la tonsure et les ordres mineurs des mains de Mgr de Matignon, ancien évêque Condom. (V. 342).

261. — Le 20 sept. 1710, Thomas Liberge, acolyte de Ste Catherine d'Honfleur, est ordonné sous-diacre. (V. 22).

262. — Le 19 sept. 1711, Mg^r Philbert-Charles de Pas-Feuquière, faisant les ordinations générales à Lx, ordonne sous-diacres :

Me Nicolas Lefebvre, acolyte de la Chapelle-Bocquet (V. 255, 290);

Me Guillaume Bayeux, acolyte de la parr. de Folleville (V. 556, 593);

Me Jean Delabarre, acolyte de la parr. de St Pierre-des-Ifs (V. 218);

Me Jacques Lechevalier, acolyte de la parr. de Ste Catherine d'Honfleur (V. 215, 434) ;

Me François Périer, acolyte de Ste Croix de Bernay (V. 207, 481);

Me François Duval, acolyte de St Léonard d'Honfleur ;

Me Guillaume Cousture, acolyte de la parr. de Livarot (V. 136, 256);

Me Jacques Dumontier, acolyte de Fontaine-la-Louvet (V. 120, 253);

Me Guillaume Gavelle, acolyte de la parr. de St Ouen de Pontaudemer (V. 200, 255, 481);

Me François Bellenger, acolyte de la parr. d'Asnières (V. 201) ;

Me Jean Desjardins, acolyte de la parr. de Capelles (V. 102) ;

Me Charles Montfort, acolyte du Mesnil-Eudes (V. 128) ;

Me Gilles Guilbert, acolyte de Fourneville ; (V. 248, 256, 481).

Me Michel Vallée, acolyte de Moyaux (V. 151, 238, 481) ;

Me Jean Fleuriot, acolyte de Vieux-Pont (V. 124, 256, 481) ;

Me Nicolas Vattier, acolyte de la parr. de St Germain de Lx (V. 99, 129, 256, 481).

Me Antoine Laugeois, acolyte de la parr. du Pin (V. 104) ;

Me Jean Gasnier, acolyte de la Chapelle-Gautier (V. 118, 257).

M⁰ Jean Pottier, acolyte de Ste Catherine d'Honfleur. (*V*. **289, 481**).

263. — Le 26 mars 1712, furent ordonnés sous-diacres :

M⁰ Jean Landon, acolyte du Mesnil-Gonfrey ; (*V*. **211, 481, 485**).

M⁰ Adrian Ricquer, acolyte, curé de St Martin-d'Ouillye ; (*V*. **256**).

264. — Le 20 sept. 1710, M⁰ Clément Gaubert, sous-diacre de St André-d'Echauffour, est ordonné diacre. (*V*. **158, 318**).

265. — Le 4 avril 1711, M⁰ Jean-Baptiste Seney, sous-diacre de St Germain de Lx, est ordonné diacre par le seig^r évêque de Vabre.

266. — Le 19 sept. 1711, furent ordonnés diacres par le seig^r évêque d'Adge :

M⁰ Pierre Moulin, sous-diacre de St Cande-le-Vieux ; (*V*. **270**).

M⁰ Jean Letailleurr, sous-diacre de la parr. d'Hébertot ; (*V*. **483**).

M⁰ Michel Langlois, sous-diacre de la parr. d'Orgères ; (*V*. **19**).

M⁰ Jean Corbin, sous-diacre de la parr. de Ste Croix de Bernay ; (*V*. **29, 222, 226, 616**).

M⁰ Philippe de Mailloc, sous-diacre de N.-D. d'Orbec ;

M⁰ Jean Mariolle, sous-diacre de St Germain de Lx ;

M⁰ Joseph Delaunay, sous-diacre de St Jacques de Lx ;

M⁰ Robert Malfrain, sous-diacre, de la parr. de St Germain de Pontaudemer ; (*V*. **26**).

M⁰ François Gondouin, sous-diacre de la parr. de la Chapelle-Haute-Grue ; (*V*. **15**).

M⁰ Gabriel Goguet, sous diacre de St Etienne-la-Thillaye ;

M⁰ Michel Leduc, sous-diacre de Ste Catherine d'Honfleur ;

M⁰ Pierre Lecesne, sous-diacre de Ste Catherine d'Honfleur ;

M⁰ Pierre Sehier, sous-diacre de Ste Croix de Bernay ; (*V*. **16**).

M⁰ Jean Madelaine, sous-diacre, de la parr. de Quetteville.

267. — Le 23 sept. 1702, M⁰ Estienne Duchesne, diacre de la parr. du Mesnil-Bacley, est ordonné prêtre.

268. — Le 5 avril 1711, M⁰ Jacques d'Aureville, diacre de la Halboudière, est ordonné prêtre par Mgr de Vabre faisant les ordinations générales à Lx.

269. — Le 19 sept. 1711, furent ordonnés prêtres par le seig^r évêque d'Adge :

M⁰ Jean Thomas, diacre de la parr. du Mesnil-Bacley ;

M⁰ Louis Asse, diacre de la parr. de l'Hôtellerie ;

M⁰ Jean-Baptiste Paulmier, diacre de Verneusses.

270. — Le 26 mars 1712, M⁰ Pierre Moulin, diacre de la parr. de St Cande-le-Vieux, est ordonné prêtre. (*V*. **266**).

271. — Le 18 juillet 1712, vu l'attestation du s^r de Bosc-Henry, curé de Montreuil et du s^r Le Filleul, curé de St Jean-de-Thenney, dispense de bans pour le mariage entre Guillaume de

Bocquencey, Esc', s' de Thenney, fils de feu Guillaume de Bocquencey, aussi Esc' et seig' de Thenney, et de feue noble dame Charlotte de la Vallée, de lad. par̄. de S' Jean-de-Thenney, d'une part, et dam^lle Louise Le Berseur, fille de feu Jean Le Berseur, et de dam^lle Catherine Leroux, de lad. par̄. de Montreuil.

272. — Le 19 juillet 1712, dispense de bans pour le mariage entre Jean-Marc Gouhier, Esc', fils de feu Marc Gouhier, Esc', et de feue dam^lle Marie-Benoiste Le Sueur, de la par̄. du Mesnil-Eudes, et demeurant en la par̄. de S' Désir de Lx, d'une part, et dam^lle Charlotte Le Prévost, fille de François Le Prévost, Esc', et de dam^lle Marianne de Conlay, de la par̄. de Vignats, et demeurant aussi en la par̄. de S' Désir de Lx. (*V.* **288**).

273. — Le 20 juillet 1712, vu l'attestation du s' Pépin, curé de Ste Catherine, de Honfleur, et du s' Estièvre, curé de Barneville-la-Bertrand, dispense de bans pour le mariage entre Louis Lemonnier, Esc', s' de la Croix, fils de Henry et de dam^lle Gabrielle Ameline, de lad. par̄. de Barneville, d'une part, et Catherine Hatten, fille de Me Jacques Hatten, cons^er du roy et son procureur au grenier à sel d'Honfleur, et de Marie Coullon, de lad. par̄. de Ste Catherine.

Le même jour aussi, dispense de parenté au quatrième degré entre lesd. parties.

274. — Le 21 juillet 1712, dispense de parenté au deuxième degré pour le mariage entre Léonor Berthoult, Esc', et dam^lle Marie-Anne Berthoult, de la par̄. d'Heudreville. (*V.* **281**).

275. — Le 17 juillet 1712, Me Jacques Daufresne, clerc tonsuré, demeurant à Lx, par̄. S' Jacques, titulaire de la chapelle ou prieuré de S' Louis en la par̄. de Bonneville-la-Louvet, se transporte au lieu où était bâtie lad. chapelle, pour prendre possession des quatre clérimonies dépendant dud. prieuré et dont il a été pourvu en cour de Rome, par bref « portant la réunion desd. quatre clérimonies avec le titre de la chapelle, nonobstant l'incompatibilité d'icelles ». Led. s' Daufresne est mis en possession desd. clérimonies, tant de celle qui est vacante par la mort du s' Bardel, curé de N.-D. de Préaux, « que des trois autres vacantes par abandonnement ou autrement ». Le s' Daufresne a touché « les antiennes murailles et vestiges de lad. chapelle, laquelle est entièrement croullée et ruinée ». Il s'est mis « à genoux, a fait sa prière » avec les autres cérémonies requises. Fait en présence de Richard Delamare, syndic de la par̄. du Bois-Hellain, et autres témoins. (*V.* **97**).

276. — Le 26 juillet 1712, vu l'attestation du s' Jouas, pb̄re, desservant la par̄. de l'Hôtellerie, dispense de bans pour le mariage entre Georges Moutier et Marie Haudard.

277. — Le 26 juillet 1712, vu l'attestation du s' Prevost, vicaire de Moyaux, et du s⁺ Halley, vicaire de S⁺ Pierre-de-Cormeilles, dispense de bans pour le mariage entre François Roussel et Catherine Dulong.

278. — Le 27 juillet 1712, dispense de compaternité spirituelle pour le mariage entre Claude-Hugues de Guérey, Esc⁺, s⁺ d'Acqueville, officier de marine, et noble dame Marie de Varin, v⁵⁶ de Pierre Merin, Esc⁺, s⁺ de la Vastine, tous deux demeurant en la par̄r. de Plasnes.

Vu l'attestation du s⁺ Renault, curé de Plasnes, dispense de bans pour led. mariage.

279. — Le 23 juillet 1712, Mes⁺⁵ Charles-Auguste de Matignon, comte de Gacey, seig⁺ et baron de Briquebec, gouverneur de la Rochelle et pays d'Aunis, maréchal de France, demeurant à Paris, rue S⁺ Dominique, se trouvant à Lx, nomme à la cure de Briquebec, diocèse de Coutances, la personne de M⁺ Charles-François de Montaing, pbr̄e, bachelier en théologie, chanoine de la Cathédrale de Lx. Fait au palais épiscopal, en présence de M⁺⁵ Pierre Audran, vicaire général et official de l'évêché de Lx, et de M⁺⁵ François Le Grand, chanoine de lad. Cathédrale de Lx. (V. **461, 501, 549, 614**).

280. — Le 24 mai 1712, M⁺ Michel Seney, pbr̄e, obtient en cour de Rome de nouvelles lettres (1) de provision de la cure de S⁺ Ouen de Roques, vacante par la résignation faite en sa faveur par M⁺⁵ Jacques Vimoat, pbr̄e, dernier titulaire. (V. **109, 198**).

281. — Le 1ᵉʳ août 1712, vu l'attestation du s⁺ Berthoult, curé d'Heudreville, dispense de bans pour le mariage entre M⁺⁵ David-Léonor Berthoult, Esc⁺, fils de M⁺⁵ Léonor Berthoult, Esc⁺, cons⁺ du roy en sa Cour des Comptes, Aides et Finances, et de noble dame Marie-Marthe Aubry, d'une part, et dam⁺⁵ Marie-Anne Berthoult, fille de M⁺⁵ Claude Berthoult, Esc⁺, cons⁺ au parlement, et de noble dame Françoise Le Paysant, d'autre part, tous deux de lad. par̄r. d'Heudreville. (V. **274**).

282. — Le 6 août 1712, la nomination à la chapelle de la S⁺⁵ Trinité en l'église de Talonney appartenant au seig⁺ du lieu, Mes⁺⁵ Charles Ragaine de la Hutellière, Esc⁺, seig⁺ et patron de Talonney, la Motte, Fresneaux, la Ramée et autres lieux, demeurant en son château de la Motte, nomme à cette chapelle, vacante par la mort de M⁺ Richard Rungeard, pbr̄e, curé de Talonney, dernier chapelain, la personne de M⁺ Thomas Duguey, pbr̄e, vicaire du Meslerault.

Le 12 août 1712, le seig⁺ évêque donne aud. s⁺ Duguey la collation dud. bénéfice.

Le 4 oct. 1712, le s⁺ Duguey prend possession de la chapelle de la

---

(1) M⁺ Seney n'avait pas fait insinuer ses premières provisions dans le temps voulu par les règlements, et des personnes prétendaient que par ce fait il était démissionnaire.

S* Trinité, en présence dud. seig* de Talonney; M* Guillaume de Macey, curé du lieu; M* Laurent Voisin, pbre, demeurant en la parr. du Meslerault. (J. 175).

283. — Le 17 août 1712, vu l'attestation du s* de la Croix, pbre, curé de S* Jacques de Lx, dispense de bans pour le mariage entre Mons* Jacques-Philippe de Cavelier, cher*, seig* de Maucomble, cons* du roy, trésorier général de France au bureau des Finances de la Généralité de Rouen, de la parr. de S* Patrice dud. Rouen, fils de M* Jacques de Cavelier, seig* de Maucomble, le Boscage, Pisvat et autres lieux, en son vivant cons** du roy, trésorier général de France au bureau des Finances de lad. Généralité de Rouen, et de dame Marie-Magdeleine de S* Ouen, d'une part, et dam*** Barbe Le Bas, fille de feu Mons* Jean-Baptiste Le Bas, Esc*, seig* du Coudray, Bouttemont et autres lieux, cons** du roy en sa chambre des Comptes, Aides et Finances de Normandie, et de dame Geneviève Tronchot, de lad. parr. de Lx.

284. — Le 31 août 1712, dispense de bans pour le mariage entre Antoine de Brossard, Esc*, s* du Mesnil du Rondval, fils de feu Nicolas de Brossard, Esc*, s* du Mesnil, et de dam*** Catherine de Vannoury, de la parr. de S* Ouen-le-Hoult, d'une part, et dame Anne Foucques, fille de feu Henry Foucques et d'Elisabeth de la Bove, de la parr. de la Chapelle-Yvon.

285. — Le 22 février 1712, M* Nicolas-Joseph Morisse, procureur aux bailliages et vicomtés d'Orbec et de Bernay, demeurant en la parr. de Caorches, constitue 150 livres de rente en faveur de son fils, M* François-Joseph Morisse, acolyte de S** Croix de Bernay, afin qu'il puisse parvenir aux ordres sacrés. Cette rente est garantie par Pierre de Foucques, Esc*, s* de Beauchamp, seig* et patron, haut-justicier gruier de Caorches et autres terres, demeurant aud. lieu, et André Barrey, Esc*, s* de Montfort, cons** du roy, vicomte de Bernay, demeurant en lad. ville. (V. 207).

286. — Le 2 sept. 1712, vu l'attestation du s* Ferey, vicaire de S* Sylvestre de Cormeilles, et du s* Delanney, pbre, faisant les fonctions curiales à Manneville-la-Pipard, dispense de bans pour le mariage entre M* Richard Sellot, avocat, fils de Pierre Sellot, s* de la Brosse, et d'Anne Lecauf, de lad. parr. de Manneville, d'une part, et dam*** Marguerite-Angélique de Vauquelin, fils de feu Louis de Vauquelin, Esc*, s* de la Brosse, et de noble dame Catherine Anglement, de la parr. de S* Sylvestre de Cormeilles.

287. — Le 4 sept. 1712, dispense de bans pour le mariage entre François Morin, Esc*, s* de la Neuville, fils de .... Morin et de dame Marie de Gueroult, de la parr. de S* Aubin-sur-Iton, diocèse d'Evreux, d'une part, et dam^lle Françoise-Jeanne-Angélique Durozey, fille de Mre Alexis Durozey, Esc^r, cons^er du roy, auditeur en sa Cour des Comptes, Aides et Finances de Normandie, et de feue dame Marguerite Lusson, de la parr. de Drucourt. (*V.* 356).

288. — Le 25 août 1712, Me Maurice Piquot, pbr͞e, curé de St Martin-des-Noyers, y demeurant, pourvu de la cure du Mesnil-Eudes, prend possession de ce bénéfice, en présence de Mes^re Pierre de Tournebu, seig^r et patron de lad. parr., demeurant à St Germain-de-Livet ; Me Toussaint Letestu, pbr͞e, vicaire du Mesnil-Eudes ; Mre Jean-Marc Gouhier, Esc^r, seig^r de Roiville ; Robert Morel, trésorier de lad. église, tous demeurant au Mesnil-Eudes. (*V.* **137, 354**).

289. — Le 4 août 1711, Alexandre Pottier, maitre de navire, bourgeois, demeurant à Honfleur, parr. Ste Catherine, constituent 150 livres de rente en faveur de son fils, Me Jean Pottier, acolyte, afin qu'il puisse parvenir aux ordres sacrés. Cette rente est garantie par Me Guillaume Pépin, pbr͞e, curé de St Etienne et Ste Catherine d'Honfleur. (*V.* **262, 481**).

290. — Le 17 juillet 1711, Nicolas Pelcat, demeurant à St Siméon, constitue 150 livres de rente en faveur de son filleul, Me Nicolas Lefebvre, acolyte, fils François, de la parr. de la Chapelle-Becquet, afin qu'il puisse parvenir aux ordres sacrés. (*V.* **255, 262**).

291. — Le 18 août 1711, Jean Lallemand, fils de feu Guillaume et d'Antoinette Brézé, de la parr. de Branville, constitue 150 livres de rente en faveur de son frère, Me Guillaume Lallemand, acolyte, afin qu'il puisse parvenir aux ordres sacrés.

292. — Le 16 mars 1712, Me Nicolas Jouen, cons^er du roy, élu en l'élection de Lx, demeurant en lad. ville, constitue 150 livres de rente en faveur de Me Félix Maillet, acolyte, afin qu'il puisse parvenir aux ordres sacrés. (*V.* **256, 477**).

293. — Le 28 février 1712, Me Georges-François Hélix, acolyte de la parr. du Pin, constitue en sa faveur 150 livres de rente, afin de pouvoir parvenir aux ordres sacrés. Cette rente, hypothéquée sur des terres sises à Friardel, est garantie par Me François Hélix, pbr͞e, et par Charles Hélix, frère dud. acolyte, tous deux demeurant au Pin. (*V.* **477, 588**).

294. — Le 14 déc. 1711, François Scelles, marchand, demeurant à Rouen, parr. St Cande-le-Vieil, constitue 150 livres de rente en faveur de son fils, Me François Scelles, acolyte, afin qu'il puisse parvenir aux ordres sacrés.

Led. s^r acolyte, M^e ès-arts et bachelier en théologie de la faculté de Paris, (était originaire) de lad. parr. de St Cande-le-Vieil, exemption du lieu appartenante et dépendante de l'évêché de Lx à cause du doyenné de S¹ Cande, de nul diocèse et dépendant immédiatement du S¹ Siège apostolique.

295. — Le 29 janvier 1712, Marguerite Leperchey, veuve de Jean De la Taille, demeurant à Pierrefitte, et Mᵉ Jean Leperchey, pbre, demeurant au prieuré de S¹ Hymer, constituent 150 livres de rente en faveur de Mᵉ Jean De la Taille, acolyte, fils de lad. veuve, afin qu'il puisse parvenir aux ordres sacrés.

296. — Le 6 sept. 1712, la nomination à la cure du Mesnil-Hubert appartenant au seigʳ évêque de Lx, Sa Grandeur nomme aud. bénéfice, vacant par la mort de Mᵉ Saturnin de la Londe, dernier titulaire, la personne de Mᵉ Jacques de Soubzlebieu pbre de ce diocèse. (V 316, 580).

297. — Le 9 mars 1712, Philippe Leloup, sʳ de la Fontaine, marchand, de la parr. de la Fresnaye-Fayel, constitue 150 livres de rente en faveur de son neveu, Mᵉ Laurent Lecomte, acolyte de Neuville-sur-Touques, afin qu'il puisse parvenir aux ordres sacrés.

Led. sʳ acolyte était fils de Grégoire Lecomte demeurant en lad. parr. de Neuville.

298. — Le 29 janvier 1712, Richard Bloche, laboureur, demeurant à Pierrefitte, constitue 150 livres de rente en faveur de son fils, Mᵉ François Bloche, acolyte, afin qu'il puisse parvenir aux ordres sacrés. Cette rente est garantie par Pierre Bloche, oncle dud. acolyte, demeurant aussi à Pierrefitte, et par Jean-Pierre Bloche, son frère, demeurant au Breuil. Fait en présence de Mᵉ Jean Leperchey, pbre, demeurant à S¹ Hymer.

299. — Le 2 mars 1712, Mᵉ Michel Haudard, notaire royal héréditaire au siège de Thiberville, demeurant à Fontaine-la-Louvet, constitue 150 livres de rente en faveur de son fils, Mᵉ Louis Haudard, acolyte, afin qu'il puisse parvenir aux ordres sacrés. Cette rente est garantie par Mᵉ Michel Haudard, avocat, et par Mᵉ Jacques Haudard, greffier à Orbeville, demeurant tous deux à Fontaine-la-Louvet.

300. — Le 21 sept. 1711, Germain Bethen, et François Héroult, marchands, demeurant à Piencourt, constituent 150 livres de rente en faveur de Mᵉ Louis Bethen, acolyte, fils dud. Germain, afin qu'il puisse parvenir aux ordres sacrés.

301. — Le mars 1712, Jacques Le Michel, Escʳ, acolyte de la parr. de N.-D.-de Courson, constitue en sa faveur 150 livres de rente, afin de parvenir aux ordres sacrés. Cette rente est garantie par Jean-Gabriel Le Michel, Escʳ, frère dud. acolyte, demeurant aussi à Courson. Fait en présence de Mᵉ Pierre Costard, pbre, desservant la parr. de Livarot, et Charles Cous, demeurant à Livarot.

302. — Le 24 déc. 1711, François Thomas et Jacques Hue, frères, natifs du Favril et y demeurant, constituent 150 livres de rente en faveur de leur frère, M⁰ Georges Hue, acolyte de lad. par̄., afin qu'il puisse parvenir aux ordres sacrés. (V. 478).

303. — Le 13 juillet 1711, Mes⁰ Gaspard-Claude de Malhortie, Esc⁰, seig⁰ et patron de Campigny, Bigards, Le Mesnil-Brouard et autres lieux, demeurant en son manoir seigneurial de Bigards, par̄. de Campigny, constitue 150 livres de rente en faveur de son fils, M⁰ Louis de Malhortie, Esc⁰, acolyte de lad. par̄., afin qu'il puisse parvenir aux ordres sacrés. Cette rente est garantie par M⁰ Pierre Guérin, chev⁰, seig⁰ et patron de Tourville, Littetot et autres lieux, demeurant en son manoir seig⁰¹ de Tourville ; Jean-François Le Boullenger, Esc⁰, s⁰ du Tilleul, demeurant au Pontaudemer ; Nicolas Thirel, Esc⁰, s⁰ du Genestey, demeurant à Blacarville, et François de Naguet, Esc⁰, s⁰ de Lescaffard, demeurant à S⁰ Paul-sur-Risle. — Led. s⁰ acolyte était fils dud. s⁰ de Bigards et de noble dame Catherine Guérin.

304. — Le 3 août 1711, Jean et François Foucquier, frères, fils de feu François, demeurant à Triqueville, constituent 150 livres de rente en faveur de leur frère, M⁰ Pierre Foucquier, acolyte, afin qu'il puisse parvenir aux ordres sacrés. Cette rente est garantie par Jacques Sébire Esc⁰, s⁰ du Chesne, demeurant à Pontaudemer, et plusieurs autres cautions. — Led. acolyte était fils dud. feu François et de feue Gillone Hoguet.

305. — Le 10 avril 1711, François Costil, Jean Lormier, Nicolas Lormier et Pierre Vauquelin, de la par̄. de Flancourt, diocèse de Rouen, constituent 150 livres de rente en faveur de M⁰ Pierre-Joseph Costil, acolyte, afin qu'il puisse parvenir aux ordres sacrés. Cette rente est garantie par M⁰ François Le Menu, pbr̄e, curé de Flancourt, et par plusieurs autres cautions. — Led. s⁰ acolyte, fils de François Costil, était originaire de S⁰ Léonard d'Honfleur.

306. — Le 24 janvier 1712, François Merey, de la par̄. de S⁰ Maclou-la-Campagne, constitue 150 livres de rente en faveur de son fils, M⁰ François Merey, acolyte, afin qu'il puisse parvenir aux ordres sacrés. Cette rente est garantie par M⁰ François Mérieult, cons⁰ du roy, lieutenant « aux traittes » de Quilleboeuf, demeurant au Torpt, et par Marc-Aurèle Frontin, de la par̄. de Boulleville, et autres cautions. — Led. s⁰ acolyte était fils dud. s⁰ François et de Marie Frontin.

307. — Le 19 février 1712, Abraham Arnoult, laboureur, de la par̄. de Familly, constitue 150 livres de rente en faveur de son fils, M⁰ Louis Arnoult, acolyte, afin qu'il puisse parvenir aux ordres sacrés. (V. 474).

308. — Le 17 mars 1712, Guillaume du Mesnil, Esc⁰, demeurant à Pont-l'Évêque, constitue 150 livres de rente en faveur de son fils,

M⁰ Jacques du Mesnil, acolyte de S¹ Thomas de Touques, afin qu'il puisse parvenir aux ordres sacrés. Cette rente est garantie par Louis Le Noir et par Philippe-Augustin du Mesnil, escuiers, demeurant tous deux en la parr. S¹ Thomas de Touques. — Led. s¹ acolyte étant présentement au grand séminaire de Lx, fut représenté par M⁰ Nicolas Duclos, pbrē, vicaire de lad. parr. S¹ Thomas.

309. — Le 5 avril 1711, M⁰ Philippe de Mailloc, acolyte, de la parr. d'Orbec, est ordonné sous-diacre à Lx, par le seig⁰ évêque de Vabre. (*V.* **266**).

310. — Le 20 sept. 1712, vu l'attestation du s¹ de Soubzlebieu, curé de Ternant, et du s¹ de la Chapelle, vicaire de Bellouet, dispense de bans pour le mariage entre Jean Meslin, fils Charles, et Jacqueline Lecomte.

311. — Le 17 février 1712, François De la Taille, fils Robert, demeurant à Manerbe, et Jean Le Taillois, fils Charles, demeurant à S¹ Martin-aux-Chartrains, constituent 150 livres de rente en faveur de M⁰ François Le Taillois, acolyte, neveu dud. De la Taille et fils dud. s¹ Jean, afin qu'il puisse parvenir aux ordres sacrés. Cette rente est garantie par M⁰ Jean-Baptiste Le Taillois, pbrē, cy-devant curé des Parfontaines, demeurant à Pont-l'Évêque, et plusieurs autres cautions.

312. — Le 18 oct. 1711, Isaïe-David Berthelot, fils de Pierre et de Marie Telle, de la parr. de Ticheville, reçoit la tonsure cléricale.

Le même jour, Pierre-Philippe Berthelot, frère du précédent, reçoit aussi la tonsure cléricale.

313. — Le 22 sept. 1712, vu l'attestation du s¹ Simon, curé de S¹ Mards-de-Fresne, et du s¹ Géresme, curé de la Vespière, dispense de bans pour le mariage entre Pierre Frontin, s¹ des Portes, archer en la prévôté générale de Normandie, fils de feu M⁰ Pierre Frontin et de dam¹ˡᵉ Françoise Léguillon, de lad. parr. de S¹ Mards, d'une part, et dam¹ˡᵉ Marie Deschamps, V⁰ du s¹ du Mesnil-Conard, fille de feu Michel Deschamps, s¹ des Vallées, bourgeois d'Orbec, et de Marie Fresnel, demeurant à la Vespière.

314. — Le 26 oct. 1712, vu l'attestation du s¹ Letondelier, curé de Gonneville-sur-Honfleur, dispense de bans pour le mariage entre François Cévire, Esc⁰, s¹ du Désert, officier de l'Hôtel du Roy, fils de feu Robert Cévire, Esc⁰, s¹ du Bocage, et de dam¹ˡᵉ Marie Hobey, d'une part, et dam¹ˡᵉ Elisabeth Fresbert, fille de feu Jacques et de Marie Lemoinne, d'autre part, tous deux de lad. parr. de Gonneville.

315. — Le 27 sept. 1712, dispense de bans pour le mariage entre Thomas de Bonnechose, Esc⁰, s¹ de Bonneville, fils de feu Olivier de Bonnechose, aussi Esc⁰, s¹ de Bonneville, et de dam¹ˡᵉ Catherine de Bocquencey, de la parr. de N.-D. de Courson, d'une part, et Peronne

Asselin, fille de feu Nicolas et de Catherine Petit, Vve de Pierre Deschamps, demeurant à la Vespière.

316. — Le 21 sept. 1712, Me Jacques de Soubzlebieu, pbre, titulaire de la chapelle St Clair de Lx, demeurant en la parr. St Désir, pourvu de la cure du Mesnil-Imbert, vacante par la mort de Me Saturnin de la Londe, dernier titulaire, prend possession dud. bénéfice, en présence de haut et puissant seig^r, Mre Charles de la Pallu, chev^r, seig^r du Mesnil-Hubert, Gisnay, Neuville, Mardilly et autres lieux, aide-de-camp de Son Altesse Royale feu Monsieur, frère unique du roy ; Me Nicolas Dutac, pbre, chapelain de la chapelle St Joseph ; Me Michel Lehérissy, pbre, desservant la cure du Mesnil-Hubert ; Allain de la Londe, frère dud. feu s^r curé, tous demeurant en lad. parr. (*V*. **296, 580**).

317. — Le 28 sept. 1712, Me Nicolas Turpin, diacre de St André-d'Echauffour, bachelier en théologie et M^e ès-arts en l'Université de Caen, représenté par Me François Le Mercier, pbre, demeurant à Lx, parr. St Germain, fait signifier ses noms et grades au seig^r évêque et au Chapitre de Lx, en présence de Me François Desbuissons, pbre, sacristain en la Cathédrale, et Me Robert Leroux, acolyte, maître de musique en lad. Eglise. (*V*. **41, 126, 157, 319, 425**).

318. — Le 4 oct. 1712, Me Clément Gaubert, pbre de St André-d'Echauffour, M^e ès-arts en l'Université de Caen, fait signifier ses noms et grades aux religieux de St Evroult, en parlant à Dom Jean Rousseau, pbre, prieur de lad. abbaye. (*V*. **158, 264**).

319. — Le 4 oct. 1712, Me Nicolas Turpin, diacre de St André-d'Echauffour, M^e ès-arts en l'Université de Caen, fait signifier ses noms et grades aux relig^x de St Evroult. (*V*. **317, 425**).

320. — Le 20 sept. 1698, Me Paschal Touzé, diacre du diocèse de Lx, *rite dimissus*, est ordonné prêtre à Evreux. (*V*. **416, 605**).

321. — Le 9 février 1712, Me Guillaume De la Salle obtient en cour de Rome des lettres de provision de la cure de St Ouen de Grestain, vacante par la résignation faite en sa faveur par Me Elie Commely, pbre, dernier titulaire.

Le 13 oct. 1712, le seig^r évêque donne son visa auxd. lettres de provision. (*V*. **77, 611**).

322. — Le 15 oct. 1712, Me Jacques Héroult, pbre, curé de N.-D. du Doux-Marest, donne sa procuration pour résigner sond. bénéfice entre les mains de N.-S.-P. le pape en faveur de Me Vincent Le Boullenger, diacre de N.-D. de Courson. Fait à Lx, en présence de Me Edmond Daguin, pbre, curé de la Boissière. (*V*. **119, 402**).

323. — Le 18 oct. 1712, vu l'attestation du s^r Duval, curé du Bois-Hellain, et du s^r Fillion, curé de Tontuit, dispense de bans pour le mariage entre Jean-Antoine Le Baron, fils de feu Me Laurent et de dam^lle Marie Dumoutier, de la parr. du Bois-Hellain, d'une part, et Elisabeth Louidé, fille de Me Gervais et d'Elisabeth Halbout, de la parr. de Tontuit.

324. — Le 21 oct. 1712, vu l'attestation du s^r Mallet, curé de Coulmer, dispense de bans pour le mariage entre François Lecointe, s^r du Couldray, président au grenier à sel d'Exmes, demeurant à Coulmer, et dam^lle Françoise Broussois, de la parr. de Villebadin, diocèse de Séez.

325. — Le 4 oct. 1712, Mgr de Nesmond, évêque de Bayeux, accorde toute dispense de bans pour le mariage entre le marquis de la Salle, du diocèse de Coutances, et dam^lle Jeanne-Hélène Gislain de Benouville, de la parr. de St Jean de Caen, et autorise le seig^r évêque de Lx à procéder à la célébration de ce mariage.

326. — Le 13 juillet 1712, Me André Hercent, clerc du diocèse de Rouen, prieur commendataire du prieuré de Ste Marie-l'Egyptienne, dépendant de l'abbaye de Cormeilles, demeurant à Rouen, donne sa procuration pour résigner led. prieuré simple entre les mains de N.-S.-P. le pape en faveur de Mes^re Guillaume-François Hercent, pbre, chanoine de la cathédrale de Coutances et principal du collège de lad. ville, cons^er ecclésiastique du roy au bailliage et siège présidial du Cotentin, à la charge par lui de continuer la pension de 300 livres créée au profit de Me Guillaume Hercent, pbre, chanoine de Rouen et ci-devant titulaire dud. prieuré.

Le 2 août 1712, Me Guillaume-François Hercent obtient en cour de Rome des lettres de provision dud. prieuré.

Le 6 nov. 1712, le seig^r évêque donne son visa auxd. lettres de provision.

Le 17 nov. 1712, Mre Guillaume-François Hercent prend possession du prieuré de Ste Marie-l'Egyptienne, situé en la parr. de Tourville, près Pontaudemer.

327. — Le 24 oct. 1712, dispense de bans pour le mariage entre Me Jean Levacher, maître des fourneaux de forges de Condé, fils de feu Me Thomas Levacher et de dame Anne Lorette, de la parr. de Condé, d'une part, et dam^lle Marie-Louise Dupuis, fille de Robert Dupuis, Esc^r, cons^er du roy, procureur des tailles en l'élection de Bernay, et de noble dame Marguerite Martinel, de la parr. de N.-D. de la Cousture de Bernay.

328. — Le 20 oct. 1712, Me Jacques Dumontier, diacre du diocèse de Lx, est reçu M^e ès-arts en l'Université de Caen. (*V.* **120, 253, 262, 407**).

329. — Le 20 sept. 1710, Louis-Clément Louvel, sous-diacre, chanoine régulier de Ste Barbe, est ordonné diacre.

330. — Le 31 oct. 1712, Me David Delanney, pbre, curé de

Cocherel et d'Houlbec, son annexe, diocèse d'Evreux, fait signifier à M̃e Guillaume Regnier, pbr̃e, vicaire de Plainville, demeurant en la par̃r. de St Vincent-du-Boullay, qu'il révoque la résignation qu'il avait faite de sa cure de Cocherel et d'Houlbec, en faveur dud. sr Regnier.

331. — Le 25 nov. 1712, vu l'attestation du sr Dutaillis, curé d'Ouville-la-Bien-Tournée, dispense de bans pour le mariage entre Jean de Paysant, Escr, sr de Barneville, demeurant à Cléville, d'une part, et damlle Magdeleine Douville, demeurant en lad. par̃r. d'Ouville.

332. — Le 13 nov. 1712, Robert Leroux, fils de Robert et d'Anne Costard, de la par̃r. de St-Jacques de Lx, reçoit la tonsure cléricale. (V. **317**).

333. — Le 9 oct. 1712, François-Louis Le Conte de Nonant de Pierrecourt, fils de Mre Jean-François Le Conte de Nonant, cheṽer, et de damlle Marie-Lucie de Laney-Raray, natif de St Paul de Paris, reçoit la tonsure à Lx, « à raison de son domicile. »

Le 1er déc. 1712, led. sr de Pierrecourt, clerc tonsuré, demeurant au château de la Pinterie, par̃r. du Pin, diocèse de Lx, donne sa procuration pour requérir du seigr évêque de Soissons la collation de la chapelle Se-Geneviève, sise en la cour du château de Bethisy, diocèse de Soissons, à laquelle il a été nommé par haute et puissante dame Françoise de Laney-Raray, vve de Mesre Antoine-Barthélemy de Flahaut, seigr de la Billardière, en son vivant exempt des gardes du corps de Sa Majesté, mestre-de-camp de cavalerie et chevalier de l'Ordre militaire de St-Louis, laquelle dame a droit de nommer à lad. chapelle à cause de l'engagement des châtellenies, terres et seigneuries de Bethisy et de Verberie.

334. — Le 6 déc. 1712, Me Pasquier Auvray, pbr̃e, curé d'Auberville, représenté par Me François Lefort, pbr̃e, curé de Manerbe, diocèse de Bayeux, donne sa procuration pour résigner sond. bénéfice entre les mains de N.-S.-P. le pape, en faveur de Me Robert Méseray, pbr̃e du diocèse de Lx, demeurant à Rouen.

335. — Le 7 déc. 1712, dispense de bans pour le mariage entre Paul-Hyacinthe Johannie, Escr, sr de Kerinlio et de Panhair, capitaine des grenadiers du régiment de Maillé, de la par̃r. de Plougoumelen, diocèse de Vannes en Bretagne, fils de Tristan Johannie, Escr, sr de Kerinlio, et de dame Françoise de Badoyer, d'une part, et damlle Anne-Elisabeth du Valpoutrel, fille de Léonor du Valpoutrel, Escr, et de dame Elisabeth de James, de la par̃r. de St-Ouen de Pontaudemer.

336. — Le 7 déc. 1712, Me Jean Lefebvre, pbr̃e, curé de Démouville, diocèse de Bayeux, fait signifier à Me François Bobehier, pbr̃e, vicaire de St-Samson, diocèse de Lx, qu'il révoque la résignation qu'il avait faite de son bénéfice en sa faveur.

337. — Le 9 déc. 1712, vu l'attestation du sᵣ Costard, vicaire de Livarot, dispense de bans pour le mariage entre Jean-Louis Rioult, sᵣ de Marencourt, capitaine au régiment de Soupas, fils de feu Mʳᵉ Pierre Rioult et de Jeanne Pollin, d'une part, et damˡˡᵉ Anne de Montreuil, fille de feu Guillaume de Montreuil, vivant gendarme de la feue reine, et de dame Anne Le Bourgeois, d'autre part, tous deux de Livarot.

338. — Le 21 janvier 1712, Mᵉ Jean Thillaye, consᵉʳ du roy, élu en l'élection de Pont-l'Évêque, demeurant à Sᵗ Etienne-la-Thillaye, constitue 150 livres de rente en faveur de son fils, Mᵉ Guillaume Thillaye, acolyte, afin qu'il puisse parvenir aux ordres sacrés. Cette rente est garantie par Jean-François Thillaye, sʳ des Jonquières, frère dud. acolyte, et par plusieurs autres cautions.

339. — Le 13 déc. 1712, vu l'attestation du sʳ Lejuif, curé d'Hermival, dispense de bans pour le mariage entre Gabriel du Bosch, Escʳ, sʳ de Sᵗ Vincent, fils de François du Bosch d'Hermival, Escʳ, seigʳ de Bose-Morin, en son vivant exempt des gardes du roy, major de la ville et citadelle de Laon, et de noble dame Anne Leduc, de la parr. d'Hermival, d'une part, et damˡˡᵉ Marie de Barville, fille de Nicolas de Barville, Escʳ, sʳ du lieu, et de noble dame Françoise de Grieu, de la parr. Sᵗ Jacques de Lx.

340. — Le 5 mars 1712, Nicolas Lachey, marchand, demeurant à Fauguernon, constitue 150 livres de rente en faveur de Mᵉ Louis Isaac, acolyte de la parr. de N.-D. de Préaux, afin qu'il puisse parvenir aux ordres sacrés.

341. — Le 2 mars 1712, Henry Dumont, de la parr. de Meulles, constitue 150 livres de rente en faveur de son fils, Mᵉ Marin Dumont, acolyte, afin qu'il puisse parvenir aux ordres sacrés.

342. — Le 5 sept. 1712, Jean Bence, demeurant à Fervaques, constitue 150 livres de rente en faveur de son fils, Mᵉ Jean Bence, acolyte, afin qu'il puisse parvenir aux ordres sacrés. Cette rente est garantie par Mᵉ Michel Bardel, chirurgien, demeurant à Fervaques, et Jean Margot, demeurant à Cheffreville. (*V.* 260).

343. — Le 24 juin 1712, Jean et Guillaume Toustain, frères, demeurant led. Guillaume à Sᵗ Etienne-la-Thillaye, et led. Jean à Bonnebose, constituent 150 livres de rente en faveur de leur neveu, Mᵉ Jean Toustain, acolyte, né et demeurant à Sᵗ Gatien-des-Bois, afin qu'il puisse parvenir aux ordres sacrés. (*V.* **256, 478**).

344. — Le 8 juillet 1712, Thomas Daragon, sʳ de Rumesnil, consᵉʳ du roy, subdélégué de Monseigʳ l'Intendant de la Généralité d'Alençon, demeurant à Lx, constitue 150 livres de rente en faveur de Mᵉ Nicolas Greslebin, acolyte de Lx, afin qu'il puisse parvenir aux ordres sacrés. (*V.* **256**).

345. — Le 21 juillet 1712, Pierre Delaplanche, ayant épousé en secondes noces Marie Havron, v^re de Christophe Lentrain, lad. Marie Havron et son fils Robert Lentrain, demeurant à Beaumont-en-Auge, constituent 150 livres de rente en faveur de Me Augustin Lentrain, acolyte, autre fils de lad. Havron, afin qu'il puisse parvenir aux ordres sacrés. (*V.* 255).

346. — Le 11 août 1712, Guillaume Noel, fils Guillaume, marchand, bourgeois de Pontaudemer, constitue 150 livres de rente en faveur de son frère, Me Philippe Noel, acolyte de la par̄r. St Ouen, aussi fils dud. Guillaume et de Marguerite Vicquelin, afin qu'il puisse parvenir aux ordres sacrés. Cette rente est garantie par Me Claude Noel, pbr̄e, curé de St Symphorien; Jacques Noel, marchand à Pontaudemer; les s^rs Jacques et Nicolas Vicquelin, marchands tanneurs en lad. ville, par̄r. du St Sépulcre (N.-D.) (*V.* 478).

347. — Le 21 juin 1712, Me Jacques Scelles, s^r de Préfontaine, bourgeois de Bayeux, y demeurant, époux de Jeanne Scelles, constitue 150 livres de rente en faveur de son fils, Me Pierre Scelles, acolyte de la par̄r. de Nonant, afin qu'il puisse parvenir aux ordres sacrés. — Cette rente est garantie par les s^rs Mignot et Mabire, curés de Nonant, et par Jacques Scelles, Esc^r, s^r de St Vigor, François Scelles, s^r de la Coquerie, Simon Scelles, s^r des Prés, Pierre Scelles, s^r des Fossés, Jacques Scelles, s^r des Fossés, etc., tous paroissiens de Nonant. (*V.* 259).

348. — Le 1er août 1712, Nicolas Igon, demeurant à St Pierre-Adifs, constitue 150 livres de rente en faveur de son fils, Me Robert Igon, acolyte, afin qu'il puisse parvenir aux ordres sacrés.

349. — Le 18 déc. 1712, la nomination à la cure de Neuville-sur-Authon, appartenant au seig^r du lieu à cause de son fief de Neuville et aussi à cause des droits qui lui ont été cédés, le 24 janvier dernier, par Mgr de la Rochefoucauld, abbé du Bec-Hellouin, Mes^re François Racine, Esc^r, seig^r du Tremblé, Neuville, Ferrières, Charamon et autres lieux, demeurant à Neuville, nomme aud. bénéfice, vacant par la mort de Me François Jullien, pbr̄e, dernier titulaire, la personne de Me Yves Huet, diacre de la par̄r. d'Orbec. (*V.* 81).

Le 22 déc. 1712, les vicaires généraux du seig^r évêque donnent à Me Yves Huet, diacre d'Orbec, la collation de lad. cure de Neuville.

Le même jour, le seig^r évêque, étant à Paris, donne aussi aud. s^r Huet la collation dud. bénéfice. — L'acte est contresigné par Me G. Jehanne, aumônier du seig^r évêque.

Le 26 déc. 1712, le s^r Huet prend possession de la cure de Neuville, en présence de Me Jacques Racine, pbr̄e, vicaire de lad. par̄r., Me Jean-Charles Racine, s^r de Beaulieu, Antoine Barbot, trésorier, et autres paroissiens.

Le 18 déc. 1712, la nomination à la cure de Neuville appartenant au seig' abbé du Bec, « très-haut et très-illustre Monseig' Roger de la Rochefoucauld, abbé commendataire du Bec-Hellouin, demeurant à Paris, nomme à cette cure, vacante par la mort de M° François Jullien, dernier titulaire, la personne de M° Robert Vauquelin, pbre, vicaire de Clarbec.

Le 28 déc. 1712, les vicaires généraux du seig' évêque donnent aud. s' Vauquelin la collation dud. bénéfice pour la conservation de son droit.

Le 29 déc. 1712, le s' Vauquelin prend possession de la cure de Neuville, en présence de M™ Marc-Antoine de Bellemare, Esc', seig' de la Motte ; M° Jacques Racine, pbre, vicaire de lad. parr. ; Pierre Delalonde, syndic du lieu, et autres paroissiens.

Il est à remarquer qu'à l'exception du vicaire, tous les témoins sont différents aux deux prises de possession, même pour ce qui est des simples paroissiens dont nous ne citons pas ici les noms.

350. — Le 19 déc. 1712, dispense de bans pour le mariage entre Charles Lehoux, fils de M° Nicolas, en son vivant lieutenant-vicomte du Sap, et de Louise Dubosc, de la parr. de Canapville, d'une part, et dam¹¹° Florence Deshayes, fille de feu Gabriel Deshayes, Esc', s' de Belfond, et de dam¹¹° Denys de la même parr.

351. — Le 22 juin 1712, M° Louis Goholin, acolyte, fils de feu M° Pierre Goholin, demeurant à Canapville (Touques), constitue 150 livres de rente en sa faveur afin de parvenir aux ordres sacrés. Cette rente est garantie par M° Pierre Levillain, curé de Canapville, et par Pierre Le Mire, Esc', demeurant aud. lieu, et autres cautions. (*V*. **255**).

352. — Le 26 août 1712, M° Georges de Gémare, demeurant à Heulland, constitue 150 livres de rente en faveur de son frère, M° Jean de Gémare, Esc', acolyte, afin qu'il puisse parvenir aux ordres sacrés. Cette rente est cautionnée par la dame V™ de Gémare, sa mère, et par M° Pierre de Gémare, Esc', pbre et curé de Bourgeauville.

Led. acolyte était fils de feu M™ Robert-Bertrand de Gémare, Esc', et de noble dam¹¹° Anne de Cavelande.

353. — Le 5 sept. 1712, Pierre Mourier, marchand, demeurant à N.-D. de Courson, constitue 150 livres de rente en faveur de son fils, M° Pierre Mourier, acolyte, afin qu'il puisse parvenir aux ordres sacrés. Fait à Livarot, en présence de Mes™ Jean-Baptiste Deshays, Esc', s' du Mesnil, demeurant à Courson.

354. — Le 24 déc. 1712, M° Maurice Piquot, pbre, curé de S' Martin-des-Noyers, et à présent titulaire de la cure du Mesnil-Eudes, donne sa procuration pour remettre entre les mains de N.-S.-P. le pape sond. bénéfice des Noyers en faveur de M° Pierre Daubichon, pbre, vicaire de S' Michel-de-Livet. (*V*. **137, 288, 415**).

355. — Le 14 août 1711, Edouard Desvaux, officier de la feue reine, demeurant en sa terre de Guerquesalles, constitue 150 livres de rente en faveur de son fils, M° Martin Desvaux, acolyte, représenté par M° Edouard Desvaux, pbrē, afin qu'il puisse parvenir aux ordres sacrés. Fait à Vimoutiers, en présence de M° Jacques Delisle, pbrē, et M° Jacques Sauvalle, aussi pbrē dud. lieu.

356. — Le 4 janvier 1713, vu l'attestation du s⁷ de Monthuchon, curé d'Orbec, et du s⁷ Buisson, vicaire de Drucourt, dispense de bans pour le mariage entre Alexis Du Rosey, Esc⁷, cons⁷ du roy, auditeur en la Cour des Comptes, Aides et Finances de Normandie, fils de feu M° Gabriel du Rosey, vivant aussi cons⁷ du roy et premier président en l'élection de Lx, et de feu dam^lle Françoise Desperroys, de la parr. de Drucourt, d'une part, et dam^lle Louise Morin, fille de feu François Morin, Esc⁷, s⁷ du Bosc, lieutenant général de cavalerie, et de feue noble dame Elisabeth de Mailloc, de la parr. d'Orbec. (*V.* **287**).

357. — Le 22 juillet 1712, Pierre Panthou, s⁷ du Val, originaire de la parr. de Talonney, et à présent demeurant en celle de S⁷ Léonard, diocèse de Séez, constitue 150 livres de rente en faveur de son fils, M° Pierre Panthou, acolyte étant au séminaire de Lx, afin qu'il puisse parvenir aux ordres sacrés. — Led. s⁷ acolyte était alors au séminaire de Lx. (*V.* **256**).

358. — Le 24 juillet 1712, Gabriel Dasnières, demeurant à S⁷ Sylvestre de Cormeilles, constitue 150 livres de rente en faveur de son fils, M° Philippe Dasnières, acolyte, afin qu'il puisse parvenir aux ordres sacrés. (*V.* **256, 478**).

359. — Le 25 août 1712, Christophe Gondouin, marchand, de la parr. de Heurtevent, constitue 150 livres de rente en faveur de son fils, M° Jean-Christophe Gondouin, acolyte, afin qu'il puisse parvenir aux ordres sacrés. Cette rente est garantie par M° Charles Manoury, pbrē, curé de Heurtevent, et par François de Montreuil, s⁷ de la Barbottière. (*V.* **258**).

360. — Le 9 août 1712, M° Nicolas Cambremer, premier huissier-audiencier au bailliage et vicomté d'Auge, archer, garde en la connétablie et maréchaussée de France, demeurant à Reux, constitue 150 livres de rente en faveur de son fils, M° Guillaume-François Cambremer, acolyte, afin qu'il puisse parvenir aux ordres sacrés. Cette rente est garantie par M° Pierre Yves, pbrē, oncle dud. acolyte ; par Sébastien Yves, son cousin, demeurant au Torquesne, et par M° Robert Marie, procureur en l'élection de Pont-l'Evêque, demeurant à Coudray. Fait à Pont-l'Evêque, en présence de Mes Estienne de Lannoy, pbrē, demeurant aud. lieu, et Jean Martin, de la parr. de Beaumont. (*V.* **258**).

361. — Le 13 août 1712, François Le Camus, marchand, demeurant à Bellou, constitue 150 livres de rente en faveur de son fils,

Mᵉ François Le Camus, acolyte, afin qu'il puisse parvenir aux ordres sacrés. Dans cet acte led. acolyte était représenté par Louis Le Michel, Escʳ, sʳ de la Babouelle, demeurant à Bellou. Ce fut fait et passé en lad. parr., en présence de Jean-Gabriel Le Michel, Escʳ, sʳ de la Chapelle, demeurant à N.-D. de Courson, et d'Isaïe Le Michel, sʳ de la Varende, demeurant à Bellou. (V. **258, 478, 505**).

362. — Le 22 décembre 1711, Charlotte Denis, vᵛᵉ de Gilles Maurey, laboureur, Jean Maurey, marchand-tanneur, et Gilles Denis, laboureur, tous demeurant à Rézenlieu, constituent 150 livres de rente en faveur de Mᵉ Louis Maurey, acolyte, fils de lad. veuve, afin qu'il puisse parvenir aux ordres sacrés. (V.

363. — Le 17 février 1712, damˡˡᵉ Anne Legrix, vᵛᵉ de Mᵉ Nicolas du Buisson, sʳ du Plessis, consᵉʳ et avocat du roy, au siège et bailliage de la vicomté de Pontautou et Pontaudemer, demeurant en cette ville, constitue 150 livres de rente en faveur de son fils, Mᵉ Gaspard du Buisson, acolyte, afin qu'il puisse parvenir aux ordres sacrés. Cette rente est garantie par Mᵉ Nicolas du Buisson, consᵉʳ et avocat du roy, auxd. siège et bailliage de Pontautou et Pontaudemer, demeurant aussi en lad. ville ; Jacques Deschamps, Escʳ, sʳ de la Gruelle, demeurant en la parr. de Bléville près le Havre, et Mᵉ Pierre Lengeigneur, consᵉʳ du roy, lieutenant de la mairie de Pontaudemer.

364. — Le 7 sept. 1712, Jean Legras, sʳ de la Rivière, receveur du prieuré de Maupas et syndic de Capelles, constitue 150 livres de rente en faveur de son fils, Mᵉ Jean Legras, acolyte, afin qu'il puisse parvenir aux ordres sacrés.

365. — Le 10 janvier 1712, vu l'attestation du sʳ Dumoutier, pbrē, vicaire de la Fresnaye-Fayel, dispense de bans pour le mariage entre Pierre Frémont, fils Guillaume, et damˡˡᵉ François Gilette de Putecotte, fille de feu Pierre de Putecotte, Escʳ, sʳ de Champfleur, et de damˡˡᵉ Charlotte Lesec, tous deux de lad. parr. de la Fresnaye.

366. — Le 24 juillet 1712, Pierre Cosnard, demeurant à Sᵗ-Martin-près-Sᵗ-Firmin, constitue 150 livres de rente en faveur de son fils, Mᵉ Pierre Cosnard, acolyte, représenté par son frère, Jean Cosnard, afin qu'il puisse parvenir aux ordres sacrés. Fait en présence d'Isaac Letellier, pbrē, vicaire de lad. parr. de Sᵗ Martin. (V. **256, 478**).

367. — Le 14 juillet 1712, Guillaume Exmellin, marchand, demeurant à Clarbec, constitue 150 livres de rente en faveur de son neveu, Mᵉ Jacques Exmellin, acolyte, « eschollier, estudiant à Caen », afin qu'il puisse parvenir aux ordres sacrés.

368. — Le 18 août 1712, Mᵉ Louis Cally, pbrē du Mesnil-Hubert, constitue 150 livres de rente en faveur de son frère, Mᵉ Jean Cally, acolyte, afin qu'il puisse parvenir aux ordres sacrés. (V. **256**).

369. — Le 14 sept. 1712, dam^lle Françoise Dupuis, v^ve de feu Claude Du Vallet, s^r des Déserts, demeurant en la parr. de N.-D.-du-Hamel, constitue 150 livres de rente en faveur de Me François Du Vallet, s^r de Boisbauduc, acolyte, son fils, afin qu'il puisse parvenir aux ordres sacrés. Cette rente acceptée par led. s^r acolyte, représenté par son frère Claude Du Vallet, s^r de la Hogue, fut garantie par Me Claude Eudes, s^r de la Londe, archer en la Prévôté générale de Normandie, et par noble homme Constant de Nicolle, seig^r de Maupertuis, demeurant en lad. parr. du Hamel. (*V.* **255, 478**).

370. — Le 24 février 1712, Louis Vallée, s^r de Launey, marchand, bourgeois de Lx, et Pascal Hesbert, s^r des Aprest, aussi marchand, demeurant à Livet-le-Baudouin, constituent 150 livres de rente en faveur de Me Jean Morin, acolyte de St-Jacques de Lx. Cette rente est garantie par Jacques Morin, marchand-boucher, père dud. acolyte, demeurant à Lx. (*V.* **256, 478**).

371. — Le 22 déc. 1712, la nomination à la cure de la Chapelle-de-Montgenouil appartenant au seig^r évêque de Lx, sa grandeur nomme à cette cure, vacante par la démission pure et simple de Me Pierre Ferrey, pbre, bachelier en théologie et curé de St Pierre de Gacey, la personne de Me Thomas Deschamps, pbre du diocèse de Lx. (*V.* **46, 516**).

Le 15 janvier 1713, led. s^r Deschamps, pbre, demeurant au bourg de Gacey, prend possession de la cure de la Chapelle-Montgenouil, en présence de Me François Levavasseur, acolyte, et de Me André Laisney, clerc tonsuré, tous deux de la parr. de Gacey ; Jean De Beaumont et Me Michel Tricquart, de lad. parr. de Montgenouil.

372. — Le 30 août 1712, Marie Guerard, v^ve d'Elie Lechevallier, s^r des Essurts, et le s^r Etienne Lechevallier, son fils, demeurant à Honfleur, constituent 150 livres de rente en faveur de Me Hugues Lechevallier, acolyte, afin qu'il puisse parvenir aux ordres sacrés. Cette rente est cautionnée par Me Guillaume Paulmier, bailly de la haute-justice de Grestain, et par Me Charles Lechevallier, lieutenant-général à Blangy, demeurant tous deux à Honfleur.

Led. s^r acolyte, fils de lad. veuve, était alors au séminaire de Lx.

373. — Le 16 janvier 1713, vu l'attestation du s^r Bucailles, vicaire de Plasnes, et du s^r Prevost, vicaire de Moyaux, dispense de bans pour le mariage entre Guillaume Cartrie et Catherine Hellouin.

374. — Le 23 janvier 1713, dispense de bans pour le mariage entre noble homme Philippe Desperroys, Esc^r, s^r du Boucheau, lieuten^t des vaisseaux du roy et servant actuellement au département du Port-Louis, fils de Robert-Antoine Desperroys, Esc^r, s^r du Boucheau, et de feue noble dame Magdeleine de Guerez, de la parr. de St Désir de Lx, d'une part, et dam^lle Louise de l'Ensiny, fille de Mes^re Louis de l'Ensiny, chev^er, seig^r de Tachoit, et de dame Gillette Abillan, de la parr. de Rumengol et demeurant aud. lieu de Port-Louis, diocèse de Vannes.

375. — Le 24 janvier 1713, dispense de bans pour le mariage entre Pierre Romain, fils Pierre, de la parr. de Danestal, et dam^lle Catherine Férey, fille de P^re Férey, Esc^r, s^r de St Paul, gendarme du roy, et de noble dame Marie de Beaurepaire, de la parr. de Beaufour.

376. — Le 26 mars 1712, reçurent la tonsure :
Me Louis Bourlet, fils de François et de Françoise Thillaye, de la parr. de St Germain-la-Campagne. (*V.* **377**) ;
Me Charles-François Bourlet, frère du précédent. (*V.* **377, 447, 457, 479**).

377. — Le 13 nov. 1712, Louis du Bosc-Bourlet reçoit les ordres mineurs. (*V.* **376**).
Le 13 nov. 1712, Charles-François Dubuisson-Bourlet, de la parr. de St Germain-la-Campagne, reçoit les ordres mineurs. (*V.* **376, 447, 457, 479**).

378. — Le 31 janvier 1713, dispense de bans pour le mariage entre Nicolas Le Dorey, fils de Nicolas et de Françoise de Manoury, de la parr. de Prétreville, d'une part, et Marie de Collet, fille de Joseph et de feue Madeleine Bunel, de la parr. de N.-D.-de-Courson.

379. — Le 10 fév. 1713, la nomination à la cure de Pomont appartenant au seig^r du lieu, haut et puissant seig^r, Mes^re Michel de Rocherolles, chev^er, seig^r marquis et haut-justicier du Pont-Saint-Pierre, Le Plessis, Montreuil, Echauffour, comte de Cisay, St Aubin, Pomont, Les Loges, Echaumesnil, baron d'Ecouys, Lanfreville, marquis et châtelain de la Ferté, St Ricquier, grand-voyer de Picardie, seig^r haut-justicier en Artois, premier baron de Normandie et conseiller-né au Parlement de lad. province, étant à son château de Cisay, nomme par procureur aud. bénéfice de Pomont, vacant par la démission pure et simple du s^r Grillon, pbre, dernier titulaire, la personne de Me Louis Gérard, pbre de St André-d'Echauffour, demeurant aud. lieu de Pomont.

380. — Le 10 fév. 1713, dispense de parenté au 3e degré pour le mariage entre Edmond de Thieuville, chev^er, demeurant à Ablon, et Catherine Thierry, demeurant en la parr. de St Léonard d'Honfleur.

381. — Le 20 janvier 1713, la nomination à la cure de N.-D. du Vieux-Bourg appartenant au duc d'Orléans, Monseig^r Philippe d'Orléans, petit-fils de France, duc d'Orléans, de Valois, de Chartres et de Nemours, vicomte d'Auge et de Mortain, nomme à cette cure, vacante par la mort de Me Louis Dubois, pbre, dernier titulaire, la personne de Me Jean Delannay, pbre du diocèse de Lx (1).

---

(1) Il avait été, comme Me Louis Dubois, son prédécesseur, vicaire du Mesnil-sur-Blangy. (*Reg. paroissiaux du Mesnil-s-Bl.*)

Le 10 fév. 1713, Mre de Matignon, vic. gén^l, donne aud. s^r Delanney la collation de lad. cure du Vieux-Bourg. (V. 507).

382. — Le 9 fév. 1713, Me Isaac Sicot, pbrē, curé de Janville, diocèse de Bayeux, « et non remply », M^e ès-arts en l'Université de Caen, requiert, en sa qualité de gradué, des vicaires généraux du seig^r évèque, la collation de la cure de St Samson, dépendant de l'abbaye de Troarn, et vacante par la mort de Me François Morel, pbrē, dernier titulaire, décédé dans le mois de janvier dernier.

Le même jour, les vicaires généraux donnent au s^r Sicot la collation dud. bénéfice de St Samson. (V. 429).

383. — Le 15 février 1713, vu les attestations du s^r Boudray, curé d'Annebault, du s^r Jouen, curé de Darnestal, et du s^r Boüet, pbrē, desservant la parr. de Cresseveulle, dispense de bans pour le mariage entre Marin Amelot et Marie Néel.

384. — Le 12 fév. 1713, la nomination à la cure de Neuville-sur-Touques appartenant aux religieux de St Pierre-sur-Dives, à cause de leur mense conventuelle, Dom Pierre Eudes, prieur, et les religieux de lad. abbaye nomment à cette cure, vacante par la mort de Me René Prouvère, pbrē, dernier titulaire, la personne de Me Jacques-Laurent Lecomte, pbrē du diocèse de Lx.

Le 15 février 1713, Mre de Matignon, vic. g^l, donne aud. s^r Lecomte la collation dud. bénéfice.

Le 16 fév. 1713, le s^r Lecomte, vicaire de Rézenlieu, prend possession de la cure de Neuville, en présence de Me Jacques Louvet, pbrē, vicaire de lad. parr.; Mre Gilles de St Clair, s^r du lieu; Mre Jean Choisne, s^r du Longpré, tous de lad. parr.

385. — Le 17 février 1713, Mes^re François du Houlley, sous-diacre, chanoine-prébendé d'Assemont en la Cathédrale, étant demeuré malade en sa maison, située à Lx, donne sa procuration pour résigner sad. prébende entre les mains de N.-S.-P. le Pape en faveur de Mes^re Pierre Baudry, acolyte du diocèse de Rouen. Il se réserve toutefois cinq cents livres de pension sur les revenus dud. bénéfice, et led. s^r Baudry devra payer 150 livres chaque année à Mes^re Louis de Bonsens, s^r des Espines, pbrē, chanoine de la Ste Chapelle à Paris, et ci-devant titulaire dud. canonicat d'Assemont. Fait en la maison dud. s^r du Houlley, parr. St Jacques, en présence de Me François De Neuville, cons^er du roy et garde-sel au grenier à sel de Lx, et Me Pierre Foucques, cons^er du roy, élu en l'élection de Lx; et y demeurant parr. St Jacques. (V. 394, 467).

386. — Le 18 février 1713, vu l'attestation du s^r Suriray, curé de Livaye, et du s^r Lecomte, vicaire de St Loup-de-Fribois, dispense de bans pour le mariage entre Estienne de Livre, Esc^r, fils de Robert le Livre, Esc`r`, s`r` de Villeneuve, et de feu[e] [no]ble dame Françoise Le Musnier, de la par̄. de N.-D. de Livaye, [d'u]ne part, et dam`lle` Marie Fergant, fille de feu Pierre Fergant, Es[c`r`,] s`r` des Parcs, et de noble dame Marie Coquet, de lad. par̄. de S`t` Lou[p].

387. — Le 4 février 1713, la nomination à la c[ure] de S`t` Germain de Rabut appartenant au seig`r` du lieu, haute et puis[san]te dame Anne-Antoinette de Fresnoy, veuve de haut et puissant seig`r` Mes`re` Antoine, comte de Longaunay, chev`r`, seig`r` et patron de Rabut e[t a]utres lieux, demeurant à Paris, et ayant la garde des enfants nobles [i]s d'elle et dud. seig`r`, nomme à cette cure, vacante par la mort [de] M`e` Yves Le Carpentier, pbr̄e, dernier titulaire, la personne de [M`e`] Michel d'Ouessey, pbr̄e du diocèse de Coutances.

Le 11 février 1713, M`gr` de Matignon, vic. g`l`, donne aud. s`r` [d']ŏessey la collation dud. bénéfice.

Le 14 février 1713, le s`r` d'Ouessey, demeurant en la par̄. de R[ab]ut, prend possession de lad. cure, en présence de M`e` Gorgon Louvet, p[br̄e], curé de S`t` Pierre de Coudray ; M`e` Pierre Levillain, pbr̄e, cur[é de] Canapville ; M`e` Jacques Cordier ; M`e` Jean de la Rue de Bellefontai[ne,] receveur des rentes seign`les` de M`me` de Longaunay, tous deux de la[d.] par̄. de Rabut.

388. — Le 22 février 1713. M`e` Estienne Lefortier, pbr̄e, curé de S`t` Pierre de Champosou, diocèse de Séez, donne sa procuration devant le notaire royal-apostolique de Lx, pour résigner sad. cure entre les mains de N.-S.-P. le Pape en faveur de M`e` Joachim Surlemont, pbr̄e, curé de N.-D.-de-Fresnay ; et led. s`r` Surlemont donne aussi sa procuration pour résigner sad. cure de Fresnay entre les mains de Sa Sainteté en faveur dud. s`r` Lefortier, pour cause de mutuelle permutation. (*V.* 552).

389. — Le 23 février 1713, dispense de bans pour le mariage entre M`e` Jean Horionney, procureur en l'élection de Pont-l'Evêque, originaire de S`t` Martin-aux-Chartrains et demeurant actuellement à Pont-l'Evêque, d'une part, et Catherine Le Bouteiller, fille de feu M`e` Olivier, demeurant à S`te` Catherine d'Honfleur.

390. — Le 24 février 1713, vu l'attestation du s`r` Morand, vicaire de Thiberville, dispense de bans pour le mariage entre Guillaume Alabarbe et Catherine Rivière.

391. — Le 25 février 1713, vu l'attestation du s`r` Rouvray, curé de N.-D.-d'Aulnay, dispense de bans pour le mariage entre M`re` Gilles-Joseph de Malvoue, chev`r`, seig`r` et patron des par̄. de S`t`-Germain-d'Aulnay et de N.-D. d'Aulnay, fils de feu Mes`re` Joseph-Germain de Malvoue et de noble dame Madeleine de Nocey, de lad. par̄. N.-D. d'Aulnay, d'une part, et dam`lle` Marie-Hélène de Marguerie, fille de

Mes⁰ Guy de Marguerie, chev⁰ʳ, seigʳ, d'Aisy et du Fresne, et de noble dame Catherine Daire, de la parr. du Fresne, diocèse d'Evreux.

392. — Le 25 février 1713, vu l'attestation du sʳ Périer, curé d'Orville, dispense de bans pour le mariage entre Marie-Antoine Le Maignen, Escʳ, fils de feu Jacques-Gabriel Le Maignen, Escʳ, sʳ de Bricqueville, et de noble dame Françoise de la Rivière, d'une part, et Suzanne Bassière, fille de feu Jacques Bassière, marchand, et de Marie Chardin, tous deux de la parr. d'Orville.

393. — Le 26 juillet 1713, dom Robert Moullin, pbrē, chanoine régulier de Sᵗ-Augustin en l'abbaye de Friardel, obtient en cour de Rome des lettres de provision du prieuré-cure de Sᵗ Martin de Friardel, vacant par la résignation faite en sa faveur par dom Jean Fouësil, pbrē, chanoine régulier dud. ordre, dernier titulaire.

Le 17 février 1713, Mʳᵉ Léonor de Matignon, vic. gˡ, donne son visa auxd. lettres de provision.

Le 19 février 1713, le sʳ Moullin prend possession de la cure de Friardel, en présence de Dom François Capelle, prieur-curé d'Abenon ; Dom Jean-Baptiste Marie, prieur-curé de Cerqueux ; Mᵉ Jean Fissel, pbrē, demeurant au monastère de Friardel ; Mᵉˢ Antoine Réné et Louis Duvivier, chanoines réguliers de Friardel ; Mᵉ Jacques Leduc, pensionnaire en lad. abbaye, et Pierre Houssaye, syndic de la parr.

394. — Le 23 février 1713, la nomination aux canonicat et prébende d'Assemont en la Cathédrale appartenant au seigʳ évêque de Lx, Sa Grandeur nomme aud. bénéfice, vacant par la mort de Mes⁰ François de Courtonne du Houlley, dernier titulaire, la personne de Mᵉ Jean-Jacques Lebourg des Alleurs, pbrē, docteur de Sorbonne. Fait à Paris, en présence de Mᵉ Philippe Boisney, pbrē du diocèse de Lx, chanoine de Sᵗ Etienne-des-Grés.

Le 28 février 1713, le sʳ des Alleurs est mis en possession desd. canonicat et prébende d'Assemont, par le ministère de Mʳ le doyen, en présence du Chapitre et de Mᵉˢ Christophe Courtin et Guillaume Couture, pbrēs, chapelains en la Cathédrale. (*V.* **385**).

395. — Le 6 mars 1713, vu l'attestation du sʳ Le Mercier, curé de Courcelles, dispense de bans pour le mariage entre Pierre-Jacques de Garencières, Escʳ, seigʳ et patron de Courcelles, fils de feu Nicolas de Garencières et de dame Madeleine de Maucomble, de lad. parr. de Courcelles, d'une part, et damˡˡᵉ Catherine-Suzanne de Barrey, fille d'Hector-Ambroise de Barrey, seigʳ des Authieux, et de Catherine-Suzanne d'Allard, de la parr. de Faverolles, diocèse d'Evreux.

396. — Le 28 juin 1709, Mᵉ Pierre Legras, de la ville de Pontaudemer, est reçu Mᵉ ès-arts en l'Université de Caen.

397. — Le 6 mars 1713, Mᵉ Jacques Gosset, pbrē, curé de Verson,

1re portion, fait réitérer ses noms et grades au seigr évêque et au Chapitre de Lx. (V. 163, 561).

398. — Le 7 mars 1713, Me Nicolas Le Bellenger, pbrē du diocèse de Bayeux, demeurant au Prédauge, Me ès-arts en l'Université de Caen, fait réitérer ses noms et grades aux religieux de Ste Barbe. (V. 164).

399. — Le 10 mars 1713, Me Guillaume De la Cousture, pbrē, vicaire de la parr. et prieuré de Montfort, de ce diocèse, Me ès-arts en l'Université de Caen, fait réitérer ses noms et grades aux religieux de St Evroult. (V. 132, 608).

400. — Le 15 mars 1713, Me Jacques Bunel, pbrē de N.-D. de Pontaudemer, y demeurant, Me ès-arts en l'Université de Caen et prieur de l'Hôtel-Dieu de Pontaudemer, de 150 livres de revenu, fait réitérer ses noms et grades au seigr évêque et au Chapitre de Lx, ainsi qu'aux religieux de Grestain, Cormeilles et St Pierre de Préaux, et aux dames de St Léger de Préaux. (V. 156).

401. — Le 16 mars 1713, dispense de bans pour le mariage entre Jean Reimond, Escr, fils de Jean Reimond, Escr, « cornette de la mestre de camp du régiment de Fief, » et de feue damlle Marie Dimon, de la parr. d'Antonaves en Dauphiné, proche Gap. d'une part, et damlle Marie-Anne-Hélène Langlois, fille de feu Isaïe Langlois et de damlle Hélène Le Michel, de la ville d'Orbec. — Il y avait eu opposition mise à ce mariage par les srs Langlois de St Denis et Deshays, Escr, sr d'Apremont ; mais ceux-ci ayant donné main levée de leur opposition, et le père du futur ayant déclaré que son fils était libre de tout engagement, le sr official de l'évêché autorise la célébration de ce mariage.

402. — Le 9 nov. 1712, Me Vincent Leboullenger, diacre du diocèse de Lx, obtient en cour de Rome des lettres de provision de la cure du Doux-Marais, vacante par la résignation faite en sa faveur par Me Jacques Héroult, pbrē, dernier titulaire.

Le 12 mars 1713, Mre de Matignon, vic. gl, donne aud. sr Leboullenger la collation dud. bénéfice.

Le 1er avril 1713, le sr Leboullenger, demeurant en la parr. de N.-D.-de-Courson, prend possession de la cure du Doux-Marais, en présence de Me Edmond Daguin, pbrē, curé de la Boissière, et doyen du Mesnil-Mauger ; Me Nicolas Bellière, pbrē, vicaire de N.-D.-de-Courson ; Me Louis Féron, pbrē, desservant la parr. du Doux-Marais, et y demeurant, et autres témoins. (V. 322).

403. — Le 29 mars 1705, Nicolas Guillain, fils de Nicolas et de Françoise Oger, du diocèse de Chartes, *rite dimissus*, reçoit la tonsure à Paris.

Le 20 juillet 1708, led. s' Guillain est reçu M° ès-arts en l'Université de Paris.

Le 4 août 1708, il obtient des lettres de quinquennium du recteur de lad. Université.

Le 3 oct. 1708, il est nommé par icelle sur l'abbaye de S' Evroult. (*V*. 409, 613).

404. — Le 20 mars 1714, M° Nicolas de Sallen, pbrē, chapelain de la chapelle de la Cérandière, demeurant à Moult, diocèse de Bayeux, M° ès-arts en l'Université de Caen, fait réitérer ses noms et grades au seig' évêque et au Chapitre de Lx, ainsi qu'aux religieux de S' Evroult. (*V*. 166).

405. — Le 21 mars 1712, M° Pierre du Hauvel, pbrē, demeurant à Lx, parr. S' Jacques, M° ès-arts en l'Université de Caen, fait réitérer ses noms et grades au seig' évêque et au Chapitre de Lx. (*V*. 179).

406. — Le 23 mars 1713, M° Gabriel Durozey, pbrē du diocèse de Lx, docteur en théologie, demeurant à Paris, représenté par M° Nicolas Cordouen, cons° du roy, lieutenant au bailliage de Lx, élu aud. lieu et y demeurant, parr. S' Germain, fait réitérer ses noms et grades au seig' évêque et au Chapitre de Lx.

407. — Le 24 sept. 1712, M° Jacques Dumontier, sous-diacre de Fontaine-la-Louvet, est ordonné diacre. (*V*. 120, 253, 262, 328).

Le 8 mars 1713, led. s' Dumontier est reçu M° ès-arts en l'Université de Caen.

Le même jour, il est nommé par icelle sur les archevêchés et les chapitres de Paris et de Rouen ; sur les évêchés et les chapitres de Bayeux, Lisieux, Coutances, Avranches, Evreux, Séez, Chartres et le Mans, ainsi que sur un grand nombre des abbayes et prieurés de ces divers diocèses.

408. — Le 6 mars 1713, noble homme, Mre Pierre-Jacques Le Bas, pbrē du diocèse de Bayeux, chanoine de Froide-Rue et chapelain de N.-D. de Beaulieu, curé de S' Victor-de-Chrétienville au diocèse de Lx, remet purement et simplement sad. cure entre les mains de Mre Gabriel de Montenay-Le Neuf, Escr, seig' et patron de Sourdeval et de S' Victor, patron présentateur.

Le 9 mars 1713, la nomination à la cure de S' Victor appartenant aud. s' de Montenay-Le Neuf, cons° du roy, trésorier de France, demeurant à Paris, led. seig' nomme à cette cure la personne de Mre Louis-François de Beaurepaire, pbrē du diocèse de Séez, curé de S' Aubin-d'Yvecrique, diocèse de Rouen.

Le 22 mars 1713, Mre de Matignon, vic. g¹, donne aud. s' de Beaurepaire la collation dud. bénéfice.

Le 23 mars 1713, le s' de Beaurepaire, ayant fait élection de domicile pour le présent seulement « en la maison du s' Baudry, M° de l'hostellerie où pend pour enseigne la Bellefontaine, parr. S' Jacques de Lx, » prend possession de la cure de S' Victor, en présence de M** Jean Landry, pbrē, vicaire dud. lieu, et M° Guillaume Hardy, pbrē, desservant led. bénéfice, et plusieurs autres habitans de la parr. (*V*. 205).

409. — Le 29 mars 1713, M° Nicolas Guillain, pbrē du diocèse de Chartres, vicaire de Rambouillet, M° ès-arts en l'Université de Paris, fait en personne signifier ses noms et grades aux religieux de S' Evroult en parlant à Dom Jacques Irrebert, pbrē, prieur de lad. abbaye, en présence de M° Michel Scelles, curé de N.-D.-du-Bois, diocèse d'Evreux, et de M° Charles Bardel, pbrē, curé de S' Pierre-des-Loges. (*V*. 403, 613).

410. — Le 28 mars 1713, M° Gabriel Odienne, pbrē, demeurant à Lx, parr. S' Germain, M° ès-arts en l'Université de Caen, fait réitérer ses noms et grades au seig' évêque et au Chapitre de Lx. (*V*. 149, 220).

411. — Le 28 mars 1713, vu l'attestation du s' Madelaine, pbrē, desservant la parr. de Genneville, dispense de bans pour le mariage entre Jacques Legrix et Gabriel Boissel.

412. — Le 24 mars 1713, la nomination à la cure de Pont-de-Vie appartenant à l'abbesse d'Almenesches, noble dame sœur Marie-Magdeleine de Rouxel de Médavy, abbesse de lad. abbaye, nomme à cette cure, vacante par la mort de M° Paul-Elisée Gallois, pbrē, dernier titulaire, la personne de M° Louis Louvet, pbrē, vicaire de Meulles et originaire de la parr. de Méry, diocèse de Bayeux.

Le 26 mars 1713, M** Pierre du Mesnil, vic. g', donne aud. s' Louvet la collation dud. bénéfice.

Le 27 mars 1713, le s' Louvet prend possession de la cure de Pont-de-Vie, en présence de M° Martin Desvaux, sous-diacre de la parr. de Guerquesalles ; Quentin Floriet, officier de Madame la duchesse de Berry, et autres témoins de lad. parr. de Pont-de-Vie.

413. — Le 8 mars 1713, M° Gabriel Duplessis, pbrē du diocèse de Lx, reçoit du recteur de l'Université de Caen des lettres de quinquennium.

Le même jour, il est nommé par lad. Université sur les archevêchés et les Chapitres de Paris et de Rouen ; sur les évêchés et les chapitres de Bayeux, Lisieux, Coutances, Avranches, Evreux et Séez, et sur les principales abbayes de ces divers diocèses. (*V*. 235, 468).

414. — Le 30 mars 1713, M° Claude Robert, pbrē du diocèse de Toulouse, bachelier en théologie de l'Université dud. lieu, supérieur du séminaire N.-D. de Lx, y demeurant parr. S' Germain, fait réitérer ses noms et grades au seig' évêque et au Chapitre de Lx. (*V*. 58, 174).

415. — Le 27 janvier 1713, M° Pierre Daubichon, pbr͞e du diocèse de Lx, obtient en cour de Rome des lettres de provision de la cure de S¹ Martin-des-Noyers, vacante par la résignation faite en sa faveur par M° Maurice Picquot, pbr͞e, dernier titulaire.

Le 21 mars 1713, M¹⁶ de Matignon, vic. g¹, donne aud. s⁶ Daubichon la collation dud. bénéfice.

Le 27 mars 1713, le s⁶ Daubichon, demeurant en la par͞r. de S¹ Martin-des-Noyers, prend possession de lad. cure, en présence de M° Nicolas Gosset, pbr͞e, curé du Mesnil-Durand ; Gabriel Gallières, s⁶ des Longchamps, de lad. par͞r. des Noyers ; M° Philippe Herquier, pbr͞e, curé de S¹⁶ Marguerite-de-Viette ; M° Maurice Picquot, ci-devant curé de S¹ Martin-des-Noyers, et à présent curé du Mesnil-Eudes, et plusieurs habitants du lieu. (*V*. **354**).

416. — Le 1ᵉʳ avril 1713, M° Pasquier Tousey, pbr͞e, demeurant au bourg et par͞r. du Grand-Sap, M° ès-arts en l'Université de Caen, fait réitérer ses noms et grades au seig⁶ évêque et au Chapitre de Lx, ainsi qu'aux religieux de S¹ Evroult. (*V*. **320, 605**).

417. — Le 30 mars 1713, M° Jean Fossard, pbr͞e du diocèse de Bayeux, demeurant à Caen, par͞r. S¹ Etienne, M° ès-arts en l'Université de Caen, fait réitérer par procureur ses noms et grades aux religieux de S¹⁶ Barbe-en-Auge. (*V*. **204**).

418. — Le 5 avril 1713, dispense de parenté du 3ᵉ au 4ᵉ degré, pour le mariage entre M¹⁶ Jean-Baptiste de Brèvedent, Esc⁶, et dam¹¹⁶ Françoise Le Doyen, de la par͞r. de Genneville. — Suit la dispense du temps de carême pour la célébration dud. mariage, accordée sans la condition accoutumée, qu'il n'y aura pas de fêtes ni assemblée.

Le 13 avril 1713, dispense de bans pour le mariage entre Jean-Baptiste de Brèvedent, Esc⁶, s⁶ du Plessis, fils de feu M¹⁶ Gabriel de Brèvedent, Esc⁶, s⁶ de Valbrun, et de dam¹¹⁶ Marie Duval, de la par͞r. de Genneville, d'une part, et dam¹¹⁶ Françoise Le Doyen, fille de feu Mes⁶⁶ Henry Le Doyen, Esc⁶, s⁶ d'Aubeuf, et dam¹¹⁶ Marie Haguelon, de la par͞r. de Crémanville.

419. — Le 4 avril 1713, M° Jean Le Bastard, pbr͞e du diocèse de Bayeux, chanoine régulier de la Maison-Dieu de Caen, y demeurant, M° ès-arts en l'Université de lad. ville, fait réitérer ses noms et grades aux religieux de S¹⁶ Barbe-en-Auge. (*V*. **147**).

420. — Le 30 mars 1713, M° Charles Bellière, pbr͞e, chapelain en la Cathédrale, demeurant à Lx, M° ès-arts en l'Université de Paris, fait réitérer ses noms et grades au seig⁶ évêque et au Chapitre de Lx. (*V*. **187**).

421. — Le 3 avril 1713, M° Jean Le Chartier, pbr͞e, professeur au collège du Bois à Caen, M° ès-arts en l'Université de lad. ville, fait réitérer par procureur ses noms et grades au seig' évêque et au Chapitre de Lx. (*V*. **133, 184**).

422. — Le 10 avril 1713, M° Robert Delisle, pbrē, chanoine régulier de la Maison-Dieu de Caen, M° ès-arts en l'Université de lad. ville, fait réitérer ses noms et grades aux religieux de S** Barbe. (*V*. **146**).

423. — Le 6 avril 1713, M° Louis Guilbert, pbrē du diocèse d'Evreux, demeurant à Combon, M° ès-arts en l'Université de Caen, fait réitérer ses noms et grades aux religieux de S' Pierre de Préaux. (*V*. **170**).

424. — Le 30 mars 1713, M° Pierre Thillaye, pbrē, demeurant à Lx, par̄r. S' Germain, M° ès-arts en l'Université de Paris, fait réitérer ses noms et grades au seig' évêque et au Chapitre de Lx. (*V*. **141, 168**).

425. — Le 7 avril 1713, M° Nicolas Turpin, diacre de la par̄r. S' André-d'Echauffour, bachelier en théologie et M° ès-arts en l'Université de Caen, fait réitérer ses noms et grades au seig' évêque et au Chapitre de Lx, ainsi qu'aux religieux de S' Evroult. (*V*. **126, 157**).

426. — Le 7 avril 1713, M° Jean Harel, pbrē, originaire de S' Pierre de Caen et y demeurant M° ès-arts en l'Université de lad. ville, fait réitérer ses noms et grades au seig' évêque et au Chapitre de Lx. (*V*. **161**).

427. — Le 1ᵉʳ avril 1713, M° Jacques Crochon, pbrē de Lx, notaire royal-apostolique en lad. ville, M° ès-arts en l'Université de Paris, fait réitérer ses noms et grades au seig' évêque et au Chapitre de Lx, ainsi qu'aux religieux de S' Pierre de Préaux et de Cormeilles et aux dames de l'abbaye de S' Léger de Préaux. (*V*. **35, 47, 190**).

428. — Le 11 avril 1713, M° François Renault, pbrē, demeurant en la par̄r. de S' Germain-de-Clerfeuille, M° ès-arts en l'Université de Caen, fait réitérer ses noms et grades au seig' évêque et au Chapitre de Lx, ainsi qu'aux religʳ de S' Evroult. (*V*. **181**).

429. — Le 7 avril 1713, M° de Matignon, vic. gˡ, donne à M° Thomas Quesnel, pbrē du diocèse de Bayeux, la collation de la cure de S' Samson, à laquelle il a été nommé, en sa qualité de gradué, par le seig' abbé de Troarn, en conséquence de la mort de M° François Morel, pbrē, dernier titulaire, décédé au mois de janvier dernier. (*V*. **382**).

430. — Le 12 avril 1713, M° Cyprian Morel, pbrē du diocèse d'Evreux, demeurant à Villers-en-Ouche, M° ès-arts en l'Université de Caen, représenté par son frère, Nicolas Morel, sʳ du Bocage, officier de feu Monsieur, fait réitérer ses noms et grades au seig' évêque et au Chapitre de Lx, ainsi qu'aux religieux de S' Evroult et de Bernay. (*V*. **183**).

431. — Le 13 avril 1713, M° Jean Caboullet, pbrē, curé de

S¹ Aubin-sur-Auquainville, d'un revenu très-modique et chapelain de la Madeleine en la Cathédrale, aussi de peu de revenu, Mᵉ ès-arts en l'Université de Paris, demeurant à S¹ Aubin, fait réitérer ses noms et grades au seig' évêque et au chapitre de Lx. (*V.* **192**).

432. — Le 11 avril 1713, Mᵉ Thomas Duval, pbrē de S¹ Germain de Lx, y demeurant, Mᵉ ès-arts en l'Université de Paris, fait réitérer ses noms et grades aux religieux de l'abbaye de S¹ Evroult, en présence de Mᵉ Jean Le Vallois, pbrē habitué en l'église S¹ Jacques de Lx.

433. — Le 28 mars 1713, Mᵉ Charles Billard, pbrē du diocèse d'Evreux, Mᵉ ès-arts en l'Université de Paris, chanoine en l'église royale et collégiale de Corbeil, diocèse de Paris (150 livres de revenu) fait réitérer ses noms et grades au seig' abbé de S¹ Evroult.

434. — Le 13 avril 1713, Mᵉ Christophe Courtin, pbrē, vicaire de Retz en la Cathédrale (200 livres de revenu), et chapelain de la chapelle S¹ Laurent aussi en lad. Cathédrale (80 livres de revenu), Mᵉ ès-arts en l'Université de Caen, fait réitérer ses noms et grades au seig' évêque et au Chapitre de Lx. (*V.* **56, 140, 186**).

435. — Le 7 avril 1713, Mᵉ Nicolas Gosset, pbrē, curé du Mesnil-Durand, « de valeur tout au plus de 250 livres de revenu annuel », y demeurant, Mᵉ ès-arts en l'Université de Paris, fait réitérer ses noms et grades au seig' évêque et au Chapitre de Lx, ainsi qu'aux religieux de Cormeilles et de Grestain. (*V.* **182, 415**).

436. — Le 14 avril 1713, Mᵉ Thomas Guilloche, pbrē, curé de Querville, doyenné du Mesnil-Mauger, « étant demeuré au lit, malade, et considérant son grand âge et son infirmité », résigne « entre les mains du roy nrē sirᵉ, sond. bénéfice cure de Querville, cō (comme) estant devenu patron d'icelluy par la mort du s¹ de S¹ Laurens, seig' et patron dud. bénéfice, dont les enfans sont soubz la garde noble royale. » (*V.* **535**).

437. — Le 28 mars 1713, Mᵉ Claude de Louis, pbrē du diocèse de Lx, est reçu Mᵉ ès-arts en l'Université de Caen.

438. — Le 13 avril 1713, Mᵉ Jean Formage, pbrē, curé de la 2ᵉ portion du Mesnil-Mauger, y demeurant (valeur 300 livres de pension congrue), Mᵉ ès-arts en l'Université de Caen, fait réitérer ses noms et grades au seig' évêque et au Chapitre de Lx, ainsi qu'aux religieux de Sᵉ Barbe.

439. — Le 13 avril 1713, Mᵉ Louis Pollin, pbrē, pourvu de la cure de S¹ Jean-de-Livet (valeur de 250 livres environ), Mᵉ ès-arts en l'Université de Caen, demeurant à S¹ Jean-de-Livet, fait réitérer ses noms et grades aux religieux de S¹ Evroult. (*V.* **153**).

440. — Le 14 avril 1713, Mᵉ François Leture, pbrē du diocèse de Coutances, professeur septennaire au collège du Bois, à Caen, pourvu des canonicat et prébende du Faulq en la Cathédrale de Lx (valeur de 250 livres), M' ès-arts en l'Université de Caen, fait réitérer ses noms et grades au seig' évêque et au Chapitre de Lx, ainsi qu'aux religieux de S' Pierre de Préaux. (*V*. **134, 144**).

441. — Le 25 avril 1713, « noble et discrète personne, M'° Léonor Deshays, clerc, chanoine en la Cathédrale et prébendé de la prébende de S' Germain », demeurant parr. S' Jacques, donne sa procuration pour résigner entre les mains de N.-S.-P. le pape sond. canonicat en faveur de noble et discrète personne, M'° François Le Bas, pbrē, chapelain de la chapelle S' Jean-Baptiste, 2° portion, en lad. Cathédrale, demeurant aussi parr. S' Jacques. (*V*. **225, 490**).

442. — Le 11 avril 1713, M° Nicolas Leloup, s' de S' Loup, pbrē du diocèse de Coutances, et chapelain en l'église de Paris, gradué en l'Université de lad. ville, fait réitérer ses noms et grades au seig' évêque de Lx « de prīt en son hostel à Paris, rue S' Dominique, quartier S' Germain. »

443. — Le 5 avril 1713, M° Joseph Robequin, pbrē du diocèse d'Evreux, vicaire d'Acquigny et pourvu de la cure de S' André d'Appeville, diocèse de Rouen, demeurant à Acquigny, M° ès-arts en l'Université de Caen, fait réitérer ses noms et grades au seig' abbé commendataire de S' Evroult. (*V*. **193**).

444. — Le 1er mai 1713, Mes'° Jean Gamare, pbrē, curé de S' Ouen de Fresneuse. « étant demeuré malade en son lit, considérant sa maladie et son infirmité, et, à cause de ce, ne pouvant vaquer à f° ses fonctions curiales », donne sa procuration pour résigner sond. bénéfice entre les mains de N.-S.-P. le pape, en faveur de M° Jean Briosne, pbrē du diocèse d'Evreux et vicaire de lad. parr. (*V*. **470, 495**).

445. — Le 2 mai 1713, Mes'° François Pierres de la Boullaye, pbrē, curé de Chaumont. donne sa procuration pour résigner entre les mains de N.-S.-P. le Pape sond. bénéfice en faveur de M° Gabriel Moisy des Cailloires, pbrē, chapelain de la chapelle S' Nicolas en la Cathédrale, et led. s' Moisy donne aussi sa procuration pour résigner également entre les mains de N.-S.-P. le Pape lad. chapelle S' Nicolas en faveur dud. s' de la Boullaye, pour cause de mutuelle permutation.

Le 3 avril 1713, « Très-hault et puissant seig' Charles-Auguste de Matignon, comte de Gacey, Bricquebec et autres lieux, seig' et patron de Chaumont, maréchal de France, demeurant à Paris, avait donné son consentement à lad. permutation ». (*V*. **42, 47, 515, 518, 579**).

446. — Le 2 mai 1713, la nomination à la cure de S' Léger-de-Glatigny appartenant au seig' du lieu, Mes'° François-Alexandre de Carrey, chev", seig' de la Cour-d'Asnières, de Claville, seig' et patron des parr. de Oissel et dud. S' Léger-de-Glatigny, cons'° du roy en son parlement de Normandie, représenté par Mes⁽ʳᵉ⁾ Charles Inger, pbr̄e, chanoine et grand-pénitencier en la Cathédrale, demeurant à Lx, par̄r. St Germain, nomme à lad. cure de St Léger-de-Glatigny, vacante par la mort de Mᵉ Pierre Daufresne, dernier titulaire, la personne de Mᵉ Louis Farain, pbr̄e de la par̄r. de Piencourt.

Le même jour, Mʳᵉ Pierre du Mesnil, vic. gˡ, donne aud. sʳ Farain la collation dud. bénéfice.

Le 4 mai 1713, le sʳ Farain prend possession de la cure de St Léger-de-Glatigny, en présence de plusieurs habitants dud. lieu.

447. — Le 5 mai 1713, la nomination à la seconde portion de la cure de St Germain-la-Campagne appartenant au chanoine de semaine en la Cathédrale, et la présentation étant le droit du Chapitre, Mʳᵉ François Le Grand, chanoine-prébendé de Villers, se trouvant chanoine de semaine, nomme aud. bénéfice, vacant par la mort de Mᵉ Alexandre Moessard, pbr̄e, dernier titulaire, la personne de Mᵉ Charles Bourlet, sous-diacre de ce diocèse.

Le 6 mai 1713, Mʳᵉ de Matignon, vic. gˡ, donne aud. sʳ Bourlet la collation de lad. cure, 2ᵉ portion, de St Germain-la-Campagne.

Le 19 juin 1713, le sʳ Bourlet, étant présentement au séminaire de Lx, prend possession dud. bénéfice, « pn̄ce de Mᵉˢ Georges Anfrie, pbr̄e, curé de la 1ʳᵉ portion de St Germain-la-Campagne ; Pierre Donnet, pbr̄e, curé de la 1ʳᵉ portion des trois dud. St Germain ; Mes⁽ʳᵉ⁾ Nicolas de Bernière, pbr̄e, curé de la 3ᵉ portion aussy dud. St Germain ; Mᵉ Pierre Saphare et André Pival, pbr̄ʳˢ de lad. par̄r.; Alexandre-François Deshayes, Escʳ, seigʳ du Tremblé ; Mᵉ Jacques Dubois, sʳ du Vauchel, officier de Mʳ le duc d'Orléans, tous dud. lieu de St Germain-la-Campagne ». (*V.* **376, 457, 479**).

448. — Le 20 sept. 1704, Mᵉ Pierre Carron, sʳ de Hautemare, sous-diacre de St Désir de Lx, est ordonné diacre.

Le 19 sept. 1705, il est ordonné prêtre.

449. — Le 2 juin 1693, Eustache Dufresne, demeurant à Bienfaite, fonde dix messes qui devront être acquittées par les soins de la confrérie de la Charité érigée en l'église dud. lieu. Il donne à cet effet une rente de 6 livres, 13 sols, 4 deniers à lad. confrérie qui payera au célébrant huit sols pour chaque messe. Fait en présence de Mᵉ Philbert Lefèvre, pbr̄e, vicaire de Bienfaite.

450. — Le 18 juillet 1710, Gaspard Brion, marchand, demeurant à Beuvron, cède à Mᵉ Guillaume Hamel, pbr̄e, curé de lad. par̄r., des biens sis à Beuvron, qu'il tient de Mesʳᵉ Jean-Baptiste Delalande, Escʳ, sʳ de Ste Croix. En vertu de cette cession, led. sʳ Hamel devra fonder dans l'église de Beuvron, au nom dud. sʳ Brion, deux grand'messes, seize basses messes qui seront acquittées à l'autel de la confrérie des SS. Anges par le chapelain de lad. confrérie, et enfin, « le jour de Pasques, la procession avec le S* Sacrement autour de l'église, à cinq heures du matin, de la manière qui suit, sçavoir qu'après qu'on aura sonné la cloche environ demie heure, on allumera tous les cierges du grand authel, et lors le s* curé en chappe, ayant atteint le S* Sacrement, entonnera le répons *Christus resurgens*; ensuite se fera lad. procession en chantant led. répons. Au retour de laquelle procession se fera la station devant l'authel de la Vierge, le S* Sacrement exposé sur l'authel sur lequel il y aura quatre cierges allumés; et sera chanté *Regina coeli Lætare* devant l'authel de la Vierge. Ensuite de quoy, le s* curé ayant repris le S* Sacrement, on achevera la procession en chantant le répons : *Angelus Dñi descendit de cœlo* : et passant par le bout de l'autel des S** Anges, on achevera lad. procession en chantant led. répons. Puis le s* curé arrivé à l'authel dira, après le répons achevé le verset : *surrexit dñus, alleluia*. Le chœur ayant répondu : *sicut dixit, alleluia*, led. s* curé dira l'oraison du jour : *Deus qui hodierna die*, et ensuite donnera la bénédiction. »

451. — Le 10 mai 1713, vu l'attestation du s* Duthrosne, curé de Vieux-Pont, et du s* Féron, desservant la parr. du Doux-Marais, dispense de bans pour le mariage entre Mes** François Le Vallois, Esc*, fils de Rolland Le Vallois, Esc*, s* de Coconville, et de noble dame Léonore de Picquot, de lad. parr. de Vieux-Pont, d'une part, et dam**lle** Marguerite Lemarinier, fille du s* Nicolas et d'Anne Collibœuf, de la parr. du Doux-Marais.

452. — Le 5 mai 1713, M** François Legrand, sous-diacre, chanoine-prébendé de Villers en la Cathédrale, se trouvant chanoine de semaine, nomme en cette qualité à la chapelle de S* Thomas-le-Martyr en lad. Cathédrale, vacante par la mort de M* Alexandre Moessard, dernier titulaire, décédé le 3 du présent mois, la personne de M* Pierre Pergeaux, pbrē du diocèse de Coutances.

Le 10 mai 1713, led. s* Pergeaux, officier douze-livres en la Cathédrale, est mis en possession de lad. chapelle S* Thomas par le ministère de M* le doyen du Chapitre, en présence de M** Laurent Bellencontre, sous-chantre, et Guillaume Cousture, chapelain en lad. église.

453. — Le 20 mai 1706, Denis Delaporte, fils d'Antoine et de Marie Havard, du diocèse de Rouen, *rite dimissus*, reçoit la tonsure à Paris.

Le 20 oct. 1704, led. s* Delaporte avait été reçu M* ès-arts en l'Université de Paris.

Le 4 août 1708, le s* Delaporte, sous-diacre, obtient des lettres de quinquennium du recteur de lad. Université.

Le 3 oct. 1708, il est nommé par icelle sur l'abbaye de S* Evroult.

Le 22 avril 1713, M⁰ Denis Delaporte, diacre du diocèse de Rouen, M⁰ ès-arts en l'Université de Paris, professeur au collège de Beauvais, demeurant en lad. ville de Paris, représenté par M⁰ Bonaventure Moussinot, sous-diacre du diocèse de Paris, y demeurant, fait signifier ses noms et grades au seig^r abbé de St Evroult, en parlant à Mre Antoine Lemoyne, docteur en Sorbonne, son grand vicaire.

454. — Le 17 mai 1713, dispense de bans pour le mariage entre Pierre Lemonnier, Esc^r, de la par̃r. de N.-D. de Pontaudemer, fils de Michel Lemonnier, aussi Esc^r, s^r de la Vallée, et de dame Françoise Le Normand, de la par̃r. de Biéville, d'une part, et dam^{lle} Agnès de Baillehache, fille de Guillaume de Baillehache, s^r de Roncheville, cons^{er}, secrétaire ordinaire des finances de feu S. A. R. Monsieur, et de feue dame Barbe Pesnel, de la par̃r. de St Pierre de Caen. (*V.* **548**).

455. — Le 20 mai 1713, vu l'attestation du s^r Lelièvre, curé de Roncheville, et du s^r Ameline, vicaire de Launay, dispense de bans pour le mariage entre Pierre De la Taille, marchand, fils de Pierre, de la par̃r. de Roncheville, d'une part, et Catherine de la Houssaye, fille de Charles et de Magdeleine Selot, de la par̃r. de Launay.

Dispense de parenté au 4e degré entre les deux futurs.

456. — Le 22 février 1713, Charles Le Mancel, Esc^r, seig^r et patron honoraire de Moyaux, et Robert de Carrey, Esc^r, seig^r de Gauville, demeurant en la par̃r. de Moyaux, constituent 150 livres de rente en faveur de Me Pierre Lhostelin, acolyte, originaire de la par̃r. de Moyaux. Fait au manoir seigneurial, en présence de Me Jérosme de St Léger, curé de St Léger-de-Genestest au Roumois.

457. — Le 22 février 1713, Me François Bourlet, s^r du Bos^c, cons^{er} du roy, lieutenant particulier civil et criminel au bailliage d'Orbec, demeurant à St Germain-la-Campagne, constitue 150 livres de rente en faveur de son fils, Me Charles Bourlet, acolyte, afin qu'il puisse parvenir aux ordres sacrés. (*V.* **376, 447**).

458. — Le 27 mai 1713, vu l'attestation du s^r Lebienvenu, curé de la Roque-Baignard, et du s^r Seney, curé de Ste Eugène (*sic*), dispense de bans pour le mariage entre Robert Hain, fils de feu Guillaume et de Marguerite Bloche, de la par̃r. de Ste Eugène, d'une part, et dam^{lle} Catherine de Maltilastre, fille de Pierre et de dam^{lle} Françoise Lecavellier, de la par̃r. de la Roque-Baignard. — Ce mariage ne se fit qu'avec beaucoup de difficultés. Jacques de Maltilastre, frère de la future, et plusieurs autres avaient mis des oppositions qui furent jugées « frivolles » par la sentence de l'officialité.

459. — Le 13 mai 1713, Me Jean Frontin, pb^{re} du diocèse de Lx, est reçu M^e ès-arts en l'Université de Caen. (*V.* **609**).

460. — Le 6 janvier 1713, Me Robert du Mézeray, pb^{re}, obtient en cour de Rome des lettres de provision de la cure d'Auberville, vacante par la résignation de M° Pasquier Auvray, pbrē, dernier titulaire.

Le 27 mai 1713, M⁹ de Matignon vic. g¹, donne son visa auxd. lettres de provision.

Le 14 juin 1713, le s' du Mézeray, pbrē, demeurant en la parr. d'Auberville, prend possession dud. bénéfice, dépendant de la nomination de Mᵐᵉ l'abbesse de Caen, en présence de M° Nicolas Le Marinier, pbrē, curé du Prédauge, diocèse de Bayeux, et plusieurs paroissiens d'Auberville.

461. — Le 22 mai 1713, noble et discrète personne, Mᵉ Charles-François de Montaing, chanoine prébendé et haut-justicier de la Pluyère, nomme en cette qualité à la cure de S' Ouen-de-Rocques, vacante par la mort de M° Michel Seney, pbrē, dernier titulaire, la personne de M° André Morin, pbrē, ancien habitué en l'église S' Jacques de Lx, demeurant en lad. parr. de S' Jacques. Fait en présence de M° Nicolas Jardin, pbrē, vicaire et chapelain en la Cathédrale, et de M° Pierre Pergeaux aussi pbrē et chapelain en la même Eglise.

Le 27 mai 1713, led. s' Morin s'étant présenté devant Mᵉ de Matignon pour obtenir la collation de lad. cure de Rocques, le vicaire général répond qu'il ne la lui accordera que lorsqu'il aura « fait apparoir ses lettres de tonsure et un certificat de son curé. (*V.* **501**).

462. — Le 30 mai 1713, dispense de bans pour le mariage entre Mᵉ Charles Fleury, fils de Mᵉ Maurice Fleury, avocat et bailly de la haute-justice de Manneval, et de Madeleine Marescal, de la parr. de Sᵉ Croix de Bernay, d'une part, et de damᶦˡᵉ Françoise Moullin, fille de feu Thomas Moullin et d'Anne Belloil, de la parr. d'Ouillye-le-Vicomte.

463. — Le 22 avril 1692, Louis Lepaige, demeurant à Bienfaite, époux de Catherine Courtonne, fonde en l'église dud. lieu, huit messes basses à perpétuité. Cette fondation est acceptée par M° Louis Le Cousturier, pbrē, curé de Bienfaite, Mᵉ Philibert Lefrère, pbrē, vicaire de lad. parr., Jacques Ricquier, trésorier, Jean Martin, échevin, et Pierre Boullenger, prévôt de la Charité.

464. — Le 3 juin 1713, dispense de bans pour le mariage entre Pierre Baudry de Valauney, chevalier de l'Ordre militaire de S' Louis, major du régiment d'Agenois, fils de Robert Baudry, s' de Valauney, et de damᶦˡᵉ Catherine Vallon, d'une part, et damᶦˡᵉ Barbe-Françoise Lebourg, fille de Mᵉ Pierre Lebourg, consᵉʳ et premier avocat au bailliage et vicomté de Pontaudemer, et de damᶦˡᵉ Barbe Harou, d'autre part, tous deux de la parr. S' Ouen de Pontaudemer.

Le même jour, dispense de parenté du 2ᵉ au 3ᵉ degré entre led. s' Baudry et lad. damᶦˡᵉ Lebourg.

465. — Le 8 juin 1713, dispense de parenté au 3ᵉ degré pour le mariage entre Jean de Thieuville, Esc^r, et dam^{lle} Agnès Eudes, demeurant à Ablon.

466. — Le 19 déc. 1711, Martin Quesney, marchand, de la parr. de Lieurey, constitue 150 livres de rente en faveur de son fils, Me Elie Quesney, acolyte de lad. parr., afin qu'il puisse parvenir aux ordres sacrés.

467. — Le 5 juin 1713, la nomination au canonicat de la Pommeraye appartenant au seig^r évêque, Sa Grandeur nomme aud. bénéfice, vacant par la mort de Me Crosnier des Brières, pbrē, dernier titulaire, la personne de Me Pierre Baudry d'Imbleville, clerc du diocèse de Rouen. Donné à Paris.

Le 13 juin 1713, led. s^r Baudry est mis en possession du canonicat de la Pommeraye par le ministère de M^r le doyen du Chapitre. (*V*. 385).

468. — Le 8 juin 1713, Me Gabriel Duplessis, pbrē, vicaire de Boisney, M^e ès-arts en l'Université de Caen, fait signifier ses grades aux religieux de St Pierre de Préaux. Son acte de baptême est du 2 mai 1687. (*V*. **235, 413**).

469. — Le 17 juin 1713, dispense de bans pour le mariage entre Guillaume Jouen, s^r de Bornainville, fils de Me Jean-Baptiste Jouen, cons^{er} du roy, contrôleur des gabelles à Lx, et de dam^{lle} Marie de Manneville, de la parr. de St Germain de Lx, d'une part, et dam^{lle} Marguerite Gannel, fils de feu Me Etienne Gannel, contrôleur au partage des sels du grenier à sel de Lx, et de dame Elisabeth Lecarpentier, aussi de lad. parr. de St Germain de Lx, d'autre part.

470. — Le 29 mai 1713, la nomination à la cure de Fresneuse appartenant au seig^r évêque d'Avranches à cause de sa baronie de St Philbert-sur-Risle, Monseig^r Rolland-François de Querhoent de Coëtanfao, évêque d'Avranches, baron de St Philbert, seig^r et patron de Fresneuse, nomme aud. bénéfice, vacant par la mort du dernier titulaire, la personne de Me Pierre Nicolle, pbrē du diocèse d'Avranches. Fait en la demeure de M^r l'abbé de Coëtanfao, chantre, premier dignitaire et chanoine de Léon, en la ville de St Pol. (*V*. **144**).

Le 2 juin 1713, Mre de Matignon, vic. g^l, donne aud. s^r Nicolle la collation dud. bénéfice.

Le 14 juin 1713, le s^r Nicolle, aumônier de Monseig^r l'évêque d'Avranches, demeurant en lad. ville, ayant élu domicile pour le présent seulement au séminaire de Lx dont le s^r Enouf est supérieur, prend possession de lad. cure de Fresneuse, vacante par la mort de Me Jean Gamare, pbrē, dernier titulaire. Me Jean Briosne, « desservant dans led. bénéfice-cure de Fresneuse », déclare qu'il est bien pourvu de lad. cure par la résignation que lui en a faite le s^r Gamare, et qu'en cette qualité il s'oppose à la prise de possession dud. s^r Nicolle. Celui-ci proteste de son droit, soutenant qu'il a été bien et dûment pourvu par le seig' évêque d'Avranches, patron de Fresneuse, et prend possession de lad. cure avec toutes les cérémonies ordinaires en présence de plusieurs témoins tous étrangers à lad. parr.

471. — Le 7 avril 1708, Jacques Hain, fils de Jean et de Barbe Richer, de la parr. du Sapandré, reçoit la tonsure et les ordres mineurs des mains de Mgr de Matignon, ancien évêque de Condom.

472. — Le 18 oct. 1711, Nicolas Lelièvre, fils de Jean et de Marie Picquot, de St Désir de Lx, reçoit la tonsure et les ordres mineurs.

473. — Le 24 sept. 1712, le seig' évêque de Condom, donne la tonsure à Gilles-François Le Dorey, fils de Jean et de Marie-Anne de Grosourdy de Marimont, de la parr. de St Germain de Lx.

474. — Le 19 oct. 1712, reçurent la tonsure et les ordres mineurs :
Louis Morin, fils de Pierre et de Marie Cauvin, de la parr. de St Aubin-de-Scellon ;
Pierre-Augustin Morin, fils de Jean et de Cécile Cottin, de la parr. de St Germain de Lx ;
Louis Arnoult, fils d'Abraham et de Marie Tasset, de la parr. de Familly. (*V.* **307**) :
Gabriel de la Mondière, fils de Jean-François et de Catherine de St Martin, de la parr. de Coulmer.

475. — Le 13 nov. 1712, reçoivent la tonsure et les ordres mineurs des mains de Mg^r de Matignon, ancien évêque de Condom :
François Maignet, fils de François et de Catherine Barbou, de la parr. du Sap ;
Adrien Lecomte, fils d'Adrien et d'Anne-Marguerite Deneuville, de la parr. du Mesnil-Bacley ;
Jean-Marie-Joseph de Sens de Morsan, fils de François de Sens, chev^{er}, et de dam^{lle} Geneviève Amiot, de la parr. de Morsan ;
Jean-Pierre Héliot, fils de Louis et de Françoise Rocques, de la parr. de Beaumont :
Jean-Adrian-Louis Aubert de la Cardonnière, fils de Benoît et de Françoise Dumontier, de la parr. de St Ouen de Pontaudemer. (*V.* **177**).
Henry Ledanois, fils de Louis et d'Anne Miard, de la parr. de Chambrois ;
Jean-Baptiste Lebrun, fils de Michel et de Marguerite Fréard, de la parr. de Firfol :
Nicolas Mullot, fils de Nicolas et de Françoise Odienne, de la parr. de St Germain de Lx.

476. — Le 19 sept. 1711, Me Pierre Aussy, acolyte de St Etienne-Lallier, est ordonné sous-diacre par le seig^r évêque d'Agde. (*V.* **6, 122**).

477. — Le 26 mars 1712, furent ordonnés sous-diacres :

M⁶ Félix Mahiet, acolyte de la par̄r. de S' Jacques de Lx. (*V.* **256, 292**);

M⁶ Georges-François Hélix, acolyte de la par̄r. du Pin. (*V.* **293, 588**).

478. — Le 24 sept. 1712, furent ordonnés sous-diacres par le seig' de Condom :

M⁶ Jean Toutain, acolyte de S' Gatien-des-Bois. (*V.* **256, 343**) ;

M⁶ Philippe Dasnières, acolyte de la par̄r. de S' Sylvestre-de-Cormeilles. (*V.* **256, 358**) ;

M⁶ Georges Hue, acolyte de la par̄r. du Favril. (*V.* **302**) ;

M⁶ Jean Morin, acolyte de la par̄r. de S' Jacques de Lx. (*V.* **256, 370**);

M⁶ François Du Vallet, acolyte de N.-D. du Hamel. (*V.* **255, 369**);

M⁶ Philippe Noel, acolyte de S' Ouen de Pontaudemer. (*V.* **346**) ;

M⁶ François Camus, acolyte de N.-D. de Bellou. (*V.* **258, 361**) :

M⁶ Pierre Conard, acolyte de la par̄r. de S' Martin-le-Vieil-sur-Vérone. (*V.* **256, 368**) ;

479. — Le 1ᵉʳ avril 1713, furent ordonnés sous-diacres :

M⁶ Charles Bourlet du Buisson, acolyte de S' Germain-la-Campagne. (*V.* **376, 377. 447, 457**).

M⁶ Gratien Gondouin, acolyte de la Chapelle-Haute-Grue. (*V.* ;

480. — Le 19 sept. 1711, furent ordonnés diacres par le seig' évêque d'Agde :

M⁶ Daniel Desamaison, sous-diacre de S' Jacques de Lx. (*V.* **12**) :

M⁶ Charles Lepeltier, sous-diacre de la par̄r. d'Epaignes. (*V.***31,155**):

481. — Le 24 sept. 1712, furent ordonnés diacres par l'ancien évêque de Condom :

M⁶ Jean Landon, sous-diacre du Mesnil-Gonfrey. (*V.* **211,263,484**);

M⁶ Gilles Guilbert, sous-diacre de Fourneville. (*V.* **248, 256, 262**) ;

M⁶ Nicolas Vattier, sous-diacre de la par̄r. de S' Germain de Lx. (*V.* **99, 129, 256, 262**) :

M⁶ Guillaume Gavelle, sous-diacre de S' Ouen de Pontaudemer. (*V.* **200, 255, 262**) ;

M⁶ François Perrier, sous-diacre de Sᵗᵉ Croix de Bernay. (*V.***207,262**);

M⁶ Michel Vallée, sous-diacre de Moyaux. (*V.* **151, 238**) ;

M⁶ Jean Fleuriot, sous-diacre de Vieux-Pont. (*V.* **124, 256, 262**);

M⁶ Jacques Lechevallier, sous-diacre de la par̄r. Sᵗᵉ Catherine d'Honfleur. (*V.* **215, 262**) ;

M⁶ Jean Pottier, sous-diacre de la par̄r. de Sᵗᵉ Catherine d'Honfleur. (*V.* **262, 289**).

482. — Le 26 mars 1712, M⁶ Etienne Rossignol, diacre, chanoine régulier de Sᵗᵉ Barbe, est ordonné prêtre.

483. — Le 24 sept. 1712, M⁶ Jean Letailleur, diacre de S' Benoît-d'Hébertot, est ordonné prêtre par l'ancien évêque de Condom. (*V.* **266**).

484. — Le 1ᵉʳ avril 1713, Mᵉ Jean Landon, diacre de la paṙr. de Sᵗᵉ Croix de Bernay, est ordonné prêtre. (*V.* **211, 263, 481**).

485. — Le 13 juin 1713, Mᵉ Thomas Quesnel, pbrĕ du diocèse de Bayeux, demeurant à Caen, paṙr. Sᵗ Ouen, Mᵉ ès-arts en l'Université de lad. ville, pourvu en cette qualité de la cure de Sᵗ Samson-en-Auge, dépendant de l'abbaye de Troarn et vacante par la mort de Mᵉ François Morel, dernier titulaire, prend possession dud. bénéfice, en présence de Dom Claude Jouault, pbrĕ, prieur claustral de l'abbaye de Trouard (Troarn) ; Dom Jean de Forges, sous-prieur ; Mᵉ Charles Piédelièvre, Dom Michel Robillard, Louis Lecommandeur, Jacques Gastines, Réné Aumont, pbrĕs et religieux de lad. abbaye, et autres témoins de lad. paṙr. de Sᵗ Samson. (*V.* **429**).

486. — Le 28 juin 1713, vu l'attestation du sʳ Hamon, curé de Sᵗ Denis-d'Augeron, et du sʳ Racine, vicaire de Neuville, dispense de bans pour le mariage entre Louis Agis, Escʳ, sʳ de Sᵗ Denis Mélicourt, demeurant à Sᵗ Denis-d'Augeron, fils de Louis Agis, aussi Escʳ, et de noble dame Hélène de la Voue, de la paṙr. de Neuville, d'une part, et damˡˡᵉ Catherine Leroux, de la paṙr. de Neuville. (*V.* **234**).

487. — Le 30 juin 1713, dispense de bans pour le mariage entre Jacques Baslier, procureur au parlement, fils de Mᵉ Pierre Baslier et de Madeleine Avisse, de la paṙr. de Sᵗᵉ Croix-des-Pelletiers de Rouen, d'une part, et damˡˡᵉ Anne Patin, fille de Mᵉ Thomas Patin, vivant lieutenant en la vicomté de Roncheville, et de Marie Aubert, de la paṙr. de Sᵗᵉ Catherine de Honfleur, d'autre part.

488. — Le 5 juillet 1713, vu l'attestation du sʳ de la Croix, pbrĕ, curé de Sᵗ Jacques de Lx, et du sʳ Paysant, curé de Mouteilles, dispense de bans pour le mariage entre Mʳᵉ Charles Fautereau, Escʳ, sʳ d'Estrossy, fils de Mʳᵉ Louis de Fautereau, Escʳ, sʳ de Sᵗᵉ Geneviève, gentilhomme de la Chambre du roy, et de noble dame Marguerite de Mauduit, de lad. paṙr. Sᵗ Jacques, d'une part, et damˡˡᵉ Marie-Françoise du Vey, fille de Charles du Vey, Escʳ, officier de feu Monsieur frère unique du roy, et de dame Marie Dumsey, de la paṙr. de Mouteilles.

489. — Le 10 juillet 1713, Mᵉ Pierre Toustain pbrĕ, curé de N.-D. de Rézenlieu, « à cause de son infirmité ne pouvant vaquer aux fonctions curiales, » donne sa procuration pour résigner, « sous le bon plaisir de noble dame Elisabeth Fousteau, vᵛᵉ de feu Mʳᵉ Pierre de Nollent, Escʳ, seigʳ du Bois de la Motte, » entre les mains de N.-S.-P. le pape sond. bénéfice de Rézenlieu en faveur de Mᵉ François Mallet, pbrĕ, curé de Sᵗ Martin de Coulmer. Il se réserve toutefois de 200 livres de rente sur les revenus de lad. cure. (*V.* **545, 554**).

490. — Le 7 oct. 1691, François Le Bas, fils de Jean et de Jeanne Leroy, de la paṙr. de Sᵗ Germain, reçoit la tonsure cléricale.

Le 17 mai 1713, François Le Bas, pbrē, titulaire de la chapelle simple, 2ᵉ portion de Sᵗ Jean-Baptiste en la Cathédrale, obtient en cour de Rome des lettres de provision des canonicat et prébende de Sᵗ Germain en lad. Cathédrale, vacante par la résignation faite en sa faveur par Mᵉ Léonor Deshayes, clerc dernier titulaire.

Le 6 juillet 1713, Mʳᵉ de Matignon, vic. gˡ, donne son visa auxd. lettres de provision.

Le même jour, le sʳ Le Bas est mis en possession des canonicat et prébende de Sᵗ Germain par le ministère de M. le doyen. (*V*. 441, 525).

491. — Le 12 juillet 1713, noble et discrète personne Mʳᵉ Michel Despériers, pbrē, chanoine prébendé de la prébende de Feins en la Cathédrale, « estant en son lit, malade, après avoir reçu aujourd'huy le sᵗ viatique », donne sa procuration pour résigner la dignité de chèvecier, dont il est titulaire depuis plusieurs années, en faveur de Mᵉ Jean-Baptiste de Bose-Henry, pbrē, licencié de Sorbonne et curé en portion de la parr. de Montreuil, vulgairement « Lengellé ». Fait en présence de Mʳᵉ Claude de Franqueville, pbrē, chanoine et haut-doyen en la Cathédrale, et de François Dubois, aussi pbrē et chanoine prébendé en icelle. (*V*. 512).

492. — Le 23 février 1713, damˡˡᵉ Marie de Montjoie, épouse de Charles Gosse, Escʳ, sʳ des Casteaux, et précédemment vᵛᵉ de feu Mᵉ Jean-Auguste Collet, avocat, les sʳˢ Jean-Auguste et Jacques Collet, ses fils, demeurant en la parr. de Hotot, constituent 150 livres de rente en faveur de Mᵉ François-Auguste Collet, acolyte, étudiant à Lx, fils de lad. veuve, afin qu'il puisse parvenir aux ordres sacrés. Cette rente sera garantie et servie d'abord par les biens personnels dud. sʳ acolyte qui ont une valeur supérieure à 150 livres de revenu

493. — Le 15 mars 1713, François Alleaume, marchand, demeurant à Fontaine-la-Louvet, constitue 150 livres de rente en faveur de son fils, Mᵉ François Alleaume, acolyte de lad. parr., afin qu'il puisse parvenir aux ordres sacrés. Fait à Fontaine, en présence de Mᵉ Jacques Richomme, « agent des affaires de Mʳ d'Herbigny », demeurant en lad. parr. de Fontaine.

494. — Le 20 février 1713, Mᵉ Marin Rouvray, huissier de police au Sap, demeurant à N.-D. d'Aunay, constitue 150 livres de rente en faveur de son cousin, Mᵉ Jean-Roger Rouvray, acolyte, afin qu'il puisse parvenir aux ordres sacrés. Cette rente est garantie par Mᵉ Jean Sorel, archer en la prévôté générale de Normandie, demeurant à Montreuil, et Louis Sorel, laboureur, demeurant à Sᵗ Germain d'Aunay. Fait à Montreuil, en présence de Mᵉ Christophe Oury, chirurgien à Cernières, et de Mᵉ François Morin, huissier royal de police à Montreuil.

495. — Le 24 mai 1713, Mᵉ Jean Briosne, pbrē du diocèse

d'Evreux, vicaire de Fresneuse, obtient en cour de Rome des lettres de provision de lad. cure, vacante par la résignation faite en sa faveur par Me Jean Gamare, pbrē, dernier titulaire.

Le 18 juillet 1713, Mre de Matignon, vic. gl, donne aud. sr Briosne la collation dud. bénéfice, *ad conservationem juris, eo quod locus sit plenus.*

Le 26 juillet 1713, le sr Briosne prend possession de la cure de Fresneuse, dépendant du seigr évêque d'Avranches à cause de sa baronnie de St Philbert-sur-Risle. Fait sans opposition, en présence de Me Jean Bisson, pbrē, curé d'Authou ; Me Pierre Louis, commissaire des tailles de l'élection de Pontaudemer, demeurant à Fresneuse ; Mre Jean-Alexandre Le Cerf, Escr, sr de la Viéville, conser du roy et garde des sceaux de la chancellerie de Normandie, demeurt à Rouen. (*V.* **444, 470**).

496. — Le 19 juillet 1713, Me Cyprian Morel, pbrē du diocèse d'Evreux, vicaire de Villers-en-Ouche, y demeurant, diocèse de Lx, Me ès-arts en l'Université de Caen, requiert, en cette qualité, des religx de Bernay, en parlant à Dom Mathieu Hue, pbrē, prieur de lad. abbaye, sa nomination à la cure de St Mards-de-Fresne, dépendante desd. religieux et vacante par la mort de Me Louis Simon, pbrē, dernier titulaire, décédé en ce mois de juillet réservé aux gradués. Le sr prieur répond qu'il croit que la nomination aud. bénéfice appartient au seigr archevêque de Bourges, abbé commendataire de lad. abbaye, « comme jouissant de tous les revenus d'icelle jusqu'à ce qu'il y ayt des partages faits, lad. requion (réquisition) devant estre faite aud. seigr abbé, et cependant led. sr prieur consent que lad. requion soit faite pour valloir et servir aud. sr Morel. Et par le sr Morel a esté soutenu que la pnte requion est bien et vallablement fte en lad. abbaye comme estant le chef-lieu d'où dépend led. bénéfice, d'autant plus que Monseigr l'abbé se trouve actuellement absent de lad. abbaye. »

Le 20 juillet 1713, en conséquence de cette réquisition, Mre de Matignon, vic. gl, donne aud. sr Morel la collation de la cure de St Mards-de-Fresne.

Le 28 juillet 1713, le sr Morel prend possession dud. bénéfice, en présence de Me Pierre Simon, pbrē, bachelier de Sorbonne et vicaire de lad. parr. de St Mards ; Jean-Baptiste Simon, licencié ès-droits, demeurant à Orbec, et plusieurs habitants du lieu. (*V.* **183, 430**).

497. — Le 25 juillet 1713, dispense de bans pour le mariage entre Pierre Leblond, Escr, sr du Valot, fils de Jean Leblond, Escr, sr du Valot, et de noble dame Catherine Lehure, de la parr. de St Mards-de-Fresne, d'une part, et damlle Marie-Charlotte-Élisabeth de Picquot, fille de feu Jacques de Picquot, Escr, seigr et patron de Magny-la-Campagne, et de noble dame Gabrielle de Coupelle, de la parr. St Gervais de Falaise.

498. — Le 13 juillet 1713, la nomination à la chapelle simple de Ste Catherine-des-Haistres, en la par̄r. de Tourville, doyenné de Pontaudemer, appartenant au seig^r dud. lieu de Tourville, Mes^re Pierre Guérin, chev^er, seig^r et patron de Tourville et de Littetot, demeurant en son manoir seigneurial de Tourville, nomme aud. bénéfice, vacant par la mort de Dom Jean Guérin, pbr̄e, ancien prieur de l'abbaye de Préaux, la personne de Me Pierre Durand, pbr̄e, curé de Tourville.

Le 16 juillet 1713, Mre de Matignon, vic. g^l, donne aud. s^r Durand la collation de lad. chapelle de Ste Catherine.

Le 24 juillet 1713, led. s^r Durand prend possession dud. bénéfice simple.

499. — Le 13 juillet 1713, le seig^r évêque, étant à Paris, nomme vice-gérant en l'officialité de Lx la personne de Mre Pierre du Mesnil-Leboucher, pbr̄e, docteur de Sorbonne, chanoine et vicaire général.

Le 29 juillet 1713, « Me Germain Montfort, pbr̄e, licencié ès-droits et ancien avocat en l'officialité de l'évêché de Lx, tenant la juridiction de lad. officialité pour l'absence de Monsieur l'Official », i   e led. s^r du Mesnil en ses fonctions de vice-gérant en lad. officialité.

500. — Le 23 juin 1713, la nomination à la cure de St Pierre du Theil appartenant au chapitre de Cléry, les s^rs chanoines de lad. collégiale nomment à cette cure, vacante par la mort de François Binet, pbr̄e, dernier titulaire, la personne de Me Antoine Morlet, pbr̄e du diocèse de Lx, habitué en lad. église de Cléry.

Le 18 juillet 1713, Mre de Matignon, vic. g^l, donne aud. s^r Morlet la collation dud. bénéfice.

Le 19 juillet 1713, le s^r Morlet, ayant fait élection de domicile en la maison de Me Mathieu Lemarchand, pbr̄e, curé de Pont-l'Evêque, prend possession de la cure du Theil, en présence de Me Gilles Thieu, pbr̄e, chapelain de N.-D. du Theil ; Me Gilles Guilbert, pbr̄e, desservant en lad. par̄r. du Theil ; Mes^re François Apparot, Esc^r, seig^r du Theil, tous demeurant en lad. par̄r. ; Mes^re Robert Cécire, Esc^r, seig^r du Boscage, de la par̄r. de Gonneville, et plusieurs autres.

501. — Le 3 juillet 1713, la nomination à la cure de Roques appartenant au chanoine de la Pluyère en la Cathédrale, Mre Charles-François de Montaing, chanoine et haut-justicier de la Pluyère, nomme à cette cure, vacante par la démission pure et simple de Me André Morin qui n'en a jamais pris possession ni même reçu la collation, la personne de Me Jean Lefebvre, pbr̄e de Ste Croix de Bernay. Fait en présence de noble et discrète personne, Mre Jules de Liée, pbr̄e, curé de N.-D.-de-Courson, et Mre François Le Grand, chanoine de la Cathédrale.

Le 6 juillet 1713, Mre de Matignon, vic. g^l, donne aud. s^r Lefebvre la collation dud. bénéfice.

Le 7 juillet 1713, le s' Lefebvre prend possession de la cure de Roques, en présence desd. s" de Montaing et Le Grand, chanoines ; M° Laurent Bellencontre, semi-prébendé en la Cathédrale : M° Guillaume Rocques, pbrē, vicaire de lad. parr., et Jean Rebut, syndic. (*V.* **461, 814**).

502. — Le 29 juillet 1713, la nomination au canonicat de Feins appartenant au seig' évêque, M° Jacques Gosset, pbrē, curé de Verson, 1re portion, M° ès-arts en l'Université de Caen, requiert du seig' évêque, en sa qualité de gradué, la nomination aud. canonicat, vacant par la mort de Mre Michel Despériers, dernier titulaire, décédé dans le présent mois de juillet. Mre de Matignon, vic. g^l, que led. s' Gosset « a trouvé au séminaire de Lisieux, lieu ordinaire de sa demeure et résidence, » lui répond, en l'absence du seig' évêque qu'il lui accorde acte de la présente réquisition. (*V.* **397, 507, 561**).

503. — Le 24 juillet 1713, la nomination à la cure de St Mards-de-Fresne appartenant au seig' abbé de Bernay, le seig' archevêque de Bourges, abbé commendataire, nomme à cette cure, vacante par la mort de M° Louis Simon, pbrē, dernier titulaire, la personne de M° Guillaume Trinité, pbrē du diocèse de Lx. (*V.* **558**).

Le 31 juillet 1713, Mre de Matignon, vic. g^l, donne aud. s' Trinité la collation dud. bénéfice *ad conservationem juris*.

Le même jour, le s' Trinité, pbrē, desservant le prieuré de Coullarville, diocèse d'Evreux, parr. de la Gouberge, ayant fait élection de domicile pour le présent seulement, en la maison de Marie Fresnel, veuve de Guillaume Trinité, sa mère, fermière de la terre de la Motte-de-Fresne, parr. St Mards-de-Fresne, prend possession de la cure de St Mards sans aucune opposition, en présence de M° Pierre Simon, p^{bre}, bachelier de Sorbonne, et desservant, en qualité de vicaire, de lad. parr. ; M° Jacques Gazot, huissier, demeurant à Bernay, parr. de la Couture, et plusieurs autres témoins dud. lieu de St Mards. (*V.* **496**).

504. — Le 22 juillet 1711, M° Simon Mannoury, du diocèse de Lx, est reçu M° ès-arts en l'Université de Caen.

505. — Le 22 juillet 1711, M° François Camus, du diocèse de Lx, est reçu M° ès-arts en l'Université de Caen. (*V.* **258, 361, 478**).

506. — Le 22 juillet 1713, M° Nicolas Lecherpin, du diocèse de Lx, est reçu M° ès-arts en l'Université de Caen.

507. — Le 29 juillet 1713, la nomination au canonicat de Feins en la Cathédrale appartenant au seig' évêque, Sa Grandeur nomme aud. bénéfice, vacant par la mort de M° Michel Despériers, dernier titulaire, décédé dans le mois de juillet réservé aux gradués, la personne de Mre Gabriel Durozey, pbrē, docteur en théologie de la faculté de Paris. Fait à Paris devant les notaires royaux-apostoliques. (*V.* **502**).

Le 5 août 1713, led. s' Durozey est mis en possession dud. canonicat par le ministère de M⁰ le doyen, en présence de M⁰ Pierre Pergeaux et de M⁰ Michel Bordeaux, pbrēs, officiers de la Cathédrale.

508. — Le 22 juillet 1713, furent reçus M⁰⁸ ès-arts en l'Université de Caen :

M⁰ Gabriel Hurel, du diocèse de Lx (parr. de Roiville) ;

M⁰ Louis Pecqueult, (de S¹ Aubin-de-Scellon).

509. — Le 27 juillet 1713, M⁰ Jean Delanney, pbrē, desservant en la parr. du Vieux-Bourg, pourvu dud. bénéfice, en prend possession, en présence de M⁰ Alexandre Gogibus, maître-perruquier, demeurant à Lx, et plusieurs paroissiens du lieu. (*V.* **381**).

510. — Le 22 juillet 1713, M⁰ François Legrip, acolyte du diocèse de Lx, est reçu M⁰ ès-arts en l'Université de Caen.

511. — Le 17 mars 1709, Alexandre du Buisson, fils de Marin et de Marie Maquefer, du diocèse de Lx, *rite dimissus*, reçoit la tonsure à Paris.

Le 4 mars 1710, led. s¹ du Buisson est reçu M⁰ ès-arts en l'Université de Paris.

Le 1ᵉʳ oct. 1712, le s¹ du Buisson, sous-diacre, obtient des lettres de quinquennium du recteur de lad. Université.

Le 6 oct. 1712, il est nommé par icelle sur les évêchés et les chapitres de Lx et de Bayeux, ainsi que sur l'archevêché et le chapitre de Rouen.

Le 20 juillet 1713, le s¹ du Buisson, diacre du diocèse de Lx, demeurant à Paris au collège de Lx, donne sa procuration pour faire signifier ses noms et grades à qui il appartiendra.

512. — Le 29 juillet 1713, le seig⁰ évêque, étant à Paris, nomme M⁰ Pierre Audran, docteur en théologie et vicaire général, à la dignité de chévecier en la Cathédrale, vacante par la mort de M⁰ Michel Despériers, dernier titulaire.

Le 18 août 1713, led. s¹ Audran est mis en possession de la dignité de chévecier par le ministère de M⁰ le doyen du Chapitre, en présence de M⁰⁸ Guillaume Cousture et Michel Bordeaux, officiers de la Cathédrale. (*V.* **491, 513, 521, 569**).

513. — Le 18 août 1713, M⁰ Pierre Audran, pbrē, docteur de Sorbonne, chanoine chévecier en la Cathédrale, et prieur commendataire du prieuré de S¹ Jean-du-Bois-Rolland, ordre de S¹ Augustin, dépendant de l'abbaye de la Réau, diocèse de Poitiers, demeurant à Lx, donne sa procuration pour résigner sond. prieuré entre les mains de N.-S.-P. le pape en faveur de Mes⁰ Michel Audran, pbrē, originaire de Fécamp, curé de Pennedepie. Toutefois, le s¹ Pierre Audran se réserve une pension viagère de 600 livres à prendre sur les revenus dud. bénéfice. (*V.* **512, 521, 546**).

514. — Le 18 août 1713, M⁰ Jacques Dumontier, pbrē, originaire de Fontaine-la-Louvet et vicaire en lad. par., M⁰ ès-arts en l'Université de Caen, fait signifier ses noms et grades aux religieux de Bernay en parlant à Dom Louis Pillon, pbre, relig⁰ de lad. abbaye.

515. — Le 24 mai 1713, M⁰ Gabriel Moisy des Cailloires, titulaire de la chapelle simple de S¹ Nicolas en la Cathédrale, obtient des lettres de provision en cour de Rome de la cure de Pierre de Chaumont, vacante par la résignation faite en sa faveur par M⁰ François Pierres de la Boullaye pour cause de mutuelle permutation. (V. **445, 518, 579**).

Le 7 août 1713, M⁰ de Matignon, vic. g¹, donne son visa auxd. lettres de provision.

516. — Le 14 août 1713, la nomination à la cure de Fervaques appartenant au seigneur du lieu, haut et puissant seig⁰, Mes⁰⁰ Charles-Denis de Bullion, chev⁰, marquis de Gallardon, seig⁰ de Bonnelles, Bullion, Esclimont, Montlouet, marquis de Fervaques, baron de Thiembrune et autres lieux, cons⁰ du roy en ses conseils, gouverneur et lieutenant général pour Sa Majesté en ses provinces du Maine, Perche et comté de Laval, représenté par haute et puissante dame Madame Marie-Anne Rouillé, son épouse, nomme à lad. cure de Fervaques, vacante par la mort de M⁰ Pierre Rioult, dernier titulaire, la personne de M⁰ Pierre Férey, pbre, bachelier de Sorbonne, curé de S¹ Pierre de Gacey. Fait à Paris en l'hôtel de lad. marquise de Bullion.

Le 16 août 1713, le seig⁰ évêque, étant à Paris, donne aud. s⁰ Férey la collation dud. bénéfice.

Le 25 août 1713, le s⁰ Férey prend possession de la cure de Fervaques, en présence de M⁰ Jacques Poettevin, curé d'Aubry-le-Panthou ; M⁰ Jean Pottier, pbre ; M⁰ Guillaume Moulin, pbre habitué en l'église de Fervaques ; M⁰ Michel Germaine, avocat ; M⁰ Michel Bardel, chirurgien ; Charles Dubuse, huissier ; Jean Benee et Gabriel Trenchant, « tous bourgeois demeurant au bourg de Fervaques. » (V. **46, 371**).

517. — Le 29 juillet 1713, M⁰ François Leture, pbre du diocèse de Coutances, professeur septennaire au collège du Bois, à Caen, pourvu de la prébende volante du Faulq, « de la valleur de cinquante escus », donne sa procuration pour requérir du seig⁰ évêque de Lx sa nomination au canonicat de Feins, vacant par la mort de M⁰ Michel Despériers, dernier titulaire.

518 — Le 24 mai 1713, M⁰ François Pierres de la Boullaye, pbre, curé de Chaumont, obtient en cour de Rome des lettres de provision de la chapelle simple de S¹ Nicolas en la Cathédrale, vacante par la résignation de M⁰ Gabriel Moisy des Cailloires, pour cause de permutation.

Le 24 déc. 1713, M⁰ Etienne Le Bas, pbre, chanoine prébendé de S¹ Jacques en la Cathédrale, chanoine théologal, archidiacre de Gacé, se trouvant chanoine de semaine, donne son visa auxd. lettres de provision.

Le 17 janvier 1714, led. sʳ de la Boullaye est mis en possession de la chapelle Sᵗ Nicolas par le ministère de Mᵉ Moullin, chanoine, archidiacre d'Auge. (*V.* **445**, **515**).

519. — Le 24 avril 1712, Martin Costey, fils Pierre, de la parr. de St Nicolas de Cauverville, fonde à perpétuité six messes en l'église de lad. parr. Fait en présence de Mᵉ Martin Lechevallier, pbr̄e, curé de Cauverville.

Le 28 sept. 1709, Jean de la Houssaye, Ecr, sʳ de la Maillardière, demeurant à Noards, reconnait authentiquement une fondation de cinq messes qu'il avait faite, le 7 sept. 1687, en l'église de Cauverville, et qui avait été reçue au nom du trésor de lad. église par noble personne, Mʳᵉ Isaac Lecarpentier, pbr̄e, curé dud. lieu, et Nicolas Aubry, trésorier.

Le 14 sept. 1710, Jacques et Pierre Angot, demeurant en la parr. de Cauverville, Robert et Constantin Angot, demeurant en celle de Fresne, tous frères, fondent à perpétuité dix messes basses en l'église de Cauverville. Fait et passé au tabellionnage de Folleville, en présence de Mᵉ Martin Lechevallier, pbr̄e, curé de lad. parr.

Le 8 nov. 1698, Jean Dorléans, de la parr. de Cauverville, fonde par testament quatre messes basses par an, à perpétuité, en l'église de Cauverville, en présence de Mᵉ Martin Lechevallier, curé dud. lieu. — Le 16 avril 1703, Louise Aubry, vᵉ dud. sʳ Dorléans reconnait cette fondation.

520. — Le 2 mars 1713, François Hourdet, laboureur, demeurant à Capelles, constitue 150 livres de rente en faveur de son frère, Mᵉ Jean Hourdet, acolyte, afin qu'il puisse parvenir aux ordres sacrés. Fait au May, en la parr. de Marolles. — Lecture de cet acte fut faite, le 26 mars 1713, à l'issue de la messe paroissiale de Capelles par Mᵉ Thomas Lefranc, pbr̄e, curé de Capelles, en présence de Jean Legras, syndic de la parr., et autres témoins.

521. — Le 25 août 1713, Mᵉ Pierre Audran, pbr̄e, docteur de Sorbonne, chanoine chevecier et scolaste en la Cathédrale, remet purement et simplement sa dignité de scolaste entre les mains du seigʳ évêque qui en est le collateur ordinaire. (*V.* **512**, **513**).

Le 1ᵉʳ sept. 1713, le seigʳ évêque, étant à Paris, donne à Mᵉ Pierre du Mesnil-Leboucher, pbr̄e, docteur de Sorbonne, chanoine de la Cathédrale et vicaire général, des lettres de provision de la dignité de scolaste, ainsi vacante. — Ces provisions sont contresignées par J.-F. Maillet, secrétaire du seigʳ évêque.

Le 11 sept. 1713, led. sʳ du Mesnil est mis en possession de la dignité de scolaste par le ministère de Mᵉ le doyen, en présence de Mᵉˢ Michel Bordeaux et Jean Graffard, officiers de la Cathédrale.

522. — Le 25 sept. 1709, Marie-Charlotte Née, veuve de Martinien Noe, bourgeois de S¹ Jacques de Verneuil, voulant remplir les intentions de feu M⁰ Jean Lemarchand, bourgeois de la Madeleine de Verneuil, aïeul dud. Martinien, « lequel auroit souhaité avant son décez, faire quelque fondaōn en l'église parⁱᵃˡᵉ de S¹ Martin des Authieux, lieu natal de ses ancestres », fonde douze messes à perpétuité en lad. église, en l'honneur de la Sᵗᵉ Vierge, pour le repos de l'âme dud. sʳ Lemarchand et dud. sʳ Noe, et aussi à l'intention de lad. fondatrice et de son fils, Martinien Noe. Cette fondation est acceptée par M⁰ Pierre-Félix Guérin, pbr͞e, curé des Authieux. « Fait au Meslerault, en la maison où pend pour enseigne l'image Sᵗᵉ Barbe, prēce de M⁰ Guillaume de la Croix, pbr͞e, curé de S¹ Jacques de Verneuil, M⁰ ès-arts en l'Université de Paris, et de M⁰ Thomas Duguey, pbr͞e, demeurant au bourg du Meslerault. »

523. — Le 11 sept. 1713, « honnestes dames Françoise Dubois et Marguerite Dubois, vᵉ de M⁰ François Dubois, sʳ du Long, pour elles et pour dame Catherine Dubois, leur sœur, demeurant lad. Françoise à Lx et lad. Marguerite à Beuvillers », fondent en l'église de S¹ Germain de Lx, douze messes qui devront être dites tous les vendredis à perpétuité, à l'autel de N.-D. de Pitié, par les sʳˢ curé, vicaire et seize anciens prêtres de lad. parr͞. avec un *Libera* qui sera dit à la fin de la messe sur la sépulture du feu sʳ Jean Dubois, père desd. dames fondatrices. Il est stipulé que lesd. messes seront dites par M⁰ Nicolas Daubichon, pbr͞e de lad. parr͞. et chapelain ordinaire desd. dames, tant qu'il vivra ; et à son décès par les sʳˢ curé et vicaires à leur tour et rang. Cette fondation est acceptée par M⁰ Robert Morin, pbr͞e, curé dud. S¹ Germain ; Gabriel Cachet et Jacques Daubichon, pbr͞ēs de lad. parr͞. ; Charles Dubreuil, trésorier ; M⁰ Jean Lecoq, consʳ du roy, élu en l'élection de Lx, et Jacques Ricquier, procureur en icelle, tous dud. trésor.

524. — Le 23 sept. 1713, dispense de bans pour le mariage entre Jean Gondouin, officier chez le roy, fils de feu Ollivier-Jean Gondouin et de dame Anne Haguelon, de la parr͞. de S¹ Martin-de-la-Lieue, d'une part, et damˡˡᵉ Antoinette Foucques, fille de feu Pierre Foucques et de dame Marie Morin, de la parr͞. S¹ Jacques de Lx.

525. — Le 23 sept. 1713, noble et discrète personne M⁰ François Le Bas, pbr͞e, chanoine prébendé en la Cathédrale et titulaire de la chapelle S¹ Jean-Baptiste, 2ᵉ portion, en lad. Église, donne sa procuration pour résigner cette chapelle entre les mains de N.-S.-P. le pape en faveur de M⁰ Esprit-Jean-Baptiste Le Prevost de Miette, clerc du diocèse de Séez, demeurant à Sentilly. (*V.* **490**).

Le 17 oct. 1713, led. sʳ de Miette obtient en cour de Rome des lettres de provision de lad. chapelle S¹ Jean-Baptiste, 2ᵉ portion.

Le 18 déc. 1713, Mesʳᵉ Louis-Henry de Romé de Vernouillet, pbr͞e, chanoine prébendé de la 2ᵉ portion de Deauville en la Cathédrale, archidiacre du Lieuvin, se trouvant chanoine de semaine, donne son visa auxd. lettres de provision pour cette chapelle qui n'impose pas charge d'âmes, mais qui exige la résidence.

Le 20 déc. 1713, led. sʳ de Miette est mis en possession de la chapelle Sᵗ Jean-Baptiste, 2ᵉ portion, par le ministère de Mʳ le doyen.

Le 11 nov. 1711, Jean-Baptiste Le Prevost, fils de Jacques et de Marie-Geneviève Le Doucet, de la par̄. de Noron, diocèse de Séez, reçoit la tonsure des mains de Mᵍʳ Turgot, évêque de Séez.

526. — Le 20 sept. 1713, la nomination à la cure de Sᵗ Philbert-des-Champs appartenant au seigʳ du lieu, haut et puissant seigʳ, Mesʳᵉ Jean-François Le Conte de Nonant, chevʳ, seigʳ marquis de Pierrecourt, baron et haut-justicier du château de Fauguernon, seigʳ de la Pinterie, du château du Pin, Angerville, Petitville, Sᵗ Philbert-des-Champs, Forges et autres lieux, patron ordinaire de lad. cure de Sᵗ Philbert, nomme à ce bénéfice, vacant par la mort de Mʳ François de Bailleul, dernier titulaire, la personne de Mʳ Jean de Boessey, pbr̄e, demeurant au château de la Pinterie, par̄. du Pin. Fait à Lx, « en l'hostellerie où pend pour enseigne la Couronne, faubourg de la Chaussée, par̄. Sᵗ Germain. »

Le même jour, Mʳ de Matignon, vic. gᵃˡ, donne aud. sʳ de Boessey la collation de ce bénéfice.

Le 21 septembre 1713, le sʳ de Boessey prend possession de la cure de Sᵗ Philbert, en présence de Mesʳᵉ Louis-François Le Conte de Nonant, pourvu de la chapelle Sᵗᵉ Geneviève, diocèse de Soissons ; Mʳ Jean Leclerc, pbr̄e ; Mʳ Alexandre Cantrel, aussi pbr̄e et desservant en icelle par̄. de Sᵗ Philbert, et plusieurs paroissiens dud. lieu.

527. — Le 26 sept. 1713, dispense de bans pour le mariage entre Jean d'Angerville, Escʳ, seigʳ du lieu, fils de feu Jacques d'Angerville, aussi Escʳ et seigʳ dud. lieu, et de noble dame Françoise Poret, de la par̄. de Sᵗ Sylvestre de Cormeilles, d'une part, et damˡˡᵉ Marie-Thérèse de Bellemare, fille de feu Robert de Bellemare, Escʳ, sʳ de la Croix, et de noble dame Anne de Folleville, de la par̄. de Sᵗᵉ Croix de Cormeilles. (V. 597).

528. — Le 17 août 1713, Mesʳᵉ Léonor Deshays, clerc tonsuré, pourvu de la chapelle de N.-D.-des-Houlettes, située en la par̄. des Moutiers-Hubert, demeurant à Lx, par̄. Sᵗ Jacques, remet purement et simplement lad. chapelle entre les mains de Mesʳᵉ Jean-Baptiste Deshays, chevʳ, seigʳ de la Cauvinière et baron des Moutiers-Hubert, patron présentateur de lad. chapelle à cause de sad. baronie qu'il tient du roy par engagement.

Le 9 sept. 1713, led. sʳ de la Cauvinière nomme à cette chapelle la personne de Mre Gilbert Hébert, pbrē, bachelier en théologie de la faculté de Paris, chanoine en la Cathédrale.

Le 10 sept. 1713, Mre de Matignon, vic. gal, donne aud. sr Hébert la collation de la chapelle « N.-D. ou Ste Marguerite des Houlettes. »

Le 18 sept. le sr Hébert prend possession dud. bénéfice, en présence de Me Nicolas Leguey, pbrē, et de Me Toussaint Letestu, pbrē, vicaire des Moutiers-Hubert. (V. 225).

529. — Le 2 oct. 1713, dispense de bans pour le mariage entre Charles-Ferdinand Jacquelot, Escr, sr de Monel, fils de Mesre Nicolas Jacquelot, Escr, sr de St Firieux, président en l'élection de Rethel, et de dame Antoinette Le Dragin, de la parr. de Pont-l'Évêque, d'une part, et damlle Louise Tassier, fille de Louis Tassier, bourgeois de Paris, et de Jeanne Bouard, de la parr. de St Gervais de Paris.

530. — Le 3 oct. 1713, dispense de bans pour le mariage entre Jacques Lecoq, fils de feu François et de Françoise Delaistre, de la parr. St Jacques de Lx, d'une part, et Françoise de la Frestaye, fille de feu Tenneguy de la Frestaye et de Marguerite Hagneron, aussi de la parr. St Jacques.

531. — Le 2 fév. 1699, Jean Lubin et Suzanne Noury, sa femme, fondent en l'église de Carsis divers services religieux qui devront être acquittés par le trésor et par la confrérie de Charité dud. lieu. Fait en présence de Me François Barrois, pbrē, curé de Carsis, et de Me Robert Letourneul, pbrē, chapelain de la Charité.

532. — Le 3 sept. 1712, Nicolas Leblond, Escr, ancien garde de feu Son Altesse; François Bernays, laboureur; Denis Lemercier, aussi laboureur, et Mathurin Couppeur, marchand toilier, tous demeurant à Combépine, constituent 150 livres de rente en faveur de Me Charles Noury, acolyte de lad. parr., afin qu'il puisse parvenir aux ordres sacrés.

533. — Le 3 janvier 1713, Pierre Duval, laboureur, de la parr. du Thinolent (Theil-Nollent), constitue 150 livres de rente en faveur de son fils, Me Pierre Duval, acolyte de lad. parr., afin qu'il puisse parvenir aux ordres sacrés. Cette rente est garantie par Me Noel Le Grand, pbrē, curé du Thinollent, et Me François Pépin, receveur général de la baronie dud. lieu. (V. 256)

534. — Le 1er février 1713, Anne Chérel, vve de Denis Le Nepveu, maître boulanger, marchand, demeurant à Etrépagny, doyenné de St Cande-le-Vieil, constitue 150 livres de rente en faveur de son fils, Me Denis Le Nepveu, acolyte de lad. parr., âgé d'environ 20 ans, afin qu'il puisse parvenir aux ordres sacrés. Fait à Etrépagny, en présence de Me Jean-Claude Escroguard de Fleurimont, docteur en médecine, demeurant en lad. parr. d'Etrépagny.

535. — Le 13 juin 1713, la nomination à la cure de Querville appartenant présentement au roy à cause de la garde-noble des enfants mineurs du feu s⁺ de S⁺ Laurens, patron de Querville, Sa Majesté nomme à cette cure, vacante par la mort de M⁺ Thomas Guilloche, pbr͞e, dernier titulaire, la personne de M⁺ Guillaume Labbey, pbr͞e du diocèse de Bayeux.

Le 3 oct. 1703, Mes͞re Pierre Audran, vic. g¹, donne aud. s⁺ Labbey la collation dud. bénéfice.

Le 6 oct. 1713, Mes͞re Guillaume Labbey, pbr͞e du diocèse de Bayeux, demeurant à Cléville, et ayant fait élection de domicile pour le présent seulement en la maison du s⁺ Chasot, curé de l'une des deux portions de Biéville, prend possession de la cure de Querville, en présence de M⁺ Jean Morin, pbr͞e, curé de Méry, diocèse de Bayeux; M⁺ Jean-Baptiste Gauthier, pbr͞e, desservant en lad. par͞r. de Querville, et plusieurs paroissiens du lieu. (V. **436**).

536. — Le 8 juillet 1713, Thomas Manchon, s⁺ de Gourney, demeurant à S⁺ Loup-de-Fribois, constitue 150 livres de rente en faveur de son fils, M⁺ Pierre Manchon, acolyte, afin qu'il puisse parvenir aux ordres sacrés. Fait en présence de M⁺ Thomas Manchon, pbr͞e, demeurant à Crèvecœur, et de M⁺ Jean-Baptiste Lecomte, pbr͞e, vicaire dud. S⁺ Loup. (V. **258**).

537. — Le 19 juillet 1713, François Fleury, marchand, de la par͞r. de Champ-Haut, constitue 150 livres de rente en faveur de son fils, M⁺ Jacques-Joseph Fleury, acolyte, afin qu'il puisse parvenir aux ordres sacrés. Cette rente est garantie par Michel, Charles et Pierre Fleury, frères dud. acolyte. — Leur mère se nommait Jacqueline Le Bret.

538. — Le 25 juin 1713, Jacques et Guillaume Boscher, oncle et neveu, boulangers, demeurant en la par͞r. de Cisay, constituent 150 livres de rente en faveur de M⁺ Guillaume Boscher, frère et neveu desd. Boscher, afin qu'il puisse parvenir aux ordres sacrés.

539. — Le 18 juin 1713, noble dame Catherine de S⁺ Martin, veuve de Jean-François de la Mondière, Esc⁺, s⁺ de Coulmer, y demeurant, constitue 150 livres de rente en faveur de son fils, M⁺ Gabriel de la Mondière, acolyte, afin qu'il puisse parvenir aux ordres sacrés.

540. — Le 30 juillet 1713, Robert-Louis Ledanois, fils de feu M⁺ Louis Ledanois, procureur-référendaire aux bailliage et vicomté de Montreuil et Bernay, constitue 150 livres de rente en faveur de son frère, M⁺ Henry Ledanois, acolyte du diocèse de Lx.

541. — Le 22 juin 1713, M⁺ François Halley, acolyte, demeurant en la par͞r. de Beaumont, fils de feu Martin Halley, constitue en sa faveur 150 livres de rente, afin de parvenir aux ordres sacrés. Cette rente est garantie par M° François Isabel, avocat, oncle maternel dud. acolyte.

542. — Le 21 sept. 1713, haut et puissant seig', Mes'° Charles, comte de Reckeim d'Apremont, chanoine des Eglises de Cologne et de Strasbourg, abbé commendataire de S¹ Evroult, nomme pour son grand vicaire, chargé de présenter à tous les bénéfices dépendant de lad. abbaye dans le diocèse de Rouen, la personne de Mes'° Louis de la Motte-Angot, diacre, chanoine de N.-D. de Rouen, et conseiller-clerc au parlement de Normandie. Le seig' abbé déclare que son intention est que lad. nomination ne préjudicie en rien aux pouvoirs qu'il a précédemment donnés à Mes'° Antoine Lemoine, pbrē, docteur de la maison de la Sorbonne.

543. — Le 19 août 1713, Nicolas Mullot, marchand, bourgeois, demeurant en la campagne S¹ Jacques de Lx, constitue 150 livres de rente en faveur de son fils, M° Nicolas Mullot, acolyte de lad. par̃r., afin qu'il puisse parvenir aux ordres sacrés. Fait en présence de M° Pierre Loysel, chirurgien, demeur¹ à Lx.

544. — Le 16 oct. 1713, la nomination à la chapelle fondée en l'église paroissiale de Léaupartie, appartenant au seig' du lieu, noble dame Catherine Maillard, v°° de feu Jacques Le Vaillant, Escr, s' de Vaucelles, dame et patronne de Léaupartie, nomme aud. bénéfice, vacant par la mort de M° Jean Le Mignot, pbrē, dernier titulaire, la personne de M° Julien Cousin, pbrē, de la par̃r. de S¹ Loup, diocèse de Bayeux. Fait à Bayeux, en la maison de lad. dame de Vaucelles, en présence de Mes'° Joseph des Rotours, pbrē, curé de Vaucelles, et de M° Jean Le Breton, pbrē, curé de S¹ André de Bayeux.

Le 19 oct. 1713, M'° Pierre du Mesnil, vic. g¹, donne au s' Cousin, la collation de lad. chapelle.

545. — Le 1ᵉʳ août 1713, M° François Mallet, pbrē, curé de S¹ Martin de Coulmer, obtient en cour de Rome des lettres de provision de la cure de Résenlieu, vacante par la résignation de M° Pierre Toustain, pbrē, dernier titulaire. (V. **489, 554**).

546. — Le 25 oct. 1713, M'° Michel Audran, pbrē, licencié en théologie de la faculté de Paris, curé de Pennedepie, pourvu en cour de Rome du prieuré de S¹ Jean de Bois-Rolland, diocèse de Luçon, ordre de S¹ Augustin, donne sa procuration pour requérir du seig' évêque de Luçon le visa desd. provisions et prendre possession dud. bénéfice. Fait à Lx, en la maison canoniale de M'° Pierre Audran, chanoine et vicaire général. (V. **513**).

547. — Le 30 oct. 1713, vu l'attestation de M° Pierre Saphare, pbrē, desservant la seconde des trois portions de S¹ Germain-la-

Campagne, dispense de bans pour le mariage entre Louis-Charles-François Deshays, Esc̄r, seigr des Orgeries, fils de François Deshays, Esc̄r, et de noble dame Charlotte de Sarcilly, de lad. par̄. de St Germain, d'une part, et damlle Charlotte-Elisabeth de Marguerie, fille de Pierre de Marguerie, Esc̄r, seigr de la Chapelle-de-Montvoisin, et de feue noble dame Marie de Sarcilly, de la par̄. Ste Trinité de Falaise.

548. — Le 31 oct. 1713, dispense de parenté du 2e au 3e degré pour le mariage entre Charles Fergant, Esc̄r, sr des Parcs, demeurant en la par̄. de St Loup-de-Fribois, et damlle Elisabeth Lemonnier, fille de Michel Lemonnier, Esc̄r, demeurant à Biéville. (V. **454, 555**).

549. — Le 2 oct. 1713, Mesre Jules de Liée de Thonnencourt, pbr̄e, curé de N.-D.-de-Courson, pourvu de la chapelle St Hubert de Belleau, sise dans le manoir seigneurial de Belleau, par̄. de N.-D. de Courson, remet purement et simplement lad. chapelle entre les mains de Mesre François-Dominique de Belleau, chevr, seigr du lieu, patron dud. bénéfice.

Le même jour, led. seigr de Belleau nomme à cette chapelle la personne de Mesre Charles-François de Montaing, pbr̄e, chanoine en la Cathédrale.

Le 28 oct. 1713, Mesre de Matignon, vic. gl, donne aud. sr de Montaing la collation dud. bénéfice.

Le 30 oct. 1713, le sr de Montaing prend possession de la chapelle St Hubert, en présence dud. seigr de Belleau, et de Me Pierre Pergeaux, pbr̄e, chapelain en la Cathédrale de Lx. (V. **614**).

550. — Le 3 nov. 1713, dispense de parenté au 4e degré pour le mariage entre Mathieu Bence, Esc̄r, l'un des gentilshommes servant dans la grande vénerie de France, demeurant à Capelles-les-Grands, et Marie-Magdeleine Fleury, fille de Maurice Fleury, demeurant à Bernay, par̄. Ste Croix. (V. **462**).

551. — Le 20 juin 1701, noble dame Marie Le Prevost, veuve de feu haut et puissant seigr, Mesre Gaspard Erard-Le Grix, chevr, seigr marquis de Montreuil et d'Echauffour, demeurant en son manoir d'Echauffour, et étant présentement en son manoir seigneurial de Réville, fonde en l'église de Réville une grand'messe et quatorze messes basses à perpétuité pour le repos de l'âme dud. seigr de Montreuil et du seigr de Réville, son premier mari, et pour son fils et enfin pour elle-même après sa mort. Cette fondation est acceptée par Me Guillaume Delafosse, pbr̄e, curé de Réville et par Jean Lecollier, trésorier de lad. église.

552. — Le 30 oct. 1713, Me Etienne Lefortier, pbr̄e, curé de St Pierre de Champosoult, diocèse de Séez, et Me Joachim Surlemont, pbr̄e, curé de N.-D.-de-Fresnay, révoquent volontairement l'acte de permutation qu'ils avaient faite de leurs bénéfices en faveur l'un de l'autre. (V. 388).

553. — Le 3 nov. 1713, dispense de bans pour le mariage entre Jacques de Varin, Esc', s' de Beauchamp, fils de feu Bertrand de Varin, aussi Esc', cons' du roy, seul assesseur au bailliage et vicomté d'Auge, et de noble dame Jacqueline Baril, de la parr. de Pont-l'Évêque, d'une part, et dam"° Anne-Françoise de Vimont, fille de feu Jean de Vimont, docteur en médecine, et de dam"° Françoise Levasseur, de la parr. S' Jacques de Lx.

554. — Le 13 nov. 1713, M" du Mesnil donne son visa aux lettres de provision de la cure de Résenlieu obtenues en cour de Rome par M° François Mallet, pbrē, curé de Coulmer, en conséquence de la résignation faite en sa faveur par M° Pierre Toustain, pbrē, dernier titulaire. Le lendemain, led. s' Mallet prend possession dud. bénéfice, en présence de plusieurs habitants de la parr. (V. 489, 545).

555. — Le 17 nov. 1713, vu l'attestation du s' Passet, vicaire de Biéville, et du s' Lecomte, vicaire de S' Loup-de-Fribois, dispense de bans pour le mariage entre Charles Fergant, Esc', s' des Parcs, fils de feu Pierre Fergant, aussi Esc', s' des Parcs, et de noble dame Marie Coquet, de lad. parr. de S' Loup, d'une part, et dam"° Elisabeth Lemonnier, fille de Michel Lemonnier, Esc', s' de la Vallée, seig' d'Hyéville, et de noble dame Françoise Le Normand, de lad. parr. de Biéville. (V 548).

556. — Le 21 nov. 1713, M° Jean Fouqu, pbrē du diocèse de Bayeux, curé de Clermont, diocèse de Lx, et aussi pourvu de la cure de S' Rémy de Douvres, diocèse de Bayeux, dont il n'a pas pris possession, en ayant seulement requis la collation, le 7 avril dernier, logé « en l'hostellerie où pend pour enseigne la Croix d'Or, faubourg et parr. S' Désir de Lx, » donne sa procuration pour permuter tous les droits qu'il a sur lad. cure de Douvres, dépendant du Chapitre de Bayeux, avec M° Guillaume Bayeux, pbrē du diocèse de Lx, vicaire de Pierrefite et titulaire de la chapelle de S' Jean-de-Gastines en la parr. de Bonneville-la-Louvet ; et led. s' Bayeux, logé en la même hostellerie, donne aussi sa procuration pour permuter avec le s' Fouqu, sad. chapelle de Gastines, dépendant de M" Jacques-Joseph de Vipart de Silly, maréchal des camps et armées du roy. Toutefois le s' Bayeux devra servir la pension de 200 livres admise en cour de Rome en faveur de M° Jean Fouqu, dernier titulaire, lors de la résignation qu'il avait faite en faveur du s' permutant. Fait en présence de Joseph Montault de Brassac, pbrē-curé de N.-D. de Dozulé, et de Pierre Lefort, « M° de lad. hostellerie. » (V. 262, 593).

557. — Le 21 nov. 1713, vu l'attestation du s' Haudard, vicaire de S¹ Pierre-du-Châtel, dispense de bans pour le mariage entre Honoré Lamy et Marie-Anne Delamare.

558. — Le 19 sept. 1705, M⁰ Guillaume Trinité, diacre de S¹ Germain-la-Campagne, est ordonné prêtre. (V. **503**).

559. — Le 15 mai 1702, Charlotte Allaire, veuve de Jean Renger, originaire de S¹ Marguerite-des-Loges et demeurant à présent à Tordouet, fonde à perpétuité en l'église des Loges, trois messes basses pour elle et sa famille. Cette fondation est acceptée par M⁰ Ollivier Le Lasseur, pbrē, curé de lad. parr., M⁰ Nicolas Réautey, vicaire, et Jean Dallencon, trésorier de lad. église.

560. — Le 22 nov. 1713, M⁰ Nicolas Jouette, pbrē, curé de S¹ Benoit-des-Ombres, « considérant son grand âge qui est de plus de quatre-vingts ans, estant detenu, en son lit, malade, » donne sa procuration pour remettre sond. bénéfice entre les mains de N.-S.-P. le pape en faveur de M⁰ Guillaume Devoste, pbrē, vicaire de S¹ Georges-du-Vièvre. Il se réserve toutefois 150 livres de pension viagère.

561. — Le 26 nov. 1713, M⁰ Jacques Gosset, pbrē, curé de la 1ʳᵉ portion de Verson, donne sa procuration pour former opposition en son nom contre ceux « qui prétendraient au canonicat qui est tombé et échu aud. sieur constituant par grades, comme le plus ancien gradué de l'évesché et chapitre de l'Eglise cathédrale de Lx,...... et généralement faire et requérir touttes diligences requises et nécessaires contre lesd. prétendants aud. canonicat. » Fait à Verson en la maison presbytérale dud. s¹ curé. (V. **397, 502, 507**).

562. — Le 1ᵉʳ déc. 1713, vu l'attestation du s¹ Périer, pbrē, vicaire de la Houblonnière, dispense de bans pour le mariage entre Pierre Clérisse et Marie Le Rebours.

563. — Le 2 déc. 1713, vu l'attestation du s¹ de Lange, curé de Meulles, et du s¹ Farain, vicaire de S¹ Germain d'Aulnay, dispense de bans pour le mariage entre Vincent Desprez et Françoise Rouvray.

564. — Le 10 nov. 1713, la nomination à la cure du Mesnil-Guillaume appartenant au seig⁰ du lieu, Mesⁿᵉ François de Mailloc de Toutteville, chev⁰, seig⁰ châtelain du Mesnil-Guillaume, Argences et autres lieux, nomme à cette cure, vacante par la mort de M⁰ Louis Moëssard, pbrē, dernier titulaire, la personne de M⁰ Jean-Baptiste Graindorge, pbrē, vicaire de Bournainville. Fait au château du Mesnil-Guillaume, en présence de Mesⁿᵉ Nicolas du Houlley, Esc⁰, seig⁰ de Gouvis, étant présentement aud. château, et René Delahaye, couvreur en ardoise, demeurant au Mesnil-Guillaume.

Le 17 nov. 1713, M⁰ de Matignon, vic. g¹, donne aud. s¹ Graindorge la collation dud. bénéfice.

Le 29 nov. 1712, le s¹ Graindorge prend possession de la cure du

Mesnil-Guillaume, en présence de M⁰ Guillaume Champion, pbrē, curé de Bournainville et doyen de Moyaux, et de plusieurs paroissiens dud. lieu.

565. — Le 14 nov. 1713, M⁰ Charles Gost, pbrē, pourvu de la cure de S¹ Aubin-Lébizey « qu'il tient sous la nomination de Monseig¹ le mareschal d'Harcourt, duc et pair de France, patron pñtateur de lad. cure, » remet purement et simplement led. bénéfice entre les mains dud. seig¹.

566. — Le 18 oct. 1711, Pierre Seney, fils d'Alexis et de Françoise Mortain, de la parr. de S¹ Germain de Lx, reçoit la tonsure et les ordres mineurs.

567. — Le 13 nov. 1712, reçurent la tonsure et les ordres mineurs des mains de l'ancien évêque de Condom :

Noël Dupendant, fils de Germain et de Magdeleine Moygner, de la parr. de Guerquesalles ;

Jacques-Jean Levavasseur, fils de Jean-Bernard et de Suzanne Le Mire, de S¹ Ouen de Pontaudemer.

568. — Le 1ᵉʳ avril 1713, Charles Haymet du Homme, acolyte de Capelles, est ordonné sous-diacre par l'ancien évêque de Condom.

569. — Le 19 mars 1701, Mʳᵉ Jean-Marie Hanriau (1), Esc¹, du diocèse de Paris, est reçu docteur en théologie de la faculté de Paris.

Le 22 nov. 1713, Mʳ Léonor de Matignon, évêque et comte de Lx, consʳ du roy en son conseil secret, se trouvant à Paris, donne des provisions de vicaire général à Mʳᵉ Jean-Marie Hanriau, pbrē, docteur en théologie, chanoine de Lx et prieur de Maupas.

Le 29 nov. 1713, led. sʳ Hanriau, chanoine prébendé de Cordebugle en la Cathédrale, demeurant à Paris, rue des Marais, quartier S¹ Germain-des-Prés, remet purement et simplement sond. canonicat entre les mains du seig¹ évêque qui en est le collateur ordinaire.

Le 30 nov. 1713, le seig¹ évêque nomme le sʳ Hanriau aux canonicat et prébende de Touques, appelée prébende volante, non distributive, vacante par la résignation pure et simple de Mʳᵉ Jean-Baptiste Moulin, archidiacre d'Auge.

Le même jour, led. seig¹ évêque nomme le sʳ Hanriau à la dignité de Chévecier en la Cathédrale, vacante par la mort de Mʳᵉ Pierre Audran, dernier titulaire. (*V.* **512**).

Le 16 déc. 1713, le sʳ Hanriau est mis en possession du canonicat de Touques, 1ʳᵉ portion, et de la dignité de Chévecier par le ministère de Mʳ le doyen du Chapitre de la Cathédrale, en présence de Mᵉ Guillaume Couture et Michel Bordeaux, pbrēs de lad. Eglise. (*V.* **570**).

---

(1) Il signe *Hanriau* et nous adopterons désormais cette orthographe.

570. — Le 29 nov. 1713, Mre Jean-Baptiste Moullin, chanoine de la prébende non-distributive de Touques, 1re portion, demeurant à Lx, et présentement à Paris, logé au collège de la Marche, remet purement et simplement lad. prébende entre les mains du seigneur évêque qui en est le collateur ordinaire.

Le 30 nov. 1713, le seig^r évêque nomme led. s^r Moullin au canonicat de Cordebugle, vacant par la démission pure et simple de Mre Jean-Marie Hanriau.

Le 9 déc. 1713, le s^r Moullin est mis en possession du canonicat de Cordebugle par le ministère de M^r le doyen du Chapitre. (*V.* **569**).

571. — Le 12 déc. 1713, le seig^r évêque donne à Mre Pierre Dumesnil (1), docteur de Sorbonne et vicaire général de Lx, des lettres de provisions d'official de l'évêché de Lx, en conséquence de la mort de Mre Pierre Audran, dernier titulaire.

Le 16 déc. 1713, led. s^r Dumesnil, pbr̄e, chanoine scolaste, vicaire général et vice-gérant de l'officialité de l'évêché de Lx, nommé official par le seig^r évêque, est reçu et admis aud. office par le ministère de Me Germain Montfort, pbr̄e, licencié aux droits et ancien avocat en lad. officialité.

Le 12 déc. 1713, le seig^r évêque donne à Mre Nicolas du Houlley, docteur de Sorbonne et chanoine en la Cathédrale, des lettres de provision de la charge de vice-gérant en l'officialité de Lx.

Le 16 déc. 1713, led. s^r du Houlley est reçu et inst. en la charge de vice-gérant de l'officialité par le ministère de Mre Pierre Dumesnil, vicaire général et official de l'évêché de Lx.

572. — Le 1er déc. 1713, Me Claude Vitrel, pbr̄e, curé de N.-D. de Préaux, doyenné de Pontaudemer, dépendant de l'abbaye de Préaux, résigne purement et simplement sond. bénéfice entre les mains des relig^x de lad. abbaye. (*V.* **167, 581**).

573. — Le 20 sept. 1669, Joseph Legros, fils de Lazare et de Françoise d'Anteret, du diocèse d'Autun, *rit^e dimissus*, reçoit la tonsure à Paris.

Le 30 nov. 1713, le seig^r évêque de Lx donne à Me Joseph Legros, clerc du diocèse d'Autun, prévôt de Laval, les canonicat et prébende de St Hymer en la Cathédrale, vacants par la mort de Mre Pierre Audran, dernier titulaire.

Le 9 déc. 1713, led. s^r Legros est mis en possession de ce canonicat par le ministère de M^r le doyen.

574. — Le 7 oct. 1713, « haut et puissant seig^r, Mes^re Anne-

---

(1) Il signe *Dumesnil* en un seul mot ; et c'est ainsi que nous écrirons désormais ce nom, malgré l'orthographe différente qui avait été adoptée précédemment.

Jacques de Bullion, cheveᵉʳ, marquis de Fervaques, seigʳ de Biéville et autres lieux, brigadier des armées du roy, lieutenant pour Sa Majesté en la province et gouvernement d'Orléanais, au département du pays chartrain, demeurant à Paris, rue Plastries, à l'hôtel de Bullion, parr. Sᵗ Eustache », ayant droit de nommer à la 1ʳᵉ portion de la cure de Biéville, présente à ce bénéfice, vacant par la mort de Mᵉ Jean-François Ameline, pbrē, dernier titulaire, la personne de Mᵉ Jean Pottier de la Londe, premier vicaire de Fervaques.

Le 18 nov. 1713, Mʳᵉ de Matignon, vic. gˡ, donne aud. sʳ Potier de la Londe la collation dud. bénéfice.

Le 21 nov. 1713, le sʳ Pottier prend possession de la 1ʳᵉ portion de la cure de Biéville, en présence de Mᵉ Jean Caboulet, pbrē, curé de Sᵗ Aubin-sur-Auquainville ; Mᵉ Jean Chasot, pbrē, curé de la 2ᵉ portion de Biéville ; Mᵉ Nicolas Passet, pbrē, desservant en lad. parr. (V. 516).

575. — Le 18 nov. 1713, la nomination à la cure du Tilleul, appartenant au comte de Gacey, mais haut et puissant seigʳ, Mesʳᵉ Charles-Auguste de Matignon, comte de Gacey et maréchal de France, patron de lad. parr. du Tilleul, ayant laissé s'écouler le temps fixé pour présenter un titulaire, le seigʳ évêque, à cause de sa dignité épiscopale, « comme dévolutaire et par abandonnement », nomme aud. bénéfice, vacant par la mort de Mᵉ Christophe Gondouin, pbrē, dernier titulaire, la personne de Mᵉ Marin Lemoine, pbrē, demeurant à Coulmer en qualité de desservant. Fait à Paris où led. seigʳ évêque est retenu pour affaires et par maladie.

Le 19 déc. 1713, led. sʳ Lemoine prend possession de la cure de N.-D. du Tilleul, en présence de Mᵉ André Cousture, pbrē, desservant en icelle, etc.

576. — Le 18 déc. 1713, vu l'attestation du sʳ Secard, pbrē, curé de Plasnes, dispense de bans pour le mariage entre « haut et puissant seigʳ Monseigneur Louis de Prye, nommé ambassadeur du roy auprès du roy de Sicile, fils de haut et puissant seigʳ Monseigʳ Aymard-Antoine de Prye, cheveʳ, seigʳ-baron, haut-justicier de Plasnes et d'Eschaufray, et de puissante dame Jacqueline de Serres, dame de Coquainvillers, du Chesne, de Lessard, de la Londe, Monfort et autres lieux, domiciliée aud. lieu de Plasnes, d'une part, et damˡˡᵉ Agnès de Berthelot, fille de Mesʳᵉ Estienne de Berthelot, seigʳ de Pleneuf, et autres lieux, consʳ du roy en ses conseils, directeur général de l'artillerie, et de dame Agnès de Rioult d'Ouilly, domiciliée à Paris, parr. Sᵗ Eustache, d'autre part. » — Suit la dispense de l'interdit du temps d'avent donnée à condition qu'il ne se fera « aucunes nopces ny assemblée. »

577. — Le 13 déc. 1713, la nomination à la cure de Faveroles appartenant au seigʳ de Bornainville, Mesʳᵉ Louis de Mesières, Escʳ, seigr de Bornainville, seigr et patron de Faveroles, demeurant en lad. parr. de Faveroles, nomme aud. bénéfice, vacant par la mort de Mᵉ Adrian de Mésières, pbrē, dernier titulaire, la personne de Mrᵉ Jacques de Mésières, pbrē, curé de Plainville.

Le 14 déc. 1713, Mre de Matignon, vic. gl, donne aud. sr Jacques de Mésières la collation de la cure de Faveroles.

578. — Le 9 déc. 1713, la nomination à la cure de N.-D. de Blangy appartenant au seigr abbé du Bec-Hellouin, « très haut et très puissant seigr, Monseigr Roger de la Rochefoucauld, abbé commendataire de lad. abbaye, nomme à cette cure, vacante par la mort de Mᵉ Louis-Charles Bocquet, dernier titulaire, la personne de Mᵉ Etienne Duchesne, pbrē du diocèse de Lx.

Le 18 déc. 1713, Mre de Matignon, vic. gl, donne aud. sr Duchesne la collation dud. bénéfice.

Le 19 déc. 1713, le sr Duchesne, pbrē de ce diocèse et chanoine de Gerberoy, diocèse de Beauvais, demeurant à Paris, parr. St Benoît, prend possession de la cure de Blangy, en présence de Mᵉ Nicolas Brunet, pbrē, curé de Montviette ; Mᵉ Pierre Vauchel, sous-diacre ; Mᵉ Gilles Tragin, Guillaume Lefebvre, trésorier, et autres paroissiens.

579. — Le 18 déc. 1713, Mᵉ Gabriel Moisy des Cailloires, pbrē, chapelain de la chapelle St Nicolas en la Cathédrale, pourvu de la cure de Chaumont, prend possession de ce bénéfice, en présence de Mᵉ François Pierres de la Boullaye, ci-devant curé de Chaumont ; Mᵉ Louis Morand, pbrē, vicaire de lad. parr., et plusieurs paroissiens. (*V.* **445, 515**).

580. — Le 29 déc. 1713, « Mᵉ Jacques de Soubzlebieu, pbrē, chapelain des dames abbesse et religieuses du couvent de l'abbaye de St Désir de Lx, demeurant en icelle abbaye et pourvu du bénéfice cure de St Denis du Mesnil-Hubert », révoque l'acte de démission de lad. cure qu'il avait faite en faveur de Mᵉ Jean Cally, diacre dud. lieu. (*V.* **296, 316**).

581. — Le 10 déc. 1713, le prieur et les religieux de St Pierre de Préaux, patrons présentateurs de la cure de N.-D. de Préaux, nomment aud. bénéfice, vacant par la démission de Mᵉ Claude Vitrel, pbrē, dernier titulaire, la personne de Mᵉ Philippe Deroste, pbrē de ce diocèse.

Le 11 déc. 1713, Mre de Matignon, vic. gl, donne aud. sr Deroste la collation de la cure de N.-D. de Préaux. (*V.* **572**).

582. — Le 2 janvier 1714, dispense de bans pour le mariage entre Mᵉ Jacques Lange, docteur en médecine, fils de Mᵉ Jacques Lange, aussi docteur en médecine, et de feue damlle Marie-Catherine Paisant, demeurant à Lx, parr. St Germain, d'une part, et damlle Marie-Madeleine Faupoint, fille de Mᵉ Jacques Faupoint, consr du roy et greffier en chef de la Cour des Comptes, Aides et Finances de Normandie, et de dame Marie Piédevant, demeurant à Rouen.

583. — Le 20 août 1713, Philippe Peauger, demeurant à Bertouville, constitue 150 livres de rente en faveur de son fils, M° Robert Peauger, afin qu'il puisse parvenir aux ordres sacrés. — La lecture de cet acte fut faite à l'issue de la messe paroissiale dud. lieu, en présence de M° Alexis Leboucher, vicaire de lad. parr. de Bertouville.

584. — Le 26 juillet 1713, M° Alexis Seney, receveur des Aides au bureau de Moyaux et y demeurant, constitue 150 livres de rente en faveur de son fils, M° Pierre Seney, acolyte, afin qu'il puisse parvenir aux ordres sacrés. Cette rente est garantie par Jacques Dubois, s' du Vauchel, l'un des gardes du corps de Son Altesse Royale Monsieur, demeurant à St Germain-la-Campagne, et M° François Dubois, s' des Vlies, cons° du roy, et substitut de M. le procureur du roy en l'élection de Lx.

585. — Le 27 déc. 1713, le prieur et les relig' de St Pierre-sur-Dives, patrons présentateurs de la cure de St Michel-de-Livet, à cause de leur mense conventuelle, nomment aud. bénéfice, vacant par la mort de M° Eustache Le Mercier, pbrē. dernier titulaire, la personne de M° Guillaume Foucher, pbrē du diocèse de Séez. Fait en présence de M° Nicolas Morand, pbrē, curé de St Pierre-sur-Dives, et de M° Louis-François Delauney, diacre.

Le 31 déc. 1713, M°° Dumesnil, vic. g', donne aud. s' Foucher la collation dud. bénéfice.

Le 9 janvier 1714, M° Guillaume Foucher, pbrē, vicaire de St Pierre-sur-Dives, ayant élu domicile pour le présent seulement, en la maison de Thomas Morand, bourgeois de Lx, prend possession de la cure de St Michel-de-Livet, en présence de Dom Gilles-Réné de Millois, sous-prieur de lad. abbaye ; M° Nicolas Morand, curé de St Pierre ; M° Philippe Herquier, curé de Viette ; M° Louis-François Delauney, diacre dud. St Pierre ; M° Jean Loutrel, vicaire de St Michel-de-Livet ; Henry de Bonenfant, Escr, s' de Carel, et plusieurs autres paroissiens dud. lieu de St Michel.

586. — Le 29 juillet 1713, Michel Jonquet, marchand, demeurant à Croisilles, constitue 150 livres de rente en faveur de M° Adrian Jouen, acolyte, afin qu'il parvienne aux ordres sacrés. Cette rente est garantie par M° Philippe de la Bisse, curé de Croisilles, oncle dud. acolyte. — Led. s' acolyte était originaire de la Chapelle-Béquet et demeurait présentement à Croisilles.

587. — Le 17 janvier 1714, dispense de bans pour le mariage entre Jean Coiniche, fils de M° Nicolas, bourgeois de Caen, et de dame Marguerite Morin, d'une part, et damlle Marie-Thérèse Le Gentil, fils de

Charles-Rémy Le Gentil, Esc', s' de Toutteville, et de noble dame Barbe de Cavelande, de la parr. de Hotot, d'autre part.

588. — Le 22 avril 1707, Georges-François Hélix, fils d'Antoine et de Jeanne Gibon, de la parr. du Pin, reçoit la tonsure et les ordres mineurs. (V. **293, 477**).

589. — Le 16 janvier 1714, la nomination à la cure du Torquesne appartenant au seig' du lieu, Mes'° Gaspard de Nocey, chev'', seig' et patron du Torquesne, y demeurant, nomme aud. bénéfice, vacant par la démission de M'° Louis du Houlley, pbrē, dernier titulaire, la personne de M° Guillaume Renout, pbrē, curé d'Englesqueville.

Le même jour, les vicaires généraux du seig' évêque donnent aud. s' Renout la collation dud. bénéfice.

Le 17 janvier 1714, le s' Renout prend possession de la cure du Torquesne.

590. — Le 23 janvier 1714, dispense de bans pour le mariage entre Nicolas Rioult, Esc', seig' de Neuville, de Douilly et autres lieux, ancien capitaine de dragons, de présent en sa terre de Neuville, parr. de Livarot, et demeurant à Paris, parr. S' Jacques-du-Haut-Pas, fils de feu Jacques Rioult, Esc', seig' de Douilly, Neuville, Vaumeslin, de Villiers-la-Garenne, du Pont-de-Neuilly et du Haut et Bas Roule, et de noble dame feue Marie de Frémont, d'une part, et dam'° Cécile-Adrianne du Houlley, demeurant à Courson, fille d'Adrian du Houlley, Esc', seig' de Courtonne, Courson, et autres lieux, de présent en sa terre de Courson, et de noble dame Anne Le Metais, d'autre part.

591. — Le 18 sept. 1700, Philippe Le Bard, acolyte de Branville, est ordonné sous-diacre.

592. — Le 18 oct. 1711, Gabriel Tasdhomme, fils de Michel et d'Anne Verneuil, de S' Germain de Lx, reçoit la tonsure et les ordres mineurs.

593. — Le 5 janvier 1714, la nomination à la cure de Bénerville, appartenant au seig' de Madaillan, Mes'° Armand de Madaillan de Lesparre, chev'', marquis de Lassay, lieutenant général des provinces de Bresse, Bugey, Valromey et Gex, comte de Madaillan, seig' de Bénerville et autres lieux, nomme à lad. cure de Bénerville, vacante par la mort de M° Pierre Simon, pbrē, dernier titulaire, la personne de M° Guillaume Bayeux, pbrē, vicaire de Pierrefitte.

Le 13 janvier 1714, M'° de Matignon, vic. g¹, donne aud. s' Bayeux la collation dud. bénéfice.

Le 24 janvier 1714, le s' Bayeux prend possession de la cure de Bénerville, en présence de M° Louis-Bernard Lebourg, pbrē, curé de Pierrefitte; M° Louis Lemétayer, curé de Tourgéville ; M° François de Lessard, curé de S' Arnoult ; M° Claude Lepecq, cons'' du roy, élu en l'élection de Pont-l'Évêque, et plusieurs paroissiens dud. lieu. (V. **262, 556**).

594. — Le 3 février 1714, dispense de bans pour le mariage entre Antoine-François Le Paulmier, Esc`r`, s`r` de Nemours, fils de Joseph Le Paulmier, Esc`r`, s`r` de Nemours, et de dame Marie-Françoise de Carel, de la par̃. de S`t` Jacques de Lx, d'une part, et dam`lle` Marie de Faguet, fille de feu Robert de Faguet, Esc`r`, s`r` de Monbert, et de noble dame Barbe du Houlley, aussi de lad. par̃. S`t` Jacques.

595. — Le 3 février 1714, dispense de bans pour le mariage entre Charles du Thiron, fils de Marguerin du Thiron, conseiller du roy, contrôleur au grenier à sel de Lx, et de feue dam`lle` Françoise de la Faye, de la par̃. S`t` Philbert-des-Champs, d'une part, et Jeanne Montaye, fille de feu Gabriel Montaye, contrôleur des élus et des actes et contrats de la vicomté d'Auge, et de Catherine Potier, de la par̃. de la Roque-Baignard.

596. — Le 10 juin 1713, M`e` Jean Monseillon, notaire-royal de Folleville, demeurant à Fresne, constitue 150 livres de rente en faveur de son fils, M`e` Jean Monseillon, acolyte, afin qu'il puisse parvenir aux ordres sacrés. Fait en présence de M`e` Louis Saffrey, avocat au parlement, demeurant à S`t` Aubin-de-Scellon.

597. — Le 6 février 1714, dispense de bans pour le mariage entre Jean-Baptiste Durand, fils de Laurent, s`r` de Longchamps, de la par̃. de Bonneville-la-Louvet, d'une part, et dam`lle` Marie-Magdeleine de Bellemare, fille de feu Robert, Esc`r`, s`r` de la Croix, et de dam`lle` Anne de Folleville, de la par̃. de S`te` Croix de Cormeilles. (*V.* **527**).

598. — Le 8 février 1714, dispense de bans pour le mariage entre M`e` François Gréaume, conseiller du roy, élu en l'élection de Pontaudemer, fils de feu M`e` Guillaume Gréaume et de dam`lle` Marguerite Thirel, de la par̃. de N.-D.-du-Prey, d'une part, et dam`lle` Marie-Anne Le Court, fille de feu M`e` Robert Le Court, cons`er` du roy, substitut de lad. élection, et de dame Marie Quesney, de la par̃. S`t` Ouen dud. lieu.

599. — Le 9 février 1714, dispense de bans pour le mariage entre Louis Denis, Esc`r`, s`r` de la Bénardière, fils de Philippe Denis, Esc`r`, s`r` du Val, et de noble dame Madeleine Denis, de la par̃. de Meulles, d'une part, et dam`lle` Gabrielle Le Cornu, fils de feu Jean Le Cornu, Esc`r`, seig`r` de Rougemaison, et de noble dame Françoise de Lannoy, de la par̃. de Bois-Normand, diocèse d'Evreux.

600. — Le 6 février 1714, dispense de bans pour le mariage entre M`re` Guillaume de Caruel, chev`r`, seig`r` du Coudray, S`t` Denis, S`t` Thomas, S`t` Aquilin, demeurant au Coudray, diocèse d'Evreux, et noble dam`lle` Elisabeth-Renée de la Noë, dame de la Barre et des Bottereaux, fille de Mes`re` François-Louis de la Noë, Esc`r`, seig`r` du lieu, et de feue dame Elisabeth d'Abos, originaire de la par̃. de la Noë, diocèse d'Evreux, et demeurant depuis quelques années dans une communauté de religieuses à Bernay, par̄r. Ste Croix.

601. — Le 11 février 1714, dispense de bans pour le mariage entre Henry de la Rouvraye, Esc^r, s^r de Gériaie, de la par̄r. du Sapandré, fils de feu Louis de la Rouvraye, Esc^r, seig^r de Touquette, et de noble dame Sainte Girard, d'une part, et dam^{lle} Marie-Jeanne Jacquet de Heurtevent, fille de feu Renauld Jacquet de Heurtevent, Esc^r, seig^r de Malétable, et de noble dame Jeanne Tanquerey, de la par̄r. de Malétable, diocèse de Chartres.

602. — Le 27 janvier 1714, la nomination à la cure de St Denis-de-Mailloc appartenant au seig^r marquis de Mailloc, « très noble, haut et puissant seig^r, Mre Gabriel-Réné, sire de Mailloc, ancien baron de Normandie, marquis de Mailloc, comte de Cléry, baron de Combon, seig^r du Champ de Bataille et autres places, demeurant à Paris, en son hostel, rue du Vieux Colombier, » nomme à la cure de St Denis, vacante par la mort de Me Richard Michel, pbr̄e, dernier titulaire, la personne de Me Jacques Vallée, pbr̄e du diocèse d'Evreux.

Le 6 février 1714, Mre de Matignon, vic. g^t, donne aud. s^r Vallée la collation dud. bénéfice.

Le 7 février 1714, le s^r Vallée, pbr̄e, « demeurant en la par̄r. de la Chapelle-Hareng, en la maison et terre de la Lande appartenant à mons^r d'Imbleville, conseiller au parlement de Rouen », prend possession de la cure de St Denis.

603. — Le 19 janvier 1714, Me Thomas Duval, pbr̄e en l'église St Germain de Lx. M^e ès-arts en l'Université de Paris, requiert des relig^x de St Evroult, en sa qualité de gradué, sa nomination à la 2e portion de la cure de « Montreuil-Lengelé », dépendant de lad. abbaye et vacante par la mort de Mre Jean-Tenneguy de la Rouvraye, pbr̄e, dernier titulaire, décédé dans le présent mois. Ce qui lui est accordé.

604. — Le 4 avril 1714, Pierre-Joseph Lebourg de Montmorel, fils de Pierre et de dame Barbe Harou, de la par̄r. St Ouen de Pontaudemer, reçoit la tonsure et les ordres mineurs des mains de l'évêque de Vabre.

605. — Le 17 février 1714, Me Pasquier Tousey, pbr̄e de la par̄r. du Sap, M^e ès-arts en l'Université de Caen, fait réitérer ses noms et grades au seig^r évêque et au Chapitre de Lx. ainsi qu'aux relig^x de St Evroult. (V. **152, 320. 416**).

606. — Le 6 février 1714, Marin Desprez, marchand, demeurant en la par̄r. St Clair de Barneville, seig^r et patron de la chapelle de Ste Trinité-des-Bréholles en lad. par̄r. de Barneville, comme héritier de Guillaume Desprez, son oncle, nomme à lad. chapelle, vacante par la démission de Mᵉ Michel Verdelet, pbrē, dernier titulaire, la personne de Mᵉ Jean Senoze, pbrē, demeurant à Sᵗ Léger-du-Bosc.

Le même jour, Mʳᵉ de Matignon, vic. gˡ, donne aud. sʳ Senoze, la collation dud. bénéfice.

Le 15 février 1713, le sʳ Senoze prend possession de la chapelle des Bréholles.

607. — Le 5 février 1714, le seignʳ évêque, ayant droit de nommer à la semi-prébende de la Iʳᵉ sous-chantrerie en la Cathédrale, désigne pour led. bénéfice, vacant par la mort de Mᵉ Nicolas Turpin, pbrē, dernier titulaire, la personne de Mᵉ Laurent de Bellencontre, sous-diacre. (*V.* **452, 501**).

608. — Le 22 février 1714, Mᵉ Guillaume De la Cousture, pbrē, vicaire de Montfort, y demeurant, Mᵉ ès-arts en l'Université de Caen, fait réitérer ses noms et grades aux religˣ de Sᵗ Evroult. (*V.* **132, 399**).

609 — Le 20 sept. 1710, Mᵉ Jean Frontin, diacre de Boulleville, est ordonné prêtre. (*V.* **459**).

610. — Le 20 février 1714, Fr. Laurent Barbey, pbrē, chanoine de l'ordre de Prémontré, prieur de N.-D. des Groselliers, donne sa procuration pour remettre entre les mains de N.-S.-P. le pape sond. bénéfice, dépendant de l'abbaye de Lisle-Dieu, en faveur de Fr. Jean-Baptiste-Thomas Perrée, diacre, religˣ prémontré, de présent en l'abbaye de Mondaye. Il se réserve toutefois 400 livres de pension viagère.

611. — Le 19 fév. 1714, Mᵉ Guillaume Delasalle, pbrē habitué en l'église Sᵗᵉ Catherine d'Honfleur, pourvu de la cure de Grestain dont il n'a pas pris possession, donne sa procuration pour résigner led. bénéfice entre les mains de N.-S.-P. le pape en faveur de Mᵉ Pierre Lailler, pbrē habitué en l'église Sᵗ Léonard d'Honfleur. (*V.* **77, 321**).

612. — Le 29 nov. 1713, Mᵉ Guillaume-Henry de la Pallu, pbrē de ce diocèse, obtient en cour de Rome des lettres de provision de la cure de N.-D. de Selles, vacante par la résignation faite en sa faveur par Mᵉ Nicolas Duval, pbrē, dernier titulaire. (*V.* **38**)

613. — Le 19 fév. 1714, Mᵉ Nicolas Guillain, pbrē, vicaire de Rambouillet, diocèse de Chartres, Mᵉ ès-arts en l'Université de Paris, fait réitérer par procureur ses noms et grades aux religˣ de Sᵗ Evroult. (*V.* **403, 409**).

614. — Le 20 oct. 1713, Mᵉ Charles-François de Montaing, pbrē, chanoine en la Cathédrale de Lx et pourvu de la cure de Bricquebec, diocèse de Coutances, se trouvant à Caen, donne sa procuration pour résigner entre les mains de N.-S.-P. le pape son canonicat de la Pluyère en faveur de Mᵉ Jules de Liée, pbrē, curé de N.-D. de Courson.

Le 29 nov. 1713, led. sr de Liée obtient en cour de Rome des lettres de provision dud. canonicat. (*V.* **501**).

615. — Le 28 fév. 1714, Dom Jean-Baptiste Marie, pbrē, chanoine régulier, prieur-curé de l'une des deux portions de St Pierre de Cerqueux, demeurant en lad. parr., donne sa procuration pour résigner sond. bénéfice entre les mains de N.-S.-P. le pape en faveur de Dom Nicolas-André Piel, aussi chanoine régulier de Friardel et prieur-curé de Bois-l'Evêque au diocèse de Rouen. Fait en la maison de Mre Jean-Baptiste Moullin, pbrē, chanoine et archidiacre en la Cathédrale de Lx. (*V.* **117**).

616. — Le 20 fév. 1714, Me Jacques Corbin, pbrē du diocèse de Lx, Me ès-arts et bachelier en théologie de la faculté de Paris, demeurant rue St Etienne-des-Grés, à Paris, fait réitérer ses noms et grades au seig{r} abbé de Bernay, en parlant à Monseig{r} l'archevêque de Bourges, abbé commendataire de lad. abbaye, trouvé en son hôtel, rue St Honoré, à Paris. (*V.* **29, 222, 226, 266**).

INSINUATIONS ECCLÉSIASTIQUES

DU DIOCÈSE DE LISIEUX.

REGISTRE XI.

1. — Le 26 fév. 1714, Mre Léonor de Matignon, vicaire général du seig^r évêque de Lx, donne à Me Jules de Liée, pbre, curé de N.-D. de Courson, la collation du canonicat de la Pluyère, vacant par la résignation faite en sa faveur en cour de Rome par Mre Charles-François de Montaing, pbre, dernier titulaire.

Le 27 fév. 1714, vu lad. collation et les lettres de tonsure dud. s^r de Liée, en date du 6 oct. 1680, il est mis en possession dud. canonicat de la Pluyère, par le ministère de M^r le doyen du Chapitre, en présence de Me Véron, « secrétaire de Messieurs du Chapitre », de Robert Le Roux, maître de musique, et autres témoins.

2. — Le 2 mars 1714, Me Gabriel Odienne, pbre, demeurant en la parr. St Germain de Lx, M^e ès-arts en l'Université de Caen, fait réitérer ses noms et grades au seig^r évêque et au Chapitre de Lx. (V. 26).

3. — Le 10 mars 1710, Me Georges-François Hélix, du diocèse de Lx (parr. du Pin), est reçu M^e ès-arts en l'Université de Caen.

Le 21 fév. 1714, led. s^r Hélix, diacre, obtient des lettres de quinquennium du recteur de lad. Université.

Le même jour, le s^r Hélix, âgé de 24 ans, est nommé par icelle sur les archevêchés et les chapitres de Paris et de Rouen ; sur les évêchés et les chapitres de Bayeux, Lisieux, Coutances, Avranches, Evreux, Séez et Orléans, ainsi que sur un grand nombre d'abbayes et prieurés de ces diocèses. (V. 83).

4. — Le 16 fév. 1714, Me Jean Delabarre, diacre du diocèse de Lx, âgé de plus de 23 ans, est reçu M^e ès-arts en l'Université de Caen.

Le 21 fév. 1714, il obtient des lettres de quinquennium du recteur de lad. Université.

Le même jour, il est nommé par icelle sur l'archevêché et le chapitre de Rouen, sur l'évêché et le Chapitre de Lx, ainsi que sur plusieurs abbayes et prieurés de ces diocèses.

5. — Le 21 février 1714, Me Jean Frontin, pbre du diocèse de Lx,

âgé de 29 ans et 6 mois, reçoit des lettres de quinquennium du recteur de l'Université de Caen.

Le même jour, il est nommé par icelle sur les archevêchés et les chapitres de Paris et de Rouen, sur les évêchés et les chapitres de Bayeux, Lisieux, Evreux, Séez et Dol, ainsi que sur la plupart des abbayes et prieurés de ces divers diocèses.

6. — Le 20 fév. 1714, M⁰ Noel Deshays, clerc de Pontaudemer, est reçu M⁰ ès-arts en l'Université de Caen. (V. **157, 382**).

7. — Le 23 fév. 1714, M⁰ Louis Delamare, acolyte de Pontaudemer, est reçu M⁰ ès-arts en l'Université de Caen. (V. **226, 262, 515**).

8. — Le 19 oct. 1709, Michel Duclos, fils de François et de Marie Georges de la parr. de S¹ Jacques de Lx, reçoit la tonsure et les ordres mineurs.

Le 9 février 1714, la nomination à la chapelle S¹ Romain en la Cathédrale appartenant au Chapitre, attendu que M⁰ Joseph Legros, chanoine de S¹ Hymer, qui se trouve chanoine de semaine, n'est pas dans les ordres sacrés, M⁰ de Franqueville, haut-doyen, Jean Baptiste Moulin, Etienne Le Bas, Jacques de Setz, Adrien de Mailloc, François Daubin, Ollivier de Montargis, Gilbert Hébert, Jean Mignot, Charles Le Bas, Charles Inger, Nicolas-François Caboulet, Charles Costard, François Le Bas, Jacques de Vimont, Nicolas du Houlley, Jean-Jacques Lebourg, tous chanoines de la Cathédrale, nomment aud. bénéfice, vacant par la mort de M⁰ François Grip, pbrē, dernier titulaire, la personne de M⁰ Michel Duclos, clerc de ce diocèse.

Le 10 février 1714, led. s¹ Duclos est mis en possession de lad. chapelle.

9. — Le 7 mars 1714, dispense d'affinité au 4⁰ degré pour le mariage entre Pierre-Alexandre de Bonnechose, Esc⁰, et dam¹¹⁰ Marie-Marthe-Marguerite Lucas, vᵛᵉ de Robert de Bellemare, Esc⁰, demeurant tous deux à S¹ᵉ Croix de Cormeilles. L'affinité venait du côté dud. s¹ de Bellemare. — Dispense de bans et autorisation de célébrer le mariage en temps de carême, à condition qu'il n'y aura pas de noces.

10. — Le 6 mars 1714, M⁰ Jean Fossard, pbrē de S¹ Etienne de Caen, M⁰ ès-arts en l'Université de Caen, fait signifier ses noms et grades aux religieux de S¹ᵉ Barbe. (V. **70, 235, 474, 507**).

11. — Le 26 mars 1712, M⁰ Pierre Fourey, diacre d'Honfleur, est ordonné prêtre. (V. **350, 359**).

12. — Le 8 mars 1714, M⁰ Gallois Eudes, s¹ de la Londe, pbrē du diocèse de Lx, M⁰ ès-arts en l'Université de Paris, demeurant à Paris, représenté par M⁰ François Du Vallet, diacre, demeurant au grand séminaire de Lx, fait réitérer ses noms et grades au seig⁰ évêque et au Chapitre de Lx.

13. — Le 16 février 1714, M° Pierre Morand, pbrē, vicaire de Mallouy, M° ès-arts en l'Université de Caen, requiert des abbé et religieux du Bec-Hellouin, en parlant à Dom Claude Rambault, célérier de l'abbaye, sa nomination à la cure de S¹ Ouen de Livarot, dépendant de lad. abbaye, et vacante par la mort du dernier titulaire, décédé le 25 janvier dernier. Le P. Rambault répond que lad. nomination appartient au seig⁺ abbé.

Le 9 mars 1714, Mre Léonor de Matignon, docteur de Sorbonne, abbé commendataire du Plessis-Grimoult, vicaire général de Lisieux, vu lad. réquisition, donne aud. s^r Morand la collation de la cure de Livarot, vacante par la mort de M° François Grip, dernier titulaire. (V. **123**).

14. — Le 21 février 1714, le recteur de l'Université de Caen donne des lettres de quinquennium à M° Claude de Louis, pbrē du diocèse de Lx, bachelier en théologie.

Le même jour, led. s^r de Louis, âgé de 35 ans, est nommé par lad. Université sur les archevêchés et les chapitres de Paris et de Rouen, et sur les évêchés et les chapitres de Bayeux, Lisieux, Coutances, Avranches, Évreux, Séez et Chartres, ainsi que sur un grand nombre d'abbayes et prieurés de ces divers diocèses.

15. — Le 25 février 1714, M° Jacques Lefebvre, pbrē, curé de S¹ Désir de Lx, 2° portion, (de la valeur de 360 livres de pension congrue) M° ès-arts en l'Université de Paris, fait réitérer ses noms et grades au seig⁺ évêque et au Chapitre de Lx.

16. — Le 20 février 1714, la nomination à la cure de S¹ Just d'Hecquemanville appartenant au seig⁺ de la Chapronnière, Mes^re Louis de Caulincourt, chev⁺, seig⁺ de Guespré, de la Chapronnière, les Ifs et autres lieux, demeurant à S¹ Quentin, diocèse de Noyon, nomme à cette cure, vacante par la mort de M° Jacques Schier, pbrē, dernier titulaire, la personne de M° Nicolas de la Fanouillière, pbrē, curé de S¹ Taurin-des-Ifs, diocèse de Rouen.

Le 2 mars 1714, Mre Pierre Dumesnil, vicaire général, donne aud. s^r de la Fanouillière la collation dud. bénéfice.

Le 9 mars 1714, le s^r de la Fanouillère prend possession de la cure d'Hecquemanville, en présence de M° Robert Bucailles, pbrē, vicaire de Plasnes, et plusieurs autres témoins.

17. — Le 13 mars 1714, vu l'attestation du s^r de Bosc-Henry, curé de la 1re portion de Montreuil, dispense de bans pour le mariage entre Christophe de S¹ Etienne, Esc^r, gendarme de la garde du roy, fils de feu Marguerin de S¹ Etienne, aussi gendarme, et de Catherine Morain, d'une part, et dam^lle Marguerite Le Berseur, fille du feu s^r Le Berseur et de noble dame Catherine Le Roux, tous deux de la par̄. de Montreuil.

18. — Le 21 février 1714, la nomination à la chapelle simple de « S¹ Philbert des Bois, en la forêt de Toucques, près S¹ Gatien », appartenant à la Collégiale de Cléry, les chanoines de cette église nomment à lad. chapelle, vacante par la mort de M⁰ Louis Gautier, clerc, dernier titulaire, la personne de M⁰ Louis Godin, clerc du diocèse d'Orléans, maître de musique de lad. collégiale.

Le 3 mars 1714, Mʳᵉ Léonor de Matignon, vic. g¹, donne aud. s¹ Godin la collation dud. bénéfice.

Le 12 mars 1714, le s¹ Godin, représenté par M⁰ Pierre Le Villain, pbrē, curé de Canapville, prend possession de la chapelle de S¹ Philbert, avec toutes les cérémonies accoutumées, en présence de M⁰ Guillaume Jean de Bellengreville, pbrē, curé de S¹ Gatien, et de M⁰ Guillaume Lemarchand, pbrē, vicaire de lad. parr. et y demeurant.

19. — Le 21 juin 1713, M⁰ Pierre-Joseph Lebourg, de Pontaudemer, est reçu M⁰ ès-arts en l'Université de Caen.

Le 21 février 1714, led. s¹ Lebourg, acolyte, obtient des lettres de quinquennium du recteur de lad. Université.

Le même jour, le s¹ Lebourg, âgé de 21 ans, est nommé par icelle sur les archevêchés et les chapitres de Paris et de Rouen ; sur les évêchés et les chapitres de Bayeux, Lisieux, Séez et Dol, ainsi que sur plusieurs abbayes de ces divers diocèses.

Le 9 mars 1714, Pierre-Joseph Lebourg de Montmorel, acolyte, demeurant à Paris, M⁰ ès-arts en l'Université de Caen, représenté par noble et discrète personne M⁰ Jean-Jacques Lebourg des Alleurs, son frère, pbrē, docteur de Sorbonne, chanoine de Lx, fait signifier ses noms et grades au seigʳ évêque de Lx, en parlant à Mʳᵉ Léonor de Matignon, son grand vicaire, trouvé en son appartement, dans la maison du grand séminaire, et aux sieurs chanoines de la Cathédrale. (*V.* **272, 501**).

20. — Le 15 mars 1714, M⁰ Nicolas Le Bellenger, pbrē du diocèse de Bayeux, demeurant au Prédauge, M⁰ ès-arts en l'Université de Caen, fait réitérer ses noms et grades aux religieux de S¹ᵉ Barbe, par le ministère de M⁰ Jacques Crochon, pbrē, notaire-royal apostolique du diocèse de Lx. (*V.* **259, 486, 512**).

21. — Le 2 mars 1714, M⁰ Charles Bellière, pbrē, chapelain en la Cathédrale, M⁰ ès-arts en l'Université de Paris, fait réitérer ses noms et grades au seigʳ évêque et au Chapitre de Lx. (*V.* **209, 505**).

22. — Le 25 juin 1710, M⁰ François Aubin, acolyte, du diocèse de Lx, est reçu M⁰ ès-arts en l'Université de Caen.

Le 21 février 1714, led. s¹ Aubin, pbrē, obtient des lettres de quinquennium du recteur de lad. Université.

Le même jour, le s¹ Aubin âgé de 29 ans, est nommé par icelle sur l'archevêché et le chapitre de Rouen, sur les évêchés et chapitres de Bayeux, Lisieux, Coutances, Avranches, Évreux et Séez, ainsi que sur un grand nombre des abbayes et prieurés de ces divers diocèses.

23. — Le 14 mars 1714, M⁰ Pierre Thillaye, pbrē, demeurant à S¹ Germain de Lx, M⁰ ès-arts en l'Université de Paris, fait réitérer ses noms et grades au seig' évêque et au Chapitre de Lx. (*V.* **124 278, 494**).

24. — Le 19 mars 1714, M⁰ Jean Le Chartier, pbrē, professeur royal de la langue grecque et des Humanités, depuis dix-sept ans, dans le collège du Bois de l'Université de Caen, demeurant en cette ville, parr. S¹ Sauveur, fait réitérer par procureur ses noms et grades au seig' évêque et au Chapitre de Lx.

25. — Le 19 mars 1714, M⁰ Jean Poisson, pbrē du diocèse de Bayeux, demeurant à Paris, M⁰ ès-arts en l'Université de Caen, représenté par M⁰ François Daufresne, praticien, demeurant à Lx, fait réitérer ses noms et grades au seig' évêque et au Chapitre de Lx.

26. — Le 14 mars 1714, M⁰ Gabriel Odienne, pbrē habitué en l'église de S¹ Germain de Lx, M⁰ ès-arts en l'Université de Caen, demeurant à Lx, requiert des s⁰ chanoines de Lx, sa nomination à la chapelle S¹ Romain, vacante par la mort de M⁰ François Grip. (*V.* **2, 8, 35**).

27. — Le 20 mars 1714, M⁰ Antoine Jehan, pbrē, curé de Noron, diocèse de Séez, lad. cure étant de portion congrue, fait réitérer ses noms et grades aux relig' de S¹ Evroult. (*V.* **278**).

28. — Le 27 février, 1714. Mʳᵉ Léonor de Matignon, vic. gᵗ, donne à M⁰ Thomas Duval, pbrē de ce diocèse, la collation de la cure de « Montreuil Lengelé, » 2ᵉ portion, vacante par la mort de M⁰ Jean-Tenneguy de la Rouvraye, pbrē, dernier titulaire. Cette collation est accordée en conséquence de la réquisition faite, le 19 janvier dernier, aux relig' de l'abbaye de S¹ Evroult.

Le 5 mars 1714, le s¹ Duval prend possession dud. bénéfice, en présence de Mesʳᵉ Jean-Baptiste de Bosc-Henry, pbrē, curé de la 1ʳᵉ portion de Montreuil ; M⁰ Jacques Hamel, pbrē, vicaire de lad. parr. ; M⁰ Pierre Villette, trésorier en charge de lad. église, et plusieurs autres.

29. — Le 20 mars 1714, M⁰ Guillaume Delafosse, pbrē, curé de Réville, « non remply », M⁰ ès-arts en l'Université de Caen, fait réitérer ses noms et grades au seig' évêque et au chapitre de Lx, ainsi qu'aux relig' de S¹ Evroult, (*V.* **271**).

30. — Le 28 août 1708, Pierre Simon, originaire d'Orbec, est reçu M⁰ ès-arts en l'Université de Paris.

Le 3 oct. 1708, le s¹ Simon, acolyte, obtient des lettres de quinquennium du recteur de lad. Université.

Le même jour, il est nommé par icelle sur l'évêché et le Chapitre de Lx, et sur les abbayes de Bernay et de S⁺ Evroult, et autres lieux.

Le 1ᵉʳ juin 1709, il est reçu bachelier en théologie.

Le 21 sept. 1709, Mᵉ Pierre Simon, acolyte de la par͞r. d'Orbec, est ordonné sous-diacre.

Le 5 avril 1711, il est ordonné diacre à Lx, par Mgʳ Charles-Alexandre Le Filleul de la Chapelle, évêque et comte de Vabre.

Le 19 sept. 1711, il est ordonné prêtre à Lx par Mgʳ Philbert-Charles de Pas Feuquière, évêque et comte d'Agde.

Le 21 mars 1714, led. sʳ Simon, pbr͞e, desservant en la par͞r. de Sᵗ Mards-de-Fresne et y demeurant, fait signifier ses noms et grades au seigʳ évêque et au Chapitre de Lx. (*V*. **281**, **490**).

31. — Le 20 mars 1714, Mᵉ Pierre du Hauvel, pbr͞e, demeurant à Lx, par͞r. Sᵗ Jacques, Mᵉ ès-arts en l'Université de Caen, fait réitérer ses noms et grades au seigʳ évêque et aux chanoines de Lx. (*V*. **437**).

32. — Le 21 mars 1714, Mᵉ Jean Le Bastard, pbr͞e du diocèse de Bayeux, chanoine régulier de la Maison-Dieu de Caen, Mᵉ ès-arts en l'Université de Caen, fait réitérer ses noms et grades aux religˣ de Sᵗᵉ Barbe. (*V*. **488**).

33. — Le 21 mars 1714, Mᵉ Jacques Dumontier, pbr͞e, originaire de Fontaine-la-Louvet, et y demeurant en qualité de vicaire desservant, fait réitérer ses noms et grades aux abbé et religˣ de Bernay.

34. — Le 21 mars 1711, Mᵉ Jacques Gosset, pbr͞e, curé de la 1ʳᵉ portion de Verson, exemption de Nonant, Mᵉ ès-arts en l'Université de Caen, fait réitérer ses noms et grades au seigʳ évêque et au Chapitre de Lx. (*V*. **273**, **453**, **491**).

35. — Le 14 mars 1714, la nomination à la chapelle Sᵗ Romain en la Cathédrale appartenant au chanoine de semaine, Mʳᵉ Adrien de Mailloc, pbr͞e, chanoine prébendé de Surville, se trouvant chanoine de semaine, nomme aud. bénéfice simple, vacant par la mort de Mᵉ François Grip, pbr͞e, dernier titulaire, la personne de Mᵉ Gabriel Odienne, pbr͞e de ce diocèse. (*V*. **8**, **26**).

36. — Le 23 mars 1714, Mᵉ Edouard Desvaux, pbr͞e, demeurant à Guerquesalles, Mᵉ ès-arts en l'Université de Caen, fait réitérer ses noms et grades au seigʳ évêque et au Chapitre de Lx. (*V*. **250**).

37. — Le 22 mars 1714, Mᵉ Jean Formage, pbr͞e, curé de la 2ᵉ portion du Mesnil-Mauger, « icelluy bénéfice estant de valeur de 300 livres, portion congrue, » Mᵉ ès-arts en l'Université de Caen, fait réitérer ses noms et grades au seigʳ évêque et au Chapitre de Lx, ainsi qu'aux religieux de Sᵗᵉ Barbe (*V*. **289**).

38. — Le 22 mars 1714, Mᵉ Nicolas de Sallen, pbr͞e du diocèse de Bayeux, chapelain de la chapelle de la Cérandière, demeurant en la paṝ. de Monts, aud. diocèse, M° ès-arts en l'Université de Caen, fait réitérer ses noms et grades au seig' évêque et au Chapitre de Lisieux, ainsi qu'aux religieux de S' Evroult. (*V*. **288, 475**).

39. — Le 23 mars 1714, M° Gabriel Duplessis, pbre, vicaire de Boisney, M° ès-arts en l'Université de Caen, fait réitérer ses noms et grades aux relig' de S' Pierre de Préaux. (*V*. **268, 480**).

40. — Le 8 janvier 1714, la nomination à la chapelle S' Jacques et S' Eustache au château de Nonant appartenant au marquis de Nonant, haut et puissant seig', messire Louis du Plessis-Chatillon, chev', marquis dud. lieu et de Nonant, « appelé à la substitution du comté de Château-meillant, S' Jamerin, Boullaize et S' Aoust, colonel du régiment de Provence, brigadier des armées du roy, demeurant à Paris en son hôtel, rue des Bons Enfans », nomme aud. bénéfice, vacant « par le décez arrivé depuis peu au s' Amellant, chapelain de lad. chapelle », la personne de M° Antoine-Joseph Eudes de Mézeray, pbre du diocèse de Séez.

Le 24 mars 1714, Mre Léonor de Matignon, vic. g¹, donne aud. s' de Mézeray la collation dud. bénéfice. (*V*. **159**).

41. — Le 24 mars 1714, M° François Le Petit du Boullay, pbre, M° ès-arts, licencié en théologie de la faculté de Paris, (originaire d'Orbec), fait réitérer ses noms et grades au seig' évêque et au Chapitre de Lx, ainsi qu'aux religieux de S' Evroult.

42. — Le 23 mars 1714, M° Pierre Foüet, pbre du diocèse de Bayeux, demeurant à Caen, paṝ. S' Sauveur, M° ès-arts en l'Université de Caen, fait réitérer ses noms et grades aux relig' de Bernay et de S' Evroult. (*V*. **296**).

43. — Le 23 mars 1714, M° Nicolas Leloup, s' de S' Loup, pbre du diocèse de Coutances, demeurant à Paris, réitère ses noms et grades au seig' évêque de Lx, « de pñt à Paris en son hôtel, rue S' Dominique. » (*V*. **298**).

44. — Le 23 mars 1714, M° Nicolas Gosset, pbre, curé du Mesnil-Durand, « ayant déclaré que sond. bénéfice ne vaut que 250 livres de revenu », fait réitérer ses noms et grades au seig' évêque et au Chapitre de Lx, ainsi qu'aux religieux de Préaux, Cormeilles et Bernay. (*V*. **282**).

45. — Le 26 mars 1714, Mre Léonor de Matignon, vic. g¹, donne un démissoire à M° Jacques Houssaye, pbre du diocèse de Lx, demeurant depuis environ quinze ans dans le diocèse de Rouen. — Cet acte est contresigné par M° F. Daubin, secrétaire de l'évêché.

46. — Le 27 mars 1714, M° Jacques Bunel, pbre de N.-D. de Pontaudemer, M° ès-arts en l'Université de Caen, prieur de l'Hôtel-Dieu de Pontaudemer, « de 150 livres de revenu annuel », fait réitérer ses noms et grades au seig' évêque et au Chapitre de Lx, ainsi qu'aux religieux de Grestain, Cormeilles et S˚ Pierre de Préaux, ainsi qu'aux dames de S˚ Léger de Préaux. (*V.* **79, 283**).

47. — Le 26 mars 1714, M˚ François Durosey, pbrē, docteur en théologie de la faculté de Paris, demeurant à Paris, représenté par Guillaume Lamidey (1), maître-cordonnier, bourgeois de Lx, y demeurant, parr. S˚ Germain, fait réitérer ses noms et grades au seig˚ évêque et au Chapitre de Lx. (*V.* **243**).

48. — Le 27 mars 1714, M˚ Pierre Lange, pbrē, M˚ ès-arts en l'Université de Paris, demeurant « *au bourg d'Orbec*, parr. Notre-Dame », fait réitérer ses noms et grades aux religieux de l'abbaye de S˚ Evroult. (*V.* **275**).

49. — Le 23 mars 1714, M˚ Claude Robert, pbrē du diocèse de Toulouse, bachelier en théologie de l'Université dud. lieu, supérieur du séminaire de N.-D. de Lx et y demeurant, parr. S˚ Germain, fait réitérer ses noms et grades au seig˚ évêque et au Chapitre de Lx. (*V.* **300, 355, 513**).

50. — Le 29 mars 1714, M˚ Nicolas Turpin, diacre, bachelier en théologie de l'Université de Caen, demeurant à S˚ André-d'Echauffour, fait réitérer ses noms et grades au seig˚ évêque et au Chapitre de Lx, ainsi qu'aux religieux de S˚ Evroult. (*V.* **292, 318, 500**).

51. — Le 29 mars 1714, M˚ Jean Caboulet, pbrē, curé de S˚ Aubin-sur-Auquainville, d'un revenu très-modique, et chapelain de la Madeleine en la Cathédrale, fait réitérer ses noms et grades au seig˚ évêque et au Chapitre de Lx. (*V.* **290, 496**).

52. — Le 29 mars 1714, M˚ Louis Pollin, pbrē, M˚ ès-arts en l'Université de Caen, curé de S˚ Jean-de-Livet, « de valeur annuelle de 250 livres tout au plus », fait réitérer ses noms et grades aux religieux de Beaumont-en-Auge. (*V.* **293, 495**).

53. — Le 29 mars 1714, M˚ Christophe Courtin, pbrē, M˚ ès-arts en l'Université de Caen, vicaire de Retz en la Cathédrale, de la valeur de 200 livres par an, et aussi chapelain de S˚ Laurent en la Cathédrale, du revenu de 80 livres, demeurant à Lx, parr. S˚ Germain, fait réitérer ses noms et grades au seig˚ évêque et au Chapitre de Lx.

54. — Le 30 mars 1714, M˚ François Morel, pbrē du diocèse d'Evreux, M˚ ès-arts en l'Université de Caen, curé, à portion congrue, de S˚ Pierre de Villers-en-Ouche, représenté par M˚ Nicolas Morel, son frère, officier de feu Monsieur, demeurant à la Gonfrière, fait réitérer ses noms et grades au seig˚ évêque et au Chapitre de Lx, ainsi qu'aux religieux de l'abbaye de S˚ Evroult. (*V.* **287, 491**).

---

(1) Ce G. Lamidey est très-souvent choisi comme procureur des ecclésiastiques.

55. — Le 17 mars 1714, la nomination à la cure de Norolles appartenant au baron de Combray, Mes⁰ Charles de Pacey, chev⁰, baron de Combray, seig⁰ et patron de Norolles, S⁰ Catherine et autres lieux, nomme à cette cure, vacante par la mort de M⁰ Gabriel Mallard, pbrē, dernier titulaire, la personne de M⁰ Jean-Guillaume Brasnu, pbrē, curé d'Ecorcheville. Fait à Lx, en présence de « noble et discrepte personne, M⁰ Louis-Henry de Romé de Vernouillet, chanoine et grand archidiacre en la Cathédrale, et conseiller en son parlement de Normandie, et de M⁰ Nicolas Lesguillon, pbrē, chapelain de S⁰ Catherine » en la Cathédrale.

Le même jour, Mes⁰ Léonor de Matignon, vic. g¹, donne au s⁰ Brasnu la collation de lad. cure de Norolles, toujours à condition qu'il passera six semaines au séminaire de Lx avant de remplir aucune fonction dans sa nouvelle paroisse.

Le 28 mars 1714, le s⁰ Brasnu prend possession dud. bénéfice de S⁰ Denis de Norolles, en présence dud. seig⁰ baron de Combray ; Michel Le Prevost, Esc⁰, s⁰ de Corneilles ; François-Evrard de la Foye, Esc⁰, s⁰ de Malou ; M⁰ Michel Gueroult, pbrē de la parr. de Norolles ; M⁰ Laurent-Pierre de Mallard, Esc⁰, et autres témoins. (V. 81).

56. — Le 31 mars 1714, M⁰ Jacques Crochon, pbrē, notaire royal-apostolique du diocèse de Lx, demeurant en cette ville, parr. S⁰ Germain, fait réitérer ses noms et grades au seig⁰ évêque et au Chapitre de Lx, ainsi qu'aux religieux de N.-D. de Cormeilles. (V. **291, 479**).

57. — Le 29 mars 1714, M⁰ François Leture, pbrē du diocèse de Coutances, professeur septennaire au collège du Bois, licencié aux droits, pourvu de la prébende du Faulq, diocèse de Lx, de la valeur de 230 livres, demeurant à Caen, parr. S⁰ Etienne, fait réitérer par procureur, ses noms et grades au seig⁰ évêque et au Chapitre de Lx, ainsi qu'aux religieux de S⁰ Pierre de Préaux.

58. — Le 17 mars 1714, le banquier expéditionnaire en cour de Rome atteste que, le 29 janvier dernier, il a envoyé la demande de la cure de Livarot, faite par M⁰ Pierre Costard, pbrē de ce diocèse, et que le 20 février suivant, la cure a été accordée par le pape.

59. — Le 21 mars 1714, la nomination à la chapelle desservie en l'église de Léaupartie appartenant au seig⁰ du lieu, noble dame Catherine Maillard, v⁰ᵉ de Mes⁰ Jacques Le Vaillant, chev⁰, seig⁰ de Vaucelles, dame et patronne de Léaupartie, nomme à cette chapelle, vacante par la mort de M⁰ Jean Le Mignot et par la démission de M⁰ Julien Cousin, pbrē, la personne de M⁰ Robert Bouet, pbrē de la parr. de Beaumont. Fait et passé à Bayeux, parr. S⁰ André, en la maison de lad. dame patronne, en présence de noble et discrète personne, M⁰ Jean-Jacques Le Vaillant, pbrē, curé de Léaupartie, et autres témoins.

Le 5 avril 1714, M⁰ Léonor de Matignon, vic. g¹, donne aud. s⁰ Bouet la collation dud. bénéfice.

60. — Le 9 avril 1694, M⁰ Antoine Fontaine, pbrē, curé de Blangy, fait son testament devant M⁰ Ollivier Jumel, pbrē, vicaire de Blangy. Il demande à être enterré dans le chœur de l'église et fait divers legs à la fabrique pour l'acquit de plusieurs messes et services. Il nomme exécuteurs testamentaires M⁰ Jean Lefebvre, pbrē, curé de S¹ Michel du Brèvedent, et M⁰ Pierre Daufresne, pbrē, curé de Fauguernon. Il a essayé de signer, mais la maladie ne lui a pas permis de le faire. Les témoins sont M⁰⁰ Alexandre et Gilles Tragin, chirurgiens, père et fils, demeurant à Blangy.

61. — Le 20 mars 1714, la nomination à la cure de S¹ Just d'Hecquemanville appartenant au seig⁰ du lieu, Mes⁰⁰ Antoine de Bernart, chev⁰⁰, marquis d'Avernes, seig⁰ engagiste du comté d'Orbec, seig⁰ de Chambry et autres lieux, demeurant à Paris, rue d'Enfer, nomme aud. bénéfice, vacant par la mort de M⁰ Jacques Sehier (ou Seyer), et par la démission de M⁰ Antoine Porée, la personne de M⁰ Pierre Devaux, acolyte du diocèse de Lx.

Le 25 mars 1714, M⁰ Pierre Dumesnil, vic. g¹, donne aud. s⁰ Devaux la collation de lad. cure. (*V*. **303, 443**).

62. — Le 3 avril 1714, M⁰ Philippe Derostes, pbrē, demeurant en qualité de desservant en la parr. de Selles, pourvu de la cure de N.-D. de Préaux, prend possession dud. bénéfice, en présence de M⁰ Pierre Durand, pbrē, curé de Tourville, et autres témoins.

63. — Le 27 mars 1714, M⁰ Alexandre du Buisson, diacre du diocèse de Lx, demeurant à Paris où il est professeur des humanités dans le collège de Lx, fait signifier par procureur ses noms et grades au seig⁰ évêque et au Chapitre de Lx. — Il avait été tonsuré à Paris par l'évêque de Toul, vers le 17 mars 1709.

64. — Le 24 mars 1714, la nomination à la cure de S¹ Just d'Hecquemanville appartenant au seig⁰ du lieu, M⁰⁰ Jacques Bulteau, Esc⁰, seig⁰ et patron d'Hecquemanville, conseiller du roy au Parlement de Normandie, demeurant à Rouen, rue aux Ours, parr. S¹ Cande-le-Jeune, nomme aud. bénéfice, vacant par la mort de M⁰ Jacques Sehier, pbrē, la personne de M⁰ Léonor de Bellemare, pbrē de ce diocèse de Lx.

Le même jour, M⁰⁰ Léonor de Matignon, vicaire général, donne aud. s⁰ de Bellemare la collation de la cure d'Hecquemanville. (*V*. **132**).

65. — Le 22 sept. 1703, Laurent Aubert, fils de Jacques et de Marie Lemarchand, de la parr. de S¹ Denis-d'Augeron, reçoit à Lx la tonsure et les ordres mineurs, des mains de l'ancien évêque de Condom.

66. — Le 7 avril 1709, Robert Domin, héritier de Jacques Domin, son frère, fonde au nom d'icelluy plusieurs services religieux en l'église de S¹ Sulpice de Canapville, du consentement de M⁰ Pierre Levillain, pbrē, curé de lad. par̃., et de M͏ʳᵉ Pierre de Mire, Esc͏ʳ, trésorier de lad. église. (V. 67).

67. — Le 25 mai 1707, M⁰ Pierre Levillain, pbrē, curé de Canapville, fonde en l'église dud. lieu plusieurs services au nom de feu noble dame Anne de Guérin, veuve de Elie de Nollent, Esc͏ʳ, en son vivant demeurant à Canapville ; et Mes͏ʳᵉ Pierre de Mire, Esc͏ʳ, trésorier de lad. église, ayant épousé Marie de Nollent, seule fille de lad. dame de Guérin, se charge de faire la rente nécessaire à l'acquit des charges religieuses demandées. (V. 66).

68. — Le 9 avril 1714, vu l'attestation du s͏ʳ Moullin, vicaire de Barneville-la-Bertrand, dispense de bans pour le mariage entre Thomas Thouret et Marie Leharenger.

69. — Le 28 déc. 1713, la nomination à la cure de S͏ᵗ Aubin-Lébizay appartenant au seig͏ʳ du lieu et lad. par̃. dépendant du marquisat de Beuvron, Mes͏ʳᵉ Henry de Harcourt, duc de Harcourt, pair et maréchal de France, chevalier des Ordres du roy, capitaine d'une compagnie des gardes du corps de Sa Majesté, nomme à cette cure, vacante par la démission de M⁰ Charles Gost, pbrē, dernier titulaire, la personne de M⁰ Jacques-Charles Le Marquier, pbrē du diocèse de Rouen, bachelier de Sorbonne.

Le 8 avril 1714, M͏ʳᵉ Léonor de Matignon, vic. g¹, donne aud. s͏ʳ Le Marquier la collation dud. bénéfice.

Le 9 avril 1714, le s͏ʳ Le Marquier, demeurant à Paris, au collège de Justice, rue de la Harpe, prend possession de la cure de Lébizay, en présence de M⁰ Guillaume Périer, pbrē, curé de Beaufour ; M⁰ Jacques Faumebrèche, pbrē, desservant la par̃. de S͏ᵗ Aubin-Lébizay, et autres témoins. (V. 214).

70. — Le 24 sept. 1702, Jean Fossard, fils de Nicolas et de Marguerite Hébert, de la par̃. de S͏ᵗ Etienne de Caen, reçoit à Bayeux la tonsure et les ordres mineurs. (V. **10, 235, 474, 507**).

71. — Le 21 déc. 1713, M⁰ Guillaume Derostes, pbrē, obtient en cour de Rome des lettres de provision de la cure de S͏ᵗ Benoit-des-Ombres, vacante par la résignation faite en sa faveur par M⁰ Nicolas Jouette, pbrē, dernier titulaire.

Le 12 avril 1714, M͏ʳᵉ Léonor de Matignon, vic. g¹, donne son visa auxd. lettres de provision.

Le 29 avril 1714, le s͏ʳ Derostes, vicaire de S͏ᵗ Grégoire-du-Vièvre, prend possession de la cure de S͏ᵗ Benoit, en présence de M⁰ Jacques Le Charpentier, pbrē, curé de S͏ᵗ Grégoire-du-Vièvre, et de plusieurs paroissiens. (V. **449**).

72. — Le 9 janvier 1698, Jean Le Bourgeois, s͏ʳ de la Mauferie, demeurant à S' Philbert-des-Champs, donne une pièce de terre, sise à S' Philbert, à la confrérie de la Charité fondée en l'église du lieu en l'honneur de s' Philbert et de s' Roch. Lad. Charité, représentée par Me François de Bailleul, Esc^r, pbre, curé de lad. par̄r. : Me Yves Ferrand, pbre, chapelain de la confrérie ; Charles David, échevin ; François Haguelon, prévôt, et Jacques Viquesnel, ancien frère servant, accepte lad. donation et s'engage à faire acquitter les services religieux demandés par le s' Le Bourgeois. Fait en présence de Me Robert Haguelon, pbre, demeurant à Norolles, et de plusieurs autres témoins.

73. — Le 13 avril 1714, Me Pierre Simon, pbre, desservant la par̄r. de S' Mards-de-Fresne, bachelier en théologie de la Faculté de Paris et M^e ès-arts, fait signifier ses noms et grades aux relig^x de Bernay, en parlant à dom Mathieu Huée, pbre, prieur de lad. abbaye.
La veille il avait fait faire la même signification aux relig^x de S' Evroult, en parlant à dom Jacques Irrebert, pbre, prieur de lad. abbaye. (V. **30**).

74. — Le 24 juillet 1713, Jacques Le Dorey, marchand, demeurant à S' Pierre-de-Courson, constitue 150 livres de rente en faveur de son fils, Me Nicolas Le Dorey, acolyte, afin qu'il parvienne aux ordres sacrés.

75. — Le 18 avril 1714, vu l'attestation du s' Morin, curé de S' Thomas de Touques, et du s' de Bonnechose, pbre, chapelain de Pontfol, ayant fait les fonctions en la par̄r. de S' Aubin-Lébisay, dispense de bans pour le mariage entre Mre Isaac-Joseph Chauffer, Esc^r, s' de S' Martin, cons^er ordinaire du roy en sa cour des Comptes, Aides et Finances de Rouen, natif de la par̄r. de S' Aubin-Lébisay, fils de feu Me Jean Chauffer, cons^er du roy, procureur ancien des tailles de l'élection de Pont-l'Evêque et d'Honfleur, et de feue dame Renée Fontaine, d'une part, et dam^lle Charlotte de Nollent, dame de Lespiney-Fleurigny, fille de Fleurent-François de Nollent, chev^r, seig^r de Lespiney-Fleurigny, et de noble dame Marie-Françoise Dauray, dame et patronne du Mesnil-Do et de la Chapelle-en-Juger, vicomté de S' Lo, lad. dam^lle demeurant en la par̄r. S' Thomas de Touques.

76. — Le 18 avril 1713, Mre Léonor de Matignon, vic. g^l, donne la collation de la cure de Selles à Me Guillaume-Henry de la Pallu, pbre, curé de Colandon au diocèse de Séez.
Le 19 avril 1714, led. s' de la Pallu, demeurant à Colandon et faisant élection de domicile en la demeure de Dom Joseph Baubreuil, pbre, sous-prieur de l'abbaye de Préaux, prend possession de la cure de Selles.

77. — Le 24 mars 1714, Me Charles Billard, pbre du diocèse d'Evreux, M^e ès-arts en l'Université de Paris, chanoine de l'église royale et collégiale de S¹ Spire de Corbeil, diocèse de Paris, y demeurant, fait réitérer ses noms et grades aux relig⁸ de S¹ Evroult, et spécialement à M⁹ Charles-Philippe, comte d'Aspremont et Reckeim, chanoine capitulaire des Illustres Chapitres de Cologne et de Strasbourg, abbé commendataire de l'abbaye de S¹ Evroult, en parlant à Mes^re Antoine Lemoyne, docteur de la Maison et Société de Sorbonne, trouvé en son appartement en lad. maison.

78. — Le 29 mars 1714, M⁹ Denis Delaporte, diacre du diocèse de Rouen, M⁹ ès-arts en l'Université de Paris, professeur au collège de Beauvais, fait réitérer ses noms et grades au seig^r abbé de S¹ Evroult. (*V.* **295, 482**).

79. — Le 27 déc. 1713, le pape Clément XI, sur la présentation du roy, accorde des bulles qui nomment à l'abbaye de S¹ Léger de Préaux, vacante par la mort de feu Madame de Vaudetard, la personne de Anne-Thérèse de Rohan de Montbazon, âgée de 30 ans. Cette dame avait reçu l'habit de S¹ Benoit et fait profession dans le monastère de Jouarre, diocèse de Meaux.

Le 9 avril 1714, avec l'autorisation du cardinal-archevêque de Paris, « la très-sérénissime princesse et révérende mère Anne-Thérèse de Rohan », abbesse de Préaux, prête serment de fidélité au S¹ Siège et fait sa profession de foi entre les mains de Monseig^r Léonor de Matignon, évêque et comte de Lx. à Paris, où il se trouve retenu par la maladie. Cette cérémonie se fit en présence de Mes^re Jean-Marie Hanriau et de Mes^re Antoine Lemoyne, tous deux docteurs de Sorbonne, vicaires généraux dud. seig^r évêque de Lx et demeurant aussi à Paris.

Le 27 avril 1714, Mes^re Pierre Dumesnil-Leboucher, vicaire général et official de l'évêché de Lx, fulmine la bulle qui nomme à l'abbaye de S¹ Léger de Préaux lad. dame de Rohan de Montbazon et l'autorise à prendre possession dud. bénéfice.

Le 28 avril 1714, Madame de Rohan de Montbazon prend possession de l'abbaye de S¹ Léger de Préaux.

Après que les religieuses de l'abbaye, sur la demande de Mre Léonor de Matignon, vic. g¹, ont déclaré qu'elles consentent à lad. prise de possession, la nouvelle abbesse entre dans l'abbaye, conduite par led. s^r vicaire général, se rend à l'église, y fait sa prière devant le grand autel, s'assied dans la chaire abbatiale, va ensuite au Chapitre, au dortoir et dans les autres bâtiments du monastère. Fait et passé en présence de noble et discrète personne Mre Jean-Baptiste Moullin, pbre, chanoine et archidiacre en la Cathédrale ; Louis du Houlley, pbre, curé de S¹ Ouen-des-Champs, (diocèse de Rouen) ; Nicolas du Houlley, pbre, docteur de Sorbonne, chanoine de la Cathédrale ; M⁹ Michel Hubert, pbre, curé de S¹ Michel de Préaux et doyen de Pont-Audemer ;

Mᵉ Nicolas de la Fontaine, pbrē dud. lieu ; Robert Laisney, pbrē, curé de N.-D. de Pontaudemer ; Mᵉ Claude Vitrel, pbrē, ancien curé de N.-D. de Préaux ; Mᵉ André Saffrey, pbrē, curé de la 1ʳᵉ portion de Sᵗ Michel de Préaux ; Jean Le Grix, Escʳ, sʳ de Heurteauville, consᵉʳ du roy, lieutenant général civil et criminel au bailliage de Pontaudemer ; Mᵉ Pierre Prémord, consᵉʳ du roy et vicomte d'Honfleur ; Jacques-Etienne Le Couteulx, consᵉʳ du roy en l'amirauté et gabelle d'Honfleur ; Mᵉ Guillaume Legras, consᵉʳ du roy, assesseur au bailliage et vicomté de Pontauthou et Pontaudemer ; Mᵉ Anne-François Lebourg, avocat ; Mᵉ Jacques Bunel, pbrē, prieur de l'Hôtel-Dieu de Pontaudemer, et plusieurs autres témoins.

80. — Le 25 avril 1714, noble et discrète personne Mᵉ Jacques de Mézières, pbrē, curé de Plainville, pourvu de la cure de N.-D. de Faveroles, prend possession dud. bénéfice en présence de plusieurs habitants de la paroisse. (*V.* **118, 169**).

81. — Le 14 avril 1714, la nomination à la cure de Norolles, appartenant au baron de Combray, Mesʳᵉ Charles de Parey, chevʳ, baron de Combray, seigʳ de Norolles, Sᵗᵉ Catherine, la Monteillerie, le Fief-Pec et autres terres, nomme à cette cure, vacante par le décès de Mᵉ Jean-Guillaume Brasnu, la personne de Mesʳᵉ Hercule-Pomponne-Louis de Corday, pbrē, curé de la 1ʳᵉ portion de Cerquigny.

Le même jour, Mʳᵉ Léonor de Matignon, vic. gˡ, donne aud. sʳ de Corday la collation dud. bénéfice.

Le 17 avril 1714, le sʳ de Corday prend possession de la cure de Norolles, en présence dud. seigʳ de Combray ; Mʳᵉ Guy-François de Parey, chevʳ, baron de Combray ; Michel Le Prevost, Escʳ, sʳ de Cormeilles ; François-Evrard de la Foye, Escʳ, seigʳ de Malou ; M. Michel Gueroult, pbrē, tous demeurant à Norolles. — Ces différents actes sont remis par le greffier des Insinuations à Pierre de Malard (*c'est ainsi qu'il signe*), Escʳ. (*V.* **55, 81, 198**).

82. — Le 30 mars 1714, Thomas Bourdon, fils de Louis et de Thérèse Athinas, de la parr. de Sᵗ Jacques de Lx, reçoit à Séez, la tonsure cléricale.

83. — Le 6 avril 1714, la nomination à la cure d'Ecorcheville appartenant au vicomte de Fauguernon, Mesʳᵉ Jean-François Le Conte de Nonant, chevʳ, seigʳ et marquis de Pierrecourt, baron-châtelain et haut-justicier de Fauguernon, seigʳ des terres de la Pinterie, du château du Pin, Angerville, Betheville, Sᵗ Philbert-des-Champs, Forges et autres terres seigneuriales, seigʳ et patron d'Ecorcheville, nomme aud. bénéfice cure d'Ecorcheville, vacant par la mort de Mᵉ Guillaume Brasnu, pbrē, dernier titulaire, la personne de Mᵉ François Hélix, pbrē, vicaire du Pin.

Le même jour, Mre Léonor de Matignon, vic. g^l, donne aud. s^r Hélix la collation dud. bénéfice. (V. **3, 11**).

Le 9 avril 1714, le s^r Hélix prend possession de la cure d'Ecorcheville.

84. — Le 9 mars 1714, la nomination à la cure de St Martin de Chambrais appartenant au seig^r de Fresné, Mes^re Henry-Charles Arnauld de Pomponne, seig^r du fief, terre et seigneurie de Fresné, située en Normandie, cons^er d'Etat ordinaire, abbé commendataire de l'abbaye royale de St Médard de Soissons, demeurant à Paris, nomme à lad. cure de Chambrais, vacante par la mort de Me Louis Fourquemin, pbr̄e, dernier titulaire, la personne de Honoré Bouis, pbr̄e du diocèse d'Aix en Provence.

Le 6 avril 1714, Mre Léonor de Matignon, vic. g^l, donne aud. s^r Bouis, la collation dud. bénéfice.

Le 3 mai 1714, le s^r Bouis, demeurant à Paris, en l'hôtel de Pomponne, rue de l'Université, représenté par Me Guillaume Meslin, pbr̄e, vicaire de Chambrais, prend possession de lad. cure, en présence de Me Léonor Legay, s^r de St Denis, procureur ; Me Robert-Louis Ledanois, Me Georges Dessaux, procureur des aides de Chambrais ; Louis Auzou, syndic ; Jean Lefournier, trésorier ; Pierre Capelet, maître des postes de Chambrois, tous demeurant aud. bourg. (V. **200**).

85. — Le 7 mai 1714, vu l'attestation du s^r Thibout, curé de la Goulafrière, Mes^re Nicolas du Houlley, pbr̄e, docteur de Sorbonne, chanoine de la Cathédrale, vice-gérant en l'officialité de Lx, accorde dispense de la publication de deux bans pour le mariage entre Nicolas Tavernier et Jeanne Chabot.

86. — Le 15 mars 1714, vu l'attestation du s^r Paisant, curé de Thiberville, et du s^r Mahiette, vicaire de la Chapelle-Hareng, dispense de bans pour le mariage entre François Toufflet, de la par̄r. de la Chapelle-Hareng, d'une part, et dam^lle Marguerite-Estiennette du Houlley, fille de feu Jean du Houlley, Esc^r, s^r de Thiberville, et de feue dam^lle Etiennette Boucquet, de lad. par̄r. de Thiberville. (V. **435**).

87. — Le 15 mai 1714, Me François Mallet, pbr̄e, curé de Résenlieu et pourvu aussi de la cure de St Martin de Coulmer, donne sa procuration pour résigner la cure de Coulmer entre les mains de N.-S.-P. le pape, en faveur de Me François Tiphaine, pbr̄e du diocèse de Lx et curé de St Rémy de Dangers, au diocèse de Chartres. (V. **170**).

88. — Le 21 mai 1714, vu l'attestation du s^r de Monthuchon, curé d'Orbec, et du s^r de Bosc-Henry, curé de Montreuil, dispense de bans pour le mariage entre Louis Le Cousturier, s^r des Loriers, bourgeois d'Orbec, et dam^lle Foy de Flambard, fille de feu François de Flambard, Esc^r, s^r de la Chapelle, et de noble dame Foy de Joffre, de la par̄r. de Villers-en-Ouche, et demeurant en la par̄r. de Montreuil.

89. — Le 21 mars 1714, M⁰ Guillaume De la Salle, pbrē, pourvu de la cure de S¹ Ouen de Grestain, ayant cédé à M⁰ Pierre Lailler, pbrē, tous ses droits sur cette cure, celui-ci obtient en cour de Rome des lettres de provision dud. bénéfice.

Le 14 mai 1714, M⁰ Léonor de Matignon, vic. g¹, donne son visa auxd. lettres de provision.

Le 16 mai 1714, le s¹ Lailler, pbrē, demeurant à S¹ Léonard d'Honfleur, prend possession de la cure de S¹ Ouen de Grestain.

90. — Le 23 mai 1713, dispense de parenté au 3ᵉ degré pour le mariage entre Gédéon Auber, Esc⁰, seig⁰ de Beaumoucel, demeurant à Beuzeville, et dam¹¹ᵉ Marie-Françoise de Parey, demeurant en la parr. de Fauguernon.

Gédéon Auber, chev⁰, seig⁰ de Beaumoucel, était fils de feu noble seig⁰, Mes⁰ᵉ Arthus-Antoine Auber, chev⁰, seig⁰ dud. fief, et de noble dame Anne de Calmesnil, demeurant à Beuzeville. — Dam¹¹ᵉ Marie-Françoise de Parey, était fille de noble seig⁰ Mes⁰ᵉ Charles de Parey, chev⁰, seig⁰ et baron de Parey, Combray, etc., et de noble dame Elisabeth-Marie-Françoise de Couvert, demeurant à Fauguernon.

91. — Le 20 déc. 1708, François Pépin, de la parr. de Lieurey, constitue 150 livres de rente en faveur de son fils, M⁰ Jean Pépin, acolyte, afin qu'il puisse parvenir aux ordres sacrés.

92. — Le 17 avril 1714, la nomination à la cure d'Hecquemanville appartenant par dévolu au seig⁰ évêque, Sa Grandeur nomme à ce bénéfice, vacant par la mort de M⁰ Jacques Seyer, dernier titulaire, la personne de M⁰ Félix Maillet, diacre du diocèse de Lx. Fait et passé à Paris.

Le 2 mai 1714, led. s¹ Maillet, diacre, demeurant à S¹ Jacques de Lx, prend possession de la cure d'Hecquemanville, en présence de plusieurs habitants du lieu. (*V.* **97, 152, 193**).

93. — Le 2 juin 1714, vu l'attestation du s¹ Thommeret, curé de Quetteville, et du s¹ Gallois, curé d'Ableville, dispense de bans pour le mariage entre Jacques Deschamps, Esc⁰, s¹ de la Guérie, fils de Jacques Deschamps, Esc⁰, s¹ de la Gruelle, et de noble dame Marie Le Grix, de la parr. d'Ableville, d'une part, et dam¹¹ᵉ Marie-Claire Orieult, fille de François Orieult, Esc⁰, s¹ de Grandmare, et de noble dame Marie Duquesne, de la parr. de Quetteville.

94. — Le 29 mars 1714, M⁰ Nicolas-André Piel, pbrē, chanoine régulier de l'ordre de S¹ Augustin, obtient en cour de Rome des lettres de provision du prieuré-cure de S¹ Pierre de Cerqueux, vacant par la démission faite en sa faveur par M⁰ Jean-Baptiste Marie, pbrē, chanoine régulier dud. ordre et dernier titulaire.

Le 30 mai 1714, M⁰ Léonor de Matignon, vic. g¹, donne son visa auxd. lettres de provision.

Le 2 juin 1714, le s' Piel, prieur-curé de N.-D. du Bois-l'Évêque, diocèse de Rouen, pourvu de la 2ᵉ portion de la cure de Cerqueux, prend possession de lad. cure, en présence de Mᵉ Jean Deschamps, curé de la 1ʳᵉ portion, et de Jean Drouin, trésorier de l'église de Cerqueux.

95. — Le 29 mai 1714, le seigʳ évêque, étant à Paris, nomme grand-vicaire Mesʳᵉ Louis-Henry de Romé de Vernouillet, pbrē, chanoine de Lx et grand archidiacre.

96. — Le 24 sept. 1712, Mᵉ Martin Desvaux, acolyte de Guerquesalles, est ordonné sous-diacre par l'ancien évêque de Condom.

97. — Le 1ᵉʳ avril 1713, Mᵉ Félix Maillet, sous-diacre de Sᵗ Jacques de Lx, est ordonné diacre par l'ancien évêque de Condom. (*V.* **92, 152, 493**).

98. — Le 20 sept. 1709, Nicolas-Robert Le Barbier, fils de Nicolas et d'Anne Thinant, de la parr. de N.-D. du Sépulcre de Pontaudemer, reçoit la tonsure.

Le 17 juin 1714, led. sʳ Le Barbier, reçoit les ordres mineurs, dans la chapelle du séminaire de Caen, des mains de Mʳ François Blouet de Camilly, évêque de Toul.

99. — Le 19 oct. 1710, François Furon, fils de Michel et de Marthe Deshays, de la parr. de Campigny, reçoit la tonsure et les ordres mineurs.

100. — Le 17 juin 1714, Jacques Duval, fils de Pierre et de Françoise Lefebvre, de la parr. d'Heudreville, reçoit à Caen la tonsure et les ordres mineurs. (*V.* **385**).

101. — Le 20 juin 1714, vu l'attestation du sʳ Hémery, curé de Lieurey, et du sʳ Le Merlier, vicaire d'Epaigne, dispense de bans pour le mariage entre Louis Loutrel et Anne Savus.

102. — Le 13 déc. 1712, Robert Peauger, fils de Philippe et de Catherine Langevin, de la parr. de Berthouville, reçoit la tonsure et les ordres mineurs.

103. — Le 19 oct. 1712, Adrien Jouen, fils de Robert et de Marguerite Lebreton, de la parr. de la Chapelle-Béquet, reçoit la tonsure et les ordres mineurs.

104. — Le 25 juin 1714, vu l'attestation du sʳ Gondouin, curé de Morainville, et du sʳ Halbout, vicaire de Jouveaux, dispense de bans pour le mariage entre Jacques Tassel et Françoise Perdriel.

105. — Le 26 août 1713, Pierre Briant, marchand tanneur, demeurant à Vimoutiers, constitue 150 livres de rente en faveur de Mᵉ Bonaventure Lautour, acolyte de Vimoutiers, afin qu'il puisse parvenir aux ordres sacrés.

106. — Le 27 juillet 1713, Mᵉ Michel Le Brun, pbrē, curé du Manoir-sur-Seine, diocèse de Rouen, François et Michel Le Brun, demeurant à Firfol, constituent 150 livres de rente en faveur de M˚ Jean-Baptiste Le Brun, acolyte de Firfol, neveu dud. s˚ curé et frère desd. François et Michel, afin qu'il puisse parvenir aux ordres sacrés.

107. — Le 3 juillet 1714, dispense de bans pour le mariage entre Mathias Manchon, d'une part, et dam¹¹ᵉ Françoise Le Vallois, fille de feu André, Esc˚, et de Marguerite Petitcœur, tous deux de la par̃. d'Ouville-la-Bien-Tournée. (V. 109).

108. — Le 4 juillet 1714, vu l'attestation du sʳ Lemercier, curé de Courcelles, dispense de bans pour le mariage entre Mʳᵉ Pierre-Jacques de Garencières, Esc˚, seigʳ et patron de Courcelles, fils de Nicolas et de Madeleine de Maucomble, de la par̃. de Courcelles, d'une part, et dam¹¹ᵉ Marguerite de Rassent, fille de Jacques de Rassent, Esc˚, seigʳ du Bosc-Dubois, et de dame Marguerite de la Porte, de la par̃. de Chamblac, diocèse d'Evreux.

109. — Le 5 juillet 1714, vu l'attestation du sʳ Jacques-Jean Dutaillis, pbr̃e, curé d'Ouville, dispense de bans pour le mariage entre Jean Le Vallois, Esc˚, sʳ des Monceaux, fils de feu André Le Vallois, Esc˚, sʳ des Monceaux, et de dame Marguerite Petitcœur, d'une part, et Suzanne Fourneaux, fille de Mᵉ Jacques Fourneaux et de Marie Huet. (V. 108).

110. — Le 6 juillet 1714, Dom Robert-Dominique Moullin, pbr̃e, chanoine régulier, prieur-curé de Sᵗ Martin de Friardel, demeurant au prieuré dud. lieu, donne sa procuration pour remettre sa démission dud. bénéfice entre les mains de N.-S.-P. le pape en faveur de Dom Antoine Balleur, acolyte, religˣ au couvent de Friardel. Fait à Lx, en la maison de noble et discrète personne Mʳᵉ Jean-Baptiste Moullin, pbr̃e, chanoine et archidiacre de la Cathédrale.

111. — Le 6 juillet 1714, Mᵉ Paul Leportier, pbr̃e, curé de Sᵗ Martin du Pontchardon, donne sa procuration pour résigner sond. bénéfice entre les mains de N.-S.-P. le pape en faveur de Mᵉ Paul-Pierre Burget, acolyte, demeurant « au petit séminaire de N.-D. de Lx. » (V. **429, 440**).

112. — Le 4 juillet 1714, la nomination à la 1ʳᵉ portion de la cure de Barneville-en-Auge (Basseneville), appartenant au seigʳ du lieu, Mʳᵉ Réné-Alexandre Aubry, consᵉʳ du roi en Cour de Parlement, seigʳ de Barneville, Sᵗ Clair et Sᵗ Samson-en-Auge, nomme aud. bénéfice, vacant par la mort de Mᵉ Jean Maheut, pbr̃e, dernier titulaire, la personne de Mᵉ Gilles Colette, pbr̃e du diocèse de Coutances, vicaire de Putot-en-Auge.

113. — Le 30 juin 1714, le seigʳ évêque d'Avranches nomme pour son grand vicaire dans sa baronnie de Sᵗ Philbert, diocèse de Lx, la personne de Mᵉ Jean Levavasseur, pbr̃e, curé de Sᵗ Jean-de-la-

Lecqueraye, doyen de Cormeilles. Fait à Rouen en « l'auberge où pend pour enseigne *La Ville de Paris*, rue des Carmes. »

114. — Le 14 juillet 1714, vu l'attestation du s' Hellouin, curé de S' Ouen de Pontaudemer, et du s' Patin, curé de S' Pierre-des-Ifs, dispense de bans pour le mariage entre Pierre Dupin, Esc', s' des Vastines, fils de Richard et de dame Louise de Rupierre, de la parr. de S' Pierre-des-Ifs, d'une part, et dam^lle Marie-Anne Le Grix, fille de Gaspard Le Grix, Esc', cons^er du roi, lieutenant général en la vicomté de Pontaudemer et premier assesseur au bailliage dud. lieu, et de dame Geneviève Guerard, de lad. parr. de S' Ouen de Pontaudemer.

115. — Le 31 mars 1714, Me Charles-François Bourlet du Buisson, sous-diacre de St Germain-la-Campagne, reçoit à Séez l'ordre du diaconat, des mains de Mgr Dominique-Barnabé Turgot, évêque de Séez.

116. — Le 18 sept. 1683, Jean Doucet, fils de Jacques et d'Angélique Dozenne, de la parr. de St Jean de Caen, reçoit à Bayeux la tonsure et les ordres mineurs.

Le 8 oct. 1685, Me Jean Doucet de Belleville, diacre du diocèse de Bayeux, est reçu M^e ès-arts en l'Université de Caen.

Le 27 fév. 1692, led. s' de Belleville, pbrē, docteur en théologie, obtient des lettres de quinquennium du recteur de lad. Université.

Le même jour, il est nommé par icelle sur les archevêchés et les chapitres de Paris et de Rouen ; sur les évêchés et les chapitres de Bayeux, Lisieux, Coutances, Avranches, Séez, Evreux et Le Mans, et sur la plupart des abbayes et prieurés de ces diocèses.

Le 27 juin 1714, le s' Doucet de Belleville, demeurant à Caen, rue au Marché-au-Bois, parr. St Pierre, représenté par Mes^re Ollivier de Montargis, pbrē, chanoine de Lx, fait signifier ses noms et grades au seig^r évêque et au Chapitre de Lx.

Armes de Mgr de Matignon

117. — Le 16 juillet 1714, le Chapitre étant réuni à l'issue de matines, le doyen dit qu'il a appris de source certaine la mort « de feu de bonne mémoire Mre Léonor Gouyon de Matignon, évêque et comte de Lx. » Sur quoy la compagnie arrête que le Chapitre sera convoqué *per juramentum et domos*, à l'issue de la grande messe. Il ordonne qu'il sera sonné « présentement les deux plus grosses cloches en vol, pendant une heure ; qu'on les sonnera encore aujourd'hui avant midi ; qu'après les vêpres, on dira les vigiles à neuf leçons et les laudes pendant lesquelles seront sonnées toutes les cloches. Ce soir seront sonnées deux grosses cloches ; demain matin à 6 heures de même, le tout pendant demie-heure, et toutes les cloches pendant le service et la grande messe qui sera chantée et célébrée comme aux obits du roy ; et tous les jours, jusqu'à ce que le corps soit inhumé, on sonnera au soir deux grosses cloches. »

Le même jour, le Chapitre étant assemblé *per juramentum et domos*, Mr le doyen a lu une lettre qu'il a reçue de Mr Hanriau, chevecier de la Cathédrale, grand vicaire du diocèse et exécuteur du testament de feu Mesre Léonor de Matignon, par laquelle il lui marque que led. seigr était mort à Paris, samedi dernier, 14 juillet, sur les 5 heures du matin. « La Compagnie a député les srs de Romé et Le Rebours, chanoine et archidiacres, pour aller faire compliment de sa part à Mr l'abbé de Matignon, son nepveu, estant au séminaire de cette ville, et luy marquer combien elle est sensible à la perte qu'il vient de faire. »

Le Chapitre nomme ensuite des députés pour faire apposer les scellés sur toutes les portes et appartements de l'évêché, envoie une procuration pour faire apposer aussi les scellés sur l'appartement où est mort led. seigr évêque, et partout ailleurs où il conviendra.

Puis le promoteur dit que l'administration de l'Evêché, tant au spirituel qu'au temporel, étant dévolue de droit au Chapitre, le siège épiscopal vacant, il fallait nommer des officiers pour lad. administration. Sur quoi, pour l'administration spirituelle, ont été nommés grands vicaires *sous l'autorité du Chapitre*, Mr de Franqueville, haut-doyen, les srs Hanriau, Dumesnil-Leboucher, de Romé, Le Rebours et Mr l'abbé de Matignon, lesquels « ont prêté serment au Chapitre de bien et fidèlement gouverner et administrer, le Chapitre leur donnant par ces présentes tous les pouvoirs à luy dévolus, se réservant néanmoins la nomination aux bénéfices. » Les srs grands vicaires réfèreront au Chapitre des affaires de grande importance. Les affaires de moindre conséquence devront être signées au moins de deux grands vicaires. Le Chapitre se réserve également la nomination des prédicateurs de l'avent et du carême.

Le Chapitre nomme pour official du diocèse, Me Dumesnil-Leboucher ; pour vice-gérant, Me Nicolas du Houlley, chanoine ; pour avocat d'office, Me Gilbert Hébert, chanoine ; pour greffier de l'officialité, Me Guillaume Véron, pbre, chapelain de la Cathédrale et secrétaire du Chapitre ; pour procureur des déports, le sr Le Rebours, chanoine, à charge d'en rendre compte ; pour secrétaire de l'évêché, le sr Daubin, chanoine. Pour vicaire général et official de l'exemption de St Cande, Mr de la Hogue, chanoine de Rouen ; pour promoteur, le sr Corbin, pbre, bénéficier de lad. église. Pour vicaire général et official « de Nonant vers Bayeux », Mre Hélix d'Albret, chanoine de Bayeux. Pour vice-gérant, Me Renaut, pbre, curé de St Martin de Caen. Les autres officiers sont continués dans leurs fonctions.

Le Chapitre nomme ensuite les officiers pour le temporel : Lieutenant général au bailliage vicomtal de la haute-justice de l'Evêché, M⁺ François-Joseph Paisant ; Lieutenant particulier, M⁺ Nicolas Cordouen ; procureur fiscal, M⁺ Claude Du Lys de Boissy ; pour avocat fiscal, M⁺ Pierre Le Vallois ; pour greffier, M⁺ Jean Lecavelier. Le Chapitre se réserve la nomination du bailly, lorsqu'il le jugera bon.

« Sur l'avis qu'on a reçu qu'on apporte le corps dud. feu seig⁺ évêque pour estre inhumé en cette Eglise, la Compagnie a député » quatre de ses membres pour aller recevoir le corps aux confins du diocèse, vers la Rivière-Thibouville, « et seront avertys tous les curez et par̄r., à droite et à gauche du chemin par où le corps passera, de faire sonner et de venir recevoir le corps aux confins de leur par̄r. avec la croix et en habit d'église et de chanter, en le conduisant jusqu'aux confins de chacune par̄r. »

Suit l'installation de l'Officialité par M⁺ le doyen en habit de chanoine.

M⁺ le doyen se rend ensuite à la geôle de l'Evêché où il ne trouve aucun prisonnier ; de là au secrétariat de l'évêché où le s⁺ Daubin lui remet les sceaux du feu seig⁺ évêque ; mais comme le s⁺ Daubin est continué dans ses fonctions, les sceaux lui sont rendus.

118. — Le 18 juillet 1714, Pierre Dumesnil-Leboucher, pbr̄e, vicaire général et official de l'Evêché de Lx, sous l'autorité de messieurs du Chapitre, le siège épicopal vacant, vu l'attestation du s⁺ Lemarchand, curé du Mesnil-Rousset, accorde dispense de bans pour le mariage entre Pomponne du Bois de la Ville, Escr, seig⁺ du Mesnil-Rousset, d'une part, et Jacqueline-Antoinette, fille de Mes⁺ᵉ Louis de Brague, chev⁺, seig⁺ des Barres, de Rouvre et de la Herminière, et de noble dame Antoinette Denise de Line (?), de la par̄r. de Malnoyer, d'autre part.

119. — Le 28 juin 1714, noble et discrète personne M⁺ᵉ Jacques de Mésières, pbr̄e, curé de S⁺ Saturnin de Plainville et y demeurant, pourvu de la cure de Faverolles, donne sa procuration pour résigner la cure de Plainville entre les mains de N.-S.-P. le pape en faveur de M⁺ Jean Canu, pbr̄e, curé de S⁺ Michel de Vieux-Port, diocèse de Rouen, et titulaire de la prébende cléricale de la collégiale de S⁺ Samson-sur-Rille, de l'exemption de Dol ; et led. s⁺ Canu donne aussi sa procuration pour résigner de même sa prébende cléricale en faveur dud. s⁺ de Mésières, le tout pour cause de mutuelle permutation. (*V.* **80, 135, 169**).

120. — Le 23 juillet 1714, M⁺ Claude Noel, pbr̄e, curé de la par̄r. de S⁺ Symphorien et titulaire de la Chapelle de *Requiem* en l'abbaye de S⁺ Léger de Préaux, donne sa procuration pour résigner lad. chapelle entre les mains de N.-S.-P. le pape en faveur de M⁺ Philippe Noel, diacre, habitué en l'église de S⁺ Ouen de Pontaudemer. (*V.* **261**).

121. — Le 9 mars 1714, Mre Laurent Bellencontre, sous-diacre, second sous-chantre de la Cathédrale, est mis en possession de la première demi-prébende, appelée première sous-chantrerie, à laquelle il a été nommé le 5 février dernier par le seig^r évêque.

Les fonctions de ce bénéfice consistaient à « chanter la musique en cette Eglise, y résider continuellement, assister au service, entonner les psaumes et élever le chant chaque jour, et célébrer les messes auxquelles lad. première sous-chantrerie est sujette ». (V. **307, 319**).

122. — Le 26 juillet 1714, vu l'attestation du s^r Ruffy, curé de Vimoutiers, dispense de bans pour le mariage entre Joseph Devaux, s^r de la Moustière, officier de Monseig^r le duc d'Orléans, fils de Marin Devaux, officier de feu Monsieur, et de dam^lle Suzanne Fuselier, de la parr. de Vimoutiers, d'une part, et dam^lle Marie Blanchard, fille de feu LouisBlanchard, Esc^r, s^r de Villy, et de noble dame Gillone de Vanembras, de la parr. de Ste Trinité de Falaise.

123. — Le 25 juillet 1713, Me Pierre Morand, pbre, vicaire de Mallouy, pourvu de la cure de Livarot, vacante par la mort de Me François Grip, pbre, dernier titulaire, prend possession dud. bénéfice, en présence de Me Noel Pottier, syndic, et autres habitants de lad. paroisse. (V. **13**).

124. — Le 18 juillet 1714, Me Pierre Thillaye, pbre, est mis en possession de la Chapelle St Romain en la Cathédrale, par le ministère de M^r le doyen, en présence de Mes Christophe Courtin et Guillaume Couture, pbres, chapelains de la Cathédrale. — Payé aux mains du s^r Daubin, l'un des claviers du Chapitre, la somme de 5 livres pour droit de chape ;

Cette chapelle, qui était à la nomination du chanoine de semaine, lui avait été conférée le même jour par Mre Etienne Le Bas, pbre, chanoine prébendé de St Jacques, théologal et archidiacre de Gacey, se trouvant alors chanoine de semaine. Le s^r Thillaye en avait fait la réquisition le 14 juillet précédent, en parlant à Messires Claude de Franqueville, haut-doyen, Pierre Dumesnil, pbre, docteur en Sorbonne, chanoine scolaste, François Le Rebours, Louis-Henry de Romé de Vernouillet, archidiacre, Jacques de Setz, Adrian de Mailloc, François Daubin, Gilbert Hébert, Nicolas du Houlley, Ollivier de Montargis, Charles Inger, pénitencier, Jules de Liée de Thonnencourt, Jean Mignot, François Legrand et le s^r Lebourg des Alleurs, tous chanoines de la Cathédrale. (V. **23, 278, 437**).

125. — Le 1er août 1714, vu l'attestation du s^r Quettier, vicaire de St Georges-en-Auge, et du s^r Buisson, vicaire de Drucourt, dispense de bans pour le mariage entre Jean-Baptiste de Voyne, Esc^r, fils de Jean de Voyne, Esc^r, et de noble dame Marie-Anne Le Dorey, de la parr. de St Georges-en-Auge, d'une part, et dam^lle Marie-Françoise du Rozey, fille de Mons' Alexis du Rozey, Esc', et de feue noble dame Marguerite-Madeleine Lusson, de la par̄r. de Drucourt.

126. — Le 21 mars 1714, dom Jean-Baptiste-Thomas Perrée, diacre, chanoine régulier de l'ordre de Prémontré, obtient en cour de Rome des lettres de provision du prieuré-cure de N.-D. des Groselliers, vacant par la démission faite en sa faveur par dom Laurent Barbey, chanoine dud. ordre et dernier titulaire.

Le 1er oct. 1714, Mrs Claude de Franqueville et François Le Rebours, vicaires généraux du diocèse de Lx, donnent aud. s^r Perrée la collation dud. bénéfice.

Le lendemain, le s^r Perrée prend possession de la cure des Groselliers, en présence de dom Laurent Barbey, cy-devant prieur du lieu ; Me François-Auguste Collet, diacre de la par̄r. de Hotot ; Me Guillaume Dumoullin, acolyte de la par̄r. des Groselliers, et autres témoins.

127. — Le 6 août 1713, Pierre Huet, marchand, demeurant à St Loup-de-Fribois, constitue 150 livres de rente en faveur de Me Charles de Monpellier, acolyte, afin qu'il puisse parvenir aux ordres sacrés. Cette rente est cautionnée par Me Jean Formage, pbr̄e, curé de Mesnil-Mauger, 2e portion.

Led. s^r acolyte, fils de Charles de Monpellier, était né au Mesnil-Mauger.

128. — Le 27 août 1713, Me Mathieu Boivin, huissier royal au bailliage de Montreuil, demeurant à Réville, constitue 150 livres de rente en faveur de son fils, Me Louis Boivin, acolyte, afin qu'il puisse parvenir aux ordres sacrés.

129. — Le 25 août 1713, Pierre et Jean Delacour, fils Pierre, de la par̄r. de St Cyr de Salerne, constituent 150 livres de rente en faveur de leur frère, Me Jacques Delacour, acolyte, afin qu'il puisse parvenir aux ordres sacrés. — Le 27 août suivant, lecture dud. acte fut faite à l'issue de la messe de St Pierre de Salerne, en présence de Me Gédéon Dumayne, pbr̄e, curé de lad. par̄r., et de Me Guillaume Motte, pbr̄e, vicaire du lieu. (V. **132**).

130. — Le 20 août 1713, Jean-Baptiste Le Mire, fils de feu Jacques, de la par̄r. de St Cyr de Salerne, constitue 150 livres de rente en faveur de son frère, Me Jacques Le Mire, acolyte, afin qu'il puisse parvenir aux ordres sacrés. — Le 27 août 1713, lecture dud. acte fut faite à l'issue de la messe paroissiale de St Cyr de Salerne, en présence de Me Léonor de Bellemare, pbr̄e, vicaire de lad. par̄r., et de Me Jean Sement, aussi pbr̄e. (V. **132**).

131. — Le 8 août 1713, Jean Le Hain, laboureur, demeurant en la par̄r. du Sapandré, constitue 150 livres de rente en faveur de son fils, Me Jacques Le Hain, acolyte, afin qu'il puisse parvenir aux ordres sacrés. Fait en présence de M⁰ Nicolas Puel, pbrē, vicaire du Noyer-Menard, et autres témoins.

132. — Le 3 mai 1714, les patrons laïcs de la cure d'Hecquemanville n'ayant pas nommé à ce bénéfice dans le temps fixé par le droit, Mʳᵉ Léonor de Bellemare, pbrē, obtient en cour de Rome des provisions de lad. cure, vacante depuis plus de quatre mois par la mort de M⁰ Jacques Sehier, dernier titulaire.

Le 8 août 1714, Mesʳˢ Claude de Franqueville et Pierre Dumesnil, vicaires généraux du Chapitre, donnent leur visa auxd. lettres de provision.

Le 9 août 1714, le sʳ de Bellemare, desservant la cure d'Hecquemanville et demeurant au manoir presbytéral de Sᵗ Cyr de Salerne, prend possession dud. bénéfice d'Hecquemanville, en présence de M⁰ Robert Delaborne, curé de Berthouville, syndic de Messieurs les curés et doyen de Bernay ; M⁰ Jacques Le Mire, sous-diacre, et M⁰ Jacques Delacour, sous-diacre, tous deux de Sᵗ Cyr de Salerne ; Charles Duplessis, syndic de la parr. d'Hecquemanville; Richard Rogeron, trésorier de l'église du lieu. (*V.* **61, 152**).

133. — Le 17 juin 1714, Jacques Daufresne, fils de Gaspard et d'Agnès Rocques, de la parr. de Sᵗ Jacques de Lx, reçoit la tonsure dans la chapelle du séminaire de Caen.

134. — Le 10 août 1714, la nomination « à la cure de Sᵗ François d'Herbigny, cy-devant Mont-Sᵗ-Jean », appartenant au seigʳ du lieu, Mʳᵉ Pierre-Charles Lambert, chevʳ, seigʳ d'Herbigny, marquis de Thibouville, consʳ du roy en ses conseils, maitre des requêtes ordinaires de Son Hôtel, demeurant à Paris, rue des Saints-Pères, nomme aud. bénéfice, vacant par la mort de M⁰ C. Boudin, décédé le 7 mars dernier, la personne de Mᵉ Henry-Louis Muret, pbrē du diocèse de Boulogne.

Le 20 août 1714, led. sʳ Muret, demeurant à Paris, rue du Vieux-Colombier, et représenté par Mᵉ François Richomme, pbrē, curé de Fontaine-la-Soret, requiert des sʳˢ vicaires généraux la collation de la cure d'Herbigny, mais ceux-ci se contentent de donner acte de lad. réquisition.

135. — Le 10 août 1714, Mʳᵉ Jacques de Mézières, pbrē, curé de Sᵗ Saturnin de Plainville, et pourvu de la cure de Faverolles, se transporte au manoir presbytéral de Vieux-Port, pour déclarer au sʳ Jean Canu, pbrē, curé dud. lieu et titulaire de la chapelle de Sᵗ Samson-sur-Rille, qu'il révoque la permutation qu'ils ont faite mutuellement de leursd. bénéfices.

Le 16 août 1714, le sʳ de Mézières renouvelle lad. révocation. Ce jour-là, comme la première fois, il ne trouve personne au presbytère de Vieux-Port. Il remet l'acte de révocation à une voisine du presbytère et la fait afficher par le notaire à la porte principale du manoir presbytéral. (V. 119, 169).

136. — Le 17 juin 1714, François Nicolas, fils de Nicolas Nicolas et de Michelle Jamin, de la parr. de S¹ Désir de Lx, *rité dimissus*, reçoit la tonsure dans la chapelle du séminaire de Caen, des mains de M⁹ʳ François Blouet de Camilly, évêque de Toul.

137. — Le 4 août 1714, la nomination au prieuré-cure de S¹ Martin de Friardel appartenant au prieur commendataire de S¹ Cyr de Friardel, Mes^re Charles Chastelain, pbre, docteur en théologie de la faculté de Paris et prieur commendataire dud. prieuré, demeurant à S¹ Germain-en-Laye et se trouvant présentement à Lx, nomme à cette cure, vacante par la mort de Dom Robert-Dominique Moullin, chanoine régulier et dernier titulaire, la personne de Dom Gilles Taffignon, pbre, chanoine régulier au prieuré de S¹ Cyr de Friardel.

Le 5 août 1714, les vicaires généraux du Chapitre donne aud. s^r Taffignon la collation dud. bénéfice.

Le 6 août 1714, le s^r Taffignon prend possession de la cure de Friardel, en présence dud. s^r Chastelain, prieur commendataire ; de Dom Guillaume Le Carpentier, chanoine régulier et prieur de la Saussaye, diocèse de Rouen ; Me Pierre Houssaye, syndic de la parr. de Friardel, et Me Jean Duval, trésorier.

138. — Le 20 août 1714, les vicaires généraux du Chapitre donnent à Me Gilles Collette, pbre du diocèse de Coutances, la collation de la cure de Barneville, 1re portion, à laquelle il a été nommé par René-Alexandre Aubry, seig^r du lieu.

Le 27 août 1714, led. s^r Collette prend possession de ce bénéfice, en présence de Mes^re François de Conlay, pbre, curé de Putot ; André-Denis Aubry, s^r des Acres, Esc^r, etc.

139. — Le 1er sept. 1714, vu l'attestation du s^r Le Filleul, curé de S¹ Jean-de-Thenney, et du s^r Gueroult, curé de Cernay, dispense de bans pour le mariage entre Me Pierre Varin, avocat, fils de Philippe et de dam^lle Marie de la Londe, de la parr. de Cernay, d'une part, et dam^lle Anne-Bonne de Bosquencey, fille de feu Guillaume de Bosquencey, Esc^r, s^r de Thenney, et de dame Charlotte de la Vallée, de lad. parr. de S¹ Jean-de-Thenney.

140. — Le 3 sept. 1714, dispense de bans pour le mariage entre Quentin Fleury, officier de feu M^r le duc de Berry, fils de feu Jean-Baptiste Fleury, conseiller et procureur du roy au bailliage de Sauly-le-Duc, président au grenier à sel dud. lieu, et d'Anne-Nicolle Trémisol, de la parr. de Vimoutiers, d'une part, et Marie-Magdeleine Dufour, de la parr. de Pont-de-Vie.

141. — Le 4 sept. 1714, Me Pierre Férey, curé de S¹ Pierre de

Gacey, pourvu de la cure de S¹ Germain de Fervaques, donne sa procuration pour résigner la cure de Gacey entre les mains de N.-S.-P. le pape en faveur de Mᵉ Nicolas Bellière, pbrē, vicaire de N.-D. de Courson. (V. **174**).

142. — Le 28 août 1714, la nomination à la cure ou vicairie perpétuelle de N.-D. des Vaux appartenant au chanoine de semaine et la présentation étant le droit du Chapitre, Mʳᵉ Charles Le Bas, sous-diacre, chanoine prébendé du Val-Rohais, se trouvant chanoine de semaine, nomme à lad. cure, vacante par la mort de Mᵉ Adrien Lepetit, décédé le 25 du présent mois, la personne de Mᵉ Jean Nicolle, pbrē, curé des Authieux-en-Auge.

Le 4 sept. 1714, les vicaires généraux du Chapitre donnent aud. sʳ Nicolle la collation dud. bénéfice.

Le 21 sept. 1714, le sʳ Nicolle prend possession de la cure des Vaux, en présence de Mᵉ Claude-Antoine Hébert, pbrē, curé de Combon, diocèse d'Evreux ; Mᵉ Jacques Cousture, pbrē en l'église S¹ Jacques de Lx, et Mᵉ Nicolas Vattier, pbrē, vicaire de lad. parr. des Vaux. (V. **158**).

143. — Le 4 fév. 1714, François Guerbette, marchand, bourgeois de Lx, y demeurant, parr. S¹ Germain, constitue 150 livres de rente, en faveur de Mᵉ Jean-Baptiste Le Chantre, acolyte, afin qu'il puisse parvenir aux ordres sacrés. (V. **386**).

144. — Le 26 janvier 1714, « damˡˡᵉ Anne Dubois, veuve de feu Henry de S¹ Clair, Escʳ, sʳ de Lusinel, demeurant en sa terre des Moulins de Neuville, parr. dud. lieu », constitue 150 livres de rente en faveur de son fils, Mᵉ Henry-Pierre de S¹ Clair, Escʳ, acolyte, afin que led. acolyte puisse parvenir aux ordres sacrés. Cette rente est cautionnée par Gilles de S¹ Clair, Escʳ, demeurant à Neuville-sur-Touques, et par Jacques Charpentier, sʳ de la Motte, originaire de Neuville, et demeurant à Rouen.

Led. sʳ acolyte, absent, fut représenté par son frère, Mʳᵉ René de S¹ Clair, Escʳ.

145. — Le 17 juin 1714, François-Jacques Glasson, clerc, fils de François et de Marguerite Thorel, de la parr. S¹ Jacques de Lx, *rite dimissus*, reçoit les ordres mineurs dans la chapelle du séminaire de Caen.

146. — Le 24 sept. 1714, vu l'attestation du sʳ Besley, vicaire de la Motte, dispense de bans pour le mariage entre Pierre Pesnel et Marie Vattier.

147. — Le 29 sept. 1714, vu l'attestation du sʳ Hellouin, curé de S¹ Ouen de Pontaudemer, dispense de bans pour le mariage entre Philippe Le Monnier, fils de feu Mᵉ Noël Le Monnier, avocat, et de damˡˡᵉ Catherine d'Epaigne, d'une part, et damˡˡᵉ Marguerite Hellouin, fille de feu Mᵉ Pierre Hellouin, consʳ du roy, lieutenant en l'amirauté de

Caudebec et Quillebœuf, et de dam^lle Marguerite Gaudry, d'autre part, tous deux de lad. parr. de St Ouen.

148. — Le 29 sept. 1714, vu l'attestation du s^r Merey, vicaire de St Maclou-la-Campagne, dispense de bans pour le mariage entre Robert Manchon et Anne Quesné.

149. — Le 29 sept. 1714, dispense de bans pour le mariage entre Me Pierre Harou, procureur, fils de Pierre et de dam^lle Marie Blin, de la parr. St Ouen de Pontaudemer, d'une part, et Elisabeth Marie, fille de feu François Marie et de Madeleine Assire, de la parr. de N.-D. du Pré.

150. — Le 2 oct. 1714, vu l'attestation du s^r Bourse, curé de Criqueville, dispense de bans pour le mariage entre Robert-Laurent Pellerin, s^r de Longval, fils de Gilbert Pellerin, bourgeois de Caen, et de noble dame Michelle Moullin, de la parr. de Ste Paix, diocèse de Bayeux, d'une part, et dam^lle Catherine d'Espiney, fille de Jacques d'Espiney, Esc^r, s^r de Loraille, et de noble dame Marie du Vernay, de la parr. de Criqueville, d'autre part.

Autre dispense de bans pour le mariage entre Jacques-Abraham d'Espiney, Esc^r, fils de Jacques d'Espiney, Esc^r, s^r de Loraille, et de noble dame Marie du Vernay, de la parr. de Criqueville, d'une part, et noble dame Michelle Moullin, fille d'Augustin Moullin et de feue dam^lle Thomasse Loysel, de la parr. de Ste Paix, diocèse de Bayeux.

151. — Le 8 oct. 1714, vu l'attestation du s^r Hébert, curé de Marolles, dispense de bans pour le mariage entre Mes^re Adrien-Georges Dunot d'Harmonville, de la parr. de Marolles, fils de feu Mes^re Henry Dunot, seig^r de Berville, Harmonville et autres lieux, et de noble dame Madeleine Leboulleur, d'une part, et dam^lle Marie-Marguerite de la Fosse, fille de Mes^re François de la Fosse, cons^r du roy, lieutenant général de l'amirauté de France au siège de Caen, et de dam^lle Marguerite Ferey, de la parr. St Jean de Caen, d'autre part.

152. — Le 19 mai 1714, à cause du litige élevé entre les patrons présentateurs de la cure de St Just d'Hecquemanville, le roi nomme à cette cure, vacante par le décès de Me Jacques Sehier, dernier titulaire, la personne de Me Félix Maillet, diacre de St Jacques de Lx. (*V.* **64, 132**).

Le 10 oct. 1714, les vicaires généraux du Chapitre donnent aud. s^r Maillet, déjà curé d'Hecquemanville, une nouvelle collation dud. bénéfice, à cause de la nomination faite par le roy et pour ajouter encore à ses droits sur lad. cure.

Le 4 oct. 1714, le s^r Maillet, en conséquence de la nomination du roy, prend une seconde fois possession de la cure d'Hecquemanville, en présence de plusieurs habitants de Lx. (*V.* **92, 193**).

153. — Le 13 oct. 1714, vu l'attestation du s^r Duval, curé du Bois-Hellain, dispense de bans pour le mariage entre Me André Hercent, conseiller au présidial de Coutances, et y demeurant, par̄r. S᷊ Nicolas, fils de feu M᷊ᵉ François Hercent, procureur au parlement de Rouen, et d'Anne Angot, d'une part, et dam᷊ˡˡᵉ Marie-Catherine Delamare, fille de M᷊ᵉ Richard Delamare, marchand, et de dam᷊ˡˡᵉ Anne Gamare, de la par̄r. du Bois-Hellain.

154. — Le 13 oct. 1714, vu l'attestation du s᷊ʳ Delauney, curé d'Orgères, et du s᷊ʳ Coespel, vicaire de Gacey, dispense de bans pour le mariage entre André Delalande et dam᷊ˡˡᵉ Marie Lecomte, fille de Charles Lecomte, s᷊ʳ de la Guiltière.

155. — Le 18 oct. 1714, Mes᷊ʳᵉ Jacques-Réné Blondel, pbr̄e, curé de S᷊ᵗ Pierre de Cormeilles, âgé de plus de 72 ans et ne pouvant plus vaquer à ses fonctions, donne sa procuration pour résigner sond. bénéfice entre les mains de N.-S.-P. le pape en faveur de M᷊ᵉ Jacques Blondel, pbr̄e, curé de Jouveaux. Il se réserve 500 livres de rente sur les fruits de lad. cure qu'il a desservie pendant vingt-huit ans. (*V.* 224).

156. — Le 22 oct. 1714, vu l'attestation du s᷊ʳ Duguey, curé de Glanville, et du s᷊ʳ Levasseur, curé de Formentin, dispense de bans pour le mariage entre Robert Renoulin et Jacqueline Rivière.

157. — Le 18 oct. 1711, Noel Deshays, fils de Noel et de Françoise Le Bas, de la par̄r. de S᷊ᵗ Ouen de Pontaudemer, reçoit la tonsure. (*V.* **6, 382**).

158. — Le 24 oct. 1714, M᷊ᵉ Jean Nicolle, pbr̄e, curé de S᷊ᵗ Georges des Authieux-sous-le-Regnouard, pourvu de la cure de N.-D. des Vaux, donne sa procuration pour résigner lad. cure des Authieux entre les mains de N.-S.-P. le pape en faveur de M᷊ᵉ Pierre Mézières, pbr̄e, vicaire de N.-D. d'Auquainville. (*V.* **142, 208**).

159. — Le 24 sept. 1714, M᷊ᵉ Antoine-Joseph Eudes de Mézeray, pbr̄e du diocèse de Séez, demeurant à Nonant, pourvu de la chapelle S᷊ᵗ Jacques avec son annexe S᷊ᵗ Eustache, située dans la cour du château de Nonant, prend possession dud. bénéfice, en présence de M᷊ᵉ Nicolas Corblin, pbr̄e, curé de Nonant ; M᷊ᵉ Pierre Leconte, pbr̄e, vicaire de lad. par̄r., et M᷊ᵉ Robert Andrieu, chanoine prébendé de S᷊ᵗ Nicolas du Merlerault. (*V.* **40**).

160. — Le 27 oct. 1714, dispense de bans pour le mariage entre M᷊ᵉ Jean-Guillaume Isabel, premier exempt et général de la prévôté générale de Normandie, fils de M᷊ᵉ Guillaume Isabel et de dam᷊ˡˡᵉ Marguerite Lecoq, d'une part, et dam᷊ˡˡᵉ Marie-Madeleine De Lannoy, fille de M᷊ᵉ Charles De Lannoy, avocat aux bailliage et vicomté d'Auge et élu en l'élection de Pont-l'Evêque, et de dam᷊ˡˡᵉ Marie-Françoise Brochard, de lad. par̄r. de Pont-l'Evêque.

161. — Le 29 oct. 1714, dom Paul Buriette, pbr̄e, religieux du prieuré de Beaumont-en-Auge, pourvu du prieuré de Langogne, diocèse de Mende, donne sa procuration pour entrer en possession dud. bénéfice.

162. — Le 31 oct. 1714, « Monsieur le doyen (du Chapitre) ayant remonstré à la Compagnie que l'indisposition presque continuelle où est nr̄e S⁺ Père le Pape et qui l'empesche de tenir souvent des consistoires pourroit bien retarder l'expédition des bulles de M⁺ l'abbé de Brancas, nommé à l'Evesché de Lis⁺, et f⁺⁸ qu'il ne les recevra pas aussytost que la Compagnie l'espéroit et le désireroit ; ce qui priveroit le diocèse des avantages que led. seigneur luy procureroit, tant pour le spirituel que pour le temporel, s'il vouloit bien en prendre l'administration dès à présent et particulièrement pour les affaires de grande conséquence que le clergé de ce diocèse a à Paris. Pour quoy il estimoit qu'il est de la prudence de la Compagnie, qui ne cherche qu'à donner aud. seigneur abbé de Brancas des marques de son respect et de sa déférence, de le nommer grand vicaire du diocèse, *sede vacante*, et le suplier de l'accepter. Sur quoy la Compagnie ayant desliberé,...... led. seigneur abbé de Brancas, nommé par le roy à l'Evesché de Lis⁺, a esté nommé et institué vicaire général sous l'authorité du Chapitre, *sede vacante*, conjointement et en la mesme manière que les autres grands vicaires ; laquelle nomination il est suplié vouloir bien accepter pour le bien de son diocèse, sans que la présente nomination puisse estre tirée à conséquence contre l'ancien usage de la Compagnie qui est de ne nommer pour grands vicaires, *sede vacante*, que ceux qui sont du corps du Chapitre. » (*V.* 209).

163. — Le 6 nov. 1714, vu l'attestation du s⁺ Grigy, vicaire de Crouttes, dispense de bans pour le mariage entre Louis Cavey, Esc⁺, s⁺ du Buisson, fils de feu Louis Cavey, Esc⁺, et de dam⁽⁾ Barbe Emond, de la par̄r. de Louvières, d'une part, et dam⁽⁾ Gabrielle-Dorothée de Morel, fille de feu Charles de Morel, Esc⁺, s⁺ de Boismorel, et de noble dame Marie-Dorothée Fortin, de la par̄r. de Crouttes.

164. — Le 6 nov. 1714, vu l'attestation du s⁺ d'Espiney, curé de N.-D.-du-Hamel, et du s⁺ Grigy, vicaire de Crouttes, dispense de bans pour le mariage entre Pasquier Duvallet, s⁺ de Chauvallon, fils de feu Claude Duvallet, s⁺ des Dézerts, et de dam⁽⁾ Françoise Dupuis, de la par̄r. de N.-D.-du-Hamel, d'une part, et noble dame Marie-Dorothée Fortin, fille de Charles Fortin, Esc⁺, s⁺ de Dauqueux (?), et de noble dame Marie-Madeleine Gaultier, de la par̄r. de Crouttes.

165. — Le 15 juillet 1714, la nomination à la cure de S⁺ Benoit-d'Hébertot appartenant au duc d'Orléans, Monseigneur, petit-fils de France, duc d'Orléans, de Vallois, Chartres et Nemours, comte de Dourlan, vicomte de Domfront, étant à S⁺ Cloud, nomme à la cure de S⁺ Benoit, vacante par la mort de M⁺ Nicolas Liesse, pbr̄e, dernier titulaire, la personne de M⁺ Jean-Baptiste Leduc, pbr̄e du diocèse de Lx.

Le 7 nov. 1714, les vicaires généraux du Chapitre donnent aud. s⁵ Leduc la collation dud. bénéfice.

166. — Le 21 août 1701, André du Coudrey, du diocèse de Séez, reçoit à Séez la tonsure et les ordres de portier et de lecteur.

Le 8 oct. 1701, il est reçu Mᵉ ès-arts en l'Université de Caen.

Le 8 mars 1702, led. sʳ du Coudrey, âgé de 21 ans, obtient des lettres de quinquennium du recteur delad. Université.

Le même jour, il est nommé par icelle sur les archevêchés et les Chapitres de Paris, Rouen et Tours, et sur les évêchés et les Chapitres de Séez, Bayeux, Lisieux, Évreux, Le Mans, Angers et Chartres, ainsi que sur la plupart des abbayes et prieurés de ces divers diocèses. (*V.* **230, 477**).

167. — Le 12 nov. 1714, vu l'attestation du sʳ Morin, curé de Sᵗ Germain de Lx, dispense de bans pour le mariage entre Mᵉ Claude Du Lys, sʳ de Boissy, procureur fiscal au bailliage de Lx, fils de Mᵉ François Du Lys, cy-devant procureur fiscal aud. bailliage, et de damˡˡᵉ Catherine Le Chien, de lad. parr. Sᵗ Germain, d'une part, et damˡˡᵉ Marguerite Lefebvre, fille de feu Jean Lefebvre, procureur au parlement de Paris, et de damˡˡᵉ Marguerite Houdard, de la parr. Sᵗ André-des-Arts de Paris.

168. — Le 12 nov. 1714, vu l'attestation du sʳ de Marguerie, curé de Montpinçon, et du sʳ Auzeraye, pbrē, « faisant les fonctions en la parr. de Quetteville pour la mort du sʳ curé, » dispense de bans pour le mariage entre Mʳᵉ Jacques Le Grand, chevʳ, seigʳ et patron de Plainville, Hébertot et Malouvre, fils et héritier de feu Mʳᵉ Gabriel Le Grand, chevʳ, seigʳ d'Hébertot et Malouvre, et de feue noble dame Anne d'Assy, de la parr. de Quetteville, d'une part, et damˡˡᵉ Marie-Suzanne Philippes, fille de Jacques Philippes, Escʳ, sʳ de Beaumont, et de noble dame Marie-Renée Le Boucher, de la parr. de Montpinçon. (*V.* **201**).

169. — Le 14 nov. 1714, Mesʳᵉ Jacques de Mézières, pbrē, curé de Plainville, donne sa procuration pour résigner entre les mains de N.-S.-P. le pape sond. bénéfice, dépendant de l'abbaye de Lire, en faveur de Mᵉ Jacques-Ollivier Jouen du Marais, acolyte, demeurant au séminaire de Lx. (*V.* **80, 119, 135, 175, 234, 305, 383, 386**).

170. — Le 13 juin 1714, Mᵉ François Tiphaine, pbrē, obtient en cour de Rome des lettres de provision de la cure de Sᵗ Martin de Coulmer, vacante par la résignation faite en sa faveur par Mᵉ François Mallet, pbrē, dernier titulaire.

Le 16 nov. 1714, les vicaires généraux du Chapitre donnent leur visa auxd. lettres de provision.

Le 18 nov. 1714, led. s⁏ Tiphaine, pbr̄e, curé de Dangers, diocèse de Chartres, prend possession de la cure de Coulmer, en présence de M⁏ Mallet, présentement curé de Résenlieu ; M⁏ François Matrot, pbr̄e, vicaire de Résenlieu, Christophe Leroy, syndic de Coulmer; etc. (*V.* **87, 507**).

171. — Le 9 oct. 1714, la nomination à la cure de S⁏ François d'Herbigny, ci-devant Mont-S⁏-Jean, appartenant au seig⁏ du lieu, Mes⁏⁏ Pierre-Charles de Lambert, chev⁏, seig⁏ d'Herbigny, marquis de Thibouville, cons⁏⁏ du roy en ses conseils, maître des requêtes ordinaires de son Hôtel, demeurant à Paris, rue des Saints-Pères, nomme aud. bénéfice d'Herbigny, vacant par la démission de M⁏ Louis-Henry Muret, pbr̄e du diocèse de Boulogne, la personne de M⁏ Charles Desmonts, pbr̄e du diocèse d'Evreux. (*V.* **131**).

Le 18 nov. 1714, les vicaires généraux du Chapitre donnent aud. s⁏ Desmonts la collation dud. bénéfice.

Le 26 nov. 1714, le s⁏ Desmonts, vicaire de la par̄r. de Thibouville, diocèse d'Evreux, prend possession de la cure d'Herbigny, en présence de M⁏ Daniel-François Madelaine, pbr̄e, chapelain de la chapelle du Mont-S⁏-Jean, située dans led. château et y demeurant, et autres témoins.

172. — Le 20 nov. 1714, vu l'attestation du s⁏ d'Orville, curé du Regnouard, dispense de bans pour le mariage entre Jean-Antoine du Merle, Esc⁏, s⁏ de Grandcamp, de lad. par̄r. du Regnouard, fils de Jean-Antoine du Merle, Esc⁏, et de noble dame Marie Bernière, d'une part, et dam⁏⁏⁏ Marie Ridoult, fille de René Ridoult et de dame Suzanne Tripier, de la par̄r. de S⁏ Germain-en-Laye, diocèse de Paris. (*V.* **455**).

173 — Le 22 nov. 1714, vu l'attestation du s⁏ Périer, curé de Beaufour, et du s⁏ Jouen, curé de Danestal, dispense de bans pour le mariage entre David Fossey, fils de feu M⁏ David Fossey et de feue Marguerite Périer, de la par̄r. de Beaufour, d'une part, et dam⁏⁏⁏ Suzanne de Tollemer, fille de Robert de Tollemer, Esc⁏, s⁏ des Champs, et de dam⁏⁏ Anne Menard, de la par̄r. de Danestal.

174. — Le 24 sept. 1714, M⁏ Nicolas Bellière, pbr̄e, obtient en cour de Rome des lettres de provision de la cure de S⁏ Pierre de Gacey, vacante par la résignation faite en sa faveur par M⁏ Pierre Férey, pbr̄e, dernier titulaire. (*V.* **141**).

Le 17 nov. 1714, les vicaires généraux du Chapitre donnent aud. s⁏ Bellière la collation dud. bénéfice.

Le 19 nov. 1714, le s⁏ Bellière, pbr̄e, vicaire de N.-D. de Courson, prend possession de la cure de Gacey, en présence de M⁏ Thomas Deschamps, pbr̄e, curé de Montgenouil ; M⁏ Jacques Blot et François Chéron, pbr̄es de Gacey ; M⁏ Louis Maurey, diacre, M⁏ André Laisney, acolyte, et Mᵉ François Marie, aussi acolyte, demeurant à Gacey, et autres témoins.

175. — Le 17 juin 1714, Jacques-Ollivier Jouen, fils d'Ollivier et d'Elisabeth Samson, de la parr. de Sᵗᵉ Croix de Bernay, reçoit la tonsure et les ordres mineurs dans la chapelle du séminaire de Caen. (V. **169, 234, 383, 386**).

176. — Le 13 nov. 1712, Ambroise de Lespiney, fils de Mesʳᵉ Robert de Lespiney, cherʳ, et de Madeleine Le Cavelier, de la parr. du Mesnil-Simon, reçoit la tonsure.

177. — Le 27 nov. 1714, vu l'attestation du sʳ Hérault, curé de Sᵗ Cyr-d'Estrancourt, et du sʳ Sorel, vicaire de Sᵗ Aubin de Bonneval, dispense de bans pour le mariage entre Jacques Pépin et Jeanne Motte.

178. — Le 15 nov. 1714, noble et discrète personne, Mesʳᵉ Jules de Liée de Tonnencourt, pbrē, chanoine prébendé en la Cathédrale et pourvu de la cure de N.-D. de Courson, résigne cette cure entre les mains de Mʳᵉ François-Nicolas Caboulet, pbrē, chanoine prébendé de Deauville, 1ʳᵉ portion.

Le 16 nov. 1714, la nomination à la cure ou vicairie perpétuelle de N.-D. de Courson appartenant au chanoine de semaine, led. sʳ Caboulet, se trouvant chanoine de semaine, nomme à cette cure la personne de Mᵉ Guillaume Vattier, pbrē, demeurant à Sᵗ Ouen-le-Houx.

Le lendemain, les vicaires généraux du Chapitre donnent aud. sʳ Vattier la collation dud. bénéfice.

Le 20 nov. 1714, le sʳ Vattier prend possession de la cure de Courson, en présence de Mᵉ Nicolas Bellière, pbrē, curé de Gacey ; Mᵉ Gabriel-René Lenormand, pbrē, Mᵉ Nicolas Vattier, pbrē, (vicaire de N.-D. des Vaux), se trouvant tous deux à Courson, et autres témoins. (V. 1).

179. — Le 8 nov. 1714, Mᵉ Jacques Duval, pbrē, ancien curé de Cernay et titulaire de la chapelle Sᵗ Gabriel en la parr. de Préaux, « demeurant au bourg et parr. de N.-D. d'Orbec, considérant son grand âge et son infirmité de maladie de la goutte qui l'empesche de faire aucunes fonctions ecclésiastiques, » remet lad. chapelle entre les mains de Mesʳᵉ Gabriel Deshayes de Gassart, Escʳ, possesseur en partie de la terre des Hayes, cy-devant appartenant à Mʳᵉ de la Lande. Fait à Orbec, en la maison dud. sʳ Duval, en présence de Mᵉ Jacques Bédouin, pbrē, vicaire d'Orbec, et autres témoins.

Le même jour, led. sʳ de Gassart, demeurant en son manoir seigneurial des Hayes, en la parr. de Préaux, et ayant droit de nommer à la chapelle Sᵗ Gabriel, « à cause de l'acquêt qu'il a fait de partie des terres de la terre des Hayes, sur laquelle portion acquise est située lad. chapelle, » nomme à ce bénéfice, vacant comme il vient d'être dit, la personne de Mᵉ Jacques Denis, pbrē demeurant à Meulles.

Le 21 nov. 1714, les vicaires généraux du Chapitre donnent aud. sʳ Denis la collation de ce bénéfice.

Le lendemain, le sʳ Denis prend possession de la chapelle Sᵗ Gabriel.

180. — Le 29 nov. 1714, Mᵉ Guillaume Renout, pbre, curé d'Englesqueville, pourvu de la cure du Torquesne, donne sa procuration pour résigner led. bénéfice d'Englesqueville entre les mains de N.-S.-P. le pape en faveur de Mᵉ Pierre-François Renout, acolyte, après l'avoir desservi pendant 15 ans. (*V.* **245, 342**).

181. — Le 20 sept. 1669, Jean Vigné, fils de Pierre et d'Anne Le Dorey, de la parr. de Cheffreville, reçoit la tonsure et les ordres mineurs. (*V.* **390**).

182. — Le 30 nov. 1714, la nomination à la cure de Sᵗ Martin-des-Chesnaies, appartenant au seigʳ du lieu, Mesʳᵉ Ollivier-Joseph Le Filleul, chevʳ, seigʳ de Sᵗ Martin-le-Vieil, des Chesnaies, de Beaufisset et autres lieux, demeurant en lad. parr. de Sᵗ Martin, nomme à cette cure, vacante par la mort de Mᵉ Louis-Nicolas Brontin, pbre, dernier titulaire, la personne de Mᵉ Jean-Baptiste Coupey, pbre, vicaire du lieu.

Le 5 déc. 1714, les vicaires généraux du Chapitre donnent aud. sʳ Coupey la collation dud. bénéfice.

Le 12 déc. 1714, le sʳ Coupey prend possession dud. bénéfice en présence de noble et discrète personne Mʳᵉ François de Boisdelaville, curé du Tilleul-Fol-Enfant ; Mᵉ Toussaint Danquin, pbre, curé de Folleville ; led. seigʳ de Sᵗ Martin ; Mesʳᵉ Louis-Gabriel Le Filleul, chevʳ de l'Ordre de Sᵗ Jean de Jérusalem ; Jean-Baptiste Brontin, marchand, demeurant à Sᵗ Martin.

183. — Le 6 déc. 1714, la nomination à la cure de Sᵗ Pierre-de-la-Rivière appartenant au seigʳ du fief de Rateprune, en la parr. de Survie, Mesʳᵉ Gabriel, vicomte de Melun, brigadier des armées du roy, seigʳ de Domp-Vast, Hellencourt, Survie, seigʳ et patron de Sᵗ Pierre-de-la-Rivière, la Cressonnière et autres lieux, représenté par noble et discrète personne Mesʳᵉ Charles d'Assy, pbre, curé du Besnerey, nomme à lad. cure de Sᵗ Pierre, vacante par la mort de Mᵉ Jean Farain, pbre, dernier titulaire, la personne de noble et discrète personne Mʳᵉ Hercule-Pomponne-Louis de Corday, pbre, curé de la 1ʳᵉ portion de Cerquigny. Fait à Lx « en l'hostellerie où pend pour enseigne le More. »

Le 6 déc. 1714, les vicaires généraux du Chapitre donnent aud. sʳ de Corday la collation dud. bénéfice. (*V.* **81, 198, 314**).

184. — Le 16 déc. 1714, vu l'attestation du sʳ de la Croix, pbre, curé de Sᵗ Jacques de Lx, dispense de bans pour le mariage entre Mesʳᵉ Guillaume Lelasseur, Escʳ, seigʳ de la Baudrière, fils de........ Lelasseur, Escʳ, et de dame Elisabeth Gislard, de la parr. de Sᵗ Denis-des-Ifs, diocèse de Séez, d'une part, et damˡˡᵉ Marie-Madeleine de

Fautereau, fille de feu haut et puissant seig', Mes'° Louis de Fautereau de S'° Geneviève, chev' des Ordres du roy et gentilhomme ordinaire de sa chambre, seig' des terres du Quesnoy, Brandiancour, Querville, la Rivière, d'Auge et Douville, et de haute et puissante dame Marguerite de Mauduit, de lad. parr. de S' Jacques.

185. — Le 27 déc. 1713, André Lhotelais, fils Réné, et Jacques Lhotelais, fils Claude, demeurant tous deux à S' Aubin-de-Scellon, constituent 150 livres de rente en faveur de M° Charles Pinel, acolyte de lad. parr., afin qu'il puisse parvenir aux ordres sacrés.

186. — Le 17 déc. 1714, Mes'° Pierre Dumesnil-Leboucher, official de l'évêché de Lx, fulmine la dispense obtenue de Sa Sainteté par Louis de Vauquelin, Esc', s' de la Brosse, demeurant à S' Sylvestre de Cormeilles.

Le dit s' de Vauquelin avait exposé en cour de Rome « qu'il a servy et porté les armes dans les troupes de Sa Majesté en qualité de garde du roy pendant plusieurs années, et, quoy qu'il se soit trouvé en différentes occasions, il est néanmoins certain qu'il n'a tué ny mutilé personne, et, comme il a dessein d'entrer dans les ordres sacrés, il auroit eust recours à Sa Sainteté pour être dispensé de l'irrégularité qu'il auroit encourue au service. » Cette dispense avait été accordée le 27 avril dernier.

187. — Le 27 déc. 1714, Mes'° François de Vigan, Esc', pbre, curé de Lessard, « étant demeuré malade et infirme à cause de son grand âge qui le met hors d'état de vaquer à ses fonctions, » représenté par Mes'° François de Vigan, Esc', seig' de Pulency, demeurant à S' Martin de Fresnay, donne sa procuration pour remettre entre les mains de N.-S.-P. le pape sad. cure, dont il est titulaire depuis 35 ans, en faveur de M° Pierre Quettier, pbre de Garnetot et desservant depuis plusieurs années, en qualité de vicaire, la cure de S' Georges-en-Auge. Led. s' curé se réserve une rente de 150 livres sur les revenus de ce bénéfice. Fait en présence de M° Léonor Secard, pbre, curé de la 2° portion de Plasnes ; M° Charles Levavasseur, acolyte, etc. (*V.* **258**).

188. — Le 12 déc. 1714, M° Jean-Baptiste Moullin, pbre, chanoine de la Cathédrale et archidiacre d'Auge, agissant en conséquence de la fondation faite par feu M° Eustache Le Mercier, pbre, curé de S' Michel-de-Livet, d'une première messe, les dimanches et fêtes en lad. église, nomme, suivant le droit qui lui est dévolu par le fondateur, la personne de M° Jean Le Prevost, pbre de ce diocèse, pour célébrer lesd. messes.

189. — Le 20 déc. 1714, la nomination au vicariat perpétuel de Carsis appartenant au seig' du lieu, Mes'° Charles-Guillaume du Fay, chev', seig' et patron de Carsis, demeurant aud. lieu, nomme à cette cure, vacante par la mort de Mᵉ François Barroys, pbre, dernier titulaire, décédé le 29 juin dernier, la personne de Mᵉ Jean Vigné, pbre habitué en la parr. d'Authou.

Le 28 déc. 1714, les vicaires généraux du Chapitre font passer l'examen aud. sʳ Vigné et le refusent à cause de son incapacité et pour des sujets de plaintes qui ont été portés contre sa conduite.

Les Insinuations nous donnent le sujet de l'examen. C'est d'abord une version latine très courte, tirée de la 2ᵉ lettre de Sᵗ Jérôme à Julien, diacre ; ensuite quelques questions de théologie : « 1° Quodnam sit discrimen inter impedimentum dirimens matrimonium et impedimentum impediens, et ad quem pertineat super his *dispensandi* (*sic*) ? 2° Quid sit impedimentum criminis et quotuplex ? 3° Quid sit excommunicatio ? Quotuplex ? et quænam pœna sit contra excommunicatos ? 4° Quid sit evangelium ? Quot sunt evangelistæ et epistolæ sancti Pauli ? 5° Quot sunt personæ in Christo ? In quo consistat mysterium SS. Trinitatis ? 7° Quit sit communio sanctorum ? 8° Quid sit vita æterna ? » (*V*. **390**).

Le 2 janvier 1715, la cure ou vicairie perpétuelle étant vacante depuis plus de six mois par la mort du sʳ Barroys, dernier titulaire et le patron laïc n'ayant pas nommé d'autre titulaire que le sʳ Vigné qui a été refusé par les vicaires du Chapitre à cause de son incapacité, le droit de pourvoir aud. bénéfice revient de droit à l'ordinaire qui pour le moment est le Chapitre de la Cathédrale, *sede vacante*. C'est pourquoi la Compagnie nomme à lad. cure de Carsis la personne de Mᵉ Jean Barrey, pbre.

Le 5 janvier 1715, les vicaires généraux du Chapitre donnent aud. sʳ Barrey la collation dud. bénéfice.

Le 8 janvier 1715, le sʳ Barrey prend possession de la cure ou vicairie de Carsis. Mesʳᵉ Charles-Guillaume du Fay, chevʳ, seigʳ et patron de Carsis, se présente et déclare qu'il empêche formellement la prétendue prise de possession du sʳ Barrey, attendu qu'il a nommé aud. bénéfice le sʳ Vigné dans le temps de droit ; que led. sʳ Vigné s'est présenté devant les vicaires généraux ; qu'en conséquence il proteste de nullité tout ce qui pourrait être fait contre son droit.

Le sʳ Barrey persiste aussi dans ses prétentions et est mis en possession de lad. cure par la libre entrée de l'église, Mᵉ Jacques Hudoux, vicaire de la parr., ayant remis les clefs. Fait en présence dud. sʳ Hudoux, vicaire et chapelain de Carsis, et de deux témoins venus de Lx.

190. — Le 18 juin 1714, Mesʳᵉ Noel-François de Brion, clerc du diocèse de Paris, chevalier des ordres militaires de N.-D. du Mont-Carmel et de Sᵗ Lazare, canoniquement unis, prieur commendataire des prieurés de Sᵗ Hymer, diocèse de Lx, et de Sᵗᵉ Marguerite de Merjerie, diocèse de Troyes, tous de l'ordre de Sᵗ Benoît, demeurant à Paris, rue

Vieille-du-Temple, donne sa procuration pour résigner entre les mains de N.-S. le Pape sesd. prieurés en faveur de M⁰ Félix-Joseph Quillet de Fontain?, clerc du diocèse de Paris, en se réservant toutefois une pension de 1500 livres dont 800 livres à prendre sur les revenus de S‍ᵗ Hymer. (V. 329).

191. — Le 31 oct. 1714, M⁰ Pierre Maupoint, pbr͞e, docteur en droit de la faculté de Paris, curé des par͞r. de N.-D. et de S‍ᵗ Léonard de Honfleur, représenté par Claude-Laurent Lebour, bourgeois de Paris, donne sa procuration pour résigner sesd. bénéfices entre les mains de N.-S.-P. le Pape en faveur de M⁰ Pierre-Joseph Costil, pbr͞e du diocèse de Lisieux, licencié de Sorbonne, demeurant à Paris, se réservant toutefois une pension de 400 livres de rente sur les revenus desd. curés. Fait et passé à Paris.

192. — Le 31 déc. 1714, vu l'attestation du s‍ʳ Lebelhomme, curé d'Estrées, et du s‍ʳ Gaultier, desservant en la par͞r. de Querville, dispense de bans pour le mariage entre Mansuet d'Ancerville et Madeleine Dumoutier, v‍ᵛᵉ de Jacques Guesdon, et main-levée donnée de l'opposition faite à ce mariage par M⁰ Jean-Jacques d'Ancerville, pbr͞e, curé de Livet et doyen de Beuvron.

193. — Le 22 déc. 1714, M⁰ Félix Maillet, diacre de S‍ᵗ Jacques de Lx, *ritè dimissus*, est ordonné prêtre avec l'autorisation de l'évêque d'Evreux, dans la chapelle des religieuses de S‍ᵗ Louis de Vernon, par Mes‍ʳᵉ Dominique-Barnabé Turgot, évêque de Séez. (V. 92, 152).

194. — Le 31 déc. 1714, Mes‍ʳᵉ Claude de Franqueville, pbr͞e, haut-doyen de la Cathédrale et juge ordinaire de la ville et de la banlieue de Lx, ainsi que de la par͞r. de S‍ᵗ Germain-de-Livet, donne des lettres d'official à M⁰ Gabriel Durosey, pbr͞e, docteur en théologie de la faculté de Paris, ancien vicaire général et official de l'Evêché de S‍ᵗ Flour, chanoine de la cathédrale de Lx.

195. — Le 19 sept. 1714, sur la demande de Mes‍ʳᵉ Pierre Dumesnil, vicaire général, Mes‍ʳᵉ Charles de Monthuchon, pbr͞e, curé et doyen d'Orbec, atteste que Nicolas Vitrouil, marchand, bourgeois d'Orbec, est toujours propriétaire des biens qui servent de caution à la rente de 150 livres qu'il s'est engagé de faire à son fils, M⁰ Jean Vitrouil de la Grandière, pbr͞e.

196. — Le 20 février 1714, M⁰ Jean Legras, bourgeois, demeurant à Pontaudemer, constitue 150 livres de rente en faveur de son fils, M⁰ Pierre Legras, acolyte, afin qu'il puisse parvenir aux ordres sacrés. — Led. s‍ʳ acolyte, titulaire de la chapelle S‍ᵗ Jacques et S‍ᵗ Christophe du Lieu-Halley, étant actuellement au séminaire, fut représenté par son frère, M⁰ Guillaume Legras, cons‍ᵉʳ du roy, assesseur au bailliage et vicomté de Pontauthou et Pontaudemer.

197. — Le 11 janvier 1715, dispense de bans pour le mariage entre Charles Le Court, Esc', s' de Thimouville, fils de feu M' Jacques Le Court, Esc', et de dam^{lle} Marie Laisney, d'une part, et dam^{lle} Hélène Cauvin, fille de feu M' Jean Cauvin, s' des Londes, et de dame Marie-Anne Auzerais, d'autre part, tous deux de la par̄r. de Barneville (Basseneville).

198. — Le 18 déc. 1714, Mes^{re} Hercule-Pomponne-Louis de Corday, curé de la 1re portion de Cerquigny et pourvu de la cure de St Denis de Norolles par suite du décès de Me Guillaume Brasnu, dernier titulaire, remet purement et simplement lad. cure de Norolles entre les mains de Mes^{re} Charles de Parey, chev', seig' et baron de Combray, la Montellerye, etc... Fait au manoir de Combray, en présence de Me Pierre-Laurent de Malard, de la par̄r. de Macé, diocèse de Séez. (*V.* **81**).

Le 18 déc. 1714, la nomination à la cure de St Denis de Norolles appartenant au baron de Combray, Mes^{re} Charles de Parey, chev', seig' et baron de Combray, seig' et baron de St Denis de Norolles, nomme à cette cure, vacante comme ci-dessus, la personne de Mre François de Corday, pbr̄e, curé de la 2e portion de Putot.

Le 19 déc. 1714, les vicaires généraux du Chapitre donnent au s^r François de Corday la collation dud. bénéfice.

Le 20 déc. 1714, le s^r de Corday prend possession de la cure de St Denis de Norolles, en présence dud. seig' baron de Combray ; de Michel Le Prevost, Esc', s^r de Cormeilles, demeurant à Norolles ; Mes^{re} Laurent-Pierre de Malard, de la par̄r. de Macé, diocèse de Séez.

199. — Le 19 nov. 1714, la nomination à la cure de St Laurent de Quetteville appartenant au seig' abbé du Bec-Hellouin, Monseig' Roger de la Rochefoucauld, abbé commandataire de l'abbaye du Bec, nomme aud. bénéfice, vacant par la mort de Me Julien Thommeret, dernier titulaire, la personne de Me Jean Jeulin, pbr̄e, natif de Châtres, diocèse de Paris.

200. — Le 11 déc. 1714, Me Honoré Bouis, pbr̄e, du diocèse d'Aix en Provence, curé de St Martin de Chambrois, demeurant à Paris, rue de l'Université, à l'hôtel de Pomponne, remet sond. bénéfice entre les mains de haut et puissant seig', Mre Arnauld de Pomponne, abbé de St Médard de Soissons, cons^{er} d'Etat, patron laïque de lad. cure, à cause du fief de Fresnay. (*V.* **84**).

Le 15 déc. 1714, led. s^r de Pomponne, demeurant à Paris en son hôtel, rue Neuve St Augustin, nomme aud. bénéfice de Chambrois la personne de Me Etienne Meslin, pbr̄e, demeurant aud. lieu.

Le 15 janvier 1715, les vicaires généraux du Chapitre donnent aud. s^r Meslin la collation de lad. cure de Chambrois.

Le 4 février 1715, le sr Meslin prend possession dud. bénéfice, en présence de Me Pierre Aubert, Germain Chignon, pbrēs, Jacques Laisney, diacre, habitués en lad. église de Chambrois ; Me Mathieu Laisney, chirurgien ; Me Léonor Leguey, sr de St Denis, et autres paroissiens. (V. 84).

201. — Le 21 janvier 1715, vu l'attestation du sr de Marguerie, curé de Montpinçon, dispense de bans pour le mariage entre Guillaume-Auguste Philippes, Escr, sr de Beaumont, fils de feu Jacques Philippes, Escr, sr de Beaumont, et de noble dame Marie-Renée Leboucher, de la parr. de Montpinçon, d'une part, et damlle Marie Madelaine, fille de François-Timoléon Madelaine, Escr, sr de la Bunellière, consr et procureur du roy en la ville de Domfront, et de damlle Jeanne Clopicel, de la parr. de Messey, diocèse de Séez. (V. 168).

202. — Le 26 janvier 1715, dispense de bans pour le mariage entre Mesre Nicolas du Houlley de Gouvis, Escr, seigr et patron de Courtonne-la-Meurdrac, fils de feu Mesre Jacques du Houlley, Escr, et de noble dame Marie du Tellier, de lad. parr. de Courtonne, d'une part, et noble damlle Marie-Louise de Giverville, fille de feu Mesre Charles de Giverville, Escr, seigr de Trousseauville, et de noble dame Françoise d'Aubert, de la parr. St Ouen de Pontaudemer. (V. 204).

203. — Le 17 juin 1714, Pierre Monseillon, fils de Jean et de Marguerite Aubert, de la parr. de Fresne, reçoit la tonsure et les ordres sacrés dans la chapelle du séminaire de Caen. (V. 385).

204. — Le 29 janvier 1715, dispense de bans pour le mariage entre Mre Louis Achard, fils de feu Mre Charles Achard, chevr, seigr et patron du Pin, Vaognes et autres lieux, et de noble dame Marie-Antoinette Lepetit, de la parr. du Pin, d'une part, et damlle Marie-Magdeleine de Giverville, fille de Mre Charles de Giverville, Escr, sr de Trousseauville, et de noble dame Françoise d'Aubert de Vertot, de la parr. St Ouen de Pontaudemer. (V. 202).

205. — Le 10 janvier 1715, Me Michel Hubert, pbrē, curé de St Michel-de-Préaux et doyen de Pontaudemer, est reçu Me ès-arts en l'Université de Caen.

206. — Le 4 février 1715, dispense de bans pour le mariage entre Charles de Mannoury, Escr, fils de Guillaume et de noble dame Madeleine de Bailleul, d'une part, et Marie Leroux, fille d'Eustache et de Marie Denis, tous deux de la parr. de Vimoutiers.

207. — Le 11 février 1715, dispense de bans pour le mariage entre Me Jacques Becquet, docteur en médecine, fils de feu Me François Becquet, bailly de Lx, et de damlle Charlotte Leroy, d'une part, et damlle Marie Regnier, fille de Louis et de Marguerite Sonnet, d'autre part, tous deux de St Désir de Lx.

208. — Le 14 nov. 1714, Me Pierre Mézières, pbrë, obtient en cour de Rome des lettres de provision de la cure de St Georges-des-Authieux, vacante par la démission faite en sa faveur par Me Jean Nicolle, pbrë, dernier titulaire.

Le 24 janvier 1715, les vicaires généraux du Chapitre donnent leur visa auxd. lettres de provision.

Le 26 janvier 1715, le s^r Mézières prend possession de la cure des Authieux, en présence de Me Aubin Leroy, archer de la prévôté d'Alençon, de la parr. du Regnouard, etc. (V. **158**).

Armes de Mgr de Brancas

209. — Le 15 août 1714, le roy étant à Versailles, bien informé des qualités de Mre Henry-Ignace de Brancas, pbrë du diocèse de Carpentras et docteur en théologie de la faculté de Paris, « luy a accordé et fait don de l'Évesché de Lisieux qui vaque à présent par le décez de Mre *Jean* (sic) Gonion de Matignon, dernier titulaire, à la charge néanmoins de la somme de huit mille livres de pension annuelle et viagère que Sa Majesté veut estre dorénavant payées sur les fruits et revenus dud. évêché, à sçavoir deux mille livres à Me Antoine Morand, pbrë et prieur de Marly », et autres, tous étrangers au diocèse de Lx, sauf Me Jean-Baptiste Moullin, pbrë, qui devra toucher 400 livres. (V. **162**).

Le 29 nov. 1714, bulle de Clément XI, qui proclame évêque de Lx, Monseig^r Henry-Ignace de Brancas, nommé par le roy le 15 août dernier.

Cette bulle nous apprend que Mes^{re} de Brancas était né dans le diocèse de Carpentras, de parents catholiques et de très haute noblesse ; qu'il était âgé d'environ trente ans ; qu'il était prêtre depuis quatre ans et docteur en théologie de la faculté de Paris ; que depuis quatre ans aussi il était vicaire général de l'évêché de Meaux.

Le 18 janvier 1715, le roy entendant la messe dans la chapelle de son château de Versailles, Révérend Père en Dieu Mes^{re} Henry-Ignace de Brancas, évêque et comte de Lis^x, prête à Sa Majesté le serment de fidélité à elle dû à cause de sond. évêché, en présence de Mgr Armand Gaston, cardinal de Rohan, évêque et prince de Strasbourg, landgrave d'Alsace, prince du St Empire, grand aumônier de France et commandeur de l'Ordre du St Esprit.

Le 19 janvier 1715, les bulles nommant Mes^{re} de Brancas à l'évêché de Lx sont enregistrées à la cour des Comptes.

Le 31 janvier 1715, Monseig^r Henry-Ignace de Brancas, cons^{er} du roy en ses Conseils, évêque et comte de Lx, de présent à Paris, logé en son hôtel, rue Cassette, donne sa procuration à Mre Pierre Dumesnil des Moullins Le Boucher, docteur de Sorbonne, grand vicaire et official du diocèse de Lx, pour prendre possession en son nom de l'Évêché et comté de Lx.

Le 8 février 1715, en présence de M⁰ le doyen et de Messires Gabriel de Grosourdy, trésorier, François Le Rebours, archidiacre ; Étienne Le Bas, aussi archidiacre ; Jacques de Sotz, Adrian de Maillot, François Daubin, Charles Costard, Ollivier de Montargis, Gilbert Hébert, Jean Mignot, Charles Le Bas, Charles Inger, François Le Grand, Jacques de Vimont, Nicolas du Houlley, François Le Bas et Gabriel Durozey, tous chanoines prébendés de la Cathédrale, Mes⁶ Pierre Dumesnil des Moullins Le Boucher, docteur en théologie, chanoine scolaste de lad. Cathédrale, vicaire général et official du diocèse, procureur de M⁰ʳ Henry-Ignace de Brancas, évêque et comte de Lx, prend possession, au nom dud. seig⁶ évêque, de l'évêché et comté de Lx, après avoir promis, « suivant l'antique et louable coutume constamment observée » dans la réception des évêques de Lx, de donner un ornement en drap d'or pour le service de la Cathédrale, et après avoir juré, à genoux et la main sur les SS. Évangiles, de respecter les libertés de l'Église de Lx et les statuts et privilèges des dignités et prébendes, ainsi que les coutumes de lad. Église.

Après la prestation du serment, M⁰ de Franqueville, doyen du Chapitre, conduit le s⁰ Dumesnil au chœur de la Cathédrale, où il fait sa prière devant le maitre-autel, et le fait asseoir dans la chaire épiscopale ; puis on va de là à la chapelle S⁰ Paul, érigée dans le palais épiscopal. Il est à remarquer que c'est là que se fait le toucher et le baiser de l'autel et non à l'autel du chœur réservé au Chapitre.

Ensuite Mes⁶ Dumesnil est conduit à l'officialité ecclésiastique et au lieu où se rend la justice séculière. Le tout fait en présence de vénérables et discrètes personnes, M⁰ʳ Réné Bonnissent, Christophe Cocrtin, Charles Bellière, Jacques Millet, Alexandre d'Erneville, Guillaume Cousture, Pierre Thorel, Daniel Lefort, ptrẽs, chapelains de la Cathédrale ; Guillaume-Réné de Franqueville de Beuvillers, Jean Lecoq et Robert Leroux, élus en l'Élection de Lx ; Pierre Hébert, Pierre Le Vallois, avocats ; Jacques Surlemont, procureur du roy ; Charles Piquenot, Pierre de Formeville, François Hébert, Gaspard Daufresne, Jean Blondel, bourgeois de Lx, et d'une immense multitude de peuple accourue pour rendre grâces à Dieu et témoigner sa joie. — Guillaume Véron, secrétaire du Chapitre.

210. — Le 11 février 1715, vu l'attestation du s⁰ Pépin, curé de S⁰ᵉ Catherine d'Honfleur, dispense de bans pour le mariage entre M⁰ʳ Augustin de Matharel, cheval⁰ʳ, sous-lieutenant des chevau-légers d'Orléans, mestre-de-camp de cavalerie, lieutenant du roy des villes et château d'Honfleur et Pont-l'Évêque, fils de Mesʳᵉ Louis de Matharel, consʳ d'État, et de noble dame Marie Le Pesq, de la par̄r. de Sᵗ Eustache de Paris, d'une part, et damˡˡᵉ Marie-Henriette Armand, fille de Mesʳᵉ Alexandre Armand, chevʳ de l'ordre militaire de Sᵗ Louis, gouverneur des ville et château d'Honfleur et pays d'Auge, et de noble dame Catherine-Henriette-Geneviève de Malfilastre de Montreuil, de la par̄r. de Sᵗᵉ Catherine d'Honfleur.

211. — Le 13 fév. 1715, dispense de bans pour le mariage entre Gilles Girard, huissier, fils de Sébastien et de Jeanne Le Bret, de la par̄r. du Sapaudré, d'une part, et Marie Turbot, fille de feu René Turbot, greffier, de la par̄r. d'Orgères.

212. — Le 12 janvier 1715, le roy, ayant, par droit de régale, la nomination aux canonicats et prébendes de la Cathédrale, le siège vacant, Sa Majesté nomme au canonicat de Sᵗ Pierre-Adifs, vacant par le décès de Mʳᵉ François Dubois, dernier titulaire, la personne de Mᵉ Adam Leroy, pb̄rē du diocèse de Rouen.

Le 8 fév. 1715, led. sʳ Leroy est mis en possession dud. canonicat par le ministère de Mʳ le doyen, en présence de Mᵉ Christophe Courtin et Jean Graffard, officiers de la Cathédrale.

213. — Le 14 fév. 1715, vu l'attestation du sʳ Letourneur, curé de Sᵗ Germain-de-Clerfeuille, dispense de bans pour le mariage entre Pierre Chausson, Escʳ, sʳ des Orgeries, fils de Jacques Chausson, Escʳ, sʳ des Orgeries, et de feue dame Françoise Gravelle, demeurant à Sᵗ Germain-de-Clerfeuille, d'une part, et damˡˡᵉ Marie-Magdeleine Hébert, fille du feu sʳ Mathurin Hébert, sʳ de la Chevalerie, conseiller du roy et son procureur en l'élection d'Alençon, et de Marie-Marthe Fouquellier, de la ville d'Alençon.

214. — Le 23 déc. 1714, Mᵉ Jacques-Charles Le Marquier, pb̄rē du diocèse de Rouen, bachelier de Sorbonne, curé de Sᵗ Aubin-Lébizay, à présent pourvu de la cure de Meslemare (?), diocèse de Rouen, donne sa démission de lad. cure de Sᵗ Aubin entre les mains de Mʳ le maréchal d'Harcourt, marquis de Beuvron, patron dud. bénéfice. (*V.* **69**).

Le 3 fév. 1715, la nomination à la cure de Sᵗ Aubin-Lébizay appartenant au marquis de Beuvron, dont dépend le fief et terre de Sᵗ Aubin, Mesʳᵉ Henry, duc d'Harcourt, pair et maréchal de France, chevʳ des Ordres du roy,, capitaine d'une compagnie des gardes de Sa Majesté, marquis de Beuvron et, à ce titre, seigʳ patron de Sᵗ Aubin-Lébizay, nomme à lad. cure la personne de Mᵉ Jacques Bazin, pb̄rē du diocèse de Bayeux, vicaire de Beaufour.

Le 10 février 1715, Mʳᵉ Léonor de Matignon, vicaire général de Monseigʳ de Brancas, évêque de Lx, donne aud. sʳ Bazin la collation dud. bénéfice.

Le 16 fév. 1715, le s' Bazin prend possession de la cure de S' Aubin-Lébizay, en présence de M' Guillaume Périer, pbre, curé de Beaufour, et de plusieurs habitants de la paroisse.

215. — Le 19 fév. 1715, vu l'attestation du s' Seney, curé de S' Eugène, et du s' Guillemine, vicaire de Bonnebosq, dispense de bans pour le mariage entre Pierre Ollivier et Charlotte Lys.

216. — Le 20 fév. 1715, vu l'attestation du s' Louvet, vicaire de Camembert, dispense de bans pour le mariage entre Louis Pagiot et Françoise Meneult.

217. — Le 17 juin 1714, Simon de Mannoury, fils de Philippe et d'Anne de Vaumesle, de la parr. de S' Pierre de Courson, rité dimissus, reçoit la tonsure et les ordres mineurs dans la chapelle du séminaire de Caen. (V. **267, 285**).

218. — Le 22 avril 1707, Jean-Baptiste d'Osmont de Malicorne, fils de Louis et de Catherine-Gabrielle Le Dorey, de la parr. S' Désir de Lx, reçoit la tonsure et les ordres mineurs. (V. **248**).

219. — Le 25 fév. 1715, dispense de bans pour le mariage entre M° Pierre Fouques, cons" du roy, élu en l'élection de Lx, docteur en médecine, fils de feu Pierre Fouques et de Marie Morin, de la parr. S' Jacques de Lx, d'une part, et dam¹¹° Anne de Seney, fille de feu M° Michel de Seney, cons" et procureur du roy en l'élection de Lx, et de dam¹¹° Anne Dubois, de S' Jacques de Lx.

220. — Le 26 juin 1714, Mes" Nicolas Doublet, chev", seig' de Persan, cons" du roy en sa cour de parlement, demeurant à Paris, cède l'indult, auquel il a droit sur l'évêché et le Chapitre de Lx, à cause de sa charge et office de conseiller, à M° Pierre-Cosme Regnier, pbre, licencié de la faculté de Paris, demeurant en lad. ville de Paris.

Le 5 sept. 1714, le roy, se trouvant à Fontainebleau, agrée la cession d'indult faite par le s' de Persan en faveur dud. s' Regnier.

Le 22 fév. 1715, le s' Regnier fait signifier au seig' évêque et au Chapitre de Lx l'indult qu'il tient dud. s' de Persan avec l'autorisation du roy. (V. **256**).

221. — Le 25 fév. 1715, vu l'attestation du s' d'Orville, curé du Regnouard, dispense de bans pour le mariage entre M° Guillaume-François Cochard, chev", seig' de Soulles, fils de M° Jean-Baptiste Cochard, seig' de la Picaudière, de la Rochelle et de la Motte, et de noble dame Marie Le François, de la parr. de S' Sauveur-Lendelin, diocèse de Coutances, d'une part, et noble dame Catherine Le Hayer, fille de messire Pierre Le Hayer, chev' de l'Ordre de S' Michel, conseiller d'État honoraire, seig' de la Violière, et de noble dame Catherine Le Patin, v° de Mes" Charles de Bailleul, chev", seig' des Ventes, inspecteur d'infanterie et capitaine dans le régiment de Navarre, de la parr. du Regnouard.

222. — Le 25 fév. 1715, vu l'attestation du s' Graindorge, curé du Mesnil-Guillaume, et du s' Poplu, vicaire de Glos, dispense de bans pour le mariage entre Etienne Dubois et Marie St Denis.

223. — Le 26 fév. 1715, vu l'attestation du s' de Belleau, curé de Noards, et du s' Aussy, vicaire de Morainville, dispense de bans pour le mariage entre Charles de Pocqueult et Anne Delamare.

224. — Le 8 nov. 1714, M' Jacques Blondel, pbrē, curé de Jouveaux, obtient en cour de Rome des lettres de provision de la cure de S' Pierre de Cormeilles, vacante par la résignation faite en sa faveur par M' Jacques-René Blondel, dernier titulaire.

Le 31 janvier 1714, les vicaires généraux du Chapitre donnent aud. s' Jacques Blondel la collation dud. bénéfice. (V. **155**).

225. — Le 17 juin 1714, Michel Turpin, fils de Nicolas et d'Anne Doisy, de la parr. de S' André-d'Echauffour, *rité dimissus*, reçoit la tonsure et les ordres mineurs dans la chapelle du séminaire de Caen. (V. **249, 317, 499**).

226. — Le 18 oct. 1711, Louis Delamare, fils de Jacques et de Louise Lenormand de la parr. de Triqueville, reçoit la tonsure et les ordres mineurs. (V. **7, 262, 515**).

227. — Le 28 février 1715, vu l'attestation du s' de Monthuchon, curé d'Orbec, dispense de bans pour le mariage entre Michel-Jacques Despériers, Esc', s' de S' Mards, cons' du roy, lieutenant général et criminel au bailliage d'Orbec, fils de Jean-Baptiste Despériers, Esc', seig', haut-justicier de S' Mards-de-Fresne, chev' de l'ordre militaire de S' Louis, ancien maréchal des logis de la garde ordinaire du roy, et de dame Marie-Magdeleine Le Doulcet, d'une part, et dam¹¹º Catherine Legras, fille et héritière de feu M'° Charles Legras, chev', seig' de Roméry, cons' du roy honoraire en la cour du Parlement de Metz, et de dame Marie-Anne Dalmas.

228. — Le 3 mars 1715, dispense de bans pour le mariage entre Jean Legouys, cons' du roy, officier au grenier à sel de Honfleur, et dam¹¹º Jeanne Rioult, tous deux de la parr. de S' Catherine.

229. — Le 12 sept. 1714, la nomination à la cure de Monnay, 2º portion, appartenant au seig' évêque de Lx et revenant au Chapitre à cause de la vacance du siège épiscopal, les sieurs chanoines nomment à cette cure, vacante par la mort de M' Robert Despériers, la personne de M' Louis Isaac, s' du Boscage, pbrē du diocèse de Rouen.

Le 22 sept. 1714, les vicaires généraux du Chapitre donnent aud. s' Isaac, la collation dud. bénéfice.

Le 25 février 1715, le s' Isaac, demeurant à Lx, prend possession de la cure de Monnay, 2ᵉ portion, en présence de Mᵉ François Le Bas. pbrē, chanoine de la Cathédrale ; Mᵉ André du Coudray, pbrē, docteur en théologie, curé de Maracfer, diocèse d'Evreux : Mᵉ Jean Soulzlebieu, curé de Ternant, et autres témoins.

230. — Le 26 février 1715, Mᵉ André du Coudray, pbrē, docteur en théologie de la faculté d'Angers, curé de Marnefer, diocèse d'Evreux fait signifier ses noms et grades aux religieux de Sᵗ Evroult.

Le 6 mars 1715, led. sʳ du Coudray fait réitérer ses noms et grades aux mêmes religieux. (V. **166, 477**).

231. — Le 6 mars 1715 (1), Mᵍʳ de Brancas, évêque de Lx, étant encore à Paris, donne des lettres de vicaire général à Mᵉ Léonor de Matignon, docteur de Sorbonne, abbé commendataire de Sᵗᵉ Trinité de Lessay et prieur commendataire du Plessis-Grimoult.

232. — Le 18 oct. 1711, François-Auguste Collet, fils de Jean-Auguste et de Marie Montjoye, de la parr. de Pont-l'Evêque, reçoit la tonsure et les ordres mineurs. (V. **224**).

233. — Le 12 mars 1715, vu l'attestation du sʳ Delamare, curé de Tonnencourt, dispense de bans pour le mariage entre Yves-Antoine Deauga, fils de feu Antoine Deauga, Escʳ, seigʳ et patron de Sᵗ Martin, et de Marie Fouques, de la parr. de Sᵗ Martin-de-la-Lieue, d'une part, et Armande-Geneviève de Liée, fille de feu Jacques de Liée, Escʳ, seigʳ et patron de Tonnencourt, et de Louise-Léonore de Belleau, de lad. parr. de Tonnencourt.

Suit la dispense de temps accordée à condition qu'il ne se fera ni noces ni assemblée. (V. **432**).

234. — Le 5 déc. 1714, Mᵉ Jacques-Olivier Jouen du Marais, acolyte, obtient en cour de Rome des lettres de provision de la cure de Plainville, vacante par la résignation faite en sa faveur par Mᵉ Jacques de Mézières, pbrē, dernier titulaire. (V. **169, 175, 305**).

235. — Le 15 mars 1715, Mᵉ Jean Fossard, pbrē, Mᵉ ès-arts en l'Université de Caen, demeurant en lad. ville, parr. Sᵗ Etienne, fait réitérer ses noms et grades aux religˣ de Sᵗᵉ Barbe. (V. **10, 70, 474, 507**).

236. — Le 3 mars 1715, la nomination à la cure de Sᵗ Symphorien du Noyer-Menard, appartenant aux religieux de Sᵗ Evroult à raison de leur mense conventuelle, dom Jacques Irebert, prieur, et les autres religˣ dud. monastère nomment au bénéfice de Noyer-Menard, vacant par la mort de Mᵉ Pierre de Baudemont, dernier titulaire, la personne

---

(1) Nous avons vu (nᵒ 219), dans un acte du 10 février précédent, Mᵉ de Matignon prendre déjà le titre de vicaire général de Mᵍʳ de Brancas.

de Mr Michel Féret, pbr͞e du diocèse d'Evreux, curé de St Nicolas de Maison-Maugis, diocèse de Séez.

Le 16 mars 1715, Mre de Matignon, vic. gl, diffère de donner aud. sr Féret la collation de lad. cure, jusqu'à ce qu'il ait présenté un *exeat* et une attestation de bonnes vie et mœurs. (V. **347**).

237. — Le 18 mars 1715, vu l'attestation du sr Chasot, curé de la 2e portion de Biéville, dispense de bans pour le mariage entre François-Odet Aubert, Escr, seigr du Mesnil-Toufray, fils de feu Nicolas Aubert, Escr, sr d'Ingouville, et de noble dame Madeleine de Vollain, de la parr. de Moult, diocèse de Bayeux, d'une part, et damlle Elisabeth-Catherine Simon de Grandchamp, fille de feu André Simon, Escr, sr de Grandchamp, et de noble dame Anne-Catherine Jean, de la parr. de Biéville.

238. — Le 12 mars 1715, Mr de Brancas, évêque de Lx, ayant droit, à cause de sa dignité épiscopale, de nommer au canonicat de la Pommeraye, désigne pour jouir dud. bénéfice, vacant par la mort de Mre Pierre Baudry d'Imbleville, dernier titulaire, la personne de Mre Jean-Baptiste-Antoine de Brancas, sous-diacre du diocèse de Carpentras. Fait à Paris, devant les notaires du Châtelet.

Le 16 mars 1715, led. sr de Brancas, sous-diacre, demeurant à Paris, rue Cassette, représenté par Mre Pierre Dumesnil des Moullins Le Boucher, chanoine scolaste de la cathédrale de Lx, est mis en possession du canonicat de la Pommeraye par le ministère de Mr le doyen. (V. **256**, **316**, **341**).

239. — Le 16 mars 1715, Mr Nicolas Guillain, pbr͞e du diocèse de Chartres, vicaire de Rambouillet, Mr ès-arts en l'Université de Paris, fait réitérer, par procureur ses noms et grades aux religieux de St Evroult. (V. **468**).

240. — Le 23 mars 1715, Mesre Jean Le Doulcet de Belleville, pbr͞e du diocèse de Bayeux, docteur en théologie de la faculté de Caen, représenté par Mre Olivier de Montargis, fait réitérer ses noms et grades au seigr évêque et au Chapitre de Lx. (V. **116**, **562**).

241. — Le 22 mars 1715, la nomination à la cure de St Gervais-d'Asnières, appartenant au seigr du lieu, Mesre François de Carey, chevr, seigr et patron de St Gervais, la Hanyère et autres lieux, consr en la grande chambre du Parlement de Normandie, demeurant à Rouen, rue des Carmes, nomme à cette cure, vacante par la mort de Mre André Le Vellain, sr de Manluval, décédé le 3 oct. dernier, la personne de Mre Adrian Prevost, pbr͞e, vicaire de lad. parr.

Le 26 mars 1715, Mre Pierre Dumesnil, vic. gl de Mgr de Brancas, donne aud. sr Prevost la collation dud. bénéfice.

Le 28 mars 1715, le sr Prevost prend possession de la cure de

S¹ Gervais, en présence de M⁰ Adrien Asse, pbrē, chapelain du seig¹ de S¹ Gervais, et de plusieurs habitant sde la paroisse.

242. — Le 8 mars 1715, la nomination à la chapelle S¹ᵉ Trinité de Talonney appartenant au seig¹ du lieu, Mes¹ᵉ Charles Ragaine la Hutellière, Esc¹, seig¹ et patron de Talonney, nomme à lad. chapelle, vacante par la démission de M⁰ Thomas Duguey, pbrē, dernier chapelain la personne de M⁰ Charles Outin, pbrē, vicaire de Crannes, succursale d'Urou, diocèse de Séez. Fait à Séez, en la maison du seig¹ de la Hutellière, en présence de M⁰ Guillaume de Macey, pbrē, curé de Talonney et autres témoins.

Le 27 mars 1715, M⁰ Pierre Dumesnil, vic. g¹, donne aud. s¹ Outin la collation de ce bénéfice. (*V*. **352**).

243. — Le 26 mars 1715, Mes¹ᵉ François Durozey, pbrē, docteur en théologie de la faculté de Paris, demeurant en lad. ville, fait réitérer par procureur ses noms et grades au seig¹ évêque et au Chapitre de Lx. (*V*. **47**).

244. — Le 12 mars 1715, M⁰ François-Auguste Collet, diacre de Lx, est reçu M⁰ ès-arts en l'Université de Caen.

Le lendemain, il obtient des lettres de quinquennium du recteur de lad. Université.

Le même jour, led. s¹ Collet, âgé de 24 ans, est nommé par icelle sur l'archevêché et le chapitre de Rouen ; sur les évêchés et les chapitres de Bayeux, Lisieux, Séez et Coutances et sur plusieurs abbayes et prieurés de ces divers diocèses. (*V*. **232**).

245. — Le 20 déc. 1714, M⁰ Pierre-François Renout, acolyte, obtient en cour de Rome des lettres de provision de la cure d'Englesqueville, vacante par la résignation faite en sa faveur par M⁰ Guillaume Regnoult, pbrē, dernier titulaire.

Le 27 mars 1715, M⁰ Pierre Dumesnil, vic. g¹, donne son visa auxd. lettres de provision. (*V*. **180, 342**).

246. — Le 17 mars 1715, M⁰ Jacques Corbin, pbrē du diocèse de Lx, M⁰ ès-arts et bachelier en l'Université de Paris, demeurant à Conflans, diocèse de Paris, fait réitérer ses noms et grades au seig¹ archevêque de Bourges, abbé de Bernay, trouvé en son hôtel à Paris, rue S¹ Honoré. (*V*. **476**).

247. — Le 7 avril 1708, Jean Le Mire, fils de Jacques et de Françoise Thiron, de la parr. S¹ Jacques de Lx, reçoit la tonsure des mains de Mg¹ de Condom.

Le 1ᵉʳ oct. 1714, led. s¹ Le Mire, clerc de Lx, est reçu M⁰ ès-arts en l'Université de Paris.

Le 6 oct. 1714, il obtient des lettres de quinquennium du recteur de lad. Université.

Le 12 déc. 1714, il est nommé par icelle sur l'évêché et le Chapitre de Lx.

Le 20 mars 1715, le s' Le Mire, demeurant à Lx, parr. S' Jacques, fait signifier ses noms et grades au seig' évêque et au Chapitre de Lx. (V. 382).

248. — Le 12 mars 1715, M° Jean-Baptiste Osmont de Malicorne, pbrë de Lx, est reçu M° ès-arts en l'Université de Caen.

Le 13 mars 1715, il obtient des lettres de quinquennium du recteur de lad. Université.

Le même jour, led. s' de Malicorne, âgé de 28 ans, est nommé par icelle sur l'archevêché et le chapitre de Rouen, et sur les évêchés et les chapitres de Lx et de Séez, ainsi que sur les abbayes de ces divers diocèses. (V. 218).

249. — Le 23 février 1715, M° Michel Turpin, acolyte du diocèse de Lx, est reçu M° ès-arts en l'Université de Caen.

Le 13 mars 1715, led. s' Turpin, âgé de 21 ans, obtient des lettres de quinquennium du recteur de lad. Université.

Le même jour, il est nommé par icelle sur l'archevêché et le chapitre de Rouen, sur les évêchés et les chapitres de Bayeux, Lisieux, Coutances, Avranches, Evreux et Séez, ainsi que sur beaucoup d'abbayes et prieurés de ces divers diocèses. (V. 225, 317, 499).

250. — Le 29 mars 1715, M° Edouard Desvaux, pbrë, demeurant à Guerquesalles, M° ès-arts en l'Université de Caen, fait réitérer ses noms et grades au seig' évêque et au Chapitre de Lx. (V. 36).

251. — Le 29 mars 1715, M° Pasquier Tousey, pbrë, demeurant au Grand Sap, M° ès-arts en l'Université de Caen, fait réitérer ses noms et grades au seig' évêque et au Chapitre de Lx. (V. 327, 487).

252. — Le 29 mars 1715, M° Jean Le Bastard, pbrë du diocèse de Bayeux, chanoine régulier de la Maison-Dieu, M° ès-arts en l'Université de Caen, fait réitérer ses noms et grades aux relig' de S'° Barbe. (V. 32).

253. — Le 28 mars 1715, M° Jean-Nicolas Le Court, pbrë du diocèse de Bayeux, chanoine régulier de la Maison-Dieu de Caen, M° ès-arts en l'Université de lad. ville de Caen, fait réitérer ses noms et grades aux relig' de S'° Barbe.

254. — Le 22 mars 1715, Mgr de Brancas, donne des provisions d'official à M'° Pierre Dumesnil-Leboucher, pbrë, docteur de Sorbonne et chanoine de Lx.

255. — Le 23 mars 1715, le seig' évêque désigne pour promoteur en l'officialité M'° Jean-Baptiste Moullin, pbrë, licencié ès-droits, archidiacre et chanoine de la Cathédrale.

256. — Le 28 mars 1715, M° Pierre-Cosme Regnier, pbrë du diocèse de la Rochelle, licencié en théologie de la faculté de Paris, y demeurant en la communauté de messieurs les ecclésiastiques, de l'église paroissiale de S' Séverin, nommé par le roy pour tenir l'indult de Mes^{re} Nicolas Doublet, chev^r, seig^r de Persan, cons^{er} du roy en sa Cour de Parlement, sur l'évesché et Chapitre de l'église Cathédrale de Lis^x, requiert du seig^r évêque de Lx, présentement à Paris, sa nomination au canonicat vacant en sa Cathédrale par la mort de M^{re} d'Imbleville.

Le seig^r évêque répond que led. canonicat étant rempli, il ne pouvait le lui conférer. Le s^r Regnier dit qu'il se pourvoiera « par devers l'un de Messieurs les exécuteurs de l'indult pour avoir les lettres de provision dud. canonicat. »

Le 29 mars 1715, Mre François Vivant, pbr̄e, docteur de Sorbonne, vicaire général du cardinal de Noailles, commissaire exécuteur du privilège ou indult accordé par les Souverains Pontifes Eugène IV et Paul III aux rois très-chrétiens, nomme, sur le refus du seig^r évêque de Lx, la personne de Me Pierre-Cosme Regnier, tenant l'indult de Mre Nicolas Doublet, cons^{er} du roy, au canonicat vacant en la cathédrale de Lx, par la mort de M^{re} d'Imbleville.

Le même jour, led. s^r Regnier donne sa procuration pour requérir led. canonicat, en prendre possession en son nom, et en cas de refus poursuivre les prétendant droit devant qui il appartiendra. (V. **220, 341**).

257. — Le 3 avril 1715, Me Guillaume de la Cousture, pbr̄e, vicaire de Montfort, M^e ès-arts en l'Université de Caen, fait réitérer ses noms et grades aux religieux de St Evroult. (V. **472**).

258. — Le 25 janvier 1715, Me Pierre Quettier, pbr̄e, obtient en cour de Rome des lettres de provision de la cure de Lessard, vacante par la résignation faite en sa faveur par Me François de Vigan, pbr̄e, dernier titulaire.

Le 3 avril 1715, Me Pierre Dumesnil, vic. g^l, donne son visa auxd. lettres de provision.

Le 4 avril 1715, Me Pierre Quettier, pbr̄e, desservant la cure de N.-D. de Lessard, pourvu dud. bénéfice, en prend possession en présence de plusieurs paroissiens. (V. **187**).

259. — Le 4 avril 1715, Me Nicolas Le Bellenger, pbr̄e du diocèse de Bayeux, demeurant au Prédauge, M^e ès-arts en l'Université de Caen, fait réitérer ses noms et grades aux religieux de Ste Barbe. (V. **20, 486, 512**).

260. — Le 22 avril 1707, Guillaume-Antoine Laugeois, fils de Charles et de Marie-Antoinette Hagueron, de la par^{se}. de N.-D. du Pin, reçoit la tonsure et les ordres mineurs. (V. **265**).

261. — Le 13 mars 1715, Me Philippe Noël, diacre de Pontaudemer, reçoit des lettres de quinquennium du recteur de l'Université de Caen.

Le même jour, led. s' Noël, âgé de 25 ans, est nommé par lad. Université sur l'archevêché et le Chapitre de Rouen, sur les évêchés et Chapitres de Bayeux, Lisieux et Séez, ainsi que sur bon nombre d'abbayes et prieurés de ces diocèses. (V. **12**)).

262. — Le 13 mars 1715, M* Louis Delamare, acolyte du diocèse de Lx, reçoit des lettres de quinquennium du recteur de l'Université de Caen.

Le même jour, led. s' Delamare, âgé de 21 ans, est nommé par lad. Université sur l'archevêché et le Chapitre de Rouen, sur les évêchés et Chapitres de Lx et de Dol et sur bon nombre d'abbayes et prieurés de ces diocèses. (V. **7, 226, 515**).

263. — Le 11 mars 1715, M* Robert Mézeray, pbre du diocèse de Lx, est reçu M* ès-arts en l'Université de Caen.

Le 13 mars 1715, led. s' Mézeray, âgé de plus de 30 ans, obtient des lettres de quinquennium du recteur de lad. Université.

Le même jour, il est nommé par icelle sur les archevêchés et les Chapitres de Paris et de Rouen, sur les évêchés et les Chapitres de Bayeux, Lisieux, Coutances, Avranches, Evreux, Séez, Chartres, Le Mans et Rennes et sur la plupart des abbayes de ces divers diocèses.

264. — Le 12 janvier 1715, la nomination au canonicat de Fresne en la Cathédrale appartenant au roy par droit de régale, Sa Majesté nomme aud. bénéfice, vacant par la mort de M*e Marin Norgeot, dernier titulaire, la personne de M* Jean-Baptiste Richard, pbre du diocèse de Clermont, docteur de Sorbonne.

Le 3 avril 1715, led. s' Richard, représenté par M* Jean-Baptiste Moullin, pbre, chanoine prébendé de Cordebugle et archidiacre d'Auge, prend possession de la prébende de Fresne, par le ministère de M* le doyen.

265. — Le 20 février 1715, M* Guillaume-Antoine Laugeois, pbre, ayant exposé en cour de Rome que M* Jacques Soyer, curé de Castillon, est en même temps titulaire de la chapelle S*e Magdeleine et S* Gatien fondée en la cathédrale de Lx, malgré l'incompatibilité qui existe entre les deux titres, puisque lad. chapelle requiert aussi la résidence, obtient en lad. cour de Rome des lettres de provision de lad. chapelle S*e Magdeleine et S* Gatien.

Le 6 avril 1715, la collation de lad. chapelle appartenant au chanoine de semaine, mais celui-ci se trouvant absent, le doyen et les chanoines de la Cathédrale reçoivent led. s' Laugeois et lui donnent tous les droits inhérents à sond. bénéfice.

Le 6 avril 1715, le s' Laugeois est mis en possession de la chapelle

S¹ Gatien par le ministère de M¹ le doyen. — Le s¹ de Montargis, l'un des claviers de la Cathédrale, reçoit du nouveau chapelain la somme de huit livres pour droit de chape. (V. 260, 270).

266. — Le 13 mars 1715, M° François Le Camus, diacre du diocèse de Lx, reçoit des lettres de quinquennium du recteur de l'Université de Caen.

Le même jour, led. s¹ Le Camus, âgé de 24 ans et 7 mois, est nommé par lad. Université sur l'archevêché et Chapitre de Rouen, sur les évêchés et les Chapitres de Bayeux, Lisieux et Séez, ainsi que sur les principales abbayes de ces diocèses. (V. 284, 387, 478).

267. — Le 13 mars 1715, M° Simon Mannoury, acolyte du diocèse de Lx, reçoit des lettres de quinquennium du recteur de l'Université de Caen.

Le même jour, led. s¹ Mannoury, âgé de 20 ans et plus, est nommé par lad. Université sur l'archevêché et le chapitre de Rouen ; sur les évêchés et les chapitres de Bayeux, Lisieux et Séez, et sur bon nombre des abbayes de ces divers diocèses. (V. 217, 285).

268. — Le 6 avril 1715, M° Gabriel Duplessis, pbre, vicaire de Boisney, M° ès-arts en l'Université de Caen, fait réitérer ses noms et grades aux religieux de S¹ Pierre de Préaux. (V. 39, 480).

269. — Le 10 avril 1715, les vicaires généraux du seigr évêque de Lx donnent à Dom Antoine Alleaume, religieux-profès de l'abbaye de Grandmont, la collation du prieuré du Valboutry auquel il a été nommé, le 31 mars dernier, par le seigr abbé de S¹ Pierre-sur-Dives, en conséquence de la mort de Dom Edeline, dernier titulaire dud. prieuré. (V. 395).

270. — Le 11 avril 1715, M° Jacques Soyer, pbre, curé de N.-D. de Castillon et titulaire de la chapelle S¹ Gatien en la Cathédrale, donne sa procuration pour résigner lad. chapelle entre les mains de N.-S.-P. le pape en faveur de M° Pierre Soyer, acolyte, étudiant actuellement au collège de Lx, à Paris. (V. 265, 343, 362).

271. — Le 9 avril 1715, M° Guillaume Delafosse, pbre, curé de Réville, M° ès-arts en l'Université de Caen, fait réitérer ses noms et grades au seigr évêque et au Chapitre de Lx. (V. 29).

272. — Le 3 avril 1715, M° Pierre-Joseph Lebourg de Montmorel, acolyte du diocèse de Lx, demeurant à Paris, M° ès-arts en l'Université de Caen, représenté par M° Jean-Jacques Lebourg des Alleurs, docteur de Sorbonne, chanoine de Lx, fait réitérer ses noms et grades au seigr évêque et au Chapitre de Lx. Fait à Lx, en présence de M° François Desbuissons, pbre, sacristain de la Cathédrale, et autres témoins. (V. 19, 501).

273. — Le 10 avril 1715, M° Jacques Gosset, pbre, curé de la

1re portion de Verson, Mᵉ ès-arts en l'Université, fait réitérer ses noms et grades au seigʳ évêque et au Chapitre de Lx. (*V.* **34, 453, 491**).

274. — Le 10 avril 1715, Mᵉ Claude Gaubert, pbrē, demeurant à Sᵗ André-d'Echauffour, Mᵉ ès-arts en l'Université de Caen, fait réitérer ses noms et grades au seigʳ abbé et aux religieux de Sᵗ Evroult.

275. — Le 11 avril 1715, Mᵉ Pierre Lange, pbrē, demeurant au bourg d'Orbec, Mᵉ ès-arts en l'Université de Paris, fait réitérer ses noms et grades aux religieux de l'abbaye de Sᵗ Evroult. (*V.* **48**).

276. — Le 11 avril 1715, Mᵉ Antoine Jehan, pbrē, curé de Noron, diocèse de Séez, Mᵉ ès-arts en l'Université de Caen, fait réitérer ses noms et grades aux religieux de Sᵗ Evroult. (*V.* **27**).

277. — Le 8 mars 1715, Mᵉ Jean Fleuriot, pbrē du diocèse de Lx, est reçu Mᵉ ès-arts en l'Université de Caen.

Le 13 mars 1715, il obtient des lettres de quinquennium du recteur de lad. Université

Le même jour, led. sʳ Fleuriot, âgé de 26 ans environ, est nommé par icelle sur les archevêchés et les chapitres de Paris et de Rouen, sur les évêchés et les chapitres de Bayeux, Lisieux, Coutances, Avranches, Evreux et Séez, et sur la plupart des abbayes et prieurés de ces divers diocèses.

278. — Le 10 avril 1715, Mᵉ Pierre Thillaye, pbrē du diocèse de Lx, demeurant en cette ville, parr. Sᵗ Germain, Mᵉ ès-arts en l'Université de Paris, fait réitérer ses noms et grades au seigʳ évêque et au Chapitre de Lx. (*V.* **23, 124, 494**).

279. — Le 24 février 1707, Mᵉ Pierre-Samuel Viel, fils de Charles et de Lucie Rouxel, de la parr. Sᵗ Nicolas de Caen, reçoit la tonsure à Caen.

Le 7 mars 1713, led. sʳ Viel, diacre, chanoine régulier de l'Ordre de Sᵗ Augustin, âgé de 24 ans, est reçu Mᵉ ès-arts en l'Université de Caen.

Le 8 mars 1713, il obtient des lettres de quinquennium du recteur de lad. Université.

Le même jour il est nommé par icelles sur les abbayes et prieurés de l'Ordre de Sᵗ Augustin dans les diocèses de Paris, Chartres, Orléans, Rouen, Bayeux, Le Mans, Lisieux, Séez et Coutances.

Le 21 mars 1715, led. sʳ Viel de la Grande-Rue, pbrē du diocèse de Bayeux, prieur claustral et chanoine régulier de Sᵗᵉ Croix de la Maison-Dieu de Caen, y demeurant, fait signifier ses noms et grades aux religieux de Sᵗᵉ Barbe en parlant à Mᵉ Louis Davy, pbrē, prieur dud. prieuré. (*V.* **493**).

280. — De 31 oct. 1714, le roy ayant droit de nommer à un canonicat de la Cathédrale d'un nouvel évêque, à l'occasion du serment de fidélité que celui-ci doit prêter entre ses mains, Sa Majesté nomme à la première chanoinie et prébende qui viendra à vaquer dans l'église Cathédrale de Lx, la personne de M⁰ François Le Saulnier, pbrē du diocèse de Coutances.

Le 8 avril 1715, led. s' Le Saulnier, demeurant à Paris, représenté par M⁰ Jean-Baptiste Lemarchand, pbrē, chantre et officier-douze-livres en la Cathédrale de Lx, fait signifier le brevet du roy au seig' évêque de Lx en parlant à M'⁰ de Matignon, vic. g¹, demeurant au grand séminaire de Lx. (V. 349, 357).

281. — Le 15 avril 1715, M⁰ Pierre Simon, pbrē, demeurant à Orbec, bachelier et M⁰ ès-arts en l'Université de Paris, fait réitérer ses noms et grades au seig' évêque et au Chapitre de Lx, ainsi qu'aux religieux de Bernay et de S' Evroult. (V. 30, 490).

282. — Le 12 avril 1715, M⁰ Nicolas Gosset, pbrē, curé du Mesnil-Durand (de valeur de 250 livres de rente), M⁰ ès-arts en l'Université de Paris, fait réitérer ses noms et grades au seig' évêque et au Chapitre de Lx, ainsi qu'aux relig˟ de l'abbaye de S' Pierre de Préaux. (V. 44).

283. — Le 16 avril 1715, M⁰ Jacques Bunel, pbrē de N.-D. de Pontaudemer, prieur de l'Hôtel-Dieu de lad. ville (de 150 livres de revenu), M⁰ ès-arts en l'Université de Caen, fait réitérer ses noms et grades au seig' évêque et au Chapitre de Lx, ainsi qu'aux religieux des abbayes de Grestain, Cormeilles, S' Pierre de Préaux et S' Léger de Préaux. (V. 46, 79).

284. — Le 17 avril 1715, M⁰ François Le Camus, diacre, demeurant à N.-D. de Bellou, M⁰ ès-arts en l'Université de Caen, fait signifier ses noms et grades au seig' évêque et au Chapitre de Lx. (V. 266, 387, 478).

285. — Le 17 avril 1715, M⁰ Simon Mannoury, acolyte, demeurant à S' Pierre de Courson, M⁰ ès-arts en l'Université de Caen, fait signifier ses noms et grades au seig' évêque et au Chapitre de Lx. (V. 217, 267).

286. — Le 10 avril 1715, M⁰ Pierre Hauvel, pbrē du diocèse de Lx, demeurant à Paris, au séminaire de S' Magloire, M⁰ ès-arts en l'Université de Caen, représenté par son frère, M⁰ Jean-Baptiste du Hauvel, (1) cons'⁰ du roy et président en l'élection de Lx, demeurant par̄r. S' Jacques, fait réitérer ses noms et grades au seig' évêque et au Chapitre de Lx.

(1. Nous avons ici un exemple de la facilité avec laquelle on prenait ou l'on omettait les particules nobiliaires que l'on avait droit de porter. Dans le même acte l'un des deux frères la prend, l'autre ne la prend pas. Du reste, nous voyons cet ecclésiastique prendre quelquefois la particule et l'omettre le plus souvent.

287. — Le 16 avril 1715, M⁰ François Morel, curé à portion congrue, de S¹ Pierre de Villers-en-Ouche, M⁰ ès-arts en l'Université de Caen, fait réitérer ses noms et grades au seig⁰ évêque et au Chapitre de Lx, ainsi qu'aux relig⁰ de S¹ Evroult. (V. 54, 491).

288. — Le 15 avril 1715, M⁰ Nicolas de Sallen, pbrē du diocèse de Bayeux, pourvu de la chapelle de la Cérandière, d'un revenu très-modique, M⁰ ès-arts en l'Université de Caen, demeurant à Monts, fait réitérer par procureur ses noms et grades au seig⁰ évêque et au Chapitre de Lx, ainsi qu'aux relig⁰ de S¹ Evroult. (V. 38, 475).

289. — Le 13 avril 1715, M⁰ Jean Formage, curé de la 2⁰ portion du Mesnil-Mauger, de la valeur de 300 livres de pension congrue, M⁰ ès-arts en l'Université de Caen, fait réitérer ses noms et grades au seig⁰ évêque et au Chapitre de Lx, ainsi qu'aux relig⁰ de S⁰ Barbe. (V. 37).

290. — Le 7 avril 1715, M⁰ Jean Caboulet, pbrē, curé de S¹ Aubin-sur-Auquainville, d'un revenu très-modique, M⁰ ès-arts en l'Université de Paris, fait réitérer ses noms et grades au seig⁰ évêque et au Chapitre de Lx. (V. 51, 496).

291. — Le 16 avril 1715, M⁰ Jacques Crochon, pbrē, notaire royal-apostolique du diocèse de Lx, M⁰ ès-arts en l'Université de Paris, demeurant à Lx, parr. S¹ Germain, fait réitérer ses noms et grades au seig⁰ évêque et au Chapitre de Lx, ainsi qu'aux relig⁰ de Cormeilles et de Préaux. (V. 56, 479).

292. — Le 19 avril 1715, M⁰ Nicolas Turpin, diacre, bachelier en théologie de l'Université de Caen, demeurant en la parr. de S¹ André-d'Echauffour, fait réitérer ses noms et grades au seig⁰ évêque et aux religieux de S¹ Evroult. (V. 50, 318, 500).

293. — Le 18 avril 1715, M⁰ Louis Pollin, pbrē, pourvu de la cure de S¹ Jean-de-Livet, de la valeur de 250 livres de rente, M⁰ ès-arts en l'Université de Caen, fait réitérer ses noms et grades aux relig⁰ de S¹ Evroult et de Beaumont. (V. 52, 495).

294. — Le 22 avril 1707, Louis Haudard, fils de Michel et de Marie-Anne Loutrel, de la parr. de S¹ Arnoul de Fontaine-la-Louvet, reçoit la tonsure et les ordres mineurs.

Le 8 mars 1715, led. s⁰ Haudard, diacre, âgé de plus de 24 ans, est reçu M⁰ ès-arts en l'Université de Caen.

Le 13 mars 1715, il obtient des lettres de quinquennium du recteur de lad. Université.

Le même jour, il est nommé par icelle sur l'archevêché et le Chapitre de Rouen, sur les évêchés et Chapitres de Bayeux, Lisieux, Coutances, Avranches, Evreux et Séez, et sur un grand nombre d'abbayes et de prieurés de ces différents diocèses.

Le 10 avril 1715, le sʳ Haudard, diacre, demeurant à Fontaine-la-Louvet, fait réitérer ses noms et grades au seigʳ évêque au Chapitre de Lx. (*V.* 373).

295. — Le 30 mars 1715, Mᵉ Denis Delaporte, pbr͞e du diocèse de Rouen, Mᵉ ès-arts en l'Université de Paris, professeur au collège de Beauvais et y demeurant, fait réitérer ses noms et grades aux religˣ de Sᵗ Evroult. (*V.* 78, 482).

296. — Le 15 avril 1715, Mᵉ Pierre Fouet, pbr͞e du diocèse de Bayeux, demeurant à Caen, Mᵉ ès-arts en l'Université de lad. ville, fait réitérer ses noms et grades aux religˣ de Sᵗ Evroult et de Bernay. (*V.* 62).

297. — Le 20 sept. 1704, François Girardin, fils de Jacques et d'Edmonde Rémy, de la par͞r. de Baucharmois, diocèse de Langres, reçoit la tonsure à Langres.

Le 3 mars 1710, Mᵉ François Girardin, pbr͞e du diocèse de Langres, est reçu Mᵉ ès-arts en l'Université de Paris.

Le 21 mars 1710, il obtient des lettres de quinquennium du recteur de lad. Université.

Le même jour, il est nommé par icelle sur l'évêché et le Chapitre de Lx.

Le 17 avril 1715, led. sʳ Girardin, pbr͞e, demeurant à Paris, représenté par Mᵉ Jean Deschamps, pbr͞e, de Sᵗ Germain de Lx, fait signifier ses noms et grades au seigʳ évêque et au Chapitre de Lx.

298. — Le 17 avril 1715, Mᵉ Nicolas Leloup de Sᵗ Loup, pbr͞e du diocèse de Coutances, Mᵉ ès-arts en l'Université de Caen, fait réitérer par procureur ses noms et grades au seigʳ évêque et au Chapitre de Lx. (*V.* 43).

299. — Le 10 avril 1715, Mᵉ Jacques Lefebvre, pbr͞e, curé de la 2ᵉ portion de Sᵗ Désir de Lx (de la valeur de 300 livres de portion congrue), fait réitérer ses noms et grades au seigʳ évêque et au Chapitre de Lx.

300. — Le 17 avril 1715, Mᵉ Claude Robert, pbr͞e du diocèse de Toulouse, bachelier en théologie de l'Université dud. lieu, supérieur du séminaire de N.-D. de Lx, y demeurant par͞r. Sᵗ Germain, fait réitérer ses noms et grades au seigʳ évêque et au Chapitre de Lx. (*V.* 49, 355, 511).

301. — Le 5 avril 1715, la nomination à l'office de bailly en l'abbaye de Cormeilles appartenant au seigʳ abbé, Monseigʳ Philbert-Charles de Pas Feuquière, évêque et comte de d'Agde, abbé de Cormeilles, nomme dom Jean-Baptiste Pelvey, pbr͞e, religieux et prieur moderne de cette abbaye, à cet office claustral, vacant par la mort de Dom Jean Edeline, pbr͞e, religˣ et dernier bailly. Fait à Pézenas.

Le 20 avril 1715, led. sʳ Pelvey prend possession de l'office claustral de bailly en l'abbaye de Cormeilles par la libre entrée de l'église abbatiale, le baiser de l'autel et les autres cérémonies ordinaires.

302. — Le 3 mai 1715, dispense de parenté au 4ᵉ degré pour le mariage entre Charles de Margeot, Escʳ, sʳ de Sᵗ Ouen, demeurant au Mesnil-Simon, et damˡˡᵉ Françoise Le Normand, demeurant à Orbec.

Le 4 mai 1715, dispense de bans pour le mariage entre led. sʳ de Margeot, fils de Charles de Margeot, Escʳ, sʳ de Sᵗ Ouen, et de noble dame Marie des Acres, de la parr. du Mesnil-Simon, d'une part, et lad. damˡˡᵉ Le Normand, fille de Gabriel Le Normand, Escʳ, sʳ du Buchet, consʳ du roy et subdélégué au bailliage d'Orbec, et de noble dame Marie du Pommeret, de la parr. d'Orbec.

303. — Le 5 février 1715, la nomination à la cure de Sᵗ Just d'Hecquemanville appartenant au seigʳ du lieu, Mesʳᵉ Antoine de Bernart, chevʳ, marquis d'Avernes, seigʳ engagiste du comté d'Orbec, Cerquigny, Chambry et autres lieux, demeurant à Paris, nomme aud. bénéfice d'Hecquemanville, vacant par la démission de Mᵉ Pierre Devaux, acolyte, qui avait succédé à Mᵉ Jacques Sehier, la personne de Mᵉ Jean Dehors, pbrē de ce diocèse. (*V.* **61, 325, 443**).

304. — Le 2 mai 1715, Mesʳᵉ Henry-Ignace de Brancas, évêque de Lx, donne des lettres de grand vicaire à Mesʳᵉ Louis-Henry de Romé de Vernouillet, chanoine et grand archidiacre de la Cathédrale, et à Mesʳᵉ Pierre Dumesnil Le Boucher, docteur de Sorbonne et chanoine de la Cathédrale.

C'est un des premiers actes faits à Lx par Mgʳ de Brancas.

305. — Le 9 avril 1715, Mᵉ Pierre Dumesnil, vic. gˡ, donne à Mᵉ Jacques-Ollivier Jouen du Marais, acolyte, la collation de la cure de Plainville, vacante par la démission de Mᵉ Jacques de Mézières, pbrē, dernier titulaire.

Le 23 avril 1715, led. sʳ Jouen, sous-diacre, demeurant à Bernay, prend possession de la cure de Plainville, en présence de Mᵉ Jacques de Mézières, pbrē, curé de Faverolles ; Mᵉ Guillaume Regnier, pbrē, vicaire de Plainville ; Mʳᵉ Jean Chrestien, chevʳ, seigʳ de Sᵗ Vincent ; François de Bonnechose, Escʳ, et autres témoins. (*V.* **169, 234**).

306. — Le 7 mai 1715, dispense de bans pour le mariage entre François de Maurey, Escʳ, seigʳ des Ligneries, fils de feu Charles de Maurey, Escʳ, seigʳ des Ligneries, et de feue dame Anne-Marie Colleson, demeurant à Croisilles, d'une part, et damˡˡᵉ Marie de Fontaine, fille de feu Adrian de Fontaine, Escʳ, seigʳ de la Barberie, et de feue dame Henriette Gaucher, demeurant en la parr. de Boissy-le-Sec, diocèse de Chartres.

307. — Le 8 mars 1715, Mᵉ Laurent de Bellemontre, prébendé de la première semi-prébende, dite la première sous-chantrerie en la Cathédrale de Lx, et aussi pourvu de la seconde semi-prébende, dite seconde sous-chantrerie en lad. Eglise, remet purement et simplement lad. seconde sous-chantrerie entre les mains du seigr évêque. (*V*. 121).

Le 29 avril 1715, la collation de la semi-prébende, seconde sous-chantrerie en la Cathédrale, appartenant au seigr évêque, Mgr de Brancas, évêque de Lx, nomme à ce bénéfice, vacant par la démission de Me Laurent de Bellencontre, pbrē, dernier titulaire, la personne de Me Robert Peauger, diacre de ce diocèse.

Le 3 mai 1715, led. sr Peauger, diacre, officier douze-livres en la Cathédrale, est mis en possession dud. bénéfice par le ministère de M. le doyen. (*V*. 319).

N. B. — Il est dit dans cet acte que la place du second sous-chantre est assignée « au côté gauche du chœur. »

308. — Le 7 mars 1715, François Legendre, officier au grenier à sel de Lx, demeurant en cette ville, constitue 150 livres de rente en faveur de son fils, Me Nicolas Legendre, acolyte de St Désir de Lx, afin qu'il puisse parvenir aux ordres sacrés.

309. — Le 28 février 1715, Marin Legrip, demeurant à Rumesnil, Me Jean Legrip, tabellion en la vicomté d'Auge, demeurant à Auvillers, constituent 150 livres de rente en faveur de Me François Legrip, acolyte, fils dud. sr Jean et petit-fils dud. sr Marin, afin qu'il puisse parvenir aux ordres sacrés.

310. — Le 8 mai 1715, le seigr évêque donne des lettres de grand-vicaire à Mre Léonor Le Berceur de Fontenay, licencié en droit canon.

311. — Le 8 mai 1715, le seigr évêque donne à Me Jean-Baptiste Jeullin, pbrē du diocèse de Paris, la collation de la cure de Quetteville.

Le même jour, led. sr Jeullin, demeurant à Châtre-Soubz-Montlhéry, diocèse de Paris, prend possession dud. bénéfice de Quetteville, en présence de Me Louis Nantier, Escr, seigr de Quetteville ; François Nantier, Escr, sr de St Laurent, et plusieurs paroissiens dud. lieu. (*V*. 199).

312. — Le 10 mai 1715, vu l'attestation du sr Lecomte, vicaire de St Loup-de-Fribois, dispense de bans pour le mariage entre Guillaume Manchon, fils Thomas, d'une part, et damlle Marie-Anne Aubert, fille de Léonor Aubert, Escr, sr de Boistonnet, et de noble dame Charlotte Maloisel, tous deux de lad. parr. de St Loup.

313. — Le 10 fév. 1715, Martin Mauger, marchand, demeurant à Gacey, et Etienne Mauger, son frère, aussi marchand, demeurant à la Chapelle-Montgenouil, constituent 150 livres de rente en faveur de leur frère, Me Jean Mauger, acolyte, afin qu'il puisse parvenir aux saints ordres.

314. — Le 18 mai 1715, noble et discrète personne, Mre Louis de Corday, pbrē, curé de la 1re portion de Cerquigny, pourvu de la cure de

S¹ Pierre-de-la-Rivière, prend possession de ced. bénéfice, en présence de M⁰ François Hédiard, pbrē, vicaire de lad. parr. de S¹ Pierre ; M⁺ᵉ Nicolas de Guerpel ; M⁺ᵉ Laurent Eduard, Esc⁺, s⁺ de la Douvillière ; M⁰ François Le Comte, acolyte ; François Farain, s⁺ de la Brière, et Jean-Henry Farain, s⁺ de Balfray, et autres témoins, tous de lad. parr. (*V*. **183, 198**).

315. — Le 14 mai 1715, vu l'attestation du s⁺ Du Lys, curé de Heulland, dispense de bans pour le mariage entre M⁺ᵉ Louis-Thomas d'Angerville, chev⁺, seig⁺ de Grainville et Heulland, fils de feu M⁺ᵉ Louis d'Angerville, seig⁺ desd. terres, et de feue noble dame Anne Bellet, de la parr. de Heulland, d'une part, et dam¹¹ᵉ Charlotte-Marguerite-Françoise d'Abos, fille de Mes⁺ᵉ Charles d'Abos, chev⁺, seig⁺ de S¹ Cloud et de la Barberie, gentilhomme et lieutenant de la garde de Son Altesse Sérénissime, Monseig⁺ le comte de Toulouse, grand amiral de France, et de feue noble dame Marguerite Bélault, d'autre part, de la parr. de S¹ Cloud.

316. — Le 6 mai 1715, le seig⁺ évêque donne des lettres de grand vicaire à M⁺ᵉ Jean-Baptiste-Antoine de Brancas, docteur en théologie. (*V*. **238**).

317. — Le 13 mai 1715, M⁰ Michel Turdin, acolyte de la parr. de S¹ André-d'Echauffour, M⁰ ès-arts en l'Université de Caen, fait signifier par procureur ses noms et grades aux relig⁺ de S¹ Evroult, en parlant à dom Jean Le Barbier, pbrē, procureur et relig⁺ de lad. abbaye, en présence de Jean Anquelin, maître de l'hôtellerie de la Croix verte, aud. lieu de S¹ Evroult. (*V*. **225, 249, 499**).

318. — Le 28 mars 1715, M⁰ Nicolas Turpin, diacre, bachelier en théologie, obtient en cour de Rome des lettres de provision de la chapelle simple de S¹ Laurent, sise sur la parr. d'Echauffour et vacante par la résignation faite en sa faveur par M⁰ Antoine Lemoine, pbrē, docteur en théologie de la faculté de Paris.

Le 10 mai 1715, le seig⁺ évêque donne son visa auxd. lettres de provision.

Le 13 mai 1715, le s⁺ Turpin, pbrē, demeurant en la parr. de S¹ André-d'Echauffour, prend possession de lad. chapelle. (*V*. **50, 292, 339, 500**).

319. — Le 7 avril 1708, Pierre Fourey, fils de Jacques et de Marie Cazier, de la parr. de S¹ Etienne d'Honfleur, reçoit la tonsure et les ordres mineurs. (*V*. **359**).

320. — Le 1ᵉʳ mars 1715, honnête homme Jacques Hain, s⁺ des Fosses, demeurant à Auvillers, constitue 150 livres de rente en faveur de son fils, M⁰ Jacques Hain, acolyte de lad. parr., afin qu'il puisse parvenir aux ordres sacrés. Fait en présence de M⁰ Jean Petout, pbrē, vicaire d'Auvillers, et de M⁰ Joseph Bloche, pbr͞e, aussi vicaire dud. lieu.

321. — Le 20 avril 1715, M⁰ Gabriel de la Mondière, sous-diacre de Coulmer, est ordonné diacre par Mgʳ de Brancas.

322. — Le 10 mars 1715, Louis Boissière, sʳ des Perquets, demeurant à Thiberville, constitue 150 livres de rente en faveur de son fils, M⁰ Robert Boissière, acolyte, afin qu'il puisse parvenir aux ordres sacrés.

323. — Le 28 mars 1715, Eustache Bazire et Pierre Chaplain, marchands, de la par͞r. de la Chapelle-Haute-Grue, constituent 150 livres de rente en faveur de M⁰ Jean-Guillaume Bazire, acolyte, fils dud. sʳ Eustache, afin qu'il puisse parvenir aux ordres sacrés.

324. — Le 3 janvier 1712, François Levavasseur, marchand, demeurant à Bellou, et Pierre Cullier, tisserand en drap, de la par͞r. de Fervaques, constituent 150 livres de rente en faveur de M⁰ François Levavasseur, acolyte de Bellou, afin qu'il puisse parvenir aux ordres sacrés.

325. — Le 1ᵉʳ mai 1715, le seigʳ évêque donne au sʳ Jean Dehors, pbr͞e, la collation de la cure de Sᵗ Just d'Hecquemanville à laquelle il a été nommé par le seigʳ d'Avernes en sa qualité de seigneur engagiste du comté d'Orbec.

Le 2 mai 1715, M⁰ Jean Dehors, pbr͞e, vicaire de Sᵗ Ouen de Pontaudemer, prend possession dud. bénéfice, en présence de deux témoins venus de Bernay. (V. **303**).

326. — Le 5 mai 1715, la nomination à la cure d'Heudreville appartenant au seigʳ du lieu, Mesʳᵉ Léonor Bertout, Escʳ, seigʳ et patron d'Heudreville, Le Favril et Cauverville, consᵉʳ du roy en sa cour des Comptes, Aides et Finances de Normandie, demeurant à Rouen, rue aux Charettes, nomme aud. bénéfice, vacant par la mort de M⁰ Pierre Bertout, pbr͞e, dernier titulaire, décédé le 15 janvier dernier, la personne de M⁰ Léonor-François Bertout, Escʳ, clerc du diocèse de Rouen, y demeurant, rue Sᵗ Godard.

Le 6 mai 1715, le seigʳ évêque de Lx, se trouvant à Rouen en son palais du doyenné de Sᵗ Cande-le-Vieux, donne aud. sʳ Bertout la collation de la cure d'Heudreville.

Le 22 mai 1715, le sʳ Bertout prend possession dud. bénéfice, en présence de M⁰ Jean Levavasseur, pbr͞e, curé de Sᵗ Jean-de-la-Lecqueraye, vicaire général du diocèse d'Avranches et doyen de Cormeilles ; David-Léonor Bertout d'Heudreville, Escʳ; M⁰ Claude Bertout, Escʳ, seigʳ d'Heudreville, Forbany et Mesnil-Gace, consᵉʳ au Parlement de Rouen ; M⁰ Pierre Hardy, pbr͞e, desservant en lad. par͞r. ; M⁰ Jacques Lecoq, pbr͞e, chapelain du seigʳ d'Heudreville ; M⁰ Pierre Fouquier, pbr͞e, vicaire de Cauverville, et M⁰ Louis Pinchon, pbr͞e dud. lieu d'Heudreville. (V. **378, 388**).

327. — Le 22 juin 1714, Eustache Maignet, M° Louis Maignet, pbrē, curē du Sapandré, Charles et Robert Maignet, tous frères demeurant au Sap, constituent 150 livres de rente en faveur de M° François Maignet, acolyte du Sap, afin qu'il puisse parvenir aux ordres sacrés. Cette rente est cautionnée par M° Pasquier Touzé, pbrē dud. lieu.

328. — Le 11 mars 1715, M° Jean Bayard de la Vintrie, pbrē du diocèse de Séez, est reçu M° ès-arts en l'Université de Caen.

Le 13 mars 1715, il obtient des lettres de quinquennium du recteur de lad. Université.

Le même jour, il est nommé par icelle sur l'archevêché et le chapitre de Rouen, sur les évêchés et les chapitres de Lisieux, Séez et Evreux et sur bon nombre d'abbayes de ces divers diocèses. (V. 344).

329. — Le 28 février 1706, M° Félix-Joseph Quillet, fils de Charles Quillet, seig' de Fontaine, et de dam^{lle} Anne Félix, du diocèse de Paris, reçoit la tonsure dans la chapelle des Augustins de S' Germain-en-Laye.

Le 4 Juillet 1714, led. s' Quillet de Fontaine, clerc de Paris, obtient en cour de Rome des lettres de provision du prieuré de S' Hymer, diocèse de Lx, et d'un autre prieuré simple, nommé le prieuré de Ste Marguerite de Marguerie, diocèse de Troye, vacants par la résignation faite en sa faveur par M° Noël-François de Brion, clerc, dernier titulaire, qui possédait le prieuré de S' Hymer depuis plus de quarante ans.

Le 13 juin 1715, le seig' évêque donne son visa auxd. lettres de provision.

Le 14 juin 1715, le s' Quillet, demeurant à Paris, Vieille-Rue du Temple, représenté par M° Guillaume Véron, chapelain de la Cathédrale de Lx, prend possession dud. bénéfice, en présence de M° Jean Leperchey, pbrē, desservant led. prieuré, et autres témoins. (V. 190).

330. — Le 2 juin 1715, le seig' évêque donne à M° Louis Morand, pbrē, (vicaire de Chaumont), la collation de la cure de S' Symphorien du Noyer-Ménard, à laquelle il a été nommé par le seig' abbé de S' Evroult.

Le lendemain, le s' Morand, demeurant au Noyer-Ménard, prend possession dud. bénéfice, en présence de M° Nicolas Puel, pbrē de lad. par. et desservant en l'église du lieu ; Thomas Vallée, syndic, et autres témoins.

331. — Le 14 mars 1713. — Par testament daté de ce jour, Barbe Buisson, v^{ve} de Jacques Farain, fonde divers services en l'église S' Germain de Lx et spécialement « les litanies de la Ste Vierge qui seront chantez solennellement par les sieurs Curé, vicaires et seize anciens prestres de lad. église, tous les samedys de l'année, à la réserve du samedy de Pasque et celui de la Pentecoste. »

332. — Le 3 juin 1715, le seig[r] évêque donne des lettres de grand vicaire à Mre Jean-Jacques Lebourg des Alleurs, docteur en théologie de la faculté de Paris, chanoine de la Cathédrale de Lx.

333. — Le 28 nov. 1714, Me Pierre-Joseph Costil, pbr̄e, bachelier en théologie de la faculté de Paris, obtient en cour de Rome des lettres de provision de la cure de N.-D. et St Léonard d'Honfleur, vacante par la résignation faite en sa faveur par Me Pierre Maupoint, pbr̄e, dernier titulaire. Celui-ci s'était réservé quatre cents livres de rente viagère sur les revenus de cette cure.

Le 13 juin 1715, le seig[r] évêque donne son visa auxd. lettres de provision.

Le 8 juillet 1715, le s[r] Costil, pbr̄e du diocèse de Lx, licencié de Sorbonne, demeurant à Paris, représenté par Me Michel Leduc, pbr̄e, demeurant à Honfleur, par̄r. Ste Catherine, prend possession « de la par̄r. N.-D. d'Honfleur et de son annexe St Léonard, » par la libre entrée desd. églises et les autres cérémonies ordinaires accomplies en présence de Me Guillaume Leduc, pbr̄e, directeur des dames religieuses de la congrégation de N.-D. de Honfleur ; Me Jacques Le Bailly, pbr̄e, curé de St Julien-sur-Colonne ; Me Etienne Caresme, pbr̄e, chapelain en l'église St Léonard ; Me Jacques Le Broc, pbr̄e de lad. église.

334. — Le 9 mars 1715, Me Jean Daubin, pbr̄e du diocèse de Lx, est reçu M[e] ès-arts en l'Université de Caen.

Le 13 mars 1715, led. s[r] Daubin, âgé de 32 ans, obtient des lettres de quinquennium du recteur de lad. Université.

Le même jour, il est nommé par icelle sur l'archevêché et le chapitre de Rouen; sur les évêchés et les chapitres de Bayeux, Lisieux, Coutances, Avranches, Séez, Beauvais, Chartres, Le Mans et Evreux, ainsi que sur bon nombre d'abbayes et prieurés de ces divers diocèses.

Le 14 juin 1715, Me Jean Daubin, pbr̄e, demeurant à Chaumont, fait signifier ses noms et grades au seig[r] évêque et au Chapitre de Lx et présente entr'autres pièces son extrait de baptême daté du *5 mars 1683*, en l'église de St Germain de Lx, et ses lettres de tonsure en date du *29 mars 1693*. (*V.* **485**).

335. — Le 19 février 1715, Marguerite Leperchey, veuve de feu Jean De la Taille, et Pierre De la Taille, son fils, demeurant à Pierrefitte, constituent 150 livres de rente en faveur de Me François De la Taille, acolyte, fils de lad. veuve, afin qu'il puisse parvenir aux ordres sacrés. Cette rente est garantie par Me Jean Leperchey, pbr̄e, demeurant à St Hymer, chapelain du prieuré dud. lieu, oncle du s[r] De la Taille, et par Robert Hervieu, s[r] de Lessard, demeurant à Pierrefitte.

336. — Le 9 mars 1715, M⁰ Antoine Le Moine, pbr͞e du diocèse de Paris, docteur de la Maison et Société de Sorbonne, chapelain de la chapelle S¹ Laurent, érigée sur le territoire de la par͞r. d'Echauffour, diocèse de Lx, demeurant en lad. maison de Sorbonne, donne sa procuration pour résigner entre les mains de N.-S.-P. le pape lad. chapelle S¹ Laurent en faveur de M⁰ Nicolas Turpin, pbr͞e, bachelier en théologie. Il se réserve toutefois une pension viagère de 60 livres de rente. (*V.* **318**).

337. — Le 24 juin 1715, vu l'attestation du s⁰ Guerbette, pbr͞e, curé de N.-D.-de-Fresnay, dispense de bans pour le mariage entre Pierre du Nepveu, Escr, sr de Vaux, fils de M⁰ᵉ Pierre du Nepveu, et de dame Marthe Le Carpentier, de lad. par͞r. de Fresne, d'une part, et damᵘᵉ Magdeleine Le Prevost, fille de Henry Le Prevost, Escr, sr de la Blosserie, et de feue dame Magdeleine Duval, de la par͞r. du Val-Frambert, diocèse de Séez.

338. — Le 24 juin 1715, vu l'attestation du s⁰ Maupoint, curé de S¹ Léonard d'Honfleur, et du s⁰ Letondellier, curé de Gonneville-sur-Honfleur, dispense de bans pour le mariage entre Adrian Dubosc, sr des Essards, fils de feu Michel Dubosc et de Charlotte de Beaumont, de lad. par͞r. de S¹ Léonard, d'une part, et damᵘᵉ Marie-Anne de Varin, fille d'Alexandre de Varin, Escr, sr de Prestreville, et de damᵘᵉ Françoise-Henriette de Prélabbey, de lad. par͞r. de Gonneville.

339. — Le 17 juin 1714, Gabriel Hurel, fils de Jacques et de Marie Louvet, de la par͞r. de S¹ᵉ Marie-aux-Anglais, *rite dimissus*, reçoit la tonsure et les ordres mineurs dans la chapelle du séminaire de Caen. (J. **384**).

340. — Le 3 juillet 1715, dispense de parenté au 4ᵉ degré pour le mariage entre Constantin de Bonenfant, Escr, demeurant à S¹ Michel-de-Livet, et damᵘᵉ Anne Samin, demeurant au Mesnil-Bacley.

Le 8 juillet 1715, vu l'attestation du s⁰ Foucher, curé de S¹ Michel-de-Livet, et du s⁰ Costard, vicaire du Mesnil-Bacley, dispense de bans pour le mariage entre Mesr⁰ Constantin de Bonenfant, Escr, sr de Chiffreville, fils de Henry de Bonenfant, Escr, sr de Carel, et de noble dame Bonne de Vaumesle, demeurant à S¹ Michel-de-Livet, d'une part, et damᵘᵉ Anne Samin, fille de feu Robert Samin, sr de la Saminière, et de Marie Noel, de la par͞r. du Mesnil-Bacley.

341. — Le 17 avril 1715, « en vertu de l'arrest de nosseigneurs du grand Conseil du jour d'hier, lequel permet à M⁰ᵉ Pierre Cosme Regnier, pbr͞e du diocèse de la Rochelle, de prendre possession, pour la conservation de ses droits, dans la chapelle dud. grand Conseil, à Paris, de la prébende et canonicat de la Pommeraye » en la Cathédrale de Lx. Charles-Louis Dugard, pbr͞e, licencié en théologie, aumônier dud.

grand Conseil, le met en possession dud. canonicat par l'accomplissement des cérémonies ordinaires en lad. chapelle, en présence des notaires du Châtelet. (V. 220, 238, 256).

342. — Le 17 juin 1715, M° Pierre-François Renout, sous-diacre du diocèse de Lx, demeurant à Honfleur, parr. Ste Catherine, pourvu de la cure d'Englesqueville, prend possession dud. bénéfice, en présence de M° Jean Le Marchand, pbrē, desservant lad. cure ; François de Courey, Esc^r, s^r d'Englesqueville, etc. (V. 180, 245, 386).

343. — Le 2 mai 1715, M° Pierre Soyer, clerc du diocèse de Lx, obtient en cour de Rome des lettres de provision de la chapelle St Gatien en la cathédrale de Lx, vacante par la résignation faite en sa faveur par Me Jacques Soyer, dernier titulaire.

Le 4 juillet 1715, Mre Charles Inger, pbrē, bachelier en théologie, chanoine prébendé des Vaux et pénitencier en la Cathédrale, se trouvant chanoine de semaine, donne le visa auxd. provisions obtenues par le s^r Pierre Soyer. (V. 270, 362).

344. — Le 4 juillet 1715, M° Jean Bayard de la Vintrie, pbrē du diocèse de Séez, vicaire de Moulins-à-la-Marche, au même diocèse, M^e ès-arts en l'Université de Caen, fait signifier ses noms et grades aux religieux de St Evroult, en parlant à dom Jacques Imobert, prieur de lad. abbaye. (V. 328).

345. — Le 19 oct. 1710, Marin Dumont, fils de Henry et de Michelle Bertheaume, de la parr. de Meulles, reçoit la tonsure et les ordres mineurs.

346. — Le 28 juin 1715, noble et discrète personne Mre Mathieu Le Marchand, pbrē, curé de Pont-l'Evêque et titulaire de la chapelle St Pierre de la Tour, en l'église collégiale de N.-D. de Cléry, depuis l'année 1678, donne sa procuration pour résigner lad. chapelle entre les mains de N.-S.-P. le pape en faveur de M° Etienne Le Villain, pbrē du diocèse de Lx et présentement habitué en lad. collégiale. Le s^r Le Marchand se réserve seulement une pension viagère de 60 livres sur les revenus de lad. chapelle.

347. — Le 11 juillet 1715, le seig^r évêque donne à M° Michel Féret, pbrē du diocèse d'Evreux, la collation de la cure du Noyer-Menard à laquelle il a été nommé par les religieux de St Evroult.

Le 12 juillet 1715, led. s^r Féret, curé de Maison-Maugis, au diocèse de Séez, et pourvu de la cure de Noyer-Menard, prend possession dud. bénéfice, en présence de M° Nicolas Puel, pbrē, desservant en lad. parr., et autres témoins. (V. 236).

348. — Le 18 juillet 1715, vu l'attestation du s^r de Monthuchon, curé d'Orbec, et du s^r Labisse, curé de Croisilles, dispense de bans pour le mariage entre Samson de Vauquelin, Esc^r, s^r de Boisroger, fils d'Eustache de Vauquelin, Esc', et de feue noble dame Anne de Maurey, de la paīr. de Croisilles, d'une part, et dam^lle Marie d'Argence, fille de feu Louis d'Argence, Esc', seig' de la Riffaudière, et de feue noble dame Marie Morin, de la paīr. de Grandchain, diocèse d'Evreux, et demeurant présentement en celle d'Orbec.

349. — Le 28 juin 1715, le roy renouvelle l'acte de concession du premier canonicat vacant en la Cathédrale de Lx, qu'il a le droit d'accorder à l'occasion de la prestation de serment du nouvel évêque et dont il a gratifié Mre François Le Saulnier, pbrē du diocèse de Coutances,

Le 13 juillet 1715, led. s^r Le Saulnier, pbrē, demeurant à Paris, donne sa procuration pour requérir du seig^r évêque le premier canonicat vacant en sa Cathédrale et en prendre possession. (*V.* **280, 357**).

350. — Le 20 sept. 1669, Jean Vigné, fils de Pierre et d'Anne Le Dorey, de la paīr. de Cheffreville, reçoit la tonsure et les ordres mineurs. (*V.* **181, 390**).

351. — Le 19 juillet 1715, dispense de bans pour le mariage entre Nicolas de la Rouvraye, Esc', fils de Louis de la Rouvraye, Esc', et de dam^lle Françoise des Chasteletz, demeurant à Pont-l'Évêque, d'une part, et Marie-Magdeleine Leclerc, fille de Jacques Leclerc et de Françoise Baudel, aussi dud. lieu de Pont-l'Évêque.

352. — Le 18 juillet 1715, Me Charles Outin, pbrē du diocèse de Séez, demeurant à Talonney, pourvu de la chapelle de la Trinité en lad. paīr., prend possession de ce bénéfice, en présence de Me Guillaume de Macé, pbrē, curé de Talonney, etc. (*V.* **242**).

353. — Le 23 juillet 1715, vu l'attestation du s^r Hardy, vicaire de Caorches, dispense de bans pour le mariage entre Mathieu Levillain et Marie Douche.

354. — Le 25 juillet 1715, vu l'attestation du s^r Fizel, vicaire de Gonneville-sur-Honfleur, dispense de bans pour le mariage entre Thomas Gimer et Catherine Charley.

355. — Le 25 juillet 1715, Me Claude Robert, pbrē du diocèse de Toulouse, bachelier en théologie de l'Université dud. lieu et supérieur du séminaire de N.-D. de Lx, y demeurant paīr. Saint-Germain, ayant été nommé à la cure de St Julien de St Lys, aud. diocèse de Toulouse, remet entre les mains du patron présentateur led. bénéfice sans en avoir pris possession. (*V.* **49, 300, 513**).

356. — Le 27 juillet 1715, Mes^re Alphonse-Alexandre Racine du Trembley, pbrē, aumônier de Mme la duchesse de Berry, dernier titulaire de la cure de Fontenelle, ayant résigné ced. bénéfice le 2 mai dernier, Mes^re François de Grieu, chev', seig^r et patron de Fontenelle, Grandouet et autres lieux, nomme à cette cure la personne de Me François Halbout, pbrē, vicaire de Jouveaux.

Le 27 juillet 1714, le seigr évêque de Lx donne aud. sr Halbout la collation dud. bénéfice. (V. **433**).

357. — Le 24 juillet 1715, Me François Le Saulnier, pbr͞e du diocèse de Coutances, demeurant à Paris, représenté par Me Adrian Louvet, pbr͞e habitué en l'église St Germain de Lx, fait signifier au seigr évêque le privilège qu'il a obtenu du roy d'être pourvu du premier canonicat vacant en la cathédrale de Lx, à cause du serment prêté par led. seigr évêque.

Le 6 août 1715, led. sr Lesaulnier, représenté par led. sr Louvet, requiert du seigr évêque sa nomination au canonicat de Roques, vacant par le décès de Me Jacques Bourdon, dernier titulaire. « A quoy par mond. seigr l'évesque a esté fait réponse qu'il consent accorder la collation dud. canonicat demandé par led. sr Le Saulnier. »

Le 7 août 1715, le seigr évêque donne aud. sr Le Saulnier la collation des canonicat et prébende non-distributive de Roques. (V. **280 349, 368**).

358. — Le 29 juillet 1715, vu l'attestation du sr Lemoine, vicaire de Ste Catherine d'Honfleur, et du sr Bayeux, vicaire de Thiberville, dispense de bans pour le mariage entre Jean-Jacques Marette et Catherine Bullet.

359. — Le 8 juillet 1715, la nomination à la cure de Barneville-la-Bertrand appartenant au seigr du lieu, Mesre Louis Le Jumel, chevr, seigr d'Equemauville et de Barneville, demeurant ordinairement à Equemauville et se trouvant présentement à Paris, logé à l'hôtel d'Auvergne, quai des Augustins, nomme à lad. cure de Barneville, vacante par la mort de Mesre Michel-Adam Estièvre, dernier titulaire, la personne de Me Pierre Fourey, pbr͞e du diocèse de Lx.

Le 12 juillet 1715, Me Pierre Fourey ayant présenté au seigr évêque « une nomination informe » à la cure de Barneville-la-Bertrand, celui-ci lui refuse la collation dud. bénéfice. (V. **319**).

Le même jour, le droit de nomination à lad. cure de Barneville se trouvant dévolu au seigr évêque par le retard mis par le patron à nommer à ce bénéfice, Monseigr de Brancas nomme pour titulaire de lad. cure la personne de Me Michel Thorel, pbr͞e, demeurant à St Désir de Lx.

Le 14 juillet 1715, led. sr Thorel prend possession de la cure de Barneville, en présence de Me Nicolas Havard, pbr͞e, desservant lad. par. ; Me Charles-Thomas Moullin, pbr͞e, vicaire dud. lieu ; Me Jean-Baptiste Hervieu, procureur général du domaine du roy en la vicomté d'Auge, demeurant à Pont-l'Evêque ; Louis Lebourgeois, trésorier, et Laurent Thouret, syndic.

Le 30 juillet 1715, le seigr évêque donne aud. sr Fourey un certificat attestant que, le 12 de ce mois, il s'est présenté pour requérir la collation de la cure de Barneville et que cette collation lui a été refusée parce que « le lieu était rempli. »

Le 9 août 1715, M° Pierre Fourey, pbre, vicaire d'Equemauville, expose en bailliage de Pont-l'Evêque qu'il a été pourvu de la cure de S¹ Jean de Barneville par Mes^re Louis Le Jumel, patron présentateur dud. bénéfice ; qu'il s'est présenté à Monseig^r l'évêque de Lx « pour avoir son visa et collation dud. bénéfice, lequel a fait refus non pour incapacitez, mais parce que led. lieu est plein, ce qui ne peut pas estre, puisque le suppliant s'est p̃nté dans les six mois qui sont accordez aux patrons, et s'est soubmis comme il se soubmet encor à l'examen de mond. seig^r. » C'est pourquoi il prie Monsr le bailly de l'autoriser à prendre possession dud. bénéfice *ad conservationem juris*. Ce qui lui est accordé.

Le 11 août 1715, le s^r Fourey, en vertu de lad. autorisation, prend possession de la cure de Barneville pour la conservation de son droit, en présence de M° Charles-Thomas Moullin et de M° Nicolas Havard, pbres, desservant en lad. parr. et y demeurant, et de plusieurs habitants de la parr. (*V.* **428**).

360. — Le 30 juillet 1715, dispense de bans pour le mariage entre Mre Georges de Gémare, fils de Mre Robert-Bertrand de Gémare et de noble dame Anne de Cavelande, de la parr. de Heulland, d'une part, et noble dame Anne-Charlotte-Victoire Osmont, fille de Mes^re Jean Osmont et de noble dame Anne-Renée Mallard, de la parr. de S¹ Jacques de Lx.

361. — Le 30 juillet 1715, Charles de Montargis, du diocèse de Lx, ayant porté les armes au service de Sa Majesté dans ses armées, ayant même servi devant les ennemis où il s'est trouvé à plusieurs expéditions militaires, comme sièges de villes, combats et autres actions, sans cependant savoir s'il a tué ou mutilé quelqu'un. Mre Pierre Dumesnil, official de Lx, fulmine la dispense d'irrégularité que led. s^r de Montargis a obtenue de Sa Sainteté, le 6 mai dernier, afin de pouvoir entrer dans les saints ordres. (*V.* **380**).

362. — Le 27 juillet 1715, M° Pierre Soyer, clerc tonsuré, pourvu de la chapelle S¹ Gatien en la Cathédrale, est mis en possession dud. bénéfice par le ministère de M^r le doyen. (*V.* **270, 343, 384**).

363. — Le 5 juillet 1715, le seig^r évêque donne un certificat de bonnes vie et mœurs à Me Jean Poplu, pbre (originaire de Prétreville), et l'autorise à passer dans le diocèse de Rouen. (*V.* **404**).

364. — Le 7 août 1715, dispense de bans pour le mariage entre Barthélemy Morel, de la parr. de S¹ Jean de Vérone, pays vénitien, « lequel est auprès de M^r le marquis de Rouvray, capitaine commandant dans le régiment de cavalerie Royal-Etranger, en quartier dans la parr. de S˜ Pierre de Touques depuis le 6ᵉ octobre dernier », d'une part, et Catherine Marais, fille de Pierre et de Catherine Loysel, de lad. parr. de Touques.

365. — Le 20 septembre 1715, reçurent la tonsure :
Louis Agis, de la parr. de S˜ Denis-des-Augerons ;
Alexandre-Louis Duquesne, de la parr. de Glos ;
Pierre Fleuriel, de la parr. de Gacé ;
Charles de Montargis, de la parr. de Courtonnelle. (*V.* **361**).

366. — Le 10 août 1715, vu l'attestation du sʳ de la Tour, curé de Drubec, et du sʳ Mullot, curé de la Chapelle-Hainfrey, et aussi du sʳ Jean, curé de S˜ Clair-de-Barneville, dispense de bans pour le mariage entre Jean Turgis et Madeleine Lebailly.

367. — Le 10 août 1715, dom Richard de Baupte, pbr̃e, relig˜ profès de l'Ordre de Prémontré, prieur-curé de S˜ Pierre d'Ellon, diocèse de Lx, depuis plus de 42 ans et âgé de 75 ans, donne sa procuration pour résigner sond. bénéfice entre les mains de N.-S.-P. le Pape, en faveur de dom Joseph de Saillanfest, pbr̃e, religieux prémontré, demeurant présentement en l'abbaye de Mondaye. Il se réserve toutefois 300 livres de pension, la moitié du jardin et de la maison presbytérale. Fait et passé dans la parr. de Couvert par le ministère des notaires royaux-apostoliques de Bayeux, en présence de R. P. Philippe Lhermite, abbé régulier de Mondaye, et autres témoins. (*V.* **424**).

368. — Le 23 août 1715, Mᵉ François Le Saulnier, pbr̃e du diocèse de Coutances, pourvu du canonicat de Roques, est mis en possession dud. bénéfice par le ministère de Mᵉ le doyen. (*V.* **357**).

369. — Le 26 août 1715, vu l'attestation du sʳ Réautey, vicaire de Sᵗᵉ Marguerite-des-Loges, dispense de bans pour le mariage entre François de Guyon, Escʳ, fils de Gaspard de Guyon, Escʳ, et de damˡˡᵉ Anne de Picquot, de lad. parr. des Loges, d'une part, et damˡˡᵉ Jeanne-Catherine Hommey, fille de feu Nicolas Hommey, consʳ du roy, et de damˡˡᵉ Anne-Françoise Potier, de la ville d'Argentan.

370. — Le 28 août 1715, vu l'attestation du sʳ Dunel, curé de S˜ Pierre de Touques, et du sʳ Duclos, vicaire de S˜ Thomas de Touques, dispense de bans pour le mariage entre Georges Faucheur, du diocèse d'Arras, ayant demeuré en garnison à Touques depuis onze mois, d'une part, et Françoise Petit, de la parr. de S˜ Pierre de Touques.

371. — Le 2 août 1715, le seigʳ évêque de Lx, ayant reçu commission de Sa Sainteté de juger le refus d'institution canonique faite par l'archevêque de Rouen à Mᵉ Jacques Houssaye, pbr̃e du diocèse de Lx, pourvu de la cure des Authieux-sur-Buchy, au diocèse de Rouen, le refuse aussi lui-même pour la troisième fois, et finit par lui déclarer que ce refus est motivé par la conduite qu'il a tenue depuis qu'il a quitté le diocèse de Lx.

372. — Le 14 août 1715, Mes^re Charles-Philippe, comte de Reckeim et d'Apremont, abbé de St Evroult, donne à Mre Louis de la Motte-Angot des lettres de grand vicaire pour le spirituel et le temporel de lad. abbaye dans le diocèse de Rouen.

373. — Le 5 sept. 1715, Me Louis Haudard, pbre, demeurant à Fontaine-la-Louvet, M^e ès-arts en l'Université de Caen, fait signifier ses noms et grades aux relig^x de Bernay en parlant à dom Jacques de Prousac, pbre, prieur de lad. abbaye.

Le lendemain, il fait faire la même signification aux religieux de Cormeilles, en parlant à dom Jean Pelvey, pbre, prieur de lad. abbaye.

Ces actes nous apprennent que led. s^r Haudard avait été baptisé le 19 novembre de l'année 1690. (*V.* **294, 473**).

374. — Le 2 avril 1715, Mre Charles Jamot, Esc^r, s^r de Messey, patron de St Denis de Herponcey, diocèse d'Evreux, constitue 150 livres de rente en faveur de Me François Boulot, acolyte de Morainville, afin qu'il puisse parvenir aux SS. Ordres. — Led. s^r acolyte était fils de feu Jean Boulot et de feue Marguerite Hagueron. Fait et passé à Rugles.

375. — Le 12 sept. 1715, vu l'attestation du s^r Bourse, curé de Triqueville, dispense de bans pour le mariage entre Jacques de Medlet, Esc^r, s^r de la Ruette, fils de feu Jacques, Esc^r, et de noble dame Marie Courdoux, de lad. par^e. de Criqueville, d'une part, et dam^lle Jeanne Delafosse, fille d'Ursin Delafosse, bourgeois de Caen, et de Marie-Anne de Marbrey, demeurant à Baveni, diocèse de Bayeux.

376. — Le 16 sept. 1715, vu l'attestation du s^r de Beaurepaire, curé de St Victor-de-Chrétienville, dispense pour le mariage entre Jean Frarie et Louise Bonnet.

377. — Le 21 août 1715, la nomination au prieuré de St Sauveur de Dive appartenant au seig^r abbé de Troarn, Mes^re Jean-Louis de Bouchet de Sourches, aumônier ordinaire du roy, nommé par Sa Majesté à l'évêché de Dol, abbé commendataire de l'abbaye de St Martin de Trouar (Troarn), nomme aud. prieuré de St Sauveur de Dive, vacant par la mort de dom André Antheaume, dernier titulaire, la personne de dom Jacques Gastine, pbre, religieux de lad. abbaye.

Le 28 août 1715, led. s^r Gastine prend possession dud. prieuré, en présence de Vincent Dubourget, pbre, curé de N.-D. de Dive, Me Guillaume Manchon, pbre, vicaire dud. lieu; Me François de Grainville, notaire, procureur et receveur de Mgr le cardinal de la Trémouille Noirmoutier, et autres habitans du bourg de Dive.

378. — Le 18 sept. 1715, Mgr d'Aubigné, archevêque de Rouen, autorise M⁰ Léonor-François Bertout, clerc de Sᵗᵉ Croix, près St Ouen de Rouen, à recevoir les ordres mineurs des mains du seigʳ évêque de Lx. (*V*. **326**, **388**).

379. — Le 10 août 1715, Mᵍʳ Loménie de Brienne, évêque de Coutances, autorise M⁰ Louis Madeline, acolyte de la parr. de Gouvets, à recevoir le sous-diaconat à Lx. (*V*. **384**).

380. — Le 20 sept. 1715, reçurent la tonsure et les ordres mineurs :

M⁰ Eustache Joly, de la parr. de Beaumont-en-Auge ;

M⁰ Pierre-Ambroise de Hébert, de la parr. de Pont-l'Évêque ;

M⁰ Pierre Adam, de la parr. de Pont-l'Évêque ;

M⁰ Pierre Sauvalle, de la parr. de Vimoutiers ;

M⁰ Charles Dubuse, de la parr. de Fervaques ;

M⁰ Jean-François Foucques, de la parr. de Sᵗᵉ Croix de Bernay ;

M⁰ Germain Gosselin, de N.-D. de la Couture de Bernay ;

M⁰ Thomas Baillet, de la parr. de Sᵗᵉ Catherine d'Honfleur ;

M⁰ Louis Pecqueult, de la parr. de St Aubin-de-Scellon. (*V*. **508**).

M⁰ Michel Le Clerc, de la parr. de St Léonard d'Honfleur ;

M⁰ Jean-François Brasnu, de la parr. de Blangy ;

M⁰ Alexandre Sandret, de la parr. de Beaumont ;

M⁰ Luc de Bernière, de la parr. d'Ammeville ;

381. — M⁰ Jacques Rabot, de la parr. St Germain de Lx ;

M⁰ Robert Tassel, de la parr. de St Cande-le-Vieil ;

M⁰ Pierre Selles, de la parr. de Nonant, en lad. exemption ;

M⁰ Antoine Bérard, de la parr. de la Brevière ;

M⁰ Pierre Lescuyer, de la parr. de Livarot ;

M⁰ Gabriel Dauge, de la parr. de Jouveaux ;

M⁰ Christophe-Pierre Pains, de la parr. de St Germain de Noards ;

M⁰ Jean-Baptiste de Grasses, de St Ouen de Pontaudemer ;

M⁰ Gilles Le Dorey, de St Germain de Lisieux ; (Il avait déjà la tonsure.)

M⁰ François Maurey, de la parr. de Résenlieu ;

M⁰ Pierre Aubert, de la parr. de Sᵗᵉ Foy-de-Montgommery ;

M⁰ Pierre Le Nantier, de la parr. de Quetteville ;

M⁰ François Vauquelin, de la parr. N.-D. de Bailleul ;

M⁰ Claude de Corday, de la parr. du Mesnil-Germain ;

M⁰ Jean Houdon, de la parr. de Beaufay-sur-Risle ;

M⁰ Jean Le Court, de la parr. d'Ammeville ;

M⁰ Daniel Langlois, de la parr. de Pont-l'Évêque ;

382. — M⁰ Christophe Malherbe, de la parr. de Camembert ;

M⁰ Philippe Le Cherpin, de la parr. d'Ecajeul ;

M⁰ Jean Le Mire, de la parr. de St Jacques de Lx ; (Il était déjà clerc.) (*V*. **247**).

M₈ Jean-Pierre Valsemey, de la parr. de Canapville ;

M₈ Jean Ernoult, de la parr. de S¹ André-d'Hébertot ;

M₈ Germain Vauquelin, de la parr. de S¹ Jacques de Lx ;

M₈ Pierre de Mire, de la parr. de S¹ Sulpice de Canapville ;

M₈ Pierre Gueroult, de la parr. de N.-D. de Courson ;

M₈ Charles Quesnel, de la parr. de S¹ Pierre-des-Authieux ;

M₈ Jean-Baptiste Picquenot, de la parr. de S¹ᵉ Croix de Bernay ;

M₈ Louis de Vauquelin, de la parr. de S¹ Samson ;

M₈ Noel Deshays, de la parr. de S¹ Ouen de Pontaudemer. (Il était clerc) : (*V.* **157**).

M₈ Pierre-Charles Frémont, de la parr. du Sap ;

M₈ Gilles Olondes, de la parr. de N.-D. de Bailleul ;

M₈ Alexandre Pitard, de la parr. de N.-D. de la Couture ;

M₈ Pierre Le Mercier, de la parr. de S¹ᵉ Croix de Bernay ;

M₈ Toussaint Chappey, de la parr. de S¹ᵉ Croix de Bernay ;

383. — Le 20 avril 1715, M₈ Jacques-Olivier Jouen, acolyte de S¹ᵉ Croix de Bernay, est ordonné sous-diacre. (*V.* **169, 175, 386**).

384. — Le 21 sept. 1715, furent ordonnés sous-diacres :

M₈ Jean-Baptiste Lemoine, acolyte de Pont-l'Evêque (1) ;

M₈ Louis-François Poret, acolyte de S¹ Jacques de Lx ;

M₈ Charles-Jacques Hayer, acolyte de N.-D. de la Couture ;

M₈ Philippe Boisney, acolyte, de la parr. de Bazoques ;

M₈ Richard Roquette, acolyte de S¹ Denis de Mailloc ;

M₈ Adrien Lecomte, acolyte de S¹ Pierre du Mesnil-Bacley ;

M₈ Jacques-Philippe Train, acolyte de Beaumont-en-Auge ;

M₈ Jean-Baptiste Lefebvre, acolyte de S¹ Martin de Friardel ;

M₈ Jacques Guillemin, acolyte de S¹ᵉ Croix du Mesnil-Gonfrey ;

M₈ Jacques Leseigneur, acolyte de N.-D. d'Orbec ;

M₈ Pierre Letellier, acolyte de S¹ Martin d'Echaumesnil ;

M₈ Pierre Soyer, acolyte de S¹ Germain de Lx ; (*V.* **270, 362**).

M₈ Guillaume Le Marchand, acolyte de S¹ Jacques de Lx ;

M₈ Jacques Marais, acolyte de la parr. des Astelles ;

M₈ Louis Madeline, acolyte de Gouvets, diocèse de Coutances, *rite dimissus* : (*V.* **379**).

M₈ Gabriel Hurel, acolyte de S¹ᵉ Marie-aux-Anglais ; (*V.* **339**).

385. — M₈ Pierre Leroy, acolyte de la parr. de S¹ Hymer ;

M₈ Pierre Georges, acolyte de S¹ Evroult-de-Montfort ;

M₈ Pierre Monseillon, acolyte de N.-D. de Fresne ; (*V.* **203**).

M₈ Jacques Duval, acolyte de la parr. d'Heudreville ; (*V.* **100**).

---

(1) Il demeura plus tard à St Melain.

Mᵉ Jacques Housset, acolyte de S¹ Georges de Montreuil ;

Mᵉ Guillaume Dumoullin, acolyte de Gerrots ;

Mᵉ Robert Fouquet, acolyte de S¹ Germain de Lx ;

386. — Le 21 sept. 1715, furent ordonnés diacres :

Mᵉ Jacques-Olivier Jouen, de la parr̄. de Sᵗᵉ Croix de Bernay ; (*V*. **169, 175, 383**).

Mᵉ François Le Crosnier, sous-diacre de Carentilly, dioc. de Coutances, *rité dimissus* ;

Mᵉ Jean Monseillon, sous-diacre de N.-D. de Fresne ;

Mᵉ Nicolas Mullot, sous-diacre de S¹ Germain de Lx ;

Mᵉ Nicolas Desjardins, sous-diacre de S¹ Ouen de Pontaudemer ;

Mᵉ Pierre Marescal, sous-diacre de la parr̄. de Boissy ;

Mᵉ Pierre-François Renout, sous-diacre de la parr̄. de Sᵗᵉ Catherine d'Honfleur. (*V*. **342**).

Mᵉ Jean-Baptiste Le Chantre, sous-diacre de la parr̄. de S¹ Jacques de Lx ; (*V*. **143**).

Mᵉ Jean Graffard, sous-diacre de S¹ Désir de Lx ;

Mᵉ Jean Le Mery, sous-diacre de la parr̄. d'Epaigne.

387. — Le 21 sept. 1715, furent ordonnés prêtres :

Mᵉ Charles-Alexandre Lesueur, diacre de S¹ Ouen-le-Hoult ;

Mᵉ Augustin Lentrain, diacre de Beaumont ;

Mᵉ Jean-Christophe Gondouin, diacre de Heurtevent ;

Mᵉ François Le Camus, diacre de N.-D. de Bellou ; (*V*. **266, 284, 478**).

Mᵉ Jacques Le Michel, diacre de N.-D. de Courson ;

Mᵉ Pierre Selles, diacre de la parr̄. de Nonant ;

Mᵉ François-Michel Guillemin, diacre de S¹ Jacques de Lx ;

Mᵉ Jean Legras, diacre de S¹ Aubin-de-Thenney ;

Mᵉ Georges Hue, diacre de la parr̄. du Favril ;

Mᵉ Pierre Bazire, diacre de S¹ André-d'Echauffour

388. — Le 20 sept. 1715, Mᵉ Léonor-François Bertout, clerc de la parr̄. Sᵗᵉ Croix, près S¹ Ouen de Rouen, *rité dimissus*, reçoit les ordres mineurs. (*V*. **326, 376**).

389. — Le 20 sept. 1715, Mᵉ Robert Gosseaume, pbr̄e, curé de Berville-sur-Mer, « étant en son lit, malade, considérant son infirmité et son grand âge qui est de soixante et huit ans ou viron, et ne pouvant vaquer à ses fonctions curiales », donne sa procuration pour résigner sond. bénéfice entre les mains de N.-S.-P. le pape en faveur de Mᵉ Robert Bucailles, pbr̄e du diocèse de Lx, curé de Villeneuve-Saint-Nicolas, diocèse de Chartres.

390. — Le 23 août 1715, Mᵉ Jean Vigné, pbr̄e de ce diocèse, pourvu de la cure de Carsis, expose en la cour de parlement de Rouen « que led. bénéfice cure ayant vaqué le 30ᵉ juin 1714, » il y avait été nommé ; mais que le seigʳ évêque aurait refusé la collation sous prétexte de son incapacité, quoiqu'il ait desservi différentes paroisses en qualité de vicaire. C'est pourquoi il prie lad. cour « qu'il luy plaise le recevoir appelant cõe d'abus du dény de justice à luy fait, et cependant l'authoriser à prendre possesssion dud. bénéfice pour la conservaõn de ses droits. » Ce qui lui est accordé.

Le 29 août 1715, led. sʳ Vigné, en vertu de l'arrêt de la cour de Rouen, prend possession du bénéfice-vicariat perpétuel de Carsis, vacant par la mort de Mᵉ François Barrois, dernier titulaire.

Mᵉ Jean Barrey, pbr͞e, s'est présenté et a déclaré qu'il empêche formellement lad. prise de possession, attendu que lui-même a été nommé au bénéfice en question par le Chapitre de Lx, *sede vacante*, après toutefois l'expiration des six mois accordés aux patrons présentateurs, et qu'il en jouit depuis huit mois, et qu'enfin depuis quatorze mois entiers que le dernier curé est mort, il ne s'en est présenté aucun de la part du seigʳ patron pour prendre possession.

Le sʳ Vigné proteste de la nullité des raisons dud. sʳ Barrey et prétend être mis en possession ; ce qui est fait quand même avec toutes les cérémonies accoutumées. (*V.* **189, 350**).

391. — Le 21 sept. 1715, le seigʳ évêque de Lx confère les ordres sacrés dans la chapelle de son séminaire aux clercs du diocèse de Séez.

Sous-Diacres

Mᵉ Nicolas-François Gérard, de la parr̄. de Semalley ;
Mᵉ Pierre Broust, de la parr̄. de Chahains ;
Mᵉ Gilles Simon, de la parr̄. de Sᵗ Martin des Landes ;
Mᵉ Jean Chaulin, de la parr̄. de Sᵗ Martin des Landes ;
Mᵉ Gabriel Letellier, de la parr̄. du Goulet ;
Mᵉ Jean-Baptiste-Simon Morel, de la parr̄. des Millesavattes (1) ;
Mᵉ Jacques Delacour, de la parr̄. de Sᵗ Martin des Landes ;
Mᵉ Jean-Charles Chéradame, de la parr̄. de Sᵗ Germain d'Argentan ;
Mᵉ Pierre Le Court, de la parr̄. de Courtoulin ;
Mᵉ Charles de Bodinet, de la parr̄. de Fresnay-le-Buffard ;
Mᵉ Pierre Bonvallet, de la parr̄. de Sᵗᵉ Opportune ;
Mᵉ Jacques-François Lemort, de la parr̄. de Sᵗᵉ Trinité de Falaise ;
Mᵉ Germain Burin, de la parr̄. de Sᵗ Gervais de Séez ;
Mᵉ Jacques Lancelin, de la parr̄. de Sᵗ Aubin de Courteraye ;
Mᵉ Pierre Bachelier, de la parr̄. d'O.
Mᵉ Jean Guernon, de la parr̄. de Sᵗᵉ Marguerite de Carrouge ;
Mᵉ Jacques Le Vallois, de la parr̄. du Mesnil-de-Briouze ;
Mᵉ Noel Hébert, de la parr̄. de Malnoyer ;

---

(1) Aujourd'hui N.-D.-du-Rocher, canton d'Athis (Orne).

Mᵉ Thomas Legros, de la parr. de N.-D. d'Alençon ;

Mᵉ Pierre Chaulin, de la parr. de Sᵗ Martin des Landes ;

Mᵉ Georges de la Rivière, de la parr. de Sᵗ Pierre de Séez ;

Fr. Réné Leballeur, originaire du diocèse de Séez, religieux du prieuré de Friardel ;

Fr. Louis Loison, originaire du diocèse de Séez, religieux du prieuré de Friardel ;

Mᵉ Pierre Coppin, de la parr. de Sᵗᵉ Céronne.

Diacres

Mᵉ Nicolas Lautour, de la parr. d'Ouillye-le-Basset ;

Mᵉ Pierre Choénet, de la parr. de Sᵗ Gervais de Falaise ;

Mᵉ Guillaume Birée, de la parr. de N.-D. d'Alençon ;

Mᵉ Louis Davoust, de la parr. de N.-D. d'Alençon ;

Mᵉ François Ridel, de la parr. de Sᵗ Germain d'Argentan ;

Mᵉ Nicolas-Guillaume Clouet, de la parr. de N.-D. d'Alençon ;

Mᵉ Jean-Baptiste de Bailleul, de la parr. de la Chapelle-Souquet ;

Mᵉ Gaspard de Meré, de la parr. de Sᵗ Léonard du Frou ;

Mᵉ Gilles Lorieux, de la parr. de N.-D. d'Alençon ;

Mᵉ Gaspard Clouet, de la parr. de N.-D. d'Alençon ;

Mᵉ Jean Chrestien, de la parr. de Joué-du-Plain ;

Mᵉ Thomas Vincent, de la parr. de Merry ;

Mᵉ Gilles de Fontenay, de la parr. de Cerceaus ;

Mᵉ Jacques-François Auzeraye, de la parr. de Sᵗ Laurent-de-Vasson ;

Mᵉ Joachim Dessaux, de la parr. de Sᵗ Pierre-sur-Dives ;

Mᵉ Jean Cotreuil, de la parr. de Langeay ;

Mᵉ François Le Courtois, de la parr. des Ventes-de-Bourse ;

Mᵉ Jean Barbot, de la parr. de Sᵗ Germain d'Argentan ;

Mᵉ Nicolas Clouet, de la parr. de N.-D. d'Alençon ;

Mᵉ Michel Picquot, de la parr. de Beaumais.

Prêtres

Mᵉ Pierre Garet, de la parr. de Sᵗ Germain-le-Vieux ;

Mᵉ André Leboucher, de la parr. de Sᵗ Ouen-sur-Maire ;

Mᵉ Pierre Aubert, de la parr. de Sᵗᵉ Trinité de Falaise ;

Mᵉ Abraham Clouet, de la parr. de N.-D. d'Alençon ;

Mᵉ Henry-François de Recalde, de la parr. de Joué-du-Bois ;

Mᵉ Thomas-François Brunet, de la parr. de Guibray ;

Mᵉ Laurent Boscher, de la parr. de Putanges ;

Mᵉ Pierre Jamot, de la parr. de Sᵗ Gervais de Falaise ;

Mᵉ François Le Pelletier, de la parr. de Francheville ;

Mᵉ Claude des Noes, de la parr. du Grais ;

Mᵉ Charles-François Tuillier, de la parr. de Sᵗ Denis-des-Ifs ;

Mᵉ Raoul de Vauxbidon, de la parr. de N.-D. d'Alençon ;

M⁰ Pierre Soson, de la parr. de S¹ Gervais de Falaise ;
M⁰ Jacques-Charles Vaugonde, de la parr. de S¹ᵉ Trinité de Falaise ;
M⁰ Louis-Pierre Dubois, de la parr. de N.-D. d'Alençon ;
M⁰ Julien Pierres, de la parr. de Saires ;
M⁰ Ursin-Réné Rochain, de la parr. de S¹ Jean de Mortagne ;
M⁰ Moïse-Claude Guibey, de la parr. de Tourailles ;
M⁰ François-Réné Ripault, de la parr. d'O ;
M⁰ Julien Deshayes, de la parr. de la Carneille ;
M⁰ Charles Gaultier, de la parr. de Nécy ;
M⁰ Jean Blavette, de la parr. de S¹ Germain d'Argentan ;
M⁰ Godefroy Croullière, de la parr. de S¹ Aubin d'Apney ;
M⁰ Léonard de L'Etang, de la parr. de S¹ Denis de Mahéru :
M⁰ Pierre Bellenger, de la parr. de S¹ᵉ Trinité de Falaise ;
M⁰ Jérôme Bissey, de la parr. de Nécy.

392. — Le 4 juin 1714, M⁰ Louis Héliot, tabellion héréditaire à Beaumont, y demeurant, constitue 150 livres de rente en faveur de son fils, M⁰ Jean-Pierre Héliot, acolyte, afin qu'il puisse parvenir aux ordres sacrés. Fait en présence de M⁰ Jean Tillaut, cons⁰ʳ du roy, élu en l'élection de Pont-l'Evêque, y demeurant, et de M⁰ Louis Galliot, s⁰ʳ d'Aigremont, cons⁰ʳ du roy, subdélégué de monseigneur l'intendant en lad. élection, demeurant à S¹ Etienne-la-Thillaye.

393. — Le 27 sept. 1715, vu l'attestation du s⁰ʳ Jacques Hudoux, vicaire de Carsis, et du s⁰ʳ Leguay, vicaire de Franqueville, dispense de bans pour le mariage entre Jacques Aulnay et Louise Graveron.

394. — Le 27 sept. 1715, dispense de bans pour le mariage entre François de Livet, Esc⁰ʳ, s⁰ʳ de Beuzeville, fils de feu Vincent de Livet, Esc⁰ʳ, et de dam¹¹ᵉ Catherine Lestorey, demeurant en la parr. de Beuzeville, d'une part, et honnête femme Anne Hamel, fille de feu Robert et de dam¹¹ᵉ Anne Duplessis, originaire de Manneville et demeurant à présent à Pont-l'Evêqve.

395. — Le 26 sept. 1715, Dom Antoine Alleaume, pbrē, religieux de l'ordre de Grandmont, prieur titulaire du prieuré de Grandmont-lèz-Beaumont, diocèse d'Evreux, demeurant en icelle maison, représenté par M⁰ Guillaume Moullin, vicaire de S¹ Aubin-le-Guichard, qui fait élection de domicile pour le présent seulement, en la maison de Jacques Moullin, marchand, demeurant à S¹ᵉ Foy-de-Montgommery, prend possession du prieuré simple de N.-D. du Valboutry, sis en la parr. du Mesnil-Bacley, en présence de M⁰ Michel Regnoult, huissier à Livarot, et de M⁰ Pierre Bonrent, sergent royal, demeurant au Mesnil-Durand. (V. 269).

396. — Le 30 sept. 1715, vu l'attestation du sieur Mézières, curé de S¹ Georges-des-Authieux, et du s⁰ʳ Gautier, curé de S¹ Basile, dispense de bans pour le mariage entre Nicolas Leroy, fils Etienne, et Marie Leroy, fille de Jean Leroy.

397. — Le 5 oct. 1715, vu l'attestation du s^r Levou, vicaire de St Germain-de-Montgommery, dispense de bans pour le mariage entre Adrien Guiot, s^r du Buisson, cons^{er} du roy, garde-marteau des Eaux et Forêts de la Maitrise d'Argentan, fils de feu Henry Guiot et de dam^{lle} Charlotte de Brière, de la parr. de Cranne, diocèse de Séez, d'une part, et dam^{lle} Marie-Anne Peulvey, fille de Jean Peulvey, s^r de la Chapelle, et de dam^{lle} Françoise Crosnier, de lad. parr. de St Germain.

398. — Le 7 oct. 1715, vu l'attestation du s^r Simon, curé de Menneval, et du s^r Salerne, vicaire de Rothes, dispense de bans pour le mariage entre Jacques Hareng et Marie Quesnel.

399. — Le 12 oct. 1715, dispense de bans pour le mariage entre Me Richard Pouchin, officier au grenier à sel de Honfleur, fils de Jean et de Catherine des Isles, d'une part, et dam^{lle} Françoise de Courey, fille de François de Courey, Esc^r, s^r d'Englesqueville, et de dam^{lle} Catherine du Votoir, tous deux de la parr. Ste Catherine d'Honfleur. (V. **342**).

400. — Le 12 sept. 1715, Mes^{re} Claude de Franqueville, chanoine et haut-doyen de la Cathédrale, juge ordinaire de la ville et de la banlieue de Lx, ainsi que de la parr. de St Germain-de-Livet, seig^r temporel de Beuvillers, nommé promoteur en l'officialité du Chapitre en remplacement de feu Mre Louis Mahieu, chanoine de la Cathédrale, dernier promoteur, la personne de Mre François-Nicolas Caboulet des Londes, pbre, chanoine prébendé de Deauville, M^e ès-arts en l'Université de Paris.

401. — Le 18 oct. 1715, vu l'attestation du s^r Duval, curé du Bois-Hellain, et du s^r Picquet, vicaire de la Chapelle-Bayvel, dispense de bans pour le mariage entre Pierre Hauvel et Françoise Dehors.

402. — Le 19 oct. 1715, vu l'attestation du s^r Louvet, vicaire de Camembert, et du s^r Lehoult, vicaire du Bosc-Regnoult, dispense de bans pour le mariage entre Charles Legendre et Catherine Dallet.

403. — Le 19 oct. 1715, vu l'attestation du s^r Pépin, curé de Ste Catherine d'Honfleur, dispense de bans pour le mariage entre Me Guillaume Le Grand, chirurgien, fils de Me Antoine et de Françoise de la Houssaye, d'une part, et dam^{lle} Marguerite Regnoult, fille de Me Julien, et de dame Françoise Pépin.

404. — Le 2 oct. 1715, la nomination à la cure de St Melaine de Berville-sur-Mer appartenant au chanoine de semaine en la Cathédrale, Me Joseph Legros, chanoine prébendé de St Hymer, se trouvant chanoine de semaine, nomme aud. bénéfice, vacant par la mort de Me Robert Gosseaume, pbre, dernier titulaire, la personne de Me Robert Bucailles, pbre de ce diocèse.

Le même jour, le seig{r} évêque donne aud. sr Bucailles la collation dud. bénéfice. (V. 452).

405. — Le 23 avril 1707, Me Jean Poplu, diacre de Prêtreville, est ordonné prêtre. (V. 363).

406. — Le 29 oct. 1715, dispense de bans pour le mariage entre Jean de Lespiney, sr des Pommerets, fils de feu Robert de Lespiney, aussi sr des Pommerets, et de dam{lle} Claude Pierres, de la parr. de St Pierre-des-Ifs, d'une part, et dam{lle} Marie-Anne Leprevost, fille de François Leprevost, Esc{r}, seig{r} et patron de Fourches, et de dame Marie-Anne de Corday, de la parr. de Vignats, diocèse de Séez.

407. — Le 29 oct. 1715, dispense de bans pour le mariage entre Jean-François de Malfilastre, Esc{r}, originaire de Cambremer, fils de feu Hervé de Malfilastre, Esc{r}, sr de la Vassière, et de dam{lle} Judith Daumesnil, demeurant à St Désir de Lx, depuis huit mois, d'une part, et dam{lle} Marie de Bouffey, fille de feu Charles de Bouffey Esc{r}, sr de Chantepie, et de dam{lle} Marguerite de Piperey, originaire de Cordebugle et demeurant, depuis trois ans, à Courtonne-la-Ville.

408. — Le 5 nov. 1715, vu l'attestation du sr Lefort, curé de la Noe, et du sr Dubreuil, vicaire de la Poterie-Mathieu, dispense de bans pour le mariage entre Augustin Pépin et Jeanne Guerard.

409. — Le 11 nov. 1715, vu l'attestation du sr Lecomte, vicaire du Sap, dispense de bans pour le mariage entre Jean Maignet, de lad. parr. du Sap, et Marie-Thérèse Bachelier, v{ve} de Noel Chevillard, de la parr. de Meudon, diocèse de Paris.

410. — Le 10 mars 1715, Marie Fortin, v{ve} de feu François Ernoult, et son fils François Ernoult, demeurant ensemble à St André-d'Hébertot, constituent 150 livres de rente en faveur de Me Louis Ernoult, acolyte, fils de lad. veuve et frère dud. François, afin qu'il puisse parvenir aux ordres sacrés.

411. — Le 19 nov. 1715, vu l'attestation du sr de la Croix, curé de St Jacques de Lx, et du sr Buquet, vicaire de Moyaux, dispense de bans pour le mariage entre Antoine Auvray, Esc{r}, sr d'Imanville, fils d'Antoine Auvray, aussi Esc{r}, et de dam{lle} Jeanne Le Goueslier, de la parr. de Moyaux, d'une part, et dam{lle} Anne Gamare, fille de Robert Gamare et de dam{lle} Marie Bordeaux, de la parr. de Druval, et demeurant à présent en la parr. de St Jacques de Lx depuis cinq ans.

412. — Le 20 nov. 1715, vu l'attestation du sr Lochet du Carpon, curé de Ste Croix de Bernay, et du sr Desplanches, vicaire de N.-D. de la Couture, dispense de bans pour le mariage entre Sébastien Plessis et Hélène Buisson.

413. — Le 20 nov. 1715, dispense de bans pour le mariage entre Me Jacques Jouen, sr des Portes, avocat au parlement de Paris, fils de

M⁰ Jean Jouen, cons⁰ʳ du roy, élu en l'élection de Bernay, et de dam¹¹ᵉ Catherine Le Chantre, de la parr. de Sᵗᵉ Croix de Bernay, d'une part, et dam¹¹ᵉ Madeleine Bence, fille de feu M⁰ Mathieu Bence, cons⁰ʳ du roy, élu en l'élection de Bernay, et de dam¹¹ᵉ Magdeleine Périer, originaire de la parr. de la Couture et demeurant en celle de Capelles-les-Grands.

414. — Le 22 nov. 1715, vu l'attestation du sʳ Brière, vicaire de Beuzeville, et du sʳ Férey, vicaire de Manneville-la-Pipard, dispense de bans pour le mariage entre Louis Réaux et Françoise Le Cordier.

415. — Le 25 nov. 1715, dispense de bans pour le mariage entre Jean-Baptiste Gruel, Escʳ, sʳ de Boisgruel, garde du corps du roy, fils d'Adrian Gruel et de dam¹¹ᵉ Françoise de Brinel, de la parr. de Caorches, d'une part, et dam¹¹ᵉ Marie-Geneviève Escallard, fille de Nicolas et de dam¹¹ᵉ Marie-Barbe Le Borgne, bourgeoise de Rouen, demeurant en la parr. de Sᵗ Martin-le-Vieil.

416. — Le 25 nov. 1715, vu l'attestation du sʳ Halley, vicaire de Sᵗ Pierre-de-Cormeilles, dispense de bans pour le mariage entre Jean Escallard, fils Jean, et Catherine Notou.

417. — Le 11 avril 1705, M⁰ Gabriel Hurel, diacre de la parr. de Royville, est ordonné prêtre. (V. **421**).

418. — Le 26 nov. 1715, dispense de bans pour le mariage entre M⁰ Guillaume Duval, receveur des consignations, fils de feu Jacques Duval et de Marie de la Rocque, de la parr. de N.-D. de Pontaudemer, d'une part, et Françoise Langlois, fille de feu Jacques, de la parr. Sᵗ Ouen de lad. ville.

419. — Le 26 nov. 1715, vu l'attestation du sʳ Prévost, pbrē, desservant d'Hermival, et du sʳ Levillain, vicaire de Sᵗ Gervais-d'Asnières, dispense de bans pour le mariage entre Jacques Herfort et Marie Lemaitre.

420. — Le 26 nov. 1715, dispense de bans pour le mariage entre Charles Durand, cons⁰ʳ du roy, lieutenant particulier en la vicomté de Pont-Authou et Pontaudemer, fils de feu Jean Durand, sʳ de Richebourg, et de dam¹¹ᵉ Catherine Lambert, de la parr. de N.-D. de Pontaudemer, d'une part, et dam¹¹ᵉ Catherine Le Grix, fille de feu Hercule Le Grix, Escʳ, sʳ de Heurtauville, et de dame Anne Lebourgeois, de la parr. de Sᵗ Ouen de Pontaudemer.

421. — Le 17 sept. 1715, M⁰ Gabriel Hurel, pbrē du diocèse de Lx, ayant exposé en cour de Rome que Réné Morard, diacre, qui détient la cure de Sᵗ Nicolas-des-Lettiers, n'a pas été promu à l'ordre de prêtrise dans le temps fixé par le droit pour les bénéficiers, et que même, depuis, il a encore négligé de se faire ordonner, obtient des lettres de provision de lad. cure.

Le 25 nov. 1715, le seigr évêque donne son visa auxd. lettres de provision.

Le 26 nov. 1715, le sr Hurel, demeurant en la parr. de N.-D.-du-Hamel, prend possession de la cure de St Nicolas-des-Lettiers, en présence de Nicolas Masse, maître d'école de N.-D.-du-Hamel, et de plusieurs autres habitants de cette même paroisse.

Le 25 janvier 1681, naquit et fut ondoyé pour cause de danger de mort, Gabriel Hurel, fils de Charles et de Françoise Le Bret, de la parr. de Royville. (*V.* 417).

422. — Le 20 nov. 1715, la nomination à la cure du Breuil appartenant au seigr du lieu, haut et puissant seigr, Mesre Pierre Bence, consr du roy au parlement de Paris, baron d'Oulme, en Poitou, seigr et patron du Breuil, de Victot et autres lieux, demeurant ordinairement à Paris, étant présentement en sa terre du Breuil, nomme à cette cure, vacante par la mort de Me Christophe Paisant, pbrē, dernier titulaire, la personne de Me Pierre Bernière, pbrē, natif de lad. parr. du Breuil et y demeurant.

Le 28 nov. 1715, le seigr évêque donne aud. sr Bernière la collation dud. bénéfice.

Le 3 déc. 1715, le sr Bernière, pourvu de la chapelle de St Pierre-des-Prés, située en la parr. du Breuil, prend possession de la cure du Breuil, en présence de Me François Hélix, pbrē, curé d'Ecorcheville, et de plusieurs habitants du Breuil.

423. — Le 6 sept. 1715, la nomination à la 1re portion de la cure de Putot appartenant au chapitre de Cléry par indult du roy, les chanoines de lad. collégiale nomment à cette cure, vacante par la démission de Me François de Corday, en date du 3 juin dernier, la personne de Me François Laugeois, pbrē du diocèse de Lx. (*V.* 430).

Le 22 nov. 1715, le seigr évêque donne aud. sr Laugeois la collation dud. bénéfice.

Le 19 déc. 1715, le sr Laugeois, vicaire du Faulq, prend possession de la cure de Putot, 1re portion, en présence de Me Gilles Collette, pbrē, curé de Barneville, 1re portion ; Me Jean-Baptiste Seney, vicaire de Putot ; Me Jean-Jacques de Quetteville, pbrē, desservant en la parr. de Putot et y demeurant.

424. — Le 3 sept. 1715, R. P. Joseph de Saillenfest, pbrē, chanoine régulier de l'Ordre de Prémontré, religieux de l'abbaye de Mondaye, obtient en cour de Rome des lettres de provision du prieuré-cure de St Pierre d'Ellon, vacant par la résignation faite en sa faveur par dom Richard de Baupte, chanoine régulier dud. ordre.

Le 12 déc. 1715, le seigr évêque donne son visa auxd. lettres de provision.

Le 16 déc. 1715, led. s' de Saillenfest prend possession du prieuré-cure d'Ellon, en présence des RR. PP. Richard de Baupte, dernier titulaire ; Philippe Lhermitte, abbé de Mondaye ; M° Jean Gaugain, pbrē, curé de Ruqueville ; R. P. Guillaume Hellouis, pbrē, prieur-curé du Tronquay ; Jacques de Perceval, Esc', seig' du Longchamp ; M° Robert de Baupte et autres bourgeois de Bayeux. (*V*. 367).

425. — Le 14 déc. 1715, M° Réné Morand, diacre, curé de S' Nicolas-des-Lettiers, y demeurant, donne sa procuration pour résigner led. bénéfice entre les mains de N.-S.-P. le Pape, en faveur de M° Guillaume Farain, pbrē, vicaire de S' Germain d'Aulnay. (*V*. 421, 481).

426. — Le 19 déc. 1715, vu l'attestation du s' Maupoint (1), pbrē, curé de S' Léonard d'Honfleur, dispense de bans pour le mariage entre M° Jacques Paulmier, cons°' du roy, lieutenant du s' bailly de Blangy, à Honfleur, fils de feu M° Guillaume Paulmier, bailly de Grestain, et de Marguerite Gicard, d'une part, et dam¹¹° Marie-Françoise Caresme, fille de Dominique et de Marie Pennegon, tous deux de lad. parr. S' Léonard.

427. — Le 29 mars 1709, Etienne Levillain, fils d'Etienne et de Françoise Marais, de la parr. de S' Pierre de Touques, reçoit la tonsure et les ordres mineurs.

428. — Le 4 déc. 1715, M° Pierre Fourey, pbrē, pourvu de la cure de Barneville-la-Bertrand par le seig' du lieu, s'adresse, sur le refus de l'évêque de Lx, au seig' archevêque de Rouen, métropolitain, pour lui demander la collation dud. bénéfice : Ce qui lui est accordé. (*V*. 359).

429. — Le 22 déc. 1715, le seig' évêque de Lx donne à M° Paul-Pierre Burget, sous-diacre, demeurant au séminaire de N.-D. de Lx, la collation de la cure de S' Martin-de-Pontchardon, vacante par la résignation faite en sa faveur par M° Paul Leportier, dernier titulaire.

Le 23 déc. 1715, led. s' Burget prend possession dud. bénéfice, en présence de plusieurs habitants de S' Martin-de-Pontchardon. (*V*. 111, 440).

430. — Le 11 déc. 1715, la nomination à la cure de Putot, 2° portion, appartenant alternativement aux seigneurs du lieu, et Mes'° Jean-Baptiste de Bauquemare, seig' de Victot, Léaupartie et de Putot, ayant nommé aud. bénéfice, vacant par la démission de M° François de Corday, pbrē, dernier titulaire, la personne de

---

(1) Il avait donné sa démission ; son successeur avait pris possession le 8 juillet 1715. Mais le nouveau titulaire pouvait n'entrer en fonctions qu'après que l'année de déport était écoulée.

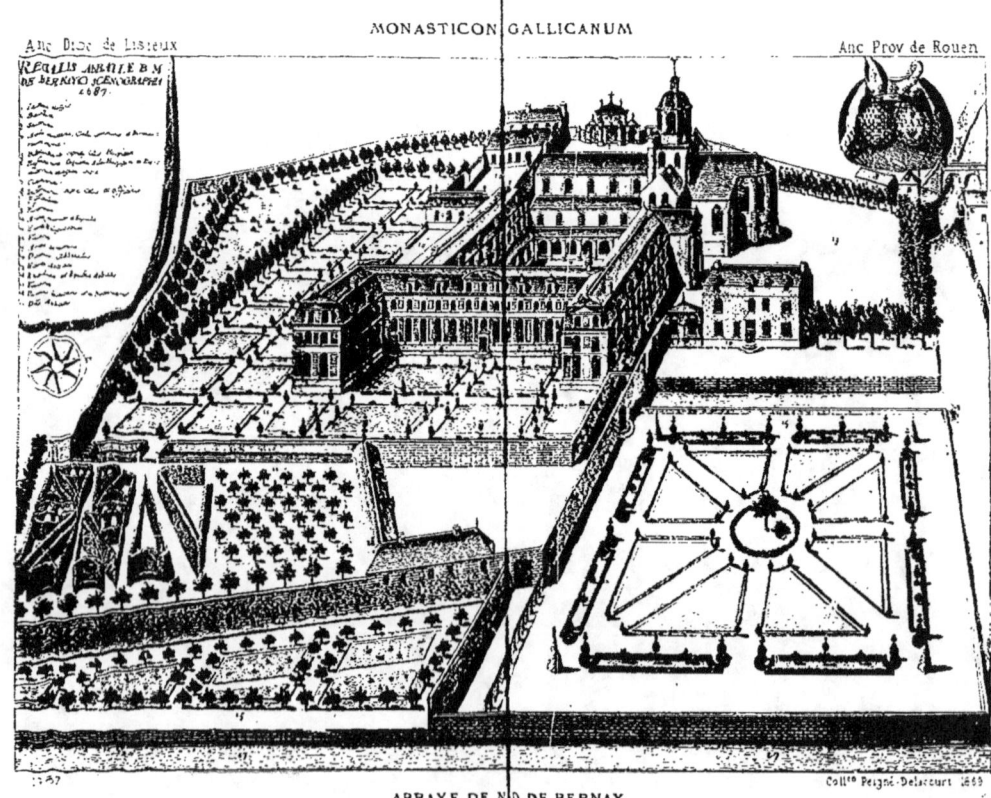

ABBAYE DE N D DE BERNAY

M⁶ Guillaume-Antoine Laugeois, pbr͞e de ce diocèse, le seig' évêque donne à celui-ci la collation de lad. cure. (V. **423**).

431. — Le 7 janvier 1716, dispense de bans pour le mariage entre Jacques Prevost, fils de Jacques et de Jeanne Vattier, de la par͞r. du Mesnil-Oury, d'une part, et dam⁽ˡᵉ⁾ Marie Lambert, fille de feu Gabriel Lambert, Esc', s' de S' Mars, et de dam⁽ˡᵉ⁾ Françoise de Borel, de la par͞r. de S' Pierre-des-Ifs.

432. — Le 10 janvier 1716, dispense de bans pour le mariage entre Bernard Deauga, Esc'. s' des Essarts, fils de feu Antoine Deauga, Esc', seig' et patron de S' Martin-de-la-Lieue, et de Marie de Foucques, d'une part, et noble dam⁽ˡᵉ⁾ Catherine de Coustin, fille d'Armand de Coustin, seig' de S' Jean, et de Jeanne de Coste, de lad. par͞r. de S' Jean-de-Livet. (V. **233**).

433. — Le 16 déc. 1715, M⁶ François Halbout, pbr͞e, vicaire de Jouveaux, pourvu de la cure de Fontenelle, prend possession dud. bénéfice, en présence de M⁶ Jacques Blondel, pbr͞e, curé de Jouveaux; M⁶ Pierre Levavasseur, pbr͞e, curé de Fontaine ; M⁶ Pierre Guermont, pbr͞e, curé des Places ; M⁶ Louis Bullet, pbr͞e, desservant led. bénéfice de Fontenelle. (V. **356**).

434. — Le 31 déc. 1715, la nomination à la cure de S⁽ᵗᵉ⁾ Trinité du Mesnil-Oury appartenant, « de toute antiquité », au seig' abbé de S' Pierre-sur-Dives, Mg' François Blouet de Camilly, évêque et comte de Toul et abbé de S' Pierre-sur-Dives, nomme à lad. cure vacante par la mort de M⁶ Pierre Viquesnel, pbr͞e, dernier titulaire, la personne de M⁶ Joseph Duthrosne, pbr͞e du diocèse de Séez. (V. **439**).

Le 9 janvier 1716, le seig' évêque donne aud. s' Duthrosne la collation dud. bénéfice.

Le lendemain, le s' Duthrosne, demeurant à Denville, diocèse de Séez, prend possession de la cure du Mesnil-Oury, en présence de lad. par͞r.

435. — Le 14 janvier 1716, dispense de bans pour le mariage entre Jean-François du Houlley, Esc', s' des Isles, fils de feu Jean du Houlley, aussi Esc', et de noble dame Etiennette Boucquet, originaire de la par͞r. de Thiberville et demeurant à présent en celle de l'Hôtellerie d'une part, et dam⁽ˡᵉ⁾ Françoise Le Cavelier, fille de feu François Le Cavelier, Esc', s' du Breuil, et de dam⁽ˡᵉ⁾ Benoiste-Marie Lesueur, originaire du Mesnil-Eudes et demeurant aussi à présent à l'Hôtellerie.

436. — Le 20 avril 1715, M⁶ Louis Bourlet, acolyte de S' Germain-la-Campagne, est ordonné sous-diacre. (V. **466**).

437. — Le 9 janvier 1716, M⁶ Pierre Thillaye, pbr͞e en l'église S' Germain de Lx, chapelain de la chapelle S' Romain en la Cathédrale, remet la chapelle entre les mains de Mes^re Gilbert Hébert, pbre, chanoine de semaine en lad. cathédrale, en présence de Mre Gabriel Durozey, pbre, docteur en Sorbonne, chanoine prébendé, et de Me Jacques Lemarquand, pbre habitué en lad. église de St Germain de Lx. (*V*. **124, 450, 494**).

Le 10 janvier 1716, Mre Gilbert Hébert, bachelier en théologie de la faculté de Paris, chanoine prébendé de Lieurey, 2e portion, se trouvant chanoine de semaine, nomme Me Pierre Hauvel, pbre, à lad. chapelle St Romain. (*V*. **31**).

Le 11 janvier 1716, led. s^r Hauvel est mis en possession de lad. chapelle par le ministère de M^r le doyen.

438. — Le 18 janvier 1716, vu l'attestation du s^r Legras, curé de Boulleville, et du s^r Vauviel, curé de Formoville, dispense de bans pour le mariage entre Jacques Le Breton et Marie-Thérèse Postel.

439. — Le 26 déc. 1715, la nomination à la cure du Mesnil-Oury appartenant au seig^r du Rouil, Mes^re François-Charles-Dominique Le Comte, chev^er, seig^r du Rouil et autres seigneuries, demeurant en sa terre du Mesnil-Bacley, nomme à lad. cure, vacante par la mort de Me Pierre Viquesnel, pbre, dernier titulaire, la personne de Me Gabriel Delauney, pbre, demeurant à Grandchamp. (*V*. **434**).

Le 27 déc. 1715, le seig^r évêque donne aud. s^r Delauney la collation dud. bénéfice.

Le 28 déc. 1715, le s^r Delauney prend possession de la cure du Mesnil-Oury, en présence de Me Pierre-Nicolas Gosset, pbre, curé du Mesnil-Durand ; Mes^re Arnault-Antoine de Bonnefond, de lad. par^r. du Mesnil-Oury, et autres témoins.

440. — Le 26 juin 1715, Me Pierre-Paul Burget, sous-diacre, obtient en cour de Rome des lettres de provision de la cure de St Martin-de-Pontchardon, vacante par la résignation faite en sa faveur par Paul Leportier, dernier titulaire. (*V*. **111, 429**).

441. — Le 27 août 1715, la nomination à la cure de Villers, 2e portion, appartenant au seig^r du lieu, haut et puissant seig^r Mes^re Charles-Henry de Mallon, chev^r, seig^r de Bercy et patron de lad. 2e portion, nomme à cette cure, vacante par la mort de Me Jean Lecoq, dernier titulaire, la personne de Me Michel Devé, pbre, curé de Barille, diocèse de Rouen.

Le même jour, le seig^r évêque donne aud. s^r Devé la collation dud. bénéfice.

Le 30 déc. 1715, le s^r Devé prend possession de la cure de Villers, 2e portion, en présence de Me Louis Marette, pbre, curé de Villers, 1re portion, et autres témoins.

442. — Le 22 janvier 1716, vu l'attestation du s^r Jouen, curé de

Clarbec, et du s' Cherfils, vicaire de Coquainvilliers, dispense de bans pour le mariage entre Christophe Noblet et Marguerite Dossin.

443. — Le 31 déc. 1715, la nomination à la cure de S' *Blaise* de Fontenelle appartenant au comte d'Orbec, Mes^re Antoine Bernart, chev^r, marquis d'Avernes et seig^r engagiste du comté d'Orbec, nomme à cette cure, vacante par la démission de Me Alphonse-Alexandre Racine du Tremblay, pbr̃e, dernier titulaire, la personne de Me Pierre Devaux, clerc du diocèse de Lx.

Le 6 janvier 1716, led. s^r Devaux requiert du seig^r évêque de Lx la collation dud. bénéfice, qui lui est refusée. (V. **61, 303**).

444. — Le 8 janvier 1716, Me Jacques Le Charpentier, pbr̃e, curé de St Grégoire-du-Vièvre, depuis plus de 22 ans, remet purement et simplement sond. bénéfice entre les mains de noble dame Marie-Catherine Voisin, v^ve de Mes^re François de Phélippeaux, chev^r, seig^r marquis d'Outreville, cons^er du roy en tous ses conseils, maitre des requêtes ordinaire de Son Hôtel, dame et patronne de lad. par̃. de St Grégoire, en faveur de Me Guillaume Deroste, pbr̃e, vicaire de lad. par̃. Il se réserve toutefois 300 livres de pension viagère et la moitié des bâtiments du presbytère et du jardin.

Le 16 janvier 1716, lad. dame d'Outreville, demeurant à Paris, nomme led. s^r Deroste, curé de St Grégoire.

Le 5 février 1716, Me Jacques Le Charpentier, curé de St Grégoire-du-Vièvre, révoque la démission qu'il a donnée de son bénéfice, le 8 janvier dernier, en faveur du s^r Deroste, parce que cette démission « n'a été faite que par inadvertance, l'intention dud. s^r Le Charpentier n'ayant esté que de passer une procuration pour résigner en cour de Rome sond. bénéfice en faveur dud. s^r Deroste, son vicaire », avec les réserves susdites. (V. **449, 458, 465**).

445. — Le 29 janvier 1716, vu l'attestation du s^r Morel, curé de St Mards-de-Fresne, et du s^r Thibout, curé de la Goulafrière, dispense de bans pour le mariage entre Pierre Le Blond, Esc^r, s^r du Vallot, fils de feu Jean Le Blond, aussi Esc^r, et de noble dame Catherine Le Hure, de la par̃. de St Mards, d'une part, et dam^lle Marie-Françoise Deshayes, fille de Pierre Deshayes, Esc^r, s^r des Orgeries et du Tremblé, cons^er du roy, vicomte d'Orbec, et de noble dame Françoise de Bosc-Henry, de la par̃. de la Goulafrière.

446. — Le 31 janv. 1716, vu l'attestation du s^r Desperroys, curé de Crémanville, et du s^r Le Breton, vicaire d'Ablon, dispense de bans pour le mariage entre Guillaume Poistre et Catherine Levasseur.

447. — Le 30 janvier 1716, la nomination à la 1re portion de la cure de N.-D. de Gonneville-sur-Dive appartenant au seig^r du lieu, Mes^re Marc-Antoine d'Angerville, « chev^r, seul seign^r » de Gonneville-sur-Dive et patron ordinaire de lad. grande portion de Gonneville, demeurant au manoir seigneurial du lieu, nomme à cette cure, vacante par la mort de M⁰ Antoine de Guestier, pbrē, dernier titulaire, la personne de M⁰ Pierre Girot, pbrē, originaire de Douville et y demeurant.

Le 31 janvier 1716, le seig⁰ évêque donne aud. s⁰ Girot la collation dud. bénéfice.

Le 10 février 1716, le s⁰ Girot prend possession de la première et grande portion de la cure de Gonneville-sur-Dive, en présence du seig⁰ de Gonneville : de M⁰⁰ Michel Desson, chev⁰, seig⁰ et patron de Douville ; M⁰ Grégoire Ridel, pbrē, curé de Douville ; Benoist de Guestier de la Maichardière, demeurant à S⁰ Sylvestre de Cormeilles, et autres témoins.

448. — Le 5 février 1716, vu l'attestation du s⁰ de Lange, curé de Meulles, et du s⁰ Rouvray, curé de N.-D. d'Aulnay, dispense de bans pour le mariage entre Jean Desmollières, Esc⁰, s⁰ de la Mondière, sous-brigadier de la compagnie de deux cents chevau-légers de la garde du roi, chevalier de l'ordre militaire de S⁰ Louis, fils de feu M⁰ Charles Desmollières, s⁰ de la Mondière, avocat, et de dam⁰⁰ Marie Paulmier, demeurant à N.-D. d'Aulnay, d'une part, et dam⁰⁰ Marie-Françoise Le Portier, fille de Grégoire Le Portier, Esc⁰, seig⁰ du Saussay, Boscotru et autres lieux, et de noble dame Françoise Le Bas, demeurant en la parr. de Meulles.

449. — Le 5 février 1716, M⁰ Guillaume Deroste, pbrē, curé de S⁰ Benoit-des-Ombres, demeurant au manoir presbytéral de S⁰ Grégoire-du-Vièvre, donne sa procuration pour résigner entre les mains de N.-S.-P. le pape sond. bénéfice en faveur de M⁰ Robert Delamare, pbrē, originaire de Giverville et y demeurant. (*V.* **71**).

Le 7 février 1716, led. s⁰ Delamare remet entre les mains dud. s⁰ Deroste, tous les droits que lui donne l'acte de résignation, passé le 5 février dernier.

Le 12 février 1716, M⁰ Guillaume Deroste, curé de S⁰ Benoist-des-Ombres, donne sa procuration pour résigner entre les mains de N.-S.-P. le pape led. bénéfice en faveur de M⁰ Georges Deglos, pbrē, vicaire de Campigny, et originaire de S⁰ Victor-d'Epines. (*V.* **444, 458, 465**).

450. — Le 13 janvier 1716, M⁰ Pierre Thillaye, pbrē de S⁰ Germain de Lx, M⁰ ès-arts en l'Université de Paris, requiert en sa qualité de gradué, de M⁰ François Le Bas, chanoine de semaine en la Cathédrale, sa nomination à la chapelle S⁰ Léonard, en lad. Église, vacante par la mort de M⁰ René Bonnissent, pbrē, dernier titulaire, décédé le 4 de ce mois. (*V.* **437**).

Le même jour, led. s⁰ Le Bas, chanoine prébendé de S⁰ Germain, nomme aud. bénéfice la personne dud. s⁰ Thillaye.

Le 3 février 1716, le s⁺ Thillaye est mis en possession de la chapelle S⁺ Léonard par le ministère de M⁺ le doyen.

451. — Le 10 février 1716, dispense de bans pour le mariage entre Armand-Antoine de Bonnefonds, Esc⁺, fils de feu François de Bonnefonds, Esc⁺, et de noble dame Catherine Vattier, de la parr. du Mesnil-Oury, d'une part, et dam^lle Anne Paillot, fille de feu Jacques Paillot, Esc⁺, et de noble dame Jeanne Charles, de la parr. de S⁺ Julien de Caen.

452. — Le 5 fév. 1716, la nomination à la cure de Berville-sur-Mer appartenant au chanoine de semaine en la Cathédrale, Mre Charles Inger, chanoine prébendé des Vaux, se trouvant chanoine de semaine, nomme aud. bénéfice, vacant par la mort de M⁺ Robert Bucailles, pbre, dernier titulaire, la personne de M⁺ Michel Pastey, pbre de ce diocèse. (*V.* **404**).

Le 8 fév. 1716, M⁺ Pastey ayant fait demander au seig⁺ évêque la collation de la cure de Berville, celui-ci la lui refuse parce qu'il ne s'est pas présenté en personne.

453. — Le 19 janv. 1716, M⁺ Jacques Gosset, curé de la 1re portion de la cure de S⁺ Germain de Verson, donne sa procuration pour requérir en son nom tous bénéfices dépendants de l'Evêché ou du Chapitre de Lx et spécialement la chapelle S⁺ Léonard en la Cathédrale, vacante par la mort de M⁺ Bonissent, dernier titulaire, et en poursuivre la réquisition par toutes les voies de droit. (*V.* **34, 273, 450, 492**).

454. — Le 17 fév. 1716, vu l'attestation du s⁺ Bourse, curé de Criqueville, dispense de bans pour le mariage entre Joseph-François Le Vellain, chev⁺, seig⁺ de Ranville, fils de feu Alexandre Le Vellain, chev⁺, s⁺ de la Fagère, et de noble dame Barbe Thibout, de la parr. de S⁺ Léger-du-Bosc, et demeurant à présent en celle de Criqueville, d'une part, et dam^lle Marie-Magdeleine Roussel, fille de M⁺ Olivier Roussel, cons^er du roy, bailly civil et criminel de Bretteville-sur-Laize, juge des Eaux et Forêts de Cinglais, avocat au bailliage et siège présidial de Caen, et de dam^lle Marie Ernoult, de la parr. de S⁺ Michel de Vaucelles de Caen.

455. — Le 17 fév. 1716, vu l'attestation du s⁺ d'Orville, curé du Regnouard, dispense de bans pour le mariage entre Jean-Antoine du Merle, Esc⁺, s⁺ de Grandchamp, fils de Jean-Antoine du Merle, Esc⁺, et de noble dame Marie Bernière, de la parr. du Regnouard, d'une part, et dam^lle Marie Ridout, fille du s⁺ René Ridout et de dam^lle Suzanne Tripier, de la ville d'Alençon. (*V.* **172**).

456. — Le 17 février 1716, vu l'attestation du s⁺ Quettier, curé de Lessard, dispense de bans pour le mariage entre Louis de Bonnechose, Esc⁺, s⁺ de Monteston, fils de feu Thomas de Bonnechose, Esc⁺, s⁺ de

Vaucourt, et de feue Élisabeth Lebourgeois, de la parr. de Lessard, d'une part, et dam^lle Marie-Anne Tolley, fille de Me Gilles Tolley, procureur au Parlement, et de dam^lle Catherine Lehuc, de la parr. de St Pierre-l'Honoré de Rouen.

457. — Le 18 fév. 1716, dispense de bans pour le mariage entre Gilles de Nollent, Esc^r, fils de feu Gilles de Nollent, Esc^r, seig^r et patron de Grenonville (?), et de noble dame Geneviève de Bellemare, de la parr. de St Pierre de Cormeilles, d'une part, et dam^lle Magdeleine Gohard, fille de feu Me Jean Gohard, cons^er du roy et premier élu assesseur en l'élection de Pontaudemer, et de feue Marie Letailleur, de la parr. du Torpt, lad. dam^lle demeurant à présent en la parr. du Bois-Hellain.

458. — Le 6 fév. 1716, Me Jacques Le Charpentier, curé de St Grégoire-du-Vièvre, « ne pouvant plus satisfaire à ses fonctions ou devoirs, à cause de son grand âge et infirmité », donne sa procuration pour résigner entre les mains du pape et en faveur de Me Guillaume Deroste, son vicaire depuis plus de dix-huit ans, led. bénéfice de St Grégoire qu'il a desservi au moins pendant vingt-quatre années. Il se réserve toutefois 300 livres de pension viagère sur les revenus de la cure et la moitié du presbytère et du jardin. (V. **444, 449, 465**).

459. — Le 18 février 1716, dispense de bans pour le mariage entre Jacques de Malherbe, Esc^r, fils de Jean, Esc^r, s^r de Grandchamp, et de noble dame Marguerite de Margeot, de la parr. de la Gravelle, d'une part, et dam^lle Louise-Aimée d'Arclais, fille de feu Jean d'Arclais, Esc^r, et de noble dame Marie de Bernière, de la parr. de St Basile.

460. — Le 18 février 1716, dispense de bans pour le mariage entre Charles Bougard, fils de feu Me Jacques Bougard et de Charlotte Aubert, de la parr. de Reux, d'une part, et dam^lle Anne de Borel, fille de Guillaume de Borel, Esc^r, et de feue dam^lle Anne Crévin, de la parr. de Valsemey.

461. — Le 17 juin 1714, François Dechaulfour, fils de Jacques et de Magdeleine Vaumesle, de la parr. de Ticheville, *rite dimissus*, reçoit la tonsure et les ordres mineurs dans la chapelle du séminaire de Caen. (V. **483**).

462. — Le 13 août 1715, Me François Coespel, pbre du diocèse de Lx, obtient en cour de Rome des lettres de provision de la cure de St Nicolas-des-Lettiers, vacante par la raison que le s^r René Morard, diacre, titulaire dud. bénéfice, a négligé depuis plus de dix ans, de se faire ordonner prêtre.

Le 14 février 1716, le seig^r évêque donne son visa auxd. lettres de provision.

Le 18 février 1716, led. s^r Coespel, demeurant à Paris, représenté par Me Jean Mauger, sous-diacre du diocèse de Lx, demeurant à Caen, et ayant fait élection de domicile en la maison de Jacques Coespel, frère dud. François, en la parr. de S¹ Nicolas-des-Lettiers, prend possession de lad. cure, en présence de deux témoins étrangers à la paroisse.

Le 28 janvier 1716, le recteur de l'Université de Paris donne aud. s⁺ Coespel un certificat attestant qu'il a suivi les cours de philosophie au collège de la Marche, à Paris, depuis le mois d'octobre 1714 jusqu'à ce jour.

463. — Le 24 février 1716, vu l'attestation du s⁺ Lochet du Carpon, curé de S¹ᵉ Croix de Bernay, et du s⁺ Desmares, vicaire de Capelles, dispense de bans pour le mariage entre Mathieu Bence, Esc⁺, l'un des gentils hommes servant à la grande vénerie de France, fils de M⁺ Mathieu Bence, élu en l'élection de Bernay, et de dam⁽ᴵᵉ Magdeleine Périer, de lad. parr. de Capelles-les-Grands, d'une part, et dam⁽ᴵᵉ Marie-Magdeleine Fleury, fille de M⁺ Maurice Fleury, avocat et bailly de la haute-justice de Menneval, et de Madeleine Le Mareseal, de lad. parr. S¹ᵉ Croix de Bernay.

464. — Le 24 février 1716, vu l'attestation du s⁺ Halley, vicaire de S¹ Pierre de Cormeilles, et du s⁺ Fouquier, vicaire de Cauverville, dispense de bans pour le mariage entre Antoine Hagueron et Geneviève Poussier.

465. — Le 13 février 1716, M⁺ Jacques Le Charpentier, curé de S¹ Grégoire-du-Vièvre, étant à Paris en l'hôtel de la dame d'Ontréville, patronne de la l. parr. de S¹ Grégoire, donne de nouveau sa procuration, pour résigner, sous le bon plaisir de lad. dame, sond. bénéfice entre les mains de Sa Sainteté en faveur de M⁺ Guillaume Deroste. Il se réserve toutefois 300 livres de rente. (V. **444, 449, 458**).

Il est à remarquer que M⁺ Le Charpentier ne se réserve plus ici la moitié du presbytère et du jardin, comme il l'avait fait précédemment.

466. — Le 13 mars 1715, François Bourlet, s⁺ du Bosc, cons⁺ du roy, lieutenant particulier, assesseur criminel au bailliage d'Orbec, demeurant à S¹ Germain-la-Campagne, constitue 150 livres de rente en faveur de son fils, M⁺ Louis Bourlet, acolyte, afin qu'il puisse parvenir aux ordres sacrés. Fait en présence de M⁺ Charles Bourlet, pbre, curé de S¹ Germain-la-Campagne. (V. **436**).

467. — Le 3 mars 1716, dispense de bans pour le mariage entre M⁺ Guillaume-Anne de Clerel, chev⁺, seig⁺ de la Roulière, fils de Mes⁺ᵉ François de Clerel, Esc⁺, seig⁺ de Rampan, et de noble dame Marie du Rouil, de la parr. de Vieux-Pont, d'une part, et noble dame Marie-Anne-Thérèse Cauvin, v⁺ᵉ de Robert-Louis Mallet, s⁺ des Douaires, fille de Cauvin des Longchamps et de dam⁽ᴵᵉ Marie de Chantelou, de la parr. de Bavent, diocèse de Bayeux.

468. — Le 5 mars 1716, M⁺ Nicolas Guillain, pbre du diocèse de

Chartres, vicaire de Rambouillet, M⁰ ès-arts en l'Université de Paris, représenté par M⁰ Nicolas Passey, pbrē-sacristain de S¹ Germain, fait réitérer ses noms et grades aux relig¹ de S¹ Evroult. (V. 239).

469. — Le 9 mars 1716, dispense de bans pour le mariage entre M⁰ Charles de Bailleul, Esc⁰, seig⁰ des Bordeaux, fils de feu Mes⁰⁰ Charles de Bailleul, Esc⁰, et de noble dame Magdeleine de Graindorge, originaire de la parr. du Regnouard, d'une part, et dam⁰⁰ Catherine Lacuisse, de la ville de Verdun.

470. — Le 28 oct. 1715, M⁰ Charles Vattier, pbrē, curé de S¹ Ouen-le-Hoult, dont le bénéfice dépend du roy, à cause de son domaine-vicomté d'Orbec, et M⁰ Guillaume Vattier, pbrē, curé de N.-D.-de-Courson, dépendant du Chapitre de Lx, font mutuelle permutation de leurs dites cures, sous le bon plaisir du roy et de l'évêque de Lx.

Le 13 février 1716, Sa Majesté, « de l'avis de son très cher et très aimé oncle, le duc d'Orléans, régent » du royaume, nomme pour être pourvu de la cure de S¹ Ouen-le-Hoult, la personne de M⁰ Guillaume Vattier, ci-devant curé de N.-D. de Courson. « Sy vous prions, ajoute le roy s'adressant à l'évêque de Lx, et néanmoins mandons et ordonnons que sur notred. nomination et présentation, vous ayez à pourvoir led. Guillaume Vattier de lad. cure. Car tel est notre plaisir. Donné à Paris, la 1ʳᵉ année de notre règne. »

Le 3 mars 1716, le seig⁰ évêque donne aud. s⁰ Guillaume Vattier la collation dud. bénéfice.

Le 5 mars 1716, le s⁰ Guillaume Vattier prend possession de la cure de S¹ Ouen-le-Hoult, en présence de M⁰ Thomas Bellière, pbrē, curé de la Brevière ; M⁰ Charles Fortin, pbrē de la parr. de Lisores ; M⁰ Charles Prévost, pbrē de lad. parr. de S¹ Ouen ; M⁰ Jean-Baptiste Lefrançois, pbrē de la parr. de Piencourt, et autres témoins.

Le même jour, M⁰ Guillaume Vattier, pbrē, curé de S¹ Ouen-le-Hoult, demeurant à N.-D.-de-Courson, se transporte avec le notaire au manoir presbytéral de S¹ Ouen pour sommer M⁰ Charles Vattier de prendre possession, en personne ou par procureur, de la cure de N.-D.-de-Courson dont il a été pourvu par permutation. Il trouve M⁰ Charles Vattier malade et couché en son lit dans une des chambres du presbytère. Il lui déclare « qu'il a pris ce jourd'huy avant midy possession dud. bénéfice-cure de S¹ Ouen-le-Hoult, avec tous les droits et revenus, et duquel bénéfice il prétend et entend demeurer le vray titulaire à l'advenir sans aucun contredit. » Fait en présence de M⁰ Charles Fortin, pbrē de Lisores ; M⁰ Jean Le Prévost, pbrē, et Guillaume Deuvre, s⁰ des Rivières, tous deux de la parr. de S¹ Ouen ; M⁰ Jean-Baptiste Lefrançois, pbrē de Piencourt ; M⁰ Jean Gontier, chirurgien, et M⁰ Jean Loiseau, archer, tous deux de Vimoutiers.

471. — Le 19 oct. 1710, Jacques Exmelin, fils de Pierre et de Marie Jourdain, de la par̄r. de la Chapelle-Hainfray, reçoit la tonsure et les ordres mineurs.

472. — Le 14 mars 1716, M° Guillaume de la Cousture, pbr̄e, vicaire de Montfort, fait réitérer ses noms et grades aux religieux de S¹ Evroult. (*V.* 257).

473. — Le 4 mars 1716, M° Louis Haudard, pbr̄e du diocèse de Lx, âgé de 25 ans, est nommé par l'Université de Caen sur l'Evêché et le Chapitre de Lx, ainsi que sur l'abbaye de S¹ Evroult.

Le 10 mars 1716, lad. s¹ Haudard, pbr̄e, demeurant en la par̄r. de S¹ Pierre-des-Ifs, M° ès-arts en l'Université de Caen, fait signifier ses noms et grades au seig¹ évêque et au Chapitre de Lx, ainsi qu'aux relig¹ de S¹ Evroult.

Le 16 mars 1716, il fait faire la m̂me signification aux relig¹ de S¹ Pierre de Préaux en parlant à Dom Robert Quimbel, pbr̄e, prieur et religieux de lad. abbaye. (*V.* 373).

474. — Le 16 mars 1716, M° Jean Fossard, pbr̄e de S¹ Etienne de Caen, M° ès-arts en l'Université de lad. ville, fait réitérer par procureur ses noms et grades aux relig¹ de S¹° Barbe. (*V.* 10, 70, 235).

475. — Le 17 mars 1716, M° Nicolas Sallen, pbr̄e du diocèse de Bayeux, M° ès-arts en l'Université de Caen, fait réitérer par procureur ses noms et grades au seig¹ évêque et au Chapitre de Lx, ainsi qu'aux relig¹ de S¹ Evroult. (*V.* 38, 288).

476. — Le 18 mars 1716, M° Jacques Corbin, pbr̄e du diocèse de Lx, M° ès-arts et bachelier en théologie de la faculté de Paris, demeurant à Conflans, près Charenton, fait réitérer ses noms et grades à Mg¹ l'archevêque de Bourges, abbé de Bernay, en parlant à son suisse, en son hôtel, rue S¹ Honoré, à Paris. (*V.* 246).

477. — Le 26 mars 1716, M° André du Coudray, pbr̄e, docteur en théologie de la faculté d'Angers, curé de Marnefer, diocèse d'Evreux, fait réitérer ses noms et grades aux relig¹ de S¹ Evroult. (*V.* 166, 230).

478. — Le 26 mars 1716, M° François Le Camus, pbr̄e, demeurant à N.-D. de Bellou, M° ès-arts en l'Université de Caen, fait réitérer ses noms et grades au seig¹ évêque et au Chapitre de Lx. (*V.* 266, 284, 387).

479. — Le 24 mars 1716, M° Jacques Crochon, pbr̄e, notaire royal-apostolique, demeurant à Lx, par̄r. S¹ Germain, M° ès-arts en l'Université de Paris, fait réitérer ses noms et grades au seig¹ évêque et au Chapitre de Lx, ainsi qu'aux relig¹ de Cormeilles et de S¹ Pierre de Préaux. (*V.* 56, 291).

480. — Le 28 mars 1716, M° Gabriel Duplessis, pbr̄e, vicaire de Boisney, M° ès-arts en l'Université de Caen, fait réitérer ses noms et grades aux religieux de S¹ Pierre de Préaux. (*V.* 39, 268).

T. II

481. — Le 9 janvier 1716, M® Guillaume Farain, pbrē du diocèse de Lx, obtient en cour de Rome des lettres de provision de la cure de S¹ Nicolas-des-Lettiers, vacante par la résignation faite en sa faveur par M® Réné Morard, diacre, dernier titulaire.

Le 26 mars 1716, le seig¹ évêque donne son visa auxd. lettres de provision.

Le 27 mars 1716, led. s¹ Farain, pbrē, vicaire de S¹ Germain d'Aulnay, prend possession dud. bénéfice de S¹ Nicolas-des-Lettiers, en présence de M® Antoine Pigace, pbrē, curé de S¹ Germain d'Aulnay et doyen de Montreuil ; M® Pierre Farain, ancien officier ; François de Forcinal, s¹ du Nuisement, et autres témoins de paroisses étrangères. (*V*. **425**).

482. — Le 19 mars 1716, M® Denis Delaporte, diacre du diocèse de Rouen, professeur au collège de la ville de Beauvais, M® ès-arts en l'Université de Paris, fait réitérer par procureur ses noms et grades à Mes¹® Charles-Philippe, comte d'Apremont-Reckeim, abbé commendataire de S¹ Evroult, en parlant à M® Antoine Lemoyne, son grand vicaire, demeurant en la maison de la Sorbonne. (*V*. **78, 295**).

483. — Le 3 mars 1716, M® François Dechauffour, acolyte du diocèse de Lx, est reçu M® ès-arts en l'Université de Caen.

Le 4 mars 1716, il obtient des lettres de quinquennium du recteur de lad. Université.

Le même jour, led. s¹ Dechauffour, âgé de 22 ans, est nommé par icelle sur l'archevêché et le chapitre de Rouen, sur les évêchés et les chapitres de Bayeux, Lisieux, Evreux et Séez et sur plusieurs abbayes et prieurés de chacun de ces diocèses. (*V*. **461**).

484. — Le 29 février 1716, la nomination à la cure de Rothes appartenant au seig¹ de Thibouville, M®® Pierre-Charles de Lambert, chev¹, seig¹ d'Herbigny, marquis de Thibouville, cons®¹ du roy en ses conseils, maitre des Requêtes ordinaire de son hôtel, demeurant à Paris, nomme aud. bénéfice, vacant par la mort de M® Pierre Regnoult, dernier titulaire, la personne de M® Philippe Leroy, pbrē du diocèse d'Evreux.

Le 13 mars 1716, le seig¹ évêque donne à M® Philippe Leroy la collation de la cure de Rothes.

485. — Le 27 mars 1716, M® Jean Daubin, pbrē, vicaire d'Orville, M® ès-arts en l'Université de Caen, fait réitérer ses noms et grades au seig¹ évêque et au Chapitre de Lx. (*V*. **334**).

486. — Le 2 avril 1716, M® Nicolas Le Bellenger, pbrē du diocèse de Bayeux, demeurant au Prédauge, M® ès-arts en l'Université de Caen, fait réitérer ses noms et grades aux relig¹ de S¹® Barbe. (*V*. **20, 259, 512**).

487. — Le 31 mars 1716, Mᵉ Pasquier Tousey, pbrē, demeurant au Grand-Sap, Mᵉ ès-arts en l'Université de Caen, fait réitérer ses noms et grades au seigʳ évêque et au Chapitre de Lx, ainsi qu'aux religieux de Sᵗ Evroult. (V. **251, 327**).

488. — Le 31 mars 1716, Mᵉ Jean Le Bastard, pbrē du diocèse de Bayeux, chanoine régulier de la Maison-Dieu, Mᵉ ès-arts en l'Université de Caen, fait réitérer ses noms et grades aux religᵗ de Sᵗᵉ Barbe. (V. **32, 252**).

489. — Le 7 avril 1716, Mᵉ Louis Guilbert, pbrē du diocèse d'Evreux, demeurant à Cambon, Mᵉ ès-arts en l'Université de Caen, fait réitérer ses noms et grades aux religᵗ de Sᵗ Pierre de Préaux.

490. — Le 6 avril 1716, Mᵉ Pierre Simon, pbrē, demeurant à Orbec, bachelier et Mᵉ ès-arts en l'Université de Paris, fait réitérer ses noms et grades au seigʳ évêque et au Chapitre de Lx, ainsi qu'aux religieux de Bernay et de Sᵗ Evroult. (V. **30, 281**).

491. — Le 7 avril 1716, Mᵉ François Morel, pbrē, curé, à portion congrue, de Sᵗ Pierre de Villers-en-Ouche, Mᵉ ès-arts en l'Université de Caen, fait réitérer ses noms et grades au seigʳ évêque et au Chapitre de Lx, ainsi qu'aux religᵗ de Sᵗ Evroult. (V. **54, 287**).

492. — Le 6 avril 1716, Mᵉ Jacques Gosset, pbrē, curé de Verson, 1ʳᵉ portion, Mᵉ ès-arts en l'Université de Caen, fait réitérer ses noms et grades au seigʳ évêque et au Chapitre de Lx. (V. **34, 273, 453**).

493. — Le 6 avril 1716, Dom Pierre-Samuel de la Grande-Rue, pbrē du diocèse de Bayeux, prieur claustral de la maison de Sᵗᵉ Croix de Caen, Mᵉ ès-arts en l'Université de lad. ville, fait réitérer ses noms et grades aux religᵗ de Sᵗᵉ Barbe. (V. **279**).

494. — Le 9 avril 1716, Mᵉ Pierre Thillaye, pbrē, demeurant à Lx, paʳʳ. Sᵗ Germain, Mᵉ ès-arts en l'Université de Paris, fait réitérer ses noms et grades au seigʳ évêque et au Chapitre de Lx. (V. **23, 279, 437**).

495. — Le 9 avril 1716, Mᵉ Louis Pollin, pbrē, pourvu de la cure de Sᵗ Jean-de-Livet, de 250 livres de revenu, Mᵉ ès-arts en l'Université de Caen, fait réitérer ses noms et grades aux religieux de Sᵗ Evroult et du prieuré de Beaumont-en-Auge. (V. **52, 293**).

496. — Le 21 mars 1716, la nomination à la cure de Sᵗ Saturnin de Royville appartenant au chanoine de semaine en la Cathédrale, Mʳᵉ Etienne Le Bas, pbrē, bachelier en théologie, chanoine de Sᵗ Jacques et archidiacre de Gacey, se trouvant chanoine de semaine, nomme aud. bénéfice de Royville, vacant par la mort de Mᵉ Jean Huet, dernier titulaire, la personne de Mᵉ Jean Caboulet, pbrē, curé de Sᵗ Aubin-sur-Auquainville et chapelain de la Cathédrale.

Le 5 avril 1716, le seigʳ évêque donne aud. sʳ Caboulet la collation de la cure de Royville.

497. — Le 21 sept. 1705, Guillaume Barrabé, fils de Jean et de Magdeleine de Farcy, du diocèse de Lx, *rité dimissus*, reçoit la tonsure à Rouen.

Le 2 août 1712, M° Guillaume Barrabé, clerc tonsuré, est reçu M° ès-arts en l'Université de Paris.

Le 3 août 1715, il obtient des lettres de quinquennium du recteur de lad. Université.

Le 2 oct. 1715, led. s' Barrabé est nommé par icelle sur l'évêché et le Chapitre de Lx.

Le 7 avril 1716, le s' Barrabé, demeurant à Paris, au collège S' Barbe (par. S' Etienne-du-Mont), fait signifier par procureur ses noms et grades au seig' évêque et au Chapitre de Lx.

498. — Le 23 mars 1716, le seig' évêque donne à M° Jean Lemaistre, pbrē du diocèse de Rouen, chapelain et confesseur des dames Ursulines du Havre-de-Grâce, la collation de la cure de S' Jean-de-Thenney, vacante par la mort de M° Jean-Baptiste Le Filleul, dernier titulaire, et à laquelle il a été nommé par M" Ollivier de Chardon, chevalier, seig' et châtelain de Fillières, seig' et patron de S' Jean-de-Thenney.

Le 29 mars 1716, le s' Lemaistre, représenté par M° François Pellerin, pbrē, vicaire de S' Jean-de-Thenney, prend possession dud. bénéfice, en présence de Mes" Jacques de Bauquemare, Esc', seig' du Thenney, Beaufort et autres lieux ; Mes" Guillaume de Bocquencé, Esc', seig' du Thenney-Bocquencé ; M° Charles Piperel, chirurgien ; Robert Deschamps, s' de Belleosiers ; Louis Gueroult, s' de Boismartin, tous demeurant en lad. par., et Jacques Menard, maître de l'hôtellerie des Trois-Rois, à Lx.

499. — Le 9 avril 1716, M° Michel Turpin, acolyte, demeurant à S' André d'Echauffour, M° ès-arts en l'Université de Caen, représenté par M° Antoine Grillon, officier dans la grande fauconnerie du roy, demeurant à Lignères, fait réitérer ses noms et grades aux religieux de S' Evroult. (V. **225, 249, 317**).

500. — Le 9 avril 1716, M° Nicolas Turpin, pbrē, pourvu de la chapelle S' Nicolas des Planches, d'un revenu très modique, demeurant à S' André-d'Echauffour, bachelier en théologie, et M° ès-arts en l'Université de Caen, représenté par M° Antoine Grillon, officier de la grande fauconnerie du roy, demeurant à Lignères, fait réitérer ses noms et grades aux religieux de S' Evroult. (V. **50, 292, 318**).

501. — Le 4 avril 1716, M° Pierre-Joseph Lebourg de Montmorel, acolyte dud. diocèse de Lx, demeurant à Paris, M° ès-arts en l'Université de Caen, représenté par son frère, Mes" Jean-Jacques Lebourg des Alleurs, pbrē, docteur de Sorbonne, et chanoine prébendé en la Cathédrale de Lx, fait réitérer ses noms et grades au seigr évêque et au Chapitre de Lx. (*V*. 19, 272).

502. — Le 2 avril 1716, Mre Jean Le Doulcet de Belleville, pbre du diocèse de Bayeux, docteur en théologie de la faculté de Caen et Me ès-arts en l'Université dud. lieu, demeurant en lad. ville, rue du Marché-au-Bois, représenté par Mesre Ollivier de Montargis, pbre, chanoine de Lx, fait réitérer ses noms et grades au seigr évêque et au Chapitre de Lx. (*V*. 240).

503. — Le 4 avril 1716, la nomination à la cure d'Ecajeul appartenant au seigr du fief appelé l'Honneur d'Ecajeul, « haut et puissant seigr Georges-François de Montecler, seigr et marquis dud. lieu et y demeurant, parr. St Christophe du Luat, seigr de lad. parr., Chastres, St Léger de Charnie, le tout au diocèse du Mans, et encore seigr et patron de l'Honneur d'Escajeul », représenté par Mre Claude de Franqueville, haut-doyen en la Cathédrale de Lx, nomme à lad. cure, vacante par la mort de Me Michel Gallard, pbre, dernier titulaire, la personne de Me Charles Duval, pbre, vicaire dud. lieu d'Ecajeul. Fait à Lx, en présence de Me Gabriel Cachet, avocat en l'officialité, et de Nicolas Passey, aussi pbre de Lx.

Le même jour, led. seigr de Montecler, ayant aussi, à cause de son noble fief l'Honneur d'Ecajeul, le droit de nommer à la chapelle Ste Marguerite d'Ecajeul, présente pour led. bénéfice, vacant par la mort dud. sr Gallard, la personne de Me Charles Duval, vicaire d'Ecajeul.

Le 5 avril 1716, le seigr évêque donne aud. sr Duval la collation de lad. cure et de lad. chapelle.

504. — Le 22 mars 1716, la nomination à la cure de Grangues revenant au roy, à cause de la garde-noble du sr Daniel de Grangues, Sa Majesté, de l'avis de son « très-cher et très aimé oncle le duc d'Orléans, régent », nomme à lad. cure, vacante par la mort de Me Jacques de Cairon, dernier titulaire, la personne de Me Jean Pépin, pbre du diocèse de Lx.

Le 20 avril 1716, le seigr évêque donne aud. sr Pépin la collation dud. bénéfice.

Le 21 avril 1716, le sr Jean Pépin, pbre, demeurant à Rouen, prend possession de la cure de Grangues, en présence de Me Guillaume de Cairon, pbre, curé d'Airan, diocèse de Bayeux ; François Letellier, pbre, curé de Gonneville-sur-Dives ; Me Jean-Louis Hébert, pbre, desservant la parr. de Grangues, et plusieurs paroissiens.

505. — Le 10 avril 1716, Me Charles Bellière, pbre, chapelain en la Cathédrale d'une chapelle qui n'est que de *neuf livres* de revenu annuel, Me ès-arts en l'Université de Paris, fait réitérer ses noms et grades au seigr évêque et au Chapitre de Lx. (*V*. 21. 200).

506. — Le 18 fév. 1709, Mᵉ Pierre Lecomte, du bourg de Gacey, diocèse de Lx, est reçu Mᵉ ès-arts en l'Université de Caen.

Le 20 fév. 1709, led. sʳ Lecomte, sous-diacre, obtient des lettres de quinquennium du recteur de lad. Université.

Le 8 mars 1713, le sʳ Lecomte, pbr̄e, âgé de 26 ans environ, est nommé par icelle sur les évêchés et les Chapitres de Bayeux, Lisieux et Séez, ainsi que sur plusieurs abbayes et prieurés de ces diocèses.

Le 21 avril 1716, le sʳ Lecomte, vicaire de Sᵗ Cyr de Nonant, Mᵉ ès-arts en l'Université de Caen, fait signifier ses noms et grades aux religieux de Sᵗᵉ Barbe. (*V.* **159**).

507. — Le 21 avril 1716, la nomination à la cure de Sᵗ Martin de Coulmer appartenant à l'abbaye de Sᵗᵉ Barbe, le R. P. Jean Chauveau, pbr̄e de la Compagnie de Jésus et recteur du collège de Caen, agissant comme prieur de lad. abbaye de Sᵗᵉ Barbe, nomme à lad. cure de Coulmer, vacante par la mort de Mᵉ François Tiphaine, pbr̄e, dernier titulaire, la personne de Mᵉ Jean Fossard, pbr̄e de Sᵗ Etienne de Caen, en sa qualité de gradué nommé sur l'abbaye de Sᵗᵉ Barbe. (*V.* **10, 70, 170, 235**).

Le 24 avril 1716, le seigʳ évêque donne aud. sʳ Fossard la collation dud. bénéfice.

Le 25 avril 1716, le sʳ Fossard prend possession de la cure de Coulmer, en présence de Mᵉ Martin Lemonnier, pbr̄e, curé de N.-D. du Tilleul ; Mᵉ Charles Lecointe, Escʳ, sʳ de la Chapelle et gendarme de la garde du roy, et autres témoins, habitants de Coulmer.

508. — Le 11 avril 1716, Mᵉ Louis Pecqueult, acolyte de Sᵗ Aubin-de-Scellon, est ordonné sous-diacre. (*V.* **380**).

509. — Le 28 nov. 1714, Mᵉ Jacques Duhault, curé de Sᵗ Martin-le-Vieil, obtient en cour de Rome des lettres de provision de la cure de Quetteville, vacante par la mort de Mᵉ Julien Thommeret, dernier titulaire.

510. — Le 29 avril 1716, vu l'attestation du sʳ Duval, curé de Sᵗ Georges de Montreuil, et du sʳ Duclos-Huet, vicaire de Bonneval, dispense de bans pour le mariage entre François Barrey, Escʳ, sʳ de Montfort, fils de Michel Barrey, et de damᵗᵉ Marguerite Querière, de lad. parr. de Bonneval, d'une part, et damᵗᵉ Françoise de Chaulieu, vᵛᵉ de feu Charles Delahaye, Escʳ, sʳ de la Londe, de lad. parr. de Montreuil.

511. — Le 8 avril 1716, Mᵉ Charles Billard, pbr̄e du diocèse d'Evreux, Mᵉ ès-arts en l'Université de Paris, chanoine de l'Eglise royale et collégiale de Sᵗ Spire (Exuperius) de Corbeil, diocèse de Paris, y demeurant, fait réitérer ses noms et grades au seigʳ abbé de Sᵗ Evroult en parlant à son grand vicaire, Mᵉ Antoine Le Moyne, pbr̄e de la Maison et Société de Sorbonne.

512. — Le 29 avril 1716, la nomination à la cure de Marmouillé appartenant au prieur claustral de S˚ Barbe-en-Auge, Dom François-Guillaume Mignot, humble prieur claustral du monastère de S˚ Barbe-en-Auge, autrement dit S¹ Martin d'Ecajeul, nomme aud. bénéfice, vacant par la mort de M° Michel Buhot, dernier titulaire, la personne de M° Nicolas Le Bellenger, pbr̄e, M° ès-arts. (*V.* **20, 259, 486**).

Le 30 avril 1716, le seigʳ évêque donne aud. sʳ Le Bellenger la collation de la cure de Marmouillé.

513. — Le 10 avril 1716, M° Claude Robert, pbr̄e du diocèse de Toulouse, bachelier en théologie et M° ès-arts en l'Université de Toulouse, supérieur du séminaire de N.-D. de Lx, y demeurant, parr. Sᵗ Germain, fait réitérer ses noms et grades au seigʳ évêque et au Chapitre de Lx. (*V.* **49, 300, 355**).

514. — Le 20 avril 1716, M° Guillaume Rosée, sous-diacre de Sᵗ Sauveur de Caen, *rite dimissus*, est ordonné diacre par Mᵍʳ de Lx.

515. — Le 4 mai 1716, M° Louis Delamare, diacre, demeurant à Pontaudemer, parr. Sᵗ Ouen, M° ès-arts en l'Université de Caen, représenté par son frère, M° Charles Delamare, demeurant aussi aud. lieu de Pontaudemer, fait signifier ses noms et grades au seigʳ évêque et au Chapitre de Lx, ainsi qu'aux religieux de Bernay, en parlant à Dom Jacques de Prousac, pbr̄e, prieur claustral de lad. abbaye. (*V.* **7, 226, 262**).

516. — Le 13 mars 1716, M° Alexandre Brière, pbr̄e, curé de Camembert, donne sa procuration pour résigner sond. bénéfice entre les mains de Sa Sainteté en faveur de M° Hilaire Brière, vicaire de Beuzeville. Il se réserve toutefois 150 livres de pension viagère.

INSINUATIONS ECCLÉSIASTIQUES

DU DIOCÈSE DE LISIEUX.

REGISTRE XII.

1. — Le 5 mai 1716, M⁰ Guillaume Delamare, diacre, demeurant à St Ouen de Pontaudemer, M⁰ ès-arts en l'Université de Caen, fait signifier ses noms et grades aux religieux de St Pierre de Préaux, en parlant à Dom Robert Quimbel, prieur claustral de lad. abbaye.

Le même jour, il fait signifier aussi ses noms et grades aux dames de St Léger de Préaux, en parlant « à Son Altesse Anne-Thérèse de Rohan, princesse de Montbazon, abbesse de lad. abbaye, » en présence de Guillaume Leroy, marchand d'eau-de-vie, et Guillaume Becquet, meunier, demeurant l'un et l'autre en la parr. de N.-D. de Préaux.

Le 6 mai 1716, il fait faire la même signification aux religieux de Grestain en parlant à Dom Pierre Descalles, prieur de lad. abbaye ; le 7 mai, aux religieux de Cormeilles, en parlant à Dom Luc Maheut, religieux célérier de lad. abbaye.

Dans ces diverses significations il est représenté par son frère, M⁰ Charles Delamare. (V. **117, 303**).

2. — Le 28 avril 1716, M⁰ Jean Caboulet, pbrē, curé de St Aubin-sur-Auquainville et chapelain de la chapelle Ste Magdeleine en la Cathédrale, pourvu de la cure de Roiville, vacante par la mort de M⁰ Jean Huet, prend possession dud. bénéfice, en présence de M⁰ Guillaume Huet, pbrē, desservant lad. parr. de Roiville ; M⁰ Jean Le Cordier, pbrē, chapelain de la Charité ; M⁰ Robert Delafosse, acolyte de lad. parr. ; Adrien de Gouhier, Escr, seigr et patron de Fresné-le-Samson. (V. **239**).

3. — Le 18 mai 1716, vu l'attestation du sr Bellencontre, vicaire de Pont-l'Évêque, dispense de bans pour le mariage entre Pierre Alleaume et Marguerite Lejeune.

4. — Le 30 avril 1716, Mgr de Pas Feuquière, évêque d'Agde, abbé commendataire de N.-D. de Cormeilles, donne à Dom Charles Letellier, pbrē, religx et prieur moderne de lad. abbaye, des provisions de l'office claustral de bailly de cette abbaye, vacant par la mort de Dom

Jean-Baptiste Pelvey, pbrē, religieux et prieur de lad. abbaye. Fait en la maison des Pères de l'Oratoire de Pézénas.

Le 14 mai 1716, led. sʳ Letellier prend possession dud. office claustral de bailly avec toutes les cérémonies accoutumées, accomplies dans l'église de l'abbaye.

5. — Le 11 mars 1716, Mᵉ Guillaume Deroste, pbrē, vicaire de Sᵗ Grégoire-du-Vièvre, obtient en cour de Rome des lettres de provision de lad. cure, vacante par la résignation faite en sa faveur par Mᵉ Jacques Le Charpentier, pbrē, dernier titulaire, avec la réserve d'une pension viagère.

Le 23 mai 1716, le seigʳ évêque donne aud. sʳ Deroste la collation dud. bénéfice.

Le 9 juin 1716, le sʳ Derostes prend possession de la cure de Sᵗ Grégoire-du-Vièvre, en présence de Mᵉ Georges Deglos, pbrē, curé de Sᵗ Benoit des Ombres. (*V.* 16).

6. — Le 31 mars 1716, Mᵉ Guillaume Delafosse, pbrē, curé de Réville, (led. bénéfice valant deux cents livres de rente), requiert des sieurs chanoines de Lx, en sa qualité de gradué, sa nomination à la chapelle Sᵗ Léonard en la Cathédrale, vacante par la mort de Mᵉ René Bonissent, pbrē, dernier titulaire, décédé le 4 janvier dernier.

Le 23 mai 1716, led. sʳ Delafosse renouvelle sa réquisition, en présence de Guillaume Véron, pbrē, chapelain de la Cathédrale, et de Mᵉ Michel Duclos, sous-diacre et sacristain de la Cathédrale, demeurant en la parr. Sᵗ Jacques de Lx.

Le 16 juin 1716, Mᵉ François Le Bas, pbrē, chanoine prébendé de Sᵗ Germain, qui se trouvait chanoine de semaine le 4 janvier dernier, lors de la mort de Mᵉ Bonissent, chapelain de Sᵗ Léonard, nomme à lad. chapelle la personne de Mᵉ Guillaume Delafosse, pbrē, curé de Réville, en sa qualité de gradué en l'Université de Caen.

Le 19 juin 1716, led. sʳ Delafosse est mis en possession de lad. chapelle par le ministère de Mʳ le doyen. (*V.* 395).

7. — Le 11 mai 1716, Mᵉ Nicolas Le Bellenger, pbrē du diocèse de Bayeux, vicaire du Prédauge, Mᵉ és-arts en l'Université de Caen, prend possession de la cure de Sᵗ Pierre de Marmouillé, vacante par la mort de Mᵉ Michel Buhot, dernier titulaire, décédé dans le mois d'avril dernier. Fait en présence de Mᵉ François Lefort, pbrē, curé de Manerbe ; Mᵉ Charles Croullière, pbrē, desservant la parr. de Marmouillé ; Mᵉ Nicolas Buhot, bourgeois de Bayeux, et plusieurs habitants de Marmouillé. (*V.* 447).

8. — Le 20 mai 1716, vu l'attestation du sʳ Cousin, curé de Prétreville, et du sʳ Loutrel, vicaire d'Auquainville, dispense de bans pour le mariage entre Pierre Cuillier et Marie Poplu.

9. — Le 2 juin 1716, dispense de bans pour le mariage entre M° Jean-Jacques Porée, avocat au Parlement, fils de feu M° Jacques Porée, cons^{er} du roy en l'élection de Pont-l'Evêque, et de dam^{lle} Marie-Renoult, de la parr. de St Cloud-en-Auge, d'une part, et dam^{lle} Magdeleine-Thérèse Le Cordier, fille de feu M° François Le Cordier, aussi cons^{er} du roy, président en lad. élection de Pont-l'Evêque, et de dam^{lle} Magdeleine Anglement, de la parr. de St Julien-sur-Calonne.

10. — Le 13 mai 1716, le Chapitre de la Cathédrale ayant droit de nommer à la cure de N.-D. de Courson et la nomination se faisant par le chanoine de semaine, Mre Jacques de Vimont, pbr͞e, chanoine prébendé de Bourguignoles, se trouvant chanoine de semaine, nomme aud. bénéfice, vacant par la mort de M° Charles Vattier, dernier curé de Courson et précédemment curé de St Ouen-le-Hoult, la personne de M° Jean Seney, pbr͞e de ce diocèse.

Le 23 mai 1716, le seig^r évêque donne aud. s^r Seney la collation de lad. cure.

11. — Le 10 mai 1716, M° Guillaume-Antoine Laugeois, pbr͞e de la parr. du Pin, pourvu de la cure de Putot, 2e portion, prend possession dud. bénéfice, en présence de Mes^{re} Jean-Baptiste de Bocquemare, chev^r, seig^r de Victot et de Putot en partie ; Jean-Jacques de Quetteville, pbr͞e, desservant lad. parr., et Mes^{re} Philippe Le Brun, Esc^r, s^r de Farguette, demeurant à Putot. (*V.* **354**).

12. — Le 20 mai 1716, M° Guillaume Formeville, exempt en la maréchaussée de France pour le bailliage d'Evreux, demeurant à Lx, parr. St Germain, constitue 150 livres de rente en faveur de M° Michel Parau, acolyte, afin qu'il puisse parvenir aux ordres sacrés. Fait en présence de M° Jacques Salerne avocat, et de M° Jean Lecavellier, greffier au bailliage de Lx. — Led. s^r acolyte, fils de feu Jean-Michel Parau et d'Anne Chambry, était originaire de St Désir de Lx et se trouvait présentement en la ville de Paris. (*V.* **410**).

13. — Le 12 juin 1716, dispense de bans pour le mariage entre Jacques d'Epaigne, Esc^r, s^r du Coudray, fils de Jean-Baptiste d'Epaigne, Esc^r, s^r de Hongreville, et de dame Françoise du Vivier, de la parr. St Ouen de Pontaudemer, d'une part, et dam^{lle} Marie-Magdeleine-Louise de Crémanville de la Pinellière, fille de feu Louis Hervey de Crémanville de la Pinellière, Esc^r, seig^r de Bos-Thenney, et de dame Barbe Guérin de Vaujours, de la parr. du Torpt.

14. — Le 5 juin 1716, la nomination à la cure de « St Jean » de la Boissière appartenant au prieur claustral de Ste Barbe-en-Auge, Dom François-Guillaume Mignot, prieur de lad. abbaye, nomme à lad. cure, vacante par la mort de M° Edmond Daguin, dernier titulaire, la personne de M° Julien Ridel, pbr͞e du diocèse de Rennes.

Le 27 juin 1716, le seigr évêque donne aud. sr Ridel la collation dud. bénéfice.

Le 28 juin 1716, le sr Ridel prend possession de la cure de N.-D. et St Jean de la Boissière, en présence de Me François Du Lys, pbr̃e, curé de la Houblonnière; Mre Louis-Valentin Costard, chevr, seigr de la Boissière et y demeurant ; Nicolas de Grieu, Escr, sr d'Estimauville, et autres habitants de la paroisse de la Boissière.

15. — Le 26 juin 1716, la nomination à la cure de St Cyr et Ste Julitte de Coupesarte appartenant aux Mathurins de Lx, Dom Ambroise Thoumin, vicaire dud. couvent, Jean-Baptiste de Bonnefons, Paul Damance, Dominique Bunot, Antoine Desjardins et Barthélemy Jean, tous pbr̃es et religieux de l'Ordre de la Rédemption des Captifs, nomment aud. bénéfice, vacant par la mort de Me Nicolas Lefebvre, pbr̃e, dernier vicaire perpétuel de lad. parr̃., la personne de Me François Le Car..us, pbr̃e de la paroisse de Bellou.

Le 30 juin 1716, le seigr évêque donne aud. sr Le Camus la collation de lad. cure. (V. 33).

16. — Le 12 mars 1716, Me Georges Deglos, pbr̃e du diocèse de Lx, obtient en cour de Rome des lettres de provision de la cure de St Benoit-des-Ombres, vacante par la résignation faite en sa faveur par Me Guillaume Deroste, pbr̃e, dernier titulaire.

Le 23 mai 1716, le seigr évêque donne aud. sr Deglos la collation dud. bénéfice.

Le 9 juin 1716, le sr Deglos prend possession de la cure de St Benoit-des-Ombres, en présence dud. sr Guillaume Deroste, pbr̃e, curé de St Grégoire-du-Vièvre, et autres témoins.

17. — Le 9 juin 1716, Me Charles Duval, pbr̃e, desservant la parr̃. d'Ecajeul et pourvu dud. bénéfice, en prend possession, en présence de Me Guillaume Mignot, pbr̃e, chanoine régulier et prieur de Ste Barbe ; Etienne Liguot, pbr̃e, chanoine régulier et prieur du Breuil; Clément Louvel, pbr̃e, chanoine régulier de Ste Barbe ; Mes Gilles Bassière, pbr̃e, curé des Authieux-Papion ; Jean Formage et Jean Le Prevost, curés du Mesnil-Mauger, et Nicolas Bodinet, pbr̃e, curé de Mirbel ; Mre Jean-Antoine de Fresnel, chever, seigr de la Pipardière, Pontolin, autres lieux.

Le même jour, led. sr Duval, pourvu aussi de la chapelle de Ste Marguerite de l'Honneur d'Ecajeul, sise sur le territoire de lad. parr̃., prend possession de ce bénéfice, en présence de Me Nicolas Bodinet, curé de Mirbel, et autres habitants d'Ecajeul.

18. — Le 6 juillet 1716, dispense de bans pour le mariage entre Adrien-Louis Le Court, Escr, sr de Noirval, avocat, fils de Me Vincent-Louis Le Court, Escr, sr de Noirval, conser du roy, vicomté d'Auge, et de noble dame Agnès Levavasseur, de la parr. de Pont-l'Evêque, d'une part, et dam^lle Anne-Catherine Ruault, fille de François Ruault et de dam^lle Anne Caval, de la parr. St Sauveur de Caen.

19. — Le 7 juillet 1716, dispense de bans pour le mariage entre Charles-Jean de Vitrouil, Esc^r, s^r de Longchamps, ci-devant capitaine au régiment de Trécasson, fils de feu Jacques de Vitrouil, Esc^r, seig^r de St Jean-de-la-Lecqueraye et du Bois-Pottier, et de noble dame Anne Aupoix, de la parr. de St Jean-de-la-Lecqueraye, d'une part, et dam^lle Louise Le Guestier, fille de Benoit Le Guestier, s^r de la Marchandière, et de dam^lle Catherine Regnouard, de la parr. de St Sylvestre de Cormeilles.

20. — Le 7 juillet 1716, vu l'attestation du s^r Pépin, curé de Ste Catherine d'Honfleur, et du s^r Lebreton, desservant la parr. St Léonard d'Honfleur, dispense de bans pour le mariage entre Me Olivier Vaquet, avocat, fils de Me Henry Vaquet, cons^er et procureur du roy en l'amirauté de Touques, et de Blanche-Marguerite Plaimpel, de lad. parr. St Léonard, d'une part, et dam^lle Marie Prémord, fille de Pierre Prémord et de Jacqueline Aubert, de la parr. Ste Catherine.

21. — Le 9 juillet 1716, vu l'attestation du s^r Halley, vicaire de Beaumont, dispense de bans pour le mariage entre Jacques Varin et Jeanne Galliot.

22. — Le 13 juillet 1716, dispense de bans pour le mariage entre Jean de Laumosne, Esc^r, s^r de la Griffonnière, de la parr. de Crullé, diocèse d'Evreux, d'une part, et dame Barbe Dhommey, v^ve de Louis Ledanois, s^r de Bosthemard, de la parr. d'Orbec.

23. — Le 12 juillet 1716, Me Jacques Daubichon, pbrē, curé de St Pierre du Douet-Arthus, âgé de 62 ans, étant demeuré infirme et privé de l'usage de la vue depuis trois ou quatre ans, donne sa procuration pour résigner sond. bénéfice entre les mains de N.-S.-P. le pape en faveur de Me Jacques Daubichon, pbrē, habitué en l'église St Germain de Lx. Il se réserve toutefois cent livres de pension à prendre sur les revenus de lad. cure qu'il a desservie pendant plus de vingt-cinq ans.

24. — Le 16 juillet 1716, vu l'attestation du s^r Motaillé, vicaire de St Désir de Lx, dispense de bans pour le mariage entre Pierre Picard et Geneviève Mourier.

25. — Le 16 juillet 1716, vu l'attestation du s^r Laugeois, curé du Faulq, et du s^r Delarue, vicaire de Clarbec, dispense de bans pour le mariage entre Hélie-Gabriel Cocquet, Esc^r, s^r de Genneville, fils de feu Gabriel Cocquet, Esc^r, s^r de Genneville, et de noble dame Jeanne Le Cordier, de la parr. de Clarbec, d'une part, et dam^lle Dorothée de Clinchamps, fille de Mre Gabriel de Clinchamps-Donnay, et de noble dame Elisabeth Racine de Bocharville, de la parr. du Faulq.

26. — Le 15 juillet 1716, la nomination, à la chapelle de S¹ Philbert-sur-Rille, située dans l'intérieur du château dud. S¹ Philbert, appartenant au seigⁱ évêque d'Avranches, baron de S¹ Philbert, Mgʳ Rolland-François de Querhoent de Coëtanfao, évêque d'Avranches, nomme à cette cure, vacante par la mort de Mᵉ Jacques Lefebvre, dernier titulaire la personne de Mᵉ Michel Dutertre, pbrē, curé de S¹ Quentin, diocèse d'Avranches

Le 17 juillet 1716, le seigʳ évêque donne au sʳ Dutertre la collation dud. bénéfice. (V. 336).

27. — Le 1ᵉʳ juillet, le seigʳ évêque nomme Mᵉ Louis Haudard, pbrē, à la cure de Livet-sur-Authou, vacante par la mort du dernier titulaire. (V. 118, 179).

28. — Le 22 juillet 1716, Mᵉ François Frontin du diocèse de Lx, est reçu Mᵉ ès-arts en l'Université de Caen. (V. 323).

29. — Le 27 juillet 1716, dispense de bans pour le mariage entre Philippe Morin, Escʳ, sʳ de Berthouville, fils de feu Louis Morin, Escʳ, sʳ de Ressencourt, et de dame Marie de Maillet, de la paȓ. de Berthouville, d'une part, et Geneviève-Suzanne Girard, fille de feu Joachim Girard, Escʳ, et de feue Anne Martinnot, de la paȓ. de Neuville.

30. — Le 27 juillet 1716, vu l'attestation du sʳ Leprevost, vicaire de S¹ Michel-de-Livet, dispense de bans pour le mariage entre Jean Belloil et Marie Fromage.

31. — Le 7 février 1715, Mᵉ Charles Périer, fils Charles, acolyte de Pont-l'Evêque, et Mᵉ Charles de la Houssaye, consᵉʳ procureur du roy aux traites foraines de Dive, demeurant à Launay-sur-Calonne, constituent 150 livres de rente en faveur dud. acolyte, afin qu'il puisse parvenir aux ordres sacrés.

32. — Le 29 juillet 1716, dispense de bans pour le mariage entre Mᵉ Jacques Dehors, sʳ de Boismoret, consᵉʳ et procureur du roy de la ville de Pontaudemer, fils de Jacques Dehors, sʳ des Brières, et d'Elisabeth Bosné, de la paȓ. S¹ Ouen de Pontaudemer, d'une part, et damˡˡᵉ Catherine Noel, fille de feu Mᵉ Robert Noel, greffier, et de Marie Gillemard, de la paȓ. de S¹ Paul-sur-Risle.

33. — Le 9 juillet 1716, Mᵉ François Le Camus, pbrē, demeurant à Bellou, pourvu de la cure de Coupesarte, prend possession dud. bénéfice, en présence de Mʳᵉ Antoine Le Prevost, Escʳ, seigʳ et patron honoraire de lad. paȓ. : Louis Le Michel, Escʳ, sʳ de la Babouelle, demeurant à S¹ Pierre de Courson ; Mᵉ Gabriel Le Michel, pbrē, curé de N.-D. de Bellou ; Mᵉ Jean Formage, pbrē du Mesnil-Mauger ; Mᵉ Marin Billon, pbrē, prieur de Sᵗᵉ Croix de Séez : Mᵉ Nicolas Vattier, pbrē, vicaire desservant la cure de S¹ Ouen-le-Hoult, et autres témoins de lad. paȓ. de Coupesarte. (V. 15).

34. — Le 18 sept. 1706, François-Charles Loudet, relig' du prieuré de Pavilly (de Paviliaco), originaire de Blangy, diocèse de Lx, reçoit la tonsure et les ordres mineurs des mains de l'ancien évêque de Condom.

35. — Le 19 oct. 1710, Luc Maheut, fils de Thomas et de Marguerite Delauney, religieux de Cormeilles, reçoit la tonsure et les ordres mineurs. (*V.* **1**).

36. — Le 3 mars 1715, François Dumont, marchand, de la parr. de Meulles, constitue 150 livres de rente en faveur de son fils, M° François Dumont, acolyte, afin qu'il puisse parvenir aux ordres sacrés.

37. — Le 15 mai 1716, la nomination à la cure de Cerquigny, 1re portion, appartenant au seig' dud. lieu, Mes'e Pierre de Malhortie, Esc', seig' et patron des deux portions de Cerquigny, demeurant en son château de Cerquigny, nomme aud. bénéfice, vacant par la démission donnée cejourd'hui par Mes're Hercule-Pomponne de Corday, pbre, dernier titulaire, la personne de M° Jean-François Ledanois, pbre, vicaire de S' Jean-d'Asnières.

Le 9 août 1716, le seig' évêque donne aud. s' Ledanois la collation dud. bénéfice.

Le 9 août 1716, le s' Ledanois prend possession de la cure de Cerquigny, 1re portion, en présence de M° Louis Talbot, pbre, curé de la 2° portion ; M° Pierre Beaumesnil, pbre, vicaire de lad. parr. ; M° François Dachey, personnataire de Cerquigny, et autres paroissiens de lad. paroisse.

38. — Le 23 mars 1715, Pierre Lieuvin, marchand, et Catherine Bertin son épouse, demeurant à S'e Croix de Bernay, et Nicolas Desmolant, aussi marchand, demeurant à Rostes, constituent 150 livres de rente en faveur de M° Martin Lieuvin, acolyte, fils dud. s' Pierre, afin qu'il puisse parvenir aux ordres sacrés. (*V.* **303**).

39. — Le 18 août 1716, « Très Révérende dame Catherine Poret de Boisandré, chanoinesse régulière de l'Ordre de S' Augustin, prieure perpétuelle du couvent de S' Joseph d'Orbec, considérant son grand âge et son infirmité, estant demeurée malade de paralysie, » donne sa procuration pour résigner sond. prieuré entre les mains de N.-S.-P. le Pape en faveur de noble dame Marie-Magdeleine Poret de Boisandré, sa nièce, dite de S'Joseph, âgée de 33 ans, religieuse dud. prieuré depuis quatorze ans ou environ. Fait et passé « au petit parloir de la chapelle dud. couvent, faisant ouverture dans la chambre où couche et est actuellement lad. dame, » en présence de M" Guillaume Périer et Jean Morel, pbres, originaires et habitués d'Orbec ; M° Charles Galopin, s' de la Prarie, avocat ; M° Jean Cantrel, procureur au bailliage et vicomté d'Orbec ; M° Charles Piperel, chirurgien royal juré, demeurant à Orbec.

lad. dame prieure « n'a pu signer à raison de son infirmité et paralysie. » (V. 156).

40. — Le 20 mars 1715, Anne Thomas, V⁶ᵉ de Martin Havard, et son fils, M⁶ Nicolas Havard, pbre, demeurant à Honfleur, constituent 150 livres de rente en faveur de M⁶ Charles Havard, acolyte, fils de lad. veuve, afin qu'il puisse parvenir aux ordres sacrés. (V. 411).

41. — Le 19 oct. 1710, Guillaume Thillaye, fils de Jean et de Suzanne Manchon, de la parr. de S' Etienne-la-Thillaye, reçoit la tonsure et les ordres mineurs. (V. 79, 101).

42. — Le 28 fév. 1715, Pierre Lecomte, marchand, de la parr. de Franqueville, constitue 150 livres de rente en faveur de son fils, M⁶ Pierre Lecomte, acolyte, afin qu'il puisse parvenir aux ordres sacrés. (V. 302).

43. — Le 10 mars 1715, Jean Hébert, laboureur, demeurant à S' Quentin-des-Iles, constitue 150 livres de rente en faveur de M⁶ Louis Dutheil, acolyte, de la parr. de Chambrais, afin qu'il puisse parvenir aux SS. Ordres.

44. — Le 16 fév. 1715, Richard Deschandeliers, de la parr. du Théil-Nollent, constitue 150 livres de rente en faveur de son fils, M⁶ Gabriel Deschandeliers, acolyte, afin qu'il puisse parvenir aux ordres sacrés.

45. — Le 12 août 1716, « Très haute, très puissante, très illustre et très vertueuse dame Anne-Thérèse de Rohan, abbesse de l'abbaye royale de S' Léger de Préaux », représentée par M⁶ Nicolas du Buisson, s' du Plessis, cons' et avocat du roy au bailliage et vicomté de Pontaudemer, nomme à la chapelle S' Laurent, sise en l'église abbatiale de S' Léger et vacante par la mort de M⁶ Michel Hubert, pbre, la personne de M⁶ Antoine Le Vaillant, pbre du diocèse de Meaux.

Le 22 août 1716, Mʳᵉ Léonor de Matignon, vic. g¹, donne aud. s' Le Vaillant la collation dud. bénéfice. (V. 117).

46. — Le 24 fév. 1715, Philippe Duval et Barbe Girouis, sa femme, demeurant à Echauffour, constituent 150 livres de rente en faveur de leur fils, M⁶ Louis-Philippe Duval, acolyte, afin qu'il puisse parvenir aux SS. Ordres. (V. 411).

47. — Le 7 mars 1715, M⁶ Elie Morel, fils de feu Pierre Morel, demeurant à S' Aubin-de-la-Campagne, diocèse de Rouen, et étant présentement à Pont-l'Evêque, constitue en sa faveur 150 livres de rente, afin qu'il puisse parvenir aux ordres sacrés. (V. 106, 302).

48. — Le 2 sept. 1716, Mesʳᵉ Charles Lebourg de Montmorel, aumônier de feue Madame la Dauphine, abbé commendataire de N.-D. de la Réau, diocèse de Poitiers, desservie par des chanoines réguliers de S' Augustin, consent à la réunion des prieurés de Sᵗᵉ Catherine de

Laval et de S¹ Nicolas de Port-Ringeard, dépendants de lad. abbaye de la Réau. Fait à Lx, en présence de M° Pierre Chemin, pbrē, et de M° Gabriel Tasthomme, diacre, de la parr. S¹ Germain de Lx.

49. — Le 3 sept. 1716, sur la demande « des s¹ˢ curé, vicaire et habitans de la parr. de S¹ Hyppolyte de Cantelou » réunis, le 6 juin précédent, *en état de commun*, le seig¹ évêque rétablit « une ancienne confrérie en l'honneur de S¹ Roch, un de leurs patrons, qui a esté autrefois érigée » pour inhumer les défunts, et lui donne un règlement.

Il y aura quatorze frères servants auxquels l'évêque permet d'assister en chaperon aux offices des principales fêtes de l'année et aux processions.

Les confrères « auront deux bans dans la nef, l'un devant l'autel de la S¹ᵉ Vierge, et l'autre devant celui de S¹ Roch, sur lesquels ils s'asseyront pendant le service divin. »

« Ils iront après le clergé, le patron et les seigneurs, deux à deux, à l'Offertoire …. »

L'évêque leur défend, sous peine de révocation de lad. confrérie, « de faire des festins ou des repas, soit à leurs frais, soit à ceux de la confrérie, le jour de leurs festes, ny celuy de leurs élections et de la reddition de leurs comptes ».

50. — Le 2 sept. 1716, la nomination à la cure de S¹ Michel de Préaux appartenant à l'abbesse de S¹ Léger de Préaux, Madame Anne-Thérèse de Rohan de Monbazon, abbesse de lad. abbaye royale, nomme aud. bénéfice, vacant par la mort de M° Michel Hubert, pbrē, dernier titulaire, la personne de M° Jean Lecomte, pbrē du diocèse de Rouen.

Le 7 sept. 1716, le seig¹ évêque donne aud. s¹ Lecomte la collation dud. bénéfice. (V. **113**).

51. — Le 24 août 1716, la nomination à la cure ou vicariat perpétuel du Theil-Nollent appartenant à l'abbé du Bec-Hellouin, Mg¹ Roger de la Rochefoucault, abbé de lad. abbaye, nomme aud. bénéfice, vacant par la mort de M° Noel Legrand, dernier titulaire, la personne de M° Louis Fillocque, pbrē, M° ès-arts en l'Université de Paris.

Le 28 août 1716, Mʳᵉ Jean-Baptiste-Antoine de Brancas, docteur en théologie, vicaire général du seig¹ évêque de Lx, donne aud. s¹ Fillocque, la collation de la cure du Theil-Nollent.

Le 3 sept. 1716, led. s¹ Fillocque, pbrē, vicaire de Berthouville, prend possession dud. bénéfice-cure du Thinollent (Theil-Nollent) en présence de M° Robert Delaborne, pbrē, curé de Berthouville ; M° Jean de Montgoubert, pbrē, vicaire du Thinollent ; Mʳᵉ Léon de Malleville, Escʳ, s¹ de S¹ Loup ; M° François Pépin, receveur de la baronie du Thinollent ; Jean Millet, trésorier en charge de lad. parr.

52. — Le 18 mars 1715, Madeleine Anfrie, vᵛᵉ de Nicolas Maugard, de la parr. de la Noë et demeurant présentement à S¹ Germain-la-

Campagne, représentée par son frère, Mᵉ Georges Aufrie, pbrē, curé de St Germain-la-Campagne, constitue 150 livres de rente en faveur de son fils, Mᵉ Adrian Maugard, acolyte, représenté lui-même par Mᵉ Jacques de Livet, Escʳ, seigʳ et patron de lad. Noë, afin qu'il puisse parvenir aux SS. Ordres.

53. — Le 10 sept. 1716, dispense de bans pour le mariage entre Pierre Ricquier, fils de Philippe et de Marie Campion, de la paṝ. de St Germain de Lx, d'une part, et damˡˡᵉ Elisabeth Agis, fille de feu Louis Agis, Escʳ, seigʳ de Mélicour et de St Denis-des-Augerons, et de Renée de Beauchose, de la paṝ. du Mesnil-Germain. (*V.* **98**).

54. — Le 16 août 1716, Mᵉ Philippe Noel, diacre du diocèse de Lx, obtient en cour de Rome des lettres de provision de la chapelle de *Requiem*, desservie en l'église abbatiale de St Léger de Préaux et vacante par la démission faite en sa faveur par Mᵉ Claude Noel, pbrē, dernier titulaire.

Le 8 sept. 1716, le seigʳ évêque donne aud. sʳ Philippe Noel la collation de lad. chapelle de *Requiem*. (*V.* **117, 120**).

55. — Le 12 sept. 1716, vu l'attestation du sʳ Daubichon, curé de St Martin-des-Noyers, et du sʳ Costard, vicaire du Mesnil-Bacley, dispense de bans pour le mariage entre François-Jacques de Martainville, Escʳ, fils de feu Philippe de Martainville, aussi Escʳ, et d'Anne-Barbe-Bonne Bonnet, de lad. paṝ. de St Martin, d'une part, et Anne-Marie Noel, fille de feu Jacques et de feue Marie Frontin, vᵛᵉ de Robert Samin, de la paṝ. du Mesnil-Bacley.

56. — Le 9 mars 1715, François Duclos, armurier, bourgeois de Lx, y demeurant paṝ. St Jacques, constitue 150 livres de rente en faveur de Mᵉ Michel Duclos, acolyte, son fils, afin qu'il puisse parvenir aux SS. Ordres. (*V.* **411**).

57. — Le 5 mars 1716, Pierre Mannoury, marchand, demeurant à St Pierre de Courson, constitue 150 livres de rente en faveur de son frère, Mᵉ Simon Mannoury, acolyte, afin qu'il puisse parvenir aux ordres sacrés. Fait en présence de Mᵉ Gabriel Vattier, pbrē, vicaire de Toutainville, et Jacques Vattier, sʳ de Perrey, demeurant à Livarot. (*V.* **187, 389**).

58. — Le 17 sept. 1716, vu l'attestation du sʳ Mullot, curé de la Chapelle-Hainfrey, et du sʳ Thouret, curé de Valsemey, dispense de bans pour le mariage entre Guillaume de Borel, fils de feu Jacques de Borel, Escʳ, sʳ des Essarts, et de dame Jacqueline de Bordeaux, de lad. paṝ. de Valsemey, d'une part, et damˡˡᵉ Jeanne Georges, fille de Jean Georges, Escʳ, sʳ des Aulnez, et de damᵉ Marie Exmelin, de la paṝ. de la Chapelle-Hainfray.

59. — Le 21 juillet 1716, frère Nicolas du Houlley, de la paṝ de

S¹ Ouen de Courtonne-Château, fait profession en l'abbaye de N.-D. de Grestain, en présence de Dom Pierre Descalles, prieur dud. monastère, et autres témoins.

60. — Le 24 février 1715, Jean Lesonte, marchand, demeurant à Quetteville, constitue 150 livres de rente en faveur de son fils, M⁶ Jacques Lesonte, acolyte, afin qu'il puisse parvenir aux ordres sacrés. (V. **411**).

61. — Le 27 mars 1716, Nicolas Turpin, officier de la Maison du roy, demeurant à Echauffour, constitue 150 livres de rente en faveur de son fils, M⁶ Michel Turpin, acolyte, afin qu'il puisse parvenir aux SS. Ordres. Fait en présence de M⁶ Clément Delauney, pbre, curé d'Orgères ; M⁶ Pierre Delaire, pbre, curé d'Echauffour, et M⁶ Gaspard Mesnil, pbre, vicaire de lad. parr. d'Echauffour. (V. **158, 393, 411**).

62. — Le 21 sept. 1716, dispense de bans pour le mariage entre Philippe-Louis de Borel, Escr, seigr et patron de Valsemey, Clarbec et autres lieux, fils de Ferry de Borel, vivant seigr desd. lieux, et de noble dame Anne de Valois, de la parr. de Clarbec, d'une part, et noble dame Marie-Anne Blanchard, vᵉ de Pierre-Alexis Hellouin, seigr de Barneville, en son vivant consʳ du roy, lieutenant-général au bailliage et siège de S¹ Sauveur-Lendelin, de la parr. de la Chapelle-Heuzebrec.

63. — Le 23 mars 1716, M⁶ Jean Delaporte, marchand, demeurant à Echauffour, et Magdeleine Bouvier, sa femme, constituent 150 livres de rente en faveur de leur fils, M⁶ Michel Delaporte, acolyte, afin qu'il puisse parvenir aux ordres sacrés. Fait en présence de M⁶ Clément Delauney, pbre, curé d'Orgères, et de M⁶ Pierre Delaire, pbre, curé de lad. parr. d'Echauffour. (V. **411**).

64. — Le 23 sept. 1716, vu l'attestation du s¹ Armenoult, pbre, curé de S¹ Pierre de Maillée, dispense de bans pour le mariage entre Nicolas Trinité et Françoise Le Boisney.

65. — Le 23 sept. 1716, dispense de bans pour le mariage entre Guillaume de la Sauvagère, Escr, sr de Villers, fils de feu Guillaume de la Sauvagère, Escr, sr de Cirfontaine, et de noble dame Marie de Bennel, de la parr. de Cerquigny, d'une part, et damˡˡᵉ Marguerite Cauches, vᵉ de M⁶ Pierre Baivel, consʳ du roy, grènetier au grenier à sel de Bernay, demeurant à Boissy.

66. — Le 24 août 1716, M⁶ Philippe Leroy, pbre du diocèse d'Evreux, chapelain de la chapelle S¹ Nicolas en la parr. de Nassandre, au même diocèse, ayant été pourvu de la parr. de Rothes, vacante par la mort de M⁶ Pierre Regnoult, prend possession dud. bénéfice, en présence de M⁶ Louis Prévost, pbre, vicaire de Fontaine-la-Soret ; M⁶ Charles Salerne, pbre, vicaire de Rothes, et plusieurs habitants de lad. parr.

67. — Le 24 sept. 1716, dispense de bans pour le mariage entre

Jacques du Neveu, Esc', seig' de S' Elier, cons' du roy, lieutenant par" civil et criminel d'Alençon, fils de Pierre du Neveu, Esc', seig' et patron de S' Denis de Cieux, Gandelin, Cerquigny, Blangy, la Vergue et autres lieux, et de noble dame Marthe Le Carpentier, de la parr. de N.-D. d'Alençon, d'une part, et dam^{lle} Geneviève de Pienne, fille de feu Mre Jean de Pienne, chev^r, seig^r de Perthes et d'Orblet, et de noble dame Geneviève de Boucré, de la parr. de Thiberville. (V. 109).

68. — Le 22 juillet 1715, Guillaume Amaury, bourgeois de Rouen, et Me Charles Picquenot, cons^er du roy, commissaire aux revues des gens de guerre en la ville de Lisieux, constituent 150 livres de rente en faveur de Me Jean Huard, acolyte, afin qu'il puisse parvenir aux ordres sacrés.

69. — Le 13 nov. 1712, Pierre Letellier, fils de Jean et de Madeleine Bizey, de la parr. d'Echaumesnil, reçoit la tonsure et les ordres mineurs des mains de l'ancien évêque de Condom. (V. **87, 302, 305**).

70. — Le 24 juillet 1716, Mre Pierre Dumesnil, vic. général, donne à Me Michel Pastey, pbre, (licet absenti), la collation de la cure de Berville-sur-la-Mer, vacante par la mort de Me Robert Bucailles, pbre, dernier titulaire.

Le 6 sept. 1716, led. s^r Pastey, pbre du diocèse de Lx, vicaire de Tournay, diocèse de Rouen, ayant fait élection de domicile en la maison de Me Estienne Inger, pbre, curé de St Léger-sur-Bonneville, prend possession de lad. cure de Berville, en présence de Me Jean Toustain, pbre, desservant lad. parr., et autres habitants dud. lieu.

71. — Le 29 sept. 1716, Me Nicolas Jardin, pbre, curé de Genneville et titulaire de la 1re portion de la chapelle St Etienne en la Cathédrale, donne sa procuration pour résigner entre les mains de N.-S.-P. le pape lad. chapelle en faveur de Me Thomas Jardin, acolyte de ce diocèse. (V. **121, 123**).

72. — Le 18 janvier 1716, Jacques Deschauffour, s^r de Beauchamps, marchand de la parr. de Ticheville, constitue 150 livres de rente en faveur de son fils, Me François Deschauffour, acolyte, afin qu'il puisse parvenir aux ordres sacrés. (V. 411).

73. — Le 18 janvier 1716, André Levavasseur, de la parr. de Plasnes, constitue 150 livres de rente en faveur de son fils, Me Charles Levavasseur, acolyte, afin qu'il puisse parvenir aux ordres sacrés. Fait en présence de Me Michel Foucques, cons^er du roy, lieutenant en la mairie de Bernay.

74. — Le 30 mars, 1709, Guy-Philippe Augustin de la Fontaine de Guerville, fils de Pierre et de Renée Périers, de la parr. de St Aubin des Douets, diocèse de Séez, reçoit la tonsure à Séez.

Le 14 février 1716, led. s^r de la Fontaine, pbre du diocèse de Séez, est reçu M^e ès-arts en l'Université de Caen.

Le 4 mars 1716, il obtient des lettres de quinquennium du recteur de lad. Université.

Le même jour, il est nommé par icelle sur l'archevêché et le [...] de Rouen, et sur les évêchés et les chapitres de Bayeux, Lisieux, Coutances, Avranches, Evreux et Séez, ainsi que sur bon nombre d'abbayes de ces divers diocèses.

Le 23 sept. 1716, led. sʳ de la Fontaine, pbr̄e, demeurant à Sᵗ Pierre-du-Jonquet, diocèse de Bayeux, fait signifier ses noms et grades aux religieux de Sᵗᵉ Barbe en parlant à Mᵉ Louis Main, pbr̄e, chanoine régulier dud. prieuré.

Le 24 sept. 1716, il fait faire la même signification aux religieux de Sᵗ Evroult en parlant à Dom Jacques Irrebert, pbr̄e, prieur de lad. abbaye. (*V.* 144).

75. — Le 7 oct. 1716, vu l'attestation du sʳ Lecomte, vicaire du Sap, dispense de bans pour le mariage entre Mᵉ Pierre Dandeville, avocat, fils de feu Nicolas et de Catherine Rocques, de la par̄r. du Sap, d'une part, et damˡˡᵉ Marie-Marguerite Bacheley, fille de feu Michel et de feue damˡˡᵉ Marguerite Lenguerand, de la par̄r. de Sᵗ Germain de Rugles.

76. — Le 12 oct. 1716, dispense de bans pour le mariage entre Jean-Baptiste de la Vigne, Escʳ, sʳ de Brieux, fils de feu Guillaume de la Vigne, Escʳ, sʳ des Ingres, et de feue noble dame Marie du Merle, de la par̄r. de Brieux, diocèse de Séez, d'une part, et noble dame Elisabeth Le Secq, vᵛᵉ de Jacques de Viel, Escʳ, fille de feu Thomas Le Secq, Escʳ, sʳ de Launey, et de feue noble dame Marguerite Marie, de la par̄r. des Moutiers-Hubert.

77. — Le 18 oct. 1716, Louis-Philippe Desperiers, de la par̄r. Sᵗ Etienne-la-Thillaye, reçoit la tonsure et les ordres mineurs.

78. — Le 13 oct. 1716, dispense de bans pour le mariage entre Jacques-Louis Gislain de Vertron, Escʳ, fils de Louis Gislain, Escʳ, seigʳ de Vertron, La Brosse et Montacher, consᵉʳ secrétaire du roy, Maison et Couronne de France et de ses Finances à Paris, et de dame Suzanne Soüet, de la par̄r. de Sᵗ Louis-dans-l'Ile, à Paris, d'une part, et dame Anne-Dorothée du Merle, veuve de Mesʳᵉ Louis-Charles de Querrières, Escʳ, née à N.-D. d'Orbec, et demeurant depuis trois mois à Capelles, d'autre part.

79. — Le 13 oct. 1716, la nomination à la chapelle de N.-D. des Tostes appartenant au seigʳ des Tostes, haut et puissant seigʳ, Mʳᵉ Jacques-Joseph de Vipart, chevʳ, marquis de Silly, seigʳ de Dosulé, St Léger-du-Bosc, Sᵗ Jouin, le Plessis-Esmengard, Sᵗ Pierre et Sᵗ Nicolas des Authieux, Sᵗ Julien-sur-Calonne, Vassy, Maloisel et autres lieux, maréchal des camps et armées du roy, et aussi seigʳ du noble fief des Tostes, représenté par Mᵉ Pierre Beaumais, pbr̄e habitué en l'église S¹ Germain de Lx, nomme à lad. chapelle des Tostes, sise en la parr. de Bonneville-la-Louvet et vacante par la mort de Mᵉ Guillaume Bayeux, dernier titulaire, la personne de Mᵉ Guillaume Thillaye, pbrē de S¹ Etienne-la-Thillaye et demeurant en celle de Dosulé, chez led. seigneur marquis. (*V.* **41, 101**).

80. — Le 10 oct. 1716, Mʳᵉ Antoine de Bernart, chevʳ, marquis d'Avernes, comte d'Orbec par engagement, seigʳ de Chamboy et autres lieux, demeurᵗ à Paris, ayant, à cause de son comté d'Orbec, le droit de nommer à la cure de S¹ Ouen-le-Hoult, nomme aud. bénéfice, vacant par la mort de Mᵉ Charles Vattier, pbrē, dernier titulaire, la personne de Mᵉ Jean-Henry Estère, pbrē du diocèse de Montpellier.

Le 13 oct. 1716, le seigʳ évêque donne acte à Mᵉ Charles Inger, chanoine de la Cathédrale, de la présentation qu'il a faite, au nom du marquis d'Avernes, dud. sʳ Estère pour la cure de S¹ Ouen-le-Hoult, ce qui équivaut à un refus.

Le 9 nov. 1716, le sʳ Estère se démet entre les mains du seigʳ évêque des droits qu'il peut avoir aud. bénéfice. Fait et passé à Paris, par devant les notaires du Châtelet. (*V.* **231**).

81. — Le 25 juin 1716, la nomination à la cure de Ternant appartenant au seigʳ évêque de Lx, Sa grandeur nomme à cette cure, vacante par la mort de Mᵉ Jean de Soubzlebieu, dernier titulaire, la personne de Mᵉ Jean Loutreul, pbrē de ce diocèse.

Le 12 oct. 1716, led. sʳ Loutreul, desservant lad. parr. de Ternant, prend possession de ce bénéfice en présence de Mᵉ Jean Le Charpentier, procureur général de l'abbaye de S¹ Vandrille, et autres témoins.

82. — Le 10 mars 1716, Mᵉ Hilaire Brière, pbrē, obtient en cour de Rome des lettres de provision de la cure de N.-D. de Camembert, vacante par la résignation faite en sa faveur par Mᵉ Alexandre Brière, pbrē, dernier titulaire.

Le 11 sept. 1716, le seigʳ évêque donne son visa auxd. lettres de provision.

Le 22 sept. 1716, led. sʳ Brière, vicaire de Beuzeville, prend possession de la cure de Camembert, dépendant de l'abbaye d'Almenesches, en présence de Mᵉ Olivier Brunet ; Mᵉ Pierre Roussel, acolyte du Torpt, et autres témoins.

83. — Le 16 oct. 1716, vu l'attestation du sʳ Blouquier, curé de S¹ Christophe, dispense de bans pour le mariage entre Charles-Barthélemy de Pillon, Escʳ, seigʳ de la Thillaye, fils de feu Charles de Pillon, Escʳ, sʳ des Pivaux, et de noble dame Marie-Charlotte Ribault du Mesnil, de lad. parr. de S¹ Christophe, d'une part, et damˡˡᵉ Marie-Catherine Absolut, fille de feu Pierre Absolut et de dame Catherine Jean, de la parr. de S¹ Martin-du-Pont de Rouen.

84. — Le 18 oct. 1716, reçurent la tonsure et les ordres mineurs :

Jean-Baptiste Lesieur, de St Pierre de Gacey ; (*V.* **298**).

Adrian Le Roux, de la parr. de St Gervais et St Protais d'Etrepagny ; (*V.* **408**).

Pierre Lévesque, de St Thomas de Touques ;

Jacques Heutte, de St Martin-le-Vieil ;

Réné Le Bret, de la parr. de St Denis du Mesnil-Hubert ;

Augustin Belley, de la parr. de Ste Foy-de-Montgommery.

85. — Le 19 sept. 1716, Me Jacques Daufresne, acolyte de St Jacques de Lx, est ordonné sous-diacre. (*V.* **300**).

86. — Le 11 avril 1716, Me Louis Bourlet, sous-diacre de St Germain-la-Campagne, est ordonné diacre. (*V.* **342, 411**).

87. — Le 19 sept. 1716, furent ordonnés diacres :

Fr. Léonor Poutrel, religieux de l'abbaye d'Ardennes, diocèse de Bayeux.

Fr. Réné Leballeur, sous-diacre, chanoine régulier de Friardel ; (*V.* **303**).

Fr. Louis Loison, sous-diacre, chanoine régulier de Friardel ; (*V.* **303**).

Me Pierre Letelier, sous-diacre de St Martin d'Echaumesnil. (*V.* **69**,

88. — Le 19 sept. 1716, Me Jean Monseillon, diacre de la parr. de Fresne, est ordonné prêtre.

89. — Le 9 mars 1716, Pierre Pelcat, marchand, demeurant à Honfleur, parr. Ste Catherine, constitue 150 livres de rente en faveur de son frère, Me Charles Pelcat, acolyte, présentement au séminaire, afin qu'il puisse parvenir aux SS. Ordres. (*V.* **411**).

90. — Le 19 oct. 1710, Pierre-Augustin Lenoir, fils de Pierre-Augustin et de Françoise Poullain, de la parr. de N.-D. de Préaux, reçoit la tonsure.

Le 18 oct. 1716, led. s^r Lenoir reçoit les ordres mineurs.

91. — Le 29 juillet 1715, Michel Fauquet, marchand, bourgeois de Lx, constitue 150 livres de rente en faveur de son fils, Me Robert Fauquet, acolyte de St Germain, afin qu'il puisse parvenir aux SS. Ordres.

92. — Le 15 oct. 1716, Me Louis Gautier, pbrē du diocèse de Rouen, curé de St Antonin d'Epaigne, et Me Guillaume Leroy, pbrē du diocèse de Bayeux, curé de N.-D. de Compans-la-Ville, diocèse de Meaux, donnent leur procuration pour résigner leursdits bénéfices en faveur l'un de l'autre, pour cause de mutuelle et canonique permutation.

Le 23 oct. 1716, le seig^r évêque de Lx donne aud. s^r Leroy la collation de lad. cure d'Epaigne.

Le lendemain, le s^r Leroy prend possession dud. bénéfice, en présence de Fr. Jean Adeline, religieux prémontré de l'abbaye de St Jean de

Falaise ; M⁺⁰ Jean-Baptiste Delamare, Esc⁺, s⁺ du Theil ; M⁰ Louis Gibert, Charles Lepeltier, pbr͠es de la parr. d'Epaigne ; Charles Piquet, vicaire de la Chapelle-Bayvel ; M⁰ Pierre Vauviel, pbr͠e, vicaire de Formoville, et autres habitants d'Epaignes.

93. — Le 24 oct. 1716, vu l'attestation du s⁺ Georges-François Hélix, pbr͠e, vicaire du Mesnil-sur-Blangy, dispense de bans pour le mariage entre Simon Grenguet et Jacqueline Pochon.

94. — Le 2 oct. 1716, la nomination « à la chapelle S⁺ Renobert, fondée antiennement dans le chasteau de Fauguernon et desservie dans l'église parr⁰ˡˡᵉ » dud. lieu, appartenant au seig⁺ de Fauguernon, haut et puissant seig⁺, Mes͠re Jean-François Le Conte de Nonant, chev⁺, seig⁺ et marquis de Pierrecourt, baron et haut-justicier de Fauguernon, seig⁺ de la Pinterie, du château du Pin, Angerville, Betteville, S⁺ Philbert-des-Champs, Forges et autres lieux, demeurant en son château de la Pinterie, parr. du Pin, nomme à lad. chapelle de S⁺ Renobert, vacante par la mort de M⁰ Jacques Lefebvre, pbr͠e, docteur de Sorbonne, dernier titulaire, la personne de Mes͠re François-Louis Le Conte de Nonant, clerc tonsuré de ce diocèse, chapelain de S⁺ᵉ Geneviève de Bétisy, diocèse de Soissons, demeurant aussi au château de la Pinterie. Fait à Lisieux « en l'hostellerie où pend pour enseigne la Couronne, faubourg de la Chaussée, parr. S⁺ Germain, en présence de M⁰ Nicolas Passey, pbr͠e habitué en l'église S⁺ Germain, et Robert Louvet, maitre de lad. hôtellerie.

Le même jour, le seig⁺ évêque donne aud. s⁺ Louis-François Le Conte de Nonant la collation dud. bénéfice.

Le 8 oct. 1716, le s⁺ Le Conte de Nonant se rend au château de Fauguernon pour prendre possession de lad. chapelle ; mais « n'en ayant trouvé aucune vestige à raison des ruines et démolitions dud. chasteau », il se transporte en l'église paroissiale de Fauguernon, et y est mis en possession de lad. chapelle par la libre entrée de l'église, « s'estant prosterné à genoux devant le grand autel où est l'image de S⁺ Renobert », et autres cérémonies requises. Fait en présence de M⁰ Pierre Daufresne, pbr͠e, curé de Fauguernon ; M⁰ Jean de Boissey, pbr͠e, curé de S⁺ Philbert-des-Champs ; M⁰ Sébastien Aubert, pbr͠e, vicaire de Fauguernon.

95. — Le 18 oct. 1716, reçurent la tonsure et les ordres mineurs :
Jean-François-Bernard Laignel, de la parr. de Plasnes ;
Louis Parent, de la parr. de Plasnes ;
François-Jean-Baptiste Doisnel, de la parr. S⁺ Germain de Lx ;
Germain-Guillaume Gautier, de la parr. de S⁺ᵉ Croix de Bernay.

96. — Le 27 oct. 1716, dispense de bans pour le mariage entre Charles Deschamps, s⁺ de la Fosse, ancien garde du corps de Son

Altesse Royale, de la parr. d'Orbec, d'une part, et dam^lle Magdeleine de Bonnet, fille de feu Claude de Bonnet, Esc^r, seig^r et patron d'Airan, et de noble dame Françoise de Carré, de la parr. de St Julien-de-Mailloc.

97. — Le 28 oct. 1716, vu l'attestation du s^r Leportier de la Surière, curé de Boisney, dispense de bans pour le mariage entre François Aulné, fils de Philippe, s^r du Ronceré, et de dam^lle Marie-Anne Aubey, d'une part, et dam^lle Suzanne Pinard, fille de Bertrand et de dam^lle Catherine Gobert, tous deux de lad. parr. de Boisney.

98. — Le 30 oct. 1716, dispense de bans pour le mariage entre Guy Agis, Esc^r, seig^r de St Denis, Longpney, la Cornière et autres lieux, fils de feu Louis Agis, Esc^r, seig^r desd. fiefs, et de noble dame Renée de Bonnechose, de la parr. de St Denis-d'Augerons, d'une part, et dam^lle Claire-Elisabeth Deshayes, fille de Pierre Deshayes, Esc^r, seig^r des Orgeries et du Tremblé, cons^er du roy, vicomte d'Orbec, et de noble dame Françoise de Bosc-Henry, de la parr. de la Goulafrière, d'autre part. (V. **53**).

99. — Le 27 juillet 1716, la nomination à la cure de Brucourt appartenant au seig^r du lieu, Mes^re Jacques-Estienne Turgot, chev^r, seig^r de Sousmonts, Bons, Ussy, Brucourt, Potigny, Nay, Périers et autres lieux, cons^er du roy en ses Conseils, maitre des Requêtes honoraire de Son Hôtel, demeurant à Paris, nomme à cette cure, vacante par la démission pure et simple de Me Gilles des Buats, Esc^r, curé de Brucourt, la personne de Mre Estienne-Alexandre de Brébisson, Esc^r, pbr̃e du diocèse de Bayeux, né le 17 déc. 1667, demeurant présentement à Paris. Fait à Paris, en l'hôtel dud. s^r Turgot.

Le 30 oct. 1716, le seig^r évêque donne aud. s^r de Brébisson la collation dud. bénéfice.

Le 29 nov. 1716, le s^r de Brébisson, pbr̃e, directeur des dames religieuses de Harcourt et y demeurant, diocèse d'Evreux, ayant élu domicile pour le présent seulement, en la maison de Me Antoine du Pissot, pbr̃e, curé de Périers, prend possession de la cure de Brucourt, en présence dud. s^r curé de Périers ; de Me Guillaume Manchon, pbr̃e, vicaire de Dives ; Me Pierre Le Carpentier, bourgeois de Caen ; Me Gilles des Buats, pbr̃e, curé d'Ussy, diocèse de Séez, demeurant au manoir presbytéral de Brucourt.

100. — Le 30 oct. 1716, vu l'attestation du s^r Aubert, vicaire de Fauguernon, dispense de bans pour le mariage entre François Lachey et dam^lle Geneviève Duval de Tiremois, fille naturelle de Mre Guy-François de Parey, Esc^r, s^r de la Monteillerie, et de dam^lle Marie Duval de Tiremois.

101. — Le 13 oct. 1716, le seig^r évêque donne à Me Guillaume

Thillaye, pbrē, demeurant chez Mᵉ le marquis de Silly en qualité de chapelain, à Dozulé, la collation de la chapelle de N.-D. des Tostes.

Le 28 nov. 1716, led. sʳ Thillaye prend possession dud. bénéfice, en présence de Mᵉ Jean Godefroy Hébert, avocat au Parlement, demeurant à Blangy, et autres témoins. (*V.* **41, 79**).

102. — Le 3 nov. 1716, vu l'attestation du sʳ Coupey, curé de Sᵗ Martin-le-Vieil-des-Chesnaies, dispense de bans pour le mariage entre Mʳᵉ Ollivier-Joseph Le Filleul, chevʳ, seigʳ et patron de Sᵗ Martin-le-Vieil-des-Chesnaies et autres lieux, consʳ du roy, maitre ordinaire de sa Cour des Comptes, Aides et Finances de Normandie, fils d'Ollivier Le Filleul, chevʳ, seigʳ des Chesnaies, et de noble dame Louise-Appoline de Bellemare, de lad. parʳ. de Sᵗ Martin-le-Vieil, d'une part, et damˡˡᵉ Marie-Magdeleine-Jeanne de la Hogue, fille de feu Mʳᵉ Simon de la Hogue, chevʳ, seigʳ des Marest et de Croissy, consʳ du roy, maitre ordinaire en lad. Cour des Comptes et Finances de Normandie, et de noble dame Jeanne Lecointe, de la parʳ. de Sᵗ Pierre-l'Honoré de Rouen.

103. — Le 18 oct. 1711, Guillaume Le Court, fils de Nicolas et de Françoise Pollin, de la parʳ. d'Ammeville, reçoit la tonsure et les ordres mineurs. (*V.* **410, 413, 430**).

104. — Le 13 février 1716, le roy, à cause de son joyeux avènement, ayant droit de nommer à la première prébende qui viendra à vaquer en la Cathédrale de Lx, nomme pour led. bénéfice, de l'avis de son « très cher et très aimé oncle, le duc d'Orléans, régent du royaume, » la personne de Louis-François de la Planche de Ruillé, clerc tonsuré du diocèse du Mans.

Le 28 oct. 1716, led. sʳ de la Planche, demeurant actuellement à Ruillé en Anjou, représenté par Mʳᵉ Pierre Dumesnil, vicaire général de Lx, fait signifier au seigʳ évêque la nomination faite de sa personne par le roy, pour le premier canonicat vacant. Fait en présence de Mʳᵉ Nicolas Passey et Jean Pigeon, pbrēs habitués en l'église Sᵗ Germain de Lx. (*V.* **477**).

105. — Le 18 oct. 1716, Fr. Jean-Baptiste-Ignace Barbe, de la parʳ. de Sᵗ Melaine de Berville-sur-la-Mer, fait profession en l'abbaye de N.-D. de Grestain, en présence de Pierre Descalles, prieur de ce monastère, et des témoins soussignés : E. de Houel-la-Pommeraye, Piédelièvre, I. Grandin, G. De la Salle, Camus, Lailler, Deville, Vallée. (*V.* **299**).

106. — Le 13 nov. 1716, Mᵉ Robert Levillain, pbrē du diocèse de Lx, Mᵉ ès-arts en l'Université de Caen, premier et plus ancien habitué en l'église collégiale de N.-D. de Cléry, « et le premier de tous les habitués de lad. église à estre pourveu et nommé aux bénéfices qui sont à la nomination de lad. église, suivant la déclaration du roy Louis quatorze », requiert des s⁹ chanoines de Cléry d'être nommé à la cure de S¹ Michel de Pont-l'Evêque dont ils sont patrons présentateurs et qui est vacante par la mort de Mᵉ Mathieu Le Marchand, pbr̄e, dernier titulaire.

Les chanoines répondent qu'il n'est pas vrai que le sʳ Levillain soit le plus ancien habitué de leur église, « estant de la connaissance dud. sʳ Levillain que le sʳ François Fondimar est le plus ancien de tous leurs habitués », et qu'ils l'ont pourvu de lad. cure de Pont-l'Evêque. Le sʳ Levillain répond par le notaire qu'il se pourvoira devant le seigʳ évêque de Lx pour avoir la collation dud. bénéfice.

Le 17 nov. 1716, après cette réquisition faite près des s⁹ chanoines de Cléry, le seigʳ évêque donne la collation de lad. cure de Pont-l'Evêque à Mᵉ Robert Levillain.

Le 18 nov. 1716, le sʳ Levillain (1), chapelain de la chapelle Sᵗᵉ Anne en la collégiale de Cléry et ayant fait élection de domicile pour le présent seulement, en la maison de son frère, Mᵉ Pierre Levillain, pbr̄e, curé de Canapville, prend possession de la cure de Pont-l'Evêque, en présence de Mᵉ Pierre Gonard, curé de Beaumont-en-Auge et doyen dud. lieu ; Mᵉˢ François Dossin, Guillaume Formage, Guillaume-François Cambremer, Estienne Launey, vicaire de lad. par̄. et tous pbr̄es habitués en lad. église ; Mᵉˢ Hélix Morel et Charles Périer, diacre ; Mᵉˢ Jacques-Philippe Fortin et Jean Pépin, pbr̄es ; Mᵉ Jacques-Philippe Train, greffier en la vicomté ; Mᵉ Jean Dandel, greffier en bailliage ; Thomas Lepeltier, greffier en l'élection, et autres témoins.

107. — Le 10 oct. 1716, la nomination à la cure de Pont-l'Evêque appartenant au chapitre de Cléry, les s⁹ chanoines nomment aud. bénéfice, vacant par la mort de Mᵉ Mathieu Le Marchand, pbr̄e, dernier titulaire, la personne de Mᵉ Robert-François Fondimare, pbr̄e du diocèse de Rouen, « *tanquam bene meritum* ». — Les s⁹ chanoines ne le présentent plus, ainsi qu'au précédent article, comme le plus ancien habitué de leur église. Du reste, cette nomination n'eût pas de suites. (V. **100**).

Le 20 nov. 1716, led. sʳ Fondimare s'étant présenté devant le seigʳ évêque pour requérir la collation de la cure de Pont-l'Evêque, Sa Grandeur la lui refuse parce qu'il ne présente pas de certificat de bonnes vie et mœurs donné par le seigʳ évêque d'Orléans dans le diocèse duquel il réside. (V. **100, 129**).

108. — Le 16 nov. 1716, le seigʳ évêque donne son visa aux lettres de provision de la cure de Quetteville obtenues en cour de Rome

---

(1) M. Levillain était un janséniste, ami intime de l'abbé de Roquette, prieur de S¹ Hymer (*M.M. de S¹ Hymer*).

par Mᵉ Jacques Duhault, pbr̃e, en conséquence de la mort de Mᵉ Julien Thommeret, pbr̃e, dernier titulaire.

Le 18 nov. 1716, led. sʳ Duhault, pbr̃e, curé de Sᵗ Martin-le-Vieil prend possession de la cure de Quetteville.

109. — Le 23 nov. 1716, dispense de bans pour le mariage entre Mʳᵉ André du Nepveu, cherᵉʳ, seigʳ de Blangy, consᵉʳ du roy, président trésorier général de ses Finances et « *grand voyeur* » de la généralité de Rouen, fils de Pierre du Nepveu, chevʳ, seigʳ de Sᵗ Denis et autres lieux, et de noble dame Marthe Le Carpentier, de la par̃r. de Cerquigny, d'une part, et Elisabeth-Louise-Victoire de Pienne, fille de Mᵉ Jean de Pienne, chevʳ, seigʳ de Berthuys, et autres lieux, et de noble dame Jancienne de Bouquemay, de la par̃r. de Thiberville. (*V.* **67**).

110. — Le 24 nov. 1716, dispense de bans pour le mariage entre Guy-François Apparoc, Escʳ, sʳ de Sᵗᵉ Marie du Theil, fille de Pierre et de damᵁᵉ Marie Le Boctey, de la par̃r. du Theil, d'une part, et damᵁᵉ Anne-Marguerite Viquelin, fille de Mʳᵉ Etienne et de Marie Beuzelin, de la par̃r. de Sᵗᵉ Catherine d'Honfleur.

111. — Le 18 oct. 1716, Jacques Brières, de la par̃r. de Gacé, reçoit la tonsure et les ordres mineurs.

112. — Le 16 nov. 1716, la nomination aux chapelles de Sᵗ André et de Sᵗ Fiacre en la par̃r. de la Houblonnière appartenant au seigʳ du lieu, Mesʳᵉ Guy du Val, chevʳ, seigʳ de Bonneval, seigʳ et patron de la Houblonnière et autres lieux, consᵉʳ du roy en ses conseils, président à mortier, au parlement de Normandie, demeurant à Rouen, rue Sᵗ Patrice nomme auxd. chapelles, vacantes par la mort de Mᵉ Emond Daguin, pbr̃e, curé de la Boissière, dernier titulaire, la personne de Mᵉ Jacques Héroult, pbr̃e du diocèse de Lx, vicaire de Moulineaux, diocèse de Rouen.

Le 5 déc. 1716, led. sʳ Héroult requiert la collation desd. chapelles. Le seigʳ évêque se contente de lui donner acte de sad. requisition.

Le 18 janvier 1717, le seigʳ évêque donne aud. sʳ Héroult la collation desd. bénéfices.

Le 20 janvier 1717, le sʳ Héroult prend possession desd. chapelles, desservies en l'église de la Houblonnière. Fait en présence de plusieurs domestiques de Mʳ de Bonneval, avec toutes les cérémonies en pareil cas requises.

113. — Le 18 nov. 1716, Mᵉ Jean Lecomte, pbr̃e, vicaire du Grand-Quevilly, diocèse de Rouen, nommé à la cure de Sᵗ Michel de Préaux par Madame l'abbesse de Sᵗ Léger de Préaux, donne sa démission pure et simple dud. bénéfice sans en avoir pris possession. (*V.* **50**).

Le 24 nov. 1716, lad. dame abbesse, ayant droit de nommer aux trois portions de cure de S* Michel de Préaux, nomme à la portion remise par led. s' Lecomte, la personne de M* Jean Thouas, pbre, curé de Bouatles, diocèse de Rouen. Fait en présence de M* Robert d'Epaigne, Esc*, cons*' du roy, assesseur au bailliage et vicomté de Pontaudemer, y demeurant, et M* Jean-Bernard Levavasseur, docteur en médecine, demeurant aussi à Pontaudemer.

Dans ce dernier acte lad. dame abbesse été représentée par M* Guillaume Legras, cons*' du roy, assesseur aux bailliage et vicomté de Pontaudemer. (*V*. 119).

114. — Le 26 nov. 1716, la nomination au personnat de N.-D. de Plasnes appartenant au comte du Bourg-Achard, M*re* Jacques du Fay, chev*, seig*, comte de Mauleuvrier et du Bourg-Achard, nomme aud. bénéfice, vacant par la mort de M* Pierre Morin, Esc*, seig*, s* du Bosc, la personne de M*re* Jean-Baptiste-Estienne Duhamel, pbre, docteur en théologie de la faculté de Paris, cons*' du roy en sa cour de parlement de Normandie, chanoine et grand trésorier de la cathédrale de Rouen.

Le 5 déc. 1715, le seig* évêque donne aud. s* Duhamel la collation dud. bénéfice.

Le 22 déc. 1716, le s* Duhamel, représenté par M* Estienne Lescacher, pbre de la parr. de Boissy et y demeurant, diocèse de Lx, prend possession dud. personnat de Plasnes, en présence de M* Robert Delaborne, pbre, curé de Berthouville, doyen de Bernay, et syndic du clergé de Lx ; M* Léonor Secart, pbre, curé de Plasnes ; M* Charles Le Cordier, pbre, chapelain de la chapelle du château de Courbépine ; M* Jean Gaigner, pbre, desservant en la parr. de Plasnes ; M* Jean-François-Bernad Laignel, acolyte dud. lieu, et autres témoins.

115. — Le 7 déc 1716, dispense de bans pour le mariage entre Charles-Tenneguy Bélier, Esc*, s* de la Bretonnière, fils de Tenneguy Bélier, Esc*, s* de Villiers, et de dame Marie-Adrienne Noel, de la parr. de S* Gervais de Séez, d'une part, et dam*lle* Suzanne-Charlotte Ragaine de la Hutellière, fille de Charles Ragaine de la Hutellière, Esc*, seig* et patron de Talonney, la Motte, Fresneaux, la Ramée et autres lieux, et de dame Suzanne Buquet, demeurant au château de la Motte, parr. de Talonney.

116. — Le 18 oct. 1716, Jean-Baptiste Le Sieur, de la parr. de Gacé, reçoit la tonsure et les ordres mineurs. (*V*. 298).

117. — Le 15 déc. 1716, M* Antoine Le Vaillant, pbre du diocèse de Meaux, demeurant en l'abbaye de Jouarre, représenté par M* Philippe Noel, pbre, demeurant à S* Ouen de Pontaudemer, chapelain de la chapelle de *Requiem* en l'abbaye de S* Léger de Préaux, prend possession de la chapelle S* Laurent en lad. abbaye de S* Léger, vacante par la mort de M⁰ Michel Hubert. Fait en présence de M⁰ André Saffrey, pbrē, curé de la 1ʳᵉ portion de S¹ Michel de Préaux ; Thomas Chalot et Jean Thouas, pbrēs, curés de lad. parr. ; M⁰ Guillaume Legras, consᵉʳ du roy, assesseur au bailliage et vicomté de Pontaudemer ; M⁰ Louis Hébert, bourgeois d'Honfleur, et M⁰ Michel Revel, greffier à Routot. (*V*. 45).

118. — Le 9 déc. 1716, M⁰ Louis Haudard, pbrē, demeurant en la parr. de Livet-sur-Authou et pourvu dud. bénéfice, en prend possession en présence de M⁰ Pierre Rioult, acolyte ; M⁰ Nicolas Rabeaux, notaire et greffier de la haute-justice de S¹ Philbert-sur-Risle, tous deux de lad. parr. de Livet. (*V*. **27**).

119. — Le 7 déc. 1716, le seigʳ évêque donne à M⁰ Jean Thouas, pbrē, la collation de la cure de S¹ Michel de Préaux, 3ᵉ portion.

Le 15 déc. 1716, led. s² Thouas prend possession dud. bénéfice, en présence de M⁰ André Saffrey, pbrē, curé de la 1ʳᵉ portion de S¹ Michel de Préaux ; Thomas Chalot, curé de la 2ᵉ portion ; M⁰ Philippe Noel, pbrē, demeurant à S¹ Ouen de Pontaudemer, et autres témoins. (*V*. **113, 117**).

120. — Le 15 déc. 1716, M⁰ Philippe Noel, pbrē, demeurant à Pontaudemer, pourvu de la chapelle de *Requiem* en l'église abbatiale de S¹ Léger de Préaux, prend possession dud. bénéfice, en présence de M⁰ André Saffrey, Thomas Chalot et Jean Thouas, curés de S¹ Michel de Préaux, et autres témoins. (*V*. **54, 117**).

121. — Le 22 oct. 1716, M⁰ Thomas Jardin, acolyte du diocèse de Lx, obtient en cour de Rome des lettres de provision de la 1ʳᵉ portion de la chapelle simple de S¹ Etienne en la cathédrale de Lx, vacante par la démission faite en sa faveur par M⁰ Nicolas Jardin, pbrē, dernier titulaire.

Le 9 déc. 1716, M⁰ Gabriel Durozey, pbrē, chanoine prébendé de Feins, se trouvant chanoine de semaine, donne aud. s² Thomas Jardin la collation dud. bénéfice.

Le 16 déc. 1716, le s² Jardin, est mis en possession de la chapelle S¹ Etienne, 2ᵉ portion, par le ministère de M² le doyen. (*V*. **71, 123**).

122. — Le 25 déc. 1716, R. P. Louis Davy, ci-devant prieur du prieuré de Sᵗᵉ Barbe et présentement prieur-curé de N.-D. de Mézidon, remet purement et simplement sond. bénéfice entre les mains du R. P. Guillaume Mignot, prieur dud. prieuré de Sᵗᵉ Barbe, et des autres religieux dud. lieu.

Le 17 déc. 1716, les religieux de Sᵗᵉ Barbe ayant droit de nommer aud. prieuré-cure de Mézidon, nomment à ce bénéfice, vacant par la démission de dom Louis Davy, la personne de dom François-Guillaume Mignot, pbrē, prieur dud. prieuré de Sᵗᵉ Barbe.

Le lendemain, le seigʳ évêque donne aud. s² Mignot la collation du **prieuré-cure de Mézidon**.

Le 24 déc. 1716, le s' Mignot prend possession dud. bénéfice, en présence de plusieurs habitants du bourg de Mézidon.

123. — Le 17 juin 1714, Thomas Jardin, fils de Jean et de Marie Fresnel, de la parr. de S' Jacques de Lx, reçoit la tonsure et les ordres mineurs dans la chapelle du séminaire de Caen. (V. **71, 121**).

124. — Le 19 déc. 1716, la nomination à la cure de Plasnes, 1re portion, appartenant au seig' du lieu, Mes^{re} Louis, marquis du Prye, chev', seig' et baron de Plasnes, Eschauffray, seig' de Courbépine et Coquainvilliers, ambassadeur pour le roy, auprès du roy de Sicile, patron de la parr. et terre de Plasnes, nomme aud. bénéfice, vacant par la mort de Me Claude Renault, dernier titulaire, décédé le 26 octobre dernier, la personne de Me Léonor Secard, pbre, curé de la 2e portion. Fait à Turin, les jour et an ci-dessus.

Le 8 janvier 1717, le seig' évêque donne aud. s' Secard la collation de la 1re portion de lad. cure de Plasnes. (V. **149, 296**).

125. — Le 10 janvier 1717, Mgr Charles-Alexandre Le Filleul de la Chapelle, évêque et comte de Vabre, se trouvant au château de la Chapelle-Gautier, nomme le prévost de sa cathédrale.

126. — Le 8 déc. 1716, la nomination à la cure de S' Aubin de Bonneval appartenant au seig' abbé de « S' André-en-Gouffay » (Gouffern), diocèse de Séez, Mes^{re} Charles-Martin Colbert de Villacerf, abbé commendataire de lad. abbaye de S' André, nomme à lad. cure, vacante par la mort de Me Jean Le Signerre, dernier titulaire la personne de Me Jean Thomas, pbre de ce diocèse.

Le 14 déc. 1716, le seig' évêque donne aud. s' Thomas la collation dud. bénéfice.

Le 13 déc. 1716, le s' Thomas, demeurant à Paris et ayant élu domicile en la maison de son frère, Charles Thomas, marchand demeurant à Lisores, prend possession de la cure de Bonneval, en présence de Mre François-Jean de Guerpel, Esc', de la parr. de S' Germain-d'Aulnay, et autres témoins.

127. — Le 4 nov. 1716, Me Daniel-François Madeline, pbre du diocèse de Bayeux, obtient en cour de Rome des lettres de provision de la chapelle simple de S' Sauveur-des-Vases, vacante par la démission faite en sa faveur par Me Gabriel de Giverville, pbre, dernier titulaire.

Le 18 janvier 1717, le seig' évêque donne aud. s' Madeline la collation dud. bénéfice.

Le 25 janvier 1717, le s' Madeline, demeurant en la parr. du Mont-Saint-Jean, diocèse de Lx, prend possession de la chapelle S' Sauveur-des-Vases, en présence de plusieurs témoins habitant la parr. de S' Léonard d'Honfleur.

128. — Le 20 janv. 1717, « Dom Louis Lejumel, pbre, religieux-profés et pitancier de l'abbaye de N.-D. de Cormeilles », y demeurant, donne sa procuration pour requérir la collation du prieuré simple de « Viranville » (Virandeville (?).

Le 24 avril 1683, Louis Lejumel, fils de Jean et de Catherine Chouard, de la parr. de Cordebugle, reçoit la tonsure et les ordres mineurs.

129. — Le 22 déc. 1716, la nomination à la cure de St Pierre d'Equemauville appartenant au chapitre de Cléry, les s^{rs} chanoines nomment à cette cure, vacante par la mort de Me François Saintier, pbrē, dernier titulaire, la personne de Me Robert-François Fondimare, pbrē du diocèse de Rouen, habitué en lad. collégiale.

Le 22 janvier 1717, le seig^r évêque donne aud. s^r Fondimare la collation dud. bénéfice.

Le 24 janvier 1717, le s^r Fondimare, demeurant à Cléry, prend possession de la cure d'Equemauville, en présence de Mre Pierre Fourey, pbrē, demeurant à Honfleur et desservant lad. parr.; Robert Le Roux, chapelain de St Thomas de Touques, demeurant à Lx ; Nicolas Paulmier, syndic d'Equemauville ; François Helliot, capitaine de navire, demeurant à Honfleur, et plusieurs habitants dud. lieu d'Equemauville. (V. **107**).

130. — Le 26 nov. 1716, Me Jean des Moullins Leboucher, pbrē du diocèse de Séez, obtient en cour de Rome des lettres de provision de la chapelle simple de St Eustache du Noyer-Besjon, vacante par la mort du dernier titulaire.

Le 22 janv. 1717, le seig^r évêque donne aud. s^r des Moullins Leboucher la collation dud. bénéfice, situé en la parr. de Montfort-St-Evroult. (V. **229**).

131. — Le 27 janvier 1717, dispense de bans pour le mariage entre Jean-Noël Leportier, Esc^r, s^r de Beauvais, fils de feu Nicolas Leportier, Esc^r, s^r de la Surrière, et de dame Françoise Lecomte, d'une part, et dam^{lle} Catherine Lepetit, fille de feu Pierre Lepetit, s^r du Boullay, cons^{er} du roy, commissaire aux revenus, et de dam^{lle} Barbe Le Prevost, tous deux de la parr. d'Orbec.

132. — Le 27 juillet 1717, le seig^r évêque donne à Mre Antoine des Essards, chev^r, de la parr. de la Genevraye, l'autorisation de recevoir la tonsure au Mans. — Cet acte fut porté aux Insinuations par Mre Joseph des Essards, seig^r de la Mussoire.

133. — Le 13 janv. 1717, le droit de nommer à la cure de Repentigny appartenant au seig^r d'Auvillers, Mre Jacques Danvet, chev^r, marquis d'Auvillers, demeurant à Paris, nomme à cette cure, vacante par la mort de Mre Robert Lecomte, pbrē, dernier titulaire, la personne de Me Jean-Baptiste Pétout, pbrē du diocèse de Bayeux.

Le 29 janv. 1717, le seig' évêque donne aud. s' Pétout la collation dud. bénéfice.

Le 31 janv. 1717, le s' Pétout, pbrē, demeurant en la parr. d'Auvillers, prend possession de la cure de Repentigny, en présence de M° Jacques Le Vaillant, pbrē, curé de Léaupartie ; Dom Laurent Barbey, ancien prieur des « Croisdliers » (Les Groselliers) et desservant de Repentigny ; Jean Legrix, contrôleur, demeurant à Auvillers, et autres témoins.

134. — Le 28 janvier 1717, M° André Saffrey, pbrē, curé de la 1ʳᵉ portion de S¹ Michel de Préaux, donne sa procuration pour remettre lad. bénéfice entre les mains de N.-S.-P. le pape en faveur de M° Jean-Isaac Letellier, pbrē, vicaire de Fresneuse. Il se réserve 120 livres de pension sur les revenus de lad. cure qu'il a desservie pendant vingt-six ans. (V. **219**).

135. — Le 27 janvier 1717, M° Pasquier Tousey, pbrē, demeurant au Sap, M° ès-arts en l'Université de Caen, parlant à Dom Jean Barbier, pbrē, religieux de S¹ Evroult, requiert sa nomination à la cure de « S¹ Clair » du Douet-Arthus, dépendant de lad. abbaye et vacante par la mort de M° Pierre Daubichon, pbrē, dernier titulaire.

Le 29 janvier 1717, le s¹ Tousey, ayant, en sa qualité de gradué, requis la cure du Douet-Arthus, le seig' évêque lui donne la collation dud. bénéfice. (V. **267**).

136. — Le 31 janvier 1717, vu le contrat de mariage d'entre Pierre de Témerelle, lieutenant de dragons du régiment de Haytebriant, fils de Charles de Témerel et de Suzanne Lambert, d'une part, et Marie Gallière, tous deux demeurant dans la parr. du Sap ; le seig' évêque « ayant égard aux remonstrances f° par le s' curé dud. lieu de la nécessité qu'il y a de procéder à la célébration dud. mariage et des raisons qu'on a de ne point faire de publication de bans, » dispense de la promulgation des trois bans.

137. — Le 1ᵉʳ février 1717, dispense de parenté , 4° degré pour le mariage entre Laurent Edouard, Esc', s' de la Donvillière et Magdeleine de Rupierre, tous deux demeurant à S¹ Pierre-de-la-Rivière.

138. — Le 13 nov. 1712, Simon Delaunay, fils de Louis et de Marthe Leclerc, de la parr. de S¹ Philbert-sur-Risle, reçoit la tonsure et les ordres mineurs. (V. **413, 434**).

139. — Le 4 nov. 1716, M° Guillaume Brémond, sous-diacre du diocèse de Toulon, obtient en cour de Rome des lettres de provision de la chapelle simple, 2° portion de N.-D. en la Cathédrale de Lx. vacante par la résignation faite en sa faveur par son oncle, M° Jacques Brémond, pbrē, dernier titulaire.

Le 5 fév. 1717, le seig' évêque donne son visa auxd. lettres de provision.

Le 6 fév. 1717, le s⁰ Guillaume Brémond, chanoine de Beauvais, est mis en possession de lad. chapelle N.-D. par le ministère de M⁰ le doyen, et paye pour le droit de chape la somme de 8 livres entre les mains du s⁰ Daubin, chanoine et l'un des claviers du Chapitre.

140. — Le 9 fév. 1717, dispense de bans pour le mariage entre Mes⁰ Claude Cavey, Esc⁰, cons⁰ du roy, lieutenant général en vicomté à Trun, fils de Gilles Cavey, Esc⁰, s⁰ d'Aunoy, et de noble dame Catherine de Marescot, de la par̄r. de Bonnière, diocèse de Séez, d'une part, et dam⁰⁰ Suzanne Agis, fille de Mes⁰ Louis Agis, seig⁰ de S⁰ Denis, et de noble dame Renée de Bonnechose, demeurant à S⁰ Jacques de Lx.

141. — Le 9 fév. 1717, dispense d'affinité au 3⁰ degré pour le mariage entre Guy Dufour, Esc⁰, demeurant en la par̄r. de S⁰ Etienne, et dam⁰⁰ Catherine-Claire de Boisthierry, de la par̄r. de N.-D. de Livet-sur-Authon.

142. — Le 4 fév. 1717, M⁰ Michel Selles, pbr̄e, curé de N.-D.-du-Bois, diocèse d'Evreux, ayant été nommé au prieuré de S⁰ Marguerite-des-Loges en la par̄r. de S⁰ Germain-d'Echauffour, par Mes⁰ Louis de la Motte-Angot, chev⁰, seig⁰ de Vilbadin, Barges, Echauffour, Argentelles, la Trinité-des-Lettiers et autres lieux, cons⁰ au Parlement de Normandie, chanoine de la cathédrale de Rouen et grand vicaire du seig⁰ abbé de S⁰ Evroult de qui dépend lad. chapelle, en prend possession sans avoir besoin d'aucune autre collation.

Il se transporte dans ce but avec le notaire « dans une pièce de terre en pasturage, environnée de toutes parts de bois taillis, dont partye est le domaine non fieffé à l'abbaye de S⁰ Evroult, autre partye à des particuliers, et une portion faisant le revenu temporel dud. prieuré de S⁰ Marguerite au bas duquel, sur la portion en pasture, avons remarqué le lieu où estoit bastie et construitte la chapelle S⁰ Marguerite, auquel lieu il paroist encore des murailles et où il s'est produit et eslevé du bois de différentes espèces » ; et là il est mis en possession sans aucune cérémonie, en présence de M⁰ Louis Maignet, pbr̄e, curé du Sapandré ; M⁰ Jean Gilles, aussi pbr̄e, et autres témoins de lad. par̄r. de N.-D.-du-Bois.

143. — Le 15 fév. 1717, dispense de bans pour le mariage entre Guillaume Lecordier, fils de Philippe et de Barbe Gallières, de la par̄r. de S⁰ Julien-le-Faucon, d'une part, et dam⁰⁰ Anne de Corday, fille de Jean et de noble dame Françoise de Margeot, de la par̄r. du Chesne. — Il y avait eu opposition à ce mariage de la part de M⁰ Charles de Margeot, Esc⁰.

Suit la dispense du temps de carême accordée, comme toujours, à condition qu'il n'y aura « aucunes nopces ny assemblez. »

144. — Le 18 fév. 1717, M⁰ Guy-Philippe-Augustin de la Fontaine de Guerville, pbr͞e du diocèse de Séez, demeurant à St Pierre du Jonquet, diocèse de Bayeux, Mᵉ és-arts en l'Université de Caen, fait réitérer ses noms et grades aux relig* de St Evroult et de Ste Barbe-en-Auge. (V. **74**).

145. — Le 19 fév. 1717, Dom Pierre-Samuel Viel de la Grande-Rue, pbr͞e du diocèse de Bayeux, prieur claustral et chanoine régulier de Ste Croix de la maison de Caen, fait réitérer ses noms et grades aux chanoines de Ste Barbe. (V. **383**).

146. — Le 1ᵉʳ fév. 1717, Mᵉ Jean Daubin, pbr͞e, vicaire d'Orville, Mᵉ és-arts en l'Université de Caen, requiert du seigʳ évêque, en sa qualité de gradué, sa nomination à la cure de la Roque-Baignard, vacante par la mort de Mᵉ Martin Lebienvenu, pbr͞e, dernier titulaire, décédé dans le mois de janvier dernier.

Le 1ᵉʳ fév. 1717, le seigʳ évêque donne aud. sʳ Daubin la collation dud. bénéfice. (V. **242, 376, 397**).

147. — Le 18 fév. 1717, « le banquier expéditionnaire en cour de Rome, demeurant à Paris, certifie avoir envoyé à Rome, le 17 aoùt 1716, une procuration de résignation sous forme de permutation, faite par Mᵉ Pierre-Cosme Regnier, pbr͞e du diocèse de la Rochelle, de ses canonicat et prébende de la Pommeraye en l'église Cathédrale de Lx, en Normandie en faveur de Mᵉ Pierre Guilbauld, pbr͞e du diocèse de Nantes, et, par led. sʳ Guilbaud, de sa chapelle simple de Ste Catherine de la Noë-Briord, fondée et desservie dans l'église parᵈˡᵉ de Fresné, diocèse de Nantes, en faveur dud. sʳ Regnier ; laquelle permutation a esté admise à Rome le 26 dud. mois d'aoust, jour de l'arrivée du courrier, suivt le privilège des François ; mais que les provisions n'ont pu jusqu'à présent en estre expédiées, parce que pour l'expédition de celles du canonicat de Lisieux, les officiers de cour de Rome demandent une attestation de Mᵍʳ l'Evesque de Lisieux des vie, mœurs et capacitez dud. sʳ Guilbaud, sans laquelle ils refusent d'expédier l'une et l'autre provision. » (V. **273**).

148. — Le 15 fév. 1717, Messire Charles-Alexandre Le Filleul de la Chapelle, évêque et comte de Vabre, confère la tonsure cléricale, dans l'église paroissiale de la Chapelle-Gautier, à Mesʳᵉ Charles-René Daché, fils de François-Placide Daché, chevʳ, seigʳ de Marbœuf, et de dame Anne-Louise Le Blanc du Roulet, du diocèse d'Evreux.

L'autorisation de Mᵍʳ Jean Le Normand, évêque d'Evreux, est datée du 9 janvier 1717. (V. **169**).

149. — Le 12 fév. 1717, Mᵉ Léonor Serard, pbr͞e, curé de la 2ᵉ portion de Plasnes et pourvu de la 1ʳᵉ portion de lad. parr., prend possession de ce bénéfice, en présence de Mᵉ Nicolas Gasnier, pbr͞e, curé de Cernières, diocèse d'Evreux ; Jean Gasnier, pbr͞e, desservant la

2ᵉ portion de Plasnes : Jean Fourquemin, pbrē, chapelain en l'église dud. lieu, et autres témoins. (V. **124, 298**).

150. — Le 24 fév. 1717, Mᵉ Jean Legrand, pbrē, chapelain de la chapelle St Valentin en la parr. de Canapville, et Mᵉ Pierre Fouet, pbrē, curé de Sᵗᵉ Anne de Fontaine-Labbey, diocèse d'Evreux, donnent leur procuration pour résigner leursd. bénéfices en faveur l'un de l'autre, pour cause de mutuelle permutation. (V. **157**).

151. — Le 20 fév. 1717, le droit de nommer le prieur commendataire de Sᵗ Hymer appartenant au seigʳ abbé du Bec, Messire Roger de la Rochefoucault, clerc, abbé commendataire de l'abbaye du Bec, nomme aud. prieuré de Sᵗ Hymer, vacant par la mort de Mʳᵉ Félix-Joseph De Fontaine, clerc du diocèse de Paris, dernier prieur commendataire, la personne de Mʳᵉ Henry-Emmanuel de Roquette, pbrē du diocèse de Paris, docteur de Sorbonne, abbé de Sᵗ Gildas de Rhuis, jouissant d'un indult sur lad. abbaye du Bec, et demeurant sur le quai Conti, parr. Sᵗ André-des-Arts, à Paris.

Le 27 fév. 1717, le seigʳ évêque de Lx donne aud. sʳ de Roquette la collation dud. prieuré de Sᵗ Hymer.

Le 9 mars 1717, le sʳ de Roquette, pbrē, représenté par Mᵉ Guillaume Véron, pbrē, bénéficier de la Cathédrale, prend possession du prieuré de Sᵗ Hymer, en présence de Mᵉ Jean Leperchey, pbrē, chapelain du prieuré, et de deux journaliers de la parr. de Sᵗ Hymer. (V. **280**).

152. — Le 23 sept. 1713, Mᵉ François Halley, acolyte de Bourgeauville, *rite dimissus*, reçoit le sous-diaconat à Evreux.

Le 20 avril 1715, il est ordonné diacre à Lx.

Le 19 sept. 1716, il est ordonné prêtre.

Le 28 fév. 1716, il est reçu Mᵉ ès-arts en l'Université de Caen.

Le 4 mars 1716, il obtient des lettres de quinquennium du recteur de lad. Université.

Le même jour, il est nommé par icelle sur les archevêchés et les chapitres de Paris et de Rouen, sur les évêchés et les chapitres de Bayeux, Lisieux, Coutances, Avranches, Evreux, Séez et Chartres, ainsi que sur un grand nombre des abbayes et prieurés de ces divers diocèses.

Le 8 mars 1717, led. sʳ Halley, vicaire de Danestal, fait signifier ses noms et grades aux religˣ de Beaumont, en parlant à Dom Thomas Lefebvre, prieur claustral dud. prieuré. (V. **180, 204**).

153. — Le 3 fév. 1717, la nomination à la cure d'Epréville appartenant au comte de Brionne, Mʳᵉ Louis de Lorraine, comte de Lambese et de Brionne, gouverneur pour Sa Majesté de la province d'Anjou, villes et châteaux d'Angers et du Pont-de-Cé en survivance, et mestre de camp d'un régiment de cavalerie entretenu pour le service du roy, nomme à lad. cure d'Epréville, vacante par la mort de Mᵉ Jacques

Legentil, pbre, dernier titulaire, la personne de Me Louis Frémont, pbre du diocèse du Mans, bachelier en théologie, curé de Brionne.

Le 3 mars 1717, le seigr évêque donne aud. sr Frémont la collation de lad. cure. — Il signe « Frémont l'ainé. » (*V*. **188, 216, 291**).

154. — Le 4 mars 1717, Me Jacques Buisson, pbre de la parr. de N.-D. de Courson, Me ès-arts en l'Université de Caen, fait réitérer ses noms et grades au seigr évêque et au Chapitre de Lx. (*V*. **376 bis**).

155. — Le 5 mars 1717, Me Jean Barrey, pbre, demeurant à Lx, ayant été pourvu de la cure de Carsis, se désiste de tous les droits qu'il peut avoir aud. bénéfice « et mesme du procez qui est pendant entre luy et Me Jean Vigney, aussy pbre et prétendant droit aud. bénéfice, renonçant à s'esjouir du droit de présentation qui lui en a esté fait par messieurs du vénérable Chapitre de Lx, le siége épiscopal vacant, et ce, suivant et conformémt à l'accord ft entre led. sr Barrey et led. sr Vigney, le 15e jour de may dernier. » (*V*. **239, 240**).

156. — Le 9 sept. 1716, bulles de Clément XI, acceptant la résignation de Madame Catherine Poret de Boisandré, prieure du monastère d'Orbec, en faveur de Madame Marie-Magdeleine Poret de Boisandré, religieuse professe de l'ordre de St Augustin.

Suivent les formules de serment et de profession de foi que doit prononcer la nouvelle prieure.

Le 28 fév. 1717, lad. dame prieure fait le serment et la profession de foi entre les mains de Mesre Pierre Dumesnil Leboucher, pbre, vicaire général et official de l'évêché de Lx.

Le 1er mars 1717, led. sr Dumesnil, commis par Sa Sainteté en cette partie, fulmine les bulles accordées par le pape Clément XI en faveur de dame Marie-Magdeleine de Boisandré.

Le même jour, lad. dame est mise en possession dud. prieuré, du consentement des dames religieuses du monastère et en la manière accoutumée par le ministère de Me Dumesnil Le Boucher, en présence de Mesre Jean-Baptiste Moullin, pbre, chanoine et promoteur de l'évêché de Lx ; Pierre Foucques, Escr, sr de la Pilette, juge d'Orbec ; Dom Gilles Taffignon, prieur de Friardel ; Louis Deshayes, Escr, sr de la Radière, consr et procureur du roy en la maréchaussée générale de la Haute-Normandie ; Pierre Louchard, Escr, sr de la Vardière, et autres témoins, demeurant tous à Orbec. (*V*. **39**).

157. — Le 27 fév. 1717, le seigr évêque donne à Me Pierre Fouet, pbre du diocèse de Bayeux, la collation de la chapelle St Valentin en la parr. de Canapville, doyenné de Vimoutiers.

Le 27 fév. 1717, led. sr Fouet, demeurant à St Sauveur de Caen, prend possession dud. bénéfice « par le toucher des anciennes murailles et vestiges d'icelle chapelle à pñt toutte en ruine », et la prière faite à genoux sur l'emplacement. (V. **250, 394**).

157 bis. — Le 9 mars 1717, Mᵉ Nicolas Turpin, pbr̃e, demeurant à St André-d'Echauffour, chapelain de St Laurent-de-Planches, de la valeur de cent livres de rente, bachelier en théologie de l'Université de Caen, représenté par Mᵉ Pierre Soyer, diacre, chapelain de la Cathédrale, demeurant à Lx, parr. St Germain, fait réitérer ses noms et grades aux religieux de l'abbaye de St Evroult.

158. — Le 9 mars 1717, Mᵉ Michel Turpin, sous-diacre, demeurant à St André-d'Echauffour, Mᵉ ès-arts en l'Université de Caen, fait réitérer ses noms et grades aux religieux de St Evroult par les soins de Mᵉ Pierre Soyer, diacre, chapelain de la Cathédrale. (V. **61, 393, 411**).

159. — Le 20 sept. 1710, Jacques Corbin, acolyte de Stᵉ Croix de Bernay, est ordonné sous-diacre.

Le 24 sept. 1712, le sᵣ Corbin est ordonné prêtre.

Le 3 mars 1717, le sᵣ Corbin, Mᵉ ès-arts et bachelier en théologie de la faculté de Paris, demeurant à Conflans-sous-Charenton-lèz-Paris, fait réitérer ses noms et grades au seigʳ abbé de Bernay « en parlant à sa personne trouvé en son hostel sis en cette ville, rue St Honoré, proche et parr. St Roch, à Paris. » (V. **384**).

160. — Le 3 mars 1717, la nomination à la chapelle N.-D. en l'église du Theil, appartenant au seigʳ de Stᵉ Marie, Mʳᵉ Guy-François Apparoe, Escʳ, sʳ de Stᵉ Marie du Theil, nomme aud. bénéfice, vacant par la mort de Mᵉ Gilles Le Thieu, pbr̃e, dernier titulaire, la personne de Mᵉ Charles-Thomas Moullin, pbr̃e de Stᵉ Catherine de Honfleur. Fait au manoir seigneurial du Theil (V. **202, 253**).

161. — Le 9 mars 1717, Mᵉ Gabriel Duplessis, pbr̃e, vicaire de Boisney, Mᵉ ès-arts en l'Université de Caen, fait réitérer ses noms et grades aux religieux de St Pierre de Préaux. (V. **385**).

162. — Le 4 mars 1717, Mᵉ Thomas Le Breton, pbr̃e, originaire du Torpt et vicaire d'Ablon, Mᵉ ès-arts en l'Université de Caen, fait signifier ses noms et grades aux religieux de Grestain en parlant à Dom Pierre Descalles, pbr̃e, prieur de lad. abbaye. (V. **164**).

163. — Le 11 mars 1717, Mᵉ Paul Bellant, pbr̃e, curé de St Cloud-en-Auge (de la valeur de 250 livres), Mᵉ ès-arts en l'Université de Caen, fait réitérer ses noms et grades au seigʳ évêque et au Chapitre de Lx, ainsi qu'aux religieux de Beaumont.

164. — Le 5 mars 1717, Mᵉ Thomas Le Breton, pbr̃e, Mᵉ ès-arts en l'Université de Caen, fait signifier ses noms et grades aux religieux de St Pierre de Préaux, en parlant à Dom Robert Irrebert, pbr̃e, prieur de lad. abbaye, et aux dames de St Léger de Préaux en parlant à Mᵉ Marguerite de Thibouville de la Lorie, dépositaire de lad. abbaye.

Le 6 mars 1717, il fait faire la même signification aux religieux de Corneilles, en parlant à Dom Luc Maheut, pbrē, religieux et aumônier de lad. abbaye. (*V*. **182**).

165. — Le 22 déc. 1716, la nomination à la cure de Pont-l'Evêque appartenant au Chapitre de Cléry, les s⁺⁵ chanoines nomment aud. bénéfice, vacant par la démission de Mᵉ Robert-François Fondimare, pbrē du diocèse de Rouen, qui n'a pas pris possession, la personne de Mᵉ Robert Levillain, pbrē, habitué de lad. collégiale.

Le 10 mars 1717, le seigʳ évêque donne aud. sʳ Levillain la collation de lad. cure.

166. — Le 18 fév. 1717, Mᵉ François Gravelle, diacre, demeurant à Crouttes, Mᵉ ès-arts en l'Université de Caen, fait signifier ses noms et grades aux religieux de Sᵗ Evroult, en parlant à Dom Jean Le Barbier, pbrē, religieux et procureur de lad. abbaye. (*V*. **386**).

167. — Le 17 fév. 1717, Mᵉ Gabriel Hurel, diacre du diocèse de Lx, reçoit des lettres de quinquennium du recteur de l'Université de Caen.

Le même jour, led. sʳ Hurel, âgé de vingt-quatre ans, est nommé par icelle sur les archevêchés et les Chapitres de Paris et de Rouen, sur les évêchés et les chapitres de Bayeux, Lisieux, Coutances, Avranches, Evreux, Séez, Chartres, Le Mans et Rennes, ainsi que sur un très grand nombre des abbayes et prieurés de ces divers diocèses. (*V*. **182, 221, 303**).

168. — Le 18 fév. 1717, Mʳᵉ Noël-François de Brion (1), ancien prieur de Sᵗ Hymer, qui s'était démis en faveur de Mᵉ Félix-Joseph Quillet de Fontaine avec la réserve d'une rente viagère à prendre sur les revenus du prieuré, fait insinuer de nouveau les lettres apostoliques qui autorisent cette pension. (*V*. **280**).

169. — Le 27 fév. 1717, la nomination à la chapelle de N.-D. du Vallet, en la parr. de Monnay, appartenant au seigʳ de Monnay, Mesʳᵉ Charles de Miffaut, chevʳ, seigʳ d'Englesqueville, Monnay et autres lieux, demeurant en son château d'Englesqueville, nomme à lad. chapelle, vacante par la mort de Mᵉ Jacques Frère, dernier titulaire, la personne de Mʳᵉ Réné Daché, Escʳ, acolyte du diocèse d'Evreux.

Le 12 mars 1717, le seigʳ évêque donne aud. sʳ Daché la collation dud. bénéfice. (*V*. **148, 203**).

170. — Le 26 mai 1714, Louis-François Poret, de la ville de Lx, *rité dimissus*, reçoit la tonsure et les ordres mineurs dans l'église paroissiale de Chatenay-sous-Baigneux, diocèse de Paris.

(1) Il s'était démis pour se marier. Il mourut en 1717. (*MM. de Sᵗ Hymer*).

Le 3 août 1713, il est reçu Mᵉ ès-arts en l'Université de Paris.

Le 1ᵉʳ août 1716, il obtient des lettres de quinquennium du recteur de lad. Université.

Le 7 oct. 1716, il est nommé par icelle sur l'évêché et le Chapitre de Lx, etc. (*V.* **173, 415**).

171. — Le 24 février 1707, Nicolas du Trou, fils de Mathieu et de Catherine Le Cordier, de la parr. de Sᵗ Sauveur de Caen, reçoit la tonsure dans la chapelle du séminaire de Caen.

Le 17 février 1714, Mᵉ Nicolas du Trou de la Bénardière, pbrē de Caen, est reçu Mᵉ ès-arts en l'Université dud. lieu.

Le 21 février 1714, il obtient des lettres de quinquennium du recteur de lad. Université.

Le même jour, il est nommmé par icelle sur les archevêchés et les Chapitres de Paris et de Rouen ; sur les évêchés et les chapitres de Bayeux, Lisieux, Coutances, Avranches, Evreux et Séez, ainsi que sur un grand nombre des abbayes et prieurés de ces divers diocèses.

Le 12 mars 1717, led. sʳ du Trou, demeurant actuellement à Vaucelles, représenté par Mesʳᵉ Jean Mignot, chanoine de Lx, fait signifier ses noms et grades au seigʳ évêque et aux sʳˢ chanoines de Lx. (*V.* **406, 528**).

172. — Le 18 janvier 1717, la nomination à la cure de Cauverville appartenant au seigʳ du lieu, Mesʳᵉ Léonor Bertout, Escʳ, seigʳ et patron d'Heudreville, le Favril et Cauverville, consʳ du roy, maitre ordinaire en sa Cour des Comptes, Aides et Finances de Normandie, demeurant à Rouen, rue de la Pie, nomme aud. bénéfice, vacant par la mort de Mᵉ Martin Le Chevallier, dernier titulaire, la personne de Mᵉ Louis-Pierre-François Duhamel, Escʳ, sʳ de Verrier, pbrē du diocèse de Bayeux, demeurant à Sᵗ Sauveur. (*V.* **245, 330**).

173. — Le 12 mars 1717, Mᵉ Louis Poret, sous-diacre de Sᵗ Jacques de Lx, y demeurant ordinairement et de présent étant au séminaire de lad. ville, Mᵉ ès-arts en l'Université de Paris, fait signifier ses noms et grades au seigʳ évêque et aux sieurs chanoines de Lx. (*V.* **170, 415**).

174. — Le 20 sept. 1715, Charles-Benoit Lebourg, de la ville de Pontaudemer, reçoit la tonsure et les ordres mineurs.

Le 15 février 1717, il obtient des lettres de quinquennnium du recteur de lad. Université.

Le même jour, led. sʳ Lebourg, âgé de 21 ans, est nommé par icelle sur l'archevêché et le Chapitre de Rouen, sur les évêchés et Chapitres de Bayeux, Lisieux, Coutances et Dol, ainsi que sur les principales abbayes de ces diocèses.

Le 15 mars 1717, le sʳ Lebourg, demeurant à Pontaudemer, représenté par son frère, Mre Jean-Jacques Lebourg des Alleurs, pbrē, docteur de Sorbonne, chanoine de la Cathédrale et grand vicaire de Lx, fait signifier ses noms et grades au seigr évêque et au Chapitre de Lx. (*V.* **405**).

175. — Le 2 août 1712, Me Pierre Soyer, du diocèse de Lx, est reçu Me ès-arts en l'Université de Paris.

Le 5 déc. 1716, led. sr Soyer, diacre, obtient des lettres de quinquennium du recteur de lad. Université.

Le 14 déc. 1716, il est nommé par icelle sur l'Évêché et le Chapitre de Lx, etc.. (*V.* **302**).

176. — Le 17 mars 1717, Me Jean Lebastard, pbrē du diocèse de Bayeux, chanoine régulier de la Maison-Dieu de Caen, Me ès-arts en l'Université de lad. ville, fait réitérer ses noms et grades aux religieux de Ste Barbe, (*V.* **389**).

177. — Le 17 mars 1717, Me Louis Delamare, diacre, demeurant à Pontaudemer, parr. St Ouen, Me ès-arts en l'Université de Caen, fait réitérer ses noms et grades aux religieux de St Pierre de Préaux, de Cormeilles, de Grestain et aux dames religieuses de St Léger dud. lieu de Préaux. (*V.* **303**).

178. — Le 18 mars 1717, Me Antoine Jehan, pbrē, curé de Noron, diocèse de Séez, « de portion congrue, » Me ès-arts en l'Université de Caen, fait réitérer ses noms et grades aux religx de St Evroult. (*V.* **373**).

179. — Le 16 mars 1717, Me Louis Haudard, pbrē, curé de Livet-sur-Authou, (de la valeur de 350 livres), Me ès-arts en l'Université de Caen, fait réitérer ses noms et grades au seigr évêque et au Chapitre de Lx, ainsi qu'aux religx des abbayes de Bernay, Cormeilles et St Pierre de Préaux. (*V.* **27**).

180. — Le 17 mars 1717, Me François Halley, pbrē, originaire de Bourgeauville et vicaire de Danestal, Me ès-arts en l'Université de Caen, fait signifier ses noms et grades au seigr évêque et au Chapitre de Lx. (*V.* **152**).

181. — Le 15 mars 1717, Me Charles Bellière, pbrē, chapelain en la Cathédrale, Me ès-arts en l'Université de Caen, demeurant à Lx, parr. St Germain, fait réitérer ses noms et grades au seigr évêque. (*V.* **400**).

182. Le 17 mars 1717, Me Gabriel Hurel, diacre, demeurant au Mesnil-Simon. Me ès-arts en l'Université de Caen, fait signifier ses noms et grades au seigr évêque et au Chapitre de Lx. (*V.* **167**, **221**, **303**).

183. — Le 18 mars 1717, Me Nicolas de Sallen, pbrē, chapelain de la chapelle de la Cérandière, de la valeur de 50 livres de revenu, Me ès-arts en l'Université de Caen, demeurant à Monts, diocèse de

Bayeux, fait réitérer ses noms et grades au seigr évêque et au Chapitre de Lx, ainsi qu'aux religieux de St Evroult.

184. — Le 16 mars 1717, Me Pierre Soyer, diacre, chapelain de la chapelle de St Gatien en la Cathédrale, (de la valeur de 250 livres de rente), Me ès-arts en l'Université de Paris, fait signifier ses noms et grades au seigr évêque et au Chapitre de Lx. (*V*. **175**).

185. — Le 15 février 1717, Me Gabriel de la Mondière, diacre du diocèse de Lx, est reçu Me ès-arts en l'Université de Caen.

Le 17 février 1717, il obtient des lettres de quinquennium du recteur de lad. Université.

Le même jour, il est nommé par icelle sur l'archevêché et le chapitre de Rouen ; sur les évêchés et les chapitres de Coutances, Bayeux, Lisieux, Avranches et Evreux, ainsi que sur un certain nombre d'abbayes de ces divers diocèses. (*V*. **303, 424**).

186. — Le 10 mars 1717, Me Georges-François Hélix, pbrē de la parr. du Pin et vicaire du Mesnil-sur-Blangy, Me ès-arts en l'Université de Caen, fait signifier ses noms et grades au seigr évêque et au Chapitre de Lx. (*V*. **93, 191, 387**).

187. — Le 17 mars 1717, Me Simon Mannoury, sous-diacre, demeurant à St Pierre de Courson, Me ès-arts en l'Université de Caen, fait réitérer ses noms et grades au seigr évêque et au Chapitre de Lx. (*V*. **57, 389**).

188. — Le 15 mars 1717, Me Louis Frémont, pbrē, curé de Brionne, diocèse de Rouen, et pourvu de la cure d'Epréville par la nomination faite de sa personne par « le sérénissime prince de Lorraine, comte de Lambese et de Brionne, » prend possession dud. bénéfice, en présence de Me Nicolas-François Lecerf, pbrē, vicaire de Brionne ; Georges Hue, pbrē, desservant d'Epréville ; Louis Legentil, Escr, conser du roy, lieutenant général de police en la ville de Coutances ; Robert Loysel, diacre d'Epréville ; Robert Letellier, trésorier, et autres témoins de lad. parr. (*V*. **153, 216, 291**)

189. — Le 22 mars 1717, Me Pierre Simon, pbrē, demeurant à Orbec, bachelier et Me ès-arts en l'Université de Paris, fait réitérer ses noms et grades, 1o au seigr évêque en parlant au sr Bernardi, son secrétaire ; 2o au Chapitre de Lx ; 3o aux religieux de St Evroult et de Bernay. (*V*. **377**).

190. — Le 23 mars 1717, Me François Morel, pbrē, curé de St Pierre de Villers-en-Ouche, de portion congrue, Me ès-arts en l'Université de Caen, fait réitérer ses noms et grades au seigr évêque et au Chapitre de Lx ainsi qu'aux religieux de St Evroult. (*V*. **392**).

191. — Le 17 mars 1717, Me Georges-François Hélix, vicaire du Mesnil-sur-Blangy, Me ès-arts en l'Université de Caen, fait signifier ses noms et grades aux religieux de Beaumont, en parlant à Dom Denis Lesueur, pbrē de lad. abbaye. (V. 186).

Le 18 mars 1717, il fait faire la même signification aux religieux de S¹ Pierre de Préaux en parlant à Dom Pierre Lefebvre, pbrē, relig⁹, dépositaire de lad. abbaye ; aux dames de S¹ Léger de Préaux, en parlant à M⁵ᵉ Marguerite de la Lorie de Thibouville, dépositaire de l'abbaye de S¹ Léger ; aux relig⁹ de Cormeilles, en parlant à Dom Louis Lejumel, pbrē, « pitancier » de lad. abbaye.

Le 19 mars 1717, même signification aux religieux de Bernay en parlant à Dom Jacques de Prousac, prieur de l'abbaye de Bernay. (V. 186, 387).

192. — Le 23 mars 1717, Mᵉ Pierre Thillaye, pbrē, demeurant à Lx, parr. S¹ Germain, Mᵉ ès-arts en l'Université de Paris, fait réitérer ses noms et grades au seig⁹ évêque et au Chapitre de Lx, ainsi qu'aux religieux de Cormeilles. (V. 399).

193. — Le 24 mars 1717, Mᵉ Nicolas Guillain, pbrē du diocèse de Chartres, vicaire de Rambouillet, Mᵉ ès-arts en l'Université de Paris, représenté par Mᵉ Jacques Crochon, pbrē, demeurant à Lx, parr. S¹ Germain, fait réitérer ses noms et grades aux religieux de S¹ Evroult.

194. — Le 24 mars 1717, Mᵉ Nicolas Gosset, pbrē, curé du Mesnil-Durand, de la valeur de 250 livres de revenu, Mᵉ ès-arts en l'Université de Paris, fait réitérer ses noms et grades aux sʳˢ chanoines de Lx, ainsi qu'aux relig⁹ de Bernay et de S¹ Pierre de Préaux et aux dames de S¹ Léger de Préaux. (V. 398).

195. — Le 24 mars 1717, Mᵉ Jacques Crochon (1), pbrē de Lx, parr. S¹ Germain, Mᵉ ès-arts en l'Université de Paris, fait réitérer ses noms et grades au seig⁹ évêque et au Chapitre de Lx, ainsi qu'aux religieux de Cormeilles et de S¹ Pierre de Préaux.

196. — Le 23 mars 1717, Mᵉ André du Coudray, pbrē, docteur en théologie de la faculté d'Angers, curé de S¹ Sauveur de Marnefer, diocèse d'Evreux (lad. parr. valant 300 livres de revenu), Mᵉ ès-arts en l'Université de Caen, fait réitérer ses noms et grades aux relig⁹ de S¹ Evroult. (V. 396).

197. — Le 19 avril 1715, Louis Pouchin, fils de Marin et de Marie-Catherine Ledanois, de la parr. de S¹ Sauveur-le-Vicomte, diocèse de Coutances, *rité dimissus*, reçoit la tonsure et les ordres mineurs.

198. — Le 26 mars 1717, Mᵉ Louis Pollin, pbrē, curé de S¹ Jean-de-Livet, Mᵉ ès-arts en l'Université de Caen, fait réitérer ses noms et grades aux religieux de S¹ Evroult.

---

(1) Il n'est plus notaire royal-apostolique. Le dernier acte fait par lui est du 13 janvier précédent. Il est remplacé par François Dufresne et Gaspard Dufresne.

199. — Le 19 sept. 1716, M⁰ Louis Pecqueult, sous-diacre de S᷈ Aubin-de-Scellon, est ordonné diacre.

Le 17 fév. 1717, led. s᷈ Pecqueult, diacre, obtient des lettres de quinquennium du recteur de l'Université de Caen.

Le même jour, le s᷈ Pecqueult, âgé de 25 ans, est nommé par lad. Université sur l'archevêché et le chapitre de Rouen, sur les évêchés et les chapitres de Bayeux, Lisieux, Séez et Le Mans, ainsi que sur plusieurs abbayes et prieurés de ces divers diocèses. (*V*. **208, 289, 302**).

200. — Le 25 mars 1717, M⁰ Guillaume De la Couture, pbrē, vicaire de S᷈ Evroult-de-Montfort, faisant élection de domicile en la maison de M⁰ Joseph Le Cousturier, notaire, demeurant à S᷈ Evroult, fait réitérer ses noms et grades aux religieux dud. lieu par le ministère de M⁰ Guillaume Maignet, notaire royal-apostolique au diocèse de Lx, résidant à Gacé. (*V*. **404**).

201. — Le 16 mars 1715, M⁰ Robert Mignot, « ancien et nouveau président au grenier à sel de Lx, y demeurant, par̄r. S᷈ Germain », constitue 150 livres de rente en faveur de M⁰ François Huet, acolyte, afin qu'il puisse parvenir aux ordres sacrés. Fait en présence de M⁰ Jean de Boissey, pbrē, curé de S᷈ Philbert-des-Champs. (*V*. **302**).

202. — Le 13 mars 1717, le seig᷈ évêque donne à M⁰ Charles-Thomas Moulin, pbrē, la collation de la chapelle de N.-D. du Theil. (*V*. **160, 253**).

203. — Le 23 mars 1717, M⁰ François-René Daché, Escr, clerc tonsuré, demeurant à Marbœuf, diocèse d'Evreux, ayant élu domicile en la maison de M⁰ Michel Desprez, pbrē, curé de la 1ʳᵉ portion de Monnay, prend possession de la chapelle de N.-D. du Vallet dont il a été pourvu par noble dame Anne de Malvoue, épouse de Mesʳᵉ Charles de Miffaut, chevʳ, seigʳ d'Englesqueville et autres lieux, qui l'avait dûment autorisée à ce sujet. (*V*. **169**).

204. — Le 26 mars 1717, Mesʳᵉ Roger de la Rochefoucault, clerc tonsuré, abbé commendataire de l'abbaye du Bec, confirme et renouvelle la nomination qu'il avait faite en Lorraine, le 20 février précédent, de la personne de Mʳᵉ Henry-Emmanuel de Roquette, pbrē du diocèse de Paris, au prieuré de S᷈ Hymer, vacant par la mort de Félix-Joseph de Fontaine, dernier prieur commendataire.

Le 9 mai 1717, en conséquence des nouvelles provisions et collation accordées par led. seigʳ abbé du Bec aud. s᷈ de Roquette, celui-ci prend de nouveau possession du prieuré de S᷈ Hymer avec toutes les cérémonies ordinaires, puis chante le *Veni Creator* et célèbre la s᷈ᵉ messe dans l'église dud. prieuré, le tout en présence de M⁰ Jean-Baptiste Moullin, pbrē, chanoine et archidiacre en la cathédrale de Lx ; M⁰ Louis Quesnel, pbrē, curé de S᷈ Hymer ; Jean Leperchey, aussi pbrē, desservant led.

prieuré : François de la Faye, Esc^r, s^r de Malou, demeurant à Norolles, et Me Jean Lefebvre, pbrē, curé du Brèvedent. (V. 151).

Le 7 juin 1717, Mes^re Henry-Emmanuel de Roquette, pbrē du diocèse de Paris, docteur de Sorbonne, abbé de St Gildas de Rhuis en Bretagne, diocèse de Vannes, doyen de Vallons en Bourgogne, diocèse d'Autun, et prieur commendataire du prieuré de St Hymer, diocèse de Lx, demeurant ordinairement à Paris et se trouvant présentement à Lx, donne sa procuration pour résigner entre les mains de N.-S.-P. le pape sond. prieuré de St Hymer en faveur de Me Jean-Baptiste Moullin, pbrē, chanoine de Cordebugle et archidiacre d'Auge, demeurant à Lx. Led. prieuré est grévé d'une pension de 800 livres qui reste à la charge du s^r Moullin, en cas qu'elle soit légitimement dûe. Si celui-ci juge à propos de la contester, il devra le faire sans y appeler le s^r de Roquette. S'il y a des réparations à faire, le s^r Moullin s'engage à poursuivre tous autres que led. s^r abbé de Roquette qui demeure déchargé de tout, attendu qu'il n'est en possession dud. prieuré que du mois de mars précédent.

Et led. s^r Moullin donne sa procuration pour résigner ses canonicat et prébende de Cordebugle et son archidiaconé d'Auge en faveur dud. s^r abbé de Roquette, le tout pour cause de mutuelle permutation, avec la condition toutefois que led. archidiaconé d'Auge étant chargé d'une pension de 500 livres en faveur de Me Pierre Jourdain, ancien titulaire, le s^r Moullin consent que lad. pension soit transférée sur les revenus du prieuré de St Hymer et que l'archidiaconé en soit complètement déchargé.

Le 12 juin 1717, le s^r abbé de Roquette révoque lad. procuration et déclare vouloir qu'elle n'ait aucun effet. Le s^r Moullin accepte lad. révocation et consent à ce que le s^r de Roquette demeure paisible possesseur de son prieuré comme lui-même restera possesseur de son canonicat et de son archidiaconé. (V. 151, 280).

205. — Le 16 janvier 1716, Françoise Le Bas, v^ve de Noel Deshayes, marchande et bourgeoise, demeurant à Pontaudemer, constitue 150 livres de rente en faveur de son fils, Me Noel Deshayes, acolyte, afin qu'il puisse parvenir aux ordres sacrés. (V. 301).

206. — Le 7 avril 1717, dispense de bans pour le mariage entre Nicolas Quidel, fils Nicolas, d'une part, et dam^lle Catherine-Anne Leterrier, fille de feu Charles Leterrier, Esc^r, et de dam^lle Marie-Anne Le Chantre, de la parr. d'Equainville.

207. — Le 31 mars 1717, la nomination à la cure de St Melaigne (Melaine) appartenant au seig^r du lieu, Mre Louis Voisin du Neufbosc, chev^r, seig^r et patron de St Melaine, nomme à cette cure, vacante par la mort de Me Charles Paon, pbrē, dernier titulaire, décédé dans le présent mois, la personne de Me Louis Lescallard, pbrē habitué à Pont-l'Evêque.

Le 3 avril 1717, le seigr évêque donne aud. sr Lescalland la collation dud. bénéfice.

Le st Lescalland prend possession de la cure de St Mélaine, en présence de Me Nicolas Bellencontre, pbr̃e habitué en l'église de Pont-l'Évêque ; Charles Dumoullin, cordonnier et trésorier ; Jean Lethieu, fermier, et autres habitants de St Mélaine.

208. — Le 5 avril 1717, Me Louis Pesqueult, diacre de St Aubin-de-Scellon, Me ès-arts en l'Université de Caen, fait signifier ses noms et grades au seigr évêque et au Chapitre de Lx. (V. **199, 289, 302**).

209. — Le 28 mars 1716, Nicolas Turpin, sr du Tertre, de la par̃. d'Echauffour, constitue 150 livres de rente en faveur de son fils, Me François Turpin, acolyte, afin qu'il puisse parvenir aux ordres sacrés. Fait en présence de Me Clément Delaunay, pbr̃e, curé d'Orgères ; Me Pierre Delaine, curé, pbr̃e, curé d'Echauffour, et Me Gaspard Mesnil, aussi pbr̃e, vicaire d'Echauffour. (V. **301, 391**).

210. — Le 8 mars 1717, Noël Mordant, fils Noël, et Jean Quesnel, demeurant en la par̃. des Monceaux, constitue 150 livres de rente en faveur de Me Jacques Quesnel, acolyte, fils dud. Jean, afin qu'il puisse parvenir aux ordres sacrés.

211. — Le 10 avril 1717, vu l'attestation du sr Pépin, curé de Ste Catherine d'Honfleur, et du sr Lemarchand, vicaire du Torquesne, dispense de bans pour le mariage entre Jean Lemoine et Jeanne Ozenne.

212. — Le 26 mars 1717, Philippe Vesque, de la par̃. de St Désir de Lx, reçoit la tonsure et les ordres mineurs.

213. — Le 27 mars 1717, furent ordonnés prêtres :

Fr. Louis Levasseur, diacre, religieux de l'abbaye de St Evroult ;
Fr. Aimable Marette, id. id.
Fr. Antoine Douant, id. id.
Fr. Joseph-François Mullot, id. id.
Pierre Gueroult, diacre de la par̃. Ste Croix de Bernay.

214. — Le 26 mars 1717, Jean-Baptiste-François de Brucourt, chevr, de la par̃. de Cerqueux, reçoit la tonsure.

215— Le 12 avril 1717, Me Jacques Blondel, pbr̃e, curé de Jouveaux, pourvu de la cure de St Pierre de Cormeilles, prend possession dud. bénéfice en présence de Me Estienne-Alexandre Halley, pbr̃e, vicaire du lieu ; Jean Monseillon, pbr̃e, vicaire de Jouveaux, et plusieurs habitants de St Pierre de Cormeilles. (V. **417**).

216. — Le 23 mars 1717, la nomination à la cure d'Epréville-en-Lieuvin, appartenant au comte de Brionne, Mgr Louis de Lorraine, prince de Lambese et comte de Brionne, confirme la nomination qu'il a précédemment faite, sous seing privé, de la personne de Me Louis Frémont, pbr̃e du diocèse du Mans, curé de Brionne, pour remplir lad. bénéfice d'Épréville. Fait à Paris, en l'hôtel d'Armagnac où demeure led. seig'.

Le 13 avril 1717, le seig' évêque donne de nouveau aud. s' Frémont la collation de lad. cure. (V. 153, 188, 291).

217. — Le 23 mars 1717, « M° Charles Billard, pbrë du diocèse d'Évreux, M° ès-arts en l'Université de Paris, chanoine de l'église royale et collégiale de S' Spire de Corbeil, diocèse de Paris, y demeurant », fait réitérer ses noms et grades aux relig' de S' Evroult en parlant à M° Antoine Lemoyne, grand vicaire du seig' abbé de lad. abbaye. (V. **438**).

218. — Le 15 février 1717, M° Jean Cally, pbrë du diocèse de Lx, est reçu M° ès-arts en l'Université de Caen.

Le 17 février 1717, led. s' Cally, âgé de 28 ans, obtient des lettres de quinquennium du recteur de lad. Université.

Le même jour, il est nommé par icelle sur les archevêchés et les Chapitres de Paris et de Rouen ; sur les évêchés et les Chapitres de Bayeux, Lisieux, Évreux, Séez, Chartres, le Mans, Coutances et Angers et sur bon nombre d'abbayes et prieurés de ces divers diocèses.

Le 16 avril 1717, le s' Cally, pbrë, demeurant au Mesnil-Hubert, fait signifier ses noms et grades au seig' évêque et au Chapitre de Lx. (V. **370**).

219. — Le 19 février 1717, M° Jean-Isaac Letellier, pbrë, obtient en cour de Rome des lettres de provision de la 1re portion de la cure de S' Michel de Préaux, vacante par la résignation faite en sa faveur par M° André Saffrey, pbrë, dernier titulaire.

Le 16 avril 1717, le seig' évêque donne son visa auxd. lettres de provision.

Le 29 avril 1717, le s' Letellier prend possession de la cure de S' Michel de Préaux, en présence dud. s' Saffrey, dernier titulaire ; M° Thomas Chalot, pbrë, curé de la 2e portion ; Jean Briosne, curé de Fresneuse ; Pierre Durand, pbrë, curé de Tourville, et autres témoins de lad. parr. (V. **134**).

220. — Le 21 avril 1717, vu l'attestation du s' Jeulin, curé de Quetteville, et du s' Lefebvre, vicaire de S' Étienne-Lallier, dispense de bans pour le mariage entre François Le Nantier, Escr, s' de S' Laurent, fils de Louis Le Nantier, Escr, s' de Quetteville, et de dame Marie de Nollent, de lad. parr. de Quetteville, d'une part, et damlle Catherine-Thérèse Deschamps, fille de feu Jacques Deschamps, Escr, s' de la Gruelle, et de dame Marie Legrip, de la parr. d'Ableville, et demeurant présentement à S' Étienne-Lallier.

221. — Le 25 mars 1717, M° Gabriel Hurel, diacre de Ste Marie-aux-Anglais, et demeurant présentement au Mesnil-Simon, M° ès-arts en l'Université de Caen, ayant fait élection de domicile pour le cas présent en la maison de M⁰ Joseph Le Couturier, notaire royal, demeurant près de l'abbaye de S¹ Evroult, fait signifier ses noms et grades aux religieux de lad. abbaye. (*V.* **167, 182, 303**).

222. — Le 21 avril 1717, vu l'attestation du s' Leroy, curé d'Epaigne, et du s' Noncher, vicaire, desservant la parr. d'Hesquemanville, dispense de bans pour le mariage entre Denis Laisney et Suzanne Deglos.

223. — Le 15 janv. 1717, Dom Charles de Pade, pbrē, religieux de l'abbaye du Bec, prieur du prieuré simple et régulier de S¹ Michel de Crouttes au diocèse de Lx, donne sa procuration pour résigner led. bénéfice entre de N.-S.-P. le pape en faveur de Dom Denis Lesueur, pbrē, religieux de l'ordre de S¹ Benoît.

Le 3 fév. 1717, Dom Denis Lesueur obtient en cour de Rome des lettres de provision du prieuré simple de S¹ Michel de Crouttes.

Le 3 mai 1717, le seig' évêque de Lx donne son visa auxd. lettres de provision.

Le même jour, led. s' Lesueur, pbrē, religieux demeurant en l'abbaye ou prieuré de Beaumont-en-Auge, logé présentement « en l'hostellerie de la Belle-Fontaine, parr. S¹ Jacques de Lx, faubourg de la Porte de Paris », donne sa procuration pour faire prendre possession en son nom dud. prieuré de Crouttes.

Le 4 mai 1717, Dom Lesueur, représenté par Dom Marc-Antoine Souché, pbrē religieux, procureur et célérier de l'abbaye de Jumièges, prend possession du prieuré simple de S¹ Michel, situé en la parr. de Crouttes, en présence de Pierre Pellerin, marchand, demeurant aud. prieuré ; M⁰ Pierre Pollin, notaire, demeurant en lad. parr. de Crouttes. (*V.* **191**).

224. — Le 21 avril 1717, dispense de bans pour le mariage entre M'⁰ Jacques-Charles-Henry-Guy de Bonnechose, chev', seig' du Mesnil-Germain, la Boullaye et autres lieux, fils de feu Réné de Bonnechose, aussi chev', seig' du Mesnil-Germain, et de feue noble dame Marie-Françoise d'Aufray, de la parr. du Mesnil-Germain, d'une part, et damˡˡᵉ Charlotte Graindorge, fille de feu M'⁰ François Graindorge, chev', seig' du Theil, et de feue noble dame Charlotte Pollin, dame et patronne du Mesnil-Durand, de lad. parr. du Mesnil-Durand.

225. — Le 18 mars 1715, Charles Lefrançois, marchand, demeurant à Tonnencourt, constitue 150 livres de rente en faveur de son fils, M⁰ Charles Lefrançois, acolyte afin qu'il puisse parvenir aux ordres sacrés. Fait en présence de M⁰ Pierre Costard, pbrē, vicaire du Mesnil-Bacley, procureur dud. acolyte, et M⁰ Jacques Dumont, pbrē, demeurant à Cheffreville. (*V.* **302**).

226. — Le 17 juillet 1714, Pierre Toustain, fils de Robert et de Catherine Hervieu, de la par̃. de S᠋ Martin-de-la-Lieue, cité *ci-dessus*, reçoit la tonsure et les ordres mineurs dans la chapelle du séminaire de Caen.

Le 27 mars 1717, il est ordonné sous-diacre par le seig᠋ évêque de Lx. (*V*. **453**).

227. — Le 26 mars 1717, Michel-André Hétibel, de S᠋ Gilles de Caen, cité *ci-dessus*, reçoit à Lx, la tonsure et les ordres mineurs.

228. — Le 31 déc. 1716, M᠋ Michel-Alexis Dubosc, curé de S᠋ Léger-des-Arassis, diocèse d'Evreux, résigne sond. bénéfice entre les mains de Mes̃ Jacques-Antoine de Chaumont, marquis de Guittry, baron d'Orbec et de Bienfaite, chev᠋, seig᠋ de S᠋ Léger et autres lieux.

Le 26 avril 1717, led. marquis de Guittry nomme aud. bénéfice de S᠋ Léger la personne de M᠋ François de Sevrey, pbr̃ du diocèse de Lx, (originaire des Ronceveys). (*V*. **532**).

229. — Le 10 avril 1717, M᠋ Jean des Moullins Le Boucher, pbr̃ du diocèse de Séez, demeurant à Falaise, pourvu en cour de Rome de la chapelle du Noyer-Besion, sise en la par̃. de S᠋ Evroult-de-Montfort, représenté par M᠋ Jean Mauger, diacre, demeurant à Cacey, prend possession dud. bénéfice, sis dans le manoir seigneurial de la terre du Noyer-Besion. « Auquel lieu estant, dit l'acte, sommes entrés dans la chapelle par la porte dont l'ouverture a esté faite par la femme du fermier de lad. terre. Dans la chapelle où autrefois se célébrait la s᠋᠋ messe, nous n'avons trouvé aucuns ornements que seullement un calice et patène d'estain et un petit voile de tapisserie à l'aiguille, reposés dans un coffre et qui apparemment servaient à la célébration de la s᠋᠋ messe. » (*V*. **130**).

230. — Le 3 mai 1717, vu l'attestation du s᠋ Lecomte, vicaire de S᠋ Loup-de-Fribois, dispense de bans pour le mariage entre Jean Pesquet, s᠋ des Champs, fils de feu Jean et de Magdeleine Lemarchand, d'une part, et dam᠋᠋ Marie-Angélique Manchon, fille de Thomas Manchon, s᠋ de Gourné, et de Jeanne Renault, tous deux de la par̃. de S᠋ Loup-de-Fribois.

231. — Le 29 avril 1717, la nomination à la cure de S᠋ Ouen-le-Hoult appartenant au comte d'Orbec, Mes̃ Antoine de Bernart, chev᠋, marquis d'Avernes et comte d'Orbec par engagement, demeurant à Paris, rue d'Enfer, nomme aud. bénéfice, vacant par la mort de M᠋ Charles Vattier, pbr̃, et par le désistement de M᠋ Jean-Henry Estère, pbr̃ du diocèse de Montpellier, la personne de M᠋ Charles de Crény, pbr̃ du diocèse de Rouen, vicaire de Cormeilles, près Pontoise.(*V*.**80**).

Le 5 mai 1717, led. s᠋ de Crény ayant requis la collation de lad. cure de S᠋ Ouen, le seig᠋ évêque la lui refuse « jusqu'à ce quil ayt fait paroistre les attestations requises de son ordinaire et la dispense de Rome dont il a besoin. » (V. **272**).

232. — Le 5 mai 1717, la nomination à la cure de Bellouet appartenant au seigⁱ évêque de Lx, celui-ci nomme aud. bénéfice, vacant par la mort de Mᵉ Guillaume Buisson, pbrē, dernier titulaire, la personne de Mᵉ Jean-Baptiste Chastan, pbrē du diocèse d'Apt. (V. **310**).

233. — Le 13 déc. 1715, Jacques Hurel, marchand, de la parr. du Mesnil-Simon, constitue 150 livres de rente en faveur de son fils, Mᵉ Nicolas Hurel, acolyte, natif de Sᵗᵉ Marie-aux-Anglais, afin qu'il puisse parvenir aux ordres sacrés. (V. **410**).

234. — Le 30 avril 1717, la nomination à la cure de N.-D. de Blonville appartenant au chapitre de Cléry, les sʳˢ chanoines de lad. collégiale nomment à cette cure, vacante par la mort de Mᵉ Charles Letorey, pbrē, dernier titulaire, la personne de Mᵉ Isaac Cantel, pbrē du diocèse de Lx, bénéficier et habitué en la collégiale de Cléry.

Le 14 mai 1717, le seigʳ évêque donne aud. sʳ Cantel la collation dud. bénéfice.

Le 20 mai 1717, le sʳ Cantel prend possession de la cure de Blonville, en présence de Mᵉ Jean de Pierres, pbrē, curé de Bonnebosc, et de plusieurs habitants de Blonville.

235. — Le 5 mai 1717, Mᵉ Félix Maillet, pbrē de Sᵗ Jacques de Lx et y demeurant, pourvu de la cure de Sᵗ Just d'Hecquemanville, se démet de tous les droits qu'il peut avoir aud. bénéfice en faveur de Mᵉ Jean Dehors, pbrē, qui a été pourvu aussi de lad. cure par Mesʳᵉ Antoine de Bernart, marquis d'Avernes, patron d'Hecquemanville en sa qualité de seigʳ engagiste du comté d'Orbec. (V. **256**).

236. — Le 25 juin 1715, Mᵉ Guillaume Le Marchand, acolyte, demeurant à Sᵗ Jacques de Lx, se constitue 150 livres de rente, afin de parvenir aux ordres sacrés.

237. — Le 28 mai 1717, vu l'attestation du sʳ Bourget, curé de Dives, et du sʳ Pépin, curé de Grangues, dispense de bans pour le mariage entre Henry-Jean-Robert Daniel, chevʳ, seigʳ et patron de Grangues, Martagny, Le Breuil et autres lieux, fils de Henry Daniel, consʳ du roy en tous ses conseils et président en la chambre des Comptes de Normandie, et de noble dame Catherine Le Maistre, d'une part, et noble damˡˡᵉ Louise-Marguerite Le Cloustier, fille de Pierre Le Cloustier, Escʳ, seigʳ de Boishibout, seigʳ et patron de Mézières et autres lieux, et de noble dame Marie-Anne Leduc de la Falaise, demeurant à Dives.

238. — Le 29 mai 1717, vu l'attestation du sʳ Duclos-Huet, pbrē, vicaire desservant la parr. de Sᵗ Aubin-de-Bonneval, dispense de bans pour le mariage entre Jean Motte et Charlotte Auvray.

239. — Le 31 mai 1717, Mᵉ Jean Caboulet, pbrē, curé de Sᵗ Aubin-sur-Auquainville et de plus pourvu de la cure de Royville, donne sa procuration pour résigner sa cure en faveur de Mᵉ Louis Decaux, pbrē, chapelain de la chapelle Sᵗ Gatien en la cathédrale de Séez, demeurant en la parr. de Gasprée aud. diocèse de Séez, de présent logé à Lx en l'hôtellerie où pend pour enseigne Le More, faubourg de la Porte d'Orbec, parr. Sᵗ Jacques ; et led. sʳ Decaux donne également sa procuration pour résigner sad. chapelle entre les mains du seigʳ évêque de Séez en faveur dud. sʳ Caboulet, pour cause de mutuelle permutation. Fait en présence de Mᵉ Jean Vigné, pbrē, présenté à la cure de Carsis, et de Mᵉ Jean Seney, vicaire de Sᵗ Germain de Lx. (*V.* 2).

Le même jour, le seigʳ évêque donne aud. sʳ Decaux la collation de la cure de Sᵗ Saturnin de Royville.

240. — Le 31 mai 1717, Mᵉ Jean Vigné, pbrē, présenté au bénéfice-cure de Carsis, agissant « en vertu de l'arrêt de la cour de Parlement de Rouen, en date du 5 février dernier, par lequel il est dit qu'il a esté mal, nullement et abusivement refusé », et qui « l'a renvoyé devant le supérieur ecclésiastique pour estre pourveu, et faisant droit sur sa requeste, l'a maintenu en la possession et jouissance des fruits dud. bénéfice », va trouver le seigʳ évêque et le supplie de lui accorder la collation de lad. cure de Carsis, protestant, en cas de refus de la part dud. seigʳ évêque, de se pourvoir par les voies de droit où il appartiendra.

Le seigʳ évêque répond « qu'il ne se connoit point juge supérieur de refus » essuyé par le sʳ Vigne « et de ce qui s'est passé pendant la vacance du siège épiscopal. » C'est pourquoi le seigʳ évêque l'approuve de porter devant le métropolitain, où il s'est déjà pourvu, la question du refus de sa personne fait par les sʳˢ du Chapitre de Lx. — Fait en présence de Jacques Delivet, huissier, et Jean David, hôtelier du Louvre, demeurant parr. Sᵗ Germain. (*V.* 155).

241. — Le 31 mai 1717, vu l'attestation du sʳ Leneveu, pbrē, desservant la parr. de Pont-l'Évêque, dispense de bans pour le mariage entre Guillaume de Mannoury, Esᶜʳ, consᵉʳ et procureur du roy en bailliage et vicomté d'Auge, fils de feu Estienne de Mannoury, Esᶜʳ, sʳ de la Cressonnière, et de feue noble dame Catherine Le François, d'une part, et damˡˡᵉ Marie-Thérèse Lesueur, fille de Mᵉ Jean-Baptiste Lesueur, consᵉʳ et procureur du roy en l'élection de Pont-l'Évêque, et de damˡˡᵉ Anne de Lannoy, tous deux de la parr. de Pont-l'Évêque.

242. — Le 2 juin 1717, la nomination à la cure de la Roque-Baignard appartenant au seigʳ évêque, Mᵉ Jacques Crochon, pbrē de Sᵗ Germain de Lx, Mᵉ ès-arts en l'Université de Paris, requiert dud. seigʳ en sa qualité de gradué, sa nomination à lad. cure de La Roque-Baignard, vacante par la mort de Mᵉ Lebienvenu, décédé dans le mois de janvier dernier. Il proteste en cas de refus de se pourvoir devant qui de droit. Sa Grandeur le renvoie devant M⁰ Dumesnil, son grand vicaire, pour être pourvu dud. bénéfice. (*V.* **146**).

Le 4 juin 1717, le seig⁰ évêque donne aud. s⁰ Crochon la collation de lad. cure de la Roque-Baignard. (*V.* **252, 376**).

243. — Le 7 juin 1717, dispense de bans pour le mariage entre Claude du Merle, chev⁰, seig⁰ du Plessis, fils de M⁰ Pierre du Merle, aussi chev⁰, seig⁰ du Plessis, et de noble dame Gabrielle de Nocey, de la parr. d'Orbec, d'une part, et dam⁽⁰⁾ Marie-Anne Verzure, fille de Jean-Laurent Verzure, noble génois naturalisé français, et de dame Marie-Catherine Fouet, de la parr. de S⁰ Nicolas-des-Champs, à Paris.

244. — Le 22 avril 1717, la nomination à la cure de S⁰ Aubin-Lébisey appartenant au seig⁰ du fief dud. lieu, qui est un membre du marquisat de Beuvron, M⁰ Henry, duc d'Harcourt, pair et maréchal de France, chevalier des Ordres du roy, capitaine d'une compagnie des gardes du corps de Sa Majesté, marquis de Beuvron, nomme à lad. cure de S⁰ Aubin-Lébisey, vacante par la mort de M⁰ Jacques Bazin, dernier titulaire, la personne de M⁰ Henry Lemière, pbrē du diocèse de Bayeux.

Le 10 juin 1717, le seig⁰ évêque donne aud. s⁰ Lemière la collation dud. bénéfice. (*V.* **251**).

245. — Le 6 juin 1717, le seig⁰ évêque donne à M⁰ Louis-Pierre-François Duhamel, chev⁰, pbrē du diocèse de Bayeux, la collation de la cure de Cauverville. (*V.* **172, 330**).

246. — Le 5 juin 1717, la nomination à la cure de S⁰ Jean-de-Thenney appartenant au seig⁰ du lieu, Mes⁽ʳ⁾ Ollivier Chardon, chev⁰, seig⁰ châtelain de Fillières, seig⁰ et patron de Pierrefiques, de S⁰ Jean-de-Thenney et autres lieux, étant maintenant en son château de Fillières, parr. de Gonneville, nomme aud. bénéfice de S⁰ Jean-de-Thenney, vacant par la démission pure et simple de M⁰ Jean Le Maistre, pbrē, dernier titulaire, la personne de M⁰ Jean Canu, pbrē, curé de Vieil-Port et titulaire de la prébende cléricale de S⁰ Samson-sur-Risle, exemption de Dol.

Le 10 juin 1717, le seig⁰ évêque donne aud. s⁰ Canu la collation dud. bénéfice de S⁰ Jean-de-Thenney. (*V.* **254**).

247. — Le 14 juin 1717, dispense de bans pour le mariage entre Jacques Le Paulmier, Esc⁰ seig⁰ des Vaux et du Boulley, fils de Nicolas Le Paulmier, Esc⁰, s⁰ des Castelets, et de noble dame Marie de Nocey, de la parr. de S⁰ Pierre de Cormeilles, d'une part, et dam⁽⁰⁾ Hélène Hauvel, fille de feu Mes⁽ʳ⁾ Nicolas Hauvel, cons⁰ et avocat du roy au bailliage d'Orbec, et de dam⁽⁰⁾ Marguerite Tinan, de la parr. S⁰ Jacques de Lx.

248. — Le 20 mars 1717, M⁰ Gaspard-Charles Goujet, de la parr.

S¹ Martin de Caen, diocèse de Bayeux, *rite dimissus*, reçoit la prêtrise à Lx.

249. — Le 16 juin 1717, vu l'attestation du s¹ Lallemand, vicaire de Beaufour, et du s¹ Lebarbey, desservᵗ de S¹ Aubin-Lébisey, dispense de bans pour le mariage entre Jean Roussel et Magdeleine Thommeret.

250. — Le 11 mai 1717, la nomination à la cure d'Ablon appartenant au seigneur du lieu, noble dame Cécile Brunon, dame et patronne d'Equainville, veuve de Mes⁽ʳ⁾ François Le Doyen, chev¹, seig¹ et patron d'Ablon, la chapelle S¹ Clair-lez-Honfleur et Ableville, seig¹ de Daubœuf, du Bosc-Moyaux et autres lieux, demeurante en la ville de Rouen, rue S¹ Laurent, nomme à lad. cure, vacante par la mort de M⁰ Elie Commely, pbr͠e, dernier titulaire, la personne de M⁰ Nicolas Mauger, pbr͠e habitué en l'église de S¹ Eloi de Rouen.

Le 17 juin 1717, le seig¹ évêque donne aud. s¹ Mauger, pbr͠e du diocèse de Coutances, la collation dud. bénéfice.

Le 18 juin 1717, le s¹ Mauger, prend possession de la cure de S¹ Pierre d'Ablon, en présence de M⁰ Thomas Le Breton, pbr͠e, vicaire du lieu; Simon Pilley, receveur de M͠ᵉ d'Ablon, et autres témoins.

251. — Le 15 juin 1717, M⁰ Henry Lemière, pbr͠e du diocèse de Bayeux, pourvu de la cure de S¹ Aubin-Lébizay, prend possession dud. bénéfice en présence, de Louis Le Mancel, Esc⁰, s¹ de Secqueville, et autres témoins. (*V*. 244).

252. — Le 15 juin 1717, M⁰ Jacques Crochon, pbr͠e, pourvu de la cure de la Roque-Baignard, vacante par la mort de M⁰ Martin Le Bienvenu, dernier titulaire, prend possession dud. bénéfice, en présence de M͠ʳᵉ Jean Labbey, chev¹, seig¹ de la Roque et y demeurant; M⁰ Thomas Legendre, receveur du bureau des pauvres de Lx, demeurant en lad. ville; Charles Hain, syndic de la Roque-Baignard; Jacques de la Roque, trésorier. (*V*. 242, **376**).

253. — Le 19 juin 1717, M⁰ Charles-Thomas Moullin, pbr͠e, pourvu de la chapelle de N.-D. dans l'église de S¹ Pierre du Theil, prend possession de lad. chapelle, en présence de Guy-François Apparoc, Esc⁰, s¹ du Theil; M⁰ Antoine Morlet, pbr͠e, curé de lad. parr̄. et autres habitants du lieu. (*V*. 160, 202, **521**).

254. — Le 21 juin 1717, M⁰ Jean Canu, pbr͠e du diocèse de Lx, curé de Vieil-Port, diocèse de Rouen, et chanoine de la prébende de S¹ Samson-sur-Risle, diocèse de Dol, pourvu de la cure de S¹ Jean-de-Thenney, prend possession de ce bénéfice, en présence de M⁰ François Pellerin, pbr͠e, vicaire de lad. parr̄.; Guillaume de Bocquencey, Esc⁰, s¹ de Thenney, et autres paroissiens. (*V*. **246**).

255. — Le 19 mars 1715, M⁰ Ollivier Jouen, s¹ du Marais, docteur en médecine, demeurant à Bernay, parr̄. S⁽ᵗᵉ⁾ Croix, constitue 150 livres de rente en faveur de son fils, Mᵉ Jacques-Ollivier Jouen, acolyte, présentement au séminaire de Lx, afin qu'il puisse parvenir aux ordres sacrés. — Cette rente est garantie par Claude-Pierre Pellard, Esc¹, consᵉʳ du roy, receveur des tailles en l'élection de Bernay, et par François de Montreuil, sʳ de la Barbottière, demeurant à Bernay, parr. Sᵗᵉ Croix.

256. — Le 30 juin 1717, Mᵉ Jean Dehors, pbrē, demeurant à Pontaudemer, pourvu de la cure de Sᵗ Just d'Hecquemanville et représenté par Mᵉ Louis Delamare, diacre, demeurant aussi à Pontaudemer, déclare qu'il accepte la démission que Mᵉ Félix Maillet, pbrē de Sᵗ Jacques de Lx, a faite en sa faveur, du droit qu'il avait à lad. cure d'Hecquemanville. Fait à Lx, en l'étude de Mᵉ Gaspard Daufresne, notaire royal-apostolique, en présence de Mᵉ Jean Lecarpentier, sous-diacre de Sᵗ Germain de Pontaudemer, et de Mᵉ Pierre Formage, notaire à Lx (*V.* **235, 464**).

257. — Le 2 avril 1706, Jacques de la Bertherie, fils de Charles et de Jacqueline Quéru, de la parr. de Marmouillé, reçoit la tonsure cléricale.

258. — Le 3 juillet 1717, dispense de bans pour le mariage entre Nicolas Hébert, fils de Mᵉ Adrien Hébert, « substitut et procureur du roy de la ville et communauté de Lx », et de feue Jacqueline Thiou, de la parr. de Sᵗ Hippolyte-du-Bout-des-Prés, d'une part, et damˡˡᵉ Françoise Cottin, fille de feu Jacques Cottin, sʳ de Boismenard, et de Jacqueline Gohier, de la parr. Sᵗ Germain de Lx.

259. — Le 17 déc. 1716, Mᵉ Jean Gueroult, pbrē du diocèse de Rouen, demeurant à Virville, « estant de pnt en la ville de Lx chez la veuve Baudry, maitresse de l'hostellerie où pend pour enseigne la Belle Fontaine, parr. Sᵗ Jacques », se présente devant le seigʳ évêque de Lx et lui ayant exposé que sur les refus du grand vicaire de Rouen et ensuite du grand vicaire de Lx, de lui donner la collation de la cure de Virville, il a été obligé de se pourvoir au Parlement et d'appeler comme d'abus ; que le Parlement l'a renvoyé devant le seigʳ évêque, comme commissaire de Sa Sainteté. Il prie Sa Grandeur de lui faire subir tel examen qu'elle jugera. Le seigʳ évêque le fait examiner sur le champ par son secrétaire ordinaire ; mais vu led. examen, led. seigʳ évêque dit ne pouvoir lui donner son institution canonique et confirme le refus précédent. Sur ce, le sʳ Gueroult demande à Sa Grandeur de lui faire délivrer une copie dud. examen et de ses réponses ; ce qui lui est accordé. Il se retire en protestant de nouveau de se pourvoir devant qui de droit. Fait au palais épiscopal, en présence de Mᵉ Jean Le Vallois, pbrē habitué à Sᵗ Jacques de Lx, et de Mᵉ Gabriel Thesdhomme, diacre de la parr. de Sᵗ Germain de Lx.

260. — Le 12 juillet 1717, vu l'attestation du sʳ Seney, vicaire de Sᵗ Germain de Lx, dispense de bans pour le mariage entre Louis de la Balle, sʳ de la Morandière, fils de feu François de la Balle, sʳ du Rouy, et de Catherine Esmond, de la parr. de Moyaux, d'une part, et damˡˡᵉ Anne Gosset, fille de feu Pierre et d'Elisabeth Lefebvre, de Sᵗ Germain de Lx.

261. — Le 10 juin 1717, Dom Charles Leudet, acolyte, religieux-profès du prieuré de Sᵗᵉ Austreberte de Pavilly, diocèse de Rouen, étant présentement à Lx, et ayant droit au prieuré simple de Sᵗᵉ Croix de Véranville, diocèse de Coutances, à cause des lettres de *per obitum* qu'il a obtenues en Cour de Rome, consent, afin d'éviter de grosses procédures et pour maintenir la paix et la bonne intelligence, à céder tous ses droits à Dom Louis Lejumel, pbrē, religieux-profès de l'abbaye de Cormeilles qui a aussi obtenu en Cour de Rome des lettres de *per obitum* du même prieuré.

262. — Le 17 juin 1714, Louis Girette, fils de Jean et de Gabrielle Frère, de la parr. de Sᵗ Pierre du Sap, reçoit la tonsure et les ordres mineurs dans la chapelle du séminaire de Caen. (*V.* **299**).

263. — Le 20 juillet 1717, la nomination à la chapelle de Sᵗᵉ Trinité des Bréholles appartenant au seigʳ du lieu, Marin Desprez, marchand, demeurant à Sᵗ Clair-de-Barneville, possesseur de lad. terre des Bréholles, nomme aud. bénéfice, vacant par la mort de Mᵉ Jean Senoze, pbrē, dernier titulaire, la personne de Mᵉ Pierre Golley, diacre, originaire de la ville de Caen.

Le même jour, Mesʳᵉ Louis-Henry de Romé de Vernouillet, chanoine et grand archidiacre de la Cathédrale et vicaire général de Lx, donne aud. sʳ Golley la collation de lad. chapelle.

Le 21 juillet 1717, le sʳ Golley, demeurant présentement à Sᵗ Pierre de Caen, prend possession de lad. chapelle simple des Bréholles, sise en la parr. de Sᵗ Clair-de-Barneville.

264. — Le 23 juillet 1717, la nomination à la cure de Sᵗ Georges-du-Mesnil appartenant au seigʳ du lieu, par droit alternatif, Mesʳᵉ Jean-François de Trousseauville, chevʳ, seigʳ de Sᵗ Georges-du-Mesnil, nomme aud. bénéfice, vacant par la mort de Mᵉ Adrian Dumaine, pbrē, dernier titulaire, la personne de Mᵉ Guillaume Devin, pbrē, demeurant à Morainville.

Le 24 juillet 1717, le seigʳ évêque donne aud. sʳ Devin la collation dud. bénéfice. (*V.* **348**).

265. — Le 25 juillet 1717, la nomination à la cure de Sᵗ Georges-du-Mesnil appartenant au seigʳ « du plein fief de chevalier de la Lecqueraye et Beaufort, » noble homme François-Philippe Belin, sʳ de Sᵗ Victor, seigʳ et patron de lad. parr. de Sᵗ Georges à cause dud. fief de la Lecqueraye, agissant « tant en son nom que comme ayant épousé noble dame Marguerite Le Vellain, fille de feu François Le Vellain, Es^r, seig^r desd. lieux, nomme aud. bénéfice de St Georges, vacant par la mort de Me Adrian Dumaine, pbrē, dernier titulaire, la personne de Me Jean-François-Bernard Laignel de la Vastine, acolyte de la par̄r. de Plasnes. (*V.* **114, 346, 461**).

266. — Le 24 juillet 1717, la nomination à la cure de Druval appartenant au seig^r abbé du Bec et revenant au seig^r évêque de Lx par droit de dévolut, Sa Grandeur nomme à ce bénéfice, vacant par la mort de Me Vaulegeard, dernier titulaire, la personne de Me Pierre Guillemin, pbrē de ce diocèse. (*V.* **286**).

267. — Le 18 juillet 1717, Me Pasquier Tousey, pbrē, pourvu de la par̄r. de « *St Clair* » du Douet-Arthus, prend possession dud. bénéfice, « pñce de Me Jean Urset, pbrē, curé de Heugon, de messieurs les curés du Sap, Monnay, Sapandré, des s^{rs} Beuzelin et Cally, pbrēs, du s^r Lecomte, avocat au Parlement de Rouen », et de plusieurs autres paroissiens. (*V.* **135**).

268. — Le 27 juillet 1717, dispense de bans pour le mariage entre Jean de la Biche, s^r de l'Egyptienne, fils de feu Me Jean de la Biche, cons^{er} du roy et premier président en l'élection de Pontaudemer, et de dam^{lle} Magdeleine Guedier, de la par̄r. de Tourville, d'une part, et dam^{lle} Catherine Dupont, fille de feu Me Jean Dupont, cons^{er} et procureur du roy en lad. élection, et de dam^{lle} Anne Legras, de la par̄r. de N.-D. de Préaux.

269. — Le 14 juillet 1717, Me Jean-Daniel Bellenger, pbrē, originaire de St Jean de Caen et y demeurant, rue des Carmes, M^e ès-arts en l'Université de Caen, requiert, en sa qualité de gradué, de Me François Pinel, pbrē, curé de Morières et grand vicaire du seig^r abbé de St Pierre-sur-Dives, sa nomination à la cure de St Aubin-sur-Algot, vacante par la mort de Me Nicolas Chesnot, pbrē, dernier titulaire, décédé dans le présent mois. (*V.* **292**).

Le 28 juillet 1717, led. s^r Bellenger se présente à l'abbaye de St Pierre pour requérir une seconde fois sa nomination à la cure de St Aubin. Fait en présence de Jacques Duval, « hoste à la Coupe d'Or », et de Guillaume Le Roy, bourgeois de St Pierre-sur-Dives.

Le même jour le s^r Bellenger, porteur d'un acte de réquisition, en vertu de ses grades, de lad. cure de St Aubin, s'étant présenté devant le seig^r évêque pour obtenir la collation dud. bénéfice, Sa Grandeur la lui refuse « pour n'estre pourveu de ses lettres de tonsure et aūes, ainsy que de l'attestaōn de vie et mœurs de la part de son ordinaire. »

270. — Le 6 juillet 1717, la nomination à la cure de la Chapelle-Gautier appartenant au seig^r du lieu, « Illus^{me} et Rév^{me} seigneur, Monseigneur Charles-Alexandre Le Filleul de la Chapelle, Evesque et comte de Vabre, estant de pnt en la ville d'Orbec, ayant la remise du droit de garde-noble, du fief, terres et seigneurie de la Chapelle, dépendants de la baronie de Ferrière appartenant à M' le comte de Broglio », nomme à lad. cure de la Chapelle-Gautier, vacante par la mort de M' François Dorney, pbrē, dernier titulaire, la personne de M' Jean Morand, pbrē, curé de Mallouy. Fait à Orbec en la maison de M' de la Pillette, cons'' du roy, lieutenant général au bailliage dud. lieu.

Le 3 sept. 1717, le seig' évêque de Lx donne aud. s' Morand la collation dud. bénéfice. (*V*. **333, 535**).

271. — Le 5 août 1717, vu l'attestation du s' Delamare, pbrē, curé de N.-D. d'Epines, et du s' Leprevost, vicaire de S' Georges-du-Mesnil, dispense de bans pour le mariage entre Nicolas Lesecquin et Hélène Morin.

272. — Le 3 août 1717, le seig' évêque donne à M' Charles de Creny, pbrē du diocèse de Rouen, la collation de la cure de S' Ouen-le-Hoult.

Le 4 août 1717, led. s' de Creny prend possession dud. bénéfice. Mais M' Guillaume Vattier, pbrē, pourvu de lad. cure dont il a même pris possession, se présente et déclare qu'il forme opposition à lad. prise de possession du s' de Creny, comme étant lui-même le véritable titulaire. Fait en présence de plusieurs habitants dud. lieu.

Suit la dispense du pape qui relève led. s' de Creny de l'irrégularité *ob defectum natalium*. (*V*. **231**).

273. — Le 15 mars 1717, M' Pierre Guilbaut, pbrē de l'oratoire du diocèse de Nantes, titulaire de la chapelle S'' Catherine de la Noe-Briord, aud. diocèse de Nantes, et pourvu en cour de Rome du canonicat de la Pommeraye pour cause de permutation avec M' Pierre-Cosme Regnier, expose à la cour de Parlement de Rouen que sa procuration *ad resignandum* et celle du s' Regnier étaient arrivées à Rome le 20 août 1716 ; que depuis ce temps il n'avait pu obtenir ses provisions à cause du refus que les officiers de la Daterie faisaient de les expédier par la raison qu'il ne leur a pas été présenté une attestation de vie et mœurs et capacités donnée par l'évêque de Lx, ce qui est une contravention au concordat fait entre le pape Léon X et François 1" et aux libertés de l'Eglise gallicane qui veulent que, dès que la procuration pour résigner a été présentée à Rome, lesd. officiers de la Daterie en délivrent et expédient les provisions ; led. s' Guilbaut prie la Cour de le recevoir appelant comme d'abus dud. refus fait par les officiers de la Daterie, tenir son appel pour bien et dûment relevé, lui permettre de se retirer par devers le seig' évêque de Lx pour obtenir de lui des provisions dud. canonicat de la Pommeraye qui seront réputées de la même date du

26 août 1716, qui aurait dû être celle des provisions de Cour de Rome, sans que le temps prescrit pour prendre possession puisse être compté pendant le refus de lad. cour de Rome de faire expédier des provisions sur lad. permutation. — Toutes les demandes du s⁺ Guilbaut lui sont accordées.

Le 7 août 1717, led. s⁺ Guilbaut, vu l'arrêt du parlement de Rouen, requiert le seig⁺ évêque de lui accorder les provisions du canonicat de la Pommeraye en conséquence de la permutation qu'il a faite de sa chapelle de Sᵗᵉ Catherine de la Noe-Briord, au diocèse de Nantes, avec le canonicat de la Pommeraye, appartenant aud. s⁺ Pierre-Cosme Regnier, lad. permutation ayant été admise en cour de Rome. Il lui présente plusieurs lettres et certificats de supérieurs et vicaires généraux. Le seig⁺ évêque le renvoie à Mᵉ Pierre Dumesnil, vicaire général de Lx. Celui-ci répond aud. s⁺ Guilbaut qu'il ne peut lui accorder l'institution canonique avant qu'il ne produise un *exeat* en forme signé de son évêque, où il soit fait mention de ses bonnes vie et mœurs.

Le 13 août 1717, après avoir essuyé le même refus que le 7 août, de la part du vicaire général de Lx, le s⁺ Guilbaut s'adresse encore une fois à la Cour. Il lui rappelle tous ses griefs contre la cour de Rome exposés dans sa demande du 15 mars et la prie de l'autoriser à prendre possession civile de la prébende de la Pommeraye et de lui concéder la jouissance des revenus dud. bénéfice à partir du 15 mars, jour de l'arrêt de la Cour ; ce qui lui est encore accordé.

Le 21 août, led. s⁺ Guilbaut est mis en possession civile dud. canonicat par le ministère du notaire royal-apostolique avec les cérémonies ordinaires, sauf l'entrée au Chapitre, parce qu'ils en trouvèrent la porte fermée. Fait en présence de Mᵉ Guillaume Couture, chapelain en la Cathédrale ; François Desbuissons, pbr͂e, officier en icelle ; Gabriel Cachet, pbr͂e avocat, et autres témoins.

274. — Le 5 août 1717, damˡˡᵉ Simonne Le Bas, vᵛᵉ de Pierre Le Mercier, garde de feu Son Altesse Royale Mʳ le duc d'Orléans, demeurante à Lx, fonde une messe qui sera dite à perpétuité tous les samedis à onze heures et demie, pour le repos de l'âme de son mari, à l'autel de N.-D. de Pitié dans l'église Sᵗ Germain. Pour assurer cette fondation, elle donne la somme de 702 livres au trésor de lad. église représenté par Mᵉˢ Robert Morin, pbr͂e, curé de lad. par͂r. ; Gabriel Cachet et Jacques Daubichon, aussi pbr͂es, en icelle ; Mᵉ Pierre Boscher, trésorier ; Mᵉˢ Jean Lecoq et Louis Thoumin, consʳˢ du roy en l'élection de Lx, et Mᵉˢ Jacques Riquier et Sébastien Sénée, tous commis et députés dud. trésor, et demeurant à Lx.

275. — Le 26 août 1716, Charles de Fréville, Escʳ, demeurant en la par͂r. de Fréville (Fierville), constitue 150 livres de rente en faveur de son fils, M⁰ Pierre de Fréville, Esc⁷, acolyte de lad. parr., afin qu'il puisse parvenir aux ordres sacrés. Fait à Blangy en l'étude de M⁰ Pierre Le Garand, notaire. (*V*. **538**).

276. — Le 16 août 1717, vu l'attestation du s⁷ Lemoine, vicaire de S⁺ᵉ Catherine d'Honfleur, et du s⁷ Le Breton, vicaire de S⁺ Léonard, dispense de bans pour le mariage de Jacques Duhault et Marie Leblond.

277. — Le 11 mars 1715, M⁰ Jacques Delamare, receveur des domaines des vicomtés de Pontauthou et Pontaudemer, demeurant en lad. ville, constitue 150 livres de rente en faveur de son fils, M⁰ Louis Delamare, afin qu'il puisse parvenir aux ordres sacrés. Cette rente garantie par M⁰ Pierre-François d'Epaigne, avocat, Jacques Duval, s⁷ des Longchamps, demeurant à Pontaudemer, fut constituée en présence de M⁰ Germain Harou, notaire à la Chapelle-Bayvel, et M⁰ Jacques Cavelier, de Pontaudemer.

Led. acolyte était fils dud. s⁷ Jacques Delamare et de damˡˡᵉ Louise Le Normand. (*V*. **1, 177, 258, 303, 401**).

278. — Le 2 sept. 1713, Jacques Hurel, marchand, de la parr. du Mesnil-Simon, constitue 150 livres de rente en faveur de son fils, M⁰ Gabriel Hurel, acolyte, natif de S⁺ᵉ-Marie-aux-Anglais, afin qu'il puisse parvenir aux ordres sacrés. Fait en l'étude de M⁰ Nicolas Formage, notaire à S⁺ Julien-le-Foulcon (Faucon), en présence de M⁰ Jacques Gervais, pbrē, curé de S⁺ Julien. (*V*. **167, 182, 221, 303**).

279. — Le 25 août 1717, vu l'attestation du s⁷ Duval, curé de Bienfaite, et du s⁷ de Soubzlebieu, curé du Mesnil-Hubert, dispense de bans pour le mariage entre « haut et puissant seig⁷, Messire Jacques-Antoine de Chaumont, cheṽ⁷, seig⁷-marquis de Guitry, baron de Bienfaite et d'Orbec, seig⁷ et patron de Tordouet, le Ronceray, la Chapelle-Yvon et Coudehard en Normandie, seig⁷ et baron de Lesques, Gaillan et S⁺ Michel, en Languedoc, fils de haut et puissant seig⁷ Mesʳᵉ Guy de Chaumont, cheṽ⁷, seig⁷ baron d'Orbec et desd. terres et seigneuries, et de haute et puissante dame Jeanne de Caumont de la Force, » de lad. parr. de Bienfaite, d'une part, et damˡˡᵉ Renée-Françoise de la Pallu, fille de haut et puissant seig⁷ Mesʳᵉ Charles de la Pallu, cheṽ⁷, seig⁷ du Mesnil-Hubert, Gisné, Neuville, la Sarasinière et Mardilly, et de haute et puissante dame Marie-Henriette-Françoise de Graves, de lad. parr. du Mesnil-Hubert.

280. — Le 24 juin 1717, Henry-Emmanuel-François-Raymond de Roquette d'Amades, fils d'Emmanuel et de Françoise de Macquaire, du diocèse de Lx, (parr. de Blangy), *rite dimissus*, reçoit la tonsure à Paris dans la chapelle des Petits-Augustins, de la main de Mgʳ Vincent-François Desmarests, évêque de S⁺ Malo, avec l'autorisation du cardinal de Noailles, archevêque de Paris.

Le 27 juin 1717, Mes⁰ Henry-Emmanuel de Roquette, pbrē du diocèse de Paris, prieur commendataire du prieuré simple de St Hymer, diocèse de Lx, demeurant à Paris sur le quai des Quatre-Nations, parr. St André-des-Arts, donne sa procuration pour remettre sond. prieuré, « chargé de 800 livres de pension envers Mre Noel-François de Brion, cherᵉ de l'ordre de St Lazare, cy-devant titulaire dud. prieuré, entre les mains de N.-S.-P. le pape » en faveur de Mesre Henry-Emmanuel-François-Raymond de Roquette, son neveu, clerc tonsuré du diocèse de Lx.

Le 13 juillet 1717, Mre Henry-Emmanuel-François-Raymond de Roquette, obtient en cour de Rome des lettres de provision du prieuré simple de St Hymer.

Le 21 août 1717, led. sr de Roquette, clerc tonsuré, demeurant à Paris, quai de Conti, donne sa procuration pour requérir du seigr évêque de Lx, la collation dud. bénéfice.

Le 24 août 1717, le seigr évêque donne son visa auxd. lettres de provision.

Le 29 août 1717, le sr de Roquette (1) représenté par Me Guillaume

---

(1) Mr Henry-Emmanuel-François-Raymond de Roquette naquit à Blangy le 23 novembre 1699. Il fut tenu sur les fonts du baptême par Mesre Raymond du Cup, cherᵉ, seigr d'Yssel, demeurant à Honfleur, et par Mme Marie-Anne Le Valois, épouse de Mre Pierre Le Viconte, cherᵉ, seigr de Blangy. Après avoir fait ses humanités au collège Louis-le-Grand, à Paris, il entra au séminaire de St Magloire. Il reçut la tonsure dans la chapelle des Petits-Augustins, le 24 juin 1717, des mains de Mre François-Vincent Desmarests, évêque de St Malo ; et, trois jours après, son oncle, Mre Henry-Emmanuel de Roquette, prieur de St Hymer, résigna son bénéfice en sa faveur.

Le nouveau prieur continua de résider à Paris. Janséniste ardent, ses opinions théologiques ne s'accordaient pas avec celles de M. Quesnel de la Londe, curé de St Hymer. En 1722, M. Quesnel ayant résigné sa cure en faveur de M. de la Hogue, vicaire de St Cande-le-Jeune de Rouen, l'abbé J. Roquette voulut faire la connaissance du nouveau curé. Il ne tarda pas à s'apercevoir qu'il ne sympathiserait pas avec lui plus qu'il n'avait fait avec le prédécesseur. Dès les premières entrevues, le prieur regarda le curé « comme un brouillon et un moliniste outré », et le curé ne vit dans le prieur « qu'un homme rebelle à l'Église. » Celui-ci retourna à Paris, laissant à St Hymer, outre les chapelains du prieuré, un de ses amis intimes, un oratorien imbu de toutes ses idées, et le chargea, en sa qualité de curé primitif, d'instruire les enfants de la paroisse, de leur faire l'école et le catéchisme. Mais ce maître dût bientôt se retirer pour ne pas s'attirer de désagréments de la part de l'autorité.

Alors l'abbé de Roquette vint s'établir définitivement dans son prieuré (novembre 1725). A partir de ce jour, cette maison devint le rendez-vous de tous les jansénistes du pays. L'abbé de Roquette cite lui-même dans ses Mémoires, une Revue où l'on dit qu'il consacrait de grand cœur une bonne partie de ses revenus à soutenir la secte janséniste et qu'il contribuait, en tout ce qu'il pouvait, à son accroissement. Les curés de la contrée abondaient dans ses opinions. Les curés de Pont-l'Évêque, de Pierrefitte, de Quetteville et autres ecclésiastiques dont il donne les noms, étaient ses amis dévoués. Le curé de St Hymer, presque seul, refusait d'avoir des rapports avec lui. Il lui avait interdit le port du surplis dans l'église paroissiale et ne voulait pas célébrer la messe en sa présence.

Cependant les agissements du prieur étaient rapportés à l'évêque de Lx par M. de la Hogue, et un orage s'amoncelait menaçant d'éclater bientôt. En vain M. de Roquette, père, écuyer de la princesse de Conti, écrivait-il lettres sur lettres à son fils pour le faire revenir à Paris ; le fils n'y voulait rien entendre. En vain le père usait-il de toute son influence pour atténuer

Véron, pbrē, bénéficier en la Cathédrale de Lx, prend possession dud. prieuré de S¹ Hymer, en présence de M⁰ Jean Leperchey, pbrē, desservant led. prieuré, et de plusieurs habitants dud. lieu. (V. 151, 168, 204).

281. — Le 24 août 1717, Mᵣₑ Louis de Caulaincourt, chevʳ, seigʳ et patron de Guesprey, la Chapronnerie, la terre d'Ifs et autres lieux, fils de feu Mʳᵉ Louis de Caulaincourt, seigʳ desd. lieux, et en cette qualité patron présentateur alternatif de la cure de S¹ Georges-du-Mesnil, diocèse de Lx, conjointement avec les sʳˢ du Mesnil-Trousseauville et de la Lecqueraye, led. seigʳ de Caulaincourt nomme à lad. cure de S¹ Georges, vacante par la mort de Mᵉ Adrian Dumaine, pbrē, dernier titulaire, la personne de Mᵉ Nicolas Fanouillère, pbrē, curé de S¹ Aubin-des-Ifs, diocèse de Rouen.

auprès du cardinal de Fleury toutes les plaintes portées contre le prieur ; il devenait de plus en plus difficile d'empêcher un éclat. En 1730, l'abbé de Roquette perdit son père. L'évêque de Lisieux renouvela ses plaintes plus vives que jamais, et le ministre d'État fit signifier au prieur une lettre de cachet qui l'exilait de son prieuré et l'obligeait à s'éloigner au moins à trente lieues du diocèse de Lisieux.

Avant de quitter le pays, il voulut avoir une entrevue avec Mgr de Brancas. Il soutint devant le prélat les doctrines jansénistes et attaqua violemment le curé de S¹ Hymer et son vicaire. Mais il fallut partir : Il se retira à Paris. « On ne doute pas, dit la Revue déjà citée, qu'il n'y ait assisté régulièrement aux scènes nocturnes des acteurs et actrices convulsionnaires ; car il était infatué des prétendus miracles du temps et de l'œuvre des convulsions. » Il invoquait souvent « le bienheureux diacre Paris et le saint évêque de Senez » ; dont il portait sur la poitrine une parcelle du cœur enfermée dans un reliquaire.

Pendant les huit premières années de son exil, l'abbé de Roquette mit sur pied toutes les influences à sa disposition pour obtenir de l'évêque de Lisieux l'autorisation de retourner dans son prieuré ; mais inutilement. Cependant en 1739, il finit par obtenir d'y aller passer six semaines, seul avec un architecte, pour faire des travaux aux bâtiments du monastère. Là encore il trouva le moyen de tromper l'évêque. Il nous raconte lui-même qu'il mena avec lui M. de Jaulhme (?), gentilhomme du diocèse de Senez (janséniste exalté), qui l'accompagna sous le nom de Félix, en qualité d'architecte, dans le dessein de faire dresser les plans par M. Chartier de Conches, architecte de l'abbaye du Bec. »

« Attentif à couvrir sa marche et à cacher ses allures dans la capitale du royaume, il y vécut sans être inquiété jusqu'au 23 novembre 1742. Ce jour-là un commissaire et un exempt se transportèrent dans la maison qu'il occupait au faubourg Saint-Antoine. » Ils y trouvèrent M. Alexandre, prêtre du diocèse de Beauvais, qui avait longtemps vécu au prieuré de S¹ Hymer et que l'évêque de Lisieux en avait fait partir. Ce prêtre faisait, avec l'abbé de Roquette, l'éducation des trois fils d'un gentilhomme normand, M. Louis du Buat, originaire de Tortisambert. Ce gentilhomme pauvre était mort en 1742, presque en arrivant à Paris. Il laissait cinq orphelins : trois fils et deux filles. D'accord avec leurs oncles, l'abbé de Roquette se chargea de ces enfants. Après avoir placé les filles dans un couvent, il entreprit l'éducation des trois fils (*).

L'abbé de Roquette et M. Alexandre furent interrogés juridiquement. « Ils ne balancèrent pas à manifester l'esprit de révolte et de fanatisme qui les animait. » M. Alexandre reçut l'ordre de quitter Paris, et M. de Roquette fut conduit à la Bastille où il resta détenu pendant

---

(*) Ces trois fils étaient : 1° Louis-Paul du Buat, l'aîné, qui mourut officier de marine en 1754 ; 2° Louis-Gabriel, comte du Buat, qui devint ministre plénipotentiaire du roy de France à la cour de Dresde et se fit un nom dans la diplomatie ; 3° Pierre-Louis-Georges du Buat, chevalier de Malte, qui devint ingénieur célèbre. Il mourut à Condé (Nord) en 1809. Ils étaient tous nés au manoir de Buttearal, paroisse de Tortisambert. (N⁰ de M. Le Court, notaire à Deauville).

Le 3 sept. 1717, le seigʳ évêque donne aud. sʳ Fanouillère la collation
dud. bénéfice.

Le 4 sept. 1717, le sʳ Fanouillère prend possession de la cure de
Sᵗ Georges-du-Mesnil, en présence de Mᵉ Pierre Prévost, pbr̃e, vicaire
du lieu, et autres témoins.

282. — Le 11 août 1717, la nomination au prieuré-hôpital de
Sᵗ Samson-en-Auge appartenant au seigʳ de Barneville-en-Auge, Mesʳᵉ
Alexandre-Réné Aubry, chevʳ, seigʳ « de Barneville, prez de la ville de
Caen en Normandie, diocèse de Lisˣ, » consʳ du roy en sa Cour de
Parlement de Paris, y demeurant, rue des Deux-Portes, parr̃. Sᵗ

---

six mois. Il en sortit le 20 mai 1743, après la mort du cardinal de Fleury ; mais en même
temps une lettre de cachet l'exilait au Bec. Comme le séjour de cette localité était nuisible
à sa santé, il obtint de se retirer à Rouen. Là, comme ailleurs, il continua sa propagande
janséniste. On finit par lui défendre le séjour de cette ville et on l'envoya à la Bouille, d'où
il ne pouvait s'écarter de plus d'une lieue Il se fixa au château du Vrac sur la paroisse de
Moulineaux, puis à Orival. Ses trois élèves l'avaient suivi.

Le 17 juin 1748, l'archevêque de Rouen étant venu donner la confirmation à Thuit-Simer,
l'abbé de Roquette alla le trouver pour le prier de lui obtenir la permission de se rendre à
Rouen. Mais le prélat s'y refusa et lui marqua, au contraire, tout le désir qu'il avait de le voir
sortir de son diocèse.

Cependant en 1755, le cardinal de la Rochefoucault ayant été placé à la tête des Affaires
ecclésiastiques, M. de Roquette lui exposa qu'il était exilé de son bénéfice depuis vingt-cinq
ans et le supplia de l'autoriser à y revenir. Le ministre, favorable aux hommes de la secte,
lui accorda la permission d'aller à son prieuré toutes les fois qu'il y aurait besoin. Mais en
1764, quatre ans après la mort de M. de Brancas, il obtint la révocation pleine et entière de
la première lettre de cachet qui le tenait exilé. M. de la Hogue mourut subitement le 6 août
1764, après avoir reçu la nouvelle du retour de M. de Roquette.

Le prieur revint donc à Sᵗ Hymer après trente-quatre ans d'épreuves ; mais l'exil n'avait
changé ni ses sentiments ni sa conduite. Il distribuait des écrits contre le Formulaire, tenait
dans son prieuré des assemblées jansénistes et s'entoura constamment de gens de la secte.
Sous prétexte de fournir une maison de retraite aux prêtres âgés et infirmes, il allait
attirer dans son prieuré les ecclésiastiques du diocèse, quand en 1772, Mᵍʳ de Condorcet
obtint contre lui une nouvelle lettre de cachet qui l'excluait une seconde fois du diocèse de
Lisieux. Il avait alors 73 ans. Ce nouvel exil ne dura pas longtemps. Au bout de deux années,
il supplia Mᵍʳ l'évêque de Lisieux de le laisser rentrer, en lui faisant probablement de belles
promesses d'amendement. Le prélat touché de l'âge du suppliant et tout rempli de miséri-
corde, cessa de mettre obstacle à son retour. M. de Roquette revint donc de nouveau à son
prieuré qu'il conserva encore quelques années et le résigna, en 1779, en faveur de Mʳ Louis-
Charles de Grieu, clerc tonsuré, originaire de Sᵗ Benoît-d'Hébertot. Il se réserva toutefois
une pension de 2.857 livres et un logement dans le prieuré, dans la partie qui fait suite au
transept méridional de l'église. C'est là qu'il mourut le 22 mars 1790, dans sa 90ᵉ année. Il
fut inhumé le lendemain au milieu de l'église du prieuré, sous les cloches, par M. le curé de
Sᵗ Etienne-la-Thillaye, en présence de M. le curé de Sᵗ Hymer. Il n'était que simple tonsuré.

Dans le résumé de cette vie si agitée du prieur de Sᵗ Hymer, nous n'avons pas trouvé
place pour parler de ses nombreux procès et aussi de ses vertus. Lui, trouva le moyen, au
milieu de tous ses ennuis, d'être en procès pour tout et avec tous. Il plaida pendant plus de
vingt ans avec les héritiers de M. de Brion, l'un de ses prédécesseurs ; il plaida avec l'évêque
de Lisieux, avec les curés de Sᵗ Hymer, avec les paroissiens, avec le seigneur honoraire de
la paroisse, M. de Gossart, et avec bien d'autres. Il eût plaidé bien davantage, s'il avait
eu la liberté de ses mouvements.

Quant à ses vertus, il en parle beaucoup dans ses Mémoires : sa foi, son amour de Dieu
et du prochain, son humilité, sa patience, sa résignation, son esprit de mortification et de
pénitence. Peut-être eût-il mieux fait de laisser ce soin à d'autres. (Note *rédigée d'après le
Manuscrit de Saint-Hymer et les Registres de catholicité de Blangy et de Saint-Hymer*).

Sauveur, agrée les lettres de provision dud. prieuré, obtenues, le 2 juin, en Cour de Rome par Dom Pierre Moreau de Marnay, pbrē, relig^x profès de l'ordre de St Benoît, et au besoin lui donne et confère led. bénéfice.

Le 14 août 1717, le banquier expéditionnaire en cour de Rome certifie qu'il a envoyé, le 7 mai dernier, pour obtenir en faveur de Dom Pierre Moreau de Marnay, relig^x, le prieuré de St Samson, avec son annexe « la place monacale de l'abbaye de Troarn », en patronage laïque, attendu que le temps accordé aud. patron pour y nommer est passé, et que la demande a été présentée le 2 juin dernier.

Le 23 août 1717, led. s^r Moreau obtient du bailly de Caen l'autorisation de prendre possession civile dud. bénéfice *ad conservationem juris*.

Le même jour, le s^r de Mornay prend possession dud. prieuré-hôpital de St Samson et de la place vacante en l'abbaye de Troarn *ad conservationem juris*. La cérémonie ordinaire de prise de possession se passe dans l'église de lad. abbaye.

283. — Le 2 juillet 1715, Me Charles Hayer, cons^{er} et procureur du roy en la ville de Bernay, y demeurant, parr. de la Couture, constitue 150 livres de rente en faveur de son fils, Me Jacques-Charles Hayer, acolyte, afin qu'il puisse parvenir aux ordres sacrés. Cette rente est garantie par Mes Jean-François Panthou et Robert Gosselin, procureurs en l'élection de Bernay et y demeurant. (*V*. 301).

284. — Le 2 juillet 1715, Louis Lefebvre, laboureur, demeurant à Friardel, constitue 150 livres de rente en faveur de son fils, Me Jean-Baptiste Lefebvre, acolyte, afin qu'il puisse parvenir aux ordres sacrés. (*V*. 303).

285. — Le 7 février 1715, Jacques Guillemin, marchand de la parr. de Ste Croix de Mesnil-Gonfrey, constitue 150 livres de rente en faveur de son fils, Me Jacques Guillemin, acolyte, afin qu'il puisse parvenir aux ordres sacrés. (*V*. 303).

286. — Le 9 sept. 1717, Me Pierre Guillemin, pbrē, pourvu de la cure de N.-D. de Druval par le seig^r évêque de Lx, à cause de la mort du seig^r abbé du Bec, prend possession de lad. cure, en présence de Me Robert Boissière, pbrē, desservant lad. parr.; Charles Quesnel, acolyte, Me Jacques Mannoury, tabellion, tous deux de lad. parr. de Druval, et autres témoins. (*V*. 266).

287. — Le 26 juin 1715, François, Robert et Louis Leroy, frères, demeurant à St Hymer, constituent 150 livres de rente en faveur de leur frère, Me Pierre Leroy, acolyte, afin qu'il puisse parvenir aux ordres sacrés. (*V*. 411).

288. — Le 1er oct. 1717, Me Jean-Baptiste Lemoine, acolyte, demeurant ordinairement en l'abbaye de Cherbourg, et se trouvant présentement à Pont-l'Evêque, constitue 150 livres de rente en sa faveur, afin de pouvoir parvenir aux ordres sacrés. Cette rente est garantie par Me Estienne Lemoine, cons^{er} du roy, grènetier au grenier à sel d'Honfleur. — Led. s^r acolyte était fils de feu Me Louis Lemoine, cons^{er} du roy, aussi grènetier au grenier à sel d'Honfleur.

289. — Le 30 juillet 1715, Me Pierre Pecqueult, pbrē, curé de St Aubin-de-Scellon, Louis, Jacques, Noel et Richard Pecqueult, tous frères, demeurant, le s^r curé à St Aubin, les autres à Morainville, constituent 150 livres de rente en faveur de Me Louis Pecqueult, acolyte, fils dud. Louis et neveu des autres, afin qu'il puisse parvenir aux ordres sacrés. Fait au manoir presbytéral de St Aubin, par le ministère de Me Jean Monseillon, notaire de Folleville, en présence de Me Robert-Charles Pinel, diacre dud. lieu de St Aubin. (*V.* **199, 208, 302**).

290. — Le 30 juin 1715, Me Jacques Train, avocat au bailliage et vicomté d'Auge, demeurant à Beaumont, constitue 150 livres de rente en faveur de son fils, Me Jacques-Philippe Train, acolyte, afin qu'il puisse parvenir aux ordres sacrés. (*V.* **410**).

291. — Le 14 sept. 1717, Me Louis Frémont, pbrē, curé de Brionne, diocèse de Rouen, pourvu de la cure d'Epréville, diocèse de Lx, prend possession dud. bénéfice, en présence de Mes Nicolas-François Lecerf, pbrē, vicaire de Brionne ; Georges Hue, pbrē, desservant la parr. d'Epréville ; Pierre Fontaine-Scelles, pbrē, vicaire d'Heudreville ; Robert Loysel, diacre d'Epréville, et autres témoins de lad. parr. (*V.* **153, 188, 216**).

292. — Le 15 sept. 1717, le seig^r évêque donne à Me Jean-Daniel Bellenger, pbrē du diocèse de Bayeux, la collation de la cure de St Aubin-sur-Algot.

Le 16 sept. 1717, led. s^r Bellenger prend possession dud. bénéfice de St Aubin, en présence de Mes Michel Chesnot, pbrē, curé de Grandouet, diocèse de Bayeux ; Pierre Lecœur, pbrē, curé de Pétitville, aussi du diocèse de Bayeux, et autres témoins.

293. — Le 20 juillet 1715, Guillaume Leliquerre, marchand, demeurant à St Denis-de-Mailloc, constitue 150 livres de rente en faveur de Me Richard Roquette, acolyte, afin qu'il parvienne aux SS. ordres.

294. — Le 18 sept. 1717, Dom Nicolas Lebarbier, diacre, relig^x de l'ordre de St Benoit, (originaire de N.-D. de Pontaudemer), est ordonné prêtre.

295. — Le 28 juin 1715, Pierre Dumoulin, s^r des Forges, marchand, demeurant aux Groselliers, constitue 150 livres de rente en faveur de son fils, Me Guillaume Dumoullin, acolyte, afin qu'il puisse parvenir aux ordres sacrés.

296. — Le 17 sept. 1717, Me Léonor Secard, pbrē, curé de la

2ᵉ portion de Plasnes et pourvu de la 1ʳᵉ portion, remet lad. 2ʳᵉ portion entre les mains de Mesʳᵉ Louis de Prye, marquis, seigʳ et patron dud. lieu de Prye, Plasnes et autres lieux, « ambassadeur pour le roy auprès du roy de Sicile. (*V.* 124, 149, 341, 368).

297. — Le 20 sept. 1717, vu l'attestation du sʳ Monseillon, vicaire de Jouveaux, dispense de bans pour le mariage entre François Dauge, Escʳ, fils de N...... Dauge et de noble dame Françoise Toustain, de la paṝ. de Jouveaux, d'une part, et damᵗᵉ Marie de Calmesnil, fille de François de Calmesnil, Escʳ, sʳ des Costils et de noble dame Françoise Dasvis (?), de la paṝ. de Champosoult, diocèse de Séez.

298. — Le 18 sept. 1717, furent ordonnés sous-diacres :

Mᵉ Jacques Vatteville, acolyte de Sᵗ Désir de Lx ;

Mᵉ Louis de Vauquelin, acolyte de Sᵗ Samson-en-Auge ;

Mᵉ Léonor Meslin, acolyte de N.-D. de Bellou ; (*V.* 403).

Mᵉ Jean-Baptiste Lesieur, acolyte de la paṝ. de Gacey ; (*V.* 116).

Mᵉ Pierre Thillaye, acolyte de Sᵗ Etienne-la-Thillaye ;

Mᵉ Eustache Joly, acolyte de la paṝ. de Beaumont-en-Auge ;

Mᵉ Nicolas Desjardins, acolyte de Villers, près Lisieux ; (*V.* 457).

Mᵉ Charles Farain, acolyte de Sᵗ Pierre-de-la-Rivière ;

Mᵉ Pierre Leconte, acolyte de la paṝ. de Résenlieu ;

Mᵉ Louis Morin, acolyte de Sᵗ Aubin-de-Scellon ;

Mᵉ Jean-François Brasnu, acolyte de N.-D. de Blangy ; (*V.* 515).

Mᵉ Pierre Montours, acolyte de la paṝ. de Brévedent ;

Mᵉ Jean Le Mire, acolyte de Sᵗ Jacques de Lx ;

Mᵉ Charles Aupoix, acolyte de Sᵗ Germain de Lx ;

Mᵉ Jacques Main, acolyte de Sᵗ Léonard d'Honfleur ;

Mᵉ Yves Bosquet, acolyte de N.-D. de la Couture de Bernay ;

299. — Mᵉ Pierre Lescuier, acolyte de la paṝ. de Livarot ;

Mᵉ Jean Robine, acolyte de Sᵗ Jacques de Lx ;

Mᵉ Nicolas Beuzelin, acolyte de Sᵗ Jacques de Lx ;

Mᵉ Alexandre-Louis Duquesne, acolyte de la paṝ. de Glos ;

Mᵉ Joseph Valmont, acolyte de Sᵗ Pierre de Salerne ;

Mᵉ Nicolas Féron, acolyte de Tonnencourt ; (*V.* 527).

Mᵉ Nicolas Malide, acolyte de la paṝ. d'Etrépagny ;

Mᵉ André Roussel, acolyte de Sᵗᵉ Catherine d'Honfleur ;

Mᵉ Michel Moullin, acolyte de Sᵗᵉ Catherine d'Honfleur ;

Mᵉ Louis Girette, acolyte de Sᵗ Pierre du Sap ; (*V.* 282).

Fr. Jean-Baptiste Barbe, acolyte de l'abbaye de Grestain ; (*V.* 105).

Mᵉ Jacques Bérenger, acolyte de Sᵗ Cyr-de-Salerne ;

Mᵉ Jean-Pierre Valsemey, acolyte de Canapville.

300. — Le 18 sept. 1717, furent ordonnés diacres :

Mᵉ Nicolas Pilet, sous-diacre de la Couture de Bernay ; (*V.* 427).

Mᵉ Louis Levavasseur, sous-diacre de Sᵗ Jacques de Lx ; (*V*. **437, 529**).

Mᵉ Michel Bertault, sous-diacre d'Etrépagny ; (*V*. **318**)

Mᵉ Pierre de Hébert de Bailleul, sous-diacre de Pᵗ-l'Evêque ; (*V*. **433**).

Mᵉ Mathieu Barrey de Montfort, sous-diacre de Sᵗᵉ Croix de Bernay ; (*V*. **428**).

Mᵉ Jean Lecarpentier, sous-diacre de Sᵗ Germain de Pontaudemer ; (*V*. **256, 444, 470**).

Mᵉ Jacques Daufresne, sous-diacre de Sᵗ Jacques de Lx ; (*V*. **85**).

Mᵉ Gilles Hamelin, sous-diacre de Dives ; (*V*. **452**).

Mᵉ Pierre-Paul Ramet, sous-diacre de Sᵗ Germain de Lx ; (*V*. **423**).

Mᵉ Jacques Roussel, sous-diacre de la Gravelle ; (*V*. **443**).

Mᵉ Pierre David, sous-diacre de Sᵗ Martin-de-Mailloc ; (*V*. **440**).

Mᵉ Jean-François Isabel, sous-diacre de Sᵗ Etienne-la-Thillaye ; (*V*. **431**) ;

Mᵉ Jean Rioult, sous-diacre de la parr. d'Epainville.

301. — Mᵉ François Turpin, sous-diacre de la parr. de Sᵗ Martin-des-Authieux ; (*V*. **209, 391**) ;

Mᵉ Zacharie Lebailly, sous-diacre de Pont-l'Evêque ; (*V*. **449**).

Mᵉ Simon Delauney, sous-diacre de Sᵗ Philbert-des-Champs ;

Mᵉ Charles-Jacques Hayer, sous-diacre de la parr. de la Couture de Bernay ; (*V*. **283**).

Mᵉ Jean Ernoult, sous-diacre de Sᵗ André-d'Hébertot ; (*V*. **481**).

Mᵉ Jean Houllet, sous-diacre de Sᵗ Germain de Lx ; (*V*. **447**).

Mᵉ Noël Deshayes, sous-diacre de Sᵗ Ouen de Pontaudemer ; (*V*. **205**).

Mᵉ Alexis Paris, sous-diacre de Sᵗ Jacques de Lx ; (*V*. **437**).

Mᵉ Jean Houdon, sous-diacre de la parr. de Beaufay ; (*V*. **412**).

Mᵉ Robert Tassel, sous-diacre de Sᵗ Etienne-du-Rouvray ;

Mᵉ Thomas Bellière, sous-diacre des Moutiers-Hubert ; (*V*. **445**) ;

Mᵉ Jean-Baptiste Duval, sous-diacre de Sᵗ Jacques de Lx. (*V*. **451**).

302. — Le 18 sept. 1717, furent ordonnés prêtres :

Mᵉ Jean-Baptiste-Antoine de Brancas, du diocèse de Carpentras, *rite dimissus* : (*V*. **51**).

Mᵉ Jean-Baptiste Lemoine, diacre de Sᵗ Melaine (1) ;

Mᵉ Pierre Soyer, diacre de la parr. de Sᵗ Germain de Lx ; (*V*. **175**).

Mᵉ Charles Lefrançois, diacre de la parr. de Tonnencourt ; (*V*. **225**).

Mᵉ Nicolas Legendre, diacre de la parr. de Sᵗ Jacques de Lx :

Mᵉ François Huet, diacre de Sᵗ Germain de Lx ; (*V*. **201**).

Mᵉ François Maignet, diacre de la parr. du Sap ; (*V*. **402**).

Mᵉ Pierre Letellier, diacre de la parr. de Sᵗ Martin d'Echaumesnil ; (*V*. **69, 87, 305**).

---

(1) Il demeurait à Pont-l'Evêque quand il reçut le sous-diaconat.

M° Jacques Marais, diacre de la parr. des Astelles ; (V. 308) ;

M° Jean-Guillaume Bazire, diacre de la Chapelle-Haute-Grue ;

M° Elie Morel, diacre de S¹ Michel de Pont-l'Evêque : (V. 47, 106).

M° Jacques Duval, diacre de la parr. d'Heudreville ; (V. 420).

M° Louis Pecqueult, diacre de la parr. de S¹ Aubin-de-Scellon ; (V. 199, 208, 289).

M° Guillaume Dumoullin, diacre de la parr. de Gerrots ;

M° Pierre Lecomte, diacre de la parr. de Franqueville ; (V. 42).

M° Philippe Lamort, diacre de S¹ Ouen-le-Hoult.

303. — M° François De la Taille, diacre de Pierrefitte ;

M° Jacques Housset, diacre de la parr. de Montreuil ; (V. 418).

M° François Levavasseur, diacre de N.-D. de Bellou ;

M° Jacques Guillemin, diacre de la parr. de S¹⁰ Croix-de-Mesnil-Gonfrey ; (V. 285).

M° Gabriel Hurel, diacre de la parr. de S¹⁰ Marie-aux-Anglais ; (V. 167, 182, 221, 278).

M° Pierre Legras, diacre de S¹ Germain de Pontaudemer ;

M° Louis Delamare, diacre de la parr. de S¹ Ouen de Pontaudemer ; (V. 1, 177, 256, 277, 401).

M° Jean-Baptiste Lefebvre, diacre de Friardel ; (V. 284).

M° Martin Lieuvin, diacre de S¹⁰ Croix de Bernay ; (V. 38).

M° Gabriel de la Mondière, diacre de Coulmer ; (V. 185, 424).

M° Louis Madeline, diacre de Gouvets, diocèse de Coutances, *rite dimissus* ;

M° Charles du Rouvray, diacre de N.-D. de la Couture de Bernay ;

Fr. Antoine Réné Leballeur, diacre, chanoine régulier de S¹ Cyr-de-Friardel ; (V. 87).

Fr. Louis Loison, diacre, chanoine régulier de S¹ Cyr de Friardel ; (V. 87).

304. — Le 23 sept. 1717, vu l'attestation du s¹ Desmares, pbrē, vicaire de Capelles, dispense de bans pour le mariage entre Claude Haymet, s¹ du Homme, officier de Son Altesse Royale Monseig¹, petit-fils de France, duc d'Orléans, régent du royaume, fils de feu Henry Haymet, et de feue dam¹¹⁰ Catherine Dhommey, de la parr. de Capelles, d'une part, et dam¹¹⁰ Marie de Noyelle, fille de feu Marin de Noyelle et de feue dam¹¹⁰ Marie Moreau, de la parr. S¹ Sulpice de Paris.

305. — Le 18 fév. 1715, Magdeleine Levillain, v¹⁰ de M° Louis Bize, avocat, M° Jacques Guérin et dame Marie Bize, son épouse, tous demeurant à S¹ Martin-des-Authieux, doyenné de Gacé, constituent 150 livres de rente en faveur de M° Pierre Letellier, acolyte, afin qu'il puisse parvenir aux ordres sacrés.

Led. s¹ acolyte, originaire de la parr. d'Echaumesnil, « et étant de présent en retraite au séminaire de Lx », était fils de feu Jean Letellier et de Magdeleine Bize.

Lad. Magdeleine Levillain était son aïeule et M° Jacques Guérin, son oncle. (*V.* **69, 87, 302**).

306. — Le 28 sept. 1717, vu l'attestation du s' d'Orville, curé du Regnouard, et du s' Routtier, vicaire de la Goulafrière, dispense de bans pour le mariage entre Pierre d'Orville, Esc', capitaine au régiment de mestre de camp général des dragons (?), fils de feu Louis d'Orville, Esc', s' de Villiers, et de feu noble dame Magdeleine Rioult, originaire des Champeaux et demeurant présentement au Regnouard, d'une part, et dam¹¹ᵉ Marie-Joseph Le Cornu, fille de feu Gilles-Félix Le Cornu, Esc', seig' de Tellière et de la Blottière, et de noble dame Joachime Lemoine, de la parr. de la Goulafrière.

307. — Le 24 sept. 1717, M° Michel Langlois, diacre d'Orgères, est ordonné prêtre.

308. — Le 13 août 1715, Jean Delarue, marchand toilier, de la parr. des Astelles, constitue 150 livres de rente en faveur de M° Jacques Marais, acolyte de lad. parr., représenté par M° Jean-Baptiste Chéron, pbrē, curé du lieu, afin qu'il puisse parvenir aux ordres sacrés. (*V.* **302**).

309. — Le 13 août 1715, Jeanne Boisney, demeurant en la parr. du Favril, constitue 150 livres de rente en faveur de son neveu, M° Philippe Boisney, acolyte, afin qu'il puisse parvenir aux ordres sacrés. Cette rente est garantie par M° Léonor Hue, pbrē, vicaire du Favril, et par M° Eustache Bucaille, chirurgien dud. lieu.

310. — Le 23 sept. 1717, Mʳᵉ Jean-Baptiste Chastan, pbrē du diocèse d'Apt, vicaire de N.-D. d'Estrées, diocèse de Lx, pourvu de la cure de Bellouet, vacante par la mort de M° Guillaume Buisson, pbrē, dernier titulaire, prend possession dud. bénéfice, en présence de Mʳᵉ Jules de Liée de Tonnencourt, chanoine de la Cathédrale de Lx ; M° Pierre Mourier, pbrē, desservant la parr. de Bellouet ; M° Pierre Lebelhomme, pbrē, curé d'Estrées ; M° Pierre Hébert, avocat, demeurant à Lx, parr. St Jacques ; M° François Nicolas, clerc tonsuré ; M° Michel Ricquier, aussi clerc tonsuré, demeurant à Lx, et autres témoins habitant la parr. de Bellouet. (*V.* **232**).

311. — Le 2 oct. 1717, dispense de bans pour le mariage entre M° Jean Thillaye, consʳ du roy, élu en l'élection de Pont-l'Evêque, fils de feu Jean Thillaye et de Magdeleine Isabel, de la parr. de St Etienne-la-Thillaye, d'une part, et damˡˡᵉ Marie-Jacqueline-Cécile Lormier, fille de M° Louis Lormier, avocat, et de damˡˡᵉ Geneviève-Cécile de Sémilly, de la parr. de St Aubin-Lébisey.

312. — Le 19 sept. 1717, la nomination à la cure de Druval appartenant aux religieux du Bec-Hellouin, le siège abbatial vacant, le prieur et les religieux de lad. abbaye nomment aud. bénéfice, vacant par la mort de M* Jacques Vaulegeard, pbrē, dernier titulaire, décédé le 1er mai dernier, la personne de M* Philippe Noncher, pbrē, desservant la cure d'Hecquemanville.

Le 14 oct. 1717, led. sr Noncher requiert la collation de la cure de Druval ; le seigr évêque la lui refuse « attendu que lad. cure est pourveüe et la place remplie ».

Le 17 nov. 1717, le sr Noncher expose au bailly de Rouen qu'il a été pourvu de la cure de N.-D. de Druval par les religieux du Bec, patrons présentateurs dud. bénéfice, le siège abbatial vacant, et que le seigr évêque de Lx lui aurait refusé l'institution canonique sous prétexte que la cure est remplie. C'est pourquoi led. sr Noncher demande à M. le bailly qu'il lui soit permis de prendre possession de lad. cure *ad conservationem juris* ; ce qui lui est accordé.

Le 23 nov. 1717, en vertu de l'autorisation obtenue en bailliage de Caen, led. sr Noncher prend possession de la cure de Druval pour la conservation de son droit. A cette prise de possession s'est présenté M* Pierre Guillemin, pbrē, pourvu de lad. cure. Il déclare qu'il s'oppose formellement à lad. prise de possession faite par le sr Noncher ; il dit que lui-même a été pourvu dud. bénéfice et qu'il est en possession. Le sr Noncher proteste de nullité lad. opposition dud. sr Guillemin. Fait en présence de M*s Louis de Bellemare, pbrē, curé de St Cyr de Salerne ; M* Robert Boessière, pbrē, desservant la cure de Druval ; M* Claude Fleury, tabellion de la parr. de St Léger-du-Bosc, et autres témoins.

313. — Le 6 oct. 1717, dispense de parenté au 2e degré pour le mariage entre Charles Antoine de Jambon, Escr, demeurant à StCyr-d'Estrancourt, et damlle Marie-Antoinette de Nicolle, fille de Constantin de Nicolle, Escr, demeurant à N.-D.-du-Hamel.

314. — Le 16 oct. 1717, Mesre Gabriel de Grosourdy de Marimont, diacre, chanoine prébendé de Verson (1re P.) et trésorier de la Cathédrale et aussi prieur du prieuré ou chapelle simple de St Eutrope du Montbottin, en la parr. d'Angerville, donne sa procuration pour résigner led. prieuré entre les mains de N.-S.-P. le pape en faveur de son neveu, M* Guillaume Le Dorey, acolyte, demeurant à Lx. Il se réserve toutefois 400 livres de rente viagère. Fait à Lx en la maison de M*e Le Dorey, mère dud. acolyte, en présence de Mesre Gilles Le Diacre, Escr, seigr de Martinbosc, conser du roy, lieutenant général au bailliage de Pont-l'Evêque et y demeurant. (*V.* **355, 360**).

315. — Le 21 oct. 1717, vu l'attestation du sr Costil, curé de St Léonard d'Honfleur, et du sr Hellouin, curé de St Ouen de Pontaudemer, dispense de bans pour le mariage entre Louis-Michel Cousin, fils de M* Louis Cousin, avocat, conser du roy, commissaire aux revenus et logements des gens de guerre, et de dam^lle Lejugeur, de la parr. St Léonard, d'une part, et dam^lle Anne du Buisson, fille de Me Nicolas du Buisson, cons^er et avocat du roy au bailliage de Pontaudemer, et de dam^lle Anne Le Grix, de lad. parr. de St Ouen de Pontaudemer. (V. 464).

316. — Le 23 oct. 1717, vu l'attestation du s^r Le Dorey, vicaire de N.-D. de Courson, dispense de bans pour le mariage entre Claude Martigny et Anne Jouin.

317. — Le 25 oct. 1717, vu l'attestation du s^r de la Garde, curé de Hotot, dispense de bans pour le mariage entre Charles-Henry Le Gentil, Esc^r, s^r d'Estoutteville, fils de feu Charles-Henry Le Gentil, Esc^r, s^r d'Estoutteville, et de feue noble dame Barbe de Cavelande, de la parr. de Hotot, d'une part, et dam^lle Marie-Louise de Marguerie, fille de Jacques-Louis de Marguerie, Esc^r, s^r de Neuville, et de dame Rénée d'Olliamson, de la parr. de St Patrice d'Argences, diocèse de Bayeux.

318. — Le 17 avril 1716, Pierre Bertault et Elisabeth Sçavetier, sa femme, demeurant à Estrépagny, Me Gervais Sçavetier, Charles et Gervais Sçavetier, constituent 150 livres de rente en faveur de Me Michel Bertault, acolyte, afin qu'il puisse parvenir aux ordres sacrés.

Led. s^r acolyte, natif d'Estrépagny, était fils dud. Pierre Bertault, petit-fils dud. Gervais Sçavetier, et neveu de Charles et de Gervais Sçavetier. (V. 300).

319. — Le 10 février 1717, Georges et Guillaume Le Normand, frères, demeurant à Cambremer, constituent 150 livres de rente en faveur de Me Pierre Le Normand, acolyte, afin qu'il puisse parvenir aux ordres sacrés.

Led. s^r acolyte, fils de feu Jacques Le Normand et de feue Simonne Durand, demeurait à St Jacques de Lx. (V. 410).

320. — Le 29 oct. 1717, la nomination aux 3e et 4e prébendes de la collégiale de St Nicolas du Meslerault appartenant au seig^r de Nonant Mes^re Louis du Plessis-Chastillon, chev^r, seig^r marquis de Nonant, colonel du régiment de Provence et brigadier des armées du roy, représenté par Me Jacques Marquand, pbre de St Germain de Lx, nomme auxd. prébendes réunies, et vacantes par la mort de Me Robert Andrieu, pbre, dernier titulaire, décédé le 7 mai dernier, la personne de Me Antoine-Joseph Eudes-Mézeray, pbre, chapelain de la chapelle simple du château de Nonant.

Le même jour, le seig^r évêque donne aud. s^r Eudes-Mézeray la collation desd. prébendes réunies. (V. 504).

321. — Le 31 oct. 1717, reçurent la tonsure :

Louis Lepreux, de St Cande-le-Vieux ;

Jacques Lepreux, id ;

Guillaume-Pierre Milcent, de la parr. de la Chapelle-Gautier ;
François-Michel Etard, de N.-D. d'Orbec ;
Jean Corbin, de S¹ᵉ Croix de Bernay ;
Pierre Houllay, de N.-D. d'Orbec ; (*V.* **542**).
Louis-François-Alexandre-Léopold de Bernière, de la parr. de Capelles-les-Grands ;
François Morand, de la parr. de Lécaude ;
Henry Simon, de la ville de Paris, *rité dimissus ;*
Pierre Pigis, de la parr. de Canapville ; (*V.* **542**).

322. — Le 31 oct. 1717, reçurent les ordres mineurs :
Fr. Nicolas Gombault, chanoine de Sᵗᵉ Barbe-en-Auge ;
François Piperel, clerc de N.-D. d'Orbec ;
Charles-Jacques Lechevallier, clerc de la parr. d'Equemauville : (*V.* **325**).
Dominique Morin, clerc de la parr. du Mesnil-Rousset ;

323. — Le 31 oct. 1717, reçurent la tonsure et les ordres mineurs :
Louis-Alexandre Dirlande, de N.-D. de la Couture de Bernay ;
Jean-Baptiste Lesueur, de la parr. de S¹ Ouen-le-Hoult ;
Jacques Prévost, de la parr. de Sᵗᵉ Marguerite-des-Loges ;
Nicolas Marie, de la parr. de N.-D. (..taudemer ;
Jean-Baptiste Brunel, de S¹ Ouen de Pontaudemer ;
François Frontin, de la parr. de Boulleville ; (*V.* **28**).
Jean-Pierre Bazin, de la parr. du Torquesne ;
Charles-François Morin, de la parr. de Sᵗᵉ Catherine d'Honfleur ;
Jean-François Legrip, de la parr. de S¹ Aubin-Lébisey ;
Jacques Renoult, de la parr. de Familly ;
Nicolas Le Marchand, de N.-D. de Courson ;
Charles de la Pille, de la parr. de Boisney ;
Charles Bart, de Sᵗᵉ Croix de Bernay ;
Robert-Nicolas Dubosc, de la parr. du Regnouard ;

324. — François Fournier, de la parr. de Mardilly ;
Jean-Nicolas Lebelhomme, de la parr. de S¹ Désir de Lx ;
François Hue, de la parr. de Tordouet ;
François Bence, de S¹ Désir de Lx ;
Jean Lemonnier, de S¹ Jacques de Lx ;
Jean Masson, de la parr. de la Goulafrière ;
Michel Caresme, de S¹ Léonard d'Honfleur ;
Pierre Letellier, de la parr. de Lessard ;
Marc-Henry de Fréville, de la parr. de Norolles ;
Jacques Foucher, de Pont-l'Evêque ;
Alexandre Monseillon, de N.-D. de Fresne ;
Jean Brasnu, de N.-D. de Blangy.

François-Charles Desson, de N.-D. de Douville ;
Jacques Le Barbier, de la paiṝ. de N.-D. de Pontaudemer ;
Fr. Jean-Paul Péronet, religˣ de Sᵗᵉ Barbe-en-Auge ;
Fr. Jean-Baptiste de la Garde,   id.
Fr. Brice Gobille,   id.
Fr. Joseph-Nicolas Thibault,   id.
Fr. Antoine-Laurent Aignan,   id.

325. — Le 26 mars 1712, Charles-Jacques Lechevallier, fils de Charles et de Charlotte Droullin, de la paiṝ. d'Equemauville, reçoit la tonsure. (*V.* 322).

326. — Le 6 juillet 1715, Mᵉ Jacques Leseigneur, sʳ de Préfontaine, demeurant à Sᵗ Pierre-de-Mailloc, constitue 150 livres de rente en faveur de son neveu Mᵉ Jacques Leseigneur, acolyte, demeurant à Orbec, afin qu'il puisse parvenir aux ordres sacrés.

327. — Le 6 sept. 1715, François Gorge, marchand, demeurant à Sᵗ Evroult-de-Montfort, constitue 150 livres de rente en faveur de son fils, Mᵉ Pierre Gorge, acolyte, afin qu'il puisse parvenir aux ordres sacrés.

328. — Le 20 oct. 1717, Mesʳᵉ Claude de Louis, Escʳ, pbr̄ᵉ du diocèse de Lx, est reçu docteur en théologie par Mʳᵉ Le Normand, doyen de lad. faculté en l'Université de Caen.

329. — Le 25 nov. 1717, dispense de bans pour le mariage entre Jean-Baptiste Dandel, chevʳ, seigʳ de la Rotellière, lieutenant au régiment de cavalerie de Villequier, fils unique de feu Mesʳᵉ Jean-François Dandel, chevʳ, seigʳ de la Rotellière, et de noble dame Magdeleine Cabot, de la paiṝ. de la Gueroulde, diocèse d'Evreux, d'une part, et damˡˡᵉ Marie-Anne-Marguerite-Nicolle de Bernière, dame du Breuil, fille de feu Guillaume de Bernière, Escʳ, seigʳ du Breuil, et de noble dame Anne-Louise Dandel, d'autre part, de la paiṝ. de Sᵗ Germain-la-Campagne.

330. — Le 29 nov. 1717, Mᵉ Louis-Pierre-François Duhamel, Escʳ, pbr̄ᵉ du diocèse de Bayeux, pourvu de la cure de Cauverville, prend possession dud. bénéfice, en présence de Mesʳᵉˢ David-Léonor Bertout, Escʳ, seigʳ d'Heudreville ; Léonor Bertout, Escʳ, curé d'Heudreville ; Claude Berthout, Escʳ ; Charles du Fay, Escʳ, clerc de la paiṝ. de Carsis ; Mᵉ Jean Levavasseur, pbr̄ᵉ, curé de Sᵗ Jean-de-la-Lecqueraye, doyen rural de Corneilles et vicaire général de Mᵍʳ l'évêque d'Avranches, et autres témoins. (*V.* 172, 245, 486).

331. — Le 2 déc. 1717, dispense de bans pour le mariage entre Marcel-Sébastien Le Grix, Escʳ, sʳ de la Fontelaye, fils de feu Charles-Adrien Le Grix, Escʳ, et de feu noble dame Marguerite de la Masure, de la paiṝ. de Sᵗ Cyr-de-Salerne, d'une part, et damˡˡᵉ Marie Semiot, fille de feu Estienne et de Marie Le Prévost, de la paiṝ. de Bazoques.

332. — Le 2 juin 1717, Mᵉ Guillaume Tirard, pbr͞e du diocèse de Bayeux, obtient en cour de Rome des lettres de provision de la cure de Druval, vacante par la mort du dernier titulaire. (*V*. 352).

333. — Le 25 déc. 1717, Mᵉ Jean Morand, pbr͞e, curé de Malouy et pourvu de la cure de la Chapelle-Gautier par Mᵍʳ de la Chapelle, évêque et comte de Vabre, comme ayant la garde-noble des nobles enfants de son frère, feu Mʳᵉ Jean-Baptiste Le Filleul, Escʳ, seigʳ et patron de la Chapelle-Gautier, prend possession dud. bénéfice, en présence de Mᵉ Charles de Monthuchon, pbr͞e, curé d'Orbec et doyen du lieu ; Mᵉ Jean Canu, pbr͞e, curé de Sᵗ Jean-de-Thenney ; Mᵉ Jean-François Charpentier, pbr͞e, desservant lad. parr͞. de la Chapelle ; François Pointel, syndic, et autres paroissiens du lieu. (*V*. **270, 535**).

334. — Le 20 déc. 1716, la nomination à la chapelle de Sᵗ Martin en l'église paroissiale d'Etrépagny appartenant au roy, a cause de son droit de régale, et le sʳ Carrey, dernier titulaire, étant mort pendant la vacance du siège épiscopal, Sa Majesté nomme aud. bénéfice la personne de Mᵉ Jean-Jacques Enouf, pbr͞e du diocèse de Coutances, à la place de Mᵉ Robert Prestry qu'il y avait nommé au mois de juillet dernier, mais qui est décédé sans avoir pris possession. (*V*. **344**).

335. — Le 15 déc. 1717, dispense de parenté au 2ᵉ degré pour le mariage entre François-Alexandre-Auguste Turpin, Escʳ, sʳ de Morel, et damˡˡᵉ Marie-Françoise-Dorothée Turpin, fille de feu Gabriel Turpin, Escʳ, sʳ de Caillouet, tous deux de la parr͞. de Hotot.

336. — Le 17 déc. 1660, François Pleuvry, fils de François et de Rénée N....., son épouse, de la parr͞. de Cormes, diocèse du Mans, reçoit la tonsure cléricale au Mans.

Le 12 avril 1717, led. sʳ Pleuvry, pbr͞e, procureur du collège du Mans établi à Paris, Porte Sᵗ Michel, et pourvu du canonicat de Rouiligny, en la cathédrale d'Avranches, dont il n'a pas encore pris possession, présent en personne, donne sa procuration pour résigner son canonicat entre les mains de N.-S.-P. le pape en faveur de Mᵉ Michel Dutertre, pbr͞e, curé de Sᵗ Quentin, diocèse d'Avranches, et chapelain de la chapelle Sᵗ Jean, au château de Sᵗ Philbert, diocèse de Lx ; et led. sʳ Dutertre représenté par Mʳᵉ Julien-René Bouquet, pbr͞e du diocèse du Mans, docteur de Sorbonne et principal du collège de Bayeux, fondé en l'Université de Paris, rue de la Harpe, parr͞. Sᵗ Séverin, donne aussi sa procuration pour résigner lad. chapelle entre les mains de N.-S.-P. le pape en faveur dud. sʳ Pleuvry. Fait et passé devant les notaires du Châtelet, à Paris.

Le 28 avril 1717, led. sʳ Pleuvry obtient en cour de Rome des lettres de provision de lad. chapelle.

Le 13 déc. 1717, le seigr évêque de Lx donne son visa auxd. lettres de provision. (*V.* **26, 345**).

337. — Le 20 déc. 1717, dispense de bans pour le mariage entre Me Jean-Jacques Train, fils de feu Me Jacques Train et de damlle Elisabeth Hamon, d'une part, et damlle Anne-Angélique Duchemin, fille de Me Guillaume Duchemin et de damlle Marie Périer, tous deux de la parr. de Pont-l'Evêque. (*V.* **108**).

338. — Le 27 déc. 1717, dispense de bans pour le mariage entre Mre Jean-Baptiste-Antoine de Quintanadoine, Escr, seigr de Brétigny, fils de feu Mre François de Quintanadoine, aussi Escr, seigr de Brétigny et autres lieux, conser du roy, maitre ordinaire en sa cour des Comptes de Normandie, et de damlle Magdeleine Le Vellin, de la parr. de Brétigny, d'une part, et damlle Marie-Louise-Francoise Letac, fille de Me Julien Letac, Escr, conser du roy en sa cour des Comptes, Aides et Finances de Normandie, et de dame Louise-Geneviève Le Bas, demeurant en la parr. de St Godard de Rouen.

339. — Le 28 déc. 1717, vu l'attestation du sr Mindorge, curé de Branville, dispense de bans pour le mariage entre Mre Robert d'Angerville, fils de feu Mesre Louis d'Angerville et de feu noble dame Anne Bellair, de la parr. de Branville, d'une part, et damlle Marie-Geneviève de Clacy, fille de Mesre Guillaume de Clacy et de noble dame Geneviève de Nollent, de la parr. du Mesnil-Toutfrey, diocèse de Bayeux.

340. — Le 25 août 1707, Robert Legendre, fils d'Antoine et de Françoise d'Ivetot, de la parr. de Corville-sur-la-Foltière, diocèse de Rouen, reçoit la tonsure à Rouen.

Le 23 janvier 1712, Fr. Robert Legendre, de la parr. de Corville, doyenné de St Georges, diocèse de Rouen, fait profession en l'abbaye de N.-D. de Cormeilles, entre les mains de Dom Jean-Baptiste Pelvey, prieur de lad. abbaye, et en présence de Dom Charles Letellier, Dom Louis Lejumel, Dom Pierre Sauvalle, Dom Jacques Delahaye, Dom Noel de la Gohière de Gueroult, Dom Paul de Grineau, tous religieux dud. lieu.

Le 27 août 1717, led. sr Legendre expose en cour de Rome qu'étant encore laïque, « à l'âge de dix-sept ans, se trouvant à l'affust dans un bois, sur le soir, un particulier vint pour luy oster le fusil qu'il tenait à sa main, ce qu'ayant refusé et dans les efforts qu'il fist pour le luy faire rendre, led. suppliant tira le coup sur luy, dont il mourut 24 heures après, muny touttes fois des sacrements de l'église. Ce malheur le jetta dans de grands embarras dont il fut deslivré par le privilège de St Romain, attaché à N.-D. de Rouen. Depuis ce temps-là il a reçeu la tonsure sans connoistre son irrégularité ; il est entré dans l'abbaye de N.-D. de Cormeilles où il a pris l'habit et fait profession suivant la règle de St Benoit, et taché de remplir les devoirs de son estat. Mais comme il a encouru l'irrégularité, » il est obligé de s'adresser à Sa Sainteté pour se faire relever de la peine qu'il a méritée et se mettre en état de jouir des privilèges de la cléricature.

Le 23 déc. 1717, M⁰ Pierre Dumesnil-Leboucher, official de l'évêché de Lx, commis par Sa Sainteté, fulmine le bref d'absolution qui relève led. s⁰ Legendre de son irrégularité, et lui permet d'entrer dans les ordres sacrés. (*V*. 542).

341. — Le 7 avril 1713, M⁰ Nicolas de Bonnechose, diacre de la paiī. de Plainville, est ordonné prêtre.

Le 4 nov. 1717, « S. E. et Puissant seigneur M⁰ Louis de Prye, marquis, seig⁰, patron et baron haut justicier de Plasnes, Eschanfray, Courbespines, Cocquainvillers et autres terres, et ambassadeur de S. M. très chrestienne auprès de S. M. le roy de Sicille, de sa propre volonté et plaisir, pour luy et les siens, » nomme M⁰ Nicolas de Bonnechose, pbrē du diocèse de Lx, pour remplir la seconde portion de l'église paroissiale de Plasnes dont la nomination lui appartient et qui est vacante par la démission de M⁰ Léonor Sccard, dernier titulaire. Fait à Turin au palais qu'habite S. E. l'ambassadeur de S. M. très-chrétienne, paiī. de S⁰ Eusèbe.

Le 2 janvier 1718, led. s⁰ de Bonnechose, pbrē, chapelain de la paiī. de Pontfol, et y demeurant, nommé à la 2⁰ portion de la cure de Plasnes, dont il n'a pas pris possession, remet tous les droits qu'il a aud. bénéfice entre les mains « de S. E. le marquis de Prye. » Fait au manoir seigneurial de Coquainvilliers, en présence de Pierre et de Toussaint Gosset, marchands, demeurant aud. lieu. (*V*. 293, 368).

342. — Le 5 déc. 1717, la nomination à la cure de S⁰ Martin d'Ouillye appartenant au seig⁰ abbé de S⁰ Laumer de Blois, et lad. abbaye se trouvant réunie à perpétuité à l'évêché dud. lieu, le seig⁰ évêque de Blois nomme à lad. cure d'Ouillye, vacante par la mort de M⁰ Adrian Riequier, dernier titulaire, la personne de M⁰ Louis Bourlet, diacre du diocèse de Lx. (*V*. 86, 411).

Le 2 janvier 1717, le seig⁰ évêque donne aud. s⁰ Bourlet la collation dud. bénéfice.

Le 3 février 1718, le s⁰ Bourlet, diacre, prend possession de la cure de S⁰ Martin d'Ouilly, en présence de M⁰ François Jouen de Bernainville, pbrē du grand séminaire de Lx ; M⁰ Charles du Loir, pbrē, curé de Firfol, et autres témoins de lad. paiī.

343. — Le 16 février 1712, M⁰ François Dilloys, pbrē du diocèse de Lx, (paiī. de Barville), est reçu M⁰ ès-arts en l'Université de Caen.

Le 17 février, il obtient des lettres de quinquennium du recteur de lad. Université.

Le même jour, le s⁰ Dilloys, âgé de trente-trois ans, est nommé par icelle sur l'archevêché et le Chapitre de Rouen ; sur les évêchés et les Chapitres de Lisieux et d'Evreux, ainsi que sur bon nombre d'abbayes et prieurés de ces diocèses.

Le 28 déc. 1717, le sʳ Dilloys, pbr̄e du diocèse de Lx, vicaire de Sᵗᵉ Croix-Sᵗ Ouen de Rouen, représenté par Mᵉ Jean-Baptiste Paulmier, pbr̄e du diocèse de Lx, chapelain de Sᵗ Jean-Baptiste de Cambremer, fait signifier ses noms et grades aux religˣ de Sᵗ Evroult. (*V.* **382**).

344. — Le 20 sept. 1698, Jean-Baptiste Paulmier, fils de Gabriel et de Françoise de la Morillière, de la par̄r. de Verneusses, *rité dimissus*, reçoit la tonsure à Evreux.

Le 11 février 1714, led. sʳ Paulmier, acolyte, âgé de 22 ans, est reçu Mᵉ ès-arts en l'Université de Caen.

Le 13 février 1714, il obtient des lettres de quinquennium du recteur de lad. Université.

Le même jour, il est nommé par icelle sur les archevêchés et les Chapitres de Paris et de Rouen ; sur les évêchés et les Chapitres de Bayeux, Lisieux, Coutances, Avranches, Evreux, Chartres, Le Mans et Rennes, ainsi que sur un certain nombre d'abbayes et prieurés de ces diocèses.

Le 28 déc. 1717, le sʳ Paulmier, chapelain de Sᵗ Jean-Baptiste de Cambremer, demeurant à Verneusses, ayant fait élection de domicile « au bourg de Sᵗ Evroult, en la maison où pend pour enseigne la Croix verte », fait signifier ses noms et grades aux religˣ de Sᵗ Evroult en parlant à « Guillaume Leberger, portier, venu au son du timbre de la clochette. » (*V.* **381**).

345. — Le 18 déc. 1717, Mesʳᵉ Jean-Jacques Enouf, pbr̄e de la Mission, du diocèse de Coutances et supérieur du grand séminaire de Lx, représenté par Mʳᵉ David Jouas, pbr̄e, curé d'Etrépagny, doyenné de Sᵗ Cande, prend possession de la chapelle Sᵗ Martin en l'église paroissiale d'Etrépagny. (**334**).

346. — Le 30 déc. 1717, Mᵉ François Pleuvry, pbr̄e du diocèse du Mans, pourvu de la chapelle Sᵗ Jean dans le château de Sᵗ Philbert-sur-Risle, et représenté par Mᵉ Joseph Briet, pbr̄e, vicaire de Sᵗ Ouen de Pontaudemer, prend possession dud. bénéfice. (*V.* **336**).

347. — Le 21 janvier 1718, Mᵉ Jean-François-Bernard Laignel de la Vastine, acolyte de la par̄r. de Plasnes, nommé à la cure de Sᵗ Georges-du-Mesnil par Mesʳᵉ François-Philippe Belin, Escʳ, sʳ de Sᵗ Victor, seigʳ et patron dud. Sᵗ Georges, requiert du seigʳ évêque la collation dud. bénéfice. Sa Grandeur renvoie led. sʳ Laignel devant Mᵉ Pierre Dumesnil, vicaire général, pour subir l'examen. Celui-ci répond que vu le refus qu'il a fait la veille dud. sʳ Laignel pour le sous-diaconat, à cause de son incapacité, il serait inutile de procéder aujourd'hui à un nouvel examen. C'est pourquoi le s' grand vicaire juge à propos de refuser l'institution canonique. (V. 265).

348. — Le 20 janvier 1718, M° Gabriel Delauney, pbre, curé de la Trinité du Mesnil-Oury et pourvu de la cure d'Auberbose, diocèse de Rouen, remet led. bénéfice du Mesnil-Oury purement et simplement entre les mains de M° François-Charles-Dominique Le Conte, chev', seig' du Rouil; patron de lad. cure.

Le 28 janvier 1718, led. s' du Rouil nomme aud. bénéfice du Mesnil-Oury la personne de M° Noel Dupendant, pbrē de ce diocèse. (V. 371).

349. — Le 20 janv. 1718, la nomination à la cure de S' Georges-du-Mesnil appartenant, de droit alternatif, au seig' du Mesnil, Mesre Jean-François de Trousseauville, Escr, seig' et patron de S' Georges-du-Mesnil, noble dame Anne Deschamps, son épouse, et Marie-Anne de Trousseauville, leur fille, nomment aud. bénéfice, vacant par la mort de M° Adrien Dumaine, pbre, dernier titulaire, la personne de M° Gabriel-René Le Normand du Buschet, pbrē du diocèse de Lx. (V. 264).

Le même jour, le seig' évêque donne aud. s' Le Normand la collation dud. bénéfice.

Le 27 janv. 1718, le s' Le Normand prend possession de la cure de S' Georges, en présence de M° Pierre Prévost, pbrē, vicaire du lieu.

350. — Le 25 janv. 1718, vu l'attestation du s' Guillemin, vicaire de Blangy, et du s' Bazin, vicaire de Morainville, dispense de bans pour le mariage entre François Dumont et Françoise Loir.

351. — Le 4 fév. 1718, dispense de bans pour le mariage entre Louis Morin, fils Antoine, d'une part, et damlle Marguerite Dufour, fille de Jean Dufour, Escr, s' du Gisey, et de damlle Elisabeth de Malleville, tous deux de S' Etienne-Lallier.

352. — Le 3 fév. 1718, M° Guillaume Tirard, pbrē du diocèse de Bayeux, demeurant à Hotot, diocèse de Lx, pourvu en cour de Rome de la cure de Druval, requiert du seig' évêque la collation dud. bénéfice. Sa Grandeur répond qu'elle ne peut accorder le visa, parce que le bénéfice est rempli.

Le 7 fév. 1718, led. s' Tirard expose en bailliage de Rouen qu'il a été pourvu en cour de Rome de la cure de Druval et que le seig' évêque de Lx lui refuse la collation parce que le lieu est rempli. C'est pourquoi ayant appris qu'il y a deux prétendants à lad. cure, il prie M. le bailly de l'autoriser à les faire approcher par devant lui pour leur faire dire qu'il sera maintenu dans ses droits, et ce, à leur préjudice. En attendant, il demande à être autorisé à prendre possession dud. bénéfice pour la conservation de son droit ; ce qui lui est accordé.

Le 9 fév. 1718, le s' Tirard, en vertu de l'autorisation obtenue en bailliage de Rouen, prend possession de la cure de Druval *ad conserva-*

tionem juris, en présence de M° Robert Boissière, pbr̄e, desservant lad. paṝ.; M° Guillaume Lallemand, pbr̄e, vicaire de Beaufour : Thomas Mesnier, trésorier, et autres témoins. (V. **332**).

353. — Le 31 janvier 1718, la nomination au prieuré-cure de St Jean-d'Asnières et à son annexe, la chapelle de St Eustache, appartenant au seig^r abbé de N.-D. de Belle-Etoile, Mes^{re} Pierre de Villelongue, abbé commendataire de l'abbaye de Belle-Etoile, diocèse de Bayeux, nomme auxd. bénéfices, vacants par la mort de Dom Urbain Lanquier, religieux prémontré, la personne de Dom Charles Lehongre, pbr̄e, religieux de lad. abbaye et professeur en icelle.

Le 4 fév. 1718, le seig^r évêque donne aud. s^r Lehongre la collation dud. bénéfice.

Le 21 fév. 1718, le s^r Lehongre prend possession de la cure de St Jean-d'Asnières et de la chapelle St Eustache, en présence de Me Guillaume Madeline, vicaire du lieu; Richard de Louis, Eser, s^r de Clarcy, et autres témoins de lad. paṝ.

354. — Le 1er fév. 1718, Me Guillaume-Antoine Laugeois, pbr̄e, curé de la 2e portion de Putot, résigne led. bénéfice entre les mains du seigneur présentateur à lad. cure.

355. — Le 12 nov. 1717, Mre Gilles Le Dorey, acolyte du diocèse de Lx, obtient en cour de Rome des lettres de provision du prieuré ou chapelle simple de St Eutrope du Montbottin, dépendant de l'abbaye de Longpont, et vacant par la résignation faite en sa faveur par son oncle Mes^{re} Gabriel de Grosourdy de Marimont, diacre, dernier prieur commendataire. (V. **314, 360**).

356. — Le 14 février 1718, vu l'attestation du s^r De la Salle, vicaire de Ste Catherine d'Honfleur, dispense de bans pour le mariage entre Michel Guilbert et Marie Bourgeot.

357. — Le 15 février 1718, vu l'attestation du s^r Fouquier, pbr̄e, vicaire de Beuzeville, dispense de bans pour le mariage entre Guillaume Dubosc et Charlotte Soudain.

358. — Le 15 février 1718, vu l'attestation du s^r Dubuse, vicaire de Ste Croix de Bernay, dispense de bans pour le mariage entre Me Thomas Ledanois, fils de Me Guillaume Ledanois, apothicaire, et de Catherine Lemercier, de lad. paṝ. de Ste Croix, d'une part, et Anne Madeleine Le Villain, fille de Pierre Le Villain, de la paṝ. de St Carde-le-Vieil.

359. — Le 15 février 1716, dispense de bans pour le mariage entre Guillaume Perrot de Baillerot, originaire de la paṝ. de St Pierre de Châteauneuf-sur-Chamberry et demeurant depuis deux ans en la paṝ. de Ste Croix de Bernay, fils de feu Me Ignace Perrot, avocat au Parlement de Paris, et de dam^{lle} Catherine Moreau, d'une part, et dam^{lle}

Marie Serré, v{ve} de Jean-Baptiste Henry, bourgeois de Paris et demeurant depuis plusieurs années en lad. parr. de Ste Croix.

360. — Le 3 février 1718, le seig{r} évêque donne son visa aux lettres de provision du prieuré du Montbottin, obtenues en Cour de Rome par Me Gilles Le Dorey, acolyte.

Le 8 février 1718, le sr Le Dorey prend possession dud. prieuré simple de St Eutrope du Montbottin, sis en la parr. d'Angerville, en présence de Me Gilles Le Diacre, Esc{r}, sr de Martinbose, cons{er} du roy, lieutenant général à Pont-l'Evêque ; Me Jean Perrée, pbrē, curé d'Angerville ; Pierre Fortin, officier de dragons, de la parr. d'Angerville, et Martin de la Reue, aussi de lad. parr. (*V.* **314, 355**).

361. — Le 16 février 1718, dispense de bans pour le mariage entre Me François Cotton, fils de Me Antoine et de dam{lle} Marguerite Fresson, de la parr. de N.-D. d'Honfleur, d'une part, et dam{lle} Jeanne Prémord, fille de feu Me Pierre Prémord, premier échevin au gouvernement d'Honfleur, et dam{lle} Jacqueline Aubert, de la parr. de Ste Catherine d'Honfleur.

362. — Le 31 oct. 1717, Pierre Gravelle, de la parr. d'Aubry-le-Panthou, reçoit la tonsure et les ordres mineurs.

363. — Le 19 février 1718, vu l'attestation du sr de Motaillé, pbrē, vicaire de St Désir de Lx, dispense de bans pour le mariage entre Adrien de la Porte, seig{r} du Castellier, fils de Robert de la Porte, aussi seig{r} du Castellier, et de dam{lle} Marie de Morel, de lad. parr. de St Désir, d'une part, et dam{lle} Marguerite de la Balle, fille de Me Georges de la Balle, seig{r} de la Pommeraye, et dam{lle} Barbe Delaunay, de la parr. de St Mards-de-Fresne. (*V.* **374**).

364. — Le 22 février 1718, dispense de bans pour le mariage entre Adrien-François Crévin, avocat, de la parr. de Clarbec, fils de feu Me Guillaume Crévin, aussi avocat, et de feue Gabrielle Hamon, d'une part, et Marie-Louise Viard, fille de feu Jean-Pierre Viard, de la parr. de St Pierre-Adifs.

365. — Le 23 février 1718, vu l'attestation du sr de Bodinet, curé de Mirbel, dispense de bans pour le mariage entre Louis-François Groscol, sr de la Chapelle, bourgeois de Caen et demeurant présentement en la parr. de Mirbel, fils de feu Nicolas Groscol et de dam{lle} Marie Leloup, d'une part, et Catherine Le Barbier, fille de Michel et de dame Marie Leroy, aussi de lad. parr.

366. — Le 28 février 1718, vu l'attestation du sr Duval, curé de Montreuil-Largillé, dispense de bans pour le mariage entre François St Denis, fils de François, de la parr. de St Denis-d'Augerons, et Anne Sorel, fille de Me Jean Sorel et de dam{lle} Anne Leroux, de la parr. de Montreuil.

367. — Le 28 février 1718, vu l'attestation du sʳ Graindorge, curé du Mesnil-Guillaume, et du sʳ Lefrançois, vicaire de Sᵗ Pierre-de-Mailloc, dispense de bans pour le mariage entre Charles Delavache et Jeanne Foloppe.

368. — Le 1ᵉʳ février 1718, « S. E. haut et puissant seigʳ, Mesʳᵉ Louis de Prye, marquis, seigʳ-patron, baron haut-justicier de Plasnes, Echanfray, Courbespine, Coquainvillers et autres terres, ambassadeur de Sa Majesté très chrestienne auprès de S. M. le roy de Sicile, » nomme à la 2ᵉ portion de la cure de Plasnes, vacante par la démission pure et simple de Mᵉ Léonor Secard, pbr͞e, dernier titulaire, et par la non-acceptation de Mesʳᵉ Nicolas de Bonnechose, qui a remis lad. cure le 2 janvier dernier, la personne de Mᵉ Alexandre Siard, pbr͞e du diocèse de Lx et vicaire de Thibouville, diocèse d'Evreux. Fait à Turin, au palais de Sad. Excellence.

Le 22 février 1718, le seigʳ évêque donne aud. sʳ Siard la collation dud. bénéfice.

Le 4 mars 1718, le sʳ Siard prend possession de la 2ᵉ portion de la cure de Plasnes, en présence de Mᵉ Léonor Secard, pbr͞e, curé de la 1ʳᵉ portion ; Mᵉ Jean Gasnier, pbr͞e, desservant la 2ᵉ portion de Plasnes ; Thomas Le Vellain, Escʳ, seigʳ du Beauvoir, de la par͞r. de Menneval ; le sʳ Laurent Parent, receveur de Mʳ de Prye, et Antoine Mauduit, garde dud. seigʳ, demeurant tous deux à Plasnes. (*V*. **296, 341, 479**).

369. — Le 31 oct. 1717, Pierre Dufour, de la par͞r. de Vimoutiers, reçoit la tonsure et les ordres mineurs.

370. — Le 8 mars 1718, Mᵉ Jean Cally, pbr͞e, demeurant au Mesnil-Hubert, Mᵉ ès-arts en l'Université de Caen, fait signifier ses noms et grades au seigʳ évêque et au Chapitre de Lx. (*V*. **218, 267**).

371. — Le 19 sept. 1716, Mᵉ Noel Dupendant, diacre de la par͞r. de Guerquesalles est ordonné prêtre.

Le 8 mars 1718, le seigʳ évêque donne aud. sʳ Dupendant la collation de la cure de Sᵗᵉ Trinité du Mesnil-Oury, à laquelle Il a été nommé par le seigʳ de Rouil.

Le 9 mars 1718, led. sʳ Dupendant prend possession dud. bénéfice, vacant par la démission de Mᵉ Gabriel Delauney, dernier titulaire. (*V*. **348**).

372. — Le 25 février 1711, Mᵉ Jean-Baptiste de Gémare, acolyte du diocèse de Lx, âgé de 22 ans, est reçu Mᵉ ès-arts en l'Université de Caen.

Le même jour, il obtient des lettres de quinquennium du recteur de lad. Université.

Le même jour encore, il est nommé par icelle sur l'archevêché et le Chapitre de Rouen ; sur les évêchés et les Chapitres de Bayeux, Lisieux,

Séez et Evreux, ainsi que sur la plupart des abbayes et prieurés de ces divers diocèses.

Le 26 mars 1718, led. s' de Gémare, pbrë de la paff. de Heulland, fait signifier ses noms et grades au seig' évêque et au Chapitre de Lx.

Le 21 mars 1718, à Pont-l'Evêque, devant M⁰ Jacques de Varin, Esc'', s' de Beauchamp, conse'' du roy, assesseur au bailliage et vicomté d'Auge, M''⁰ˢ Jacques du Bouillonney, Esc'', seig' de S' Pierre-Adzifs, âgé de 54 ans, demeurant à S' Pierre-Adzifs, Sébastien Deshayes, Esc'', seig' de Gassart, âgé de 47 ans, demeurant à S' Hymer, François de Coursy, Esc'', seig' d'Englesqueville, âgé de 53 ans, demeurant en lad. paff. d'Englesqueville, et Joachim de Hébert, Esc'', s' de Bailleul, âgé de 46 ans, demeurant à Tourgéville, déposent judiciairement, sur la demande de M° Jean-Baptiste de Gémare, pbrë, demeurant à Bourgeauville, que feu Bertrand de Gémare, Esc'', et feue dame Anne de Cavelande, son épouse, père et mère dud. s' de Gémare, pbrë, étaient de naissance noble du côté paternel et du côté maternel et ont toujours vécu sur ce pied sans aucune contestation, n'ayant point dérogé à leur qualité.

373. — Le 16 mars 1718, M° Antoine Jehan, pbrë, curé de Noron, diocèse de Séez, M° ès-arts en l'Université de Caen, fait réitérer ses noms et grades aux relig' de S' Evroult. (*V.* **178**).

374. — Le 17 mars 1718, vu l'attestation du s' Patin, pbrë, prieur-curé de S' Pierre-des-ifs, et du s' Desjardins, vicaire de S' Mards-de-Fresne, dispense de bans pour le mariage entre Jean de la Balle, Esc'', s' de la Pommeraye, fils de Guillaume et de dam¹¹⁰ Anne Varin, de la paff. de S' Mards-de-Fresne, d'une part, et dam¹¹⁰ Anne de Lespiney, fille de feu Jean de Lespiney, s' des Pommerays, et de dam¹¹⁰ Anne Morel, de la paff. de S' Pierre-des-Ifs. (*V.* **363**).

375. — Le 26 mars 1710, Jean-Baptiste Varin, fils de Pierre et de Marie Gost, de la paff. de S' Nicolas de Caen, *rite dimissus*, reçoit à Lx, la tonsure et les ordres mineurs.

376. — Le 12 mars 1718, M° Jacques Crochen, pbrë, M° ès-arts en l'Université de Paris, pourvu de la cure de la Roque-Baignard dont il a pris possession, et M° Jean Daubin, pbrë, M° ès-arts en l'Université de Caen, vicaire de S' Hymer, et ayant été aussi pourvu de lad. cure de la Roque-Baignard dont il n'a pas pris possession, voulant l'un et l'autre « éviter le procèz prest à naistre entr'eux po' raison des droits et priviléges de leurs grades et se les conserver chacun en droit, sont convenus de ce qui enssuit, savoir : led. s' Daubin, après avoir pris communicaõn des titres et capacitez dud. s' Crochen et le reconnaissant plus ancien gradué que luy, a déclaré qu'il se désiste par le présent de tous les droits qu'il prétendoit à lad. cure de la Roque-Baignard au préjudice dud. sʳ Crochon, consentant que led. sʳ Crochon en demeure possesseur paisible, renonçant led. sʳ Daubin à s'esjouir de toutes les p͞viōn͞s (provisions), collaōn qu'il en aurait obtenues de l'ord͞ʳᵉ (ordinaire) en tant que pour lad. cure de la Roque-Baignard ; ce qui a esté accepté par led. sʳ Crochon, lequel a de sa part renoncé à faire en plus outre aucune autre poursuitte aud. sʳ Daubin pour raison de sad. possession de lad. cure. » (*V*. **146, 242, 252, 397**).

376 bis. — Le 16 mars 1718, Mᵉ Jean Buisson, pb͞rē de N.-D. de Courson et vicaire de Drucourt, Mᵉ ès-arts en l'Université de Caen, fait réitérer ses noms et grades au seigʳ évêque et au Chapitre de Lx. (*V*. **154**).

377. — Le 18 mars 1718, Mᵉ Pierre Simon, pb͞rē, demeurant à Orbec, bachelier et Mᵉ ès-arts en l'Université de Paris, fait réitérer ses noms et grades au seigʳ évêque et au Chapitre de Lx, ainsi qu'aux religˣ de Bernay et de Sᵗ Evroult. (*V*. **189**).

378. — Le 17 mars 1718, Mᵉ Louis Guilbert, pb͞rē du diocèse d'Evreux, demeurant en la par͞r. de Combon, aud. diocèse, Mᵉ ès-arts en l'Université de Caen, fait réitérer ses noms et grades aux religieux de Sᵗ Pierre de Préaux.

379. — Le 29 mars 1718, vu l'attestation du sʳ Farain, curé de Sᵗ Léger de Glatigny, et du sʳ Bayeux, vicaire de Thiberville, dispense de bans pour le mariage entre Jacques Toufflet et Marie Vallée.

380. — Le 29 mars 1718, Mᵉ Guillaume Barrabé, sous-diacre du diocèse de Lx, Mᵉ ès-arts en l'Université de Paris et bachelier de Sorbonne, demeurant à Paris, au collège Sᵗᵉ Barbe, rue des Chiens, fait réitérer par procureur ses noms et grades au seigʳ évêque et Chapitre de Lx.

381. — Le 26 mars 1718, Mᵉ Jean-Baptiste Paulmier, pb͞rē, chapelain de Sᵗ Jean-Baptiste de Cambremer, diocèse de Bayeux, demeurant à Verneusses, Mᵉ ès-arts en l'Université de Caen, fait réitérer ses noms et grades aux religˣ de Sᵗ Evroult. (*V*. **344**).

382. — Le 26 mars 1718, Mᵉ François Dilloys, pb͞rē du diocèse de Lx, vicaire de Sᵗᵉ Croix-Sᵗ Ouen de Rouen, Mᵉ ès-arts en l'Université de Caen, représenté par Mᵉ Jean-Baptiste Paulmier, pb͞rē, demeurant à Verneusses, fait réitérer ses noms et grades aux religˣ de Sᵗ Evroult. (*V*. **342**).

383. — Le 30 mars 1718, dispense de bans pour le mariage entre Robert Orieult, Escʳ, fils de François Orieult, Escʳ, sʳ de Grandmare, et de feu noble dame Marie Duquesne, de la par͞r. de Quetteville, d'une part, et damˡˡᵉ Barbe-Elisabeth de Gouy, fils d'Antoine de Gouy, Escʳ, sʳ de Mongiron, et de noble dame Jeanne-Elisabeth de Caullier, de la par͞r. de Sᵗ Samson de la Roque.

T. II   24

383 bis. — Le 31 mars 1718, Dom Pierre-Samuel Viel de la Grande-Rue, pbrē du diocèse de Bayeux, prieur claustral de Sᵗᵉ Croix de la maison de Caen, Mᵉ ès-arts en l'Université dud. lieu de Caen, représenté par Mᵉ Pierre-Alexandre Motaillé, pbrē, vicaire de Sᵗ Désir de Lx, fait réitérer ses noms et grades aux religᵗ de Sᵗᵉ Barbe. (*V.* **145**).

384. — Le 14 mars 1718, Mᵉ Jacques Corbin, pbrē du diocèse de Lx, Mᵉ ès-arts et bachelier en théologie de la faculté de Paris, demeurant à Conflans-sous-Charenton-lèz-Paris, fait réitérer ses noms et grades au seigʳ abbé de Bernay, en parlant à sa personne, trouvé en son hôtel, situé rue Sᵗ Honoré, proche Sᵗ Roch. (*V.* **159**).

385. — Le 31 mars 1718, Mᵉ Gabriel Duplessis, pbrē, vicaire de Boisney, Mᵉ ès-arts en l'Université de Caen, fait réitérer ses noms et grades aux religieux de Sᵗ Pierre de Préaux. (*V.* **161**).

386. — Le 28 mars 1718, Mᵉ François Gravelle, diacre, demeurant à Crouttes, Mᵉ ès-arts en l'Université de Caen, fait réitérer ses noms et grades aux religᵗ de Sᵗ Evroult. (*V.* **166**).

387. — Le 26 mars 1718, Mᵉ Georges-François Hélix, pbrē, chapelain du prieuré de Sᵗ Hymer, Mᵉ ès-arts en l'Université de Caen, fait réitérer ses noms et grades au seigʳ évêque et au Chapitre de Lx, ainsi qu'aux religᵗ de Beaumont-en-Auge, Sᵗ Pierre de Préaux, Cormeilles et Bernay et enfin aux dames de l'abbaye de Sᵗ Léger de Préaux. (*V.* **188, 191**).

388. — Le 9 mars 1718, Mᵉ Jean Le Battard ou Bastard, pbrē du diocèse de Bayeux, chanoine régulier de la Maison-Dieu de Caen, Mᵉ ès-arts en l'Université dud. lieu, fait réitérer ses noms et grades aux religᵗ de Sᵗᵉ Barbe. (*V.* **176**).

389. — Le 30 mars 1718, Mᵉ Simon Mannoury, diacre, demeurant à Sᵗ Pierre-de-Courson, Mᵉ ès-arts en l'Université de Caen, fait réitérer ses noms et grades au seigʳ évêque et au Chapitre de Lx. (*V.* **57, 187**).

390. — Le 1ᵉʳ avril 1718, Mᵉ François Halley, pbrē, vicaire de Clarbec, Mᵉ ès-arts en l'Université de Caen, fait réitérer ses noms et grades au seigʳ évêque et aux chanoines de Lx, ainsi qu'aux religieux de Beaumont.

391. — Le 17 juin 1714, François Turpin, fils de Nicolas et de Marie-Anne Froudière, de la parr. de Sᵗ Martin-des-Authieux, *rité dimissus*, reçoit la tonsure et les ordres mineurs dans la chapelle du séminaire de Caen, des mains de Mᵍʳ François Blouet de Camilly, évêque et comte de Toul.

Le 22 juillet 1714, led. sʳ Turpin est reçu Mᵉ ès-arts en l'Université de Caen.

Le 9 mars 1718, le sʳ Turpin, diacre, âgé de 23 ans, obtient des lettres de quinquennium du recteur de lad. Université.

Le même jour, il est nommé par icelle sur l'archevêché et le chapitre de Rouen ; sur les évêchés et les Chapitres de Bayeux, Lisieux, Coutances, Evreux, Séez et Le Mans, ainsi que sur bon nombre d'abbayes de ces divers diocèses. (*V.* **209, 301**),

392. — Le 5 avril 1718, Me François Morel, pbr͠e, curé de Villers-en-Ouche, Me ès-arts en l'Université de Caen, fait réitérer ses noms et grades au seigr évêque et au Chapitre de Lx, ainsi qu'aux religieux de St Evroult. (*V.* **190**).

393. — Le 5 avril 1718, Me Michel Turpin, diacre, demeurant à St André-d'Echauffour, Me ès-arts en l'Université de Caen, fait réitérer ses noms et grades aux religx de l'abbaye de St Evroult. (*V.* **61, 158, 411**).

394. — Le 5 avril 1718, Me Nicolas Turpin, pbr͠e, demeurant à St André-d'Echauffour et chapelain de St Laurent-des-Planches (de la valeur de 100 livres), Me ès-arts en l'Université de Caen, représenté par Me Pierre Soyer, pbr͠e, chapelain en la Cathédrale, fait réitérer ses noms et grades aux religieux de St Evroult. (*V.* **157**).

395. — Le 6 avril 1718, Me Guillaume Delafosse, pbr͠e, curé de Réville (de la valeur de 200 livres de revenu), et prétendant droit à la chapelle St Léonard en la Cathédrale (du revenu de 8 à 10 livres), de laquelle il a pris possession, fait réitérer ses noms et grades au seigr évêque et au Chapitre de Lx. (*V*. **6**)

396. — Le 6 avril 1718, Me André du Coudray, pbr͠e, docteur en théologie de la faculté d'Angers, Me ès-arts en l'Université de Caen, curé de St Laurent de Marnefer (de 300 livres de revenu), fait réitérer ses noms et grades aux religieux de St Evroult. (*V.* **196**).

397. — Le 7 avril 1718, Me Jean Daubin, pbr͠e, vicaire de St Hymer, Me ès-arts en l'Université de Caen, fait réitérer ses noms et grades au seigr évêque et au Chapitre de Lx. (*V.* **146, 376**).

398. — Le 7 avril 1718, Me Nicolas Gosset, pbr͠e, curé du Mesnil-Durand (de la valeur de 250 livres), Me ès-arts en l'Université de Paris, fait réitérer ses noms et grades au seigr évêque et au Chapitre de Lx, ainsi qu'aux religieux de Cormeilles. (*V.* **194**).

399. — Le 8 avril 1718, Me Pierre Thillaye, pbr͠e de St Germain de Lx, pourvu de la chapelle St Léonard en la Cathédrale, pour laquelle il y a contestation, Me ès-arts en l'Université de Paris, fait réitérer ses noms et grades au seigr évêque et au Chapitre de Lx, ainsi qu'aux religx de Cormeilles. (*V.* **192**).

400. — Le 7 avril 1718, Me Charles Bellière, pbr͠e, chapelain en la Cathédrale, Me ès-arts en l'Université de Caen, déclarant que sa chapelle ne vaut que 9 livres de revenu, fait réitérer ses noms et grades au seigr évêque et au Chapitre de Lx. (*V.* **181**).

401. — Le 9 avril 1718, Me Louis Delamare, pbr͠e, demeurant à

Pontaudemer, parr. S¹ Ouen, M⁰ ès-arts en l'Université de Caen, fait réitérer ses noms et grades aux religieux de Grestain et de Cormeilles, ainsi qu'aux dames de S¹ Léger de Préaux. (*V.* 1, **177, 303**).

402. — Le 8 mars 1718, M⁰ François Maignet de la Londe, pbrē du diocèse de Lx, est reçu M⁰ ès-arts en l'Université de Caen.

Le 9 mars 1718, il obtient des lettres de quinquennium du recteur de lad. Université.

Le même jour, led. s¹ Maignet, âgé de 25 ans, est nommé par icelle sur les archevêchés et les chapitres de Paris et de Rouen ; sur les évêchés et les chapitres de Bayeux, Lisieux, Evreux et Séez, ainsi que sur la plupart des abbayes et prieurés de ces diocèses. (*V.* **302**).

403. — Le 8 mars 1718, M⁰ Léonor Meslin, sous-diacre du diocèse de Lx, est reçu M⁰ ès-arts en l'Université de Caen.

Le 9 mars 1718, il obtient des lettres de quinquennium du recteur de lad. Université.

Le même jour, led. s¹ Meslin, âgé de 22 ans, est nommé par icelle sur les archevêchés et les chapitres de Paris et de Rouen ; sur les évêchés et les chapitres de Bayeux, Lisieux, Evreux et Séez, ainsi que sur bon nombre d'abbayes et prieurés de ces diocèses. (*V.* **298**).

404. — Le 4 avril 1718, M⁰ Guillaume de la Couture, pbrē, vicaire de S¹ Evroult-de-Montfort, M⁰ ès-arts en l'Université de Caen, fait réitérer ses noms et grades aux religieux de S¹ Evroult. (*V.* **200**).

405. — Le 12 avril 1718, M⁰ Charles-Benoit Lebourg, acolyte, demeurant à Pontaudemer, M⁰ ès-arts en l'Université de Caen, représenté par Mesʳᵉ Jean-Jacques Lebourg des Alleurs, pbrē, chanoine de la Cathédrale, fait réitérer ses noms et grades au seigʳ évêque et au Chapitre de Lx. (*V.* **174**).

406. — Le 13 avril 1718, M⁰ Nicolas du Trou, sʳ de la Bénardière, pbrē, originaire de S¹ Sauveur de Caen, demeurant à Vaucelle, M⁰ ès-arts en l'Université de lad. ville, représenté par Mesʳᵉ Jean-Baptiste Mignot, pbrē, chanoine de la Cathédrale, fait réitérer ses noms et grades au seigʳ évêque et au Chapitre de Lx. (*V.* **171, 528**).

407. — Le 10 juillet 1715, M⁰ Jean Monseillon, notaire de Folleville, demeurant à Fresne, constitue 150 livres de rente en faveur de son fils, M⁰ Pierre Monseillon, acolyte, afin qu'il puisse parvenir aux ordres sacrés. (*V.* **411**).

408. — Le 10 avril 1718, furent ordonnés sous-diacres (1) :

---

(1) Nous ferons ici une remarque qui peut s'appliquer aux ordinations précédentes. Si plusieurs clercs paraissent avec des ordres que nous ne leur connaissions pas, c'est qu'ils les ont reçus ailleurs pendant la vacance du siège et que leurs lettres n'ont pas été insinuées à Lisieux, ou bien encore parce que l'on a exigé moins strictement l'insinuation des lettres d'ordination du temps de M. de Brancas.

M⁰ Pierre-Marie Carra, acolyte de la parr. d'Etrépagny ;

M⁰ François Le Conte, acolyte de la parr. du Mesnil-Hubert ;

Fr. Jacques Delahaye, acolyte, religieux de Cormeilles ; (*V.* **340**).

M⁰ Adrien Le Crosnier, acolyte de S⁺ Sauveur-Landelin, diocèse de Coutances, *ritè dimissus ;*

M⁰ Adrien Leroux, acolyte de la parr. d'Etrépagny ; (*V.* **84**) ;

M⁰ Antoine Bérard, acolyte de la parr. de la Brevière ;

M⁰ Robert Lefèvre, acolyte de la parr. de S⁺ Germain de Lx ;

M⁰ Pierre Roussel, acolyte de la parr. du Torpt ; (*V.* **82**).

M⁰ Jean Dupont, acolyte de la parr. de la Gravelle ;

M⁰ Augustin Morin, acolyte de la parr. de S⁺ Germain de Lx ;

M⁰ Gilles Ollondes, acolyte de la parr. de N.-D. de Bailleul ;

M⁰ Philippe Lecherpin, acolyte de la parr. d'Ecajeul.

409. — M⁰ Daniel Langlois, acolyte de S⁺ Michel de Pont-l'Evêque ;

M⁰ Christophe-Pierre Pains, acolyte de Noards ;

M⁰ Jean Hopsore, acolyte de la parr. de Nonant, près Bayeux ;

M⁰ Pierre Selles, acolyte de Nonant ;

M⁰ Thomas Baillet, acolyte de S⁺ᵉ Catherine d'Honfleur ;

M⁰ Luc de Bernière, acolyte de la parr. d'Ammeville ;

M⁰ Nicolas Lallemant, acolyte de Vimoutiers ;

M⁰ Réné Le Bret, acolyte de S⁺ Denis du Mesnil-Hubert ;

M⁰ Charles Dubusc, acolyte de la parr. de Fervaques ;

M⁰ Jean de la Porte, acolyte de S⁺ Martin-aux-Chartrains ;

M⁰ Pierre Travers, acolyte de Bréhal, diocèse de Coutances, *ritè dimissus ;*

M⁰ François Jouen, acolyte de S⁺ Germain de Lx ;

410. — Le 16 avril 1718, furent ordonnés diacres :

M⁰ Louis-François Bernière, sous-diacre de Fierville ;

M⁰ Charles Bourlet, sous-diacre de N.-D. d'Orbec ;

M⁰ Pierre Le Normand, sous-diacre de S⁺ Jacques de Lx ; (*V.* **319**).

M⁰ Louis Piel, sous-diacre de la parr. de Marolles ; (*V.* **555**).

M⁰ Jacques Bullet, sous-diacre de Thiberville ; (*V.* **539**).

M⁰ André Laisney, sous-diacre de la parr. de Gacey ; (*V.* **540**).

M⁰ Charles Dairon, sous-diacre de Gavray, diocèse de Coutances, *ritè dimissus ;*

M⁰ Jean-Baptiste Périgot, sous-diacre de S⁺ Jacques de Lx ; (*V.* **432**).

M⁰ Nicolas Hurel, sous-diacre de S⁺ᵉ Marie-aux-Anglais ; (*V.* **233**).

M⁰ Guillaume Lecourt, sous-diacre d'Ammeville ; (*V.* **103, 413, 430**).

M⁰ Michel Parau, sous-diacre de S⁺ Désir de Lx. (*V.* **12**).

M⁰ Alexandre Sandret, sous-diacre de Beaumont-en-Auge ;

M⁰ Jacques-Philippe Train, sous-diacre de Pont-l'Evêque ; (*V.* **290**).

M⁰ François Vauquelin, sous-diacre de Bailleul ; (*V.* **439**).

Mᵉ Louis-Charles Le Comte, sous-diacre de Résenlieu ; (*V.* **441, 510**).

Mᵉ Jean-Pierre Defrance, sous-diacre de Pierrefite ;

Mᵉ Nicolas Benoist, sous-diacre de N.-D. de Bailleul ; (*V.* **426**).

Mᵉ Pierre Lemercier, sous-diacre de Sᵗᵉ Croix de Bernay ;

Mᵉ Jean-Baptiste Piquenot, sous-diacre de Sᵗᵉ Croix de Bernay.

411. — Le 16 avril 1718, furent ordonnés prêtres :

Mᵉ Pierre Leroy, diacre de la par̄. de Sᵗ Hymer ; (*V.* **287**).

Mᵉ Louis Bourlet, diacre de Sᵗ Germain-la-Campagne ; (*V.* **86, 342**).

Mᵉ Jacques Cavelier, diacre de Sᵗ Ouen de Pontaudemer ;

Fr. Robert Delaunay, diacre, religˣ de l'abbaye de Mondaye ;

Mᵉ Michel Turpin, diacre de Sᵗ André-d'Echauffour ; (*V.* **61, 158, 393**).

Mᵉ François Déchauffour, diacre de Ticheville ; (*V.* **72**).

Mᵉ François Fouques, diacre, de Sᵗᵉ Croix de Bernay ;

Mᵉ Charles Pellecat, diacre de Sᵗᵉ Catherine d'Honfleur ; (*V.* **89**).

Mᵉ Nicolas Faucon, diacre de N.-D. de Fresne ;

Mᵉ Jacques Lecomte, diacre de Quetteville ; (*V.* **60**).

Mᵉ Michel Delaporte, diacre de Sᵗ André-d'Echauffour ; (*V.* **63**).

Mᵉ Louis-Philippe Duval, diacre de Sᵗ André-d'Echauffour ; (*V.* **46**).

Mᵉ Jean Mauger, diacre de Gacey ; (*V.* **229**).

Mᵉ Germain Gosselin, diacre de N.-D. de la Couture ;

Mᵉ Jacques Hain, diacre d'Auvillers ;

Mᵉ Charles Havard, diacre de Sᵗᵉ Catherine d'Honfleur ; (*V.* **40**).

Mᵉ Michel Duclos, diacre de Sᵗ Jacques de Lx ; (*V.* **56**).

Mᵉ Jacques Legrip, diacre de Pontfol ;

Mᵉ Adrian Le Conte, diacre de la par̄. du Mesnil-Bacley ; (*V.* **416**).

Mᵉ Pierre Monseillon, diacre de Fresne ; (*V.* **407**).

412. — Le 18 oct. 1716, reçurent la tonsure et les ordres mineurs :

Louis Lefebvre, de la par̄. de Sᵗᵉ Croix de Bernay ;

Philippe Le Front, de la par̄. des Moutiers-Hubert ;

Charles-François Elyot, de Sᵗᵉ Catherine d'Honfleur ;

Pierre Fournet, de la par̄. de Meulles ;

Jean Cheradame, de N.-D. de Cheffreville ;

Louis Tremois, de N.-D.-du-Val ;

Philippe Mourier, de N.-D. de Courson.

413. — Le 19 sept. 1716, furent ordonnés sous-diacres :

Mᵉ Simon Delauney, acolyte de Sᵗ Philbert-sur-Risle ; (*V.* **138, 434**).

Mᵉ Guillaume Lecourt, acolyte de la par̄. d'Anneville ; (*V.* **103, 410, 430**).

414. — Le 19 sept. 1716, Mᵉ Guillaume Lemarchand, sous-diacre de Sᵗ Germain de Lx, est ordonné diacre.

415. — Le 31 août 1715, « Louis Poret, sʳ de Longval, officier chez le roy, demeurant en la par̄. et campagne Sᵗ Jacques, village de

Grez, » constitue 150 livres de rente en faveur de son fils, M⁰ Louis-François Poret, acolyte, afin qu'il puisse parvenir aux ordres sacrés. (*V*. **170, 173**).

416. — Le 19 août 1715, noble dame Anne-Marguerite de Neufville, v⁰ de feu Mes^re Adrian Le Conte, chev^r, seig^r de Gizay, Le Bourg, Le Plessis et autres terres seigneuriales, demeurant au manoir de Gizay, parr. de Thévray, constitue 150 livres de rente en faveur de son fils, Mes^re Adrien Le Conte, acolyte du diocèse de Lx, afin qu'il puisse parvenir aux ordres sacrés. Cette rente est cautionnée par Mre François Le Nourry, Esc^r, seig^r de la Grignardière, demeurant au Bosc-Roger, et par François-Charles-Dominique Le Conte, Esc^r, s^r du Rouil, demeurant au Mesnil-Baeley. Fait au manoir de Gizay, en présence de M⁰ Adrien-Charles Le Conte, chev^r, seig^r de Gizay, frère ainé dud. acolyte et son procureur pour le présent acte. (*V*. **552**).

Le 1er juin 1716, Mre Adrian Le Conte, sous-diacre du diocèse de Lx, est reçu M⁰ ès-arts en l'Université de Paris.

Le 1er août 1716, il obtient des lettres de quinquennium du recteur de lad. Université.

Le 7 oct. 1716, il est nommé par icelle sur l'évêché et le Chapitre de Lx. (*V*. **411**).

417. — Le 20 avril 1718, M⁰ Jacques Blondel, pbre, curé de Jouveaux et aussi pourvu de la cure de St Pierre de Cormeilles dont il a pris possession, remet purement et simplement led. bénéfice de Jouveaux entre les mains du seig^r présentateur. (*V*. **215, 509**).

418. — Le 29 juin 1715. Félix Housset, marchand, bourgeois de Montreuil, constitue 150 livres de rente en faveur de son fils ainé, M⁰ Jacques Housset, acolyte, afin qu'il puisse parvenir aux ordres sacrés. (*V*. **303**).

419. — Le 27 avril 1718, dispense de bans pour le mariage entre Barthélemy-François Laignel, Esc^r, s^r de Marbœuf, demeurant à Rouen, parr. St Pierre-L'Honoré, fils de feu M⁰ Guy Laignel, d'une part, et dam^lle Marguerite Le Grix, fille de Gaspard Le Grix, Esc^r, cons^er du roy, et de noble dame Geneviève Guerard, de la parr. de St Ouen de Pontaudemer.

420. — Le 29 juillet 1715, Pierre Duval, fils Jacques, demeurant à Heudreville, constitue 150 livres de rente en faveur de son fils, M⁰ Jacques Duval, acolyte, afin qu'il puisse parvenir aux ordres sacrés. (*V*. **302**).

421. — Le 1er sept. 1716, M⁰ Richard Gaultier, notaire royal au siège de Livarot et y demeurant, constitue 150 livres de rente en faveur de son fils, M⁰ Richard Gaultier, acolyte, afin qu'il puisse parvenir aux ordres sacrés.

422. — Le 4 oct. 1717, la nomination à la cure de Carsis appartenant au seigr du lieu, Mesre Charles-Guillaume du Fay, chevr, seigr et patron de Carsis, y demeurant, nomme aud. bénéfice, vacant par la mort de Mre François Barroys, pbre, dernier titulaire, décédé du 29 au 30 juin 1714, la personne de Me Réné Queudeville, pbre, vicaire de St Turien, diocèse de Rouen. (*V.* **482**).

423. — Le 10 août 1716, Mesre Jean Mignot, pbre, chanoine de la Cathédrale, et Me Pierre Lesconard, apothicaire, bourgeois de Lx, constituent 150 livres de rente en faveur de Me Pierre Ramet, acolyte, afin qu'il puisse parvenir aux ordres sacrés. (*V.* **300**).

424. — Le 16 avril 1718, « noble personne Mre Gabriel de la Mondière », pbre, gradué sur l'abbaye de St Evroult, demeurant à Coulmer, fait signifier ses noms et grades aux religieux de St Evroult, en parlant à Dom Charles Dujardin, prieur de lad. abbaye. (*V.* **185, 303**).

425. — Le 26 avril 1718, Me François Dujardin, pbre, curé depuis dix à onze ans de la 2e portion de la cure de Campigny, dépendant de l'abbaye de St Pierre de Préaux, donne sa procuration pour résigner sond. bénéfice entre les mains de N.-S.-P. le pape en faveur de Me Henry Allais, pbre, vicaire d'Etreville, diocèse de Rouen. (*V.* **484, 499**).

426. — Le 30 juillet 1716, Jean Benoist, marchand, demeurant à Bailleul, constitue 150 livres de rente en faveur de son fils, Me Nicolas Benoist, acolyte, afin qu'il puisse parvenir aux ordres sacrés. (*V.* **410**).

427. — Le 18 juillet 1716, Jean Picard, marchand, demeurant à la Vespière, constitue 150 livres de rente en faveur de Me Nicolas Pillet, acolyte, afin qu'il puisse parvenir aux ordres sacrés. (*V.* **300**).

428. — Le 29 août 1716, Mre André Barrey, Escr, sr de Montfort, consr du roy, vicomte de Bernay, y demeurant, parr. Ste Croix, constitue 150 livres de rente en faveur de son fils, Me Mathieu Barrey, sr de Montfort, acolyte, afin qu'il puisse parvenir aux ordres sacrés. Cette rente est garantie par Me Rémy Ives, avocat, demeurant à Bernay, parr. Ste Croix, et par Me Nicolas-Joseph Morisse, procureur au bailliage d'Orbec, demeurant à Caorches. Fait en présence de Robert de Huldebert et de Jacques-Simon Lejardinier des Landes, demeurant à Bernay. (*V.* **300**).

429. — Le 1er mai 1718, le seigr évêque de Lx donne des lettres de vicaire général à Mesre Jean-Baptiste-Antoine de Brancas, abbé commendataire de St Pierre de Melun, docteur en théologie.

430. — Le 16 août 1716, Nicolas Lecourt, marchand, demeurant à Ammeville, constitue 150 livres de rente en faveur de son fils, Me Guillaume Lecourt, acolyte, afin qu'il puisse parvenir aux ordres sacrés. (*V.* **103, 410, 413**).

431. — Le 15 août 1716, M⁰ François Duchemin, pbrē, curé de S¹ Léger-du-Bosc, et François Isabel, marchand, demeurant à Saint-Etienne-la-Thillaye, son beau-frère, constituent 150 livres de rente en faveur de M⁰ Jean-François Isabel, acolyte, fils dud. s' François, afin qu'il puisse parvenir aux ordres sacrés. (*V*. **300**).

432. — Le 24 août 1716, « M⁰ Jacques Surlemont, cons⁰ʳ du roy et son procureur en l'hostel et Maison de Ville de Lisieux, et Mathieu Périgot, marchand, demeurant en la campagne S¹ Jacques dud. Lx, » constituent 150 livres de rente en faveur de M⁰ Jean-Baptiste Périgot, acolyte du diocèse de Lx, afin qu'il puisse parvenir aux ordres sacrés. — Cette rente est hypothéquée spécialement « sur trois corps de logis, appartenant aud. s' Surlemont, scituez en la parr̄. S¹ Germain dud. Lisieux dans les manoirs Cochon et Duguay. » (*V*. **410**).

433. — Le 26 août 1716, M⁰ Joachim de Hébert, Escʳ, s' de Bailleul, commandant la Côte de Villers, demeurant à Tourgéville, constitue 150 livres de rente en faveur de son frère, M⁰ Pierre-Ambroise de Hébert, aussi Escʳ, s' de Bailleul, afin qu'il puisse parvenir aux ordres sacrés. Cette rente est cautionnée par M⁰ Charles Thierry, cons⁰ʳ du roy, M⁰ des Eaux et Forêts de la vicomté d'Auge, demeurant à Honfleur, et M⁰ Jean-Pierre Bicherel, aussi cons⁰ʳ, avocat du roy au bailliage et vicomté d'Auge. (*V*. **300**).

434. — Le 30 juillet 1716, Louis Delauney, marchand drapier, de la parr̄. S¹ Philbert-sur-Risle, constitue 150 livres de rente en faveur de son fils, M⁰ Simon Delauney, acolyte, afin qu'il puisse parvenir aux ordres sacrés. Cette rente est garantie par M⁰ Jean-Baptiste Martin, pbrē, curé dud. S¹ Philbert, et par M⁰ Guillaume Deroste, pbrē, curé de S¹ Grégoire-du-Vièvre. (*V*. **138, 413**).

435. — Le 1ᵉʳ mai 1718, le seigʳ évêque donne des lettres de vicaire général à Mʳᵉ Pierre Dumesnil-Leboucher, pbrē, chanoine et official de Lx.

436. — Le 5 sept. 1716, Louis Fresnel, bourgeois de Lx, constitue 150 livres de rente en faveur de M⁰ Louis Levavasseur, acolyte, afin qu'il puisse parvenir aux ordres sacrés. (*V*. **300**).

437. — Le 1ᵉʳ sept. 1716, Christophe Paris, s' des Prais, marchand, bourgeois de Lx, constitue 150 livres de rente en faveur de son fils, M⁰ Alexis Paris, acolyte, afin qu'il puisse parvenir au saints ordres. (*V*. **301**).

438. — Le 13 avril 1718, M⁰ Charles Billard, pbrē du diocèse d'Evreux, M⁰ ès-arts en l'Université de Paris, chanoine de S¹ Spire de Corbeil, diocèse de Paris, fait réitérer ses noms et grades au seigʳ abbé de S¹ Evroult, en parlant à son grand vicaire, M⁰ Antoine Le Moyne, docteur de la Maison de Sorbonne. (*V*. **217**).

439. — Le 5 juillet 1716, Antoine Vauquelin, fils Guillaume, demeurant à Bailleul, constitue 150 livres de rente en faveur de son fils, Mᵉ François Vauquelin, acolyte, afin qu'il puisse parvenir aux ordres sacrés. (V. **410**).

440. — Le 5 juillet 1716, Nicolas David et son fils, aussi Nicolas David, demeurant à Sᵗ Martin-de-Mailloc, constituent 150 livres de rente en faveur de Mᵉ Pierre David, acolyte, fils et frère desd. Nicolas, afin qu'il puisse parvenir aux ordres sacrés. Cette rente est garantie par Mesʳˢ Adrien et Jacob Deshays, frères, Escʳˢ, seigneurs de Phissemont, demeurant en lad. parr. de Sᵗ Martin-de-Mailloc. (V. **300**).

441. — Le 22 août 1716, Mᵉ Pierre Le Comte, pbr̄e, de la parr. de Resenlieu, et Sébastien Lemoine, sʳ des Vergées, marchand, demeurant aux Astelles, constituent 150 livres de rente en faveur de Mᵉ Louis-Charles Le Comte, acolyte, afin qu'il puisse parvenir aux ordres sacrés. Fait en présence de Mᵉ François Deshayes, ancien receveur de l'abbaye de Sᵗ Evroult, et de Jacques Chaignon, receveur du comté de Gacé. — Led. sʳ acolyte était frère dud. sʳ Pierre Le Comte, pbr̄e. (V. **410, 510**).

442. — Le 14 août 1716, Jacques Houdou, époux de Marie-Anne Bèze, demeurant à Ray, diocèse d'Evreux, constitue une rente de 150 livres en faveur de leur fils, Mᵉ Jean Houdou, acolyte du diocèse de Lx, présentement au séminaire d'Evreux, *rite dimissus*, afin qu'il puisse parvenir aux ordres sacrés. (V. **301**).

443. — Le 1ᵉʳ sept. 1716, Mᵉ Jean Roussel, notaire royal au siège du Pont de Livarot, de la parr. de la Gravelle, constitue 150 livres de rente en faveur de son fils, Mᵉ Jacques Roussel, acolyte, afin qu'il puisse parvenir aux ordres sacrés. (V. **300**).

444. — Le 23 juin 1716, Mᵉ Jean Le Carpentier, acolyte de Sᵗ Germain de Pontaudemer, fils de feu Mᵉ Charles Le Carpentier et de Marie-Madeleine Le Carbonnier, constitue en sa faveur 150 livres de rente, afin de parvenir aux ordres sacrés. Cette rente est cautionnée par Charles Le Carpentier, frère dud. acolyte, et par son oncle, le sʳ François Le Carpentier, maître apothicaire. (V. **256, 300, 470**).

445. — Le 30 août 1716, Etienne Bellière et Yves Bellière, marchands, de la parr. de Moutiers-Hubert, constituent 150 livres de rente en faveur de Mᵉ Thomas Bellière, acolyte, fils dud. Etienne, afin qu'il puisse parvenir aux ordres sacrés. (V. **301**).

446. — Le 17 mai 1718, vu l'attestation du sʳ Jouenne, curé de Sᵗ Nicolas-des-Authieux, dispense de bans pour le mariage entre Jean Verger et Madeleine Verger.

447. — Le 3 août 1716, Ursine Le Marinier, veuve de Guillaume Houlley, originaire du Prédauge et demeurant à Sᵗ Germain de Lx, constitue 150 livres de rente en faveur de son fils, Mᵉ Jean Houlley, acolyte de lad. parr. de S¹ Germain, afin qu'il puisse parvenir aux ordres sacrés. Cette rente est garantie par M° Nicolas Le Marinier, pbre, curé du Prédauge ; M° François Lefort, pbre, curé de Manerbe ; M° Nicolas Le Bellenger, pbre, curé de Marmouillé, et Jean Le Marinier, boulanger, demeurant à Lx, parr. S¹ Germain. (*V*. 301).

448. — Le 13 août 1716, Pierre Rioult, demeurant à Equainville, constitue 150 livres de rente en faveur de son fils, M° Jean Rioult, acolyte, présentement au séminaire de Lx, afin qu'il puisse parvenir aux ordres sacrés. Cette rente est garantie par Pierre Canu, demeurant à Fatouville, et par Guillaume Durocher, « M° batisseur de navires », demeurant à Honfleur. (*V*. 300).

449. — Le 29 août 1717, M° Zacharie Lebailly, greffier en chef des Eaux et Forêts du vicomté d'Auge, demeurant à Pont-l'Evêque, constitue 150 livres de rente en faveur de son fils, M° Zacharie Lebailly, acolyte, afin qu'il puisse parvenir aux ordres sacrés. Cette rente est garantie par M° Jacques Lebailly, pbre, curé de S¹ Julien-sur-Calonne, frère dud. s¹ Lebailly, père ; M° Hervey Le Barbier, cons¹ du roy, président du grenier à sel d'Honfleur, demeurant à Touques ; François-Jacques Le Court, Eser, s¹ des Tourailles ; M° Jacques Foisnard, cons¹ du roy, maire alternatif et mi-triennal de Pont-l'Evêque et garde des Archives dud. lieu, et M° Robert Sebire, greffier à Annebault, demeurant à Pont-l'Evêque. (*V*. 301, 514).

450. — Le 20 mai 1718, M° Pierre Dumesnil, vicaire général, autorise M° Georges-André Donnet, fils d'André et de Marguerite Anfrie de la parr. de la Chapelle-Béquet, à recevoir à Bayeux, la tonsure et les ordres mineurs. (*V*. 468).

451. — Le 16 août 1716, M° Pierre Duval, huissier bourgeois de Lx, constitue 150 livres de rente en faveur de son fils, M° Robert-Jean-Baptiste Duval, acolyte, afin qu'il puisse parvenir aux ordres sacrés. (*V*. 301).

452. — Le 12 août 1716, M° Gilles Hamelin, chirurgien, demeurant à S¹ Clair-de-Barneville et Anne Varin, v° de feu M° Hervé Hamelin, aussi chirurgien, demeurant à Dives, constituent 150 livres de rente en faveur de M° Gilles Hamelin, acolyte, afin qu'il puisse parvenir aux ordres sacrés. Led. s¹ acolyte était petit-fils dud. s¹ Gilles et fils ainé du feu s¹ Hervé et de lad. dame Varin. Fait en présence de M° Antoine du Pissot, pbre, curé de Périers. (*V*. 300).

453. — Le 27 février 1717, Robert Toutain, marchand demeurant à S¹ Martin-de-la-Lieue, constitue 150 livres de rente en faveur de son fils, M° Pierre Toutain, acolyte, afin qu'il puisse parvenir aux ordres sacrés. (*V*. 226).

454. — Le 24 mars 1716, Madeleine Poplu, veuve de feu

Mᵉ Charles Piperel, et Catherine Poplu, sa sœur, demeurant l'une et l'autre à Orbec, constituent 150 livres de rente en faveur de Mᵉ Pierre Piperel, acolyte, afin qu'il puisse parvenir aux ordres sacrés. Cette rente est garantie par Mᵉ Charles Piperel, chirurgien, demeurant à Orbec. (*V.* **526**).

455. — Le 26 mai 1718, la nomination à la cure de Sᵗ Pierre du Grand-Sap, appartenant aux religieux de Sᵗ Evroult, à cause de leur mense conventuelle, Fr. Charles Dujardin, prieur conventuel, et les religieux de lad. abbaye, nomment aud. bénéfice, vacant par la mort de Mᵉ Albert Benoist, dernier titulaire, la personne de Mᵉ Michel Féret, pbrē, curé de la Maison-Maugis, diocèse de Séez.

Le 8 juin 1718, Mʳᵉ Pierre Dumesnil, vic. gᵗ, donne aud. sʳ Féret, la collation dud. bénéfice.

Le 19 juin 1718, le sʳ Féret prend possession de la cure du Sap, en présence de Mᵉ Pierre Massot, pbrē, curé de Boissy-Maugis, diocèse de Chartres ; Mᵉ Louis Maignet, curé du Sapandré ; Mᵉ François Maignet, pbrē, et autres témoins.

456. — Le 4 mars 1718, Mesʳᵉ Richard de Girard, clerc tonsuré du diocèse de Rouen, prieur commendataire du prieuré de Sᵗ Christophe de Firfol, résigne led. prieuré entre les mains de N.-S.-P. le pape en faveur de Mʳᵉ Gabriel Durozey, pbrē, chanoine de la cathédrale de Lx. Il se réserve toutefois 350 livres de pension à prendre sur les revenus dud. bénéfice qu'il a possédé pendant plus de trente ans. Fait à Rouen, en l'étude Mᵉ Guillaume Grébauval, notaire royal.

Le 23 mars 1718, led. sʳ Durozey obtient en cour de Rome des lettres de provision dud. prieuré.

Le 25 mai 1718, Mʳᵉ Jean-Baptiste-Antoine de Brancas, vicaire général du seigʳ évêque de Lx, donne son visa auxd. lettres de provision.

Le 8 juin 1718, le sʳ Durozey prend possession du prieuré de Firfol, en présence de Mᵉ Jean de la Sauvagère, pbrē de la parr. de Firfol, et autres témoins.

457. — Le 22 août 1717, Pierre Desjardins, demeurant en la parr. de N.-D.-de-Villers, constitue 150 livres de rente en faveur de son fils, Mᵉ Nicolas Desjardins, acolyte, afin qu'il puisse parvenir aux ordres sacrés. Fait en présence de Mᵉ Pierre Chemin, pbrē de Sᵗ Germain de Lx. (*V.* **298**).

458. — Le 7 avril 1718, Mesʳᵉ Charles Chastelain, pbrē du diocèse de Paris, docteur en théologie de la Maison et Société Royale de Navarre, prieur commendataire du prieuré de Sᵗ Cyr de Friardel, demeurant à Paris, « cul de sacq de Sᵗ Thomas du Louvre, parr. Sᵗ Germain-l'Auxerrois », agissant en sa qualité de prieur commendataire dud. prieuré, nomme au bénéfice-cure de Sᵗ Martin de Friardel, vacant par la démission pure et simple de Dom Gilles Tatlignon, dernier curé, la personne de Dom Marin Legaigneur, surnommé de Bourgogne, pbrē, chanoine régulier de St Laurent, diocèse de Rouen, de présent prieur claustral dud. prieuré de St Cyr de Friardel. — Cette nomination fut faite sous seing privé.

Le 13 mai 1718, led. s[r] Chastelain renouvelle lad. nomination devant les notaires du Châtelet.

Le 27 mai 1718, Mes[re] Pierre Dumesnil, vicaire général du seig[r] évêque, donne aud. s[r] Legaigneur la collation de la cure de Friardel.

Le 13 juin 1718, led. s[r] Legaigneur de Bourgogne, pbrē du diocèse de Bayeux, prieur claustral de St Cyr de Friardel, prend possession de la cure de St Martin de Friardel, en présence de Me François de Beauvais, clerc du diocèse de Lx, (parr. St Ouen de Pontaudemer); César Vaumesle d'Enneval, Esc[r], demeurant présentement en l'abbaye de Friardel ; François Quesnel, trésorier de lad. parr., et autres témoins.

459. — Le 6 juin 1718, vu l'attestation du s[r] Durozey, curé de Drucourt, dispense de bans pour le mariage entre Mes[re] Jean-Baptiste Le Hure, chev[r], seig[r] de Bosdrouet et de Cernières, fils de feu Mre Jean-Baptiste Le Hure, chev[r], seig[r] de Bosdrouet, et de feu noble dame Catherine de Mauvoisin, de la parr. de Drucourt, d'une part, et dam[lle] Françoise Caillet de Viviers, fille de Mes[re] Jean-Baptiste Caillet, chev[r], seig[r] de Viviers et des Brières, chevalier de l'ordre militaire de St Louis, brigadier des armées du roy, commandant au gouvernement du Havre, et de noble dame Magdeleine-Françoise Deschamps d'Escures, demeurant aud. lieu du Havre, parr. N.-D.

460. — Le 7 juin 1718, dispense de bans pour le mariage entre Jean-Baptiste Deshayes, fils de feu Joseph et de feue dam[lle] Marie-Marthe Legranger, de la parr. d'Aclou, d'une part, et dam[lle] Marie-Catherine Quemin, fille de feu Me Pierre Quemin, s[r] des Vandes, président au grenier à sel de Bernay, et de dam[lle] Louise Le Carpentier de la parr. de Fontaine-la-Soret.

461. — Le 11 juin 1718, la nomination à la cure de St Georges-du-Mesnil appartenant au seig[r] de la Lecqueraye, Mes[re] François-Philippe Belin, s[r] de St Victor, chev[r], seig[r] de la Lecqueraye et Beaufort, et patron de St Georges-du-Mesnil, agissant tant en son nom que comme ayant épousé noble dame Marguerite Le Vellain, fille de feu François Le Vellain, Esc[r], seig[r] desd. lieux, nomme aud. bénéfice, vacant par la démission pure et simple de Me Jean-François-Bernard Laignel de la Vastine, acolyte, et précédemment par la mort de Me Adrian Dumaine, pbrē, la personne de Me Jean Le Gouhier, pbrē de la parr. de St Pierre-de-Salerne. (V. **265, 349**).

Le 12 juin 1718, led. s[r] de Gouhier, requiert de Mes[re] de Brancas, vicaire général, la collation dud. bénéfice. Celui-ci lui donne acte de sa réquisition et le remet à trois semaines pour présenter « ses attestations, ses lettres d'ordination et subir l'examen accoustumé. »

462. — Le 10 juin 1718, Etienne Borains, fils de Charles et de Marie-Magdeleine Fautereau, de la parr. de Prétreville, diocèse de Lx, *rité dimissus*, reçoit la tonsure dans la chapelle du séminaire de Bayeux, des mains de Mgr Turgot, évêque de Séez.

Le 13 juin 1718, la nomination à la chapelle St Leu et St Gilles, en la Cathédrale, appartenant au seigr évêque, Mesre de Brancas, vicaire général, nomme à ce bénéfice, vacant par la mort de Me Charles Bellière, dernier titulaire, la personne de Me Etienne Borains.

Le 18 juin 1718, led. sr Borains est mis en possession de lad. chapelle par le ministère de Mr le doyen, en présence de Me Jean Graffard et Guillaume Couture, pbres, officiers de la Cathédrale.

463. — Le 27 mai 1718, la nomination à la cure de St Martin-des-Noyers appartenant au seigr abbé de St Pierre-sur-Dives, Mgr François Blouet de Camilly, évêque et comte de Toul, prince du St Empire, abbé et comte de St Pierre-sur-Dives, représenté par Me François Pinel, curé de Morières, son vicaire général, nomme aud. bénéfice, vacant par la mort de Me Pierre Daubichon, dernier titulaire, la personne de Me Robert Lenoir, pbre du diocèse de Séez.

Le 14 juin 1718, Mesre de Brancas, vicaire général, donne aud. sr Lenoir la collation dud. bénéfice.

Le 15 juin 1718, le sr Lenoir prend possession de la cure de St Martin-des-Noyers, en présence de Me Jean-Guillaume Bazire, pbre, desservant lad. parr., et autres témoins.

464. — « Le dimanche après vespres, douze jour de juin 1718, en l'hostel de ville du Pontaudemer, devant nous Jean Le Grix, Escr, sr d'Heurteauville, conser du roy, lieutenant gñal civil et criminel et lieutent criminel de Mr le bailly de Rouen au bailliage de Pontauthou et dud. Pontaudemer, et lieutenant gñal de police aud. siège, pñce de Me Nicolas du Buisson, conser avocat du roy aud. siège, pñce aussy de Me Louis Leroy, sr de Livet, conser du roy, lieutenant particulier, assesseur criminel aud. siège, Me Pierre Deshayes, advocat au mesme siège, André Bunel, sr de Lépinette, échevin en charge de lad. ville, Me Charles Durand, conser du roy, lieutenant particulier au siège de vicomté de ce lieu, Me Robert Dubosc, conser du roy, enquesteur, commissaire examinateur, Me Jean Hellouin, adt, Claude Assire, sr de la Coste, anciens échevins, les srs Réné Boursy, Eustache Bunel, Pierre Bosquet-Grandclos, quarteniers, les srs Nicolas Dupin, Nicolas Grandin, Me chirurgien, François Viquelin, Me Nicolas Tallon, nore, Jean-Baptiste Gardin, Benoist Piédelièvre, Jacques de la Fontaine,

Pierre Legras de Longval, notables bourgeois de lad. ville, p̄nce aussy du sr Jean Peine, ancien quartenier et ancien administrateur, p̄nce aussi du sr Jean Deuve, ancien échevin, Nicolas de la Rocque et Louis Bosquier, anciens administrateurs, Pierre Leroy, quartenier, Ollivier Lehuen, Pierre Thibouvet et Nicolas Bunel de Clairmare, notables bourgeois de lad. ville, et du sr Varendes, receveur d'icelle, estant depuis survenus et tous assemblez pour délibérer des affaires de lad. ville et notamment pour eslire et nommer un prieur en l'Hostel Dieu de cette ville, lequel prieuré est vacant par la démission volontaire de Me Jacques Bunel, pbr̄e, dernier titulaire d'icelluy. Sur quoy délibérant, il a esté arresté de l'advis de l'assemblez que Me Jean Dehors, pbr̄e, actuellemt desservant l'Hostel-Dieu, est nommé pour titulaire dud. prieuré. ... dont la nominat͞on et p̄ntation à chaque vacance appartient à l'hostel, bourgeois et habitans de lad. ville en conséquence des titres et concessions qui leur ont esté faites par nos roys. » *(Extrait des registres de l'Hôtel-de-Ville).* (V. **256**).

Le 14 juin 1718, Mes͞re de Brancas, vicaire général, donne aud. sr Dehors la collation dud. bénéfice.

Le 18 juin 1818, led. sr Dehors, « pbr̄e de la communauté de St Ouen du Pontaudemer, y demeurant, Grand'Rue, par͞r. St Ouen », pourvu du prieuré de St Jean de l'Hôpital de la ville de Pontaudemer, se rend « en l'église dud. prieuré, scituez dans l'enclos de la ville dud. lieu, par͞r. St Germain », et prend possession dud. bénéfice, avec toutes les cérémonies ordinaires, en présence de Me Joseph Briet, pbr̄e, vicaire de St Ouen; Nicolas Cornois et Guillaume Ganelle, pbr̄es de lad. communauté de St Ouen; François Lecarpentier, apothicaire dud. lieu de St Germain.

465. — Le 25 juin 1718, dispense de bans pour le mariage entre Joseph-François de Bocquencey, Escr, seigr de Bocquencey et Heugon, fils de feu Jacques de Bocquencey, Escr, seigr du lieu, et de dame Marguerite de Giroult d'Apremont, de la par͞r. de St Martin d'Heugon, d'une part, et damlle Catherine du Crocq, fille de .... du Crocq, gendarme de la garde du roy, et de dame Catherine Bérot, de la par͞r. de St Etienne-du-Mont, à Paris.

466. — Le 17 juin 1718, Me Jean Corset, pbr̄e, chapelain de St Sébastien (1) en la Cathédrale et aussi chapelain de la chapelle de N.-D. de la Petite-Couture, par͞r. de Ferrières, résigne, « entre les mains de Mr du vénérable Chapitre de lad. Cathédrale », sad. chapelle

---

(1) Nous n'avons pas trouvé l'acte de nomination du sr Corset à ce bénéfice, ni la prise de possession.

S' Sébastien, en présence de M⁰ Robert Leroux, chapelain de S' Marc de Toucques, maître de musique en la Cathédrale, et du s' Germain Vattier, bourgeois de Lx.

Le 18 juin 1718, la nomination à la chapelle de S' Sébastien appartenant au chanoine de semaine, M'ᵉ François Le Bas, chanoine prébendé du Val-au-Vigneur, se trouvant chanoine de semaine, nomme aud. bénéfice la personne de M⁰ Jean Graffard, pbrē, officier douze-livres de la Cathédrale.

Le 22 juin 1718, led. s' Graffard est mis en possession de lad. chapelle par le ministère de M' le doyen.

467. — Le 23 juin 1718, la nomination à la cure de N.-D. de Firfol appartenant au prieur de S' Christophe de Firfol, Mes'ᵉ Gabriel Durozey, pbrē, chanoine de la Cathédrale et prieur commendataire de S' Christophe de Firfol, nomme à lad. parr., vacante par la mort de M⁰ Charles du Loir, pbrē, dernier titulaire, la personne de M⁰ Jean-Baptiste Osmond, pbrē du diocèse de Lx.

Le 26 juin 1718, M'ᵉ Pierre Dumesnil, vicaire général de Lx, donne aud. s' Osmond la collation dud. bénéfice.

Le 28 juin 1718, Le s' Osmond prend possession de la cure de Firfol en présence de Robert Morin, Escr, s' de Vaugueroult, demeurant à Caen, parr. S' Jean, et de plusieurs autres témoins. (*V.* **474, 527**).

468. — Le 18 juin 1718, M⁰ Pierre Donnet, pbrē, curé de la première des trois portions de la cure de S' Germain-la-Campagne, donne sa procuration pour résigner entre les mains de N.-S.-P. le pape sond. bénéfice en faveur de son neveu, M⁰ Georges-André Donnet, acolyte du diocèse de Lx. (*V.* **450, 549**).

469. — Le 6 juillet 1718, Mes'ᵉ Robert Vauquelin, curé de Neuville-sur-Authou, déclare que led. bénéfice est à la nomination de Son Altesse Mg' le comte de Clermont, à cause de son abbaye du Bec-Hellouin, « consistant seulement au tiers de toutes les dixmes, à l'exception des rentes qui appartiennent entièrem' aud. s' curé ; et les deux autres tiers des grosses (dixmes), partie à l'abbaye du Bec-Hellouin, partie à Monseigneur l'évesque d'Orange, et une petite partie à la fabrique dud. lieu ; en outre, un manoir presbytéral, contenant viron trois vergées, dans lequel il y a cinq corps de logis » ; quatre autres pièces de terre. « Led. bénéfice est borné par les parr. de Brétigny, Salerne, Epine, S' Victor-d'Espine et Livet, et vaut de revenu annuel 500 livres, y compris ce qui peut revenir du trésor de lad. église. Sur quoy led. bénéfice paye annuellement de décimes 62 livres huit sols, et de subvention 62 livres, un vicaire de 200 livres avec les réparations du chancel et celles des maisons presbytérales pour lesquelles il faut bien

par an quarante livres ; déclarant en outre led. s^r curé qu'il fait valloir
led. bénéfice par ses mains. »

470. — Le 17 juin 1714, Jean Lecarpentier, fils Charles et de
Marie-Magdeleine Le Carbonnier, de la parr. de St Germain de Pontaudemer, *rité dimissus*, reçoit la tonsure et les ordres mineurs dans la
chapelle du séminaire de Caen. (*V.* **256, 300, 444**).

471. — Le 12 juillet 1718, dispense de bans pour le mariage entre
Joseph Le Berseur, Esc^r, s^r de Boucheville, garde du corps du roy, fils
de feu Me Jean Le Berseur, maitre des Postes de Normandie, et de noble
dame Catherine Leroux, de la parr. de Montreuil, d'une part, et dam^lle
Marie le Belliard, fille de François de Belliard, Esc^r, s^r de la Motte,
gendarme de la garde du roy, et de feue dam^lle Jeanne-Marguerite
Faguet, aussi de lad. parr. de Montreuil.

472. — Le 12 juillet 1718, Me Guillaume Vivien, pbr̃e, curé de St Léger
d'Ouillie, donne sa procuration pour résigner sond. bénéfice entre les
mains de N.-S.-P. le pape en faveur de Me Jean Busquet, pbr̃e, vicaire
de Moyaux. Il se réserve toutefois 120 livres de pension sur les revenus
de lad. cure, plus une portion du presbytère, consistant en une salle et
cabinet au bout, et une petite cave avec la moitié du jardin, du côté de
l'orient, depuis l'allée du milieu jusqu'à la rivière : lad. salle, cabinet et
cave tout d'un tenant et joignant led. jardin. (*V.* **507**).

473. — Le 16 juillet 1718, vu l'attestation du s^r Gosset, curé de
Coquainvilliers, dispense de bans pour le mariage entre Jacques de
Mauduit, Esc^r, s^r du Regnouard, fils d'Alexandre de Mauduit, aussi
Esc^r et s^r du Regnouard, et de noble dame Claude de Pardieu, de la
parr. de Coquainvilliers, d'une part, et dam^lle Elisabeth Lautour, fille
de Pierre et de dame Marie Chapelle, de la parr. de la Brevière.

474. — Le 6 juillet 1718, la nomination à la cure de N.-D. de
Firfol appartenant au seig^r abbé de Cormeilles, Mgr Philbert-Charles de
Pas Feuquière, évêque et comte d'Agde, abbé de Cormeilles, nomme
aud. bénéfice, vacant par la mort de Me du Loir, pbr̃e, dernier titulaire,
la personne de Me Michel Pastey, pbr̃e, curé de Berville. Fait à Toulouse,
où se trouve présentement led. seig^r.

Le 17 août 1718, Mre de Brancas, vicaire général, donne aud. s^r
Pastey la collation dud. bénéfice de N.-D. de Firfol. (*V.* **467, 527**).

475. — Le 16 fév. 1717, Elisabeth Isabel, veuve de feu Jean
Sandret, s^r des Rivières, demeurant à Beaumont, constitue 150 livres
de rente en faveur de son fils, Me Alexandre Sandret, acolyte, afin qu'il
puisse parvenir aux ordres sacrés. Cette rente est garantie par Me François Isabel, avocat au bailliage et vicomté d'Auge, demeurant à Beaumont, oncle maternel dud. acolyte, et par Me Jean-Guillaume Isabel,
exempt général en la prévôté de Haute et Basse-Normandie, demeurant

à Blangy, aussi oncle maternel du s¹ Alexandre Sandret. Fait à Beaumont, en présence de M⁰ Romain Cudorge, M⁰ Jean Thillaye ; M⁰ Thomas Halley, pbr̄ē ; M⁰ Guillaume Thillaye, pbr̄ē ; M⁰ Philippe Lecordier, pbr̄ē, curé de S¹ Etienne-la-Thillaye ; M⁰ Pierre Porée, pbr̄ē ; M⁰ Pierre Porée, chirurgien ; M⁰ Jean-Jacques Porée, avocat ; M⁰ Louis-Gabriel Galliot, s¹ d'Aigremont et autres témoins.

476. — Le 20 oc. 1717, M⁰ François de Lessard, pbr̄ē, curé de S¹ Arnoult, obtient en cour de Rome des lettres de provision du prieuré simple de S¹ Arnoult, situé sur le territoire de lad. par̄t., et vacant par la mort du dernier titulaire. — Dans la demande qu'il adresse au pape, led. s¹ de Lessard dit que le prieuré tombe en ruines et que les bâtiments exigeront beaucoup de réparations, comme on va le voir.

Le 27 juillet 1718, Mes⁰ Pierre Dumesnil, pbr̄ē, vicaire général et official de l'évêché de Lx, commis de Sa Sainteté pour le cas présent, fulmine la sentence qui autorise led. s¹ de Lessard à posséder sans incompatibilité lad. cure et led. prieuré de S¹ Arnoult, à condition que, chaque année il emploiera une somme fixée par l'évêque du diocèse, à réédifier et réparer led. prieuré.

Led. prieuré a 260 livres de revenu ; mais les impositions se montent à 135 livres. De plus le titulaire est obligé de payer au domaine de M⁰ le duc d'Orléans seize boisseaux d'avoine qui valent annuellement 25 livres. En outre le prieuré est encore obligé de faire acquitter deux messes par semaine. C'est pourquoi led. s¹ official fixe à 60 livres par an la somme que led. s¹ de Lessard devra employer aux réparations du prieuré, avec cette clause toutefois que si les revenus dud. bénéfice venaient à augmenter considérablement, le chiffre de la dépense annuelle serait aussi augmenté.

Le même jour, M⁰ de Brancas, vicaire général, donne son visa aux lettres de provision obtenues par le s¹ de Lessard.

Le 9 août 1718, le s¹ de Lessard prenant possession dud. bénéfice « par la libre entrée de la porte de l'église ou chapelle d'icelluy prieuré, s'est prosterné à genoux devant S¹ Infort, patron dud. prieuré, fait sa prière », etc... en présence de M⁰ Guillaume de Bayeux, pbr̄ē, curé de Bénerville, et autres témoins. (*V*. **515, 553**).

477. — Le 27 juil. 1718, M⁰ Louis-François de la Planche, clerc tonsuré du diocèse du Mans, gratifié d'un brevet du roy qui, à cause de son joyeux avènement, l'a nommé au premier canonicat vacant en la Cathédrale de Lx (*V*. **104**), et représenté par Mes⁰ Pierre Dumesnil-Leboucher, vicaire général, requiert du seig⁰ évêque de Lx la collation du canonicat de Crèvecœur, 1ʳᵉ portion, vacant par la mort de M⁰ Charles du Thiron, dernier titulaire, et proteste, en cas de refus, de se pourvoir par les voies de droit devant qui il appartiendra. Mes⁰ de Brancas, vicaire général, répond qu'il consent à accorder aud. s' de la Planche les provisions et collation de lad. prébende.

Le 28 juillet 1718, led. s' de Brancas donne aud. s' de la Planche la collation dud. bénéfice.

Le 22 août 1718, le s' De la Planche s'étant présenté au Chapitre de la Cathédrale pour être mis en possession du canonicat de Crèvecœur, 1re portion, la Compagnie lui déclare qu'elle l'avait déjà averti « qu'elle ne pouvoit recevoir lad. collation en la forme qu'elle est, attendu que l'adresse est faite à la Compagnie soubz la clause de *Mandamus* au lieu de celle de *Rogamus* qui a toujours esté usitée par les s' vicaires généraux, et que pareil visa donné par M' l'abbé de Brancas de la chapelle S' Gilles-S' Leu, le 13 juin dernier, n'a pas encore esté corrigé ainsy qu'il avoit esté promis et arresté. Led. sieur de la Planche a eu recours aud. s' abbé de Brancas, auquel ayant dit la difficulté qu'on lui faisoit, il luy auroit mis aux mains une déclaration, en date du 22 de ce mois, comme par le mot de *Mandamus* employé dans lad. collation, il n'a point prétendu donner aucune atteinte aux privilèges et exemptions qui peuvent appartenir au Chapitre de Lx........ Lecture ayant esté faite de lad. déclaration » la Compagnie ordonne qu'elle demeurera attachée au registre « soubz la protestation faite qu'elle ne recevra aucune collation de la part des s's grands vicaires soubz la clause de *Mandamus*. » Ces réserves faites, led. s' de la Planche est mis en possession dud. canonicat de Crèvecœur par le ministère de M' le doyen.

478. — Le 29 juillet 1718, la nomination à la cure d'Auvillers appartenant au seig' du lieu, M'e Jacques Dauvet, chev', seig' et marquis d'Auvillers, Repentigny, Boulley et autres lieux, nomme à cette cure, vacante par la mort de M° Nicolas de la Porte, pbre, dernier titulaire, la personne de M° Jean-Jacques Lechevalier, pbre du diocèse de Bayeux et curé de Pontfarcy, diocèse de Coutances.

Le 30 juillet 1718, M'° de Brancas, vicaire général, donne aud. sieur Lechevalier la collation dud. bénéfice.

Le 17 août 1718, led. s' Lechevalier est mis en possession de lad. cure d'Auvillers, en présence de M° Jean-Jacques Le Vaillant, curé de Léaupartie ; Jean-Baptiste Pétou, curé de Repentigny ; Noel Julienne, acolyte ; Pierre Collet, vicaire d'Auvillers ; M'° Jean de Pierres, curé de Bonnebosq, et plusieurs autres témoins de lad. par̄r. d'Auvillers.

479. — Le 18 juillet 1718, M° Alexandre Siard, pbre, curé de la 2e portion de la cure de Plasnes, remet sond. bénéfice entre les mains de Mes're Louis de Prye, seig' et patron de Plasnes. (*V.* **368**).

Le 19 août 1718, led. seig' marquis de Prye, ambassadeur de Sa Majesté très-Chrétienne auprès de Sa Majesté le roy de Sicile, nomme aud. bénéfice de Plasnes la personne de M° Jacques Buchard, pbre du diocèse de Lx. Passé à Turin, « au palais d'habitude de Son Excellence. »

Le 5 sept. 1718, Mre de Brancas, vicaire général, donne aud. s^r Buchard la collation dud. bénéfice.

Le 7 sept. 1718, le s^r Buchard prend possession de la cure de Plasnes, 2e portion, en présence de Me Léonor Secard, pbrē, curé de la 1re portion ; Jean Cauche, cons^er du roy, élu en l'élection de Bernay, y demeurant, parr. de N.-D. de la Couture ; Hugues de Guerey, Esc^r, s^r d'Acqueville, de la parr. de Plasnes ; Me Jean Le Bret, clerc, aussi de lad. parr.

480. — Le 20 janvier 1717, Nicolas Marie, chandelier, demeurant à Gacey, et François Quignery, marchand, de St Germain de Clerfeuille, constituent 150 livres de rente en faveur de Me François Marie, acolyte, fils dud. Nicolas et de Catherine Drouët, afin qu'il puisse parvenir aux ordres sacrés. Cette rente est cautionnée par Robert Gougeon, s^r du Clos, et par Eustache Raullin, bourgeois de Gacey.

481. — Le 20 août 1716, Guillaume Ernoult, marchand, de la parr. de St André-d'Hébertot constitue 150 livres de rente en faveur de son fils, Me Jean Ernoult, acolyte, afin qu'il puisse parvenir aux ordres sacrés. Cette rente est garantie par Romain et François Ernoult, frères, fils Robert, et par Romain et François Rebut, aussi frères, fils Pierre, tous marchands, demeurant à St André-d'Hébertot. (*V.* 301).

482. — Le 23 avril 1718, le seig^r évêque donne à Me Réné de Queudeville, pbrē du diocèse de Rouen, la collation de la cure de Carsis, vacante par la mort de Me François Barrois, dernier titulaire.

Le 31 mars 1718, Me Réné de Queudeville, pbrē, vicaire de St Turien-lez-Pontaudemer, diocèse de Rouen, prend possession de la cure de Carsis, en présence de Me Jacques Hudoux, pbrē, vicaire desservant led. bénéfice ; Mes^re Louis-Jacques du Fay, chev^r de Carsis, et Mes^re Charles-Philippe du Fay, frères ; le s^r Guillaume Jacques, trésorier de lad. église, et autres paroissiens du lieu. (*V.* 422).

483. — Le 11 août 1718, vu l'attestation du s^r Paisant, vicaire de St Jacques de Lx, et du s^r Busquet, pbrē, desservant la parr. de St Léger-d'Ouillie, dispense de bans pour le mariage entre Me François Daufresne, notaire apostolique au diocèse de Lx, fils de Me Gaspard Daufresne, greffier en l'officialité de l'Evêché de Lx, et d'Agnès Roques, de lad. parr. de St Jacques, d'une part, et Catherine Sonnet, fille de feu François Sonnet, s^r du Parc, de lad. parr. de St Léger-d'Ouillie.

484. — Le 24 mai 1718, Me Henry Allais, pbrē du diocèse de Lx, obtient en cour de Rome des lettres de provision de la 2e portion de la cure de Campigny, vacante par la résignation faite en sa faveur par Me François Dujardin, pbrē, dernier titulaire.

Le 17 août 1718, Mre de Brancas, vicaire général, donne aud. sieur Allais la collation dud. bénéfice. (*V.* **425, 499**).

485. — Le 15 août 1718, la nomination à la cure, 2e portion, de Putot appartenant alternativement, 1° à Mre Jean Le Gouez, Esc^r, seig^r de la Vigannerie, demeurant à Caen, par̄r. N.-D., ayant épousé noble dame Rénée de Beausein, fille de noble dame Anne Le Trémansoys qui était héritière du feu s^r de St Pierre ; 2e à Me Jean-Baptiste de Bauquemare, seig^r de Victot, Léaupartye et autres lieux ; 3e au s^r Lebrun, Esc^r, s^r de Putot, led. s^r Legouez nomme à lad. cure, vacante par la démission de Me Guillaume-Antoine Laugeois, pbr̄e, dernier curé qui avait été nommé par led. s^r de Bauquemare, la personne de Me Guillaume Desprez, pbr̄e, chapelain des dames Ursulines de Bayeux.

Le 19 août 1718, Mre de Brancas, vicaire général, donne aud. s^r Desprez la collation dud. bénéfice. (*V.* **354, 495**).

486. — Le 9 août 1718, la nomination à la cure de Cauverville appartenant au seig^r du lieu, Mre Léonor Bertout, Esc^r, cons^er du roy en la cour des Comptes, Aides et Finances de Normandie, seig^r et patron d'Heudreville, le Favril et Cauverville, demeurant à Rouen, nomme à lad. cure, vacante par la mort de Me Louis-Pierre-François Duhamel de Verrières, pbr̄e, dernier titulaire, la personne de Me Louis Pinchon, pbr̄e, demeurant à Lx. Fait à Rouen en la maison dud. seig^r d'Heudreville.

Le 23 août 1718, Mre de Brancas, vicaire général, donne aud. sieur Pinchon la collation dud. bénéfice. (*V.* **330, 488**).

487. — Le 7 avril 1708, Pierre Guillemin, fils de Pierre et de Catherine Lecomte, de la par̄r. de Ste Eugénie (St Eugène), reçoit la tonsure et les ordres mineurs.

488. — Le 25 août 1718, Me Louis Pinchon, pbr̄e, pourvu de la cure de Cauverville, prend possession dud. bénéfice, en présence de Me Jacques Lecoq, pbr̄e, chapelain de la par̄r. d'Heudreville ; Pierre de de Préfontaine-Scelles, pbr̄e, vicaire d'Heudreville ; Jacques Duval, pbr̄e de lad. par̄r. d'Heudreville ; Georges Hue, pbr̄e du Favril, et plusieurs autres témoins.

489. — Le 7 avril 1718, Mes^re Charles-Philippe d'Apremont, comte de Reckeim, chanoine de Cologne et de Strasbourg, abbé de St Evroult, obtient de S. S. Clément XI un indult portant la faculté de conférer en commende par lui ou par ses grands vicaires, pendant le cours de cinq années, les prieurés réguliers dépendants de lad. abbaye, soit par continuation de commende, soit de titre en commende, si lesd. bénéfices ont besoin d'être réparés, et ce sans qu'il puisse être prévenu pendant six mois, tant pour les prieurés que pour les cures.

Le 14 juin 1718, le roy accorde aud. seig^r de Reckeim des lettres patentes pour l'enregistrement dud. Indult.

Le 12 août 1718, le Grand Conseil, après avoir examiné led. Indult, « n'y ayant trouvé rien de contraire aux saints décrets et concordats passés entre le S¹ Siège et le royaume, aux franchises et libertez de l'Eglise gallicane, ny aux droits de Sa Majesté, ... ordonne qu'il soit enregistré ez-registres du Conseil pour estre exécutez. »

490. — Le 6 sept. 1718, vu l'attestation du s⁺ Mannoury, curé de Heurtevent, dispense de bans pour le mariage entre Louis-François de la Houssaye, Esc⁺, s⁺ du Plessis, originaire de la parr. de Lisores, « lequel a demeuré environ deux à trois ans à Heurtevent où il a fait ses pasques dernières, et de laquelle parr. il est sorty il y a environ trois mois, fils de feu Louis de la Houssaye, Esc⁺, s⁺ de la Motte, et de noble dame Marguerite-Geneviève Pépin, de lad. parr. de Lisores, d'une part, et dam⁰ Marie-Anne de Mannoury, fille de Daniel de Mannoury, Esc⁺, s⁺ de S¹ Louis, et de noble dame Anne Le Métayer, de lad. parr. de Heurtevent.

491. — Le 6 sept. 1718, vu l'attestation du s⁺ Lecoq, curé du Mesnil-Bacley, dispense de bans pour le mariage entre Pierre Le Menant, Esc⁺, s⁺ de Grandval, fils de Guy et de feue dam⁰ Charlotte Veron, de la parr. du Mesnil-Bacley, d'une part, et dam⁰ Françoise Claude Le Vaillant, fille de feu Mes⁺ᵉ Jacques Le Vaillant, chev⁺, seig⁺, patron, haut-justicier et châtelain de Vaucelle, Barbeville, Landes, Léaupartie, Livet et autres lieux, et de noble dame Catherine Maillard, de la parr. de S¹ André de Bayeux.

492. — Le 10 sept. 1718, vu l'attestation du s⁺ Augustin Aubert, pbrᵉ, prieur de S¹ᵉ Croix du Mesnil-Gonfrey, dispense de bans pour le mariage entre Jean Ferrière et Anne Duguey.

493. — Le 12 sept. 1718, vu l'attestation du s⁺ Guillaume Manchon, pbrᵉ, vicaire de Dives, dispense de bans pour le mariage entre Simon Duvey et Simonne Desnos.

494. — Le 13 sept. 1718, vu l'attestation du s⁺ Boivin, vicaire de la parr. de S¹ Laurent-des-Grez, dispense de bans pour le mariage entre Jean Lefoullon, Esc⁺, s⁺ de Bois-Héroult, ancien brigadier des gardes du corps du roy, chev⁺ de l'Ordre militaire de S¹ Louis, fils de feu Gabriel Lefoullon, Esc⁺, seig⁺ dud. lieu, et de noble dame Magdeleine Duval, demeurant à Montfort-sur-Rille, d'une part, et noble dame Marie Lepaignier, v⁰ᵉ de Marin de Glatigny, Esc⁺, s⁺ de la Plainvinière, demeurant à S¹ Laurent-des-Grez.

495. — Le 5 sept. 1718, la nomination à la cure de Putot, 2ᵉ portion, appartenant au seig⁺ du lieu, M⁺ᵉ François de Montreuil, cons⁺ du roy au bailliage et siège présidial de Caen, « ayant épousé noble dame Françoise de Beausein, fille aînée et héritière en une moitié d'Estienne de Beausein, Esc⁺, s⁺ de la Hoguette, et de noble dame

Anne Le Trémansoys, sa mère, dame et patronne de la 2ᵉ portion de Putot-en-Auge, » nomme à lad. cure vacante par la démission de Mᵉ Guillaume-Antoine Laugeois, dernier titulaire, la personne de Mᵉ Nicolas Leharivel, pbrē, originaire de la parr. de Sᵗ Martin-de-Sallen, diocèse de Bayeux. Fait en la maison dud. sʳ de Montreuil, à Caen, parr. Sᵗ Jean.

Le 7 sept. 1718, Mʳᵉ de Brancas, vic. général donne aud. sʳ Leharivel la collation dud. bénéfice de Putot, 2ᵉ portion.

Le 9 nov. 1718, le sʳ Leharivel prend possession de la cure de Putot, 2ᵉ portion, en présence de Mᵉ François Laugeois, pbrē, curé de la 1ʳᵉ portion ; Charles Laugeois, marchand, demeurant au Pin, et plusieurs autres témoins. (V. 485).

496. — Le 17 sept. 1718, vu l'attestation du sʳ Pottier, curé de Biéville, dispense de bans pour le mariage entre Mesʳᵉ Simon-Auguste Lhermite, seigʳ et patron de Fresné-la-Mère, Ouillie, Visqueville, (Evesqueville) et Pertheville, fils de feu Mʳᵉ François Benoit et de noble dame Barbe de la Hogue, de la parr. de Pertheville, diocèse de Séez, d'une part, et damˡˡᵉ Damienne-Françoise-Jeanne Le Monnier, fille de feu Mᵉ Michel Le Monnier, Escʳ, consʳ secrétaire du roy, Maison et Couronne de France, et de noble dame Françoise Le Normand, de lad. parr. de Biéville.

497. — Le 20 sept. 1697, Thomas Delahaye, fils de François et de Françoise Morard, de la parr. de Courmesnil, diocèse de Séez, reçoit à Séez la tonsure et les ordres mineurs.

Le 15 février 1717, led. sʳ Delahaye, pbrē, est reçu Mᵉ ès-arts en l'Université de Caen.

Le 17 février 1717, il obtient des lettres de quinquennium du recteur de lad. Université.

Le même jour, led. sʳ Delahaye, âgé de 39 ans, est nommé par icelle sur les archevêchés et les chapitres de Paris, Rouen et Tours ; sur les évêchés et les chapitres de Bayeux, Lisieux, Evreux, Séez, Le Mans, Angers et Chartres, ainsi que sur la plupart des abbayes et prieurés de ces divers diocèses.

Le 5 sept. 1718, led. sʳ Delahaye, demeurant en la parr. de Sᵗ Hilaire de Nogent-le-Rotrou, diocèse de Chartres, en qualité de vicaire, fait signifier ses noms et grades aux religieux de Sᵗ Evroult en parlant à Dom Thomas Durand, célérier de lad. abbaye.

498. — Le 1ᵉʳ avril 1713, Pierre Bertrand, diacre, chanoine régulier de Friardel, est ordonné prêtre à Lx par l'ancien évêque de Condom.

499. — Le 13 sept. 1718, Mᵉ Henry Allais, pbrē, vicaire d'Estreville, diocèse de Rouen, pourvu de la 2ᵉ portion de la cure de Campigny, prend possession dud. bénéfice, en présence de Mᵉ François de

Beauvais, pbrē, curé de Brestot et doyen de Pontaudemer pour le diocèse de Rouen ; Louis Ricques, curé de la 1re portion de Campigny ; François Dujardin, curé d'Estreville ; Alexandre Le Bourgeois, vicaire de Brestot ; Messre Jean-Joseph de Malhortie, chevr, seigr et patron de Campigny ; Pierre Brandin, Escr, sr de St-Laurent, officier dans la grande fauconnerie du roy, demeurant à Estreville ; Me Nicolas Tallon, notaire « garde nottes du roy » à Pontaudemer ; Louis Leboullenger, Escr, sr du Tilleul, demeurant aud. lieu de Pontaudemer ; Louis Hais, Robert Accard, Guillaume Vattemont et Claude Ricque, trésoriers anciens et modernes de la parr. de Campigny.

500. — Le 26 sept. 1718, vu l'attestation du sr Chasot, curé de la 2e portion de Biéville, dispense de bans pour le mariage entre Thomas Béquet, sr de la Brière, fils de feu Robert et de Jacqueline Larue, de la parr. de Biéville, d'une part, et Marguerite Roussel, fille de feu François et de damlle Marie Leu, de la parr. de Ste Paix de Caen.

501. — Le 23 sept. 1718, la nomination à la cure de la Chapelle-Hainfray appartenant au seigr du lieu, Mre Jean-Baptiste de Sabrevois, chevr, seigr de Lescluzelles, Chailloy, Harcourt et autres lieux, gouverneur des ville et château de Dreux, mestre de camp de cavalerie, chevr de l'ordre militaire de St-Louis, demeurant ordinairement à Paris, rue St-Antoine, près de la Bastille et étant de présent à Lx, « cessionnaire de la direction de Mre de Gèvres pour sa part de la succession de feu dame Catherine de Vieuxpont, sa grand'mère, héritière de Mr d'Annebault, et de dame Catherine Robichon, femme de feu Messre Louis-Anne de Sabrevois, son père, tant en qualité d'héritière que de créancière de lad. dame sa mère, » nomme à lad. cure de la Chapelle-Hainfray, vacante par la mort de Me Adrian Mullot, pbrē, dernier titulaire, la personne de Mre Jacques de la Bertherie, Escr, pbrē de Marmouilley.

Le 24 sept. Mre Pierre du Mesnil, vic. général, donne aud. sr de la Bertherie la collation dud. bénéfice.

Le 26 sept. 1718, le sr de la Bertherie prend possession de la cure de la Chapelle-Hainfray, en présence de Me Pierre Aubert, pbrē, vicaire de lad. parr. : Jean Mullot, marchand, demeurant à Bernay ; Pierre Georges, Escr, sr des Aulnez, et autres témoins dud. lieu.

502. — Le 27 février 1706, Joseph Gérard, fils de Pierre et de damlle Jacqueline Bernière, de la parr. de Vergoncey, diocèse d'Avranches, rite dimissus, reçoit la tonsure à Evreux.

Le 25 juin 1712, led. sr Gérard, pbrē du diocèse d'Avranches, est reçu Me ès-arts en l'Université de Paris.

Le 21 avril 1716, il obtient des lettres de quinquennium du recteur de lad. Université.

Le 22 juin 1716, il est nommé par icelle sur l'abbaye de S‛ Evroult et autres lieux.

Le 10 sept. 1718, led. s‛ Gérard, pbrē, « M‛ ès-arts et bachelier en licence de la faculté de Paris, curé de Soligny, diocèse de Séez, (de 300 livres de revenu), demeurant à Paris, rue du Foin, parr. S‛ Severin », fait signifier ses noms et grades au seig‛ abbé de S‛ Evroult, en parlant à Mes‛ᵉ Antoine Lemoine, pbrē, grand vicaire dud. abbé de S‛ Evroult, trouvé en sa demeure, en la maison de la Sorbonne.

503. — Le 28 sept. 1718, dispense de bans pour le mariage entre Jacques Ricquier, s‛ de la Cauvinière, Esc‛, porte-manteau ordinaire du roy, fils de M‛ Jacques Ricquier, receveur des décimes, et de feue dam¹¹ᵉ Jeanne Panthou, de la parr. de S‛ Germain de Lx, d'une part, et dam¹¹ᵉ Jeanne-Françoise-Damienne Le Normand, fille de Thomas Le Normand, s‛ du Val, seig‛ et patron de Victot, Esc‛, garde du corps de feu M‛ le duc d'Orléans, et de dam¹¹ᵉ Jeanne Du Lys, demeurant en la parr. de Victot.

504. — Le 12 sept. 1718, M‛ Antoine-Joseph Eudes-Mézeray, pbrē, demeurant à Nonant, pourvu des 3ᵉ et 4ᵉ prébendes de la collégiale de S‛ Nicolas du Merlerault, prend possession desd. bénéfices, en présence de M‛ᵉ Louis Durand, pbrē, curé de Mortmarcey et chanoine de lad. collégiale ; M‛ Pierre Lecomte, vicaire de Nonant, et autres témoins. (*V.* **320**).

505. — Le 4 oct. 1718, dispense de bans pour le mariage entre Joseph Balme, fils Jean, de N.-D. du Havre, d'une part, et Louise-Magdeleine Barbel, fille de Louis Barbel, Esc‛, s‛ de Mézières, et de Catherine-Louise de Mire, de la parr. de S‛ᵉ Catherine de Honfleur.

506. — Le 21 déc. 1718, Antoine-Gabriel Lempérière, fils de Gabriel et d'Antoinette Corbelin, de la parr. de Combonière (?), diocèse de Meaux, reçoit la tonsure à Meaux.

507. — Le 3 août 1718, M‛ Jean Busquet, pbrē du diocèse de Lx, obtient en cour de Rome des lettres de provision de la cure de S‛ Léger-d'Ouillie, vacante par la résignation faite en sa faveur par M‛ Guillaume Vivien, dernier titulaire.

Le 1ᵉʳ oct. 1718, Mes‛ᵉ de Brancas, vicaire général, donne son visa auxd. lettres de provision.

Le 3 oct. 1718, led. s‛ Busquet prend possession dud. bénéfice, en présence de M‛ Guy Malerne, M‛ chirurgien, demeurant au bourg de Moyaux ; Louis Vivien, père, et Louis Vivien, fils, demeurant à Meulles, et autres témoins. (*V.* **472, 483**).

508. — Le 30 sept. 1718, la nomination à la cure de N.-D. d'Ouville appartenant au prieur claustral de S‛ᵉ Barbe, Dom François-Guillaume Mignot, prieur claustral du monastère de S‛ᵉ Barbe, autrement S¹ Martin d'Ecajeul, nomme à lad. cure, vacante par la mort de M⁰ Jean-Jacques Dutaillis, la personne de M⁰ Julien Ridé, pbrē, curé de la Boissière.

Le 3 oct. 1718, Mʳᵉ de Brancas, vic. génˡ, donne aud. sʳ Ridé la collation dud. bénéfice.

Le 7 oct. 1718, le sʳ Ridé prend possession de la cure d'Ouville-la-Bien-Tournée, en présence de plusieurs témoins de lad. parr. et des parr. voisines.

509. — Le 3 oct. 1718, la nomination à la cure de Jouveaux appartenant au seigʳ du lieu, Mesʳᵉ Louis Dauge, Escʳ, seigʳ et patron de Jouveaux, à cause de noble dame Anne de Halley, son épouse, « icelluy sʳ Dauge, présentateur alternatif », nomme à cette cure, vacante par la démission pure et simple de M⁰ Jacques Blondel, pbrē, dernier titulaire, la personne de M⁰ Jean de Courseulles, pbrē de ce diocèse. Fait à Lx, en l'étude de Gaspard Daufresne, notaire royal-apostolique, en présence de M⁰ Pierre Formage, notaire royal à Lx, et de M⁰ Charles Le Bas, consᵉʳ du roy, receveur des tailles aud. lieu.

Le 7 oct. 1718, Mʳᵉ de Brancas, vicaire général, donne aud. sʳ de Courseulles la collation dud. bénéfice.

Le 10 oct. 1718, le sʳ de Courseulles prend possession de la cure de Jouveaux, en présence de M⁰ Jacques Blondel, pbrē, dernier titulaire, et présentement curé de Sᵗ Pierre de Cormeilles ; Jean Monseillon, pbrē, vicaire de Jouveaux ; François de Tolmer, Escʳ, sʳ d'Alincourt, de la parr. de Lieurrey, et plusieurs habitants dud. lieu de Jouveaux. (*V*. **417**).

510. — Le 20 févr. 1709, M⁰ Pierre Le Comte, sous-diacre du diocèse de Lx, âgé de 23 ans. est nommé par l'Université de Caen sur les archevêchés et les Chapitres de Rouen et de Tours ; sur les évêchés et les Chapitres de Chartres, Le Mans, Lisieux, Evreux et Séez, et sur plusieurs abbayes et prieurés de ces diocèses.

Le 4 oct. 1718, led. sʳ Le Comte, pbrē, de la parr. de Résenlieu, et vicaire de Nonant, fait signifier ses noms et grades au seigʳ évêque et aux chanoines de Lx. (*V*. **410, 441, 504**).

511. — Le 11 oct. 1718, M⁰ François Pierres, sʳ de la Boullaye, pbrē, chapelain de la chapelle Sᵗ Nicolas en la Cathédrale, « demeurant en la maison et enclos de l'hôpital général de Lx, parr. Sᵗ Jacques, gisant en son lit », malade et toutefois « sain d'esprit et d'entendement », donne sa procuration pour résigner sad. chapelle entre les mains de N.-S.-P. le pape en faveur de son frère, M⁰ Guillaume Pierres, pbrē habitué en l'église Sᵗ Jacques de Lx.

512. — Le 5 janv. 1695, « M⁰ Nicolas Desnos, pbrē, curé de Jouveaux, exécuteur du testament de feu M⁰ François Desnos, son frère, pbre, curé d'Epaigne, et Noel Desnos, sr de la Rengée, aussi son frère, demeurant en la parr. d'Epaigne, tous deux héritiers dud. feu sr curé d'Epaigne », à l'instance d'Adrien Lepeltier, trésorier de l'église dud. lieu, délégué par les paroissiens, suivant le certificat de Me Nicolas Gibert, pbre, vicaire d'Epaigne, consentent l'exécution dud. testament dud. sr François Desnos.

Par ce testament, led. sr curé d'Epaigne fonde pour le repos de son âme un certain nombre de services en l'église dud. lieu, donne tous les détails de son inhumation qui ne devra avoir lieu que 48 heures après sa mort ; il sera enterré dans le chœur de l'église, etc... Ce testament, daté du 14 mai 1688, est approuvé chaque année par son auteur qui profite de ces codiciles pour y faire certaines modifications en ce qui concerne les dons à sa famille, et aussi certaines additions.

Le dernier codicile est du 20 juin 1694. Il y donne différentes sommes à son vicaire, aux Cordeliers et aux Carmes de Pontaudemer, à l'église d'Epaigne « pour aider à avoir un maitre et une maitresse d'école pour l'instruction de la jeunesse, » et enfin « 800 livres pour faire une contretable au chœur et 400 livres pour la décoration de la chapelle de la Vierge. »

Cette reconnaissance du testament est faite les jours et an ci-dessus en l'étude d'André Millet, notaire de Lieurey, en présence de Me Nicolas Trouvé, pbre, demeurant à Epaigne, et de Me Georges Cordouen, pbre, vicaire de Jouveaux.

513. — Le 18 oct. 1718, dispense de bans pour le mariage entre Me Richard Le Bis, sr du Val, avocat au bailliage et vicomté d'Exmes et Trun, sénéchal, juge de police au bourg de Vimoutiers, fils de Me François Le Bis, notaire-royal dud. lieu, et de dame Louise Le Normand, d'une part, et damlle Philippe Pasqueraye, fille de feu Me Réné Pasqueraye, avocat au présidial et cité d'Angers, et de damlle Françoise Grudé, demeurant présentement à Paris, parr. St Roch.

514. — Le 20 oct. 1718, vu l'attestation du sr Levillain, curé de Pont-l'Evêque, et du sr Hamel curé de Beuvron, dispense de bans pour le mariage entre Me Jacques Le Bailly, consr du roy, référendaire en la chancellerie du Parlement de Rouen, avocat, fils de Me Zacharie Le Bailly, greffier en chef des Eaux et Forêts du vicomté d'Auge, et de dame Marguerite Quinette, de la parr. de Pont-l'Evêque, d'une part, et damlle Marie Leriche, fille de Me Gabriel Leriche, receveur de M. le duc d'Harcourt, et de feue damlle Marguerite Martin, de lad. parr. de Beuvron. (*V.* **449**).

515. — Le 4 oct. 1718, Dom Mitruis-Marius de Villeneuve, pbre de l'Ordre de St Benoit, demeurant cloitre et parr. St Germain l'Auxerrois, résigne entre les mains de Me Jean-Paul Bignon, consr d'Etat ordinaire, prieur commendataire de Longpont, le prieuré de St Arnoult-sur-Touques, diocèse de Lx, dépendant du prieuré de Longpont.

Le lendemain, led. s^r Bignon nomme aud. prieuré de St Arnoult la personne de Dom Louis Jourdan, pbrë, religieux de l'Ordre de St Benoît demeurant cloître et parr. de St Germain-l'Auxerrois, à Paris.

Le 3 nov. 1718, led. s^r Jourdan, représenté par Me Jean-François Brasnu, sous-diacre demeurant à Lx, prend possesion dud. prieuré de St Arnoult-sur-Touques, sis en la parr. dud. lieu de St Arnoult.

Le s^r Brasnu ne fait que toucher la porte de l'église du prieuré, n'ayant pu l'ouvrir, attendu qu'il y a à l'intérieur de la chapelle un amas de pierres et de matériaux, ruines de lad. porte, « qui en empêche l'ouverture, d'ailleurs n'ayant pu recouvrer la clef, quelque perquisition qu'il en ait faite. » Il demande au s^r curé du lieu. de la lui représenter. Celui-ci répond qu'il ne l'a point. Ensuite led. s^r Brasnu fait sa prière devant la porte et autres cérémonies en tel cas requises.

Me François de Lessard, pbrë, se présente alors et déclare qu'il s'oppose formellement à lad. prise de possession, attendu que lui-même est pourvu en cour de Rome dud. bénéfice. Le s^r Brasnu proteste de la nullité de lad. opposition. (V. **476, 553**).

516. — Le 30 sept. 1718, la nomination à la cure de St Maclou-la-Campagne appartenant au seig^r du lieu, le roy, garde-noble des enfants du s^r de Giverville, seig^r de St Maclou, nomme à cette cure, vacante par la mort de Me Guillaume Lechartier, pbrë, dernier titulaire, la personne de Me Jean Frontin, pbrë de la parr. de Boulleville et vicaire de Foulbec.

Le 21 nov. 1718, le seig^r évêque donne aud. s^r Frontin la collation dud. bénéfice.

Le 29 déc. 1718, le s^r Frontin, nommé par le roy à lad. cure de St Maclou, sur la présentation de noble dame Marie de Hardeley, veuve de Mes^re Frédéric-François de Giverville, seig^r et patron de St Maclou, tutrice de Rémy-François de Giverville, Esc^r, son fils aîné, et de ses autres enfants mineurs, prend possession dud. bénéfice, en présence de lad. dame de St Maclou et autres habitants dud. lieu.

517. — Le 2 avril 1706. Jean Cauvin, fils de Nicolas et de Marie Nicaise, de la parr. de N.-D.-du-Sépulcre de Pontaudemer, reçoit la tonsure et les ordres mineurs.

518. — Le 21 oct. 1718, Me Jacques Lefebvre, pbrë, curé de la 2e portion de St Désir de Lx, donne sa procuration pour résigner sa cure entre les mains du seig^r évêque de Lx, en faveur de Me Jean Legrand, pbrë, curé de Fontaine-Labbé, diocèse d'Evreux ; et celui-ci donne aussi sa procuration pour résigner lad. cure de Fontaine-Labbey entre les mains du seig⁺ évêque d'Evreux, en faveur dud. s⁺ Lefebvre, pour cause de mutuelle permutation.

Le 14 nov. 1718, le seig⁺ évêque de Lx donne aud. s⁺ Legrand la collation dud. bénéfice de S⁺ Désir, 2ᵉ portion.

519. — Le 8 nov. 1718, vu l'attestation du s⁺ Hamel, curé de Beuvron, et du s⁺ Noncher, curé de Caudemuche, dispense de bans pour le mariage entre Antoine de Jaza (?), Esc⁺, s⁺ de S⁺ Julien, fils de feu Jean de Jaza, Esc⁺, s⁺ de S⁺ Pair, et de dam^lle Lucie Thevrenin (?), de la paiṟ. de Beuvron, d'une part, et dam^lle Marie Le Breton, fille de feu Jean Le Breton, Esc⁺, s⁺ du Moutier, et de dam^lle Françoise Le Gouez, de lad. paiṟ. de Caudemuche.

520. — Le 14 nov. 1718, vu l'attestation du s⁺ de Corday, curé de Norolles, et du s⁺ Saphare, vicaire de S⁺ Germain-la-Campagne, dispense de bans pour le mariage entre Jacques Dubois, s⁺ de Vauchel, Esc⁺, garde du corps de Son Altesse Royale Mᵉ le duc d'Orléans, fils de feu Alexis Dubois, s⁺ du Vauchel, et de noble dame Catherine Delanney, de la paiṟ. de S⁺ Germain-la-Campagne, d'une part, et noble dame Charlotte de Corday, veuve de François de Billard, Esc⁺, s⁺ de la Maillardière, fille de feu Guillaume de Corday, Esc⁺, seig⁺ de Cauvigny et de Launey, et de noble dame Marie de Tiremois, de lad. paiṟ. de Norolles.

521. — Le 31 oct. 1718, la nomination à la chapelle simple de N.-D. fondée en l'église du Theil, appartenant au seig⁺ de Sᵗᵉ Marie, M⁺ Guy-François Aparoc, Esc⁺, s⁺ de Sᵗᵉ Marie du Theil, nomme aud. b...e, vacant par la démission pure et simple de Mᵉ Charles-Thomas Moulin, pbrē de la paiṟ. de Sᵗᵉ Catherine d'Honfleur, la personne de Mᵉ Jacques Lecomte, pbrē de la paiṟ. de Quetteville.

Le 16 n... 1718, le seig⁺ évêque donne aud. s⁺ Lecomte la collation dud. bénéf...

Le 7 déc. 1718, le s⁺ Lecomte prend possession de lad. chapelle, par la libre entrée de la grande porte de l'église de la paiṟ., la prière faite « devant l'a... de lad. chapelle, assise du costé de l'évangile », et autres cér... es ordinaires, en présence de Mᵉ Antoine Morlet, pbrē, curé de lad. paiṟ., et Mᵉ Louis Levavasseur, diacre, demeurant au Theil. (V. 25.)

522. — Le 7 nov. 1718, la nomination à la chapelle Sᵗᵉ Marie-Magdeleine, en la paiṟ. de Gonneville-sur-Dives, appartenant au seig⁺ d'Aché, Mesre François de Séran, chevr, seig⁺ honoraire de Beuzeval, colonel garde... es de la capitainerie de Dives et paroisses en dépendant, major général... la noblesse de la Haute-Normandie, quand l'arrière-ban est conv...é, et patron de lad. chapelle Sᵗᵉ-Marie-Magdeleine, représenté p... ᵉ Gabriel Cachet, pbrē, licencié aux droits, avocat en l'officialité de L... et y demeurant, présente à lad. chapelle, vacante par la démission pure et simple de M⁰ Jacques Auvray, pbrē, dernier titulaire, la personne de M⁰ Adrian Maugard, pbrē, ci-devant vicaire de Beuzeval.

Le lendemain, le seig⁺ évêque donne aud. s⁺ Maugard la collation dud. bénéfice.

Le 15 nov. 1718, le s⁺ Maugard prend possession de la chapelle S⁺ᵉ-Magdeleine.

523. — Le 16 nov. 1718, vu l'attestation du s⁺ Lebourg, pbrē, prieur-curé de Bonneville-la-Louvet, dispense de bans pour le mariage entre M⁺ᵉ Henry-Eustache de S⁺ Pierre, chev⁺, marquis de S⁺ Julien, seig⁺ de Maillot, Grangues, Heudreville et autres lieux, chev⁺ de l'ordre militaire de S⁺ Louis, capitaine au régiment du roy, demeurant à Bonneville-la-Louvet, fils de feu Mesʳᵉ Henry de S⁺ Pierre, chev⁺, marquis de S⁺ Julien, seig⁺ de Maillot et autres lieux, et de noble dame Marie-Magdeleine de Boisseret, d'une part, et noble dame Marie-Charlotte-Cécile Le Doyen, dame de Fatouville, du Boulley-Morin, Ablon, Equainville, Ableville, Daubœuf, S⁺-Clair et autres terres, demeurant à Rouen, paṝ. S⁺-Sauveur, veuve de Mesʳᵉ Nicolas de Maillot, chev⁺, seig⁺ de Cailly, du Boulley-Morin et autres lieux, fille de feu Mesʳᵉ François Le Doyen, chev⁺, seig⁺ d'Ablon, Fatouville, Equainville, Ableville, Daubœuf, S⁺-Clair et autres lieux, et de noble dame Cécile de Brunon.

524. — Le 17 nov. 1718, vu l'attestation du s⁺ du Rouvray, pbrē, vi⁺ᵣe de Brucourt, dispense de bans pour le mariage er re Louis F⁺⁺l et damᵉˡˡᵉ Elisabelle Morin, de lad. paṝ.

525. — Le 16 nov. 1718, M⁰ Charles Gueroult, pbrē, curé de Cernay, donne sa procuration pour résigner sond. bénéfice entre les mains de N.-S.-P. le pape en faveur de M⁰ Charles Jean, pbrē de la paṝ. d'Orbec. Il se réserve toutefois cent livres de rente à prendre sur les revenus dud. bénéfice. Fait à Orbec, en la maison de M⁰ Jacques Gueroult, procureur au bailliage d'Orbec, frère dud. s⁺ curé de Cernay, en présence de M⁺ᵉˢ Charles de Monthuchon, pbrē, curé d'Orbec et doyen du lieu, et Pierre Simon, pbrē, demeurant aussi à Orbec.

526. — Le 16 avril 1718, M⁰ Pierre Piperel, sous-diacre d'Orbec, est ordonné diacre. (*V.* **454**).

527. — Le 23 nov. 1718, M⁰ Michel Pastey, pbrē, curé de Berville, pourvu de la cure de N.-D. de Firfol par le seig⁺ abbé de Cormeilles, prend possession dud. bénéfice *ad conservationem juris*. M⁰ Jean-Baptiste d'Osmond, pbrē, s'est présenté et a déclaré qu'il est pourvu de lad. cure de Firfol et qu'il en a pris possession le 28 du dernier, et qu'en conséquence il s'oppose à la présente prise de possession. Le s⁺ Pastey proteste de nullité lad. opposition. Fait en présence de Fr.

Philippe-Antoine de Trousseauville, relig' des frères mineurs de l'Observance, desservant led. bénéfice ; M° Nicolas Féron, sous-diacre de Tonnencourt ; M° Pierre des Hayes, cons" du roy, lieutenant général en la vicomté d'Orbec et premier assesseur en bailliage dud. lieu, et autres témoins, tous étrangers à la parr. (*V.* **467, 474**).

528. — Le 28 nov. 1718, la nomination à la 1re portion de la cure de Verson appartenant au chanoine prébendé de Verson, 1re portion, Mesre Gabriel de Grosourdy de Marimont, diacre, chanoine et trésorier de la Cathédrale de Lx, prébendé de lad. 1re portion de Verson, nomme à lad. cure, vacante par la mort de M° Jacques Gosset, pbre, dernier titulaire, la personne de M° du Trou de la Bénardière, pbre du diocèse de Bayeux, M° ès-arts en l'Université de Caen. Fait en la maison canoniale de M° Jean Mignot, chanoine de la Cathédrale, en présence dud. s' Mignot ; Mre Louis-François de la Planche du Ruillé, aussi chanoine, et de François de Vimont, bourgeois de Lx.

Le 1er déc. 1718, le seig' évèque donne aud. s' de la Bénardière la collation dud. bénéfice.

Le 4 déc. 1718, le s' de la Bénardière prend possession de la cure de Verson, 1re portion, exemption de Nonant, en présence de M° Louis Mignot, pbre, chanoine de la Cathédrale de Lx ; M° Claude Guerrier, pbre, curé de la seconde portion de Verson ; M° Guillaume Labbé, curé de Querville ; Pierre Labbé, Escr, s' des Coudrets, demeurant à Caen ; Robert Morin, Escr, s' de Vaugueroult, et autres témoins de la parr. de Verson. (*V.* **171, 406**).

529. — Le 6 déc. 1718, M° Nicolas Jardin, pbre, curé de S' Ouen de Genneville, donne sa procuration pour résigner sond. bénéfice entre les mains de N.-S.-P. le pape en faveur de M° Louis Levavasseur, diacre de la ville de Lisieux. (*V.* **300**).

530. — Le 10 déc. 1718, vu l'attestation du s' Grigy, pbre, vicaire de Crouttes, dispense de bans pour le mariage entre Pierre-Louis de Venoys, Escr, fils de feu Louis de Venoys, Escr, et de feu noble dame Anne de la Mondière, de la parr. de Vimoutiers, d'une part, et Anne-Françoise-Marthe Morin, fille de feu Pierre-Louis Morin, Escr, s' de la Rocque, chevau-léger de la garde du roy, et d'Anne-Françoise de Boisdecerf, de la parr. de Tonnencourt, d'autre part, les deux parties demeurant présentement en la parr. de Crouttes.

531. — Le 8 déc. 1718, la nomination à la cure du Tilleul-Fol-Enfant appartenant au seig' du lieu, M° Charles-Roger de Marle, chevr, seig' de Senonville, Baubigny, Surtainville, les Mottiers, S' Germain-le-Gaillard, le Tilleul-Fol-Enfant et autres lieux, nomme à lad. cure, vacante par la mort de Me François du Boisdelaville, pbre, dernier titulaire, la personne de M° François-Joseph Morisse, pbre de ce diocèse.

Fait à Lx, « en l'hostellerie où pend pour enseigne la Belle Fontaine, parr. S¹ Jacques, où est demeurante la dame v¹ᵉ Levavasseur, » en présence de Messire Gabriel Le Filleul des Chesnayes, Escr, chevalier de l'ordre de S¹ Jean de Jérusalem, demeurant en la parr. de S¹ Martin-le-Vieil, en sa terre des Chesnayes.

Le lendemain, le seig¹ évêque donne aud. s¹ Morisse la collation dud. bénéfice.

Le 14 déc. 1718, le s¹ Morisse prend possession de la cure de S¹ Laurent du Tilleul-Fol-Enfant, en présence de Mᵉ Robert Bucailles, sous-diacre de S¹ᵉ Croix-de-Bernay, et autres témoins.

532. — Le 25 nov. 1718, Mᵉ Nicolas Duval, pbrē, curé de la parr. de S¹ Cyr-des-Roncerés, « maintenant demeurant en la ville de Rouen, parr. S¹ Pierre-l'Honoré », remet entre les mains du seig¹ évêque de Lx sond. bénéfice dépendant du marquis d'Orbec.

Le 12 déc. 1718, la nomination à la cure de S¹ Cyr-des-Roncerés appartenant au seig¹ de Tordouet, Mesrᵉ Jacques-Antoine de Chaumont, chevr, seigr-marquis de Guitry, baron d'Orbec et de Bienfaite, seig¹ présentateur de Tordouet, les Roncerés, La Chapelle-Yvon, Coudehart et autres lieux en Normandie, et aussi baron de Lesque, Guillehan, seig¹ de S¹ Michel, Saussan et autres lieux en la province du Languedoc, nomme aud. bénéfice des Roncerés la personne de Mᵉ François de de Sevrey, pbrē du diocèse de Lx, et curé de S¹ Léger-des-Arrassis, diocèse de Séez. Fait au château de Bienfaite, les jour et an ci-dessus.

Le 15 déc. 1718, le seig¹ évêque donne aud. s¹ de Sevrey la collation de lad. cure.

533. — Le 18 nov. 1718, la nomination à la cure de S¹ Michel de Crouttes appartenant au seig¹ abbé de Jumièges, et le siège abbatial étant vacant, le seig¹ évêque de Lx nomme à lad. cure, aussi vacante par la mort de Mᵉ Denis Delisle, pbrē, dernier titulaire, la personne de Mᵉ Gilles Leriche, pbrē du diocèse de Lx.

Le 29 déc. 1718, led. s¹ Leriche, pbrē, vicaire du Mesnil-Eudes, pourvu de la cure de Crouttes par la nomination du seig¹ évêque de Lx, prend possession dud. bénéfice, en présence de Mᵉ Jean Grigy, pbrē, vicaire desservant lad. parr ; le s¹ Pierre Pellerin, s¹ des Fondis, Alexandre de la Plesse, marchand, et Mᵉ Guillaume Duroy, maitre d'école, tous dud. lieu.

Le 1ᵉʳ déc. 1718, la nomination à la cure de Crouttes appartenant au seig¹ abbé de Jumièges et le siège abbatial étant vacant, les religᵉ de lad. abbaye nomment à lad. cure, vacante par la mort de Mᵉ Denis Delisle, pbrē, dernier titulaire, la personne de Mᵉ Gilles Leriche, pbrē originaire de lad. parr.

Le 30 janv. 1719, le s¹ Leriche ayant requis la collation dud. bénéfice de Crouttes, en vertu de la nomination faite de sa personne par les religieux de l'abbaye de Jumièges, le siège abbatial vacant, M⁰ Pierre Dumesnil, vicaire général, refuse de la lui donner, attendu que led. s' requérant en est déjà pourvu de plein droit par le seig' évêque.

534. — Le 1ᵉʳ déc. 1718, la nomination à la cure de Gacé appartenant au seig' évêque de Lx, M⁰ʳ Henry-Ignace de Brancas, évêque et comte de Lx, nomme aud. bénéfice, vacant par la mort de M⁰ Nicolas Bellière, pbr̄e, dernier titulaire, la personne de M⁰ Michel Motte, pbr̄e, demeurant à St Nicolas-des-Lettiers.

Le 13 déc. 1718, led. s' Motte prend possession de lad. cure de Gacé, en présence de M⁰ Louis Maignet, pbr̄e, curé du Sapandré ; M⁰ˢ Jacques Blot, Pierre Chéron, Jacques Pinel, pbr̄es ; M⁰ Thomas Deschamps, curé de la Chapelle-Montgenouil ; M⁰ François Lesieur, avocat ; François Marie, sous-diacre « et autres personnes en très-grand nombre. »

535. — Le 23 déc. 1718, M⁰ Jean Morand, pbr̄e, curé de Mallouy et de plus pourvu de la cure de la Chapelle-Gautier dont il a pris possession, résigne led. bénéfice de la Chapelle-Gautier entre les mains de Mgʳ l'évêque de Vabre, « comme ayant la remise du droit de garde-noble du fief, terre et seigneurie de lad. Chapelle, dépendant de la baronie de Ferrière appartenant à M⁰ le comte de Broglio. » (*V.* **270, 333**).

Le 14 janvier 1719, la nomination à la cure de la Chapelle-Gautier appartenant au seig' du lieu, led. seig' évêque de Vabre et Mesʳᵉ Alexandre Le Filleul, chevʳ, seig' de la Chapelle, « mineur de vingt ans, » patron de lad. cure, nomment aud. bénéfice, vacant par la démission de M⁰ Morand, la personne de M⁰ Charles Duhamel, pbr̄e du diocèse d'Evreux. Fait à Vabre, en la salle du Palais épiscopal, en présence de Jean-Félix Annat, chanoine de Vabre, et autres témoins.

536. — Le 22 déc. 1718, la nomination à la cure de St Symphorien du Noyer-Ménard appartenant aux religieux de St-Evroult, à cause de leur mense conventuelle, Fr. Charles Dujardin, humble prieur dud. monastère, et les autres religˣ nomment aud. bénéfice, vacant par la démission pure et simple de M⁰ Michel Féret, nommé par eux le 20 oct. dernier, la personne de M⁰ Louis Chauvel, pbr̄e du diocèse de Lx.

Le lendemain, le seig' évêque donne aud. s' Chauvel la collation dud. bénéfice.

Le 27 déc. 1718, le s' Chauvel, pbr̄e de St-Pierre-la-Rivière et à présent demeurant à la Trinité-des-Lettiers, prend possession de la cure du Noyer-Ménard « par l'entrée libre de la porte de l'église à l'heure des vespres, prenant de l'eau bénite, se prosternant devant l'image du crucifix, s'estant approché du Mʳ autel, prosterné à genoux, l'ayant baisé, et touché le tabernacle au refus de la clef d'icelluy fait par

M⁰ Louis Morard, se prétendant curé dud. lieu, n'ayant fait ouverture du missel pour ne s'en estre trouvé, » et autres cérémonies accoutumées.

Led. s⁰ Morard déclare qu'il est paisible possesseur de lad. cure, à laquelle il a été nommé par le seig⁰ abbé de S⁰-Evroult et pour laquelle il a obtenu la collation du seig⁰ évêque et qu'en conséquence il s'oppose à la prise de possession faite par le s⁰ Chauvel. Celui-ci proteste de nullité lad. opposition. Fait en présence de M⁰ Louis Gérard, pbr͞e, curé de Pomont, et de plusieurs autres témoins.

537. — Le 18 avril 1713, Mes͞re Roger de la Rochefoucault, des princes de Marsillac, abbé commendataire du Bec-Hellouin, obtient en cour de Rome, la prolongation de l'Indult que Sa Sainteté lui avait accordé, le 26 avril 1708, portant pouvoir et faculté de conférer en commende, pendant le cours de cinq années, les prieurés et autres bénéfices, dépendants de son abbaye, soit par continuation de commende soit de titre en commende, et ce sans qu'il puisse être prévenu par qui que ce soit, pas même par Sa Sainteté.

538. — Le 16 avril 1718, M⁰ Pierre de Fréville, sous-diacre de Fierville, est ordonné diacre par Mg⁰ Henry-Ignace de Brancas. (*V.* **275**).

539. — Le 21 janvier 1717, Jacques Bullet, s⁰ de Longchamps, de la par͞r. de Thiberville, constitue 150 livres de rente en faveur de son fils, M⁰ Jacques Bullet, acolyte, afin qu'il puisse parvenir aux ordres sacrés. (*V.* **410**).

540. — Le 30 janv. 1710, François Laisney, marchand, et dame Nicole Lecomte, demeurant à Gacey, constituent 150 livres de rente en faveur de M⁰ André Laisney, acolyte, afin qu'il puisse parvenir aux ordres sacrés. — Led. s⁰ acolyte était fils dud. s⁰ François Laisney et petit-fils de lad. dame Lecomte. (*V.* **410**).

541. — Le 27 déc. 1718, reçurent la tonsure :

Bernard Le Bourgeois, fils de Jean-Baptiste et de Henriette-Léonore de Bois-Maillard de Laumosne, de la par͞r. de S⁰ Léonard de Honfleur ;

Adrien Le Gallois, fils de Robert et de Magdeleine de Bare, de la par͞r. de N.-D. de la Couture de Bernay.

542. — Le 27 déc. 1718, reçurent les ordres mineurs :

Pierre Fleuriel, clerc de la par͞r. de S⁰ Pierre de Gacey ;

François de Beauvais, clerc de S⁰ Ouen de Pontaudemer ; (*V.* **458**) ;

Robert Leroux, clerc de S⁰ Jacques de Lx ;

Pierre Pigis, clerc de Canapville ; (*V.* **321**).

Pierre Houlley, clerc d'Orbec ; (*V.* **321**).

Pierre Pasdeloup, clerc de S⁰ Cande-le-Vieux, en lad. exemption ;

Gabriel Dauge, clerc de Jouveaux ;

Fr. Robert Legendre, clerc, religieux-profés de l'abbaye de Cormeilles. (*V.* **340**).

543. — Le 27 déc. 1718, reçurent la tonsure et les ordres mineurs :

François-Etienne Villette, fils d'Isaac et de Pétronille Varain, de la parr. de Cernay ;

Pierre-Christophe Gosson, fils de Jean et d'Anne Letailleur, de la parr. d'Aclou ;

Jean-André Houlley, fils d'André et d'Elisabeth Verel, de la parr. de Bonneval ;

François Salerne, fils de Michel et de Catherine Daubichon, de la parr. de Courtonnelle ;

Michel Piperel, fils de Charles et de Madeleine Poplu, de la parr. d'Orbec ;

François Costard, fils d'Etienne et de Françoise Lebourg, de la parr. du Bois-Hellain ;

Louis Hue, fils de Jean et de Marie Leblond, de la parr. de Quetiéville ;

Benoît Durand, fils de Jacques et de Catherine Le Barbier, de N.-D. de Pontaudemer ;

Pierre Bayvel, fils de Jean et de Marie Lefebvre, de N.-D. de Boissy ;

Nicolas-Martin Leblond, fils de Nicolas et d'Anne Leblond, de la parr. de S¹ Pierre de Valages (Vakailles) ;

Charles Motte, fils de Jean et de Madeleine Frère, de la parr. du Sap ;

Jean Matard, fils de Martin et de Marie Halou, de la parr. de N.-D. de Fresne.

544. — Jean-Bernard Viquesnel, fils de ...... et de Marie des Acres Gosset, de la parr. de S¹ Germain de Lx ;

Jacques Rivière, fils de Joseph et de Marie Picard, de la parr. de Camembert ;

Jacques Manson, fils de Gabriel et de Marguerite Motte, de la parr. de Bellou ;

Louis Morard, fils de Louis et de Madeleine de la Croix, de la parr. de Gacey ;

Jean de Soubzlebieu, fils de Louis et d'Anne Goujon, de la parr. du Mesnil-Hubert ;

Jean Deglos, fils de François et de Jeanne Siard, de la parr. de Boissy ;

Jean-Baptiste Dubusc, fils de Jean-Baptiste et de Marie Richard, de la parr. de Sᵉ Croix de Bernay ;

Paul Pellegars, fils de Henry et d'Anne Fossard, de la parr. S¹ Ouen de Pontaudemer ;

Jean Viquesnel, fils de Marin et de Jeanne Le Rebours, de la parr. de S¹ Jacques de Lx ;

Guy Leclerc, fils de Marin et de Catherine Leclerc, de la parr. de S¹ Christophe ;

545. — Jean-Louis de Nollent, fils de Jean et d'Anne Desson, de la parr. de Beuzeville ;

Nicolas Bellière, fils d'Etienne et de Michelle Duroy, de la parr. des Moutiers-Hubert ;

Martin Quesney, fils de Martin et d'Hélène Furet, de la parr. de S* Martin de Lieurey ;

Pierre-Antoine Letourneur, fils de Pierre et de Marie Pollin, de la parr. de S** Foy-de-Montgommery ;

Guillaume Duchesne, fils de Pierre et de Marguerite Mannoury, de la parr. du Mesnil-Bacley ;

Louis-Charles Loutrel, fils de Louis et de Magdeleine Lemoine, de la parr. de Lieurey ;

Nicolas Lethiés (1), fils de Marc et de Marie Prevost, de la parr. du Faulq ;

Marin Lecourt, fils de Jean et de Magdeleine Lavallée, de la parr. de Montreuil ;

Isaac Michel, fils de Charles et de Marie Pierres, de la parr. de N.-D. d'Estrées ;

Nicolas Patin, fils de Guillaume et d'Anne Formage, de la parr. de S* Pierre-des-Ifs ;

Antoine Le Belhomme, fils d'Antoine et d'Antoinette Ozou, de la parr. de S* Désir de Lx ;

Simon Ricquier, fils de François et de Marguerite Chastel, de la parr. de Bienfaite ;

546. — Jean Leprevost, fils d'Antoine et de Françoise Moy, de la parr. d'Orbec ;

Jacques de Labarre, fils de Jacques et de Geneviève Galliot, de la parr. de S* Philbert-sur-Rille ;

Jacques Rozey, fils de Jean et de Marguerite Rozey, de S* Pierre-de-Mailloc ;

Mathieu Le Mercier, fils de Nicolas et de Françoise de la Bigne, de la parr. de Grandchamp ;

François Dumont, fils de François et de Marguerite David, de la parr. de Camembert ;

Pierre Bellière, fils de Nicolas et de Jeanne Lemonnier, de la parr. du Mesnil-Eudes ;

Antoine Lautour, fils de Jacques et de Jeanne Vannier, de la parr. de la Brevière ;

Nicolas-François Scelles, fils de François et de Marie Leblond, de la parr. de Vallages ;

---

(1) Ailleurs on trouve écrit Lethiais. (V. XIV. 653).

Louis Jourdain, fils de Jacques et de Marie Bordeaux, de la parr. de Pontallery ;

Gabriel Vattier, fils de Jean et de Magdeleine Férey, de la parr. de St Germain de Lx.

547. — Le 29 janvier 1717, Michel Bourlet, sr de la Vassellière, demeurant à St Germain-la-Campagne, constitue 150 livres de rente en faveur de son fils, Me Charles Bourlet, acolyte de lad. parr., afin qu'il puisse parvenir aux ordres sacrés.

548. — Le 15 juin 1695, Louis-Gabriel Guéret, fils de Gabriel et de Françoise Bernard, du diocèse de Paris, reçoit la tonsure à Paris.

Le 3 août 1718, Msr Jean-Armand de la Voüe de Tourouvre, évêque de Rodez, prieur commendataire de St Philbert-sur-Rille, demeurant à Paris, en son hôtel, rue de Vaugirard, donne sa procuration pour résigner led. prieuré entre les mains de N.-S.-P. le pape en faveur de Me Louis-Gabriel Guéret, pbre du diocèse de Paris.

Le 11 sept. 1718, led. sr Guéret obtient de Sa Sainteté le pape Clément XI des bulles approuvant lad. résignation et le nommant au prieuré de St Philbert-sur-Rille.

Le 16 janvier 1719, vu la requête présentée par Mesre Gabriel Durozey, pbre, chanoine de la Cathédrale, procureur de Mesre Louis-Gabriel Guéret, pbre, licencié en théologie de la Maison et Société de Sorbonne, curé de St Laurent de Rouen et y demeurant, Me Pierre Dumesnil, official de l'Evêché de Lx et commissaire de Sa Sainteté en cette partie, après avoir reçu le serment requis, fulmine les bulles de provision du prieuré de St Philbert accordées en faveur dud. sr Guéret.

Le 22 janv. 1719, le sr Guéret, représenté comme ci-dessus, prend possession dud. bénéfice par l'entrée de l'église, maison et bâtiments du prieuré, « comme aussi de l'enclos et jardin d'icelluy où il a fait effraction d'arbres et émotion de terre et autres cérémonies accoutumez », en présence de Me Jean-Baptiste de St Martin, pbre, curé de St Philbert-sur-Risle ; Me Jean Rabasse, pbre, desservant le prieuré ; Me Jean Poullain, pbre, vicaire de St Philbert.

549. — Le 13 juillet 1718, Me Georges-André Donnet, acolyte, obtient en cour de Rome des lettres de provision de la 1re des trois portions de la cure de St Germain-la-Campagne, vacante par la résignation faite en sa faveur par son oncle, Me Pierre Donnet, pbre, dernier titulaire.

Le 13 janvier 1719, Me Pierre Dumesnil, vicaire général, donne son visa auxd. lettres de provision.

Le 16 janvier 1719, led. sr Georges-André Donnet, acolyte, prend possession de la 1re des trois portions de la cure de St Germain-la-Campagne, en présence de Me Georges Anfrie, pbre, curé de la 1re et grande portion ; Mᵉ Charles Bourlet, pbr̄e, curé de la 2ᵉ des trois portions de Sᵗ Germain ; Mᵉ Pierre Saphare, vicaire de lad. par̄r. ; Martin Visage, aussi pbr̄e, chapelain de lad. église ; Mʳᵉ Alexandre Deshayes, Esc, sʳ du Trembley, et autres habitants de lad. par̄r. (*V.* **468**).

550. — Le 18 janvier 1719, vu l'attestation du sʳ Leroy, vicaire du Mesnil-sur-Blangy, dispense de bans pour le mariage entre Pierre Leprevost et Françoise Leprevost.

551. — Le 24 janvier 1719, vu l'attestation du sʳ Marescal, vicaire d'Epréville, dispense de bans pour le mariage entre Pierre Dulong et Magdeleine Treffouel.

552. — Le 25 janvier 1719, dispense de parenté au 2ᵉ degré pour le mariage entre Charles-Adrien Le Conte, Escʳ, sʳ de Gizay, demeurant en la par̄r. de Thévray, diocèse d'Evreux, et damᵗˡᵉ Anne Le Conte, fille de feu Charles Le Conte, Escʳ, seigʳ du Rouil, demeurant au Mesnil-Bacley. (*V.* **416**).

553. — Le 23 janvier 1719, Mᵉ François de Lessard, pbr̄e, curé de Sᵗ Arnoult-sur-Toucques, pourvu en cour de Rome du prieuré de Sᵗ Arnoult en lad. par̄r., informé que M. l'abbé Bignon, prieur de Longpont, avait, à la mort de Dom Brunet, prieur de Sᵗ Arnoult, nommé, le 4 janvier 1717, aud. bénéfice la personne de Dom Villeneuve, et que, sur la démission de ce dernier, il avait nommé, le 5 octobre suivant, Dom Louis Jourdain, religˣ de l'ordre de Sᵗ Benoît, reconnaît que le collateur ordinaire ayant prévenu le pape, la collation obtenue en cour de Rome est nulle. C'est pourquoi « ne voulant s'engager en aucune mauvaise contestation il se désiste par les présentes de tout et tel droit qu'il croyait pouvoir prétendre aud. prieuré. » (*V.* **476, 515**).

554. — Le 3 mars 1717, Robert Defrance, sʳ du Prey, marchand, demeurant à Pierrefitte, constitue 150 livres de rente en faveur de son fils, Mᵉ Jean-Pierre Defrance, acolyte, présentement au séminaire de Lx, afin qu'il puisse parvenir aux ordres sacrés. Cette rente est garantie par Pierre Defrance, frère dud. Robert et demeurant aussi à Pierrefitte, et par Mᵉ Jean Legrix, consʳ du roy, lieutenant de la mairie de Pont-l'Evêque et y demeurant. Fait en présence de Mᵉ Louis-Bernard Lebourg, pbr̄e, curé de Pierrefitte, et de Jean Férey, vicaire de Manneville-la-Pipard.

555. — Le 19 janvier 1717, Mᵉ Guillaume Piel, curé de N.-D. de Cirfontaine, et le sʳ Robert Piel, son frère, demeurant aud. lieu, constituent 150 livres de rente en faveur de Mᵉ Louis Piel, acolyte, afin qu'il puisse parvenir aux ordres sacrés. (*V.* **410**).

Led. sʳ acolyte était fils dud. Robert et neveu dud. sʳ curé de Cirfontaine.

INSINUATIONS ECCLÉSIASTIQUES

DU DIOCESE DE LISIEUX.

REGISTRE XIII.

1. — Le 13 nov. 1712, Louis Chauvel, fils de Jacques et de Magdeleine Son, de la parr. de S¹ Pierre-de-la-Rivière, reçoit la tonsure et les ordres mineurs.

2. — Le 9 fév. 1719, vu l'attestation du s¹ Dubuse, vicaire de S¹ᵉ Croix de Bernay, et du s¹ Prévost, vicaire de Fontaine-la-Soret, dispense de bans pour le mariage entre Pierre-Joachim Vallée, fils de feu Pierre Vallée, s¹ du Boulley, et de Magdeleine Desperiers, de la parr. de S¹ᵉ Croix, d'une part, et Marie-Anne Duthil, fille de Jean Duthil et de Jeanne Barberet, de lad. parr. de Fontaine-la-Soret.

3. — Le 10 fév. 1719, dispense de bans pour le mariage « entre Jean-Baptiste Adam, s¹ des Marais, fils de feu Mᵉ Jean-Baptiste Adam et d'honneste dame Marie Poullain, de la parr. de S¹ Germain de Lx, d'une part, et honneste fille Marie-Françoise Ricquier, fille de feu Mᵉ Jacques Ricquier, vivant eschevin de cette ville de Lx, et d'honneste dᵉ Madᵉ Senée, aussy de lad. parr. de S¹ Germain. »

4. — Le 11 fév. 1719, vu l'attestation du s¹ Bellencontre, vicaire de Pont-l'Evêque, dispense de bans pour le mariage entre Mᵉ Thomas Lepeltier, procureur en l'élection du Pont-l'Evêque, fils de Thomas et de Marie Vandon, d'une part, et Catherine Leproux, d'autre part, tous deux de lad. parr.

5. — Le 13 fév. 1719, vu l'attestation du s¹ Rogère, curé de Ferrières, et du s¹ Louvet, vicaire de Grandcamp, dispense de bans pour le mariage entre François Amiot et Marguerite Jouvin.

6. — Le 13 fév. 1719, vu l'attestation du s¹ Armenoult, curé de S¹ Pierre-de-Mailloc, et du s¹ Chemin, vicaire de S¹ Julien-de-Mailloc, dispense de bans pour le mariage entre Louis Haymet et Marie Courtonne.

7. — Le 13 fév. 1719, vu l'attestation du s¹ Le Comte, pbrᵉ, desservant la parr. du Sap, dispense de bans pour le mariage entre Pierre

Girard, fils de M̃ Jacques, d'une part, et Marie Legras, fille de M̃ Mathieu, aussi de lad. paroisse.

8. — Le 14 fév. 1719, vu l'attestation du s͏ʳ Cocquerel, vicaire de Plasnes, dispense de bans pour le mariage entre Jacques Périer et Françoise Cantel.

9. — Le 14 fév. 1719, vu l'attestation du s͏ʳ Deschandelliers, vicaire de Boissy, dispense de bans pour le mariage entre Gédéon Lubin et Marguerite Cosnard.

10. — Le 14 fév. 1719, vu l'attestation du s͏ʳ Delauney, curé d'Orgères, et du s͏ʳ Dutocq, vicaire de Cisay, dispense de bans pour le mariage entre Jacques Saulnier et Barbe Lecomte.

11. — Le 14 fév. 1719, vu l'attestation du s͏ʳ Deschandelliers, vicaire de Boissy, et du s͏ʳ de Trousseauville, vicaire et desservant de S͏ᵗ Georges-du-Mesnil, dispense de bans pour le mariage entre Pierre Guespin et Marguerite Hurel.

12. — Le 14 fév. 1719, vu l'attestation du s͏ʳ Brunet, curé de Montviette, dispense de bans pour le mariage entre Henry Dudonnée et Anne Dudonnée.

13. — Le 14 fév. 1719, vu l'attestation du s͏ʳ Boissière, vicaire du Torquesne, dispense de bans pour le mariage entre Jean Le Bugle, de la paroisse d'Ouillye-le-Vicomte, et Catherine Legrip.

14. — Le 14 fév. 1719, vu l'attestation du s͏ʳ Mahiette, vicaire de Fumichon, dispense de bans pour le mariage entre Guillaume Valle et Marguerite Michel.

15. — Le 14 fév. 1719, vu l'attestation du s͏ʳ Lefebvre, vicaire de Thiberville, dispense de bans pour le mariage entre Charles Questel et Françoise Rousselet.

16. — Le 14 fév. 1719, vu l'attestation du s͏ʳ Thomas, curé de Bonneval, et du s͏ʳ Lehoult, vicaire du Bosc-Regnoult, dispense de bans pour le mariage entre Jean Lenoir et Marie Houlley.

17. — Le 15 fév. 1719, vu l'attestation du s͏ʳ Grigy, pbr̃e, desservant la paroisse de Crouttes, dispense de bans pour le mariage entre Gilles Lerebours et Marie Ridel.

18. — Le 15 fév. 1719, vu l'attestation du s͏ʳ Coustey, vicaire du Torpt, dispense de bans pour le mariage entre Thomas Leroy et Françoise Boitard.

19. — Le 16 fév. 1719, vu l'attestation du s͏ʳ Delamare, vicaire de Marolles, dispense de bans pour le mariage entre Gilles Ceffrey et Marguerite Adeline.

20. — Le 16 fév. 1719, vu l'attestation du s͏ʳ Legras, vicaire de Capelles, dispense de bans pour le mariage entre Jean Guilles et Marguerite Oursel.

21. — Le 16 fév. 1719, vu l'attestation du s' Vattier, curé de S' Ouen-le-Hoult, et du s' Dumont, vicaire de Chefreville, dispense de bans pour le mariage entre Jean-Baptiste Cantrel, d'une part, et dam¹¹ᵉ Marie-Gabrielle Lesueur, fille de feu Charles et de dam¹¹ᵉ Magdeleine de Corday, de lad. parr. de S' Ouen.

22. — Le 18 fév. 1719, vu l'attestation du s' Laignel de la Londe, vicaire de Douville, dispense de bans pour le mariage entre Paul Bellan et Catherine Thillaye.

23. — Le 18 fév. 1719, dispense de bans pour le mariage entre Mᵉ Nicolas Frontin, procureur en bailliage au Pontaudemer, fils de Mᵉ Nicolas Frontin et de Marie Leprevost, de la parr. de S' Aignan de Pontaudemer et demeurant présentement en la parr. S' Ouen, d'une part, et dam¹¹ᵉ Françoise-Louise Dupont, fille de feu Mᵉ Jean Dupont, conseiller et procureur du roy en l'élection de Pontaudemer, et de dam¹¹ᵉ Anne Legras, de la parr. de N.-D. de Préaux.

24. — Le 20 fév. 1719, vu l'attestation du s' Bellemare, curé d'Hecquemanville, dispense de bans pour le mariage entre François Hue et Anne Marais.

25. — Le 20 fév. 1719, vu l'attestation du s' Desplanches, vicaire de la Couture de Bernay, et du s' Salerne, vicaire de Rostes, dispense de bans pour le mariage entre Jacques Lebertre et Barbe Hommare.

26. — Le 20 fév. 1719, vu l'attestation du s' Chastan, curé de Bellouet, et du s' Martin, vicaire de Fervaques, dispense de bans pour le mariage entre Jean Delamare et Jeanne Buisson.

27. — Le 20 fév. 1719, vu l'attestation du s' Morand, curé de Livarot, et du s' Besley, vicaire de Tortisambert, dispense de bans pour le mariage entre Luc Varin et Jeanne Vasse (1).

28. — Le 2 fév. 1719, le seig' évêque donne à Mᵉ Charles Duhamel, pbrē du diocèse d'Evreux, la collation de la cure de la Chapelle-Gautier, vacante par la démission de Mᵉ Jean Morand, pbrē, dernier titulaire.

Le 7 fév. 1719, led. s' Duhamel prend possession dud. bénéfice, en présence de Mᵉ Charles de Monthuchon, pbrē, curé et doyen d'Orbec ; Mᵉ Jacques Lussot, pbrē, curé de S' Vincent-de-la-Rivière, et autres témoins.

29. — Le 26 mars 1717, François de Beauvais, de la parr. de S' Ouen de Pontaudemer, reçoit la tonsure cléricale.

---

(1) Nous omettons un grand nombre de dispenses de bans qui n'offrent pas d'intérêt. Du 7 au 21 février, il y eut cent cinquante-quatre dispenses accordées à des personnes de condition commune ; ce qui montre que la noblesse n'était pas seule à jouir des faveurs de l'Eglise. Nous avons enregistré surtout celles qui nous donnent les noms des vicaires de paroisses, que nous ne retrouverions peut-être pas cités ailleurs.

30. — Le 18 oct. 1711, François Legrip, fils de Jean et de Marie Faguet, de la parr. de Pontfol, reçoit la tonsure et les ordres mineurs. (V. **56, 97**).

31. — Le 6 fév. 1719, Mᵉ François de Sevrey, pbrē, pourvu de la cure de Sᵗ Cyr-des-Roncerés, prend possession dud. bénéfice, en présence de Mesʳᵉ Antoine de Chaumont, marquis de Guitry, seigʳ présentateur de lad. cure ; Mʳᵉ Jean Caboulet, pbrē, curé de Sᵗ Aubin-sur-Auquainville et doyen de Livarot ; Mᵉ Jean-Baptiste de Bonnechose, pbrē, curé de la Croupte ; Mᵉ Nicolas Le Front, pbrē, curé de Tordouet ; Mᵉ Thomas Dionis, pbrē, curé de la Chapelle-Yvon ; Mᵉ Jean-Antoine Armenoult, pbrē, curé de Sᵗ Pierre-de-Mailloc ; Mᵉ Jean Duval, pbrē, curé de Bienfaite ; Mᵉ Roger Fortin, pbrē, vicaire de Bienfaite ; Mᵉ Pierre Galopin, pbrē, vicaire de Tordouet ; Mᵉ Charles Lefrançois, pbrē, vicaire de Sᵗ Pierre-de-Mailloc, et Réné Bazin, sous-diacre, de lad. parr. de Bienfaite. (V. **77**).

32. — Le 29 juillet 1717, damˡˡᵉ Marie de Franqueville, veuve de Louis Duquesne, Escʳ, demeurant en la parr. de Glos-sur-Lisieux, tutrice de leurs enfants, constitue 150 livres de rente en faveur de son fils, Mᵉ Alexandre-Louis Duquesne, Escʳ, acolyte, afin qu'il puisse parvenir aux ordres sacrés. (V. **67**).

33. — Le 2 mars 1719, Dom Pierre-Samuel Viel de la Grande-Rue, pbrē du diocèse de Bayeux, prieur claustral et chanoine régulier de Sᵗᵉ Croix de Caen, Mᵉ ès-arts en l'Université de lad. ville, fait réitérer ses noms et grades aux religˣ de Sᵗᵉ Barbe. (V. **220**).

34. — Le 6 mars 1719, sur l'attestation du sʳ Bethen, vicaire de Piencourt, dispense de bans pour le mariage entre Jean Costard, sʳ de la Héroudière, fils de feu Jean-Baptiste Costard, sʳ de Beaurepaire, et de dame Marie-Anne Ricquier, de la parr. de Sᵗ Jacques de Lx et demeurant en la parr. de Piencourt, d'une part, et damˡˡᵉ Marguerite Lefebvre, fille de feu Mesʳᵉ Antoine Lefebvre, Escʳ, chevau-léger de la garde du roy, et de dame Françoise Forais, du bourg et parr. de Condé. (V. **121**).

35. — Le 8 déc. 1718, Mᵉ Charles Jean, pbrē du diocèse de Lx, obtient en cour de Rome des lettres de provision de la cure de Cernay, vacante par la résignation faite en sa faveur par Mᵉ Charles Gueroult, pbrē, dernier titulaire.

Le 21 février 1719, le seigʳ évêque donne son visa auxd. lettres de provision.

Le 5 mars 1719, le sʳ Jean prend possession de la cure de Cernay, en présence de Mᵉ Charles de Montbuchon, pbrē, curé et doyen d'Orbec ; Mᵉˢ Yves Anquetil, Guillaume Périer, Jean Morel, Jacques Petit et Pierre Simon, tous pbrēs de la parr. d'Orbec ; Pierre Lebugle, procureur au bailliage et vicomté d'Orbec, et plusieurs habitants de Cernay.

Le 19 sept. 1711, Mg' de Matignon avait donné aud. s' Jean, pbrē de la Vespière, la faculté de remplir les fonctions de vicaire, d'entendre les confessions des fidèles, excepté celles des religieuses et d'absoudre de tous les péchés non réservés. Ces pouvoirs étaient valables jusqu'aux prochaines calendes.

36. — Le 22 mai 1718, Dom Philippe-Nicolas Duval, relig'-profès de l'abbaye de Troarn, ayant exposé en cour de Rome que le bénéfice simple du prieuré-hôpital de S'° Marie-Madeleine des Saulx de S' Samson-en-Auge, diocèse de Lx, dépendant de lad. abbaye, est détenu sans aucun droit, par un nommé Pierre Moreau de Marnay, aussi religieux de Troarn, et que, par le fait même de cette intrusion, le bénéfice est devenu vacant, led. s' Duval obtient des lettres de provision dud. prieuré.

37. — Le 3 nov. 1718, M° Guillaume Pierres de la Boullaye, pbrē, obtient en cour de Rome des lettres de provision de la chapelle S' Nicolas en la Cathédrale de Lx, vacante par la résignation faite en sa faveur par M° François Pierres de la Boullaye, pbrē, dernier titulaire. (*V.* **96, 534**).

38. — Le 1ᵉʳ mars 1719, M° Jean Buisson, pbrē de la parr. de N.-D. de Courson et vicaire de Drucourt, M° ès-arts en l'Université de Caen, fait réitérer ses noms et grades au seig' évêque en parlant au « s' Bernardi, son secrétaire, trouvé à son secrétariat, dans le palais épiscopal », et aux sieurs chanoines de la Cathédrale. (*V.* **201, 406**).

39. — Le 27 février 1719, M° François Halley, pbrē, vicaire de Clarbec, M° ès-arts en l'Université de Caen, fait réitérer ses noms et grades au seig' évêque et au Chapitre de Lx, ainsi qu'aux relig' de Beaumont-en-Auge.

40. — Le 4 mars 1719, M° Jean Cally, pbrē, demeurant au Mesnil-Hubert, M° ès-arts en l'Université de Caen, donne sa procuration à M° Louis Cally, pbrē, curé d'Ambourville, diocèse de Rouen, pour faire réitérer ses noms et grades au seig' archevêque de Rouen, ainsi qu'à son Chapitre.

41. — Le 9 mars 1719, M° Louis Guilbert, pbrē du diocèse d'Evreux, M° ès-arts en l'Université de Caen, demeurant à Combon, fait réitérer ses noms et grades aux relig' de S' Pierre de Préaux.

42. — Le 20 juin 1708, Mg' Léonor de Matignon, évêque de Lx, se trouvant à Paris pour les affaires de son diocèse, donne à M° Alexandre Dubuisson, son diocésain, fils de Marin et de Marie Dubuisson, l'autorisation de recevoir à Paris la tonsure et les ordres mineurs. (*V.* **44**).

43. — Le 15 déc. 1718, M° Thomas-Jean-François Strickland de

Sizerghe, pbrē, docteur de Sorbonne, nommé par Sa Majesté à l'abbaye commendataire de S¹ Pierre de Préaux, ordre de S¹ Benoît, congrégation de S¹ Maur, et demeurant à Paris, rue Dauphine, à l'hôtel Impérial, parr. S¹ André-des-Arts, nomme pour son grand vicaire en lad. abbaye la personne de Mre Pierre-Joseph Leleu, pbrē, promoteur général de la Chambre ecclésiastique de Paris et supérieur de l'hôpital royal des Enfants-Rouges de cette ville. (*V*. 102, 152).

44. — Le 16 mars 1719, Me Alexandre Dubuisson, pbrē du diocèse de Lx, M^e ès-arts et licencié en théologie de la faculté de Paris et professeur en l'Université de lad. ville et y demeurant au collège de Lx, représenté par Jean Dubuisson, marchand, bourgeois, demeurant à Lx, parr. S¹ Germain, fait signifier ses noms et grades au seig^r évêque et aux s^rs chanoines de Lx. (*V*. 42).

45 — Le 22 avril 1680, Fr. Ambroise Thoumin, fils de François et de Marie Capelles, religieux-profès de l'ordre de Ste Trinité à Lx, reçoit la tonsure et les ordres mineurs,

Le 10 mars 1719, les R. R. Pères Mathurins de Lx nomment au prieuré-chapelle de S¹ Christophe de Merviller (Mervilly), sis en la parr. de la Vespière et vacant par la mort du R. P. Joseph Dubois, pbrē, dernier titulaire, la personne du R. P. Ambroise Thoumin, pbrē, religieux et ministre de la Maison-Dieu de l'Ordre de la Ste Trinité de la Rédemption des Captifs, de la ville de Lx. Signé : Fr. Nicolas Lange, définit^r g^l et vicaire ; Fr. Paul Damance, Fr. Gabriel Vallée, Fr. Dominique Busnot, vic. g^l, Fr. Barthélemy Jean, Fr. François Pollin, Fr. Antoine Desjardins, Fr. Martin Leclerc.

Le 16 mars 1719, led. s^r Thoumin, prend possession dud. prieuré de Mervilly, en présence de plusieurs habitants de la Vespière.

46. — Le 17 mars 1719, Me Louis Delamare, pbrē, demeurant à Pontaudemer, parr. S¹ Ouen, M^e ès-arts en l'Université de Caen, fait réitérer ses noms et grades aux religieux de S¹ Pierre de Préaux, Cormeilles et Grestain ainsi qu'aux dames de S¹ Léger. (*V*. 240, 421).

47. — Le 17 mars 1719, Me Antoine Jehan, pbrē, curé de Noron, diocèse de Séez, (de portion congrue), M^e ès-arts en l'Université de Caen, fait réitérer ses noms et grades aux religieux de S¹ Evroult. (*V*. 236).

48. — Le 24 mars 1719, vu l'attestation du s^r Bellière, curé de la Brevière, et du s^r Leblanc, vicaire de Ste Foy-de-Montgommery, dispense de bans pour le mariage entre Jacques Moullin et Catherine Thomas.

49. — Le 30 déc. 1718, Me Louis Levavasseur, diacre du diocèse de Lx, obtient en cour de Rome des lettres de provision de la cure de S¹ Ouen de Genneville, vacante par la résignation faite en sa faveur par Me Nicolas Jardin, pbrē, dernier titulaire.

Le 18 mars 1719, le seigr évêque donne son visa auxd. lettres de provision.

Le 27 mars 1719, le sr Levavasseur, diacre de St Jacques de Lx, prend possession de la cure de Genneville, en présence de plusieurs habitants de la parr. (*V*. 101).

50. — Le 16 sept. 1698, Pierre Le Maresçal, fils de Jean et de Suzanne Ledanois, de la parr. de Boissy, *rite dimissus*, reçoit à Evreux la tonsure cléricale.

Le 23 juillet 1702, led. sr Maresçal, acolyte, est reçu Me ès-arts en l'Université de Paris.

Le 5 août 1702, il obtient des lettres de quinquennium de lad. Université.

Le 15 oct.1702, il est nommé par icelle sur l'évêché et Chapitre de Lx.

Le 22 mars 1719, le sr Maresçal, pbr̃e, vicaire d'Epreville-en-Lieuvin, fait signifier ses noms et grades au seigr évêque et au Chapitre de Lx. Fait en présence de Me Pierre Formage, notaire royal à Lx, et de Guillaume Viquesnel, sculpteur, tous deux demeurant à Lx. (*V*. **162, 221, 431**).

51. — Le 18 mars 1719, la nomination au prieuré-cure de St Philbert-sur-Risle appartenant au prieur commendataire de St Gilles de Pontaudemer, Mesre Alexandre Bigot, prieur commendataire dud. prieuré, demeurant à Rouen nomme à cette cure, vacante par la mort de R. P. Claude-Nicolas Mahaut, dernier titulaire, la personne de R. P. André-Philippe Fleurisel, chanoine régulier de l'ordre de St Augustin, sous-prieur de l'abbaye de Corneville.

Le 23 mars 1719, le seigr évêque donne aud. sr Fleurisel la collation dud. prieuré.

Le 28 mars 1719, le sr Fleurisel prend possession de la cure de St Philbert, en présence de Me Nicolas-Robert Gervais, pbr̃e, prieur de l'abbaye de Corneville et curé dud. lieu ; Me Jacques Pollin, pbr̃e, curé de Vanescroc et doyen de Pontaudemer ; Charles de Pellegars, Escr, seigr de la Rivière ; Me Nicolas Tallon, notaire, demeurant à Pontaudemer ; Me Robert Métays, greffier en l'élection dud. lieu, et plusieurs habitans de lad. parr. St Paul.

52. — Le 30 mars 1719, Me André du Coudray, pbr̃e, (du diocèse de Séez), docteur en théologie de la faculté d'Angers, curé de Marnefer, diocèse d'Evreux, (« de 300 livres de revenu tout au plus »), Me ès-arts en l'Université de Caen, fait réitérer ses noms et grades aux religx de St Evroult. (*V*. **239**).

53. — Le 22 mars 1719, Me Jean Le Bastard, pbr̃e du diocèse de Bayeux, chanoine régulier de la Maison-Dieu de Caen, Me ès-arts en l'Université dud. lieu, fait réitérer ses noms et grades aux relig* de S* Barbe.

54. — Le 13 mars 1719, Fr. André de S* Joseph, ministre provincial des Frères Pénitents du Tiers ordre de S* François, de la province de S* Yves en France, présente au seig* évêque de Lx, pour recevoir l'ordre de prêtrise, Fr. Séraphin de S* Gabriel, diacre, et Fr. Justin de S* François, aussi diacre, relig* du Couvent de Bernay.

55. — Le 8 avril 1719, le seig* évêque de Lx ordonne, dans la chapelle de son séminaire, plusieurs prêtres, diacres et sous-diacres du diocèse de Coutances sur la demande de l'évêque de ce diocèse, Mg* Loménie de Brienne. (*V*. **116**).

56. — Le 11 mars 1719, M* François Legrip, pbre du diocèse de Lx, reçoit des lettres de quinquennium du recteur de l'Université de Caen.

Le même jour, led. s* Legrip, âgé de 25 ans est nommé par lad. Université sur l'évêché et le Chapitre de Rouen ; sur les évêchés et les Chapitres de Bayeux, Lisieux, Coutances, Evreux, Avranches et Séez, ainsi que sur plusieurs abbayes et prieurés des diocèses de Rouen, Lisieux et Coutances.

Le 30 mars 1719, le s* Legrip, pbre, originaire de la parr. de Pontfol et demeurant en la parr. d'Auvillers, fait signifier ses noms et grades au seig* évêque et aux sieurs chanoines de Lx. (*V*. **30, 97**).

57. — Le 27 mars 1719, M* Jacques Corbin, pbre, bachelier de la faculté de Paris, demeurant au monastère des dames religieuses de Conflans, près Paris, représenté par le s* Jean Corbin, son père, marchand de la ville de Bernay, fait réitérer ses noms et grades aux religieux de Bernay. (*V*. **214, 246, 410**).

58. — Le 22 mars 1719, M* Charles Lebourg, acolyte, demeurant à Pontaudemer, M* ès-arts en l'Université de Caen, représenté par M* Jean-Jacques Lebourg des Alleurs, pbre, chanoine de Lx et grand vicaire du seig* évêque, fait réitérer ses noms et grades au seig* évêque et aux s** chanoines de Lx. (*V*. **81**).

59. — Le 28 mars 1719, la nomination à la 2* portion de la cure de Villers-sur-la-Mer appartenant au seig* du lieu, Mes*e Charles-Henry de Malou, chev*, seig* de Bercy et autres lieux, propriétaire de la terre de Villers, nomme aud. bénéfice, vacant par la mort de M* Michel Devé, dernier titulaire, la personne de M* Louis Canu, « pbre, né de l'exemption de Lx, habitué en la parr. de S* Nicaise de Rouen. » Fait à Paris en l'hôtel du seig* de Bercy, rue S* Marc.

Le 8 avril 1719, led. s* Canu ayant requis la collation dud. bénéfice de Villers, le seig* évêque de Lx lui répond « qu'il diffère de la luy accorder jusqu'à ce qu'il soit pourvu d'une attestation en forme de M* l'archevêque de Rouen. »

60. — Le 30 mars 1719, M⁰ Guillaume de la Cousture, pbrē, vicaire de Sᵗ Evroult-de-Montfort, Mᵉ ès-arts en l'Université de Caen, fait réitérer ses noms et grades aux religieux de Sᵗ Evroult, en parlant à Charles Leberger, portier de l'abbaye. (*V.* **252, 325, 436, 456**).

61. — Le 30 mars 1719, Mᵉ Michel Turpin, pbrē de la parr. de Sᵗ André-d'Echauffour, Mᵉ ès-arts en l'Université de Caen, représenté par Mᵉ François Turpin, diacre, présentement au séminaire de Lx, fait réitérer ses noms et grades aux religᵡ de Sᵗ Evroult. (*V.* **225, 460**).

62. — Le 30 mars 1719, Mᵉ Nicolas Turpin, pbrē de la parr. de Sᵗ André-d'Echauffour, bachelier en théologie de l'Université de Caen, chapelain de la chapelle de Sᵗ Laurent-des-Planches (de la valeur de cent livres de revenu), représenté par Mᵉ François Turpin, diacre, présentement au séminaire de Lx, fait réitérer ses noms et grades aux religᵡ de Sᵗ Evroult. (*V.* **224, 423**).

63. — Le 22 mars 1719, Mᵉ Guillaume Barrabé, sous-diacre du diocèse de Lx, chapelain de la cathédrale de Rouen, Mᵉ ès-arts en l'Université de Paris, demeurant à Paris, au collège de Sᵗᵉ Barbe, représenté par Mᵉ Gabriel Cachet, pbrē en l'église Sᵗ Germain de Lx, avocat en l'officialité de l'évêché, demeurant en la parr. Sᵗ Jacques, fait réitérer ses noms et grades au seigʳ évêque et au Chapitre de Lx.

64. — Le 8 avril 1719, furent ordonnés sous-diacres :
Mᵉ Nicolas Faguet, acolyte de Tordouet ; (*V.* **353**).
Mᵉ Pierre Hardray, acolyte de la parr. de la Fresnaye-Fayel ;
Mᵉ Toussaint de Laumosne, acolyte de N.-D. d'Honfleur ;
Mᵉ François-Jacques Glasson, acolyte de Sᵗ Jacques de Lx ; (*V.* **340**).
Mᵉ Jacques-Dominique Boetard, acolyte de Martainville ; (*V.* **345**).
Mᵉ Pierre Le Nantier, acolyte de Sᵗ Laurent de Quetteville ;
Mᵉ Pierre-Jacques Rabot, acolyte de Beuvillers ;
Mᵉ Louis de Sevrey, acolyte de Sᵗ-Martin-de-Mailloc ;
Mᵉ Jacques Le Barbier, acolyte de N.-D. de Pontaudemer ;
Mᵉ Alexandre Pitard, acolyte de N.-D. de la Couture de Bernay ;
Mᵉ Jacques-Jean Damours, acolyte de Sᵗ Pierre-Azifs ;
Mᵉ Pierre de Mire, acolyte de la parr. de Canapville (Sᵗ Sulpice) ; (*V.* **265**).
Mᵉ Guillaume Duhault, acolyte de Quetteville ;
Mᵉ Jean-Pierre Adam, acolyte de Pont-l'Evêque ;
Mᵉ Philippe Le Front, acolyte des Moutiers-Hubert ;
Mᵉ Germain Vauquelin, acolyte de Sᵗ Jacques de Lx ;
Mᵉ Nicolas Marie, acolyte de N.-D. de Pontaudemer ;

65. — Mᵉ Marie-Henry de Fréville, acolyte de la parr. de Norolles ;
Mᵉ François-Charles Desson, acolyte de Douville ;
Mᵉ Claude Rouelle, acolyte de Sᵗ Pierre-Azifs ; (*V.* **354**).

M⁰ Jean-Baptiste Brunel, acolyte de S' Ouen de Pontaudemer ;
M⁰ Pierre-Charles Frémont, acolyte de la parr. du Sap ;
M⁰ Alexandre Monseillon, acolyte de N.-D. de Fresne ;
M⁰ Pierre Gueroult, acolyte de N.-D. de Courson ;
M⁰ Jean Brasnu, acolyte de Blangy ;
M⁰ Pierre Gravelle, acolyte de la parr. d'Aubry-le-Panthou ;
M⁰ François Maurey, acolyte de la parr. de Résenlieu ;
M⁰ François Fournier, acolyte de N.-D. de Mardilly ; (*V.* **342**).
M⁰ François Bence, acolyte de S' Désir de Lx ;
M⁰ Georges-André Donnet, acolyte de la Chapelle-Becquet ;
M⁰ Gilles Guesnier, acolyte de Manneville-la-Pipard ;
M⁰ Pierre Gasteclou, acolyte de S' André-d'Echauffour ;
M⁰ Charles-François Elliot, acolyte de S' Etienne d'Honfleur ;
M⁰ Pierre Aubert, acolyte de S'⁰ Foy-de-Montgommery.

66. — Le 8 avril 1718, furent ordonnés diacres :
M⁰ François Marie, sous-diacre de la parr. de Gacey ;
Fr. Jacques Delahaye, sous-diacre, relig' de l'abbaye de Cormeilles ; (*V.* **372**).
Fr. Noel Gueroult, sous-diacre, relig' de l'abbaye de Cormeilles ;
M⁰ François Lecomte, sous-diacre du Mesnil-Hubert ;
M⁰ Pierre-Marie Cara, sous-diacre d'Etrepagny ;
M⁰ François Jouen, sous-diacre de S' Germain de Lx ;
M⁰ Jean-Pierre Delaporte, sous-diacre de S' Martin-aux-Chartrains ;
M⁰ Louis de Vauquelin, sous-diacre de S' Samson-en-Auge ;
M⁰ Léonor Meslin, sous-diacre de N.-D. de Bellou ; (*V.* **183**).
M⁰ René Le Bret, sous-diacre de la parr. du Mesnil-Hubert ; (*V.* **248, 266**).
M⁰ Nicolas Desjardins, sous-diacre de N.-D. de Villers ;
M⁰ Jacques de Vatteville, sous-diacre de S' Désir-de-Lx ; (*V.* **475**).
M⁰ Charles Dubuse, sous-diacre de Fervaques ;

67. — M⁰ Louis Morin, sous-diacre de S' Aubin-de-Scellon ; (*V.* **476**) ;
M⁰ Pierre Toustain, sous-diacre de S' Martin-de-la-Lieue ;
M⁰ Jean-Baptiste Lesieur, sous-diacre de Gacey ; (*V.* **115, 228, 417, 477**).
M⁰ Jean Hopsore, sous-diacre de Beaumont-en-Auge ;
M⁰ Nicolas Malide, sous-diacre de la parr. d'Etrepagny ;
M⁰ Pierre Le Comte, sous-diacre de Résenlieu ;
M⁰ André Roussel, sous-diacre de S' André-d'Echauffour ;
M⁰ Pierre-Augustin Morin, sous-diacre de S' Germain de Lx ;
M⁰ Thomas Baillet, sous-diacre de S'⁰ Catherine d'Honfleur ;
M⁰ Gilles Olondes, sous-diacre de N.-D. de Bailleul ;

M⁰ Charles Farain, sous-diacre de S¹ Pierre-de-la-Rivière ;

M⁰ Pierre Lescuier, sous-diacre de Livarot ;

M⁰ Christophe Pains, sous-diacre de la parr. de Noards ;

M⁰ Eustache Jolly, sous-diacre de S¹ Sauveur de Beaumont ;

M⁰ Alexandre-Louis Duquesne, sous-diacre de Glos ; (*V*. 32).

68. — M⁰ Nicolas Beuzelin, sous-diacre de la parr. de S¹ Jacques de Lx ; (*V*. 188) ;

M⁰ Yves Bosquet, sous-diacre de la parr. de N.-D.-de-la-Couture de Bernay ; (*V*. 599).

Fr. Ignace-Jean-Baptiste Barbe, sous-diacre, religieux-profès de Grestain ;

M⁰ Daniel Langlois, sous-diacre de Pont-l'Evêque ; (*V*. 483).

M⁰ Jacques Main, sous-diacre de S¹ Léonard d'Honfleur ;

M⁰ Pierre Roussel, sous-diacre de la parr. du Torpt ;

M⁰ Joseph Valmont, sous-diacre de S¹ Pierre-de-Salerne ;

M⁰ Louis Girette, sous-diacre de la parr. du Sap ;

M⁰ Robert Bucailles, sous-diacre de S¹⁰ Croix-de-Bernay ;

M⁰ Jean-Pierre Valsemey, sous-diacre de Canapville ;

M⁰ Antoine Bérard, sous-diacre de la Brevière ;

M⁰ Charles Aupoix, sous-diacre de S¹ Germain de Lx ;

M⁰ Jean Dupont, sous-diacre de la Gravelle ;

M⁰ Adrien Leroux, sous-diacre d'Etrépagny ; (*V*. 251).

M⁰ Jean Le Mire, sous-diacre de S¹ Jacques de Lx. (*V*. 189).

69. — Le 8 avril 1719, furent ordonnés prêtres :

M⁰ François Turpin, diacre de S¹ Martin-des-Authieux ;

M⁰ Henry-Pierre de S¹ Clair, diacre de Neuville-sur-Toucques ;

M⁰ Louis Piel, diacre de Marolles ;

M⁰ Pierre-Ambroise de Hébert de Bailleul, diacre de Pont-l'Evêque ;

M⁰ Louis Poret, diacre de S¹ Jacques de Lisieux ;

M⁰ Pierre Piperel, diacre d'Orbec ;

M⁰ Simon Mannoury, diacre de S¹ Pierre-de-Courson ;

M⁰ Henry Ledanois, diacre de la parr. de Chambrais ;

M⁰ Jean Rioult, diacre d'Equainville ;

M⁰ Charles Bourlet, diacre d'Orbec ;

M⁰ André Laisney, diacre de Gacey ;

M⁰ Jacques Bullet, diacre de Thiberville ;

M⁰ Charles Périer, diacre de S¹ Michel de Pont l'Evêque ;

M⁰ Michel Bertauld, diacre de la parr. d'Etrépagny ;

M⁰ Noel Deshays, diacre de S¹ Ouen de Pontaudemer ;

M⁰ Alexis Paris, diacre de S¹ Jacques de Lx ;

M⁰ Jean Houllet, diacre de S¹ Germain de Lx ;

M⁰ Thomas Bellière, diacre des Moutiers-Hubert ;

70. — M⁰ Jean Lecarpentier, diacre de S¹ Germain de Pontaudemer ;
M⁰ Charles-Jacques Hayer, diacre de N.-D. de la Couture de Bernay ;
M⁰ Pierre de Fréville, diacre de la parr. de Fierville ;
M⁰ Nicolas Hurel, diacre de Sᵗᵉ Marie-aux-Anglais ;
M⁰ Jacques Leseigneur, diacre d'Orbec ;
M⁰ Philippe Train, diacre de Reux ;
M⁰ Louis Dutheil, diacre de Chambrois ;
M⁰ Jean-Baptiste Duval, diacre de S¹ Jacques de Lx ;
M⁰ Pierre Lenormand, diacre de S¹ Jacques de Lx ;
M⁰ Simon Delauney, diacre de S¹ Philbert-sur-Risle ;
M⁰ Robert Fauquet, diacre de S¹ Germain de Lx ;
M⁰ Nicolas Benoit, diacre de N.-D. de Bailleul ; (*V.* **270, 451, 459**).
M⁰ Pierre David, diacre de S¹ Martin-aux-Chartrains ;
M⁰ Zacharie Lebailly, diacre de Pont-l'Évêque ; (*V.* **206**).
M⁰ Jean-François Isabel, diacre de S¹ Etienne-la-Thillaye ; (*V.* **411**) ;
M⁰ Jacques Roussel, diacre de la Gravelle.

71. — Le 30 mars 1719, M⁰ Jean de Gémare, Escʳ, pbrē, M⁰ ès-arts en l'Université de Caen, demeurant à Paris à la communauté des prêtres de M. le curé de S¹ Sulpice et représenté par M⁰ Pierre de Gémare, Escʳ, pbrē, curé de Bourgeauville, fait réitérer ses noms et grades au seigʳ évêque et au Chapitre de Lx. (*V.* **254**).

72. — Le 29 mars 1719, M⁰ Guillaume Delafosse, pbrē, curé de Réville (de la valeur de 200 livres), et aussi pourvu de la chapelle S¹ Léonard (de la valeur d'environ six livres), de laquelle il n'est pas paisible possesseur, M⁰ ès-arts en l'Université de Caen, fait réitérer ses noms et grades au seigʳ évêque et au Chapitre de Lx. (*V.* **237**).

73. — Le 17 avril 1719, vu l'attestation du sʳ Brière, curé de Camembert, et du sʳ Guerrier, vicaire de Guerquesalles, dispense de bans pour le mariage entre Robert Queriot et Françoise Plomelle.

74. — Le 17 avril 1719, dispense de bans pour le mariage entre Yves Deshays, Escʳ, seigʳ de Bonneval, conseiller du roy, vicomte du Sap, fils de feu François Deshays, Escʳ, seigʳ dud. lieu, et de noble dame Françoise de Mailloc, de la parr. de S¹ Aubin de Bonneval, d'une part, et damˡˡᵉ Renée-Marguerite de S¹ Martin, fille de Jacques de S¹ Martin, Escʳ, seigʳ de Grogny, Cerceaux, Manneville et Bréaux en partie, et de noble dame Marguerite de Mallet de Graville, de la parr. de Cerceaux, d'autre part.

75. — Le 30 mars 1719, M⁰ Pierre Simon, pbrē, demeurant à Orbec, bachelier et M⁰ ès-arts en l'Université de Paris, fait réitérer ses noms et grades au seigʳ évêque et au Chapitre de Lx, ainsi qu'aux religˣ de Bernay et S¹ Evroult. (*V.* **35**).

76. — Le 30 mars 1719, M⁰ Thomas Lebreton, pbrē, originaire du

Torpt, et demeurant à Ablon en qualité de vicaire, M° ès-arts en l'Université de Caen, fait réitérer ses noms et grades aux relig' de Grestain, S' Pierre de Préaux et Cormeilles, ainsi qu'aux dames de S' Léger de Préaux.

77. — Le 17 avril 1719, M° François de Sevrey, pbre, pourvu de la cure de S' Léger-des-Arrassis par M° Jacques-Antoine de Chaumont de Guitry, baron de Bienfaite et d'Orbec et seig' présentateur dud. lieu de S' Léger, au diocèse de Séez, donne sa démission dud. bénéfice. Fait à Bienfaite, en présence de M" Antoine Armenoult, pbre, curé de S' Pierre de Mailloc, et Jean Duval, pbre, curé de Bienfaite. (*V.* **31**).

78. — Le 29 mars 1719, M° François Gravelle, pbre de la parr. de Crouttes, M° ès-arts en l'Université de Caen, fait réitérer ses noms et grades aux religieux de S' Evroult.

79. — Le 30 mars 1719, M° Jean-Baptiste Paulmier, pbre, originaire de la parr. de Verneusses, et pourvu de la chapelle S' Jean-Baptiste de Cambremer (de nulle valeur), M° ès-arts en l'Université de Caen, fait réitérer ses noms et grades aux religieux de S' Evroult. (*V.* **215, 222, 415**).

80. — Le 31 mars 1719, M° Georges-François Hélix, pbre, originaire de la parr. du Pin, desservant le prieuré de S' Hymer et y demeurant, M° ès-arts en l'Université de Caen, fait réitérer ses noms et grades aux prieur et religieux de Beaumont, aux religieux de S' Pierre de Préaux, Cormeilles et Bernay, ainsi qu'aux religieuses de S' Léger de Préaux. (*V.* **169, 243, 247, 256, 259**).

81. — Le 13 avril 1719, M° Charles-Benoit Lebourg, acolyte, demeurant à Pontaudemer, M° ès-arts en l'Université de Caen, fait signifier ses noms et grades aux religieuses de S' Léger de Préaux, en parlant à Marie Lecomte, tourière du dehors de lad. abbaye. (*V.* **58**).

82. — Le 3 avril 1719, M° Gabriel Duplessis, pbre, vicaire de Boisney, M° ès-arts en l'Université de Caen, fait réitérer ses noms et grades aux religieux de S' Pierre de Préaux.

83. — Le 3 avril 1719, M° Jean Daubin, pbre, desservant la parr. de N.-D. de Launay-sur-Calonne, M° ès-arts en l'Université de Caen, fait réitérer ses noms et grades au seig' évêque et au Chapitre de Lx. (*V.* **205**).

84. — Le 29 mars 1719, M° Joseph Gérard, pbre du diocèse d'Avranches, M° ès-arts et « bachelier en licence » en l'Université de Paris, demeurant en lad. ville, rue du Vieux-Colombier, fait réitérer ses noms et grades aux religieux de S' Evroult.

85. — Le 1er avril 1719, la nomination à la seconde portion de la cure de N.-D. d'Estrées appartenant au seig' abbé de S' Pierre-sur-Dives, M" François Blouet de Camilly, évêque de Toul et abbé de lad.

abbaye, nomme aud. bénéfice d'Estrées, vacant par la mort de M⁰ Antoine Boscage, pbre, dernier titulaire, la personne de M⁰ Pinel de la Forestrie, pbre du diocèse de Séez.

Le 8 avril 1719, le seigr évêque donne à M⁰ Joachim Pinel de la Forestrie la collation de lad. cure.

86. — Le 5 avril 1719, M⁰ Nicolas du Trou de la Bénardière, pbre du diocèse de Bayeux, curé de Verson, 1ʳᵉ portion, en l'exemption de Nonant (de portion congrue), M⁰ ès-arts en l'Université de Caen, représenté par Mʳᵉ Jean Mignot, pbre, chanoine de la Cathédrale, fait réitérer ses noms et grades au seigr évêque et au Chapitre de Lx.

87. — Le 17 avril 1719, M⁰ François-Joseph Le Chevalier, pbre, curé de S¹ Sulpice de Graimbouville, doyenné de Pontaudemer, donne sa procuration pour résigner sond. bénéfice entre les mains de N.-S.-P. le pape en faveur de M⁰ Charles-Robert Saillard, pbre, vicaire de Quilleboeuf, diocèse de Rouen. Il se réserve toutefois cent livres de rente à prendre sur les revenus de lad. cure qu'il a desservie pendant quinze ans.

88. — Le 5 avril 1719, M⁰ François Morel, pbre du diocèse d'Evreux, curé de Villers-en-Ouche (de portion congrue), M⁰ ès-arts en l'Université de Caen, représenté par le sʳ Nicolas Morel, officier de feu Monsieur, fait réitérer ses noms et grades au seigr évêque et au Chapitre de Lx, ainsi qu'aux religx de S¹ Evroult. (*V*. **208, 441**).

89. — Le 6 avril 1719, M⁰ Pierre Thillaye, pbre, demeurant à Lx, parr. S¹ Germain, pourvu de la chapelle S¹ Léonard en la Cathédrale (de la valeur de 8 livres 10 sols), dont il n'est pas paisible possesseur, M⁰ ès-arts en l'Université de Paris, fait réitérer ses noms et grades au seigr évêque de Lx. (*V*. **249, 454**).

90. — Le 6 avril 1719, M⁰ Louis Pollin, pbre, pourvu de la cure de S¹ Jean-de-Livet (de la valeur de 250 livres de revenu), M⁰ ès-arts en l'Université de Caen, fait réitérer ses noms et grades au seigr évêque et au Chapitre de Lx, ainsi qu'aux religieux de S¹ Evroult. (*V*. **442, 461**).

91. — Le 7 avril 1719, M⁰ Nicolas Gosset, pbre, curé du Mesnil-Durand (de la valeur de 250 livres de revenu), M⁰ ès-arts en l'Université de Paris, fait réitérer ses noms et grades au seigr évêque et au Chapitre de Lx, ainsi qu'aux religieux de Cormeilles et de Bernay.

92. — Le 13 fév. 1719, le roy, de l'avis de son oncle le régent, accorde à M⁰ Guynot, pbre du diocèse d'Autun, le prieuré de Grandmont de Rouen, possédé par les Jésuites du même lieu et qui est à présent vacant faute d'union canoniquement faite.

Le 1ᵉʳ avril 1719, le banquier expéditionnaire en cour de Rome, demeurant à Paris, atteste « que, le 20 février dernier, il envoya en lad. cour de Rome les lettres de nomination du roy et mémoires nécessaires pour faire expédier en lad. cour des bulles de provision en commende du prieuré conventuel de Grandmont, situé dans un fauxbourg de la ville de Rouen, du diocèse de Lisieux, cõe (comme) vacant par la mort du der possesseur d'icelluy, et encor à cause de l'induë union non canoniquement faite d'icelluy au collège des Jésuites de la ville de Rouen, en faveur de M° Guill. Guynot, pbr̄e du diocèse d'Authun, chanoine de l'église séculière et collégiale de nr̄e dame dud. diocèse d'Authun, et chapelain de la chapellenie simple de S¹e Croix dans l'église de Baune, lesquels lettres ou mémoires sont arrivez en lad. cour de Rome le 9 du mois de mars aussy dernier ; auquel jour la datte a esté prise et, suivant le privilège des François, la grâce accordée, mais dont nous ne pouvons obtenir de bulles de provisions, attendu les défences génératles faictes en datterie aux officiers d'icelles d'expédier aucunes bulles ni aucunes provisions pour bénéfices de France sur l'impétration d'indues unions faittes aux collèges des Jésuites. »

Le 8 avril 1719, led. sr Guynot, nommé par le roy au prieuré de Grandmont de Rouen, de présent logé à Paris, rue des Cordeliers, suivant l'arrêt du grand Conseil, en date du 4 avril courant, se transporte en la chapelle du Grand Conseil, sise rue S¹ Honoré, et y est mis en possession dud. prieuré *ad conservationem juris*, par le ministère de M° Charles-Louis Dugard, aumônier du Grand Conseil.

93. — Le 21 avril 1719, le seig⁺ évêque donne à M° Louis Canu, pbr̄e de l'exemption de S¹ Cande, la collation de la cure de Villers-sur-la-Mer, vacante par la mort de M° Michel Devé, pbr̄e, dernier titulaire.

Le 23 avril 1719, led. s⁺ Canu prend possession dud. bénéfice, en présence de M° Robert Leroux, prieur de S¹ Marc de Touques: M° Louis Marette, pbr̄e, curé de la 1re portion de Villers : M° Robert Mézerey, pbr̄e de lad. parr., habitué à Rouen : M° François-Xavier Hémery, pbr̄e, desservant la 2e portion de Villers.

94. — Le 27 avril 1719, noble et discrète personne, Jean-Baptiste Hue, pbr̄e, docteur de Sorbonne, trésorier en l'église cathédrale de Bayeux, demeurant en lad. ville et se trouvant au manoir presbytéral de S¹ Samson-en-Auge, donne sa procuration pour résigner la charge de trésorier entre les mains du roy, auquel appartient la collation des bénéfices dépendants de l'évêché de Bayeux, pendant la régale ouverte depuis la mort de Mr de Nesmond, ci-devant évêque dud. lieu. Fait en présence de M° Thomas Quesnel, pbr̄e, curé de S¹ Samson.

95. — Le 7 avril 1719, M° Gabriel de la Mondière, pbr̄e, demeurant à Coulmer, Mr ès-arts en l'Université de Caen, fait réitérer ses noms et grades aux religieux de S¹ Evroult. (V. 204).

96. — Le 24 avril 1718, M° François-Nicolas Caboullet, pbr̄e, chanoine prébendé de Deauville, 1re portion, se trouvant chanoine de semaine, donne son visa aux lettres de provision de la chapelle St Nicolas en la Cathédrale, obtenues en cour de Rome par Me Guillaume Pierres, pbrē de ce diocèse. (V. **37, 534**).

97. — Le 20 avril 1715, Me François Legrip, acolyte de St Martin de Pontfol, reçoit les sous-diaconat.

Le 19 sept. 1716, led. sr Legrip est ordonné diacre. (V. **30, 56**).

98. — Le 22 mars 1719. « Sentence des Requêtes du Palais pour la cure du Mesnil-Oury pour Me Dupendant », pbrē. — Me Noël Dupendant, pbrē, avait été pourvu de la cure de la Trinité du Mesnil-Oury par Mre François-Charles-Dominique Le Conte, Escr, sr du Rouil, seigr patron de lad. parr. Me Joseph Duthrosne, pbrē, se prétendant aussi pourvu dud. bénéfice par le seigr abbé de St-Pierre-sur-Dives, vint troubler led. sr Dupendant dans la jouissance de sa cure. Celui-ci cita le seigr abbé en cour de Parlement de Rouen pour faire cesser ce trouble et entendre déclarer que led. sr Dupendant serait maintenu « au préjudice et exclusion dud. sr Duthrosne. » La Cour, les parties ouïes, rendit un arrêt qui déclarait que le sr Dupendant « serait maintenu et gardé en la possession et jouissance dud. bénéfice avec restitution des fruits » perçus par le sr Duthrosne, « déduction néamoins faite de la desserte dud. bénéfice et des frais faits pour la récolte et battage des bleds. En outre led. sr Duthrosne est condamné à payer les frais de la présente sentence.

99. — Le 27 avril 1719, Me Jean Legrand, pbrē, cy-devant curé de Fontaine-Labbey, et pourvu de la cure de St Désir de Lx, 2e portion, prend possession de ced. bénéfice « par l'entrée libre de la porte de l'église de l'abbaye aux dames aud. fauxbourg. Après avoir pris de l'eau bénite, il s'est prosterné à genoux ; fait sa prière devant l'autel, baisé icelluy, touché le tabernacle et le missel, s'est assis en la place ordinaire où se mettent les srs curés, touché les fonts baptismaux et fait les autres cérémonies accoutumez...... et à l'instant sommes transportez de lad. église de l'abbaye en celle de St Désir, où estant » led. sr Legrand a renouvelé les mêmes cérémonies, excepté le toucher des fonts baptismaux dont il n'est fait aucune mention. Il s'est assis dans la chaise ordinaire du sr curé, qui est placée du côté gauche. Fait en présence de Me Alexandre Odienne, pbrē, curé de la 1re portion de St Désir ; Pierre-Alexandre Motaillé, pbrē, vicaire de lad. parr. ; Jacques Béguin, Jacques Bourdenceau, Jean d'Osmont, tous pbrēs habitués en lad. église ; Me Nicolas Leliepvre, pbrē, officier en la Cathédrale ; Jean-Baptiste Huard, sous-diacre, Nicolas Faucon, pbrē, Jacques Quesnel, sous-diacre, et François Bence, aussi sous-diacre, et autres paroissiens dud. lieu.

100. — Le 4 avril 1719, Me Charles Billard, pbrē du diocèse d'Evreux, M⁰ ès-arts en l'Université de Paris, fait réitérer ses noms et grades au seig' abbé de S' Evroult.

101. — Le 7 mai 1713, Louis Levavasseur, fils de Jean Levavasseur-Baudry et de Jacqueline Fresnel, de la parr. de S' Jacques de Lx, reçoit la tonsure cléricale. (V. 49).

102. — Le 26 mars 1700, Mes^re Thomas Strickland de Sizerghe, du diocèse de Chester, en Angleterre, *rite dimissus*, reçoit la tonsure à Cambray, des mains de Mgr François de Salignac La Motte Fénelon.

Le 30 déc. 1718, led. s^r Thomas-Jean-François Strickland de Sizerghe, pbre du diocèse de Chester, obtient de Clément XI des bulles qui le nomment, sur la présentation du roy de France, à l'abbaye de S' Pierre de Préaux, vacante par la mort de Mes^re Jean d'Estrées, dernier abbé commendataire. — Texte des bulles.

Le 9 mai 1719, le s^r Strickland, pbre, docteur de Sorbonne, se trouvant présentement à Paris, rue Dauphine, à l'hôtel d'Espagne, donne sa procuration à Dom Robert Quimbel, prieur de l'abbaye de S' Pierre de Préaux, pour requérir la fulmination des bulles de lad. abbaye, prêter en son nom le serment requis et prendre possession dud. bénéfice.

Le 22 mai 1719, Mre Pierre-Dumesnil Leboucher, pbre, chanoine scolaste en la Cathédrale, vicaire général et official de l'évêché de Lx, commissaire en cette partie de SS. Clément XI, reçoit le serment de Me Thomas Strickland, représenté par led. s^r Quimbel, prieur de S' Pierre de Préaux, et fulmine les bulles qui le nomment à lad. abbaye.

Le 25 mai 1719, led. s^r Strickland de Sizerghe, représenté par le même, prend possession de l'abbaye de S' Pierre de Préaux avec les cérémonies ordinaires, en présence de Me Isaac Letellier, pbre, curé de la 1re portion de S' Michel de Préaux, et de Me Léonor Secard, pbre, curé de la 1re portion de Plasnes. (V. **43**, **152**).

103. — Le 17 mai 1719, Me Joachim Pinel de la Forestrie, pbre du diocèse de Séez, pourvu de la cure de N.-D. d'Estrées, 2e portion, vacante par la mort de Me Antoine Boscage, pbre, dernier titulaire, prend possession dud. bénéfice, en présence de Me Pierre Le Belhomme, pbre, curé de la 1re portion ; Me Augustin Lantrain, pbre, vicaire de lad. parr. ; Me Pierre Lebouteiller, pbre, curé de S' Laurent-du-Mont, diocèse de Bayeux ; Me Louis Despériers de S' Laurent, acolyte, et plusieurs paroissiens.

104. — Le 3 juin 1719, Me Julien Ridé, pbre, curé de la Boissière et aussi pourvu de la cure d'Ouville-la-Bien-Tournée, dont il a pris possession, remet led. bénéfice d'Ouville entre les mains des religieux de Ste Barbe qui en sont patrons-présentateurs. (V. **117**).

Le 14 juin 1719, Dom François-Guillaume Mignot, prieur claustral de Ste Barbe-en-Auge, en son nom et au nom des religieux dud. prieuré, présente Me Gilles Leriche, pbre, curé de St Michel de Crouttes, à lad. cure d'Ouville.

Le 16 juin 1719, le seig^r évêque donne aud. s^r Leriche la collation dud. bénéfice. (*V*. 299).

105. — Le 30 juin 1719, Me Félix Maillet, pbre, pourvu de la cure de St Just d'Hecquemanville, donne sa procuration pour résigner sond. bénéfice en faveur de Me Jean Dehors, pbre, demeurant à Pontaudemer.

106. — Le 19 juin 1719, Me Pierre Largillier, pbre du diocèse de Bayeux, pourvu de la cure de Rumesnil, se trouvant présentement en la ville de Toul, donne sa procuration pour prendre possession dud. bénéfice. (*V*. xiv. 467).

Le 3 juillet 1719, led. s^r Larguiller, représenté par Me Thomas Halley, pbre, desservant la parr. de Rumesnil, prend possession de lad. cure, en présence de plusieurs habitans du lieu. (*V*. 113).

107. — Le 16 juin 1719, la nomination aux canonicat et prébende du Pré en la Cathédrale appartenant au seig^r évêque, Sa Grandeur nomme aud. bénéfice, vacant par la mort de Me Jacques de Setz, dernier titulaire, la personne de Me Jean-Baptiste-Antoine de Brancas, pbre, docteur en théologie, aumônier du roy, abbé de St Pierre de Melun et vicaire général de l'évêché de Lx.

Le 13 juillet 1719, led. s^r de Brancas est mis en possession dud. canonicat par le ministère de M^r le doyen. Fait en présence de Mes Laurent Aubert et de Jean Graffard, pbres, officiers de la Cathédrale. — « Le s^r de Brancas a remis entre les mains du s^r Daubin, chanoine et l'un des claviers du Chapitre, la somme de cent dix livres pour le droit de chape et autres deubz droits. »

108. — Le 6 mars 1719, « noble et discrette personne » Mre Louis de Bonnechose, pbre, curé de N.-D. de Cizay, donne sa procuration pour résigner sond. bénéfice entre les mains de N.-S.-P. le Pape en faveur de Me Jean-Baptiste Desplanches, pbre, vicaire de N.-D. de la Couture de Bernay.

Le 29 mars 1719, led. s^r Desplanches obtient en cour de Rome des lettres de provision de lad. cure de Cizay.

Le 10 juin 1719, le seig^r évêque donne son visa auxd. lettres de provision.

Le 27 juin 1719, le s^r Desplanches prend possession de la cure de Cizay, en présence dud. s^r de Bonnechose, à présent curé de Gamaches ; Me François Dutocq, pbre, vicaire de Cizay ; Me Pierre Chappey, procureur de M^r le marquis du Pont-St-Pierre, et autres paroissiens.

109. — Le 30 déc. 1703, René Louet, fils de Jean et de Marie

Chedville, de la parr. de S¹ Exupère de Bayeux, reçoit la tonsure à Bayeux.

Le 27 juin 1703, il avait été reçu M⁰ ès-arts en l'Université de Caen.

Le 17 février 1712, M⁰ Louet, pbrē, âgé de 28 ans, professeur de rhétorique au collège des Arts, « en la très célèbre académie de Caen », obtient des lettres de quinquennium du recteur de lad. Université.

Le même jour, led. s¹ Louet est nommé par la même Université sur les archevêchés et les Chapitres de Paris et de Rouen ; sur les évêchés et les Chapitres de Bayeux, Lisieux, Coutances, Avranches, Evreux, Séez, Chartres, Le Mans et sur un grand nombre d'abbayes et prieurés de ces divers diocèses.

Le 2 avril 1718, il reçoit des lettres de septennium du recteur de l'Académie de Caen. (Ces lettres lui donnent droit au titre de professeur septennaire).

Le 4 juillet 1719, led. s¹ Louet, demeurant à Caen, parr. S¹ Sauveur, fait signifier ses noms et grades aux relig⁸ de S¹ Evroult, en parlant à Charles Cacher, portier de lad. abbaye.

110. — Le 12 juin 1719, vu l'attestation du s¹ Lochet du Carpont, curé de S⁰ Croix de Bernay, et du s¹ Lautour, vicaire de Menneval, dispense de bans pour le mariage entre Jean Mullot, fils de Jacques et de feue Elisabeth de Crossy, de la parr. de S⁰ Croix, d'une part, et dam¹¹ᵉ Marguerite de Malleville, fille de......... de Malleville, Escr, s¹ de Dieu-le-Cœur, et de dam¹¹ᵉ Françoise Dumoullin, de la parr. de Menneval.

111. — Le 12 juin 1719, vu l'attestation du s¹ Bellencontre, vicaire de Pont-l'Evêque, dispense de bans pour le mariage entre M⁰ Jacques Vipard, fils de Jacques et de Madeleine de Bernay, de la parr. de Formentin, d'une part, et Louise-Charlotte de Brey, fille de M⁰ Jean de Brey et de Madeleine Domin, de la parr. de Pont-l'Evêque.

112. — Le 17 juin 1719, vu l'attestation du s¹ de la Croix, pbrē, curé de S¹ Jacques de Lx, dispense de bans pour le mariage entre Jean-Adrien Deneuville, fils de feu M¹ᵉ François Deneuville et de dam¹¹ᵉ Marie Morin, d'une part, et dam¹¹ᵉ Françoise Loisnel, fille de M⁰ Jean Loisnel, officier chez le roy, et de feu dam¹¹ᵉ Marie Lemesnier de la Masure.

113. — Le 7 mai 1719, M⁰ Charles-Augustin Delauney, pbrē du diocèse de Séez, curé de Rumesnil (de Regio Manerio) (1), se trouvant à

---

(1) Malgré la traduction latine, *Regoia manerium*, du mot Rumesnil, donnée par les Insinuations, nous pensons que l'étymologie de ce nom vient de *Rou* (Rollon) et de *Mesnil* : résidence de Rollon. Le souvenir du chef normand est fréquent dans les dénominations du pays.

Toul, remet sond. bénéfice entre les mains de M⁺ François Blouet de Camilly, évêque de Toul et abbé du Val-Richer qui, en cette dernière qualité, en est patron présentateur.

Le 2 juin 1719, led. seig⁺ abbé du Val-Richer nomme à la cure de Rumesnil la personne de M⁺ Pierre Largillier, pbrē du diocèse de Bayeux.

Le 16 juin 1719, le seig⁺ évêque donne aud. s⁺ Largillier la collation dud. bénéfice. (V. 106).

114. — Le 26 juin 1719, dispense de bans pour le mariage entre Gilles-Gabriel de la Rocque, Esc⁺, fils de Gilles de la Rocque, Esc⁺, cons⁺ secrétaire du roy, Maison, Couronne de France et de ses finances, et de dame Charlotte de Jort, de la parr. du Mesnil-Mauger, d'une part, et dam¹ˡᵉ Catherine Soret, fille de Pierre Soret, officier du roy, et de d° Catherine Lenoir, de la parr. de N.-D. de Vernon, diocèse d'Évreux.

115. — Le 27 fév. 1719, M⁺ Jean-Baptiste Lesieur, sous-diacre du diocèse de Lx, est reçu M⁺ ès-arts en l'Université de Caen.

Le 1ᵉʳ mars 1719, il obtient des lettres de quinquennium du recteur de lad. Université.

Le même jour, led. s⁺ Lesieur, âgé de 22 ans accomplis, est nommé par icelle sur les archevêchés et les chapitres de Paris, Rouen et Tours ; sur les évêchés et les chapitres de Lisieux, Bayeux, Evreux, Séez, Coutances, Avranches, Blois, Chartres, Le Mans, Dol et Beauvais, ainsi que sur la plupart des grandes abbayes et prieurés de ces divers diocèses. (V. 67, 228, 417, 430).

116. — Le 26 juin 1719, la nomination à la cure de Fauguernon appartenant au seig⁺ du lieu, Mes⁺⁺ Jean-François Le Conte de Nonant, chevalier, seig⁺ marquis de Pierrecourt, vicomte et baron de la châtellenie et vicomté de Fauguernon et haute-justice en dépendant, nomme à lad. cure, vacante par la mort de M⁺ Pierre Daufresne, pbrē, dernier titulaire, la personne de M⁺ Nicolas Godillon, pbrē, curé de S⁺ Jean de Trouville. Fait à Lx, « en l'auberge où pend pour enseigne la Couronne, faubourg de la Porte de la Chaussée », en présence de M⁺ Jean Boissey, pbrē, curé de S⁺ Philbert-des-Champs.

Le 5 juillet 1719, le seig⁺ évêque donne aud. s⁺ Godillon la collation dud. bénéfice. (V. 168).

117. — Le 3 juillet 1719, M⁺ Julien Ridé, pbrē, curé de la Boissière, et pourvu de la cure du Val, diocèse de Bayeux, par les lettres de provision obtenues en cour de Rome, à condition que dans six mois de l'expédition d'icelles il se présentera dans une maison de chanoines réguliers de l'ordre de S⁺ Augustin pour y prendre l'habit et faire profession suivant les constitutions dud. ordre ; et comme il a choisy la maison de Ste Barbe-en-Auge, il requiert du s^r prieur qu'il veuille bien le recevoir. Celui-ci répond « qu'après avoir pris communication desd. lettres et en avoir conféré avec les religieux de la Maison, capitulairement assemblez, ils consentent volontiers à recevoir led. s^r requérant. » (*V*. **104, 163**).

118. — Le 3 juillet 1719, la nomination à la cure de St Bazile appartenant au seig^r du lieu, Mre Paul Gautier, Esc^r, seig^r et patron de St Bazile, nomme à lad. cure, vacante par la mort de Me Charles Gautier, pbre, dernier titulaire, la personne de Me Guillaume Bazire, pbre, vicaire de Castillon.

Le 24 juillet 1719, le seig^r évêque donne aud. s^r Bazire la collation dud. bénéfice de St Bazile. (*V*. **173**).

119. — Le 12 juillet 1719, vu l'attestation du s^r Fleurizel, prieur-curé de St Paul-sur-Risle, dispense de bans pour le mariage entre Louis de Naguet, Esc^r, s^r de Lescallard, fils de François de Naguet, Esc^r, s^r de Lescallard, et de feu dam^lle Anne Sebire, d'une part, et Anne Frontin, fille de Me Nicolas Frontin et de feue Marie Le Prevost, et v^ve de Robert Aufrey, d'autre part, tous deux de lad. par̄r. de St Paul. (*V*. **133**).

120. — Le 30 juin 1719, la nomination à la cure de St François d'Herbigny, ci-devant Mont-St-Jean, appartenant au seig^r du lieu, Mes^re Pierre-Charles de Lambert, chev^r, seigneur d'Herbigny, marquis de Thibouville, cons^er du roy en ses Conseils, maître des Requêtes ordinaire de son Hôtel, demeurant à Paris, rue des Saints-Pères, nomme aud. bénéfice, vacant par la démission de Me Charles Desmonts, dernier titulaire, en date du 16 du présent mois, la personne de Mre Michel Delasalle, pbre du diocèse de Lx. (*V*. **233**).

121. — Le 17 juillet 1719, vu l'attestation du s^r Urset, pbre, curé de Heugon, et du s^r Bethen, pbre, vicaire de Piencourt, dispense de bans pour le mariage entre Pierre de Costard, Esc^r, s^r de Beaurepaire, gendarme du roy, fils de feu Jean-Baptiste de Costard, Esc^r, s^r de Beaurepaire, et de dam^lle Marie Ricquier, de lad. par̄r. de Piencourt, d'une part, et dam^lle Anne Lefebvre, v^ve de Marin de Beauchamp et fille d'Antoine Lefebvre, vivant Esc^r, chevau-léger de la garde du roy, et de dam^lle François de Forests, de la par̄r. de Heugon.

122. — Le 26 juin 1719, la nomination à la chapelle de N.-D. en l'église de Fauguernon appartenant au seig^r du lieu, Mes^re Jean-François Le Conte de Nonant, seig^r marquis de Pierrecourt, vicomte et baron de la châtellenie et vicomté de Fauguernon, nomme aud. bénéfice, vacant par la mort de Me Pierre Daufresne, pbre, dernier titulaire, la personne de Mre Louis-François Le Conte de Nonant, clerc tonsuré du diocèse de Paris, chapelain de Ste Geneviève de Béthisy et de St Renobert. Fait à Lx, en l'auberge où pend pour enseigne la Couronne.

Le 20 juillet 1719, le seigr évêque donne aud. sr Le Conte de Nonant la collation de lad. chapelle N.-D. (*V.* **169**).

123. — Le 22 juillet 1719, vu l'attestation du sr Bucailles, pbre, curé de Duranville, et du sr Alleaume, chapelain en l'église de Morsan, dispense de bans pour le mariage entre François Delamare et Catherine Valmont.

124. — Le 22 juillet 1719, dispense de bans pour le mariage entre Louis-Gabriel Galliot, sr d'Aigremont, conser du roy, subdélégué de Mr l'Intendant de Rouen pour l'élection de Pont-l'Evêque, fils de feu Me Jean Galliot et de damlle Marguerite Crévin, de la par̄r. de St Etienne-la-Thillaye, d'une part, et damlle Marie-Madeleine Coquet, fille de feu Gabriel Coquet, sr de Genneville, Escr, et de noble dame Jeanne Le Cordier, de la par̄r. de St Michel de Pont-l'Evêque.

125. — Le 31 mai 1692, Mre Robert-Aymard de Prye, fils de Mesre Antoine de Prye, Escr, et de noble dame Jacqueline de Serre, de la par̄r. de Coquainvilliers, reçoit la tonsure.

Le 1er août 1719, Mesre Aymard-Robert de Prye, clerc tonsuré, prieur du prieuré de St Etienne de Peyrat, diocèse de Périgueux, demeurant ordinairement au château de Courbépine, diocèse de Lx, donne sa procuration pour requérir de Mr l'officiel de Périgueux la fulmination des provisions qu'il a obtenues en cour de Rome dud. prieuré et en prendre possession en son nom. Fait au château de Courbépine.

126. — Le 3 août 1719, Mre François du Belley, de St Prix, acolyte, demeurant à Saumur, chanoine de l'église cathédrale et royalle de St Maurice d'Angers en Anjou, et prieur du prieuré simple de St Urbin de Rillé-sur-Loire, en la par̄r. de Rillé, étant présentement à Canapville, diocèse de Lx, donne sa procuration pour résigner led. prieuré entre les mains de N.-S.-P. le Pape en faveur de Me Robert Levillain, pbre, curé de Pont-l'Evêque et titulaire de la chapelle Ste Anne en la collégiale de N.-D. de Cléry. Fait au manoir presbytéral de Canapville, en présence de Me Pierre Levillain, pbre, curé du lieu, et autres témoins.

127. — Le 23 août 1719, Mesre Jean-Baptiste Le Hure, chevr, seigr de Bosclrouet et de Cernières, nomme aud. bénéfice de Cernières, diocèse d'Evreux, vacant par la mort de Me .... Gasnier, la personne de Me Jean Bence, pbre, vicaire de Fervaques.

128. — Le 24 août 1719, le seigr évêque de Lx nomme pour son vicaire général en l'exemption de Nonant, Me Sébastien Dufour, pbre, licencié en l'un et l'autre droit, chanoine de la cathédrale de Bayeux et grand archidiacre en icelle, vicaire général et official du Chapitre, le siège épiscopal vacant.

129. — Le 8 avril 1719, Me Pierre Le Contour, acolyte de la par̄r.

de Lorrey, diocèse de Coutances, *rite dimissus*, reçoit le sous-diaconat à Lx. — La lettre d'ordination est remise au bureau des Insinuations par M⁰ Bouillon, économe du grand séminaire de Lx.

130. — Le 17 mai 1719, M⁰ Guillaume-Robert Saillard, pbrē du diocèse de Rouen, obtient en cour de Rome des lettres de provision de la cure de S⁺ Sulpice de Graimbouville, vacante par la résignation faite en sa faveur par M⁰ François-Joseph Lechevalier, pbrē, dernier titulaire.

Le 3 août 1719, le seig⁺ évêque donne son visa auxd. lettres de provision.

Le 22 août 1719, le s⁺ Saillard prend possession de la cure de Graimbouville, en présence de M⁰ Thomas du Roso, pbrē, curé de S⁺ Aubin, près Quillebeuf; M⁰ Jacques Lasnier, pbrē, curé du Marais-Vernier; M⁰ Nicolas Vitrel, pbrē, curé de Triqueville, et plusieurs habitants du lieu.

131. — Le 4 sept. 1719, dispense de bans pour le mariage entre Antoine du Faguet, Escr, sr des Varendes, fils de feu Robert du Faguet, Escr, sr du Montbert, et de noble dame Barbe du Houlley, de la parr. des Vaux, d'une part, et de damlle Françoise de Bonnechose, fille de Louis de Bonnechose, Escr, sr de la Boullaye, et de feu damlle Charlotte-Françoise Thoumin, de la parr. de S⁺ Jacques de Lx.

132. — Le 30 août 1719, M⁰ Jean Bunel, pbrē, curé de S⁺ Martin d'Echaumesnil, agissant de l'agrément de Mʳ le marquis de Pont-S⁺-Pierre, patron-présentateur dud. bénéfice, résigne sa cure en faveur de M⁰ François Dutocq, pbrē, vicaire de Cisay, à charge par lui de requérir le consentement dud. seig⁺ présentateur, d'obtenir à ses frais « toute bulle qu'il appartiendra du siège apostolique, » faire au s⁺ Bunel une pension viagère de 150 livres sur les revenus du bénéfice et enfin lui céder dans la maison presbytérale un appartement à son choix où il résidera. Fait en présence de M⁰ Gabriel Le Courtois, pbrē, curé du Mesleraut et doyen de Gacey, et autres témoins. (V. **159**).

133. — Le 7 sept. 1719, dispense de bans pour le mariage entre Jean-Baptiste Dessensaux, fils de Nicolas et de Jeanne Mauger, natif de la ville de Paris, parr. S⁺ Roch, et demeurant à S⁺ Ouen de Pontaudemer, d'une part, et damlle Madeleine de Naguet, fille de François de Naguet, Escr, sr de Lescallard, et de dame Anne Sebire, de la parr. de S⁺ Paul-sur-Risle. (V. **119**).

134. — Le 7 sept. 1709, vu l'attestation du s⁺ Gosset curé du Mesnil-Durand, et du s⁺ Levon, vicaire d'Auquainville, dispense de bans pour le mariage entre Laurent Poussin et Anne Gilles.

135. — Le 10 sept. 1719, vu l'attestation du s⁺ Duclos, vicaire de S⁺ Thomas de Touques, dispense de bans pour le mariage entre François

Surin, employé pour le roy dans la brigade de Touques et y demeurant depuis sept mois, et dam[lle] Jeanne-Françoise Dupont, fille de Jacques Dupont, de la par[r]. de St Hilaire-du-Harcouet, diocèse d'Avranches.

136. — Le 12 sept. 1719, vu l'attestation du s[r] de la Chapelle, curé de St Aquilin-d'Augerons, et du s[r] Routier, vicaire de la Goulafrière, dispense de bans pour le mariage entre Louis Vel et Marie Laval.

137. — Le 12 sept. 1719, vu l'attestation du s[r] Lesueur, vicaire de Moyaux, dispense de bans pour le mariage entre Michel Prévost et Anne Legoust.

138. — Le 15 sept. 1719, vu l'attestation du s[r] Fortin, vicaire du Regnouard, dispense de bans pour le mariage entre Jean Crestey et Madeleine Gallot.

139. — Le 14 sept. 1719, Me François Touzey, pbr[e], curé de St Martin de Condé, 2e portion, diocèse de Lx, doyenné de Pontaudemer, donne sa procuration pour résigner sond. bénéfice, dont il jouit depuis trente-six-ans, entre les mains de N.-S-P. le pape en faveur de Me Nicolas Lefebvre, pbr[e], vicaire de St Etienne-Lallier. Il se réserve 150 livres de rente sur les revenus de lad. cure. Fait au manoir presbytéral de Condé, en présence de Me Pierre Barbe, pbr[e], curé de St Etienne-Lallier, et de Pierre Aussy, pbr[e], vicaire de St Christophe-sur-Condé. (*V.* **182, 235**).

140. — Le 17 sept. 1719, vu l'attestation du s[r] Delasalle, pbr[e], vicaire de Ste Catherine d'Honfleur, dispense de bans pour le mariage entre François Pottier et Madeleine Hagueron.

141. — Le 23 sept. 1719, furent ordonnés sous-diacres :

Fr. Robert Legendre, acolyte, religieux-profès en l'abbaye de Cormeilles. (*V.* **324, 372, 427, 540**).

Fr. Jacques Tostain, acolyte, chanoine régulier de N.-D.-du-Vœu, à Cherbourg, diocèse de Coutances, *rite dimissus* ;

Fr. François Hébert, acolyte, chanoine régulier de St Cyr de Friardel.

142. — Le 23 sept. 1719, Fr. Jean-Baptiste Fortin, sous-diacre, religieux-profès de l'Ordre de Prémontré, reçoit le diaconat.

143. — Le 26 sept. 1719, vu l'attestation du s[r] Elie, curé de Bailleul, et du s[r] Pinel, vicaire de St Gervais, dispense de bans pour le mariage entre Jean Leneveu et Jeanne Delacroix.

144. — Le 26 sept. 1719, vu l'attestation du s[r] Ruffy, curé de Vimoutiers, du s[r] Le Comte, pbr[e], desservant la par[r]. du Sap, et du s[r] Bazile, aussi pbr[e], desservant celle de St Bazile, dispense de bans pour le mariage entre Jean Fleury et Jeanne Maillot.

145. — Le 26 sept. 1719, vu l'attestation du s[r] Delauney, curé d'Orgères, et du s[r] Le Hantier, pbr[e], chanoine à Dreux, « faisant les fonctions curiales à raison de la maladie du s[r] curé de Croisilles », dispense de bans pour le mariage entre Pierre de Beaumont et Marguerite Dauplé.

146. — Le 20 juillet 1719, la nomination à la cure de S¹ Laurent de Campfleur appartenant au seig⁻ abbé de Lire, M. seig⁻ Pierre de Pardaillan de Gondrin d'Antin, abbé de lad. abbaye, représenté par son grand vicaire, M⁽ᵉ⁾ Michel Bertheaume, docteur en théologie de la faculté de Paris, pbrē, curé de S¹ Denis-du-Béhélant, nomme à lad. cure de Campfleur, vacante par la mort de M⁽ᵉ⁾ Mathieu Le Mercier, pbrē, dernier titulaire, la personne de M. Pierre Quesnot, pbrē du diocèse de Bayeux. Fait à Conches les jour et an ci-dessus.

Le 25 juillet 1719, le seig⁻ évêque donne aud. s⁻ Quesnot la collation dud. bénéfice.

Le 29 sept. 1719, le s⁻ Quesnot prend possession de la cure de Campfleur, en présence de M⁽ᵉ⁾ François Le Mercier, pbrē, curé de Courcelles, et de M⁽ᵉ⁾ Mathieu Le Mercier, acolyte de la par. de Courcelles. (V. **403**).

147. — Le 20 sept. 1719, M⁽ᵉ⁾ Philippe de la Bisse, pbrē, curé de S¹ Marcel de Croisilles, résigne sond. bénéfice entre les mains de N.-S.-P. le pape en faveur de M⁽ᵉ⁾ Adrian Jouen, pbrē, demeurant présentement à Etrépagny, « pour par luy s⁻ Jouen en obtenir du S¹ siège apostolique toutes bulles qu'il appartiendra, à ses frais et dépens. » (V. **153**).

148. — Le 20 mars 1719, bulles de Clément XI qui, sur la demande de R. P. Philippe Lhermitte, abbé régulier de Mondaye, lui donne pour coadjuteur perpétuel avec future succession, la personne du R. P. Olivier Jahouel, pbrē, chanoine régulier dud. Ordre, prieur amovible du monastère d'Ardennes, diocèse de Bayeux, et titulaire des prieurés simples de S¹ Thomas de Lion, aussi du diocèse de Bayeux, et de S¹-Nicolas-sur-Orne, diocèse de Séez.

La bulle nous apprend que l'abbé de Mondaye avait demandé un coadjuteur, à cause de son âge qui dépassait la soixantaine et des infirmités physiques que les années apportent avec elles, et qu'il avait désigné à Sa Sainteté le P. Jahouel, recommandable par sa foi, sa piété, ses bonnes mœurs, sa sagesse dans les choses spirituelles et son habileté dans les affaires temporelles, et qui enfin était nommé par le roy.

Le 26 sept. 1719, M⁽ʳᵉ⁾ Pierre Dumesnil-Leboucher, vicaire général et official de l'évêché de Lx, commissaire de Sa Sainteté en cette partie, reçoit le serment de fidélité dud. s⁻ Jahouel selon la formule envoyée de Rome, fulmine les bulles de provision obtenues par lui et l'autorise à prendre possession de lad. abbaye.

Le 6 oct. 1719, le s⁻ Jahouel prend possession de l'abbaye de S¹ Martin de Mondaye avec toutes les cérémonies ordinaires, l'entrée à l'église, au Chapitre, au réfectoire, dortoirs et autres bâtiments claustraux, « émotion de terre et effractions d'arbres, » etc., en présence de T. R. P. Lhermitte, abbé de lad. abbaye ; du P. Jean-Baptiste Rosey, prieur ; du P. Richard Selles, prieur de Juaye ; Charles de la Lande, Michel Tiphaine, Etienne Basset, procureur, Louis de Bedel, Michel Corsonnois, Louis-Jean Corbin, tous pbrēs de lad. abbaye ; Jean-Baptiste Fortin, diacre, religieux en icelle ; Robert Serand, sous-diacre de Bayeux, et autres bourgeois de lad. ville.

149. — Le 29 sept. 1719, Me Jean-Baptiste Lesieur, diacre de Gacé, Me ès-arts en l'Université de Caen, ayant fait élection de domicile en la maison du sr Dulongparc-Caboulet, hôtellier où pend pour enseigne le More, faubourg de la Porte d'Orbec, par̄. St Jacques de Lx, fait signifier ses noms et grades au seig{r} évêque et au Chapitre de Lx.

150. — Le 4 oct. 1719, vu l'attestation du sr Laisney, curé de N.-D. de Pontaudemer, et du sr Louvet, curé de Coudray, dispense de bans pour le mariage entre Jean-Baptiste de Lannoy, fils de feu Me André de Lannoy et de dam{lle} Anne Langineur, de la par̄. de Coudray, d'une part, et dam{lle} Françoise-Thérèse de Conti, fille de feu Charles de Conti, Esc{r}, et de dam{lle} Marguerite de la Roque, demeurant en la par̄. de N.-D. de Pontaudemer.

151. — Le 20 avril 1715, Me François Maignet, acolyte du Sap, est ordonné sous-diacre.

Le 19 sept. 1717, il est ordonné diacre.

Le 10 oct. 1719, le sr Maignet, pbrē, Me ès-arts en l'Université de Caen, fait signifier ses noms et grades au seig{r} évêque et au Chapitre de Lx. (*V.* 466).

152. — Le 5 sept. 1719, Mes{re} Thomas-Jean-François Strickland de Sizerghe, pbrē, docteur en théologie de la faculté de Paris, abbé commendataire de l'abbaye royale de St Pierre de Préaux, donne des lettres de vicaire général de lad. abbaye à Mre Pierre-Joseph Leleu, pbrē, promoteur général de la Haute Cour ecclésiastique de Paris et supérieur de l'hôpital royal des Enfants-Rouges. (*V.* 102).

153. — Le 3 oct. 1719, Me Philippe de la Bisse, pbrē, curé de St Marcel de Croisilles, ayant par acte du 29 sept. dernier, résigné sond. bénéfice entre les mains de N.-S.-P. le Pape en faveur de son neveu, Me Adrien Jouen, pbrē, demeurant à Etrépagny, révoque led. acte de résignation. Fait en la maison presbytérale de Croisilles, en présence de Me François Mallet, pbrē, curé de Résenlieu, et autres témoins, en présence desquels led. sr Jouen a déclaré se tenir suffisamment averti de lad. révocation. (*V.* 147).

Le même jour, led. sr de la Bisse résigne sond. bénéfice de Croisilles entre les mains du seig{r} évêque de Lx, seig{r} présentateur à lad. cure.

Le 6 oct. 1719, le seigr évêque nomme aud. bénéfice de Croisilles la personne dud. sr Adrian Jouen.

Le 10 oct. 1719, après midi, le sr Jouen, pbrē, chapelain d'Etrépagny, prend possession de la cure de Croisilles, en présence dud. sr François Mallet, curé de Résenlieu ; Mre Jacques Le Hantier, pbrē, et Mre Augustin Le Hantier, aussi pbrē, chanoine à Dreux, et autres témoins. (V. 147, 204, 235, 344).

154. — Le 9 sept. 1719, la nomination à la 1re portion de la cure d'Avernes appartenant à l'abbé commendataire de St Wandrille, Mesre Balthazard-Henry de Fourcy, abbé de lad. abbaye, nomme à cette cure, vacante par la mort de Me Robert de la Rivière des Alais, dernier titulaire, la personne de Me Jean Landry, pbrē du diocèse de Lx.

Le 22 sept. 1719, led. sr Landry, pbrē, sous-diacre d'office en l'église St Gervais de Paris, demeurant dans la communauté des prêtres de St Gervais, requiert de Mesre Antoine Lemoine, pbrē, docteur en la Maison et Société de Sorbonne, vicaire général du seigr évêque de Lx, la collation de lad. cure d'Avernes. Led. sr Lemoine lui répond qu'il ne peut lui donner des lettres de provision de ce bénéfice sans qu'auparavant il n'en ait conféré avec le seigr évêque de Lx.

Le 26 nov. 1719, le seigr évêque donne aud. sr Landry la collation de lad. cure d'Avernes.

Le 15 déc. 1719, le sr Landry, représenté par Me Antoine Doisnel, pbrē, curé de la 3e portion de la cure d'Avernes, prend possession de la 1re portion de lad. cure, en présence de Nicolas Bellenger, concierge du sr marquis d'Avernes ; Aubin Chéron, trésorier de lad. parr., et autres témoins.

Le 23 avril 1707, led. sr Landry, diacre de N.-D. d'Orbec, avait été ordonné prêtre dans la chapelle du séminaire de Lx.

155. — Le 27 nov. 1719, vu l'attestation du sr Duchesne, curé de Blangy, et du sr Férey, vicaire de Manneville, dispense de bans pour le mariage entre Guillaume Hareng et Marie Gibon.

156. — Le 28 nov. 1719, vu l'attestation du sr Aubert, vicaire de St Aubin-de-Thenney, et du sr Pellerin, vicaire de St Jean-de-Thenney, dispense de bans pour le mariage entre Pierre Charpentier et Marguerite Sanson.

157. — Le 27 nov. 1719, la nomination à la cure de St Martin de Criquebœuf appartenant au seigr du lieu, Mesre Abel-Toussaint de Thiville, chevr, comte de Bapaulme, Poussay, Criquebœuf et autres lieux, nomme à lad. cure, vacante par la mort de Me Gabriel de Verdun, dernier titulaire, la personne de Me Guillaume Lebachelier, pbrē du diocèse de Coutances. Fait à Lx, en présence de Me Jacques Houssaye, pbrē du diocèse de Lx et curé des Authieux-sur-Buchy, se trouvant présentement à Lx, et autres témoins.

Le 28 nov. 1719, le seigr évêque de Lx donne aud. sr Lebachelier la collation dud. bénéfice.

Le 4 déc. 1719, le sr Lebachelier prend possession de la cure de Criquebœuf, en présence dud. sr de Bapaulme ; de Me Nicolas Godillon, pbre, curé de Trouville ; Thomas Moutier, pbre, curé de Villerville ; Jean Fisel, pbre, vicaire de Villerville ; Thomas de Farvaques, concierge de Mr le marquis de Bapaulme ; François Becquemont, trésorier de lad. parr., et autres témoins.

158. — Le 19 nov. 1719, vu l'attestation du sr Fougy, curé de Courtonne-la-Meurdrac, et du sr Boessière, vicaire du Torquesne, dispense de bans pour le mariage entre Robert Fréard et Elisabeth Péronne.

159. — Le 25 nov. 1719, la nomination à la cure de St Martin d'Echaumesnil appartenant au marquis de Montreuil et d'Echauffour, haut et puissant seigr Mesre Michel de Roncherolles, chevr, marquis du Pont-Saint-Pierre, Montreuil, Echauffou, comte de Cisay, baron d'Ecouy, Le Plessis, St Nicolas, Romilly, Douville, Toufreville, Dampierre, Marigny, Pistres, Calleville, la Neuville, Champdoisel-Gamaches, Bouchevillers, Saint-Aubin, Pomont, Saint-Germain-les-Loges, Echaumesnil, Planches, seigr châtelain de la Fertey, vicomte de St Ricquier, haut justicier en Artois, grand voyer de Picardie, premier baron de Normandie, conseiller-né au Parlement de lad. province, demeurant ordinairement en son château du Pont-Saint-Pierre, actuellement représenté par Pierre Chappey, son agent ordinaire, nomme à lad. cure d'Echaumesnil, vacante par la mort de Me Jean Bunel, dernier titulaire, la personne de Me François Dutocq, pbre, vicaire de Cisay.

Le 1er déc. 1719, le seigr évêque donne aud. sr Dutocq la collation dud. bénéfice.

Le 3 déc. 1719, le sr Dutocq prend possession de lad. cure d'Echaumesnil, en présence de plusieurs habitants de la parr. (V. 132).

160. — Le 1er déc. 1719, dispense de bans pour le mariage entre Me Jacques-Pierre de Brion, avocat, fils de feu Me Jacques-Pierre de Brion et de damlle Catherine d'Aureville, de la parr. de St Aignan de Cernières, diocèse d'Evreux, d'une part, et damlle Marie-Magdeleine Jouen, fille de Me Jean Jouen et de dlle Catherine Le Chantre, de la parr. de Ste Croix de Bernay.

161. — Le 5 déc. 1719, la nomination à la cure de Fiquefleur appartenant au prieur de Beaumont-en-Auge, Msgr Denis-François Bouthiller de Chavigny, archevêque de Sens et prieur conventuel de Beaumont, nomme à lad. cure, vacante par la mort de Me Jean-Baptiste Cabard, dernier titulaire, décédé dans le mois d'octobre dernier, la personne de Me François Halley, pbre et gradué nommé sur le prieuré de Beaumont. Cette nomination est datée de Paris.

Le 12 déc. 1719, le seig^r évêque donne aud. s^r Halley la collation dud. bénéfice.

Le 19 déc. 1719, le s^r Halley prend possession de la cure de Fiquefleur, en présence de Me Pierre Lailler, pbr̄e, curé de Grestain, et plusieurs habitants dud. lieu de Fiquefleur. (*V.* **329, 438**).

162. — Le 5 oct. 1702, Me Pierre Marescal, sous-diacre du diocèse de Lx, M^e ès-arts en l'Université de Paris, est nommé par icelle sur l'abbaye de N.-D. de Bernay.

Le 11 déc. 1719, led. s^r Marescal, pbr̄e, originaire de la parr. de Boissy et vicaire d'Epréville, fait signifier ses noms et grades aux relig^x de Bernay, en parlant à Dom Thomas Billouet, prieur de lad. abbaye. (*V.* **50, 221, 431**).

163. — Le 15 déc. 1719, Me Julien Ridé, pbr̄e, curé de N.-D. de la Boissière donne sa démission pure et simple dud. bénéfice entre les mains des religieux de Ste Barbe qui en sont patrons présentateurs. (*V.* **117**).

Le 16 décemb. 1719, Fr. Guillaume Mignot, prieur claustral de Ste Barbe, ayant à ce titre le droit de nommer à la cure de la Boissière, présente pour led. bénéfice, la personne de Me Jullien de Laumaillé, pbr̄e du diocèse de Rennes.

Le 18 déc. 1719, le seig^r évêque donne aud. s^r de Laumaillé la collation de lad. cure.

Le 21 déc. 1719, led. s^r de Laumaillé prend possession de la cure de la Boissière, en présence de Nicolas de Grieu, Esc^r; Nicolas Cocagne, s^r de la Noë, marchand, et autres habitants du lieu et des paroisses voisines.

164. — Le 27 déc. 1718, Alexis de Giverville, fils de Louis et de Claudine Fleury, de la parr. de Giverville, reçoit la tonsure et les ordres mineurs. (*V.* **317**).

165. — Le 19 déc. 1719, vu l'attestation du s^r Leroy, curé de N.-D. de la Couture de Bernay, dispense de bans pour le mariage entre Jean-François-Guillaume de Givry, Esc^r, fils de feu Guillaume de Givry, Esc^r, et de noble dame Marie-Magdeleine Le Prevost, de lad. parr. de la Couture, d'une part, et dam^{lle} Marguerite Dumont, fille de feu Nicolas Dumont, Esc^r, s^r de Beville et Vieilmanoir, et de noble dame Marguerite Langlois de Breteuil, de la parr. de N.-D. de Gravenson, diocèse de Rouen.

166. — Le 23 déc. 1719, le seig^r évêque de Lx fait dans la chapelle de son séminaire l'ordination générale des prêtres, diacres et sous-diacres du diocèse de Coutances, *ritè dimissi*. (*V.* **55**).

167. — Le 24 déc. 1719, le seig^r évêque donne à Me François-Auguste Collet, pbr̄e, la collation de la cure de Gerrots.

Le 15 janv. 1720, led. s₎ Collet, pbre du diocèse de Lx, secrétaire de Monseig₎ l'évêque de Dol, demeurant à Paris, rue de Condé, représenté par M₎ Robert Igou, pbre du diocèse de Lx, chapelain de Madame la duchesse d'Harcourt en son château de Beuvron, demeurant aud. lieu de Beuvron, prend possession de la cure de S₎ Martin de Gerrots, vacante par la mort de M₎ Nicolas de Boisard, en présence de Louis-François Le Gouez, Esc₎, seig₎ de Gerrots et y demeurant ; H. de Cardonney, Esc₎, demeurant à S₎ Laurent-du-Mont ; François Boisard, s₎ du Montaval, demeurant à Bretteville-sur-Laize ; Gabriel Boisard, fils dud. s₎ François ; Jean-François Gerrots-Le Gouez, Esc₎, s₎ d'Amanville, et autres témoins.

168. — Le 20 déc. 1719, M₎ Nicolas Godillon, pbre, curé de Trouville et aussi pourvu de la cure de Fauguernon dont il n'a pas pris possession, remet purement et simplement led. bénéfice de Fauguernon entre les mains de Mes₎ Jean-François Le Conte de Nonant, chev₎, seig₎ marquis de Pierrecourt, vicomte et baron de la châtellenie et vicomté de Fauguernon et haute-justice en dépendant, seigneur présentateur de lad. cure. (*V.* **116**).

Le 4 janv. 1720, led. seig₎ de Pierrecourt nomme à la cure de Fauguernon la personne de M₎ François Hélix, pbre, curé de S₎ Martin d'Ecorcheville. Fait à Lx, « en l'auberge où pend pour enseigne la Couronne, faubourg de la Porte de la Chaussée, parr. S₎ Germain », en présence de M₎ Jean Boissey, pbre, curé de S₎ Philbert-des-Champs, et autres témoins.

Le même jour, le seig₎ évêque donne aud. s₎ Hélix la collation dud. bénéfice.

Le 10 janv. 1720, le s₎ Hélix prend possession de la cure de Fauguernon, en présence dud. s₎ curé de S₎ Philbert ; Hélie Brinaux, trésorier de l'église de Fauguernon ; Michel Le Boctey, Esc₎, demeurant à Fauguernon ; M₎ Sébastien Aubert, pbre, vicaire de lad. parr. ; M₎ Jean Pépin, pbre, vicaire de S₎ Philbert, et autres témoins. (*V.* **273**).

169. — Le 10 janv. 1720, M₎ Jean Boissey, pbre, curé de S₎ Philbert-des-Champs, au nom et comme procureur de Mes₎ Louis-François Le Conte de Nonant, clerc tonsuré du diocèse de Paris, prend possession de la chapelle de N.-D., fondée en l'église de Fauguernon, en présence de M₎ François Hélix, curé de Fauguernon ; M₎ Jean Pépin, pbre, vicaire de S₎ Philbert-des-Champs ; M₎ Sébastien Aubert, vicaire de Fauguernon ; M₎ Georges-François Hélix, pbre, desservant le prieuré de S₎ Hymer-en-Auge ; Michel de Boctey, Esc₎, et Hélie Brineaux, trésorier. (*V.* **122**).

170. — Le 29 déc. 1719, la nomination à la cure de S₎ André de Grandchamp appartenant au seig₎ du lieu, Mes₎ Richard-Tenneguy

Le Prevost, chev', seig' marquis de S' Julien, seig' et patron de Grandchamp, Le Mesnil-Simon, S' Nicolas de la Haye, Auberbosq et autres terres et seigneuries, lieutenant pour le roy en Normandie, demeurant en son château de S' Julien, sis en lad. par̄r. de Grandchamp, nomme aud. bénéfice, vacant par la mort de M⁰ Estienne Le Camus, pbr̄e, dernier titulaire, la personne de M⁰ Jean Fleuriot, pbr̄e de la par̄r. de S' Aubin de Vieux-Pont.

Le même jour, le seig' évêque donne aud. s' Fleuriot la collation dud. bénéfice.

Le 17 janv. 1720, le s' Fleuriot prend possession de la cure de Grandchamp, en présence de M⁰ Noel Turquetil, pbr̄e, curé de Quetiéville ; M⁰ Gilles Bassière, pbr̄e, curé des Authieux-Papion ; Gabriel Fleuriot, marchand ; Nicolas Bardel, trésorier, et autres témoins.

171. — Le 3 janv. 1720, M⁰ Jean Regnier, pbr̄e, curé de S'Vincent-du-Boullay, donne sa procuration pour résigner led. bénéfice entre les mains de N.-S. le pape en faveur de son neveu, M⁰ Guillaume Regnier, pbr̄e, vicaire de Plainville. Il se réserve toutefois 400 livres de rente pour l'aider à subsister, « vu son infirmité et grand âge de soixante-quinze ans qui le met hors d'estat de faire ses fonctions, ayant desservy led. bénéfice-cure pendant quarante-cinq ans. » En outre, led. s' résignant fait retenue de la moitié de la maison presbytérale, « consistant en une cuisine, une cave et la chambre dessus estant, avec la moitié du jardin du côté du midy. » Fait en la maison seigneuriale de Faverolles, en présence de M⁰ Jacques de Mézières, curé de Faverolles ; M⁰ Guillaume Champion, pbr̄e, curé de Bournainville et doyen rural de Moyaux. (*V*. **289, 331**).

172. — Le 2 janv. 1720, Fr. Jean Madeline, pbr̄e, chanoine régulier de l'ordre de Prémontré, pourvu du prieuré-cure de la Chapelle-Bayvel sur la présentation qui a été faite de sa personne par M⁰⁰ Pierre de Villelongue, abbé de Belle-Etoile, en conséquence de la démission de Fr. Louis Madeline, dernier titulaire, prend possession dud. bénéfice, en présence de Fr. Charles Lehongre du Rocher, pbr̄e, prieur-curé de S' Jean-d'Asnières ; M⁰ Marin Présey, pbr̄e, vicaire de la Chapelle-Bayvel, et autres témoins.

173. — Le 12 déc. 1719, M⁰ Guillaume Bazire, pbr̄e, vicaire de Castillon, pourvu de la cure de S' Bazile, prend possession dud. bénéfice, en présence de plusieurs habitants du lieu. (*V*. **118**).

174. — Le 10 janv. 1720, dispense de bans pour le mariage entre Robert-Antoine Paulmier, « Esc⁰ de Monseig' le prince », fils de feu Gabriel Paulmier, officier de feue Mademoiselle, et de feue dam⁰⁰ Françoise de la Morillière, de la par̄r. de Verneusses, d'une part, et dam⁰⁰ Marie Senée, v⁰⁰ de feu Germain Rioult, cons⁰⁰ du roy, fille de feu Claude Senée et de dame Anne Lebourgeois, de la parr. de S¹ Germain de Lx.

175. — Le 6 janv. 1720, la nomination à la cure d'Auberville appartenant à l'abbesse de Ste Trinité de Caen, à cause de son fief d'Auberville, Madame Françoise-Gabrielle de Froullé de Tessé, abbesse de lad. abbaye, nomme aud. bénéfice, vacant par la mort de Me Robert du Mézerey, dernier titulaire, la personne de Me Réné Duhamel, pbrē du diocèse de Bayeux et chapelain de lad. abbaye de Sta Trinité. (V. 267).

Le 9 janv. 1720, le seig^r évêque donne aud. s^r Duhamel la collation de lad. cure.

176. — Le 13 janv. 1720, vu l'attestation du s^r de Sevrey, curé des Roncerés, et du s^r Levon, vicaire d'Auquainville, dispense de bans pour le mariage entre Henry Petit et Marie Postel.

177. — Le 19 déc. 1719, la nomination à la cure de St Georges-du-Vièvre appartenant au seig^r abbé du Bec-Hellouin, Monseig^r Louis de Bourbon, prince du sang, comte de Clermont, abbé de lad. abbaye du Bec, nomme à cette cure, vacante par la mort de M^e .... Deschamps, pbrē, dernier titulaire, la personne de Me Louis Hudebert, pbrē du diocèse de Rouen.

Le 12 janv. 1720, le seig^r évêque donne aud. s^r Hudebert la collation dud. bénéfice. (V. 230).

178. — Le 17 janv. 1720, le seig^r évêque de Lx donne à Me Jean-Baptiste Durand de Grainville, pbrē, licencié en l'un et l'autre droit, chanoine et grand chantre de la cathédrale de Bayeux, des lettres de vicaire général et d'official pour l'exemption de Nonant.

179. — Le 27 déc. 1719, la nomination à la cure de St Germain de Biéville, 1re portion, appartenant au seig^r du lieu, haut et puissant seig^r Mes^re Anne-Jacques de Bullion, chev^r, marquis de Fervaques, maréchal des camps et armées du roy, cons^er en ses conseils, gouverneur et lieutenant général pour Sa Majesté en ses provinces du Mainè, Perche et comté de Laval, nomme aud. bénéfice de Biéville, vacant par la mort de Me Jean Pottier, pbrē, dernier titulaire, la personne de Me Guillaume Moullin, pbrē du diocèse de Lx. Fait à Paris en l'hôtel du marquis de Fervaques, rue Plastrière, parr. St Eustache.

Le 22 janv. 1720, le seig^r évêque donne aud. s^r Moullin la collation de lad. cure.

Le 26 janv. 1720, led. s^r Moullin prend possession de la cure de Biéville, 1re portion, en présence de Me Jean Chasot, pbrē, curé de la 2e portion ; Thomas Becquet, s^r de la Brière, marchand ; Me Michel Germaine, avocat, demeurant à Fervaques, etc...

Le 2 avril 1706, Guillaume Moullin, fils de Charles et de Jeanne Pitard, de la parr. de Fervaques, reçoit la tonsure et les ordres mineurs.

180. — Le 23 janv. 1720, vu l'attestation du s⁺ Igou, vicaire de Beuvron, et du s⁺ Pecqueult, vicaire de S⁺ Aubin-de-Scellon, dispense de bans pour le mariage entre Jean-Claude de Montjoie, fils de Jean et de dam^lle Louise Lorette, de la parr. de Beuvron, d'une part, et dam^lle Marie Saffrey, fille de M⁺ Noel Saffrey et de dam^lle Catherine de Maloisel, de la parr. de S⁺ Aubin-de-Scellon.

181. — Le 29 janvier 1720, dispense de bans pour le mariage entre Jacques-François-Alexandre Deshayes, Esc⁺, seig⁺ du Tremblay, cons⁺⁺ du roy, lieutenant général criminel au bailliage de Montreuil et Bernay, fils de Pierre Deshayes, Esc⁺, s⁺ des Orgeries, cons⁺⁺ du roy, vicomte d'Orbec, et de noble dame Françoise de Bose-Henry, de la parr. de la Goulafrière, d'une part, et dam^lle Charlotte-Andrée de la Rivière, fille de feu Mre Charles de la Rivière, chev⁺, seig⁺ de Silly, et de noble dame Marguerite Flory, de la parr. d'Aulnay-sous-Couvey, diocèse de Chartres, d'autre part.

182. — Le 4 oct. 1719, M⁺ Nicolas Lefebvre, pbre du diocèse de Lx, obtient en cour de Rome des lettres de provision de la 2⁺ portion de la cure de S⁺ Martin de Condé, vacante par la résignation faite en sa faveur par M⁺ François Touzey, dernier titulaire. (*V.* **139, 235**).

183. — Le 8 août 1717, Philippe Meslin, fils de feu Philippe, demeurant à Bellouet, constitue 150 livres de rente en faveur de son fils, M⁺ Léonor Meslin, acolyte, afin qu'il puisse parvenir aux ordres sacrés. (*V.* **66**).

184. — Le 27 janvier 1720, M⁺ Jean Fouquet, pbre, curé de S⁺ Georges-en-Auge, âgé de 66 ans, donne sa procuration pour résigner sond. bénéfice entre les mains de N.-S.-P. le Pape en faveur de M⁺ Marin de la Porte, acolyte du diocèse de Séez, demeurant en la parr. de S⁺ Laurent de Vasson. Il se réserve toutefois la somme de cent livres de rente annuelle sur les revenus dud. bénéfice. (*V.* **200**).

185. — Le 3 février 1720, vu l'attestation du s⁺ Halley, pbre, desservant la parr. de Fiquefleur, dispense de bans pour le mariage entre Robert Bias et Geneviève Auzou.

186. — Le 5 février 1720, vu l'attestation du s⁺ Dumont, vicaire de Cheffreville, dispense de bans pour le mariage entre Nicolas Margot et Marie Mathieu.

187. — Le 2 août 1717, M⁺ Jean-Baptiste Pastey, lieutenant aux Lois et demeurant à N.-D de Cirfontaine, constitue 150 livres de rente en faveur de M⁺ Jean-Baptiste Robine, acolyte de lad. parr. S⁺ Jacques de Lx, afin qu'il puisse parvenir aux ordres sacrés.

188. — Le 5 août 1717, François Buglet, toilier, demeurant à Lx, parr. S⁺ Germain, constitue 150 livres de rente en faveur de M⁺ Nicolas

Beuzelin, acolyte, son cousin, demeurant présentement au séminaire de Lx, afin qu'il puisse parvenir aux ordres sacrés. (*V*. **68**).

189. — Le 23 août 1717, M⁰ Jacques Le Mire, cons⁰ʳ du roy, lieutenant en l'élection de Lx et y demeurant, paʀ̃. S⁰ Jacques, constitue 150 livres de rente en faveur de son fils, M⁰ Jean Le Mire, acolyte, afin qu'il puisse parvenir aux ordres sacrés. (*V*. **68**).

190. — Le 26 janvier 1720, le droit de présentation à la chapelle N.-D. de la Petite-Couture, en la paʀ̃. de Ferrière, appartenant au baron de Ferrière, qui choisit l'un des trois officiers douze-livres présentés par le Chapitre de Lx, haut et puissant seigʳ Mesʳᵉ François de Broglio, comte de Buhy, lieutenant général des armées du roy, directeur général de la cavalerie et des dragons de France, gouverneur du Mont-Dauphin, sire baron de Ferrière et de Chambrois, Auquainville et autres lieux, demeurant à Paris en son hôtel, rue Sᵗ Dominique, choisit pour lad. chapelle, vacante par la mort de M⁰ Jean Corset, pbr̃e, dernier titulaire, la personne de M⁰ Pierre Monseillon, pbr̃e du diocèse de Lx, le Chapitre de la Cathédrale ayant présenté à son choix M⁰ʳ Jean Graffard, Pierre Monseillon et Jacques de Vatteville, tous trois pbr̃es et officiers douze-livres en lad. Cathédrale.

Le 5 février 1720, le seigʳ évêque donne aud. sʳ Monseillon la collation de lad. chapelle.

Le 15 février 1720, le sʳ Monseillon prend possession dud. bénéfice auquel il a été nommé par Mesʳᵉ François « de Broïlle » (Broglio). Fait en présence de M⁰ Pierre Rogère, pbr̃e, curé de Ferrières, et autres habitants de lad. paʀ̃.

191. — Le 24 août 1717, Mesʳᵉ François Costard, seigʳ de la Chapelle et patron de Méry, demeurant à Caen, paʀ̃. Sᵗ Sauveur, et se trouvant présentement en son manoir seigneurial de Canapville (près Touques), constitue 150 livres de rente en faveur de M⁰ Jean-Pierre Valsemey, acolyte, demeurant à Canapville, afin qu'il puisse parvenir aux ordres sacrés. Cette rente est garantie par Pierre de Mire, Escʳ, et par M⁰ Antoine Loisnel, demeurant tous deux en lad. paʀ̃. de Sᵗ Sulpice de Canapville. Fait en présence de M⁰ Pierre Levillain, pbr̃e, curé de Canapville, et autres témoins.

192. — Le 9 février 1720, vu l'attestation du sʳ Legras, vicaire de Capelles, dispense de bans pour le mariage entre Louis Fleury et Marguerite Desjardins.

193. — Le 9 février 1720, vu l'attestation du sʳ Gallois, curé d'Ableville, et du sʳ Courcy, vicaire de Fourneville, dispense de bans pour le mariage entre François Lecornu et Marie Lemarié.

194. — Le 8 février 1720, M⁰ Marin Levallet, pbr̃e, curé de Mittois, âgé de 74 ans, « grabataire et toutefois sain d'esprit et d'entendement, »

donne sa procuration pour résigner sond. bénéfice entre les mains de
N.-S.-P. le pape en faveur de M˚ Pierre Vannier, pbr͞e du diocèse de
Séez et vicaire de Mittois depuis sept années. Il se réserve cent livres
de rente à prendre sur les revenus de lad. cure que led. s͞r Levallet a
desservie pendant quarante trois ans. Fait au manoir presbytéral de
Mittois, en présence de Mes͞re Henry Georges, chevalier, seig͞r et patron
de Mittois, et Jacques Doucet, s͞r de Butenval, de la pa͞rr. de Mittois.

Led. s͞r curé ayant déclaré que le patronage de sa cure appartenait à
l'abbaye de S͞t-Pierre-sur-Dives, led. seig͞r de Mittois proteste contre
cette prétention, attendu que lorsque le s͞r Levallet obtint la cure de
Mittois, led. s͞r Georges « estoit pour lors de la religion prétendue
réformée. » Il consent cependant à l'exécution de la présente résignation
en faveur dud. s͞r Vannier. (*V*. **264**).

195. — Le 24 janvier 1720, M˚ François Hélix, pbr͞e, curé d'Ecorcheville et aussi curé de Fauguernon, résigne led. bénéfice d'Ecorcheville
entre les mains de Mes͞re Jean-François Le Conte de Nonant, marquis de
Pierrecourt, patron présentateur de la cure d'Ecorcheville. (*V*: **168,
274**).

196. — Le 12 février 1720, dispense de bans pour le mariage
entre M˚ François Glasson, huissier, fils de feu François et de Françoise
Périer, de la pa͞rr. S͞t Jacques de Lx, d'une part, et dam͞lle Anne
Cocaigne, fille de Pierre Cocaigne, s͞r de la Noe, et d'Anne Bréard, de
la pa͞rr. de S͞t Germain de Lx. (*V*. **340**).

197. — Le 29 oct. 1719, Philippe Duclos, fils de Jean et
d'Elisabeth Montgoubert, de la pa͞rr. de S͞t Benoit-des-Ombres, reçoit
la tonsure et les ordres mineurs.

198. — Le 21 mars 1716, M˚ Robert Gosselin, procureur en l'élection de Bernay, y demeurant, pa͞rr. de la Couture, constitue 150 livres
de rente en faveur de son fils, M˚ Germain Gosselin acolyte, afin qu'il
puisse parvenir aux ordres sacrés. Cette rente est garantie par M˚ Jean-
François Panthou, procureur en l'élection dud. lieu, y demeurant pa͞rr.
S͞te Croix, et Adrian Jouvin, marchand en lad. ville, pa͞rr. de la
Couture.

199. — Le 7 février 1720, la nomination à la cure de S͞t Gatien-
des-Bois appartenant au Chapitre de Cléry, les chanoines de lad. collégiale nomment à cette cure, vacante par la mort de M˚ Guillaume Jean
de Bellengreville, pbr͞e, dernier titulaire la personne de M˚ François
Jouen, pbr͞e du diocèse de Lx, premier pbr͞e habitué et chapelain de
S͞t Fiacre en lad. collégiale.

Le 16 février 1720, le seig͞r évêque de Lx donne aud. s͞r Jouen la
collation dud. bénéfice.

Le 19 février 1720, le s͞r Jouen, demeurant à Cléry et représenté par

Mᵉ Robert Levillain, pbrē, curé de Pont-l'Evêque, prend possession de la cure de S¹ Gatien, en présence de Mᵉ Robert Le Tardif, pbrē, desservant led. bénéfice, et de plu.... urs autres témoins.

200. — Le 10 février 1720, la nomination à la cure de S¹ Georges-en-Auge appartenant au seigʳ abbé de S¹ Pierre-sur-Dives, Mᵍʳ François Blouet de Camilly, évêque de Toul et abbé de lad. abbaye, nomme à lad. cure, vacante par la mort de Mᵉ Jean Fouquet, pbrē, dernier titulaire, la personne de Mᵉ Guillaume Aubert, pbrē du diocèse de Lx. (*V.* 184).

Le 15 février 1720, le seigʳ évêque donne aud. sʳ Aubert la collation dud. bénéfice.

Le 21 février 1720, le sʳ Aubert prend possesion de la cure de S¹ Georges-en-Auge, en présence de Mᵉ Pierre Desloges, pbrē, desservant lad. parr., et autres témoins.

201. — Le 22 février 1720, Mᵉ Jean Buisson, pbrē de N.-D. de Courson et vicaire de Drucourt. Mᵉ ès-arts en l'Université de Caen, fait réitérer ses noms et grades au seigʳ évêque et au Chapitre de Lx. (*V.* 20, 406).

202. — Le 23 sept. 1719, François-Gabriel Seney, acolyte de S¹ Germain de Lx, est ordonné sous-diacre. (*V.* 320).

203. — Le 22 janvier 1720, Mᵉ Robert Lachey, acolyte du diocèse de Lx, ayant exposé en cour de Rome que, depuis qu'il a reçu les ordres mineurs, il a porté les armes au service de Sa Majesté dans ses armées pendant plusieurs années ; qu'il s'est trouvé en plusieurs expéditions comme sièges de villes, combats et autres actions militaires, sans cependant savoir s'il a tué ou mutilé quelqu'un ; il supplie Sa Sainteté de le dispenser de l'irrégularité qu'il pourrait avoir encourue et de lui permettre d'entrer dans les ordres sacrés. Sa demande lui est accordée.

Le 24 février 1720, Mᵉ Pierre Dumesnil-Leboucher, grand vicaire et official de l'évêché de Lx, commissaire de Sa Sainteté en cette partie, fulmine la dispense obtenue par led. sʳ Lachey.

204. — Le 29 janvier 1720, la nomination à la cure de Croisilles revenant au roy à cause du litige formé entre les patrons présentateurs, Sa Majesté nomme aud. bénéfice, vacant par la mort du sʳ de la Bisse, la personne de Mᵉ Gabriel de la Mondière, pbrē du diocèse de Lx.

Le 27 février 1720, led. sʳ de la Mondière, demeurant à Coulmer, requiert du seigʳ évêque la collation de la cure de Croisilles. Celui-ci répond qu'il veut bien accorder lad. collation *ad conservationem juris,* « saouf les droits et prétentions de mond. seigʳ et ceux d'autruy ».

Le 28 février 1720, le seigʳ évêque donne purement et simplement aud. sʳ de la Mondière la collation dud. bénéfice.

Le 29 février 1720, le sr de la Mondière prend possession de la cure de Croisilles par le ministère de Me Guillaume Maignet, notaire royal-apostolique au diocèse de Lx, résidant à Gacé. Ils se rendent à la maison presbytérale de Croisilles où était Me Adrian Jouen. Ils lui demandent la clef pour entrer dans l'église, afin d'observer les formalités ordinaires pour la prise de possession dud. bénéfice. Le sr Jouen, prétendant être lui-même pourvu de la même cure en vertu de la nomination de Monseigr l'évêque de Lx, seul et unique présentateur aud. bénéfice, refuse de donner la clef et proteste de nullité toute prise de possession que ferait led. sr de la Mondière. Celui-ci à son tour proteste de nullité l'opposition faite par led. sr Jouen. Fait en présence de plusieurs témoins de Coulmer et des Champeaux. (V. **95, 153, 325, 344**).

205. — Le 22 février 1720, Me Jean Daubin, pbrē, desservant la parr. de N.-D. de Launay-sur-Calonne, Me ès-arts en l'Université de Caen, fait réitérer ses noms et grades au seigr évêque et au Chapitre de Lx. (V. **83, 432**).

206. — Le 17 juin 1714, Zacharie Lebailly, fils de Zacharie et de Marguerite Quignette, de la parr. de Pont-l'Evêque, *rite dimissus*, reçoit la tonsure et les ordres mineurs dans la chapelle du séminaire de Caen.

Le 8 avril 1719, il est ordonné prêtre au séminaire de Lx. (V. **70**).

207. — Le 28 février 1720, la nomination à la cure de Mesnil-Bacley appartenant au prieur de N.-D. du Val-Boutry, Dom Jacques-Joseph Le Paulmier, pbrē, religx et prieur de l'abbaye de St Etienne de Caen et titulaire dud. prieuré du Val-Boutry, nomme à lad. cure, vacante par la mort de Me Louis Lecoq, dernier titulaire, décédé le 22 du présent mois, la personne de Me Guillaume Couture, pbrē, vicaire de Livarot. (V. **211**).

Le 2 mars 1720, le seigr évêque donne aud. sr Couture la collation dud. bénéfice.

208. — Le 27 février 1720, Me François Morel, pbrē du diocèse d'Evreux, curé de Villers-en-Ouche, Me ès-arts en l'Université de Caen, fait réitérer ses noms et grades au seigr évêque et au Chapitre de Lx, ainsi qu'aux religx de St Evroult. (V. **88, 441**).

209. — Le 1er mars 1720, Mesre François Durozey, docteur en théologie de la faculté de Paris, Me ès-arts en l'Université de lad. ville et y demeurant, parr. St Jacques-du-Haut-Pas, représenté par son frère Mesre Gabriel Durozey, chanoine de Lx, fait réitérer ses noms et grades au seigr évêque et au Chapitre de Lx. (V. **420**).

210. — Le 20 sept. 1690, Claude de Louis, fils de Pierre et de Marguerite Agesson, de la parr. de Canapville (Gacey), *rite dimissus*, reçoit à Evreux la tonsure et les ordres mineurs. (V. **212, 414**).

211. — Le 24 février 1720, la nomination à la cure de S¹ Pierre du Mesnil-Bacley, appartenant au seig⁶ abbé de S¹ Pierre-sur-Dives, Mg⁶ François Blouet de Camilly, évêque de Toul et abbé de S¹ Pierre-sur-Dives, nomme à lad. cure, vacante par la mort de M⁶ Louis Lecoq, pbr͞e, dernier titulaire, la personne de M⁶ Christophe Corbin, pbr͞e du diocèse de Séez. (*V*. 207).

Le 5 mars 1720, le seig⁶ évêque donne aud. s⁶ Corbin la collation dud. bénéfice.

Le 6 mars 1720, le s⁶ Corbin prend possession de la cure du Mesnil-Bacley, en présence de M⁶ Georges Huc, pbr͞e, desservant lad. par͞r.; M⁶ Charles Camus, acolyte; M⁶ Pierre Lécuier, diacre, tous deux de Livarot, et plusieurs autres paroissiens dud. lieu de Mesnil-Bacley.

212. — Le 2 mars 1720, M⁶ Claude de Louis, pbr͞e, Esc⁶, M⁶ ès-arts et docteur en théologie de l'Université de Caen, originaire de S¹ Aubin de Canapville et demeurant ordinairement à Pont-l'Évêque, fait signifier ses noms et grades au seig⁶ évêque de Lx, en parlant au s⁶ Bernardi, son secrétaire, et au Chapitre de la Cathédrale en parlant à Mes͞rs François Le Rebours, archidiacre, François Daubin, Charles Costard, Olivier de Montargis, Gilbert Hébert, Charles Le Bas, Charles Inger, pénitencier, Simon-Charles Boulduc, François-Nicolas Caboulet, François Le Bas du Mesnil, Jean-Jacques Lebourg des Alleurs, François Le Bas de S¹ Germain, Gabriel Durozey et Adam Leroy, tous chanoines de la Cathédrale. (*V*. 210, 414).

213. — Le 24 sept. 1701, Jean Féron, fils de Guillaume et de Jeanne Lecomte, de la par͞r. S¹ Nicolas de Caen, reçoit à Caen la tonsure et les ordres mineurs des mains de Mg⁶ Pierre-Daniel Huet, ancien évêque d'Avranches, avec l'autorisation du seig⁶ évêque de Bayeux.

Le 10 janvier 1708, led. s⁶ Féron, pbr͞e, est reçu M⁶ ès-arts en l'Université de Caen.

Le 29 février 1708, il obtient des lettres de quinquennium du recteur de lad. Université.

Le même jour, il est nommé par icelle sur les archevêchés et les Chapitres de Paris, Rouen et Tours; sur les évêchés et les Chapitres de Chartres, Condom, Bayeux, Lisieux, Coutances, Avranches, Evreux, Séez et Rennes, ainsi que sur la plupart des abbayes et prieurés de ces différents diocèses. (*V*. 226).

214. — Le 2 février 1720, M⁶ Jacques Corbin, pbr͞e du diocèse de Lx, M⁶ ès-arts et bachelier en théologie de la Faculté de Paris, demeurant à Conflans-Charenton, fait réitérer ses noms et grades à Son Eminence Mg⁶ le cardinal de Gesvres, abbé commendataire de l'abbaye de Bernay, en parlant à M⁶ Charles Ferrier, aumônier de

Son Eminence, de présent en la ville de Paris, rue S¹ Honoré, proche S¹ Roch. (*V.* **57, 248, 410**).

215. — Le 8 mars 1720, Mᵉ Jean-Baptiste Paulmier, pbre, demeurant à Lx, parr. S¹ Jacques, et pourvu de la chapelle S¹ Jean-Baptiste de Cambremer (de nulle valeur), Mᵉ ès-arts en l'Université de Caen, fait réitérer ses noms et grades au seigʳ évêque et aux sʳˢ chanoines de Lx, en parlant à Mesʳᵉ Claude de Franqueville, haut doyen, Gabriel de Grosourdy, trésorier, etc. (*V.* **79, 222, 415**).

216. — Le 9 mars 1720, Mᵉ François Legrip, pbre, vicaire de Fontaine-la-Soret, Mᵉ ès-arts en l'Université de Caen, fait réitérer ses noms et grades au seigʳ évêque et au Chapitre de Lx. (*V.* **412**).

217. — Le 15 mars 1720, vu l'attestation du sʳ Guillaume Deneufville, curé de la Cressonnière, dispense de bans pour le mariage entre « haut et puissant seigneur, Mesʳᵉ Louis, marquis de la Vieuville, fils de feu haut et puissant seigʳ Mesʳᵉ Réné-François, marquis de la Vieuville, chevalier d'honneur de la feue reine et gouverneur pour le roy des provinces de Haut et Bas Poitou, et de feu haute et puissante dame Anne-Lucie de la Motte-Houdancourt, de la parr. de S¹ Paul de Paris, d'une part, et haute et puissante damˡˡᵉ Marie-Pélagie de Toustain, d'Aisey de Carency, fille majeure de feu haut et puissant seigʳ Mesʳᵉ Nicolas de Toustain, marquis de Carency, et de feu haute et puissante dame Rénée de Mailloc, depuis six semaines de la parr. de S¹-Louis-en-Lisle, et auparavant, depuis le mois d'octobre dernier, de la parr. de S¹ Sulpice, et, avant led. mois d'octobre, de la parr. de la Cressonnière.

218. — Le 17 mars 1720, dispense de bans pour le mariage entre Gabriel Le Bas du Mesnil, Escʳ, seigʳ et patron honoraire de S¹-Jean-de-Livet, consᵉʳ et ancien avocat du roy au bailliage d'Orbec, fils de feu Jean-Baptiste Le Bas, sʳ du Mesnil, consᵉʳ du roy, lieutenant général en l'élection de Lx, et de dame Marguerite de Costentin, de la parr. d'Orbec, d'une part, et damˡˡᵉ Charlotte-Renée Traimollière, fille de feu Pierre Traimollière, Escʳ, consᵉʳ du roy, receveur des tailles en l'élection de Mantes, et de dame Marie-Suzanne Forslin, de la parr. de S¹ Eustache de Paris.

219. — Le 21 février 1720, Mᵉ François Frontin, sous-diacre du diocèse de Lx, (originaire de Boulleville et demeurant à Pontaudemer), reçoit des lettres de quinquennium du recteur de l'Université de Caen.

Le même jour, led. sʳ Frontin, âgé de vingt-deux ans et cinq mois, est nommé par lad. Université sur les évêchés et les chapitres de Paris et de Rouen ; sur les évêchés et les chapitres de Bayeux, Lisieux, Evreux et Séez, ainsi que sur un grand nombre d'abbayes et de prieurés de ces divers diocèses.

220. — Le 11 mars 1720, Dom Pierre-Samuel Viel de la Grande-Rue, pbrē du diocèse de Bayeux, prieur claustral de Ste Croix de la Maison de Caen, Mᵉ ès-arts en l'Université de Caen, fait réitérer ses noms et grades aux religˣ de Stᵉ Barbe. (*V.* **33**).

221. — Le 12 mars 1720, Mᵉ Pierre Marescal, pbrē, vicaire d'Epréville, Mᵉ ès-arts en l'Université de Paris, fait réitérer ses noms et grades au seigʳ évêque et au Chapitre de Lx, ainsi qu'aux religˣ de Bernay. (*V.* **50, 162, 431**).

222. — Le 8 mars 1720, Mᵉ Jean-Baptiste Paulmier, pbrē, demeurant à Lx, parr. St Jacques, fait réitérer ses noms et grades aux religieux de St Evroult. (*V.* **79, 215, 475**).

223. — Le 12 mars 1720, Mᵉ Alexandre Dubuisson, pbrē du diocèse de Lx, Mᵉ ès-arts et licencié en théologie de la faculté de Paris et professeur en l'Université dud. lieu de Paris, y demeurant au collège de Lx, représenté par Jean Dubuisson, marchand, bourgeois demeurant à Lx, parr. St Germain, fait réitérer ses noms et grades au seigʳ évêque et au Chapitre de Lx. (*V.* **412, 573, 598**).

224. — Le 13 mai 1720, Mᵉ Nicolas Turpin, pbrē, demeurant en la parr. de St André-d'Echauffour, prieur de St Laurent des Planches (valeur de cent livres de revenu annuel), Mᵉ ès-arts et bachelier en théologie de l'Université de Caen, fait réitérer ses noms et grades au seigʳ évêque et au Chapitre de Lx, ainsi qu'aux religieux de St Evroult. (*V.* **82, 423**).

225. — Le 13 mars 1720, Mᵉ Michel Turpin, pbrē, demeurant à St André-d'Echauffour, Mᵉ ès-arts en l'Université de Caen, représenté par Mᵉ Nicolas Turpin, pbrē de lad. parr. d'Echauffour, fait réitérer ses noms et grades aux religˣ de St Evroult. (*V.* **61, 460**).

226. — Le 20 mars 1720, Mᵉ Jean Féron, pbrē, curé de Condé-sur-Seulles, (revenu annuel de 300 livres), diocèse de Bayeux, Mᵉ ès-arts en l'Université de Caen, représenté par Mᵉ Pierre-Alexandre Motaillé, vicaire de St Désir, fait signifier ses noms et grades au seigʳ évêque et au Chapitre de Lx. (*V.* **213**).

227. — Le 2 mars 1720, la nomination à la chapelle St Jean-Baptiste, 1ʳᵉ portion, en la Cathédrale appartenant au chanoine de semaine, mais ce droit revenant au Chapitre tout entier à cause de l'absence de celui (1) qui devrait être chanoine de semaine, les sʳˢ chanoines nomment à lad. chapelle, vacante par la mort de Mᵉ Pierre Foret, pbrē, dernier titulaire, décédé la semaine précédente, la personne de Mᵉ Louis-Jean du Houlley, clerc du diocèse de St Malo.

---

(1) Ce chanoine absent était Mʳᵉ Nicolas du Houlley, chanoine prébendé des Chesnes, demeurant habituellement à Paris.

Le 15 mars 1720, led. sʳ Jean du Houlley, représenté par Mᵉ Guillaume Cousture, pbr̄e, chapelain de Sᵗᵉ Croix en la Cathédrale, prend possession de lad. 1ʳᵉ portion de la chapelle Sᵗ Jean-Baptiste.

228. — Le 12 mars 1720, Mᵉ Jean-Baptiste Lesieur, diacre, demeurant à Gacey, Mᵉ ès-arts en l'Université de Caen, représenté par Mᵉ Pierre Hardrey, sous-diacre (de la Fresnaye-Fayel), « estant de présent au petit séminaire de Lx, faubourg de la Chaussée, parr̄. Sᵗ Germain, » fait réitérer ses noms et grades au seigʳ évêque et au Chapitre de Lx. (*V.* **67, 115, 417, 430**).

229. — Le 18 mars 1720, la nomination à la cure de Croisilles appartenant au prieur et aux religieux de Sᵗ Evroult à cause de la vacance du siège abbatial, et le seigʳ évêque de Lx ayant refusé la collation dud. bénéfice à Mᵉ Guillaume de la Couture qui y avait été nommé par lesd. religieux, comme plus ancien gradué, après la mort de Mᵉ Philippe de la Bise, décédé au mois d'octobre dernier, le seigʳ archevêque de Rouen, en vertu de son autorité métropolitaine, donne aud. sʳ de la Couture l'institution canonique de lad. cure.

Le motif du refus donné par l'évêque de Lx était que la place était remplie. (*V.* **325**).

230. — Le 27 février 1720, la nomination à la cure de Sᵗ Georges-du-Vièvre appartenant au seigʳ abbé du Bec-Hellouin, Monseigʳ Louis de Bourbon, Prince du sang, comte de Clermont, abbé de lad. abbaye, nomme à cette cure, vacante par la mort de Mᵉ Louis Hudebert, dernier titulaire, la personne de Mʳᵉ Louis Baslier, pbr̄e du diocèse de Rouen. (*V.* **177**).

Le 18 mars 1720, le seigʳ évêque donne aud. sʳ Baslier la collation dud. bénéfice. (*V.* **257**).

231. — Le 22 mars 1720, Mᵉ Charles Bardel, pbr̄e, curé de Sᵗ Pierre-des-Loges, doyenné de Gacey, donne sa procuration pour résigner led. bénéfice entre les mains de N.-S.-P. le pape en faveur de Mᵉ Gabriel Hurel, pbr̄e, vicaire d'Echaumesnil. Il se réserve 400 livres de pension sur les revenus de lad. cure qu'il a desservie pendant vingt ans et dans laquelle il a usé sa santé. En outre de cette somme qui n'est pas le tiers des revenus du bénéfice, « led. sʳ Bardel, vu l'infirmité dans laquelle il est, estant attaqué d'hydropysie, à raison de quoy on luy a desjà fait deux fois la ponction, retient pour son usage, pendant le cours de sa vie, la cuisine et salle du presbytère, ainsy que le jardin à porée. » Fait aud. presbytère, en présence de Mᵉ François Dutocq, curé d'Echaumesnil, et autres témoins. (*V.* **238, 402**).

232. — Le 29 oct. 1719, Jacques Lefrançois, fils de Nicolas et de Marie Duval, de la parr̄. de Piencourt, reçoit la tonsure et les ordres mineurs.

233. — Le 25 sept. 1719, le seig' évêque donne à M° Michel De la Salle, pbre, la collation de la cure du Mont-Saint-Jean ou Herbigny.

Le 14 mars 1720, led. s' De la Salle prend possession dud. bénéfice, en présence du s' Jean Morisse, receveur de la terre d'Herbigny, et autres témoins. (*V.* **120**).

234. — Le 18 déc. 1719, le siège abbatial de S' Laumer de Blois étant vacant, le seig' évêque de Lx donne à M° Félix Maillet, pbre de Lx, la collation de la cure de S' Martin du Houlley, ci-devant appelée S' Martin d'Ouillie, vacante par la mort de M° Louis Bourlet.

Le 17 mars 1720, led. s' Maillet prend possession dud. bénéfice, en présence de M° Jean-Baptiste Pastey, acolyte, et de plusieurs autres paroissiens. (*V.* **290**).

235. — Le 19 fév. 1720, le seig' évêque donne son visa aux lettres de provision de la cure de S' Martin de Condé, 2° portion, obtenues en cour de Rome par M° Nicolas Lefebvre, pbre du diocèse de Lx.

Le 16 mars 1720, led. s' Lefebvre prend possession dud. bénéfice, en présence de M° Jean Levavasseur, pbre, curé de S' Jean-de-la-Lecqueraye et doyen de Cormeilles ; M° François Touzé, ci-devant curé de lad. 2° portion ; Pierre Barbe, curé de S' Etienne-Lallier ; Pierre Aussy, vicaire de lad. parr. de Condé, et plusieurs paroissiens.

236. — Le 19 mars 1720, M° Antoine Jehan, pbre, curé de Noron, diocèse de Séez, M° ès-arts en l'Université de Caen, fait réitérer ses noms et grades aux religieux de S' Evroult. (*V.* **47**).

237. — Le 19 mars 1720, M° Guillaume Delafosse, pbre, curé de Réville (de la valeur de 200 livres) et pourvu de la chapelle S' Léonard en la Cathédrale, dont il n'est pas paisible possesseur, M° ès-arts en l'Université de Caen, fait réitérer ses noms et grades au seig' évêque et au Chapitre de Lx. (*V.* **72, 319**).

238. — Le 19 mars 1720, M° Gabriel Hurel, de la parr. du Mesnil-Simon, M° ès-arts en l'Université de Caen, fait réitérer ses noms et grades au seig' évêque et au Chapitre de Lx. (*V.* **231**).

239. — Le 20 mars 1720, M° André du Coudray, pbre, docteur en théologie de la faculté d'Angers, curé de Marnefer, diocèse d'Evreux (valeur de 300 livres de revenu), M° ès-arts en l'Université de Caen, fait réitérer ses noms et grades aux religieux de S' Evroult. (*V.* **52**).

240. — Le 20 mars 1720, M° Louis Delamare, pbre, demeurant à Pontaudemer, parr. S' Ouen, M° ès-arts en l'Université de Caen, fait réitérer ses noms et grades aux religieux de S' Pierre de Préaux, de Cormeilles et de Grestain. (*V.* **46, 421**).

241. — Le 22 mars 1720, M° Robert Boissel, pbre (originaire de la parr. de S' Germain de Pontaudemer), demeurant à Paris, cloître et parr. des SS. Innocents, M° ès-arts en l'Université dud. Paris, fait réitérer par procureur ses noms et grades aux religieux de S¹ Pierre de Préaux et de Bernay, ainsi qu'aux dames de S¹ Léger de Préaux.

242. — Le 1ᵉʳ avril 1720, Mesʳᵉ Jules de Liée de Tonnencourt, pbrē, chanoine prébendé de la Pluvière, étant en son lit, malade, résigne sond. canonicat entre les mains du seigʳ évêque qui en est collateur ordinaire.

Le même jour, led. seigʳ évêque nomme à ce bénéfice la personne de Mᵉ Jean-Estienne Bernardi, pbrē du diocèse de Carpentras, en présence de Mᵉ Jean-Baptiste Moullin, pbrē, chanoine et archidiacre, et de Guillaume Véron, pbrē, chapelain en la Cathédrale.

Le 2 avril 1720, led. sʳ Bernardi est mis en possession du canonicat de la Pluvière ou Pluyère par le ministère de M. le doyen, en présence de Mᵉ Guillaume Couture et de Mᵉ Jean Graffard, pbrēs, chapelains de la Cathédrale. (*V.* 212).

243. — Le 25 mars 1720, la nomination à la cure de N.-D. du Pin appartenant au seigʳ du lieu, Mesʳᵉ Marc-Aurèle-François Achard, chevʳ, seigʳ et patron de N.-D. du Pin, seigʳ des fiefs de la Table d'Asnières, Crevilly, Thillard, Le Moustier, Alorge et autres terres et seigneuries, seigʳ suzerain des parr. de S¹ Jean et de S¹ Eustache d'Asnières, nomme à lad. cure, vacante par la mort de Mᵉ Guillaume Hagueron, pbrē, dernier titulaire, la personne de Mᵉ Guillaume Leteinturier, pbrē du diocèse de Bayeux.

Le 25 mars 1720, le seigʳ évêque donne aud. sʳ Leteinturier la collation de lad. cure.

Le 15 avril 1720, le sʳ Leteinturier prend possession de la cure de N.-D. du Pin, en présence dud. seigʳ présentateur ; de Mᵉ Georges-François Hélix, pbrē, desservant le prieuré de S¹ Hymer ; Jacques Delafosse, maître d'école, et plusieurs paroissiens du Pin.

244. — Le 19 oct. 1710, Pierre-Gabriel-Réné Le Normand, fils de Gabriel et de Marie du Pommeret, de la parr. de S¹ Ouen-le-Hoult, reçoit la tonsure et les ordres mineurs.

Le 4 avril 1711, il est ordonné sous-diacre par le seigʳ évêque de Vabre dans la chapelle du séminaire de Lx.

Le 26 mars 1712, led. sʳ Le Normand du Buschet, sous-diacre de S¹ Ouen-le-Hoult, est ordonné diacre.

245. — Le 30 mars 1720, le seigʳ évêque de Lx confère le diaconat aux frères François Fillion et Jean-Guillaume Cadet, chanoines réguliers du couvent de Cherbourg, diocèse de Coutances, (*rite dimissis*).

246. — Le 25 mars 1720, Mᵉ Jacques Corbin, pbrē, bachelier de la faculté de Paris, demeurant au monastère des religieuses de Conflans, près Paris, représenté par son père, le sʳ Jean Corbin, marchand de la ville de Bernay, fait réitérer ses noms et grades au seigʳ évêque et au Chapitre de Lx. (*V*. **57, 214, 410**).

247. — Le 22 mars 1720, Mᵉ Georges-François Hélix, pbrē, desservant le prieuré de S' Hymer, Mᵉ ès-arts en l'Université de Caen, fait réitérer ses noms et grades au seigʳ évêque et au Chapitre de Lx, ainsi qu'aux religieux de Beaumont-en-Auge, S' Pierre de Préaux, Cormeilles, Bernay et aux dames de S' Léger de Préaux. (*V*. **80, 169, 243, 256, 259**).

248. — Le 18 mars 1720, Mᵉ René Le Bret, diacre du diocèse de Lx, est reçu Mᵉ ès-arts en l'Université de Caen.

Le 20 mars 1720, il obtient des lettres de quinquennium du recteur de lad. Université.

Le même jour, led. sʳ Le Bret, âgé de 28 ans, est nommé par icelle Université sur les archevêchés et les chapitres de Paris et de Rouen ; sur les évêchés et les chapitres de Chartres, Blois, Orléans, Evreux, Séez, Lisieux et Le Mans, ainsi que sur bon nombre de prieurés et abbayes de ces divers diocèses.

Le 30 mars 1720, le sʳ Le Bret, diacre du Mesnil-Hubert, est ordonné prêtre. (*V*. **66, 266**).

249. — Le 28 mars 1720, Mᵉ Pierre Thillaye, pbrē, demeurant à Lx, parr. S' Germain, pourvu de la chapelle S' Léonard en la Cathédrale, dont il n'est pas paisible possesseur, Mᵉ ès-arts en l'Université de Paris, fait réitérer ses noms et grades au seigʳ évêque et au Chapitre de Lx. (*V*. **89, 454**).

250. — Le 29 mars 1720, Mᵉ François Gravelle, diacre, demeurant en la parr. de Crouttes, Mᵉ ès-arts en l'Université de Caen, fait réitérer ses noms et grades aux religieux de S' Evroult. (*V*. **78**).

251. — Le 30 mars 1720, Mᵉ Adrian Le Roux, diacre d'Etrepagny, est ordonné prêtre. (*V*. **68**).

252. — Le 28 mars 1720, Mᵉ Guillaume de la Couture, pbrē, vicaire de S' Evroult-de-Montfort, Mᵉ ès-arts en l'Université de Caen, fait réitérer ses noms et grades aux religieux de S' Evroult. (*V*. **60, 436, 456**).

253. — Le 28 mars 1720, Mᵉ François Coispel, pbrē, originaire de la parr. de S' Nicolas-des-Lettiers, Mᵉ ès-arts en l'Université de Paris, pourvu et en possession des cures de S' Nicolas-des-Lettiers et de S' Pierre-du-Marché-Neuf, pour lesquelles il y a litige, demeurant à Paris, place de Grève, en l'hôtel du S' Esprit, représenté par son frère, le sʳ Jean Coispel, demeurant en lad. parr. de S' Nicolas-des-Lettiers, fait réitérer ses noms et grades aux religʳ de S' Evroult. (*V*. **465**).

254. — Le 29 mars 1720, Mᵉ Jean de Gémare, Escʳ, pbre du diocèse de Lx, demeurant en la communauté des prêtres de S' Sulpice, à Paris, Mᵉ ès-arts en l'Université de Caen, représenté par Mᵉ Gabriel Cachet, pbrē de la parr. Sᵗ Germain de Lx, demeurant en la parr. Sᵗ Jacques, fait réitérer ses noms et grades au seigʳ évêque de Lx. (V. 71, 419).

255. — Le 29 mars 1720, Mᵉ Christophe Courtin, pbrē, vicaire de Retz en la Cathédrale (de la valeur de deux cents livres de revenu) et chapelain de la chapelle Sᵗ Laurent, fondée aussi en la Cathédrale (de la valeur de 80 livres de rentes), Mᵉ ès-arts en l'Université de Caen, fait signifier ses noms et grades au seigʳ évêque et au Chapitre de Lx, en parlant pour les sʳˢ chanoines à Mʳˢ Claude de Franqueville, haut-doyen ; Gabriel de Grosourdy, trésorier ; Pierre Dumesnil-Leboucher, scolaste ; Louis-Henry Romé de Vernouillet, archidiacre ; Jean-Baptiste Moullin ; François Lʳ Rebours ; Etienne Le Bas, théologal et archidiacre, etc.., tous chanoines de la Cathédrale. (V. 453).

256. — Le 25 nov. 1719, Mᵉ Georges Hélix, pbrē du diocèse de Lx, obtient en cour de Rome des lettres de provision de la cure de Fiquefleur, vacante par la mort de Mᵉ Jean Cabart, pbrē, dernier titulaire.

Le 8 avril 1720, le seigʳ évêque donne son visa auxd. lettres de provision. (V. 80, 259, 265).

257. — Le 3 avril 1720, Mᵉ Louis Baslier, pbrē, bachelier en théologie, vicaire de Sᵗᵉ Croix-des-Pelletiers de Rouen, pourvu de la cure de Sᵗ Georges-du-Vièvre, prend possession dud. bénéfice, en présence de Mᵉ Charles Monpellier, pbrē, desservant lad. cure ; Jean Foutel, aussi pbrē, chapelain de la Charité ; Jacques du Valpoutrel, Escʳ ; Louis Baillehache, trésorier, et plusieurs autres paroissiens. (V. 230).

258. — Le 12 avril 1720, la nomination à la cure de Sᵗ Pierre d'Equemauville appartenant au chapitre de Cléry, les sieurs chanoines de lad. collégiale nomment à cette cure, vacante par la mort de Mᵉ Robert-François Fondimare, pbrē, dernier titulaire, la personne de Mᵉ François Guilmet des Fontaines, pbrē du diocèse de Bayeux.

Le 27 avril 1720, le seigʳ évêque donne aud. sʳ Guilmet des Fontaines la collation dud. bénéfice.

Le lendemain, le sʳ des Fontaines prend possession de la cure d'Equemauville, en présence de Mᵉ Pierre Fourey, pbrē, vicaire de lad. parr ; Mᵉ Jacques Giffard, pbrē, demeurant à Honfleur, et plusieurs autres habitants du lieu.

259. — Le 20 avril 1720, la nomination à la cure de Sᵗᵉ Croix de Bernay appartenant au seigʳ abbé de Bernay, Mʳ Léon de Gesvre, cardinal de la Sᵗᵉ Eglise romaine, archevêque de Bourges et abbé de Bernay, nomme à lad. cure, vacante par la mort de Mᵉ François

Lochet du Carpont, pbrē, dernier titulaire, décédé dans le présent mois, la personne de M° Georges-François Hélix, pbrē du diocèse de Lx. Fait à Paris où les affaires de son clergé avaient appelé Son Eminence.

Le 28 avril 1720, le seigʳ évêque donne aud. sʳ Hélix la collation dud. bénéfice.

Le 5 mai 1720, le sʳ Hélix, M° ès-arts, desservant le prieuré de Sᵗ Hymer, pourvu de la cure de Fiquefleur, dont il n'est pas paisible possesseur, et aussi de la cure de Sᵗᵉ Croix de Bernay, prend possession dud. bénéfice de Sᵗᵉ Croix, en présence de M° Martin Dubusc, pbrē, « desservant actuellement en chef lad. cure de Sᵗᵉ Croix » ; François Hubert, André Aubry, Robert Bonhomme, Jean Leprevost, Martin Chauvel, Pierre Vauchel, tous prêtres ; M° Jacques Bayvel, sous-diacre et clerc-sacristain de lad. église ; les sʳˢ Louis Corset, Sébastien Bare, trésoriers en charge, et quantité d'autres personnes dud. lieu. » (*V.* **80, 256, 265, 273**).

260. — Le 20 sept. 1713, Mathieu Barrey de Montfort, fils d'André et de Magdeleine d'Aizac, du diocèse de Lx, *rité dimissus*, reçoit la tonsure à Evreux.

Le 24 sept. 1715, M° Mathieu Barrey de Montfort, acolyte du diocèse de Lx, est reçu M° ès-arts en l'Université de Paris.

Le 1ᵉʳ fév. 1716, led. sʳ Barrey, bachelier en théologie de la faculté de Paris, obtient des lettres de quinquennium du recteur de lad. Université.

Le 17 mars 1716, le sʳ Barrey, sous-diacre, est nommé sur l'évêché et le Chapitre de Lisieux. (*V.* **276, 558**).

261. — Le 29 janv. 1720, la nomination au personnat de Cerquigny appartenant au seigʳ du lieu et le roy ayant la garde noble de la demoiselle de Cerquigny, nomme aud. bénéfice, vacant par la mort du sʳ d'Aché, la personne de Mʳᵉ Louis d'Euve des Valasses, clerc tonsuré du diocèse d'Evreux.

Le 6 mai 1720, led. sʳ des Valasses prend possession du personnat de Cerquigny, avec toutes les cérémonies accoutumées, accomplies dans l'église N.-D. de Cerquigny, en présence de M° Louis Talbot, pbrē, curé de la 2ᵉ portion dud. lieu ; M° Pierre Beaumesnil, vicaire de lad. parr. ; M° Jean-François Ledanois, pbrē, curé de la 1ʳᵉ portion ; Nicolas Derneville, Escʳ, seigʳ de Maubuisson et de la Cour-du-Bosc, et plusieurs autres habitants de lad. parr. de Cerquigny.

262. — Le 6 mai 1720, la nomination à la chapelle Sᵗᵉ Catherine en la Cathédrale appartenant au baron de Combray, Mesʳᵉ Charles de Parey, chevʳ, seigʳ baron de Combray, seigʳ de Norolles, la Londe et autres lieux, demeurant en son château de Combray, parr. de Fauguernon, nomme à lad. chapelle, vacante par la mort de M° Nicolas

Lesguillon, pbrē, dernier titulaire, la personne de Mᵉ Daniel Lefort, pbrē, chapelain de la chapelle Sᵗ Vivien en la Cathédrale. Fait au château de Combray, en présence de Mᵉ Jacques Boessey, curé de Sᵗ-Philbert-des-Champs.

Le 14 mai 1720, led. sʳ Lefort obtient du seigʳ évêque la collation de lad. chapelle.

Le 17 mai 1720, il est mis en possession dud. bénéfice par le ministère de Mʳ le doyen du Chapitre.

263. — « Le 10 mai 1720, le sʳ promoteur a remonstré à la Compagnie que le sʳ Estienne Le Bas, official du Chapitre, estoit depuis longtemps absent, que cependant il se présentoit des affaires où sa présence et son ministère estoient absolument nécessaires ; qu'il estimoit qu'il estoit à propos de nommer une personne de la Compagnie qui fist la fonction de vice-gérant pendant l'absance dud. sʳ official. Sur quoy ayant esté murement deslibéré, la Compagnie a nommé pour vice gérant du sʳ official du Chapitre de Lisieux la personne de Mᵉ Charles Le Bas, pbrē, chanoine prébendé du Val Rohays, licencié aux lois. » *(Extrait des Registres du Chapitre.)*

264. — Le 1ᵉʳ mars 1720, Mᵉ Pierre Vasnier, pbrē du diocèse de Séez, vicaire de Mittois, obtient en cour de Rome des lettres de provision de lad. cure, vacante par la résignation faite en sa faveur par Mᵉ Marin Levallet, pbrē, dernier titulaire. (*V.* 194).

Le 16 mai 1720, le seigʳ évêque donne son visa auxd. lettres de provision.

Le 22 mai 1720, le sʳ Vasnier prend possession de la cure de Mittois, en présence de Mᵉ Jean Jollain, pbrē, curé de Sᵗ Martin-de-Fresnay ; Mᵉ Charles Le Camus, acolyte ; Mᵉ Pierre Beaubley, clerc tonsuré de Bretteville-sur-Dives, diocèse de Séez ; Georges de Rozée, Escʳ, sʳ de Courteilles, et plusieurs habitants de la parr. de Mittois.

265. — Le 17 mai 1720, Mᵉ Georges-François Hélix, pbrē, curé non-paisible possesseur de la parr. de Fiquefleur, et encore curé de Sᵗᵉ Croix de Bernay, donne sa procuration pour résigner led. bénéfice de Fiquefleur entre les mains de N.-S.-P. le pape en faveur de Mᵉ Pierre de Miro, diacre de Canapville-sur-Touques. (*V.* 64, 256, 259, 329).

266. — Le 26 avril 1720, Mᵉ Réné Le Bret, pbrē, originaire de Sᵗ Denis du Mesnil-Hubert, demeurant présentement à Champ-Hault, Mᵉ ès-arts en l'Université de Caen, fait signifier ses noms et grades aux religieux de Sᵗ Evroult, en parlant à Gilles Prevel, portier de l'abbaye. (*V.* 66, 248).

267. — Le 13 mai 1720, Mᵉ Réné Duhamel, pbrē du diocèse de Bayeux, pourvu de la cure d'Auberville, vacante par le décès de Mᵉ Pasquier Auvray (1), dernier titulaire, prend possession dud. bénéfice, en présence de M° Robert Bosquier, pbrē, curé de S¹ Vaast ; M° Jacques Noel, pbrē, desservant la parr. d'Auberville, et plusieurs habitants du lieu. (V. 175).

268. — Le 22 mai 1720, dispense de bans pour le mariage entre Guillaume de Villers, fils d'Olivier et de dam¹¹° Marguerite Delahaye, de la parr. de Beuvron, d'une part, et dam¹¹° Catherine-Charlotte Lepeltier, fille d'Antoine Lepeltier et de Catherine de Semilly, de la parr. des Authieux-sur-Calonne.

269. — Le 17 juin 1714, Louis Ernoult, fils de François et de Marie Fortin, de la parr. de S¹ André-d'Hébertot, *rité dimissus*, reçoit la tonsure et les ordres mineurs dans la chapelle du séminaire de Caen.

Le 20 avril 1715, il est ordonné sous-diacre à Lx.

Le 11 avril 1716, il est ordonné diacre.

Le 30 mars 1720, il est ordonné prêtre.

Vers le 20 mai 1720, la nomination à la cure de Tontuit appartenant au seig¹ du lieu, Jean-Pierre Néel, Esc¹, avocat à la cour de parlement de Rouen, seig¹ de Tontuit, nomme aud. bénéfice, vacant par la mort de M° Gabriel Fillien, pbrē, dernier titulaire, la personne de M° Louis Ernoult, pbrē. Fait en la maison dud. s¹ Néel, demeurant à S¹ Benoit-d'Hébertot, en présence de M° Jean-Baptiste Leduc, pbrē, curé dud. lieu de S¹ Benoit ; M° Thomas Athinas, avocat au parlement de Rouen, demeurant à Tontuit.

Le 27 juillet 1720, le seig¹ évêque donne aud. s¹ Ernoult la collation de lad. cure.

Le 5 août 1720, le s¹ Ernoult prend possession de la cure de Tontuit, en présence de M° Gaspard Godefroy, prieur-curé de S¹ André-d'Hébertot ; M° Jean-Baptiste Leduc, curé de S¹ Benoit ; M° Jean Ernoult, pbrē, desservant la parr. de Tontuit ; Thomas Athinas, avocat au parlement de Rouen, et autres habitants du lieu.

270. — Le 17 juin 1714, Nicolas Benoist, fils de Jean et de Marie Renoult, de la parr. de N.-D. de Bailleul, reçoit la tonsure et les ordres mineurs, *rité dimissus*, dans la chapelle du séminaire de Caen. (V. 70, 450, 459).

271. — Le 4 mai 1720, la nomination à la cure de S¹° Marie-aux-Anglais appartenant au seig¹ du lieu, Mes²° Claude de Mathan, Esc¹, seig¹ et patron de S¹° Marie-aux-Anglais, S¹ Maclou, Pierrefitte-en-Cinglais et autres lieux, nomme à lad. cure de S¹° Marie, vacante par la mort de M⁰ Jean Accard, décédé le 7 avril dernier, la personne de M⁰ Pierre Manchon de Gournay, pbrē du diocèse de Lx. Fait au manoir seigneurial de Pierrefitte-en-Cinglais.

Le 28 mai 1720, le seigʳ évêque donne aud. sʳ Manchon la collation dud. bénéfice.

Le 5 juin 1720, le sʳ Manchon prend possession de la cure de Sᵗᵉ Marie-aux-Anglais, en présence de plusieurs habitants du lieu.

272. — Le 17 juillet 1719, Mesʳᵉ Esprit-Jean-Baptiste Le Prevost de Miette, Escʳ, clerc tonsuré du diocèse de Séez, est reçu Mᵉ ès-arts en l'Université de Paris.

Le 2 sept. 1719, led. sʳ de Miette, chapelain de la 2ᵉ portion de la chapelle Sᵗ Jean-Baptiste en la cathédrale de Lx, obtient des lettres de quinquennium du recteur de l'Université de Paris.

Le 5 oct. 1719, il est nommé par lad. Université sur l'évêché et le Chapitre de Lx.

Le 2 janvier 1720, il est reçu bachelier en théologie de la faculté de Paris.

Le 24 mai 1720, le sʳ de Miette, originaire de Noron, demeurant présentement à Sentilly, diocèse de Séez, et ayant fait élection de domicile en la maison de M⁰ Jean Barrey, pbrē de la parr. Sᵗ Germain de Lx, fait signifier ses noms et grades au seigʳ évêque, en parlant à M⁰ Jean-Etienne Bernardi, son secrétaire.

Il fait faire la même signification aux sʳˢ chanoines de la Cathédrale. (*V*. **435**).

273. — Le 27 mai 1720, M⁰ Georges-François Hélix, pbrē, curé de Sᵗᵉ Croix de Bernay, donne sa procuration pour résigner lad. cure entre les mains de N.-S.-P. le Pape en faveur de M⁰ Guillaume-Antoine Langeois, pbrē du diocèse de Lx, Mᵉ ès-arts en l'Université de Caen. Fait à Lx « en l'hostellerie où pend pour enseigne la Couronne, fauxbourg de la Porte de la Chaussée, parr. Sᵗ Germain. (*V*. **259, 556**).

Le même jour, la nomination à la cure de Fauguernon appartenant au seigʳ du lieu, Mesʳᵉ Jean-François Le Conte de Nonant, chevʳ, seigʳ marquis de Pierrecourt, vicomte et baron de la châtellenie et vicomté de Fauguernon et haute-justice en dépendant, nomme à lad. cure, vacante par la mort de M⁰ François Hélix, pbrē, dernier titulaire, la personne de M⁰ Georges-François Hélix, pbrē, curé de Sᵗᵉ Croix de Bernay. (*V*. **168. 274**).

Le 27 juin 1720, le seigʳ évêque donne aud. sʳ Hélix la collation dud. bénéfice.

Le 15 juillet 1720, le sʳ Hélix prend possession de la cure de Fauguernon, en présence de M⁰ Sébastien Auber, pbrē, vicaire de lad. parr.; Elie Brinaut, trésorier, et autres témoins.

274. — Le 27 mai 1720, la nomination à la cure d'Ecorcheville appartenant au seig^r du lieu, Mes^re Jean-François Le Conte de Nonant, chev^r, seig^r marquis de Pierrecourt, vicomte et baron de Fauguernon, nomme à lad. cure, vacante par le décès de Me François Hélix, pbr̄e, dernier titulaire, la personne de Me Nicolas Bazin, pbr̄e, vicaire de Blangy. Fait à Lx, à l'hôtel de la Couronne. (*V.* **195**).

Le 14 juin 1720, le seig^r évêque donne aud. s^r Bazin, pbr̄e du diocèse de Bayeux, la collation dud. bénéfice.

Le 15 juillet 1720, led. s^r Bazin, prend possession de la cure d'Ecorcheville, en présence de plusieurs habitants du lieu.

275. — Le 25 mai 1715, Me Daniel Lefort, pbr̄e, chapelain de la chapelle Ste Catherine en la Cathédrale et de la chapelle St Vivien en la même Eglise, donne sa procuration pour résigner entre les mains de N.-S.-P. le pape lad. chapelle St Vivien en faveur de Mes^re Charles-François de Parey, pbr̄e, curé de N.-D. de Goupillières, diocèse d'Evreux. Fait à Lx, en présence de Me Robert Leroux, prieur de St Marc de Touques et maître de musique de la Cathédrale, et de Me Pierre Formage, notaire-royal ; tous deux demeurant à Lx. (*V.* **407**).

276. — Le 29 mai 1720, Me Mathieu Barrey de Montfort, diacre de Ste Croix de Bernay, M^e ès-arts en l'Université de Paris et licencié en théologie de la faculté dud. lieu, fait signifier ses noms et grades au seig^r évêque et au Chapitre de Lx. (*V.* **260, 558**).

277. — Le 7 juin 1720, vu l'attestation du s^r Dubusc, desservant en chef la par̄r. de Bernay, et du s^r Leroy, curé de N.-D. de la Couture, dispense de bans pour le mariage entre Me Michel Hayer, s^r du Boscage, avocat au Conseil, fils de feu Me Charles Hayer, aussi avocat, et de dam^lle Marie du Rouvray, de lad. par̄r. de Ste Croix, d'une part, et dam^lle Catherine Jouen du Marest, fille de Me Ollivier Jouen, s^r du Marest, et de dam^lle Elisabeth Fautron, de lad. par̄r. de la Couture.

278. — Le 12 juin 1720, dispense de bans pour le mariage entre Mes^re Alexandre Vaultier, chev^r, seig^r de Vaulaville, Toulaville, la Rivière et autres lieux, lieutenant pour le roy des villes et château d'Honfleur, Pont-l'Evêque et pays d'Auge, fils de Mes^re Louis Vaultier, seig^r de Vaulaville, et de noble dame Elisabeth-Angélique Le Blanvillain, de la par̄r. de Ste Catherine d'Honfleur, d'une part et dam^lle Marie-Honorée de Francini, fille de Mes^re François de Francini, chev^r de l'Ordre militaire de St Louis, lieutenant des vaisseaux du roy, et dame Jacquette de Diougues, de la par̄r. de St François du Havre.

279. — Le 14 juin 1720, vu la dispense du s^r Morard, vicaire de Courbépine, dispense de bans pour le mariage entre François-Pierre Mirel, s^r du Boistruel, fils de feu Edme Mirel et de dam^lle Catherine de Laumosne, de la par̄r. de Boisandré, diocèse d'Evreux, d'une part, et dam^lle Marie-Magdeleine Dommey, fille de feu Charles Dommey, cons^er et secrétaire de feu son Son Altesse Monseig^r le prince de Condé, et de dam^lle Denise de la Pierre, de lad. parr. de Courbépine.

280. — Le 13 sept. 1719, Me Jean-Nicolas Le Belhomme, acolyte de St Désir de Lx, est ordonné sous-diacre. (*V.* **298**).

281. — Le 17 juillet 1720, dispense de bans pour le mariage entre Pierre Houlley, fils de feu Charles, de la parr. de St Aubin de Bonneval, d'une part et dam^lle Marie-Magdeleine de Morel, fille de feu Jean de Morel, Esc^r s^r de St Aubin, et de Louise de Mannoury, de la parr. de Samesle. — Déclaration de nullité de l'opposition faite aud. mariage par Robert de Mannoury, Esc^r, s^r de Bellemare, de Monsr du Thilleul et autres.

282. — Le 18 juin 1720, vu l'attestation du s^r Gontier, curé de Guerquesalles, du s^r Goupil de la Porte, curé de St Germain-de-Montgommery, et du s^r Ruffy, curé de Vimoutiers, dispense de bans pour le mariage entre Guillaume de Nollet de Malvoue, Esc^r, s^r de Boisguillaume, sous-brigadier des gardes du corps du roy, fils de feu François de Nollet de la Londe-Malvoue, aussi Esc^r, et de noble dame Marie Deslondes, de lad. parr. de Guerquesalles, d'une part, et dam^lle Catherine du Buat, fille de feu Félix-Pomponne du Buat, chev^r, seig^r de Garnetot, et de noble dame Anne-Elisabeth de Cherville, à présent noble dame de la Plesse, demeurant en la parr. de St Germain de Montgommery, et lad. dam^lle au couvent des dames bénédictines de Vimoutiers. (*V.* **555**).

283. — Le 23 sept. 1719, Me Pierre Sauvalle, acolyte de Vimoutiers est ordonné sous-diacre.

284. — Le 1er juin 1720, Me Pierre Pergeaux, pbre, chapelain de la chapelle de St-Thomas-le-martyr, en la Cathédrale, résigne purement et simplement led. bénéfice entre les mains du chanoine de semaine. Passé à Valognes, en l'étude du notaire royal-apostolique.

Le 15 juin 1720, Mes^re Simon-Charles Boulduc, sous-diacre, licencié en l'un et l'autre droit, chanoine prébendé de Lieurey, 1re portion, en la Cathédrale, se trouvant, le 1er juin, chanoine de semaine, lors de la démission du s^r Pergeaux, nomme à la chapelle de St-Thomas-le-Martyr, la personne de Me Jacques-Christophe Morin, clerc du diocèse de Lx. (*V.* **328, 408**).

285. — Le 23 sept. 1719, Me Philippe Mourier, acolyte de N.-D. de Courson, est ordonné sous-diacre.

286. — Le 23 sept. 1719, Me Jean-Pierre Thillaye, sous-diacre de St-Etienne-la-Thillaye, est ordonné diacre. (*V.* **401, 489**).

287. — Le 27 juin 1720, dispense de bans pour le mariage entre noble homme Nicolas-François Le Mercier, Esc^r, capitaine au régiment d'Agenois, fils de feu Philémon-François Le Mercier, Escr, et de feu noble dame Anne Paradas, l'une part, et damlle Charlotte Le Rebours, fille de Me Jean Le Rebours et de feue Anne Le Bas, les deux parties de la parr. de St Germain de Lx.

288. — Le 29 juin 1720, dispense de bans pour le mariage entre Léon Daupley, Escr, sr du Coudray, gendarme de la garde du roy, fils de feu Christophe et de feu damlle Rénée Dupuys, de la parr. d'Orgères, d'une part, et damlle Marie Chevalllier, fille du feu sr Nicolas Chevalier et de dame Marie-Louise Frémont, de la parr. de St Germain de Rugles.

289. — Le 21 mars 1720, Me Guillaume Regnier, pbre, obtient en cour de Rome des lettres de provision de la cure de St-Vincent-du-Boulay, vacante par la résignation faite en sa faveur par son oncle, Me Jean Regnier, pbre, dernier titulaire.

Le 22 juin 1720, le seigr évêque donne.aud. sr Guillaume Regnier la collation dud. bénéfice. (V. **171, 331**).

290. — Le 7 janv. 1720, la nomination à la cure de St Martin-d'Ouillye appartenant au seigr abbé de St Laumer de Blois, et le siège abbatial étant vacant par la vacance du siège épiscopal auquel est unie la mense abbatiale dud. monastère, les prieur et religieux de lad. abbaye, nomment à la cure de St Martin-d'Ouillye, vacante par la mort de Me Louis Bourlet, pbre, dernier titulaire, la personne de Me Félix Maillet, pbre du diocèse de Lx.

Le 19 juin 1720, déja en possession de la cure de St Martin-du-Houlley, cy-devant St Martin-d'Ouillye, en conséquence de la nomination faite de plein droit par le seigr évêque de Lx, le siège abbatial de St Laumer étant vacant, le sr Maillet, pourvu encore dud. bénéfice par les religieux de lad. abbaye qui se disent patrons présentateurs de St Martin-du-Houlley, requiert dud. seigr évêque, afin « d'accumuler droit sur droit », une nouvelle collation de lad. cure. Me Pierre Dumesnil-Leboucher, vicaire général, répond qu'il ne peut donner lad. collation « attendu que le lieu est remply et que mond. seigr évêque y a pourveu. » (V. **234**).

291. — Le 1er juillet 1720, le seigr évêque donne à Me Guillaume Tirard, pbre du diocèse de Bayeux, la collation de la cure de Druval pour laquelle il a obtenu des lettres de provision en cour de Rome.

Le 22 juillet 1720, led. sr Tirard prend possession dud. bénéfice, vacant par la mort de Me Jacques Vaulegeard, en présence de Me Gabriel Gamare, avocat et président en l'élection de Pont-l'Evêque, demeurant en la parr. de Druval, et plusieurs autres témoins.

292. — Le 13 juin 1720, le seigr évêque donne son visa aux lettres de provision de la cure de St Pierre-des-Loges, obtenues par Me Gabriel

Hurel, pbr̄e, en conséquence de la résignation faite en sa faveur par M° Charles Bardel, pbr̄e, dernier titulaire. (*V*. **231**).

Le 23 juin 1720, à l'issue des vêpres, led. sr Hurel prend possession dud. bénéfice des Loges, en présence de M° Louis Gérard, curé de Pomont ; Olivier Le Loureux, Escr, sr de Vigny ; M° Robert Marie, curé de Ste Colombe.

293. — Le 2 juillet 1720, « noble et discrette personne Mesre Françoise Le Rebours, pbr̄e, chanoine prébendé de Courtonnelle et archidiacre de Pontaudemer, demeurant à Lx en sa maison canoniale, donne sa procuration pour résigner son canonicat entre les mains de N.-S.-P. le pape en faveur de son neveu, Mre François Le Rebours, diacre du diocèse de Lx. Il se réserve toutefois trois cents livres de rente viagère à prendre sur les revenus de lad. prébende. (*V*. **335, 626**).

294. — Le 5 juillet 1720, dispense de bans pour le mariage entre Robert de Cossette, Escr, sr de Belleuze, fils de feu Robert de Cossette, Escr, sr de Belleuze, et de feu damlle Catherine Gautier, de la parr. de Champosoult, d'une part, et dlle Magdeleine Quesnel, fille de feu Pierre et de Catherine Rivière, de la parr. de Camembert.

295. — Le 8 juillet 1720, dispense de bans pour le mariage entre Jean Tollemer, menuisier, fils Pierre, de la parr. de Clarbec, d'une part, et Marie-Suzanne de St Marc d'Herbigny, fille de feu Gabriel Lambert, Escr, sr de St Marc, et de noble dame Françoise de Borel, de la parr. du Chesne. — Le sr Tollemer avait été parrain d'un enfant de lad. Marie-Suzanne ; c'est pourquoi ils avaient obtenu dispense de la parenté spirituelle.

296. — Le 3 juillet 1720, la nomination à la chapelle St Clair, proche Honfleur, appartenant au seigr d'Ablon et de St-Clair, noble dame Cécile de Brunon, vve de Mesre François Le Doyen, chevr, seigr et patron d'Ablon, Equainville, St Clair et autres lieux, demeurant à Rouen, rue St Laurent, nomme aud. bénéfice, vacant par la mort de Mesre Claude Le Doyen, pbr̄e, curé de Fatouville-sur-la-Mer et titulaire de lad. chapelle St Clair, décédé dans le mois de juin dernier, la personne de Mesre Jacques de St Pierre, pbr̄e, chanoine de l'église collégiale de St Pierre de Lille.

Le 8 juillet 1720, le seigr évêque donne aud. sr de St Pierre la collation dud. bénéfice.

Le 10 juillet 1720, le sr de St Pierre, représenté par M° Pierre Lambert, pbr̄e, curé de Formoville, prend possession de la chapelle St Clair, sise dans les limites de la parr. St Léonard d'Honfleur.

297. — Le 15 juillet 1720, vu l'attestation du sr du Pissot, curé de Périers, et du sr Sonnet, desservt la parr. de Gerrots, dispense de bans pour le mariage entre Jean du Pissot, fils de Jérôme et de Madeleine de

S¹ Martin, de la parr. de Périers, d'une part, et Catherine Girard, fille de Michel, de la parr. de Gerrots.

298. — Le 15 juillet 1720, M⁰ Nicolas Le Belhomme, sous-diacre, demeurant à Lx, parr. S¹ Germain, titulaire de la chapelle de N.-D. de Pitié dans la parr. de Crannes, diocèse du Mans, résigne led. bénéfice en faveur de Mʳᵉ Jean-Baptiste Le Michel de Reval, clerc tonsuré du diocèse du Mans. (*V.* **280**).

299. — Le 18 juillet 1720, M⁰ Gilles Leriche, pbrē, curé d'Ouville-la-Bien-Tournée et aussi curé de S¹ Michel de Crouttes, donne sa procuration pour résigner lad. cure de Crouttes, en faveur de M⁰ Sébastien Aubert, pbrē, vicaire de Fauguernon. (*V.* **104, 351**).

300. — Le 23 juillet 1720, vu l'attestation du sʳ Blondel, vicaire de Triqueville, dispense de bans pour le mariage entre Nicolas Duparc et Anne Heudier.

301. — Le 22 avril 1710, François Defrance, fils de Michel et de Jeanne Aubry, de la parr. de S¹ Pierre d'Entremont, diocèse de Bayeux, reçoit à Bayeux la tonsure cléricale.

Le 14 mars 1729, led. sʳ Defrance, pbrē du diocèse de Bayeux, obtient en cour de Rome des lettres de provision de la cure de S¹ Clair-de-Barneville, vacante par la mort de M⁰ Jean Allaire, dernier titulaire.

Le 20 juillet 1720, le seigʳ évêque de Lx donne aud. sʳ Defrance la collation dud. bénéfice.

Le 22 juillet 1720, le sʳ Defrance prend possession de la cure de S¹ Clair de Barneville, en présence de M⁰ Robert Aubry, curé de Goustranville, et de plusieurs paroissiens de S¹ Clair. (*V.* **307**).

302. — Le 29 juillet 1720, vu l'attestation du sʳ Hudoux, vicaire de Carsis, dispense de bans pour le mariage entre Mʳᵉ Paul de Garancières, fils de feu Mʳᵉ Christophe de Garancières, Escʳ, sʳ de Thibouville, et de feu noble dame Catherine Le Chanu, de la parr. de S¹ Clair-d'Arsis, d'une part, et damˡˡᵉ Marguerite-Rose du Fay, fille de Mʳᵉ Charles du Fay, chevʳ, seigʳ et patron de Carsis, la Houssaye, le Bosrenoult et autres lieux, et de feu noble dame Marie-Rose Thuret, de la parr. de Carsis.

303. — Le 29 juillet 1720, vu l'attestation du sʳ Manchon de Gournay, curé de Sᵗᵉ Marie-aux-Anglais, et du sʳ Leriche, curé d'Ouville-la-Bien-Tournée, dispense de bans pour le mariage entre Jean de Paisant, Escʳ, sʳ de Barneville, fils d'Elie de Paisant, Escʳ, et de damˡˡᵉ Marguerite de Fouques, de la parr. d'Ouville, d'une part, et damˡˡᵉ Marguerite Massot, fille de Charles Massot.

304. — Le 11 nov. 1711, Pierre Blanchet, fils de Jean et d'Anne Druet, de la parr. de N.-D. de Carrouge, diocèse de Séez, reçoit à Séez la tonsure cléricale.

Le 12 juin 1714, led. s' Blanchet, est reçu M* ès-arts en l'Université de Caen.

Le 13 mars 1715, led. s' Blanchet, diacre, âgé de 26 ans, obtient des lettres de quinquennium du recteur de lad. Université.

Le même jour il est nommé par icelle sur les archevêchés et Chapitres de Rouen et de Tours, sur les évêchés et les Chapitres de Bayeux, Lisieux, Séez, Le Mans et Angers, ainsi que bon nombre d'abbayes et prieurés de ces divers diocèses.

Le 11 juillet 1720, le s' Blanchet, pbrē de la parr. de Ste Marguerite de Carrouge, diocèse de Séez, présentement demeurant à Verneuil, directeur des dames religieuses bénédictines de S' Nicolas de Verneuil, diocèse d'Evreux, fait signifier ses noms et grades aux religieux de S' Evroult. (*V*. 426).

305. — Le 11 juillet 1720, M* Pierre Lecomte, pbrē de la parr. de Résenlieu, vicaire de Nonant, M* ès-arts en l'Université de Caen, fait signifier ses noms et grades aux religieux de S' Evroult.

306. — Le 30 juillet 1720, vu l'attestation du s' Durozey, curé de Drucourt, et du s' Lemarchand, vicaire de Moyaux, dispense de bans pour le mariage entre Guillaume de Lemperière, s' du Coudrey, fils de François de Lemperière, s' de Ringeville, et de dam^{lle} Françoise Gravois, de lad. parr. de Moyaux, d'une part, et dam^{lle} Marie-Catherine Legros, fille de feu Michel Legros, Esc', s' du Mesnil-Houlley, et de feue Catherine Jouenne, de la parr. de S' Germain d'Aulnay, et demeurant depuis plus de 18 ans en la parr. de Drucourt

307. — Le 20 avril 1715, M* François Defrance, diacre de S' Pierre d'Entremont, diocèse de Bayeux, *rité dimissus*, est ordonné prêtre à Lx. (*V*. 301).

308. — Le 13 juillet 1720, la nomination à la cure de Fatouville appartenant au seig' du lieu, Mre Henry-Eustache de S' Pierre, chev', marquis de S' Julien, seig' de Maillot, Grangues, Heudreville et autres lieux, et noble dame Marie-Charlotte-Cécile Le Doyen, son épouse, de lui civilement séparée, dame et patronne de Fatouville, nomment aud. bénéfice, vacant par la mort de Mre Claude Le Doyen, pbrē, dernier titulaire, la personne de M* Pierre Lambert, pbrē de Formoville. Fait en présence de Louis du Fay, Esc', demeurant à Fourmetot, diocèse de Rouen.

Le 30 juillet 1720, le seig' évêque donne aud. s' Lambert la collation de lad. cure. (*V*. 350).

309. — Le 28 juillet 1720, la nomination à la cure de S' Clair-de-Barneville appartenant au seig' abbé du Bec-Hellouin, Monseig' Louis de Bourbon, prince du sang, comte de Clermont, abbé commendataire de l'abbaye du Bec, nomme à lad. cure, vacante par la mort de M* Jean

Allaire, dernier titulaire, la personne de M⁰ Guillaume Manchon, pbrē du diocèse de Lx. (V. 301).

Le 5 août 1720, le seig⁰ évêque donne aud. s⁰ Manchon la collation dud. bénéfice.

Le 16 août 1720, le s⁰ Manchon prend possession de la cure de S¹ Clair-de-Barneville. « S'est présenté M⁰ François Defrance, pbrē du diocèse de Bayeux et pourveu de lad. cure ; lequel a déclaré qu'il s'oppose formellement à lad. prise de possession, attendu qu'il en est pourveu en cour de Rome..... et autres raisons. De laquelle opposition led. s⁰ Manchon a protesté de nullité. » Fait en présence de M⁰ Etienne Gueroult, pbrē, desservant led. bénéfice, et de plusieurs autres témoins.

310. — Le 13 août 1720, vu l'attestation du s⁰ de Lange, curé de Meulles, et du s⁰ de la Chapelle, curé de S¹ Aquilin-d'Augerons, dispense de bans pour le mariage entre Mes⁰⁰ Eustache Vauquelin, chevalier honoraire de S¹ Jean de Jérusalem, seig⁰ des Chesnes et des Grez, fils de Mes⁰⁰ Louis de Vauquelin, chev⁰, seig⁰ des Chesnes, et de noble dame Louise de Brossard, de la par̄. de Meulles, d'une part, et dam⁰⁰ Louise Le Michel, fille de Mes⁰⁰ Adrien Le Michel, chev⁰, seig⁰ d'Aurilly et du Mesnil-d'Augeron, et de noble dame Louise-Madeleine de Romé, de lad. par̄. d'Augerons.

311. — Le 17 août 1720, vu l'attestation du s⁰ Merlier, vicaire de Genneville, et du s⁰ Duhault, curé de S¹ Martin-le-Vieil, dispense de bans pour le mariage entre François Leduc et Marie Le Paon.

312. — Le 7 août 1720, la nomination à la cure de N.-D. de Courson appartenant au Chapitre de la Cathédrale, les s⁰⁰ doyen et chanoines, réunis en chapitre, nomment à cette cure libre et vacante, la personne de M⁰ François Levavasseur, pbrē du diocèse de Lx.

Le 8 août 1720, le seig⁰ évêque donne aud. s⁰ Levavasseur la collation dud. bénéfice.

Le dimanche 11 août 1720, avant midi, le s⁰ Levavasseur se transporte avec le notaire à N.-D.-de-Courson pour prendre possession dud. bénéfice. Mais la cérémonie se fait simplement « par le touché de la porte de l'église dud. lieu qu'ils trouvent fermée, attendu que M⁰ Guillaume Vattier, pbrē, refuse de donner les clefs et d'ouvrir lad. porte. « S'est présenté led. M⁰ Guillaume Vattier, pbrē, curé de lad. par̄. de N.-D.-de-Courson et pourvu de celle de S¹ Ouen-le-Hoult, lequel a dit qu'il est fort surpris de la présente prise de possession, attendu qu'il est le curé d'icelluy bénéfice de N.-D.-de-Courson, incontestable et paisible possesseur depuis six ans et par conséquent le bénéfice n'est ni libre ni vacant par aucun genre de vacance, et que, s'il est pourvu du bénéfice-cure de S¹ Ouen-le-Hoult, il n'en est pas paisible possesseur, puisqu'il y a contestation et mesme trouble par un compétiteur qui en a pris possession. » Le s⁻ Vattier prétend en tout cas qu'il a le droit d'opter entre les deux bénéfices et que les délais pour le faire n'étant pas encore écoulés, le s⁻ Levavasseur vient mal à propos le troubler dans sa possession. Led. s⁻ Levavasseur proteste de la nullité de lad. opposition formée par le s⁻ Vattier. Fait en présence de M⁻ Jean-Baptiste Dutacq, acolyte, et de plusieurs habitants de lad. par̄r. (V. 343).

313. — Le 26 août 1720, vu l'attestation du s⁻ Poplu, vicaire de Glos, dispense de bans pour le mariage entre Guillaume Leliquaire et Françoise de Lespiney.

314. — Le 26 août 1720, dispense de bans pour le mariage entre « M⁻ » Rémy Le Bas, (1), Esc⁻, cons⁻⁻, maitre ordinaire en la cour des Comptes, aides et finances de Normandie, fils de feu Monsieur Jean-Baptiste Le Bas, Esc⁻, seig⁻ du Coudray, Bouttemont et autres lieux, en son vivant cons⁻⁻ du roy, maitre ordinaire en la cour des Comptes, aides et finances de Normandie et de feu noble dame Geneviève Tronchet, de la par̄r. de S⁻ Jacques de Lisieux, d'une part, et dam⁻⁻ Marie-Magdeleine de Bauquemare, fille de Mes⁻⁻ Jean-Baptiste de Bauquemare chev⁻, seig⁻ de Putot, Victot et autres lieux, et de noble dame Catherine d'Aché, de la par̄r. de Putot. (V. 609).

315. — Le 25 mars 1719, la nomination à la chapelle S⁻ Léonard, « bastie dans le manoir seigneurial de Chaumont », appartenant au comte de Gacey, Mes⁻⁻ Louis-Jean-Baptiste de Matignon, comte de Gacey, maréchal des camps et armées du roy, gouverneur et lieutenant général pour Sa Majesté du pays d'Aunis, ville et gouvernement de la Rochelle, Brouage, iles de Ré et d'Oléron, places et côtes en dépendant, nomme à lad. chapelle, vacante par la mort de Mes⁻⁻ Charles de Nicole, Esc⁻, s⁻ du Hamel, dernier titulaire, la personne de M⁻ Gabriel Moisy, pbr̄e, curé de Chaumont, qui devra « y faire célébrer les deux messes de fondāon qui s'y doivent dire les vendredy et mercredy de chaque semaine à l'intention dud. seig⁻, ainsy qu'il se pratique. » Fait à Paris, en l'hôtel dud. seig⁻.

Le 13 sept. 1719, led. s⁻ Moisy obtient du seig⁻ évêque la collation dud. bénéfice.

Le 29 juillet 1720, il prend possession de la chapelle S⁻ Léonard, en présence de M⁻ Guillaume Boscher, pbr̄e, vicaire de Chaumont; Charles Descorches, Esc⁻, s⁻ de Montmirelle ; Pierre Desmoullins, ancien garde du roy, et plusieurs habitants de Chaumont.

316. — Le 10 sept. 1720, vu l'attestation du s⁻ Lefébvre, curé de

---

(1) C'est, je crois, la première fois que nous trouvons le titre de Monsieur. Mais les membres des cours souveraines prennent ce titre. On disait même « Monsieur Maître. »

l'Hôtellerie, et du s' Bullet, vicaire de Thiberville, dispense de bans pour le mariage entre Michel Moutier et Marie-Elisabeth Dufour.

317. — Le 12 septembre 1720, la nomination à la cure de Morsan appartenant au seig' du lieu, haut et puissant seig', Mes'° Jean-Marie-Louis de Sens, chev', marquis, seig' et patron de Morsan, nomme à lad. cure, vacante par la mort de M° Pierre Deshayes, pbrē, dernier titulaire, la personne de M° Charles-Christophe Marette de la Garenne, pbrē du diocèse de Lx. Fait au manoir presbytéral de Morsan, en présence de M° François-Antoine Le François, pbrē de lad. parr., et François de la Mondière, Esc', s' du Valrimbert, aussi de lad. parr.

Le 17 sept. 1720, le seig' évêque donne aud. s' Marette la collation dud. bénéfice.

Le 19 sept. 1720, led. s' Marette de la Garenne prend possession de la cure de Morsan, en présence du seig' marquis de Morsan, M'° Jean-Baptiste Ledanois, curé de Giverville ; M'° Alexis de Giverville, acolyte de lad. parr. de Giverville ; M° François-Antoine Lefrançois, pbrē de Morsan ; Charles Delamare, syndic, et autres témoins dud. lieu.

318. — Le 14 septembre 1720, dispense de bans pour le mariage entre Alexandre de Bénard, Esc', s' de la Morandière, fils de feu François Bénard, Esc', et de feu noble dame Catherine de Lespée, de la parr. de Corbon, d'une part, et dam¹¹° Françoise de Bernière, fille de feu Paul de Bernière, Esc', s' de S¹° Honorine, et de noble dame Françoise de la Bove, de la parr. d'Ammeville.

319. — Le 6 sept. 1720, la nomination à la cure de S' Léger de Réville appartenant au chanoine de semaine en la Cathédrale, Mes'° François Le Bas, pbrē, chanoine prébendé du Val-au-Vigneur, se trouvant chanoine de semaine, nomme à lad. cure, vacante par la mort de M° Guillaume Delafosse, dernier titulaire, la personne de M° Jean Barrey, pbrē de ce diocèse. (*V*. **237, 272**).

Le lendemain, le seig' évêque donne aud. s' Barrey la collation dud. bénéfice.

Le 16 sept. 1720, le s' Barrey prend possession de la cure de Réville, en présence de M° Jacques Lussot, curé de S¹ Vincent-de-la-Rivière ; M° Louis Duthey, pbrē de la parr. de N.-D.-du-Hamel ; le s' Nicolas Delafosse, marchand, et autres paroissiens de Réville.

320. — Le 11 août 1719, Jean Seney, demeurant à Moyaux, constitue 150 livres de rente en faveur de son fils, M° Gabriel Seney, acolyte de S¹ Germain de Lx, afin qu'il puisse parvenir aux ordres sacrés. Fait en présence de M° Martin Campion, avocat, et de Jean David, bourgeois, demeurant à Lx, parr. S¹ Germain. (*V*. **202**).

321 — Le 19 septembre 1720, vu l'attestation du s' Durand, curé de Tourville, et du s' Dubreuil, vicaire de la Poterie-Mathieu, dispense de bans pour le mariage entre Samson Samin et Françoise Deshayes.

322. — Le 28 janv. 1719, M⁰ Nicolas Cordouen, sʳ de la Vastine, lieutenant au bailliage vicomtal de Lx, demeurant en cette ville, parr. Sᵗ Germain, constitue 150 livres de rente en faveur de Mᵉ François Lhostelin, acolyte de lad. parr. Sᵗ Germain, afin qu'il puisse parvenir aux ordres sacrés.

323. — Le 10 fév. 1719, dam^lle Louise Advenel, épouse de Pierre Dossin, consᵉʳ et procureur du roy aux vicomtés de Montreuil et Bernay, demeurant à Bernay, parr. Sᵗᵉ Croix, constitue 150 livres de rente en faveur de son fils, Mᵉ François Piperel, acolyte, afin qu'il puisse parvenir aux ordres sacrés. Cette rente est garantie par Michel Foucques, sʳ d'Orville, et par Mᵉ François Legaigneur, chirurgien, demeurant tous deux à Bernay, parr. de N.-D. de la Couture. — Lad. dame Dossin avait eu ce fils d'un premier mariage avec Mᵉ Guillaume Piperel, avocat à Orbec

324. — Le 21 sept. 1720, Fr. Robert Legendre, sous-diacre, relig^t de l'abbaye de Cormeilles, est ordonné diacre. (*V.* **141, 372, 540**).

325. — Le dimanche 15 sept. 1720, Mᵉ Guillaume de la Couture, pbrē, vicaire de Sᵗ Evroult-de-Montfort, originaire de Neuville-sur-Touques, pourvu, en sa qualité de gradué, de la cure de Croisilles, prend possession dud. bénéfice avec toutes les cérémonies ordinaires, sauf l'ouverture du tabernacle, Mᵉ Adrian Jouen, actuellement desservant, ayant refusé la clef. Fait sans aucune opposition, en présence d'un très grand nombre d'habitants réunis pour entendre la messe paroissiale, et entr'autres : Pierre Gorge, sous-diacre de lad. parr. (*V.* **204, 229, 334, 436, 456**).

326. — Le 10 sept. 1720, la nomination à la cure de Carbec appartenant au seigʳ abbé de Grestain, Mesʳᵉ Chysanthe de Lévis, pbrē, abbé commendataire de lad. abbaye, demeurant en la maison de Sᵗ Magloire, à Paris, nomme à lad. cure, vacante par la mort de Mᵉ Nicolas Lefebvre, dernier titulaire, décédé le 25 août précédent, la personne de Mᵉ Pierre Guillemin, pbrē du diocèse de Lx.

Le 13 sept. 1720, le seigʳ évêque donne aud. sʳ Guillemin la collation dud. bénéfice.

Le 14 oct. 1720, le sʳ Guillemin prend possession de la cure de Sᵗ Martin de Carbec, en présence de Mᵉ Pierre Descalles, prieur claustral de l'abbaye de Grestain ; Mᵉ Jacques Fossey, vicaire de Fatouville, et plusieurs autres témoins.

327. — Le 25 sept. 1720, vu l'attestation du sʳ Desmares, vicaire de Sᵗ Victor-de-Chrétienville, dispense de bans pour le mariage entre Nicolas Douis et Catherine Gauthier.

328. — Le 10 sept. 1720, M° Christophe-Jacques Morin, clerc de ce diocèse, pourvu de la chapelle de S¹ Thomas-le-Martyr, en la Cathédrale, est mis en possession dud. bénéfice par le ministère de M. le doyen. (V. 284, 408).

329. — Le 19 juin 1720, M° Georges-François Hélix, pbrē, curé de Fiquefleur, ayant cédé à M° Pierre de Mire, diacre, tous les droits qu'il a sur lad. cure, celui-ci obtient en cour de Rome des lettres de provision dud. bénéfice. (V. 265).

Le 30 sept. 1720, le seigr évêque donne son visa auxd. lettres de provision.

Le 2 oct. 1720, le sr de Mire, diacre, prend possession de la cure de Fiquefleur. S'est présenté M° François Halley, pbrē, aussi pourvu du même bénéfice, lequel a déclaré qu'il s'oppose à lad. prise de possession, comme étant curé de lad. parr. Le sr de Mire proteste de nullité lad. opposition. Fait en présence de Charles de Livet, Escr, demeurant à Beuzeville, et de plusieurs autres témoins. (V. 181).

330. — Le 24 sept. 1720, la nomination à la cure du Chesne appartenant au seigr du lieu, haute et puissante dame Jacqueline de Serres, veuve de haut et puissant seigr Messire Aymard-Antoine de Prye, dame de Coquainvilliers, le Chesne, Lessard et autres lieux, nomme à lad. cure du Chesne, vacante par la mort de M° Pierre Maillet, dernier titulaire, la personne de M° Jacques Buchard, pbrē, curé de Plasnes, 2° portion. Fait au château de Courbépine, les jour et an ci-dessus.

Le 24 sept. 1720, le seigr évêque donne aud. sr Buchard la collation dud. bénéfice.

Le 25 sept. 1720, le sr Buchard prend possession de la cure du Chesne, en présence de Charles Gamare, trésorier de lad. église, et plusieurs autres témoins. (V. 550).

331. — Le 24 sept. 1720, M° Guillaume Regnier, pbrē, pourvu de la cure de S¹ Vincent-du-Boullay, prend possession dud. bénéfice, en présence de M° François-Louis de Beaurepaire, pbrē, curé de S¹ Victor-de-Chrétienville ; M° Jacques Buchard, pbrē, curé de la 2° portion de Plasnes ; Jacques Chrestien, Escr, seigr de S¹ Vincent ; David Chrestien, Escr, sr de Livarot, de lad. parr. de S¹ Vincent, et plusieurs autres habitants dud. lieu. (V. 171, 289).

332. — Le 22 sept. 1714, Jean Marais, fils de Guillaume et de Gabrielle Pinezaise, du diocèse d'Evreux, reçoit la tonsure à Evreux.

Le 25 fév. 1719, led. sr Marais, pbrē du diocèse d'Evreux, est reçu M° ès-arts en l'Université de Caen.

Le 1er mars 1719, il obtient des lettres de quinquennium du recteur de lad. Université.

Le même jour, led. s⁽ Marais, âgé de vingt-sept ans et six mois, est nommé par icelle sur les archevêchés et les chapitres de Paris et de Rouen ; sur les évêchés et les chapitres de Bayeux, Lisieux, Evreux, Coutances, Avranches, Séez, Chartres, Le Mans et Rennes, ainsi que sur la plupart des abbayes et prieurés de ces diocèses.

Le 2 sept. 1720, le s⁽ Marais, pbr̄e, vicaire de la Ferté-Fresnel, diocèse d'Evreux, originaire de S⁽ Cosme de Mancelles, fait signifier ses noms et grades aux religieux de S⁽ Evroult. (*V.* **447, 464**).

333. — Le 20 sept. 1699, Jean Lelièvre, fils de Louis et de Catherine Thevoult, de la par̄r. d'Argences, diocèse de Bayeux, reçoit à Bayeux la tonsure et les ordres mineurs.

Le 12 fév. 1710, led. s⁽ Lelièvre, pbr̄e, est reçu M⁽ ès-arts en l'Université de Caen.

Le 12 mars 1710, il obtient des lettres de quinquennium du recteur de lad. Université.

Le même jour, led. s⁽ Lelièvre, pbr̄e, âgé de trente-quatre ans, est nommé par icelle sur les archevêchés et les chapitres de Paris et de Rouen ; sur les évêchés et les chapitres de Bayeux, Lisieux, Coutances, Avranches, Evreux, Séez, Chartres, Le Mans et Rennes, ainsi que sur la plupart des abbayes et prieurés de ces divers diocèses.

Le 2 sept. 1720, le s⁽ Lelièvre, pbr̄e, curé de la Ferté-Fresnel, diocèse d'Evreux, fait signifier ses noms et grades aux religieux de S⁽ Evroult. (*V.* **448, 464**).

334. — Le 30 sept. 1720, dispense de bans pour le mariage entre Pierre de Bardouil, Esc⁽, s⁽ de Landepereuse et de Cazelle, fils de feu Jean de Bardouil, Esc⁽, s⁽ de Landepereuse et de Cazelle, et de dame Jeanne Levavasseur, demeurant à Caen, par̄r. S⁽ Jean, d'une part, et dame Marie de Barville, v⁽ᵉ de Gabriel Dubosc, Esc⁽, s⁽ de Vincent, fille de Nicolas de Barville, Esc⁽, s⁽ du lieu, et de feu dame Françoise de Grieu, demeurant à Lx, par̄r. S⁽ Jacques.

335. — Le 23 juillet 1720, M⁽ François Le Rebours, diacre du diocèse de Lx, obtient en cour de Rome des lettres de provision des canonicat et prébende de Courtonnelle, vacants par la résignation faite en sa faveur par son oncle, Mʳᵉ François Le Rebours, dernier titulaire de lad. prébende et archidiacre de Pontaudemer.

Le 10 sept. 1720, le seig⁽ évêque donne son visa auxd. lettres de provision.

Le 5 oct. 1720, led. s⁽ Le Rebours, diacre, est mis en possession dud. bénéfice par le ministère de M. le doyen du Chapitre. (*V.* **293, 626**).

336. — Le 14 sept. 1720, la nomination à la cure de N.-D. d'Estrées, 1ʳᵉ portion, appartenant au vicomte de Crèvecœur, Pantaléon Segouin, bourgeois de Paris, y demeurant, rue de la Hachette, « au nom et comme curateur créé par justice aux successions vacantes de M^res Jacques et François-Henry de Montmorency, vicomtes et patrons de Crèvecœur », nomme aud. bénéfice, vacant par la mort de Me Pierre Le Belhomme, pbrē, dernier titulaire, la personne de Me François Harel, pbrē de St Pierre de Caen.

Le 4 oct. 1720, le seig^r évêque donne aud. s^r Harel la collation de lad. cure.

Le 9 oct. 1720, le s^r Harel prend possession de la 1re portion de la cure d'Estrées, en présence de Me Joachim Pinel, pbrē, curé de la 2e portion de lad. parr. ; Me Michel Verdelet, pbrē, curé de Montreuil, diocèse de Bayeux ; Me Isaac Michel, acolyte de la parr. d'Estrées, et autres témoins.

337. — Le 2 oct. 1720, la nomination à la cure de Piencourt, 1re portion, appartenant au chanoine de semaine en la Cathédrale, Mre Joseph Legros, diacre, chanoine prébendé de St Hymer, se trouvant chanoine de semaine, nomme à cette cure, vacante par la mort de Me François Formage, dernier titulaire, la personne de Me Pierre Alexandre Motaillé, pbrē du diocèse de Rouen, vicaire de St Désir de Lx.

Le 4 oct. 1720, Me Pierre Dumesnil-Leboucher, vicaire général de Lx, donne aud. s^r Motaillé la collation de lad. cure.

Le 7 oct. 1720, le s^r Motaillé prend possession de la cure de St Saturnin de Piencourt, 1re portion, en présence de Me Louis Grieu, pbrē, curé de la 2e portion dud. bénéfice ; Me Louis Bethen, pbrē, desservant lad. parr. ; Me Alexandre Odienne, pbrē, curé de St Désir de Lx ; Me Richard Mahiette, pbrē, desservant la Charité dud. lieu de Piencourt, et plusieurs autres témoins. (*V.* **338**).

338. — Le 4 oct. 1720, la nomination à la 2e portion de la cure de Piencourt appartenant au chanoine de semaine en la Cathédrale, Mre Joseph Legros, diacre, chanoine prébendé de St Hymer, se trouvant chanoine de semaine, nomme aud. bénéfice, vacant par la mort de Me François Formage, dernier titulaire, la personne de Me Louis Grieu, pbrē de ce diocèse.

Le même jour, Mre Pierre Dumesnil, vicaire général, donne aud. s^r Grieu la collation de lad. cure.

Le 7 oct. 1720, le s^r Grieu prend possession de la 2e portion de la cure de Piencourt (1), en présence de Me Louis Bethen, pbrē ; Me Pierre-Alexandre Motaillé, curé de la 1re portion ; Me Alexandre Odienne, curé de St Désir de Lx ; Me Richard Mahiette, pbrē, desservant la Charité de Piencourt, et autres témoins. (*V.* **337**).

(1) Les deux portions de cure de Piencourt, réunies par ordonnance épiscopale du 24 novembre 1702, se trouvent ainsi de nouveau séparées. (N°s 337 et 338).

339. — Le 17 mars 1719, Mes{re} Georges de Gémare, chev{r}, seig{r} dud. lieu, Collebot et autres terres, demeurant à Lx et se trouvant présentement en sa terre de Gémare, constitue 150 livres de rente en faveur de Mes{re} Bertrand de Gémare, acolyte, de présent au séminaire de Lx, afin qu'il puisse parvenir aux ordres sacrés. Il est entendu que les biens propres dud. sr Bertrand de Gémare serviront de garantie à lad. rente avant ceux dud. seig{r} de Collebot.

340. — Le 8 février 1719, Me François Glasson, huissier royal, demeurant à Lx, parr. St Jacques, constitue 150 livres de rente en faveur de son fils, Me Jacques-François Glasson, acolyte, afin qu'il puisse parvenir aux ordres sacrés. — La maison dud. sr Glasson était située derrière celle de Me Charles Le Bas, receveur des tailles (hôtel-de-ville actuel) et donnait sur la ruelle qui va de la rue au Char à la rue des Hautes Boucheries. (*V.* **64**).

341. — Le 11 mars 1719, Sébastien-Charles de Nocey, Esc{r}, sr de Torquesne et autres lieux, demeurant à Lx, parr. St Jacques, constitue 150 livres de rente en faveur de Me Germain Vauquelin, acolyte de lad. parr. St Jacques, afin qu'il puisse parvenir aux ordres sacrés. (*V.* **64**).

342. — Le 15 janvier 1719, Me François Fournier, acolyte, François Fournier, marchand, et Antoine Diéser, aussi marchand, demeurant tous à Mardilly, constituent 150 livres de rente en faveur dud. sr acolyte, afin qu'il puisse parvenir aux ordres sacrés. (*V.* **65**).

343. — Le 10 oct. 1720, Me Guillaume Vattier, pbre, curé de N.-D.-de-Courson et aussi pourvu de la cure de St-Ouen-le-Hoult, donne sa procuration pour résigner sad. cure de Courson en faveur de Me Jacques Daufresne, pbre, chapelain de la chapelle St Louis en la parr. de Bonneville-la-Louvet. (*V.* **312, 398**).

344. — Le 1er nov. 1719, Me Jacques Hébert, pbre du diocèse de Séez, curé de St Laurent de Verneuil, diocèse d'Evreux, obtient en cour de Rome des lettres de provision de la cure de Croisilles, vacante par la mort de Me Philippe de la Bisse, dernier titulaire.

Le 14 oct. 1720, led. sr Hébert requiert de Mre Pierre Dumesnil-Leboucher et de Mre Jean-Jacques Lebourg des Alleurs, vicaires généraux du seig{r} évêque, la collation de la cure de Croisilles. Les srs grands vicaires répondent qu'ils ne peuvent accorder la collation demandée, attendu que le lieu est rempli. Le sr Hébert proteste se pourvoir devant qui de droit. (*V.* **153, 204, 325**).

345. — Le 15 janvier 1719, Pierre Dionis, fils Christophe, marchand, demeurant en la parr. de Bonneville-la-Louvet, constitue 150 livres de rente en faveur de Me Jacques-Dominique Boitard, acolyte, afin qu'il puisse parvenir aux ordres sacrés. Fait en la maison de la veuve Boitard, demeurant au Torpt, en présence de Me François Leroy, pbrē du Torpt, et autres témoins. — Led. s^{r} acolyte était fils de feu Jacques Boitard et de Marie Heudier.

346. — Le 20 sept. 1720, la nomination à la deuxième semi-prébende de sous-chantre en la Cathédrale appartenant au seig^{r} évêque, Sa Grandeur nomme aud. bénéfice, vacant par la mort de Me Robert Pauger, dernier titulaire, la personne de Me Jacques de Vatteville, pbrē de ce diocèse. (*V.* **190**).

Le 22 sept. 1720, led. s^{r} de Vatteville est mis par le ministère de M^{r} le doyen en possession de lad. seconde sous-chantrerie dont les fonctions consistent « à chanter la musique en cette Eglise, y résider continuellement et assister au service entier, chanter led. service, entonner les pseaumes et élever chant chaque jour et célébrer les messes auxquelles lad. semi-prébende est sujette suivant la fondāon. » — Le doyen du Chapitre fait observer à la Compagnie que cette semi-prébende doit être remplie par un chantre chantant la basse, suivant la fondation, et qu'il est bon d'en informer pour l'avenir le seig^{r} évêque.

Le s^{r} de Vatteville paye « aux mains de Mr de Montargis, chanoine, la somme de 55 livres, en cinq billets de banque et argent, pour le droit de chappe. »

347. — Le 19 juin 1720, Me Guillaume-Antoine Laugeois, pbrē, obtient en cour de Rome des lettres de provision de la cure de Ste Croix de Bernay, vacante par la résignation faite en sa faveur par Me Georges-François Hélix, pbrē, dernier titulaire.

Le 15 oct. 1720, les vicaires généraux de Lx, en l'absence du seig^{r} évêque, donnent leur visa auxd. lettres de provision.

Le 29 oct. 1720, led. s^{r} Laugeois prend possession de lad. cure de Ste Croix, en présence de Me Martin Dubusc, desservant actuellement en chef led. bénéfice ; Mes Jacques Leliguel, Charles Jacques, François Hubert, André Aubry, Robert Bonhomme, Jean Le Prevost, Pierre Vauchel, Jean-Baptiste Picquenot, tous pbrēs habitués de lad. parr. ; Me Adrian Mullot, pbrē, licencié ès-loix, ci-devant curé dud. lieu ; Me Martin Lieuvin, pbrē ; Jacques Baivel, sous-diacre et clerc sacristain de lad. Eglise ; Me Jean Boissey, pbrē, curé de St-Philbert-des-Champs ; Me Estienne Bravet, avocat au Parlement de Paris et directeur des aides de Bernay ; Claude-Pierre Pellard, Esc^{r}, cons^{er} du roy, receveur des tailles de Bernay. (*V.* **273**, **556**).

348. — Le 10 oct. 1720, Me Jean Galopin, pbrē, titulaire de la chapelle St François de Campigny, située dans la cour dud. lieu de Campigny, parr. d'Orville, étant en son lit, malade, se démet purement et simplement dud. bénéfice entre les mains de noble dame Marguerite-Louise Deshayes, v^{ve} de Mes^{re} Charles-François d'Espiney, dame patronne de lad. chapelle. Fait en présence de M° Nicolas Puel, pbre, vicaire d'Orville, et autres témoins.

Le même jour, lad. dame Deshayes nomme à lad. chapelle la personne de M° Pierre Galopin, pbre, vicaire de Tordouet. Fait au manoir de Campigny, en présence de M° Nicolas Puel, vicaire d'Orville ; François d'Osmont, Esc', s' de la Bourdonnière, demeurant à Sévigny, diocèse de Séez.

Le 30 oct. 1720, Mre Dumesnil, vic. g^l, donne aud. s' Galopin la collation de lad. chapelle.

Le 4 nov. 1720, le s' Pierre Galopin prend possession de la chapelle de S' François de Campigny, en présence de lad. dame patronne, de dam^lle Louise-Françoise d'Espiney, fille dud. s' d'Espiney et de lad. dame patronne, et plusieurs autres témoins.

349. — Le 14 oct. 1720, M° Pierre Lambert, pbre, curé de Formoville, doyenné de Pontaudemer, donne sa procuration pour résigner sad. cure entre les mains de N.-S.-P. le pape, en faveur de M° Antoine Lambert, pbre, originaire de la parr. de Fourmetot, titulaire de la chapelle de N.-D. de Pentale et de la prébende diaconale de S' Samson dans l'exemption dud. nom, dépendant de l'évêché de Dol. (*V.* 400).

350. — Le 15 octobre 1720, M° Pierre Lambert, pbre, curé de Formoville et pourvu de la cure de S' Martin de Fatouville, prend possession dud. bénéfice de Fatouville, en présence de M° Jacques Fosse, pbre, vicaire desservant lad. parr., et autres témoins. (*V.* 308).

351. — Le 7 oct. 1720, les vicaires généraux, en l'absence du seig^r évêque, donnent leur visa aux lettres de provision de la cure de S' Michel de Crouttes, obtenues par M° Sébastien Aubert, pbre, en conséquence de la résignation faite en sa faveur par M° Gilles Leriche, dernier titulaire. (*V.* 299).

Le 22 oct. 1720, led. s' Aubert prend possession de la cure de Crouttes, en présence de M° Jacques Routier, pbre de la parr. de Crouttes ; M° Jean Grigy, pbre, desservant lad cure ; Guillaume Duroy, maître d'école, et autres habitants dud. lieu.

352. — Le 19 oct. 1720, dispense de bans pour le mariage entre Michel de Marescot, s' de la Bouverie, officier de feu Madame la Dauphine, fils de feu Robert de Marescot, officier de feu la reine, et de dam^lle Philippe Gouhier, de la parr. de Vimoutiers, d'une part, et dam^lle Magdeleine de Nollent, fille de feu Jean-Baptiste de Nollent, Esc', s' de Bouchaille, et de noble dame Marie de La Morlière, de la parr. de Ticheville.

353. — Le 3 janvier 1719, François Faguet, froctier, et Charles Germaine, aussi froctier, demeurant tous deux à Tordouet, constituent 150 livres de rente en faveur de M° Nicolas Faguet, acolyte, de présent au séminaire de Lx, afin qu'il puisse parvenir aux ordres sacrés. Fait à Tordouet en la maison dud. s' Faguet, en présence de M° Nicolas Le Front, pbrē, curé de lad. parr., et de Pierre Galopin, son vicaire. (V. 64).

354. — Le 10 janvier 1719, Olivier Rouelle, marchand, demeurant à S' Pierre-Azifs, constitue 150 livres de rente en faveur de son fils, M° Claude Rouelle, acolyte, afin qu'il puisse parvenir aux ordres sacrés. Cette rente est garantie par M° Jean-Claude Lepee, avocat au parlement de Rouen, et par le s' Charles Lepee, marchand, demeurant tous deux à S' Pierre-Azifs. (V. 65).

355. — Le 26 oct. 1720, la nomination à la cure de S' Martin-de-la-Lieue appartenant au seig' du lieu, M° Yves-Antoine Deauga, Esc', seig' et patron de S' Martin, capitaine de grenadiers, chevalier de l'Ordre militaire de S' Louis, nomme à lad. cure, vacante par la mort de M° Robert Campion, la personne de M° Pierre Toustain, pbrē de ce diocèse.

Le 4 novembre 1720, les vicaires généraux en l'absence du seig' évêque, donnent aud. s' Toustain la collation dud. bénéfice.

Le 11 novembre 1720, le s' Toustain, pbrē, prend possession de la cure de S' Martin-de-la-Lieue, en présence de M° Guillaume Lemarchand, pbrē de S' Jacques de Lx; M° Jean Rohais, pbrē, curé de S' Germain-de-Livet; M° Germain Vauquelin, diacre de S' Jacques; Nicolas Bouvier, s' des Fontaines, officier de Monsieur, demeurant à S' Martin-de-la-Lieue, et autres témoins de lad. parr.

356. — Le 4 novembre 1720, M° Gabriel Durozey, pbrē, docteur de Sorbonne, chanoine de la Cathédrale, vicaire général et official du doyenné pour la ville et banlieue de Lx et la parr. S' Germain-de-Livet, accorde dispense de bans pour le mariage entre M° Guillaume Formeville, procureur fiscal au bailliage de Lx, fils de François Formeville, exempt en la maréchaussée pour le bailliage d'Evreux, et de dam^lle Geneviève Becquet, de la parr. S' Germain de Lx, d'une part, et dam^lle Marie-Gabrielle Bourdon, fille de feu M° Louis Bourdon, cons^er du roy, enquêteur en l'élection de ce lieu, et de dam^lle Françoise-Thérèse Athinas, de la parr. S' Jacques de Lx.

357. — Le 5 novembre 1720, vu l'attestation du s' Bazin, vicaire de Blangy, et du s' Présey, vicaire de la Chapelle-Bayvel, dispense de bans pour le mariage entre Nicolas Floquet et Madeleine Dorléans.

358. — Le 12 nov. 1720, vu l'attestation du s' Naude, curé du Ham, dispense de bans pour le mariage entre Gabriel-Louis de Marguerie, Esc', s' d'Argences, fils de Jacques-Louis de Marguerie, Esc', seig' de Neuville, et de noble dame Renée Dallençon, de la parr. de S' Patrice du Mesnil-d'Argences, d'une part, et dam^lle Elisabeth de

Borel, fille de feu Guy de Borel, Esc^r, s^r de la Pommeraye, et de noble dame Hélène Patry, de la par̅. du Ham.

359. — Le 12 nov. 1720, vu l'attestation du s^r Jouen, curé à Danestal, et du s^r Descalles, curé de St Jouin, dispense de bans pour le mariage entre Charles Descalles, Esc^r, fils de feu Elie Descalles, Esc^r, et de feu dam^lle Gillonne Lemaistre, domicilié en la par̅. de St Jouin, d'une part, et dam^lle Anne de Mecflet, fille de feu Jacques de Mecflet, Esc^r, et de feu dam^lle Marie de Cœurdoux, domiciliée en lad. par̅. de Danestal.

360. — Le 22 mars 1718, Mre Achille-Balthazard de Fourcy, chev^r, cons^er du roy en ses conseils, président de la 3e chambre des enquêtes du Parlement de Paris, y demeurant rue de Jouy, fai^t don pur et simple du droit d'indult, qui lui appartient en sa qualité de président, à Me Guillaume Gaujac, clerc tonsuré du diocèse de Conserans, demeurant à Paris. Fait à Paris en l'hôtel de Fourcy.

Le 14 août 1720, le roy apprenant la dite cession d'indult, nomme led. s^r Gaujac sur l'abbaye de St Evroult, afin qu'il soit pourvu du premier bénéfice vacant, étant à la nomination de lad. abbaye.

Le 5 novembre 1720, le s^r Gaujac fait signifier led. indult aux religieux de St Evroult.

361. — Le 18 novemb. 1720, dispense de bans pour le mariage entre Me Jean-François Delauney, procureur au parlement de Normandie, fils de feu Me François Delauney, greffier au bailliage de Pont-l'Evêque, et de dame Catherine Bacheley, de la par̅. St Laurent de Rouen, d'une part, et dam^lle Charlotte Dumont, fille de feu Charles Dumont, Esc^r, et de feu dam^lle Magdeleine Le Bedel, de la par̅. de St Jacques de Lx.

362. — Le 1er juillet 1720, le Chapitre de la Cathédrale, réuni en chapitre général, nomme pour son official, la personne de Me Charles Le Bas, pbr̅e, chanoine prébendé du Val-Rohays, licencié aux lois.

363. — Le 19 novembre 1720, dispense de bans pour le mariage entre François du Houlley, Esc^r, s^r de la Cauvinière, chevalier de l'ordre royal et militaire de St Louis et capitaine commandant au régiment du Vivarais, fils de Jacques du Houlley, Esc^r, s^r de la Labraye, de la par̅. de St Aubin de Bonneval, d'une part, et noble dam^lle Marguerite de Pillon, fille de feu Nicolas de Pillon, Esc^r, lieutenant général à Alençon, et de noble dame Madeleine Dubois, de la par̅. de Bourg, diocèse d'Evreux.

364. — Le 19 nov. 1720, vu l'attestation du s^r Pestel, curé de Martainville, et du s^r Parent, vicaire du Torpt, dispense de bans pour le mariage entre Robert Freslard et Marie Hémery.

365. — Le 20 novembre 1720, Me Pierre Saphare, pbr̅e du diocèse de Ix, curé de N.-D. de Fouqueville et de ses annexes S¹ Jean de Bethomas et de S¹ Ouen de Pontchel, diocèse d'Evreux, étant en sa maison de S¹ Germain-la-Campagne, résigne sad. cure en faveur de M⁰ Michel Roger, pbrē de la parr. de S¹ Sulpice, diocèse d'Evreux.

366. — Le 25 novembre 1720, dispense de parenté au 3ᵉ degré pour le mariage entre Nicolas Delafosse, contrôleur des actes des notaires, et Catherine Boullaye, de la parr. du Sap.

367. — Le 25 nov. 1720, dispense de bans pour le mariage entre Henry de Guerpel, Escʳ, sʳ de la Fauvellière, fils de feu Christophe de Guerpel, Escʳ, et de noble dame Rénée de Graindorge, demeurant en la parr. de S¹ Gervais-des-Sablons, d'une part, et damˡˡᵉ Catherine Vicaire, fille de feu Jacques Vicaire, sʳ de Bellencourt, et de Marie Boessel, de la parr. de Vimoutiers.

368. — Le 26 novembre 1720, vu l'attestation du sʳ Thillaye, vicaire de Gonneville-sur-Honfleur, et du sʳ Le Merlier, vicaire de Genneville, dispense de bans pour le mariage entre Charles Charley et Marguerite Paisant.

369. — Le 26 nov. 1720, dispense pour le mariage entre Mᵉ Pierre Trinité, sʳ de Bellefontaine, procureur au bailliage et vicomté d'Orbec, fils de feu Mᵉ François Trinité, sʳ de Bellefontaine, greffier aud. bailliage, et de dame Catherine Deschamps, de la parr. de la Vespière, d'une part, et damˡˡᵉ Anne Le Seigneur, fille de feu Mᵉ Jean-Baptiste Le Seigneur, avocat à Orbec, et de feu damˡˡᵉ Jeanne Danvin d'Anlentun, de la parr. d'Orbec.

370. — Le 27 nov. 1720, dispense de ba.. entre Gaspard Boutelet, Escʳ, sʳ de la Boëssière, chevalier de l'Ordre militaire de S¹ Louis, capitaine au régiment de Picardie, pensionnaire du roy, fils de feu Gaspard Boutelet, sʳ de la Boëssière, officier chez le roy, et de feu damˡˡᵉ Barbe Blondel, de la parr. d'Echauffour, d'une part, et damˡˡᵉ Rénée Dumesnil, fille de feu Lion Dumesnil, sʳ de la Thibouverie, et de damˡˡᵉ Duval, de la parr. de la Bricquetière, diocèse de Séez.

371. — Le 9 novembre 1720, la nomination au prieuré simple de S¹ Firmin, sis en la parr. de Sᵗᵉ Croix de Cormeilles, appartenant au seigʳ abbé de Cormeilles, Mgʳ Philibert-Charles de Pas Feuquières, évêque et comte d'Agde et abbé commendataire de Cormeilles, nomme aud. bénéfice, vacant par la mort de dom Charles Letellier, religʳ de lad. abbaye, la personne de dom Louis Lejumel, aussi religʳ de la même abbaye. Fait au palais épiscopal d'Agde.

Le 22 nov. 1720, led. sʳ Lejumel, pbrē, prieur de l'abbaye de Cormeilles, titulaire du prieuré simple de Sᵗᵉ Croix de Viraville, diocèse de Coutances, prend possession dud. prieuré simple de S¹ Firmin, présence de Mᵉ François Baudouin, pbrē, desservant led. prieuré, et de

Benoît Le Guestier, sr de la Marchandière, vivant de son bien, demeurant à St Sylvestre de Cormeilles, et autres témoins. (V. **427**).

372. — Le 9 novembre 1720, la nomination à l'office claustral de bailly de l'abbaye de Cormeilles appartenant au seigr abbé, Mgr de Pas Feuquières nomme aud. office, vacant par la mort de Dom Charles Letellier, la personne de Dom Luc Maheut, religx de lad. abbaye.

Le 21 novembre 1720, led. sr Maheut, nommé aud. office claustral par le seigr abbé et aussi par les religx, par acte capitulaire du 30 octobre dernier, en prend possession avec les cérémonies ordinaires accomplies dans l'église de l'abbaye, en présence de Dom Jacques Delahaye, diacre et sacristain; Dom Noël Gueroult de la Gohière, diacre et chantre; Dom Robert Legendre, diacre et infirmier, tous religx dud. lieu; Me Jacques Blondel, pbre, curé de St Pierre de Cormeilles: Mre Antoine-François de Paulmier, Escr, sr d'Avencour (?); Jean-Baptiste Blondel, conser du roy, et son procureur en l'élection de Pontaudemer; Me Jean Monseillon, pbre, vicaire de St Pierre de Cormeilles; Pierre Blondel, sr de la Boessière, capitaine au régiment de la Gervaisais, de lad. parr. de St Pierre de Cormeilles, et Me Jacques Daufresne, pbre, titulaire du prieuré de St Louis de Bonneville-la-Louvet, demeurant à Lx. (V. **427**).

373. — Le 4 nov. 1720, la nomination à la chapelle de St Hermes, desservie dans le château de Bruccurt, en la parr. d'Estrées, appartenant au seigr du lieu, Mesre Jacques-Joseph de Dreux de Nancré, abbé de St Cibart d'Angoulême et prieur de Boutteville, seigr de Brucourt au comté d'Auge en Normandie, demeurant au Palais-Royal, parr. St Eustache, à Paris, nomme à lad. chapelle, vacante par la mort de Me Pierre Lebelhomme, dern'er titulaire, la personne de Me François Harel, pbre, curé d'Estrées, au pays d'Auge. Fait au Palais-Royal en l'appartement dud. sr abbé.

Le 19 décembre 1720, les vicaires généraux du seigr évêque donnent aud. sr Harel la collation de lad. chapelle, sise en la parr. d'Estrées.

Le 8 janvier 1721, le sr Harel prend possession dud. bénéfice, en présence de Me Joachim Pinel de la Forestrie, curé de la 2e portion d'Estrées; Me Augustin Lentrain, vicaire de lad. parr., et autres témoins.

374. — Le 10 septembre 1720, la nomination à la cure de St Martin-du-Houlley, ci-devant St Martin-d'Ouillie, appartenant au seigr abbé de St Laumer de Blois, Mgr Jean-François-Paul Lefèvre de Caumartin, évêque de Blois et abbé de St Laumer, nomme à lad. cure, vacante par la mort de Me Félix Maillet, dernier titulaire, la personne de Me Jean-Baptiste Le Chantre, pbre, vicaire d'Hermival.

Le 23 décembre 1720, les vicaires généraux, en l'absence du seig'r évêque de Lx, donnent aud. s'r Le Chantre la collation dud. bénéfice.

Le 29 décembre 1720, le s'r Le Chantre prend possession de la cure de S'r Martin-du-Houlley, en présence de M're Adrian du Houlley, chev'r, seig'r-baron, châtelain et haut-justicier, seig'r de Firfol et de la Lande, cons'er du roy en sa cour des Aides de Paris ; M'e Jean Barrey, pbre, curé de Réville, et autres habitants dud. lieu du Houlley. (*V*. **290, 541**)

375. — Le 29 octobre 1719, Martin Dechauffour, fils de Pierre et de Geneviève Hardouin, de la parr. de Ticheville, reçoit la tonsure et les ordres mineurs.

376. — Le 7 janvier 1721, vu l'attestation du s'r La Noë, vicaire de N.-D. de la Couture, dispense de bans pour le mariage entre Nicolas Erambert et Marie Chastel.

377. — Le 23 sept. 1719, M'e Robert Lefebvre, sous-diacre de la parr. de S'r Germain de Lx, est ordonné diacre.

378. — Le 23 sept. 1719, Robert Leroux, acolyte de S'r Jacques de Lx, est ordonné sous-diacre. (*V*. **450, 458**).

379. — Le 29 oct. 1719, Adrian-Louis Duval, fils de Nicolas et d'Anne Legendre, de la parr. de S'r Martin de Friardel, reçoit la tonsure et les ordres mineurs.

380. — Le 29 oct. 1719, reçurent la tonsure :

Isaïe Puchot, fils de Robert et de Marie-Magdeleine de Montreuil, de la parr. de Livarot ;

François Pottier, fils de Jean et de M. Le Front, de la parr. de Fervaques ;

François Lisot, fils de Jean et de Marie Barrois, de la parr. de S'r Philbert-sur-Risle ;

Charles Le Maignen, fils d'Alexandre et de noble dame Françoise de Collibœuf, de la parr. de Vieux-Pont ;

Etienne Capelle, fils de Pierre et de M. de S'r Braussant, de la parr. d'Imouville, diocèse de Verdun, *rite dimissus*.

Hélie Jouanne, fils de Pierre et de Françoise Jouvrie, de la parr. des Loges.

381. — Le 29 oct. 1719, reçurent la tonsure et les ordres mineurs :

Nicolas Nicolas, fils de François et de Jeanne Fanion, de la parr. S'r Germain de Lx ;

Jacques Larosée, fils de Germain et de Louise Droullin, aussi de S'r Germain de Lx ;

Jean Burel, fils de Pierre et d'Hélène Duval, de la parr. de S'te Croix de Bernay ;

Michel Bellouil, fils de François et d'Elisabeth Desvaux, de la parr. de S'r Michel-de-Livet ;

Réné Rosey, fils d'Adrian et de Catherine Le Courtois, de la parr. de Meulles ;

François Dubosc, fils de Guillaume et de Françoise Delarue, de la parr. de Beuzeville.

François Dozeville, fils de Pierre et de Françoise Pierres, de la parr. de Menneval.

382. — Le 23 décembre 1719, Henri Pinel, fils d'Etienne de d'Anne Chauvel, de la parr. du Mesnil-Bacley, reçoit la tonsure et les ordres mineurs.

383. — Le 3 janvier 1721, la nomination à la cure de Dives appartenant au seigr abbé de St Martin de Troarn, Mgr Jean-Louis du Bouchet de Sourches, évêque et comte de Dol, abbé commendataire de lad. abbaye, nomme à lad. cure, vacante par la mort de Vincent Du Bourget, pbre, dernier titulaire, la personne de Me Pierre Vicaire, Le Jeune, pbre, du diocèse de Bayeux, docteur en théologie. Fait à Paris, en l'hôtel dud. seigr évêque de Dol, rue de Condé.

Le 13 janvier 1721, les vicaires généraux, en l'absence du seigr évêque, donnent aud. sr Vicaire, la collation dud. bénéfice.

Le 31 janvier 1721, le sr Vicaire, demeurant à Caen, prend possession de la cure de Dives, en présence de Me Guillaume Manchon, pbre, curé de Barneville, et plusieurs habitants du bourg de Dives. (*V.* **593**).

384. — Le 18 janvier 1721, vu l'attestation du sr Mannoury, vicaire de St Pierre-de-Courson, et du sr Seney, vicaire de St Germain de Lx, dispense de bans pour le mariage entre Ursin Faguet et Catherine Dallet.

385. — Le 21 janvier 1721, vu l'attestation du sr Levavasseur, curé de St Jean-de-la-Lecqueraye, et du sr Foutel, pbre desservant la parr. de St Georges-du-Vièvre, dispense de bans pour le mariage entre Jacques du Valpoutrel, Escr, sr de St Aubin, fils de feu Léonor du Valpoutrel, Escr, seigr et patron de St Aubin et de Pomont, la Fillemondière, fief du Lys, Sergenterie et autres lieux, et de noble dame Allorge, de lad. parr. de St Georges-du-Vièvre, d'une part, et Anne de Vitrouil, fille de feu Jacques de Vitrouil, Escr, sr du Longchamp, seigr de Bospotier et patron honoraire de St Jean-de-la-Lecqueraye, et autres lieux, et de noble dame Anne Aupoix, de lad. parr. de la Lecqueraye. (*V.* **257, 397**).

386. — Le 21 janvier 1721, vu l'attestation du sr Fessey, vicaire de Fatouville, et du sr Main, desservant la parr. de Fiquefleur, dispense de bans pour le mariage entre Jacques Gravois et Marie Halley.

387. — Le 28 janvier 1721, la nomination à la cure de Launay-sur-Calonne appartenant au seigr dud. lieu, « Monsieur Guillaume Lechevalier, Escr, consr du roy en ses Conseils et son avocat général au parlement de Rouen, seigr et patron de la parr. de Launay, nomme aud. bénéfice, vacant par la mort de Me   Pellerin, dernier titulaire, décédé le 3 de ce mois, la personne de Me Estienne de Lannoy des Barres, pbrē de ce diocèse.

Le 6 fevrier 1721, le seigr évêque donne aud. sr de Lannoy des Barres la collation de lad. cure de Launay.

Le 19 fév. 1721, le sr de Lannoy prend possession de la cure de Launay-sur-Calonne, en présence de Me Jean Daubin, pbrē, desservant lad. parr., et plusieurs témoins dud. lieu.

388. — Le 3 février 1721, dispense de bans pour le mariage entre Jean de Varin, Escr, sr de St Quentin, conser du roy, vicomte de Folleville, fils de Jacques et de dame Marie Germain, d'une part, et damlle Louise Calbrye, veuve de Me Louis Saffrey, avocat, fille de Michel Calbrye et de Charlotte Gallet, tous deux demeurant à St-Aubin-de-Scellon.

389. — Le 1er février 1721, la nomination à la cure de St-Samson-en-Auge appartenant au seigr abbé de Troarn, le seigr évêque donne la collation dud. bénéfice, vacant par la mort de Me Thomas Quesnel, dernier titulaire, décédé dans le mois de janvier, à Me Jacques Naude, pbrē, curé de St Martin du Ham, nommé en sa qualité de gradué à lad. cure de St Samson. (V. 94, 358, 520).

390. — Le 13 fév. 1721, dispense de bans pour le mariage entre Jacques Bourlet, fils de feu Michel et de feue Elisabeth Périer, d'une part, et damlle Anne Collet, fille de feu Guillaume Collet, sr de la Guérinière, greffier héréditaire en la prévôté générale de Normandie, et de feu damlle Marthe Le Charpentier, d'autre part, tous deux de la parr. d'Orbec.

391. — Le 14 fév. 1721, dispense de bans pour le mariage entre Louis Legrip, fils de feu Jean-François Legrip, sr des Costils, et d'Anne-Catherine Guérin, d'une part, et damlle Jeanne Legrip, fille de Me Gabriel Legrip, sr de la Grésillière, et de damlle Anne de Montjoie, d'autre part, tous deux de la parr. de St-Aubin-Lébizey.

392. — Le 14 février 1721, vu l'attestation du sr Dubusc, vicaire de Ste Croix de Bernay, dispense de bans pour le mariage entre Marc-Antoine Le Mercier et Marie Dupont.

393. — Le 14 fév. 1721, vu l'attestation du sr Ro   d, vicaire de Heurtevent, dispense de bans pour le mariage entre Jean Lemonnier et Madeleine Picquot.

394. — Le 14 fév. 1721, dispense de bans pour le mariage entre Me Charles Maignet, licencié-ès-lois, fils de Me Guillaume Maignet et de feu dame Françoise Cloustier, d'une part, et damlle Françoise Laisné, fille de feu Jacques et de dame Jeanne Le Cesne, d'autre part, tous deux de la parr. de Gacey.

395. — Le 19 fév. 1721, vu l'attestation « du Fr. Julien-Bernardin-Simon Durel, pbrē, religieux de l'Observance de S¹ François, du couvent de Pontaudemer, et desservant en la parr. de S¹ Sulpice en l'absence du s¹ curé d'icelle, » dispense de bans pour le mariage entre François Carrey et Anne Plastel.

396. — Le 18 fév. 1721, dispense de bans pour le mariage entre Richard de la Barre, d'une part, et dam¹¹ᵉ Elisabeth Dufour, fille de Jean Dufour, Escʳ, sʳ du Gisey, et de dam¹¹ᵉ Elisabeth de Malleville, d'autre part, de la parr. de S¹ Etienne-Lallier.

397. — Le 19 février 1721, dispense de bans pour le mariage entre François de Vitrouil, Escʳ, seigʳ de Bospottier, patron honoraire de S¹ Jean-de-la-Lecqueraye, fils de Jacques de Vitrouil, en son vivant Escʳ, seigneur de Longchamp, aussi patron honoraire de lad. parr. et de noble dame Anne Aupoix, de la parr. de S¹ Jean-de-la-Lecqueraye, d'une part, et dam¹¹ᵉ Barbe de Livet, fille de Jacques de Livet, Escʳ, seigʳ de la Noë, du Bois-Louvet, et autres lieux, et de noble dame Marguerite Tirel, de la parr. de la Noë. (*V.* **385**).

398. — Le 21 septembre 1720, Mᵉ Jacques Daufresne, diacre de S¹ Jacques de Lx, est ordonné prêtre.

Le 15 novembre 1720, led. sʳ Daufresne, pbrē, titulaire de la chapelle simple de S¹ Louis en la parr. de Bonneville-la-Louvet, obtient en cour de Rome des lettres de provision de la cure de N.-D. de Courson, vacante par la résignation faite en sa faveur par Mᵉ Guillaume Vattier, pbrē, dernier titulaire.

Le 6 février 1721, le seigʳ évêque donne aud. sʳ Daufresne la collation dud. bénéfice.

Le 11 février 1721, le sʳ Daufresne prend possession de la cure de N.-D. de Courson, en présence de Mᵉ Nicolas Le Doré, pbrē, vicaire de lad. parr., et plusieurs autres paroissiens. (*V.* **343**).

399. — Le 21 février 1721, vu l'attestation du sʳ Moisy, curé de Chaumont, et du sʳ Boivin, vicaire de S¹ Laurent-des-Grez, dispense de bans pour le mariage entre Jean Choyne et Marguerite Clologe.

400. — Le 8 novembre 1720, Mᵉ Antoine Lambert, pbrē du diocèse de Rouen, obtient en cour de Rome des lettres de provision de la cure de Formoville, vacante par la résignation faite en sa faveur par son oncle, Mᵉ Pierre Lambert, dernier titulaire. (*V.* **349**).

401. — Le 18 oct. 1716, Jean-Pierre Thillaye, de la parr. de S¹ Etienne-la-Thillaye, reçoit la tonsure et les ordres mineurs. (*V.* **286, 489**).

402. — Le 21 décembre 1701, Gabriel Hurel, fils de Charles et de Françoise Le Bret, de la parr. de Réville, reçoit la tonsure et les ordres mineurs. (*V.* **231, 404**).

403. — Le 25 novembre 1720, la nomination à la cure de S¹ Laurent de Camptleur appartenant au seig⁷ abbé de N.-D. de Lire, M⁺ᵉ Pierre Pardaillan de Gondrin d'Antin, chanoine et comte de Strasbourg et abbé commendataire de lad. abbaye de Lire, nomme à lad. cure, vacante par la mort de M⁺ Pierre Quesnot, dernier titulaire, la personne de M⁺ François Lefebvre, pbrē du diocèse de Bayeux, curé de S¹ Denis de Béhéland, diocèse d'Evreux.

Le 2 mars 1721, le seig⁷ évêque donne aud. s⁺ Lefebvre la collation dud. bénéfice. (*V.* **146, 544**).

404. — Le 8 mars 1721, noble homme Messire Antoine d'Espiney, pbrē, prieur-curé de N.-D.-du-Hamel, donne sa procuration pour résigner led. bénéfice entre les mains de N.-S.-P. le pape en faveur de noble homme Mesre Adrian d'Espiney, pbrē, curé de S¹ Martin de Vaux, diocèse d'Evreux, et titulaire de la chapelle de S¹ᵉ Catherine en la cathédrale d'Evreux. Il se réserve toutefois une rente viagère de 300 livres sur les revenus du bénéfice. Fait au presbytère de N.-D.-du-Hamel, présence de M⁺ André du Coudrey, pbrē, curé de Marnefer, et de M⁺ Gabriel Hurel, pbrē, vicaire de N.-D.-du-Hamel.

405. — Le 7 mars 1721, M⁺ Jacques Dumans, pbrē, chanoine de Rennes, docteur en théologie de la Maison et Société de Sorbonne, conseiller au parlement de Paris, présenté par le s⁺ Dumans, demeurant à Brest, par̄r. S¹ Louis, « à la prétendue chapelle qui doibt estre érigée et fondée dans le diocèze de Liz⁺, des fonds légués par le testament de la dame Jeanne Delamine, vᵛᵉ de feu Michel Bardou, controlleur des guerres, » ayant « fait réquérir le visa de lad. chapelle prétendue, mais l'érection n'en estant point faite », le seig⁷ évêque lui accorde simplement acte de lad. présentation pour la conservation de son droit.

406. — Le 8 mars 1721, M⁺ Jean Buisson, pbrē de N.-D. de Courson et vicaire de Drucourt, M⁺ ès-arts en l'Université de Caen, fait réitérer ses noms et grades au seig⁷ évêque et au Chapitre de Lx. (*V.* **38, 201**).

407. — Le 23 juillet 1720, M⁺ᵉ Charles-François de Parey, curé de Goupillières, diocèse d'Evreux, obtient en cour de Rome des lettres de provision de la chapelle simple de S¹ Vivien en la Cathédrale de Lx, vacante par la résignation faite en sa faveur par M⁺ Daniel Lefort, pbrē, dernier titulaire. (*V.* **274**).

408. — Le 11 mars 1721, Mesre Nicolas de Belleau, chev⁺, seig⁷ dud. lieu et seig⁷ présentateur de la chapelle S¹ Hubert, située dans le château de Belleau, par̄r. de N.-D. de Courson, donne son consentement à ce que M⁺ᵉ Charles de Montaing, pbrē, curé de la par̄r. de Briquebec, diocèse de Coutances et titulaire de lad. chapelle de Belleau, la résigne en faveur de M⁺ Christophe-Jacques Morin, clerc tonsuré du diocèse de

Lx et chapelain de la chapelle de S¹ Thomas-le-Martyr, en la Cathédrale. Fait en la maison de Mᵉ Jacques Ricquier, greffier des Insinuations ecclésiastiques, par̃r. S¹ Germain de Lx, en présence dud. sʳ Ricquier, greffier, et de Jacques Ricquier, Escʳ, seigʳ de la Cauvinière, porte-manteau ordinaire du roy, demeurant aussi à Lx. (*V.* **328, 499, 530**).

409. — Le 13 mars 1721, dispense de parenté au 3ᵉ degré pour le mariage entre Louis d'Osmond, Escʳ, et damᶦˡᵉ Hélène de Parisot, tous deux demeurant en la par̃r. de S¹ Désir de Lx.

410. — Le 8 mars 1721, Mᵉ Jacques Corbin, pbr̃e, bachelier en la faculté de Paris, fait réitérer ses noms et grades au seigʳ évêque et au Chapitre de Lx, ainsi qu'aux religˣ de l'abbaye de Bernay. (*V.* **57, 214, 246**).

411. — Le 17 juin 1714, Jean-François Isabel, fils de François et d'Elisabeth Duchemin, de la par̃r. de S¹-Etienne-la-Thillaye, reçoit la tonsure et les ordres mineurs dans la chapelle des Jésuites de Caen des mains de Mgʳ François Blouet de Camilly, évêque de Toul. (*V.* **70**).

412. — Le 11 mars 1721, Mᵉ François Legrip, pbr̃e, vicaire de Fontaine-la-Soret, Mᵉ ès-arts en l'Université de Caen, fait réitérer ses noms et grades au seigʳ évêque et au Chapitre de Lx. (*V.* **216**).

413. — Le 12 mars 1721, Mᵉ Alexandre Dubuisson, pbr̃e, Mᵉ ès-arts et licencié en théologie de la faculté de Paris, y demeurant au collège de Lx, rue S¹ Jacques, représenté par Jean Dubuisson, bourgeois de Lx, par̃r. S¹ Germain, fait réitérer ses noms et grades au seigʳ évêque et au Chapitre de Lx. (*V.* **223, 573, 596**).

414. — Le 11 mars 1721, Mesʳᵉ Claude de Louis, Escʳ, pbr̃e, docteur en théologie de la faculté de Caen, de la par̃r. de S¹ Aubin de Canapville et demeurant ordinairement à Pont-l'Evêque, fait réitérer ses noms et grades au seigʳ évêque et au Chapitre de Lx. (*V.* **210, 212, 446**).

415. — Le 12 mars 1721, Mᵉ Jean-Baptiste Paulmier, pbr̃e, demeurant à S¹ Jacques de Lx, Mᵉ ès-arts en l'Université de Caen, fait réitérer ses noms et grades au seigʳ évêque et au Chapitre de Lx, ainsi qu'aux religieuˣ de S¹ Evroult. (*V.* **79, 215, 222**).

416. — Le 20 mars 1721, vu l'attestation du sʳ Denis, desservant la par̃r. de Dives, dispense de bans pour le mariage entre Mᵉ Jacques-Nicolas de Bonenfant, Escʳ, sʳ de Montfreulle, fils de François et de noble dame Jeanne Baudouin, de la par̃r. de Méry, diocèse de Bayeux, d'une part, et damᶦˡᵉ Marie-Catherine Le Cloustier, fille de feu Pierre Le Cloustier, Escʳ, sʳ de Boishibout, seigʳ de Mézières, et de noble dame Marie-Anne Leduc, de lad. par̃r. de Dives.

417. — Le 21 sept. 1720, Mᵉ Jean-Baptiste Lesieur, diacre de Gacé, est ordonné prêtre. (*V.* **67, 115, 228, 430, 440**).

418. — Le 19 mars 1721, Me Pierre-Augustin Lenoir, diacre de Lx, Me ès-arts en l'Université de Paris, fait signifier ses noms et grades aux religieux de St Pierre de Préaux en parlant au R. P. Dom Réné Soyer, sous-prieur de lad. abbaye, en présence de Me Pierre Deshayes, avocat au bailliage de Pontaudemer. (V. **424, 428**).

419. — Le 18 mars 1721, Mesre Jean-Baptiste de Gémare, pbre du diocèse de Lx, demeurant à Paris à la communauté de M. le curé de St Sulpice, Me ès-arts en l'Université de Caen, représenté par Me Gabriel Cachet, pbre, demeurant à Lx, parr. St Jacques, fait réitérer ses noms et grades au seigr évêque de Lx. (V. **71, 254**).

420. — Le 21 mars 1721, Me François Durozey, pbre, docteur en théologie de la faculté de Paris, Me ès-arts, demeurant à Paris et représenté par Mesre Gabriel Durozey, chanoine de Lx, fait réitérer ses noms et grades au seigr évêque et au Chapitre de Lx. (V. **209**).

421. — Le 22 mars 1721, Mre Louis Delamare, pbre, demeurant à Pontaudemer, parr. St Ouen, Me ès-arts en l'Université de Caen, fait réitérer ses noms et grades aux religieux de St Pierre de Préaux, Cormeilles, Grestain et Bernay, ainsi qu'aux dames de St Léger de Préaux. (V. **46, 240, 445, 470**).

423. — Le 14 mars 1721, Me Nicolas Turpin, pbre de St André-d'Echauffour et chapelain de St Laurent des Planches, Me ès-arts en l'Université de Caen, fait réitérer ses noms et grades au seigr évêque et aux religieux de St Evroult. (V. **62, 224**).

424. — Le 4 juillet 1715, Pierre-Augustin Lenoir, clerc du diocèse de Lx, est reçu Me ès-arts en l'Université de Paris.

Le 7 août 1717, led. sr Lenoir, acolyte, reçoit du recteur de lad. Université des lettres de quinquennium.

Le 6 oct. 1717, il est nommé sur l'évêché et le Chapitre de Lx, ainsi que sur l'abbaye de St Pierre de Préaux. (V. **418, 428**).

425. — Le 3 nov. 1714, Réné-François Lebis, fils de François et de Louise Lenormand, de la parr. de St André d'Exmes, diocèse de Séez, reçoit la tonsure à Séez.

Le 9 fév. 1720, led. sr Lebis, pbre, est reçu Me ès-arts en l'Université de Caen.

Le 21 fév. 1720, il obtient des lettres de quinquennium du recteur de lad. Université.

Le même jour, le sr Lebis, pbre, âgé de 24 ans et 5 mois, est nommé par icelle sur les archevêchés et les chapitres de Paris et de Rouen ; sur les évêchés et les chapitres de Bayeux, Lisieux, Chartres, Evreux et Séez, ainsi que sur bon nombre d'abbayes et de prieurés de ces diocèses. (V. **429**).

426. — Le 19 mars 1721, Me Pierre Blanchet, pbre, originaire de

S¹ Marguerite de Carrouge, diocèse de Séez et vicaire des Monceaux au Perche, diocèse de Chartres, M° ès-arts en l'Université de Caen, fait réitérer ses noms et grades aux religieux de S¹ Evroult. (V. **304**).

427. — Le 2 nov. 1720, Dom Luc Maheut, pbre, religieux-profès de l'abbaye de Cormeilles, titulaire de l'office claustral d'aumônier de lad. abbaye, obtient en cour de Rome des lettres de provision du prieuré simple de S¹ Firmin et S¹ Fiacre, ordre de S¹ Benoit, vacant par la résignation faite en sa faveur par Dom Charles Letellier de Vaulibert, pbre, religieux-profès de lad. abbaye. (V. **371, 372**).

Le 4 mars 1721, le seig⁺ évêque donne aud. s⁺ Maheut la collation dud. bénéfice.

Le 8 mars 1721, Dom Maheut, bailly de l'abbaye de Cormeilles, prend possession du prieuré simple de S¹ Firmin auquel il a déjà été nommé « par acte capitulaire du 13ᵉ novembre dernier, signé de Dom Louis Lejumel, pbre, pitancier, Dom Jacques Delahaye, diacre et sacristain, Dom Noel de Gueroult de la Cohière, diacre et chantre, et Dom Robert Legendre, infirmier, composant la communauté de l'abbaye de N.-D. de Cormeilles. » Cette prise de possession a été faite en présence de Mᵉ François Baudouin, pbre habitué en l'église S¹ᵉ Croix de Cormeilles ; Benoit des Guestiers, s⁺ de la Marchandière, ancien garde du corps du roy, demeurant à S¹ Sylvestre de Cormeilles ; Pierre Lemonnier, s⁺ de Boschène, et Henry de la Vallée, tous deux bourgeois et demeurant à Pontaudemer.

428. — Le 26 mars 1721, Mᵉ Pierre-Augustin Leneir, diacre de Lx, y demeurant parr. S¹ Germain, M° ès-arts en l'Université de Paris, fait signifier ses noms et grades au seig⁺ évêque et au Chapitre de Lx. (V. **418, 424**).

429. — Le 26 mars 1721, Mᵉ Réné-François Lebis, pbre du diocèse de Séez et vicaire de S¹ Germain de Montgommery, M° ès-arts en l'Université de Caen, fait signifier ses noms et grades au seig⁺ évêque et au Chapitre de Lx. (V. **425, 622**).

430. — Le 28 mars 1721, Mᵉ Jean-Baptiste Lesieur, pbre, demeurant à Gacey, M° ès-arts en l'Univerté de Caen, fait réitérer ses noms et grades au seig⁺ évêque et au Chapitre de Lx. (V. **115, 417, 440**).

431. — Le 28 mars 1721, Mᵉ Pierre Marescal, pbre, vicaire d'Epréville, M° ès-arts en l'Université de Paris, fait réitérer ses noms et grades au seig⁺ évêque et au Chapitre de Lx, ainsi qu'aux religieux de Bernay. (V. **50, 162, 221**).

432. — Le 26 mars 1721, Mᵉ Jean Daubin, pbre, desservant la parr. de N.-D. de Launay-sur-Calonne, M° ès-arts en l'Université de Caen, fait réitérer ses noms et grades au seig⁺ évêque et au Chapitre de Lx.

433. — Le 8 mars 1715, M⁰ Pierre Selles, du diocèse de Lx, est reçu M⁰ ès-arts en l'Université de Caen.

Le 28 mai 1720, led. sʳ Selles, diacre, âgé de près de 24 ans, obtient des lettres de quinquennium du recteur de lad. Université.

Le même jour, il est nommé par icelle sur les archevêchés et les chapitres de Paris, Sens, Tours et Rouen ; sur les évêchés et les chapitres de Bayeux, Lisieux, Coutances, Avranches, Evreux, Séez, Chartres et Le Mans, ainsi que sur bon nombre d'abbayes et de prieurés de ces divers diocèses.

Le 28 mars 1721, le sʳ Selles, pbr̄e de l'exemption de Nonant et vicaire de la parr. d'Heudreville, fait signifier ses noms et grades au seigʳ évêque et au Chapitre de Lx.

Ces actes, sauf le dernier, sont retirés du greffe par M⁰ Jacques Duval, pbr̄e, vicaire de Sᵗ Grégoire-du-Vièvre. Le dernier fut rapporté par M⁰ Robert Loysel, diacre de la parr. d'Epréville.

434 — Le 3 avril 1721, le seigʳ évêque accorde dispense d'affinité au 4ᵉ degré pour le mariage entre Pierre-François de Brossard, Escʳ, sʳ des Landes, de la parr. de la Roche-Nonant, et damˡˡᵉ Simonne Arlange, de la parr. de Noyers au diocèse du Mans.

435. — Le 2 avril 1721, Mesʳᵉ Esprit-Jean-Baptiste Le Prevost, Escʳ, sʳ de Miette, acolyte du diocèse de Séez, demeurant à Sentilly, doyenné d'Argentan, M⁰ ès-arts et bachelier en théologie de la faculté de Paris, représenté par M⁰ François Le Bas du Mesnil, chanoine de la Cathédrale, fait réitérer ses noms et grades au seigʳ évêque et au Chapitre de Lx. (*V.* **272**).

436. — Le 31 mars 1721, M⁰ Guillaume de la Couture, pbr̄e, vicaire de Sᵗ Evroult-de-Montfort, M⁰ ès-arts en l'Université de Caen, fait réitérer ses noms et grades aux religieux de Sᵗ Evroult. (*V.* **60, 252, 325, 456**).

437. — Le 23 sept. 1719, M⁰ François-Nicolas Dufour, diacre de la parr. de Sᵗ Pierre-sur-Dives, est ordonné prêtre à Séez.

Le 19 mars 1721, la nomination à la 2ᵉ portion de la parr. de Vieux-Pont appartenant au seigʳ abbé de Sᵗ Pierre-sur-Dives, Mᵍʳ François Blouet de Camilly, évêque de Toul et abbé de lad. abbaye, nomme à lad. cure de Vieux-Pont, vacante par la mort de M⁰ François Duthrosne, pbr̄e, dernier titulaire, la personne de M⁰ François-Nicolas Dufour, pbr̄e du diocèse de Séez.

Le 3 avril 1721, le seigʳ donne aud. sʳ Dufour la collation dud. bénéfice.

Le 29 avril 1721, le sʳ Dufour prend possession de la cure de Vieux-Pont, 2ᵉ portion, en présence de M⁰ Louis Lecoq, pbr̄e, curé de la 1ʳᵉ portion, et plusieurs habitants de lad. parr.

438. — Le 5 avril 1721, M⁰ François Halley, pbrē et vicaire de Blangy, M⁰ ès-arts en l'Université de Caen, fait réitérer ses noms et grades au seigʳ évêque et au Chapitre de Lx. (*V.* 161).

439. — Le 27 déc. 1718, Jean-André Houley, fils d'André et d'Elisabeth Verel, de la parr. de Bonneval, reçoit la tonsure et les ordres mineurs.

440. — Le 6 avril 1721, M⁰ Jean-Baptiste Lesieur, pbrē, demeurant à Gacey, M⁰ ès-arts en l'Université de Caen, fait signifier ses noms et grades aux religieux de Friardel, en parlant à M⁰ Jean Lecot, religʳ dud. prieuré, en présence de M⁰ Robert Fouquet, pbrē, vicaire d'Abenon, et M⁰ Jacques-Christophe Morin, acolyte, demeurant à Lx. (*V.* 417, 430).

441. — Le 8 avril 1721, M⁰ François Morel, curé de Villers-en-Ouche, M⁰ ès-arts en l'Université de Caen, représenté par son frère, Nicolas Morel, officier de feu Son Altesse Royale Monseigneur, demeurant à la Gonfrière, diocèse d'Evreux, fait réitérer ses noms et grades au seigʳ évêque et au Chapitre de Lx, ainsi qu'aux religʳ de Sᵗ Evroult. (*V.* 88, 208).

442. — Le 7 avril 1721, M⁰ Louis Pollin, pbrē, curé de Sᵗ Jean-de-Livet, M⁰ ès-arts en l'Université de Caen, fait réitérer ses noms et grades aux religʳ de Friardel. (*V.* 90, 461).

443. — Le 11 avril 1721, vu l'attestation du sʳ Hellouin, curé de Sᵗ Ouen de Pontaudemer, et du sʳ Lallemant, vicaire de Beaufour, dispense de bans pour le mariage entre M⁰ Anne-François Lebourg, consʳ et avocat du roy au bailliage et vicomté de Pontaudemer, fils de M⁰ Pierre Lebourg, consʳ et avocat du roy honoraire, et de dame Barbe Harou, de lad. parr. Sᵗ Ouen, d'une part, et damˡˡᵉ Marie-Catherine Collet, fille de M⁰ Guillaume Collet, sʳ des Cours, exempt de la maréchaussée et connétablie de France, et de dame Catherine de Colmiche, de lad. parr. de Beaufour.

444. — Le 8 avril 1721, M⁰ François Dilloys, pbrē (originaire de Barville), vicaire de Sᵗᵉ Croix-Sᵗ Ouen de Rouen, M⁰ ès-arts en l'Université de Caen, représenté par Jean-Baptiste Paulmier, pbrē, demeurant à Sᵗ Jacques de Lx, fait réitérer ses noms et grades aux religieux de Sᵗ Evroult.

445. — Le 14 avril 1721, M⁰ Louis Delamare, pbrē, demeurant à Pontaudemer, parr. Sᵗ Ouen, M⁰ ès-arts en l'Université de Caen, se rend à l'abbaye de Sᵗ Pierre de Préaux et demande à Pierre Levasseur, portier du couvent, à parler à Mesʳᵉ Thomas-Jean-François de Strickland, abbé commendataire de lad. abbaye, pour requérir dud. seigʳ abbé sa nomination à la cure de N.-D. du Sépulcre de Pontaudemer, vacante par la mort de M⁰ Robert Laisney, pbrē, dernier titulaire, décédé le

10 du mois d'avril réservé aux gradués. Le portier ayant répondu que led. seig' abbé ne reste point dans lad. abbaye, le s' Delamare a été trouver Dom René Rigault, pbrē, prieur du monastère, et l'a supplié de lui accorder, en l'absence de Mons' l'Abbé, la nomination aud. bénéfice. Le P. Rigault répond « que la nomination à la cure de N.-D. de Pontaudemer appartient privatiment à M' l'abbé de Préaux comme faisant partie de celles qui luy ont esté attribuées par le partage fait avec son prédécesseur, et que ce n'est ny à luy ni à la communauté de Préaux d'en disposer ». Vu lad. réponse prise pour un refus, le s' Delamare proteste de se pourvoir devant qui de droit.

Le 16 avril 1721, led. s' Delamare ayant présenté au seig' évêque la réquisition ci-dessus pour obtenir la collation de la cure de N.-D. de Pontaudemer, Sa Grandeur refuse de la lui accorder par la raison qu'il n'est pas nommé par le seig' abbé. (*V.* 421, 470).

446. — Le 4 avril 1721, la nomination à la cure de S' Aubin de Canapville appartenant au seig' évêque de Lx, celui-ci nomme aud. bénéfice, vacant par la mort de M° Noel Cantel, pbrē, dernier titulaire, la personne de M° Claude de Louis, pbrē, en sa qualité de gradué.

Le 16 avril 1721, led. s' de Louis prend possession de lad. cure de Canapville, en présence de M° Nicolas Leguay, pbrē, desservant le bénéfice ; M° Claude de Nollent, seig' honoraire de lad. parr. ; François de Nollent, Esc', s' des Aulnez ; M° Guillaume Dubosc, acolyte ; Emmanuel de Nollent, Esc' ; Charles Hardy, Esc', tous demeurant en lad. parr. de Canapville. (*V.* 414, 502).

447. — Le 11 avril 1721, M° Jean Marais, pbrē, vicaire de la Ferté-Fresnel, diocèse d'Evreux, M° ès-arts en l'Université de Caen, représenté par M° Jean Lelièvre, pbrē, curé de la Ferté, fait réitérer ses noms et grades au relig' de S' Evroult. (*V.* 332, 464).

448. — Le 11 avril 1721, M° Jean Lelièvre, pbrē, curé de la Ferté-Fresnel, diocèse d'Evreux, M° ès-arts en l'Université de Caen, fait réitérer ses noms et grades aux religieux de S' Evroult, en parlant à Jean Camus, portier. (*V.* 333, 464).

449. — Le 27 avril 1721, M° Jacques Houssaye, pbre du diocèse de Lx, nommé à la cure des Authieux-sur-Buchy, diocèse de Rouen, se présente devant le seig' évêque, commissaire de Sa Sainteté en cette partie, et requiert la collation dud. bénéfice que led. seig', après le seig' archevêque de Rouen, lui a déjà refusée en 1715 et en 1719. Mais la cour de parlement de Rouen ayant rendu un arrêt qui déclare ce refus abusif, et le nouvel archevêque de Rouen ayant donné aud. s' requérant le certificat de bonnes vie et mœurs demandé par le seig' évêque de Lx, il n'y a plus de raison pour lui refuser l'institution canonique dud. bénéfice. M° Dumesnil, vicaire général, répond que le seig' évêque de Lx ayant déjà prononcé dans cette affaire, la commission du S' Siège est remplie. Le s' Houssaye proteste de se pourvoir contre ce refus devant qui il appartiendra.

450. — Le 12 juin 1719, M° Robert Leroux, clerc de Lx, est reçu M° ès-arts en l'Université de Caen.

Le 5 mars 1715, led. s' Robert, sous-diacre, âgé de 22 ans, obtient des lettres de quinquennium du recteur de lad. Université.

Le même jour, il est nommé par icelle sur les archevêchés et les Chapitres de Paris et de Rouen ; sur les évêchés et les chapitres de Bayeux, Lisieux, Coutances, Avranches, Evreux, Séez, Chartres, Le Mans et Rennes, ainsi que sur bon nombre d'abbayes et prieurés de ces divers diocèses. (*V.* **378, 458**).

451. — Le 16 fév. 1720, M° Nicolas Benoist, originaire de la parr. de Bailleul, diocèse de Lx, est reçu M° ès-arts en l'Université de Caen.

Le 5 mars 1721, led. s' Benoist, pbrē, âgé de 26 ans et 3 mois, obtient des lettres de quinquennium du recteur de lad. Université.

Le même jour, il est nommé par icelle sur les archevêchés et les chapitres de Paris et de Rouen ; sur les évêchés et les chapitres de Bayeux, Lisieux, Coutances, Avranches, Evreux, Séez, Chartres, Le Mans et Rennes, ainsi que sur bon nombre des abbayes et prieurés de ces diocèses. (*V.* **70, 270, 459**).

452. — Le 21 avril 1721, vu l'attestation du s' Pétou, curé de Repentigny, et du s' Jolly, vicaire d'Auvillers, dispense de bans pour le mariage entre Jean Leperchey et Jeanne Buquet.

453. — Le 8 avril 1721, M° Christophe Courtin, pbrē, vicaire de Retz et chapelain de S' Laurent en la Cathédrale, M° ès-arts en l'Université de Caen, fait réitérer ses noms et grades au seig' évêque et au Chapitre de Lx. (*V.* **255**).

454. — Le 8 avril 1721, M° Pierre Thillaye, pbrē, demeurant à Lx, parr. S' Germain, titulaire de la chapelle S' Léonard en la Cathédrale (de la valeur de 8 à 10 livres), M° ès-arts en l'Université de Paris, fait réitérer ses noms et grades au seig' évêque. (*V.* **89, 249**).

455. — Le 29 oct. 1719, le seig' évêque de Lx confère la tonsure et les ordres mineurs à Jean Bénard, fils de Benoit et de Marie Pottier, de la parr. de Conteville, en l'exemption de Dol, diocèse de Dol, *rite dimisso*.

456. — Le 9 avril 1721, M° Guillaume de la Couture, pbrē de Neuville-sur-Tourques et vicaire de S' Evroult de Montfort, M° ès-arts en l'Université de Caen, représenté par M° Daniel Lefort, pbrē, chapelain de la Cathédrale, fait réitérer ses noms et grades au seig' évêque et au Chapitre de Lx. (*V.* **60, 252, 325, 436**).

457. — Le 20 avril 1721, M° Jean-Baptiste Bucailles, pbrē, curé de Duranville, étant devenu grabataire, donne sa procuration pour résigner sond. bénéfice entre les mains de N.-S.-P. le Pape en faveur de M° François Fourquemin, pbrē, vicaire de Folleville. Il se réserve toutefois 300 livres de pension à prendre sur les revenus de lad. cure qu'il a desservie pendant 42 ans. Le s¹ Bucailles, à cause de son grand âge, qui est de quatre-vingt-quatre ans, et à cause de ses infirmités retient en outre la moitié du presbytère, c'est-à-dire « une cuisine, une cave, escuries avec les chambres et greniers dessus estant, du costé de l'église, » et la moitié du jardin du même côté. (*V.* **525**).

458. — Le 9 avril 1721, M° Robert Leroux, sous-diacre de S¹ Jacques de Lx, M° ès-arts en l'Université de Caen, fait signifier ses noms et grades au seig⁺ évêque et au Chapitre de Lx. (*V.* **378, 450**).

459. — Le 9 avril 1721, M° Nicolas Benoist, pbrē de la parr. de Bailleul et vicaire de S¹ Sylvestre de Cormeilles, M° ès-arts en l'Université de Caen, fait signifier ses noms et grades au seig⁺ évêque et au Chapitre de Lx. (*V.* **70, 270, 451**).

460. — Le 10 avril 1721, M° Michel Turpin, pbrē, demeurant à S¹ André-d'Echauffour, M° ès-arts en l'Université de Caen, fait réitérer ses noms et grades au seig⁺ évêque et au Chapitre de Lx, et aux relig⁺ de S¹ Evroult. (*V.* **61, 225**).

461. — Le 10 avril 1721, M° Louis Pollin, pbrē, curé de S¹ Jean-de-Livet, M° ès-arts en l'Université de Caen, fait réitérer ses noms et grades au seig⁺ évêque et au Chapitre de Lx. (*V.* **90, 442**).

462. — Le 12 avril 1721, M° Jacques Cousture, pbrē de S¹ Jacques de Lx, M° ès-arts en l'Université de Paris, fait réitérer ses noms et grades aux relig⁺ de Bernay.

463. — Le 25 avril 1721, vu l'attestation du s⁺ Desmares, pbrē, desservant la cure de S¹ Jean-de-la-Lecqueraye, dispense de bans pour le mariage entre Jean Chemin et Marie Prévost.

464. — Le 11 avril 1721, M° Jean Lelièvre, curé de la Ferté-Fresnel, et Jean Marais, son vicaire, M⁰⁺ ès-arts en l'Université de Caen, font réitérer leurs noms et grades aux religieux de S¹ Evroult. (*V.* **333, 448**).

465. — Le 31 mars 1721, M° François Coispel, pbrē, originaire de S¹ Nicolas-des-Lettiers, habitué au S¹ Esprit, parr. S¹ Jean-en-Grève à Paris, M° ès-arts en l'Université de lad. ville, fait réitérer ses noms et grades aux religieux de S¹ Evroult. (*V.* **253**).

466. — Le 3 avril 1721, M° François Maignet, pbrē, demeurant au bourg du Sap, M° ès-arts en l'Université de Caen, fait signifier ses noms et grades aux religieux de Friardel. (*V.* **151**).

467. — Le 2 mai 1721, la nomination à la cure de N.-D.-du-Hamel appartenant au seig⁺ abbé de S¹ Evroult, et lad. abbaye se trouvant vacante, le seigr évêque nomme de plein droit aud. bénéfice, aussi vacant par la mort de Me Antoine d'Espiney, dernier titulaire, la personne de Me Nicolas Turpin, pbr̄e du diocèse de Lx. (*V.* **468, 492**).

468. — Le 2 mai 1721, la nomination à la cure de N.-D.-du-Hamel appartenant au seigr abbé de St Evroult, les religieux de lad. abbaye, vu la vacance du siège abbatial, nomment à lad. cure, aussi vacante par la mort de Me Antoine d'Espiney, la personne de Me Pierre Delaire, pbr̄e, curé de St André-d'Echauffour.

Le 3 mai 1721, led. sr Delaire ayant présenté au seigneur évêque l'acte capitulaire des religx de St Evroult et ayant requis la collation de la cure de N.-D.-du-Hamel, Sa Grandeur la lui refuse, parce qu'elle a pourvu elle-même aud. bénéfice. (*V.* **527**).

469. — Le 1er mai 1721, le seigr évêque donne son visa aux lettres : provision de la cure de Formoville obtenues par Me Antoine Lambert, pbr̄e du diocèse de Rouen, en conséquence de la résignation faite en sa faveur par son oncle, Me Pierre Lambert, dernier titulaire, à présent curé de Fatouville.

Le 20 mai 1721, led. sr Antoine Lambert prend possession dud. bénéfice de St Jean de Formoville, en présence de Me Pierre Lambert, ci-devant curé du lieu ; Me Pierre de Barthélemy Guimonneau, curé de Manneville-sur-le-Pontaudemer, diocèse de Rouen ; Me Jacques Pollin, curé de Vanescrot et doyen de Pontaudemer ; Mesre Nicolas Osmont, pbr̄e, curé du Torpt ; Nicolas Vitrel, curé de Triqueville ; Pierre Vauviel, vicaire de Formoville ; Mesre Jean-Baptiste de la Mare, chevr, seigr du Theil, demeurant à Epaigne ; les srs Valentin Gueroult de Formoville, Laurent Coge, Laurent Heudier, Louis Martel et Jean Blondel, trésoriers et paroissiens dud. lieu. (*V.* **349, 400**).

470. — Le 17 avril 1721, la nomination à la cure de N.-D. du Pré, dite du Sépulcre du Pontaudemer, appartenant au seigr abbé de St Pierre de Préaux, Mesre Thomas-Jean-François de Strickland de Sizerghe, pbr̄e, docteur de Sorbonne, abbé commendataire de lad. abbaye, demeurant à Rouen, rue Maulevrier, nomme à lad. cure de N.-D. du Pré, vacante par la mort de Me Robert Laisney, dernier titulaire, décédé dans le présent mois réservé aux gradués, la personne de Me Louis Delamare, pbr̄e, gradué et nommé sur l'abbaye de Préaux.

Le 25 avril 1721, le seigr évêque donne aud. sr Delamare la collation dud. bénéfice.

Le 29 avril, le sr Delamare, pbr̄e de l'église de St Ouen de Pontaudemer, prend possession de la cure de N.-D. du Pré ou du Sépulcre, en présence de Me Noel Deshayes, pbr̄e, vicaire de lad. par̄r. ; Jacques Delahaye, Pierre Crével, Nicolas Marie, tous pbr̄es en icelle église ; les srs Jean Deuve ; Me Guillaume Duval, receveur des consignations ;

Claude Azire, s' de la Coste ; M° Ezechiel de Bonnechose, procureur en la vicomté de Pontaudemer, les s" Jacques Durand, Guillaume Deshayes, anciens trésoriers de lad. par͞r. et autres témoins dud. lieu. (V. 421, 445).

471. — Le 27 déc. 1718, Bernard Le Bourguoys, fils de Jean-Baptiste et d'Henriette Léonore de Boismayard de Lomosne, de la par͞r. d'Equainville, reçoit la tonsure cléricale.

472. — Le 5 mai 1721, le seig' évêque donne à M° Jean-Baptiste Lefrançois la collation de la cure de Putot, vacante par la mort de M° François Laugeois, dernier titulaire, et à laquelle il a été nommé par les chanoines de Cléry. (V. 577).

473. — Le 25 avril 1721, la nomination à la cure de S' Aubin de Thenney, appartenant au seig' baron de Ferrières, haut et puissant seig' Mes͞re François de Broglie, comte de Buhy, sire baron de Ferrières, Chambrois, Auquainville et autres lieux, lieutenant général des armées du roy, directeur général de la cavalerie et des dragons et gouverneur de Mont-Dauphin, demeurant à Paris, en son hôtel, rue S' Dominique, nomme aud. bénéfice, vacant par la mort de M° Jean Aupoix, pb͞re, dernier titulaire, la personne de M° Jean-Baptiste de Bosc-Henry, pb͞re, licencié de Sorbonne, curé de la 1͞re portion de Montreuil-l'Argillier.

Le 4 juillet 1721, le seig' évêque donne aud. s' de Bosc-Henry la collation de lad. cure. (V. 563).

474. — Le 13 février 1721, le seig' évêque donne à M° Pierre-Fernand Hesbert, pb͞re du diocèse d'Evreux, ci-devant curé d'Amfreville-la-Mivoie, diocèse de Rouen la collation de la cure de S' Georges-du-Vièvre, vacante par la résignation faite en sa faveur, pour cause de permutation, par M° Louis Baslier, dernier titulaire dud. bénéfice de S' Georges.

Le 12 avril 1721, le s' Hesbert prend possession de la cure de S' Georges-du-Vièvre, en présence de M° Jean Foutel, pb͞re, chapelain de la Charité; Robert Cabaret, pb͞re et autres habitants du lieu.

475. — Le 14 août 1717, M° Jacques de Vatteville acolyte, officier en la Cathédrale, demeurant à S' Désir dud. lieu, déclare se « titrer sur la moitié d'une maison à usage d'hostellerie, où pend pour enseigne le Dauphin, située au faubourg de S' Désir, et aussi sur la moitié d'une cour en herbe » lui appartenant. Fait et passé au Prélauge. (V. 66).

476. — Le 31 août 1717, M° Jacques Lange cons͞er du roy, docteur en médecine, demeurant à Lx, par͞r. S' Germain, constitue 150 livres de rente en faveur de M° Louis Morin, acolyte de lad. par͞r. S' Germain afin qu'il puisse parvenir aux ordres sacrés. (V. 67).

477. — Le 26 juin 1717, Jean-Baptiste Lesieur, s' de la Moultrie, bourgeois, demeurant à Gacey, constitue 150 livres de rente en faveur de son fils, M° Jean-Baptiste Lesieur, acolyte afin qu'il puisse parvenir aux ordres sacrés. (*V.* **67, 115**).

478. — Le 11 mai 1721, Robert Coudrey, fils de Guillaume et de Marie Le Chantre, de la parr. de S¹ Ouen de Roques, reçoit la tonsure et les ordres mineurs.

479. — Le 21 mai 1721, Gaspard-Abraham de Nocey, de la parr. de S¹ Hymer, fils de Sébastien et Madeleine Labbey, reçoit la tonsure.

480. — Le 18 avril 1721, la nomination à la cure de Guerquesalles appartenant au seig¹ du lieu, Mes¹ᵉ Léonor du Bosc, chev¹, seig¹ et patron de Radepont, Fleury-sur-Andelle, Boudeville, Guerquesalles, nomme à lad. cure de Guerquesalles, vacante par la mort de M° Gouhier, pbrē, dernier titulaire, la personne de M° François-Michel Estard, clerc tonsuré du diocèse de Lx, demeurant à Rouen.

Le 1ᵉʳ juillet 1721, led. s¹ Etard, remet purement et simplement led. bénéfice entre les mains du seig¹ évêque de Lx, pour qu'il y soit pourvu par le patron présentateur. (*V.* **501**).

481. — Le 9 mai 1721, dispense de bans pour le mariage entre Philippe-Jacques d'Auffrey, Esc¹, fille de feu Jacques d'Auffrey, Esc¹, et de dame Elisabeth de Mailloc, de la parr. du Mesnil-Germain, d'une part, et dam¹¹ᵉ Marguerite des Barres, de la parr. de Chouain, diocèse de Bayeux.

482. — Le 21 mai 1721, vu l'attestation du s¹ Lehoult, vicaire de Canapville, dispense de bans pour le mariage entre Pierre Aubert et Barbe Hareng.

483. — Le 20 mai 1721, M° Paul Bellant, pbrē, curé de S¹ Cloud-en-Auge, âgé de 74 ans, détenu en son lit, malade, donne sa procuration pour résigner sond. bénéfice entre les mains de N.-S.-P. le pape en faveur de M° Daniel Langlois, pbrē habitué à Pont-l'Evêque avec la réserve toutefois de 200 livres de rente viagère à prendre sur les revenus de lad. cure qu'il a desservie pendant 40 ans. Le s¹ Bellant retient encore la moitié du presbytère, de l'écurie et du jardin du côté de la prairie. (*V.* **68**).

Le 29 mai 1721, led. s¹ Bellant déclare qu'il n'a résigné sa cure qu'à cause « de son extrême maladie » et qu'il révoque lad. résignation et charge le notaire de faire signifier cette révocation aud. s¹ Langlois, ce qui fut fait le 31 mai (*V.* **491, 537**).

484. — Le 31 mai 1721, dispense de bans pour le mariage entre Charles-Nicolas Letellier, Esc¹, s¹ de Tollebut, fils de feu Charles Letellier, Esc¹, s¹ d'Auberval, ancien capitaine au régiment d'Artois, et de dame Anne-Catherine Michelin de Jearny, de la parr. de S¹ᵉ Marie-des-Champs-en-Caux, diocèse de Rouen, d'une part, et dem¹¹ᵉ Marguerite-Rose-Cécile Deshays, fille de M° Pierre Deshays, avocat au bailliage et vicomté de Pontaudemer, et de dam^lle Marguerite-Rose du Moutier, de la parrr. de St Ouen de Pontaudemer. (*V.* 418).

485. — Le 21 avril 1721, la nomination à la cure de St Michel d'Hennequeville, exemption de Fécamp, appartenant aux religieux de l'abbaye de Fécamp, laquelle abbaye ne fait partie d'aucun diocèse et relève immédiatement du St Siège, Mre Pierre Cordier, grand-prieur de Fécamp et vicaire général de Monseig^r François-Paul de Neufville de Villeroy, archevêque de Lyon et abbé conimendataire de lad. abbaye, donne à Me Henry Hennegué de Hardencourt, pbrē du diocèse de Lx, vicaire de Pennedepie, la collation de lad. cure, à laquelle il a été nommé par les religieux de lad. abbaye, en conséquence du décès de Me Louis Le Baube, dernier titulaire, et led. s^r grand-prieur désigne Me Michel Audran, docteur en théologie de la faculté de Paris, curé de Pennedepie pour mettre led. s^r de Hardencourt en possession de son bénéfice.

Le 16 juin 1721, led. s^r de Hardencourt, pbrē, prend possession de lad. cure d'Hennequeville en présence de Me Michel-Alexandre Audran, pbrē docteur de Sorbonne, abbé commendataire de St Jean de Bois-Rolland et curé de Pennedepie; Me Thomas Moutier, pbrē, curé de Villerville; Louis de Nollent, Esc^r, s^r de Valois; Julien de Nollent, aussi Esc^r, s^r de Valois, de la parr. d'Hennequeville, et autres témoins.

486. — Le 30 mai 1721, Me Charles Lepeltier, pbrē, vicaire d'Epaigne, M^e ès-arts en l'Université de Caen, fait signifier ses noms et grades au seig^r évêque et au Chapitre de Lx.

Le 4 juin 1721, led. s^r Lepeltier fait faire la même signification aux relig^x de Cormeilles en parlant à Dom Louis Lejumel, prieur de lad. abbaye; aux relig^x de St Pierre de Préaux en parlant à Dom Réné Soyer, sous prieur; et aux dames de St-Léger de Préaux, en parlant à Marguerite Quitel, tourrière de lad. abbaye de St Léger.

487. — Le 9 août 1717, Me Charles Bellière, pbrē, chapelain de la Cathédrale, et Jean Aupoix, l'ainé, demeurant à Lx, parr. St Germain, constituent 150 livres de rente en faveur de Me Charles Aupoix, acolyte, fils dud. Jean, afin qu'il puisse parvenir aux SS. Ordres. — Cette rente est hypothéquée sur deux maisons appartenant, ainsi que le jardin qui en dépend, aud. s^r Bellière. La 1re maison est située dans le faubourg de la Porte de la Chaussée, parr. St Germain. C'est à cette maison que tient le jardin. Cette propriété est bornée, D. C., le nommé Lebourgeois; D. C., *le petit séminaire;* D. B., *le Parc aux bœufs;* D. B., la rue dud. faubourg. — L'autre maison, sise en la même rue est bornée, D. C., Me Louis Buschard; D. C., la veuve Hardy; D. B., la rue du Faubourg; D. B., *le jardin du bureau des Pauvres.*

Les abornements de la maison du s^r Aupoix, située dans la rue Petite-Couture, nous apprennent que Me Germain Montfort, pbrē, avocat en l'Officialité, demeurait aussi dans cette rue Petite-Couture. (V. 68).

488. — Le 6 juin 1721, vu l'attestation du sʳ Paisant, vicaire de Sᵗ Jacques de Lx, dispense de bans pour le mariage entre Robert de Villers, fils de feu François de Vill... et de feue Anne Levallois, d'une part, et Marie Mouton, fille de Jacq... de Jeanne Rosey, d'autre part, tous deux de lad. parr. Sᵗ Jacques.

Il y eut opposition mise à ce mariage par Mᵉ Michel de Villers, pbre, et par François de Villers, son frère, peut-être à cause de la condition de la future, qui, dans un passage de la dispense est appelée *la fille Mouton*. Mais cette opposition fut annulée par sentence de l'Officialité.

489. — Le 3 mars 1721, Mᵉ Jean-Pierre Thillaye, pbre du diocèse de Lx, est reçu Mᵉ és-arts en l'Université de Caen.

Le 5 mars 1721, il obtient des lettres de quinquennium du recteur de lad. Université.

Le même jour, led. sʳ Thillaye, âgé de 25 ans et cinq mois, est nommé par icelle sur les archevêchés de Paris et de Rouen ; sur les évêchés et les Chapitres de Chartres, Bayeux, Lisieux, Coutances, Avranches, Evreux, Séez et Le Mans, ainsi que sur bon nombre d'abbayes et prieurés de ces diocèses.

Le 27 mai 1721, led. sʳ Thillaye, pbre, originaire de Sᵗ Etienne-la-Thillaye et desservant la parr. de Gerrots, fait signifier ses noms et grades aux religˣ de Beaumont-en-Auge, en parlant à Dom Jacques Deslandes, prieur de lad. abbaye. (V. **286, 401**).

490. — Le 12 juin 1721, dispense de bans pour le mariage entre Messire Paul de Graindorge, chevʳ, seigʳ et patron du Mesnil-Durand, le verger Theil et autres lieux, fils de feu Mesʳᵉ François de Graindorge, Escʳ, seigʳ du Theil, et de noble dame Charlotte Pollin, de la parr. du Mesnil-Durand, d'une part, et damˡˡᵉ Claude-Marie de Collas, fille de Mesʳᵉ Jacques de Collas, chevʳ, seigʳ de Cintré, lieutenant pour le roy des ville et château de Brest, et de feu noble dame Louise Vinet, de la parr. de Guéhouville, diocèse de Chartres.

491. — Le 21 juin 1721, Mᵉ Paul Bellant, curé de Sᵗ Cloud-en-Auge, étant en son lit, malade, déclara qu'il avait d'abord signé la résignation de son bénéfice en faveur de Mᵉ Daniel Langlois, pbre habitué à Pont-l'Evêque, puis qu'il avait révoqué led. acte. Mais ayant réfléchi depuis et examiné tout ce qu'il avait fait, il maintient aujourd'hui lad. résignation dans les termes où il l'avait signée. Led. sʳ Langlois, présent, accepte et fait expédier les pièces en cour de Rome. (V. **483, 537, 625**).

492. — Le 23 mai 1721, Mᵉ Nicolas Turpin, pbre de Sᵗ André-d'Eschauffour, pourvu de la cure de N.-D. du Hamel, prend possession dud. bénéfice, en présence de M° Jacques Son, pbrē, curé de la Trinité-des-Lettiers ; M° Guillaume Jehenne, curé de Carnettes ; M° Jacques Turpin, curé de S¹ Aubin-près-Cisay ; M° Louis Maignet, curé du Sapandré ; Nicolas Turpin, officier du roy, demeurant à Echauffour ; Louis Desfontaines, Escr, et autres témoins de lad. paīr. du Hamel. (V. 518, 590).

493. — Le 31 mai 1721, Messire Thomas-Jean-François Strickland de Sizerghe, pbrē. abbé commendataire de S¹ Pierre de Préaux, demeurant à Rouen, rue Maulevrier, nomme pour son vicaire général en lad. abbaye, au spirituel et au temporel, la personne de Mesre Urbain Robinet, pbrē, docteur de Sorbonne, chanoine de N.-D. de Rouen et vicaire général de Msr l'archevêque.

494. — Le 26 juin 1721, dispense de bans pour le mariage entre Michel Despierres, fils Marin, bourgeois de Caen, et d'Elisabeth Armand, de la paīr. de S¹ Pierre de Caen, d'une part, et damlle Marie de Semilly, fille de Pierre de Semilly, Escr, sr de Bernière, et de damlle Anne de S¹ Pierre, de la paīr. de Druval.

495. — Le 29 mai 1721, la nomination à la cure de S¹ Laurent-des-Grez appartenant au seigr du lieu, Mesre Jean-Baptiste de Tiesse, chevr, seigr de Montfort, la Harillière, seigr et patron de S¹ Laurent-des-Grez, des Essarts et autres lieux, demeurant à Caen, nomme à lad. cure de S¹ Laurent, vacante par la mort de M° Pierre d'Aureville, la personne de M° Jacques Rassent, pbrē, vicaire du Bosc-Regnoult, diocèse d'Evreux.

Le 25 juin 1721, le seigr évêque donne aud. sr Rassent la collation dud. bénéfice.

Le 7 juillet 1721, le sr Rassent, pbrē du diocèse d'Evreux, prend possession de la cure de S¹ Laurent-des-Grez, en présence de M° Jean-Baptiste de Guelfe, curé de Ste Eugénie du Bosc-Renoult et autres pbrēs, tous du diocèse d'Evreux.

496. — Le 15 janv. 1718, M° Charles-Jacques Le Chevalier, acolyte du diocèse de Lx, est reçu M° ès-arts en l'Université de Paris.

Le 6 août 1720, led. sr Lechevalier, acolyte, obtient des lettres de quinquennium du recteur de lad. Université.

Le 3 oct. 1720, il est nommé par icelle sur le prieuré de Beaumont-en-Auge et sur les abbayes de Grestain et de S¹ Evroult.

Le 16 juin 1721, led. sr Lechevallier, acolyte, M° ès-arts en l'Université de Paris, demeurant à Honfleur, fait signifier, par procureur, ses noms et grades aux religieux de Beaumont en parlant à Dom Jacques Deslandes, prieur de lad. abbaye.

Le 18 juin 1721, il fait faire la même signification aux religieux de

Grestain, en parlant à Dom Pierre Descalles, prieur de lad. abbaye. (*V.* **516**).

497. — Le 20 juin 1721, la nomination à la cure de Beaumont appartenant au prieur commendataire du prieuré de Beaumont, Mgr Denis-François Bouthiller de Chavigny, archevêque de Sens et prieur commendataire dud. prieuré, nomme à la cure de Beaumont, vacante par la mort de Me Pierre Gonnard, pbrē, dernier titulaire, la personne de Me Pierre Halley, pbrē du diocèse de Lx.

Le 26 juin 1721, le seigr évêque de Lx donne aud. sr Halley la collation dud. bénéfice.

Le 30 juin 1721, le sr Halley prend possession de la cure de St Sauveur de Beaumont, en présence de Dom Jacques Deslandes, prieur de l'abbaye de Beaumont ; Dom Denis Lesueur, célérier ; Me Philippe Lecordier, curé de St Estienne-la-Thillaye ; Me Alexandre Jouen, pbrē, curé de Clarbec; et plusieurs autres témoins.

498. — Le 11 mai 1720, Jean-Nicolas Herrier, fils de Jean et de Marie Desjardins, de la parr. de N.-D. de Villers, reçoit la tonsure et les ordres mineurs.

499. — Le 3 juillet 1721, Me Charles de Montaing, pbrē, curé de Bricquebec, diocèse de Coutances et chapelain de la chapelle St Hubert, sise dans le manoir seigneurial du château de Belleau, parr. N.-D. de Courson donne sa procuration pour résigner lad. chapelle entre les mains de N.-S. le pape en faveur de Me Jacques Morin, clerc, chapelain de la chapelle St Thomas-le-Martyr, en la Cathédrale de Lx. Fait à Caen, en présence de Me Jacques Bénard, pbrē, curé de Vaucelles et autres témoins. (*V.* **408, 530**).

500. — Le 20 octobre 1718, Me Michel Ferey, pbrē, curé de Maison-Maugis, diocèse de Séez, pourvu par les religieux de St Evroult de la cure de St Simphorien de Noyer-Menard, doyenné de Gacey, ne désirant être admis aud. bénéfice ni en jouir, le remet purement et simplement entre les mains desd. sieurs religieux.

501. — Le 5 juillet 1721, la nomination à la cure de Guerquesalles appartenant au seigr du lieu, Mre Léonor du Bosc, chevr, seigr de Radepont, Fleury-sur-Andelle, Boudeville, Guerquesalles et autres lieux demeurant à Rouen, rue Étouppée, nomme à lad. cure, vacante par la démission de Me Michel Estard, clerc tonsuré, la personne de Me Nicolas Corneville, pbrē, vicaire d'Appeville, diocèse de Rouen. (*V.* **480, 506**).

502. — Le 21 juin 1721, la nomination à la cure de St Aubin de Canapville appartenant au seigr évêque, Sa Grandeur nomme aud. bénéfice, vacant par la mort de Mre Claude de Louis, pbrē, dernier titulaire, la personne de Me Michel Jehenne, pbrē de ce diocèse. (*V.* **446**).

Le 10 juillet 1721, led. sʳ Jehenne prend possession de lad. cure de Canapville, en présence de M⁰ René Lehoult, pbr̄e desservant lad. parr̄.; M⁰ Guillaume Dubosc, acolyte ; Mesʳᵉ François de Nollent, Escʳ, sʳ de Sᵗ Aubin, et plusieurs autres témoins de lad. parr̄.

503. — Le 14 juillet 1721, dispense de bans pour le mariage entre M⁰ Edouard Canel, avocat au parlement, fils du feu sʳ Canel, bourgeois de Paris, et de feue damˡˡᵉ Marie-Catherine de Conti du Quesnay, d'une part, et damˡˡᵉ Madeleine Lucas, fille du feu sʳ Robert Lucas et damˡˡᵉ Madeleine de Marseille, tous deux de Sᵗ Ouen de Pontaudemer.

504. — Le 16 juillet 1721, vu l'attestation du sʳ de Laumaillé, curé de la Boissière, dispense de bans pour le mariage entre M⁰ Adrian de la Porte, seigʳ du Castelier, fils de Robert et de damˡˡᵉ Marie de Morel, de la parr̄. de Sᵗ Désir de Lx, d'une part, et damˡˡᵉ Marie-Magdeleine de Grieu, fille de Pierre de Grieu, Escʳ, sʳ d'Estimauville, et de dame Madelaine de Graindorge, de la parr̄. de la Boissière.

505. — Le 16 juillet 1721, dispense de bans pour le mariage entre Philippe Cocquerel, fils de feu Pierre Cocquerel, sʳ du lieu, et de dame Jacqueline Rioult, d'une part, et damˡˡᵉ Marie-Elisabeth de Montreuil, fille de feu Guillaume de Montreuil, gendarme de la reine, et de feu damˡˡᵉ Anne Lebourgeois, d'autre part, tous deux originaires de la parr̄. de Livarot, et lad. damˡˡᵉ y résidant depuis un mois après, avoir demeuré à Gacey.

506. — Le 8 Juillet 1721, les vicaires généraux en l'absence du seigʳ évêque, donnent à M⁰ Nicolas Corneville la collation de la cure de Guerquesalles. (V. **501**).

507. — Le 17 juillet 1721, M⁰ Jean Leloup, pbr̄e de ce diocèse, nommé par les religieux de Préaux à la cure de Sᵗ Symphorien, requiert la collation dud. bénéfice. Le seigʳ évêque lui répond qu'il ne peut la lui accorder, vu qu'il ne présente pas ses lettres d'ordination et autres marques de capacité. (V. **587**).

508. — Le 17 juillet 1721, dispense de bans pour le mariage entre Jean-Baptiste de Lambert, Escʳ, sʳ de Janville, fils de feu Mesʳᵉ Benjamin de Lambert et de noble dame Jeanne du Bois, de la parr. de Sᵗ Germain de Lx, d'une part, et noble damˡˡᵉ Louise-Mélanie de Bonnechose, fille de feu Mesʳᵉ Claude de Bonnechose, Escʳ, seigʳ de Bellouet, et demeurant en lad. parr. de Sᵗ Germain depuis plusieurs années.

509. — Le 12 juillet 1721, la nomination à la cure de Sᵗ Vigor de Juaye appartenant au seigʳ abbé de Mondaye, R. P. Philippe Lhermitte, abbé régulier de Sᵗ Martin de Mondaye, donne à Monsʳ l'abbé Dumesnil, grand vicaire de Lx, le pouvoir de nommer aud. bénéfice, vacant par la mort de Dom Richard Selles, pbr̄e, dernier titulaire, telle personne de l'ordre de Prémontré qu'il jugera capable. Fait et passé en lad. abbaye.

Le 15 juillet 1721, le seig⁰ évêque de Lx donne à Dom Jean-Baptiste Fortin de la Hoguette, pbrē, relig⁰ de l'ordre de Prémontré, la collation de la cure de S⁰ Vigor de Juaye, en conséquence de la présentation faite par le vénérable abbé de Mondaye.

Le 30 juillet 1721, led. s⁰ Fortin, religieux de l'abbaye de Mondaye, prend possession dud. bénéfice de Juaye, en présence de M⁰ Jean Mateley, pbrē obitier de lad. parr., et plusieurs autres témoins de Juaye ou des environs.

510. — Le 15 juillet 1721, la nomination à la chapelle simple de N.-D.-des-Champs, en la parr. S⁰ Julien de Caen, faubourg de lad. ville, appartenant à Mes⁰⁰ Pierre Le Viconte, chev⁰⁰, seig⁰ et baron de Blangy, led. seig⁰ nomme aud. bénéfice, vacant par la mort de M⁰ Jean de Corneille, pbrē, dernier titulaire, la personne de M⁰ Charles de la Foye de Mallou, clerc tonsuré du diocèse de Lx. Fait au manoir seigneurial de Blangy.

Le 18 juillet 1721, led. s⁰ de la Foye, demeurant en la parr. de Norolles, donne sa procuration pour prendre possession de lad. chapelle simple de N.-D.-des-Champs. (*V.* **517**).

511. — Le 21 juillet 1721, dispense de bans pour le mariage entre François de Chéron, Esc⁰, fils de feu François de Chéron, Esc⁰, et de feu dam⁰⁰ Marie Leloup, de la parr. de Crémanville, d'une part, et dam⁰⁰ Françoise Pattin, fille de M⁰⁰ Thomas Pattin, cons⁰⁰ de Son Altesse Royale, et de dame Marie Aubert, de la parr. d'Ableville.

512. — Le 10 juillet 1721, la nomination à la cure de S⁰ Germain d'Hermival appartenant au seig⁰ du lieu, Mes⁰⁰ François Doisnel de la Morie, Esc⁰, seig⁰ et patron d'Hermival, cons⁰⁰ du roy, maître ordinaire en sa cour des Comptes, Aides et Finances de Normandie demeurant à Rouen, nomme à lad. cure, vacante par la mort de M⁰ Joseph Lejuif, pbrē, dernier titulaire, la personne de M⁰ Guillaume-Antoine Laugeois, pbrē, curé de S⁰⁰ Croix de Bernay.

Le 15 juillet 1721, le seig⁰ évêque donne aud. s⁰ Laugeois la collation dud. bénéfice.

Le même jour, le s⁰ Laugeois prend possession de la cure d'Hermival, en présence de M⁰ Sébastien Aubert, pbrē, curé de Crouttes et desservant la parr. d'Hermival ; M⁰ Gilles Deschamps, pbrē de lad. parr.; M⁰ Estienne Doisnel de Valhébert et autres témoins de lad. parr.

513. — Le 11 mai 1721, Pierre-Bernard Delamare, fils de Pierre et de Sébastienne Mainfré, de la parr. d'Epaigne, reçoit la tonsure et les ordres mineurs.

514. — Le 19 juillet 1721, Monseig⁰ Charles-Alexandre Le Filleul de la Chapelle, évêque et comte de Vabre, pourvu par N.-S.-P. le pape de l'abbaye royale de S⁴ Pierre de Châlons-sur-Saône, diocèse de Châlons, se trouvant présentement dans son château de la Chapelle-Gautier, donne sa procuration pour prendre possession en son nom, de lad. abbaye. Fait aud. château de la Chapelle, en présence de Mes⁴⁰ Pierre-Louis de Fouques, chev⁴. seig⁴ de la Pilette la Mare, demeurant à Orbec, et de M⁰ Charles Duhamel, curé de la Chapelle-Gautier.

515. — Le 21 juin 1721, la nomination à la chapelle de N.-D. de Pitié, située sur le territoire de la parr. d'Hennequeville, appartenant aux religieux de l'abbaye royale de Fécamp, ceux-ci, réunis en chapitre, nomment aud. bénéfice, vacant par la mort de M⁰ Louis Le Barbe, dernier titulaire, la personne de M⁰ Henry Hennegué d'Hardencourt, pbrē, curé de S⁴ Michel d'Hennequeville.

Mʳᵉ Pierre Cordier, grand prieur royal de lad. abbaye de Fécamp (laquelle ne relève que du S⁴ Siège), et vicaire général du seig⁴ abbé de Fécamp, donne aud. s⁴ d'Hardencourt la collation de lad. chapelle et désigne Mʳᵉ Michel Audran, curé de Pennedepie, pour le mettre en possession. (V. 598).

516. — Le 8 juillet 1721, M⁰ Charles-Jacques Lechevalier, acolyte, demeurant à Honfleur, M⁰ ès-arts en l'Université de Paris, fait signifier ses noms et grades aux relig⁴ de S⁴ Evroult. (V. 496).

517. — Le 14 juillet 1721, François-Charles de la Foye, fils de Mʳᵉ François-Evrard de la Foye, Esc⁴, et de damˡˡᵉ Rose de Maquaire, de la parr. de Norolles, reçoit la tonsure. (V. 510).

518. — Le 18 mai 1721, bulles de S. S. Innocent XIII qui nomment à l'abbaye de S⁴ Evroult, vacante par la mort de Mʳᵉ Charles-Philippe, comte d'Apremont et de Reckeim, la personne de Mesʳᵉ Charles de S⁴ Albin, sous-diacre, abbé commendataire de l'abbaye royale de S⁴ Ouen de Rouen et prieur du prieuré royal de S⁴ Martin-des-Champs.

Le 2 juillet 1721, led. seig⁴ abbé, demeurant en son hôtel, rue de Richelieu, parr. S⁴ Roch, à Paris, donne sa procuration à M⁰ Jean-Baptiste Moullin, pbrē, chanoine et archidiacre de Lx, afin de requérir la fulmination desd. bulles, prêter le serment requis et prendre possession de l'abbaye de S⁴ Evroult.

Le 18 juillet 1721, Mʳᵉ Pierre Dumesnil-Leboucher, pbrē, chanoine scolaste en la Cathédrale, official de l'évêché de Lx, et commissaire de Sa Sainteté en cette partie, fulmine les bulles obtenues par led. seig⁴ de S⁴ Albin, qui le nomment abbé de S⁴ Evroult.

Le 21 juillet 1721, led. s⁴ de S⁴ Albin, représenté par Mʳᵉ Jean-Baptiste Moullin, chanoine de Lx, prend possession de l'abbaye de S⁴ Evroult avec toutes les cérémonies accoutumées, en présence de M⁰ Estienne Restout, pbrē, curé de Bocquencey ; M⁰ Nicolas Turpin, pbrē ; Mᵉ Guillaume Farain, pbrē, curé de Sᵗ Nicolas-des-Lettiers ; Mᵉ Jacques Son, curé de la Trinité-des-Lettiers ; Mᵉ Joseph Le Cousturier, notaire royal et le sʳ Claude Jubey, receveur de lad. abbaye, demeurant tous deux au bourg de Sᵗ Evroult.

519. — Le 23 juillet 1721, vu l'attestation du sʳ Delanney, curé du Vieux-Bourg, dispense de bans pour le mariage entre Charles-François de Cormeilles, Escʳ, seigʳ de Vieuxbourg, lieutenant au régiment de Picardie, fils de Charles de Cormeilles, Escʳ, sʳ de Vieuxbourg, et de noble dame Marguerite Le Portier, d'une part, et Marie-Marthe Lambert, fille de Charles Lambert, bourgeois de Rouen, et de Marie Lambert, demeurant à Fourmetot, diocèse de Rouen.

520. — Le 15 juillet 1721, en conséquence de la nomination faite de sa personne par l'abbé de Troarn et de la collation donnée le 1ᵉʳ février dernier par le seigʳ évêque de Lx, Mᵉ Jacques Naude, pbrē, prend possession de la cure de Sᵗ Samson-en-Auge, en présence de Mᵉ François Lemercier, pbrē, desservant led. bénéfice, et plusieurs autres témoins dud. lieu. (V. **389, 597**).

521. — Le 25 juin 1721, Mᵉ Louis Jourdain, sous-diacre du diocèse de Lx, est reçu Mᵉ ès-arts en l'Université de Caen.

Le 28 juin 1721, il obtient des lettres de quinquennium du recteur de lad. Université.

Le même jour, led. sʳ Jourdain, âgé de 22 ans et 4 mois, est nommé par icelle sur les archevêchés et les chapitres de Sens, Paris, Rouen et Tours ; sur les évêchés et les chapitres de Chartres, Blois, Orléans, Bayeux, Lisieux, Coutances, Avranches, Séez et Le Mans, ainsi que sur un grand nombre d'abbayes et de prieurés de ces divers diocèses.

Le 25 juillet 1721, le sʳ Jourdain, sous-diacre, originaire de la parr. d'Auquainville et demeurant présentement à Pontalery, fait signifier ses noms et grades au seigʳ évêque et au Chapitre de Lx.

522. — Le 14 août 1721, le seigʳ évêque autorise le sʳ Ricquier, seigʳ de la Cauvinière, à faire dire la messe basse, en dehors du temps de la messe paroissiale « dans la chapelle située dans sa maison de la Cauvinière, parr. de N.-D. de Courson, excepté les jours de Pâques, Pentecoste, Toussaint et du patron principal de la parr. » (V. **408**).

523. — Le 21 juillet 1721, vu le décès du sʳ haut doyen du Chapitre, le Chapitre assemblé extraordinairement, nomme pour exercer la juridiction spirituelle, sous son autorité : Mᵉ Gabriel Durozey, pbrē, pour official, et Mᵉ Jacques Crochon pour greffier.

524. — Le 19 juillet 1721, Mᵉ Pierre Thillaye, pbrē de la parr. Sᵗ Germain de Lx, Mᵉ ès-arts en l'Université de Paris et pourvu de la chapelle de Sᵗ Léonard en la Cathédrale, requiert du seigʳ évêque, en sa qualité de gradué, sa nomination aux canonicat et prébende de Croisilles, vacants par la mort de M⁴ Claude de Franqueville, haut doyen en la Cathédrale, dernier titulaire dud. canonicat. Le seig⁵ évêque répond qu'il accorde aud. s⁵ Thillaye la nomination à ce bénéfice, et le renvoie à son secrétaire pour faire expédier des lettres de provision en sa faveur.

Le 29 juillet 1721, led. seig⁵ évêque, collateur ordinaire des canonicat et prébende de Croisilles, signe les lettres qui nomment à ce canonicat la personne dud. s⁵ Thillaye.

Le 31 juillet 1721, le s⁵ Thillaye est mis en possession dud. bénéfice par le ministère du s⁵ de Grosourdy, trésorier de la Cathédrale, en présence de M⁶ François Le Rebours, diacre, chanoine prébendé de Courtonnelle ; M⁶⁵ Jean Graffard et Jacques Périer, officiers douze-livres. (*V*. 596).

525. — Le 22 sept. 1685, François Fourquemin, fils de Guillaume et de Françoise Lucas, de la parr. de Folleville, *rite dimissus*, reçoit la tonsure à Évreux.

Le 18 mai 1721, M⁶ François Fourquemin, pbrē du diocèse de Lx, obtient en cour de Rome des lettres de provision de la cure de Duranville, vacante par la résignation faite en sa faveur par M⁶ Jean-Baptiste Bucailles, dernier titulaire.

Le 5 août 1721, le seig⁵. évêque donne son visa auxd. lettres de provision.

Le 11 août 1721, le s⁵ Fourquemin, pbrē, vicaire de Folleville, prend possession dud. bénéfice de Duranville, en présence de M⁶ Guillaume Champion, curé de Bournainville et doyen de Moyaux ; M⁶ Gaspard Froger, curé de Valailles ; M⁶ Jean Froger, curé de Barville ; M⁶ Toussaint Danguin, curé de Folleville ; M⁶ Pierre Bayeux, pbrē, demeurant à Duranville, et plusieurs autres témoins (*V*. 457).

526. — Le 11 mai 1721, François de Macey, fils de François et de Philippe Le Vaillant, de la parr. de S⁵ Pierre de Marmouillé, reçoit la tonsure cléricale.

527. — Le 5 août 1721, le seig⁵ évêque de Lx ayant refusé à M⁶ Pierre Delaire, pbrē d'Echauffour, la collation de la cure de N.-D. du Hamel à laquelle il avait été nommé par les relig⁵ de S⁵ Evroult, le siège abbatial vacant, led. s⁵ Delaire s'adresse au seig⁵ archevêque de Rouen qui, usant de son autorité métropolitaine, lui donne lad. collation.

Le 16 octobre 1721, le s⁵ Delaire prend possession dud. bénéfice de N.-D du Hamel vacant par la mort de M⁶ Antoine d'Espiney, dernier titulaire. Fait en présence de plusieurs habitants de la parr. (*V*. 468.)

528. Le 29 octobre 1719, Nicolas Lavallée, fils de Georges et de Barbe Dutout, de la parr de S⁵⁶ Croix de Cormeilles, reçoit la tonsure et les ordres mineurs (*V*. 548).

529. — Le 19 juillet 1721, la nomination à la cure de Samesle appartenant au seig' du lieu, le roy, « à cause de la garde-noble des enfants mineurs du feu s' de Gémare, nomme à lad. cure, vacante par la mort de M° François Pesnel, pbrē, dernier titulaire, la personne de M° François Le Comte, pbrē du diocèse de Lx.

Le 22 août 1722, le seig' évêque donne aud. s' Le Comte la collation dud. bénéfice.

Le 18 septembre 1721, le s' Le Comte, pbrē, vicaire du Sap, prend possession de la cure de S' Martin de Samesle, en présence de M° Michel Féret, pbrē, curé du Sap; M'° Jean de la Rocque, M'° Cyr-Yves de Jambon, Pierre de Jambon et autres témoins. (*V.* **531**).

530. — Le 25 juillet 1721, M° Jacques Morin, clerc du diocèse de Lx, titulaire de la chapelle simple de St-Thomas-le-Martyr, en la Cathédrale, obtient en cour de Rome des lettres de provision de la chapelle simple de S' Hubert du château de Belleau, vacante par la résignation faite en sa faveur par M'° Charles de Montaing, pbrē, dernier titulaire.

Le 24 septembre 1721, le seig' évêque donne son visa auxd. lettres de provision.

Le 27 octobre 1721, le s' Morin prend possession de la chapelle S' Hubert, en présence de Messire François-Dominique de Belleau, chev', seig' et patron de lad. chapelle de S' Hubert, et plusieurs témoins de la parr. de Courson. (*V.* **408, 499**).

531. — Le 1ᵉʳ septembre 1721, vu l'attestation du s' Hérault, curé de S' Cyr-d'Estrancourt, et du s' Le Comte, pbrē, desservant la parr. de Samesle, dispense de bans pour le mariage entre Cyr-Yves de Jambon, Esc', seig' de S' Cyr-d'Estrancourt, fils de feu Cyr de Jambon, Esc', seig' de S' Cyr, et de noble dame Marie-Elisabeth d'Avesgo, de lad. parr. de S' Cyr, d'une part, et dam'¹⁰ Marie-Louise de la Haye, fille de feu Charles de la Haye, Esc', s' de Villauney et d'Orville, et de noble dame Louise de Bocquencey, de lad. parr. de Samesle.

532. — Le 11 mai 1721, Louis Jobey, fils de François-Gabriel et de Marguerite Fourquemin, de la parr. de S' Jacques de Lx, reçoit la tonsure et les ordres mineurs.

533. — Le 18 août 1721, le roy écrit au Chapitre de Lx, le 12 janvier 1715, en vertu de son droit de régale, il avait conféré à M° Jean-Baptiste Richard, pbrē du diocèse de Clermont, la prébende de Fresne, alors vacante par le décès du s' Norgeot; mais comme ces lettres sont à présent surannées, Sa Majesté, à la demande dud. s' Richard, ordonne aux s'⁸ chanoines d'exécuter lesd. lettres patentes et de le mettre en possession de lad. prébende.

Le 29 août 1721, M° Jean-Baptiste Richard, pbrē du diocèse de Clermont, docteur de Sorbonne, est mis en possession du canonicat de

Fresne par le ministère de M' de Grosourdy, chanoine, trésorier de l'église cathédrale de Lx.

534. — Le 27 août 1721, la collation de la chapelle S¹ Nicolas en la Cathédrale appartenant au chanoine de semaine Mre François Daubin, chanoine prébendé de Crèvecœur, 2e portion, se trouvant chanoine de semaine, donne son visa aux lettres de provision de lad. chapelle, obtenues en cour de Rome par Me Guillaume Pierres, pbre de ce diocèse par suite de la résignation faite en sa faveur par Mre François Pierres de la Boullaye, dernier titulaire.

Le 27 août 1721, led. s^r Guillaume Pierres, est mis en possession de lad. chapelle St Nicolas par le ministère de Mre de Grosourdy, trésorier de la Cathédrale.

535. — Le 6 sept. 1721, la nomination à la chapelle de St Laurent d'Hermival appartenant au seig^r du lieu, Mre François Doisnel de la Morie, Esc^r, seig^r et patron de St Germain d'Hermival et des fiefs de St Laurent et de Valhébert, cons^er du roy en sa cour des Comptes, Aides et Finances de Normandie, nomme à lad. chapelle, sise en la parr. d'Hermival et vacante par la mort de Mes^re Claude de Franqueville, haut doyen de la Cathédrale, dernier titulaire de lad. chapelle, la personne de Me Guillaume-Antoine Laugeois, pbre, curé d'Hermival. Fait et passé à Rouen.

Le 10 sept. 1721, le seig^r évêque donne aud. s^r Laugeois la collation dud. bénéfice.

Le 12 sept. 1721, le s^r Laugeois prend possession de la chapelle St Laurent d'Hermival, en présence de plusieurs habitants de lad. parr.

536. — Le 16 sept. 1721, vu l'attestation du s^r Morin, curé de St Thomas, et du s^r Dunel, curé de St Pierre de Touques, dispense de bans pour le mariage entre François Berthelot, bourgeois d'Honfleur, d'une part, et dam^lle Marie-Magdeleine de Dramard, fils de feu Tanneguy de Dramard, Esc^r, seig^r d'Aché, patron de la 2e portion de Gonneville-sur-Dives, et de noble dame Magdeleine d'Angerville, veuve de feu Jean Aubert, s^r de l'Auberdière, demeurant en la parr. de St Thomas de Touques.

537. — Le 7 sept. 1721, Me Daniel Langlois « pourvu (1) en cour

---

(1) Il n'est pas vrai que le s^r Langlois fût « pourvu en cour de Rome » dud. bénéfice. Comme on le voit à la fin de cet article, l'évêque de Lx avait refusé d'envoyer pour le s^r Langlois un certificat de vie et mœurs, toujours exigé par la cour pontificale, et les lettres de provision n'avaient pas été expédiées. Le s^r Langlois avait appelé comme d'abus devant le parlement pour le retard apporté par les officiers de la cour romaine, et le parlement, en vertu des libertés de l'Église Gallicane, avait rendu un arrêt qui autorisait le s^r Langlois à se passer des provisions de la cour de Rome et le renvoyait « devers le seig^r évêque pour luy estre accordé les provisions nécessaires d'icelluy bénéfice. » (Acte de réquisition du s^r Langlois. — Insin. Eccl.)

de Rome de la cure de S⁺ Cloud-en-Auge », vacante par la résignation faite en sa faveur par M⁰ Paul Bellant, dernier titulaire, requiert du seig' évêque la collation dud. bénéfice. Sa Grandeur le renvoie à Mre Dumesnil, vicaire général qui lui dit « au nom et par l'ordre de Mond. seig' qu'il ne peut accorder les provisions de lad. cure, attendu que le s' Langlois depuis son ordination a refusé avec mépris de travailler dans le diocèse, quelques ordres réitérées qu'il en ait reçu de son évesque qui avoit eu beaucoup de bonté pour luy ; qu'il n'a fait que courir ça et là, et a donné lieu de croire par sa conduite pleine de légèreté et de finesse, qu'il n'estoit nullement en estat de conduire une paroisse que cependant il a tellement obsédé le dernier curé de S⁺ Cloud qu'il luy a arraché une résignation et puis un désistement de la révocation qu'il avoit faite ; qu'il s'est ingéré d'abord, après la mort dud. s' curé, de faire sans mission les fonctions curiales de lad. paroisse, qui d'ailleurs se trouve déjà remplie sur la présentation de Mg' l'archevêque de Sens, prieur de Beaumont-en-Auge et, en cette qualité, patron de lad. cure, toutes lesquelles raisons ont empesché jusqu'icy qu'on ne luy donne l'attestation dont il avait besoin pour faire admettre lad. résignation en cour de Rome. (*V.* **483, 491, 625**).

538. — Le 16 août 1721, la nomination à la cure de S⁺ Cloud-en-Auge appartenant au prieur conventuel de Beaumont-en-Auge, Mg' Denis-François Bouthiller de Chavigny, archevêque de Sens et prieur conventuel du prieuré de Beaumont, nomme à lad. cure vacante par la mort de M⁰ Paul Bellant, dernier titulaire la personne M⁰ Jacques Train pbr͠e de ce diocèse.

Le 24 août 1721, le seig' évêque de Lx donne aud. s' la collation dud. bénéfice.

Le 25 septembre 1721, le s' Train prend possession de la cure de S⁺ Cloud, en présence de M⁰ Pierre Chambery, pbr͠e, curé de S⁺ Pierre-Adzifs ; M⁰ Daniel Langlois pbr͠e ; Bernardin de Marguerie, Esc', seig' de Pierrepont et d'Andel, demeurant à S⁺ Pierre-Adzifs, et autres témoins de lad. parr. (*V.* **625**).

539. — Le 19 sept. 1721, dispense de bans pour le mariage entre le s' François Lemoine, directeur des postes à Lx, fils de feu Pierre, demeurant en la parr. S⁺ Jacques, d'une part, et dam^lle Marie-Louise Morand, fille du s' Thomas Morand et de Louise Lasseur, demeurant à S⁺ Germain de Lx.

540. — Le 20 sept. 1721, Fr. Robert Legendre, diacre, relig' de l'abbaye de Cormeilles, est ordonné prêtre. (*V.* **141, 324, 372, 427**).

541. — Le 5 septembre 1721, la nomination à la cure de S⁺ Martin-du-Houlley, ci-devant S⁺ Martin d'Ouillie, appartenant au seig' abbé de S⁺ Laumer de Blois, le seig' évêque de Blois, abbé de lad. abbaye, nomme à lad. cure vacante par la mort de M* Jean-Baptiste Lechantre, pbrē, dernier titulaire, la personne de M* Jean-Baptiste Lebrun, pbrē du diocèse de Lx. (*V*. 374).

Le 23 sept. 1721, le seig' évêque de Lx donne aud. s' Lebrun la collation dud. bénéfice.

Le 26 sept. 1721, le s' Lebrun prend possession de la cure de S' Martin-du-Houlley avec toutes les cérémonies ordinaires, en présence de Mes'* Adrian du Houlley, chev', seig' baron, châtelain et haut-justicier du Houlley, seig' de Firfol et de la Lande, cons'' du roy en sa cour des Aides de Paris; Mes'* Adrian du Houlley, fils dud. sg', et autres habitants de lad. parr.

542. — Le 23 sept. 1721, dispense de bans pour le mariage entre M* Louis Gauzel, notaire royal à Pont-l'Evêque, fils du feu s' Simon Gauzel et de dame Marie Peugry, d'une part, et Madeleine Bréban, fille de feu M* Guillaume de Bréban, apothicaire, et de dame Jeanne Renault, d'autre part, tous deux de la parr. de Pont-l'Evêque.

543. — Le 23 sept. 1721, dispense d'affinité au 2* degré pour le mariage entre François Descalles de Boishébert, demeurant à Grestain, et Elisabeth Chusfe de Grandval, demeurant à Honfleur.

544. — Le 2 sept. 1721, M* François Lefebvre, du diocèse de Bayeux, pourvu de la cure de S' Laurent de Campfleur, prend possession dud. bénéfice, en présence de M* François Le Mercier, pbrē, curé de Courcelles, et plusieurs témoins de la parr. de Campfleur. (*V*. 403).

545. — Le 23 sept. 1721, M* Henry Fergant, pbrē, curé de la 1re portion du Mesnil-Germain, âgé de 74 ans et se trouvant infirme, donne sa procuration pour résigner sond. bénéfice entre les mains de N.-S.-P. le Pape en faveur de M* Pierre Costard, pbrē et vicaire de N.-D. de Montviette, il se réserve toutefois 180 livres de pension. Fait en présence de M* François de Vaumesle, pbrē, curé de la 2* portion de lad. cure de Mesnil-Germain, et autres témoins. (*V*. 595).

546. — Le 25 sept. 1721, M* Louis-Pierre Dubois, pbrē du diocèse de Séez, ayant été nommé par M*** l'abbesse d'Almeneches à la cure de Camembert, requiert du seig' évêque la collation dud. bénéfice. Mais Sa Grandeur la lui refuse, parce qu'il ne présente pas ses lettres de tonsure et de prêtrise. (*V*. 582).

547. — Le 27 sept. 1721, M* Claude Gouin, pbrē, curé de S' Jean de Familly qu'il dessert depuis près de 25 ans, donne sa procuration pour résigner sond. bénéfice entre les mains de N.-S.-P. le Pape en faveur de M* Louis Louvet, pbrē de la parr. de Méry, diocèse de Bayeux, et curé de S' Denis de Pont-de-Vie. Il se réserve toutefois 230 livres de pension. (*V*. 601).

548. — Le 20 sept. 1721, M⁰ Nicolas Lavallée, acolyte de S* Croix de Cormeilles, est ordonné sous-diacre. (*V.* **528**).

549. — Le 2 oct. 1721, dispense de bans pour le mariage entre Mᵉ Guillaume de Belleau, chevʳ, seigʳ de Courtonne, S* Paul, N.-D. de Livet et le Bouillonné, fils de feu Mesʳᵉ Jacques de Belleau, chevʳ, seigʳ ded. lieux, et de feu noble dame Marguerite-Charlotte de Belleau, demeurant en la parr. de S* Paul-de-Courtonne, d'une part, et damᵘᵉ Marguerite Leprince, fille de M* Jean Leprince, greffier au bailliage et vicomté d'Orbec, et de dame Hélène Pigault, demeurant à Orbec.

550. — Le 26 sept. 1721, M* Jacques Buchard, pbrē, curé de la 2ᵉ portion de la cure de Plasnes et aussi pourvu de la cure du Chesne, résigne led. bénéfice de Plasnes entre les mains de haut et puissant seigʳ Mesʳᵉ Louis de Prye, marquis, seigʳ et patron de Prye, de Plasnes et autres lieux, ambassadeur pour le roy auprès du roy de Sicile. Fait à Lx, en présence de M* Philippe de la Croix, pbrē, curé de S* Jacques et de M* Pierre Formage, notaire. (*V.* **330**).

551. — Le 11 mai 1721, François Melliard de Fronton, fils de Joseph et de dame Magdeleine Haymet, de la parr. de S* Michel d'Ainay (Athanatensis), de la ville de Lyon, *ritè dimissus*, reçoit la tonsure à Lx.

552. — Le 8 oct. 1721, dispense de bans pour le mariage entre Pierre Dirlande, Escʳ, sʳ du Taillis, fils de feu Jean-François Dirlande, Escʳ, sʳ du lieu, et de noble dame Marguerite Le Michel, de la parr. d'Abenon, d'une part, et damᵘᵉ Marie-Thérèse Le Filleul, fille de feu Mesʳᵉ Guillaume Le Filleul, chevʳ, seigʳ et patron de la Folletière, et de noble dame Marie Barrey, de la parr. de la Folletière.

Armes de M. de Brancas

553. — Le 26 sept. 1721, le droit d'élire le haut doyen de la Cathédrale appartenant au Chapitre seul, « à l'exclusion de toute autre personne, de quelque rang et de quelque autorité qu'elle soit », les sieurs chanoines se réunissent pour nommer un titulaire de la dignité décanale, vacante par la mort de noble et discrète personne, Messire Claude de Franqueville, d'heureuse mémoire, pbrē, chanoine prébendé de Croisilles et haut doyen en la Cathédrale, décédé en cette ville le 17 juillet dernier.

Etaient présents : Messires Guillaume de Franqueville, chanoine prébendé d'Ecajeul, et grand chantre ; Gabriel de Grosourdy, diacre, trésorier et chanoine prébendé de Verson, 1ʳᵉ portion ; Pierre Dumesnil-Leboucher, scolaste, chanoine prébendé des Loges ; Jean-Baptiste Moullin, archidiacre d'Auge, chanoine prébendé de Cordebugle; François Daubin, chanoine prébendé de Crèvecœur, 2ᵉ portion ; Charles Costard, chanoine prébendé de Formentin ; Olivier de Montargis, chanoine prébendé de Verson, 2ᵉ portion ; Gilbert Hébert, chanoine prébendé de Lieurey, 2ᵉ portion ; Jean Mignot, chanoine prébendé de Pesnel ; Charles Le Bas, chanoine prébendé de Val-Rohays ; Nicolas du Houlley, chanoine prébendé des Chesnes : Simon-Charles Boulduc, sous-diacre, chanoine prébendé de Lieurey, 1ʳᵉ portion : François-Nicolas Caboulet, chanoine prébendé de Deauville, 1ʳᵉ portion ; Jacques de Vimont, chanoine prébendé de Bourguignolles ; Jean-Jacques Lebourg, chanoine prébendé d'Assemont (de Acido Monte) ; François Le Bas, chanoine prébendé du Val-au-Vigneur ; François Le Bas, chanoine prébendé de Sᵗ Germain ; Gabriel Durozey, chanoine prébendé de Feins ; Joseph Legros, diacre, chanoine prébendé de Sᵗ Hymer ; Adam Leroy, chanoine prébendé de Sᵗ Pierre-Adifs ; Jean-Estienne Bernardi, chanoine prébendé de la Pluyère ; François Le Rebours, diacre, chanoine prébendé de Courtonnelle , Pierre Thillaye, chanoine prébendé de Croisilles ; Mʳᵉ Leroy célèbre d'abord la messe solennelle du Sᵗ Esprit au maître-autel ; on chante le *Veni Creator*, et ensuite, au son de la cloche, les sieurs chanoines entrent au Chapitre en présence de Mᵉ Guillaume Véron, leur secrétaire ordinaire ; François Daufresne, notaire apostolique, et de Mᵉˢ Pierre Thorel et Daniel Lefort, chapelains de la Cathédrale.

Mᵉ Dumesnil lit le statut relatif à l'élection du doyen ; puis tous les chanoines jurent de n'élire que celui qu'ils croiront le plus digne.

On décide que l'élection se fera au scrutin secret. On fait l'appel de tous les chanoines qui sont dans les ordres sacrés ; car ceux-là seulement ont droit de voter.

Mʳᵉ Adrian de Mailloc, chanoine prébendé de Surville, est retenu chez lui pour la maladie. On choisit pour scrutateurs Mesʳˢ Moullin, Daubin et Costard qui, après avoir prêté serment, s'en vont accompagnés du promoteur, du secrétaire et du notaire comme témoins, recevoir dans l'urne, scellée du sceau du Chapitre, le bulletin dud. sʳ de Mailloc. A leur retour, ils déposent l'urne sur la table et chacun vient y mettre son bulletin.

Ensuite huit chanoines absents, à savoir : Mesʳˢ Jean-Marie Hanriau, Chèvecier, chanoine prébendé de Toucques, 1ʳᵉ portion ; Louis-Henry de Romé de Vernouillet, archidiacre du Lieuvin, prébendé de Deauville, 2ᵉ portion ; Estienne Le Bas, archidiacre de Gacey, théologal, prébendé de Sᵗ Jacques ; Charles Inger, pénitencier, prébendé des Vaux ; François Leture, prébendé du Faulq ; François Flambart, prébendé de Toucques, 2ᵉ portion ; Jean-Baptiste-Antoine de Brancas, prébendé du Pré ; Jean-Baptiste Richard, prébendé de Fresne, ont envoyé leurs excuses de leur absence et leur procuration pour déposer leurs bulletins dans l'urne. Les raisons de ces messieurs sont acceptées et leurs suffrages déposés.

Au dépouillement du scrutin, on trouve 16 voix pour Messire Jean-Baptiste-Antoine de Brancas, chanoine prébendé du Pré, conseiller du roy et son aumônier, abbé de S¹ Pierre de Melun et agent général du clergé de tout le royaume ; 14 voix pour Mes^re Louis de Romé de Vernouillet ; 1 voix pour Mre Dumesnil-Leboucher et 1 pour Mre Charles Le Bas.

Mre de Brancas est élu ; mais vu son absence, la cérémonie de prise de possession et de profession de foi est remise au jour où il pourra se présenter lui-même ou envoyer son procureur.

Le 9 octobre 1721, le Chapitre se réunit, sous la présidence de Mre de Grosourdy, pour la cérémonie d'acceptation et de prise de possession de la dignité décanale.

Mre de Brancas rend grâces à Dieu et à messieurs les chanoines du choix qui a été fait de sa personne pour la dignité de doyen. Il déclare qu'il l'accepte, espérant qu'avec le secours du ciel, il travaillera dans cette charge à la gloire de Dieu et au bien de l'église. Ensuite Mre de Grosourdy, président, et Mre de Brancas, entre M^res Dumesnil, scolaste, et Moullin, archidiacre, avec tous les autres chanoines qui les suivent, sortent du Chapitre et led. s^r de Grosourdy annonce à la multitude de peuple, qui est réunie, l'élection de Mre de Brancas et le présente à la foule.

Ensuite on se rend au chœur dans le même ordre. Mre de Brancas avec ses assistants s'avance vers le maitre-autel, pendant que l'orgue et le chœur alterne les versets du *Te Deum*. A la fin de l'hymne, on chante les versets et oraisons marqués pour la circonstance et l'on retourne à la salle capitulaire. Là, le nouveau doyen, à genoux devant Mes^re de Grosourdy, fait sa profession de foi, la main sur les SS. Evangiles, prête le serment requis de Messieurs les doyens, suivant l'antique usage de l'Eglise de Lisieux. Mre de Brancas paye ensuite la somme de trente-six livres pour le droit de chape et il est reconduit au chœur. Il s'assied dans la chaire décanale et, quand il est ainsi installé, on lui apporte les sceaux de la double juridiction ecclésiastique, la juridiction spirituelle et la juridiction temporelle, exercées par le doyen au nom du Chapitre. Il remercie de nouveau le Chapitre et se retire à son palais, accompagné de messieurs les chanoines les cloches de la Cathédrale sonnant à toutes volées. (*V.* **562,576**).

554. — Le 19 octobre 1721, la nomination à la cure de St-Laurent de la Genevraye appartenant au seig^r évêque, celui-ci nomme aud. bénéfice, vacant par la mort de Me Jacques Philippe, dernier titulaire, la personne de Me Michel Turpin, pbrē de ce diocèse et M^e ès-arts en l'Université de Caen.

Le 13 novembre 1721, led. s^r Turpin, pbrē, demeurant à St André-d'Echauffour, prend possession de la cure de la Genevraye, en présence de M⁶ Guillaume Jehenne, pbr̄e, curé de Carnettes ; M⁶ Pierre-Claude Lefrançois, curé de S¹ Germain d'Echauffour ; Richard Périer, Escr, seigr et patron honoraire de la Genevraye ; M⁶ Guillaume Le Marchand, consᵉʳ du roy, président en l'élection d'Alençon, et M⁶ Gaspard Mesnil, pbr̄e d'Echauffour. (*V*. **460**).

555. — Le 24 oct. 1721, dispense de bans pour le mariage entre Jean-Baptiste Coqueterre, fils de feu M⁶ Louis Coqueterre et de damˡˡᵉ Catherine Bacheley, demeurant en la parr. de Vimoutiers, d'une part, et damˡˡᵉ Angélique de Nollet, fille de feu Mʳᵉ François de Nollet, Escr, sr de la Londe, et de damˡˡᵉ Marie Deslondes, demeurant en la parr. de Guerquesalles (*V*. **282**).

556. — Le 19 juillet 1721, Mʳᵉ Guillaume Antoine Laugeois, pbr̄e, curé de Sᵗᵉ Croix de Bernay, donne sa procuration pour résigner sond. bénéfice entre les mains de N.-S.-P. le pape en faveur de M⁶ Pierre Gouet, pbr̄e du diocèse de Bayeux. Fait à Rouen « en l'hostellerie où pend pour enseigne le Cheval Blanc, parr. et faubourg St Sever. » (*V*. **273,347**).

Le 25 octobre 1721, led. sr Gouet réquiert du seigr évêque le visa des lettres de provision de la cure de Sᵗᵉ Croix de Bernay obtenues par lui en cour de Rome. Sa Grandeur répond qu'elle ne peut le lui accorder avant qu'il ne présente un *Exeat* signé de son évêque diocésain. (*V*. **600**).

557. — Le 24 oct. 1721, dispense de parenté au 4ᵉ degré obtenue pour le mariage entre Adrien-César de Bonnechose, Escr et garde du corps du roy, demeurant à St-Grégoire-du-Vièvre, et damˡˡᵉ Françoise du Quesney, demeurant à S¹ Pierre de Cormeilles.

558. — Le 14 oct. 1721, la nomination à la cure de Plasnes, 1ʳᵉ portion, appartenant à Messire Louis, marquis de Prye, seigr et patron dud. lieu de Prye, de Plasnes, Courbespine et autres lieux, ambassadeur pour le roy auprès du roy de Sicile, led. sgr nomme à lad. cure, vacante par la mort de M⁶ Léonard Secard, dernier titulaire, la personne de Mesʳᵉ Mathieu Barrey de Montfort, pbr̄e, du diocèse de Lx, licencié de Sorbonne de la Maison et société royale de Navarre. Fait au château dud. seigr de Prye en la parr. de Courbépine, en présence de Mesʳᵉ Isale de Montreuil, chevr de l'Ordre militaire de S¹ Louis, et de Mesʳᵉ André de Mauduit, chevr, seigr de Semerville. (*V*. **260,276**).

Le 16 oct. 1721, le seigr évêque donne aud. sr de Montfort la collation dud. bénéfice.

Le 5 novembre 1721, Mʳᵉ Mathieu Barrey de Montfort, docteur en théologie de la faculté de Paris, prend possession de la cure de Plasnes, 1ʳᵉ portion, en présence de M⁶ Nicolas Le Portier, Escr, sr de la Surrière, curé de Boisney ; M⁶ Pierre Siret, curé de Boissy ; M⁶ Charles Quesnel, curé du Bosedel ; M* Gaspard Froger, curé de Valailles, et plusieurs autres témoins.

559. — Le 25 oct. 1721, M* Jean Renault, pbrē, curé de S* Victor-d'Epines qu'il dessert depuis 23 ans, donne sa procuration, pour résigner entre les mains de N.-S.-P. le pape sond. bénéfice en faveur de M* Gratian Gondouin, vicaire desservant la cure de Livet. Il se réserve toutefois 300 livres de pension sur les revenus de lad. cure, plus la salle du presbytère et le grenier de dessus, une petite écurie, le hangard du bout de lad. salle et le colombier. (*V.* **607**).

560. — Le 26 oct. 1721, reçurent la tonsure et les ordres mineurs :

Nicolas-Guillaume Pépin, fils de Guillaume et de Marie Langlois de la parr. de S* Ouen de Pontaudemer ;

Louis Gondouin, fils de Christophe et d'Anne Montreuil. de la parr. de Heurtevent ;

Philippe Rozey, fils de Jacques et de Catherine Louvet, de la parr. de Pont-de-Vie.

Robert Dubreuil, fils de Charles et de Catherine de la Perrelle, de S* Germain de Lx.

561. — Le 26 oct. 1721, reçurent la tonsure :

Pierre-Romphare Boullement, fils de Guillaume et de Charlotte Le Maignen, de la parr. de S* Loup-de-Fribois ;

Pierre Chappé, fils de Jacques et Françoise Desportes, de S*ᵗᵉ Croix de Bernay.

562. — Le 16 oct. 1721, Mes*ʳᵉ Jean-Baptiste-Antoine de Brancas pbrē, abbé de S* Pierre de Melun, aumônier du roy, agent général de clergé de France et haut doyen de l'Insigne Eglise de Lx, et juge ordinaire de la ville et de la banlieue de Lx et de S* Germain de Livet, donne à M*ʳᵉ François-Nicolas Caboulet, pbrē, chanoine prébendé de Deauville, M* ès-arts en l'Université de Paris, des lettres de provision de la charge de promoteur en l'officialité du doyenné de Lx. (*V.* **553**).

563. — Le 8 oct. 1721, Mes*ʳᵉ Jean-Baptiste de Bosc-Henry, pbrē, curé de Montreuil et pourvu de la cure de S* Aubin-de-Thenney, prend possession dud. bénéfice de S* Aubin, en présence de Robert Bucailles, pbrē, vicaire de lad. parr.; M* Jean Desportes, acolyte de la ville de Rouen, et plusieurs habitans dud. lieu de Thenney. (*V.* **473**).

564. — Le 30 oct. 1721, vu l'attestation du sʳ Lefranc, curé de N.-D. de Capelles, et du sʳ Denis, vicaire de S* Martin de Chambrois, dispense de bans pour le mariage entre Joseph Dumas, « garde de M* le comte de Broglie, demeurant au chasteau de Chambrois, » de la parr. de S* Bernard en Franc-Lyonnais, d'une part, et Marie Bougon.

565. — Le 16 oct. 1721, M* François Turpin, pbrē, demeurant à

Échauffour, M⁰ ès-arts en l'Université de Caen, fait signifier ses noms et grades au seig⁻ évêque. (*V*. **61, 580**).

566. — Le 24 **septembre 1701**, Jean-Baptiste Bourbet, fils de Guillaume et de Gillone Denise, de la par̄r. de Caumont, diocèse de Bayeux, reçoit la tonsure avec l'autorisation du seig⁻ évêque de Lx, des mains de Mgʳ Pierre-Daniel Huet, ancien évêque d'Avranches, faisant l'ordination générale dans l'église de S¹ Jean de Caen.

Le 9 mars 1710, led. sʳ Bourbet fait profession dans la maison des chanoines réguliers de S¹ᵉ Croix de la ville de Caen.

Le 15 février 1717, led. sʳ Bourbet, pbr̄e, âgé de 30 ans, est reçu M⁰ ès-arts en l'Université de Caen.

Le 17 février 1717, il obtient des lettres de quinquennium du recteur de lad. Université.

Le même jour, il est nommé par icelle sur les abbayes et prieurés de l'Ordre de S¹ Augustin des diocèses de Paris, Chartres, Orléans, Rouen, Bayeux, Lisieux et Séez.

Le 10 octobre 1721, il fait signifier ses noms et grades aux religieux de S¹ᵉ Barbe-en-Auge.

567. — Le 29 oct. 1721, le seig⁻ évêque accorde dispense de parenté du 3ᵉ au 4ᵉ degré pour le mariage entre François-Léonor Le Blond, Escʳ, garde du Corps, demeurant à Courbépine, et dam¹¹ᵉ Anne de Boisgruel.

568. — Le 4 novembre 1721, dispense de bans pour le mariage entre François Labbé, fils de feu Jacques L...., Escʳ, sʳ de Héroussart, et de feu dam¹¹ᵉ Barbe Thibout, de la par̄r. de S¹ Jouin, d'une part, et dam¹¹ᵉ Marie-Marguerite de la Fosse, fille de François de la Fosse et de feu dam¹¹ᵉ Marguerite Férey, de la par̄r. de Hiéville, diocèse de Séez.

569. — Le 19 octobre 1721, Mgʳ Henry-Ignace de Brancas, évêque et comte de Lx, abbé commendataire de S¹ Gildas-des-Bois, diocèse de Nantes, et, en cette qualité, ayant droit de nommer au prieuré simple de S¹ Pierre et S¹ Paul de Freinier aud. diocèse de Nantes, Sa Grandeur nomme à ce bénéfice la personne de Dom Pierre Descalles, relig⁻-profès de l'abbaye de Grestain.

Le 5 novembre 1721, led. sʳ Descalles donne sa procuration pour prendre possession en son nom dud. prieuré.

570. — Le 17 juin 1721, Charles Levavasseur, fils d'André et de Marie Pitache, de la par̄r. de Plasnes, *rité dimissus*, reçoit la tonsure et les ordres mineurs dans la chapelle du séminaire de Caen.

571. — Le 26 oct. 1721, Marc-Antoine Dubois, fils de Luc et de Françoise Leprince, de la par̄r. S¹ Germain de Lx, reçoit la tonsure et les ordres mineurs.

572. — Le 8 oct. 1721, M⁰ Pierre Goujon, pbr̄e habitué à S¹ Pierre de Caen, licencié ès-droits, requiert des religieux de l'abbaye de Fécamp sa nomination à la cure d'Hennequeville, vacante dans le mois affecté aux gradués. Dom Henry Chevallier, l'un des religieux de lad. abbaye, lui répond qu'il donnera avis de sa réquisition au R. P. prieur.

573. — Le 11 sept. 1721, à cause du litige élevé entre les patrons présentateurs de la chapelle de S‿ Laurent-du-Buisson, sise en la parr. d'Hermival, le roy nomme aud. bénéfice, vacant par la mort de M‿ de Franqueville, dernier titulaire, la personne de M‿ Alexandre Dubuisson, pbrē du diocèse de Lx, licencié en théologie et professeur en l'Université de Paris, y demeurant, rue S‿ Jacques. (*V.* **223, 413**).

Le 21 octobre 1721, led. s‿ Dubuisson, donne sa procuration pour prendre possession de lad. Chapelle.

Le 14 novembre 1721, le s‿ Dubuisson, représenté par M‿ Alexandre Odienne, pbrē, curé de S‿ Désir de Lx, prend possession de la chapelle de S‿ Laurent du Buisson en vertu de la nomination faite par le roy et de la collation accordée par le seig‿ évêque de Lx *ad conservationem juris*. Fait en présence de M‿ Pierre Lefebvre, officier dans la maréchaussée de la Haute Normandie, et autres témoins, tous de la parr. d'Hermival. (*V.* **223, 596**).

574. — Le 12 nov. 1721, M‿ Alexandre d'Erneville, pbrē, curé de S‿ Pierre du Barquet, diocèse d'Evreux, et chapelain en la Cathédrale de Lx, résigne lad. cure.

575. — Le 26 oct. 1721, Jean-Baptiste-François Lefebvre, fils de Pierre et de Marie-Anne Regnoult, de la parr. de Prêtreville, reçoit la tonsure et les ordres mineurs.

576. — Le 16 oct. 1721, M‿ Jean-Baptiste-Antoine de Brancas, pbrē, haut doyen de la Cathédrale, juge ordinaire de la ville et de la banlieue de Lx et de la parr. de S‿ Germain de Livet, nomme pour son official la personne de M‿ Jean-Jacques Lebourg des Alleurs, pbrē, docteur en théologie de la faculté de Paris, vicaire général de Monseig‿ l'évêque de Lx et chanoine de la Cathédrale. (*V.* **553**).

577. — Le 4 oct. 1721, M‿ Jean-Baptiste Lefrançois, pbrē, pourvu de la 1‿ portion de la parr. de Putot, représenté par son frère M‿ Jacques Lefrançois, diacre de la parr. de Piencourt, prend possession de lad. cure, en présence de M‿ Nicolas Harivel, pbrē, curé de la 2‿ portion ; M‿ Estienne Gueroult, pbrē, desservant led. bénéfice, et autres habitants du lieu. (*V.* **472**).

578. — Le 26 novembre 1721, vu l'attestation du s‿ Levavasseur, vicaire de la Croupte, dispense de bans pour le mariage entre Robert Cudorge et Marguerite Lancelin.

579. — Le 26 nov. 1721, vu l'attestation du s‿ Le Camus, curé de Coupesarte, et du s‿ Beuzelin, vicaire du Mesnil-Eudes, dispense de bans pour le mariage entre Guillaume Viquesnel et Catherine Leprevost.

580. — Le 29 oct. 1721, M° François Turpin, pbrē, demeurant à Echauffour, M° ès-arts en l'Université de Caen, représenté par M° Gabriel Cachet, pbrē de la parr. de S¹ Germain de Lx, fait signifier ses noms et grades au Chapitre de Lx. (*V*. **61, 565**).

581. — Le 29 novembre 1721, M° Louis Quesnel de la Londe, pbrē, curé de S¹ Blaise de S¹ Hymer, détenu malade en son lit, donne sa procuration pour résigner sond. bénéfice entre les mains de N.-S.-P. le pape en faveur de M° Jacques de la Vigne de la Hogue, pbrē du diocèse de Lx et vicaire de S¹ Cande-le-Jeune de Rouen. Le s¹ de la Londe se réserve toutefois 50 livres de pension viagère à prendre sur les revenus de lad. cure qu'il a desservie pendant seize ans. Fait en présence de M° Nicolas Vattier, pbrē, vicaire de S¹ Hymer, et de Nicolas Pottier, maître de lad. parr. (*V*. **624**).

582. — Le 19 sept. 1721, la nomination à la cure de Camembert appartenant à l'abbesse d'Almenesches, à cause de sa baronie de Camembert, Madame Marie-Magdeleine Rouxel de Médavy, abbesse de lad. abbaye, nomme à lad. cure, vacante par la mort de M° Hilaire Brière, pbrē, dernier titulaire, la personne M° Louis-Pierre Dubois de Boisvallée, pbrē habitué de la ville d'Alençon.

Le 1ᵉʳ déc. 1721, le seig¹ évêque donne aud. s¹ Dubois la collation dud. bénéfice.

Le 3 janvier 1722, le s¹ Dubois prend possession de la cure de Camembert, en présence de M° Olivier Brunet, pbrē, demeurant à Camembert, M° Nicolas Lallemant, pbrē, demeurant à Vimoutiers; M° Jacques Rivière, diacre de Camenbert, et plusieurs autres témoins de lad. parr. (*V*. **546**).

583. — Le 8 juillet 1721, le seig¹ évêque donne à M° Nicolas Corneville, pbrē du diocèse de Rouen, la collation de la cure de Guerquesalles.

Le 7 novembre 1721, led. s¹ Corneville prend possession dud. bénéfice, en présence de M° Louis Decaux, pbrē, curé de Royville; Damian Guerrier, pbrē, desservant le bénéfice de Guerquesalles; Charles Duval-Farain, pbrē, demeurant aud. lieu; François de Thieullin, Escʳ, s¹ des Iles, brigadier des chevau-légers de la garde ordinaire du roy, chev¹ de l'Ordre militaire de S¹ Louis de lad. parr.; Louis de Nollet, Escʳ, s¹ de Vimer et autres témoins. (*V*. **501, 506**).

584. — Le 12 décembre 1721, la nomination à la cure du Tilleul appartenant au comte de Gacey, Mesʳᵉ Louis-Jean-Baptiste de Matignon, comte de Gacey et de Montmartin, baron de Gié et autres lieux, maréchal des camps et armées du roy, gouverneur et lieutenant général pour

Sa Majesté de la ville de la Rochelle, du pays d'Aunis, Ile de Ré, Oléron, Brouage, côtes et pays adjacents, nomme à lad. cure, vacante par la mort de M° Martin Lemoine, dernier titulaire, la personne de M° Jacques Pinel, pbrē du diocèse de Lx. Fait à Paris, rue S' Dominique, en l'hôtel dud. s' comte de Gacey.

Le 21 déc. 1721, le seig' évêque donne aud. s' Pinel la collation dud. bénéfice.

Le 28 déc. 1721, le s' Pinel, demeurant à Gacey, prend possession de la cure de N.-D. du Tilleul, en présence de M° Jean-Baptiste Lesieur, pbrē; François Deshayes, procureur à Gacey; François Alizel de Beauplant, Eustache Marette, s' de la Londe.

585. — Le 20 déc. 1721, la nomination à la cure de N.-D.-du-Val appartenant au seig' abbé du Bec-Hellouin, Monseig' Louis de Bourbon, prince du sang, comte de Clermont, abbé commendataire de lad. abbaye, nomme à lad. cure, vacante par la mort de M° François Postel, dernier titulaire, la personne de M° Jean Blondel, pbrē du diocèse de Lx.

Le 27 déc. 1721, le seig' évêque donne aud. s' Blondel la collation dud. bénéfice.

Le 28 janv. 1722, le s' Blondel, vicaire de S' Martin de Triqueville, prend possession de la cure de N.-D.-du-Val, en présence de M° Estienne Robert, pbrē, curé de S' Pierre-du-Châtel; M° Nicolas Vitrel, pbrē, curé de Triqueville; M° Pierre Vauviel, vicaire de Fatouville-sur-la-Mer; M° Charles Avisse, vicaire dud. lieu de S' Pierre; Charles Delahaye, Esc', s' de Lespiney, demeurant en la parr. de N.-D.-du-Val, et du s' Louis Blondel, de la parr. de S' Aubin-de-Scellon.

586. — Le 30 juin 1721, M° Jean Duhamel-Ripault, diacre du diocèse de Coutances et curé de Muneville-la-Bingard, aud. diocèse, obtient une dispense d'âge de Sa Sainteté, qui lui permet d'avancer de quinze mois l'âge canonique fixé pour la prêtrise.

Le 8 juillet 1721, il obtient d'être ordonné *extra tempora*.

Le 27 déc. 1721, les vicaires capitulaires de Coutances l'autorisent à se faire ordonner à Lx.

Le 1er janv. 1722, il est ordonné prêtre par le seig' évêque de Lx.

587. — Le 2 janv. 1722, M° Jean Leloup, pbrē, vicaire de la parr. de Selles, pourvu de la cure de S' Symphorien par les religieux de Préaux, obtient du seig' évêque la collation dud. bénéfice, vacant par le décès de M° Claude Noel, dernier titulaire. (*V.* 507).

Le 6 janv. 1722, il prend possession de lad. cure « par le toucher de la muraille du chancel de lad. église et de la petite porte par laquelle on entre au chœur, laquelle se trouve fermée à la clef, et prière à genoux, n'ayant pu faire les autres cérémonies ordinaires pour (à cause de) la destruction et démolition dud. chancel, causées par le feu du ciel. » Fait en présence de M⁰ Guillaume-Henry de la Pallu, pbr͠e, curé de Selles, et autres témoins du lieu.

588. — Le 6 janvier 1722, vu l'attestation du s⁰ Bellencontre, vicaire de Pont-l'Evêque, et du s⁰ Guénier, vicaire de Glanville, dispense de bans pour le mariage entre François Bloche et Marie Helliot.

589. — Le 23 sept. 1719, M⁰ Philippe Lecherpin, sous-diacre d'Ecajeul, est ordonné diacre.

590. — Le 20 déc. 1710, Jacques-Louis de Keremar, fils de François et de Marie Laudois, de la parr. de Baly, diocèse de Tréguier, *rite dimissus*, reçoit la tonsure à Léon.

Le 13 mars 1717, led. s⁰ de Keremar, diacre du diocèse de Tréguier, *rite dimissus*, est ordonné prêtre à Quimper.

Le 6 déc. 1721, le recteur de l'Université de Paris donne un certificat par lequel il atteste que led. s⁰ de Keremar suit depuis deux ans les cours de lad. Université.

Le 9 déc. 1721, le s⁰ de Keremar, pbr͠e, présentement étudiant en philosophie au collège du Plessis en l'Université de Paris, « estant à cause de ce sous la protection et sauvegarde de Sa Majesté », le procureur du roy en sa cour de parlement et prévôté de Paris fait savoir lad. protection et sauvegarde à tous officiers justiciers et autres, afin qu'ils ne s'attaquent ni à son corps ni à ses biens, sous peine d'amende. Il ne sera tenu, pour quelque cause ou raison que ce soit, de plaider ailleurs que devant la cour de Paris.

Le 6 nov. 1721, led. s⁰ de Keremar, pbr͠e, obtient en cour de Rome des lettres de provision de la cure de N.-D.-du-Hamel, diocèse de Lx, vacante par la mort du dernier titulaire.

Le 19 déc. 1721, le seig⁰ évêque donne aud. s⁰ de Keremar la collation dud. bénéfice.

Le 23 déc. 1721, le s⁰ de Keremar, vicaire de S⁰ Jean-de-Latran de Paris, demeurant en cette ville, représenté par M⁰ Guillaume Lemarchand, pbr͠e de S⁰ Jacques de Lx, prend possession de lad. cure de N.-D.-du-Hamel, vacante par la mort de M⁰ Antoine d'Espiney, dernier titulaire. S'est présenté M⁰ Nicolas Turpin, pbr͠e, qui a déclaré qu'il s'oppose formellement à lad. prise de possession, attendu qu'il est lui-même pourvu dud. bénéfice. Fait en présence de M⁰ Jean Eudes, pbr͠e; M⁰ Gabriel Hurel, pbr͠e, desservant lad. parr.; M⁰ Jean Gazon, pbr͠e, curé de N.-D.-des-Prés, et autres témoins dud. lieu.

591. — Le 2 janv. 1722, la nomination à la cure de Putot, 2⁰ portion, appartenant aux seig⁰⁰ du lieu, par droit alternatif, M⁰⁰ Pierre Lebrun, Esc⁰, seig⁰ et patron dud. Putot, représenté par M⁰ Jacques de Vatteville, pbr͠e, sous-chantre en la Cathédrale, nomme à lad. cure, vacante par la mort de M⁰ Nicolas Leharivel, pbrē, dernier titulaire, la personne de M⁰ Guillaume Thillaye, pbrē de S¹ Etienne-la-Thillaye. (V. **577**).

Le 3 janv. 1722, led. s¹ Thillaye obtient du seig' évêque la collation dud. bénéfice.

592. — Le 1ᵉʳ déc. 1721, le seig' évêque donne à M⁰ Jean-Baptiste Lefrançois, pbrē, la collation de la chapelle S¹ André et S¹ Fiacre, sise en l'église de la Houblonnière, en conséquence de la nomination faite de sa personne par Messire Guy du Val, marquis de Bonneval, patron dud. bénéfice, vacant par la mort de M⁰ Héroult.

Le 23 déc. 1721, led. s¹ Lefrançois, pbrē, curé de Putot, prend possession de lad. chapelle.

593. — Le 20 déc. 1721, M⁰ Pierre Vicaire du Dézert, pbrē, curé de N.-D. de Dives, docteur en théologie de l'Université de Caen, demeurant à Caen, parr. N.-D., remet purement et simplement sond. bénéfice de Dives entre les mains de M⁸ʳ l'évêque de Lx pour la personne qui sera nommée par M⁸ʳ Jean-Louis de Bouchet de Sourches, évêque de Dol et abbé de Troarn, patron de lad. cure.

Le 3 janv. 1722, en conséquence de lad. résignation, led. seig' évêque, abbé de Troarn, nomme à la cure de N.-D. de Dives, la personne de M⁰ Antoine Le Touzé Dubourg, pbrē de S¹ Sauveur de Caen. Fait à Paris en l'hôtel dud. seig', rue du Colombier. (V. **383**).

Le 9 janv. 1722, le seig' évêque de Lx donne aud. s¹ Le Touzé Dubourg la collation dud. bénéfice.

594. — Le 12 janv. 1722, dispense de bans pour le mariage entre Pierre Camus, s¹ du Mesnil, directeur général des Aides et autres droits des fermes du roy, fils de Claude Camus, contrôleur des guerres, et de dame Elisabeth Lemasson, de la parr. de Magny, diocèse de Rouen, d'une part, et dam^lle Jeanne-Françoise-Marie Fautelin, fille de Jean Fautelin, garde du corps de S. A. R. M⁸ʳ le duc d'Orléans, régent de France, et de feu dame Françoise Paris, de la parr. de S¹ Ouen de Pontaudemer.

595. — Le 15 oc. 1722, M⁰ Pierre Costard, pbrē, obtient en cour de Rome des lettres de provision de la 1ʳᵉ portion de la cure du Mesnil-Germain, vacante par la résignation faite en sa faveur par M⁰ Henry Fergant, pbrē, dernier titulaire.

Le 9 janv. 1722, le seig' évêque donne aud. s¹ Costard la collation dud. bénéfice.

Le 18 janv. 1722, le s¹ Costard prend possession de la cure du Mesnil-Germain, 1ʳᵉ portion, en présence dud. s¹ Fergant, dernier titulaire ; M⁰ François de Vaumesle, curé de la 2⁰ portion ; M⁰ Nicolas Brunet, pbrē, curé de Montviette ; M⁰ Philippe-Jacques d'Autfrey, Esc' ;

Mre Jacques-Réné d'Anffray, Esc^r ; Louis-David Mahiet, officier chez le roy ; Me Pierre Dufresne, acolyte de Ste Marguerite-des-Loges, et autres. (*V.* 545).

596. — Le 8 janv. 1722, Me Alexandre Dubuisson, pbrē, M^e ès-arts et licencié en théologie de la faculté de Paris, professeur septennaire en l'Université dud. lieu, ayant élu domicile en la maison du s^r Jean Dubuisson, bourgeois de Lx, parr. St Germain, requiert du seig^r évêque, en sa qualité de gradué, la collation du canonicat de Croisilles, vacant par la mort de Mre Claude de Franqueville, décédé dans le mois de juillet, mois réservé aux gradués. Le seig^r évêque le renvoie devant Mre Dumesnil, vic. g^l, pour avoir la réponse. Celui-ci lui dit que led. canonicat a été donné au s^r Thillaye, lequel a prétendu être le plus ancien gradué. Puis il a ajouté qu'en prenant connaissance des papiers dud. s^r Dubuisson, il a remarqué que ses lettres de septennium n'étaient pas insinuées et qu'il n'a pas fait mention de sa qualité de septennaire dans sa dernière réitération ; que toutefois il veut bien lui accorder les provisions *ad conservationem juris*. (*V.* 223, 524, 553).

Le 9 janv. 1722, le seig^r évêque nomme aud. canonicat led. s^r Dubuisson, pbrē du diocèse de Lx.

Le même jour, le s^r Dubuisson est mis en possession dud. bénéfice par le ministère de Mre de Grosourdy.

597. — Le 15 janv. 1722, le seig^r évêque donne la collation de la cure de St Samson-en-Auge, à Me Nicolas Le Mazurier, pbrē du diocèse de Bayeux, gradué en l'Université de Caen.

Le 28 janv. 1722, led. s^r Le Mazurier prend possession dud. bénéfice *ad conservationem juris*. S'est présenté Me Jacques Naude, pourvu de lad. cure, lequel a déclaré qu'il s'oppose formellement à lad. prise de possession. Le s^r Le Mazurier proteste de nullité de lad. opposition. (*V.* 520).

598. — Le 28 déc. 1721, Me Henry Hennegué d'Hardencourt, curé de St Michel d'Hennequeville, pourvu de la chapelle de N.-D. de Pitié en lad. parr., prend possession de cette chapelle. (*V.* 515).

599. — Le 22 nov. 1721, Me Yves Bosquet, diacre du diocèse de Lx, expose à Sa Sainteté qu'agissant par ignorance et non par mépris, il a, pendant deux ou trois ans, n'étant que diacre, porté l'étole tombante devant la poitrine, à la manière des prêtres, au lieu de la porter sur l'épaule gauche, et qu'ainsi vêtu, il récitait chaque dimanche des évangiles sur la tête des fidèles qui venaient en pèlerinage à l'église de N.-D. de la Couture de Bernay, il conduisait les corps des défunts au cimetière ; une fois il a fait, seul et portant ainsi l'étole, toutes les cérémonies de l'inhumation d'un petit enfant de deux ou trois mois. Dès qu'il a été averti, il n'a pas continué et s'est repenti de ce qu'il avait fait. C'est pourquoi il prie Sa Sainteté de l'absoudre de l'irrégularité qu'il a encourue. (*V.* 68).

Le 14 janv. 1722, Mre Pierre Dumesnil, chanoine et official de l'évêché de Lx, commissaire de Sa Sainteté en cette partie, fulmine la sentence d'absolution obtenue par led. s^r Bosquet, diacre de la Couture de Bernay.

600. — Le 14 janv. 1722, le seig^r évêque donne son visa aux lettres de provision de la cure de Ste Croix de Bernay obtenues par Me Pierre Gouet, pbr̄e, du diocèse de Bayeux, en conséquence de la démission de Me Guillaume-Antoine Laugeois, dernier titulaire.

Le 15 janv. 1722, led. s^r de Gouet prend possession de lad. cure, en présence de Me Martin Dubusc, l'un des vicaires de Ste Croix et desservant actuellement led. bénéfice ; André Aubry, autre vicaire de lad. parr̄. ; Jacques Lelignel, François Hubert, Robert Bonhomme, Jean Leprevost, Pierre Vauchel, pbr̄es de la communauté de lad. église, et plusieurs autres témoins. (*V.* 556).

601. — Le 15 janv. 1722, le seig^r évêque donne son visa aux lettres de provision de la cure de Familly obtenues par Me Louis Louvet en conséquence de la résignation de Me Claude Gouin, dernier titulaire.

Le 20 janv. 1722, led. s^r Louvet, curé de St Denis du Pont-de-Vie, prend possession de la cure de Familly, en présence de Me Claude-François Mauré, sous-diacre de lad. parr̄. ; Me Louis Morin, acolyte de Meulles ; Jean Després, syndic, et autres témoins. (*V.* 547, 618).

602. — Le 27 janv. 1722, dispense de bans pour le mariage entre Mre Claude-Jean Le Jumel, Esc^r, seig^r d'Equemauville et de Barneville, fils de feu Mre Louis-Philippe Le Jumel, Esc^r, et de noble dame Claude-Louise Le Munier, de la parr̄. d'Equemauville, d'une part, et dam^lle Catherine de Varin, fille d'Alexandre de Varin, Esc^r, seig^r de Prétreville et autres lieux, et de noble dame Françoise-Henriette Ollivier de Prélabbé, de la parr̄. de Gonneville-sur-Honfleur.

603. — Le 28 janv. 1722, Me Jacques Ricquier, avocat au parlement de Rouen, a été admis par Monsr le lieutenant général d'Orbec à signer les Insinuations, à raison de la maladie de son père, Me Jacques Ricquier, greffier desd. Insinuations. — Il avait cessé, le 26 novembre, de signer.

604. — Le 21 janv. 1722, Dom Marin Legagneur de Bourgogne, pbr̄e, prieur claustral de l'abbaye de Friardel, résigne l'office claustral d'aumônier de l'abbaye de St Laurent-lès-Cosnes dont il était pourvu au diocèse d'Auxerre.

605. — Le 26 oct. 1721, Gilles Gousseau, fils de François et de Marie Habbau, du diocèse de Paris, *rite dimissus*, reçoit la tonsure à Lx.

606. — Le 3 fév. 1722, dispense de bans pour le mariage entre

Mᵉ Vincent-François Le Cordier, sʳ du Mesnil, maréchal des logis des quatre compagnies des gardes de la prévôté de France, fils de feu Mᵉ François Le Cordier, consʳ du roy, président en l'élection de Pont-l'Evêque, et de damˡˡᵉ Magdeleine Anglement, d'une part, et damˡˡᵉ Charlotte de la Houssaye, fille de Mᵉ Charles de la Houssaye, ancien syndic des marchands, et de dame Madeleine Selot, d'autre part, tous deux de la parr. de Sᵗ Julien-sur-Calonne.

607. — Le 22 nov. 1721, Mᵉ Gratian Gondouin, pbrē du diocèse de Lx, obtient en cour de Rome des lettres de provision de la cure de Sᵗ Victor-d'Epine, vacante par la résignation faite en sa faveur par Mᵉ Jean Renault, pbrē, dernier titulaire.

Le 26 janv. 1722, le seigʳ évêque donne son visa auxd. lettres de provision. (*V.* **559**).

608. — Le 5 janvier 1722, la nomination à la cure de la Fresnaye-Fayel appartenant au seigʳ du lieu, Mʳᵉ René-Henry Osmont, marquis dud. lieu d'Osmont, seigʳ et patron de Sᵗ Ouen de la Fresnaye-Fayel et autres lieux, mestre de camp de dragons et brigadier des armées du roy, commandeur de son Ordre, demeurant en son château d'Osmont, parr. d'Aubry-le-Panthou, nomme aud. bénéfice, vacant par la mort de Mᵉ Jean Moutier, dernier titulaire, la personne de Mᵉ Pierre Regnoult, diacre de la parr. de Mamers, diocèse du Mans, étant présentement au château d'Osmont.

Le 26 janvier 1722, le seigʳ évêque donne aud. sʳ Regnoult la collation de lad. cure.

Le 4 février 1722, le sʳ Regnoult prend possession de la cure de Fresnaye-Fayel, en présence dud. seigʳ d'Osmont, de Mʳˢ Jacques Poettevin, curé d'Aubry-le-Panthou, Henri de Sᵗ Clair, pbrē, Pierre Gravelle, pbrē, Jacques-Augustin Aubert, prieur du Mesnil-Gonfrey et autres témoins.

609. — Le 6 février 1722, dispense de parenté au 3ᵉ degré et d'affinité au 4ᵉ degré pour le mariage entre Mʳᵉ Philippe d'Erneville, chevʳ, seigʳ et patron de Launay, diocèse d'Evreux, et damˡˡᵉ Louise de Bauquemare, fille de Mʳᵉ Jean-Baptiste de Bauquemare, chevʳ, seigʳ de Patot et autres lieux. (*V.* **314**).

610. — Le 7 février 1722, vu l'attestation du sʳ Deglos, curé de Sᵗ Benoit-des-Ombres, et du sʳ Delamare, vicaire de Giverville, dispense de bans pour le mariage entre Louis Aubert et Catherine Foucques.

611. — Le 9 février 1722, dispense de bans pour le mariage entre Mᵉ Jean-Baptiste Boscher, licencié ès-loix, avocat au parlement de Rouen, fils de Mᵉ Pierre Boscher, aussi licencié ès-loix, lieutenant général au bailliage vicomtal de Fauguernon, capitaine major à Lx, et de dame Marie Lefrançois, demeurant à Lx, parr. Sᵗ Germain, d'une part, et damˡˡᵉ Jacqueline Ricquier, fille de Mᵉ Jacques Ricquier, consʳ du roy, receveur des décimes, et de feu dame Jeanne Panthou, demeurant aussi en lad. parr. S¹ Germain.

612. — Le 9 février 1722, vu l'attestation du s⁻ Morin, curé de S¹ Thomas de Toucques, et du s⁻ Rouelle, pbrē, desservant la parr. de Vauville, dispense de bans pour le mariage entre Mes⁻ᵉ Philippe-Augustin du Mesnil, seig⁻ de S¹ Germain, fils de Mes⁻ᵉ Jacques du Mesnil, seig⁻ de S¹ Germain, et de noble dame Marie-Françoise d'Angerville, parr. de Toucques, d'une part, et damⁱˡᵉ Marie-Anne-Marguerite-Renée de Boitard de Prémagny, fille de M⁻ Guillaume-François de Boitard de Prémagny, Esc⁻, seig⁻ de Vauville, du Quesney, de Grangues, et de noble dame Marie-Marguerite de Brenou (?) de la parr. de Vauville.

613. — Le 9 février 1722, vu l'attestation du s⁻ Jean, pbrē, desservant la parr. de Pennedepic, et du s⁻ Valsemey, vicaire de Barneville, dispense de bans pour le mariage entre David Le Mire et Gabrielle Liétout.

614. — Le 10 février 1722, vu l'attestation du s⁻ Leroy, vicaire d'Erajeul, dispense de bans pour le mariage entre Jean Lair et Charlotte Cousin.

615. — Le 10 février 1722, dispense de bans pour le mariage entre M⁻ᵉ Félix-Gabriel de Bellemare, chev⁻, fils de M⁻ᵉ Gabriel-Joseph de Bellemare, chev⁻, seig⁻ de Duranville, et de noble dame Marguerite Rousseau, de la parr. de Duranville, d'une part, et damⁱˡᵉ Charlotte Colvée de la Vantelle, fille de feu M⁻ Jacques Colvée de la Vantelle, et de dame Barbe Harou de la Blinière, de la parr. de S⁻ᵉ Foy, diocèse d'Evreux.

616. — Le 10 février 1722, vu l'attestation du s⁻ Hain, vicaire d'Auvillers, dispense de bans pour le mariage entre Jean Le Roux et Madeleine Monpellier.

617. — Le 12 février 1721, vu l'attestation du s⁻ Arnoult, vicaire de Moyaux, et du s⁻ Monseillon, vicaire de S¹ Pierre de Cormeilles, dispense de bans pour le mariage entre Michel Le Chantre et Marie Quesney.

618. — Le 11 février 1722, M⁻ Louis Louvet, pbrē, curé de Pont-de-Vie et pourvu de la cure de Familly, donne sa procuration pour résigner sond. bénéfice de Pont-de-Vie, en faveur de M⁻ François Louvet, pbrē, chapelain des Bénédictines de Vimoutiers. (V. **601**).

619. — Le 13 février 1722, vu l'attestation du s⁻ Lepeltier, vicaire d'Epaigne, et du s⁻ Pesfontaine-Selles, vicaire d'Heudreville, dispense de bans pour le mariage entre Gilles-François de Larcher, Esc⁻, s⁻ de la Prairie, fils d'Adrien de Larcher, Esc⁻, et de dame Charlotte Derey de Bourgogne, de la parr. d'Epaigne, d'une part, et damⁱˡᵉ Catherine Poullain, fille de M⁻ Jean-Baptiste Poullain, avocat au Parlement, et de Marguerite Laurent, de la parr. d'Heudreville.

620. — Le 16 février 1722, dispense de bans pour le mariage (1) entre M˚ Jacques Paulmier, lieutenant à Blangy, fils de M˚ Guillaume Paulmier et de Marguerite Girard, d'une part, et dam˚˚˚ Marie-Magdeleine de Brévedent, fille de M˚˚ Jean-Baptiste de Brévedent, Esc˚, et de noble dame Marie-Magdeleine d'Eguillon, tous deux de la parr. de N.-D. et S˚ Léonard d'Honfleur.

621. — Le 16 février 1722, vu l'attestation du s˚ de Migneray, vicaire de Lisores, et du s˚ Bellières, curé de la Brevière, dispense de bans pour le mariage entre Noel Marie et Geneviève Tuillier.

622. — Le 16 déc. 1721, la nomination à la cure de Cerquigny, (2˚ portion), appartenant au seig˚ du lieu, le roy, en sa qualité de garde noble du seig˚ patron de lad. cure, nomme à ce bénéfice, vacant par la mort de M˚ Louis Talbot, dernier titulaire, la personne de M˚ Réné-François Lebis, pbrē du diocèse de Séez. (*V.* **261, 429**).

Le 10 février 1722, le seig˚ évêque donne aud. s˚ Lebis la collation de la cure de Cerquigny, 2˚ portion.

Le 11 février 1722, le s˚ Lebis prend possession dud. bénéfice, en présence de M˚˚ Joachim Surlemont, curé de N.-D.-du-Fresney ; Claude Surlemont, curé de Réveillon, diocèse de Séez, et autres témoins.

623. — Le 19 octobre 1722, M˚ Jacques Naude, pbrē, curé du Ham, remet entre les mains du seig˚ évêque de Dol la prébende diaconale de S˚ Samson-sur-Risle et la chapelle de N.-D. de Pentale, situés l'une l'autre dans l'exemption de S˚ Samson, diocèse de Dol.

624. — Le 18 décembre 1721, M˚ Jacques de la Vigne de la Hogue pbrē, obtient en cour de Rome des lettres de provision de la cure de S˚ Blaise de S˚ Hymer, vacante par la résignation faite en sa faveur par M˚ Louis Quesnel de la Londe, pbrē, dernier titulaire.

Le 14 février 1722, le seig˚ évêque donne son visa auxd. lettres de provision. (*V.* **581**).

625. — Le 10 janvier 1722, M˚ Daniel Langlois, pbrē, pourvu de la cure de S˚ Cloud-en-Auge, obtient du parlement de Rouen un arrêt qui déclare comme d'abus le nouveau refus à lui fait fait, le 17 septembre dernier, par le seig˚ évêque de Lx de lui donner la collation de lad. cure, et l'autorise à prendre possession civile dud. bénéfice *ad conservationem juris*. (*V.* **491, 537, 538**).

Le 23 février 1722, en conséquence de cet arrêt, led. s˚ Langlois prend possession de la cure de S˚ Cloud par le toucher de la porte, M˚ Jacques Train, curé du lieu, ayant refusé de donner les clefs. Led.

sr Train se présente et proteste de nullité lad. prise de possession, attendu qu'il est pourvu dud. bénéfice. Fait en présence de Jean Bellant, tonnelier, et autres paroissiens.

626. — Le 26 février 1722, Mre François Le Rebours, pbre, archidiacre de Pontaudemer, âgé de 75 ans, donne sa procuration pour résigner sond. bénéfice entre les mains de N.-S.-P. le pape, en faveur de son neveu, Mre François Le Rebours, diacre, chanoine de la Cathédrale. Il se réserve toutefois 500 livres de pension sur les revenus dud. archidiaconé qu'il dessert depuis 40 ans. (*V.* **293, 335**).

627. — Le 11 mars 1722, Mre François Cousin, pbre, curé de St Pierre de Prêtreville, âgé de 60 ans, « estant attaqué de la goutte et faiblesse de la vue, et autres infirmités, ayant dessein de se retirer dans la communauté où il était entré dès l'année 1681 et où il avait fait vœu de demeurer, n'en estant sorty que par ordre de ses supérieurs qui luy permettent d'y rentrer, ayant travaillé dans la communauté 14 ans et 28 jours dans le diocèse de Lx, » se propose de résigner lad. cure de Prêtreville en faveur de Mre Thomas Delamarre, pbre, curé de N.-D. de Cheffreville, se réservant toutefois 400 livres de pension pour servir, avec une autre rente de 200 livres à prendre sur la théologale de St Jacques et l'archidiaconé de Gacey, à son entretien, sa vie durant dans lad. communauté. Mais comme il faut pour la création de cette pension une dispense de Sa Majesté, attendu que led. sr Cousin n'a desservi la cure de Prêtreville que pendant 13 ans, il donne sa procuration pour requérir du roy l'autorisation nécessaire pour assurer lad. pension.

628. — Le 19 septembre 1720, Jean Huc, fils Jean, demeurant à Quetiéville, constitue 150 livres de rente en faveur de son frère, Me Louis Huc, acolyte, afin qu'il puisse parvenir aux ordres sacrés. Fait en présence de Mr Thomas Manchon, pbre, demeurant à Crèvecœur, et de Mr Pierre Desloges, pbre, demeurant à St Loup-de-Fribois.

629. — Le 8 mars 1722, Jean Thoumin, fils de Julien et de Marie Houssin, de la parr. de St Gervais et St Protais d'Avranches, *rite dimissus*, reçoit la tonsure à Lx.

630. — Le 20 janvier 1719, Mre Pierre Deshayes, consr du roy, lieutenant général en la vicomté d'Orbec et premier assesseur en bailliage paraphe le registre des Insinuations.

INSINUATIONS ECCLÉSIASTIQUES

DU DIOCÈSE DE LISIEUX.

REGISTRE XIV.

1. — Le 16 février 1722, Mes^re Jacques de la Vigne de la Hogue, pbre du diocèse de Lx. pourvu de la cure de St Blaise de St Hymer, prend possession dud. bénéfice par l'entrée libre de la grande et principale porte de l'église, et autres cérémonies accoutumées, en présence de Me Nicolas Vattier, pbre, vicaire dud. lieu, et de Me Nicolas Pottier, maître d'école de lad. parr.

2. — Le 3 nov. 1724, Antoine-François Le Rouillé, fils de Claude et de Marie-Anne du Moulinet, de la parr. de N.-D. d'Alençon, diocèse de Séez, reçoit la tonsure à Séez.

Le 13 mai 1721, Me Antoine-François Le Rouillé de Préaux, pbre d'Alençon, est reçu M^e ès-arts en l'Université de Caen.

Le 15 février 1722, il obtient des lettres de quinquennium du recteur de lad. Université.

Le même jour, le s^r Le Rouillé âgé de 24 ans et 11 mois est nommé sur les archevêchés et les chapitres de Rouen et de Tours ; sur les évêchés et les chapitres de Séez, le Mans et Lisieux, ainsi que sur les principales abbayes de ces diocèses.

Le 16 mars 1722, il fait signifier ses noms et grades au seig^r évêque et au Chapitre de Lx.

3. — Le 17 mars 1722, Me Jean Marais, pbre, vicaire de la Ferté-Fresnel, diocèse d'Evreux, M^e ès-arts en l'Université de Caen, représenté par Me Jean Lelièvre, pbre, curé de lad. parr., fait signifier ses noms et grades aux relig^x de St Evroult.

Le même jour led. s^r Lelièvre fait réitérer ses propres grades aux mêmes relig^x de St Evroult. (V. 201, 449, 856).

4. — Le 18 mai 1704, Jean-Baptiste Roblastre, fils de François et de Marie Estot, du diocèse de Paris, reçoit la tonsure à Paris.

Le 6 août 1712, il est reçu M^e ès-arts en l'Université de Paris.

Le 4 nov. 1719, il obtient des lettres de quinquennium du recteur de lad. Université.

Le 10 déc. 1721, il est nommé par icelle sur l'abbaye de S¹ Evroult. et autres.

Le 29 janvier, 1722, led. s¹ Roblastre, demeurant à Paris, quai de l'Ecole, fait signifier ses noms et grades à Mes⁶ Charles de S¹ Albin, abbé de S¹ Ouen de Rouen, prieur de S¹ Martin-des-Champs et abbé commendataire de S¹ Evroult, en parlant à son suisse, trouvé en l'hôtel dud. seig⁶, rue de Richelieu. (V. **207**).

5. — Le 19 mars 1722, vu l'attestation du s¹ Dubreuil, vicaire de la Poterie-Mathieu, et du s¹ Pecqueult, vicaire de S¹ Aubin-de-Scellon, dispense de bans pour le mariage entre Noël Foubert et Anne Grimpart.

6. — Le 17 juin 1714, Noël Julienne, fils de Georges et de Marie de Bray, de la parr. d'Auvillers, reçoit à Caen la tonsure et les ordres mineurs (V. **605, 985**).

7. — Le 18 mars 1722, M⁶ Jean Féron, pbrē, curé de Condé-sur-Seulles, diocèse de Bayeux, (revenu annuel de 300 livres), M⁶ ès-arts en l'Université de Caen, fait réitérer ses noms et grades au seig⁶ évêque et au Chapitre de Lx. (V. **200, 444**).

8. — Le 9 mars 1722, la nomination à la chapelle de S¹ Eustache, érigée dans le manoir seigneurial de la terre du Noyer-Besion, parr. S¹ Evroult de Montfort, par feu Mes⁶ Eustache de Bernart, par acte du 5 janv. 1643, appartenant au seig⁶ du lieu, Mes⁶ André de Bernart, chev⁶, seig⁶ et patron de Courmesnil, S¹ Arnoult, les Astelles et autres lieux, neveu dud. s¹ Eustache de Bernart et propriétaire de lad. terre du Noyer-Besion, demeurant en son château de Courmesnil, nomme à lad. chapelle, vacante par le décès de Mons⁶ Jean des Moullins Le Boucher, pbrē, dernier titulaire, la personne de M⁶ Pierre Hardrey, diacre, (originaire de la Fresnaye-Fayel) demeurant au bourg de Gacé, et se trouvant présentement au petit séminaire de Lx.

Le 13 mars 1722, le seig⁶ évêque de Lx donne aud. s¹ Hardrey la collation dud. bénéfice.

Le 15 avril 1722, le s¹ Hardrey prend possession de la chapelle du Noyer-Besion qui « a été trouvée en très mauvais état, sans aucuns ornements qu'un calice et patène d'étain, une repñtaōn de l'ymage S¹ Eustache en bois avec une table en façon de coffre qui auparavant servoit d'autel. » Fait en présence de M⁶ Michel Motte, pbrē, curé de Gacé; M⁶ André Laisney, son vicaire; M⁶ Jean-Baptiste Lesieur, aussi pbrē de Gacé, et M⁶ Jacques Manson, diacre de Bellou. (V. **490**).

9. — Le 16 mars 1722, « haut et puissant seig⁶ M⁶ Auguste-Léon de Bullion, marquis de Bonnelles, mestre de camp d'un régiment de dragons de son nom, seig⁶ de Fervacques et autres lieux, patron de Prestreville, diocèse de Lx, demeurant à Paris en son hostel, rue Plastrière, parr. S¹ Eustache, « consent à la résignation que

Mre François Cousin, pbrē, curé de Prétreville souhaiterait faire de son bénéfice en faveur de Me Thomas Delamare, pbrē, curé de Cheffreville, en se réservant toutefois 400 livres de rente viagère.

10. — Le 26 mars 1722, Me Romain Mindorge, pbrē, curé de St Mathurin de Branville, donne sa procuration pour résigner sond. bénéfice entre les mains de N.-S.-P. le Pape en faveur de M° Guillaume Lallemand, pbrē, vicaire de Beaufou. (V. **73**).

11. — Le 12 mars 1722, Mg^r Léonor Gouyon de Matignon, évêque de Coutances, donne à M° .... Asselin, diacre de son diocèse, l'autorisation de recevoir la prêtrise à Lx.

12. — Le 27 janvier 1722, les vicaires capitulaires de Rouen donnent à M° Estienne-François-Charles de Carron, diacre, curé de Gonfreville-Caillot, l'autorisation de recevoir la prêtrise à Lx.

13. — Le 27 mars 1722, Me Jacques Barbier, pbrē du diocèse de Lx, donne sa procuration par devant Me Jacques Daufresne, pbrē, notaire royal apostolique, pour accepter en cour de Rome la prébende qu'une bulle de N.-S.-P. le Pape avait accordée dans la cathédrale de Strasbourg à Mre Jean-Baptiste Pening, pbrē du diocèse de Trèves et dont celui-ci n'a pu prendre possession, parce que le roy lui a refusé des lettres de naturalisation. (V. **621**).

14. — Le 12 mars 1722, Me Jean-Baptiste Paulmyer, pbrē, demeurant à St Jacques de Lx, pourvu de la chapelle de St Jean-Baptiste de Cambremer (de nulle valeur), M° ès-arts en l'Université de Caen fait réitérer ses noms et grades aux relig^x de St Evroult. (V. **219, 240. 847**).

15. — Le 13 mars 1722, Me Pierre Scelles, pbrē de l'exemption de Nonant, vicaire d'Heudreville, M° ès-arts en l'Université de Caen, fait réitérer ses noms et grades au seig^r évêque et au Chapitre de Lx. (V. **217**).

16. — Le 13 mars 1722, Me Pierre Marescal, pbrē, vicaire d'Epréville, M° ès-arts en l'Université de Paris, fait réitérer ses noms et grades au seig^r évêque et au Chapitre de Lx, ainsi qu'aux relig^x de Bernay. (V. **192, 434, 840, 907**).

17. — Le 29 juin 1713, Michel Fourrier, fils de Jean et de Suzanne Carrey, de la par^{sse} de Chamboy, diocèse de Séez, reçoit la tonsure à Séez.

Le 4 avril 1719, Me Michel Fourrier de Lisle, pbrē de Chamboy, est reçu M° ès-arts en l'Université de Caen.

Le 21 fév. 1720, il obtient des lettres de quinquennium du recteur de lad. Université.

Le même jour, led. s^r Fourrier de Lisle, bachelier en théologie, curé de St Germain de Soligny, diocèse de Séez, âgé de 24 ans et 9 mois, est nommé par icelle Université sur les archevêchés et les chapitres de

Paris, Rouen et Tours ; sur les évêchés et les chapitres de Bayeux, Lisieux, Evreux, Coutances, Séez, Avranches, Le Mans et Chartres, ainsi que sur bon nombre d'abbayes et de prieurés de ces divers diocèses.

Le 6 mars 1721, le s^r Fourrier fait signifier ses noms et grades aux religieux de St Evroult en parlant au portier de l'abbaye.

18. — Le 2 avril 1722, Me Louis Louvet, pbrē, curé de Pont-de-Vie et pourvu de la cure de Familly, donne sa procuration pour résigner led. bénéfice de Pont-de-Vie en cour de Rome en faveur de Me Charles-François Lefebvre, pbrē du diocèse de Bayeux. (*V.* **39, 85, 90**).

19. — Le 6 mars 1722, Me Guillaume de la Cousture, pbrē, vicaire de St Evroult-de-Montfort, fait réitérer ses noms et grades aux relig^x de St Evroult. (*V.* **31, 218**).

20. — Le 19 oct. 1710, Jean Le Rat, fils de Jean et de Magdeleine Duchesne, de la parr. de la Gravelle, reçoit la tonsure et les ordres mineurs.

Le 1er juin 1716, il est reçu M^e ès-arts en l'Université de Paris.

Le 8 fév. 1721, led. s^r Lerat, pbrē, bachelier en théologie de lad. Université de Paris, obtient des lettres de quinquennium.

Le 18 mars 1721, il est nommé par icelle Université sur l'évêché et le Chapitre de Lx. (*V.* **37, 229, 465**).

21. — Le 24 mars 1722, Me François Morel, curé de Villers-en-Ouche, fait réitérer ses noms et grades au seig^r évêque et au Chapitre de Lx, ainsi qu'aux relig^x de St Evroult. (*V.* **190**).

22. — Le 24 mars 1722, Me François Durozey, pbrē, docteur en théologie de la faculté de Paris, M^e ès-arts en l'Université de lad. ville, représenté par Mre Gabriel Durozey, chanoine de Lx, fait réitérer ses noms et grades au seig^r évêque et au Chapitre de Lx. (*V.* **208, 448, 884**).

23. — Le 20 mars 1722, Me Pierre-Augustin Lenoir, M^e ès-arts en l'Université de Paris, demeurant à Lx, parr. St Germain, fait réitérer ses noms et grades aux relig^x de Préaux. (*V.* **65, 199, 607**).

24. — Le 13 mars 1722, Me Jean-Pierre Thillaye, pbrē, vicaire de Clarbec, M^e ès-arts en l'Université de Caen, fait réitérer ses noms et grades aux religieux de Beaumont. (*V.* **74**).

25. — Le 20 mars 1722, Me Germain Anger, pbrē du diocèse de Lx, M^e ès-arts et bachelier en théologie de la faculté de Paris, professeur au collège de Lx en lad. ville de Paris, reçoit des lettres de septennium.

Le 27 mars 1722, le s^r Anger, demeurant aud. collège de Lx et représenté par le s^r Louis Maillet, s^r de Boismaillet, marchand, demeurant à Lx, parr. St Germain, fait réitérer ses noms et grades au seig^r évêque et au Chapitre de Lx. (*V.* **220, 406**).

26. — Le 17 mars 1722, le seig^r évêque donne à Me Jean Caboulet, pbr͞e, la collation de la cure de Picucourt, vacante par la mort de M͞e François Fortinaze.

Le dimanche 12 avril 1722, led. s͞t Caboulet, curé de S͞t Aubin-sur-Auquainville, prend possession du bénéfice-cure de Picucourt, en présence d'un grand nombre de paroissiens réunis pour entendre la messe et parmi lesquels Germain Farain, marchand, qui a empêché les autres de dire leur nom et de signer, et qui est sorti de l'église avec eux.

Après cette prise de possession se sont présentés M͞e Pierre-Alexandre Motaillé, pbr͞e, curé de la 1ʳᵉ portion, et Louis Crieu, pbr͞e, curé de la 2ᵉ portion de Picucourt, qui ont déclaré qu'ils s'opposent formellement à lad. prise de possession, attendu qu'ils sont eux-mêmes pourvus de lad. cure. Le s͞t Caboulet proteste de nullité lad. opposition. (V. **1028**).

27. — Le 13 avril 1722, dispense de bans pour le mariage entre Estienne Assire, gendarme du roy, fils de feu M͞e Claude Assire, ancien receveur de tailles en l'élection de Caen, et de dam͠e Marguerite Avisse, de la par͞r. de N.-D. du Prey, d'une part, et dam͠e Marie-Reine-Vincente d'Epaigne, fille de Jean d'Epaigne, s͞r de Hongreville, et de feu dam͠e Françoise Duvivier, de la par͞r. de S͞t Ouen de Pontaudemer.

28. — Le 16 mars 1722, M͞e Jacques Corbin, pbr͞e, bachelier en l'Université de Paris demeurant au monastère des dames religieuses de Conflans, près Paris, représenté par son père, Jean Corbin, demeurant à Bernay, fait réitérer ses noms et grades au seig͞r évêque et au Chapitre de Lx, ainsi qu'aux relig͠s de Bernay. (V. **203, 436, 883**).

29. — Le 19 mars 1722, M͞e François Frontin, pbr͞e, demeurant à S͞t Ouen de Pontaudemer, M͞e ès-arts en l'Université de Caen, fait signifier ses noms et grades d'abord aux relig͠s de S͞t Pierre de Préaux, en parlant « Dom Gérard de Neuville, pbr͞e, prieur de lad. abbaye, et ensuite aux religieuses de S͞t Léger en parlant « à très haute, très Puissante, très Illustre et vertueuse princesse Madame Anne-Thérèse de Rohan, abbesse de lad. abbaye, se trouvant au parloir. (V. **205, 454, 878**).

30. — Le 19 mars 1722, M͞e Pierre Blanchet, pbr͞e, du diocèse de Séez, vicaire des Monceaux-en-Perche, diocèse de Chartres, M͞e ès-arts en l'Université de Caen, fait réitérer ses noms et grades aux relig͠s de S͞t Evroult. (V. **473, 843**).

31. — Le 24 mars 1722, M͞e Guillaume de la Couture, pbr͞e de la par͞r. de Neuville-sur-Touques, et vicaire de S͞t Evroult, fait réitérer par procureur ses noms et grades au seig͞r évêque et au Chapitre de Lx. (V. **19, 218, 472**).

32. — Le 18 avril 1722, dispense de bans pour le mariage entre Adrian de Larcher, Esc͞r, seig͞r de Dreux, fils d'Adrian de Larcher, Esc͞r, s͞r de la Prairie, et de noble dame Anne-Charlotte Derey de

Bourgogne, de la parr. d'Epaigne, d'une part, et dam[lle] Elisabeth de Saffrey, fils de Me Louis de Saffrey, avocat au parlement et de dame Louise de Cabbaze, de la parr. de St Aubin-de-Scellon. (V. 216).

33. — Le 20 mars 1722. Me Jean Buisson, vicaire de Drucourt, M[e] ès-arts en l'Université de Caen, fait réitérer ses noms et grades au seig[r] évêque et au chanoines de Lx.

34. — Le 21 mars 1722. Me Edouard Desvaux, pbre, demeurant à Guenqu-salles, M[e] ès-arts en l'Université de Caen, fait réitérer ses noms et grades au seigneur évêque et au Chapitre de Lx. (J. 212 480, 881).

35. — Le 21 mars 1722. Mes[re] Jean-Baptiste de Gémare, pbre, M[e] ès-arts en l'Université de Caen, demeurant à Paris, à la communauté de M[r] le curé de St Sulpice et, représenté par Mre Bertrand de Gémare, pbre du diocèse de Lx, fait réitérer ses noms et grades au seig[r] évêque. (V. 206, 445).

36. — Le 21 mars 1722. Me Charles Lepeltier, pbre, vicaire d'Epaigne, M[e] ès-arts en l'Université de Caen, fait réitérer ses noms et grades au seig[r] évêque et au Chapitre de Lx, ainsi qu'aux relig[x] de N.-D. de Corneilles et de St Pierre de Préaux et aux dames de St Léger de Préaux. (V. 215, 404, 474, 846).

37. — Le 24 mars 1722. Me Jean Le Rat, pbre, bachelier en théologie de la faculté de Paris, M[e] ès-arts en l'Université de lad. ville, représenté par Me Gabriel Cachet, pbre, demeurant à Lx, parr. St Jacques, fait réitérer ses noms et grades au seig[r] évêque et au Chapitre de Lx. (V. 20, 229, 465).

38. — Le 25 mars 1722. Mg[r] Henry-Ignace de Brancas, évêque et comte de Lx, vu la requête à lui présentée par Mre Louis, marquis de Prie, seig[r] et patron de Plasnes, par laquelle il expose que pour le bien de la paroisse de Plasnes « qui souffre de la désunion qui est souvent entre les curés, à cause de leurs intérests différents, » il serait à propos d'éteindre le titre de la deuxième portion, vacante par la démission de Me Jacques Buschard, et de le réunir au titre de la première portion, possédée par Me Mathieu Barrey de Montfort ; vu l'enquête *de commodo et incommodo* surled. objet; vu l'attestation des s[rs] Boitard et Levavasseur pbres, desservant et vicaire de Plasnes, certifiant qu'ils ont publié lad. requête au prône de la messe paroissiale par trois dimanches consécutifs; vu le consentement du s[r] Barrey qui accepte les conditions posées par le seig[r] évêque, celui-ci, « à cause de la mésintelligence qui se rencontre ordinairement entre deux curés servant sous le mesme toit, laquelle divise les peuples, que ceux-cy seraient mieux instruits, les sacremens mieux administrés, les malades et les pauvres mieux assistés, et eu égard à la modicité du revenu des deux portions, » réunit à perpétuité les deux d. portions en un seul et même titre de bénéfice en faveur dud. s⁺ Barré de Montfort, avec l'obligation pour lui et ses successeurs d'acquitter les charges des deux portions et d'entretenir à ses frais un vicaire, « lequel ne pourra être chapelain de la Charité, mais sera obligé de tenir les petites écoles, instruire la jeunesse, faire le catéchisme les dimanches et fêtes, et dire une première messe. » En outre led. s⁺ curé sera tenu « d'aider par luy-même, autant qu'il le pourra, ou tout au moins par son vicaire, à chanter gratuitement les services de la confrérie de Charité. »

39. — Le 6 mars 1722, Mᵉ Louis Louvet, pbrē, curé de Pont-de-Vie et pourvu de la cure de Familly, révoque la procuration qu'il a donnée pour résigner sond. bénéfice de Pont-de-Vie en faveur de Mᵉ François Louvet, pbrē, chapelain des dames bénédictines de Vimontiers, et led. s⁺ François Louvet déclare qu'il consent que lad. résignation n'ait aucun effet. (*V.* **18**).

40. — Le 27 mars 1722, Mᵉ André du Coudrey, pbrē, docteur en théologie de la faculté d'Angers, curé de Marnefer, diocèse d'Evreux, Mᵉ ès-arts en l'Université de Caen, fait réitérer ses noms et grades aux religieux de S⁺ Evroult. (*V.* **471, 804. 844**).

41. — Le 27 mars 1722, Mᵉ Christophe Courtin, pbrē, vicaire de Retz en la Cathédrale (de la valeur de 200 livres) et chapelain de la chapelle S⁺ Laurent, aussi en lad. Cathédrale (du revenu de 80 livres), Mᵉ ès-arts en l'Université de Caen, fait réitérer ses noms et grades au seigʳ évêque et au Chapitre de Lx. (*V.* **63, 208**).

42. — Le 26 mars 1722, Mᵉ François Gravelle, diacre, demeurant en la parr. de Crouttes, Mᵉ ès-arts en l'Université de Caen, fait réitérer ses noms et grades aux religieux de S⁺ Evroult.

43. — Le 24 avril 1722, noble et discrète personne, « Mʳᵉ Nicolas de Bernières, pbrē, curé de la 3ᵉ portion de la parr. de S⁺ Germain de la Campaigne, des trois qui dépendent du Chapitre de Lisieux », détenu en son lit, malade, donne sa procuration pour résigner sond. bénéfice entre les mains de N.-S.-P. le pape en faveur de noble et discrète personne, Mʳᵉ Jacques-François de Bernières, pbrē, curé de Semerville, diocèse d'Evreux. Il se réserve toutefois 200 livres de pension à prendre sur les revenus de lad. cure qu'il a desservie pendant vingt-deux ans. Le s⁺ curé se réserve encore « une salle, la chambre de dessus la salle, un des deux selliers avec un petit cabinet situé dans l'escallier. » (*V.* **86, 91, 369**).

44. — Le 28 mars 1722, Mᵉ Nicolas Benoist, pbrē de la parr. de N.-D. de Bailleul et vicaire de S⁺ Sylvestre de Cormeilles, Mᵉ ès-arts en l'Université de Caen, fait réitérer ses noms et grades au seigʳ évêque et au Chapitre de Lx. (*V.* **456, 565, 566, 870**).

45. — Le 1er avril 1722, Me Robert Leroux, diacre de St Jacques de Lx, Me ès-arts en l'Université de Caen, fait réitérer ses noms et grades au seigr évêque et au Chapitre de Lx. (*V.* **224, 597**).

46. — Le 27 mars 1722, Me Louis Delamare, pbrē, curé de N.-D. du Pré de Pontaudemer (de la valeur de 200 livres de revenu), Me ès-arts en l'Université de Caen, fait réitérer ses noms et grades aux religieux de St Pierre de Préaux, Cormeilles et Grestain. (*V.* **202, 250**).

47. — Le 1er avril 1722, Me Pierre Thillaye, pbrē, chapelain de la chapelle St Léonard, en la Cathédrale (de la valeur de 8 à 10 livres de revenu), et aussi pourvu du canonicat de Croisilles, Me ès-arts en l'Université de Paris, fait réitérer ses noms et grades au seigr évêque de Lx. (*V.* **230, 406, 476**).

48. — Le 1er avril 1722, Me Jacques Cousture, pbrē de St Jacques de Lx, Me ès-arts en l'Université de Paris, fait réitérer ses noms et grades aux religieux de Bernay. (*V.* **237, 483, 885**).

49. — Le 1er avril 1722, Me François Turpin, pbrē, demeurant à Échauffour, Me ès-arts en l'Université de Caen, représenté par Me Gabriel Cachet, pbrē, demeurant à St Jacques de Lx, fait réitérer ses noms et grades au seigr évêque et au Chapitre de Lx. (*V.* **241, 326, 453, 849**).

50. — Le 17 sept. 1694, François Michel de St Michel, fils de Joseph et de Françoise Escollent, de la parr. de Quatreville, diocèse de Coutances, reçoit la tonsure à Coutances.

Le 14 déc. 1716, led. sr de St Michel fait profession dans l'église des chanoines réguliers de Ste Croix de Caen, entre les mains de R. P. Pierre-Samuel Viel de la Grande-Rue, prieur de lad. maison, en présence de plusieurs gentilshommes et aussi en présence de Noel Fouchet, pbrē, desservant le prieuré de St Pierre de Rouville.

Le 26 juin 1720, led. sr de St Michel, sous-diacre et chanoine régulier, est reçu Me ès-arts en l'Université de Caen.

Le 10 juillet 1720, il obtient des lettres de quinquennium du recteur de lad. Université.

Le 20 juillet 1720, led. sr de St Michel, âgé de 39 ans passés, est nommé par icelle sur les abbayes ou prieurés de Ste Geneviève-en-France, Ste Barbe-en-Auge, Beaupréau, St Martin de Mondaye, St Jean de Falaise, N.-D. de Silly, etc.

Le 30 mars 1722, le sr de St Michel, pbrē, fait signifier ses noms et grades aux chanoines de Ste Barbe. (*V.* **196, 427, 853**).

51. — Le 24 avril 1722, Dom Jean-Baptiste Bourbet, pbrē, prieur des chanoines réguliers de Ste Croix de Caen, Me ès-arts en l'Université de lad. ville, fait signifier ses noms et grades aux religieux de Mondaye en parlant au P. Basset, procureur de l'abbaye. (*V.* **428, 855, 890**).

52. — Le 1ᵉʳ avril 1722, Mᵉ Esprit-Jean-Baptiste Leprevost, Escʳ, sʳ de Miette, acolyte du diocèse de Séez, demeurant à Sentilly, doyenné d'Argentan, bachelier en théologie de la faculté de Paris, représenté par Mᵉ Gabriel Cachet, pbrē de Lx, fait réitérer ses noms et grades au seigʳ évêque et aux chanoines de Lx. (*V.* **239, 329**).

53. — Le 1ᵉʳ avril 1722, Mᵉ Jean-Baptiste Lesieur, pbrē, demeurant à Gacé, Mᵉ ès-arts en l'Université de Caen, fait réitérer ses noms et grades au seigʳ évêque et au Chapitre de Lx, ainsi qu'aux religieux de Friardel. (*V.* **59, 240, 868**).

54. — Le 2 avril 1722, Mᵉ Jean Daubin, pbrē, demeurant présentement au Pont-l'Evêque, Mᵉ ès-arts en l'Université de Caen, fait réitérer ses noms et grades au seigʳ évêque et au Chapitre de Lx. (*V.* **210**).

55. — Le 2 avril 1722, Mᵉ Louis Pollin, pbrē, curé de Sᵗ Jean-de-Livet, Mᵉ ès-arts en l'Université de Caen, fait réitérer ses noms et grades au seigʳ évêque et au Chapitre de Lx, ainsi qu'aux religieux de Beaumont et de Friardel. (*V.* **235, 329, 447, 877**).

56. — Le 2 avril 1722, Mᵉ Antoine Le Touzé du Bourg, pbrē, demeurant à Caen, parr. Sᵗ Sauveur, pourvu de la cure de N.-D. de Dives, vacante par la démission volontaire de Mᵉ Pierre Vicaire du Dézert, pbrē, prend possession dud. bénéfice, en présence de Mᵉ Jean-Baptiste Chipel, pbrē, vicaire du lieu, et autres témoins.

57. — Le 6 mai 1722, vu l'attestation du sʳ Piperel, vicaire d'Orbec, dispense de bans pour le mariage entre Jacques Lecesne et Anne Lemarchand.

58. — Le 13 avril 1722, Mᵉ Gratian Gondouin, pbrē, vicaire de Livet-sur-Authou, doyenné de Cormeilles, pourvu du bénéfice de Sᵗ Victor-d'Epines par la résignation faite en sa faveur par Mᵉ Jean Regnault, pbrē, dernier titulaire, prend possession de lad. cure, en présence dud. sʳ résignant, de Mᵉ Nicolas Amours, pbrē, vicaire du lieu, et autres témoins.

59. — Le 27 mars 1717, Mᵉ Jean Montenbault, acolyte de la parr. de Cheux, diocèse de Bayeux, est ordonné sous-diacre à Lx.

60. — Le 12 mars 1722, Mᵉ Charles-Antoine Périer, pbrē, curé d'Orville et doyen de Vimoutiers, procureur de Mʳᵉ Claude-Antoine de Choiseul-Beaupré, sous-diacre du diocèse de Langres, chanoine de l'église séculière et collégiale de Sᵗ Michel de Castelnaudary, demeurant à Paris, pourvu par le seigʳ abbé de l'abbaye de Sᵗ Vandrille, du prieuré simple de Sᵗ Pierre de Ticheville, vacant par le décès de Mʳᵉ Guy Defours, dernier titulaire, prend possession, aud. nom, dud. bénéfice, en présence de Mᵉ François Deschauffour, pbrē, curé de Ticheville, et autres témoins. (*V.* **79**),

61. — Le 23 fév. 1722, Mᵉ Jacques Heutte, acolyte du diocèse de

Lx (originaire de S' Martin-S' Firmin), est reçu M' ès-arts en l'Université de Caen.

Le 25 fév. 1722, il obtient des lettres de quinquennium du recteur de lad. Université.

Le même jour, led. s' Heutte, sous-diacre, âgé de 25 ans, est nommé par icelle sur les archevêchés de Paris et de Rouen ; sur les évêchés de Bayeux, Lisieux, Coutances, Avranches, Evreux et Séez, sur les chapitres et la plupart des abbayes et prieurés de ces diocèses. (V. 419).

62. — Le 5 mai 1722, M° Guillaume Thillaye, pbrē, pourvu de la 2° portion de la cure de Putot, en vertu de la nomination faite par Mes'° Nicolas Lebrun, chev', seig' de Putot, prend possession dud. bénéfice, en présence de Mes'° Pierre de Nollent, Esc', s' de Bombanville ; Mes'° Nicolas-Marc-Antoine Le Pelley, Esc', seig' et patron de Clermont ; M'° Robert de Launoy, Esc', s' de Montdavid ; M'° Pierre Lebrun, Esc', seig' et patron de Putot, et autres témoins.

63. — Le 5 mai 1722, la nomination à la 1'° portion de la chapelle N.-D. en la Cathédrale appartenant au seig' évêque, Sa Grandeur nomme aud. bénéfice, vacant par la mort de M° Jean Cœuret, pbrē, dernier titulaire, la personne de M° Christophe Courtin, pbrē, vicaire de Retz, en la Cathédrale. (V. 41).

64. — Le 30 avril 1722, la nomination à la cure de la Folletière appartenant au roy à cause de la garde-noble du seig' du lieu, Sa Majesté nomme aud. bénéfice, vacant par la mort de M° (Guillaume) Gosset, pbrē, dernier titulaire, la personne de M° Pierre-Henry de Guerpel, pbrē du diocèse de Séez.

Le 21 mai 1722, le seig' évêque donne aud. s' de Guerpel la collation de lad. cure.

Le 23 mai 1722, led. s' de Guerpel prend possession dud. bénéfice.

65. — Le 30 avril 1722, M° Pierre-Augustin Lenoir, pbrē, demeurant à Bourgeauville, M° ès-arts en l'Université de Paris, fait signifier ses noms et grades aux dames de S' Léger de Préaux en parlant à Madame la princesse de Montbazon, abbesse de lad. abbaye. (V. 23, 199, 607),

66. — Le 1" juin 1722, M° Louis Fillocque, pbrē, curé d'Aclou, donne sa procuration pour résigner sond. bénéfice entre les mains de N.-S.-P. le pape en faveur de M° Jacques Delacour, pbrē, vicaire du lieu, et « à cause de son infirmité et grand âge de soixante et douze ans qui l'empêchent de vacquer librement à ses fonctions », il se réserve 200 livres de pension viagère sur les revenus de lad. cure qu'il a desservie pendant seize ans, et la salle du presbytère du côté de l'église. (V. 132).

67. — Le 19 oct. 1710, François Merey, fils de François et d'Antoinette Frontin, de la par̄r. de S' Maclou-la-Campagne reçoit la tonsure.

Le 20 mai 1722, led. s' Merey, pbrē, est reçu M° ès-arts en l'Université de Caen.

68. — Le 6 juin 1722, vu l'attestation du s' Duval, curé de Montreuil-Largillé, et du s' Jardin, vicaire de S' Mards-de-Fresne, dispense de bans pour le mariage entre Guillaume d'Argences, Esc', seig' de la Rufaudière, fils de N. d'Argences, Esc', et de feue dame Marie Morin, demeurant en lad. par̄. de S' Mards, d'une part, et dam^lle Rénée de Billard, fille de François de Billard, Esc', et de noble dame Marguerite de Faguet, de la par̄. de Montreuil.

69. — Le 18 oct. 1711, François Huet, fils de Robert et de Françoise de Mailloe, de la par̄. de S' Germain de Lx, reçoit la tonsure et les ordres mineurs.

70. — Le 1er juin 1722, en conséquence de la nomination faite par le vicaire général du seig' abbé de Préaux, le seig' évêque de Lx donne à M° Jacques Dumont, pbrē, la collation de la cure de S' Sulpice, près Pontaudemer, vacante par la mort de M° Charles-Robert Saillard, pbrē, dernier titulaire. (V. **143, 330**).

71. — Le 16 juin 1722, dispense de bans pour le mariage entre Mre Paul de Bernière, chev', seig' de Ste Honorine, capitaine de cavalerie, fils de Mre Paul de Bernière et de noble dame Françoise de la Bove, de la par̄. d'Annéville, d'une part, et noble dame Marie-Anne-Thérèse de Longchamps-Cauvin, v^e de Mre Guillaume Clérel de Rampan, chev', seig' de la Rouillère, et fille de Guillaume et de noble dame Marie de Chanteloup, de la par̄. de Vieilpont.

72. — Le 11 mai 1722, la nomination aux chapelles de la par̄. de Criqueville appartenant au seig' du lieu, noble dame Jeanne-Philippe Bence, dame et patronne de Criqueville, v^e de Mre Claude de la Fond, cons^er du roy en ses conseils, maître honoraire des Requêtes de son Hôtel, Intendant pour le roy ès-armées de Sa Majesté, demeurant à Paris, île et par̄. S' Louis, nomme à la chapelle, vacante par la mort de M° .... David, pbrē, dernier titulaire, la personne de M° Louis-François Hébert, pbrē du diocèse de Séez. Fait à Paris par devant les notaires du Châtelet.

Le 15 mai 1722, le seig' évêque donne aud. s' Hébert la collation dud. bénéfice.

Les fonctions de ce chapelain consistaient à tenir les écoles, à enseigner à lire et à écrire aux enfants et à leur faire apprendre le catéchisme tous les dimanches à l'issue des vêpres dans l'église de la paroisse, à assister à tout le service divin du matin et du soir qui se fait dans lad. église tous les dimanches et fêtes, et à acquitter les messes de la fondation, suivant le nombre réglé par le seig' évêque de Lx.

73. — Le 15 avril 1722, M° Guillaume Lallemand, pbrē, obtient en cour de Rome des lettres de provision de la cure de S* Mathurin de Branville, vacante par la résignation faite en sa faveur par M° Romain Mindorge, pbrē, dernier titulaire.

Le 13 juin 1722, le seigʳ évêque donne aud. sʳ Lallemand la collation dud. bénéfice.

Le 16 juin 1722, le sʳ Lallemand prend possession de la cure de Branville, en présence de Mᵉ Philippe Bard, sous-diacre de lad. par̄r., et autres habitants du lieu. (V. **10**).

74. — Le 22 déc. 1721, Mʳᵉ François-Auguste Collet, pbrē, curé de Sᵗ Martin de Gerrots, se trouvant présentement à Paris, se démet purement et simplement de son bénéfice entre les mains de Mᵍʳ l'évêque de Lx, pour que M. de Gerrots, Esc', seigʳ et patron de lad. cure, puisse y nommer un sujet digne et capable.

Le 20 juin 1722, Mesʳᵉ Louis-François Le Gouez, Esc', seigʳ et patron de Gerrots, nomme à lad. cure la personne de Mᵉ Jean-Pierre Thillaye, pbrē, vicaire de Clarbec. Fait à Lx, faubourg et par̄r. Sᵗ Désir, à l'auberge où pend pour enseigne l'Aigle d'Or. (V. **24**).

Le même jour, le seigʳ évêque donne aud. sʳ Thillaye la collation dud. bénéfice.

Le 25 juin 1722, led. sʳ Thillaye prend possession de la cure de Gerrots, en présence de Mʳᵉ Louis-François Le Gouez, seigʳ du lieu ; Mʳᵉ Jean-François Le Gouez, Esc', seigʳ d'Amanville ; Mᵉ Guillaume Lormier, sʳ de Gemeauville ; Antoine Lormier, sʳ de Moncour, et autres habitants de lad. par̄r.

75. — Le 20 juin 1722, dispense de bans pour le mariage entre Jacques de Bardoul, Esc', seigʳ de Fel et de Tournay, fils de
et de noble dame Catherine Thieulin, de la par̄r. du Regnouard, d'une part, et noble damᵉˡˡᵉ Françoise-Magdeleine-Jeanne de Blanchard, fille de Jean-Enguerrand de Blanchard, Esc', sʳ de Sᵗ Basile, et de feu noble dame Marie de Beauvais, de la par̄r. de Sᵗ Gervais de Falaise.

76. — Le 11 mai 1721, Claude de Hudebert, fils de Jean-Charles et de Marie-Thérèse de Nollent, de la par̄r. Sᵗ Jacques de Lx, reçoit la tonsure et les ordres mineurs. (V. **553**).

77. — Le 24 juin 1722, vu l'attestation d.. Delanney, curé d'Orgères, et du sʳ Thouret, desservant la par̄r. de Noyer-Menard, dispense de bans pour le mariage entre Jacques Choisel et Marie Houlette.

78. — Le 6 juin 1722, Mᵉ Guillaume Laugeois, pbrē, curé d'Hermival et pourvu de la chapelle de Sᵗ Laurent du Buisson dont il a pris possession, se désiste de ses prétentions à lad. chapelle et consent que Mᵉ Alexandre du Buisson, pbrē, qui en a été pourvu par le roy, soit maintenu en la possession dud. bénéfice.

79. — Le 26 mars 1722, la nomination au prieuré simple de S‿ Pierre de Ticheville appartenant au seig⁺ abbé de S‿ Vandrille, Mes⁺⁺ Balthazard-Henry de Fourcy, pbr̄e, docteur de la maison de Sorbonne et abbé de S‿ Vandrille, nomme aud. prieuré, vacant par la mort de M⁺ Guy Defours, dernier titulaire, la personne de M⁺⁺ Claude-Antoine de Choiseul-Beaupré, sous-diacre du diocèse de Langres, chanoine de la collégiale de S‿ Michel de Castelnaudary. Fait à Paris, en l'hôtel dud. sg⁺ abbé, rue de Jouy. (*V.* **60**).

80. — Le 2 juillet 1722, dispense de parenté au second degré pour le mariage entre Mes⁺⁺ Jean-Baptiste du Rozey, Esc⁺, s⁺ des Acres, demeurant à Drucourt, et noble dame Charlotte de Valois, v⁺⁺ d'Adrian Le Bas, Esc⁺, demeurant à Lx. (*V.* **83**).

81. — Le 30 juin 1722, noble et discrète personne M⁺ Pierre de Liberge, pbr̄e, curé de Moyaux, donne sa procuration pour résigner sond. bénéfice, dépendant de l'abbaye de Bernay, entre les mains de N.-S.-P. le Pape, en faveur de M⁺ Charles Haymet du Homme, pbr̄e de ce diocèse ; et led. s⁺ curé, à cause de son grand âge qui est de 68 ans et aussi à cause de ses infirmités, se réserve une pension viagère de 650 livres sur les revenus dud. bénéfice qu'il a desservi pendant quarante-deux ans. Il se réserve en outre une salle, un salon, du côté du levant, avec la moitié du jardin presbytéral du même côté, un petit caveau joignant led. salon, et la moitié de la grande écurie. (*V.* **95**).

82. — Le 7 juillet 1722, dispense de bans pour le mariage entre Laurent Buchard, maître de poste de la par̄r. de Dives, fils d'Ursin et de Jeanne Letellier, d'une part et Catherine Montfils, de la par̄r. de S‿ Désir de Lx.

83. — Le 8 juillet 1722, vu l'attestation du s⁺ Buisson, vicaire de Drucourt, et du s⁺ Seney, vicaire de S‿ Germain de Lx, dispense de bans pour le mariage entre Jean-Baptiste du Rozey, Esc⁺, gendarme de la garde du roy, fils de M⁺ Alexis du Rozey, Esc⁺, et de feu noble dame Marguerite-Magdeleine de Luçon, de la par̄r. de Drucourt, d'une part, et noble dame Charlotte de Valois, V⁺⁺ de feu M⁺ Adrian Le Bas, Esc⁺, fille de feu Robert Le Valois, Esc⁺, et de feu noble dame Marie-Anne de Torcy, de la par̄r. de S‿ Germain de Lx. (*V.* **80**).

84. — Le 4 avril 1722, furent ordonnés sous-diacres :

Fr. Antoine-Laurent Aignan, acolyte, relig⁺ profès de S⁺⁺ Barbe-en-Auge ;

Fr. Joseph-Nicolas Thibault,   id.
Fr. Brice Gobille,   id.
Fr. Nicolas Gombault,   id.

Le 12 avril 1722, les mêmes furent ordonnés diacres.

85. — Le 22 avril 1722, M⁺ Charles-François Lefebvre, pbr̄e du diocèse de Bayeux, obtient en cour de Rome des lettres de provision de la cure S' Denis de Pont-de-Vie, vacante par la résignation faite en sa faveur par M° Louis Louvet, pbrē, dernier titulaire. (V. 18, 90).

86. — Le 13 mai 1722, M° Jacques-François de Bernière, pbrē, curé de Semerville, diocèse d'Evreux, obtient en cour de Rome des lettres de provision, de la 3° portion de la cure de S' Germain-la-Campagne, vacante par la résignation faite en sa faveur par M° Nicolas de Bernière, dernier titulaire. (V. 43, 91).

87. — Le 18 juillet 1722, « noble et discrepte personne, M° Jean-Estienne Bernardi, pbrē, chanoine prébendé de la prébende de la Pluyère » demeurant à Lx, déclare qu'il aurait passé, le présent mois, un procuration pour résigner sond. canonicat en faveur de M° Boindin, pbrē, curé de N.-D. de Chevry, diocèse de Paris, pour cause de mutuelle permutation ; mais qu'il révoque aujourd'hui led. acte de permutation. Fait à Lx, en l'étude du notaire apostolique. (V. 245).

88. — Le 20 juillet 1722, dispense de bans pour le mariage entre Pierre de Marguerie, Esc', s' de la Vallée, de la par̄r. de Montpinçon, d'une part, et dame Herfort, V° de feu M° Roussel, en son vivant notaire de la Gravelle.

89. — Le 1er juillet 1722, M° François Isabel, pbrē, demeurant à S' Etienne-la-Thillaye, obitier de Criqueville, M° ès-arts en l'Université de Caen, fait signifier ses noms et grades aux relig' de Beaumont-en-Auge, en parlant à Dom Gabriel Papillon, prieur dud. lieu. (J. 92).

90. — Le 4 juillet 1722, le seig' évêque donne son visa aux lettres de provision de la cure de Pont-de-Vie, obtenue par M° Charles-François Lefebvre, prêtre.

Le 8 juillet 1722, le s' Lefebvre prend possession de lad. cure, en présence de M° Jean Dufour, s' de Hervey, et autres témoins. (V. 18, 85).

91. — Le 14 juillet 1722, le seig' évêque donne son visa aux lettres de provision de la cure de S' Germain-la-Campagne, 3° portion, obtenues par M° Jacques-François de Bernière, curé de Semerville, diocèse d'Evreux.

Le 15 juillet 1722, led. s' de Bernière prend possession de lad. 3° portion (des trois portions dépendant du Chapitre de Lx), en présence de M° Georges Anfrie, pbrē, curé de la première et grande portion ; M° Georges-André Donnet, pbrē, curé de la seconde portion ; Jean Charpentier, clerc tonsuré de lad. par̄r., et autres témoins. (V. 43, 86, 369).

92. — Le 3 mars 1721, M° François Isabel, pbrē du diocèse de Lx, est reçu M° ès-arts en l'Université de Caen.

Le 5 mars 1721, il obtient des lettres de quinquennium du recteur de lad. Université.

Le même jour, le s' Isabel, âgé de 26 ans, est nommé par icelle sur les archevêchés et les chapitres de Paris et de Rouen : sur les évêchés et les chapitres de Chartres, Bayeux, Lisieux, etc., et sur un grand nombre d'abbayes et de prieurés de ces diocèses. (*V*. 89).

93. — Le 23 juillet 1722, dispense de bans pour le mariage entre Pierre Leportier, Esc', s' du Saussey Beauvais, fils de Georges et de noble dame Françoise Le Bas, de la parr. de Meulles, d'une part, et noble dame Marguerite Pillon de Blesbourg, fille de feu M' Nicolas Pillon de Blesbourg, demeurant présentement en la parr. de Bonneval, v'° de François du Houlley, Esc'.

94. — Le 29 juillet 1722, vu l'attestation du s' Roussel, vicaire de Beuzeville, dispense de bans pour le mariage entre Nicolas Brière et Anne Helley.

95. — Le 5 juillet 1722, Mes'° Pierre de Liberge, pbrē, curé de Moyaux, révoque la résignation qu'il avait faite de sond. bénéfice en faveur de M'° Charles Haymet du Homme et donne sa procuration pour signifier cette révocation aud. s' du Homme.

Le 7 juillet 1722, M° Jacques Daufresne, pbrē, notaire royal-apostolique de l'évêché de Lx, procureur dud. s' de Liberge, notifie lad. révocation au s' Haymet du Homme, pbrē, demeurant a Capelles-les-Grands. (*V*. 81, 128).

96. — Le 30 juillet 1722, Dom Marin Legagneur de Bourgogne, pbrē, prieur de S' Cyr de Friardel, chanoine régulier et curé de S' Martin de Friardel, remet purement et simplement sad. cure entre les mains de Mes'° Charles de Chastelain, prieur commendataire dud. lieu et seig' présentateur de lad. cure de Friardel. (*V*. 107).

97. — Le 1ᵉʳ août 1722, vu l'attestation du s' Arnoult, vicaire de Moyaux, et du s' Leteinturier, curé du Pin, dispense de bans pour le mariage entre Michel Leudet et Françoise Leboullenger.

98. — Le 4 août 1722, vu l'attestation du s' Buisson, curé d'Authou, du s' Dubusc, vicaire de S'° Croix de Bernay, et du s' David, vicaire de Courbépine, dispense de bans pour le mariage entre Robert Le Bas et Marie-Anne de la Noë.

99. — Le 5 août 1722, vu l'attestation du s' Lenormand, curé de Bonneville-sur-Touques, et du s' Sandret, vicaire de S' Etienne-la-Thillaye, dispense de bans pour le mariage entre Louis Dumont et Marie Jacqueline.

100. — Le 2 août 1722, Mg' Charles de S' Albin, évêque de Laon et abbé commendataire de S' Evroult, nomme son vicaire général pour lad. abbaye la personne de Mes'° Jean-Baptiste Moullin, chanoine et archidiacre de Lx. (*V*. 862).

101. — Le 6 août 1722, vu l'attestation du s' Guillemin, vicaire

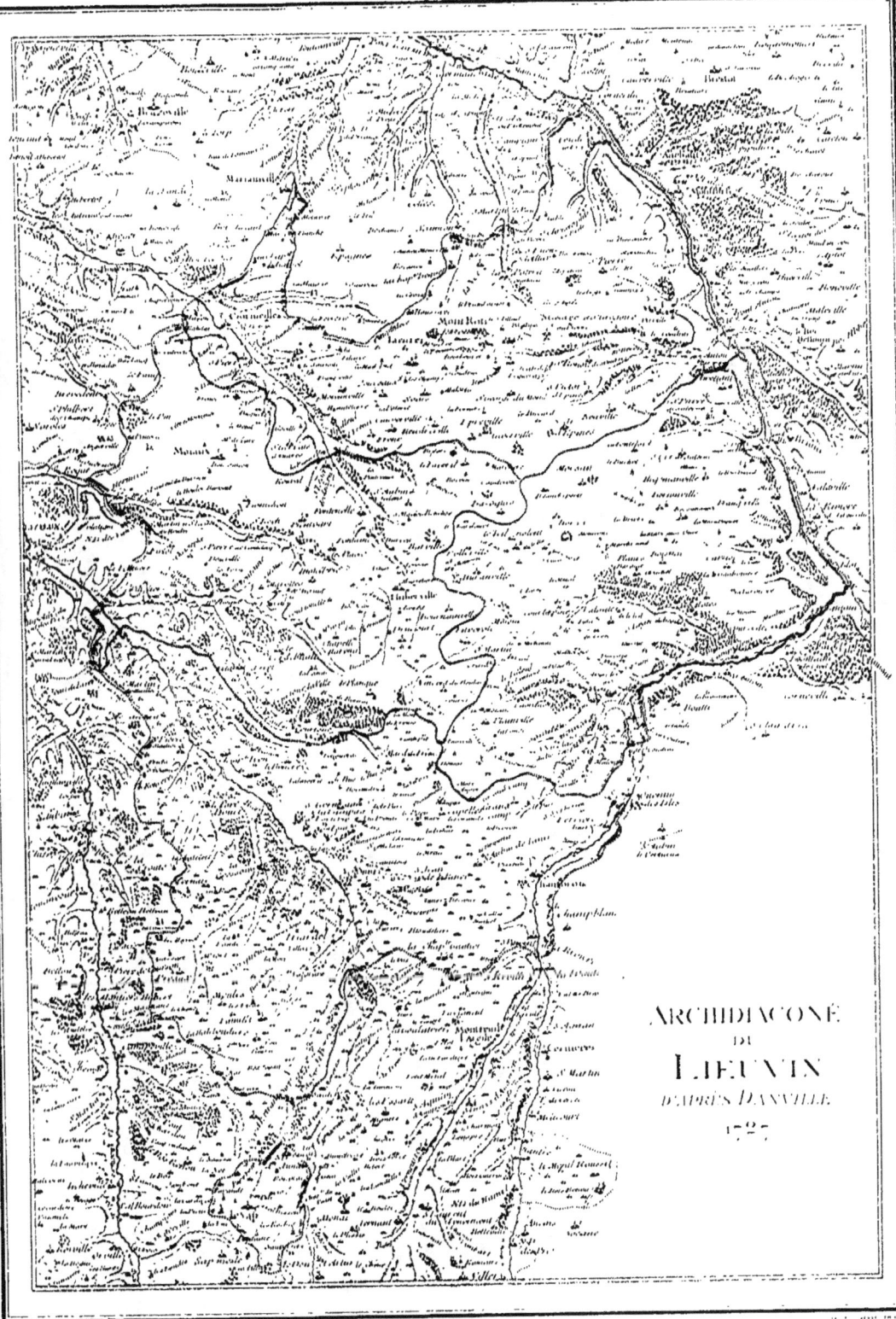

de Morainville, dispense de bans pour le mariage de Gabriel Pecqueult et Anne Fontaine.

102. — Le 10 août 1722, dispense de bans pour le mariage entre Mre Pierre-Louis de Foucques, Esc^r, seig^r de la Pilette la Mare, cons^er du roy, lieutenant ancien civil et criminel au bailliage et vicomté d'Orbec, fils de feu Mre Pierre de Foucques, Esc^r, et de noble dame Marie-Anne Le Filleul, de la parr. d'Orbec, d'une part, et dam^lle Marie-Antoinette de Giverville, fille de feu Mes^re Frédéric-François de Giverville, seig^r et patron de St Maclou, et de noble dame Marie de Hardeley, de la parr. de St Maclou-la-Campagne. (*V.* **172**).

103. — Le 17 août 1722, vu l'attestation du s^r De la Salle, pbre, choriste en l'église Ste Catherine d'Honfleur, et du s^r Jeullin, curé de Quetteville, dispense de bans pour le mariage entre Jacques Frémont, fils de Guillaume et de Catherine Hébert, de la parr. Ste Catherine, d'une part, et dam^lle Geneviève Cécire, fille de feu Jean Cécire, Esc^r, seig^r de Cressenville, et de Jeanne Geneviève Patry, de la parr. de Quetteville.

104. — Le 21 août 1722, Me Antoine Vy, pbre, curé de Ste Cécile de Beuvillers, âgé de 64 ans, donne sa procuration pour résigner sond. bénéfice, dépendant du Chapitre de Lx, entre les mains de N.-S.-P. le pape en faveur de Me Gabriel Thillaye, pbre, vicaire de St Hippolyte-de-Cantelou. Il se réserve toutefois 300 livres de pension viagère à prendre sur les revenus de lad. cure qu'il a desservie pendant 41 ans.

105. — Le 13 juillet 1722, la nomination à la cure de Manneville-la-Raoult appartenant au seig^r du lieu, le roy, à cause de la garde-noble de la dam^lle Marie-Charlotte de Malhortie, nomme à lad. cure, vacante par la mort de Me Michel de Queudeville, dernier titulaire, la personne de Me Nicolas Jullien, pbre du diocèse de Rouen.

Le 17 août 1722, les vicaires généraux du seig^r évêque donnent aud. s^r Jullien la collation dud. bénéfice. — Signé : Lebourg des Alleurs.

Le 18 août 1722, le s^r Jullien, vicaire de Croixmare, diocèse de Rouen, prend possession de la cure de Manneville-la-Raoult, en présence de Me François Lescachey, pbre, vicaire du lieu ; Me Pierre Lecerf, acolyte de Croixmare ; Mes^re Joseph de Malhortie, cher^r, seig^r des Roys ; Jean Cécire, Esc^r, s^r de Cressenville, et autres témoins.

106. — Le 1er août 1722, Me Pierre Tragin, pbre, curé de Ste Croix de Cormeilles (de la valeur de 200 livres de revenu), M^e ès-arts en l'Université de Caen, fait signifier ses noms et grades aux religieux de Cormeilles en parlant à Dom Louis Lejumel, prieur de lad. abbaye de Cormeilles. (*V.* **238, 263, 469**).

107. — Le 21 août 1722, la nomination à la cure de St Martin de Friardel appartenant au prieur commendataire de St Cyr de Friardel,

Mes^re Charles Chastelain, docteur de Sorbonne, chapelain ordinaire du roy, prieur de Friardel, représenté par Mre Jean-Baptiste Moulin, chanoine et archidiacre de Lx, nomme à lad. cure, vacante par la démission de Dom Marin Legagneur de Bourgogne, dernier titulaire, la personne de Dom Pierre Bertrand, chanoine régulier et profès dud. lieu de Friardel et prieur-curé du Tilleul, diocèse d'Evreux. (*V.* **96, 327**).

108. — Le 3 sept. 1722, Mes^re Jean-Baptiste de Bosc-Henry, pbre, licencié de Sorbonne, curé de St Georges de Montreuil-Largillé, 1re portion, et pourvu de la cure de St Aubin-du-Thenney, donne sa procuration pour résigner sad. cure de Montreuil entre les mains de N.-S.-P. le Pape en faveur de Mes^re Louis-François-Alexandre-Léopold de Bernière, acolyte du diocèse de Lx. (*V.* **159**).

109. — Le 1er sept. 1722, le seig^r évêque donne son visa aux lettres de provision de la cure de St Germain de Verson, 1re portion, obtenues par Me Guillaume Goujet en conséquence de la résignation faite en sa faveur par Mes^re Nicolas du Trou de la Bénardière, dernier titulaire. (*V.* **125**).

110. — Le 7 sept. 1722, vu l'attestation du s^r Odienne, curé de St Désir, et du s^r Halley, vicaire de Hotot, dispense de bans pour le mariage entre Jacques Montjoye, s^r du Bosc, fils de feu Jean de Montjoye et de feu dame Louise L........ demeurant à Hotot, d'une part, et Jacqueline-Charlotte de Boissey, fille d'Ollivier de Boissey et de dame Charlotte Carrey, demeurant à St Désir de Lx.

111. — Le 17 juillet 1722, « Dom Louis Jourdan, pbre, relig^x profès de l'Ordre de St Benoît, demeurant à Paris, rue Vivienne, parr. St Eustache, prieur titulaire de St Arnoult-sur-Toucques », donne sa procuration pour résigner sond. prieuré entre les mains de Mre Jean-Paul Bignon, cons^er d'Etat ordinaire, bibliothécaire de Sa Majesté et prieur commendataire de Longpont, collateur ordinaire dud. prieuré de St Arnoult.

Le 18 juillet 1722, led. s^r Bignon nomme aud. prieuré de St Arnoult la personne de Fr. Jean de Coudrat, cler^c tonsuré, relig^x profès de l'ordre de St Benoît. (*V.* **291, 295, 577**).

112. — Le 18 mars 1722, Mre François Le Rebours, diacre du diocèse de Lx, obtient en cour de Rome des lettres de provision de l'archidiaconé de Pontaudemer, vacant par la résignation faite en sa faveur par son oncle, Mre François Le Rebours, dernier titulaire.

Le 7 sept. 1722, le seig^r évêque donne aud. s^r Le Rebours, pbre, chanoine de Courtonnelle, la collation dud. archidiaconé.

Le 12 sept. 1722, led. s^r Le Rebours est mis en possession dud. bénéfice par le ministère de Mr de Grosourdy, chanoine et trésorier de la

Cathédrale, en présence du Chapitre et de MM⁰ˢ Christophe Courtin et Guillaume Cousture, chapelains de lad. Eglise.

113. — Le 6 sept. 1722, « Déclaraõn que donnent les dames religieuses Ursulines de Lisieux de celles entrées dans la commãuté depuis le commencement de janvier 1691 jusqu'à ce jour et pris l'habit.

PREMIÈREMENT

Le 4 nov. 1691, Catherine Langenieur,
Le 22 mai 1694, Jeanne Mignot,
Le 8 sept. 1694, Marie Deslandes,
Le 8 mars 1697, Marie-Charlotte de Mailloc,
Le 3 déc. aud. an, Catherine Lelasseur,
Le 30 mars 1699, Françoise Deshays,
Le 13 juin aud. an, Anne de Mannoury,
         pt. 1703, Catherine Le Mascrier,
Le 8 sept. 1704, Barbe Pollin,
Le 26 juillet 1705, Anne Vastel,
Le 15 oct. 1705, Angélique Turgot,
Le 15 oct. 1707, Adrienne du Sausay,
Le 24 juin 1708, Marguerite Bouffard,
Le 19 août aud. an, Louise Cornié,
Le 21 oct. aud. an, Suzanne de la Houssaye,
Le 15 nov. 1709, Marie-Françoise Leportier,
Le 25 déc. aud. an, Marie Vallée,
Le 24 juin 1710, Renée d'Aché,
Le 10 août, Catherine de Bellemare,
Le 2 fév. 1712, Marie-Anne Petit,
Le 22 fév. 1713, Monique de la Rivière,
Le 7 mars 1715, Charlotte de la Rocque,
Le 14 fév. 1717, Catherine Louchard de la Vardière

La pñte déclaraõn de nous signée, attestée véritable. — Sœur Anne de Sᵗ Hilaire, supérieure, et sœur Marie de Sᵗᵉ Scholastique, dépositaire. »

114. — Le 11 sept. 1722, dispense de parenté du 3ᵉ au 4ᵉ degré, et dispense de bans pour le mariage entre Romphré Lemonnier, Escʳ, de la paȓ. de Biéville, et damˡˡᵉ Marie Doublet, de la paȓ. de Roncheville.

115. — Le 2 sept. 1722, la nomination à la cure de Sᵗᵉ Cécile de Beuvillers appartenant au chanoine de semaine en la Cathédrale, Mᵉ François Le Bas, pbȓᵉ, chanoine prébendé de Sᵗ Germain, nomme aud. bénéfice, vacant par la mort de Mᵉ Antoine Vy, dernier titulaire, la personne de Mᵉ Jean-François Brasnu, pbȓᵉ de ce diocèse.

Le 3 sept. 1722, le seigʳ évêque, « par rapport à des occupations trop pressantes, » refuse d'accorder aud. s' Brasnu la collation dud. bénéfice. (*V.* 158).

116. — Le 17 sept. 1722, dispense de bans pour le mariage entre Léon du Mesnil, s' de Montmesnil, fils de feu Léon et de d[lle] Charlotte Duval, de la parr. de Montmarcey, d'une part, et d[lle] Marie-Louise de Brossard, fille de Pierre de Brossard, Esc[r], et de dame Marie-Françoise Lemière, de la parr. de la Roche-Monant. (*V.* 315).

117. — Le 26 août 1722, Mg[r] Philibert-Charles de Pas-Feuquières, cons[er] du roy en ses conseils, évêque et comte d'Agde, abbé de N.-D. de Cormeilles, nomme pour son grand vicaire en lad. abbaye Mes[re] Jean-Baptiste Moullin, licencié ès-droits, chanoine et archidiacre de Lx. Donné à Montpellier, etc.

118. — Le 23 sept. 1722, vu l'attestation du s' Herney, vicaire de la Motte, dispense de bans pour le mariage entre Pierre Haraque et Marie Saget.

119. — Le 23 sept. 1722. — « Nous Soubz signez supérieure et religieuses du monastère de la Congrégation de Notre-Dame estably a Bernay, déclarons que depuis l'année 1711 inclusivement jusqu'à ce jour 23 sept. 1722, il n'y a eu qui ayt pris l'habit et fait profession que

Sœur Marie Lesieur, de St Dominique,
Sœur Catherine Couvenant,
Sœur Louise Mouton,
Sœur Catherine d'Aché,
Sœur Marie d'Aché,
Sœur Marguerite d'Aché,
Sœur Catherine Gontier.
Sœur Elizabeth du Mesnil,
Sœur Magdeleine Barré,
Sœur Thérèse Le Carpentier,
Sœur Magdeleine Chrestien,
Sœur Françoise Le Neveu. »

120. — Le 22 sept. 1722, Mre Charles-François de Parey de Combrey, pbre, curé de Goupilières, diocèse d'Evreux et pourvu en cour de Rome de la chapelle St Vivien en la Cathédrale de Lx, sur la résignation qui lui en a été faite par Me Daniel Lefort, dernier titulaire, et dont il n'a pas pris possession, donne sa procuration pour résigner entre les mains de N.-S.-P. le pape tous les droits qu'il a sur lad. chapelle en faveur de Me François Huet, pbre de St Germain de Lx. Fait au manoir presbytéral de St Philbert-des-Champs, en présence de Me Estienne Duchesne, pbre, curé de Blangy, et de Me Jean Boissey, pbre, curé de St Philbert. (*V.* 167, 1018).

121. — Le 12 août 1722, la nomination à la 1re portion de la cure de Cerquigny appartenant au seig' du lieu, le roy, en sa qualité de garde-noble de Madlle Elisabeth de Malhortie, patronne de lad. cure, nomme à ce bénéfice, vacant par la mort de Me François Ledanois, dernier titulaire, la personne de Me Charles Salernes, pbre du diocèse de Lx.

Le 21 sept. 1722, le seig{r} évêque donne aud. sr Salernes la collation dud. bénéfice.

Le 24 sept. 1722, le sr Salernes prend possession de la cure de Cerquigny, 1re portion, en présence de Me Philippe Leroy, pbre, curé de Rostes ; Charles Marguerite, syndic, et autres habitants de la par̄r.

122. — Le 29 oct. 1722, François Legrand, fils de François et de Magdeleine Duval, de la par̄r. de Livarot, reçoit la tonsure et les ordres mineurs.

123. — Le 26 août 1722, les vicaires généraux du seig{r} évêque donnent à Me Pierre Bertrand, pbre, chanoine régulier de Friardel, la collation de la cure de St Martin de Friardel.

Le 3 nov. 1722, led. sr Bertrand prend possession dud. bénéfice, en présence de Dom Marin Legagneur de Bourgogne, pbre, prieur de l'abbaye de Friardel ; Me André-Nicolas Piel, pbre, prieur de Cerqueux ; Me François Goullard, pbre, chanoine régulier de Friardel, et autres témoins. (*V.* **107, 327**).

124. — Le 29 sept. 1722, vu l'attestation du sr Laignel de la Londe, pbre, chapelain et vicaire de la par̄r. de Douville, dispense de bans pour le mariage entre Hélie Blandin et Appoline Lefebvre.

125. — Le 1er avril 1722, Me Guillaume Goujet, pbre du diocèse de Bayeux, obtient en cour de Rome des lettres de provision de la cure de Verson, 1re portion, vacante par la résignation faite en sa faveur par Me Nicolas du Trou de la Bénardière, pbre, dernier titulaire.

Le 9 sept. 1722, led. sr Goujet prend possession dud. bénéfice, en présence de Me Claude Leguerrier, pbre, curé de la 2e portion ; Mes{rs} Thomas Bourdon, Esc{r}, sr de Préfossé, et autres témoins. (*V.* **109**).

126. — Le 10 juillet 1722, Mre Pierre de Liberge, pbre, curé de Moyaux, se trouvant présentement à Rouen en l'hôtel où pend pour enseigne le Cheval Blanc, au faubourg St Sever, donne sa procuration pour résigner sond. bénéfice entre les mains de N.-S.-P. le pape en faveur de Me Jean Le Mire, diacre, licencié en théologie de la faculté de Paris. Il se réserve toutefois huit cents livres de pension à prendre sur les revenus de lad. cure. Le sr de Liberge se réserve en outre une partie du presbytère à son choix. (*V.* **95, 153**).

127. — Le 5 oct. 1722, dispense de bans pour le mariage entre Jean-Baptiste Gohier, fils Robert, d'une part, et dam{lle} Marie-Marguerite Delauney, v{ve} de Mre Pierre Foucques, tous deux de la par̄r. de St Germain de Lx.

128. — Le 29 juillet 1722, la nomination à la chapelle du château de Brucourt, parr. d'Estrées, appartenant au seigr du lieu, Mre Jacques-Joseph de Dreux Nancié, abbé de St Cibard d'Angoulême, prieur du prieuré de Boulleville, seigr de la terre et seigneurie de Brucourt, demeurant à Paris, au Palais-Royal, parr. St Eustache, nomme à lad. chapelle, vacante par la mort de Me François Harel, pbre, dernier titulaire et curé d'Estrées, la personne de Me Jean Harel, pbre, ci-devant curé de Tassilly, et nommé curé d'Estrées.

Le 11 sept. 1722, le seigr évêque donne aud. sr Jean Harel, pbre du diocèse de Bayeux et curé d'Estrées, la collation de la chapelle St Herme du château de Brucourt.

Le 1er oct. 1722, led. sr Harel, prend possession dud. bénéfice, en présence de Me Joachim Pinel, pbre, curé de la 2e portion d'Estrées ; Pierre Deshayes, chapelain de St Vigor de Crèvecœur et autres témoins. (*V.* **129**).

129. — Le 2 août 1722, la nomination à la cure de N.-D. d'Estrées, 1re portion, appartenant au vicomte de Crèvecœur, Pantaléon Segouin, bourgeois de Paris, y demeurant rue Gallande, curateur créé par justice aux successions vacantes de Mesre Jacques et François-Henry de Montmorency, vicomte et patron de Crèvecœur, nomme à lad. cure d'Estrées, 1re portion, vacante par la mort de Me François Harel, pbre, dernier titulaire, la personne de Me Jean Harel, pbre, de la parr. de St Pierre de Caen, diocèse de Bayeux.

Le 11 sept. 1722, le seigr évêque donne aud. sr Harel la collation dud. bénéfice.

Le 1er oct. 1722, le sr Harel prend possession de la cure d'Estrées, en présence de Me Charles Mauré, pbre, curé de Corbon ; Me Joachim Pinel, curé de la 2e portion d'Estrées ; Pierre Deshayes, chapelain de St Vigor de Crèvecœur ; Guillaume Dumoullin, chapelain de Pontfol ; Robert Lefebvre, vicaire d'Estrées et autres témoins. (*V.* **128, 834**).

130. — Le 8 oct. 1722, Me Louis Tragin, pbre, chanoine régulier de St Augustin, prieur-curé des Monceaux, âgé de 56 ans, malade et ne pouvant plus desservir sond. bénéfice, le résigne entre les mains de N.-S.-P. le pape en faveur de Me Nicolas Greslebin, pbre, vicaire de la Houblonnière, qui a dessein de prendre l'habit et de faire profession dans led. ordre de St Augustin. Le sr Tragin se réserve la somme de 400 livres de pension sur les revenus de la cure des Monceaux qu'il a administrée pendant 25 ans. Led. sr constituant retient encore la chambre qui se trouve sur la cuisine et un cabinet donnant sur le jardin avec la moitié dud. jardin, du côté de ce cabinet. (*V.* **165, 193, 198, 989**).

131. — Le 10 oct. 1722, vu l'attestation du sr Cantel, curé de Blonville, dispense de bans pour le mariage entre Antoine Lesueur,

Esc', s' des Capelles, fils de feu Robert et dam^lle Marie-Anne de Grieu, d'une part, et Catherine Isabel, fille de feu Me Guillaume et de dame Marguerite Lecoq, tous deux de la par̅r̅. de Blonville.

132. — Le 1er juillet 1722, Me Jacques Delacour, pbr̅e, vicaire de St Rémy d'Aclou, obtient en cour de Rome des lettres de provision de lad. cure, vacante par la résignation faite en sa faveur par Me Louis Fillocque, dernier titulaire.

Le 5 oct. 1722, le seig^r évêque donne son visa auxd. lettres de provision.

Le 12 novembre 1722, le s^r Delacour prend possession de la cure d'Aclou, en présence de plusieurs habitants de la par̅r̅. (*V.* **66**).

133. — Le 8 oct. 1722, la nomination au prieuré-cure de St Gervais et St Protais de Fierville, appartenant au seig^r abbé de N.-D. de Corneville, Dom Nicolas Gallot, pbr̅e, chanoine régulier de St Augustin, prieur-curé de Colletot, diocèse de Rouen, et grand vicaire de Mes^re François-Alexis Joubert de la Bastide de Chasteau-Morand, abbé commendataire de Corneville, nomme aud. prieuré de Fierville, vacant par la mort de Dom Jean Pasquet, pbr̅e, dernier titulaire, la personne de Dom Jean Quintaine, pbr̅e, chanoine régulier de la par̅r̅. de Cauverville, diocèse de Rouen.

Le 9 oct. 1722, led. s^r Quintaine ayant requis du seig^r évêque de L^x la collation dud. bénéfice, celui-ci la lui refuse parce qu'il n'a présenté aucune attestation de bonne vie et mœurs.

Le 16 nov. 1722, le seig^r évêque donne aud. s^r Quintaine la collation de lad. cure.

Le 17 nov. 1722, led. s^r Quintaine prend possession de la cure de Fierville, en présence de Me François Bence, pbr̅e, desservant lad. par̅r̅. et autres témoins. (*V.* **171**).

134. — Le 5 oct. 1722, la nomination à la chapelle sise dans l'enclos du château du Verbois, par̅r̅. de St Nicolas-des-Lettiers, appartenant au seig^r du lieu, Mes^re Jean-François du Houlley, chev^r, seig^r de Verbois, N.-D. d'Orbries, Bocquencey, St Nicolas-des-Lettiers, et autres lieux, officier de la marine et chevalier de l'Ordre militaire de St Louis, étant présentement en son château de Verbois, nomme à lad. chapelle, vacante par la mort du dernier titulaire, la personne de Me Jean de la Rouvraye, pbr̅e, M^e ès-arts en l'Université de Paris, ci-devant curé de St Sylvain, diocèse de Rouen, et demeurant à présent en la par̅r̅. de Touquette.

Le 13 oct. 1722, le seig^r évêque donne aud. s^r de la Rouvraye la collation dud. bénéfice.

Le 18 oct. 1722, le s^r de la Rouvraye prend possession de la chapelle de Verbois, en présence dud. seig^r de Verbois et autres témoins. (*V.* **402**).

135. — Le 20 oct. 1722, dispense de bans pour le mariage entre Jacques-Joseph de Tollemer, Esc`r`, fils de Jean de Tollemer, Esc`r`, s`r` du Chastel, et de dame Marie-Anne Oignon, de la parr. de Danestal, d'une part, et dam`lle` Anne Jacqueline, fille de feu Guillaume Jacqueline et de Barbe Pillon, de la parr. de Cresseveulle.

136. — Le 18 oct. 1722, François-Antoine Lesieur, fils de Jean-Baptiste et de Catherine Duguey, de la parr. de Gacey, reçoit la tonsure et les ordres mineurs. (*V.* **223, 750, 872**).

137. — Le 3 nov. 1722, dispense de bans pour le mariage entre M`e` Guillaume Lecerf, s`r` de la Boullaye, receveur des Aides, demeurant à Chambrois, fils de M`e` Guillaume et de dam`lle` Marguerite-Louise Duret, d'une part, et dam`lle` Marie-Anne Delamare, fille de M`e` Jean Delamare et d'Anne Morain, demeurant à Montreuil-Largillé.

138. — Le 21 oct. 1722, M`e` Christophe Courtin, pbre, vicaire de la chapelle S`t` Laurent en la Cathédrale, M`e` ès-arts en l'Université de Caen, pourvu de la chapelle N.-D., 1`re` portion, en lad. église Cathédrale, est mis en possession de ce bénéfice par le ministère de Mes`re` de Grosourdy, chanoine et trésorier de cette église. (*V.* **208**).

139. — Le 18 oct. 1722, Jean-Baptiste Godefroy, fils de Jean et de Suzanne Jouen, de la parr. de S`t` Jacques de Lx, reçoit la tonsure et les ordres mineurs.

140. — Le 6 oct. 1722, la nomination à la cure de la Cressonnière, « sous le titre et invocation de S`t` Claude », appartenant au seig`r` du lieu, haut et puissant seig`r`, Mes`re` Gabriel, vicomte de Melun, maréchal de camp ès armées du roy, commandant pour Sa Majesté à Abbeville, et très-haute et très-puissante dame Madame Jeanne-Louise-Armande de Melun, son épouse, dame et patronne de la Cressonnière, nomment à lad. cure, vacante par la mort de M`e` Guillaume Neuville, dernier titulaire, la personne de M`e` Roger Fortin, pbre du diocèse de Lx, (originaire d'Orbec). Fait à Abbeville « dans le chastel desd. seig`r` et dame de Melun, parr. S`t` Gilles.

Le 26 oct. 1722, le seig`r` évêque de Lx donne aud. s`r` Fortin la collation dud. bénéfice.

Le 3 décembre 1722, le s`r` Fortin prend possession de la cure de la Cressonnière, en présence de M`re` Charles de Monthuchon, pbre, curé et doyen d'Orbec ; M`e` Charles-Jean de Clopée, pbre, curé de S`t` Aubin de Cernay ; M`e` Jacques Petit du Boullay, pbre d'Orbec ; M`e` Pierre Lebugle, procureur à Orbec, et Jacques Droulin, meunier de la parr. de la Cressonnière, et autres témoins. (*V.* **312**).

141. — Le 6 novembre 1722, dispense de parenté au 4`e` degré pour le mariage entre Jacques Périer, Esc`r` de la parr. d'Orville, et dam`lle` Charlotte-Françoise de Guerpel, de la parr. de S`t` Pierre-la-Rivière.

142. — Le 7 nov. 1722, dispense de bans pour le mariage entre Me Pierre Andrieu, fils de feu Me Philippe Andrieu, en son vivant tabellion, et de Jeanne Pollin, de la parr. de Cerqueux, d'une part, et Catherine Gosset, fille de François Thomas, de la parr. de Pierrefitte.

143. — Le 4 nov. 1722, Me Jacques Dumont, pbre, vicaire de Cheffreville, pourvu de la cure de St Sulpice (de Graimbouville), doyenné de Pontaudemer, vacante par le décès de Me Charles-Robert Saillard, pbre, dernier titulaire, prend possession dud. bénéfice, en présence de Me Guillaume Falaise, trésorier de l'église St Sulpice, et autres témoins. (*V.* 70).

144. — Le 15 nov. 1722, le seig^r évêque donne des lettres de vicaire général à Mre Jean-Baptiste Moullin, pbre, licencié ès-droits, chanoine et archidiacre de la Cathédrale et vicaire général de Lisieux, pour faire en son nom la visite de l'abbaye de N.-D. de Cormeilles.

145. — Le 18 oct. 1722, Louis Jacques, fils de Guillaume et de Geneviève Guéray, de la parr. de Ste Croix de Bernay, reçoit la tonsure et les ordres mineurs. (*V.* 227).

146. — Le 16 nov. 1722, vu l'attestation du s^r Viel, vicaire de Brocotte, dispense de bans pour le mariage entre Jacques-François-Adrien Durand, Esc^r, s^r du Gaillon, fils d'Adrien et de noble dame Marie Morel, de la parr. de Brocotte, d'une part, et dam^lle Anne-Marguerite de Cossette, demeurant en la parr. d'Harcourt, fille de Mre Henry de Cossette, Esc^r, seig^r de Beaucour et autres lieux, et de noble dame Anne-Elisabeth de Cardon.

147. — Le 20 nov. 1722, dispense de bans pour le mariage entre Jacques Dossin, gendarme écossais du roy, fils de feu Me Louis Dossin, officier au bureau des Finances d'Alençon, et de dam^lle Léonore Gueroult, de la parr. de Capelles, d'une part, et dam^lle Madeleine de Hally, fille de feu Mre Christophe de Hally, Esc^r, seig^r de la Carneille, et de noble dame Madeleine de Hally, dame et patronne de Jouveaux, demeurant en la parr. de St Germain de Lx.

148. — Le 23 nov. 1722, dispense de bans pour le mariage entre Mre Michel-Joseph Desson, chev^r, seig^r et patron de Douville, fils de Mre Michel Desson, chev^r et de noble dame Marie-Magdeleine Hélie, de la parr. de Douville, d'une part, et noble dame Charlotte d'Abos, fille de Mes^re Charles d'Abos, chev^r, seig^r de St Cloud, et de noble dame Marguerite Bitault, et veuve de feu Mes^re Louis-Thomas d'Angerville, chev^r, seig^r de Grainville, de la parr. de Heullant.

149. — Le 24 nov. 1722, dispense de bans pour le mariage entre Adrian Legrix, Esc^r, s^r de Neuville, fils de Charles-Adrian Legrix, Esc^r, s^r de la Fontelaye, de St Ouen de Pontaudemer, d'une part, et dame Marguerite Dufour, v^ve de Jean-Charles Lacouture, Esc^r, s^r de la

Motte, fille de Bernard Dufour, Esc^r, et de Marie-Marguerite Harel, de la parr. de Heulland.

150. — Le 21 déc. 1722, dispense de bans pour le mariage entre Me Claude Vicquelin, cons^er du roy en l'élection de Pontaudemer, fils de feu Richard et de d^lle Anne Legras, d'une part, et d^lle Anne-Françoise Le Grix, fille de François Le Grix, Esc^r, et de dame Anne de la Biche, de la parr. de N.-D. de Pontaudemer.

151. — Le 26 mars 1722, Dom Jean Guillemin du Rouvray, pbre, chanoine régulier de l'ordre de St Augustin, prieur-curé de St Sauveur de la Cochère, diocèse de Séez, obtient en cour de Rome des lettres de provision *per obitum* du prieuré-cure de St Pierre de la Roche-Nonant, vacant par le décès de Dom Jean des Ramées, dernier titulaire.

Le 15 octobre 1722, le seig^r évêque donne son visa auxd. lettres de provision.

Le 5 nov. 1722, led. s^r Guillemin du Rouvray, se rend à la Roche-Nonant, avec Me Guillaume Maignet, notaire royal-apostolique, résidant à Gacé, pour prendre possession dud. bénéfice. Après avoir remarqué que les portes de l'église étaient fermées, ils vont à la maison presbytérale et demandent les clefs à Me Charles du Buat se prétendant prieur-curé du lieu. Celui-ci répond que depuis dix ans, il est paisible possesseur de lad. cure ; qu'il s'oppose à la prise de possession par le s^r du Rouvray ; qu'il ne donnera pas les clefs de l'église et qu'il se réserve de le faire condamner à des dommages-intérêts pour l'avoir troublé dans la jouissance de son bénéfice. Le s^r du Rouvray proteste de nullité lad. opposition, et, malgré les réclamations du s^r du Buat, il est mis en possession dud. prieuré-cure « en frappant de la main contre la grande et principale porte de l'église dud. lieu. » Fait en présence de deux témoins habitant la parr. de la Cochère.

Le 20 sept. 1710, Jean Guillemin, acolyte de la parr. de Bellou, est ordonné sous-diacre.

Le 19 sept. 1711, il est ordonné diacre.

152. — Le 18 oct. 1722, Georges Euricult, fils de Philippe et d'Anne-Magdeleine Lecomte, de la parr. de la Chapelle-Bayvel, reçoit la tonsure et les ordres mineurs. (V. 734).

153. — Le 29 juillet 1722, Me Jean Le Mire, diacre, obtient en cour de Rome des lettres de provision de la cure de Moyaux, vacante par la résignation faite en sa faveur par Me Pierre de Liberge, pbre, dernier titulaire.

Le 4 nov. 1722, le seig^r évêque donne son visa auxd. lettres de provision.

Le 23 nov. 1722, led. s^r Le Mire prend possession dud. bénéfice, en présence de Me Guillaume Horkaville, pbre, habitué de Moyaux ;

M⁰ Louis Arnoult, pbrē, vicaire de lad. parr., et autres témoins. (V. 126).

154. — Le 7 déc. 1722, la nomination à la cure de S¹ Martin des Moutiers-Hubert, 1ʳᵉ portion, vacante de droit, appartenant au seig⁻ du lieu, M⁰ Léonor Deshayes, chev⁻, seig⁻ de Forval, en qualité d'engagiste de la baronnie des Moutiers-Hubert, nomme aud. bénéfice la personne de M⁰ Réné-François de Gautier, Esc⁻, pbrē, curé de S¹ Pierre de la Chapelle-Haute-Grue. Fait à Lx. parr. S¹ Germain, en la maison de M. Ricquier, receveur général de Monseig⁻ de Lx.

Le 8 déc. 1722, la nomination à la cure de S¹ Martin des Moutiers-Hubert, 2ᵉ portion, appartenant au seig⁻ du lieu, M⁰ Léonor Deshayes, chev⁻, seig⁻ de Forval, en qualité d'engagiste de la baronnie des Moutiers-Hubert, nomme aud. bénéfice, vacant de droit, la personne de M⁰ Réné-François de Gautier, pbrē, curé de la Chapelle-Haute-Grue, à la charge pour led. s⁻ curé d'obtenir du seig⁻ évêque « un décret de réunion » des deux portions de cure dans le temps de droit.

Le 8 déc. 1722, le seig⁻ donne aud. s⁻ de Gautier la collation de la 1ʳᵉ portion des Moutiers-Hubert, et le lendemain la collation de la 2ᵉ portion, *ad conservationem juris*.

Le 10 déc. 1722, le s⁻ de Gautier prend successivement possession des deux portions de la cure des Moutiers-Hubert pour la conservation de son droit, en présence de M⁰ Philippe Delamort, pbrē, vicaire du lieu ; M⁰ Jean Gautier, maître chirurgien de Vimoutiers, et plusieurs témoins de lad. parr. des Moutiers-Hubert. (V. 835).

155. — Le 28 déc. 1722, dispense de bans pour le mariage entre Charles Lechevallier, fils de feu Jean Lechevallier, Esc⁻, et de dam¹¹ᵉ Catherine Le Bret, d'une part, et dam¹¹ᵉ Marie de Villers, fille du feu s⁻ Ollivier et de dam¹¹ᵉ Marguerite Delahaye, tous deux de la parr. de Beuvron.

156. — Le 12 déc. 1722, la nomination à la 2ᵉ portion de la cure de Campigny appartenant au seig⁻ abbé de Préaux, M⁰ Urbain Robinet, chanoine de Rouen et vicaire général dud. seig⁻ abbé, nomme à lad. cure, vacante par la mort de M⁰ Henry Allais, pbrē, dernier titulaire, la personne de M⁰ Nicolas Le Flamant, pbrē, du diocèse de Rouen et vicaire de S¹ André-de-la-Ville.

Le 17 déc. 1722, le seig⁻ évêque donne aud. s⁻ Le Flamant la collation dud. bénéfice.

Le 19 déc. 1722, le s⁻ Le Flamant prend possession de lad. 2ᵉ portion de la cure de Campigny, en présence de M⁰ Louis Ricque, pbrē, curé de la 1ʳᵉ portion, et autres habitants du lieu.

157. — Le 1ᵉʳ déc. 1722, Dom Julien Ride, pbrē, chanoine régulier de S¹ Augustin, prieur-curé de S¹ Omer du Val, diocèse de Bayeux, et pourvu du prieuré-cure de S¹ Pierre du Breuil, diocèse de Séez, donne sa procuration pour résigner led. prieuré de S¹ Omer entre les mains de N.-S.-P. le pape en faveur de M⁰ François Havin, sous-diacre et chanoine régulier de l'abbaye du Val. (*V.* **198**).

158. — Le 15 novembre 1722, le seig⁰ évêque donne à M⁰ Jean-François Brasnu, pbr̃e de ce diocèse, la collation de la cure de Beuvillers.

Le 19 nov. 1722, led. s⁰ Brasnu prend possession dud. bénéfice, en présence de M⁰ Jean Thillaye, acolyte, et autres témoins de lad. parr. de Beuvillers. (*V.* **115**).

159. — Le 17 juin 1714, Jacques Housset, fils de Félix Housset et de Marie Belin, de la parr. de Montreuil-Lagillé, reçoit à Caen la tonsure et les ordres mineurs.

Le 16 déc. 1722, la nomination à la 1ʳᵉ portion de la cure de S¹ Georges de Montreuil appartenant au seig⁰ abbé de S¹ Evroult, Mg⁰ Charles de S¹ Albin, évêque de Laon, abbé commendataire de lad. abbaye, nomme aud. bénéfice, vacant « par la translation » de M⁰ Jean-Baptiste de Bosc-Henry, dernier titulaire, la personne de M⁰ Jacques Housset, pbr̃e, vicaire de lad. 1ʳᵉ portion. (*V.* **108**).

Le 24 déc. 1722, led. s⁰ Housset prend possession de lad. cure, en présence de M⁰ Thomas Duval, pbr̃e, curé de la 2⁰ portion ; Eustache Le Boucher, garde de Mg⁰ de Luxembourg ; M⁰ Jean-François de la Chapelle, chirurgien, et autres de lad. parr. (*V.* **333**).

160. — Le 25 déc. 1722, la nomination à la 1ʳᵉ portion de la cure de Lieurey appartenant au chanoine de Lieurey, 1ʳᵉ portion, M⁰ Simon-Charles Boulduc, titulaire de lad. prébende, nomme à lad. cure, vacante par la mort de M⁰ Jean-Baptiste Hémery, pbr̃e, dernier titulaire, la personne de M⁰ Joseph Hémery, pbr̃e, curé de la 2⁰ portion.

Le 27 déc. 1722, les vicaires généraux, du seig⁰ évêque donnent aud. s⁰ Joseph Hémery la collation dud. bénéfice.

Le 17 janv. 1723, led. s⁰ Hémery prend possession de la 1ʳᵉ portion de la cure de Lieurey, en présence de M⁰ Georges Quersent, pbr̃e, vicaire du lieu ; M⁰ Louis Courel, pbr̃e de lad. parr., et plusieurs autres habitants. (*V.* **255. 260**).

161. — Le 22 déc. 1722, la nomination à la cure de Roques appartenant au chanoine de la Pluyère, M⁰ Jean-Estienne Bernardi, pbr̃e, titulaire de lad. prébende, nomme à cette cure, vacante par la mort de M⁰ Jean Lefebvre, la personne de M⁰ Jean Leprevost, pbr̃e du diocèse de Lx, professeur de réthorique au collège de la ville de Bernay.

Le 2 janv. 1723, les vicaires généraux du seig⁰ évêque donnent aud. s⁰ Leprevost la collation dud. bénéfice.

Le même jour, le s⁰ Leprevost, présentement à Paris et représenté par M⁰ Guillaume-Antoine Laugeois, curé d'Hermival, prend possession de la cure de S' Ouen de Rocques, en présence de plusieurs habitants du lieu.

162. — Le 21 déc. 1722, la nomination à la chapelle du Sépulcre en l'église collégiale de Cléry appartenant au Chapitre du lieu, les s" chanoines nomment aud. bénéfice la personne de M° Philippe Mourier, pbrē du diocèse de Lx, qui, le 7 du mois de janvier, envoie à son frère, M° Pierre Mourier (1), pbrē habitué en lad. collégiale, sa procuration pour prendre possession de lad. chapelle.

163. — Le 19 août 1722, M° Julien de Gné de la Jonchère, pbrē, chanoine régulier de S' Augustin de l'ordre de Prémontré, diocèse de Paris, obtient en cour de Rome des lettres de provision du prieuré-cure de S' André-d'Hébertot, vacant par la résignation faite en sa faveur par M° Gaspard Godefroy, chanoine régulier et dernier titulaire.

Le 8 janv. 1723, les vicaires généraux du seig' évêque donnent leur visa auxd. provisions.

Le 9 janvier 1723, led. s' de Gné de la Jonchère prend possession dud. bénéfice, en présence de M° Gaspard Godefroy, ci-devant prieur ; M° Pierre Mabon, pbrē, demeurant à Hébertot ; et M° Guillaume Duhaut, pbrē, vicaire de lad. parr.

164. — Le 7 oct. 1722, M° Jacques-Pierre Hain, pbrē du diocèse de Bayeux, vicaire de Monts aud. diocèse, obtient en cour de Rome des lettres de provision de la cure du Ham, vacante par la résignation faite en sa faveur par M° Jacques Naude, pbrē, dernier titulaire.

Le 31 décembre 1722, les vicaires généraux du seig' évêque donne leur visa auxd. provisions.

Le 12 janvier 1722, led. s' Hain prend possession dud. bénéfice, en présence de M° Jacques Exmelin, curé des Monts, et autres témoins.

165. — Le 28 oct. 1722, sur la résignation de M° Louis Tragin, dernier prieur des Monceaux, M° Nicolas Greslebin, pbrē, obtient en cour de Rome de lettres de provision dud. bénéfice, à condition qu'il prendra l'habit des chanoines réguliers et fera profession dans leur ordre après une année de noviciat.

Le 8 janvier 1723, les vicaires généraux du seig' évêque donnent leur visa auxd. lettres de provision.

Le 20 janvier 1723, led. s' Greslebin prend possession du prieuré-cure des Monceaux, en présence de M° Jean-Baptiste Lefrançois, curé de Putot ; M° Pierre Bellière, acolyte, et M° Guy Capelles, architecte, tous deux de la Houblonnière et autres témoins. (V. **130, 193, 989**).

166. — Le 10 janvier 1723, dispense de bans pour le mariage qui

---

(1) Les s" Mourier étaient originaires de N.-D. de Courson.

sera célébré entre M⁰ Philippe Lehoult, lieutenant particulier en la vicomté du Sap, et Marguerite Rozey, tous deux de la par̄r. de Canapville (Vimoutiers), malgré l'opposition formée par M⁰ René Lehoult, vicaire de lad. par̄r., et M⁰ Charles Lehoult, chirurgien.

167. — Le 18 oct. 1722, François Desvaux, clerc tonsuré, de la par̄r. de Marmouillé, reçoit les ordres mineurs.

André Lefebvre, fils d'André et d'Elisabeth Thibault, de la par̄r. de S¹ Martin du Merlerault, reçoit la tonsure et les ordres mineurs.

168. — Le 15 janv. 1723, dispense de bans pour le mariage entre Louis Bonnet, s' des Loges, fils de feu M⁰ Henry et de noble dame Louise de Beaurepaire, de la par̄r. de Neauphle, diocèse de Séez, d'une part, et dam¹¹ᵉ Marie Prouverre, fille de Pierre-Jean Prouverre et de noble dame Marie Delarue, de la par̄r. de Grandval.

169. — Le 15 janv. 1723, dispense de bans pour le mariage entre Gabriel Le Normand, Esc', s' du Buschet, fils de feu Pierre Le Normand, Esc', et de noble dame Renée de Bonnet, demeurant à Orbec, d'une part, et noble dame Marie de Liée, Vᵛᵉ de Mesʳᵉ Claude de Bonnechose, Esc', et fille de feu Mesʳᵉ Pierre de Liée et de noble dame Louise-Léonore de Belleau, de la par̄r. de Bellonet et de S¹ Germain de Lx. (V. **411**).

170. — Le 16 janvier 1723, dispense de bans pour le mariage entre Louis Boullaye, consᵉʳ du roy, fils de François et de Catherine Faucon, de la par̄r. du Sap, d'une part, et dam¹¹ᵉ Jacquette Dérey, fille de M⁰ Bernard Dérey et de dame Marie Habé, de la ville d'Auch.

171. — Le 16 janvier 1723, Dom Jean Quintaine, pbrē, religᵉ de l'ordre de S¹ Augustin, prieur-curé de Cauverville, diocèse de Rouen et pourvu du prieuré-cure de Fierville, diocèse de Lx, donne sa procuration pour résigner led. bénéfice de Fierville entre les mains de N.-S.-P. le pape en faveur de M⁰ Denis Thorel, pbrē, vicaire de Colletot, diocèse de Rouen. (V. **133**).

172. — Le 19 janvier 1723, dispense de bans pour le mariage entre Mʳᵉ Jean-François Girard, cheᵛ, seigʳ et patron de de Chéronvilliers, fils de Mʳᵉ Marc Girard et de noble dame Marie de .... de la par̄r. de Chéronvilliers, diocèse de .... d'une part, et dam¹¹ᵉ Jeanne-Elisabeth-Claude de Foucques, fille de Mʳᵉ Pierre de Foucques et de noble dame Marie-Anne Le Filleul, de la par̄r. d'Orbec. (V. **102**).

173. — Le 19 janvier 1723, dispense de bans pour le mariage entre Louis-Jacques Hécamps, Esc', seigʳ d'Epreville, fils de Mʳᵉ Jean Hécamps, Esc', et de dame Marie-Elisabeth Goyer, demeurant en la par̄r. S¹ Ouen de Pontaudemer, d'une part, et dam¹¹ᵉ Catherine Le Bailly, fille de M⁰ Jacques Le Bailly et d'Anne-Catherine Hugué, de la par̄r. de S¹ Eloi de Rouen. (V. **821**).

174. — Le 19 janvier 1723, dispense de bans pour le mariage entre Jacques Leture, fils de feu Jacques et de feu d^{lle} Elisabeth de Lomosne, de la par̄r. de Chamboy, diocèse de Séez, d'une part, et dam^{lle} Jeanne-Louise-Elisabeth Lefebvre, fille de Jacques Lefebvre, Esc^r, et de feu d^{lle} Charlotte Blondel, de la par̄r. de Bazocques.

175. — Le 19 janvier 1723, dispense de bans pour le mariage entre Mre Jacques Letourneur, docteur en médecine, fils de feu Jean, de la par̄r. d'Orbec, d'une part, et Elisabeth Coupery, de la ville du Havre, demeurant présentement à St Paul-de-Courtonne.

176. — Le 14 oct. 1722, Me François Huet, pbr̄e du diocèse de Lx, obtient en cour de Rome des lettres de provision qui lui confèrent tous les droits que Mre Charles-François de Parey de Combrey peut avoir sur la chapelle St Vivien en la Cathédrale, suivant la concession que lui-même en a faite aud. s^r Huet.

Le 12 janvier 1723, le droit de collation de lad. chapelle appartenant au chanoine de semaine, Mre Gabriel Durozey, docteur en théologie de la faculté de Paris, chanoine prébendé de Feins, se trouvant chanoine de semaine, donne aud. s^r Huet la collation dud. bénéfice.

Le 13 janvier 1723, le s^r Huet est mis en possession de la chapelle St Vivien par le ministère de Mre de Grosourdy, chanoine et trésorier de la Cathédrale. (V. **120**).

177. — Le 25 janvier 1723, dispense de bans pour le mariage entre Charles de St Gilles, Esc^r, s^r du Mesnil, fils de feu Georges de St Gilles, Esc^r, et de noble d^{lle} Louise de Gourmont, de la par̄r. de St Germain de Varreville, diocèse de Coutances, et Jeanne Collet, fille de Gilles et de Marie Laroche, de la par̄r. de Barneville-en-Auge.

178. — Le 27 janvier 1723, dispense de bans pour le mariage entre Louis Lallier, fils de feu Louis et dam^{lle} Marguerite Coipel, d'une part, et d^{lle} Anne-Françoise Denis, fille de Mre François Denis, Esc^r, et de feu dame Anne-Françoise de Brasdefer, de la par̄r. de Crouttes.

179. — Le 27 janvier 1723, vu l'attestation du s^r Roussel, vicaire de Bouzeville, et du s^r Le Bedel, vicaire de la Chapelle-Bayvel, dispense de bans pour le mariage entre Nicolas Lebel et Marie Charlemaine.

180. — Le 1er fév. 1723, dispense de bans pour le mariage entre Me Jean-Baptiste de la Roque, avocat, fils de Me Jean-Baptiste de la Roque, et de feu dam^{lle} Cécile Deshays, originaire de Chambrois et demeurant présentement en la par̄r. de Ste Croix de Bernay, d'une part, et dam^{lle} Jeanne-Françoise Thoumin, fille de Me Louis Thoumin, cons^{er} du roy en l'élection de Lx. et de dam^{lle} Marie Ameline, de la par̄r. de St Germain de Lx. (V. **822**).

181. — Le 3 fév. 1723, dispense de bans pour le mariage entre Jean-Adrien Deneuville, marchand, bourgeois de Lx, fils de feu

M* François Deneuville, cons*er du roy, et de feue d*lle* Marie Morin, de la parr. St Jacques de Lx, d'une part, et dam*lle* Elisabeth Esmont, fille de feu M*re* François Esmont de la Rozière, avocat, et de feu dam*lle* Louise Buisson, demeurant en la parr. S* Germain de Lx.

182. — Le 4 fév. 1723, dispense de bans pour le mariage entre Mes*re* Thomas de Cintray, Esc*r*, s*r* des Essarts, fils de feu Jean et de feu dam*lle* Geneviève Le Michel, de la parr. du Mesnil-Durand, d'une part, et dam*lle* Louise Vaboy, fille de feu Raullin, s*r* des Grands-Champs, et de dam*lle* Marie Le Filleul, de la parr. du Chesne.

183. — Le 8 fév. 1723, dispense de bans pour le mariage entre Jean de la Thillaye, lieutenant de cavalerie, fils de feu Laurent et de feue Anne Roussel, de la parr. de Canapville, d'une part, et dam*lle* Marie d'Arclais, fille de feu Jean d'Arclais, Esc*r*, et de feu noble dame Marie de Bernière, de la parr. de S*t* Basile.

184. — Le 9 fév. 1723, vu l'attestation du s*r* du Mesnil, vicaire de Coquainvilliers, et du s*r* Lecharpentier, vicaire de S*t* Germain-de-Livet, dispense de bans pour le mariage entre Jean Gosset et Marie Fougy. (*V*. **807, 865**).

185. — Le 15 fév. 1723, vu l'attestation du s*r* Thomas Moullin, vicaire de S*te* Catherine d'Honfleur, dispense de bans pour le mariage entre Louis Pimont et Françoise Lecuot.

186. — Le 15 fév. 1723, « Mémoire des actes de profession des religieuses qui sont dans l'abbaye de Préaux depuis 1691 :

Sœur Magdeleine Floquet a esté professe le 26 décemb. 1694,
Sœur Anne Audran, a esté professe, le 16 janv*r* 1698,
Sœur Anne Tallon, le 21 sept. 1698,
Sœur Anne de Gallentine, le 19 juin 1702,
Sœur Marguerite Lerebours, le 13 juillet 1706,
Sœur Marie Tostin, le 29 avril 1708,
Sœur Catherine Grosein, le 17 novembre 1709,
Sœur Marie-Anne de la Motte, le 17 nov. 1709,
Sœur Magdeleine Le Barbier, le 30 juillet 1711,
Sœur Marie Le Boullenger, le 30 juillet 1711,
Sœur Marie-Anne Lebaillif, le 22 sept. 1712,
Sœur Magdeleine de Bonnebose, le 27 sept. 1712,
Sœur Catherine de la Motte, le 4 oct. 1712,
Sœur Marguerite de Lange, le 12 juin 1714,
Sœur Marie d'Epréville, le 6 juillet 1714,
Sœur Catherine-Claire d'Aricis, le 15 juillet 1714,
Sœur Catherine Taillet, le 15 août 1714,
Sœur Cécile France, le 4 août 1715,
Sœur Jullie de Manneville, le 4 fév. 1716,

Sœur Marie du Hecquet, le 1ᵉʳ mars 1716,
Sœur Marie-Rose Lebaillif, le 4 juillet 1716,
Sœur Charlotte de Guémené (?), le 6 oct. 1716,
Sœur Marie-Anne Villain, le 4 nov. 1718,
Ce que Nous Anne Thérèse de Rohan, abbesse de Préaux, attestons estre véritable. »

187. — Le 15 fév. 1723, « Très-haute, Très-puissante, Très-Illustre et Très-Vertueuse princesse Madame Anne Thérèse de Rohan, abbesse de l'abbaye royale de Sᵗ Léger de Préaux », représentée par Mᵉ Guillaume Legras, consᵉʳ du roy, assesseur au bailliage et vicomté de Pontaudemer, nomme à la chapelle de N.-D., en lad. abbaye la personne de Mᵉ Jean Thouas, pbrē, curé de l'une des portions de la parr. Sᵗ Michel de Préaux. Cette chapelle était vacante par la mort de Mᵉ Jean-Baptiste Foureau, dernier titulaire. (*V.* **242, 251**).

Le 23 fév. 1723, les vicaires généraux du seigʳ évêque donnent aud. sʳ Thouas la collation dud. bénéfice. (*V.* **263**).

188. — Le 30 janv. 1723, la nomination à la chapelle « de N.-D. et Sᵗ Antoine du Vallet », parr. de Monnay, appartenant au seigʳ du lieu, par droit alternatif, Mʳᵉ Pierre-Antoine de Fontenay, chevʳ, seigʳ de Maison-Maugis, Franvilliers, Vézors et Monnay, nomme aud. bénéfice, vacant par « la désertion et incapacité de titre » de Mᵉ François-Réné d'Aché, clerc tonsuré de la parr. de Malbœuf, diocèse d'Evreux, dernier titulaire, la personne de Mᵉ Louis Isaac, pbrē, curé de la 2ᵉ portion de la parr. de Monnay. Fait à Mortagne devant le notaire royal-apostolique du lieu.

Le 17 février 1723, les vicaires généraux du seigʳ évêque de Lx donnent aud. sʳ Isaac la collation de lad. chapelle.

Le 26 avril 1723, le sʳ Isaac prend possession de la chapelle de « Sᵗ Antoine » du Vallet, en présence de Mᵉ Jacques Anfrie, pbrē, curé de Vic au diocèse de Chartres ; Mᵉ Michel Desprez, pbrē, curé de la 1ʳᵉ portion de Monnay ; Mᵉ Charles Frémont, pbrē du Sap ; Mʳᵉ Robert de Mannoury, Escʳ, sʳ de Bellemare.

189. — Le 10 février 1723, la nomination à la cure ou vicairie perpétuelle de Sᵗ Germain de Lx appartenant au chanoine prébendé de Sᵗ Germain, Mʳᵉ François Le Bas, chanoine titulaire de lad. prébende, nomme à cette cure vacante par la mort de Mᵉ Robert Morin, pbrē, dernier possesseur de lad. cure, la personne de Mᵉ Jacques Le Bas, pbrē, curé de Louversey, diocèse d'Evreux, bachelier en théologie de la faculté de Paris. Fait à Lx en présence de Mᵉ Michel Duclos, pbrē, officier de la Cathédrale, et César Duclos, bourgeois de Lx.

Le 11 février 1723, les vicaires généraux du seigʳ évêque donnent aud. sʳ Jacques Le Bas la collation dud. bénéfice.

Le 20 février 1723, le s⁺ Le Bas prend possession de la cure de S⁺ Germain de Lx, en présence de M⁺⁺ Jean Seney, pbr͞e, vicaire du lieu, Jacques Daubichon, Jacques Lemarquand, pbr͞es députés : Louis Maillet, Sébastien Bardel, Nicolas Daubichon, Charles Gournay, François Marey, Gabriel Cachet, Pierre Béaumais, Jean Ginon, Adrien Louvet, Pierre Thillaye, Pierre Chemin, Guillaume Greslebin, Nicolas Vattier, tous pbr͞es de lad. église de S⁺ Germain ; et des s⁺⁺ Guillaume de la Perrelle, trésorier, Sébastien Seney, député, M⁺ Jacques Lange, médecin, M⁺ Jacques Crochon, greffier, Guillaume Viquesnel, et autres témoins de lad. parr. (*V.* 213).

190. — Le 12 février 1723, M⁺ François Morel, pbr͞e du diocèse d'Evreux et curé de Villers-en-Ouche, M⁺ ès-arts en l'Université de Caen, représenté par son frère, le s⁺ Nicolas Morel, officier de feu Son Altesse Royale Monseigneur, demeurant à la Confrière, aussi du diocèse d'Evreux, fait réitérer ses noms et grades aux relig⁺ de S⁺ Evroult, ainsi qu'au seig⁺ évêque et au chapitre de Lx. (*V.* **21, 276**).

191. — Le 11 février 1723, arrêt du parlement de Rouen en faveur de M⁺ Daniel Langlois, pbr͞e, pourvu de la cure de S⁺ Cloud-en-Auge, par la résignation faite en sa faveur par M⁺ Paul Bellant, dernier titulaire, contre M⁺ Jacques Train, pbr͞e, prétendant droit aud. bénéfice.

Le parlement déclare abusif le refus fait par la cour romaine de donner des lettres de provision de la cure de S⁺ Cloud, attendu que le Pape, en vertu des Libertés de l'Eglise gallicane, a l'obligation de faire expédier les provisions le jour que la réquisition lui en est faite.

Il déclare abusif le refus fait par le grand vicaire de Lx et ensuite par l'évêque de donner l'institution canonique de lad. cure au s⁺ Langlois ; maintient celui-ci en possession dud. bénéfice et le renvoie devant le métropolitain pour en obtenir la collation ; condamne le s⁺ Train aux dépens du procès, sans pourtant l'obliger à restituer les fruits déjà perçus du bénéfice de S⁺ Cloud.

192. — Le 19 février 1723, M⁺ Pierre Marescal, vicaire d'Epréville, M⁺ ès-arts en l'Université de Paris, fait réitérer ses noms et grades au seig⁺ évêque et au Chapitre de Lx, ainsi qu'aux relig⁺ de Bernay. (*V.* **16, 434, 840, 907**).

193. — Le 2 mars 1723, M⁺ Nicolas Greslebin, pbr͞e, pourvu du prieuré-cure des Monceaux, pour requérir des s⁺⁺ prieur et relig⁺ les raisons qui les ont portés à le faire sortir de leur couvent où il était entré le 17 février dernier, pour faire son noviciat et prononcer ses vœux, afin « de se mettre en estat de posséder le prieuré-cure des Monceaux. Le R. P. Augustin de Callouet, sous-prieur, répond « que feu led. s⁺ prieur des Monceaux n'ayant pas passé pour profès, il est à propos que led. s⁺ Greslebin attende la conclusion du procès pour prendre l'habit. » Et il ajoute que les religieux de s^te Barbe « sont prêts à le recevoir quand la difficulté, qui se trouve sur led. bénéfice, sera levée. » Ce dont led. s^r Greslebin a requis acte. (V. **130,165,198,989**).

194. — Le 6 mars 1723, dispense de bans pour le mariage entre Pierre-Joseph de Bersac, Esc^r, s^r de la Fosse, fils d'Antoine et de d^lle Estiennette de Bose, de la par̄r. de Berville-sur-Mer, d'une part, et Jeanne Villon, fille de Guyon et de Jacqueline Pellecat, de la par̄r. de s^te Catherine d'Honfleur.

195. — Le 9 mars 1723, dispense de bans pour le mariage entre Nicolas de Sevrey, Esc^r, fils de feu Adrien de Sevrey, Esc^r, fils de feu Adrien de Sevrey, Esc^r, et de noble dame Marie-Anne de Courtonne, de la par̄r. des Roncerés, d'une part, et d^lle Elisabeth Delahaye, fille de feu Me Charles et de noble dame Louise de Bocquencé, de la par̄r. de Samesle.

196. — Le 25 février 1723, Me François-Michel de St-Michel, pbr̄e, chanoine de la maison de Ste-Croix de Caen, M^e ès-arts en l'Université de lad. ville, fait réitérer ses noms et grades aux rel^s de Ste Barbe. (V. **50,427,853**).

197. — Le 25 février 1723, Me Jean-Baptiste Le Bourbet, pbr̄e du diocèse de Bayeux et y demeurant, M^e ès-arts en l'Université de Caen, fait réitérer ses noms et grades aux relig^x de Ste Barbe-en-Auge.

198. — Le 19 février 1723, la nomination au prieuré-cure des Monceaux appartenant au prieur claustral de Ste Barbe, monsieur Guillaume Mignot, pbr̄e, prieur de lad. abbaye, nomme à lad. cure, vacante par la mort de Me Louis Tragin, dernier titulaire, décédé le 14 de ce mois, la personne de monsieur Julien Ridé, chanoine régulier, actuellement curé de St-Pierre du Breuil, diocèse de Séez.

Le 25 février 1723, le seig^r évêque donne aud. s^r Ridé la collation dud. bénéfice. (V. **157**).

Le 18 mars 1723, le s^r Ridé prend possession de la cure des Monceaux, en présence de Me Julien Laumaillé, pbr̄e, curé de la Boissière; Me Jean-Baptiste Cosnard, pbr̄e, demeurant à La Motte, et plusieurs témoins de lad. par̄r. (V. **130,193**).

199. — Le 15 mars 1723, Me Joseph Hémery, pbr̄e, curé des deux portions de la par̄r. de Lieurey, donne sa procuration pour résigner la 1re portion entre les mains de N.-S.-P. le Pape en faveur de Me Pierre-Augustin Lenoir, pbr̄e du diocèse de Lx, fait en présence de Me Jacques Le Bas, pbr̄e, curé de St-Germain de Lx, et Me Louis de Marine, directeur du bureau de Lx. (V. **65**).

200. — Le 16 mars 1723, Me Jean Féron, pbr̄e, curé de Condé-sur-Seulles (diocèse de Bayeux), M^e ès-arts en l'Université de Caen, fait réitérer ses noms et grades au seigr évêque et au Chapitre de Lx. (*V.* 7. 444).

201. — Le 10 mars 1723, Me Jean Lelièvre, pbr͞e, curé de la Ferté-Fresnel (de 300 livres de revenu annuel), Me ès-arts en l'Université de Caen, fait réitérer ses noms et grades aux religieux de St Evroult. (*V.* 3, 449, 856).

Le même jour, Me Jean Marais, vicaire de la Ferté-Fresnel, Me ès-arts en l'Université de Caen, fait réitérer ses noms et grades aux religieux de St Evroult. (*V.* 3).

202. — Le 3 mars 1723, Me Louis Delamare, pbr͞e, curé de N.-D.-du-Pré de Pontaudemer (de la valeur de 200 livres), Me ès-arts en l'Université de Caen, fait réitérer ses noms et grades aux religieux de St Pierre de Préaux, Cormeilles, Grestain et aux dames de St Léger de Préaux. (*V.* 46, 250).

203. — Le 4 mars 1723, Me Jacques Corbin, pbr͞e, bachelier en l'Université de Paris, demeurant au monastère des dames religieuses de Conflans, près Paris, représenté par le sr Corbin, son père, marchand, demeurant à Bernay, fait réitérer ses noms et grades au seigr évêque et au Chapitre de Lx ainsi qu'aux religx de Bernay. (*V.* 28, 436, 883).

204. — Le 16 mai 1718, Me Louis-François Poret, diacre de Lx, est reçu bachelier en théologie de la faculté de Paris. (*V.* 236, 880).

205. — Le 15 mars 1723, Me François Frontin, pbr͞e, demeurant à Pontaudemer, par͞r. St Ouen, Me ès-arts en l'Université de Caen, fait réitérer ses noms et grades aux religieux de St Pierre de Préaux et aux dames de St Léger de Préaux. (*V.* 26, 299, 454, 878).

206. — Le 20 mars 1723, Mre Jean-Baptiste de Gémare, pbr͞e, Me ès-arts en l'Université de Caen, demeurant à Paris en la communauté des prêtres de St Sulpice et représenté par Me Daniel Desamaison, pbr͞e habitué en l'église St Jacques de Lx, fait réitérer ses noms et grades au seigr évêque de Lx. (*V.* 35, 445).

207. — Le 23 mars 1723, Me Jean-Baptiste Roblastre, pbr͞e du diocèse de Paris, Me ès-arts en l'Université dud. lieu, représenté par Louis de Marine, directeur des Aides de Lx, fait réitérer ses noms et grades aux religieux de St Evroult. (*V.* 4).

208. — Le 16 mars 1723, Me François Durozey, pbr͞e, docteur en théologie de la faculté de Paris, y demeurant par͞r. St Jacques-du-Haut-Pas, représenté par Mre Gabriel Durozey, pbr͞e, chanoine de Lx, fait réitérer ses noms et grades au seigr évêque et au Chapitre de Lx. (*V.* 22, 448, 884).

209. — Le 20 novembre 1722, Me Christophe Courtin, pbr͞e, qui avait précédemment obtenu en cour de Rome des lettres de provision de la chapelle N.-D., 1re portion, en la Cathédrale, rendues nulles par la raison qu'il n'avait pas déclaré qu'il était déjà vicaire de Retz et chapelain de S¹ Laurent, en lad. Cathédrale, obtient de nouvelles lettres de provision. (V. 138).

210. — Le 13 mars 1723, M⁰ Jean Daubin, pbrē, demeurant à Pont-l'Evêque, Mᵉ ès-arts en l'Université de Caen, fait réitérer ses noms et grades au seigʳ évêque et au Chapitre de Lx. (V. 54).

211. — Le 26 mars 1723, Mᵉ Pierre Samuel Viel de la Grande-Rue, pbrē, ancien prieur claustral de Sᵗᵉ Croix de Caen, résidant au couvent de Gayette, diocèse de Clermont, Mᵉ ès-arts en l'Université de Caen, fait réitérer ses noms et grades aux religieux de Sᵗᵉ Barbe. (V. 50).

212. — Le 17 mars 1723, Mᵉ Edouard Desvaux, pbrē, demeurant à Guerquesalles, Mᵉ ès-arts en l'Université de Paris, fait réitérer ses noms et grades au seigʳ évêque et au Chapitre de Lx. (V. 34, 480, 881).

213. — Le 1ᵉʳ avril 1723, Mᵉ Jacques Le Bas, pbrē, curé de S¹ Germain de Lx et aussi curé de la parr. de Lourvercey, diocèse d'Evreux, résigne led. bénéfice de Louvercey entre les mains de N.-S.-P. le pape en faveur de Mᵉ Michel Duclos, pbrē de Lx, se réservant toutefois une pension viagère de 200 livres sur les revenus de lad. cure qu'il a desservie pendant 22 ans. (V. 189).

214. — Le 2 avril 1723, dispense de bans pour le mariage entre Joseph-François Le Vellain, Escʳ, fils d'Alexandre et de noble dame Barbe Thiboult, de la parr. de Dozulé, d'une part et dame Françoise Goupil, Vᵛᵉ de Gui Trollé, sʳ de Bourjeancière, fille de feu Jean Goupil, et de noble dame Françoise Viallot, de la parr. de Sᵗ Pierre-sur-Dives.

215. — Le 19 mars 1723, Mᵉ Charles Lepeltier, pbrē, vicaire d'Epaigne, Mᵉ ès-arts en l'Université de Caen, fait signifier ses noms et grades aux religᵗ de Cormeilles, Sᵗ Pierre de Préaux et aux dames de Sᵗ Léger de Préaux. (V. 36, 404, 474, 846).

216. — Le 10 avril 1723, dispense de bans pour le mariage entre Louis de Saffrey, bourgeois de Caen, avocat à la Cour, fils de Mᵉ Louis de Saffrey, avocat à la cour et de noble dame Louise de Cabbaze, demeurant à Sᵗ Aubin-de-Scellon, d'une part, et damˡˡᵉ Marie Lemonnier fille de feu David, sʳ de la Bassivière (?) officier chez le roy, et damˡˡᵉ Anne-Thérèse de Montargis, de lad. parr. de Mesnil-Germain. (V. 32).

217. — Le 19 mars 1723, Mᵉ Pierre Selles, pbrē de l'exemption de Nonant et vicaire d'Heudreville, Mᵉ ès-arts en l'Université de Caen fait réitérer ses noms et grades au seigʳ évêque et au Chapitre de Lx. (V. 15, 379).

218. — Le 22 mars 1723, Mᵉ Guillaume de la Couture, pbrē de la parr. de Neuville-sur-Touques, et vicaire de Sᵗ Evroult-de-Montfort, Mᵉ ès-arts en l'Université de Caen, fait réitérer ses noms et grades au seigr évêque et au Chapitre de Lx, ainsi qu'aux religieux de St Evroult. (V. **19, 31**).

219. — Le 25 mars 1723, Me Jean-Baptiste Paulmier, pbrē, demeurant à St Jacques de Lx, Me ès-arts en l'Université de Caen, fait réitérer ses noms et grades au seigr évêque et au Chapitre de Lx, ainsi qu'aux religx de St Evroult. (V. **14, 435, 481, 847**).

220. — Le 22 mars 1723, Me Germain Anger, pbrē, Me ès-arts en l'Université de Paris, bachelier en théologie, professeur septennaire et émérite en lad. Université, demeurant à Paris, au collège de Lx, rue St Etienne-des-Grés, représenté par le sr Louis Maillet, sr du Boismaillet marchand, demeurant à Lx, parr. St Germain, fait réitérer ses noms et grades au seigr évêque et au Chapitre de Lx. (V. **25, 406**).

221. — Le 22 mars 1723, Me André du Coudray, pbrē, docteur en théologie de la faculté d'Angers, curé de St Laurent de Montfort, diocèse d'Evreux, (de 300 livres de revenu), Me ès-arts en l'Université de Caen, fait réitérer ses noms et grades aux religieux de St Evroult.

222. — Le 19 avril 1723, vu l'attestation du sr Levillain, curé de Pont-l'Evêque, du sr Duclos, vicaire de St Thomas de Toucques, et du sr Chippel, vicaire de St Pierre de Cormeilles, dispense de bans pour le mariage entre Jacques Lebarbier, sr de Blary, avocat au bailliage de Pont-l'Evêque et y demeurant, fils de feu Me Hervé Lebarbier, et de damlle Marie-Magdeleine de Benoist de Blary, demeurant en la parr. de St Thomas de Toucques, d'une part, et damlle Geneviève Le Paulmier, fille de feu Mesre Nicolas Lepaulmier, sr des Casteletz, et feu dame Marie de Nossey, de la parr. de St Pierre de Cormeilles.

223. — Le 15 fév. 1723, Me François-Antoine Lesieur des Terriers acolyte du diocèse de Lx, est reçu Me ès-arts en l'Université de Caen.

Le 17 fév. 1723, il obtient des lettres de quinquennium du recteur de lad. Université.

Le même jour, le sr des Terriers, âgé de 21 ans passés, est nommé par icelle Université sur les archevêchés et les chapitres de Paris et de Rouen, sur les évêchés et les chapitres de Bayeux, Lisieux, Séez, Coutances, Avranches, Beauvais, Chartres et Blois, ainsi que sur un grand nombre d'abbayes et prieurés de ces divers diocèses. (V. **136, 750, 872**).

224. — Le 20 mars 1723, Me Robert Leroux, pbrē de la parr. St Jacques de Lx, Me ès-arts en l'Université de Caen, fait réitérer ses noms et grades au seigr évêque et au Chapitre de Lx. (V. **45, 455, 561, 879**).

225. — Le 1er avril 1723, noble et discrète personne Mre Jean-Baptiste-Etienne Duhamel, pbrē, docteur en théologie de la faculté de Paris, conser du roy en sa cour de parlement de Normandie, abbé commendataire de N.-D. d'Aubignac, chanoine et grand trésorier de la Cathédrale de Rouen et enfin titulaire du personnat de Plasnes en lad. parr., diocèse de Lx, demeurant à Rouen, donne sa procuration pour résigner led. personnat entre les mains du seig[r] évêque de Lx.

Le 8 avril 1723, la nomination aud. personnat de Plasnes appartenant au seig[r] du Boscachard, Mre Jacques-Georges du Fay, comte de Maulevrier et du Boscachard, nomme aud. bénéfice la personne de son fils, Mre Claude-Bernard-Antoine du Fay de Maulevrier, clerc du diocèse de Rouen, demeurant au Bourgachard.

Le 17 avril 1723, le seig[r] évêque donne aud. s[r] du Fay la collation dud. bénéfice.

Le 13 mai 1723, led. s[r] du Fay, représenté par Me Michel St Amand, pbr[e] du diocèse d'Evreux, chapelain de M[r] le comte de Maulevrier, prend possession du personnat de Plasnes avec les cérémonies ordinaires des prises de possession accomplies dans l'église de Plasnes, en présence de Me Louis Hue, vicaire de Plasnes ; Mre Nicolas de Bellemare, Esc[r], s[r] de Cornières, et autres témoins.

226. — Le 20 mars 1723, Me Guillaume Jéhenne, pbr[e], curé de N.-D. de Carnettes, remet sond. bénéfice entre les mains du seig[r] évêque de Lx, en faveur de Me Pierre Gouet, pbr[e], curé de Ste Croix de Bernay, et led. s[r] Gouet remet sad. cure de Ste Croix aussi entre les mains dud. seig[r] évêque en faveur dud. s[r] Jehenne, pour cause de mutuelle permutation. Fait au séminaire de Lx, en présence de Me Guillaume-Antoine Langeois, pbr[e], curé d'Hermival, et de Me Jean-Jacques Enouf, pbr[e], demeurant aud. séminaire de Lx.

Le 24 mars 1723, le seig[r] évêque donne aud. s[r] Gouet la collation de la cure de Carnettes.

Le 30 mars 1723, le s[r] Gouet prend possession dud. bénéfice, en présence de Me Jean Letellier, pbr[e] de la parr. de la Genevraye, et de Me Paul Doisy de la Couture, de la parr. de Carnettes.

227. — Le 24 mars 1723, le seig[r] évêque donne à Me Guillaume Jéhenne, pbr[e], curé de Carnettes, la collation de la cure de Ste Croix, « principale église de Bernay », vacante par la résignation faite en sa faveur par Me Pierre Gouet, pbr[e], dernier titulaire.

Le 29 mars 1722, led. s[r] Jéhenne, représenté par Me Martin Dubusc, pbr[e], premier vicaire de Ste Croix de Bernay, prend possession dud. bénéfice, en présence de Me André Aubry, 2e vicaire, François Hubert, Robert Bonhomme, Pierre Vauchel, tous pbr[es] de lad. parr. ; Jacques Seyer, diacre, Louis Jacques, acolyte, Jean Deshays, acolyte, Pierre Fleury, acolyte, aussi de lad. parr. ; Claude-Pierre Pellard, Esc[r], cons[r] du roy, receveur des Tailles de la ville et élection de Bernay, premier marguiller, les s⁰ˢ Demonts, marchand, Jacques Planque, marchand, Robert Jouvin, marchand, tous marguillers de lad. église.

Le 1ᵉʳ avril 1623, led. sʳ Jehenne, curé de Sᵗᵉ Croix de Bernay, résigne sond. bénéfice de Bernay, entre les mains du seigʳ évêque en faveur de Mᵉ Jean Leprevost, pbre, curé de Cizay, et led. sʳ Leprevost résigne aussi lad. cure de Cizay en faveur dud. sʳ Jehenne pour cause de mutuelle permutation. Fait au grand séminaire de Lx, en présence de Mᵉ Germain-Guillaume Gautier, diacre, et Jean Corbin, sous-diacre, de Sᵗᵉ Croix de Bernay, présentement aud. séminaire.

Le 2 avril 1723, le seigʳ évêque donne aud. sʳ Leprevost la collation de lad. cure de Bernay.

Le 8 avril 1723, led. sʳ Leprevost, pbre, Mᵉ ès-arts, prend possession dnd. bénéfice, en présence de Mᵉ Martin Dubusc, premier vicaire, et de Mᵉ André Aubry, second vicaire de lad. parr. ; Mᵉ François Hubert, Mᵉ Robert Bonhomme, Mᵉ Pierre Vauchel, Mᵉ Jean Pecqueult, tous pbres de lad. église ; Mᵉ Jean Seyer et Jean Oursel, diacres de la même église ; Mᵉ Jean Deshayes, acolyte, Pierre Pellard, Escʳ, consᵉʳ du roy, receveur des Tailles, premier marguiller et les autres témoins ci-dessus cités.

228. — Le 23 mars 1723, la nomination à la cure de Cizay appartenant au seigʳ évêque de Lx, Sa Grandeur nomme aud. bénéfice vacant par la mort de Mᵉ Jean-Baptiste Desplanches, dernier titulaire la personne de Mᵉ Jean Leprevost, pbre, curé de Sᵗ Ouen de Rocques.

Le 30 mars 1723, led. sʳ Leprevost prend possession dud. bénéfice en présence de Mᵉ Guillaume Boscher, pbre, vicaire du lieu ; Mᵉ Pierre Hardrey, pbre, demeurant à Gacey ; Mᵉ Louis Chauvel, pbre, vicaire des Lettiers, et plusieurs autres témoins. (*V*. **237**).

229. — Le 23 mars 1723, Mᵉ Jean Le Rat, pbre, bachelier de Sorbonne, Mᵉ ès-arts en l'Université de Paris, demeurant en lad. ville rue du Bac, réprésenté par Mᵉ Louis-Guillaume Moullin, consᵉʳ du roy, contrôleur des gages de la cour des comptes de Normandie, demeurant à Lisieux, parr. Sᵗ Jacques, fait réitérer ses noms et grades au seigʳ évêque et au Chapitre de Lx. (*V*. **20, 37, 882**).

230. — Le 24 mars 1723, Mᵉ Pierre Thillaye, pbre, pourvu de la chapelle Sᵗ Léonard en la Cathédrale (8 à 10 livres de revenu), Mᵉ ès-arts en l'Université de Paris, fait réitérer ses noms et grades au seigʳ évêque. (*V*. **47, 406, 476**).

231. — Le 25 mars 1723, Mᵉ Jean du Buisson, pbre de la parr. de N.-D. de Courson, y demeurant, Mᵉ ès-arts en l'Université de Caen, fait réitérer ses noms et grades au seigʳ évêque et au Chapitre de Lx. (*V*. **479, 857**).

232. — Le 18 avril 1723, dispense de bans pour le mariage entre

Jacques-Louis Cadet, de la ville de Cherbourg, officier, et dam^lle Marie-Rose Morin, fille de Réné Morin et de dam^lle Anne Boulard, de la parr. St Jacques de Lx.

233. — Le 24 mars 1723, Me Jean-Baptiste Lesieur, pbre, M^e ès-arts en l'Université de Caen, demeurant à Gacé, fait réitérer ses noms et grades aux religieux de Friardel, ainsi qu'au seig^r évêque et au Chapitre de Lx. (*V*. **53, 59, 868**).

234. — Le 24 avril 1723, dispense de bans pour le mariage entre Louis-Charles Roussel, directeur des Aides de l'élection d'Eu, y demeurant, d'une part. et dame Magdeleine de la Rocque, veuve de Pierre de Jort, s^r de Lespiney, de la parr. d'Estrées.

235. — Le 25 mars 1723, Me Louis Pollin, pbre, curé de St Jean-de-Livret, M^e ès-arts en l'Université de Caen, fait réitérer ses noms et grades au seig^r évêque et au Chapitre de Lx, ainsi qu'aux relig^x de Beaumont et à ceux de Friardel. (*V*. **55, 329, 447, 877**).

236. — Le 25 mars 1723, Me Louis-François Poret, pbre, bachelier et M^e ès-arts en l'Université de Paris, demeurant à Lx, parr. Saint-Jacques, fait réitérer ses noms et grades au seig^r évêque et au Chapitre de Lx (*V*. **204, 880**).

237. Le 26 mars 1723, Me Jacques Couture, pbre de l'église de St Jacques de Lx et y demeurant, M^e ès-arts en l'Université de Paris, fait réitérer ses noms et grades aux religieux de Bernay et de Cormeilles (*V*. **48, 483, 885**).

238. — Le 26 mars 1723, Me Pierre Tragin, pbre, curé de Ste Croix de Cormeilles (de la valeur de 200 livres de revenu), M^e ès-arts en l'Université de Caen, fait réitérer ses noms et grades aux relig^x de Cormeilles (*V*. **106, 263, 469**).

239. — Le 26 mars 1723, Mre Esprit-Jean-Baptiste Le Prevost, Esc^r, s^r de Miette, sous-diacre du diocèse de Séez, demeurant en la parr. de Sentilly, bachelier en théologie de la faculté de Paris, représenté par Me Gabriel Tasdhomme, pbre, demeurant à Lx, parr. St Germain, fait réitérer ses noms et grades au seig^r évêque et au Chapitre de Lx (*V*. **52, 329**).

240. — Le 27 mars 1723, Me François Dilloys, pbre du diocèse de Lx, vicaire de Ste Croix-St Ouen de Rouen, y demeurant, M^e ès-arts en l'Université de Caen, représenté par Me Jean-Baptiste Paulmier, pbre du diocèse de Lx, fait réitérer ses noms et grades aux religieux de St Evroult. (*V*. **481**).

241. — Le 27 mars 1723, Me François Turpin, pbre, demeurant à Echauffour, M^e ès-arts en l'Université de Caen, représenté par Me Guillaume Lemarchand, pbre, demeurant à Lx, parr. St Jacques, fait réitérer ses noms et grades au seig^r évêque de Lx. (*V*. **49, 326, 453, 849**).

242. — Le 7 janvier 1723, M⁰ Louis-Pierre Mirey, clerc du diocèse de Paris, obtient en cour de Rome des lettres de provision, *per obitum*, de la chapelle de N.-D. de Halboust en l'église des religieux de St Etienne de Caen, diocèse de Bayeux, et de la chapelle St Michel de Corbon, en l'église paroissiale de Corbon, et enfin de la chapelle N.-D. en l'église des religieuses de St Léger de Préaux, vacantes par le décès de M⁰ Jean Fourreau, dernier titulaire.

Le 9 avril 1723, led. s' Mirey donne procuration pour requérir du seig' évêque de Lx la collation desd. chapelles et en prendre possession. (*V.* 251).

243. — Le 18 avril 1723, le seig' évêque donne des lettres de vicaire général à M⁰ Jean-Louis Chappelain, pbrᵉ, licencié ès-droits.

244. — Le 27 avril 1723, dispense de bans pour le mariage entre Nicolas Gueroult, s' de Belcour, fils de feu Nicolas et de feu damᵉˡˡᵉ Anne Allard, d'une part, et damᵉˡˡᵉ Marie-Anne Pocquet, fille de feu Nicolas et de feu damᵉˡˡᵉ Jeanne Le Mercier, tous deux de la parr. de la Couture de Bernay.

245. — Le 11 mars 1723, Mʳᵉ Jean-Estienne Bernardi, pbrᵉ du diocèse de Carpentras, docteur en théologie et chanoine prébendé de la Pluyère, demeurant à Lx et se trouvant présentement à Paris, logé, rue Cassette, chez Madame la comtesse de Brancas, d'une part, et Mesʳᵉ Louis Le François de la Plesse, clerc du diocèse de Paris, chanoine prébendé de St Canude en la cathédrale de St Sauveur d'Aix, représenté par Louis Copin de Valaupuy, secrétaire de Mʳ de Caumont, consʳ d'Etat, intendant des Finances, demeurant à Paris, rue de Seine, donnent leur procuration pour résigner leurs canonicats entre les mains de N.-S.-P. le pape en faveur l'un de l'autre pour cause de mutuelle permutation.

Le 30 avril 1723, la nomination au canonicat de la Pluyère appartenant au seig' évêque, Sa Grandeur nomme aud. bénéfice, vacant par la libre démission faite entre ses mains par Mʳᵉ Jean-Estienne Bernardi, dernier titulaire, la personne de Mᵉ Nicolas-Louis Le François de la Plesse, clerc du diocèse de Paris, chanoine d'Aix. (*V.* 87).

Le 1ᵉʳ mai 1723, le s' de la Plesse est mis en possession du canonicat de la Pluyère par le ministère de M. de Grosourdy, chanoine et trésorier de la Cathédrale, en présence du Chapitre et de Mʳᵉ Jean Graffard et Pierre Pillon, officiers de la Cathédrale.

246. — Le 21 avril 1723, la nomination à la cure de Boisney appartenant au seig' de Thibouville, Mesʳᵉ Pierre-Charles de Lambert, chevʳ, seig' d'Herbigny, marquis de Thibouville, consʳ d'Etat, demeurant à Paris, rue des Saints-Pères, nomme aud. bénéfice, vacant par la mort de Mᵉ Nicolas Le Portier de la Surière, décédé le 28 janvier dernier, la personne de Mᵉ François Richomme, pbr̄ē, curé de Fontaine-la-Soret. (V. 256).

247. — Le 11 fév. 1723, Mᵉ Denis Thorel, pbr̄ē du diocèse de Rouen, obtient en cour de Rome des lettres de provision du prieuré-cure de Fierville, diocèse de Lx, à condition qu'il prendra l'habit et fera profession dans une maison de l'ordre de Sᵗ Augustin, dans le délai d'une année.

Le 7 avril 1723, le seigʳ évêque donne son visa auxd. lettres de provision.

Le 9 avril 1723, le sʳ Thorel prend possession du prieuré de Fierville, vacant par la résignation faite en sa faveur par Mᵉ Jean Quintaine, pbr̄ē, chanoine régulier de Sᵗ Augustin et dernier titulaire. Fait en présence de Mᵉ Noel Goubert, pbr̄ē, curé des Parfontaines ; Mᵉ François Bence, pbr̄ē, vicaire de Fierville, et autres témoins. (V. 171, 325).

248. — Le 3 mai 1723, dispense de bans pour le mariage entre François-Paul Levasseur, Escʳ, sʳ de Siglas, lieutenant-colonel du régiment des Cravattes-cavalerie, chevalier de l'ordre militaire de Sᵗ Louis, d'une part, et damˡˡᵉ Françoise de Malvoue, fille de feu Mesʳᵉ Joseph-Germain de Malvoue, chevʳ, seigʳ de la parr̄. de N.-D. d'Aulnay, et de noble dame Madeleine de Nocey, de la parr̄. d'Orbec.

249. — Le 1ᵉʳ fév. 1723, noble et vénérable personne, Mᵉ Nicolas du Houlley, pbr̄ē, docteur de Sorbonne, vicaire général du seigʳ évêque de Coutances, chanoine prébendé des Chesnes en la Cathédrale de Lx, donne sa procuration pour résigner son canonicat entre les mains de N.-S.-P. le pape en faveur de son neveu, Mᵉ Louis-Jean du Houlley, originaire de la ville de Sᵗ Malo, clerc du diocèse de Lx, à cause du démissoire accordé par le seigʳ évêque de Sᵗ Malo, et chapelain en la Cathédrale de Lx. Fait et passé à Coutances.

250. — Le 4 mai 1723, la nomination à la cure de Sᵗ Pierre de Salerne appartenant au seigʳ abbé de Préaux, Mʳᵉ Urbain Robinet, pbr̄ē, vicaire général de Mʳᵉ Thomas-Jean-François de Strickland, abbé de lad. abbaye, nomme à lad. cure, vacante par la mort de Mᵉ Gédéon Dumayne, pbr̄ē, dernier titulaire, décédé dans le mois d'avril, la personne de Mᵉ Louis Delamare, pbr̄ē, curé de N.-D.-du-Pré de Pontaudemer, en sa qualité de gradué. (V. 202. 264, 851).

251. — Le 31 déc. 1722, Mᵉ François Dême, pbr̄ē du diocèse d'Apt, obtient en cour de Rome des lettres de provision, *per obitum*, de la chapelle N.-D. de Bois-Halboust en l'église de l'abbaye de Sᵗ Etienne de Caen, diocèse de Bayeux, de la chapelle Sᵗ Michel en la parr̄. de Corbon, et de la chapelle N.-D. et Sᵗ Léger dans l'église de l'abbaye de Sᵗ Léger de Préaux, vacantes par la mort de Mᵉ Jean-Baptiste Fourreau.

Le 6 mai 1723, le seig' évêque donne son visa auxd. lettres de provision. (V. 242).

Le 12 mai 1723, led. s' Dême prend possession de la chapelle simple de S' Michel de Corbon par le toucher des murailles et vestiges d'icelle. Ensuite il se rend à l'église paroissiale pour accomplir les autres cérémonies accoutumées, en présence de plusieurs marchands du lieu.

Le 14 mai 1723, le s' Dême prend possession de la chapelle simple de N.-D. et S' Léger en l'église abbatiale de S' Léger de Préaux, en présence d'Yves Couronné, maître d'école de la paṝ. de Préaux, et autres témoins.

252. — Le 18 mai 1723, dispense de bans pour le mariage entre Louis Dubosc, Esc', cons'' du roy, notaire-secrétaire au parlement de Rouen, fils de M° Jacques Dubosc, procureur en la cour des Comptes, Aides et Finances de Rouen, d'une part, et dam¹¹° Françoise Toucquet, fille du feu s' Maurice Toucquet et de Marie-Magdeleine Vattier, de la paṝ. de Livarot.

253. — Le 19 mai 1723, dispense de bans pour le mariage entre Pierre-François Aubert, s' des Busquets, fils de feu M° Benoist Aubert, s' de la Cardonnière, cons'' assesseur au bailliage de Pontaudemer, et de feu dam¹¹° Françoise Dumoutier, de la paṝ. S' Ouen de Pontaudemer, d'une part, et dam¹¹° Anne Godebin, v° de Jean Poignant, fille de feu Michel Godebin et de Marguerite Platel, de la paṝ. de S' Laurent de Rouen.

254. — Le 20 mai 1723, dispense de bans pour le mariage entre M° Jean-Baptiste Hauvel, cons' du roy, président en l'élection de Lx, fils de feu M° Nicolas Hauvel, cons'' et avocat du roy en bailliage à Orbec, et de Marguerite Tynant, de la paṝ. S' Jacques de Lx, d'une part, et dam¹¹° Magdeleine-Angélique du Hauvel, fille de noble seig' Mes'° Félix-César du Hauvel, chev', seig' de la Morsanglière, la Chevallerie et autres lieux, et de noble dame Anne de Tournebu, de la paṝ. de Bonneville-la-Louvet. (V. **822, 888**).

255. — Le 15 mai 1723, M° Joseph Hémery, pbr̃°, âgé de 64 ans, curé des deux portions de cure de Lieurey, donne sa procuration pour résigner la seconde portion entre les mains de N.-S.-P. en faveur de M° Jean Boissière, pbr̃°, vicaire de Lieurey. Il se réserve toutefois 150 livres de pension à prendre sur les revenus dud. bénéfice qu'il a desservi pendant dix-neuf ans. Fait au manoir presbytéral de Lieurey, en présence des s" Louis Clouet, s' de la Saussaye, et Simon Ledanois, marchand, tous deux de lad. paṝ. (V. **160, 259**).

256. — Le 29 avril 1723, le seig' évêque donne à M° François Richomme, pbr̃°, curé de Fontaine-la-Sôret, la collation de la cure de Boisney.

Le 7 mai 1723, le s' Ri...urne prend possession dud. bénéfice, en présence de M° Alexandre Siaud, pbre, curé de Thibouville ; M° Louis Prévost, vicaire de Fontaine-la-Soret ; M° Jean-Baptiste Brunel, vicaire de Boisné, Jean Leprevost, ci-devant archer de la maréchaussée, et plusieurs autres témoins. (V. 246).

257. — Le 24 mai 1723, dispense de bans pour le mariage entre Antoine Dirlande, Escr, sr de Bois-le-Comte, fils de feu Antoine et de dame Henriette Leprevost, d'une part, et damlle Anne Querey, fille de feu M° Charles Querey et de damlle Marie . . . . , tous deux de la parr. de N.-D. de la Couture.

258. — Le 28 mai 1723, Dom Marie Legaigneur de Bourgogne, prieur claustral de St Cyr de Friardel et prieur de N.-D. du Bosemorel, diocèse d'Evreux, remet led. prieuré de Bosemorel entre les mains du seigr présentateur dud. bénéfice, pour y être nommée telle personne qu'il jugera capable.

259. — Le 26 mars 1717, Jean-Baptiste Boissière, de la parr. de Lieurey, reçoit la tonsure et les ordres mineurs. (V. **255**).

260. — Le 7 avril 1723, Mr Pierre-Augustin Lenoir, pbre, obtient en cour de Rome des lettres de provision de la cure de Lieurey, 1re portion, vacante par la résignation faite en sa faveur par Mr Joseph Hémery, pbre, dernier titulaire.

Le 9 juin 1723, les vicaires généraux du seigr évêque donnent leur visa auxd. lettres de provision.

Le 12 juin 1723, led. sr Lenoir prend possession de la cure de Lieurey, 1re portion, en présence de Mr Joseph Hémery, pbre, dernier curé ; Mr Georges Quersent, vicaire du lieu, Mr Jean-Baptiste Boissière aussi vicaire de Lieurey, Jean-Baptiste Hémery, marchand de Lx, et plusieurs autres témoins de lad. parr. (V. **160**).

261. — Le 20 mai 1723, la nomination à la cure de N.-D. des Authieux-sur-Corbon appartenant au seigr du lieu, Mesre Nicolas de Mannoury, Escr, sr des Manies, seigr et patron de lad. parr., à cause de noble dame Marie-Marguerite de Lespée, son épouse, nomme à lad. cure, vacante par la mort de Mr Pierre Lemonnier, pbre, dernier titulaire, la personne de Mr François Burget, pbre de la parr. de St Martin de Pontchardon.

Le 21 mai 1723, le seigr évêque donne aud. sr Burget la collation dud. bénéfice.

Le 15 juin 1723, le sr Burget prend possession de la cure des Authieux, en présence de Mr Pierre Montoure, pbre, desservant lad. parr.; dud. sr Nicolas de Mannoury, Escr, sr des Manies, seigr et patron dud. lieu ; Mre Alexandre, Escr, sr de la Mondière ; Mre Louis d'Auvernes ; Escr, sr du Dézert, tous de lad. parr.

262. — Le 31 mai 1723, dispense de bans pour le mariage entre M° Guillaume Formeville, procureur fiscal au bailliage de Lx, veuf de dam° Marie-Gabrielle Bourdon, fils de feu François Formeville, exempt en la prévôté, et de dam°° Geneviève Becquet, de la par. St Germain de Lx, d'une part, et dam°° Marie-Geneviève Poret, fille de feu M° Louis Poret, sr du Longval, officier chez le roy, et de dam°° Geneviève Le Mercier, de la par. St Jacques de Lx.

263. — Le 28 mai 1723, la nomination à la chapelle St Laurent, en l'église abbatiale de St Léger de Préaux, appartenant à la dame abbesse dud. lieu, Madame Anne-Thérèse de Rohan, abbesse de St Léger, représentée par M° Guillaume Legras, assesseur au bailliage de Pontaudemer, nomme aud. bénéfice vacant par le décès de M° Antoine Vaillant, dernier titulaire, la personne de M° Jean Thomas, curé de l'une des portions de St Michel de Préaux. (V. **187**).

Le 29 mai 1723, les vicaires généraux du seigr évêque de Lx donnent aud. sr Thomas la collation de lad. chapelle.

Le 17 juin 1723, le sr Thomas prend possession de ce bénéfice en présence de M° Thomas Chalot, pbre, curé d'une des portions de St Michel ; M° Nicolas Vittel, pbre, curé de Tricqueville ; M° Pierre Tragin, pbre, curé de Ste Croix de Cormeilles.

264. — Le 7 mai 1723, le seigr évêque donne à M° Louis Delamare pbre, curé de N.-D.-du-Pré de Pontaudemer, la collation de la cure de St Pierre de Salerne.

Le 25 mai 1723, led. sr Delamare prend possession dud. bénéfice, en présence de M° Guillaume Motte, vicaire du lieu, et autres témoins. (V. **250, 294, 851**).

265. — Le 9 juin 1723, vu l'attestation du sr Parent, vicaire de St Evroult-de-Montfort, dispense de bans pour le mariage entre Philippe Leclier et Catherine Lailler.

266. — Le 3 juin 1723, la nomination à la chapelle de Leaupartie appartenant au seigr du lieu, M° Pierre Le Vaillant, seigr et patron de Leaupartie et autres lieux, nomme aud. bénéfice, vacant « par l'abandonnement qu'en a fait le sr Bonet, pbre, dernier titulaire, » la personne de M° Thomas Halley, pbre de Beaumont. Fait en la par. de Landes, au manoir dud. seigr, diocèse de Bayeux.

267. — Le 11 juin 1723, dispense de bans pour le mariage entre Louis Eudes, chevr, seigr de Drumare, fils de feu François Eudes, Escr, sr de Colvé, et de noble dame Françoise de Caupain, demeurant à Tourville, d'une part, et dlle Anne Le Doyen, fille de feu Henry Le Doyen, Escr, et de noble dame Marie Haguelon, demeurant à Crémanville.

268. — Le 18 oct. 1722, André de Beaudrieux, fils de Messre Thomas de Beaudrieux (1) et de noble dame Marie-Thérèse d'Argences, de la par̄. de Thiberville, reçoit la tonsure et les ordres mineurs.

269. — Le 15 juin 1723, vu l'attestation du sʳ Moullin, vicaire de Sᵗᵉ Catherine d'Honfleur, et du sʳ Lebreton, vicaire de Sᵗ Léonard, dispense de bans pour le mariage entre Antoine Giffard, Mᵉ apothicaire, fils de feu Mᵉ Antine et de feue Anne-Marguerite Thiron, de la par̄. de Sᵗᵉ Catherine, d'une part, et dᵉ Françoise Lemercier, fille du sʳ Estienne et de dame Catherine Renout, de la par̄. Sᵗ Léonard.

270. — Le 26 oct. 1721, François Le Michel, fils d'Isaie et de Françoise Drieu, de la par̄. de Belleu, reçoit la tonsure et les ordres mineurs.

271. — Le 26 mai 1723, la nomination à la cure de N.-D.-de-Livaye appartenant au vicomte de Crèvecœur, Mᵉ Pantaléon Segouin, bourgeois de Paris, y demeurant, établi, par autorité de justice, curateur des héritages de Mʳˢ Jacques et François-Henry de Montmorency, vicomtes de Crèvecœur, nomme à lad. cure, vacante par la mort de Mᵉ Pierre Surirey, dernier titulaire, la personne de Mᵉ Jacques Lefrançois, pbr̄e du diocèse de Lx.

Le 31 mai 1723, le seigʳ évêque donne aud. sʳ Lefrançois la collation dud. bénéfice.

Le 2 juin 1723, le sʳ Lefrançois prend possession de la cure de N.-D.-de-Livaye.

272. — Le 7 juin 1723, la nomination à la chapelle de Sᵗᵉ Trinité de Tallonney appartenant au seigʳ du lieu, Mʳᵉ Charles Ragaine de Fresneaux, Escʳ, seigʳ et patron de Tallonney, la Motte et autres lieux, demeurant en son manoir de la Motte, nomme aud. bénéfice, vacant par la mort de Mᵉ Charles Outin, pbr̄e, dernier titulaire, décédé au mois de février dernier, la personne de Mᵉ Charles Lemarchand, pbr̄e, originaire des Authieux et y demeurant. Fait à Séez devant le notaire royal-apostolique.

Le 11 juin 1723, le vicaire général du seigʳ évêque donne aud. sʳ Lemarchand la collation de lad. chapelle.

Le 22 juin 1723, le sʳ Lemarchand prend possession dud. bénéfice-chapelle de Talonney, en présence de Mʳᵉ Charles Labbey, Escʳ, seigʳ et patron des Authieux ; Mᵉ Jacques Bence des Authieux ; Mᵉ Gabriel Le Courtois, doyen de Gacé et curé du Merlerault ; Mᵉ Thomas Leguey, vicaire du Merlerault ; Mᵉ Guillaume de Macé, curé de Talonney et Mʳᵉ Charles de Ragaine de Fresneaux, Escʳ, seigʳ et patron de Talonney.

---

(1) Il s'agit ici de Thomas de Rivière, sʳ de Beaudrieux, et de M. L. de Lambert d'Argences dont il a été question, III. 239, et que l'on retrouve plus loin, XIV, 887.

273. — Le 25 juin 1723, dispense de parenté au 2ᵉ degré pour le mariage entre Gabriel-François Lenormand, Esᵉ, demeurant à Javron, diocèse du Mans, et damˡˡᵉ Anne-Suzanne de Bernière, demeurant à Anneville.

274. — Le 26 juin 1723, dispense de bans pour le mariage entre François Durand, sʳ de la Martinière, et damˡˡᵉ Françoise de la Mondière, tous deux de la parr. d'Orbec.

275. — Le 24 septembre 1712, Mᵉ Charles Montfort, sous-diacre de la parr. du Mesnil-Eudes, est ordonné diacre.

Le 20 avril 1715, il est ordonné prêtre.

Le 15 juin 1723, Mᵉ Charles Montfort, pbrē, ancien habitué en la collégiale de Cléry et y demeurant, se rend au Chapitre dud. lieu pour requérir des sʳˢ chanoines, en sa qualité de plus ancien gradué, sa nomination à la cure de Beuzeval dont ils sont patrons-présentateurs et qui est vacante par la mort de Mᵉ Jean Materne, pbrē, dernier titulaire. Sur le refus du Chapitre, le sʳ Montfort proteste se pourvoir en justice et devant qui il appartiendra.

Le 19 juin 1723, en suite de la précédente réquisition, le seigʳ évêque donne aud. sʳ Montfort la collation dud. bénéfice.

Le 25 juin 1723, le sʳ Montfort prend possession de la cure de Sᵗ Aubin de Beuzeval, en présence de Mᵉ Adrian Maugard, pbrē, desservant lad. parr.; Mᵉ Robert Le Chartier, sʳ de Frémanville, et autres témoins.

276. — Le 16 juin 1723, la nomination à la cure de Verneusses appartenant au seigʳ abbé de Sᵗ Evroult, Mᵉ Jean-Baptiste Moullin, pbrē, chanoine et archidiacré de Lx, et vicaire général du seigʳ évêque-duc de Laon et abbé de Sᵗ Evroult, nomme à lad. cure, vacante par la mort de Mᵉ François Dutertre, dernier titulaire, décédé dans le mois d'avril, la personne de Mᵉ François Morel, pbrē, curé de Sᵗ Pierre de Villers-en-Ouche, en sa qualité de gradué nommé sur lad. abbaye. (V. 190).

Le 19 juin 1723, les vicaires généraux du seigʳ évêque donnent aud. sʳ Morel la collation dud. bénéfice.

Le 23 juin 1723, le sʳ Morel prend possession de la cure de Verneusses, en présence de Mᵉ Sébastien Laisney, pbrē, curé de Sᵗ Laurent-du-Tencement ; Mᵉ François Matrot, pbrē, vicaire de Villers-en-Ouche ; Mᵉ Jean-Baptiste Lennegel (?), Esᵉ, sʳ de Tournay ; Mᵉ Mathurin Hue, acolyte de la parr. de Verneusses, et autres témoins. (V. **466. 478**).

277. — Le 4 juillet 1723, Jean-David Plaimpel, fils de Louis-Adrien et d'Esther de Poinade (?), de la parr. de N.-D. du Havre, diocèse de Rouen, *rite dimissus*, reçoit la tonsure à Lx.

278. — Le 13 juillet 1723, dispense de bans pour le mariage entre André Boulley, s' de la Grallière, fils de François Boulley, cons' du roy, président en son grenier à sel d'Argentan, et de dame Jacqueline Jeard, de la par̄r. de Tonquette, d'une part, et dam" Angélique-Thérèse du Chapelet, fille de feu M" Gabriel du Chapelet et de noble dame Françoise Séjourné, de la par̄r. du Sap-André.

279. — Le 13 juillet 1723, vu l'attestation du s' Bosquier, curé de S' Vaast, et du s' Lamare, vicaire de Marolles, dispense de bans pour le mariage entre M" Olivier Dandel, Esc', seig' de Colleville, fils de feu M" Olivier Dandel, Esc', seig' de Colleville, et de feu noble dam" Catherine d'Angerville, de lad. par̄r. de S' Vaast, d'une part, et noble dam"" Marie-Renée de Piperey, fille de M" Pierre de Piperey, Esc', seig' de Marolles et de Piencourt, cons' du roy, vicomte de Moyaux, et de feu noble dame Marie-Renée de Guénet, de la par̄r. de Marolles.

280. — Le 17 juillet 1723, dispense de bans pour le mariage entre Jean-Baptiste d'Épreville, Esc', s' de Bisville, d'une part, et de Marie-Anne Leportier, tous deux de S' Philbert-des-Champs.

281. — Le 20 juillet 1723, vu l'attestation du s' Le Front, vicaire des Moutiers-Hubert, dispense de bans pour le mariage entre Jean-Baptiste Deshayes, Esc', s' de Launey-Gassard, fils de Jean-Baptiste de Launey-Gassard, Esc', et de feu dam"" Barbe Bonnet, de la par̄r. des Moutiers-Hubert, d'une part, et dam"" Anne-Barbe-Françoise Gouhier, fille de feu Guillaume Gouhier, Esc', s' de Bonneval, et de noble dame Françoise de Marguerie, de la par̄r. de S' Léger-des-Arrasis.

282. — Le 20 juillet 1723, vu l'attestation du s' Lecomte, vicaire de Nonant, dispense de bans pour le mariage entre M" Noël Alisot, notaire royal, fils de feu Mathurin et de Magdeleine Gervaisieux, de la par̄r. du Merlerault, d'une part, et Marguerite Fournier, fille de feu M" Jacques Fournier, notaire royal, et de Marie-Marguerite Trolley, de la par̄r. de Nonant. (V. **984**).

283. — Le 21 juillet 1723, vu l'attestation du s' Amours, vicaire de S' Victor-d'Espine, et du s' Motte, vicaire de S' Pierre de Salerne, dispense de bans pour le mariage entre Thomas Leprevost et Magdeleine Deglos.

284. — Le 26 juillet 1723, dispense de bans pour le mariage entre Alexis Foucques, fils de M" Alexis Foucques et de dam"" Catherine de Courseulle, de la par̄r. de la Couture de Bernay, d'une part, et dam"" Anne-Thérèse Barrey, fille d'André Barrey, Esc', s' de Montfort, et de noble dame Mad"" d'Arsac, de la par̄r. de S" Croix. (V. **452**).

285. — Le 27 juillet 1723, dispense de bans pour le mariage entre Jean Lepeltier, cons' et avocat du roy, fils du s' Jacques et de Marie

Leprevost, d'une part, et dam^(lle) Françoise Cavelier, fille du feu s^r François Cavelier et de Marie Dubuisson, tous deux de la par̄. St Ouen de Pontaudemer.

286. — Le 27 juillet 1723, vu l'attestation du s^r Halley, vicaire de Hotot, dispense de bans pour le mariage entre Louis-François Patry, Esc^r, fils de Pierre Patry, Esc^r, s^r de Presaumont, et de feu noble dame Gabrielle d'Osmont, demeurant à Hotot, d'une part, et dame Françoise Hamel, fille de feu Jean Hamel, s^r des Fontaines, et de feue Françoise Perrier, de la par̄. de Pont-l'Évêque.

287. — Le 28 juillet 1723, dispense de bans pour le mariage entre Me Jacques Lion, cons^er du roy, fils de feu Me Charles Lion et de dame Anne Moullin, d'une part, et dam^lle Charlotte-Elisabeth Pellerin, fille de feu Michel et de Françoise Lerasné, tous deux de Ste Catherine d'Honfleur.

288. — Le 3 août 1723, dispense de bans pour le mariage entre Pierre Herbel, bourgeois d'Argentan, fils Pierre, d'une part, et dam^lle Louise de St Denis, fille de feu Pierre et de dam^e Louise Fritel, de la par̄. du Mesnerault.

289 — Le 6 août 1723, Mre Louis-François-Alexandre-Léopold de Bernières, ac^te, pourvu en cour de Rome de la 1re portion de la cure de Montreuil-l'Argillé, donne sa procuration pour résigner led. bénéfice entre les mains de N.-S.-P. le pape en faveur de Me François Dumont, pbr̄e, vicaire de St Aubin-de-Thenney. (V. **108, 333**).

290. — Le 21 juillet 1723, la nomination à la cure de St Melaine de Berville appartenant au chanoine de semaine, Mre Charles Le Bas, chanoine prébendé du Val-Rolais, nomme à lad. cure, vacante par la mort de Me Michel Pastey, pbr̄e, dernier titulaire, décédé dans le présent mois de juillet, la personne de Me Jean Daubin, pbr̄e, demeurant à Valseney, lequel réclame lad. cure en sa qualité de gradué.

Le même jour, les vicaires généraux du seig^r évêque donnent aud. s^r Daubin la collation de lad. cure de Berville.

Le 27 déc. 1723, le s^r Daubin prend possession de ce bénéfice, en présence de Me Pierre Laillier, pbr̄e, curé de St Ouen de Crestain ; Pierre-Joseph de Bersacque, Esc^r, s^r de la Fosse, capitaine pour les fermes du roy à Berville, et plusieurs autres témoins. (V. **998**).

291. — Le 19 juillet 1723, Dom Jean de Coudrat, pbr̄e, religieux-profès de Cluny, pourvu du prieuré de St Arnoult-sur-Touques, prend possession dud. bénéfice, vacant par la démission de Dom Jourdan. Cette prise de possession est faite avec toutes les cérémonies accoutumées, en présence de Me Jacques Boudray, pbr̄e, curé d'Annebault ; Mre Louis-Gabriel Galiot d'Aigremont, et autres témoins de St Arnoult. (V. **111, 295**).

292. — Le 6 août 1723, vu les lettres de provision de la cure de St-Cloud-en-Auge, obtenues en cour de Rome par M° Daniel Langlois, pbrē, et la sentence du parlement de Rouen lui attribuant les fruits et revenus dud. bénéfice, le seigʳ évêque donne aud. sʳ Langlois la collation de lad. cure.

Le 8 août 1723, le sʳ Langlois prend possession du bénéfice-cure de St-Cloud, en présence de M° Charles Lefièvre, pbrē, curé de Roncheville; M° Louis Le Métayer, curé de Tourgéville ; M° Louis Desperriers, sʳ de St-Laurent, acolyte et chapelain de la chapelle de l'Immaculée Conception, et autres témoins. (V. 191).

293. — Le 24 juillet 1723, la nomination à la cure de Firfol appartenant au seigʳ abbé de Cormeilles, Mesʳᵉ Jean-Baptiste Moullin, pbrē, chanoine de la Cathédrale et vicaire général du seigʳ évêque d'Agde pour son abbaye de Cormeilles, nomme à lad. cure de Firfol, vacante par le décès de M° Michel Pastey, dernier titulaire, la personne de M° Guillaume Le Marchand, pbrē du diocèse de Lx (V. 366, 488).

Le même jour, le seigʳ évêque de Lx donne aud. sʳ Le Marchand la collation dud. bénéfice.

294. — Le 5 août 1723, M° Louis Delamare, pbrē, curé de N.-D.-du-Prey de Pontaudemer, pourvu de la cure de St-Pierre de Salerne, prend une seconde fois possession dud. bénéfice. (V. 264).

295. — Le 17 août 1723, la nomination au prieuré simple de St-Arnoult-sur-Touques appartenant au prieur de Longpont, M° Jean-Paul Bignon, prieur commendataire dud. prieuré de Longpont, nomme aud. bénéfice de St-Arnoult, vacant par la mort de Dom Jean de Condrat, dernier titulaire, la personne de Dom François de Chenedru, clerc, religieux-profès de l'ordre de Cluny. (V. 111, 291).

296. — Le 16 août 1723, la nomination à la cure de Castillon appartenant au seigʳ évêque, Sa Grandeur nomme aud. bénéfice, vacante par la mort de M° Jacques Soyer, pbrē, dernier titulaire, la personne de M° Guillaume Véron, pbrē, chapelain de la Cathédrale. (V. 401, 457).

Le 7 septembre 1723, led. sʳ Véron prend possession de lad. cure, en présence de M° Jean-Guillaume Bosné, pbrē, demeurant à Castillon, M° Guillaume Lecourt, vicaire du lieu, Jacques Soyer, bourgeois de Lx, et autres témoins. (V. 816).

297. — Le 26 août 1723, la nomination à la cure de Verson, 2ᵉ portion, appartenant au chanoine prébendé de la 2ᵉ portion de Verson, M° Olivier de Montargis, pbrē, titulaire de lad. prébende, nomme à lad. cure, vacante par la mort de M° Claude Guerrier, pbrē, dernier titulaire, la personne de M° Jean-Baptiste Seney, pbrē de ce diocèse.

Le 27 août 1723, les vicaires généraux du seigʳ évêque donnent aud. sʳ Seney la collation dud. bénéfice.

Le 6 septembre 1723, le s' Sency prend possession de la cure de Verson, 2º portion, en présence de Mº Guillaume Goujet, pbrē, curé de la 1ʳᵉ portion; Mʳᵉ Augustin Boudon, Escʳ, sʳ de Grandmont, et autres témoins de la parr. de Verson.

298. — Le 13 août 1720, la nomination à la cure de la Chapelle-Becquet appartenant au seig' du lieu, Mʳᵉ Léonor du Bosc, cher, seigneur-chatelain de Radepont, Fleury-sur-Andelle, Boudeville, Guerquesalles, Launay, Mainbeville, Aubigny et de la comté d'Esquée demeurant à Rouen, rue Etoupée, ayant épousé noble dame Marie-Magdeleine de   d'Aubigny, et en cette qualité seig' et patron de la Chapelle-Becquet, nomme aud. bénéfice, vacant par la mort de Mº Michel Lemoyne, dernier titulaire, la personne de Mº Adrian Jouen, pbrē, vicaire de lad. parr.

Le 26 août 1723, les vicaires généraux du seig' évêque donnent aud. s' Jouen la collation du d. bénéfice.

Le 13 septembre 1723, le s' Jouen prend possession de la cure de la Chapelle-Becquet, en présence de Mº André Lefort, pbrē, curé de la Noë; Jean Mesnier, receveur dud. s' patron; Auguste Pipart, archer en la maréchaussée, et autres témoins.

299. — Le 2 juillet 1723, Mº Jacques Hulin, clerc tonsuré du diocèse de Paris, chapelain de la chapelle de la Sᵗᵉ Trinité de Préaux, en l'abbaye royale de Sᵗ Léger, demeurant à Paris, rue Jean-Sᵗ-Denis donne sa procuration pour résigner sond. bénéfice entre les mains de N.-S.-P. le pape en faveur de Mº Gilles Surirey du Hamel, clerc tonsuré du diocèse de Bayeux.

Le 21 juillet 1723, led. s' Surirey obtient en cour de Rome des lettres de provision dud. bénéfice, et, le 3 septembre suivant, le seig' évêque y appose son visa.

Le 10 novembre 1723, le s' Surirey, demeurant à Paris, rue des Mathurins, représenté par Mº François Frontin, pbrē, demeurant à Pontaudemer, parr. Sᵗ Ouen, prend possession de lad. chapelle de Sᵗᵉ Trinité avec toutes les cérémonies accoutumées, en présence de Mʳᵉ Jacques Lecavelier, commis à la recette des tailles de Pontaudemer, et autres témoins.

300. — Le 26 octobre 1721, Jean-Baptiste Desplanches, fils de Pierre et de Marie Le Mercier, de la parr. de N.-D. de la Couture, reçoit la tonsure et les ordres mineurs.

301. — Le 11 septembre 1723, vu l'attestation du s' Chippel, vicaire de Sᵗ Pierre de Cormeilles, et du s' Lemercier, vicaire de Sᵗ Pierre de Martainville, dispense de bans pour le mariage entre Jean Baudouin et Françoise Costé.

302. — Le 9 juin 1723, Mº Jean-Baptiste Boissière, vicaire de

Lieurey, obtient en cour de Rome des lettres de provision de lad. cure de Lieurey, 2ᵉ portion, vacante par la résignation faite en sa faveur par Mᵉ Joseph Hémery, pbrē, dernier titulaire.

Le 7 septembre 1723, le seigʳ évêque donne aud. sʳ Boissière la collation dud. bénéfice.

Le 11 octobre 1723, le sʳ Boissière, prend possession de la cure de Lieurey, 2ᵉ portion, en présence de Mᵉ Pierre Morand, pbrē, curé de Livarot, Mᵉ Guillaume Couture, pbrē, curé de Livet-sur-Authou, Mᵉ Georges Guersent, pbrē, vicaire de Lieurey, Louis Couvel, pbrē, et autres témoins de lad. parr.

303. — Le 11 sept. 1723, la nomination à la chapelle de la Sᵗᵉ Trinité, fondée dans le château de Fauguernon, appartenant au seigʳ du lieu, Mʳᵉ Jean-François Le Conte de Nonant, chevʳ, seigʳ marquis de Pierrecourt, nomme aud. bénéfice vacant par la mort de Mᵉ de la Foye, pbrē, dernier titulaire, la personne de son fils, Mᵉ Louis-François de Pierrecourt, clerc tonsuré, chapelain de Sᵗᵉ Geneviève de Béthizy, diocèse de Soissons, et de Sᵗ Regnobert en l'église de Fauguernon. (V. **310**, **314**).

304. — Le 18 septembre 1723, vu l'attestation du sʳ Briet, vicaire de Sᵗ Ouen de Pontaudemer, dispense de bans pour le mariage entre Philippe Lehaut et Marguerite Bobé.

305. — Le 20 sept. 1723, dispense de bans pour le mariage entre Mʳᵉ Eustache-Félix-Pomponne du Buat, chevʳ, seigʳ et patron de Garnetot, fils de feu Félix-Pomponne du Buat et de noble dame Anne-Elisabeth de Cherville, de lad. parr. de Garnetot, d'une part et noble dame Hélène-Angélique Pollin, fille de feu Jean-Baptiste-Michel et de feu noble dame Elisabeth de Tirmois, demeurant en la parr. du Chesne.

306. — Le 20 sept. 1723, dispense de bans pour le mariage entre Mʳᵉ Corneille Le Forestier, chevʳ, fils de feu Mʳᵉ Louis Le Forestier et de noble dame Elisabeth Becq-Hellouin, de la parr. de Sᵗᵉ Opportune-sur-Rugles, d'une part, et de noble damᵉˡˡᵉ Marie-Ursule-Victoire du Buat de Réville, fille de feu Mesʳᵉ Jean-Pomponne du Buat, chevʳ, et de noble dame Marie-Ursule Evrard-Le Grix, de la parr. de Réville.

307. — Le 20 sept. 1723, la nomination à la cure de Sᵗ Martin de Heugon appartenant au seigʳ abbé de Sᵗ Evroult, Mʳᵉ Jean-Baptiste Moullin, chanoine et archidiacre de Lx, son vicaire général, nomme à lad. cure, vacante par la mort de Mᵉ Jean Urset, pbrē, dernier titulaire, la personne de Mᵉ Réné Ragaine, pbrē du diocèse de Séez. Fait à Lx, en présence de Mᵉ Germain Vauquelin, pbrē de lad. ville, et Nicolas Leroullier, bourgeois.

Le même jour, le seigʳ évêque donne aud. sʳ Ragaine la collation dud. bénéfice.

Le 5 oct. 1723, le sr Ragaine, vicaire de N.-D.-du-Bois au diocèse d'Evreux, prend possession de la cure de Heugon, en présence de Mr Michel Scelles, pbre, curé de N.-D.-du-Bois et prieur de Ste Marguerite-des-Loges ; Mr François Rousseau, pbre, curé de la Gonfrière ; Mr Guillaume Farain, pbre, curé de St Nicolas-des-Lettiers ; Mre Jean Scelles et autres témoins.

308. — Le 10 sept. 1723, la nomination à la chapelle St Jean-Baptiste en la Cathédrale appartenant au chanoine de semaine, Mre Jean-Baptiste Moullin, pbre, licencié ès-droits, archidiacre d'Auge et chanoine prébendé de Cordebugle, se trouvant chanoine de semaine, nomme à lad. chapelle, 1re portion, vacante par la démission pure et simple de Mre Louis-Jean du Houlley, dernier titulaire, la personne de Mr Jean-Baptiste Lambert, clerc de ce diocèse. (V. **249**).

Le 11 sept. 1723, led. sr Lambert est mis en possession de ce bénéfice par le ministère de Mr de Grosourdy, en présence de Mrs Christophe Courtin et Guillaume Consture, pbres, chapelains de la Cathédrale.

309. — Le 24 sept. 1723, la nomination à la cure ou vicairie perpétuelle de St Michel de Crouttes appartenant au seigr abbé de Jumièges, Messre Claude de St Simon, abbé de cette abbaye, nomme à lad. cure, vacante par la mort de Me Sébastien Auber, dernier titulaire, la personne de Mr Nicolas Lallemant, pbre du diocèse de Lx, (originaire de Vimoutiers).

Le lendemain, le seigr évêque donne aud. sr Lallemant la collation dud. bénéfice.

Le 14 oct. 1723, le sr Lallemant, pbre habitué en l'église de Vimoutiers, prend possession de la cure de Crouttes, en présence de Mr Gabriel Routier, desservant led. bénéfice ; Pierre Pellerin, sr des Fondis, tous deux demeurant en cette par., et autres témoins (V. **311**).

310. — Le 12 sept. 1723, le seigr évêque donne à Mre Louis-François de Pierrecourt la collation de la chapelle de la Ste Trinité, au château de Fauguernon, vacante par la mort de Me Paul de la Foye, dernier titulaire. (V. **303, 314**).

311. — Le 24 sept. 1723, la nomination à la cure de St Michel de Crouttes appartenant au prieur conventuel de Jumièges, Dom Charles Dujardin, prieur de lad. abbaye, nomme à lad. cure, vacante par la mort de Me Sébastien Auber, dernier titulaire, la personne de Me Roger Ridel, pbre du diocèse de Lx. (V. **309**).

Le 30 sept. 1723, le seigr évêque donne aud. sr Ridel la collation de lad. cure.

Le 14 oct. 1723, led. sr Ridel, pbre, vicaire de St Germain de Neuville, prend possession de la cure de Crouttes, en présence de Me Gabriel

Routier, pbrē, desservant lad. parr.; Mᵉ Pierre Pollin, notaire, de la parr. de Crouttes, et autres témoins.

312. — Le 7 avril 1708, Roger Fortin, fils de Nicolas et de Catherine Donis, de la parr. d'Orbec, reçoit la tonsure et les ordres mineurs (V. 140).

313. — Le 4 oct. 1723, dispense de bans pour le mariage entre Mᵉ François Achard, chevᵉʳ, seigʳ du Pin, fils de Mᵉ Marc-Aurèle-François Achard, et de noble dame Marie-Renée Le Sevrey, de la parr. du Pin, d'une part, et Marie-Anne-Madeleine de Macé, fille de feu Charles de Macé, consᵉʳ du roy au présidial de Caen, et de damᵉ Madeleine Longuet, d'autre part.

314. — Le 20 sept. 1723, Mesʳᵉ Louis-François de Pierrecourt, pourvu de la chapelle de la Sᵗᵉ Trinité au château de Fauguernon, prend possession dud. bénéfice « par le toucher qu'il a fait des murailles et anciens vestiges d'icelle chapelle et fait sa prière et autres cérémonies » en présence de Mᵉ Jean Boissey, curé de Sᵗ Philbert-des-Champs; Mᵉ Jean Lespiney, pbrē, vicaire de Fauguernon, et autres témoins. (V. **303, 310**).

315. — Le 5 oct. 1723, dispense de bans pour le mariage entre Hector Bigot, sʳ de la Bigotière, fils de feu Jean et de feue Barbe Vincent, de la parr. de Nonant, d'une part, et damˡˡᵉ Françoise de Brossart, fille de feu François, Esᵣ, et de damᵉ Madeleine Lemière, de la parr. de la Roche-Nonant. (V. 116).

316. — Le 7 oct. 1723, la nomination à la cure de Livet-sur-Authou appartenant au seigʳ évêque, Sa Grandeur nomme aud. bénéfice, vacant par la mort de Mᵉ Louis Haudard, dernier titulaire, la personne de Mᵉ Guillaume Couture, pbrē de ce diocèse. (V. **302**).

Le 11 oct. 1723, led. sʳ Couture prend possession dud. bénéfice, en présence de Mᵉ Pierre Morand, curé de Livarot; Nicolas Rioult; Louis Hervieu, trésorier de la parr., et autres témoins.

317. — Le 10 oct. 1723, dispense de bans pour le mariage entre Jean-Jacques Lecomte, fils de Jean et de damᵉ Claude de May, de la parr. de Quatre-Faveris, d'une part, et damˡˡᵉ Marguerite Gouhier, fille de feu David et de dame Anne Noel, de la parr. des Champeaux.

318. — Le 9 oct. 1723, la nomination à la cure de l'Hôtellerie appartenant au seigʳ évêque, Sa Grandeur nomme aud. bénéfice, vacant par la mort de Mᵉ Nicolas Lefebvre, dernier titulaire, la personne de Mᵉ Pierre Delamare, vicaire de Marolles.

Le 19 oct. 1723, led. sʳ Delamare prend possession de la cure de Sᵗ Nicolas de l'Hôtellerie, en présence de Mᵉ Marin Hébert, pbrē, curé de Marolles; Mᵉ Thomas Guerrier, pbrē de Marolles; Mᵉ Jacques Combault, huissier, et Mᵉ François Basire, aussi huissier, et autres témoins.

319. — Le 15 oct. 1723, M̃ᵉ Marin Billot, pbr̃e, prieur de S' Croix de Sées, ordre de S' Benoit, demeurant à Lisieux, donne sa procuration pour résigner led. bénéfice entre les mains de N.-S.-P. le pape en faveur de Mᵉ Pierre Hardrey, pbr̃e du diocèse de Lx., chapelain de la chapelle de S' Eustache du Noyer-Besion. (V. **8, 228**).

320. — Le 18 oct. 1723, vu l'attestation du s' de Courcy, curé de Tourville-la-Forêt, et du s' Pain, vicaire de Manneville-la-Pipard, dispense de bans pour le mariage entre François Noel et Charlotte Fouque.

321. — Le 18 oct. 1723, dispense de bans pour le mariage entre Mᵉ Jean Lemercier, procureur aux sièges de bailliage et vicomté d'Orbec, fils de Mᵉ Jean Lemercier, notaire, et d'Anne de Croissy, de la par̃. de Courtonnelle, d'une part, et Françoise Angot, fille de Germain Angot, s' des Cours, et de Catherine Azire, de la par̃. de S' Germain de Lx.

322. — Le 16 oct. 1723, « Mᵉ Nicolas Levigneur, pbr̃e, curé de S' Laurent de Deauville, âgé de 64 ans, étant demeuré infirme, ce qui le met hors d'état de remplir les fonctions curiales », donne sa procuration pour résigner sond. bénéfice entre les mains de N.-S.-P. le pape en faveur de Mᵉ Sébastien Laisney, pbr̃e, vicaire de Bonneville-sur-Touques. Il se réserve toutefois 120 livres de rente annuelle à prendre sur les revenus de lad. cure qu'il dessert depuis 20 ans. Fait en présence de Mᵉ Nicolas Duclos, vicaire de S' Thomas de Touques, et autres témoins. (V. **371**).

323. — Le 20 oct. 1719, Jacques Adam, fils de Jean et de Marie Léger, de la par̃. de S' Germain de Lx, reçoit la tonsure et les ordres mineurs.

324. — Le 17 juin 1714, Michel Delaporte, fils de Jean et de Magdeleine Bouvier, de la par̃. de S' André-d'Echauffour, *cité dimissos*, reçoit à Caen la tonsure et les ordres mineurs.

Le 2 juillet 1715, il est reçu Mᵉ ès-arts en l'Université de Paris.

Le 7 mars 1722, led. s' Delaporte, pbr̃e, obtient des lettres de quinquennium du recteur de lad. Université.

Le 20 mars 1722, il est nommé par icelle sur l'évêché et le Chapitre de Lx, ainsi que sur l'abbaye de S' Evroult.

325. — Le 6 oct. 1723, Mᵉ François Richomme, pbr̃e, curé de S' Aubin de Boisney, résigne purement et simplement la cure de Fontaine-la-Soret, dont il était précédemment titulaire, entre les mains de Mᵍʳ Pierre-Charles de Lambert d'Herbigny, conseiller d'État, marquis de Thibouville, seig' et patron de Fontaine-la-Soret. (V. **246, 256**).

Le 11 oct. 1723, led. seig' d'Herbigny, demeurant à Paris et se trouvant présentement à son château de la Rivière-Thibouville, nomme à la cure de S' Martin de Fontaine-la-Soret, la personne de Mᵉ Jacques Sevrey, pbr̃e, originaire du diocèse d'Evreux.

Le 21 oct. 1723, le seig' évêque donne aud. s' Sevrey la collation dud, bénéfice.

Le 22 oct. 1723, le s' Sevrey prend possession de la cure de Fontaine-la-Soret, en présence dud s' Richomme, ci-devant curé ; M⁰ Jean-Baptiste Brunel, pbrē, vicaire de Boisney; M⁰ Philippe Vesque, vicaire de Fontaine ; M⁰ François Richomme, diacre ; M⁰ Nicolas Burot, pbrē de Beaumont-le-Roger, et autres témoins.

326. — Le 5 oct. 1723, M⁰ François Turpin, pbrē, demeurant à Echauffour, M⁰ ès-arts en l'Université de Caen, fait signifier ses noms et grades aux religieux de S' Evroult. (*V.* **49, 241, 253, 849**).

327. — Le 13 oct. 1723, la nomination au prieuré-cure de S' Martin de Friardel, appartenant au prieur commendataire de S' Cyr de Friardel, Mesʳᵉ Charles Chastelain, pbrē, licencié en théologie de la faculté de Paris, titulaire dud. prieuré, nomme à lad. cure, vacante par la démission de Dom Pierre Bertrand, relig' dud. monastère et dernier curé, la personne de Dom François Gouttard, chanoine régulier d'Hivernaux, diocèse de Paris. Fait en lad. abbaye de Friardel.

Le 18 oct. 1723, le seig' évêque donne aud. s' Gouttard la collation dud. bénéfice.

Le 25 oct. 1723, le s' Gouttard prend possession du prieuré-cure de S' Martin de Friardel, en présence de M⁰ Philippe de Mailloc, pbrē ; Dom André Piel, pbrē, prieur-curé de Cerqueux ; Dom Louis Loison, pbrē, chanoine régulier de Friardel ; M⁰ Adrian-Louis Duval, pbrē de Friardel ; Nicolas Duval, syndic de lad. parʳ. (*V.* **107, 123**).

328. — Le 29 oct. 1723, dispense de parenté au 3ᵉ degré pour le mariage entre Gabriel-Nicolas Dunot, Esc', demeurant à Berville, diocèse de Séez, et damˡˡᵉ Catherine Dunot, demeurant à Vieux-Pont.

329. — Le 20 oct. 1723, la nomination à la chapelle S' Jean-Baptiste, 2ᵉ portion, en la Cathédrale, appartenant au chanoine de semaine, Mʳᵉ François Le Bas, pbrē, chanoine prébendé de S' Germain, nomme aud. bénéfice, vacant par la mort de M⁰ Esprit-Jean-Baptiste Leprevost, dernier titulaire, la personne de M⁰ Louis Pollin, pbrē, curé de S' Jean-de-Livet, M⁰ ès-arts nommé sur le Chapitre de Lx. (*V.* **52, 55, 235, 447**).

Le 22 oct. 1723, led. s' Pollin est mis en possession de la 2ᵉ portion de la chapelle S' Jean-Baptiste par le ministère de M. de Grosourdy.

330. — Le 4 nov. 1723, M⁰ Jacques Dumont, pbrē, curé de S' Sulpice de Graimbouville, donne sa procuration pour résigner sond. bénéfice entre les mains de N.-S.-P. le pape en faveur de M⁰ Michel Devillers, pbrē habitué en l'église S' Jacques de Lx. Fait à Lx, en présence de M⁰ˢ Jacques Daubichon et Nicolas Vattier, pbrēˢ de S' Germain de lad. ville. (*V.* **70, 399**).

331. — Le 31 oct. 1723, Jean-François de la Foye, fils de Mre François-Evrard, et de dam^lle Rose de Maquaire, de la par̄r. de Norolles, reçoit la tonsure.

332. — Le 31 oct. 1723, Pierre Soucanyer, fils de Louis et de Florence Havart, de la par̄r. de St Pierre de Roye, diocèse d'Amiens, *rité dimissus*, reçoit la tonsure à Lx.

333. — Le 25 août 1723, Me François Dumont, pbr̄e, obtient en cour de Rome des lettres de provision de la 1re portion de la cure de Montreuil-l'Argillé, vacante par la résignation faite en sa faveur par Me Louis-François-Alexandre-Léopold de Bernières, acolyte, pourvu dud. bénéfice. (*V.* 289).

Le 4 nov. 1723, le seig^r évêque donne aud. s^r Dumont la collation dud. bénéfice *ad conservationem juris*.

Le 9 nov. 1723, le s^r Dumont prend possession de la cure de Montreuil pour la conservation de son droit. A cette prise de possession est intervenu Me Thomas Duval, pbr̄e, curé de la 2e portion de Montreuil, porteur d'une procuration de Me Jacques Housset, pbr̄e, pourvu aussi de lad. 1re portion, lequel a protesté de nullité la présente prise de possession, attendu que le s^r Housset a été nommé aud. bénéfice par M. l'abbé de St Evroult et en a pris possession. Le s^r Dumont proteste de son côté que lad. opposition ne pourra nuire à son droit. Fait en présence dud. s^r Duval, et Gabriel Dauge, Esc^r, pensionnaire du roy, et autres témoins. (*V.* 159).

Le 13 nov. 1712, François Dumont, fils de François et de Marie Bertheaume, de la par̄r. de Meulles, reçoit la tonsure et les ordres mineurs.

334. — Le 15 nov 1723, dispense de bans pour le mariage entre Robert-Philbert Le Carpentier, Esc^r, s^r du Longvaux, fils de Pierre et de dam^lle Catherine Leprey, de la par̄r. de la Couture, d'une part, et dam^lle Jeanne-Marguerite Leblond, fille de Jacques et de dam^lle Marguerite de Beaucour, de la par̄r. de St Martin du Pont, de la ville de Rouen.

335. — Le 15 nov. 1723, la nomination à la cure du Tilleul-Fol-Enfant appartenant au seig^r du lieu, Mes^re Charles-Roger de Marle, chev^r, seig^r et patron du Coudray-en-Vexin et du Tilleul-Fol-Enfant, demeurant à S^t Lo, nomme aud. bénéfice du Tilleul, vacant par le décès de Me François-Joseph Morisse, dernier titulaire, la personne de Me Guillaume Hardy, pbr̄e, natif de la par̄r. d'Orbec et vicaire de St Martin de Caorches, présent et acceptant. Fait et passé à S^t Lo.

Le 18 nov. 1723, les vicaires généraux du seig^r évêque donnent aud. s^r Hardy la collation de lad. cure. Signé : Dumesnil, Lebourg des Alleurs, Le Chappelain.

Le 19 nov. 1723, led. s^r Hardy prend possession de la cure de

S᪽ Germain du Tilleul-Fol-Enfant, en présence de François de Foucques, Esc᪽, seig᪽ et patron de Caorches, et plusieurs autres témoins. (*V.* 917).

336. — Le 20 nov. 1723, vu l'attestation du s᪽ Bertre, curé de Caorches, et du s᪽ de la Noe, vicaire de la Couture de Bernay, dispense de bans pour le mariage entre Jacques Alexandre et Barbe Tasdhomme.

337. — Le 22 nov. 1723, vu l'attestation du s᪽ Avice, vicaire de S᪽ Pierre-du-Châtel, dispense de bans pour le mariage entre Antoine Pastel et Marguerite Viquelin (*V.* 910).

338. — Le 22 nov. 1723, dispense de bans pour le mariage entre M᪽ Anonyme Le Grix, Esc᪽, fils de M᪽ Jean Le Grix, Esc᪽, et de dame Philippe de Paz, de la par̃. S᪽ Ouen de Pontaudemer, d'une part, et dam᪽ Elisabeth-Jeanne Delarue, fille de M᪽ Jacques et de dame Marie-Lenglet, de la par̃. S᪽ Vincent de Rouen.

339. — Le 11 nov. 1723, « Nous Louis-Jean-Baptiste de Matignon, comte de Gacé et de Montmartin, baron de Gié, seig᪽ des par̃. de Chaumont, Montfort, Grandval, Rézenlieu, Croisilles, Coulmer, Le Tilleul, et des nobles fiefs de Glos, la Fangeaye et autres, maréchal des camps et armées de Sa Majesté, lieutenant pour le roy et gouverneur de la Rochelle, du pays d'Aunis, des îles de Ré et d'Oléron, côtes et pays adjacents, ayant le patronage et le droit de nommer et présenter maintenant à la chapelle S᪽ Christophe, seize sur la par̃. de Gacé, à présent vacante, avons nommé et présenté à icelle la personne d'Antoine Fournet, acolyte. »

340. — Le 22 nov. 1723, dispense de bans pour le mariage entre M᪽ Gabriel de Dauge, fils de Mes᪽ Louis de Dauge, Esc᪽, et de feu noble dame Anne de Hally, de la par̃. de Jouveaux, d'une part, et noble dam᪽ Suzanne-Elisabeth de Tholmer, fille de M᪽ François de Tholmer, et de noble dame Marie du Neveu, de la par̃. de Lieurey. (*V.* 1026).

341. — Le 24 nov. 1723, dispense de bans pour le mariage entre Pierre de Livet, fils de Pierre et d'Anne Buisson, de la par̃. de S᪽ Jean-de-Livet, d'une part, et dam᪽ Anne-Marguerite Deshays, fille de Jean-Baptiste Deshayes, Esc᪽, et de dame Marie Troterel, de la par̃. de N.-D. de Courson.

342. — Le 9 nov. 1724, dispense de parenté du 2᪽ au 3᪽ degré pour le mariage entre Jean-François de Cheux, Esc᪽, demeurant en la par̃. de S᪽ Aubin d'Ouézy, diocèse de Séez, et dam᪽ Marie de Carré, demeurant en la par̃. de S᪽ Léger du Houlley, autrefois appelée S᪽ Léger d'Ouillie.

343. — Le 31 octobre 1723, reçurent la tonsure et les ordres mineurs :

François Gattier, fils de Jean et d'Anne Amiot, de la par̃. de N.-D. de la Couture ; (*V.* 958).

Jean Bullet, fils de Réné et de Marguerite Haudard, de la parr. de Fontaine-la-Louvet. (V. **748**).

344. — Le 29 nov. 1723, vu l'attestation du s' Chippel, vicaire de S' Pierre de Corneilles, et du s' Benoist, vicaire de S' Sylvestre de Corneilles, dispense de bans pour le mariage entre Hubert Boucher et Geneviève Néron.

345. — Le 7 déc. 1723, dispense de bans pour le mariage entre Joseph-François de Bocquencé, Esc', seig' du Chesney, de la parr. de Heugon, d'une part, et dam^lle Jeanne-Thérèse-Marie Descorches, fille de Jacques Descorches, Esc', chevalier de S' Lazare, et de noble dame Cécile Delauney, de la parr. du Sapandré.

346. — Le 9 déc. 1723, dispense de bans pour le mariage entre Me Jacques du Valpoutrel, fils de feu Mre Eléonor du Valpoutrel, et de feu dam^lle Gabrielle Alorge, de la parr. de S' Georges-du-Vièvre, d'une part, et dam^lle Jeanne Laignel, fille de feu Mre Guillaume Laignel et de feu dam^lle Jeanne Chefdrue, de la parr. de Plasnes.

347. — Le 15 déc. 1723, par devant Me Jacques Daubichon, pbre, notaire royal-apostolique au diocèse de Lx, demeurant en lad. ville, parr. S' Germain, Me Jacques-Pierre Hain, pbre, curé du Ham, donne sa procuration pour résigner sond. bénéfice entre les mains de N.-S.-P. le pape en faveur de Me Philippe Denis, pbre, originaire de Courson, diocèse de Coutances, et présentement vicaire de Roncheville, diocèse de Bayeux.

348. — Le 17 déc. 1723, par devant Me Jacques Crochon, pbre, notaire royal-apostolique du diocèse de Lx, demeurant en lad. ville, parr. S' Germain, Mre Aymar-Robert de Prye, clerc tonsuré du diocèse de Lx, bachelier en théologie de la faculté de Paris et nommé par le roy à l'abbaye de S' Pierre d'Airvaux, ordre de S' Augustin, diocèse de la Rochelle, demeurant à Courbépine, donne sa procuration pour consentir en cour de Rome la création de 322 et demi ducats d'or de pension annuelle, sur les revenus de lad. abbaye, en faveur de son frère, Mre François-Léonor de Prye, chevalier de N.-D. du Mont-Carmel et de S' Lazare. Fait à Lx, en présence de Me Adrian Louvet, pbre de S' Germain de Lx; Me Nicolas Vattier, aussi pbre de S' Germain, et Me Guillaume Gosset, acolyte, demeurant à Lx. (V. **785**).

349. — Le 19 oct. 1710, Charles Monpellier, fils de Charles et de Marie Lemonnier, de la parr. du Mesnil-Mauger, reçoit la tonsure et les ordres mineurs.

350. — Le 3 janv. 1724, vu l'attestation du s' de Bellemare, curé de S' Cyr de Salerne, et du s' Selles, vicaire de Valailles, dispense de bans pour le mariage entre Marcel-Sébastien Le Grix, Esc', fils de feu Charles-Adrian et de noble dam^lle Marguerite de la Mazure, de lad.

parr. de S¹ Cyr, d'une part, et dam¹¹ᵉ Louise-Marthe Froger, fille de Mᵉ Nicolas et de dame Marie-Thérèse Bénard, de la parr. de Valailles.

351. — Le 26 oct. 1721, Jacques Dumont, fils de Pierre et de Catherine Héron, de la parr. de Meulles, reçoit la tonsure et les ordres mineurs.

352. — Le 4 avril 1717, titre clérical fait en faveur de Mᵉ Louis de Vauquelin, Escʳ, acolyte, par damˡˡᵉ Catherine Anglement, veuve de feu Louis de Vauquelin, Escʳ, sʳ de la Brosse, Pierre et Charles de Vauquelin, demeurant à S¹ Sylvestre de Cormeilles.

353. — Le 18 sept. 1716, titre clérical fait en faveur de Mᵉ Pierre Le Mercier, acolyte, par Louis De la Quaize, laboureur de la parr. de Courbépine.

354. — Le 19 mars 1716, titre clérical fait en faveur de Mᵉ Jean-François Foucques, acolyte, par son frère, Alexis Foucques, officier de feu Monseigʳ le duc de Berry, demeurant à Bernay, parr. de N.-D.

355. — Le 17 fév. 1717, titre clérical fait en faveur de Mᵉ Jean-Baptiste Picquenot, fils François, acolyte, par le sʳ Guillaume de Lespiney, maitre des postes, à Bernay.

356. — Le 8 sept. 1717, titre clérical fait en faveur de Mᵉ Pierre Lescuier, acolyte, par Guillaume et Jean Lescuier, bourgeois de Livarot. (*V*. 967).

357. — Le 10 août 1717, titre clérical fait en faveur de Mᵉ Jean-François Brasnu, acolyte (de Blangy), par Gilles Brasnu, son père, bourgeois de Caen.

358. — Le 30 juillet 1717, titre clérical fait en faveur de Mᵉ André Roussel, acolyte (d'Echauffour), par Alexandre Roussel et Marie Bazire, sa femme, par devant Germain Godefroy, notaire à Echauffour.

359. — Le 1ᵉʳ sept. 1717, titre clérical en faveur de Mᵉ Jacques Main, acolyte (de S¹ Léonard d'Honfleur), par Mᵉ Guillaume Main, avocat à Pont-l'Evêque.

360. — Le 13 août 1715, titre clérical fait en faveur de Mᵉ Joseph Valmont, acolyte (de S¹ Pierre de Salerne), par Robert Valmont et Thomas Leroux.

361. — Le 14 fév. 1715, titre clérical fait en faveur de Mᵉ Louis Chauvel, acolyte, par Jacques Chauvel, de S¹ Pierre-la-Rivière.

362. — Le 2 août 1717, titre clérical fait en faveur de Mᵉ Nicolas Féron, acolyte, par Noël Féron, marchand, de Tonnencourt.

363. — Le 26 juin 1717, titre clérical fait en faveur de Mᵉ Pierre Lecomte, acolyte par Madᵐᵉ Duguey, veuve de Jacques Lecomte, de la parr. de Rézenlieu. (*V*.

364. — Le 24 août 1717, titre clérical fait en faveur de Mᵉ Yves

Bosquet, acolyte, par Marg^te Hérissé, v^e de Louis Bosquet, de la ville de Bernay, paȓ. N.-D.

365. — Le 20 août 1717, titre clérical fait en faveur de Me Charles Farain, acolyte, par Jacques Farain, marchand, de St Pierre-la-Rivière.

366. — Le 30 octobre 1723, la nomination à la cure de Firfol, vacante par la mort du s^r du Loir, appartenant au roy à cause du litige entre les patrons-présentateurs, Sa Majesté nomme aud. bénéfice la personne de Me Guillaume Lemarchand, pbr̃e de St Jacques de Lx et y demeurant.

Le 30 décembre 1723, le seig^r évêque donne aud. s^r Lemarchand la collation de lad. cure de Firfol qui est à la nomination du seig^r abbé de Cormeilles, mais à laquelle le roy a nommé cette fois à cause d'un litige.

Le 16 janvier 1724, le s^r Lemarchand prend possession de la cure de Firfol en conséquence de la nomination du roy et de celle du vicaire général du seig^r abbé de Cormeilles. A cette prise de possession s'est présenté Mre Jean-Baptiste d'Osmond, qui a déclaré s'y opposer formellement, attendu qu'il est pourvu et en possession dud. bénéfice depuis cinq ou six ans. Le s^r Lemarchand proteste de nullité lad. opposition. Fait en présence de Robert Loir et de Maurice Loir, laboureurs, de la campagne St Jacques de Lx, « et en la présence d'un nombre considérable des paroissiens (de Firfol) interpellés de signer à l'opposition formée par led. s^r d'Osmond qu'ils reconnoissent pour leur curé, sçavoir Adrian de Grieu, Esc^r, s^r de Bellemare, Louis Loir, Gilles Goubey et autres qui ont signé. » (*V.* **293, 488**).

367. — Le 29 oct. 1729, Jean Oursel, fils de Pierre et d'Hélène Duval, de la paȓ. de Ste Croix de Bernay, reçoit la tonsure et les ordres mineurs. (*V.* **702, 905, 912**).

368. — Le 8 janvier 1724, dispense de bans pour le mariage entre Jacques Turpin, s^r de la Motellerie, fils de Nicolas Turpin, officier, et de d^lle Anne Doisy, de la paȓ. St André-d'Echauffour, d'une part, et dam^lle Catherine de Boysville, fille de feu Mre René de Boysville et de dame Catherine Bidou, de la ville d'Alençon.

369. — Le 27 décembre 1723, la nomination à la 1e portion de St Germain-la-Campagne appartenant au chanoine de semaine en la Cathédrale, Mes^re Louis-Henry de Romé de Vernouillet, chanoine prébendé de Deauville, 2e portion, cons^er au parlement de Rouen, y demeurant, rue des Jacobins, se trouvant chanoine de semaine, nomme aud. bénéfice, vacant par la mort de Mre Jacques-François de Bernière, dernier titulaire, la personne de Me Nicolas Pilet, pbr̃e de ce diocèse. (paȓ. N.-D. de la Couture). (*V.* **43, 91**).

Le 3 janvier 1724, le seig⁺ évêque donne aud. s⁺ Pilet la collation de lad. cure.

Le 4 janvier 1724, le s⁺ Pilet prend possession de la 4ᵉ portion de la cure de S⁺ Germain, en présence de Mʳᵉ Charles de Monthuchon, pbr̄e, curé et doyen d'Orbec ; Mʳᵉ Pierre-Louis de Foucques, cheṽ, seig⁺ de la Pilette-Lamare, lieutenant général civil et criminel au bailliage d'Orbec ; Mʳᵉ Jean Bourlet, s⁺ de la Valéserie, et autres témoins.

370. — Le 8 janvier 1724, Mᵉ Jean Leprevost, pbr̄e, curé de S⁺ Ouen de Roques et pourvu de la cure de S⁺ᵉ Croix de Bernay, donne sa procuration pour résigner sond. bénéfice de Roques entre les mains de N.-S.-P. le Pape en faveur de Mᵉ Jacques Daufresne, pbr̄e, chapelain de S⁺ Louis de Bonneville-la-Louvet. Fait à Lx, en présence de Mᵉ Pierre Foucques, consᵉʳ du roy, élu en l'élection de Lx, et du s⁺ Louis Petit de Hautecour, bourgeois de Lx, tous deux y demeurant par̄r. S⁺ Jacques. (*V.* **161**).

371. — Le 10 novembre 1723, Mᵉ Sébastien Laisné, pbr̄e, obtient en cour de Rome des lettres de provision de l'église curiale de S⁺ Laurent de Deauville, vacante par la résignation faite en sa faveur par Mᵉ Nicolas Levigneur, dernier titulaire.

Le 3 janvier 1724, le seig⁺ évêque donne son visa auxd. lettres de provision.

Le 21 janvier 1724, ledit s⁺ Laisné prend possession de ce bénéfice en présence de Mᵉ Alexandre Renout, pbr̄e, curé d'Englesqueville ; Christophe Paul du Perron, Escʳ ; Georges Lefaucheur ; Mᵉ Jacques Mullot, huissier au bailliage d'Orbec ; Mᵉ Jacques Bouchard, notaire royal à Toucques, et autres témoins (*V.* **322**).

372. — Le 12 janvier 1724, vu l'attestation du s⁺ Jullien, curé de Manneville-la-Raoult, et du s⁺ Duhault, vicaire de Tricqueville, dispense de bans pour le mariage entre Jean d'Epaigne et Magdeleine Dubosc.

373. — Le 7 mars 1718, titre clérical fait en faveur de Mᵉ Robert Lefebvre, acolyte de St-Germain de Lx, par Mᵉ Gilles Lefebvre, bourgeois de lad. ville.

374. — Le 18 mars 1718, titre clérical fait en faveur de Mᵉ Pierre Gasteclou, acolyte d'Echauffour, par Vardin Gasteclou et Marguerite Jehan, sa femme. (Passé à Echauffour).

375. — Le 10 mars 1718, titre clérical fait en faveur de Mᵉ Augustin Morin, acolyte de S⁺ Germain de Lx, par Mᵉ Morin et Jean Gabriel Delaunay, sʳ du Butrey, bourgeois de Lx.

376. — Le 7 mars 1710, titre clérical fait en faveur de Mᵉ Charles Dubus, acolyte, par Mᵉ Charles Dubus, huissier, demeurant à Fervaques.

377. — Le 9 décembre 1717, titre clérical fait en faveur de

M⁰ Adrian Leroux, acolyte, par le s⁺ Georges Leroux, laboureur, demeurant à Etrépagny.

378. — Le 22 mars 1717, titre clérical fait en faveur de M⁰ Luc de Bernières, Esc⁺, acolyte, par noble dame Françoise de la Bove, veuve de feu Paul de Bernières, Esc⁺. (Passé à Argentan dev⁺ Barbedienne). (*V.* 71).

379. — Le 30 décembre 1716, titre clérical fait en faveur de M⁰ Pierre Scelles, acolyte, par M⁰ Simon Scelles, s⁺ des Prez, de la parr. de Nonant (*V.* 217,450).

380. — Le 29 mars 1718, titre clérical fait en faveur de M⁰ Jean Dupont, acolyte, par Jacques Dupont, de la parr. de la Gravelle.

381. — Le 29 janvier 1714, titre clérical fait en faveur de M⁰ Nicolas Lallemant, acolyte, par Nicolas Dumont, s⁺ de Grandcourt, marchand de la parr. de Canapville. (*V.* 212).

382. — Le 14 mars 1718, titre clérical fait en faveur de M⁰ Jean-Pierre Delaporte, acolyte, par le s⁺ Pierre Delaporte, marchand, demeumeurant à S⁺ Martin-aux Chartrains. (*V.* 784).

383. — Le 9 février 1718, titre clérical fait en faveur de Pierre-Christophe Pains, acolyte, par d⁰⁰ Marie de la Houssaye, veuve de feu Pierre Pains, de la parr. de Noards.

384. — Le 8 février 1718, titre clérical fait en faveur de M⁰ François Jouen, s⁺ de Bornainville, acolyte, par M⁰ Jean-Baptiste Jouen, greffier en l'élection de Lx.

385. — Le 13 février 1718, titre clérical fait en faveur de M⁰ Pierre Roussel, acolyte du Torpt, par le s⁺ Mathurin Charlemaine, bourgeois de Honfleur.

386. — Le 18 janvier, 1718, titre clérical fait en faveur de M⁰ Daniel Langlois, acolyte de Pont-l'Evêque, par M⁰⁰ François de Charlemayne, Esc⁺, seig⁺ du Boullay, Bellelonde, demeurant à Rouen. (Fait à Beuzeville).

387. — Le 4 août 1717, titre clérical fait en faveur de M⁰ Antoine Berard, acolyte de la Brevière, par les s⁺⁺ Jean Bérard et Guillaume Lestournier, marchands, de la parr. de S⁺⁰ Foy-de-Mongommery.

388. — Le 17 sept. 1718, titre clérical fait en faveur de M⁰ Nicolas-Gaspard Legrix, acolyte, par son père, Gaspard Legrix, Esc⁺, cons⁺⁺ du roy, lieutenant général, vicomte et premier assesseur au bailliage de Pontaudemer.

389. — Le 6 février 1718, titre clérical fait en faveur de M⁰ Philippe Le Cherpin, acolyte, par dame Marie Loriot, v⁰⁰ de feu Jean Le Cherpin. de la parr. de S⁺ Pierre d'Ecajeul.

390. — Le 17 février 1718, titre clérical fait en faveur de M⁰ Gilles Ollonde, acolyte, par François Ollonde, de la parr. de Bailleul.

391. — Le 3 mars 1718, titre clérical fait en faveur de M⁰ Jean Hopsore, acolyte de S¹ Martin de Nonant, par François Thillaye, marchand, demeurant à Beaumont.

392. — Le 15 février 1718, titre clérical fait en faveur de M⁰ Thomas Baillet, acolyte, par le s⁰ Estienne Baillet, marchand et Marguerite Hobey, son épouse. (Fait à Honfleur).

393. — Le 13 mars 1718, titre clérical fait en faveur de M⁰ François Lecomte, acolyte, du Mesnil-Hubert, par le s⁰ Vigor Lecomte, marchand de S¹ Pierre-la-Rivière.

394. — Le 13 oct. 1718, titre clérical fait en faveur de M⁰ Pierre-Marie Carra, acolyte, demeurant à Etrepagny, titre par lui-même.

395. — Le 31 oct. 1723, Nicolas Le Boctey, fils de Mes⁰ Nicolas Le Boctey, Esc⁰, et de noble dame Françoise Descorches, de la parr. de Marolles, reçoit la tonsure et les ordres mineurs.

396. — Le 24 janvier 1724, dispense de bans pour le mariage entre Joseph Foucques, fils de feu M⁰ Jacques Foucques et de dam^lle Marie Lemarchand, d'une part, et dam^lle Louise Turpin, fille de Léon Turpin et de dam^lle Marie Motte, tous deux de la parr. Ste Croix de Bernay.

397. — Le 25 janvier 1724, dispense de bans pour le mariage entre Jacques-Charles Ferrend (?) Esc⁰, fils de feu Charles Ferrend, Esc⁰, et de noble dame Renée Levasseur, de la parr. de Cuissé, d'une part, et dam^lle Anne-Elisabeth-Joseph de Calmesnil, fille de feu Philippe de Calmesnil, Esc⁰, et de noble dame Antoinette-Dorothée de Croucy, de la parr. de Camembert.

398. — Le 25 janvier 1724, dispense de bans pour le mariage entre Louis Véron, directeur des postes de Pont-l'Evêque, fils de Jean-Baptiste et de dame Marie Hesbert, d'une part, et dam^lle Catherine-Elisabeth Ollivier, fille de feu M⁰ Nicolas Ollivier, chirurgien, et de dam^lle Anne Fleury, tous deux de la parr. de Pont-l'Evêque.

399. — Le 24 novembre 1723, M⁰ Michel Devillers, pbre, obtient en cour de Rome des lettres de provision de la cure de S¹ Sulpice de Graimbouville, vacante par la résignation faite en sa faveur par M⁰ Jacques Dumont, pbre, dernier titulaire.

Le 16 janvier 1724, le seig⁰ évêque donne aud. s⁰ Devillers la collation dud. bénéfice. (V. **330**).

Le 28 janvier 1724, le s⁰ Devillers prend possession de la cure de S¹ Sulpice, en présence de M⁰ Nicolas Passey, pbre de S¹ Germain de Lx ; M⁰ Jean Lecarpentier, pbre, vicaire de Toutainville ; Guillaume Jullain, trésorier de lad. église de S¹ Sulpice.

400. — Le 8 février 1724, vu l'attestation du s⁰ Baivel, vicaire de Clarbec, dispense de bans pour le mariage entre Robert Leroux et Marie Isabel. (V. **901**).

401. — Le 16 août 1723, la nomination à la cure de N.-D. de Castillon, appartenant aux chanoines de la collégiale du S¹ Sépulcre de Caen, ceux-ci nomment aud. bénéfice, vacant par la mort de M° Jacques Soyer, la personne de M° Jean-Jacques Goubert, pbre du diocèse de Bayeux. (*V*, **296**).

Le 9 février 1724, led. s¹ Goubert requiert du seig¹ évêque de Lx la collation dud. bénéfice, en présence de M° Nicolas David et de M° Nicolas Vattier, pbres de S¹ Germain. M° Dumesnil, vicaire général, auquel led. s¹ Goubert a été renvoyé, répond qu'il ne peut lui accorder l'institution canonique de lad. cure, attendu qu'elle se trouve remplie. Le s¹ Goubert déclare qu'il se pourvoira devant qui de droit. (*V*. **457**, **812**).

402. — Le 20 janvier 1724, la nomination à la chapelle du Verbois, parr. S¹ Nicolas-des-Lettiers, appartenant au seig¹ du lieu, M¹° Jean-François du Houlley, Esc¹, seig¹ du Verbois et autres lieux, nommé à lad. chapelle, vacante par la démission pure et simple de Mes¹° Jean de la Rouvraye, donnée le 12 octobre dernier, la personne de M° André Laisné, pbre, demeurant à Gacey. (*V*. **134**)

Le 28 janvier 1724, le seig¹ évêque donne aud. s¹ Laisné la collation dud. bénéfice.

Le 5 février 1724, le s¹ Laisné prend possession de la chapelle du Verbois, en présence de M° Louis-Jean du Houlley, chanoine de la cathédrale de Lx, et autres témoins.

403. — Le 30 oct. 1718, Alexandre-Jacques Ruel de Sourouvre, fils de Jean-Jacques et d'Anne-Françoise Robillard, de la parr. de S¹ Gervais de Falaise, diocèse de Séez, reçoit la tonsure à Séez.

Le 10 juin 1722, led. s¹ Ruel, sous-diacre, est reçu M° ès-arts en l'Université d'Angers.

Le 11 oct. 1722, le s¹ Ruel, diacre, âgé de 36 ans, obtient des lettres de quinquennium du recteur de l'Université de Caen.

Le même jour, led. s¹ Ruel, est nommé par icelle sur les archevêchés et les chapitres de Paris, Rouen, Tours et Bourges, sur les évêchés et les chapitres de Chartres, Orléans, Le Mans, Angers, Bayeux et Rennes, ainsi que sur une foule d'abbayes et de prieurés de ces divers diocèses.

404. — Le 25 janvier 1724, M° Charles Lepeltier, pbre, requiert en sa qualité de gradué, des religieux de l'abbaye de Cormeilles, en parlant à Dom Jacques Delahaye, relig¹, sa nomination à la cure de S¹ Sylvestre de Cormeilles.

Le 1ᵉʳ fév. 1724, la nomination à la cure de S¹ Sylvestre de Cormeilles appartenant au seig¹ abbé de Cormeilles, M¹° Jean-Baptiste Moullin, chanoine-archidiacre de Lx et vicaire général dud. seig¹ abbé, nomme à cette cure, vacante par la mort de M° Michel Ricquier, pbre, dernier titulaire, la personne de M° Charles Lepeltier, pbre, vicaire de S¹ Antonin d'Epaigne, gradué nommé sur l'abbaye de Cormeilles. (*V.* **36, 215, 474, 846**).

Le même jour, le seigᵣ évêque donne aud. sʳ Lepeltier la collation dud. bénéfice.

Le 7 fév. 1724, le sʳ Lepeltier prend possession de la cure de Sᵗ Sylvestre, en présence de Mᵉ Jacques Blondel, pbr͞e, curé de Sᵗ Pierre de Cormeilles ; Mᵉ Nicolas Benoit, pbr͞e, desservant la par͞r. de Sᵗ Sylvestre ; Jean-Baptiste d'Angerville, Escʳ ; Mᵉ Jean Vata, docteur en médecine, et autres témoins. (*V.* **565**).

405. — Le 11 mai 1720, Pierre Asse, fils de Pierre et de Catherine Vallois, de la par͞r. de Beuvillers, reçoit la tonsure et les ordres mineurs.

406. — Le 24 janv. 1724, Mᵉ Pierre Thillaye, pbr͞e, de Sᵗ Germain de Lx, requiert du seigᵣ évêque, en sa qualité de gradué, sa nomination au canonicat de Surville, vacant par la mort de Mᵉ Adrian de Mailloc, dernier titulaire, décédé dans le présent mois de janvier. (*V.* **47**).

Le même jour, Sa Grandeur nomme à lad. prébende la personne dud. sʳ Thillaye.

Le 10 fév. 1724, le sʳ Thillaye est mis en possession dud. bénéfice par le ministère de Mʳ de Grosourdy, chanoine et trésorier de la Cathédrale, en présence du Chapitre et des sʳˢ Guillaume Couture et Jean Graffard, pbr͞es, chapelains. (*V.* **808**).

Le 31 janvier 1724, Mᵉ Germain Anger, pbr͞e, bachelier de Sorbonne et professeur septennaire et émérite en l'Université de Paris, demeurant au collège de Lx, à Paris, requiert du seigᵣ évêque, en sa qualité de gradué, sa nomination au canonicat de Surville, vacant par la mort de Mʳᵉ Adrian de Mailloc, décédé dans le présent mois. Led. seigᵣ évêque répond « qu'après que led. sʳ Anger luy aura fait apparoir de ses vie et mœurs par une attestation en forme de personnes constituées en dignité, comme il est obligé faire, attendu qu'il demeure depuis plusieurs années dans le diocèse de Paris, il se mettra en estat de luy donner les provisions par luy requises. » (*V.* **25, 220**).

Le 18 fév. 1724, le seigᵣ évêque nomme aud. bénéfice la personne dud. sʳ Anger *ad conservationem juris.*

Le 19 fév. 1724, le sʳ Anger est mis en possession du canonicat de Surville, pour la conservation de son droit, par le ministère de Mʳ de Grosourdy, chanoine et trésorier. (*V.* **808**).

407. — Le 19 février 1724, vu l'attestation du sʳ Roussel, vicaire de Heurtevent, dispense de bans pour le mariage entre Charles Moullin, sʳ des Vaux, fils de feu Gabriel et d'Anne Dubois, d'une part, et dᵐˡˡᵉ Marie-Anne Manoury, fille de Jacques Manoury, Escʳ, et de dᵐᵉ Marie-Jacqueline Bertheaume, de la par͞r. de Heurtevent.

408. — Le 19 février 1724, vu l'attestation du sʳ Seney, pbr͞e, vicaire de S¹ Germain de Lx, dispense de bans pour le mariage entre Charles Patou et Louise Mariolle.

409. — Le 20 février 1724, vu l'attestation du s' Dubreuil, vicaire de la Poterie-Mathieu, dispense de bans pour le mariage entre Pierre Haroult et Marie Deschamps.

410. — Le 23 février 1724, dispense de bans pour le mariage entre Thomas-David Berthelot, fils de feu Thomas Berthelot, et de dame Anne Rille, de la parr. de Ticheville, d'une part, et dam^lle Jeanne-Françoise de Billard, fille de feu Philippe-Joseph de Billard, Esc^r, et de feu dam^lle Eve de Marthéry, de la parr. d'Echauffour.

411. — Le 26 février 1724, Gabriel Le Normand, Esc^r, s^r du Buschet, cons^er et procureur du roy au siège d'Orbec, et noble dame Marie de Liée, son épouse, demeurant à Orbec, obtiennent dispense de parenté au 4e degré, pour réhabiliter leur mariage qu'ils ont contracté dans la bonne foi. (*V*. **169**.

412. — Le 28 février 1724, vu l'attestation, du s^r Le Tardif, vicaire de Bonneville-sur-Toucques, dispense de bans pour le mariage entre Jean Biette et Catherine Delaunay.

413. — Le 28 février 1724, vu l'attestation du s^r Renout, curé de St Hippolyte-du-Bout-des-Prés, dispense de bans pour le mariage entre Pierre Guéret et Jeanne Boucher.

414. — Le 7 mars 1724, vu l'attestation du s^r Massue (?), vicaire de Quetiéville, dispense de bans pour le mariage entre Pierre Lefebvre et Marie Puchot.

415. — Le 12 février 1721, titre clérical fait en faveur de Me Joseph Hesbert, acolyte, par Jean Hesbert, laboureur, demeurant à Hermival.

416. — Le 13 mars 1721, titre clérical fait en faveur de Me Jean Lemonnier, acolyte, par Guillaume Lemonnier, ci-devant « greffier commis de l'hostel de ville » de Lx, y demeurant, parr. St Jacques.

417. — Le 15 février 1721, titre clérical en faveur de Me Jean-André du Houlley, acolyte, par M. André du Houlley, de la parr. de Bonneval.

418. — Le 26 mars 1731, titre clérical en faveur de Me François Salerne, acolyte, par Michel Salerne, laboureur, demeurant à Courtonnelle.

419. — Le 25 juin 1720, titre clérical fait en faveur de Me Jacques Heutte, acolyte, par François Heutte, demeurant en la parr. de St Martin-St Firmin. (*V*. **61**).

420. — Le 28 février 1721, titre clérical fait en faveur de Me Charles du Rouvrey, acolyte, (orig^e de N.-D. de la Couture), par François du Rouvrey, demeurant présentement à Brionne. *V*. **790**).

421. Le 20 janvier 1721, titre clérical fait en faveur de Me Nicolas

Leblond, acolyte, par Guillaume-Olympe Leblond, s' de la Couture, demeurant en la parr. de Ste Croix de Bernay.

422. — Le 13 février 1721, titre clérical fait en faveur de M° Isaac Michel, acolyte, (originaire de la parr. de N. - D. d'Estrées), par le s' Duclos, marchand, et Marie Pierre.

423. — Le 10 mars 1721, titre clérical fait en faveur de M° Jacques Delabarre, acolyte de S' Philbert-sur-Risle, par le s' Jacques Delabarre et Guy Vorillon, demeurant en la parr. de Condé-sur-Risle.

424. — Le 20 mars 1721, titre clérical fait en faveur de M° Jean de Soubzlebien, acolyte du Mesnil-Hubert, par Pierre Fortin.

425. — Le 22 février 1721, titre clérical fait en faveur de M° Jacques-Christophe Gosson, acolyte, par Jean Gosson, laboureur, de la parr. d'Aclou.

426. — Le 23 mars 1721, titre clérical fait en faveur de M° Nicolas Patin, acolyte de S' Pierre-des-Ifs, par Jean Fleuriot, s' des Fontaines, marchand, demeurant en la parr. du Chesne.

427. — Le 13 mars 1724, Mre François-Michel de S' Michel, pbre, chanoine régulier de Ste Croix de Caen, M° ès-arts en l'Université de Caen, ayant élu domicile pour le présent seulement, en la maison de M° François Marey, pbre de S' Germain de Lx, fait réitérer ses noms et grades aux chanoines de Ste Barbe. (*V.* **50, 196, 853**).

428. — Le 10 mars 1724, M° Jean-Baptiste Lebourbet, pbre du diocèse de Bayeux, prieur de Ste Croix de Caen, M° ès-arts en l'Université de Caen, ayant élu domicile, pour le présent seulement, en la maison de M° Jean Morin, pbre de la parr. S' Jacques de Lx, fait réitérer ses noms et grades aux chanoines de l'abbaye de Ste Barbe. (*V.***51, 855, 890**).

429. — Le 13 mars 1724, dispense de bans pour le mariage entre Claude Duval-Lenormand, Esc^r, fils de feu Thomas Duval-Lenormand, Esc^r, et de dame Jeanne Du Lys, de la parr. de S' Victor, d'une part, et dam^{lle} Anne-Françoise Fontaine, de la parr. de S' Pierre-du-Châtel de Rouen.

430. — Le 18 mars 1714, vu l'attestation du s' Potel, vicaire de Douville, dispense de bans pour le mariage entre Jean Bard et N..... Serette, tous deux de lad. parr. de Douville. (*V.* **832**).

431. — Le 16 mars 1724, M° Charles-Jacques Le Chevalier, diacre, demeurant à Honfleur, M° ès-arts en l'Université de Paris, fait réitérer ses noms et grades aux religieux de Grestain et à ceux de Beaumont. Fait à Lx, en présence de M° Joseph Duthrosne, pbre, curé de S' Sulpice de Carel, diocèse de Séez, et de M° Nicolas Davy, pbre de S' Germain de Lx. (*V.* **519, 854**).

432. — Le 18 oct. 1711, Guillaume Lemarchand, fils de Louis et d'Antoinette de la Rocque, de la parr. S¹ Jacques de Lx, reçoit la tonsure et les ordres mineurs.

Le 30 mars 1720, led. s¹ Lemarchand, diacre, est ordonné prêtre.

433. — Le 20 mars 1724, vu l'attestation du s¹ Monseillon, vicaire de S¹ Pierre de Tourgéville et du s¹ Lepennetier, vicaire de S¹ Germain-de-Livet, dispense de bans pour le mariage entre Nicolas Mangeant et Anne Constant.

434. — Le 17 mars 1724, M⁽ᵉ⁾ Pierre Marescal, pbrē, vicaire de S¹ Pierre d'Epréville, M⁰ ès-arts en l'Université de Paris, ayant élu domicile, pour le présent seulement, en la maison de M⁰ François Marey, pbrē de de S¹ Germain de Lx, fait réitérer ses noms et grades au seig¹ évêque et au Chapitre de Lx, ainsi qu'aux religieux de Bernay. (*V.* **16, 192, 840, 907**).

435. — Le 17 mars 1724, M⁰ Jean-Baptiste Paulmier, pbrē, demeurant à Lx, parr. S¹ Jacques, pourvu de la chapelle de S¹ Jean-Baptiste de Cambremer, de nulle valeur, M⁰ ès-arts en l'Unіvsrsité de Caen, fait réitérer ses noms et grades au seig¹ évêque et au Chapitre de Lx, ainsi qu'aux religieux de S¹ Evroult. (*V.* **14, 219, 240**).

436. — Le 17 mars 1724, M⁽ʳᵉ⁾ Jacques Corbin, pbrē, chapelain des religieuses de Conflans, M⁰ ès-arts en l'Université de Paris, représenté par son père, fait réitérer ses noms et grades au seig¹ évêque et au Chapitre de Lx, ainsi qu'aux religieux de Bernay. (*V.* **28, 208, 883**).

437. — Le 10 mars 1723, la nomination à la cure de S¹ Pierre de Tonnencourt appartenant au seig¹ du lieu, Mes¹ʳᵉ Louis de Liée, Esc¹, seig¹ et patron de Tonnencourt, nomme à cette cure, vacante par la mort de M⁽ʳᵉ⁾ Jacques Delamare, dernier titulaire, la personne de M⁰ Nicolas Réauté, pbrē de ce diocèse.

Le 17 mars 1724, le seig¹ évêque donne aud. s¹ Réauté la collation dud. bénéfice.

Le 23 mars 1724, le s¹ Réauté prend possession de la cure de Tonnencourt, en présence de M⁰ Charles-Alexandre Lesenier, pbrē, desservant lad. parr., et autres témoins.

438. — Le 4 février 1724, M⁰ Jacques Daufresne, pbrē, chapelain de la chapelle S¹ Louis de Bonneville-la-Louvet, obtient en cour de Rome des lettres de provision de la cure de S¹ Ouen de Roques, vacante par la résignation faite en sa faveur par M⁰ Jean Leprévost, pbrē, dernier titulaire. (*V.* **370**).

Le 18 mars 1724, le seig¹ évêque donne son visa auxd. lettres de provision.

Le 9 avril 1724, le s¹ Daufresne prend possession de la cure de Roques, en présence de M⁰ Nicolas Passey, pbrē de S¹ Germain de Lx; M⁰ Jean Deschamps, pbrē, vicaire de Roques ; M⁰ Guillaume Du Lys, chapelain en la Cathédrale ; Mᵉ Guillaume Lemarchand, pbrē de Sᵗ Jacques ; Mᵉ Nicolas Vattier, pbrē de Sᵗ Germain ; Mᵉ Thomas Fortin, pbrē, chapelain en la Cathédrale; Mᵉ Robert Coudrey, sousdiacre ; Jean Rebut, trésorier de l'église de Roques.

439. — Le 17 mars 1724, Mesʳᵉ Jean-Baptiste-François Lefebvre de la Normandière, acolyte, de Prêtreville, Mᵉ ès-arts en l'Université de Paris, fait signifier ses noms et grades au seigʳ évêque et au Chapitre de Lx. (*V.* **442, 747**).

440. — Le 14 mars 1724, Mᵉ Jean-Baptiste Lesieur, pbrē, Mᵉ èsarts en l'Université de Caen, fait réitérer ses noms et grades au seigʳ évêque et au Chapitre de Lx, ainsi qu'aux religieux de Friardel.

Le 15 mars, led. sʳ Lesieur des Molières, pbrē de Gacé, fait réitérer ses noms et grades aux religʳ de Sᵗ Evroult. (*V.* **53, 59, 868**).

441. — Le 7 avril 1708, Joseph Duthrosne, fils de Jacques et de Marguerite Laisné, de la parr. de Donville, diocèse de Séez, reçoit la tonsure à Séez.

Le 29 mai 1711, led. sʳ Duthrosne, acolyte, est reçu Mᵉ ès-arts en l'Université de Caen.

Le 17 février 1721, led. sʳ Duthrosne, sous-diacre, âgé de 27 ans, obtient des lettres de quinquennium du recteur de lad. Université.

Le même jour, il est nommé par icelle sur l'archevêché et le Chapitre de Rouen, sur les évêchés et les Chapitres de Bayeux, Lisieux et Séez, et sur un certain nombre d'abbayes et prieurés de ces diocèses.

Le 12 mars 1724, Mᵉ Joseph Duthrosne, pbrē, curé de Sᵗ Sulpice de Carel, fait signifier ses noms et grades aux religieux de Sᵗ Evroult en parlant à Guillaume Ponty, portier de lad. abbaye. (*V.* **431, 838**).

442. — Le 11 décembre 1720, Jean-Baptiste-François Lefebvre de la Formandière, du diocèse de Lx, est reçu Mᵉ ès-arts, en l'Université de Paris.

Le 7 août 1723, led. sʳ Lefebvre, acolyte, obtient des lettres de quinquennium du recteur de lad. Université.

Le 6 oct. 1723, il est nommé par icelle sur l'évêché et le Chapitre de Lx. (*V.* **439, 747**).

443. — Le 9 mars 1724, la nomination à la cure de Beuzeville appartenant au seigʳ abbé du Bec-Hellouin, Mgʳ Louis de Bourbon, prince du sang, comte de Clermont, abbé commendataire de lad. abbaye, nomme à cette cure, vacante par la mort de Mᵉ Thomas Le Gouez, pbrē, dernier titulaire, la personne de Mᵉ Pierre Roussel, pbrē du diocèse de Lx.

Le 24 mars 1724, le seigʳ évêque donne aud. sʳ Roussel la collation dud. bénéfice.

Le 31 mars 1724, le sʳ Roussel prend possession de la cure de

Beuzeville, en présence de Mes⁰ François de Charlemaigne, Esc⁰, seig⁰ du Boulley, Bellelonde, Boulleville et autres lieux, cons⁰⁰ du roy, maitre honoraire en sa cour des Comptes et Finances de Normandie, et autres témoins de la par̄. de Beuzeville.

444. — Le 29 mars 1724, M⁰ Jean Féron, pbr̄e, curé de N.-D. de Condé-sur-Seulles, diocèse de Bayeux, M⁰ ès-arts en l'Université de Caen, fait réitérer par procureur ses noms et grades au seig⁰ évêque et au Chapitre de Lx. (*V*. **7, 200**).

445. — Le 4 avril 1724, M⁰⁰ Jean-Baptiste de Gémare, pbr̄e du diocèse de Lx, demeurant à Paris, représenté par M⁰ Pierre de Gémare, pbr̄e, curé de Bourgeauville, fait réitérer ses noms et grades au seig⁰ évêque de Lx, en parlant au s⁰ Scelles, son secrétaire, trouvé au secrétariat dans le palais épiscopal. (*V*. **35, 206**).

446. — Le 11 mai 1724, Adrian Buisson, fils d'Adrian et de Catherine Morin, de la par̄. de N.-D. de Courson, reçoit la tonsure et les ordres mineurs. (*V*. **452**).

447. — Le 29 mars 1724, M⁰ Louis Pollin, curé de S⁰ Jean-de-Livet, titulaire de la chapelle S⁰ Jean-Baptiste en la Cathédrale, M⁰ ès-arts en l'Université de Caen, fait réitérer ses noms et grades au seig⁰ évêque et aux chanoines de Lx, ainsi qu'aux relig⁰ de S⁰ Evroult et de Beaumont. (*V*. **55, 235, 329, 877**).

448. — Le 29 mars 1724, M⁰ François Durozay, pbr̄e, docteur de la faculté de théologie en l'Université de Paris, demeurant en lad. ville, représenté par M⁰⁰ Gabriel Durozay, chanoine de la cathédr... de Lx, fait réitérer ses noms et grades au seig⁰ évêque et au Chapitre de Lx. (*V*. **22, 208, 884**).

449. — Le 29 mars 1724, M⁰⁰ Jean Lelièvre, pbr̄e, curé de la Ferté-Fresnel, diocèse d'Evreux, M⁰ ès-arts en l'Université de Caen, fait réitérer ses noms et grades aux relig⁰ de l'abbaye de S⁰ Evroult. (*V*. **3, 201, 858**).

450. — Le 1ᵉʳ avril 1724, M⁰⁰ Pierre Scelles, pbr̄e, aumônier et secrétaire de Monseig⁰ de Lx, M⁰ ès-arts en l'Université de Caen, fait réitérer ses noms et grades aud. seig⁰ évêque, en parlant à M⁰ l'abbé Le Chappelain, son grand vicaire. Il fait ensuite réitérer la même signification au Chapitre de la Cathédrale. (*V*. **379, 445, 841**).

451. — Le 24 mars 1724, M⁰ Simon Mannoury, pbr̄e, demeurant à S⁰ Martin de Pontchardon, M⁰ ès-arts en l'Université de Caen, fait réitérer ses noms et grades au seig⁰ évêque et au Chapitre de Lx. (*V*. **515**).

452. — Le 11 avril 1724, vu l'attestation du s⁰ Aubry, vicaire de S⁰ᵉ Croix de Bernay, dispense de bans pour le mariage entre Guillaume-André Barrey, Esc⁰, fils d'André Barrey, Esc⁰, et de dame Madeleine d'Arsac, de lad. paŕr. de Ste Croix, d'une part, et dam^lle Marie-Anne Dodeman, fille de Jacques Dodeman, Esc^r, et de dame Marguerite-Thérèse Savalle, demeurant à Paris. (*V.* 284).

453. — Le 29 mars 1724, Mre François Turpin, pbr̄e, demeurant à Echauffour, M^e ès-arts en l'Université de Caen, fait réitérer ses noms et grades au seig^r évêque et au Chapitre de Lx. (*V.* **49, 241, 326, 849**).

454. — Le 30 mars 1725, Me François Frontin, pbr̄e, demeurant à Pontaudemer, paŕr. St Ouen, M^e ès-arts en l'Université de Caen, fait réitérer ses noms et grades aux religieux de St Pierre de Préaux et aux dames de St Léger de Préaux. (*V.* **29, 205, 299, 878**).

455. — Le 29 mars 1724, Me Robert Leroux, pbr̄e de St Jacques de Lx, M^e ès-arts en l'Université de Caen, fait réitérer ses noms et grades au seig^r évêque et au Chapitre de Lx. (*V.* **224, 561, 879**).

456. — Le 29 mars 1724, Mre Nicolas Benoist, pbr̄e de N.-D. de Bailleul et vicaire de St Sylvestre, M^e ès-arts en l'Université de Caen, fait réitérer ses noms et grades au seig^r évêque et au Chapitre de Lx. (*V.* **44, 344, 566**).

457. — Le 28 mars 1724, Mre Jean-Baptiste Goubert, pbr̄e, en vertu de la collation obtenue des sieurs vicaires capitulaires de l'église métropolitaine de Rouen, sur la nomination faite par les chanoines du St Sépulcre de Caen, prend possession de la cure de N.-D. de Castillon, en présence de Me Jean Jollain, curé de St Martin-de-Fresné; Mes^re Jacques de Montesquiou et Pierre Gilles, demeurant au château du Robillard, et autres témoins. (*V.* **401, 812**).

458. — Le 19 sept. 1722, Fr. Simon Lancesseur, de l'ordre de Prémontré, reçoit à Angers, la tonsure cléricale et les ordres mineurs.
Le 22 mai 1723, il est ordonné sous-diacre dans la même ville.

459. — Le 19 sept. 1722, Fr. François Hunoult, de l'ordre de Prémontré, reçoit à Angers, la tonsure cléricale et les ordres mineurs.
Le 22 mai 1723, il est ordonné sous-diacre.

460. — Le 19 sept. 1722, Fr. Robert Vanier, de l'ordre de Prémontré, reçoit à Angers la tonsure cléricale et les ordres mineurs.
Le 22 mai 1723, il est ordonné sous-diacre.

461. — Le 19 sept. 1722, Fr. André Viel, de l'ordre de Prémontré, reçoit à Angers la tonsure cléricale et les ordres mineurs.
Le 22 mai 1723, il est ordonné sous-diacre. (*V.* **863**).

462. — Le 15 avril 1724, dispense de bans pour le mariage entre Me Jean-Baptiste Thulou, s^r de la Beltière, cons^er du roy, fils de Me Germain Thulou, cons^er du roy, et de Marie Aubry, d'une part, et dam^lle Marguerite Bétan, fille du s^r François Bétan, maître des Postes, et dam^lle Marthe de Groscol, tous de la paŕr. de Ste Croix de Bernay.

463. — Le 11 avril 1724, led. s^r Le Poutrel de Perteville, pbr̄e, chanoine régulier de la Maison-Dieu de Caen, Mᵉ ès-arts en l'Université de lad. ville, représenté par Mᵉ Nicolas Passey, pbr̄e de St Germain de Lx, fait signifier ses noms et grades aux religieux de Sᵗᵉ Barbe, en parlant à Jacques Bacon, cuisinier de lad. abbaye.

Le 4 août 1709, Jean-François Le Poutrel, fils de Pierre et de Jeanne Roussel, de la paȓr. de Sᵗ Etienne de Caen, reçoit à Bayeux la tonsure et les ordres mineurs.

Le 27 fév. 1713, led. sʳ Le Poutrel, sous-diacre, fait profession dans la Maison-Dieu de Caen entre les mains de Dom Louis Odet de Clinchamps d'Anisy, pbr̄e, prieur de lad. maison, en présence de Dom Bertrand Leguillard, Dom Joachim de Marguerie, Dom Jean Lebatard, Dom Robert de Lisle, Dom Jean-Nicolas Lecourt, tous religieux-profès de lad. maison ; Mʳᵉ Pierre Le Poutrel, père dud. religieux ; Mʳᵉ Réné Le Poutrel, son frère et chanoine de Prémontré ; Léonor Le Poutrel, aussi son frère et aussi chanoine de Prémontré ; Charles Dujardin, professeur ; Louis de Sᵗ Igny ; Jacques Mallouin, pbr̄e et curé de Sᵗ Etienne de Caen ; Jean-Baptiste de Chazot, Thomas de Chazot, Pierre de Chazot, Escʳˢ, et Pierre Roussel.

Le 20 déc. 1710, il est reçu Mᵉ ès-arts en l'Université de Caen.

Le 13 mars 1715, led. sʳ Le Poutrel, diacre, obtient des lettres de quinquennium du recteur de lad. Université.

Le même jour, il est nommé par icelle sur différentes abbayes ou prieurés de l'ordre de Sᵗ Augustin.

464. — Le 26 avril 1724, vu l'attestation du sʳ Morel, curé du Tilleul-en-Auge, dispense de bans pour le mariage entre Jacques de Sᵗ Clair, Escʳ, fils de Jacques de Sᵗ Clair, Escʳ, et de noble dame Marie Erard, de la paȓr. du Tilleul-en-Auge, d'une part, et damˡˡᵉ Françoise de Courquin, fille de Jacques et de damˡˡᵉ Marie Avenel, de la paȓr. de Sᵗ Martin-de-Fresnay.

465. — Le 5 avril 1724, Mᵉ Jean Le Rat, pbr̄e, bachelier de Sorbonne, Mᵉ ès-arts en l'Université de Paris, demeurant en lad. ville, représenté par Mʳᵉ Louis-Guillaume Moullin, consʳ du roy, contrôleur des gages de la cour des Comptes de Normandie, demeurant à Lx, paȓr. Sᵗ Jacques, fait réitérer ses noms et grades au seigʳ évêque et au Chapitre de Lx. (*V.* **37, 229, 882**).

466. — Le 26 avril 1724, Mʳᵉ Cyprien Morel, pbr̄e, curé de Sᵗ Mards-de-Fresne, malade et gisant en son lit, et Mʳᵉ François Morel, son frère, pbr̄e et curé de Villers-en-Ouche, résignent leurs cures entre les mains du seigʳ évêque en faveur l'un de l'autre, pour cause de mutuelle permutation. Fait au manoir presbytéral de Sᵗ Mards-de-Fresne, en présence de Mʳᵉ Jean Desjardins, vicaire du lieu, et autres témoins

Le 27 avril 1724, le seigr évêque donne à Mе Cyprian Morel la collation de la cure de Villers-en-Ouche.

Le même jour, celui-ci donne sa procuration pour prendre en son nom possession dud. bénéfice de Villers.

Le 28 avril 1724, led. sr Cyprian Morel, représenté par Mre François Matrot, vicaire de Villers, prend possession de lad. cure. (*V.* 477).

Le 27 avril 1724, le seigr évêque donne à Mre François Morel, curé de Villers-en-Ouche, la collation de la cure de St Mards-de-Fresne.

Le même jour, led. sr Morel prend possession dud. bénéfice de St Mards, en présence de Mе Jean Desjardins, vicaire du lieu, et plusieurs autres paroissiens. (*V.* 276).

467. — Le 29 avril 1724, Mesre Jacques Dancerville, pbrē, curé de St Gilles de Livet et pourvu du bénéfice-cure de St Pair, diocèse de Bayeux, donne sa procuration pour résigner lad. cure de Livet entre les mains de N.-S.-P. le pape, en faveur de Mre Louis Briant, pbrē du diocèse de Séez. Fait au manoir presbytéral de Livet, en présence de Mе Pierre Larguillier, curé de St Laurent-du-Mont, et Michel Martin, acolyte.

468. — Le 1er mai 1724, dispense de bans pour le mariage entre Mre François d'Espiney, fils de Mre François d'Espiney et de dame Françoise Lambert, d'une part, et damlle Barbe-Paule de Roussel, fille de Paul de Roussel et de dame Barbe d'Aubert, tous deux de la parr. d'Orbec.

469. — Le 7 avril 1724, Mе Pierre Tragin, pbrē, curé de Ste Croix de Cormeilles, Mе ès-arts en l'Université de Caen, représenté par Mesre Nicolas Davy, pbrē de St Germain de Lx, fait réitérer ses noms et grades aux religieux de Cormeilles. (*V.* 106, 238, 263).

470. — Le 22 juillet 1720, Mе Jacques Daubichon, pbrē de Lx, est reçu Mе ès-arts en l'Université de Caen.

Le 8 mars 1724, il obtient des lettres de quinquennium du recteur de lad. Université.

Le même jour, led. sr Daubichon, âgé de 35 ans accomplis, est nommé par icelle sur les archevêchés et les chapitres de Paris, Rouen, Tours et Bourges ; sur les évêchés et les chapitres de Chartres, Orléans, Le Mans, Angers, Bayeux, Lisieux, Avranches, Evreux, Séez, Blois, Rennes et Dol, ainsi que sur la plupart des abbayes et prieurés de ces divers diocèses. (*V.* 189, 330, 893).

Le 11 avril 1724, le sr Daubichon fait signifier ses noms et grades aux religieux de Ste Barbe.

471. — Le 6 avril 1724, Mre André du Coudray, pbrē, docteur en théologie de la faculté d'Angers, curé de Marnefer, diocèse d'Evreux, fait réitérer ses noms et grades aux religx de St Evroult. (*V.* 40, 804, 844).

472. — Le 1ᵉʳ avril 1724, Mᵉ Guillaume de la Couture, pbrē de Neuville-sur-Touques, Mᵉ ès-arts en l'Université de Caen, fait réitérer ses noms et grades au seigʳ évêque et au Chapitre de Lx, ainsi qu'aux religieux de Sᵗ Evroult. (*V.* **19, 218**).

473. — Le 6 avril 1724, Mᵉ Pierre Blanchet, pbrē du diocèse de Séez, vicaire de N.-D. de Monceaux, au Perche, diocèse de Chartres, Mᵉ ès-arts en l'Université de Caen, représenté par Mᵉ Jacques Fresnel, acolyte de Sᵗᵉ Catherine d'Honfleur, demeurant à Lx, fait réitérer ses noms et grades aux religieux de Sᵗ Evroult. (*V.* **30, 843**).

474. — Le 8 avril 1724, Mʳᵉ Charles Lepeltier, pbrē, vicaire d'Epaigne, Mᵉ ès-arts en l'Université de Caen, fait réitérer ses noms et grades aux religieux de Cormeilles et de Sᵗ Pierre de Préaux, ainsi qu'aux dames de Sᵗ Léger de Préaux. (*V.* **36, 215, 404**).

475. — Le 7 mars 1724, Mᵉ Laurent-Benoit Durand, pbrē de Pontaudemer, est reçu Mᵉ ès-arts en l'Université de Caen.

Le 8 mars 1724, il obtient des lettres de quinquennium du recteur de lad. Université.

Le même jour, led. sʳ Durand, âgé de 26 ans accomplis, est nommé par icelle sur l'archevêché et le chapitre de Paris, sur les évêchés et les chapitres de Chartres, Orléans, Le Mans, Angers, Bayeux et Lisieux, ainsi que sur bon nombre d'abbayes et prieurés de ces diocèses. (*V.* **663**).

476. — Le 8 avril 1724, Mᵉ Pierre Thillaye, pbrē habitué de Sᵗ Germain de Lx, pourvu de la prébende de Surville, Mᵉ ès-arts en l'Université de Paris, fait réitérer ses noms et grades au seigneur évêque de Lx. (*V.* **47, 230, 406**).

477. — Le 3 mai 1724, Mʳᵉ Cyprian Morel, pbrē, curé de Sᵗ Pierre de Villers-en-Ouche, donne sa procuration pour résigner led. bénéfice entre les mains de N.-S.-P. le pape en faveur de Mᵉ François Matrot, pbrē, vicaire dud. Villers. Fait au manoir presbytéral de Sᵗ Mards-de-Fresne, en présence de Mᵉ Jean Desjardins, pbrē, vicaire de Sᵗ Mards, et autres témoins. (*V.* **466**).

478. — Le 3 mai 1724, Mʳᵉ François Morel, pbrē, curé de N.-D. de Verneusses, pourvu de la cure de Sᵗ Mards-de-Fresne, donne sa procuration pour résigner led. bénéfice de Verneusses entre les mains de N.-S.-P. le pape, en faveur de Mᵉ Jean Desjardins, vicaire de Sᵗ Mards. (*V.* **276, 578**).

479. — Le 11 avril 1724, Mᵉ Jean Buisson, pbrē de N.-D. de Courson, y demeurant, Mᵉ ès-arts en l'Université de Caen, fait réitérer ses noms et grades au seigʳ évêque et au Chapitre de Lx. (*V.* **231, 857**).

480. — Le 15 avril 1724, Mʳᵉ Edouard Desvaux, pbrē, Mᵉ ès-arts en l'Université de Caen, demeurant à Guerquesalles, représenté par

Mͤ Nicolas Vattier, pbrē de Sᵗ Germain de Lx, fait réitérer ses noms et grades au seigʳ évêque et au Chapitre de Lx. (*V.* **34, 212, 881**).

481. — Le 26 avril 1724, la nomination à la cure de Giverville appartenant à l'abbé de Sᵗᵉ Catherine, près Rouen, et cette abbaye ayant été réunie à la Chartreuse de Bourbon, près Gaillon, le vicaire de lad. Chartreuse, en l'absence du prieur commendataire, nomme à lad. cure de Giverville, vacante par la mort de Mͤ Jean-Baptiste Ledanois, dernier titulaire, décédé dans le présent mois, la personne de Mͤ François Dilloys, pbrē du diocèse de Lx, originaire de Barville, vicaire de Sᵗᵉ Croix-Sᵗ Ouen de Rouen et Mͤ ès-arts en l'Université de Caen.

Le 1ᵉʳ mai 1724, le seigʳ évêque donne aud. sʳ Dilloys la collation dud. bénéfice.

Le 3 mai 1724, le sʳ Dilloys prend possession de la cure de Giverville, en présence de Mͤ Jean-Baptiste Paulmier, pbrē de Sᵗ Jacques de Lx ; Pierre Aubey, trésorier de l'église de Giverville, et autres témoins demeurant aud. lieu. (*V.* **245**).

482. — Le 8 mai 1724, vu l'attestation du sʳ Rabot, vicaire de Sᵗ Philbert-des-Champs, dispense de bans pour le mariage entre Jean Lecarpentier et Élisabeth David.

483. — Le 15 avril 1724, Mͤ Jacques Couture, pbrē de Sᵗ Jacques de Lx, y demeurant, fait réitérer ses noms et grades aux religieux de Cormeilles et de Bernay. (*V.* **48, 237, 885**).

484. — Le 26 avril 1724, « Mͤ Hercule-Pomponne-Louis de Corday, Escʳ, pbrē, docteur en théologie, professeur d'icelle, curé de Sᵗ Pierre-la-Rivière et pourveu de la prévosté de la Cathédrale de Séez », résigne sad. cure de Sᵗ Pierre entre les mains de Messire Gabriel, vicomte de Melun, maréchal des camps et armées du roy, commandant d'Abbeville, seigʳ de Dompvast, Hellencourt-sur-Vie, seigʳ et patron de Sᵗ Pierre-la-Rivière, la Cressonnière et autres lieux, afin que led. seigʳ patron puisse nommer aud. bénéfice telle personne qu'il jugera capable. Fait à Lx.

Le 5 mai 1724, led. seigʳ de Melun nomme à lad. cure de Sᵗ Pierre-la-Rivière la personne de Mͤ Henry-Pierre de Sᵗ Clair, Escʳ, pbrē du diocèse de Lx. Fait à Paris devant les notaires du Châtelet.

Le 11 mai 1724, le seigʳ évêque donne aud. sʳ de Sᵗ Clair la collation dud. bénéfice.

Le 30 mai 1724, le sʳ de Sᵗ Clair prend possession de la cure de Sᵗ Pierre-la-Rivière, en présence de Mͤ Hercule-Pomponne-Louis-Henry de Corday, prévôt de la Cathédrale de Séez ; Mͤ Jacques Poitevin, pbrē, curé d'Aubry-le-Panthou ; Mͤ Olivier d'Orville, pbrē, curé de Fresné-le-Samson ; Mͤ Antoine Périer, pbrē, curé d'Orville, doyen de Vimoutiers ; Charles de Rupierre, Escʳ, sʳ du Buisson ; Jacques du

Rupierre, Esc'; Joseph de Guerpel, Esc', et autres témoins. (V. 820).

Le 19 oct. 1710, Henry de S' Clair, fils de Henry et d'Anne Douésy, de la parr. de Neuville-sur-Touques, reçoit la tonsure et les ordres mineurs.

485. — Le 18 oct. 1722, Charles Scelles, fils de Julien et de Marie Pastot (?), de la parr. de S'° Croix de Bernay, reçoit la tonsure et les ordres mineurs. (V. 962).

486. — Le 4 mai 1724, la nomination à la cure de Cauverville appartenant au seig' du lieu, M'° Léonor Bertout, Esc', seig' et patron d'Heudreville, Favril et Cauverville, doyen de la cour des Comptes, Aides et Finances de Normandie, demeurant à Rouen, nomme à lad. cure de Cauverville, vacante par la mort de M° Louis Pinchon, pbrē, dernier titulaire, la personne de Jean Caniel, pbrē du diocèse de Rouen, demeurant en lad. ville.

Le 10 mai 1724, le seig' évêque donne aud. s' Caniel la collation dud. bénéfice.

Le 11 mai 1724, le s' Caniel prend possession de la cure de Cauverville, en présence de M'° Léonor-François de Bertout, pbrē, curé d'Heudreville; M'° Charles-Louis Loutrel, pbrē, desservant la parr. de Cauverville; Claude-François Bertout, Esc', et autres témoins.

487. — Le 25 mars 1724, la nomination à la cure de S' Martin de Courtonne-la-Ville appartenant au seig' abbé de Bernay, Son Eminence le cardinal de Gesvres, archevêque de Bourges et abbé de lad. abbaye, nomme à lad. cure, vacante par la mort de M'° Charles de Montargis, dernier titulaire, la personne de M° Charles-Jacques Hayer, pbrē, curé de Carentonne, diocèse d'Evreux. Fait et passé à Paris.

Le 25 avril 1724, le seig' évêque donne aud. s' Hayer la collation dud. bénéfice.

Le 26 avril 1724, le s' Hayer prend possession de la cure de Courtonne-la-Ville, en présence de M'° Louis de Sevrey, Esc', pbrē desservant lad. parr.; Nicolas Morel, officier de feu Son Altesse Royale M' le duc d'Orléans; Pierre Rabault, boucher, trésorier en charge, et autres témoins.

488. — Le 10 avril 1724, Monseig' Philibert-Charles de Pas Feuquière, évêque et comte d'Agde, abbé commendataire de Corneilles, donne, en cette qualité, sa procuration pour soutenir le procès relatif au droit de nomination à la cure de Firfol dont il est patron présentateur. Fait à Pézenas, en la maison de l'Oratoire. (V. 366).

489. — Le 27 mai 1724, dispense de bans pour le mariage entre François Durécu, Esc', de présent à Moulins de la Marche et y demeurant depuis sept mois, fils de feu Jean Durécu, Esc', et de dam'° de Montcoq (?) de Laymprière, de la parr. de Montagnac en Agénois, d'une

part, et dam^lle Marie-Charlotte de la Mondière, fille de feu ....
de la Mondière, Esc^r, et de dam^lle Jeanne Bernard d'Abbé, de la parr.
de N.-D. du Tilleul.

490. — Le 17 avril 1724, la nomination à la cure de St Vigor de
Lisores appartenant au seig^r du lieu, Mre Nicolas-François Mareseot,
Esc^r, seig^r présentateur de Lisores, nomme à lad. cure, vacante par la
mort de Me François Le Prévost, Esc^r, pbre, dernier titulaire, la personne
de Me Pierre Hardrey, pbre, prieur de Ste Croix de Séez, demeurant
au bourg de Gacé.

Le 24 mai 1724, le seig^r évêque donne aud. s^r Hardrey la collation
dud. bénéfice.

Le 14 juin 1724, le s^r Hardrey, prieur de Ste Croix de Séez et chapelain de St Eustache du Noyer-Besion, prend possession de la cure de
Lisores, en présence de Philippe de Monteilles, Esc^r, chev^r de l'Ordre
militaire du roy ; Jean Voisse, s^r de Millière, et autres témoins.

Le 3 juin 1724, la nomination à la cure de Lisores appartenant au
seig^r du lieu, « Mre Jacques Bonnet, chev^r, marquis de la Tour, et de
Ste Foy de Montgommery, baron de Démouville, lieutenant général de Nos
Seigneurs les mareschaux de France au bailliage de Caen, à cause de
son plein fief de haubert ou chastellenie de Lisores, » nomme à lad.
cure vacante par la mort de Me François Le Prévost, dernier titulaire, la
personne de Me Augustin Belley, diacre du diocèse de Lx, bachelier en
théologie de la faculté de Paris. Fait et passé à Caen.

Le 23 juin 1724, le seig^r évêque donne aud. s^r Belley la collation
dud. bénéfice *ad conservationem juris*. (*V*. 814).

491. — Le 27 mai 1724, vu l'attestation du s^r Parent, vicaire de
St Evroult-de-Montfort, dispense de bans pour le mariage entre Robert
Bontemps et Magdeleine Plouin.

492. — Le 28 mai 1724, vu l'attestation du s^r Seney, pbre de
St Germain de Lx, et du s^r Formage, curé du Mesnil-Mauger, dispense
de bans pour le mariage entre Guillaume de la Roque, Esc^r, fils de
Guillaume de la Roque, Esc^r, et dame Charlotte de Jort, de la parr. du
Mesnil-Mauger, d'une part et dam^lle Catherine Duval-Lenormand, fille
de feu Thomas Duval-Lenormand, Esc^r, et de dame Jeanne Du Lys,
demeurant à Lx, parr. St Germain.

493. — Le 30 mai 1724, dispense de bans pour le mariage entre
Mre Joachim de Hesbert, Esc^r, fils de feu Mre Renaud de Hesbert, Esc^r,
d'une part, et dam^lle Marie-Anne Coquet, fille de feu Mes^re Gabriel
Coquet, Esc^r, s^r de Genneville, et de noble dame Jeanne Lecordier,
demeurant à Pont-l'Evêque.

494. — Le 7 mars 1723, titre clérical fait en faveur de Me Jacques

Jobey, acolyte de Cerqueux, par Marie Capentier, V⁵⁰ de Nicolas Jobey, marchand.

495. — Le 14 mars 1723, titre clérical fait en faveur de M⁰ Jean Toustain, acolyte, par Jean Toustain, marchand, demeurant à S¹ Martin-de-la-Lieue.

496. — Le 14 mars 1722, titre clérical fait en faveur de M⁰ Paul de Pellegars, Esc¹, acolyte, originaire de Pontaudemer, par son frère M⁰ Charles de Pellegars, Esc¹, demeurant en la pa͞rr. de Manneville.

497. — Le 21 février 1723, titre clérical fait en faveur de M⁰ François Geoffroy, acolyte de S¹ Jacques de Lx, par M⁰ Jean-Baptiste Hémery, marchand, demeurant à Lx, pa͞rr. S¹ Jacques.

498. — Le 14 janvier 1723, titre clérical fait en faveur de M⁰ Jean Roger, clerc tonsuré par Nicolas Delaunay, marchand, demeurant en la pa͞rr. de S¹ Christophe. Passé à Pontaudemer, devant Pierre Hermier, notaire.

499. — Le 14 mars 1723, titre clérical fait en faveur de M⁰ Jacques Lecoq, acolyte, par Jean Lecoq, cordonnier, demeurant à Lx, pa͞rr. S¹ Jacques.

500. — Le 28 février 1723, titre clérical fait en faveur de M⁰ André Postel, acolyte, par son père, Noël Postel, s¹ de la Brière, marchand, demeurant en la pa͞rr. de Mardilly.

501. — Le 21 février 1723, titre clérical fait en faveur de M⁰ François Lemercier, acolyte, de la pa͞rr. de Courtonnelle, par M⁰ Jean Lemercier,

502. — Le 24 janvier 1723, titre clérical fait en faveur de M⁰ Jean Corbin, acolyte, par le s¹ Jean Corbin, marchand, bourgeois de Bernay, y demeurant, pa͞rr. S¹⁰ Croix.

503. — Le 7 mars 1723, titre clérical fait en faveur de M⁰ Pierre Daufresne, acolyte, de S¹⁰ Marguerite-des-Loges, par Pierre Boittard, de la pa͞rr. de Clerfeuille.

504. — Le 14 mars 1723, titre clérical fait en faveur de M⁰ Jean-Michel Véron, acolyte, par M⁰ Thomas Lefranc, pb͞re, curé de la 1⁰ portion de Capelles-les-Grands. Passé devant Louis Manson, notaire-royal en la vicomté d'Orbec.

505. — Le 2 août 1717, titre clérical fait en faveur de M⁰ Eustache Jolly, acolyte de Beaumont-en-Auge, par Cardine Legras, v⁵⁰ De Beaumont.

506. — Le 6 décembre 1722, titre clérical fait en faveur de M⁰ Jean Quesnel, acolyte de Lieurey, par M⁰ François Quersent, marchand, de lad. pa͞rr. de Lieurey.

507. — Le 14 février 1723, titre clérical en faveur de M⁰ François

Letellier, acolyte, par ses frères Guillaume et François Letellier, demeurant à Fontaine-la-Louvet.

508. — Le 4 janvier 1723, titre clérical fait en faveur de M⁰ David Delle, acolyte, par Charles Pastey, marchand boucher à Pont-l'Evêque.

509. — Le 29 décembre 1722, titre clérical fait en faveur de M⁰ Charles Marie, acolyte, par Jean Marie, marchand, demeurant à Gacé, et Pierre Azire, s' de Beaumont, demeurant aussi à Gacé. (*V.* **950**).

510. — Le 13 février 1723, titre clérical fait en faveur de M⁰ Jean-Bernard Lebret, acolyte, par le s' Lebret, son père, marchand, demeurant en la parr. de Plasnes.

511. — Le 9 septembre 1722, titre clérical fait en faveur de M⁰ Michel Guerrier, acolyte, par Jean Guerrier, demeurant à S' Georges-du-Vièvre.

512. — Le 10 mars 1723, titre clérical fait en faveur de M⁰ Georges Anfrie, acolyte, par Pierre Anfrie, laboureur, de la parr. de la Noe.

513. — Le 13 juin 1724, dispense de bans pour le mariage entre M⁰ Charles-Jacques Sebire, Escr, fils de Jacques Sebire, Escr, et de feu dame Françoise-Louise Denions, de la parr. de S' Ouen de Pontaudemer, d'une part, et damlle Marie-Magdeleine de la Roque, fille du s' Nicolas de la Roque et de feu dame Marguerite Viquelin, de la parr. de N.-D. du Pontaudemer.

514. — Le 20 mai 1724, la nomination à la cure de S' Gilles-de-Livet appartenant au seigr abbé de N.-D. du Val-Richer, Mesre Joseph-Gaspard de Chabannes, abbé commendataire de lad. abbaye, nomme à lad. cure, vacante par la mort de M⁰ Jean Dancerville, dernier titulaire, la personne de M⁰ Jullien Bullot, pbre du diocèse du Mans. Fait à Paris, à la maison de Sorbonne, en l'appartement occupé par led. seigr abbé.

Le 2 juin 1724, le seigr évêque donne aud. s' Bullot la collation dud. bénéfice.

Le 3 juin 1724, led. s' Bullot prend possession de la cure de S' Gilles de Livet, en présence de M⁰ Jean-François Dubois, Escr, s' du Bois, et autres témoins.

515. — Le 9 mai 1724, Mesre Jean Asselin, pbre, curé de S' Pierre de Courson, « se trouvant fort avancé en âge et hors d'état de pouvoir vacquer aux fonctions curiales qu'il fait depuis 44 ans, » donne sa procuration pour résigner led. bénéfice entre les mains de N.-S.-P. le Pape, en faveur de M⁰ Simon Mannoury, pbre de S' Martin de Pontchardon, avec la réserve toutefois de 300 livres de pension, « d'une salle et d'une chambre dans le presbytaire, avec le jardin. » (*V.* **575**).

516. — Le 6 juin 1724, vu l'attestation du s' Lefebvre, desservant d'Estrées, et du s' Desloges, vicaire de S' Loup-de-Fribois, dispense de bans pour le mariage entre Guillaume Michel et Renée Roger.

517. — Le 7 janvier 1722, titre clérical fait en faveur de M° Jean Brière, acolyte, par Jean Brière, son père, marchand. (*V.* **1019**).

518. — Le 22 février 1722, titre clérical fait en faveur de M° Guy Leclerc, acolyte, par le s' Marin Leclerc, son père, demeurant à S' Christophe.

519. — Le 17 juillet 1721, titre clérical fait en faveur de M° Charles-Jacques Lechevallier, acolyte, par M° Charles Lechevallier, lieutenant général, demeurant à Honfleur. (*V.* **431, 854**).

520. — Le 1ᵉʳ mars 1722, titre clérical fait en faveur de M° Charles Le Maignen, Escʳ, acolyte, par son père, Mʳᵉ Alexandre Le Maignen, chevʳ, demeurant en son château, parr. de Vieux-Pont.(*V.* **816**).

521. — Le 20 janv. 1722, titre clérical fait en faveur de M° Thomas Noel, acolyte, par Thomas Noel, demeurant aux Champeaux.

522. — Le 3 mars 1722, titre clérical fait en faveur de M° Jean-Emile de Nollent, Escʳ, acolyte, par son père, Mʳᵉ Jean de Nollent, Escʳ, demeurant à Beuzeville.

523. — Le 28 mars 1722, titre clérical en faveur de M° Guillaume Hardouin, acolyte, par Pierre Hardouin et Guillaume Hardouin, marchands, demeurant à Lx.

524. — Le 8 mars 1722, titre clérical fait en faveur de M° Jacques Périer, acolyte, par son père, Pierre Périer, marchand, demeurant à Boissy, et Rémy Constant, demeurant à Giverville.

525. — Le 8 fév. 1722, titre clérical fait en faveur de M° Philippe Duclos, acolyte, par Jean Duclos, demeurant à S' Benoit-des-Ombres.

526. — Le 15 mars 1722, titre clérical fait en faveur de M° François Pottier, acolyte de Fervaques, par Jean Pottier, laboureur, demeurant à la Croupte.

527. — Le 21 juillet 1721, titre clérical fait en faveur de M° Pierre Godin, acolyte, par Jacques et Félix Godin, frères, marchands, demeurant en la parr. de N.-D.-des-Prez.

528. — Le 23 fév. 1723, titre clérical fait en faveur de M° Alexandre Lecordier, acolyte, par M° Guillaume Lecordier, huissier royal. — Acte passé à Auquainville. (*V.* **923**).

529. — Le 7 mars 1722, titre clérical fait en faveur de M° Christophe Malherbe, acolyte, par Louis Malherbe, voiturier, demeurant à Vimoutiers.

230. — Le 26 fév. 1722, titre clérical fait en faveur de M° Gilles Lefrère, acolyte, par son père, Gilles Lefrère, laboureur, demeurant en la parr. du Bosc-Regnoult.

531. — Le 6 mars 1722, titre clérical fait en faveur de M° Charles Motte, acolyte du Sap, par Mʳᵉ Jean-Baptiste Deshays, Escʳ, demeurant aux Moutiers-Hubert.

532. — Le 10 août 1721, titre clérical fait en faveur de M⁰ Germain-Guillaume Gautier, acolyte, par Jean Gautier, bourgeois de Bernay. (V. 327).

533. — Le 8 sept. 1722, titre clérical fait en faveur de M⁰ Marin Boscage, acolyte, sur ses propres biens. Fait à Lx, par devant François Daufresne.

534. — Le 6 sept. 1722, titre clérical fait en faveur de M⁰ Pierre Vitet, acolyte, par Daniel Touzey, « marchand blancheuvre », demeurant en la parr. de Gacé.

535. — Le 14 août 1722, titre clérical fait en faveur de M⁰ Jean-Baptiste Hoisbel, acolyte, par Pierre Hoisbel, marchand, demeurant à Hotot.

536. — Le 16 août 1722, titre clérical fait en faveur de M⁰ François Presant, acolyte, par Pierre Barette, demeurant à Lx.

537. — Le 31 août 1722, titre clérical fait en faveur de M⁰ Pierre Aubert, acolyte, par Thomas Aubert, laboureur, demeurant à S⁺ Aubin-de-Scellon.

538. — Le 2 sept. 1722, titre clérical fait en faveur de M⁰ Jean Dubosc, acolyte, par Antoine Dubosc, de la parr. de Meulles.

539. — Le 9 juillet 1722, titre clérical fait en faveur de M⁰ André Amelin, acolyte, par Pierre Bunel et Guillaume Lesage, laboureurs, demeurant à Pomont.

540. — Le 20 juillet 1722, titre clérical fait en faveur de M⁰ Denis Gondouin, acolyte, sur ses biens personnels.

541. — Le 19 août 1722, titre clérical fait en faveur de M⁰ Pierre Fontaine, acolyte, par Jean Fontaine, marchand, demeurant à S⁺ Julien-sur-Calonne.

542. — Le 9 août 1722, titre clérical fait en faveur de M⁰ Antoine Lautour, acolyte, par Jacques Lautour, demeurant à S⁺⁰ Marguerite-des-Loges.

543. — Le 3 juillet 1722, titre clérical fait en faveur de M⁰ Nicolas Godefroy, acolyte, par d¹¹⁰ Marie-Magdeleine Maubogne, v¹⁰ du s⁺ Charles Godefroy, et par le s⁺ Nicolas Godefroy, marchand cordier, demeurant à Rouen.

544. — Le 13 sept. 1722, titre clérical fait en faveur de M⁰ Mathieu Lemercier, acolyte, par Nicolas Lemercier, laboureur, demeurant en la parr. de Grandcamp.

545. — Le 8 août 1722, titre clérical en faveur de M⁰ Guillaume Pépin, acolyte, par Guillaume Pépin, marchand-tanneur, bourgeois, demeurant à Pontaudemer.

546. — Le 6 sept. 1722, titre clérical fait en faveur de M⁰ Jacques

Adam, acolyte de S¹ Germain de Lx, par Guilleaume Bordeaux, marchand, bourgeois, demeurant à Lx, par̄r. S¹ Germain.

547. — Le 6 sept. 1722, titre clérical fait en faveur de Mᵉ Nicolas Adam, acolyte, par Mᵉ Nicolas Chaudin, bailly vicomtal de Fauguernon, demeurant à S¹ Philbert-des-Champs.

548. — Le 6 août 1722, titre clérical fait en faveur de Mᵉ Nicolas Gonard, acolyte, par Anne Bouet, vᵛᵉ Gonard. — Passé à Roucheville.

549. — Le 30 août 1722, titre clérical fait en faveur de Mᵉ Augustin Belley, acolyte, par Yves Belley, sʳ de la Chesnée, marchand, demeurant en la par̄r. de S¹ Bazile.

550. — Le 6 août 1722, titre clérical fait en faveur de Mᵉ Nicolas Nicolas, acolyte, par Mʳᵉ Pierre Labbey, demeurant à Lx, par̄r. S¹ Germain.

551. — Le 27 août 1722, titre clérical fait en faveur de Mᵉ Ollivier Isabel, acolyte, par François Isabel, avocat, demeurant à Beaumont.

552. — Le 4 sept. 1722, titre clérical fait en faveur de Mᵉ Adrian Périer, acolyte, par Antoine Périer, fils et héritier de feu Antoine.

553. — Le 13 août 1722, titre clérical fait en faveur de Mᵉ Claude de Hudebert, Esc ʳ, acolyte, par noble dame Marie-Thérèse de Nollent, vᵛᵉ du sʳ de Hudebert, de la par̄r. de S¹ Jacques de Lx. (*V.* **76**)

554. — Le 9 août 1722, titre clérical fait en faveur de Mᵉ Yves Gasnier, acolyte, par Yves Gasnier, bourgeois d'Orbec et y demeurant, et Jacques Pépin, marchand, demeurant à Friardel.

555. — Le 25 mars 1717, Pierre Baudouin, fils de Bernard-Baptiste et de Marie-Anne Billet, de la par̄r. d'Epinay, diocèse de Bayeux, *rité dimissus*, reçoit à Lx la tonsure et les ordres mineurs.

556. — Le 12 juin 1724, Mʳᵉ Louis Lecoq, pbr̄e, curé de S¹ Aubin de Vieux-Pont, 1ʳᵉ portion, pourvu de la cure de la Neuville-du-Bosc, diocèse d'Evreux, donne sa procuration pour résigner lad. cure de Vieux-Pont entre les mains de N.-S.-P. le pape, en faveur de Mʳᵉ Jean-Guillaume Bazire, pbr̄e de la Chapelle-Haute-Grue. (*V.* **769**)

557. — Le 26 juin 1724, dispense de bans pour le mariage entre Mʳᵉ Pierre-Nicolas du Moncel, chevʳ, fils de feu Mʳᵉ Pierre du Moncel, chevʳ, et de noble dame Suzanne Lemercier, d'une part, et damᵉˡˡᵉ Magdeleine-Françoise de Garsault, fille de feu Jean-Baptiste de Garsault, consʳ du roy, et de dame Claude Lemunier, tous deux de la par̄r. de Lieurey.

558. — Le 31 mai 1724, Mʳᵉ Jean-Marie Hanriau, docteur de Sorbonne, chanoine de la prébende de Toucques, 1ʳᵉ portion, en la cathédrale de Lx, nommé par le roy à l'évêché de Boulogne, demeurant à Paris, rue des Marais, quartier S¹ Germain-des-Prés, résigne purement et simplement sad. prébende entre les mains du seig' évêque de Lx. Fait et passé à Paris. (V. **771**).

Le 28 juin 1724, le seig' évêque nomme aud. canonicat la personne de M⁵ Etienne Duchesne, pbr͂e, curé de Blangy. (V. **120**).

559. — Le 8 juin 1724, le seig' évêque donne son visa aux lettres de provision de la cure du Ham obtenues en cour de Rome, le 5 janvier dernier, par M⁵ Philippe Denis, pbr͂e du diocèse de Coutances, en conséquence de la résignation faite en sa faveur par M⁵ Jacques-Pierre Hain, dernier titulaire.

Le 10 juin 1724, led. s' Denis prend possession de lad. cure du Ham en présence de Michel-Claude Piédoue, Esc', s' des Capelles ; M⁵ Jean-Baptiste Esolier (?), diacre, et plusieurs autres témoins. (I. **347**).

560. — Le 26 juin 1724, le seig' évêque donne à M⁵ Jacques de Soubzlebieu, pbr͂e, curé de S' Denis du Mesnil-Hubert la collation de la cure de S' Désir de Lx, 1ʳᵉ portion, à laquelle il a été nommé ce jourd'hui, par Madame Marie de Cullant, abbesse de S' Désir, en conséquence de la mort de Mʳᵉ Alexandre Odienne, dernier titulaire.

Le même jour, led. s' de Soubzlebieu prend possession de lad. cure de S' Désir avec toutes les cérémonies ordinaires en présence de M⁵ Jacques Bourdeneeau, pbr͂e de lad. par͂r. ; M⁵ Jacques Rosée, diacre de S' Germain et autres témoins.

Le 22 juillet 1724, le s' de Soubzlebieu, curé de S' Désir, 1ʳᵉ portion remet led. bénéfice entre les mains de Mᵐᵉ l'abbesse, patronne dud. lieu, en présence de M⁵ Jacques Le Bas, curé de S' Germain de Lx, et de M⁵ Jean Seney, pbr͂e, vicaire de lad. par͂r. de S' Germain.

Le 26 juillet 1724, lad. dame abbesse de S' Désir nomme à lad. 1ʳᵉ portion la personne de M⁵ Gabriel Tasdhomme, pbr͂e de S' Germain de Lx. Fait en lad. abbaye, en présence de M⁵ Pierre-Paul Ramet, pbr͂e de S' Germain de Lx, et de Louis Durieu, passementier, demeurant à S' Désir.

Le même jour, le seig' évêque donne aud. s' Tasdhomme la collation dud. bénéfice, et celui-ci se rend de suite à l'église de S' Désir pour en prendre possession. La cérémonie se fait en présence de M⁵ Jean Legrand, pbr͂e, curé de la 2ᵉ portion de S' Désir ; M⁵ Jacques Le Bas, curé de S' Germain, et autres témoins.

N. B. — Il n'est pas question ici de cérémonies accomplies dans l'église abbatiale, comme nous l'avons vu dans les prises de possession faites par les curés de la 2ᵉ portion. (V. II. **107**, XIII. **99**).

561. — Le 23 juin 1724, la nomination à la chapelle S' Mandé en la Cathédrale appartenant au chanoine de semaine, mais M⁵ Nicolas-Louis Lefrançois, chanoine de la Pluyère, qui se trouve être chanoine de semaine, n'étant pas dans les ordres sacrés, le droit de nomination revient au Chapitre tout entier qui nomme à lad. chapelle, vacante par la mort de Mᵉ Alexandre Odienne, dernier titulaire, la personne de Mᵉ Robert Leroux, pbr͠e de Lx.

Le 27 juin 1724, led. sʳ Leroux est mis en possession dud. bénéfice par le ministère du sʳ de Grosourdy, trésorier de la Cathédrale. (*V.* **224, 455, 879**).

562. — Le 3 juillet 1724, vu l'attestation du sʳ Levillain, curé de Pont-l'Evêque, et du sʳ Lechevallier, vicaire de Sᵗᵉ Catherine d'Honfleur, dispense de bans pour le mariage entre Mᵉ Charles Delaunay, avocat au Parlement de Normandie, fils de Mᵉ Charles Delaunay, consᵉʳ du roy, et de damˡˡᵉ Marie Brochard, d'une part, et damˡˡᵉ Angélique Moullin, fille du sʳ Ollivier Moullin, marchand, et de damˡˡᵉ Thiron, de la par͠r. de Sᵗᵉ Catherine.

563. — Le 10 juillet 1724, dispense de bans pour le mariage entre Mesʳᵉ Marie-André de Quintanadoine, Escʳ, fils de feu Mʳᵉ François de Quintanadoine, Escʳ, et de noble dame Madelaine Le Vellin, de la par͠r. de Pont-l'Evêque, d'une part, et damˡˡᵉ Marie-Geneviève Baudry, fille de feu Mʳᵉ Nicolas-Charles Baudry et de noble dame Marie des Hommets, demeurant à Rouen, par͠r. Sᵗ Laurent.

564. — Le 7 juillet 1724, la nomination à la cure de Sᵗ Martin de Villers, 1ʳᵉ portion, appartenant aux Mathurins de Lx, Fr. Bernardin, Marais, ministre, Nicolas Lange, définiteur général, Ambroise Thoumin, vicaire, Dominique Busnot, Antoine Desjardins, Gabriel Vallée, Martin Leclerc, Jacques de Bauquemare, Thomas Dambri, tous religᵗ de la Maison-Dieu de Lx, de l'ordre de la Sᵗᵉ Trinité pour la Rédemption des Captifs, nomment à lad. cure de Villers, vacante par la mort de Mᵉ Louis Marette, dernier titulaire, la personne de Mᵉ Jean-Baptiste Chippel, pbr͠e du diocèse de Bayeux et vicaire de Sᵗ Pierre de Cormeilles.

Le 8 juillet 1724, le seigʳ évêque donne aud. sʳ Chippel la collation dud. bénéfice.

Le 18 juillet 1724, led. sʳ Chippel prend possession de la cure de Villers, 1ʳᵉ portion, en présence de Mᵉ Louis Canu, pbr͠e, curé de la 2ᵉ portion ; Mʳᵉ Jean-Jacques Enouf et Mʳᵉ François Jouen, pbr͠es du séminaire de Lx ; Mʳᵉ Louis Le Métayer, pbr͠e, curé de Tourgéville, et plusieurs habitants de Villers-sur-Mer.

565. — Le 27 juin 1724, avant midi, Mʳᵉ Pierre Tragin, pbr͠e, curé de Sᵗᵉ Croix de Cormeilles, Mᵉ ès-arts en l'Université de Caen, requiert de Mᵉ Jean-Baptiste Moullin, archidiacre de Lx et vicaire général de Mʳ l'abbé de Cormeilles, sa nomination à la cure de Sᵗ Sylvestre de Cormeilles, vacante par la mort de Mᵉ Michel Ricquier, dernier titulaire, décédé dans le mois de janvier dernier, mois réservé aux gradués. Led. sʳ Moullin répond qu'il ne peut accorder au sʳ Tragin le bénéfice qu'il réclame, attendu qu'il l'a déjà accordé au s' Lepeltier, aussi gradué. Le s' Tragin proteste se pourvoir devant qui de droit. (V. 404).

Le même jour, après midi, led. s' Tragin se rend à l'abbaye de Cormeilles et requiert des s'ˢ abbé et religieux de lad. abbaye, en parlant à Dom Louis Lejumel, sous-prieur, de lui accorder sa nomination à la cure de Sylvestre de Cormeilles. Le s' Jumel répond que le seig' abbé n'est pas présent dans l'abbaye, mais qu'il lui donnera avis de cette réquisition.

Le 28 juin 1724, le seig' évêque, vu lesd. actes de réquisition, donne aud. s' Tragin la collation de la cure de S' Sylvestre, *ad conservationem juris*.

Le même jour, le s' Tragin prend possession dud. bénéfice, en présence de Dom Louis Lejumel, pbr̄e, sous-prieur de l'abbaye de Cormeilles ; Dom Noel de la Gohière, religieux de lad. abbaye ; Mᵉ Nicolas Benoist, pbr̄e, desservant la parr. de S' Sylvestre ; Mᵉ Philippe Dasnières, pbr̄e habitué à Sᵗᵉ Croix de Cormeilles ; Mᵉ François Ledevin, consᵉʳ, contrôleur au grenier à sel de Pontaudemer, demeurant à Morainville, et plusieurs autres témoins. (V. 469, 1014).

566. — Le 3 juillet 1724, Mᵉ Nicolas Benoist, pbr̄e, desservant la parr. de S' Sylvestre de Cormeilles, Mᵉ ès-arts en l'Université de Caen, fait signifier ses noms et grades aux abbé et religieux de Cormeilles, en parlant à Dom Noel de la Gohière, religieux de lad. abbaye. (V. **44, 344, 404, 870**).

567. — Le 15 juillet 1724, dispense de bans pour le mariage entre Hélie de Sandret, Escʳ, s' de Trianon, fils de Jean de Sandret, Escʳ, s' de Courteville, et de damˡˡᵉ Marie Le Grand, d'une part, et damˡˡᵉ Catherine de Liesse, fille du s' François de Liesse et de damˡˡᵉ Catherine Tesson, tous deux de la parr. de S' Benoit-d'Hébertot.

Il y eut opposition mise à ce mariage par le s' de Crenoiet, garde du roy ; mais on passa outre, et, sur la demande des parties, le mariage fut célébré à S' Germain de Lx.

568. — Le 20 mars 1716, François-Clément Torant, fils de René et de Françoise Bernard, de la ville et parr. de S' Malo, reçoit la tonsure aud. lieu.

Le 16 février 1723, led. s' Torant, acolyte, est reçu Mᵉ ès-arts en l'Université de Caen.

Le 17 février 1723, il obtient des lettres de quinquennium du recteur de lad. Université.

Le même jour, le s' Torant, âgé de 32 ans accomplis, chanoine régulier de la Maison-Dieu de Caen, est nommé par icelle Université sur les archevêchés et les Chapitres de Paris et de Rouen ; sur les évêchés et les Chapitres de Lisieux, Coutances, Amiens, etc, ainsi que sur bon nombre d'abbayes et prieurés de l'Ordre de S¹ Augustin de ces divers diocèses.

Le 30 juin 1724, le s⁻ Torant fait signifier ses noms et grades aux relig⁻ de S¹ᵉ Barbe.

Le 23 avril 1718, il avait fait profession dans la Maison-Dieu de Caen entre les mains de Dom Louis Odet de Clinchamps, pbrē, prieur de lad. Maison. (*V.* **850, 897**).

569. — Le 31 octobre 1723, Jacques-Guillaume Maignet, fils de Guillaume et d'Anne Legenvre, de la parr. de Gacey, reçoit la tonsure et les ordres mineurs.

570. — Le 25 juillet 1724, dispense de bans pour le mariage entre Pierre de Grieu, Esc⁻, s⁻ d'Estimauville, fils de feu Jacques de Grieu, Esc⁻, et de noble dame Marie Lambert, de la parr. de la Boissière, d'une part, et dam¹¹ᵉ Marie de la Porte, vᵉ d'Antoine Le Maignen, s⁻ des Monts, fille de feu Robert de la Porte, s⁻ du Castellier, et de dam¹¹ᵉ Marie de Morel, de la parr. du Planquey.

571. — Le 1ᵉʳ juillet 1724, la nomination à la cure de « S¹ Julien de Foulcon » (Faucon) appartenant au seig⁻ du lieu, haut et puissant seig⁻ Mʳᵉ Richard-Tenneguy Le Prevost, chev⁻, seig⁻ marquis de S¹ Julien, Grandchamp, Le Mesnil-Simon, S¹ André, Baclair et autres seigneuries, lieutenant pour le roy au gouvernement de Normandie, demeurant en son château de Baclair, représenté par Mʳᵉ Jean Fleuriot, pbrē, curé de Grandchamp, nomme à lad. cure de S¹ Julien, vacante par la mort de Mᵉ Jacques Gervais, dernier titulaire, la personne de Mᵉ Jean-Baptiste Lecomte, pbrē, natif de S¹ Marc-d'Ouilly, diocèse de Bayeux.

Le 18 juillet 1724, le seig⁻ évêque donne aud. s⁻ Lecomte la collation dud. bénéfice.

Le 2 août 1724, le s⁻ Lecomte prend possession de la cure de S¹ Julien-le-Faucon, en présence de Mʳᵉ Robert Paysant, pbrē, curé de Mouteilles et doyen de Mesnil-Mauger ; Mᵉ Jean Fleuriot, curé de Grandchamp ; Mᵉ Pierre Manchon, curé de Sᵗᵉ Marie-aux-Anglais ; Mᵉ Nicolas Passey, pbrē de S¹ Germain de Lx ; Mᵉ Jacques Bouvet, pbrē, desservant lad. parr. de S¹ Julien ; Adrian Fromage, notaire aud. lieu de S¹ Julien, et autres témoins.

572. — Le 1ᵉʳ août 1724, dispense de bans pour le mariage entre Mᵉ Nicolas-Nicaise Nauclet, directeur des Aides de l'élection de Bernay, fils de feu Mᵉ Nicaise Nauclet et de dam¹¹ᵉ Françoise Lefèvre, de la parr. de la Couture de Bernay, d'une part, et d¹¹ᵉ Marie-Anne Rémy.

573. — Le 5 août 1724, dispense de bans pour le mariage entre Mesʳᵉ Jacques-François Daniel, Esc⁻, fils de feu Mʳᵉ Henry Daniel et de noble dame Catherine Le Maistre, de la parr. de Grangues, d'une part, et noble dame Madeleine-Aimée de S˚ Laurens, v˚ de Mes˚ Nicolas du Moutier et fille de feu Pierre de S˚ Laurens, et de noble dame Magdeleine-Aimée de Séran, demeurant à Gonneville-sur-Dives.

574. — Le 1ᵉʳ août 1724, Mᵉ François Aubin, pbrē de la parr. de Heurtevent, demeurant à Bretteville-sur-Dives, diocèse de Séez, fait signifier ses noms et grades aux relig˚ de N.-D. de Cormeilles.

575. — Le 15 juin 1724, la nomination à la cure de S˚ Pierre de Courson appartenant au roy, Sa Majesté nomme à lad. cure, vacante par la démission du sʳ Asselin, la personne de Mᵉ Simon Mannoury, pbrē de S˚ Martin de Pontchardon. (*V.* **515**).

Le 26 juillet 1724, le seigʳ évêque donne aud. sʳ Mannoury la collation dud. bénéfice.

Le 12 août 1724, le sʳ Mannoury prend possession de la cure de S˚ Pierre de Courson, en présence de Mᵉ Nicolas Leguey, pbrē, vicaire de S˚ Sébastien de Préaux, et autres témoins.

576. — Le 19 août 1724, vu l'attestation du sʳ Leprestre, vicaire de S˚ Germain du Breuil, dispense de bans pour le mariage entre Guillaume Lebailly et Geneviève Pitrais.

577. — Le 18 août 1724, la nomination au prieuré simple de S˚ Arnoult-sur-Touques appartenant au prieur de Longpont, Mʳᵉ Jean-Paul Bignon, prieur commendataire dud. prieuré de Longpont, nomme au prieuré de S˚ Arnoult, vacant par la mort de Mʳᵉ Jean de Coudrat, dernier titulaire, la personne de Dom Henry-Léonor Duval, religieux-profès de l'ordre de S˚ Bernard. (*V.* **111, 291, 295**).

578. — Le 28 août 1724, Mʳᵉ Jean-Jacques Lebourg des Alleurs, pbrē, vicaire général du seigʳ évêque, donne son visa aux lettres de provision de la cure de N.-D. de Verneusses obtenues en cour de Rome, le 4 juin dernier, par Mᵉ Jean Desjardins, pbrē, en conséquence de la résignation faite en sa faveur par Mᵉ François Morel, pbrē, dernier titulaire.

Le 30 août 1724, led. sʳ Desjardins prend possession dud. bénéfice, en présence de Mʳᵉ Thomas Duval, curé de Montreuil-l'Argillé ; Mʳᵉ François Matrot, pbrē, curé de Villers-en-Ouche ; Jean Duval, Escʳ, garde du roy, et plusieurs autres témoins. (*V.* **478**).

Le 19 octobre 1710, Jean Desjardins, fils de Jean et de Catherine Lefranc, de la parr. de Capelles, avait reçu la tonsure et les ordres mineurs.

579. — Le 12 sept. 1724, vu l'attestation du sʳ Périgot, vicaire de N.-D. de Lécaude, dispense de bans pour le mariage entre François Duval et Marguerite Gallet.

580. — Le 12 sept. 1724, dispense de bans pour le mariage entre Jean-Baptiste de Guerpel, Escʳ, fils de François-Jean de Guerpel, Escʳ, et de dam¹¹ᵉ Charlotte de Berville, de la parr. de S¹ Germain d'Aunay, d'une part, et dam¹¹ᵉ Suzanne de S¹ Denis, fille de feu Odet de S¹ Denis et de Marguerite d'Aureville, de la parr. de S¹ Agnan de Cernières.

581. — Le 4 juin 1724, Mᵉ François Matrot, pbrē, vicaire de Villers-en-Ouche, obtient en cour de Rome des lettres de provision de lad. cure, vacante par la résignation faite en sa faveur par Mᵉ Cyprien Morel, pbrē, dernier titulaire.

Le 28 août 1724, Mʳᵉ Jean-Jacques Lebourg, vicaire général, donne son visa auxd. lettres de provision.

Le 30 août 1724, led. sʳ Matrot prend possession dud. bénéfice de Villers, en présence de Mʳᵉ Thomas Duval, curé de Montreuil-l'Argillé ; Mʳᵉ Jean Desjardins, curé de Verneusses ; Jean Duval, Escʳ, garde du roy ; Mʳᵉ Sébastien Laisney, curé de S¹ Laurent-du-Tencement ; Jean-Louis de Moucheron, Escʳ, sʳ de la Roche ; Charles de la Vallée, Escʳ, sʳ de S¹ Laurent-du-Tencement, et plusieurs autres témoins. (V. 477).

582. — Le 13 sept. 1724, dispense de bans pour le mariage entre Mesʳᵉ Jacques de Tournebu, fils de feu Mʳᵉ Franç   Tournebu et de feu noble dame Marie de Guiton, de la parr. de S¹ Hippolyte-du-Bout-des-Prés, d'une part et noble dam¹¹ᵉ Philippe-Claude-Michelle du Val de Bonneval, fille de Mesʳᵉ Guy du Val, chevʳ, marquis de Bonneval, et de noble dame Madame Marie-Catherine-Gabrielle de Morel de Putanges de Bonneval, de la parr. de la Houblonnière.

583. — Le 15 sept. 1724, dispense de parenté du 2ᵉ au 3ᵉ degré pour le mariage entre Mʳᵉ Sébastien Le Vellain, Escʳ, sʳ du Hazeray, demeurant à S¹ Aubin-le-Vertueux, diocèse d'Evreux, et Anne Dirlande, demeurant en la parr. de N.-D. de la Couture de Bernay.

584. — Le 29 août 1724, la nomination à la chapelle du Mesnil-Ferry, en la parr. de N.-D.-du-Val, appartenant au seigʳ abbé de Grestain, Mʳᵉ Chrysante de Lévis, abbé de lad. abbaye, nomme aud. bénéfice, vacant par la mort de Mʳᵉ Louis du Cup, dernier titulaire, la personne de Dom Pierre Descalles, pbrē, prieur de lad. abbaye de Grestain.

Le 6 sept. 1724, Mʳᵉ Jean-Louis Le Chappelain, pbrē, licencié ès-droits, vicaire général du seigʳ évêque de Lx, donne aud. sʳ Descalles la collation de lad. chapelle.

Le 13 sept. 1724, le sʳ Descalles résigne cette chapelle entre les mains dud. seigʳ abbé de Grestain.

Le 20 sept. 1724, par suite de la démission volontaire du sʳ Descalles, Mʳᵉ Chrysanthe de Lévis, nomme à lad. chapelle du Mesnil-Ferry la personne de Mᵉ Guillaume Pépin, pbrē, curé de Sᵗᵉ Catherine d'Honfleur. Fait à Paris

Le 23 sept. 1724, le seigr évêque donne aud. sr Pépin la collation dud. bénéfice.

Le 25 sept. 1724, le sr Pépin prend possession de la chapelle du Mesnil-Ferry, en présence de Mres Hugues Lechevallier et Michel Moullin, pbres de Ste Catherine d'Honfleur ; Jean Legrand, Escr, sr des Mollières, et autres témoins de la par̄r. de N.-D.-du-Val. (*V*. **943**.

585. — Le 9 mars 1721, titre clérical fait en faveur de Me François-Etienne Villette, acolyte de Cernay, par Péronne Varin, vve d'Isaac Villette, par Pierre Villette, fils de lad. veuve, et par Pierre Varin, avocat. — Passé devant Jean de la Croix, notaire d'Orbec.

586. — Le 11 mars 1721, titre clérical fait en faveur de Me Jean Prevost, acolyte, par Antoine Prevost et Nicolas Prevost, demeurant à Orbec.

587. — Le 28 mars 1721, titre clérical fait en faveur de Me Henry Pinel, acolyte de la par̄r. du Mesnil-Bacley, sur ses propres biens.

588. — Le 9 août 1720, titre clérical fait en faveur de Me Jacques Rozey, acolyte, par Marguerite Rozey, vve de Jean Rozey, laboureur, et par ses fils, Philbert et François Rozey, frères, demeurant en la par̄r. de St Pierre-de-Mailloc.

589. — Le 30 mars 1721, titre clérical fait en faveur de Me Nicolas Bellière, acolyte, par Claude Leblanc. maitre *blanchecrier*, demeurant en la par̄r. des Moutiers-Hubert.

590. — Le 13 juin 1719, titre clérical fait en faveur de Me Louis Giret, acolyte du Sap, par Jean-Gilles Giret, de la par̄r. d'Orbec.

591. — Le 30 juin 1719, titre clérical fait en faveur de Me Pierre Sauvalle, acolyte, par Jacques Sauvalle, marchand, demeurant à Vimoutiers.

592. — Le 9 janv. 1719, titre clérical fait en faveur de Me Simon Leprestre, acolyte, par Jean Leprestre, laboureur, demeurant à N.-D.-de-Courson.

593. — Le 20 août 1716, titre clérical fait en faveur de Me Alexandre Pittard, acolyte de N.-D. de la Couture, par Me Léonor Foucque, pbre, noble dame Marie-Magdeleine Leprevost, et André Philippe, marchand, demeurant à Bernay.

594. — Le 4 sept. 1719, titre clérical fait en faveur de Me Philippe Mourier, acolyte, par Pierre Mourier, marchand, de N.-D.-de-Courson.

595. — Le 17 août 1719, titre clérical fait en faveur de Me Philippe Vesque, acolyte, par Noel Vesque, laboureur, de St Désir de Lx.

596. — Le 28 août 1719, titre clérical fait en faveur de Me Jean-Nicolas Le Belhomme, acolyte, par Catherine Tréhan, sa mère, et par ses frères, demeurant à St Désir de Lx.

597. — Le 6 sept. 1719, titre clérical fait en faveur de Me Robert

Leroux, acolyte, par M° Robert Leroux, élu, demeurant à Lx. (*V*. **45**).

598. — Le 14 août 1719, titre clérical fait en faveur de M° Claude de Corday, Esc', acolyte du Mesnil-Germain, sur ses biens personnels.

599. — Le 29 août 1719, titre clérical fait en faveur de M° Pierre Letellier, acolyte de Lessard, sur ses biens personnels. — Passé à S' Julien-le-Faucon.

600. — Le 25 juin 1719, titre clérical fait en faveur de M° François Frontin, acolyte, par M° Nicolas Frontin, demeurant à Boulleville.

601. — Le 7 sept. 1719, titre clérical fait en faveur de M° Charles Bare, acolyte, par Sébastien Bare, marchand, demeurant à Bernay.

602. — Le 9 sept. 1719, titre clérical fait en faveur de M° Pierre Lévesque, acolyte, par M° Guillaume Vattier, demeurant à Toucques. (*V*. **873**).

603. — Le 10 janv. 1719, titre clérical fait en faveur de M° Jean-Baptiste Marin, acolyte, par M° Gilles Marin, demeurant à Pont-l'Evêque.

604. — Le 6 sept. 1719, titre clérical fait en faveur de M° Charles-Benoist Lebourg, acolyte, par M° Pierre Lebourg, de la ville du Pontaudemer.

605. — Le 16 sept. 1719, titre clérical fait en faveur de M° Noel Jullienne, acolyte, par Georges Jullienne, marchand, de la parr. d'Auvillars. (*V*. **6, 985**).

606. — Le 15 juin 1719, titre clérical fait en faveur de M° Pierre Pasdeloup, acolyte de S' Cande-le-Vieux, par Vincent Leroy, marchand, demeurant à Cantelou.

607. — Le 7 sept. 1719, titre clérical fait en faveur de M° Pierre-Augustin Lenoir, acolyte, par M° Pierre-Augustin Lenoir, procureur en l'élection de Lx, y demeurant. (*V*. **23, 65, 199**).

608. — Le 12 fév. 1719, titre clérical fait en faveur de M° Louis de Sevrey, acolyte de S' Martin-de-Mailloc, par dam^lle Catherine de Bonnechose. (*V*. **487**).

609. — Le 9 janv. 1719, titre clérical fait en faveur de M° Charles-François Desson, acolyte (originaire de Douville), par noble dame Marie-Magdeleine Hélie, v^e de .... demeurant à Bayeux. Fait et passé à Falaise.

610. — Le 10 juillet 1719, titre clérical fait en faveur de M° Jacques Foucher, acolyte (originaire de Pont-l'Evêque), par Marie Vasse, v^e Foucher, demeurant à S' Melaigne.

611. — Le 28 fév. 1719, titre clérical fait en faveur de M° Jean Brasnu, acolyte, par Gilles Brasnu, s^r des Prez, bourgeois de Caen, demeurant présentement à Blangy.

612. — Le 10 mars 1719, titre clérical fait en faveur de M° Pierre

Aubert, acolyte, par Marie Deshayes, v⁵ᵉ Aubert, de la parr. de S¹ᵉ Foy-de-Montgommer . (*V*. **835**).

613. — Le 28 février 1719, titre clérical fait en faveur de Mᵉ Philippe Le Front, acolyte, par Nicolas Le Front, marcl nd de la parr. des Moutiers-Hubert.

614. — Le 27 février 1719, titre clérical fait en faveur de Mᵉ Toussaint Laumosne, acolyte, par Marie Anquetil, Vᵛᵉ Laumosne, demeurant à Honfleur.

615. — Le 7 janvier 1719, titre clérical fait en fav de Mᵉ Pierre Hardrey, acolyte, par Jean Hardrey, tailleur d'habi demeurant à Gacey. (*V*. **8, 59, 226**).

616. — Le 15 février 1719, titre clérical fait en fav ur de Mᵉ Pierre Nantier, acolyte, par Louis Nantier, Escʳ, demeurant à Quetteville.

617. — Le 9 janvier 1719, titre clérical fait en fave ur de Mᵉ Pierre Groult, acolyte, par Pierre Groult, tisserand, demen ant à N.-D. de Courson.

618. — Le 12 janvier 1719, titre clérical fait en f r de Mᵉ Pierre Gravelle, acolyte d'Aubry-le-Panthou, sur ses biens sonnels.

619. — Le 15 janvier 1719, titre clérical fait en ur de Mᵉ Gilles Guénier, acolyte, par Jean Guénier, demeurant à Ma ille-la-Pipard. (*V*. **839**).

620. — Le 9 janvier 1719, titre clérical, fait en f ur de Mᵉ Jean-Pierre Adam, acolyte de Pont-l'Evêque.

621. — Le 9 janvier 1719, titre clérical f en faveur de Mᵉ Jacques Lebarbier, acolyte de N.-D. de Pontaude , sur ses biens personnels.

622. — Le 15 janvier 1719, titre clérical en faveur de Mᵉ Jacques-Dominique Boittard, acolyte de Martai ille, par Pierre Dionis, marchand, de Bonneville-la-Louvet et y dem ant.

623. — Le 14 février 1719, titre clérical n faveur de Mᵉ Guillaume Duhault, acolyte, par Mᵉ Jacques Duha chirurgien de Honfleur, parr. S¹ Léonard.

624. — Le 8 janvier 1719, titre clérical fai en faveur de Mᵉ François Maurey, acolyte, par Ravand Maur laboureur de Résenlieu.

625. — Le 11 janvier 1719, titre clérical fait en fa e Mᵉ Jean-Baptiste Brunel, acolyte de S¹ Ouen de Pontaudemer, r ses biens personnels.

626. — Le 3 mars 1719, titre clérical fait en faveu Mʳ Charles François Héliot, acolyte, par François Héliot, maitre e navire, de Honfleur.

627. — Le 9 janvier 1719, titre clérical fait en faveur de Mᵉ Nicolas

Marie, acolyte de N.-D. de Pontaudemer, sur ses biens personnels.

628. — Le 16 janvier 1717, titre clérical fait en faveur de Mre Pierre de Mire, Esc^r, acolyte, par Pierre de Mire, Esc^r, de la parr. de Canapville.

629. — Le 21 janvier 1719, titre clérical fait en faveur de Me Alexandre Monseillon, acolyte, par Me Jean Monseillon, notaire à Fresnes.

630. — Le 3 janvier 1719, titre clérical fait en faveur de Me Henry Marie de Fréville, acolyte, par Me Charles de Fréville, Esc^r, demeurant en la parr. de Fierville.

631. — Le 17 février 1719, titre clérical fait en faveur de Me Pierre-Charles Frémont, acolyte par Mathieu Frémont et sa femme, de la parr. du Sap.

632. — Le 24 février 1719, titre clérical fait en faveur de de Me François Bence, acolyte (originaire de St Désir de Lx), sur ses biens personnels.

633. — Le 24 février 1719, titre clérical fait en faveur de Me Jacques Rabot, acolyte, par Pierre Rabot, demeurant à Beuvillers.

634. — Le 15 août 1724, titre clérical fait en faveur de Me Pierre Thillaye, acolyte, par Jean Thillaye, cons^er du roy, demeurant à St Etienne-la-Thillaye.

635. — Le 25 août 1721, titre clérical fait en faveur de Me Michel Piperel, acolyte, par Me Pierre Piperel, pbr̄e, vicaire du Teil-Nollent.

636. — Le 4 août 1720, titre clérical fait en faveur de Me Jean Langlois, acolyte, par Robert Langlois, demeurant à Bonnebosq.

637. — Le 15 sept. 1720, titre clérical fait en faveur de Me Louis Jourdain par Noël Petit, marchand, demeurant à Pontallery.

638. — Le 6 août 1720, titre clérical fait en faveur de Me Joseph Brillant, acolyte, par Magdeleine Leblanc, v^ve de Jean Briant, demeurant en la parr. du Bosc-Regnoult.

639. — Le 4 août 1720, titre clérical fait en faveur de Me Simon Riquier, acolyte, par son père François Riquier, froctier, et par Jacques Ricquier et Simon Ricquier, aussi froctiers, de la parr. de Bienfaite.

640. — Le 7 juillet 1720, titre clérical fait en faveur de Me Gilles Dorbec, acolyte, par François-Pierre et Louis Dorbec, frères, demeurant en la parr. d'Orville. (V. **836**).

641. — Le 15 juillet 1720, titre clérical fait en faveur de Me Charles Loutrel, acolyte, par le s^r Louis Loutrel, fils Robert, de la parr. de Lieurey.

642. — Le 6 juillet 1720, titre clérical fait en faveur de Me Martin Deschauffour, acolyte, par Me Pierre Deschauffour, s^r de Boisduval, demeurant en la parr. de Ticheville.

643. — Le 31 août 1720, titre clérical fait en faveur de M* François Costard, acolyte, par Jacques Costard, marchand, de la parr. du Bois-Hellain.

644. — Le 29 août 1720, titre clérical fait en faveur de M* Michel Moullin, acolyte, par M* Olivier Moullin, chirurgien, demeurant à Honfleur.

645. — Le 30 août 1720, titre clérical fait en faveur de M* Jacques Manson, acolyte, par Gabriel Manson, marchand, demeurant à Bellou. (*V.* 59).

646. — Le 24 août 1720, titre clérical fait en faveur de M* Nicolas-François Scelles, acolyte, par M* François Scelles, demeurant à Valailles. (*V.* 350).

647. — Le 27 juin 1720, titre clérical fait en faveur de M* Pierre Letourneur, acolyte de Ste Foy-de-Montgommery, sur ses biens personnels et sur ceux de son frère.

648. — Le 17 août 1720, titre clérical fait en faveur de M* Jean Lespiney, acolyte, par François Lespiney, laboureur, demeurant à Repentigny.

649. — Le 27 juin 1720, titre clérical fait en faveur de M* Pierre Baivel, acolyte, par Jean Baivel, laboureur, demeurant à Boissy.

650. — Le 6 juillet 1720, titre clérical fait en faveur de M* Jean-François Legrip, acolyte, par Catherine Guérin, v^{ve} Legrip, demeurant en la parr. de St Aubin-Lébizey.

651. — Le 23 août 1720, titre clérical fait en faveur de M* Guillaume-Pierre Milcent, acolyte, par Isaïe Milcent, demeurant à la Chapelle-Gautier.

652. — Le 30 juin 1720, titre clérical fait en faveur de M* Louis Morard, acolyte de Gacé, par Louis Morard, de la parr. de Courmesnil.

653. — Le 3 sept. 1720, titre clérical fait en faveur de M* François Liégeard, acolyte, par Jacques Tellot, marchand, de la parr. de Livarot.

654. — Le 4 mars 1717, titre clérical fait en faveur de M* Robert Bucailles, acolyte, par Gabriel Frary et Pierre Basset, demeurant à Bernay.

655. — Le 7 mars 1720, titre clérical fait en faveur de M* Robert Lachey, acolyte, par Guillaume Piquenot, marchand, demeurant à Lx.

656. — Le 29 janv. 1720, titre clérical fait en faveur de M* Jean-Joseph de Nollet, Esc^r, acolyte, par noble dame Marie Deslondes, v^{ve} de Nollet, de la parr. de Guerquesalles.

657. — Le 1er janvier 1720, titre clérical fait en faveur de M* Pierre Fleuriel, acolyte, par Jacques Fleuriel, marchand de Gacé.

658. — Le 30 août 1719, titre clérical fait en faveur de M* François Bove, acolyte, par François Bove, maréchal à Lisores.

659. — Le 6 janvier 1720, titre clérical fait en faveur de M° Jean-Baptiste Boissière, acolyte, par Jacques Boissière, de la parr. de Lieurey. (*V.* 255).

660. — Le 4 mars 1720, titre clérical fait en faveur de M° Louis-Alexandre Dirlande, acolyte, par noble dame Marie de Hardouin, v°° Dirlande, demeurant à Bernay.

661. — Le 23 août 1719, titre clérical fait en faveur de M° Jean-Baptiste Lesueur, acolyte, par Jacques Lesueur, de la parr. de St Ouen-le-Hoult.

662. — Le 27 février 1720, titre clérical fait en faveur de M° Jean Matard, acolyte, par Martin Matard, de la parr. de Fresne.

663. — Le 26 fév. 1720, titre clérical fait en faveur de M° Laurent-Benoit Durand, acolyte, par Jacques Durand, demeurant à Pontaudemer. (*V.* 475).

664. — Le 4 mars 1720, titre clérical fait en faveur de M° Jacques Baivel, acolyte, par Jacques Planques, marchand, demeurant à Bernay.

665. — Le 8 mars 1720, titre clérical fait en faveur de M° Jean-Pierre Bazin, acolyte du Torquesne, par Jean Bazin, marchand, de la parr. de Manerbe.

666. — Le 4 janv. 1720, titre clérical fait en faveur de M° Nicolas Lethiais, acolyte, par Marguerin Lethiais, de la parr. du Faulq.

667. — Le 24 août 1719, titre clérical fait en faveur de M° Charles Delapille, acolyte de Boisney, par Charles Delapille, laboureur, demeurant à Aclou.

668. — Le 8 janv. 1720, titre clérical fait en faveur de M° Gabriel Vattier, acolyte, par Jean Vattier et Sébastien Senée, demeurant à Lx, parr. St Germain.

669. — Le 24 janv. 1720, titre clérical fait en faveur de M° Pierre Chéron, acolyte, par Blaise Chéron, de la parr. du Merlerault.

670. — Le 12 fév. 1720, titre clérical fait en faveur de M° Jacques Lefrançois, acolyte de Piencourt, par Charles-François Duval, laboureur, de la parr. de Morainville.

671. — Le 3 mars 1720, titre clérical fait en faveur de M° Jacques Rivière, acolyte, par Joseph Rivière, marchand, de la parr. de Camembert.

672. — Le 8 janv. 1720, titre clérical fait en faveur de M° Jean Deglos, acolyte, par François Deglos, de la parr. de Boissy.

673. — Le 12 mars 1720, titre clérical fait en faveur de M° Antoine Le Belhomme, acolyte, par Antoine Le Belhomme, de la parr. de St Désir de Lx.

674. — Le 6 janv. 1720, titre clérical fait en faveur de M° Pierre Berthelot, acolyte, par Pierre Berthelot, Esc°, demeurant à Vimoutiers.

675. — Le 20 fév. 1722, titre clérical fait en faveur de Mᵉ Adrian Gallois, acolyte, par Adrian-Robert Gallois, consᵉʳ du roy, demeurant en la parr. de N.-D. de la Couture de Bernay. (*V.* **786**).

676. — Le 20 juillet 1722, titre clérical fait en faveur de Mᵉ Jacques Grente, acolyte, par Mᵉ Jean Vautier, de la parr. de Vanescroq. — Passé devant Mᵉ Bréant, notaire à Pontaudemer.

677. — Le 5 mars 1722, titre clérical fait en faveur de Mᵉ Philippe Martin, acolyte, par Jean Martin, marchand, de la parr. de Sᵗ Ouen-le-Hoult.

678. — Le 6 mars 1724, titre clérical fait en faveur de Mᵉ Louis Jobey, acolyte de Sᵗ Jacques de Lx, par François-Gabriel Jobey, marchand, demeurant à Livarot.

679. — Le 2 mars 1724, titre clérical fait en faveur de Mᵉ Adrian Hesbert, acolyte, par Françoise Houlette, vᵛᵉ de Gabriel Hesbert, et par Gabriel Hesbert, de la parr. de . . . .

680. — Le 30 août 1722, titre clérical fait en faveur de Mᵉ Jean Cheradame, acolyte, par Jean Guéret, demeurant à Cheffreville.

681. — Le 27 juillet 1721, titre clérical fait en faveur de Mᵉ Pierre Le Carpentier, acolyte, par le sʳ Charles Le Carpentier, laboureur, demeurant au Marais-Vernier, exemption de Dol.

682. — Le 24 août 1721, titre clérical fait en faveur de Mᵉ Nicolas Guerbette, acolyte, par Guillaume Guerbette, maréchal, demeurant à Lisieux, parr. Sᵗ Jacques.

683. — Le 26 juillet 1721, titre clérical fait en faveur de Mᵉ Louis-François Legaigneur, acolyte de N.-D. de la Couture, par François Legaigneur demeurᵗ à Bernay. (*V.* **929**).

684. — Le 30 juillet 1721, titre clérical fait en faveur de Mᵉ Adrian Duval, acolyte, par Nicolas Duval, laboureur, demeurant à Friardel.

685. — Le 20 août 1721, titre clérical fait en faveur de Mᵉ Pierre Michel, acolyte, par Pierre et Nicolas Michel, frères, demeurant à Auquainville. (*V.* **864**).

686. — L 31 août 1721, titre clérical fait en faveur de Mᵉ Jacques Soyer, acolyte, par Jean Dumont et Jacques Corbin, bourgeois de Bernay, y demeurant, parr. Sᵗᵉ Croix. (*V.* **227**).

687. — Le 13 janv. 1723, titre clérical fait en faveur de Mᵉ François Lizot, acolyte de Sᵗ Philbert-sur-Risle, sur ses biens personnels.

688. — Le 10 août 1721, titre clérical fait en faveur de Mᵉ Rémy Rosey, acolyte, par Pierre Rosey et Jacques Salley, tous deux froetiers, demeurant à Meulles.

689. — Le . . . . . . 1721, titre clérical fait en faveur de Mᵉ François Loir, acolyte, par Antoine Hesbert, laboureur, demeurant à Hermival.

690. — Le 8 juin 1721, titre clérical fait en faveur de Mᵉ François Morel, acolyte, par Thomas Morel, marchand, demeurant en la paŕŕ. de Sᵗ Julien-de-Mailloc.

691. — Le 4 août 1721, titre clérical fait en faveur de Mᵉ Nicolas Delafosse, acolyte, par Philippe Delafosse, marchand, bourgeois de Lx, y demeurant, paŕŕ. Sᵗ Germain. (*V*. **783, 791, 845**).

692. — Le 24 juillet 1721, titre clérical fait en faveur de Mᵉ Michel Lerat, acolyte, par Jean Lerat, sergent, et Marguerite Picard, son épouse, demeurant à Honfleur, paŕŕ. Sᵗ Léonard.

693. — Le 29 oct. 1724, Michel Le Gallois, fils de Guillaume et de Marguerite Mondé, de la paŕŕ. de Livarot, reçoit la tonsure et les ordres mineurs. (*V*. **951**).

694. — Le 30 juillet 1721, titre clérical fait en faveur de Mᵉ Germain Frémy, acolyte, par Charles Frémy, marchand, de la Chapelle-Haute-Grue.

695. — Le 13 juin 1721, titre clérical fait en faveur de Mᵉ Philippe Rosey, acolyte de Pont-de-Vie, par Mᵉ Christophe Rosey, pbr̃ (originaire de lad. paŕŕ.), curé de Sᵗ Désir de Vaudreuil, diocèse d'Evreux.

696. — Le 22 juillet 1721, titre clérical fait en faveur de Mᵉ Charles Motte, acolyte, par son père Jean Motte, marchand, demeurant à Bonneval.

697. — Le 28 juin 1721, titre clérical fait en faveur de Mᵉ Jacques Legenvre, acolyte, par son père, François Legenvre, marchand, demeurant à Gacé.

698. — Le 14 déc. 1721, titre clérical fait en faveur de Mᵉ François de Beauvais, acolyte de Sᵗ Ouen de Pontaudemer, par Henry de Beauvais, bourgeois de Rouen.

699. — Le 9 sept. 1721, titre clérical fait en faveur de Mᵉ Nicolas de la Vallée, acolyte de Sᵗᵉ Croix de Cormeilles, par Mᵉ Pierre Lemonnier, ci-devant receveur du tabac, à Pontaudemer. (*V*. **925, 990**).

700. — Le 10 juillet 1721, titre clérical fait en faveur de Mᵉ Jean-Baptiste Pastey, acolyte, par Nicolas Pastey, laboureur, demeurant à Sᵗ Martin-du-Houlley.

701. — Le 24 août 1721, titre clérical fait en faveur de Mᵉ Louis Thorel, acolyte de Livaye, par son père, Nicolas Thorel, marchand, demeurant à Cambremer. (*V*. **792**).

702. — Le 20 juillet 1721, titre clérical fait en faveur de Mᵉ Jean Oursel, acolyte, par Pierre Oursel, marchand, bourgeois de Bernay, y demeurant. (*V*. **367, 905, 912**).

703. — Le 20 août 1723, titre clérical fait en faveur de Mᵉ Nicolas Roussel, acolyte, par son père, François Roussel, laboureur, demeurant au Faulq.

704. — Le 29 août 1723, titre clérical fait en faveur de Mᵉ Pierre

Houlette, acolyte, par Pierre Houlette, marchand, demeur* à Fervaques.

705. — Le 13 août 1723, titre clérical fait en faveur de M* Jean Germain, acolyte, par Nicolas Germain, marchand, demeurant à Guerquesalles.

706. — Le 22 août 1723, titre clérical fait en faveur de M* Jacques-Joseph Hesbert, acolyte, par M* Jacques Hesbert, demeurant en la parr. du Mesnil-sur-Blangy. (*V.* **242**).

707. — Le 26 juin 1723, titre clérical fait en faveur de M* Germain Ridel, acolyte, par Jean Ridel, marchand, demeurant au Renouard.

708. — Le 25 février 1723, titre clérical fait en faveur de M* François Dumont, acolyte, par François Dumont, marchand, demeurant à Guerquesalles.

709. — Le 17 juin 1723, titre clérical fait en faveur de M* Charles Ridel, acolyte, par Gilles et Jean Ridel, frères, marchands, demeurant à Crouttes.

710. — Le 20 juin 1723, titre clérical fait en faveur de M* Nicolas Vauquelin, acolyte, par Marthe Le Caron, V*° d'Ambroise Vauquelin, demeurant en la parr. de Bailleul. (*V.* **818**).

711. — Le 7 septembre 1723, titre clérical fait en faveur de M* Robert Neveu, acolyte, par Robert Neveu, contrôleur au bourg d'Etrépagny.

712. — Le 9 août 1723, titre clérical fait en faveur de M* Jean-Jacques Rougeaux, acolyte, par Jean Rougeaux, demeurant à Pontaudemer.

713. — Le 21 juin 1723, titre clérical fait en faveur de M* Jean Maurey, acolyte, par son père Robert Maurey, et par son frère, Robert Maurey, demeurant à Drucourt.

714. — Le 21 juin 1723, titre clérical fait en faveur de M* Louis Jonas, acolyte, par François Jonas, demeurant à Drucourt.

715. — Le 29 août 1723, titre clérical fait en faveur de M* Guy Hesbert, acolyte, par Claude-Antoine Hesbert, pbrē, curé de N.-D. de Courson, diocèse d'Evreux.

716. — Le 22 août 1723, titre clérical fait en faveur de M* Charles Lecarpentier, acolyte, par Pierre Lecarpentier, marchand, demeurant à Bernay, parr. de la Couture.

717. — Le 14 février 1723, titre clérical fait en faveur de M* François Letellier, acolyte, par Guillaume et François Letellier, frères, demeurant en la parr. de Fontaine.

718. — Le 3 septembre 1724, titre clérical fait en faveur de M* Robert Dubreuil, acolyte, par François Dubreuil, marchand, demeurant à Lx. parr. S* Germain.

719. — Le 2 janvier 1724, titre clérical fait en faveur de M* Louis-

Ambroise Derneville, acolyte, par Charles-Ambroise Derneville, demeurant en la parr. de Gouttières, diocèse d'Evreux.

720. — Le 19 mars 1724, titre clérical fait en faveur de M* Pierre Lestorey, acolyte, par Pierre Isabel et Nicolas Lestorey, marchands de Pont-l'Évêque.

721. — Le 20 août 1724, titre clérical fait en faveur de M* Nicolas Jeannequin, acolyte, par son père Estienne Jeannequin, marchand, demeurant à Heurtevent.

722. — Le 19 mars 1724, titre clérical fait en faveur de M* Antoine-Augustin Loisnel, acolyte, par le s* Antoine Loisnel, capitaine de la bourgeoisie de Pont-l'Évêque.

723. — Le 13 août 1724, titre clérical fait en faveur de M* Charles Leprevost, acolyte, par le s* Leprevost, s* de la Londe, demeurant à Coupesarte.

724. — Le 27 août 1724, titre clérical fait en faveur de M* Joseph Aussy, acolyte, par Nicolas et Jacques Aussy, frères, demeurant à S* Etienne-Lallier.

725. — Le 3 juin 1724, titre clérical fait en faveur de M* Jean Deshayes, acolyte, par Gervais Deshayes, drapier, demeurant à Bernay, parr. de la Couture.

726. — Le 30 juillet 1724, titre clérical fait en faveur de M* François Moisy, acolyte, par son père, François Moisy, marchand de S*Germain-de-Montgommery.

727. — Le 10 août 1724, titre clérical fait en faveur de M* Pierre Duchemin, acolyte, par Nicolas Tallon, laboureur, demeurant à N.-D. de Sotteville. (V. **678**).

728. — Le 1*r juin 1717, titre clérical fait en faveur de M* Nicolas Malide, acolyte d'Etrépagny, sur ses biens personnels.

729. — Le 19 mars 1724, titre clérical fait en faveur de M* Michel Cauvin, acolyte, par Michel Cauvin, de la parr. de Morainville.

730. — Le 17 août 1724, titre clérical fait en faveur de M* Pierre-Paul Piel, acolyte, par son père, François Piel, marchand, bourgeois d'Orbec et y demeurant.

731. — Le 31 août 1724, titre clérical fait en faveur de M* François Millet, acolyte, par M* Jean Bonneville, pbrē de Godisson et y demeurant.

732. — Le 3 juillet 1724, titre clérical fait en faveur de M* Guillaume Hébert, acolyte, par Guillaume Hébert, marchand, des Champeaux.

733. — Le 20 fév. 1724, titre clérical fait en faveur de M* Jean Leprevost, acolyte, par François Leprevost et Jacques Drugeon, marchands, et Gilles Mainfray, aussi marchand, demeurant tous en la parr. d'Hermival.

734. — Le 3 août 1724, titre clérical fait en faveur de M⁰ Georges Eurieult, acolyte, par Philippe Eurieult, marchand, demeurant à La Chapelle-Bayvel. (V. **152**).

735. — Le 9 avril 1724, titre clérical fait en faveur de M⁰ Pierre Leroy, acolyte, par Noel Leroy, demeurant à la Gravelle. (V. **815**).

736. — Le 6 août 1724, titre clérical fait en faveur de M⁰ François Troussel, acolyte, par Thomas Lebatard, sʳ du Mesnil, demeurant à Caen.

737. — Le 24 août 1724, titre clérical fait en faveur de M⁰ Mathurin Ive, acolyte, par Jacques Chagrin, demeurant à Montreuil.

738. — Le 21 mars 1724, titre clérical fait en faveur de M⁰ Charles-Nicolas Jullien, acolyte, par M⁰ Nicolas Jullien, demeurant à Pontaudemer.

739. — Le 13 août 1724, titre clérical fait en faveur de M⁰ Guy-Jacques Boudin, acolyte, par François de Guyon, demeurant à Sᵗᵉ Marrite-des-Loges.

740. — Le 3 sept. 1724, titre clérical fait en faveur de M⁰ Louis Gondouin, acolyte de la parr. de Heurtevent, sur ses biens personnels.

741. — Le 19 janv. 1724, titre clérical fait en faveur de M⁰ Nicolas Lemoine, acolyte, par le sʳ Michel ...., marchand, demeurant à ....

742. — Le 12 mars 1724, titre clérical fait en faveur de M⁰ Guillaume Regnier, acolyte, par Jean Regnier, laboureur, demeurant à Morainville.

743. — Le 16 mars 1724, titre clérical fait en faveur de M⁰ Nicolas Coupey, acolyte, par Gabriel Coupey, marchand, et Jeanne Ferey, sa femme, demeurant en la parr. d'Echaufour.

744. — Le 31 août 1724, titre clérical fait en faveur de M⁰ Jacques Leduc, acolyte, par Jean Leduc, marchand, demeurant à Honfleur.

745. — Le 29 mars 1724, titre clérical fait en faveur de M⁰ Joseph-Augustin Lebourg, acolyte, par son père, Pierre Lebourg, demeurant à Pontaudemer.

746. — Le 30 janv. 1724, titre clérical fait en faveur de M⁰ Jean-Baptiste Doublet, acolyte, par Jean Doublet, marchand, demeurant à Hotot.

747. — Le 19 mars 1724, titre clérical fait en faveur de M⁰ Jean-Baptiste-François Lefebvre, acolyte, par Pierre Lefebvre, marchand, demeurant à Prêtreville. (V. **439, 442**).

748. — Le 1ᵉʳ juillet 1724, titre clérical fait en faveur de M⁰ Jean Bullet, acolyte de Fontaine-la-Louvet, par Louis de Louvigny, demeurant en la parr. de Boisbrin (?). (V. **343**).

749. — Le 5 mars 1724, titre clérical fait en faveur de M⁰ Jean

Chausson, acolyte, par Jean Chausson, marchand, demeurant aux Atelles.

750. — Le 11 mars 1724, titre clérical fait en faveur de M° Antoine Lesieur des Terrières, acolyte, par Jean-Baptiste Lesieur, demeurant en la parr. de Gacé. (V. **136, 223, 872**).

751. — Le 13 sept. 1724, titre clérical fait en faveur de M° Jean Thillaye, acolyte, par Jean Thillaye, marchand, demeurant au Mesnil-Guillaume. (V. **158**).

752. — Le 17 sept. 1724, titre clérical fait en faveur de M° Adrian Buisson, acolyte, par Adrian Buisson, marchand, demeurant à Courson. (V. **446**).

753. — Le 8 août 1724, titre clérical fait en faveur de M° René de Venois, acolyte, par René de Venois, demeurant à Vimoutiers.

754. — Le 20 août 1724, titre clérical fait en faveur de M° Jacques Lefranc, acolyte, par Jean Lefranc, laboureur, de S¹ Denis-de-Mailloc.

755. — Le 11 fév. 1724, titre clérical fait en faveur de M° René Senneray, acolyte, par Charles et Pierre Senneray, frères, demeurant en la parr. du Bosc-Regnoult.

756. — Le 30 juillet 1724, titre clérical fait en faveur de M° Pierre Duval, acolyte, par Nicolas Duval, marchand, de la parr. de Neuville.

757. — Le 27 juin 1724, titre clérical fait en faveur de M° Jacques Verger, acolyte, par François Verger, demeurant à Formoville.

758. — Le 9 juillet 1724, titre clérical fait en faveur de M° Etienne de Fréard, acolyte de Gonneville-sur-Dives, par Guillaume de Mannoury, demeurant à Putot.

759. — Le 3 sept. 1724, titre clérical fait en faveur de M° François-Pierre Pillon, acolyte, par Charles-César Lambert, demeurant à Lx. (V. **788**).

760. — Le 2 avril 1724, titre clérical fait en faveur de M° Pierre Leclerc, acolyte, par M™ Guillaume de Franqueville, pbrē, chanoine de Lx, et Pierre Asse, journalier, demeurant à Beuvillers.

761. — Le 16 août 1724, titre clérical fait en faveur de M° Pierre Binet, acolyte, par Pierre Binet, laboureur, demeurant au Mesnil-Rousset.

762. — Le 3 sept. 1724, titre clérical fait en faveur de M° Pierre-François Campion, acolyte, par M™ Charles Cousin, Esc¹, demeurant en sa terre, parr. de ......

763. — Le 10 sept. 1724, titre clérical fait en faveur de M° François-Augustin Germaine, acolyte, par M° Michel Germaine, procureur fiscal, demeurant au bourg de Fervaques.

764. — Le 7 mars 1724, titre clérical fait en faveur de M° Vincent-

François Duhamel, acolyte, par Guillaume Duhamel, marchand, demeurant à Moyaux.

765. — Le 28 mars 1724, titre clérical fait en faveur de M⁰ Pierre Leseigneur, acolyte, par François Désamaison, marchand boulanger, demeurant à Honfleur.

766. — Le 15 août 1724, titre clérical fait en faveur de M⁰ Jean-Nicolas Herrier, acolyte, par Jean Herrier, laboureur, demeurant à S¹ Mards.

767. — Le 6 mars 1724, titre clérical fait en faveur de M⁰ Antoine Fournet, acolyte, par Charlotte et Jacqueline Carrey, demeurant à Gacé.

768. — Le 29 oct. 1719, Pierre Duchemin, fils de Pierre et de Magdeleine Cabart, de la parr. de Sotteville, exemption de S¹ Cande-le-Vieux, reçoit la tonsure. (*V.* **727**).

769. — Le 11 juillet 1724, M⁰ Jean-Guillaume Bazire, pbre, obtient en cour de Rome des lettres de provision de la cure de Vieux-Pont, 1ʳᵉ portion, vacante par la résignation faite en sa faveur par M⁰ Louis Lecoq, dernier titulaire.

Le 7 sept. 1724, les vicaires généraux du seigʳ évêque donnent aud. sʳ Bazire la collation dud. bénéfice. (*V.* **556**).

Le 27 sept. 1724, le sʳ Bazire prend possession de la 1ʳᵉ portion de Vieux-Pont, en présence de M⁰ Paul Gautier, Escʳ, seigʳ et patron de S¹ Bazile ; Mʳᵉ Alexandre Le Maignen, chevʳ, seigʳ de Houlbec, Castillon et Coupesarte en partie ; Léonor-Gabriel Le Maignen, Escʳ, et autres témoins de lad. parr. de Vieux-Pont.

770. — Le 1ᵉʳ sept. 1724, M⁰ Gabriel Moisy, pbre, curé de Chaumont, titulaire de la chapelle S¹ Léonard, résigne purement et simplement lad. chapelle entre les mains de M⁰ le comte de Gacé qui en est patron présentateur.

771. — Le 20 mai 1724, Monseigʳ Jean-Marie Hanriau, pbre, docteur de Sorbonne, chévecier de la Cathédrale de Lx, et nommé par Sa Majesté à l'évêché de Boulogne-sur-Mer, demeurant à Paris, donne sa procuration pour remettre entre les mains de N.-S.-P. le Pape sa dignité de chévecier en faveur de Mʳᵉ Jean-Baptiste Richard, pbre du diocèse de Clermont, docteur en théologie de la faculté de Paris et chanoine de Lx. Fait et passé à Paris. (*V.* **558**).

Le 7 juin 1724, led. sʳ Richard obtient en cour de Rome des lettres de provision de la dignité de chévecier en la Cathédrale.

Le 27 sept. 1724, le seigʳ évêque donne son visa auxd. lettres de provision.

Le 4 octobre 1724, le sʳ Richard, demeurant à Paris, rue S¹ Nicaise, parr. S¹ Germain-l'Auxerrois, et représenté par Mʳᵉ Jean-Baptiste

Moullin, archidiacre de la Cathédrale, est mis en possession de la dignité de chévecier par le ministère de M' de Grosourdy, chanoine et trésorier de lad. Cathédrale, en présence de Mrs Guillaume Couture et Jean Graffard, chapelains en icelle. — Le s^r chévecier paye la somme de 36 livres pour le droit de chape, entre les mains dud. s^r de Grosourdy, l'un des claviers du Chapitre.

772. — Le 30 septembre 1724, la nomination à la 1re portion de la cure de Capelles-les-Grands appartenant à l'abbesse de St Sauveur d'Evreux, Madame Françoise-Henriette de la Rochefoucault de Saisac(?), abbesse de lad. abbaye, nomme à lad. cure de Capelles, vacante par la mort de Mre Thomas Lefranc, dernier titulaire, décédé le jeudi 28 courant, la personne de Me Noël Hébert, pbrē du diocèse de Séez et vicaire de la Ferté-Ernoult.

Le 3 octobre 1724, le seig^r évêque donne aud. s^r Hébert la collation dud. bénéfice.

Le 4 oct. 1724, le s^r Hébert prend possession de la 1re portion de Capelles, en présence de Me Nicolas Passey, pbrē de St Germain de Lx; Me Jean Legras, pbrē, vicaire de Capelles ; Me Georges Huet, vicaire de la Chapelle-Gautier, et autres témoins.

773. — Le 1er oct. 1724, la nomination à la cure de N.-D. d'Auquainville appartenant au s^r sénéchal de la haute-justice du Chapitre de la Cathédrale, Mre Louis Thoumin, s^r de la Milleraye, licencié ès-droits, sénéchal haut-justicier de la haute-justice du vénérable Chapitre de Lx, nomme à lad. cure, vacante par le décès de Mre Antoine Guéret, dernier titulaire, la personne de Me Jean Graffard, pbrē, officier douze-livres en lad. Cathédrale et l'un des trois officiers élus et proposés aud. s^r sénéchal par le Chapitre.

Le 5 oct. 1724, le seig^r évêque donne aud. s^r Graffard la collation dud. bénéfice.

Le 13 oct. 1724, le s^r Graffard prend possession de la cure d'Auquainville, en présence de Me Nicolas Le Dorey, pbrē, vicaire du lieu ; Me Nicolas Passey, pbrē de St Germain de Lx, et plusieurs autres témoins de lad. parr.

774. — Le 10 oct. 1724, vu l'attestation du s^r Chippel, vicaire de St Pierre de Cormeilles, et du s^r Leteinturier, vicaire de N.-D.-du-Pré, dispense de bans pour le mariage entre François Rousselet et Françoise Boullanger.

775. — Le 27 sept. 1724, la nomination au prieuré-cure de St Michel de la Motte appartenant au prieur claustral de Ste Barbe-en-Auge, Dom François Guillaume Mignot, prieur claustral de lad. abbaye, nomme à cette cure, vacante par la mort de Dom Etienne Gond, dernier titulaire, la personne de Dom François Chaillou, pbrē, chanoine régulier de S¹ Augustin, prieur de S¹ Paterne d'Ernes, diocèse de Séez.

Le 7 oct. 1724, le seig⁻ évêque donne aud. s⁻ Chaillou la collation dud. bénéfice.

Le 10 oct. 1724, le s⁻ Chaillou prend possession de la cure de la Motte, en présence de M⁵ Nicolas Passey, pbrē de S¹ Germain de Lx ; M⁵ François Lecomte, pbrē, vicaire de la Motte, et plusieurs autres témoins.

776. — Le 23 sept. 1724, la nomination à la cure de S¹ Martin de Criquebœuf appartenant au seig⁻ du lieu, Mes⁻⁵ Abel-Toussaint de Thiville, chev⁻ et comte de Bapaulme, baron de Poussay, seig⁻ de Criquebœuf et autres lieux, demeurant à Paris, nomme à cette cure, vacante par la mort de M⁵ Guillaume Lebachelier, dernier titulaire, la personne de M⁵ Daniel-François Madeline, pbrē du diocèse de Bayeux et chapelain de la chapelle S¹ Sauveur, située près de la ville d'Honfleur.

Le 28 sept. 1724, le seig⁻ évêque donne aud. s⁻ Madeline la collation dud. bénéfice.

Le 8 oct. 1724, le s⁻ Madeline prend possession de la cure de Criquebœuf, en présence de M⁵ Michel Lerat, pbrē, desservant lad. paȓȓ.; Guillaume Le Bouteiller, syndic, et autres témoins.

777. — Le 13 oct. 1724, vu l'attestation du s⁻ Loysel, curé de Glos, et du s⁻ du Migneray, vicaire de Lisores, dispense de bans pour le mariage entre M⁻ᵉ Jacques Bonnet, Esc⁻, fils de François Bonnet et de Marie-Magdeleine de Franqueville, de la paȓȓ. de S¹ Denis de Brionne, d'une part, et dam¹¹ᵉ Marie-Léonore-Elisabeth Bonnet, fille de Jacques Bonnet, Esc⁻, s⁻ de la Tour de Montgommery, et de feue Marie-Léonore-Elisabeth Godard, de la paȓȓ. de Lisores.

778. — Le 14 oct. 1724, dispense de bans pour le mariage entre M⁻ᵉ Cyr-Gabriel de Liée, Esc⁻, fils de feu M⁻ᵉ Gabriel de Liée, Esc⁻, et de feu dame Geneviève de Droulin, de la paȓȓ. de N.-D. de Courson, d'une part, et dam¹¹ᵉ Anne-Elisabeth Tirey, fille de M⁻ᵉ Louis Tirey, cons⁻ du roy, et de feu dame Elisabeth Le Pingalle, de la paȓȓ. de S¹ Vivien de Rouen.

779. — Le 16 oct. 1724, dispense de bans pour le mariage entre M⁵ Nicolas Ricquier, s⁻ de la Rosière, cons⁻, fils de Pierre Ricquier, cons⁻ et procureur du roy, et de dam¹¹ᵉ Marie Prallain, de la paȓȓ. S¹ Jacques de Lx, d'une part, et d¹¹ᵉ Marie-Magdeleine Loisnel, fille de M⁵ Jean Loisnel, officier de feu M⁻ le duc d'Orléans, et de dame Renée Véron, demeurant aussi à S¹ Jacques de Lx.

780. — Le 17 oct. 1724, dispense de bans pour le mariage entre Pierre de Bonnechose, Esc⁻, fils de Louis et de d¹¹ᵉ Angélique Descorches, de la paȓȓ. de Grandcamp, d'une part, et dam¹¹ᵉ Henriette Dirlande, fille d'Antoine Dirlande, Esc⁻, et de feu dam¹¹ᵉ Marie Despériers, de la paȓȓ. de Réville

T. II

781. — Le 28 juillet 1724, Me Alexandre du Buisson, pbre, licencié en théologie de la faculté de Paris, professeur en l'Université de cette ville, chanoine prébendé de Croisilles en la Cathédrale de Lx, demeurant à Paris, donne sa procuration pour remettre sond. canonicat entre les mains de N.-S.-P. le pape, en faveur de Me Eustache-François Ruelle, diacre du diocèse de Paris, bachelier en théologie de la faculté dud. lieu.

782. — Le 8 oct. 1724, la nomination à la cure d'Epréville-en-Lieuvin appartenant au seig^r du lieu, « très haut et très puissant prince Monseig^r Louis de Loraine, prince de Lambesq et comte de Briosne, seig^r et patron de la parr. d'Epréville et autres lieux, gouverneur pour le roy de la province d'Anjou, ville et château d'Angers et du Pont-de-Cé, demeurant ordinairement en son hôtel à Paris, place Louis-le-Grand, parr. St Roch, » nomme à lad. cure d'Epréville, vacante par la mort de Me Louis de Frémont, dernier titulaire, la personne de Me Germain Gosselin, pbre du diocèse de Lx. Fait à Monceaux, diocèse de Meaux, en présence de Me Louis Chartier, curé du lieu, et autres témoins.

Le 21 oct. 1724, le seig^r évêque donne aud. s^r Gosselin la collation dud. bénéfice.

Le 3 nov. 1724, le s^r Gosselin prend possession de la cure d'Epréville, en présence de Me Guillaume Havas, pbre, curé de la Haye-de-Calleville, diocèse d'Evreux ; Me Robert de Bretteville, pbre du Bosc-Robert ; Me Pierre Marescal, pbre, vicaire d'Epréville ; Me Nicolas Passey, pbre de St Germain de Lx, et autres témoins.

783. — Le 11 oct. 1724, Me Nicolas Delafosse, diacre de St Germain de Lx, M^e ès-arts en l'Université de Paris, fait signifier ses noms et grades au seig^r évêque et au Chapitre de Lx. (*V.* **691**).

Le 14 oct. 1724, il fait faire la même signification aux relig^x de Cormeilles, en parlant à Dom Luc Maheu, prieur de lad. abbaye.

Le 28 avril 1721, led. s^r Delafosse, acolyte de Lx, est reçu M^e ès-arts en l'Université de Paris.

Le 1er avril 1724, le s^r Delafosse, sous-diacre, obtient des lettres de quinquennium du recteur de lad. Université.

Le 20 juin 1724, il est nommé par icelle sur l'évêché et le Chapitre de Lx et sur l'abbaye de Cormeilles. (*V.* **791, 845**).

784. — Le 6 oct. 1724, la nomination à la cure de St Germain de Bonneville-sur-Touques appartenant au chapitre de Cléry, les chanoines de lad. collégiale nomment à cette cure, vacante par la mort de Me Pierre Le Normand, dernier titulaire, la personne de Me Jacques-Jean Damour, pbre du diocèse de Lx, habitué en lad. collégiale.

Le 21 oct. 1724, le seig^r évêque donne aud. s^r Damour la collation dud. bénéfice.

Le 7 nov. 1724, le s⁰ Damour, demeurant à Cléry et représenté par Mᵉ Robert Levillain, pbrē, curé de Pont-l'Evêque et doyen de Beaumont-en-Auge, prend possession de la cure de Bonneville, en présence de Mᵉˢ Charles Leliepvre, pbrē, curé de Roncheville ; Mᵉˢ Renout, curé d'Englesqueville ; Mᵉˢ Pierre Levillain, curé de Canapville ; Mᵉˢ Nicolas Duclos, vicaire de St Thomas de Touques ; Mᵉˢ Robert Letardif, pbrē, desservant la parr. de Bonneville ; Mᵉˢ Jean-Pierre Delaporte, pbrē de St Martin-aux-Chartrains ; Mᵉˢ Julien de Nollent, Escʳ, et autres témoins.

785. — Le 24 oct. 1724, Mesʳᵉ Aymar-Robert de Prye, acolyte du diocèse de Lx, « pourvu en commende par N.-S.-P. le pape, sur la nomination du roy, de l'abbaye de St Pierre d'Airvaux, diocèse de la Rochelle, demeurant au château de Courbépine, » donne sa procuration pour requérir de Mʳ l'official de la Rochelle la fulmination des bulles et prendre en son nom possession de lad. abbaye. Fait au château de Courbépine, en présence de Mᵉˢ Robert de Martainville et Isaïe de Montreuil, Escʳˢ. (V. **348**).

786. — Le 29 oct. 1724, Charles Coudrelle, fils de Nicolas et de Marguerite Quesney, de la parr. de N.-D. de la Couture de Bernay, reçoit la tonsure et les ordres mineurs. (V. **675**).

787. — Le 30 mars 1720, Fr. Jean-Baptiste-Ignace Barbe, diacre, religieux-profès de l'abbaye de Grestain, est ordonné prêtre. (V. **795**).

788. — Le 10 oct. 1724, la nomination au canonicat de Crèvecœur, 2ᵉ portion, appartenant au seigʳ évêque, Mgʳ Henry-Ignace de Brancas nomme aud. bénéfice, vacant par la mort de Mᵉ François Daubin, pbrē, dernier titulaire, la personne de Mᵉ Jean-Baptiste de Gémare, pbrē, en sa qualité de gradué nommé sur l'évêché de Lx.

Le 16 oct. 1724, le sʳ de Gémare est mis en possession de lad. prébende de Crèvecœur par le ministère de Mʳ de Grosourdy, chanoine et trésorier de la Cathédrale, en présence de Mᵉˢ Jean Graffard, pbrē, et Pierre Pillon, sous-diacre, officiers de lad. Eglise.

789. — Le 8 juillet 1719, Mᵉ Louis Lerreux, clerc du diocèse de Lx, demeurant à Rouen, parr. St Cande, reçoit des vicaires capitulaires de Rouen la collation de la chapelle St Nicolas, fondée en l'église de Brestot, diocèse de Rouen, à laquelle il a été nommé par Mesʳᵉ Lanfranc de la Houssaye, Escʳ, sʳ du Bourdonnay, patron de lad. chapelle.

Le 14 juillet 1719, sʳ Lerreux prend possession dud. bénéfice.

790. — Le 16 oct. 1724, la nomination à la cure de Courtonne-la-Ville appartenant au seigʳ abbé de Bernay, Son Eminence Mgʳ le cardinal de Gesvres, archevêque de Bourges et titulaire de lad. abbaye, nomme à cette cure, vacante par la démission pure et simple de Mesʳᵉ

Charles-Jacques Hayer, pbre, dernier titulaire, la personne de Mesre Charles du Rouvray, pbre du diocèse de Rouen et vicaire de St Martin de Brionne. (V. **420, 487**).

Le 7 nov. 1724, le seigr évêque donne aud. sr du Rouvray la collation dud. bénéfice.

Le 9 nov. 1724, le sr du Rouvray prend possession de la cure de Courtonne-la-Ville, en présence de Mesre Louis de Sevrey, pbre, Esc, desservant lad. parr. ; Me Nicolas Lecerf, pbre, curé de Brionne, et autres témoins.

791. — Le 28 oct. 1724, Me Nicolas Delafosse, diacre de St Germain de Lx, Me ès-arts et bachelier en théologie de l'Université de Paris, fait signifier ses noms et grades aux religieux de St Evroult. (V. **991, 783, 845**).

Le 1er août 1724, led. sr Delafosse avait été reçu bachelier en l'Université de Paris.

792. — Le 24 oct. 1724, la nomination à la cure de Drucourt appartenant au seigr abbé du Bec-Hellouin, Mgr Louis de Bourbon, prince du sang, comte de Clermont et abbé commendataire de lad. abbaye, nomme à cette cure, vacante par la mort de Me Jean Durozay, pbre, dernier titulaire, la personne de Me Louis Jouas, diacre du diocèse de Lx, gradué, nommé sur l'abbaye du Bec.

Le 8 nov. 1724, le seigr évêque donne aud. sr Jouas la collation dud. bénéfice.

Le 20 nov. 1724, Me Jouas, prend possession de la cure de Drucourt, en présence de Me Guillaume Champion, pbre, curé de Bournainville et de doyen Moyaux ; Me Jacques de Mézières, pbre, curé de Faverolles ; Me Louis Thorel, pbre, vicaire de Drucourt ; Jean Maurey, sous-diacre, et autres témoins.

793. — Le 29 oct. 1724, la nomination au prieuré-cure de St Evroult-de-Montfort appartenant au prieur de Ste Barbe-en-Auge, Dom François-Guillaume Mignot, prieur claustral de lad. abbaye, nomme à cette cure, vacante par la mort de Fr. Antoine-Joseph Girardin pbre, dernier titulaire, la personne de Fr. Nicolas Godey, pbre, chanoine régulier de l'ordre de St Augustin.

Le 30 oct. 1724, le seigr évêque donne aud. sr Godey la collation dud. bénéfice.

Le 1er nov. 1724, le sr Godey prend possession du prieuré de St Evroult-de-Montfort, en présence de Me Nicolas Passey, pbre de St Germain de Lx ; Me Guillaume de la Couture, pbre, de la parr. de Neuville ; Me Guillaume Parent, pbre, vicaire dud. Montfort ; Me Pierre Gorge, sous-diacre et autres témoins.

794. — Le 14 nov. 1724, dispense de bans pour le mariage entre

André du Ramier, Esc', fils de Michel du Ramier, Esc', et de dam^lle Françoise Clouet, de la parr. de Lieurey, d'une part, et dam^lle Marianne Eder (?), fille de Charles, Esc', et de feu dame Anne Letourneur, de la parr. de N.-D. de Mortaigne, diocèse de Séez.

795. — Le 6 août 1724, Dom Jean-Baptiste-Ignace Barbe, religieux profès de l'abbaye de Grestain obtient en cour de Rome des lettres de provision de l'office de bailly en lad. abbaye, vacant par la mort du dernier titulaire. (*V*. **787, 801**).

796. — Le 27 oct. 1724, Mre Dumesnil-Leboucher, pbrē, official de l'Evêché, fulmine la dispense d'irrégularité obtenue par Philippe Le Michel, demeurant à St Pierre-de-Courson et né de parents illégitimes.

797. — Le 22 nov. 1724, dispense de bans pour le mariage entre Louis de Gautier, Esc', fils de feu Luc de Gautier, Esc', et de noble dame Marie de St Laurens, de la parr. de St Bazile, d'une part, et dam^lle Angélique de Macquaire, fille de feu Philippe de Macquaire, Esc', et de feu noble dame Elisabeth Le Marchand, de la parr. de Crouttes. (*V*. **937**).

798. — Le 19 novembre 1724, la nomination à la cure de Villers, près Glos, appartenant au seig^r évêque, Sa Grandeur nomme à cette cure, vacante par la mort de Me Nicolas Hérier, dernier titulaire, la personne de Me Pierre Lespron, pbrē du diocèse de Rouen.

Le 21 nov. 1724, led. s^r Lespron prend possession dud. bénéfice.

799. — Le 27 nov. 1724, dispense de bans pour le mariage entre Guillaume Ricquier, fils de François, de la parr. de St Germain de Lx, d'une part, et dam^lle Françoise Bourlet, fille de Me François Bourlet, s^r du Bosc, cons^er du roy, et de dam^lle Françoise Thillaye, demeurant à St Germain-la-Campagne.

800. — Le 5 nov. 1724, Dom Jean-François Le Poutrel de Pertheville, pbrē, chanoine régulier de l'Hôtel-Dieu de Caen, M^e ès-arts en l'Université de lad. ville, requiert, en cette qualité, des religieux de Ste Barbe sa nomination au prieuré-cure St Evroult-de-Montfort, vacant par la mort de Dom Joseph-Antoine Girardin, pbrē, dernier titulaire, décédé dans le mois d'octobre. (*V*. **793, 805**).

801. — Le 25 nov. 1724, le seig^r évêque donne son visa aux lettres de provision de l'office de bailly de l'abbaye de Grestain, obtenues en cour de Rome par Dom Jean-Baptiste-Ignace Barbe, religieux-profès de lad. abbaye.

Le 11 déc. 1724, le s^r Barbe prend possession dud. office avec les cérémonies ordinaires, accomplies en l'église de l'abbaye, en présence de Mre Pierre Lailler, pbrē, curé de St Ouen de Grestain, et autres témoins. (*V*. **795**).

802. — Le 31 octobre 1723, Jean-Jacques De Manneville, fils d'Antoine et de Françoise Lefebvre, de la parr. de Blangy, reçoit la tonsure et les ordres mineurs.

803. — Le 1er décembre 1724, dispense de bans pour le mariage entre François-Bernard Laignel, sr de la Vastine, Escr, fils de Me François-Duval Laignel, sr de la Vastine, conser du roy, et de damlle Catherine-Thérèse Belin, de la parr. de Plasnes, d'une part, et damlle Françoise-Angélique Fourquemin, fille de Me Jean Fourquemin, conser du roy, et de damlle Françoise-Angélique Morin, de la parr. de Bournainville.

804. — Le 24 nov. 1724, la nomination à la cure de St Martin de Bocquencey appartenant aux religieux de St Evroult, Dom Jacques de Proussac, prieur conventuel et les autres relig* de lad. abbaye nomment à lad. cure, vacante par la mort de Me Estienne Restout, dernier titulaire, la personne de Me Guillaume Bessin, pbre du diocèse d'Evreux.

Le 1er décembre 1724, le seigr évêque donne aud. sr Bessin la collation dud. bénéfice.

Le 5 décembre 1724, le sr Bessin prend possession de la cure de Bocquencey, en présence de Mre André du Coudray, pbre, docteur en théologie de l'Université d'Angers, curé de Marnefer ; Mre Félix Godin, pbre, desservant la parr. de Bocquencey, et autres témoins.

805. — Le 25 novembre 1724, en conséquence de la réquisition faite aux chanoines de Ste Barbe par Dom Jean-François Le Poutrel de Pertheville, religieux de l'Hôtel-Dieu de Caen, le seigr évêque de Lx lui donne la collation du prieuré-cure de St Evroult-de-Montfort *ad conservationem juris*. (V. **800**).

Le 2 décembre 1724, led. sr Le Poutrel prend possession dud. bénéfice. Dom Nicolas Godey, pbre, chanoine régulier de St Augustin, intervient à cette prise de possession et déclare qu'il s'y oppose formellement comme ayant déjà lui-même pris possession dud. prieuré. Le sr Le Poutrel proteste de nullité lad. opposition. Fait en présence de Nicolas Passey, pbre de St Germain de Lx, et plusieurs autres témoins. (V. **793**).

806. — Le 9 décembre 1724, Mre Charles Inger, pbre, bachelier en théologie, chanoine pénitencier en la Cathédrale et prébendé des Vaux, âgé de 74 ans et étant demeuré infirme, donne sa procuration pour résigner sond. canonicat entre les mains de N.-S.-P. le pape en faveur de Me Etienne Inger, pbre, curé de St Léger-sur-Bonneville. Il se réserve toutefois 200 livres de pension à prendre sur les revenus dud. bénéfice qu'il a desservi pendant 22 ans. Il retient en outre « l'appartement de derrière la maison de la Pénitencerie. » Fait en lad. maison en présence de Me Michel Duclos, pbre, chapelain en la Cathédrale.

807. — Le 15 décembre 1724, vu l'attestation du s' de la Croix, curé de S' Jacques de Lx, et du s' Gaugain, vicaire de Coquainvilliers, dispense de bans pour le mariage entre Michel-Jacques-François Gondouin, fils de Michel Gondouin, s' des Portes, et de Françoise Chambry, de la parr. de S' Jacques de Lx, d'une part, et dam¹¹ᵉ Marie-Françoise Davy, fille de feu Robert Davy, s' de Boislaurent, et de Anne Pollin, de la parr. de Coquainvilliers.

808. — Le 9 décembre 1724, Mᵉ Germain Anger, pbrē, bachelier de Sorbonne, professeur septennaire et émérite en l'Université de Paris, en vertu d'une sentence du Chatelet de Paris, en date du 18 juillet dernier, rendue en sa faveur contre Mᵉ Pierre Thillaye, aussi gradué en lad. Université, est mis en possession du canonicat de Surville par le ministère de Mʳᵉ de Grosourdy, trésorier de la Cathédrale. (V. **406**).

809. — Le 29 oct. 1724, Eustache Lucas, fils d'Eustache et d'Elisabeth Poret, de la parr. de Vimoutiers, reçoit la tonsure et les ordres mineurs.

812. — Le 22 fév. 1724, les vicaires capitulaires de Rouen, vu le refus du seig' évêque de Lx, en date du 9 courant, donnent à Mʳᵉ Jean-Jacques Goubert, pbrē du diocèse de Bayeux, la collation de la cure de Castillon à laquelle il a été nommé par les chanoines du S' Sépulcre de Caen, en conséquence de la mort de Mᵉ Jacques Soyer, dernier titulaire. Fait à Rouen, en présence de Mᵉˢ Jean Le Signerre et Jacques Leroux, pbrēs, demeurant en lad. ville. (V. **401, 457**).

Le 25 sept. 1707, led. s' Goubert, fils de Gabriel et de Marguerite Gosselin, de la parr. de Donnay, diocèse de Bayeux, avait reçu la tonsure à Bayeux, et, le 15 avril 1713, il avait été ordonné prêtre par Mgʳ Jacques de Matignon, ancien évêque de Condom, dans la chapelle du séminaire de Bayeux.

813. — Le 31 oct. 1723, Charles Loisel, fils de Jean et de Jacqueline Chaumont, de la parr. de S' Pierre de Marmouillé, reçoit la tonsure et les ordres mineurs.

814. — Le 1ᵉʳ sept. 1724, la nomination à la cure de Lisores appartenant au seig' du lieu, « haut et puissant seig' Mʳᵉ Jacques Bonnet de Montgommery, chevᵉʳ, marquis de la Tour et de Sᵗᵉ Foy, baron de Monville et de S' Ay-sur-Loire, seig' et patron en chef de Lisores et autres lieux, lieutenant général de Nos Seigʳˢ le maréchaux de France en la généralité de Caen, en conséquence de la vacance de lad. cure de S' Vigor de Lisores, arrivée par le décès de Mᵉ François Leprevost, dernier titulaire, et voulant qu'elle ne demeure sans possesseur ny pasteur, à cause du lityge arrivey dans led. bénéfice tombé en quenouille », présente au roy et au seig' évêque de Lx la personne de Mʳᵉ Jean-

Balthazard de Bourzès, s' de la Cazolle, pbre, docteur en théologie, du diocèse de Vabre en Rouergue.

Le 1er oct. 1724, la nomination à la cure de Lisores revenant au roy « à cause du litige formé entre ceux qui se prétendent patrons », Sa Majesté nomme aud. bénéfice la personne de Me Jean-Balthazard de Bourzès, pbre du diocèse de Vabre. Donné à Fontainebleau. (V. **490**).

815. — Le 5 janv. 1725, la nomination à la cure de St Philbert des Authieux-Papion appartenant au seigr de la Varende, Mre Léon Malard, cher, seigr de la Varende, et patron des Authieux-Papion, nomme aud. bénéfice, vacant par la mort de Me Gilles Bassières, pbre, dernier titulaire, la personne de Me Pierre Leroy, sous-diacre de ce diocèse. (V. **735, 875**).

816. — Le 3 janv. 1725, Me Guillaume Véron, pbre, chapelain de la Cathédrale et curé de Castillon, résigne purement et simplement led. bénéfice de Castillon entre les mains du seigr évêque, en présence de Mes François Marey et Nicolas Passey, pbres de St Germain de Lx. (V. **296, 1018**).

Le 4 janv. 1725, le seigr évêque, patron de la cure de Castillon, nomme aud. bénéfice la personne de Mre Charles Le Maignen de Houlbec, pbre de ce diocèse. (V. **520**).

Le 7 janv. 1725, led. sr Le Maignen prend possession de la cure de Castillon, en présence de Me Guillaume Bazin, pbre, curé de Vieux-Pont; Me Guillaume Leroy, pbre, desservant la parr. de Castillon, et plusieurs autres témoins.

817. — Le 28 déc. 1724, la nomination à la cure de Martainville appartenant au seigr du lieu, Mre Charles des Hommets, Esc', s' de Martainville, nomme aux deux portions de lad. cure, vacantes par la mort de Me Laurent Pestel, dernier titulaire, la personne de Me Pierre-Nicolas Lebourg des Alleurs, acolyte de St Ouen de Pontaudemer, à charge pour lui d'obtenir de Sa Sainteté la dispense nécessaire pour posséder les deux portions. Fait au château de Martainville, en présence de Me Frédéric Lecerf, sr de la Pinsonnière, conser du roy, vicomte de Pontaudemer et de Me Louis Bethan, pbre, vicaire de la parr. du Torpt.

Le 4 janv. 1725, le seigr évêque donne aud. sr Lebourg la collation dud. bénéfice. (V. **978**).

818. — Le 11 mai 1724, Nicolas Vauquelin, fils d'Antoine et de Marthe Thiron, de la parr. de Bailleul, reçoit la tonsure et les ordres mineurs. (V. **710**).

819. — Le 29 déc. 1724, Me François-Louis de Beaurepaire, pbre, curé de St Victor-de-Chrétienville, pourvu du bénéfice-cure du Mesnil-Jourdain au diocèse d'Evreux, rétracte la démission qu'il avait faite, le 12 courant, de lad. cure du Mesnil-Jourdain et déclare « après plus de réflexion », qu'il entend demeurer titulaire dud. bénéfice. (*V.* **917**).

820. — Le 25 nov. 1724, la nomination à la cure de S¹ Pierre-la-Rivière appartenant au seig¹ du lieu, « très haut et très puissant seig¹, M¹ᵉ Gabriel, vicomte de Melun, maréchal des camps et armées du roy, commandant d'Abbeville pour Sa Majesté, seig¹ de Dompvast, Hellencourt, seig¹ et patron de S¹ Pierre de la Rivière, la Cressonnière et autres lieux, demeurant à Paris, en son hostel, rue de Beautreillis, parr. S¹ Paul », nomme à lad. cure de S¹ Pierre-la-Rivière, vacante par la mort de M¹ᵉ Henry-Pierre de S¹ Clair du Lucinel, dernier titulaire, la personne de M¹ Jacques de S¹ Clair du Lucinel, Esc¹, pbrē du diocèse de Lx et curé d'Amfréville, diocèse de Rouen. (*V.* **484**).

Le 15 janv. 1725, le seig¹ évêque donne aud. s¹ Jacques de S¹ Clair la collation dud. bénéfice.

Le 17 janv. 1725, le s¹ de S¹ Clair prend possession de la cure de S¹ Pierre-la-Rivière en présence de M¹ᵉ Louis Decaux, pbrē, curé de Royville ; M¹ᵉ Toussaint Letestu, pbrē, desservant lad. parr. de S¹ Pierre ; M¹ François Hédiard, pbrē, vicaire du lieu.

821. — Le 21 janvier 1725, dispense de bans pour le mariage entre Jean-François Hécamps, Esc¹, fils de feu M¹ᵉ Jean Hécamps, Esc¹, et de dame Marie-Elisabeth Gohier, de la parr. de S¹ Ouen de Pontaudemer, d'une part, et dam¹¹ᵉ Marie-Anne Duquesne de la Mare, fille de Pierre Duquesne, Esc¹, et de dame Anne-Marie de Villecoq, de la parr. de Toutainville.

822. — Le 27 janv. 1725, dispense de bans pour le mariage entre Guillaume Hauvel, officier dans la grande vénerie du roy, fils du feu s¹ Nicolas Hauvel et de feu dame Marguerite Thinan, de la parr. de S¹ Jacques de Lx, d'une part, et Anne-Françoise Thoumin, fille de M¹ Louis Thoumin, cons¹¹ du roy en l'élection de Lx, et de dame Marie Ameline, de la parr. S¹ Germain de Lx. (*V.* **180, 254**).

823. — Le 10 janv. 1725, la nomination à la chapelle de S¹ Michel du Montmillon appartenant au seig¹ abbé de Bernay, celui-ci nomme aud. bénéfice, vacant par la mort de Fr. Guillaume-Nicolas Lévesque, dernier titulaire, la personne de Dom Jacques Le Grand, pbrē, religieux profès de l'ordre de S¹ Benoit. (*V.* **927**).

824. — Le 22 déc. 1718, Louis Jourdain, fils de Jacques et de Marie Bordeaux, de la parr. d'Auquainville, reçoit la tonsure et les quatre ordres mineurs.

825. — Le 3 fév. 1725, dispense de bans pour le mariage entre Jacques-François Aupoix, Esc¹, fils de feu François Aupoix, Esc¹, et de noble dame Catherine Le Canu, de la parr. de la Vespière, d'une part, et dam¹¹ᵉ Anne-Louise du Merle, fille de M¹ᵉ Pierre du Merle, chev¹, et de noble dame Anne-Elisabeth de Bellemare, de la parr. d'Orbec.

826. — Le 6 fév. 1725, dispense de parenté pour le mariage entre Me François Lecomte, avocat en la Cour et cons[er] du roy, référendaire en la chancellerie de Normandie, demeurant à Rouen, et dam[lle] Marie-Magdeleine Burgault, demeurant à Gacé.

827. — Le 7 janv. 1725, la nomination à la cure du Breuil appartenant au seig[r] du lieu, Madame Jeanne-Philippe Bence, dame et patronne du Breuil, v[ve] de Mre Claude de la Fond, cons[er] du roy en ses conseils, maitre des Requêtes honoraire de Son Hôtel, demeurant à Paris, nomme à lad. cure du Breuil, vacante par la mort de Me Pierre de Bernières, dernier titulaire, la personne de Me Philippe Noncher, pbre de Fauguernon et vicaire de Thibouville, au diocèse d'Evreux.

Le 5 fév. 1725, le seig[r] évêque donne aud. s[r] Noncher la collation dud. bénéfice.

Le 7 fév. 1725, le s[r] Noncher prend possession de la cure de St Germain du Breuil, en présence de Me Simon Leprestre, pbre, desservant lad. parr.; Mre Léonor de Bellemare, pbre, curé d'Hermanville, et autres témoins. (*V.* **1009**).

828. — Le 7 fév. 1725, vu l'attestation du s[r] Adam, vicaire de Manneville-la-Pipard, dispense de bans pour le mariage entre Mre Jean-Pierre Pouchin, Esc[r], fils de feu Mre Richard Pouchin, Esc[r], et de feu dam[lle] Magdeleine Maillère, d'une part, et dam[lle] Marie-Catherine du Mesnil, fille de feu Robert du Mesnil, Esc[r], et de dam[lle] Marie Volant, de lad. parr. de Manneville.

829. — Le 11 fév. 1725, dispense de bans pour le mariage entre Mre Bernard de Boislévesque, Esc[r], fils de Mre Charles de Boislévesque et de noble dame Geneviève de Mire, de la parr. de St Martin-le-Vieux, près Honfleur, d'une part, et dam[lle] Marie Deschamps, fille de feu Jean Deschamps et de noble dame Marie Le Grix, de la parr. d'Ableville.

830. — Le 12 fév. 1725, vu l'attestation du s[r] Paisant, vicaire de de St Jacques de Lx, dispense de bans pour le mariage entre Jean Amiot et Jeanne Dhurain.

831. — Le 12 fév. 1725, vu l'attestation du s[r] Levavasseur, curé de Fontaine-la-Louvet, et du s[r] Mahiette, vicaire de N.-D. des Places, dispense de bans pour le mariage entre Jean Durozay et Charlotte Morisset.

832. — Le 12 fév. 1725, vu l'attestation du s[r] Postel, vicaire de Douville, et du s[r] de la Tour, vicaire de Gonneville-sur-Dives, dispense de bans pour le mariage entre Jacques Lecarpentier et Jeanne Dufresne. (*V.* **431**).

833. — Le 12 fév. 1725, dispense de bans pour le mariage entre Mes[re] Jean-Baptiste de Florence, fils de feu Mre Jacob de Florence,

Esc̃. et de feu dame Anne-Marie de Rachon (?), demeurant à Moyaux, d'une part, et dam̃ˡˡᵉ Marie de Boctey de Moyaux, fille de Mʳᵉ Jean-César de Boctey, Esc̃ʳ, et de dame Catherine-Magdeleine de Bocquencé-la-Touche, de lad. paȓȓ. de Moyaux.

834. — Le 25 janv. 1725, la nomination à la cure de N.-D. d'Estrées, 1ʳᵉ portion, appartenant au vicomte de Crèvecœur, le sʳ Pantaléon Segouin, bourgeois de Paris, curateur, créé par justice aux successions vacantes de Mʳᵉˢ Jacques et François-Henry de Montmorency, vicomtes et patrons de Crèvecœur, nomme à lad. cure d'Estrées, vacante par la démission de Mʳᵉ Jean Harel, pbr̃e, dernier titulaire, la personne de Mʳᵉ Isaïe Michel, pbr̃e de lad. paȓȓ. d'Estrées. (*V.* **128, 129**).

Le 12 fév. 1725, le seigʳ évêque donne aud. sʳ Michel la collation dud. bénéfice.

Le 13 fév. 1725, le sʳ Michel prend possession de la 1ʳᵉ portion de N.-D. d'Estrées, en présence de Mᵉ Paul-Pierre Burget, pbr̃e, curé de Sᵗ Martin de Pont-Chardon ; Mʳᵉ Robert Lefebvre, vicaire d'Estrées ; Guy de Lespée, Esc̃ʳ, sʳ de Camdepie ; Mʳᵉ Marin Legallois, pbr̃e, chanoine de « Cressanville » ; Mʳᵉ Joachim Pinel, pbr̃e, curé de la 2ᵉ portion d'Estrées, et autres témoins.

835. — Le 23 janv. 1725, la nomination à la cure de la Chapelle-Haute-Grue appartenant au seigʳ du lieu, Mʳᵉ Jacques Gautier, Esc̃ʳ, seigʳ et patron de la Chapelle-Haute-Grue, nomme à cette cure, vacante par la mort de Mʳᵉ François Gautier, dernier titulaire, la personne de Mʳᵉ Thomas Bellière, pbr̃e de ce diocèse. Fait au manoir presbytéral « de la Haute-Grue », en présence de Mʳᵉ Guillaume de Mannoury, Esc̃ʳ, seigʳ de Fontigny, et autres témoins. (*V.* **154**).

Le 25 janv. 1725, le seigʳ évêque donne aud. sʳ Bellière la collation dud. bénéfice.

Le 16 fév. 1725, le sʳ Bellière prend possession de la cure de la Chapelle-Haute-Grue, en présence de Mᵉ Pierre Aubert, pbr̃e, vicaire de Sᵗᵉ Foy-de-Montgommery, et autres témoins de lad. paȓȓ.

836. — Le 16 fév. 1725, la nomination à la cure de Sᵗ Brice d'Orville appartenant au seigʳ du lieu, noble dame Françoise de la Haye, vᵉ de Mesʳᵉ François de Gyémare, Esc̃ʳ, seigʳ de Samesle, d'Orville et autres lieux, nomme à lad. cure, vacante par la mort de Mʳᵉ Charles Périer, dernier titulaire, la personne de Mʳᵉ Bertrand de Gyémare, pbr̃e de ce diocèse. Fait au manoir de Samesle, en présence de Mʳᵉ Pierre de Jambon, Esc̃ʳ, sʳ de Sᵗ Cyr de Boisbénard, et autres témoins. (*V.* **35, 484, 35**).

Le 19 fév. 1725, le seigʳ évêque donne aud. sʳ de Gyémare la collation dud. bénéfice.

Le 21 fév. 1725, le sʳ de Gyémare prend possession de la cure d'Orville, en présence de Mre Pierre de Jambon, Esc^r, s^r de St Cyr de Boisbénard; Mre François Lecomte, pbr̄e, curé de Samesle ; Mre Gilles Dorbec, pbr̄e; Mre Marc-Antoine Le Maignen, Esc^r, s^r de Bredeville, et autres témoins.

837. — Le 3 mars 1725, Mre Robert Levillain, pbr̄e, curé de Pont-l'Evêque, titulaire de la chapelle de Ste Anne en la collégiale de Cléry, donne sa procuration pour résigner lad. chapelle entre les mains de N.-S.-P. le pape en faveur de Me Jean Fils, acolyte du diocèse de Lx.

838. — Le 6 fév. 1725, Mre Joseph Duthrosne, pbr̄e, curé de St Sulpice de Carel, diocèse de Séez, M^e ès-arts en l'Université de Caen, fait réitérer ses noms et grades aux relig^x de St Evroult. (*V.* **431, 441**).

839. — Le 11 fév. 1725, la nomination à la cure de Daubœuf appartenant aux relig^x de Fécamp, ceux-ci nomment à cette cure, vacante par la mort de Me Pierre Chaullin, dernier titulaire, la personne de Me Gilles Guesnier, pbr̄e de ce diocèse. (*V.* **619**).

Le 21 fév. 1725, le seig^r évêque donne aud. s^r Guesnier la collation dud. bénéfice.

Le 28 fév. 1725, le s^r Guesnier prend possession de la cure de Daubœuf, en présence de Mre François Jouen, pbr̄e, curé de St Gatien-des-Bois, et autres témoins.

840. — Le 2 mars 1725, Me Pierre Marescal, pbr̄e, vicaire d'Epréville, M^e ès-arts en l'Université de Paris, fait réitérer ses noms et grades au seig^r évêque et au Chapitre de Lx, ainsi qu'aux relig^x de Bernay. (*V.* **16, 192, 434, 782, 907**).

841. — Le 1er mars 1725, Me Pierre Scelles, aumônier et secrétaire de Monseig^r de Lx, M^e ès-arts en l'Université de Caen, fait réitérer ses noms et grades au seig^r évêque et au Chapitre de Lx. (*V.* **445, 46**).

842. — Le 4 mars 1725, la nomination à la cure de N.-D. du Mesnil-sur-Blangy appartenant au seig^r du lieu, Mes^re Marc-Antoine d'Houel, chev^r, seig^r baron de Morainville, seig^r et patrôn du Mesnil-sur-Blangy, Livet, la Couyère et autres lieux, nomme à cette cure, vacante par la mort de Me Gabriel Desmarets, pbr̄e, dernier titulaire, la personne de Mre Jacques-Joseph Hesbert, diacre de la paroisse. Fait au manoir du Mesnil-sur-Blangy, en présence de Gilles Leproux et d'Antoine Thillaye, marchands, de lad. par̄r. (*V.* **706, 898**).

843. — Le 14 mars 1725, Mre Pierre Blanchet, pbr̄e du diocèse de Séez, vicaire de la par̄r. de N.-D. de Monceaux, diocèse de Chartres, M^e ès-arts en l'Université de Caen, représenté par Mre Nicolas Vauquelin, diacre de Bailleul, fait réitérer ses noms et grades aux religieux de St Evroult. (*V.* **30, 473**).

844. — Le 8 mars 1725, Mre André du Coudray, pbr̄e, curé de

Marnefer, M⁶ ès-arts en l'Université de Caen, fait réitérer ses noms et grades aux relig˟ de S˖ Evroult. (*V.* **40, 471, 804**).

845. — Le 7 mars 1725, Mʳᵉ Nicolas Delafosse, diacre de S˖ Germain de Lx, M⁶ ès-arts en l'Université de Paris, bachelier en théologie, demeurant à Lx, fait réitérer ses noms et grades au seigʳ évêque et au Chapitre de Lʳ, ainsi qu'aux relig˟ de S˖ Evroult et de Cormeilles. (*V.* **691, 783, 791**).

846. — Le 8 mars 1725, M⁶ Charles Lepeltier, pbr̄e, vicaire d'Epaigne, M⁶ ès-arts en l'Université de Caen, fait réitérer ses noms et grades aux relig˟ de Cormeilles et de S˖ Pierre de Préaux, ainsi qu'aux dames de S˖ Léger de Préaux. (*V.* **36, 215, 404, 474**).

847. — Le 7 mars 1725, Mʳᵉ Jean-Baptiste Paulmier, pbr̄e, demeurant à S˖ Jacques de Lx, pourvu de la chapelle S˖ Jean-Baptiste de Cambremer, M⁶ ès-arts en l'Université de Caen, fait réitérer ses noms et grades au seigʳ évêque et au Chapitre de Lx, ainsi qu'aux relig˟ de S˖ Evroult. (*V.* **14, 219, 240, 435, 481**).

848. — Le 16 mars 1725, la nomination à la cure de S˖ Julien de Boissey appartenant au seigʳ abbé de S˖ Pierre-sur-Dives, Mgʳ Ignace-Joseph de Simiane, évêque de S˖ Paul-Trois-Châteaux et abbé de lad. abbaye, nomme à cette cure, vacante par la mort de M⁶ Nicolas Germain, dernier titulaire, Mʳᵉ Abraham Germain, pbr̄e du diocèse de Séez. Fait au monastère de S˖ Pierre-sur-Dives, en présence de Mʳᵉ Pierre Lepoissonnier, pbr̄e, vicaire de la par̄r. de S˖ Pierre-sur-Dives, et de Georges Delauney, docteur en médecine, demeurant aud. lieu de S˖ Pierre.

Le 19 mars le seigʳ évêque de Lx donne aud. sʳ Abraham Germain la collation dud. bénéfice de Boissey.

849. — Le 6 mars 1725, Mʳᵉ François Turpin, pbr̄e, demeurant en la par̄r. d'Echauffour, M⁶ ès-arts en l'Université de Caen, fait réitérer ses noms et grades au seigʳ évêque de Lx et aux religieux de S˖ Evroult. (*V.* **49, 241, 326, 453**).

850. — Le 6 mars 1725, M⁶ François-Clément Torant, acolyte, chanoine régulier de l'Hôtel-Dieu de Caen, M⁶ ès-arts en l'Université de lad. ville, fait réitérer ses noms et grades aux religieux de Sᵗᵉ Barbe. (*V.* **568, 897**).

851. — Le 6 mars 1725, Mʳᵉ Louis Delamare, pbr̄e, curé de N.-D. de Pontaudemer et pourvu aussi de la cure de S˖ Pierre de Salerne, donne sa procuration pour résigner lad. cure de N.-D. entre les mains de N.-S. le Pape en faveur de Mʳᵉ Philippe Derostes, pbr̄e, curé de N.-D. de Préaux. Fait à Lx, en présence de Mʳˢ Nicolas Davy et Michel Hérier, pbr̄es de S˖ Germain. (*V.* **250, 264, 1015**).

852. — Le 14 mars 1725, Mʳᵉ Pierre Lecomte, pbr̄e, vicaire de

St Cyr de Nonant, Me ès-arts en l'Université de Caen, fait réitérer ses noms et grades au seigr évêque de Lx. (*V.* 282).

853. — Le 6 mars 1725, Mre François Michel de St Michel, pbrē, chanoine régulier de Ste Croix de Caen, Me ès-arts en l'Université de lad. ville, fait réitérer ses noms et grades aux chanoines de Ste Barbe. (*V.* 50, 196, 427).

854. — Le 8 mars 1725, Mre Charles-Jean Lechevallier, diacre, demeurant à Honfleur, Me ès-arts en l'Université de Paris, fait réitérer ses noms et grades aux religieux de Grestain et de Beaumont-en-Auge. (*V.* 431, 519).

855. — Le 6 mars 1725, Mre Jean-Baptiste Bourlet, pbrē du diocèse de Bayeux, prieur des chanoines réguliers de Caen, fait réitérer ses noms et grades aux religx de Ste Barbe-en-Auge et de Mondaye. (*V.* 51, 428, 890).

856. — Le 12 mars 1725, Mre Jean Lelièvre, pbrē, curé de la Ferté-Fresnel, diocèse d'Evreux, Me ès-arts en l'Université de Caen, fait réitérer ses noms et grades aux religieux de St Evroult. (*V.* 3, 201, 449).

857. — Le 11 mars 1725, Mre Jean Buissen, pbrē de N.-D. de Courson, Me ès-arts en l'Université de Caen, donne sa procuration pour faire réitérer ses noms et grades aux religieux du Bec-Hellouin. (*V.* 231, 479).

858. — Le 23 mars 1725, Me François-Michel Estard, acolyte du diocèse de Lx, parr. d'Orbec, pourvu de la cure de St Ursin de la Haye-du-Theil, 1re portion, diocèse d'Evreux, dont il a pris possession, « supplie le seigr évêque de Lx de l'ordonner sous-diacre à la prochaine ordination ou lui donner un démissoire pour être ordonné à Evreux, ou dire les causes de son refus, protestant led. sr Estard, en cas de refus par Mgr l'évesque et comte de Lx, de se pourvoir par toutes les voyes de droit .... Et par led. seigr évesque a esté répondu qu'il n'a rien à répondre à une pareille sommation. »

859. — Le 18 oct. 1722, François-Jacques Rioult, fils de Jacques et de Marie-Marguerite Flambard, de la parr. St Jacques de Lx, reçoit la tonsure et les ordres mineurs.

860. — Le 9 mars 1725, Estienne Capelle, diacre du diocèse de Verdun, est ordonné prêtre à Lx.

861. — Le 10 mars 1725, Me Bertrand Plaine, diacre du diocèse d'Avranches, est autorisé à recevoir la prêtrise à Lx.

862. — Le 15 mars 1725, Mgr Charles de St Albin, archevêque de Cambray et abbé de St Ouen de Rouen et de St Evroult, donne des lettres de vicaire général à Mre Jean-Baptiste Moullin, pbrē, chanoine et archidiacre de Lx, afin qu'il puisse nommer à tous les bénéfices à charge d'âmes, dépendant desd. abbayes. (*V.* **100**).

863. — Le 15 avril 1724, Fr. André Viel, sous-diacre, chanoine de l'abbaye d'Ardennes, de l'ordre de Prémontré, est ordonné diacre à Lx.

Le 31 mars 1725, il y est ordonné prêtre. (*V.* **461**).

864. — Le 6 mars 1725, « très haute, très puissante, très illustre et très vertueuse princesse Madame Anne-Thérèse de Rohan, abbesse de l'abbaye royale de S⁺ Léger de Préaux, » représentée par M⁺ Guillaume Legras, cons⁺ du roy, assesseur au bailliage et vicomté de Pontaudemer et Pontauthou, et baillif de la haute-justice d'Aubigny et Annebault, demeurant à Pontaudemer, nomme à la cure de S⁺ Michel de Préaux, 2ᵉ portion, vacante par la mort de Mᵉ Thomas Chalot, pbrē, dernier titulaire, la personne de Mʳᵉ Jacques-Jean Levavasseur de la Madeleine, pbrē de ce diocèse, demeurant à Honfleur. (*V.* **876**).

865. — Le 14 mars 1725, la nomination à la cure de S⁺ Martin de Coquainvilliers appartenant au chanoine de semaine en la Cathédrale, Mʳᵉ Charles Le Bas, pbrē, chanoine prébendé du Val-Rohays, se trouvant chanoine de semaine, nomme à cette cure, vacante par la mort de Mᵉ Jean Gosset, pbrē, dernier titulaire, la personne de Mᵉ Pierre Michel, pbrē de ce diocèse (parr. de S⁺ Pierre de Courson). (*V.* **685**).

Le 15 mars 1725, le seigʳ évêque donne aud. sʳ Michel la collation dud. bénéfice.

Le 20 mars 1725, led. sʳ Michel prend possession de la cure de Coquainvilliers, en présence de Mᵉ François Gaugain du Mesnil, pbrē, vicaire du lieu ; Mʳᵉ Pierre de Chéron, Escʳ, seigʳ des fiefs de Bretagne, et autres témoins.

866. — Le 30 janv. 1725, Mᵉ Pierre Jorron, diacre du diocèse de Chartres et demeurant actuellement au grand séminaire de lad. ville, donne sa procuration pour requérir du seigʳ évêque de Lx la collation de la chapelle S⁺ Pierre des Prés en la parr. du Breuil, à laquelle il a été nommé par Madame Bence, vᵉ du feu sʳ de la Fond et patronne de lad. chapelle, le 23 janvier courant, en conséquence de la mort de Mᵉ Pierre Bernières, dernier titulaire.

Le 4 avril 1725, le seigʳ évêque donne aud. sʳ Jorron la collation dud. bénéfice.

Le 6 avril 1725, le sʳ Jorron, représenté par Mᵉ Simon Leprestre, pbrē, desservant la parr. du Breuil, prend possession « de lad. chapelle de S⁺ Pierre, ordinairement nommée la chapelle des Prez, scituée dans lad. parr. du Breuil, » d'abord par le « toucher des vestiges de lad. chapelle », et ensuite par les autres cérémonies ordinaires accomplies en l'église paroissiale.

867. — Le 31 mars 1725, la nomination à la cure du Favril appartenant au seigr du lieu, Mre Léonor Bertout, Escr, seigr et patron d'Heudreville, Le Favril, et Cauverville, consr du roy, doyen de la cour des Comptes, Aides et Finances de Rouen, nomme à cette cure, vacante par la mort de Mre Jacques Hescamps, pbrē, dernier titulaire, la personne de Me Pierre Scelles, pbrē de ce diocèse. Fait à Heudreville par le ministère de Me Jacques Daubichon, pbrē, notaire royal-apostolique, en présence de Mre Charles Henriot, seigr de Lestre, et Louis Despériers. (*V.* **445, 450**).

Le 1er avril 1724, le seigr évêque donne aud. sr Scelles la collation dud. bénéfice.

Le 3 avril 1725, le sr Scelles prend possession de la cure du Favril, en présence de « Mre Jean-Baptiste Moullin, grand vicaire de messeigneurs l'archevesque de Cambray, les évesques de List et d'Agde, chanoine et archidiacre de la Cathédrale de Lx ; » Mre Léonor Hue, pbrē, vicaire du Favril ; Mre Léonor Bertout, pbrē, curé d'Heudreville ; Mre Léonor Bertout, conser du roy, doyen en la chambre des Comptes, et autres témoins.

868. — Le 21 mars 1725, Mre Jean-Baptiste Lesieur, pbrē, demeurant à Gacé, Me ès-arts en l'Université de Caen, fait réitérer ses noms et grades au seigr évêque et au Chapitre de Lx, ainsi qu'aux religt de St Evroult. (*V.* **53, 59, 233, 440**).

869. — Le 1er janvier 1687, Louis Bosné, fils de Nicolas et de Barbe Huette, de la parr. de St Germain de Lx, reçoit la tonsure et les ordres mineurs.

870. — Le 16 mars 1725, Mre Nicolas Benoist, pbrē de la parr. de St Sylvestre de Cormeilles, Me ès-arts en l'Université de Caen, fait réitérer ses noms et grades au seigr évêque et au Chapitre de Lx, ainsi qu'aux religt de Cormeilles. (*V.* **44, 344, 404, 565, 566**).

871. — Le 17 avril 1725, dispense de bans pour le mariage entre Adrian Deshayes, Escr, fils de feu François Deshayes, Escr, et de feu dame Marguerite Pitache, de la parr. de St Martin-de-Mailloc, d'une part, et damlle Anne-Elisabeth de Belleau, fils de Charles de Belleau, Escr, et de feu dame Henriette de Rivière, de la parr. de St Paul-de-Courtonne.

872. — Le 31 mars 1725, François-Antoine Lesieur, sous-diacre de Gacey, est ordonné diacre. (*V.* **136, 223, 750**).

873. — Le 19 févr. 1725, Me Pierre Lévesque, pbrē du diocèse de Lx, est reçu Me ès-arts en l'Université de Caen.

Le 21 février 1725, il obtient des lettres de quinquennium du recteur de lad. Université.

Le même jour, il est nommé par icelle sur les archevêchés et le Chapitres de Paris et de Rouen ; sur les évêchés et les Chapitres de Chartres,

Bayeux, Lisieux, etc., ainsi que sur un grand nom[bre] d'abbayes et prieurés de ces diocèses. (*V.* 602).

874. — Le 26 mai 1714, Jean-François Daubin, f[ils] [d]e Jean et de Marie-Charlotte Malhère, de la parr. St Jean de Caen, r[eçoi]t la tonsure à Bayeux.

Le 22 juillet 1717, led. sr Daubin, cler[c] tonsuré de Ca[e]n, est reçu Mᵉ ès-arts en l'Université de lad. ville.

Le 17 fév. 1723, le sr Daubin, diacre, âgé de 24 ans et [...] mois, obtient des lettres de quinquennium du recteur de lad. Univers[ité].

Le même jour, il est nommé par icelle sur les archevêché[s et] les chapitres de Paris et de Rouen, sur les évêchés et les chapit[res] de Chartres, Lisieux, Coutances, etc., ainsi que sur un grand no[mbr]e d'abbayes et prieurés de ces divers diocèses.

Le 21 mars 1725, le sr Daubin, pbre de Caen et demeurant à prése[nt] en la parr. de la Boissière, fait signifier ses noms et grades au seig[r] évêque et au Chapitre de Lx. (*V.* 993).

875. — Le 6 avril 1725, le seigr évêque donne à Mᵉ Pierre Leroy, sous-diacre, la collation de la cure des Authieux-Papion.

Le 2 mai 1725, led. sr Leroy prend possession dud. bénéfice, en présence de Mre Pierre Quettier, pbre, curé de Lessard ; Mre Jean Lelasseur, pbre, curé de la Gravelle ; Mre Guillaume Leroy, pbre, desservant lad. parr., et autres témoins. (*V.* 815).

876. — Le 27 mars 1725, le seigr évêque donne à Mre Jacques-Jean Levavasseur de la Madeleine, pbre, la collation de la cure de St Michel de Préaux, 2ᵉ portion.

Le 26 avril 1725, led. sr Levavasseur prend possession dud. bénéfice, en présence de Mesre Jean Thouas, pbre, curé de la 3ᵉ portion ; Mesre Jean-Isaac Letellier, pbre, curé de la 1ʳᵉ portion ; Mre Philippe Noel, pbre de St Ouen de Pontaudemer. (*V.* 864).

877. — Le 21 mars 1725, Mre Louis Pollin, pbre, curé de St Jean-de-Livet et titulaire de la 2ᵉ portion de la chapelle St Jean-Baptiste en la Cathédrale, Mᵉ ès-arts en l'Université de Caen, fait réitérer ses noms et grades au seigr évêque et au Chapitre de Lx, ainsi qu'aux religieux de Beaumont-en-Auge. (*V.* **55, 235, 447**).

878. — Le 22 mars 1725, Mre François Frontin, pbre, demeurant à Pontaudemer, parr. St Ouen, Mᵉ ès-arts en l'Université de Caen, fait réitérer ses noms et grades aux religieux de St Pierre de Préaux et aux dames de St Léger de Préaux. (*V.* **29, 205, 299, 454**).

879. — Le 21 mars 1725, Mᵉ Robert Leroux, pbre, chapelain de la Cathédrale, Mᵉ ès-arts en l'Université de Caen, demeurant à Lx, parr. St Jacques, fait réitérer ses noms et grades au seigr évêque et au Chapitre de Lx. (*V.* **224, 455, 561**).

880. — Le 21 mars 1725, Mre Louis-François Poret, pbrē de St Jacques de Lx, M^e ès-arts en l'Université de Paris, fait réitérer ses noms et grades au seig^r évêque et au Chapitre de Lx. (*V.* **204, 236**).

881. — Le 23 mars 1725, Mre Edouard Desvaux, pbrē de Guerquesalles, M^e ès-arts en l'Université de Caen, fait réitérer ses noms et grades au seig^r évêque et au Chapitre de Lx. (*V.* **34, 212. 480, 915**).

882. — Le 23 mars 1725, Mre Jean Lerat, pbrē du diocèse de Lx, M^e ès-arts en l'Université de Paris, bachelier de Sorbonne, demeurant en lad. ville de Paris, fait réitérer par procureur ses noms et grades au seig^r évêque et aux chanoines de Lx. (*V.* **20, 229, 465**).

883. — Le 23 mars 1725, Mre Jacques Corbin, pbrē, M^e ès-arts en l'Université de Paris, demeurant à Conflans, fait réitérer par procureur ses noms et grades au seig^r évêque et au Chapitre de Lx. (*V.* **28, 203, 436**).

884. — Le 23 mars 1725, Mre François Durozay, pbrē, docteur en théologie de la faculté de Paris, M^e ès-arts et demeurant à Paris, fait réitérer par procureur ses noms et grades au seig^r évêque et au Chapitre de Lx. (*V.* **22, 208, 448**).

885. — Le 23 mars 1725, Mre Jacques Cousture, pbrē de St Jacques de Lx, M^e ès-arts en l'Université de Paris, demeurant à Lx, fait réitérer ses noms et grades aux religieux de Cormeilles et de Bernay. (*V.* **48, 237, 483**).

886. — Le 29 mars 1725, la nomination à la cure de N.-D. de Barneville-en-Auge appartenant au seig^r du lieu, Mre Réné-Alexandre Aubry, seig^r et patron de Barneville, St Samson, St Clair et autres lieux, nomme à la 2e portion de lad. cure, vacante par la mort de Mre Louis Jean, dernier titulaire, la personne de Me Guillaume Lebourguais, acolyte du diocèse de Bayeux. (*V.* **940**).

887. — Le 23 avril 1725, dispense de bans pour le mariage entre Jean-Baptiste-Thomas de Rivière, Esc^r, fils de feu Thomas de Rivière, Esc^r, et de noble dame Marie-Thérèse de Lambert, de la par̄. de Thiberville, d'une part, et dam^lle Marie-Magdeleine-Catherine de Belleau, fille de feu Guy de Belleau, Esc^r, et de noble dame Marie-Magdeleine Le Gallois, de la par̄. de St Paul-de-Courtonne.

888. — Le 23 avril 1725, dispense de bans pour le mariage entre Mes^re Claude de Bertout, Esc^r, fils de Mre Claude de Bertout, Esc^r, et de feu noble dame Marie-Françoise Le Paisant, de la par̄. d'Heudreville, d'une part, et dam^lle Marie-Marthe du Hauvel, fille de Mre Félix-César du Hauvel, chev^r, et de noble dame Anne de Tournebu, de la par̄. de Bonneville-la-Louvet. (*V.* **254, 486**).

889. — Le 2 avril 1725, Me Abraham Germain, pbrē du diocèse de Séez, pourvu de la cure de St Julien de Boissey, prend possession dud.

bénéfice, en présence de M° Pierre Vannier, pbre, curé de Mittois ; Nicolas Macaire, Esc', et plusieurs autres témoins. (V. **848**).

890. — Le 23 avril 1725, Dom Jean-Baptiste Bourbet, pbre, chanoine régulier de S¹ᵉ Croix de Caen, M° ès-arts en l'Université de lad. ville, requiert, à ce titre, des religieux de S¹ᵉ Barbe sa nomination au prieuré-cure de S¹ Evroult-de-Montfort, vacant par la mort de Dom Antoine-Joseph de Girardin, dernier titulaire, décédé au mois d'octobre dernier. (V. **51, 913**).

891. — Le 24 juillet 1719, Hyacinte Ledresseur, de la parr. de Vaucelles de Caen, est reçu M° ès-arts en l'Université de Caen.

Le 25 mai 1720, led. Ledresseur, fils de Robert et de Magdeleine Dermas, reçoit à Bayeux la tonsure et les ordres mineurs.

Le 17 fév. 1723, le sr Ledresseur, diacre, obtient des lettres de quinquennium du recteur de lad. Université.

Le même jour, il est nommé par icelle sur les archevêchés et les chapitres de Paris, Rouen et Tours ; sur les évêchés et les chapitres de Chartres, Bayeux, Lisieux, etc., ainsi que sur bon nombre d'abbayes et de prieurés de ces divers diocèses.

Le 1ᵉʳ fév. 1725, le sr Ledresseur, pbre, fait profession en la Maison-Dieu de Caen, entre les mains de Dom Louis-Odet de Clinchamps d'Anisy, pbre, prieur de lad. maison.

Le 12 avril 1725, il fait signifier ses noms et grades aux chanoines de S¹ᵉ Barbe, en parlant à Dom Mignot, prieur de lad. abbaye.

892. — Le 21 sept. 1696, Jacques Halbout, fils de Pierre et de Françoise Halbout, de la parr. de Bretteville-le-Rabet, diocèse de Bayeux, reçoit à Bayeux la tonsure et les ordres mineurs.

Le 15 mars 1707, led. sr Halbout, pbre, est reçu M° ès-arts en l'Université de Caen.

Le 16 mars 1707, le sr Ledresseur, âgé de 31 ans, obtient des lettres de quinquennium du recteur de lad. Université.

Le même jour, il est nommé par icelle sur les archevêchés et les chapitres de Paris, Rouen, Tours et Bourges, sur les évêchés et les chapitres de Bayeux, Lisieux, etc.

Le 4 déc. 1711, le sr Halbout, pourvu du prieuré-cure de Bretteville-le-Rabet, à condition qu'il prendrait l'habit et ferait profession dans une maison de l'ordre de S¹ Augustin, ayant fait son année de noviciat dans l'abbaye de S¹ Etienne du Plessis-Grimoult, « et ayant pendant ce temps mené une conduite irréprochable et travaillé à se rendre un vrai pasteur, utile au bien de l'église et au salut des peuples, » fait profession en lad. abbaye entre les mains du R. P. Bigault, prieur conventuel dud. lieu. (V. **904**).

893. — Le 31 mars 1725, Mᵉ Jacques Daubichon, pbre, notaire apostolique du diocèse de Lx, demeurant parr. S¹ Germain, M° ès-arts en l'Université de Caen, fait réitérer ses noms et grades aux religieux de Sᵗᵉ Barbe. (V. **189, 330, 470**).

894. — Le 26 avril 1725, vu l'attestation du sʳ Delarue, vicaire de Formoville, dispense de bans pour le mariage entre Antoine Roussel et Jeanne Lepetit.

895. — Le 27 avril 1725, la nomination à la cure de S¹ Paul-sur-Risle, revenant au seigʳ évêque de Lx, à défaut du patron légitime, les vicaires généraux de Sa Grandeur nomment aud. bénéfice, vacant par la mort de Fr. André-Philippe Fleurisel, dernier titulaire, la personne de Fr. Jean-Baptiste Félix, pbrē, chanoine régulier de l'abbaye de Corneville, diocèse de Rouen.

Le 7 mai 1725, led. sʳ Félix prend possession de lad. cure, en présence de plusieurs habitants de la paroisse de S¹ Paul.

896. — Le 23 avril 1725, la nomination à la chapelle de S¹ Léonard, en la parr. de Chaumont, appartenant au seigʳ du lieu, Mesʳᵉ Louis-Jean-Baptiste Gouyon de Malignon, comte de Gacé et de Montmartin, seigʳ et patron de Chaumont et de la chapelle S¹ Léonard, maréchal des camps et armées du roy, chevalier, commandeur de Ses Ordres, gouverneur et lieutenant général pour Sa Majesté des ville et gouvernement de la Rochelle, pays d'Aunis, iles de Ré et d'Oléron, Brouage et les pays adjacents, nomme à lad. chapelle de S¹ Léonard, vacante par la démission pure et simple de Mʳᵉ Gabriel Moisy, pbrē, curé de Chaumont, la personne de M° Pierre Fleuriel, pbrē, vicaire de lad. parr. de Chaumont, Fait et passé à Paris.

Le 1ᵉʳ mai 1725, le seigʳ évêque donne aud. sʳ Fleuriel la collation dud. bénéfice.

Le 16 mai 1725, le sʳ Fleuriel prend possession de la chapelle S¹ Léonard, en présence de Mʳᵉ Jacques Galle, pbrē, vicaire de Mardilly; Mʳᵉ André Lainé, vicaire de Gacé, et autres témoins.

897. — Le 23 avril 1725, M° Jacques Daubichon, pbrē, notaire royal-apostolique du diocèse de Lx, M° ès-arts en l'Université de Caen, requiert, comme gradué, des religʳ de Sᵗᵉ Barbe, sa nomination au prieuré-cure de S¹ Evroult-de-Montfort, vacant par la mort de M° Girardin.

Le 29 avril 1725, la nomination au prieuré-cure de S¹ Evroult-de-Montfort appartenant au prieur de Sᵗᵉ Barbe, Dom François-Guillaume Mignot, prieur claustral dud. monastère, nomme aud. bénéfice, vacant par la mort de M° Jean-François Le Poutrel de Pertheville, dernier titulaire, la personne de M° François-Clément Torant, acolyte, chanoine régulier. (V. **568, 850**).

Le 22 mai 1725, Mʳᵉ Pierre Dumesnil-Leboucher, chanoine de la

Cathédrale et vicaire général du seigʳ évêque de Lx, donne aud. sʳ Torant la collation dud. bénéfice.

Le 28 mai 1725, le sʳ Torant, ayant élu domicile, pour le présent seulement, en la maison de Mʳ de Villers-Boctey, demeurant à Lx, rue de la Vache, parr̃. Sᵗ Jacques, fait notifier, par ministère d'huissier, à Mᵉ Jacques Daubichon, pbr̃e, notaire apostolique, demeurant à Lx, « en parlant par affiche, la porte de son domicile trouvée fermée, » sa nomination au prieuré-cure de Montfort, et le somme de le mettre au plus tard dans trois jours en possession dud. bénéfice. Précédemment led. sʳ Torant avait déjà demandé officieusement aud. sʳ Daubichon de procéder à lad. mise en possession.

« Et depuis, led. sʳ Daubichon a répondu qu'il ne peut mettre en possession dud. bénéfice led. sʳ réquérant, attendu qu'il en a pris possession luy-même et proteste de nullité les autres prises de possession qui pourraient estre faites. »

Le 29 mai 1725, led. sʳ Torant, chanoine régulier de l'Hôtel-Dieu de Caen, ayant exposé ces faits à Mᵉ le lieutenant général au bailliage d'Orbec, et considérant que le sʳ Daubichon est le seul notaire apostolique du diocèse de Lx et que, suivant l'édit du roy du mois de décembre 1691, lorsque les notaires apostoliques refusent de faire les réquisitions, institutions, etc, ils doivent être suppléés par d'autres, led. sʳ requérant supplie led. sʳ lieutenant-général de l'autoriser à se faire mettre en possession de la cure de Sᵗ Evroult-de-Montfort par Mᵉ Guillaume Maignet, notaire à Gacé. Ce qui lui est accordé.

Le même jour, led. sʳ Torant prend possession du prieuré-cure de Sᵗ Evroult-de-Montfort, en présence de Mᵉ Guillaume Parent, pbr̃e, vicaire du lieu; Mᵉ André de Hudebert, Escʳ, avocat; Mᵉ Jacques Burgault, consᵉʳ du roy, bailly de Gacé, et plusieurs autres témoins. (*V.* 913).

898. — Le 8 avril 1725, le seigʳ évêque donne à Mᵉ Jacques-Joseph Hesbert, diacre, la collation de la cure du Mesnil-sur-Blangy.

Le 5 juin 1725, led. sʳ Hesbert prend possession dud. bénéfice, en présence de Mᵉ Nicolas Bazin, pbr̃e, curé d'Ecorcheville; Mᵉ Robert Leudet, pbr̃e à Blangy; Mᵉ Gilles Guesnier, pbr̃e, curé de Daubeuf, et autres témoins. (*V.* 842).

899. — Le 23 juillet 1721, Mᵉ Jean-Nicolas Herrier, acolyte du diocèse de Lx, est reçu Mᵉ ès-arts en l'Université de Caen.

Le 21 fév. 1725, il obtient des lettres de quinquennium du recteur de lad. Université.

Le même jour, led. sʳ Herrier, sous-diacre, âgé de 22 ans et 4 mois, est nommé par icelle sur les archevêchés et les chapitres de Paris et de Rouen; sur les évêchés et les chapitres de Chartres, Bayeux, Lisieux, etc, ainsi que sur bon nombre d'abbayes et prieurés de ces diocèses.

Le 7 avril 1725, le s' Herrier, sous-diacre de la paīr. de N.-D. de Villers, fait signifier ses noms et grades, 1° aux religieuses de S¹ Léger de Préaux, en parlant à Madame Anne Galentine, religieuse de lad. abbaye ; 2° aux relig˟ de S¹ Pierre de Préaux, en parlant à Dom Paul Buriette, prieur de l'abbaye de Préaux.

Le 8 avril, il fait faire la même signification aux chanoines de S˟ Barbe, en parlant à M° Mignot, prieur claustral. (*V.* 930).

900. — Le 7 avril 1725, M⁷ᵉ Laurent-Benoît Durand, pbr͠e, titulaire de la prébende sous-diaconale de S¹ Samson (250 livres de rente), diocèse de Dol, M° ès-arts en l'Université de Caen, demeurant à Pontaudemer, paīr. du S¹ Sépulcre, fait signifier ses noms et grades 1° aux relig˟ de S¹ Pierre de Préaux, en parlant à Dom Paul Buriette, prieur de lad. abbaye ; 2° aux dames de S¹ Léger de Préaux ; 3° aux relig˟ de Cormeilles, en parlant à Dom Noel de la Gohière, pbr͠e, relig˟.

901. — Le 5 mai 1725, vu l'attestation du s' Baivel, vicaire de Clarbec, dispense de bans pour le mariage entre François Leloup et Catherine Leroux. (*V.* 400).

902. — Le 7 mai 1725, dispense de bans pour le mariage entre M⁷ᵉ Jacques-François Michel, Esc⁷, fils de feu François Michel et de d˟˟ᵉ Anne Jouvin, de la paīr. de S˟ᵉ Croix de Bernay, d'une part, et d˟˟ᵉ Marie-Agnès Pierres d'Eguillon, de la paīr. de S¹ Jacques de Lx, fille de feu César Pierres, s' d'Eguillon, et de Marie Clémenceau.

903. — « Ce jourdhuy 11ᵉ may 1725, finit l'exercice et le bail de M° Jacques Ricquier (greffier des Insinuations), par sa mort arrivée hier dix du pn̄t. — MOULIN, syndic du Clergé. »

904. — Le 23 avril 1725, M° Jacques Halbout, pbr͠e chanoine régulier, curé de S¹ Lô de Bretteville-le-Rabet, M° ès-arts en l'Université de Caen, fait signifier ses noms et grades aux religieux de S˟ᵉ Barbe. (*V.* 892).

905. — Le 21 avril 1725, M° Jean Oursel, pbr͠e de S˟ᵉ Croix de Bernay, M° ès-arts en l'Université de Caen, fait signifier ses noms et grades aux relig˟ de Bernay, en parlant à Dom Jean-Baptiste Laumosne, relig˟ de lad. abbaye. (*V.* 365, 702, 912).

906. — Le 1ᵉʳ mai 1725, la nomination à la cure d'Annebault appartenant au seig⁷ abbé de Troarn, Mg⁷ Jean-Louis de Bouschet de Sourches, évêque et comte de Dol et abbé commendataire de Troarn, nomme à lad. cure, vacante par la mort de M° Jacques Boudray, dernier titulaire, la personne de M° Louis Noury, pbr͠e de la paīr. de S¹ Nicolas de Caen, M° ès-arts et bachelier en théologie.

Le 9 mai 1725, le seig⁷ évêque de Lx donne aud. s' Noury la collation dud. bénéfice.

Le 17 mai 1725, le sʳ Noury prend possession de la cure d'Annebault, en présence de Mᵉ Guillaume Lallemant, pbr̄e, curé de Branville : Mᵉ Jean Boutry, pbr̄e, docteur en théologie, curé de Varaville, diocèse de Bayeux, et autres témoins.

907. — Le 8 mai 1725, Mᵉ Jacques Roussel, pbr̄e, vicaire d'Heudreville, Mᵉ ès-arts en l'Université de Caen, et Mᵉ Pierre Marescal, pbr̄e, desservant la par̄r. d'Epreville, Mᵉ ès-arts en l'Université de Paris, font signifier leurs noms et grades aux religieux de Cormeilles, en parlant à Dom Luc Maheu, religˣ de lad. abbaye. (*V.* **16, 192, 434, 782, 849, 911**).

908. — Le 16 mai 1725, Mʳᵉ François Déchauffour, pbr̄e, curé de Sᵗ Pierrre de Ticheville, donne sa procuration pour résigner sa cure entre les mains de N.-S.-P. le pape en faveur de son neveu, Mᵉ François Déchauffour, pbr̄e de ce diocèse. Fait au manoir presbytéral de Ticheville, en présence de Mʳᵉ Jacques Périer, seigʳ et patron en chef d'Orville, et Mʳᵉ Thomas Noel, pbr̄e du diocèse de Lx. (*V.* **942**).

909. — Le 1ᵉʳ mai 1725, le seigʳ évêque donne à Mᵉ Jean-Jacques Fourel, pbr̄e du diocèse de Bayeux, la collation de la cure de Fontenelle à laquelle il a été nommé par Mᵉ François de Grieu de Grandouet, patron de lad. par̄r., en conséquence de la mort de Mᵉ François Halbout, pbr̄e, dernier titulaire.

Le même jour, led. sʳ Fourel prend possession dud. bénéfice, en présence de Mʳᵉ Pierre Levavasseur, pbr̄e, curé de Fontaine, et autres témoins.

910. — Le 2 juin 1725, vu l'attestation du sʳ Avisse, vicaire de Sᵗ Pierre-du-Châtel, dispense de bans pour le mariage entre Louis Tremois et Julienne Vaquet. (*V.* **337**).

911. — Le 17 juin 1714, Jacques Roussel, fils de Jean et d'Anne Herfort, de la par̄r. de la Gravelle, *rite dimissus*, reçoit la tonsure et les ordres mineurs dans la chapelle du séminaire de Caen.

Le 19 sept. 1716, il est ordonné sous-diacre.

Le 20 févr. 1720, Mᵉ Roussel, pbr̄e, est reçu Mᵉ ès-arts en l'Université de Caen.

Le lendemain, il obtient des lettres de quinquennium du recteur de lad. Université.

Led. jour, 21 fév., il est nommé par icelle sur les archevêchés et les chapitres de Paris et de Rouen, sur les évêchés et les chapitres de Bayeux, Lisieux, Séez, Evreux et le Mans, ainsi que sur bon nombre d'abbayes et prieurés de ces diocèses. (*V.* **907**).

912. — Le 6 mars 1724, Mᵉ Jean Oursel, diacre du diocèse de Lx, est reçu Mᵉ ès-arts en l'Université de Caen.

Le 8 mars 1724, il obtient des lettres de quinquennium du recteur de lad. Université.

Le même jour, il est nommé par icelle sur les archevêchés et les chapitres de Paris, Rouen, Tours et Bourges ; sur les évêchés et les chapitres de Bayeux, Lisieux, Chartres, Orléans, Le Mans, Angers, Coutances, Avranches, Evreux, Séez, Blois, Rennes et Dol, ainsi que sur la plupart des abbayes et prieurés de ces diocèses. (*V.* 367, 702, 905).

913. — Le 28 mai 1725, en conséquence de la réquisition faite, le 23 avril dernier, aux religieux de Ste Barbe, les vicaires généraux du seig^r évêque donnent à Me Jean-Baptiste Bourbet, chanoine régulier de Ste Croix de Caen, la collation du prieuré-cure de St Evroult-de-Montfort, vacant par la mort de Fr. Antoine-Joseph Girardin, dernier titulaire.

Le même jour, led. s^r Bourbet fait requérir, par ministère d'huissier, Me Jacques Daubichon, pbrē, notaire royal-apostolique du diocèse de Lx, d'avoir à le mettre en possession dud. prieuré de Montfort. Celui-ci répond qu'il ne peut mettre led. s^r Bourbet en possession dud. bénéfice, attendu que lui-même en est déjà en possession, et que même il proteste contre toute prise de possession qui serait faite de ce prieuré. (*V.* **897**).

Le 29 mai 1725, sur le refus dud. s^r Daubichon, le s^r Bourbet demande à M^r le lieutenant général civil et criminel à Orbec, de désigner Me Guillaume Maignet, notaire à Gacé, pour le mettre en possession du prieuré de Montfort. Ce qui lui est accordé *ad conservationem juris*.

Le même jour, led. s^r Bourbet prend possession dud. bénéfice par le ministère dud. s^r Maignet.

Le 30 mai 1725, vu la prise de possession du prieuré-cure de Montfort par le s^r Daubichon, notaire royal-apostolique, et par Mre François-Clément Torant, chanoine régulier de l'Hôtel-Dieu de Caen, led. s^r Bourbet supplie M. le lieutenant général au bailliage d'Orbec de l'autoriser à citer par devant lui lesd. s^rs Daubichon et Torant, pour entendre dire et juger qu'il sera maintenu au plein possessoire dud. bénéfice, et faire défense auxd. s^rs de l'y troubler jusqu'à ce qu'il en ait été ordonné autrement. Ce qui lui est accordé.

914. — Le 2 juin 1725, Dom Henry-Léonor Duval, pbrē, religieux bénédictin de l'ancienne observance, prieur de Monthodon et St Blaise, demeurant à Paris, prend possession du prieuré de St Arnoult-sur-Touques, auquel il a été nommé par Me Jean-Paul Bignon, abbé commendataire du prieuré de Longpont. Fait en présence de Me François de Lessard, pbrē, curé de St Arnoult, et de Me Sébastien Lainey, curé de Deauville. (*V.* **577**).

915. — Le 8 juin 1725, Me Guillaume Pierres de la Boulaye, pbrē de la parr. de St Jacques de Lx, titulaire de la chapelle St Nicolas, en la Cathédrale, donne sa procuration pour résigner led. bénéfice en faveur de M° Louis-François Poret, aussi pbrē de la parr. de S¹ Jacques de Lx. (*V*. **880, 941, 983**).

916. — Le 7 juin 1725, dispense de parenté au 3ᵉ degré pour le mariage entre François de Gautier, Escʳ, et damˡˡᵉ Marie-Anne de Malherbe, tous deux demeurant en la parr. de N.-D. de Fresnay.

917. — Le 30 décembre 1724, Mʳᵉ François de Beaurepaire, pbrē, curé de S¹ Victor-de-Chrétienville, pourvu de la cure du Mesnil-Jourdain diocèse d'Evreux, résigne sond. bénéfice de S¹ Victor entre les mains de Mesʳᵉ Gabriel de Montenay-le-Neuf, chevʳ, seigʳ de Sourdeval, S¹ Victor-de-Chrétienville, et autres lieux, en sa qualité de seigʳ patron dud. bénéfice.

Le 8 juin 1725, lad. sʳ de Montenay-le-Neuf, nomme à lad. cure, la personne de Mʳᵉ Guillaume Hardy, pbrē, curé du Tilleul-Fol-Enfant. (*V*. **335**).

Le même jour, les vicaires généraux du seigʳ évêque donnent aud sʳ Hardy, la collation dud. bénéfice.

Le 18 juin 1725, le sʳ Hardy prend possession de la cure de S¹ Victor-de-Chrétienville, en présence de M° Yves Gasnier, pbrē, desservant lad. parr., et autres témoins.

Le 12 juin 1725, M° Guillaume Hardy, pbrē, curé du Tilleul-Fol-Enfant, remet sond. bénéfice entre les mains de Mesʳᵉ Charles-Roger, comte de Marle, Escʳ, seigʳ et patron du Tilleul-Fol-Enfant, du Coudray et autres lieux. Fait à Lx, en présence de Mᵉˢ François Maré et Nicolas Davy, pbrēs de S¹ Germain de Lx.

Le même jour, led. seigʳ comte de Marle nomme à cette cure la personne de M° Pierre Hardy, pbrē de ce diocèse.

Le 13 juin 1725, les vicaires généraux du seigʳ évêque donnent aud. sʳ P. Hardy la collation dud bénéfice.

Le 21 juin 1725, celui-ci prend possession de la cure du Tilleul-Fol-Enfant, en présence de plusieurs habitants du lieu.

918. — Le 11 juin 1735, vu l'attestation du sʳ Duval, pbrē, desservant la parr. de Caorches, dispense de bans pour le mariage entre Isaïe Hardy, Escʳ, sʳ de Bois-David, garde du corps du roy, fils de feu Mʳᵉ François Hardy, avocat, et de feu damˡˡᵉ Marie Advenel, de la parr. de Caorches, d'une part, et damˡˡᵉ Catherine Le Mire, fille de feu Jacques Le Mire, consʳ du roy et lieutenant général en l'élection de Lx, et de damˡˡᵉ Françoise du Thiron, de la parr. de S¹ Jacques de Lx.

919. — Le 18 juin 1725, vu l'attestation du sʳ Levillain, curé de Pont-l'Évêque, du sʳ Huc, pbrē, desservant la parr. du Favril, et du sʳ Marescal, pbrē, desservant celle d'Epréville, dispense de bans pour le mariage entre Mesʳᵉ Jacques-Alexis Lepainteur, Escʳ, fils de Mesʳᵉ Charles Lepainteur, Escʳ, sʳ de Courseulles, et de noble dame Antoinette de Mézières, de la parr. du Favril, d'une part et de dam{lle} Marie-Magdeleine-Colombe du Mesnil, fille de Mes{re} Guillaume du Mesnil, Esc{r}, cons{er} et avocat du roy au Pont-l'Evêque, et de Marie-Anne-Colombe Dumaine, de la parr. d'Epréville.

920. — Le 7 mai 1725, la nomination à la cure de N.-D. d'Epine appartenant au seig{r} du lieu, le roy, à cause de la garde noble des enfants mineurs de feu le marquis de Morsan, nomme à lad. cure, vacante par la mort de Me Nicolas Delamare, dernier titulaire, la personne de Mre François-Antoine Lefrançois de Billy, pbre du diocèse de Lx (parr. de Morsan).

Le 8 juin 1725, les vicaires généraux du seig{r} évêque de Lx donnent aud. sr de Billy la collation dud. bénéfice.

Le 14 juin 1725, le sr de Billy prend possession de la cure de N.-D. d'Epine, en présence de Me Charles-Christophe Marette de la Garenne, pbre, curé de Morsan ; Mes{re} Jean-Marie-Joseph, comte de Sens, Esc{r} du roy ; Mes{re} Anne-François de Bernières, chev{r}, seig{r} du Boisle ; Mes{re} François-René Le Marescal, Esc{r}, seig{r} de Ressencourt, patron de Berthouville ; Me Antoine Lecomte et autres témoins.

921. — Le 21 juin 1725, dispense de bans pour le mariage entre Mes{re} Charles-François de Bellemare, chev{er}, seig{r} de Duranville, fils de feu Mes{re} Gabriel-Joseph de Bellemare, chev{er}, seig{r} de Duranville, et de feu noble dame Marguerite Rousseau, de la parr. de Fontaine-la-Louvet, d'une part, et dam{lle} Marie-Anne Duhamel, fille de feu Mes{re} Jacques Duhamel, chev{er}, seig{r} d'Oissel, président en la cour des Comptes, Aides et Finances de Normandie, et de noble dame Marie Scott de Fumichon, de la parr. St Godard de Rouen.

922. — Le 21 juin 1725, la nomination à la cure de Caorches appartenant au seig{r} du lieu, Messire Pierre de Foucques, Esc{r}, sr de Beauchamp, seig{r} et patron de Caorches, nomme à lad. cure, vacante par la mort de Me Charles Le Bertre, pbre, dernier titulaire, la personne de Me Jean Landry, pbre, curé de la 1re portion d'Avernes. Fait à Caorches, en présence de Me Guillaume Hardy, pbre, curé de St Victor-de-Chrétienville ; Me Pierre Hardy, pbre, curé du Tilleul-Fol-Enfant, et Me Robert Hardy, pbre, curé de St Pierre de Grandchain. (*V.* **926**).

923. — Le 1er juin 1725, la nomination et la collation de la chapelle simple de St Jean du Manoir d'Avranches, au château de St Philbert-sur-Risle, appartenant au seig{r} évêque d'Avranches, Mgr César Le Blanc, évêque dud. lieu d'Avranches, nomme aud. bénéfice, vacant par la mort de Me François de Pleuvry, pbre, dernier titulaire, la personne de Me Nicolas-Gabriel Vaquet d'Hermilly, clerc du diocèse de Paris, y demeurant, rue du Colombier. Fait au palais épiscopal de Lx, en présence de M⁰ˢ Salomon de Maricourt et Jacques-Louis Cadet, demeurant à Lx.

Le 15 juin 1725, led. sʳ Vaquet d'Hermilly, représenté par Mᵉ Alexandre Lecordier, pbrē, chapelain de Sᵗ Georges-du-Vièvre, prend possession de la chapelle du Manoir d'Avranches.

924. — Le 3 juillet 1725, vu l'attestation du sʳ Hurel, curé de Reux, et du sʳ Guénier, pbrē, desservant la parr. du Mesnil-sur-Blangy, dispense de bans pour le mariage entre Philippe-François Lecordier, Escʳ, garde de Mgʳ le duc d'Orléans, fils de feu Mᵉ François Lecordier, sʳ de la Porte, et de damˡˡᵉ Magdeleine Anglement, de la parr. du Mesnil-sur-Blangy, d'une part, et damˡˡᵉ Marie-Aimée Carel, fille de Jean-Baptiste et d'Anne Chrestien, de la parr. de Reux.

925. — Le 19 févr. 1725, Mᵉ Nicolas de la Vallée, pbrē de Lx, est reçu Mᵉ ès-arts en l'Université de Caen.

Le 21 fév. 1725, il obtient des lettres de quinquennium du recteur de lad. Université.

Le même jour, led. sʳ de la Vallée, âgé de 25 ans et 11 mois, est nommé par icelle sur les archevêchés et les chapitres de Paris et de Rouen ; sur les évêchés et les chapitres de Chartres, Bayeux, Lisieux, Coutances, Avranches, Evreux et Séez, ainsi que sur la plupart des abbayes et prieurés de ces divers diocèses.

Le 23 juin 1725, le sʳ de la Vallée, pbrē, vicaire de Sᵗ Pierre de Cormeilles, fait signifier ses noms et grades aux religieux de Cormeilles, en parlant à Dom Luc Maheu, prieur de lad. abbaye. (V. **699, 990**).

926. — Le 5 juillet 1725, Mʳᵉ Pierre Dumesnil-Leboucher, vicaire général du seigʳ évêque, donne à Mᵉ Jean Landry, pbrē, la collation de la cure de Caorches.

Le 6 août 1725, led. sʳ Landry prend possession dud. bénéfice, en présence de Mᵉ Guillaume Hardy, pbrē, curé de Sᵗ Victor-de-Chrétienville ; Mᵉ Isaïe Hardy, garde du corps ; Mᵉ Adrian-Louis Duval, pbrē, desservant ; Nicolas Duval, trésorier, et autres témoins. (V. **922**).

927. — Le 17 avril 1725, Dom Jacques Le Grand, pbrē, religieux-profès de la Congrégation de Sᵗ Maur, ayant été pourvu par provision de Mgʳ le cardinal de Gesvres, abbé commendataire de Bernay, de la chapelle de Montmillon, vacante par la mort de Dom Guillaume-Nicolas Lévesque, obtient du roy des lettres d'attache, nécessaires pour qu'il puisse prendre possession de lad. chapelle.

Le 27 juin 1725, lesd. lettres d'attache sont enregistrées au parlement de Rouen.

Le 7 juillet 1725, le sʳ Le Grand prend possession dud. bénéfice, en présence de plusieurs bourgeois de Bernay. (V. **823**).

928. — Le 12 juillet 1725, Mᵉ Pierre Pecqueult, pbrē, curé de

S⁺ Aubin-de-Scellon, donne sa procuration pour résigner sond. bénéfice entre les mains de N.-S.-P. le pape en faveur de M⁰ Louis Pecqueult, pbre, vicaire de lad. parr. (*V.* 1020).

929. — Le 7 juillet 1723, la nomination à la cure de N.-D.-de-la-Couture de Bernay appartenant au seig' abbé de Bernay, Mg' le cardinal de Gesvres, archevêque de Bourges et abbé commendataire de lad. abbaye, nomme à cette cure, vacante par la mort de M⁰ François Leroy, pbre, dernier titulaire, la personne de M⁰ Jean de la Noë, pbre du diocèse de Lx. Fait et passé à Paris, etc.

Le 25 juillet 1725, led. s' de la Noë est reçu M⁰ ès-arts en l'Université de Caen.

Le 11 août 1725, les vicaires généraux du seig' évêque de Lx donnent aud. s' de la Noë la collation dud. bénéfice de N.-D.-de-la-Couture.

Le 16 août 1725, le s' de la Noë, pbre de Bernay, prend possession de lad. cure, en présence de M⁰ˢ Pierre Lemarchand, Charles Lecornu, Louis-François Le Gaigneur, pbres de l'église de la Couture ; M⁰ Alexis Foucques, trésorier ; M⁰ Charles Lebertre, M⁰ Jean-François Vochelet et le s' Louis-Nicolas Léveillé, trésoriers.

930. — Le 27 juillet 1725, M⁰ Jean-Nicolas Herrier, sous-diacre de N.-D. de Villers, y demeurant, M⁰ ès-arts en l'Université de Caen, fait signifier ses noms et grades au seig' évêque et au Chapitre de Lx. (*V.* 899).

931. — Le 8 août 1725, dispense de bans pour le mariage entre Jacques Labbé, Escr, s' du Moutier, fils de Thomas-Pierre Labbé, Escr, s' du Moutier, et de dame Suzanne-Françoise Dandel, de la parr. de Tourgéville, d'une part, et damlle Anne-Charlotte Leroy, fille de M⁰ Louis Leroy, s' de Livet, consᵉʳ du roy, lieutenant particulier honoraire au bailliage de Pontaudemer, et de feu dame Anne Collet, de la parr. de S' Ouen de Pontaudemer.

932. — Le 18 avril 1725, la nomination à la chapelle de S' Thomas, située dans la parr. de Berville-sur-la-Mer, appartenant au seig' du lieu, Mesre Edmond de Houel, chevʳ, seig' de la Pommeraye, Berville-sur-Mer, la Planche, Lespiney, Hébert, Mesnil, et autres lieux, nomme à lad. chapelle, actuellement vacante, la personne de M⁰ Pierre Lailler, pbre, curé de Grestain.

Le 26 avril 1725, les vicaires généraux du seig' évêque donnent aud. s' Lailler la collation dud. bénéfice.

Le 20 oct. 1725, le s' Lailler prend possession de la chapelle S' Thomas, en présence de M⁰ René du Coudray, chirurgien, et autres témoins.

933. — Le 21 juillet 1725, la nomination à la chapelle S' Jean-

Baptiste, 1re portion, en la Cathédrale, appartenant au chanoine de semaine, Mre Adrian Leroy, pbr̄e, chanoine prébendé de St Pierre-Adifs, se trouvant chanoine de semaine, nomme à lad. chapelle, vacante par la démission de Mre Jean-Baptiste Lambert, dernier titulaire, la personne de Mre Charles-Jacques du Houlley, clerc de ce diocèse.

Le même jour, led. sr du Houlley est mis en possession dud. bénéfice par le ministère du sr de Grosourdy, en présence de Mes Jacques Périers et Jean Leprevost, officiers douze-livres de la Cathédrale.

934. — Le 14 août 1725, vu l'attestation du sr Piperel, vicaire d'Orbec, dispense de bans pour le mariage entre Pierre Houssaye et Geneviève Pollin.

935. — Le 8 août 1725, la nomination à la cure de St Ouen de Courtonne-la-Meurdrac, 2e portion, appartenant au chanoine de semaine en la Cathédrale, Mre Charles Costard, pbr̄e, chanoine prébendé de Formentin, se trouvant chanoine de semaine, nomme à lad. cure, vacante par la mort de Me Jean Fougy, dernier titulaire, la personne de Me Robert Leroux, pbr̄e, chapelain de la Cathédrale.

Le 11 août 1725, les vicaires généraux du seigr évêque donnent aud. sr Leroux la collation dud. bénéfice.

Le 18 août 1725, le sr Leroux prend possession de la cure de Courtonne-la-Meurdrac, 2e portion, en présence de Me Jacques Butengs, curé de la 1re portion, et autres témoins de lad. parr̄.

936. — Le 18 août 1725, vu l'attestation du sr Turpin, vicaire du Merlerault, dispense de bans pour le mariage entre Jacques Letellier, sr de Permentin, fils de feu Pierre Letellier, sr des Longchamps, et de Barbe Turpin, demeurant en la parr̄. de Brullemail, diocèse de Séez, d'une part, et damlle Marie-Charlotte Legrand, fille de feu Jean Legrand et de damlle Suzanne Dumesnil, de la parr̄. du Merlerault.

937. — Le 13 août 1725, dispense de bans pour le mariage entre Jean-Baptiste-François Leprevost, Escr, sr de la Porte, fille de feu Jean Leprevost, Escr, et de noble dame Anne-Suzanne Leboucher, du bourg de Trun, diocèse de Séez, d'une part, et damlle Magdeleine Gautier, fille de Luc Gautier, Escr, seigr et patron de St Basile, et de noble dame Marie-Anne de St Laurens, de lad. parr̄. de St Basile. (*V.* **597**).

938. — Le 16 août 1725, Robert Le Belhomme, marchand, demeurant à Lx, parr̄. St Jacques constitue 150 livres de rente en faveur de son fils, Me Jacques Le Belhomme, acolyte, afin qu'il puisse parvenir aux ordres sacrés. Cette rente est garantie par Robert Mignot, Escr, seigr de la Touraille, valet de garde-robe de feu S. A. R. Madame la dauphine, demeurant à Lx, parr̄. St Germain, par le sr Jean Loisnel, officier chez feu Mgr le duc d'Orléans, Me Charles de Seney, sr de la

Sauvagère, cons^r et procureur du roy en l'élection de Lx, et par Joseph Thorel, s^r de la Rivière, marchand, tous deux demeurant à Lx, en la par̃. St Jacques.

939. — Le 13 août 1725, Monseig^r Jean-Baptiste-Antoine de Brancas, nommé par le roy à l'évêché de la Rochelle, abbé **commendataire de St Pierre de Melun, chanoine prébendé du Pré en la Cathédrale de Lx, demeurant à Paris, rue Cassette**, résigne purement et simplement son canonicat entre les mains de Monseig^r Henry-Ignace de Brancas, évêque de Lx. Fait à Paris en la demeure dud. seig^r.

Le 14 août 1725, le seig^r évêque de Lx nomme aud. canonicat la personne de Mre Louis-Henry de Fogasse de la Bastie, sous-diacre du diocèse d'Avignon, docteur en théologie. Fait et passé à Paris.

Le 22 août 1724, led. s^r de la Bastie, étant au séminaire du grand Beaulieu, près Chartres, et représenté par Mre Pierre Dumesnil-Leboucher, pbr̃e, docteur de Sorbonne, scolaste, official et grand vicaire du diocèse de Lx, est mis en possession dud. canonicat du Pré par le ministère du s^r de Grosourdy, trésorier de la Cathédrale.

940. — Le 31 août 1725, les vicaires généraux du seig^r évêque donnent à Me Guillaume Le Bourguais, acolyte du diocèse de Bayeux, la collation de la 2e portion de la cure de Barneville-en-Auge (Basseneville).

Le 18 septembre 1725, led. s^r Le Bourguais, prend possession dud. bénéfice, **en présence** de Mr François Le Mercier, pbr̃e, desservant; **Me Gaspard Drouet**, chirurgien juré à Troarn, et autres témoins. (*V.* **386**).

941. — Le 15 juillet 1725, Me Louis-François Poret, pbr̃e de Lx, obtient en cour de Rome des lettres de provision de la chapelle St Nicolas en la Cathédrale de Lx, vacante par la résignation faite en sa faveur par Mre Guillaume Pierres de la Boulaye, pbr̃e, dernier titulaire.

Le 5 septembre, Me François Le Bas, chanoine de semaine, donne son visa aux dites lettres de provision. (*V.* **915, 983**).

Le même jour, le s^r Poret est mis en possesssion de lad. chapelle par le ministère du s^r de Grosourdy, trésorier de la Cathédrale.

942. — Le 19 juin 1725, Me François Déchauffour, pbr̃e du diocèse de Lx, obtient en cour de Rome des lettres de provision de la cure de Ticheville, vacante par la démission faite en sa faveur par son oncle, Me François Déchauffour, pbr̃e, dernier titulaire. (*V.* **908**).

Le 15 novembre 1725, les vicaires généraux du seig^r évêque donnent leur visa auxd. lettres apostoliques.

Le 17 novembre 1725, led. s^r Déchauffour, pbr̃e de Ticheville, donne sa procuration à Me Jacques-Laurent Lecomte, pbr̃e, curé de St Germain de Neuville, pour prendre en son nom possession dud. bénéfice. Fait et passé à Ticheville en présence de M° Gilles Dorbec, pbrē, et Nicolas Briant.

Le 19 novembre 1725, le s' Déchauffour, représenté par led. s' Lecomte, prend possession de la cure de Ticheville, en présence de plusieurs paroissiens.

943. — Le 31 oct. 1723, Jean Legras, fils de Guillaume et de Marie-Magdeleine Desmonts, de la parr. de S' Ouen de Pontaudemer, reçoit la tonsure et les ordres mineurs.

Le 2 juillet 1725, M° Pierre Legras, pbrē, curé de la Haye-Aubraye, diocèse de Rouen, et titulaire de la chapelle S' Jacques-S' Christophe du Lieu-Helley, diocèse de Lx, donne sa procuration pour résigner lad. chapelle entre les mains de N.-S.-P. le pape, en faveur de M° Jean Legras, clerc minoré du diocèse de Lx. (*V.* 584).

Le 23 juillet 1725, led. s' Jean Legras obtient en cour de Rome des lettres de provision de lad. chapelle.

Le 4 septembre 1725, M'° Dumesnil-Leboucher, vicaire général du seig' évêque, donne son visa auxd. lettres de provision.

Le 11 octobre 1725, le s' Legras, sous-diacre, prend possession de la chapelle simple du Lieu-Helley, sise en la parr. de N.-D.-du-Val.

Le 15 août 1725, M° Guillaume Legras, cons° du roy, assesseur au bailliage et vicomté de Pontaudemer, bailly-vicomtal civil et criminel et juge de police en la haute-justice du marquisat d'Annebaut, constitue 150 livres de rente en faveur de son fils, M° Jean Legras, acolyte, étant actuellement au séminaire de Lx et représenté par Jacques-Philippe d'Epaignes, Esc', s' de Lespiney, demeurant à Pontaudemer. Cette rente est garantie par M'° Jacques Le Grix, Esc', s' d'Epréville, cons° du roy, lieutenant général en la vicomté du Pontauthou et Pontaudemer; M'° Robert d'Epaignes, Esc', cons° honoraire du roy au bailliage de Pontaudemer; M° Jean Hellouin, avocat aud. siège, et M° Guillaume Varende, receveur général du domaine dud. lieu, y demeurant.

944. — Le 31 juillet 1725, M° Antoine Lechangeur, premier huissier audiencier au bailliage d'Orbec, y demeurant, constitue 150 livres de rente en faveur de son fils, M° Jean Lechangeur, acolyte, présentement au séminaire de Lx, afin qu'il puisse parvenir aux ordres sacrés. Cette rente est garantie par M° Jacques Landry, procureur aud. bailliage d'Orbec. Fait en l'étude de M'° Jean de la Croix et Charles Huet, notaires royaux à Orbec.

945. — Le 1er août 1725, Jacques Guillemin, laboureur, de S' Germain-la-Campagne, constitue 150 livres de rente en faveur de son fils, M° Jean Guillemin, acolyte, présentement au séminaire, afin qu'il puisse parvenir aux ordres sacrés.

946. — Le 3 mars 1720, François-Etienne-Théodose du Vigneral, fils de Guillaume, chev', seig' de Sevray, Blacarville, Cantelou, etc., cons" au parlement de Rouen, et de Marie-Catherine Lecouteulx, de la parr. de S' Amand de Rouen, *rite dimissus*, reçoit la tonsure des mains de Mg' Blouet de Camilly, évêque de Toul, dans la chapelle des Carmélites de la rue du Chapon, à Paris.

Le 26 mars 1722, led. s' du Vigneral est reçu M° ès-arts en l'Université de Paris.

Le 1er avril 1724, il est reçu bachelier en théologie.

Le 5 mai 1725, il obtient des lettres de quinquennium du recteur de l'Université de Paris.

Le 20 juin 1725, il est nommé sur l'évêché et le Chapitre de Lx, et autres lieux.

Le 6 septembre 1725, il fait signifier ses noms et grades au seig' évêque et aux s" chanoines de Lx.

947. — Le 14 août 1725, André Donnet, demeurant à la Chapelle-Becquet, constitue 150 livres de rente en faveur de son fils, M° Jean Donnet, acolyte, afin qu'il puisse parvenir aux ordres sacrés.

948. — Le 3 sept. 1725, Jean Bence, marchand, demeurant au Prédauge, constitue 150 livres de rente en faveur de M° Antoine Vesque, acolyte de S' Désir de Lx, présentement au séminaire de Lx, afin qu'il puisse parvenir aux ordres sacrés.

949. — Le 13 août 1725, Pierre Le Ricque, demeurant à Campigny, constitue 150 livres de rente en faveur de son fils, M° Pierre Le Ricque, acolyte, présentement au séminaire de Lx, afin qu'il puisse parvenir aux ordres sacrés. Cette rente est garantie par M" Louis Le Ricque, pbre, curé de la 1re portion de Campigny, et autres cautions.

950. — Le 11 mai 1721, Charles Marie, fils de Jean et de Marie Duverré, de la parr. de Gacé, reçoit la tonsure et les ordres mineurs. (*V.* 509).

951. — Le 30 août 1725, Guillaume Le Gallois du Vivier, marchand, bourgeois de Livarot, constitue 150 livres de rente en faveur de son fils, M° Michel Le Gallois, acolyte, afin qu'il puisse parvenir aux ordres sacrés. (*V.* 693).

952. — Le 6 juin 1725, M° François Bisey, acolyte, et son frère, Thomas Bisey, tous deux du bourg de Vimoutiers, constituent 150 livres de rente en faveur dud. s' acolyte, afin qu'il puisse parvenir aux ordres sacrés.

953. — Le 26 août 1725, Pierre Isabel, marchand, bourgeois, demeurant à Pont-l'Évêque, constitue 150 livres de rente en faveur de son fils, M° Jacques Isabel, acolyte, afin qu'il puisse parvenir aux ordres sacrés.

954. — Le 30 août 1725, Jean et Louis Alleaume, frères, demeurant à Beaumont, constituent 150 livres de rente en faveur de leur frère, M° Jacques Alleaume, acolyte, afin qu'il puisse parvenir aux ordres sacrés.

955. — Le 7 août 1725, Jean Lautour, marchand, de la parr. de S⁺ᵉ Foy-de-Montgommery, constitue 150 livres de rente en faveur de M° Jean-Mathieu Lincel, acolyte, de lad. parr. de S⁺ᵉ Foy, afin qu'il puisse parvenir aux ordres sacrés.

956. — Le 17 juillet 1725, M° Guillaume Martin, demeurant à Maisy, élection de Bayeux, constitue 150 livres de rente en faveur de son fils, M° Louis-Robert Martin, acolyte du diocèse de Lx, afin qu'il puisse parvenir aux ordres sacrés. Cette rente est garantie par M° Jean Martin, pbrē, curé de Lestanville, oncle dud. s⁺ Guillaume. Fait en l'étude du notaire de la Cambe.

957. — Le 18 juillet 1725, damˡˡᵉ Catherine Le Mercier, vᵉ de feu Antoine Richard, s⁺ de la Bedinière, officier de feu M⁺ le prince de Condé, demeurant en la parr. des Essarts, et son fils, M° Jean Richard, pbrē, curé de Boisbaril, constituent 150 livres de rente en faveur de M° Pierre Richard, acolyte, aussi fils de lad. veuve, afin qu'il puisse parvenir aux ordres sacrés. Fait en présence de M° François Morain, huissier royal de police de Montreuil, et de Joseph Leberseur, s⁺ de Boucheville, demeurant aussi à Montreuil.

958. — Le 30 juin 1725, Jean Gattier, marchand, demeurant à Bernay, parr. de la Couture, constitue 150 livres de rente en faveur de son fils, M° François Gattier, acolyte, afin qu'il puisse parvenir aux ordres sacrés. Cette rente est garantie par Mesʳᵉ François-Adrian Dirlande, acolyte, et par M° Alexandre Pivalle, procureur en l'élection de Bernay, tous deux demeurant en lad. ville, parr. de la Couture. (V. **343**).

959. — Le 14 août 1725, Jean-Baptiste Lesueur, laboureur, de la parr. de Folleville, constitue 150 livres de rente en faveur de M° Pierre Lesueur, acolyte de la parr. de Courbépine, afin qu'il puisse parvenir aux saints ordres. Cette rente est cautionnée par M° Rémy Ives, avocat, oncle dud. acolyte, demeurant à Bernay, parr. S⁺ᵉ Croix, et Eustache Coupey, laboureur, de la parr. de Courbépine.

960. — Le 11 août 1725, M° Hiérome Toutain, s⁺ de la Richerie, avocat, demeurant à Pontaudemer, constitue 150 livres de rente en faveur de M° Christophe Fouet, acolyte, afin qu'il puisse parvenir aux saints ordres. Cette rente est garantie par Pierre Fouet, père dud. acolyte, demeurant à S⁺ Philbert-sur-Risle, et par ses frères, Jacques et N......... Fouet.

961. — Le 3 fév. 1725, M° Pierre Dossin, consᵉʳ et procureur du roy aux vicomtés de Montreuil et Bernay, demeurant à Bernay, parr. S⁺ᵉ Croix, constitue 150 livres de rente en faveur de son fils, M° Isaïe

Dossin, acolyte, afin qu'il puisse parvenir aux ordres sacrés. Cette rente est garantie par M⁰ Michel Foucques, s' d'Orville, ci-devant lieutenant de la mairie de Bernay, et M⁰ François Legaigneur, chirurgien, demeurant à Bernay, parr. de la Couture.

962. — Le 27 juin 1725, Julien Scelles, bourgeois de Bernay, demeurant parr. Ste Croix, constitue 150 livres de rente en faveur de son fils, M⁰ Charles Scelles, acolyte, afin qu'il puisse parvenir aux ordres sacrés. (*V.* 485).

963. — Le 16 août 1725, M⁰ Pierre Thierry, s' des Chesnées, officier de la maréchaussée, commandant la brigade de Cambremer et reçu en l'hôtel des Invalides à Paris, se trouvant présentement en sa terre, parr. de Repentigny, constitue 150 livres de rente en faveur de son fils, M⁰ Gabriel Thierry, acolyte, actuellement au séminaire de Lx, afin qu'il puisse parvenir aux ordres sacrés. Cette rente est garantie par M⁰ François Thierry, bourgeois de Caen, oncle dud. acolyte.

964. — Le 20 août 1725, Louis Guerrier, bourgeois de Honfleur, y demeurant parr. St Léonard, constitue 150 livres de rente en faveur de son fils, M⁰ Charles Guerrier, acolyte, afin qu'il puisse parvenir aux ordres sacrés.

965. — Le 1ᵉʳ sept. 1725, M⁰ Pierre Delarue, professeur de philosophie, demeurant à Caen, et Charles Delarue, marchand, demeurant à Hotot, constituent 150 livres de rente en faveur de leur frère, M⁰ Nicolas Delarue, acolyte, afin qu'il puisse parvenir aux ordres sacrés.

966. — Le 15 août 1725, François de Fresnay, Escr, s' de la Roulière et seig' du fief et seigneurie de la Rivière et autres lieux, demeurant aud. lieu, parr. de St Martin-de-Fresnay, constituent 150 livres de rente en faveur de son fils, M⁰ Nicolas-Joseph de Fresnay, acolyte, afin qu'il puisse parvenir aux ordres sacrés.

967. — Le 22 août 1725, Pierre Mariolle, fils Richard, demeurant en la parr. de Bonnebosc, constitue 150 livres de rente en faveur de son fils, M⁰ François Mariolle, acolyte, afin qu'il puisse parvenir aux ordres sacrés. Fait au Fournet, en présence de M⁰ Jacques Noel, pbrē, demeurant à Valsemey, et Pierre Lécuier, pbrē, vicaire de Bonnebosc.

968. — Le 17 sept. 1725, vu l'attestation du s' Duval, curé de Bienfaite, dispense de bans pour le mariage entre haut et puissant seig' Jacques-Antoine de Chaumont, cheṽᵉʳ, marquis d'Orbec, de Guitry et de Bienfaite, fils de feu Mesʳᵉ Guy de Chaumont et de dame Jeanne de Caumont-la-Force, demeurant en son château de Bienfaite, d'une part, et dam^lle Anonyme du Fay, fille de Mesʳᵉ Georges du Fay, cheṽᵉʳ, seig' de St Léger, et de dame Marguerite Rebut, de la parr. de Ste Croix-St Ouen de Rouen.

969. — Le 6 juin 1725, Jean Pépin, demeurant à Bellouet, constitue 150 livres de rente en faveur de son fils, M° Jean-Baptiste Pépin, acolyte, afin qu'il puisse parvenir aux ordres sacrés. Fait en présence de M° Jean-Baptiste Chastan, pbre, curé de Bellouet, et Jean Buisson, sr des Acres, de lad. parr.

970. — Le 24 juillet 1725, Philippe Delabarre, demeurant à St Etienne-Lallier, constitue 150 livres de rente en faveur de son fils, M° Philippe Delabarre, acolyte, afin qu'il puisse parvenir aux saints ordres. Cette rente est garantie par le sr François Delabarre, bourgeois de Rouen ; M° Jean Delabarre, pbre, curé de Flancourt ; Georges-Alexandre Dufour, Escr, seigr du Vièvre, demeurant à St Etienne ; Jacques de Livet, Escr, seigr de la Noë et du Boslouvet, demeurant à la Noë, et autres. Fait à St Etienne, en présence de M° Gilles Olondes, pbre, vicaire du lieu ; Réné et Pierre Dufour, Escrs, frères, demeurant en lad. parr. — Led. sr acolyte, absent, fut représenté par son frère, le sr François Delabarre, demeurant aussi à St Etienne.

971. — Le 31 oct. 1721, Jean-François Fouet, fils de Richard et de Marie-Marguerite Delié, de la parr. de Pont-l'Evêque, reçoit la tonsure et les quatre ordres mineurs.

972. — Le 11 mars 1715, Michel Furon, demeurant à Campigny, constitue 150 livres de rente en faveur de son fils, M° François Furon, acolyte, afin qu'il puisse parvenir aux ordres sacrés. Cette rente est garantie par M° Louis Ricque, pbre, curé de la 1re portion de Campigny, et autres cautions. — Led. sr acolyte était fils dud. sr Michel et de Marthe Haïs.

973. — Le 2 sept. 1725, Louis Castelain, laboureur, demeurant à St Aubin-de-Scellon, constitue 150 livres de rente, en faveur de M° Jean-Baptiste Leclerc, acolyte, afin qu'il puisse parvenir aux SS. ordres. Fait en présence de M° Pierre Aussy, pbre, et autres témoins.

974. — Le 16 juillet 1725, Philippe Vaillant, vve de François de de Macey, et Guillaume de Macey, son fils, de la parr. de Marmouillé, constituent 150 livres de rente en faveur de M° François de Macey, acolyte, afin qu'il puisse parvenir aux ordres sacrés. Cette rente est garantie par M° Guillaume de Macey, pbre, curé de Talonney, et oncle dud. acolyte. — Led. sr acolyte était fils de lad. veuve et frère dud. sr Guillaume de Macey, jeune.

975. — Le 4 sept. 1725, Jean Tirard, marchand, demeurant à St Aubin-Lébizay, constitue 150 livres de rente en faveur de son fils, M° Gabriel Tirard, acolyte, afin qu'il puisse parvenir aux ordres sacrés. Fait en présence de M° Jean Legrip, consr et procureur du roy, demeurant à Auvillars. — Led. sr acolyte était actuellement au séminaire de Lx.

976. — Le 10 juillet 1725, David Bellenger, laboureur, demeurant à Capelles-les-Grands, constitue 150 livres de rente en faveur de son fils, Mᵉ Louis Bellenger, acolyte, afin qu'il puisse parvenir aux saints ordres.

977. — Le 4 août 1725, Adrian Charpentier, marchand, demeurant à Pomont, constitue 150 livres de rente en faveur de son fils, Mᵉ Jean Charpentier, acolyte, actuellement au séminaire de Lx, afin qu'il puisse parvenir aux ordres sacrés. Fait en présence de Ravand Lecomte, sʳ des Bois, demeurant à Montfort, et de Mᵉ Guillaume Parent, pbrē, vicaire de Montfort.

978. — Le 14 février 1725, Mᵉ Pierre-Nicolas Lebourg des Alleurs, acolyte du diocèse de Lx, déjà nommé curé des deux portions de la cure de Martainville par le seigʳ présentateur, obtient en cour de Rome des lettres de provision desd. bénéfices. (V. **817**).

Le 2 septembre 1725, le seigʳ évêque, après avoir, au gré des lettres apostoliques, fait vérifier par Mᵉ Gabriel Cachet, pbrē, avocat en l'officialité de Lx, le droit du seigʳ présentateur aux deux portions de la cure de Martainville, et après avoir reconnu que déjà plusieurs fois lesd. portions avaient été possédées par un seul et même titulaire, notamment en 1682 par Mᵉ Claude du Loir, pbrē, et en 1706 par Mᵉ Laurent Pestel, dernier titulaire, approuve et homologue la nomination du sʳ Lebourg des Alleurs, aujourd'hui sous-diacre, aux deux portions dud. bénéfice et lui en donne la collation.

Le 3 sept. 1825, led. sʳ Lebourg prend possession des deux portions de la cure de Martainville, présence de Mᵉ Michel Le Mercier, pbrē, desservant led. bénéfice ; Mᵉ François Coustey, Mᵉ Jacques Cobert, acolyte, et autres témoins.

979. — Le 17 sept. 1717, Benoit Baudry, fils de Jean-Baptiste et d'Agnès Bellan, de la parr. du Bec, doyenné du Bourg-Theroulde diocèse de Rouen, reçoit à Rouen la tonsure et les quatre ordres mineurs.

Le 22 juillet 1729, led. sʳ Baudry de la Pescherie, clerc du diocèse de Rouen, est reçu Mᵉ ès-arts en l'Université de Caen.

Le 17 février 1723, il obtient des lettres de quinquennium du recteur de lad. Université.

Le même jour, led. sʳ Baudry, âgé de 23 ans, est nommé par icelle sur les archevêchés et les Chapitres de Reims, Paris, Rouen et Tours, sur les évêchés et les Chapitres de Chartres, Bayeux, Lisieux, Coutances, Avranches, Evreux, Séez, le Mans et Dol, ainsi que sur la plupart des abbayes de ces diocèses.

Le 17 sept. 1725, le sʳ Baudry, pbrē, demeurant au Bec-Hellouin, fait signifier ses noms et grades, 1° aux religˣ de Sᵗ Pierre de Préaux, en parlant à Dom Paul Buriette, prieur de lad. abbaye ; 2° aux dames de Sᵗ Léger de Préaux.

980. — Le 18 août 1725, Yves Belley, s' de la Chesnée, marchand, demeurant à Montpinçon, constitue 150 livres de rente en faveur de M° François Belley, son fils, acolyte, afin qu'il puisse parvenir aux saints Ordres.

981. — Le............1725, « par devant les notaires de Bayeux, Mes" Robert-Tranquille de Couvert de Coulons, chanoine d'Esquay, en la Cathédrale de Bayeux, fils de feu Mons' de Coulons, vivant gouverneur des ville et château de Bayeux », constitue 150 livres de rente en faveur de « M° Jean Gattebois, clerc du diocèse de Bourges, » afin qu'il puisse parvenir aux SS. Ordres. — Led. s' Gattebois était originaire de Valence, au diocèse de Bourges, et résidait depuis huit ans à Bayeux, en qualité de musicien à la Cathédrale. Il fut ordonné sous-diacre à Bourges.

982. — Le 22 sept. 1725, M° Marcellin de Fayol, sous-diacre du diocèse de Sarlat, *rite dimissus*,, est ordonné diacre à Lx.

983. — Le 5 sept. 1725, le droit de collation de la chapelle St Nicolas en la Cathédrale appartenant au chanoine de semaine, M° François Le Bas, pbre. chanoine prébendé du Val-au-Vigneur, se trouvant chanoine de semaine, donne à M° Louis-François Poret, pbre de ce diocèse, la collation de lad. chapelle, vacante par la résignation de M° Guillaume Pierres de la Boulaye, dernier titulaire, admise en cour de Rome.

Le 7 sept. 1725, led. s' Poret est mis en possession dud. bénéfice par le ministère de M" de Grosourdy, trésorier de la Cathédrale. (V. **915, 941**).

984. — Le 26 sept. 1725, dispense de bans pour le mar ge entre M° Michel Lesage, s' des Longchamps, notaire royal héréditaire au bourg de Nonant, fils de feu François Lesage, notaire, et de feue Barbe Broussois, de la parr. de St Pierre-de-la-Rivière, et présentement demeurant en la parr. d'Aubry-le-Panthou, d'une part, et dam" Marguerite Fournier, fille de feu M° Jacques Fournier, notaire royal à Nonant, et de Dam"° Marie-Marguerite Trolley, de lad. parr. de Nonant. (V. **282**).

985. — Le 23 fév. 1722, M° Noel Julienne, diacre du diocèse de Lx, est reçu M° ès-arts en l'Université de Caen. (V. **6, 605**).

Le 25 fév. 1722, il obtient des lettres de quinquennium du recteur de lad. Université.

Le même jour, le s' Julienne, âgé de 26 ans, est nommé par icelle sur les archevêchés et les chapitres de Paris. Rouen et Tours ; sur les évêchés et les chapitres de Chartres, Orléans. Bayeux, Lisieux, Coutances, Avranches, Évreux, Séez, Le Mans et Dol, ainsi que sur un grand nombre d'abbayes et de prieurés de ces divers diocèses.

Le 20 sept. 1725, le s¹ Julienne, pbre, demeurant à S¹ Gilles-de-Livet, fait signifier ses noms et grades aux religieux de Beaumont-en-Auge, en parlant à Dom Gabriel Papillon, prieur de lad. abbaye.

986. — Le 1ᵉʳ oct. 1725, dispense de bans pour le mariage entre M⁽ʳᵉ⁾ Léonor Achard, chev⁽ʳ⁾, seig⁽ʳ⁾ et patron de Vacognes, veuf de noble dame Françoise Dufour, fils de feu M⁽ʳᵉ⁾ Charles Achard, chev⁽ʳ⁾, seig⁽ʳ⁾ et patron du Pin, et de noble dame Marie-Antoinette Le Petit, de la par̃. de Vacognes, diocèse de Bayeux, d'une part, et noble dam⁽ˡˡᵉ⁾ Catherine Le Hure, fille de Mes⁽ʳᵉ⁾ Jean-Baptiste Le Hure, chev⁽ʳ⁾, seig⁽ʳ⁾ de Baudrouet, et de noble dame Catherine de Mauvoisin, de la par̃. de S¹ Germain de Lx.

987. — Le 14 sept. 1725, la nomination au prieuré simple de S¹ Gilles de Pontaudemer et la collation dud. bénéfice appartenant au seig⁽ʳ⁾ de Pontaudemer et Pontauthou, M⁽ʳᵉ⁾ Jean-Baptiste Danycan, chev⁽ʳ⁾, seig⁽ʳ⁾ du Pontaudemer et Pontauthou, d'Annebault et autres lieux, cons⁽ʳ⁾ du roy en ses conseils, maître ordinaire en sa chambre des Comptes, demeurant à Paris, rue S¹ Dominique, nomme à lad. chapelle, vacante par la mort de M⁽ʳᵉ⁾ Alexandre Bigot, dernier titulaire, la personne de M⁽ʳᵉ⁾ Pierre Le Trecher de Rufoville, clerc tonsuré du diocèse de Coutances, chevalier de l'ordre royal militaire et hospitalier de N.-D. du Mont-Carmel et S¹ Lazare de Jérusalem, secrétaire de Mg⁽ʳ⁾ le comte de Pont-Chartrain, ancien ministre d'État, demeurant à Paris, rue Neuve-des-Petits-Champs.

Le 25 sept. 1725, led. s⁽ʳ⁾ Le Trecher, représenté par M⁽ᵉ⁾ Simon Delauney, pbre, curé d'Appeville, dit Annebaut, diocèse de Rouen, prend possession dud. prieuré de S¹ Gilles, en présence de Dom Jacques Marsollier, pbre, prieur, chanoine régulier de S¹ Augustin ; M⁽ᵉ⁾ Pierre Deshayes, avocat au bailliage de Pontaudemer ; M⁽ᵉ⁾ Nicolas Talon, notaire aud. lieu, et autres témoins.

988. — Le 14 oct. 1725, vu l'attestation du s⁽ʳ⁾ Descalles, curé de S¹ Jouin, et du s⁽ʳ⁾ Noel, vicaire de S¹ Hymer, dispense de bans pour le mariage entre Robert Crévin, fils Robert, de la par̃. de S¹ Jouin, et Marie-Catherine Levannier, de la par̃. de S¹ Hymer.

989. — Le 3 oct. 1725, M⁽ᵉ⁾ Nicolas Greslebin, pbre, curé de S¹ Pair-du-Mont, diocèse de Bayeux, et pourvu du prieuré-cure des Monceaux, diocèse de Lx, donne sa procuration pour résigner led. prieuré entre les mains de N.-S.-P. le pape en faveur de M⁽ᵉ⁾ François Froment, pbre dud. diocèse de Lx. Fait en présence de M⁽ᵉ⁾ Jacques-Augustin Ledain, diacre du diocèse de Bayeux, et Jacques Le Belhomme, sous-diacre de S¹ Jacques de Lx. (*V.* **130, 165, 193**).

990. — Le 29 sept. 1725, M⁽ᵉ⁾ Nicolas de la Vallée, pbre, vicaire de

S¹ Pierre de Cormeilles, Mᵉ ès-arts en l'Université de Caen, fait signifier ses noms et grades aux religieux de S¹ Evroult. (V. **699, 925**).

991. — Le 4 oct. 1725, la nomination à la cure de S¹ Maclou-en-Auge appartenant au seigʳ du lieu, Mesʳᵉ Claude de Mathan, Esc⁺, chev⁺, seig⁺ et patron de Sᵗᵉ Marie-aux-Anglais, S¹ Maclou-en-Auge, Pierrefitte-en-Cinglais et autres lieux, nomme à lad. cure de S¹ Maclou, vacante par la mort de Mᵉ Nicolas Accard, pbrē, dernier titulaire, la personne de Mᵉ Jacques-Augustin Ledain, diacre du diocèse de Bayeux. Fait au manoir seigneurial de Sᵗᵉ Marie-aux-Anglais, en présence de Mᵉ Pierre Manchon, pbrē, curé du lieu.

Le 5 oct. 1725, Mʳᵉ Jean-Louis Le Chappelain, vicaire général du seig⁺ évêque, donne aud. sʳ Ledain la collation dud. bénéfice.

Le 6 oct. 1725, le sʳ Ledain prend possession de lad. cure de S¹ Maclou, en présence dud. sʳ Manchon, curé de Sᵗᵉ Marie; Mʳᵉ Jean-Joseph de Mathan, et autres témoins.

992. — Le 22 oct. 1725, dispense de bans pour le mariage entre Michel-Luc Leblanc, sʳ de Folval, fils de feu Luc Leblanc, Esc⁺, sʳ de Beaupas, et de dame Angélique Billard, de la parr. de Pont-de-Vie, d'une part, et Germaine Gravelle, de la ville de Redon.

993. — Le 27 sept. 1725, Mᵉ François Daubin, pbrē de la ville de Caen, demeurant présentement à la Boissière, Mᵉ ès-arts en l'Université de Caen, fait signifier ses noms et grades aux religˣ de Sᵗᵉ Barbe-en-Auge. (V. **874**).

994. — Le 22 oct. 1725, dispense de bans pour le mariage entre haut et puissant seig⁺ Mesʳᵉ Pierre de Tournebu, chev⁺, sire et baron dud. lieu, seig⁺ et châtelain de Livet, Mesnil-Eudes et autres lieux, demeurant à S¹ Germain-de-Livet, fils de feu haut et puissant seig⁺ Mesʳᵉ François de Tournebu, chev⁺, seig⁺ desd. terres, et de feu haute et puissante dame Marie de Guitton, d'une part, et damᵉˡˡᵉ Marie-Louise-Catherine de Faoucq, fille de haut et puissant seig⁺ Mesʳᵉ Guy de Faoucq, chev⁺, seig⁺ de Garnetot, Aupallé et autres lieux, et de haute et puissante dame Marie-Louise du Houlley, de la parr. de S¹ Patrice de Rouen.

995. — Le 28 oct. 1725, dispense de bans pour le mariage entre Mᵉ Jacques-Auguste Duchemin, avocat, fils de feu Mᵉ Guillaume Duchemin, aussi avocat, et de damᵉˡˡᵉ Marie Périer, d'une part, et damᵉˡˡᵉ Jeanne-Angélique Train, fille de feu Mᵉ Jacques Train, avocat, et de damᵉˡˡᵉ Elisabeth Hamon, tous deux de Pont-l'Evêque.

996. — Le 30 oct. 1725, dispense de bans pour le mariage entre Louis-Nicolas Morand, sʳ de la Pipardière, gendarme de la garde du roy, Esc⁺, fils de Louis Morand, sʳ de la Chesnée et de damᵉˡˡᵉ Jeanne Tiger de la parr. de Lignères, d'une part, et damᵉˡˡᵉ Suzanne de la Loé, fille de feu François de la Loé, cons.... du roy, et de dam.... Suzanne Morel, de la parr. des Champeaux.

997. — Le 30 juillet 1725, bulles de Benoist XIII qui, sur la nomination du roy, donnent à M⁰ Jacques-Charles de Heude de Pommainville, diacre du diocèse de Séez, le prieuré régulier, conventuel et électif de N.-D. de Royal-Pré, ordre du Val des Choux, sous la règle de S¹ Benoist, vacant par la mort de Dom Louis Dupuis, relig¹ profés dud. Ordre. Sa Sainteté met pour condition que led. s¹ de Pommainville prendra l'habit et fera profession dans l'Ordre de S¹ Benoit.

Le 23 oct. 1725, sur la demande dud. s¹ de Pommainville, représenté par Dom François Dujardin, relig¹ profés de Royal-Pré, M⁰ Pierre Dumesnil-Leboucher, pbre, chanoine scolaste en la Cathédrale et official de l'évêché de Lx, reçoit le serment dud. s¹ requérant, fulmine lesd. bulles (1) et autorise le s¹ de Pommainville à prendre possession du prieuré.

Le 29 oct. 1725, le s¹ de Pommainville demeurant à Paris, rue de la Harpe, représenté par M⁰ Antoine-François Bénard, pbre, curé de Banneville, diocèse de Bayeux, est mis en possession du prieuré de Royal-Pré avec toutes les cérémonies ordinaires, en présence de Dom Charles de Caumont, prieur claustral, Dom François Dujardin, Dom Alexandre-Louis Guimonneau, Dom Pierre Samson, tous relig¹ profés dud. monastère, et plusieurs autres témoins.

998. — Le 6 juin 1725, M⁰ Jean Daubin, pbre, curé de Berville-sur-Mer, donne sa procuration pour résigner sond. bénéfice entre les mains de N.-S.-P. le Pape en faveur de M⁰ Robert Miocque, pbre, vicaire de Bourgeauville.

Le 26 juillet 1725, led. s¹ Miocque obtient en cour de Rome des lettres de provision de lad. cure.

Le 13 oct. 1725, M⁰ Pierre Leboucher-Dumesnil, vicaire général, donne son visa auxd. lettres de provision.

Le 7 décembre 1725, le s¹ Miocque prend possession de la cure de Berville-sur-Mer, en présence de M⁰ Pierre Guillemin, pbre, curé de Carbec ; Jean Hommet, bourgeois de Caen ; Dom Jean-Baptiste Camus, pbre, relig¹ de Grestain ; M⁰ Charles Grandin, receveur de lad. abbaye.

999. — Le 15 nov. 1718, Jacqueline Leloutrel, v⁰⁰ de Pierre Lefrançois, demeurant à Bailleul, fonde une messe et autres services en l'église des Révérends Pères de l'Hôtel-Dieu de Lx. Cette fondation est acceptée par Ambroise Thoumin, ministre, Nicolas Lange, vicaire, Paul

(1) L'official ne fait pas mention de la condition posée par le pape, à savoir la profession religieuse du s¹ de Pommainville.

Damance, Dominique Busnot, Antoine Desjardins, Barthélemy Jean, tous pbres, et François Pollin, sous-diacre, relig* dud. couvent.

1000. — Le 26 oct. 1725, la nomination à la cure d'Equemauville, appartenant au Chapitre de Cléry par indult royal, les s* chanoines nomment à lad. cure, vacante par la mort de M* François Guillemet Des Fontaines, dernier titulaire, la personne de M* Jacques Damemme, pbre du diocèse de Coutances.

Le 10 novembre 1725, les vicaires généraux du seig* évêque donnent aud. s* Damemme la collation dud. bénéfice.

Le 13 novembre 1725, led. s* Damemme, chapelain habitué en la collégiale de Cléry, prend possession de la cure d'Equemauville, en présence de M* François Jouen, curé de S* Gatien-des-Bois, M* Pierre Fourey, pbre, vicaire d'Equemauville, etc.

1001. — Le 6 nov. 1725, la nomination à la cure du Bosc-Renoult, appartenant au seig* abbé du Bec, M** Louis de Bourbon, prince du sang, comte de Clermont, abbé commendataire de lad. abbaye, nomme à cette cure, vacante par la mort de M* Claude Buissot, dernier titulaire, la personne de M* Gilles Dorbec, pbre du diocèse de Lx. Donné à Fontainebleau, etc...

Le 15 novembre 1725, les vicaires généraux du seig* évêque donnent aud. s* Dorbec la collation dud. bénéfice.

Le 17 nov. 1725, led. s* Dorbec prend possession de la cure du Bosc-Renoult, en présence de M** Bertrand de Gyémare, pbre, curé d'Orville; M* François Lecomte, pbre, curé de Samesle; M* Jacques Lehoux, pbre dud. lieu; M* Pierre Gadopin et Guillaume de la Couture, pbres, et autres témoins. (V. **836**).

1002. — Le 1* juillet 1708, Jacques Bourgez, pbre, donne par testament au trésor de S* Martin de Bocquencey, sa paroisse, la somme de 25 livres de rente annuelle pour l'acquittement de divers services religieux, et déclare qu'il veut que l'acte soit si bien en forme que ses intentions soient exécutées jusqu'à la fin des siècles.

Le 14 avril 1716, reconnaissance du testament par l'héritier dud. s* Bourgez, en présence de M* Gilles-Armand de la Touche, Esc*, seig* et patron honoraire de Bocquencey, y demeurant.

1003. — Le 5 nov. 1725, dispense de parenté au 3* degré pour le mariage entre Claude de Maurey, Esc*, et dam*** Claude-Catherine de Maurey, demeurant l'un et l'autre en la par*. de Nonant.

Le 19 novembre 1725, dispense de bans pour le mariage entre led. s* Claude de Maurey, Esc*, s* du Plessis, fils de feu Sanson de Maurey, Esc*, et de dame Marguerite Turpin, d'une part, et lad. dam*** Claude-Catherine de Maurey, fille de feu Guillaume de Maurey et de feu dame Claude du Buisson.

1004. — Le 20 nov. 1725, vu l'attestation du s^r Duval, vicaire d'Anvillers, dispense de bans pour le mariage entre Jacques Nicolas et Anne Le Gouez.

1005. — Le 27 novembre 1725, vu l'attestation du s^r Féret, curé de Fervaques, et du s^r Aubert, vicaire de Meulles, dispense de bans pour le mariage entre Nicolas Hurel et Marie Cantrel.

1006. — Le 29 nov. 1725, vu l'attestation du s^r Jobey, vicaire de Castillon, et du s^r de la Pille, vicaire de Ste Marguerite-de-Viette, dispense de bans pour le mariage entre Nicolas Leboulanger et Marie Fleuriot.

1007. — Le 2 novembre 1725, Me Jacques Daubichon, pbrē, notaire-royal apostolique, demeurant à Lx, par̄r. St Germain, M^e ès-arts en l'Université de Caen, requiert des religieux de la compagnie de Jésus de Caen, à cause de leur prieuré de Ste Barbe, sa nomination à la cure de St Jouin, en sa qualité de gradué.

Le 10 nov. 1725, les vicaires généraux du seig^r évêque donnent aud. s^r Daubichon la collation dud. bénéfice.

Le 5 janv. 1726, la nomination à la cure de St Jouin appartenant au P. recteur du collège des Jésuites de Caen, à cause de l'union du prieuré de Ste Barbe aud. collège, le R. P. Pierre Frogerais, pbrē de la Société de Jésus, recteur dud. collège, nomme à lad. cure, vacante par la mort de Me Laurent Descalles, dernier titulaire, la personne de Me Jean-Nicolas Herrier, sous-diacre de la par̄r. de Villers, près Glos.

Le 9 janv. 1726, le seig^r évêque donne aud. s^r Herrier la collation dud. bénéfice.

1008. — Le 18 déc. 1725, dispense de bans pour le mariage entre Mre Georges-Alexandre Dufour, Esc^r, seig^r de Fosseury, du Vièvre et de Fosselieu, fils de Guy Dufour, seig^r de Fosseur, et de noble dame Françoise-Thérèse Lepotel, de la par̄r. de St Etienne-de-Lallier, d'une part, et noble dame Françoise Duquesney, v^{ve} d'Adrian-César de Bonnechose, Esc^r, de la par̄r. de St Pierre de Cormeilles.

1009. — Le 14 déc. 1725, la nomination à la cure de N.-D. de Franqueville appartenant au seig^r du lieu, Mre Jacques Bulteau, cons^{er} du roy en sa Grande Chambre de parlement de Normandie, seig^r et patron de Franqueville, Cosmeauville et autres lieux, nomme à lad. cure, vacante par la mort de Me Jean Bérenger, pbrē, dernier titulaire, la personne de Me Philippe Noncher, pbrē du diocèse de Lx.

Le 18 déc. 1725, le seig^r évêque donne aud. s^r Noncher la collation dud. bénéfice.

Le 19 déc. 1725, le s^r Noncher, curé du Breuil, pourvu de lad. cure de Franqueville, remet purement et simplement lad. cure du Breuil entre les mains de noble dame Jeanne-Philippe Bence, v^{ve} de M^{re} de la

Fond, maître honoraire des Requêtes, et dame et patronne de lad. parr. Fait à Lx, en présence de M⁰ François Marey, pbrē, et Jacques Copie, sous-diacre de St Germain de Lx. (V. **827**).

1010. — Le 24 nov. 1725, Adam-Charles Emangard, acolyte du doyenné de St Cande-le-Vieux, originaire de la ville de Rouen, demeurant actuellement à Paris, au séminaire de St Sulpice, rue du Vieux-Colombier, représenté par son frère, Claude-François Emangard, marchand, demeurant à Rouen, parr. St Pierre-du-Châtel, constitue en sa faveur 150 livres de rente, afin de parvenir aux ordres sacrés. Cette rente hypothéquée sur tous les biens dud. sr acolyte, lui provenant de la succession de son père, Claude Emangard, marchand de Rouen, est encore garantie par led. sr Claude-François Emengard et par son autre frère, Nicolas-Guillaume Emengard, aussi marchand à Rouen, rue du Bac, parr. St Cande-le-Vieil ; puis par M⁰ Guillaume Touzin, pbrē, curé et chanoine de lad. parr. de St Cande-le-Vieil, demeurant à Rouen, rue Potard.

1011. — Le 6 janv. 1726, Philippe-Thomas Duhamel, fils de Luc et d'Anne Bence, de la parr. de N.-D. de St Lô, diocèse de Coutances, rité dimissus, reçoit à Lx la tonsure et les ordres mineurs.

Le 9 oct. 1725, Mgr Léonor Gouyon de Matignon, évêque de Coutances, avait autorisé led. sr Duhamel à se faire ordonner à Lx.

1012. — Le 23 sept. 1708, Etienne Menour, fils de Mathieu et de Jeanne Legros, de la parr. de Barenton, diocèse d'Avranches, rité dimissus, reçoit à Paris la tonsure et les ordres mineurs.

Le 24 juillet 1720, led. sr Menour, acolyte, est reçu Mr ès-arts en l'Université de Paris.

Le 2 août 1710, il obtient des lettres de quinquennium du recteur de lad. Université.

Le 8 oct. 1710, il est nommé par icelle sur l'évêché et le Chapitre de Lx, et autres lieux.

Le 20 mars 1722, le sr Menour, professeur au collège de Montaigu, à Paris, reçoit des lettres de professeur septennaire du recteur de lad. Université.

Le 5 janv. 1726, led. sr Menour, pbrē, représenté par M⁰ Gabriel Cachet, pbrē, habitué de St Germain de Lx, fait signifier ses noms et grades au seigr évêque et au Chapitre de Lx.

1013. — Le 6 janv. 1726, reçurent la tonsure et les ordres mineurs :

M⁰ François-Louis Groult, fils de Louis Groult, Escr, et de dlle Marie Leydin de la Chaslerie, de la parr. de St Pierre de Jouarre, diocèse de Meaux, rité dimissus.

Pierre Frondière, fils de François-Pierre et d'Hélène-Angélique Pollin, de la parr. du Chesne.

1014. — Le 12 déc. 1725, M⁰ Pierre Tragin, pbrē, curé de S¹ Croix de Cormeilles, résigne sond. bénéfice purement et simplement. Fait et passé à Rouen.

Le même jour, M⁰ Jean-Baptiste Moullin, chanoine et archidiacre de Lx, vicaire de Mgr l'évêque d'Agde en son abbaye de Cormeilles, nomme à lad. cure de S¹ Croix, dépendant de lad. abbaye, la personne de M⁰ Philippe Dasnières, pbrē, desservant actuellement led. parr. Fait à Rouen, en l'étude des notaires apostoliques.

Le 22 déc. 1725, le seigr évêque donne aud. sr Dasnières la collation dud. bénéfice.

Le 27 déc. 1725, le sr Dasnières prend possession de la cure de S¹ Croix de Cormeilles, en présence de M⁰ Etienne Halbey, pbrē habitué aud. lieu ; Dom Luc Mahout, pbrē, prieur et bailly-syndic de l'abbaye de Cormeilles ; M⁰ François Baudouin, pbrē habitué ; M⁰ Jean-Baptiste Huard, aussi pbrē habitué ; M⁰ Nicolas Lefebvre, président en l'élection de Pontaudemer. (V. **565**).

1015. — Le 8 janv. 1726, M⁰ Philippe Deroste, pbrē, curé de N.-D. de Préaux et en outre pourvu de la cure de N.-D.-du-Pré ou du Sépulcre de Pontaudemer, dont il n'a pas pris possession, résigne purement et simplement sond. bénéfice de N.-D.-du-Pré entre les mains de M⁰ Urbain Robinet, chanoine de Rouen et vicaire général du seigr abbé de Préaux. (V. **851**).

Le 12 janv. 1726, led. sr Robinet nomme à lad. cure de N.-D.-du-Sépulcre la personne de M⁰ Jacques Lebarbier, licencié ès-droits, pbrē du diocèse de Lx.

1016. — Le 27 déc. 1706, Pierre Youf, fils de Charles et de Magdeleine Gillette, de la parr. de Cormolain, diocèse de Bayeux, reçoit la tonsure à Bayeux.

Le 4 janv. 1726, la nomination à la cure de Drubec appartenant au chapitre de Cléry, par indult du roy, les srs chanoines nomment à lad. cure, vacante par la mort de M⁰ Nicolas de la Tour, dernier titulaire, la personne de M⁰ Pierre Youf, pbrē du diocèse de Bayeux.

Le 10 janv. 1726, led. sr Youf, pbrē habitué en la collégiale de Cléry, demeurant aud. lieu, donne sa procuration pour prendre possession, en son nom, de la cure de Drubec, après en avoir requis la collation du seigr évêque de Lx.

1017. — Le 21 janvier 1726, dispense de bans pour le mariage entre Charles Dubosc, Escr, sr des Varets, chevr de l'Ordre militaire de S¹ Louis, capitaine au régiment royal d'infanterie, fils de Jean Dubosc, et de dame Magdeleine Chrétien, de la parr. de S¹ Léonard d'Honfleur, d'une part, et damlle Louise-Charlotte Thierry, fille de M⁰ Charles Thierry, sr du Buquet, consr du roy, maître des Eaux et Forêts de la vicomté d'Auge, et de dame Marie-Magdeleine Estièvre, de la parr. de Ste Catherine d'Honfleur.

1018. — Le 6 janv. 1726, la nomination à la chapelle Ste Catherine en la Cathédrale, appartenant au seigr de Combray, Messre Guy-François de Pacey, chevr, seigr de Combray, Norolles et autres lieux, demeurant en son château de Combray, parr. de Fauguernon, nomme à lad. chapelle, vacante par la mort de Mre Daniel Lefort, dernier titulaire, la personne de Mre Guillaume Véron, pbre, chapelain de St André en lad. Cathédrale. Fait et passé au château de Combray.

Le 7 janv. 1726, le seigr évêque donne aud. sr Véron la collation dud. bénéfice.

Le 17 janv. 1726, le sr Véron est mis en possession de la chapelle Ste Catherine par le ministère de Mre Dumesnil, chanoine, scolaste de lad. Eglise, en présence de Mre de Gémare, aussi chanoine, faisant les fonctions de secrétaire du Chapitre ; Mres Jacques Périer et Mathieu Lemercier, officiers douze-livres. (V. 120).

1019. — Le 7 sept. 1725, Mre Louis Menard, pbre, curé de St Siphorien du Noyer-Menard, représenté par Jacques-Nicolas Roussel, bourgeois de Rouen, donne sa procuration pour résigner sad. cure entre les mains de N.-S.-P. le pape en faveur de Mre Jean Brière, pbre du diocèse de Lx, parr. de Touquette. (V. **517**).

Le 25 sept. 1725, led. sr Brière obtient en cour de Rome des lettres de provision dud. bénéfice.

Le 21 janv. 1726, le seigr évêque donne son visa auxd. lettres de provision.

Le 29 janv. 1726, le sr Brière prend possession de la cure du Noyer-Menard.

1020. — Le 13 août 1725, Mre Louis Pecqueult, pbre du diocèse de Lx, obtient en cour de Rome des lettres de provision de la cure de St Aubin-de-Scellen, vacante par la résignation faite en sa faveur par Mre Pierre Pecqueult, dernier titulaire.

Le 19 janv. 1726, le seigr évêque donne son visa auxd. lettres de provision. (V. **928**).

1021. — Le 22 janv. 1726, dispense de bans pour le mariage entre Alexandre Noel, fils de Robert et de Catherine Gibon, de la parr. de Tourville, d'une part, et damlle Françoise-Jacqueline de Nollent, fille de feu François de Nollent, Escr, sr de Préaux, et de dlle Marie-Anne Carel, de la parr. de Bonneville-sur-Touques.

1022. — Le 12 décembre 1725, Fr. Paul-Joseph Pelvey, chanoine régulier de l'ordre de Prémontré, prieur-curé de St Martin de Bailleul, diocèse de Séez, dépendant de l'abbaye de St Jean de Falaise, et Fr. Jean-Baptiste Fortin de la Hoguette, aussi chanoine régulier de l'ordre de Prémontré, prieur-curé de S¹ Vigor de Juaye, résignent leursd. bénéfices en faveur l'un de l'autre, pour cause de mutuelle permutation.

1023. — Le 26 janv. 1726, M⁰ Jean Le Tondelier, pbrē, curé de Gonneville-sur-Honfleur, pourvu de la chapelle de S¹ Michel du Foullois en la collégiale de S¹ Mathieu, diocèse d'Amiens, donne sa procuration pour résigner sad. cure entre les mains de N.-S.-P. le Pape, en faveur de M⁰ Jean-Edouard Bourdon, pbrē habitué en l'église S¹ Maclou de Rouen.

1024. — Le 5 février 1726, dispense de bans pour le mariage entre M⁰ Georges-François Cordouen, Esc⁰, s⁰ de la Vatine, avocat au parlement de Rouen, fils de Mons⁰ Nicolas Cordouen, Esc⁰, cons⁰ du roy, auditeur en la chambre des Comptes et Aides de Normandie, et de feu dame Marie-Anne du Rozay, originaire de S¹ Jacques de Lx, et demeur⁰ à Rouen, d'une part, et dam⁰ˡˡᵉ Marie Anne de Montgouin, fille de feu M⁰ François de Montgouin, cons⁰ du roy et son procureur en la vicomté de Bernay, et de dam⁰ˡˡᵉ Marie-Anne Pottier, de la par̄. S¹ᵉ Croix de Bernay.

1025. — Le 5 février 1726, dispense de bans pour le mariage entre François Le Grand, Esc⁰, fils d'Ollivier Le Grand, Esc⁰, et de dame Anne Taillefer, de la par̄. de Quetteville, d'une part, et dˡˡᵉ Françoise Deucade, fille d'Etienne Deucade, Esc⁰, s⁰ d'Estrégy, et de dame Marguerite Vatel, de la par̄. de S¹ᵉ Catherine d'Honfleur.

1026. — Le 9 février 1726, vu l'attestation du s⁰ Lachey, desserv¹ la par̄. de Courtonne-la-Meurdrac, dispense de bans pour le mariage entre M⁰ᵉ Jacques de Parfouru, Esc⁰, fils de feu M⁰ᵉ Guillaume de Parfouru, Esc⁰, et de noble dame Anne Vauquelin, de lad. par̄. de Courtonne, d'une part, et noble dam⁰ˡˡᵉ Marie-Magdeleine Dauge, dame et patronne de S¹ Germain de Jouveaux, fille de Mes⁰ʳᵉ Louis Dauge, Esc⁰, seig⁰ de Jouveaux, et de noble dame Anne Hally, de lad. par̄. de Jouveaux. (*V.* **340**).

1027 — Le 7 juin 1723, M⁰ᵉ Pierre Dumesnil-Leboucher, vicaire général du seig⁰ évêque, donne son visa aux lettres de provision du canonicat des Chesnes, obtenues en cour de Rome par M⁰ᵉ Louis-Jean du Houlley, clerc du diocèse de S¹ Malo, chapelain de la cathédrale de Lx.

Le même jour, led. s⁰ du Houlley est mis en possession de lad. prébende des Chesnes par le ministère du s⁰ de Grosourdy, trésorier de lad. Cathédrale, en présence de Jean Graffard et de Pierre Pillon, officiers de lad. Eglise.

1028. — Le 3 oct. 1724, M⁰ Pierre-Alexandre Motaillé, pbrē du diocèse de Lx, obtient en cour de Rome des lettres de provision *per* *obitum* des deux portions canoniquement réunies de la cure de Piencourt, vacantes par la mort de Me François Formage, pbre, dernier titulaire. (V. 26).

1029. — Le 26 juin 1702, Mgr Léonor de Matignon, évêque de Lx, donne la tonsure dans l'église d'Étrépagny à Denis-François Le Neveu, fils de Denis et d'Anne Chéret, de lad. par. d'Étrépagny.

TABLE

DES NOMS CONTENUS DANS LE SECOND VOLUME

Observations diverses pour l'intelligence de cette table.

Nous avons mis d'abord dans cette table tout ce qui se rapporte à l'évêché et à son personnel, ainsi qu'à l'officialité du diocèse ;

2° Tout ce qui regarde la Cathédrale, les dignités du Chapitre, les prébendes, les chapelles, les officiers de la Cathédrale et l'officialité du Chapitre ;

3° Les séminaires ;

4° Les abbayes et les grands prieurés. Les prieurés simples se trouvent à l'article des paroisses sur le territoire des quelles ils avaient été fondés ;

5° Les exemptions de S‍t Caude et de Nonant ;

6° Les paroisses de Lisieux et de la banlieue ;

7° Toutes les autres paroisses du diocèse, placées, suivant l'ordre alphabétique, par archidiaconés et par doyennés.

L'article des paroisses donne les noms 1° des curés, 2° des vicaires, 3° des prêtres originaires de la paroisse ou y demeurant, 4° des clercs depuis la tonsure jusqu'au sacerdoce inclusivement ; 5° des patrons présentateurs, 6° des seigneurs et personnes notables de la paroisse. — Cet article contient encore les prieurés simples et les chapelles, situés sur le territoire de la paroisse, avec leurs titulaires et leurs patrons, et enfin certains renseignements particuliers à la localité.

Le (D), qui se trouve à la suite des noms de quelques ecclésiastiques, indique des prêtres qui desservent une cure sans en être titulaires.

Les noms des ecclésiastiques qui ont prétendu à des bénéfices sans avoir pu les obtenir, sont écrits en italiques.

A l'article des Seigneurs et Notables de chaque paroisse, les mots en italiques et placés entre parenthèses, sont les noms de la femme du personnage qui précède.

Lorsque dans un article les noms sont nombreux nous les avons mis par ordre alphabétique.

A l'article de la Cathédrale, nous n'avons pas indiqué les patrons présentateurs, parce que, à l'exception du doyen qui était nommé par le Chapitre assemblé, c'était l'évêque qui nommait à toutes les dignités et prébendes.

L'évêque nommait encore les trois chapelains de N.-D., les chapelains de Ste Croix (1re et 2e portions) et celui de St Ouen.

Le vicaire de Retz ou Rays était nommé par le seigneur de Baraville-la-Bertrand, et le chapelain de Ste Catherine par le seigneur de Cambray. Les autres chapelains étaient à la nomination du chanoine de semaine.

Les chiffres romains que l'on trouve dans cette table indiquent le numéro du registre des Insinuations, et les chiffres arabes le numéro que l'article occupe dans ce registre d'après notre travail.

PRINCIPALES ABRÉVIATIONS

Chr ou chevr...	Chevalier.	Messre ou Mre...	Messire.
Cte...........	Comte.	Mgr...........	Monseigneur.
Damlle ou dlle...	Damoiselle ou demoiselle.	parr..........	paroisse.
		pbre..........	prêtre.
Escr..........	Ecuyer.	Sr ou Seigr..	Seigneur.
Led...........	Ledit.	Sr...........	Sieur.
Me...........	Maître.	Vic. gl.......	Vicaire général

TABLE GÉNÉRALE
DU SECOND VOLUME

ÉVÊCHÉ DE LISIEUX

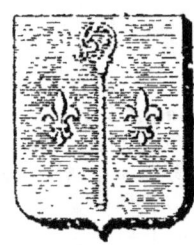

Evêques de Lisieux. — M.gr Léonor II Goyon de Matignon, évêque et comte de Lx. — Commission confiée par le pape à Sa Grandeur, X. 10. — Le seig.r évêque à Paris, IX. 1 — Sa maladie à Paris, XI. 79. — Nouvelle de sa m.rt. Règlements faits par le Chapitre à cette occasion. Transport du corps de Paris à Lx, XI. 117.

Bulle qui nomme M.gr H.-J. de Brancas à l'évêché de Lx sur la présentation du roi, XI. 209. — Le prélat est nommé vicaire capitulaire avant la concession des bulles, XI. 162. — Prise de possession de l'évêché par procureur, XI. 209. — Ordination à Lx des clercs du diocèse de Séez, XI. 394. — Ordination des clercs du diocèse de Coutances, XIII. 166. — M.gr de Brancas, abbé de St Gildas-des-Bois, XIII. 769. — Il visite en qualité de supérieur l'abbaye de Cormeilles, XIV. 144.

Evêques étrangers présents dans le diocèse. — C.-A. Le Filleul de la Chapelle, évêque et comte de Vabre, IX. 171. 532 ; X. 212, 257, 265 ; XI. 20 ; XII. 125. 148 — P.-C. de Pas Feuquières, év. et comte d'Agde, X. 72, 259, 262, 266 ; XI. 30. — Jacques de Matignon, ancien évêque de Condom, IX. 6 21, 65, 70, 80, 191, 201 ; X 15, 92, 269, 475, 478, 481, 567 ; XIV. 869.

Vicaires généraux. — L. de Matignon, IX. 343, 376, etc. et passim ; XI. 1, 14, 19, 79, 117, 214, 231, 280 ; XII. 41. Il est prieur commendataire du Plessis-Grimoult, XI. 14. Il est abbé de Lessay, XI. 231. Il est évêque de Coutances, XIV. 11. 249. — A. Le Moyne, XI. 79 ; XIII. 154. — J.-M. Hanriau, X. 569 ; XI. 79, 117. Il est évêque de Boulogne, XIV. 558, 771. — J.-J. Le Bourg des Alleurs, XI. 332 ; XIII 576 ; XIV. 105, 335, 578. — L.-H. de Romé de Vernouillet, XI. 95, 304 ; XII. 263. — P. Dumesnil des Moullins Le Boucher, IX. 201 ; X. 11, 199 ; XI. 254, 394 ; XII. 101, 135 ; XIV. 335, 796, 969. — J.-B.-A. de Brancas, XI. 346 ; XII. 51, 302, 429. Il est abbé commendataire de St Pierre de Melun, XII. 429. Il est évêque de La Rochelle, XIV. 969. — L. Le Berseur de Fontenay, XI. 310. — J.-L. Le Chap;elain, XIV. 243, 345, 454, 584, 991. — J.-B. Moullin, XIV. 144, 867.

Aumônier de l'évêque. — G. Jehanne, IX. 218, 474, 504 ; X. 49, 232, 349.

Secrétaires de Monseigneur. — J.-F. Mahiet, X. 521. — J.-E. Bernardi, XII. 189 ; XIII. 38, 212, 242. — P. Selles, XIV. 445, 452, 811, 867.

Secrétaire de l'évêché. — F. Daubin, X. 194 et passim, XI. 45, 117.

OFFICIALITÉ DE L'ÉVÊCHÉ

Officiaux. — P. Audran, IX. 57 ; X. 279, 571. — P. Dumesnil Le Boucher, X. 571 ; XIII. 518 ; XIV. 796, 997.

Vice-Gérants. — P. Dumesnil Le Boucher, X 490. — N. du Houlley, XI. 85.

Promoteur. — J.-B. Moullin, XI. 255 ; XII. 156.

Avocats. — G. Montfort, XII. 499, 571 ; XIII. 187. — G. Cachet, XI. 503 ; XII. 273, 522 ; XIII. 63 ; XIV. 978.

LA CATHÉDRALE DE Sᵗ PIERRE DE LISIEUX

DIGNITÉS DU CHAPITRE

Armes du Chapitre

Hauts doyens. — G. de Franqueville, X. 161, 250, 491 ; XI. 8, 117, 124, 194, 400 ; XIII. 215, 255, 521, 553, 596. — J.-B.-A. de Brancas, XIII. 553, 562, 576

Grand chantre. — G. de Franqueville, X. 161 ; XIII. 553.

Trésorier. — G. de Grosourdy de Marimont, IX. 2 ; XII. 528 ; XIII. 215, 255, 521, 533, 553, 596 ; XIV. 112, 215.

Chèveciers. — M. Despériers, X. 491, 512. — P. Audran, X. 512, 513, 569. — J.-M. Hanriau, X. 569 ; XI. 117 ; XIII. 553. Il est évêque de Boulogne, XIV. 771. — J.-B Richard, XIV. 771.

Claviers. — O. de Montargis, XI. 265 ; XIII. 346. — F. Daubin, XII. 139. — G. de Grosourdy, XIV. 771.

Archidiacre du Lieuvin. — L.-H. de Romé de Vernouillet, X. 525 ; XI. 55, 95, 117, 124, 304 ; XII 363.

Archidiacres d'Auge. — J.-B. Moullin, IX. 523 ; X. 518, 569, 615 ; XI. 264 ; XIII. 242, 518, 553 ; XIV. 308, 771, 867.

Archidiacres de Pontaudemer. — F. I Le Rebours, IX. 4 ; XI. 117, 124, 209 ; XIII. 293, 625. — F. II Le Rebours, XIII. 293, 335 ; XIV. 112.

Archidiacres de Gacé. — F. Cousin, IX. 3, 80. — E. Le Bas, IX. 3, 80 ; X. 161 ; XIII. 255, 553.

Scolastes. — P. Audran, X. 521. — P. Dumesnil-Leboucher, X. 521 ; XI. 124, 209 ; XII. 102, 255, 518, 553 ; XIV 939, 997

Administration du Chapitre. *sede vacante*. — Nouvelle de la mort de Mgʳ Léonor II de Matignon. Vicaires généraux capitulaires. Officialité du diocèse. Vicaires généraux pour les exemptions de Sᵗ Cande et de Nonant. Officiers pour le temporel, XI. 117.

PRÉBENDES

Le roy nomme à la première prébende vacante à la Cathédrale, 1ˢ à l'occasion du serment de fidélité prêté par un nouvel évêque, XI. 280. 319. — 2º à l'occasion de son avènement au trône, XII. 104.

Prébende des Chesnes. — L. Mahieu, IX. 346. — N. du Houlley, IX. 346 ;

X. 161, 571; XI. 8, 79. 85, 117, 124, 209; XIII. 227, 553; XIV. 249. — L.-J. du Houlley, XIV. 249, 402, 1027.

Prébende, 1re portion, de Verson. — G. de Grosourdy de Marimont, IX. 2; XI. 209; XII. 314, 528; XIII. 215, 524, 533, 553.

Prébende, 2e portion, de Verson. — O. de Montargis, X. 161, 210; XI. 8, 116, 124, 209, 265; XIII. 212, 346, 553.

Prébende de la Chapelle-Hareng.

Prébende, 1re portion, de Lieurey. — S.-C. Boulduc, XIII. 212, 284, 553.

Prébende, 2e portion, de Lieurey. — Gilbert Hébert, X. 161, 210, 528; XI. 8, 117, 124, 209, 437; XIII. 212, 553.

Prébende, 1re portion, de Crèvecœur. — C. du Thiron, X. 257; XII. 477. — L.-F. de la Planche du Ruillé, XII. 477, 528.

Prébende, 2e portion, de Crèvecœur. — F. Daubin, IX. 291, 312, 399, X. 161, 210; XI. 8, 45, 117, 124, 209; XIII. 212, 531, 553; XIV. 788. — J.-B. de Gémare, XIV. 788.

Prébende de Courtonnelle. — F. I Le Rebours, IX. 4; X. 161; XI. 117, 124, 209; XIII. 212, 255, 293, 335. — F. II Le Rebours, XIII. 293, 335. 524, 553, 626.

Prébende de St Hymer. — P. Audran, X. 573. — Jⁿ Legros, X. 573; XI. 8, 404; XIII. 337, 553.

Prébende de Formentin. — C Costard, X. 210; XI. 8; XIII. 212, 553; XIV. 935.

Prébende d'Assemont. — L. de Bonsens des Epines, X. 385. — F. de Conrtonne du Houlley, X. 210, 385, 394. — P. Baudry, X. 385, 394. — J.-J. Le Bourg des Alleurs, X. 399; XI. 8, 19, 124, 272, 332; XII. 174, 405; XIII. 58, 212, 553, 576.

Prébende de St Germain. — L. Deshayes de la Cauvinière, X. 225, 444, 490. — F. Le Bas de St Germain, X. 444, 490; XI. 8, 209, 229; XII. 6, 466; XIII. 212, 553; XIV. 115, 329, 941.

Prébende de St Jacques (THÉOLOGALE). — F. Cousin, IX. 383. — E Le Bas du Coudray, IX. 3, 81, 83; X 161; XI. 8, 124, 209; XIII 255.

Prébende de Cordebugle. — J.-M. Hanriau, X. 569, 570. — J.-B. Moullin, X. 569, 570, 615; XI. 8, 79, 110, 255, 264; XII. 204; XIII. 242, 255, 518, 553, XIV. 308.

Prébende des Loges. — P. Dumesnil des Moullins Le Boucher, XI. 117, 118, 124, 209, 254; XIII. 102, 255, 553; XIV. 939, 997.

Prébende de Pesnel. — Jⁿ Mignot, IX. 161, 210; XI. 8, 124, 209; XII. 406, 423, 528, XIII 86, 553.

Prébende de Feins. — M. Desperiers, X. 491, 507. — F. Leturc, X. 517. — J. du Bosc-Henry, X. 491. — J. Gossel, X. 502, 564. — G. Durozay, X. 507; XI. 194, 209, 437; XII. 121, 456, 518; XIII. 209, 212, 553; XIV. 22.

Prébende de Bourguignoles — P. Lefebvre, IX. 482. — Jⁿ de Vimont, IX. 244, 482; X. 109, 161, 198, 210; XI. 8, 209; XII. 10; XIII. 553.

Prébende de Villers. — F. Le Grand, IX. 313; X. 210, 279, 447, 452, 504; XI. 124, 209.

Prébende de la Pommeraye. — P. Boisnay, IX. 345. — M. Delaborne, IX. 345; X. 56. — G. Crosnier des Brières, X. 56, 210, 467. — P. Baudry d'Imbleville, X. 467. XI. 238. — J.-B.-A. de Brancas, XI. 238. — P.-C. Regnier, XI. 256. 311; XII. 147, 273. — P. Guilbault, XII. 147, 273.

Prébende de Croisilles. — C. de Franqueville. XI. 8. 117. 1. 194 ; XIII. 215. 255. 596. — P. Thillaye. XIII. 524. 553. 596. — E.-F. Ruelle. XIV. 781. — A. du Buisson. XIII. 596 ; XIV. 781.

Prébende de Surville. — A. de Mailloc. X. 161. 210 ; XI. 8. 124. 209 ; XIII. 553 ; XIV. 405. — P. Thillaye. XIV. 405. 476. 803. — G. Anger. XIV. 476. 803.

Prébende du Val-au-Vigueur. — F. Le Bas du Mesnil. X. 210 ; XII. 466 ; XIII. 212. 135. 524. 553 ; XIV. 983.

Prébende, 1re portion, de Deauville. — F.-N. Caboulet des Landes. X. 110. 210 ; XI. 8. 178. 10 ; XIII. 96. 212. 553. 562.

Prébende, 2e portion, de Deauville. — L.-H. de Romé de Vernouillet. X. 161. 210. 525 ; XI. 55. 95. 117 ; XIII. 255 ; XIV. 823.

Prébende des Vaux. — (GRANDE PÉNITENCERIE. — C. Inger, IX. 154 ; X. 161, 446 ; XI. 8. 124, 209, 343 ; XII 80 ; XIII. 212, 553 ; XIV. 806. — E. Inger, XIV. 805.

Prébende de la Pluyère. — (HAUTE-JUSTICE. X. 161, 501. — C.-F. de Montaine. IX. 312, 343 ; X. 279. 461, 501, 549, 614 ; XI. 1. — J. de Liée de Tonnencourt, X. 614 ; XI. 1, 124, 181 ; XII. 310 ; XIII. 212. — J.-E. Bernardi, XIII 212. 553 ; XIV 87, 245. — Me Boindin, XIV. 87. — N.-L. Le François de la Plesse. XIV. 245, 564.

Prébende de St Pierre-Adifs (Azifs). — F. Dubois X. 161, 191 ; XI. 212. — A. Leroy, XI. 212 ; XIII. 212, 553 ; XIV. 983.

Prébende du Val-Rohais. — C. Le Bas de Caudemonne, X. 210 ; XI. 8, 209 ; XIII. 212, 263. 553 ; XIV. 865.

Prébende du Pré. — J. de Setz. X. 161, 210, 236 ; XI. 8, 124, 209 ; XIII. 107. — J.-B.-A. de Brancas, XIII. 107, 553 ; XIV. 939. — L.-H. de Fogasse de la Bastie. XIV. 939.

1re Demi-prébende de Sous-Chantre. — Fonctions de ce bénéfice, XI. 121. — L. Bellencontre. X. 697 ; XI. 121, 307.

2e Demi-prébende de Sous-Chantre. — L. Bellencontre, X. 452, 501. 697 ; XI 121, 307. — R. Psauzer, XI. 307 ; XIII. 316. — J. de Vatteville. XIII. 190, 316, 475.

Prébende de Fresne. — PRÉBENDE VOLANTE. — M. Norgeot. XI. 264 ; XIII. 533. — J.-B. Richard, XI. 264 ; XIII. 533. 553.

Prébende d'Ecajeul. — PRÉBENDE VOLANTE. — G. de Franqueville, XIII. 553 ; XIV. 709.

Prébende du Faulq. — (PRÉBENDE VOLANTE). — Jacques Deleau, IX. 296, 385. — J. Mahiet, IX. 296, 386, 407. — F. Leture, IX. 385. 409 ; X. 134, 144, 440. 517 ; XIII. 553.

Prébende de Roques. — (PRÉBENDE VOLANTE). — J. Bourdon, XI. 357. — F. Lesaulnier, XI. 357, 368.

Prébende, 1re portion, de Toucques. — (PRÉBENDE VOLANTE). — J-B. Moullin, IX. 523 ; X. 569, 570. — J.-M. Hanriau, X. 569 ; XI. 79, 117 ; XIII. 553 ; XIV. 558. Il est nommé évêque de Boulogne. XIV. 558. — G. Duchemin. XIV, 558.

Prébende, 2e portion, de Toucques. — (PRÉBENDE VOLANTE). — F. Flambard, XIII. 553.

CHAPELLES DE LA CATHÉDRALE

Notre-Dame (1re portion). — J. Cœuret, XIV. 63. — C. Courtin. XIV. 63.

Notre-Dame (2ᵉ portion). — J. Bremond, XII. 139. — G. Bremond, XII. 139.

Notre-Dame (3ᵉ portion). — J. Millet, XI. 209.

Notre-Dame (4ᵉ portion).

Sᵗ Martin. — P. Thorel, IX. 217, 296 : X. 218 : XI. 209 : XIII. 553.

Sᵗ Ursin. — F. Senée, X. 50, 140. — M. Ricquier, X. 50, 140.

Sᵗ Etienne (1ʳᵉ portion). — N. Jardin, X. 236, 461 : XII. 71, 121. — T. Jardin, XII. 71, 121.

Sᵗ Etienne (2ᵉ portion).

Sᵗ Jean l'Evangéliste.

Sᵗᵉ Catherine. — N Lesguillon, XI. 55 ; XIII. 262. — D. Lefort, XIII. 262, 553 ; XIV. 1018. — G Véron, XIV. 1018. — Patron présentateur. *Le Seigneur de Combrey.* — C. de Parey, XIII. 262. — G.-F. de Parey, XIV. 1018.

Sᵗᵉ Magdeleine (1ʳᵉ portion). — B.-A. Athinas, IX. 2, 257. — J. Caboulet, IX. 257, 267, 140 ; X. 192, 431 ; XI. 51 ; XII. 2.

Sᵗᵉ Magdeleine (1ʳᵉ portion) ou Sᵗ Gatien. — J. Soyer, XI. 265, 270.— G.-A. Laugeois, XI. 265. — P. Soyer, XI. 270, 343, 362 ; XII. 175, 181.

Sᵗ Augustin.

Sᵗ Denis. — A. d'Erneville, XI. 209 ; XIII. 574.

Sᵗ Laurent. — C. Courtin, IX. 345, 475 ; X. 56, 140, 186, 431 ; XI. 53, 124, 209 ; XIII 255, 453 ; XIV. 41, 63, 112, 138, 208, 308.

Sᵗ Taurin. — A Morin, X. 238. — M. Vallée, X. 151, 233, 262, 481.

Sᵗ Paul *in manerio episcopali* — L.-N. Dugard de Bingeval ou Pincheval, IX. 150. — N. du Sart, IX. 150, 160.

Tous les Saints.

Sᵗ Michel. — F. Inger, IX. 176.

Sᵗ Jean-Baptiste (1ʳᵉ portion). — P. Foret, XIII 227. — L.-J. du Houlley, XIII. 227 ; XIV. 249, 308. — J.-B. Lambert, XIV. 303, 933. — C.-J. du Houlley, XIV. 933.

Sᵗ Jean-Baptiste (2ᵉ portion). — F. Le Bas (*minor*), X. 141, 490, 525.— E.-J.-B. Le Prevost de Miette, X. 525 ; XIII. 272, 435 ; XIV. 52, 329. — L Pollin, XIV. 329. 447, 877.

Sᵗ André. — G. Véron, IX 2, 257 ; X. 140 : XII. 6, 151, 289 ; XIII. 242 ; XIV. 296, 1018.

Sᵗ Thomas-le-Martyr. — A. Moessard, X. 452. — P. Pergeaux, X. 452, 461, 507, 549 ; XIII. 284. — J.-C. Morin, XIII. 284, 328, 408, 440.

Sᵗᵉ Croix (1ʳᵉ portion). — G. Couture, IX. 257, 469 ; X. 56, 140, 152, 512, 569 ; XI. 124, 209 ; XII. 273, 462 ; XIII. 227, 242 ; XIV. 112, 308, 406, 771.

Sᵗᵉ Croix (2ᵉ portion) ou Sᵗ Gilles et Sᵗ Loup ou Sᵗ Leu. — C. Bellière, IX 197, 239, 343, 469 ; X. 187, 420 ; XI. 21, 209, 505 ; XII. 181, 400, 462 ; XIII. 187. — E. Borains, XII. 462.

Sᵗ Ouen.

Sᵗ Nicolas. — G. Moisy des Cailloires, IX. 2 ; X. 115, 515, 518. — F. Pierres de la Boullaye, X. 115, 515, 518 ; XII. 511. — G. Pierres, XII. 511 ; XIII. 37, 96, 534 ; XIV. 915, 941, 983 — L.-F. Foret, XIV. 915, 941, 983.

Sᵗ Léonard. — R. Bonnissent, XI. 209, 450, 453. — P. Thillaye, XI. 450 ; XII. 309 ; XIII. 89, 454 ; XIV. 47, 239. — Gosset, XI. 453. — G. De Lafosse, XII. 6, 395 ; XIII. 72, 237.

Sᵗᵉ Agnès.

S¹ **Maur.** — G. Du Lys, XIV. 438.
S¹ **Vivien.** — D. Lefort, XIII. 262, 275. — C.-F. de Parey. XIII. 275, 407 ; XIV. 120. — F. Huet. XIV. 120. 176.
S¹ **Aignan.**
S¹ **Romain.** — F. Legrip. IX. 225. 401. 503, 512 ; X. 99. 251 ; XI. 8, 35. M. Duclos, XI. 8. — G. Odienne. XI. 28. 35. — P. Thillaye, XI. 124, 137. — P. Hauvel, XI. 437.
S¹ **Sébastien.** — J. Corset. XII. 466. — J. Graffard. XII. 466 ; XIII. 107. 212. 524 ; XIV. 245. 406. 771, 773. 783. 1027.
S¹ **Mandé.** — A. Odienne, XIV. 561. — R. Leroux. XIV. 531, 879.
Secrétaires du Chapitre. — A. Mossard, IX. 2. — G. Véron, IX. 257 ; X. 140 ; XI. 1. 117. 329 ; XIII. 553.
Vicaire de Retz. — C. Courtin. IX. 345, 475 ; XI. 53 ; XIV. 63. — Revenu de la vicairie. IX. 475.
Officiers douze-livres et autres. — L. Aubert. XIII. 107. — M. Bordeaux. X. 507, 512, 521, 569. — C. Cachet, IX. 257. 345. — C. Corset, IX. 257. — J. Corset, IX. 316. — T. Fortin, XIV. 438. — J. Graffard, X. 521 ; XI. 212 ; XII. 402. 466. — D. Lefort, XI. 209. — J.-B. Le Marchand, XI. 280. — M. Le Mercier. XIV. 1018. — Jean Le Prevost. XIV. 933. — A. Lesueur, IX. 2. — C. Lesueur. IX. 2. — P. Monseillon, XIII. 190. — J¹ Périer. XIV. 933. 1018. — J. Pigeon, IX. 346. — P. Pillon, XIV. 245, 788. 1027. — P. Renier. IX. 150. — Sacristain : M. Duclos. XI. 8 ; XII. 6 ; XIV. 189, 806. — F. Desbuissons, X. 317 ; XI. 272 ; XII. 273. — Maître de Musique : R. Leroux. X. 317 ; XI. 1 ; XII. 466 ; XIII. 275.

OFFICIALITÉ DU CHAPITRE

Juges ordinaires en la ville et banlieue de Lx et en la paroisse de Saint-Germain-de-Livet. — *Les doyens du Chapitre.* — C. de Francqueville. X. 250 ; XI. 194. 400. — J.-B.-A. de Brancas. XIII. 562.
Officiaux. — G. Durozay. XI. 194 ; XIII. 356. 523. — E. Le Bas. XIII. 263. — F.-N. Caboulet, XIII. 422. — J.-J. Le Bourg des Alleurs, XIII. 576.
Vice-gérant. — C. Le Bas. XIII. 263.
Promoteurs. — L. Mahieu. XI. 400. — F.-N. Caboulet, XI. 400.
Greffier. — J. Crochon. XIII. 523.

GRAND SÉMINAIRE DE LISIEUX

Supérieur. — J.-J. Enouf, lazariste. X. 470 ; XII. 345 ; XIV. 226. 564.
Econome. — N.... Bouillon, XIII. 129.
Prêtres du Grand Séminaire. — J.-J. Enouf, X. 470. — F. Jouen de Bornainville. XII. 342 ; XIV. 564.

PETIT SÉMINAIRE DE N.-D. DE LISIEUX

Sa situation topographique. XIV. 487.
Supérieur. — C. Robert. IX. 124 ; X. 53. 174. 114 ; XI. 49. 300. 355. 513

LES ABBAYES ET PRIEURÉS

Armes de l'abbaye de Notre-Dame de Bernay

L'ABBAYE DE NOTRE-DAME DE BERNAY
(Ordre de Saint Benoît, Congrégation de S*-Maur)

Abbé commendataire. — L. Pottier de Gesvres. XIII. 259 ; XIV. 929.

Prieurs claustraux. — M. Huvé, X. 226, 496. — J. de Proussac, XI. 373, 515 ; XII. 191. — T. Billouet, XIII. 162.

Sous-prieur. — G. Papillon, X. 51.

L'ABBAYE DE NOTRE-DAME DE CORMEILLES
(Ordre de Saint Benoît, ancienne observance)

Abbé commendataire. — P.-C. de Pas Feuquières, XII. 4 ; XIII. 371, 372 ; XIV. 117, 188.

Grand vicaire. — J.-B. Moullin. XIV. 117. 404. 565.

Prieurs claustraux. — P. Descalles. X. 105, 212. — J. Pelvey, IX. 329, 410. 461, 462 ; X. 90, 107 ; XI. 373 ; XII. 310. — C. Letellier, XII. 4. 340 ; XIII. 371. — L. Le Jumel. XIII. 371. 486 ; XIV. 106. 565. — L. Maheut, XIV. 783. 907.

Sous-prieurs. — C. Letellier. IX. 329, 461. 462, 467 ; X. 107. — L. Le Jumel. XIV. 565.

Aumônier. — L. Maheut. XII. 164 ; XIII. 427.

Infirmier. — R. Le Gendre. XIII. 427.

Baillys. — J. Edeline. XI. 301. — J.-B. Pelvey. XI. 301 ; XII. 4. — C. Letellier. XII. 4 ; XIII. 372. — L. Maheut. XIII. 372. 427 ; XIV. 1014.

Syndic. — L. Maheut, XIV. 1014.

Célérier. — L. Maheut XII. 4. 35.

Pitancier. = L. Le Jumel. XII. 191 ; XIII. 427.

Religieux. — L. Le Jumel. IX. 410. 461. 462 ; X. 107 ; XII. 128. 261. 340 ; XIII. 370. 427. — R. Legendre, X. 107 ; XII. 340. 542 ; XIII. 141. 324. 372. 427. 510. — P. Sauvalle. XII. 340. — J. Delahaye, IX. 461 ; X. 107 ; XII. 310. 408 ; XIII. 66. 372. 427 ; XIV. 404. — N. de la Gohière de Gueroult. X. 107 ; XII. 310 ; XIII. 66. 372. 427 ; XIV. 565. — P. de Grineau. X. 90. 107 ; XII. 340. — C. Letellier. IX. 329 ; X. 4. 7 ; XII. 4.

Faits divers. — Privilège de la Fierte de St Romain. XII. 340.

L'ABBAYE DE NOTRE-DAME DE GRESTAIN
(Ordre de Saint Benoît, ancienne observance)

Armes de l'abbaye de Notre-Dame de Grestain

Abbé commendataire. — C. de Lévis. XIV. 581.

Prieur claustral. — P. Descalles. XII. 1. 105. 162 ; XIII. 326. 496. 569 ; XIV. 581.

Bailly. — J.-B-I. Barbe. XIV. 795. 901.

Religieux. — N. du Houlley. XII. 59. — J.-B.-I. Barbe. XII. 105. 299 ; XIII. 68 ; XIV. 787. 795. — J.-B. Camus. XII. 105 ; XIV. 998. — C. Deville. XII. 105. — N.... Piédelièvre. XII. 105.

L'ABBAYE DE SAINT MARTIN DE MONDAYE
(Ordre de Prémontré)

Armes de l'abbaye de Saint-Martin de Mondaye

Abbé régulier. — P. Lhermite, XI. 367 ; XIII. 148, 509.
Coadjuteur. — O Jahouel, XIII. 148.
Prieur. — J.-B. Rosey, XIII. 148.
Procureur. — E. Basset, XIII. 148 ; XIV. 51.
Religieux. — J. de Saillenfest, XI. 367. 424. — R. Delauney, XII. 411. — J.-B. Fortin de la Hoguette, XIII. 142, 148, 509. — R. Selles, XIII. 148, 509. — C. De la Lande, XIII. 148. — M. Tiphaine, XIII. 148. — L. de Bedel, XIII. 148. — M. Corsonnois, XIII. 148. — L.-J. Corbin, XIII. 148.

L'ABBAYE DE SAINT-EVROULT
(Ordre de Saint-Benoît, Congrégation de Saint-Maur)

Armes de l'abbaye de St-Evroult

Abbés commendataires. — C.-P. d'Apremont et Reickeim, X. 27, 193, 512 ; XI. 77, 372 ; XII. 489 ; XIII. 518. — C. de Saint Albin, XIII. 518 ; XIV. 1, 100, 862.
Grands vicaires. — A Lemoyne, IX. 297, 305 ; X. 27, 193, 512 ; XI. 77, 511 ; XII. 217, 502. — J.-B. Moullin, XIV. 100, 862.
Prieurs claustraux — P. Chevillard, IX. 284. — J. Irrebert, X. 51, 80, 132, 409. — C. Dujardin, XII. 424. — J. d. Proussac, XIV. 801.
Célérier. — T. Durand, XII. 497.
Religieux. — J.-B. Le Barbier, XII. 135, 166. — L. Levasseur, XII. 213. — A. Marette, XII. 213. — A Donant, XII. 213. — J.-F. Mullot, XII. 213. — G. Leberger, XII. 343.
Faits divers. — Hôtel de la Croix Verte, au bourg de St Evroult, diocèse d'Evreux, XI. 318 ; XII. 343. et passim.

L'ABBAYE DE SAINT PIERRE DE PRÉAUX
(Ordre de Saint-Benoît, Congrégation de Saint-Maur).

Armes de l'abbaye de Saint-Pierre de Préaux

Abbés commendataires. — J. d'Estrées, XIII. 102. — T.-J.-F. Strickland de Sizerghe, XIII 43, 102, 152, 145, 193.
Grands Vicaires. — P.-J. Leleu, XIII. 43, 152. — U. Robinet, XIII. 493 ; XIV. 156, 105.
Prieurs claustraux. — J. Birée, IX 149, 404 ; X. 105, 212. — J. Guérin, X. 198. — R. Quimbel, XI. 473, XII. 1 ; XIII. 162. — R. Irrebert, XII. 164. — R. Rigault, XIII. 445. — G. Deneuville, XIV. 29. — P. Buriette, XIV. 899, 900, 979.
Sous-Prieurs. — J. Baudreuil, XI. 76. — R. Soyer, XIII. 118, 186.
Dépositaire. — P. Lefebvre, XII. 191.

LE PRIEURÉ DE BEAUMONT-EN-AUGE (N.-D).

Armes du prieuré de Beaumont-en-Auge

Prieur commendataire. — F.-D. Bouthillier de Chavigny, XIII. 497.

Prieurs claustraux. — T. Lefebvre, XII. 152. — J. Deslandes, XIII. 496, 497. — G. Papillon, XIV 89.

Religieux. — D. Lesueur, XII. 191, 223 ; XIII. 497. — P. Buriette, XI. 161.

LE PRIEURÉ DE ROYAL-PRÉ

Prieurs réguliers. — L. Dupuis, XIV. 997. — J.-C. de Heudé de Pommainville, XIV. 997.

Prieur claustral. — C. de Caumont, XIV. 997.

Religieux. — P. Samson, XIV. 997. — A. Guimonneau, XIV. 997. — F. Dujardin, XIV. 997.

LE PRIEURÉ DE N.-D. DU PARC (Ordre de Grandmont).

Prieur. — G. Guynot, XIII. 92. — Union de ce prieuré à la maison des Jésuites de Rouen, XIII. 92.

Religieux. — A. Alleaume, XI. 269, 295.

LE PRIEURÉ DE SAINT-CYR DE FRIARDEL (Ordre de Saint-Augustin).

Prieur commendataire. — C. Chastelain, XII. 153 ; XIV. 96, 107.

Grand Vicaire. — J.-B. Moullin, XIV. 107.

Prieur claustral. — M. Legaigneur de Bourgogne, XII. 158 ; XIII. 604 ; XIV. 96, 123, 258.

Religieux. — P. Bertrand, XII. 198 ; XIV. 107, 123, 327. — L. Duvivier, X. 393. — J. Gallot, X. 117. — F. Hébert, XIII. 141. — Le Balleur, XII. 87, 303. — J. Lecot, XIII. 440. — L. Loison, XII. 87. 303 ; XIV. 327. — R. Moullin, X. 393. — A. René, X. 393.

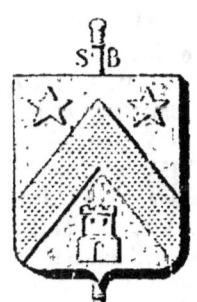

Armes du prieuré de Saint-Cyr de Friardel.

LE PRIEURÉ DE SAINTE-BARBE-EN-AUGE (Ordre de Saint-Augustin), alias SAINT MARTIN D'ECAJEUL, uni au Collège des Jésuites de Caen. (XIV. 1097. et passim.)

Prieurs commendataires. — Les Jésuites de Caen. XIV 1097. et alibi

Prieurs claustraux. — L. Davy. IX, 374. 402 ; X. 196. XI. 279. — P.-G. Mignot, XII. 14, 17, 122 ; XIV. 198. 775.

Sous-Prieurs. — M. Chaillou, IX. 374. 413. 520. — A. Callouet, XIV. 193.

Religieux. — A.-L. Aignan, XII. 324. — B. d'Angennes, IX. 413. — P. Aubert, IX. 374. — L. Beaudoux, IX. 374. — J. Dufour, IX. 374. — J.-B. de la Garde, XII. 324. — B. Gobille, XII. 324 ; XIV. 84. — N. Gombault, XII. 322 ; XIV. 84. — C.-N. Legros de la Varenne, IX, 362. 374. 413. — E. Lignot, XII. 17. — C. Louvel, XII. 17. — L. Main, XII 74. — J.-P. Peronet, XII. 324. — J. Ridé, XIII. 117 ; XIV. 157. 198. — J.-N. Thibault, XII 324.

COUVENT DES MATHURINS DE LISIEUX

Définiteur. — N. Lange, XIII. 45 ; XIV. 564.
Ministres. — A. Thoumin, XIII. 45 ; XIV. 999. — B. Marais, XIV. 564.
Vicaires. — N. Lange, XIII. 45 ; XIV. 999. — A. Thoumin. XIV. 564.
Religieux. — P. Damance. XIII. 45 ; XIV. 999. — G. Vallée, XIII, 45 ; XIV. 564. — D. Busnot, XIII. 45 ; XIV. 564, 999. — B. Jean, XIII. 45 ; XIV. 999. — F. Pollin de Boislaurent, XIII. 45 ; XIV. 999. — A. Desjardins. XIII. 45 ; XIV. 564. — M. Leclerc, XIII. 45 ; XIV. 564. — J. Dubois, XIII. 45. — J. de Bauquemare. XIV. 564. — C. Dambri, XIV. 564.

COLLÉGIALE DE SAINT-NICOLAS DU MERLERAULT

Grande chantrerie.
Trésorerie.
2ᵉ prébende. — P. Enguerrand. IX. 384. — L. Durand. IX. 384. 502 ; XII. 504.
3ᵉ et 4ᵉ prébendes. — R. Andrieu. XI. 159 ; XII. 320. — A.-J.-E. de Mézerey. XII. 320, 504.
5ᵉ et 6ᵉ prébendes.
Patron. — *Le seigneur du lieu.* — L. du Plessis-Chastillon. IX. 384 ; XII. 320.

Armes de l'abbaye royale de St-Désir-de-Lisieux

L'ABBAYE ROYALE DE N.-D. DE SAINT-DÉSIR DE LISIEUX ou N.-D.-DU-PRÉ-LEZ-LISIEUX
(Ordre de Saint Benoît)

Abbesse. — Chapelain de l'abbesse : J. Soubzlebieu. IX. 22. 248.

L'ABBAYE DE SAINT-LÉGER DE PRÉAUX
(Ordre de Saint Benoît)

Abbesses. — L. de Vaudetar. X. 79 ; XI. 79. — A.-T. de Rohan de Montbazon. XI. 79 ; XII. 1. 45 ; XIV. 29. 65. 186. 263. 864.
Religieuses. — M. de Thibouville. XII. 164. 491. — A. de Galentine. XIV. 186. 899. — M. Floquet, XIV. 186. — A. Audran. XIV. 186. — A. Tallon. XIV. 186 — M. Lerbours. XIV. 186. — M. Tostin. XIV. 186. — C. Groscin. XIV. 186. — M.-A. de la Mulle. XIV. 186. — M. Le Barbier, XIV. 186. — M. Le Boulenger. XIV. 186. — M.-A. Le Baillif. XIV. 186. — M. Lefort de Bonnebose, XIV. 186. — C de la Mulle. XIV. 186. — M. de Lange, XIV. 186. — M.-E. Hescamps d'Epreville. XIV. 186. — C.-C. d'Arnois. XIV. 186 — C. Taillet. XIV 186. — C. France, XIV. 186. — J. De Manneville. XIV. 186. — M. du Hecquet. XIV. 186. — M.-R. Le Baillif. XIV. 186. — C. de Guémené. XIV. 186. — M.-A. Villain. XIV. 186.
Chapelle de Notre-Dame et Saint-Léger. — Chapelains : J.-B. Fourreau. XIV. 187. 242. 251. — J. Thouas, XIV. 187. — L.-P. Mirey, XIV. 242. — F. Dême. XIV. 251.
Chapelle Sainte-Trinité. — P. Delarue de Fresnay. IX. 525 ; X. 2. 173. — G.-H. Levasseur. IX. 313, 323 ; X. 173. — B. Chenu, IX. 525 ; X. 2 — J. Hulin. IX. 313. 323 ; X. 173 ; XIV. 299. — G. Surirey du Hamel, XIV. 299.

Chapelle Saint-Laurent. — M. Hubert, XII. 45, 117. — A. Levaillant, XII. 45. 11" : XIV. 263. — J. Thouas, XIV. 263.
Chapelle ds Requiem. — C. Noel, XI. 120 ; XII. 54 — P. Noel. XI. 120 ; XII. 54. 117. 120.

LE PRIEURÉ DE SAINT-JOSEPH D'ORBEC
(Ordre de Saint Augustin)

Prieures. — G. Poret de Boisandré. XII. 39. 156. — M.-M. Poret de Boisandré, s' de Saint-Joseph. XII. 39, 156.

NOTA.— Pour les prieurés simples, voir l'article de la paroisse sur laquelle ils sont situés.

EXEMPTION DE SAINT-CANDE

ETRÉPAGNY (Saint Gervais et Saint Protais)

Curé. — D. Jouas, XII. 345.
Prêtre de la paroisse. — A. Jouen. XIII 117. 153.
Clercs. — A. Leroux. XII. 84. 408 ; XIII. 68. 251 ; XIV. 377. —N. Malide. XII. 299 ; XIII. 67 ; XIV. 728. — M. Bertault. XII. 300. 318 ; XIII. 69. — P.-M. Carra. XII. 408 ; XIII. 66 ; XIV. 394. — R. Nepveu, XIV. 711. — D.-F. Lenepveu. X. 534 ; XIV. 1029.
Seigneurs et notables. — D. Nepveu. XIV. 711. — J.-C. Escrognard de Fleurimont, X. 534.
Chapelle S' Martin. — Chapelains. — N... Carrey. XII. 334. — B. Prestry, XII. 334. — J.-J. Enouf, XII. 334, 344. — Patron : L'évêque de Lx, XII. 334. — Le roy, *sede vacante*, XII. 334.

PETIT-COURONNE (Saint Aubin)

. . . .

SAINT-CANDE-LE-VIEUX
(Église collégiale et paroissiale desservie par trois chanoines-curés)

Curé. — G. Touzin. XIV. 1010.
Prêtres de la paroisse. — L. Le Canu, XIII. 93 — J.-B. Leparc, X. 180.
Clercs. — R. Tassel. XI. 381. — L. Lepreux, XII. 321. — J. Lepreux. XII. 321. — P. Pasdeloup. XII. 542 ; XIV. 606. — A.-C. Emengard. XIV. 1010. — R. Bertin, IX. 425. — F. Selles. X. 294. — J.-B. Leparc, IX. 118, 490. — P. Moullin. IX. 119 ; X. 266. 270.
Seigneur. — J. du Plessis, X. 61.
Palais épiscopal à Saint-Cande-le-Vieux, XI. 326.

SAINT-ETIENNE-DU-ROUVRAY

Clerc. — R. Tassel. XII. 301.

SOTTEVILLE-LEZ-ROUEN (N.-D.)

Curés.
Clerc. — P. Duchemin. XIV. 727, 768.

EXEMPTION DE NONANT

ELLON (Saint-Pierre). — Prieuré-cure.

Curés. — R. de Baupte. XI. 367. 424. — J. de Saillenfest. XI. 367. 424.

JUAYE (Saint Vigor). — Prieuré-cure

Curés. — R. Seelles. XIII. — 118. 500. — J.-B. Fortin de la Hoguette. XIII. 500 ; XIV. 1022. — J. Pelrey. XIV. 1022.
Prêtre de la paroisse. — J. Mateley. XIII. 500.
Patron. — *L'abbé de Mondaye.* — P. Lhermite. XIII. 500.

NONANT (Saint-Martin).

Curé de la première portion. — D. Mignot. X. 347.
Curé de la deuxième portion. — N. Mabire. X. 347.
Prêtre de la paroisse. — P. Seelles *major*. XIII. 133 ; XIV. 45. 247.
Clercs. — P. Seelles. *major*. XI. 387. — P. Seelles. *minor*. X. 259. 347 ; XI. 381 ; XII. 109 ; XIV. 379. — J. Hopsores. XII. 109 ; XIII. 67 ; XIV. 391.
Notable. — J. de Seelles. X. 347.

VERSON (Saint-Germain).

Curés de la 1re portion. — J. Cosset. IX. 220. 131 ; X. 163. 397. 502. 561 ; XI. 34. 273. 453. 492 ; XII. 528. — N. du Trou de la Benardière. XII. 528 ; XIII. 85 ; XIV. 109. 125. — G. Goujet. XIV. 109. 125. 297.
Curés de la 2e portion. — C. Guerrier. XII. 528 ; XIV. 125. 297. — J.-B. Seney. XIV. 297.
Patron de la 1re portion. — *Le chanoine prébendé de la 1re portion de Verson.* — G. de Grosourdy. XII. 528.

PAROISSES DE LISIEUX ET DE LA BANLIEUE

SAINT-GERMAIN DE LX. (Vicairie perpétuelle).

Curés ou vicaires perpétuels. — R. Morin. X. 523 ; XI. 167 ; XII. 274 ; XIV. 189. — J. Le Bas. XIV. 189. 213. 599.
Vicaires. — Lefebvre. X. 237. — J. Seney. XII. 289 ; XIII. 381 ; XIV. 83. 189. 108. 192. 599.
Prêtres. — S. Bardel. IX. 91 ; XIV. 189. — J. Barrey. XIII. 272. 319. — P. Beaumais. XII. 79 ; XIV. 189. — G. Cachet. X. 523 ; XII. 274 ; XIII. 63 ; XIV. 189. — P. Chemin. XII. 18. 157 ; XIV. 189. — J. Crochon. IX. 225. 246. 673 ; X. 35. 47. 100. 127 ; XI. 56. 204. 179 ; XII. 193. 195. — J. Daubichon. X. 523 ; XII. 23. 274 ; XIV. 189. 399. 170. 867. 893. — N. Daubichon. X 523 ; XIV. 189. — N. Davy. XIV. 131. 160. 851. 917. — J. Deschamps. XI. 297. — F. Durozay. IX. 190. 207 ; X. 141 ; XI. 17. 213 ; XIII. 300. 420 ; XIV. 22. 303. 118. 884. — G. Durozay. IX. 203. 123 ; X. 141. — T. Duval. X. 132. — J. Ginon. IX. 91 ; XIV. 189. — C. Gournay. XIV. 189. — G. Greslebin. XIV. 189. — F. Huet. XIV. 130. 176. — J. Le Marquant XI. 337 ; XII. 3 ; XIV. 189. — P.-A. Lenoir. XIV. 23. 65. 190. 607. — A. Louvet. IX. 518 ; XIV. 189. 348. — F. Marey. XIV. 189. 127. 131. 816. 917. 1000. — G. Moisy. X. 115. — G. Odienne. IX. 214. 422 ; X. 119. 220. 410. XI. 2. 26. 35. — N. Passey. XI. 593 ; XII. 191 ; XIV. 399. 138. 571.

772, 779, 782, 793, 805, 816. — J. Pigeon. XII. 101. — P.-P. Ramet. XIV. 599. — G. Tasdhomme. XIV. 239. 599. — N. Vattier. XIV. 189, 339, 348, 438.

Clercs. — J. Adam. XIV. 323. — C. Aupoix. XII. 298 ; XIII. 68, 187. — L. Bosné. XIV. 869.   J¹ Copie. XIV. 100. — P. Coquerel. IX. 32. — J¹ Daubichon. IX. 931. — N. Delafosse. XIV. 691, 783, 791, 815. — J. Deschamps. IX. 31, 68, 103, 370. — F.-J.-B. Doisnel. XII. 95. — M.-A. Dubois. XIII. 571. — R. Dubreuil. XIII. 599 ; XIV. 718. — J. Dubuisson. XIII. 12, 14. — J. Du Lys. IX. 510. — R. Fauquet. XI. 385 ; XII. 91 ; XIII. 70. — N. Greslebin. X. 256, 314. — P. Hauvel. IX. 102, 117, 221, 359. — J. Houllet. XII. 301, 117 ; XIII. 69. — F. Huet. XII. 201, 302 ; XIV. 69. — F. Jouen, XII. 100 ; XIII. 66 ; XIV. 384. — J. Larosée. XIII. 384. — F. H Le Bas. X. 490. — N. Le Belhomme. XIII. 298. — G.-F. Le Dorey. X. 173 ; XI. 384 ; XII. 314. — R. Lefebvre. XII. 103 ; XIII. 377 ; XIV. 373. — F. Lhostelin. XIII. 322. — J. Mariolle. IX. 162, 363 ; X. 205. — G. Mariolle. X. 202. — L. Morin. XIII. 176. — P.-A. Morin. X. 174 ; XII. 108 ; XIII. 67 ; XIV. 375. — N. Mullot. X. 475 ; XI. 386. — N. Nicolas. XIII. 384 ; XIV. 559. — J. Rabot. XI. 384. — P.-P. Ramet. XII. 391, 423. — M. Ricquier. X. 50 ; XII. 310. — P. Rosey. XIII. 599. — F.-G. Seney. XIII. 202, 320. — J.-B. Seney. X. 265. — P. Seney. X 505. — P. Soyer. XI. 384 ; XII. 175, 302. — J. Tasdhomme, X. 474 ; XII. 18, 259. — G. Vattier. IX. 127, 260, 388 ; X. 210 ; XII. 516 ; XIV. 698. — N. Vattier. X. 90, 129, 256, 262, 481. — J.-B. Viquesnel. XII. 511.

Patron. — *Le chanoine prébendé de Saint-Germain.* — F. Le Bas. XIV. 189.

Seigneurs et notables. — J.-B. Adam. XIII. 3. (M. Poullain. XIII. 3). — G. Angot. XIV. 321. — J. Blondel. XI. 209. — F. de Bonnchose. IX. 27. (F. Courcol, IX. 27. — L. de Bonnechose. IX. 27. M.-A. de Fautereau. IX. 27. — J.-B. Boscher. XIII. 611. (J. Ricquier. XIII. 611). — P. Boscher. XIII. 611. (M. Lefrançois, XIII. 611). — M. Campion. XIII. 320. — P. Cocaigne. XIII. 196. (A. Brèard, XIII. 196). — N. Cordouen. XIII. 322. — J. Cottin. XII. 258. (J. Gohier, XII. 258). — J. Crochon. XIV. 189. — J.-B. Daubin. X. 32. — F. Daufresne. XIII. 553. — G. Daufresne. IX. 22. — J. David. XIII. 320. — G. Delanney. IX. 311. M.-M. Morin, IX. 311. — F. Dubois du Long. X. 523. (M. Dubois, X. 523). — J. Dubois. X 523. — C. Du Lys. XI. 167. (M. Lefebvre, XI. 167). — F. Du Lys. XI. 167. C. Lechien, XI. 167). — Y. Du Lys. X. 154. — E. Esmont. XIV. 184. L. Buisson, XIV. 184). — P. Formage. XII. 256 ; XIII. 59, 275, 559. — F. Formeville. XIII. 356 ; VIV. 262. G. Becquet, XIII. 356 ; XIV. 262. — G. Formeville. XII. 42 ; XIII. 356 ; XIV. 262. M.-G. Bourdon, XIII. 356 ; XIV. 262 ; M.-G. Poret, XIV. 262). — P. de Formeville. XI. 209. — E. Gannel. X. 169. (E. Lecarpentier, X. 169). — J.-B. Gohier. XIV. 127. — P. Gosset. XII. 270. (E. Lefebvre, XII. 270). — N. de Cuerpel. X. 224. — C. de Hally. XIV. 147. M. de Hally, XIV. 147). — G. Jouen de Bornainville. X. 169. (M. Gannel, X. 169). — J.-B. Jouen. X. 169 ; XIV. 384. M. De Mannerville. X. 169. — N. Jouen. IX. 30 ; X. 202. — P. Labbey de la Roque. X. 197. M. Crestey. X. 197. — P. Labbey d'Ecajeul. X. 197. C.-J. de Lambert. X. 197. — B. de Lambert de Janville. X. 197 ; XIII. 598. (J. Dubois. X. 197 ; XIII. 598). — J.-B. de Lambert de Janville, XIII. 598. L.-M. de Bonnechose, XIII. 598. — J. Lange. XIII. 176 ; XIV, 189. — A. Le Bas. XIV. 80.

83. (C. de Vallois, XIV. 80. 83). — J. Lecavelier. XII. 12. — P. Lecoq. X. 523. — P. Lecosnard, XIII. 423. — J. Le Dorey. X. 228. (M. Levavasseur, X. 228). — J.-B. Le Dorey. X. 228. (F. Tabarie, X. 228). — J.-B. Le Hure. XIV. 986. (C. de Mauvoisin. XIV. 986). — N.-F. Lemercier. XIII. 287. (C. Le Rebours, XIII. 287). — P. Lemercier. XII. 274. (S. Le Bas, XII. 274). — Ph.-F. Lemercier, XIII. 287; (A. Saradas, XIII. 287). — G. Lemonnier. IX. 22. — P -A. Lenoir. XIV. 607. — T. Le Normand. XIV. 492. (J. Du Lys, XIV. 492). — J. Le Rebours, XIII. 287. (A. Le Bas, XIII. 287). — R. Le Valois, XIV. 83. (M.-A. de Torcy, XIV). — P. de Lyée. XIV. 169. — Jacq. de Livet. XII. 240. — F. Mignot. IX. 28. (M. Paris, IX. 28). — R. Mignot. IX. 275 ; XII. 291 ; XIV. 938. — T. Mignot. IX. 28 : X. 237. (G. Bosquet, X. 28 : X. 237). — T. Morand. XIII. 529. (L. Lasseur, XIII. 539). — E. Nasse, IX. 316. — G. de la Perrelle, IX. 275. — C. Piquenot. X. 189. — J. Poësson, IX. 339. (F. Lecousteur, IX. 339). — F. Ricquier. XIV. 799. — G. Ricquier. XIV. 799. (F. Bourlet, XIV. 799). — Jᵈ Ricquier. receveur, XII. 274. 503 ; XIII. 611. (J. Panthou, XII. 503). — Jᵈ Ricquier. avocat, XIII. 603. — Jᵈ Ricquier de la Cauvinière. XII. 503 ; XIII. 408. (J.-F.-D. Le Normand, XII. 503). — Jᵈ Ricquier. échevin. XIII. 3. (M. Senée, XIII. 3). — Jᵈ Ricquier, greffier, XIII. 408, 603. — Ph. Ricquier, XII. 53 (M. Campion, XII. 53). — P. Ricquier. XII. 53. (E. Agis, XII. 53). — G. Rioult. XIII. 174. (M. Senée, XIII. 174). — J. Salerne, XII. 12. — C. Senée, XIII. 174 (A Lebourgeois, XIII. 174). — S. Senée. XII. 274 ; XIV. 189. — Jᵈ Surlemont, IX. 343 ; XI. 209 ; XII. 432 — L. Tabarie des Domaines. X. 228. (A. Leperché, X. 228). — L. Thoumin. XII. 274 ; XIV. 189, 822. (M.-A. Ameline, XIV. 189. 822). — R. Vattier. IX. 127. — J. Vimont. IX. 127. — G. Viquesnel. XIII. 50 ; XIV. 189.

Chapelle N.-D. de Pitié en l'église Saint-Germain. — Fondations de messes. X. 523 ; XII. 274.

Faits divers. — Fondation des litanies en l'église Sᵗ-Germain. XI. 331.

Situation topographique du Petit Séminaire. du Parc aux bœufs et du bureau des pauvres. sis sur la paroisse Sᵗ Germain, XIII. 437.

Hôtels. — Hôtel de la Couronne. IX. 526 ; X. 526 ; XII. 94 ; XIII. 116. 122. 273. — Hôtel du Petit Louvre. XII. 240. — Hôtel des Trois-Rois (Etait-ce sur Saint-Germain?) XI. 498.

Couvent des Ursulines. — Noms des religieuses. XIV. 113.

SAINT-JACQUES (vicairie perpétuelle).

Curé. — Ph. De la Croix, IX. 111 ; X. 283, 488 ; XI. 184, 411 ; XIII. 112. 550 ; XIV. 807.

Vicaire. — J. Paisant, XII. 483 ; XIII. 483 ; XIV. 830.

Prêtres de la paroisse. — G. Cachet, XIII 419 ; XIV. 37, 49. — J. Cousture ou Couture, XI. 142 ; XIII. 462 ; XIV. 48. 237, 483. 885. — D. Desamaison. XIV. 206. — M. Duclos, XIV. 213. — P. Hauvel. X. 179. 405 ; XI. 31. 437. — G. Le Marchand. XIII. 355. 590 ; XIV. 241, 438. — P. Le Roux. XIV. 224. 455, 561. 879. — J. Le Vallois. X. 432 ; XII. 259. — Jᵈ Mahiet. IX. 217. 296. — F. Maillet. XII. 235, 256. — L. Marette, IX. 61. — A. Morin, X. 461. — J. Morin, XIV. 428. — J.-B. Paulmyer, XIII. 79, 215, 222, 445 ; XIV. 14, 219, 240, 435. 484. 847. — G. Pierres de la Boulaye. XII. 511 ; XIV. 938. — L.-F. Poret. XIV. 236, 889, 915. — N. Touquet. IX. 454. — G. Vauquelin, XIV. 307. — M. De Villers, XIII. 488 ; XIV. 330.

Clercs. — N. Beuzelin, XII. 390; XIII. 68, 188. — M. Boscage, XIV. 533. — T. Bourdon, XI. 82. — J. Daufresne, XI. 133; XII. 85. 300; XIII. 398. — J. Delanney. X 293. — D. Desmaison. X. 12, 489. — M. Duclos, XI. 8; XII. 56, 111. — F. Geoffray. XIV. 407. — F.-J. Glasson. X. 258; XI. 145; XIII. 64. 340. — J.-B. Godefroy. XIV. 139. — A. Guillemin. IX. 165. 325. — F.-M. Guillemin, XI. 387. — P. du Hauvel, IX. 102. 117, 224. 350, 131; XI. 286. — T. Jardin. XII. 123. — J.-B. Lechantre, XI. 143, 386. — N. Legendre, XII. 392. — G. Le Marchand. XI. 384; XII. 236; XIV. 432. — J. Le Mire, XI. 247. 382; XII. 298; XIII. 68. 189. — J. Lemonnier. XII. 324; XIV. 116. — P. Le Normand, XII. 319. 110; XIII. 70. — R. H Le Roux. X. 332; XII. 512; XIII. 378. 450, 470. 458; XIV. 45. 564. 597. — L. Levavasseur. XII. 340. 520; XIII. 49, 104. — F. Maillet. X. 256. 292, 477; XI. 92. 97, 152. 193. — F.-J. Maillet, IX. 30. — P. Mézière, IX. 36. — J. Morin. X. 256, 370. 178. — N. Mullot. X. 513. — A. Paris. XII. 301, 137; XIII. 69. — J.-B. Perigot. XII. 110. 132. — L.-F. Poret. XI. 384; XII. 170. 173. 415; XIII. 69; XIV. 204. — J.-B. Robine. XII. 290; XIII. 187. — N. Touquet. IX. 69. — P. Tragin. IX. 196. 233. 283, 290. — N. Vattier. X. 99.129. 256. — G. Vauquelin. XI. 382; XIII. 64. 341. 355. — J. Viquesnel. XII. 514.

Seigneurs et notables. — L. Agis. XII. 110. (R. de Bonnechose), XII. 110. — C. Audoart de Belmont. IX. 121. — N. de Barville. X. 339; XIII. 334. F. de Griez. XIII. 334. — G. de Boctey de Villers. XI. 807. — L. de Bonnechose. XIII. 131. (C.-F. Thouinin. XIII. 131. — L. Bourdon. XIII. 365. — G.-F. Cordouen. XIV. 1024. M.-A. de Montgouin, XIV. 1024. — N. Cordouen. XIV. 1024. M.-A. Durozey. XIV. 1024. — J. Costard. XIII. 31. M.-A. Ricquier. XIII. 31. — J.-B. Costard. XIII. 31. (M. Lefebvre. XIII. 31. — F. Daufresne. X. 118; XII. 483; XIV. 533. (C. Samuel, XII. 483. — G. Daufresne. XI. 260; XII. 256. 483. 540. A. Roques, XII. 483. — F. Deneuville. X. 385; XIII. 112; XIV. 181. (M. Morin, XIII. 112). — J.-A. Deneuville, XIII. 112; XIV. 181 (F. Loisnel. XIII. 112; E. Esmont. XIV. 181. — G. Dubosc. XIII. 334. M. de Barville. XIII. 334. — C. Dumont. XIII. 364. M. Le Bedel. XIII. 364. — P. Duval. XII. 151. — C. de Fautereau. X. 188. — L. de Fautereau de Sainte-Geneviève. XI. 184. M. de Mandut, XI. 184. — A. Fornage. X. 34. — P. Foucques, père. X. 385. 524; XI. 249. (M. Morin. X. 524; XI. 249. — P. Foucques, fils. XI. 249; XIV. 370. (A. Sevey. XI. 249. — T. de la Fresnaye. X. 534. (M. Higueron. X. 534. — R. Gamare XI. 111. M. Bordeaux. XI. 111. — G. de Gémare, XIII. 339. — F. Glasson. 156, 340. (A. Coraigne. XIII. 156). — M. Gondouin. XIV. 807. (F. Chambry. XIV. 807). — M.-J.-F. Gondouin. XIV. 807. (M.-F. Diey, XIV. 807). — G. Hauvel. XIV. 822. (A.-F. Thouinin. XIV. 822. — J.-B. Hauvel, IX. 102. 221; XIV. 254. (M.-A. du Hauvel. XIV. 254. — N. Hauvel. XII. 247; XIV. 254. 822. (M. Tynant, XII. 247; XIV. 254. 822). — F. Hébert. XI. 260. — P. Hébert. XI. 260; XII. 310. — J.-C. de Hudebert. XIV. 76. (M.-T. de Nolleut. XIV. 76. — J.-B. Le Bas du Coudray, X. 283; XIII. 314. (G. Tranchet. X. 283; XIII. 311. — R. Le Bas. XIII. 314. (M.-M. de Banquemare. XIII. 314). — F. Lecoq. X. 539. (F. Delaistre. X. 539. — J. Lecoq. X. 539. F. de la Fresnaye, X. 539. — T. Legendre. XII. 252. — J. Le Mire. XIV. 918. (M. du Thiron. XIV. 918. — F. Lemoine. XIII. 539. (M.-L. Morand, XIII. 539. — R. Le Roux, XI. 260; XIV. 597. — J. Loisnel. XIII. 112;

XIV. 779, 938. (*M. Le Mesnier*. XIII. 112 ; *R. Véron*. XIV. 779. — P. Loysel. X. 543. — L. de Marine, XIV. 190, 207. — J. Le Mire XIV. 918. — R Morin, XIV. 232. (*A. Boulard*, XIV. 232). — L.-G. Moullin, XIV. 229. — S.-C. de Nocey, XIII. 341. — J⁴ Osmont, XI. 399. *A.-R. Mallard*, XI. 399). — P. Paris, IX. 28. (*J. Hébert*, IX. 28). — A.-F. Le Paulmyer de de Nemours, X. 594. (*M. de Faguet*, X. 594). — J⁴ Le Paulmyer, X. 594. (*F.-F. de Carel*. X. 594). — L. Petit de Hauteceur, XIV. 370. — C. Pierres d'Eguillon, XIV. 902. (*M. Clémenceau*, XIV. 902). — R. Pierres de la Boullaye, X. 214. (*C. Le Michel*, X. 214). — L. Poret, XIV. 262. (*G. Le Mercier*, XIV. 262). — N. Ricquier, XIV. 779. (*M.-M. Loisnel*, XIV. 779). — P. Ricquier, XIV. 779. (*M. Prallain*. XIV. 779). — M. de Seney, XI. 219. (*A. Dubois*, XI. 219). — F. de Villers, père, XIII. 488. (*A. Le Vallois*, XIII. 488). — F. de Villers, fils, XIII. 488. — R. de Villers, XIII. 488. (*M. Mouton*, XIII. 488). — F. de Vimont, XII. 528. — J⁴ de Vimont, X. 553. (*J. Levavasseur*, X. 553).

Postes, XIII. 539.

Hôtels. — Hôtel de la Belle Fontaine, X. 403 ; XII. 223, 259, 531. — Hôtel du Lion d'Or, X. 47. — Hôtel du More. IX. 251, 291.

SAINT-DÉSIR (Vicairie perpétuelle)

Curés de la 1ʳᵉ portion. — A. Odienne, IX. 538 ; X. 236 ; XIII. 99, 337, 338, 573 ; XIV. 110, 599. — J. de Soubzlebieu, XIV. 599. — G. Tasdhomme. XIV. 599.

Curés de la 2ᵉ portion. — J. Lefebvre, IX. 22, 463, 538 ; X. 1 ; XI. 15, 299 ; XII. 518. — J. Le Grand, XII. 518 ; XIII. 99 ; XIV. 599).

Vicaires. — Noncher, IX. 423. — P.-A. Motaillé, XII. 24, 363, 383 ; XIII. 79, 337.

Prêtres de la paroisse. - G. Bréard, IX. 530. — M. Thorel, XI. 359. — J. Béguin, XIII. 99. — J. Bourdenceau. XIII. 99 ; XIV. 599. — J. d'Osmont. XIII. 99. — N. Faucon, XIII. 99.

Clercs. — F. Bence, XII. 324 ; XIII. 65, 99 ; XIV. 632. — J. Bourdenceau, IX. 191. — P. Carron, X. 448. — J. Graffard, IX. 56 ; XI. 386. — J.-B. Huard, XIII. 99. — A. Le Belhomme, XII. 545 ; XIV. 673. — J.-N. Le Belhomme, XII. 324 ; XIII. 289, 298 ; XIV. 596. — N. Legendre, XI. 308. — N. Lelièvre, X. 472. — F. Nicolas, XI. 136 ; XII. 310. — J.-B. d'Osmont de Malicorne, X. 163 ; XI. 218, 248. — M. Parau, XII. 12, 410. — J. Quesnel, XIII. 99. — J. de Vatteville, XII. 298 ; XIII. 65, 475. — P. Vesque, XII. 212 ; XIV. 595.

Patron. — *L'abbesse de Saint-Désir*. — M. de Cullant, XIV. 500.

Seigneurs et notables. — F. Becquet. XI. 211 (*C. Leroy*, XI. 211). — J⁴ Becquet, XI. 211. (*M. Regnier*, XI. 201). — O. de Boessey, XIV. 110. (*C. Carrey*, XIV. 110). — G. Girard, XI. 211. (*M. Turbot*. XI. 211. — A. de Laporte, XII. 363 ; XIII. 504. (*M. de la Balle*, XII. 363 ; *M.-M. de Grieu*, XIII. 504). — R. de Laporte, XII. 363 ; XIII. 504 ; XIV. 570. (*M. de Morel*, XII. 363 ; XIII. 504 ; XIV. 570). — F. Legendre, XI. 308. — J.-F. de Malfilastre, XI. 407. (*M. de Bouffay*. XI. 467). — L. d'Osmont de Malicorne. XI. 218. (*C.-G. Le Dorey*, XI. 218). — L. d'Osmont, fils L. (?), XIII. 409. (*A. de Parisot*, XIII. 409).

Hôtels. — Hôtel du Dauphin, à Saint-Désir, XIII. 475. — Hôtel de la Croix d'Or, X. 556. — Hôtel de Saint-Christophe, IX. 250.

BEUVILLERS (Sainte Cécile)

Curés. — A. Vy. X. 57 ; XIV. 104. 115. — G. Taillaye, XIV. 104. — J.-F. Brasnu, XIV. 115, 158.
Clercs. — P.-J. Rabot, XIII. 64 ; XIV. 633. — P. Asse, 405.
Patron. — *Le chanoine de semaine.* — F. Le Bas, XIV. 115.
Seigneurs et notables. — J.-B. Collet des Boves, IX. 271. — T. Moulin, X. 462. *A. Belveil*, X. 452.

OUILLY-LE-VICOMTE (N.-D.)

Curé. — A. Jumel. X. 138.
Notable. — J. Lebugle, XIII. 13.

LA POMMERAYE

. . . .

ROQUES (Saint Ouen)

Curés. — J. de Vimont, IX. 244, 482 ; X. 100. 198. — M. Sency, X. 109, 198, 280, 461. — *A. Morin*, X. 461, 501. — J. Lefebvre, X. 501 ; XIV. 161. — J. Le Prevost, XIV. 161. 370, 438. — J. Daufresne, XIV. 370, 438.
Vicaires. — G. Roques, X. 501. — J. Deschamps, XIV. 438.
Clercs. — A. Jumel, X. 139. — R. Coudray, XIII. 178 ; XIV. 438.
Patron. — *Le chanoine de la Pluyère.* — C.-F. de Montaing, X. 461, 501. — J.-E. Bernard, XIV. 161.
Notable. — J. Rebut, X. 109, 501 ; XIV. 438.

SAINT-GERMAIN-DE-LIVET

Curés. — F. Durozey, IX. 94, 153. — J. Rohays, IX. 94, 153.
Vicaires. — J. Rohays. IX. 94. — Lecharpentier, XIV. 184.
Patron. — Le doyen du Chapitre de Lx, IX. 94.
Seigneurs. — H. de Tournebu, IX. 153 ; X. 288. — F. de Tournebu, XIV. (*M. de Guitton*, XIV. 994). — P. de Tournebu, IX. 153 ; X. 288 ; XIV. 994. (*M.-L.-C. de Faouq.* XIV. 994).

SAINT-HIPPOLYTE-DU-BOUT-DES-PRÉS

Curé. — J. Regnoult, XIV. 413.
Seigneurs et notables. — A. Hébert. XII. 258. (*J. Thiou*, XII. 258). — N. Hébert, XII. 258. (*F. Collin*, XII. 258. — F. de Tournebu, XIV. 582. (*M. de Guitton*, XIV. 582). — Jacques de Tournebu, XIV. 582. (*P.-C.-M. du Val de Bonneval*, XIV. 582.

SAINT-MARTIN-DE-LA-LIEUE

Curés. — G. *Gondouin*, IX. 24. — L. *Hérault*, IX. 24.— R. Campion, XIII. 355. — P. Toustain, XIII. 355.
Clerc. — P. Toustain, XII. 226, 453 ; XIII. 67.
Patron. — *Le seigneur du lieu.* — A. Deauga, IX. 24. — F. Deauga, IX. 24. — Y.-A. Deauga, XIII. 355.
Seigneurs et notables. — A. Deauga, XI. 233, 432. (*M. Foucques*, XI. 233, 432). — Y.-A. Deauga. XI. 233. 432. (*A.-G. de Liée*, XI. 233). — B. Deauga, XI. 432. (*C. de Coustin*. XI. 432). — N. Bouvier. XIII. 355. — J. Gondouin, X. 524. (*A. Haguelon*. X. 524). — O.-J. Gondouin, X. 524. (*A. Foucques*, X. 524).

LES VAUX (N. D.)

Curés. — A. Le Petit. XI. 112. — J. Nicolle. XI. 112. 158.
Vicaire. — N. Vattier. XI. 112. 178.
Patron. — *Le chanoine de semaine.* — C. Le Bas. XI. 112.
Seigneurs. — R. du Faguet. XIII. 131. *B. du Houlley*, XIII. 131). — A. du Faguet. XIII. 131, *F. de Bonnechose*. XIII. 131.

ARCHIDIACONÉ DU LIEUVIN

Doyenné de Bernay

Doyen. — R. Delaborne. XI. 132 ; XII. 114.

ACLOU (Saint-Rémi)

Curés. — L. Fillocques. XIV. 65. 132. — J. Delacour. XIV. 65, 132.
Vicaire. — J. Delacour. XIV. 65. 132.
Clercs. — P.-C. Gosson. XII. 543 ; XIV. 125. — C. Delapille. XIV. 667.
Notables. — J. Deshayes. XII. 409. — J.-B. Deshayes, XII. 109. M.-C. Quémin. XII. 409.

BERTHOUVILLE (Saint-Pierre)

Curé. — R. Delaborne. IX. 326 ; X. 56 ; XII. 51, 114.
Prêtre. — J. Bizet. IX. 249 ; X. 202.
Vicaires. — A. Leboucher, X. 583. — L. Fillocques. XII. 51.
Clerc. — R. Peauger, X. 583 ; XI. 102. 397.
Seigneurs et notables. — L. Morin. XII. 20. *M. de Madlet*. XII. 20. — P. Morin. XII. 20. (G.-S. *Girard*. XII. 20.

BOISNEY (Saint-Aubin)

Curés. — N. Le Portier de la Sutière, XII. 97 ; XIII. 558 ; XIV. 246. — F. Le Richomme, XIV. 246. 299. 325.
Vicaires. — J. Douche. IX. 395. — P. Salle, IX. 205. — C. Duplessis, XI. 39, 268, 180 ; XII. 161. 385 ; XIII. 82. — J.-B Brunel. XIV. 256. 325.
Prêtre de la paroisse. — A. Siard. XIV. 256.
Clercs. — R.-B. Pinard, IX. 205. — C. Pinard, IX. 205. — L. Prévost, IX. 70. — C. Delapille, XII. 323 ; XIV. 667.
Patron. — *Le seigneur de Thibouville.* — P.-C. de Lambert, XIV. 246.
Seigneurs et notables. — P. Aulné, XII. 97. *M.-A. Aubey*. XII. 97). — F. Aulné, XII. 97. (S. Pinard, XII. 97). — B. Pinard. IX. 205 ; XII. 97. — J Le Prévost, XIV. 256.

BOISSY (N.-D.)

Curé. — P. Siret, XIII. 558.
Vicaire. — Deschandelliers, XIII. 9.
Prêtre de la paroisse. — E. Lescacher, XII. 114.
Clercs. — P. Marescal, XI. 386 ; XIII. 50, 162. — Bayvel. XII. 543 ; XIV. 649. — J. Deglos, XII. 541 ; XIV. 672. — J. Périer. XIV. 524.

BRÉTIGNY (Saint Cyr)

Seigneurs. — F. de Quintanadoine, XII. 338 ; XIV. 563. (*M. Veslin*, XII.

338 : XIV. 563. — J.-B.-A. de Quintanadoine, XII. 338. (M.-L.-F. Le Tac, XII. 338.

CAMPFLEUR (Saint Laurent)

Curés. — M. Le Mercier, XIII. 146. — P. Quesnot. XIII. 146. 403. — F. Lefebvre. XIII. 403. 541.

Patron. — *L'abbé de Lire*. — P. de Pardaillan de Gondrin d'Antin, XIII. 146. 403.

CAORCHES (Saint Martin)

Curés. — C. Bertre. XIV. 336, 922. — J. Landry, XIV. 922. 926.
Vicaire. — G. Hardy, XI. 353; XIV. 335.
Prêtre de la paroisse. — Duval D. XIV. 918.
Patron. — *Le seigneur du lieu*. — P. de Foucques. XIV. 922.
Seigneurs et notables. — A. Gruel, XI. 415. .F. de Brunel. XI. 115. — J.-B. Gruel, XI. 115. M.-G. Escallard, XI. 415). — N.-J. Morisse, X. 285 ; XII. 428. — P. de Foucques. X. 285. — F. de Foucques, XIV. 335. — F. Hardy, XIV. 918. M. Advenel. XIV. 918. — J. Hardy, XIV. 918. (C. Le Mire. XIV. 918.

CARSIX (Saint Martin)

Curés. — F. Barrois. X. 531 ; XI. 189, 390 ; XII. 422. 482. — J. Vigney. XI. 189, 390 ; XII. 155, 239. 240. — J. Barrey, XI. 189, 390 ; XII. 155. — R. Queudeville, XII. 422, 482.
Vicaires. — R. Tournel ou Tourmel, X. 531. — J. Hudoux, XI. 189, 503 ; XII. 1). 182 ; XIII. 302.
Clerc. — P.-C. Dufay. XII. 339. 482.
Patron. — *Le seigneur du lieu*. — C.-G. du Fay. XI. 189 ; XII. 422. — Le Chapitre de Lx *ob devolutum*. XI. 189, 390).
Seigneurs et notables. — C.-G. du Fay, XIII. 302.—L.-J. du Fay, XII. 182. — G. Jacques, XII. 182.

COURBÉPINE (Saint Martin)

Curé de la 1re portion. — G. Crosnier des Brières. IX. 57 ; X. 56.
Curés de la 2e portion. — J. Mérouze, X. 56. — M. de la Borne. X. 56. 86.
Réunion des deux portions, X. 86.
Vicaires. — P. Bernays, X. 56. 86. 103. — Morard, XIII. 279. — David, XIV. 98.
Prêtres de la paroisse. — J. Douche. X. 56. — C. Lecordier, X. 56.
Clercs. — C. Nourry. X. 56. — R.-E. de Prye, XIII. 125 ; XIV. 348. 785. — P. Lesueur, XIV. 959.
Patron. — *Le seigneur du lieu*. — L. de Matignon, X. 56.
Seigneurs et notables. — C. Dommey, XIII. 279. D. de La Pierre, 279. — F.-L. Le Blond, XIII. 567. (A. de Boisgruel, XIII. 567). — N. Le Blond. X. 56. — P. Marquet. X. 56. — C.-A. de Matignon, X. 86. — J.-B.-L. de Matignon, X. 86. — L. de Matignon, X. 56. — A. de Prye. XIII. 125. (J. de Serres, XIII. 125 . — L. de Prye. XIII. 558 ; XIV. 348.

COURCELLES (Sainte Magdeleine)

Curé. — F. Le Mercier, X. 395 ; XI. 103 ; XIII. 146.
Clerc. — M. Le Mercier, XIII. 146.
Seigneurs. — N. de Garencières, X. 395. M. de Mocomble, X. 395 ; XI.

103. — P.-J. de Garencières, X. 395 ; XI. 103. (C.-S. de Barrey. X. 395 ; M. de Rassent. XI. 103.

DURANVILLE (Saint Ouen)

Curés. — J.-B. Bucailles. XIII. 123, 457.—F. Fourquemin. XIII. 457, 525.
Prêtre de la paroisse. — P. Bayeux. XIII. 525.
Clerc. — P. Bayeux. IX. 16.
Seigneurs. — G.-J. de Bellemare, IX. 441 ; XIII. 615 ; XIV. 921. *M. Rousseau*, IX. 441 ; XIII. 615 ; XIV. 921). — F.-H. de Bellemare, IX. 441. (*F.-A. Le Viconte*, IX. 441.—F.-G. de Bellemare, XIII. 615. (*C. Colvée de la Vantelle*. XIII. 615). — C.-F. de Bellemare, XIV. 921. (*M.-A. Duhamel* XIV. 921).

FAVEROLLES (N.-D.)

Curés. — A. de Mézières. X. 577. — J. de Mézières. X. 577 ; XI. 80, 118 ; XIII. 171, 792.
Patron. — *Le seigneur du lieu.* — L.-A. de Mézières, X. 577.

FOLLEVILLE (N.-D.)

Curé. — T. Danguin. XI. 182 ; XIII. 525.
Vicaire. — F. Fourquemin, XIII. 457, 525.
Clercs. — G. Bayeux, IX. 516 ; X. 202, 556 ; XII. 524, 531. — F. Fourquemin, 525.
Notable. — J. Monseillon. XII. 289.

FONTAINE-LA-SORET (Saint Martin)

Curés de la 1re portion. — J. Chagrin. IX. 215, 481. — F. Richomme. IX. 215, 481 ; X. 230.
Curés de la 2e portion. — J. Benoult. IX. 367. — J.-L. de Seran, IX. 367. — F. Richomme. IX. 481.
Réunion des deux portions. X. 230.
Curés. — F. Richomme, X. 230 ; XI. 134 ; XIV. 246, 256, 325. — J. Sevrey, XIV. 325.
Vicaires. — L. Prevost. XII. 66 ; XIII. 2. — F. Legrip. XIII. 216, 412. — L. Prevost (*secundo*) XIV. 256. — P. Vesque, XIV. 325.
Patron. — *Le seigneur du lieu.* — P.-C. de Lambert. IX. 215, 357 ; X. 230 ; XIV. 325.
Notables. — F. Quemin. XII. 469. (*L. Lecarpentier*, XII. 469). — J. Duthil. XIII. 2.
Ecole tenue par le vicaire. X. 230.

FRANQUEVILLE (N.-D.).

Curés. — J^s Bérenger. X. 87 ; XIV. 1009. — P. Noncher, XIV. 1009.
Clerc. — P. Lecomte, XII. 42, 302.
Patron. — *Le seigneur du lieu* — J. Bulteau, XIV. 1009.

HECQUEMANVILLE (Saint Just).

Curés. — J. Sehier. XI. 16, 61, 64, 132, 152 — N. de la Fanouillière. XI. 16. — A. Porée, XI. 61. — P. Desvaux, XI. 61, 303. — F. Maillet, XI. 92, 152 ; XII. 235, 256 ; XIII. 105. — J. Dehors, XI. 303, 325 ; XII. 235, 256 ; XIII. 105. — L. de Bellemare. XI. 64, 132 ; XIII. 24 ; XIV. 827.
Vicaire. — Noncher (D.). XII. 222.
Prêtre de la paroisse. — L. de Bellemare (D). XI. 132.

Patron. = *Le seigneur de la Chapronnière.* — L. de Caulincourt, XI. 16. — *Le seigneur du lieu* — A. de Bernart. XI, 61 ; XII. 235. — J. Bulteau, XI. 64. — L'évêque de Lx *par dévolu*. XI. 92.— Le roy *(ob litem* XI. 152.
Notables. — C. du Plessis, XI, 132. — R. Rogeron, XI. 132.

MALOUY (Saint Pierre).

Curés. — F. du Thiron, X. 54, 79. — J. Thouas, X. 79. — J. Morand, X. 106 ; XII. 270, 333. 535.
Vicaire. — P. Morand, XI. 13, 123.
Prêtres de la paroisse.— J. Grimont, IX. 364. — P. Rocher ,D,, X. 106.
Patron. — Patronage en litige et prétentions de l'abbesse de Préaux. X. 79.— Le roy *(ob litem)*, X. 54, 106.

MENNEVAL (Saint Pierre).

Curés. — J.-B. Héroult, IX. 297, 364. — C. Simon, IX. 364 ; XI. 398.
Vicaire. — Lautour, XIII. 110.
Clerc. — F. Dozeville, XIII. 381.
Patron. — *Le seigneur du lieu.* — F.-P. de Brèvedent, IX. 364.
Seigneurs et Notables. — N... de Malleville, XIII. 110. (*F. Dumoulin*, XIII. 110). — M. Fleury. X. 121, 462. (*M. Marescal*, X. 462). — C. Fleury, X. 462. (*F. Moulin*, X. 462).

MORSAN (Sainte Trinité).

Curés. — P. Deshays, XIII. 317. — C.-C. Marette de la Garenne, XIII. 317 ; XIV. 920.
Prêtres de la paroisse. — Alleaume. XIII. 123. — F.-A. Lefrançois, XIII. 317 ; XIV. 920.
Clercs. — F.-A. Lefrançois. IX. 317 ; X. 23. — J.-M.-J. de Sens de Morsan, X. 475.
Patron. — *Le seigneur du lieu.* — J.-M.-L. de Sens, XIII. 317.
Seigneurs et Notables. — A. de la Mondière, X. 20. — F. de la Mondière, X. 20 ; XIII. 317. — C. Delamare, XIII. 317. — J.M.-J. De Sens. XIV. 920.

NOTRE-DAME-DE-LA-COUTURE

Curés. — F. Leroy, IX. 341 ; XIII. 165, 277 ; XIV. 929. — G. de la Noe, XIV. 929.
Vicaires. — J -B. Desplanches, XI. 412 ; XIII. 25, 108. — J. de la Noe. XIII. 376 ; XIV. 336, 929.
Prêtres de la paroisse. — L. Foucques, XIV. 593. — C. Le Cornu, XIV. 929. — L.-F. Legaigneur, XIV. 683, 929. — P. Lemarchand, XIV. 929. — J. de la Noe. X. 121. — N. Pilet, XIV. 369. — C. de Villers, X. 18.
Clercs. — I. Bosquet, XII. 298 ; XIII. 68, 599 ; XIV. 364 — J. Deshays, XIV. 725 — J.-B. Desplanches, XIV. 300. — F.-A. Dirlande, XIV. 958. — L.-A. Dirlande. XII. 323 ; XIV. 020. — J.-F. Foucques. XIV. 354. — F. Gattier, XIV. 343, 958. — G. Gosselin. XI. 380 ; XII. 411 ; XIII. 198. — P. Hardy, X. 127. — T.-G. Hardy, IX. 392. — C.-J Hayer, XI. 384 ; XII. 283. 301 ; XIII. 70. — C. Lecarpentier, XIV. 716. — L. Lecoq. IX. 310. — A. Le Gallois, XII. 541 ; XIV. 675, 786. — M. Leprevost, IX. 138. — N. Pilet, XII. 300, 127. — A. Pitard, XI. 382 ; XIII. 64 ; XIV. 593. — C du Rouvray, XII. 303 ; XIV. 120.

Patron. — *L'abbé de Bernay.* — L. Pottier, card. de Gesvres, XIV. 929.

Seigneurs et notables. — M. Bence, XI. 113. *M. Périer*, XI. 413. — J. Chanu, X. 18. — J. Cauche, XII. 475. — R.-A. Desperroys, IX. 143. *M. de Guerez*, IX. 143. — A. Dalalde, père, XIV. 257. *H. Leperost*, XIV. 257. — A. Dalalde, fils, XIV. 257. *A. Querrey*, XIV. 257. — R. Dupuis, X. 127, 199, 327. *M. Martinel*, X. 327. — A. Foucques, père, XIV. 284, 929. *C. de Courcelles*, XIV. 284. — A. Foucques, fils, XIV. 284, 354. *A.-T. Barrey*, XIV. 284. — J. Foucques d'Orville, X. 214. *M. Lemarchand*, X. 214). — M. Foucques, IX. 341. *M.-M. Vadtier*, IX. 341. — N. Foucques, X. 214. *A. Pierres de la Boullaye*, X. 214. — P. Foucques, IX. 341. *M.-M. de Louvey*, IX. 341. — C. Gasnier, X. 118. — J. Gazot, X. 503. — G. de Givry, XIII. 165. — R. Gosselin, X. 18 ; XII. 284, XIII. 168. — N. Gueroult, père, XIV. 244. *A. Allard*, XIV. 244). — N. Gueroult, fils, XIV. 244. *M.-A. Pocquet*, XIV. 244. — F. Hardy, X. 127. — G. Hardy, X. 127, 199. *S. de Varin*, X. 127, 199. — H.-G. Hardy, X. 127. 199. — C. Hayer, XII. 284. — O. Jouen, XIII. 277. *L. Fantron*, XIII. 277. — A. Jouvin, XIII. 193. — C. Le Bertre, XIV. 929. — P. Lecarpentier, XIV. 334. *C. Leprey*, XIV. 334. — R.-P. Lecarpentier, XIV. 334. *J.-M. Le Blond*, XIV. 334. — F. Legaigneur, XIII. 323 ; XIV. 964. — A.-R. Le allois, XIV. 675. — L.-N. Léveillé, XIV. 929. — N. Nauclet, XIV. 572. *F. Lefebvre*, XIV. 572. — N.-N. Nauclet, XIV. 572. *M.-A. Remy*, XIV. 572. — J.-F. Panthou, XII. 284. — A. Pivalle, XIV. 958. — C. Querrey, XIV. 257. — J.-F. Vochelet, XIV. 929.

PLAINVILLE (Saint Saturnin).

Curés. — J. de Mézières, IX. 23, 93 ; XI. 89, 119, 135, 169, 234. — J. Caou, XI. 119, 135. — J. O. Jouen du Marais, XI. 169, 234, 305.

Vicaire. — C. Regnier, X. 334 ; XIII. 171.

Prêtre de la paroisse. — C. Gosson, XIII. 1270.

Clerc. — N. de Bonnechose, XII. 311.

Seigneurs et Notable. — J.-B. de Bosc-Henry, IX. 505. *(M. de Guénet*, IX. 506). - F. du Bosc-Henry, IX. 505. *M.-A. Despériers*, IX. 505.

PLASNES (Saint Sulpice).

Curés de la 1ᵉ portion. — C. Renault, IX. 212, 236, 181 ; X. 278 ; XII. 124. — L. Secard, XII. 124, 149, 368, 479 ; XIII. 102, 558. — M. Barrey de Montfort, XIII. 558 ; XIV. 38.

Curés de la 2ᵉ portion. — A. Thurct, IX. 212. — D. Secard, IX. 212, 236 ; X. 576 ; XI. 187 ; XII. 114, 124, 149, 296, 341, 368. — N. de Bonnechose, XII. 311, 368. — A. Siard, XII. 368, 479. — J. Buschard, XII. 479 ; XIII. 330, 331, 530 ; XIV. 38.

Réunion des deux portions. — CURÉ. — M. Barrey de Montfort, XIV. 38.

Vicaires. — R. Bucailles, X. 373 ; XI. 16. — Cocquerel, XIII. 8. — L. Levasseur, XIV. 38. — L. Hue, XIV. 225.

Prêtres de la paroisse. — J. Foucquemin, IX. 236. — J. Gaigner, D. XII. 114, 149, 368. — Batard, D., XIV. 38.

Clercs. — C. Levavasseur, XII. 73 ; XIII. 570. — J.-B. Le Bret, XII. 479 ; XIV. 510. — J.-B.-F. Gaignel, XII. 95, 114, 265, 347. — L. Parent, XII. 95.

Patron. — *Le seigneur du lieu.* — M.-A. de Prye, IX. 212. — L. de Prye, XII. 124, 311, 479 ; XIII. 530, 558 ; XIV. 38.

Seigneurs et notables. — N. de Bellemare. XIV. 235. — H. de Guércy ou Querrey. XII. 179. — C. de Guérey. X. 278. M. de Varin, X. 278. — P. Laignel, XIV. 803. C.-T. Bélin, XIV. 893. — F.-B. Laignel. XIV. 803 (F.-A. Fourquemin, XIV. 803. — G. Laignel, XIV. 346. — J. Chefdrue. XIV. 346. A. Levain, IX. 236. — L. Levain, IX. 236. — A. Macduit. XII. 368. — O. Morin. IX. 231. — P. Morin, X. 278. M. de Varin, X. 278. — L. Parent. IX. 236; XII. 368. — H. Pottier. X. 10. — A.-A. de Prye, X. 576. J. de Serres. X. 576. — L. de Prye. X. 576. A. de Berthelot, X. 576.

BOTES (Saint Pierre et Saint Paul).

Curés. — P. Regnoult. XI. 184; XII. 66. — P. Leroy, XI. 184; XII. 66; XIV. 121.

Vicaire. — C. Salerne. XI. 368; XII. 66; XIII. 25; XIV. 121.

Patron. — Le seigneur de Falance(?). — P.-C. de Lambert, XI. 484.

SAINTE-CROIX-DE-BERNAY

Curés. — F. Lochet du Carpon. IX. 146; XI. 412. 463. XIII. 110. 259. — J.-F. Hélix, XIII. 259. 273. 347. — G.-A. Laugeois, XIII. 273, 347, 595. 690. — P. Gouet. XIII. 595. 690; XIV. 226. 227. — G. Jehanne. XIV. 226. 227. — J. Le Prevost. XIV. 227. 370.

Vicaires. — M. Dubusc. X. 43; XII. 358; XIII. 2. (D. 239. 277, 347. 392. 699); XIV. 98. 227. — M. Aubry. XIV. 227. 452.

Prêtres de la paroisse. — A. Aubry, XIII. 259, 347, 690. — R. Bonhomme. XIII. 259. 347. 690; XIV. 227. — M. Chauvel. XIII. 259. — J. Corbin. XII. 159. 384; XIII. 57. 211. 246, 410; XIV. 28. 203. 436. 883. — M. Dubusc. IX. 364. — F. Hubert. XIII. 259, 347, 690; XIV. 227. — C. Jacques. XIII. 347. — S. Ledagu. IX. 212. 369. — J. Le Lingnel. XIII. 317, 690. — J. Le Prevost. XIII. 259. 347. 690. — M. Lieuvin, XIII. 347. — A. Mullot. XIII. 347. — J. Pecqueult. XIII. 347. — J.-B. Piquenot. XIII. 347. — P. Vauchel. XIII. 359. 347. 690; XIV. 227.

Clercs. — J. Aubry. IX. 8. — J. Bayvel. XIII. 259. 347; XIV. 954. — M. Barrey de Montfort. XII. 390. 438; XIII. 269. 276. 558. — C. Bart ou Bare. XII. 383; XIV. 691. — R. Bucailles. IX. 14; XIII. 68; XIV. 654. — J. Burel. XIII. 389. — P. Chappey. XIII. 561. — T. Chappey. XI. 382. — J. Corbin, X. 29, 222. 226, 265. 616; XII. 159, 384. — J. Corbin. XII. 321; XIV. 227. 502. — G. Cosnard. X. 92. — J. Deshays. XIV. 227. — I. Dossin, XIV. 961. — J.-B. Dubusc, XII. 514. — P. Fleury, XIV. 227. — J.-F. Fouques. XI. 380; XII. 111; XIV. 354. — G.-G. Gautier. XII. 95; XIV. 227, 382. — P. Gueroult, XII. 213. — J. du Hayer, XIV. 227. — L. Jacques. XIV. 145, 227. — J.-O. Jouen. XI. 169, 175, 383, 386; XII. 255. — J. Landon. X. 484. — N. Leblond, XIV. 121. — H. Lelanois. X. 549. — L. Lefebvre. XII. 112. — P. Le Mercier, XI. 382; XII. 110; XIV. 353. — M. Lieuvin. XII. 38, 393. — F.-J. Morisse, X. 285. — J. Oursel, XIV. 367. 702, 905. 912. — F. Périer. IX. 207. 265. 481. — J. Picquet. IX. 70. — J.-B. Piquenot. XI. 382; XII. 110; XIV. 355. — J. Sehier. XIV. 227, 686. — P. Sehier. X. 16. 293. — C. Selles, XIV. 485. — P. Vauchel, X. 421, 578.

Patron. — L'abbé de Bernay. — L. Pottier, card' de Gesvres. XIII. 259.

Seigneurs et notables. — A. Barrey de Montfort, IX. 14; X. 207, 285; XIV. 284. 452. (M. d'Arsac, XIV. 284. 452. — S. Bart ou Bare, XIII. 259. — M. Bence, père, XI. 463. (M. Périer, XI. 463. — M. Bence, fils, XI. 463. (M.-M. Fleury. XI. 463. — F. Bethan, XIV. 462. M. de Groscol,

XIV. 462. — E. Bravet, XIII. 347. — J₁ Bréant, père. IX. 143. (*M. Guibert.* IX. 143. — J₁ Bréant, fils. IX. 143. *M. Desperroys.* IX. 143). — F. Champion, X. 121. — L. Corset, XIII. 259. — L. Desmonts, XIV. 227. — P. Dossin. XIII. 323 ; XIV. 931. *L. Advenel*, XIII. 323. — F. Duclos. IX. 178. (*M. Chanu*, IX. 178. — J. Duclos du Hamel. IX. 178. (*R. Chagrin*, IX. 178. — C. Fleury, X. 462. *F. Moullin*, X. 462. — M. Fleury, X. 462. 550. (*M. Le Marescal.* X. 462. — J₁ Foucques. XIV. 396. *M. Lemarchand*, XIV. 396. — J₁ Foucques, XIV. 396. (*L. Turpin.* XIV. 396. — C. Hayer, XIII. 277. (*M. du Rouvray.* XIII. 277). — M. Hayer, XIII. 277. (*M.-C. Jouen*, XIII. 277. — R. de Huldebert, XII. 428. — R. Ives. XII. 428 ; XIV. 959. — J. Jouen, XI. 413 ; XIII. 160. (*C. Lechantre*, XI 413 ; XIII. 160. — O. Jouen. XII. 255. — R. Jouvin, XIV. 227. — G. Ledanois, XII. 358. (*C. Le Mercier*, XII. 358. — L. Ledanois, X. 540. — R.-L. Ledanois. X 540. — T. Ledanois, XII. 358. *A.-M. Lécillain*, XII. 358. — J.-S. Lejardinier. XII. 428. — A. Le Maistre, X. 43. — F. Michel. XIV. 902. (*A. Jouvin*, XIV. 902). — J.-F. Michel, XIV. 902. *M.-A. de Pierres*, XIV. 902. — F. de Montgouin, XIV. 1024. *M.-A. Pottier*, XIV. 1024. — F. de Montreuil, XII. 255. — N.-J. Morisse, X. 207, 285. — J. Mullot, XIII. 110. — E.-R. de la Noe, X. 670. — J.-F. Panthou, XIII. 198. — C.-P. Pellard. XII. 255 ; XIII. 347 ; XIV. 227. — G. Perrot. XII. 359. (*M. Serré*, XII. 359. — S. Pinard, X. 205. — F. Piquenot. XIV. 355. — J. Planque. XIV. 227. — J. Rivière, X. 205. — J.-B. de la Rocque, père, XIV. 180. *C. Deshays*, XIV. 180. — J.-B. de la Rocque, fils, XIV. 180. (*J.-F. Thoumin*, XIV. 180. — G. Tulou, XIV. 462. *M. Aubry*, XIV. 462. — J.-B. Tulou, XIV. 462. (*M. Bethan*, XIV. 462. — L. Turpin, XIV. 396. (*M. Motte*, XIV. 396). — P. Vallée du Boulley, XIII. 2. (*M. Despérie's*, XIII. 2. — P.-J. Vallée. XIII. 2. (*M.-A. Duthil*, XIII. 2).

Frères pénitents du tiers-ordre de Saint-François. — Ministre. — André de S¹ François, XIII. 54. — Religieux. — S. de S¹ Gabriel, XIII. 54. — J. de S¹ François, XIII. 54.

Congrégation de Notre-Dame. — Noms de religieuses. XIV. 119.

Chapelle Saint-Michel de Montmillon. — Chapelains. — G.-N. Lévesque, XIV. 823. — J₁ Legrand, XIV, 823, 927.

Patron. — *L'abbé de Bernay.* — Le cardinal de Gesvres, XIV. 823, 927.

SAINT-LÉGER-DU-BOSCDEL.

Curé. — C. Quesnel, XIII. 558.

SAINT-MARTIN-LE-VIEUX ou des CHESNAIES
ou SAINT-MARTIN-DU-TILLEUL.

Curés. — L.-N. Brontin, XI. 182. — J.-B. Couppey, XI. 182 ; XII. 102.
Vicaire. — J.-B. Couppey, XI. 182
Patron. — O.-J. Le Filleul, XI. 182.
Seigneurs et notables. — L.-G. Le Filleul, XI. 182 ; XII. 531. — O. Le Filleul, XII. 102. (*L.-A. de Bellemare*, XII. 102). — O. J. Le Filleul. XII. 102. (*M.-M-J. de la Hogue*, XII. 102. — J.-B. Brontin, XI. 182. — N. Escallard. XI. 415.

SAINT-NICOLAS-DU-BOSC-L'ABBÉ

. . . .

SAINT-VICTOR-DE-CHRÉTIENVILLE

Curés. — P. de Courtonne-Le-Neuf, X. 205. — P.-J. Le Bas de la Cambe.

X. 205, 408. — F.-L. de Beaurepaire. X. 408; XI. 376; XIII. 331; XIV. 819, 917. — G. Hardy, XIV. 917, 922.
Vicaires. — J. Landry, IX. 418; X. 408. — Desmares, XIII. 327.
Prêtres de la paroisse. — G. Hardy D), X. 71, 408. — I. Gasnier, XIV. 917.
Patron. — *Le Seigneur du lieu.* — G. de Montenay-Le-Neuf, X. 205, 408; XIV. 917.

SALERNE (Saint-Cyr)

Curé. — L.-C.-A. de Bellemare, XII. 312; XIV. 350.
Vicaire. — L' de Bellemare, XI. 130.
Prêtre de la paroisse. — J. Sement, XI. 130.
Clercs. — J. Delacour, XI. 129, 132. — J¹ Le Mire, XI. 130, 132. — J. Bérenger, XII. 299. — J² Talbot, XIV. 935. — G. Duplessis, IX. 65, 126, 281.
Seigneurs. — J¹ Le Mire, XI. 130. — J.-B. Le Mire. XI. 130. — C.-A. Le Crix, XII. 331; XIV. 350. (*M. de la Masure*, XII. 331. — M.-S. Le Crix; XII. 331; XIV. 350. (*M. Semiot*, XII. 331; *M. de Lamazou*, XIV. 350. — G. Duplessis, IX. 126.

SALERNE (Saint-Pierre)

Curés. — G. Dumayne, XI. 128; XIV. 250. — L. Delamare, XIV. 250, 264, 294.
Vicaire. — G. Motte, XI. 128; XIV. 264, 283.
Prêtre de la paroisse. — J. Le Gouhier, XII. 461.
Clerc. — J. Valmont, XII. 299; XIII. 68; XIV. 300.
Patron. — *L'abbé de Préaux.* — U. Robinet, vic. g¹, XIV. 250.

SERQUIGNY, aliàs CERQUIGNY (N.-D.)

Curés de la 1ʳᵉ portion. — H.-P.-L. de Corday, IX. 168; XI. 183, 198, 314; XII. 37. — J.-F. Ledanois, XII. 37; XIII. 261; XIV. 121. — C. Salernes, XIV. 121.
Curés de la 2ᵉ portion. — L. Talbot, XII. 37; XIII. 261, 622. — R.-F. Lebis, XIII. 622.
Vicaire. — P. Beaumesnil, XII. 37; XIII. 261.
Prêtre de la paroisse. — F. d'Aché. XII. 37.
Clerc. — J. Dufay, IX. 279, 534; X. 24.
Patron de la 1ʳᵉ portion. — *Le seigneur du lieu.* — P de Malortie, XII. 37. — E. de Malortie, XIV. 121. — Le roy (*ob tutelam*), XIV. 121.
Patron de la 2ᵉ portion. — *Le seigneur du lieu.* — Le roy (*ob tutelam*), XIII. 622.
Seigneurs et notables. — G. de la Sauvagère, XII. 65. (*M. de Bonnel*, XII. 65). — Guillaume de la Sauvagère, fils. XII. 65. (*M. Cauches*, XII. 65). — P. du Nepveu, XII. 109. (*M. Le Boctey*, XII. 109). — A. du Nepveu. XII 109. (*A.-M. Viquelin*, XII. 109). — N. d'Horneville, XIII. 261. — C. Marguerite, XIV. 121.
Personnat de Cerquigny. — N.... d'Aché. XIII. 261. — L. Deuve des Valass s, XIII. 261. — Patron. — *Le seigneur du lieu.* — Le roy (*ob tutelam*), XIII. 261.

LE THEIL-NOLLENT, dit parfois LE TINOLLENT (Sainte Colombe).

Curés. — N. Legrand, X. 533; XII. 51. — L. Fillocques, XII. 51.
Vicaires. — J. de Montgoubert, XII. 51. — P. Piperel. XIV. 635.

Clercs. — P. Duval. X. 256. 533. — G. Deschandeliers. XII. 41.
Patron. — *L'abbé du Bec.* — R. de la Rochefoucault. XII. 51.
Seigneurs et notables — P. de Malleville. IX. 18. — L. de Malleville. XII. 51. — F. Pépin, X. 534 ; XII. 51. — J. Millet. XII. 51.

LE TILLEUL-FOL-ENFANT (Saint Germain, ou Saint Laurent, XII. 531).

Curés. — F. de Boisdelaville, XI. 172 ; XII. 531. — F. J. Morisse. XII. 531 ; XIV. 335. — G. Hardy. XIV. 335. 917. — P. Hardy. XIV. 917. 922.
Patron. — *Le seigneur du lieu.* — E.-R. de Marles. XII. 531 ; XIV. 335. 917.

VALAILLES, alias VALLAGES

Curé — G. Froger. X. 108 ; XIII. 525. 558.
Vicaire. — Scelles. XIV. 370.
Clercs. — N.-M. Leblond. XII. 543 — N.-F. Scelles. XII. 546 ; XIV. 646.
Notables. — N. Froger, 359. M.-T. Bénard. XIV. 370.

Doyenné de Cormeilles

Doyen. — J. Levavasseur. XI. 113, 326 ; XII. 350 ; XIII. 335.

AUTHOU (Saint Aubin).

Curé. —J. Bisson, XIV. 98.
Prêtre de la paroisse. — J. Vigné, XI. 189.

BAILLEUL (N.-D.).

Curés. — R. Simon, X. 195. — N. Elie. X. 195 ; XIII. 143.
Vicaire. — Tabur. X. 116. D. 195.
Prêtre de la paroisse. — N. Benoist. XIV. 41. 456.
Clercs. — N. Benoist. XII. 410. 426 ; XIII. 70, 270, 451, 459. — G. Olondes, XI. 382 ; XII. 408 ; XIII. 67 ; XIV. 350. — F. Vauquelin, XI. 581 ; XII. 410, 439. — N. Vauquelin, XIV. 710. 818.
Patron. — *Le seigneur du lieu.* — L. Asselin. X. 195.

CAUVERVILLE (Saint Nicolas).

Curés. — J. Le Carpentier, X. 519 — M. Lechevallier. X. 519 ; XII. 172. — L.-P.-F. Duhamel. XII. 172, 245, 340, 486. — L. Pinchon, XII. 486. 488 ; XIV. 486. — J. Lagniel, XIV. 486.
Vicaire. — P. Foucquier. XI. 326, 401.
Prêtre desservant. — C.-L. Loutrel. XIV. 486.
Patron. — *Le seigneur du lieu.* — L. Bertout. XII. 172. 486 ; XIV. 486.

LA CHAPELLE-BAIVEL. — Prieuré-cure. – (Saint Martin)

Prieurs-curés. — L. Madeline. XIII. 172. — J. Madeline. XIII. 172.
Vicaires. — C. Picquet. XI. 401 ; XII. 92. — M. Présey. XIII. 172. 357. — Le Bedel. XIV. 179.
Clerc. — G. Euricult. XIV. 152, 734.
Patron. — *L'abbé de Belle-Étoile.* — P. de Villelongue. XIII. 172.

LA CHAPELLE-BÉQUET

Curés. — M. Lemoyne, XIV. 298. — A. Jouen, XIV. 298..
Vicaire. — A. Jouen, XIV. 298.
Clercs. — N. Lefebvre, X. 355, 362, 390. — ..-A. Donnet, XII. 170, 468 ; XIII. 65 — A. Jouen, XIV. 103. — J. Donnet, XIV. 947.
Patron. — *Le seigneur du lieu.* — L. Duboso, XIV. 298.
Notables. — J. Mesnier, XIV. 298. — A. Pipart, XIV. 298.

CONDÉ-SUR-RILLE (Saint-Martin)

Curé de la 1ᵉ portion. . . . .
Curés de la 2ᵉ portion. — F. Fouzey, XIII. 139, 182. — N. Lefebvre, XIII. 139, 182, 235.
Vicaire. — P. Aussy, XIII. 235.
Etablissement de forges, X. 327.

CORMEILLES (Sainte-Croix)

Curés. — P. *Varennes*, IX. 198. — P. Tragin, IX. 209, 467, 511 ; XIV. 103, 238, 263, 469, 565, 1014. — P. Dasnières, XIV. 1014.
Vicaire. — N. Davy, IX. 299.
Prêtres de la paroisse. — N. Davy, IX. 377. — F. Baudouin, IX. 309, 377, 467 ; XIII. 371, 427 ; XIV. 1014 — P. Dasnières, XIV. 565, 1014. — E. Halley, XIV. 1014. — J.-B. Huard, XIV. 1014. — N. de la Vallée, XIV. 925. — J. Auger, IX. 299.
Clerc. — N. De la Vallée, XIII. 528, 548 ; XIV. 699.
Seigneurs et notables. — P.-A. de Bonnechose, XI. 9. (M.-M.-M. *Lucas*, XI. 9.) — N. Lefebvre, XIV. 1014.
Chapelle-prieuré de Sᵗ Firmin et Sᵗ Fiacre. — Prieurs : G. Badouet, IX. 329, 377. — J.-B. *Lesept*, IX. 377. — C. Letellier de Vauhbert, IX. 329, 467 ; XIII. 371. — L. *Le Jumel*, XIII. 371. — L. Maheut, XIII. 371.
Prêtre desservant le prieuré. — F. Baudouin, 377, 467.
Patron. — Les religieux de Cormeilles, IX. 329, 377. — *L'abbé de Cormeilles*. — P.-C. de Pas Feuquières, XIII. 371.

CORMEILLES (Saint Pierre)

Curés. — J.-R. Blondel, XI. 155, 224. — J. Blondel, XI. 155, 224 ; XII. 215, 500 ; XIII. 372 ; XIV. 404.
Vicaires — Pellerin, IX. 262. — E.-A. Halley, IX. 511 ; X. 277 ; XI. 415, 464 ; XII. 215. — J. Monseillon, XII. 372, 617. — J.-B. Chippel, XIV. 301, 344, 564, 774. — N. De la Vallée, XIV. 925, 940.
Seigneurs et notables. — J.-B. Blondel, XIII. 372. — P. Blondel, XIII. 372. — A.-C. de Bonnechose, XIII. 557 ; XIV. 1008. (F. *du Quesné*, XIII. 557 ; XIV. 1008.) — G. de Nollent, père, XI. 457. (G. *de Bellemare*, XI. 457). — G. de Nollent, fils, XI. 457. M. *Godard*, XI. 457. — A.-F. Le Paulmyer, XIII. 372. — J. Le Paulmyer, XII. 247. (H. *Hauvel*, XII. 247). — N. Le Paulmyer, XII. 247 ; XIV. 222. (M. *de Nocey*, XII. 247 ; XIV. 222).

CORMEILLES (Saint Sylvestre)

Curés. — M. Ricquier, XIV. 404, 565. — C. *Lepellier*, XIV. 404, 565. — P. Tragin, XIV. 565.
Vicaires. — Ferey, X. 286. — N. Benoist, XIII. 459 ; XIV. 44, 344, (D) 404, 565, 566, 870.

Clercs. — P. Dasnières. X. 256, 358, 478. — L. de Vauquelin. XI. 185 ; XIV. 352

Patron. — *L'abbé de Cornevilles.*—J.-B. Moullin, vic. g¹. XIV. 404, 565.

Seigneurs et notables. — J. d'Angerville, X. 527. (F. Poret. X. 527. J.-B. d'Angerville, X. 527. M.-A. de Bellemare, X. 527. — B. Le Guestier, XI. 447 ; XII. 19 ; XIII. 374, 427. C. Regnouard, XII. 19. — J. Vata. XIV. 404. — C. de Vauquelin. XIV. 352.— L. de Vauquelin de la Brosse, père, X. 286 ; XIV. 352. (C. Anglement, X. 286 ; XIV. 352. — L. de Vauquelin, fils, XI. 185. — P. de Vauquelin, XIV. 352.

ÉPRÉVILLE-EN-LIEUVIN (Saint-Pierre)

Curés. — J. Legentil, XII. 153. — L. Frémont, XII. 153. 188. 216, 291 ; XIV. 782. — G. Gosselin, XIV. 782.

Vicaire. — P. Marescal, XII. 551 ; XIII. 50, 162, 221, 431 ; XIV. 16, 192, 431, 782, 840, 907, (D 919.

Prêtres desservants. — G. Hue, XII. 188, 291. — Marescal. XIV. 919.

Clerc. — R. Loysel, IX. 383 ; XII. 188, 291 ; XIII. 433.

Seigneur et notable. — G. du Mesnil, XIV. 919. (M.-A.-C. Dumaine, XIV. 919. — R. Letellier, XII. 188.

FRESNE (N.-D.)

Curé. — N. Guerbette, XI. 337.

Clercs. — P. Monseillon, XI. 203, 385 ; XII. 407, 411. — J. Monseillon, X. 258, 596 ; XI. 386 ; XII. 88. — A Monseillon, XII. 324 ; XIII. 65 ; XIV. 629. — N. Faucon, XII. 411. — J. Mattard, XII. 543 ; XIV. 662.

Seigneurs et notables. — P. du Neveu, XI. 337. (M. Lecarpentier, XI. 337. — P. du Neveu, fils, XI. 337. (M. Le Précost. XI 337. — J. Monseillon, X. 596 ; XII. 407 ; XIV. 629.

FRESNEUSE (Saint-Ouen)

Curés. — J. Gamare. X. 444, 470. — J. Briosne, X. 444, 470 ; XII. 219. — P. Nicolle, X. 470.

Vicaires. — J. Briosne, X. 444, (D) 470, 495. — J.-I Letellier, XII. 134.

Patron. — *L'évêque d'Avranches.* — R.-F. de Querhoent de Coetanfao, X. 470, 495.

Notable. — P. Louis, X. 495.

GIVERVILLE (N.-D.)

Curés. — J.-B. Ledanois, X. 43 ; XIII. 317 ; XIV. 181. — F. Dilloys, XIV. 181.

Vicaire. — Delamare, XIII. 610.

Prêtre de la paroisse. — R Delamare, XI. 449.

Clercs. — C. II de Giverville, IX. 279, 535. — C.-I. de Giverville, X. 219. — A. de Giverville, XIII. 164, 317. — C.-C. Marette de la Garenne, IX. 278 ; X. 20.

Patron. — *Les Chartreux de Gaillon*, XIV. 181.

Seigneurs et notables. — L. de Giverville, IX. 77, 279 ; X. 219 ; XIII. 164. (C. Fleury, IX. 77 ; XIII. 164). — L. de Giverville, fils, IX. 77. (A. de Pierres, IX. 77). — C. Marette, X. 20, 219. — P. Aubey. XIV. 181.

HEUDREVILLE (Saint-Pierre)

Curés. — P. de Bertoult, X. 281 ; XI. 326. — L.-F. de Bertoult, XI. 326, 378 ; XII. 339 ; XIV. 486, 867.

Vicaires.—P. de Préfontaine-Scelles, XII. 291, 188 ; XIII. 433, 619 ; XIV. 15, 217. — J. Roussel, XIV. 907.

Prêtres de la paroisse. — P. Hardy D , XI. 326. — J. Lecoq, XI. 326. — L. Pinchon. XI. 326 ; XII. 186. — J. Duval, XII. 488.

Clerc. — J. Duval, XI. 100, 385 ; XII. 302, 420.

Patron. — *Le seigneur du lieu.* — L. Bertoult, XI. 326.

Seigneurs et notables. — C. de Bertout, ou Bertoult, XIV. 888. (M.-M. du Hauvel, XIV. 888). — C.-F. de Bertout, X. 281 ; XIV. 186, 888. M.-F. Le Paisant, X. 281 ; XIV. 888. — D.-L. Bertout, X. 274, 381 ; XI. 326 ; XII. 330 ; M.-A. Bertout, X. 274, 281). — L' Bertout, X. 281 ; XIV. 867. M.-M. Aubry, X. 281). — L. Desperiers, XIV. 867. — C. Henriot de Lestre, XIV. 867. — J.-B Poullain, XIII. 619. (M. Laurent, XII. 619).

JOUVEAUX (Saint-Germain)

Curés. — J¹ Blondel, IX. 209 ; XI. 155, 221 ; 433 ; XII. 215, 417, 500. — J. de Courseulls, XII. 509.

Vicaires. — F. Halbout, IX. 456 ; XI. 104, 356, 433. — J. Monseillon. XII. 215, 297. 509. — G. Cordouen, XII. 512.

Clerc. — G. Dauge. XI. 381 ; XII. 512.

Patronage alternatif *entre les seigneurs du lieu.*—L. Dauge, XII. 509.

Seigneurs et notables. — N.... Dauge, XII. 297. (F. Toustain, XII. 297). — F. Dauge, XII. 297. (M de Calmesnil, XII. 297). — G. de Dauge, XIV. 310. (S.-E. de Tholmer, XIV. 310). — P. de Pierres, IX. 77. (C. Lambert, IX. 77).

LA LECQUERAYE (Saint Jean)

Curé. — J. Levavasseur, XI. 326 ; XII. 339 ; XIII. 235, 385.

Prêtre de la paroisse. — Desmares D , XIII. 463.

Seigneurs et notables. — C. Levavasseur, IX. 182. 365. (G. Cambette, IX. 182. 365). — D.-C. Levavasseur, IX. 182. (A. de Vitrouil, IX. 182). — J¹ de Vitrouil, IX. 182 ; XII. 19 ; XIII. 385. 397. (A. Aupoix, IX. 182 ; XII. 19 ; XIII. 397). — C.-J. de Vitrouil, XII. 19. L. Le Guestier, XII. 19). — F. de Vitrouil. XIII. 397. (B. de Livet. XIII. 397).

LIEUREY (Saint Martin)

Curés de la 1ʳᵉ portion. — F. Hémery, IX. 324. — J.-B. II Hémery, IX. 324 ; XI. 101 ; XII. 160. — J¹ Hémery, XII. 160, 260. — P.-A. Lenoir, XII. 199. 260.

Curés de la 2ᵉ portion. — J¹ Hémery, XIV. 160. 199, 255. — J. Boissière. XIV. 255.

Vicaires. — G. Quersent ou Guersent, XIV. 160, 260, 302. — J. Boissière. XIV. 255.

Prêtres de la paroisse. — G. Guersent. IX. 324. — J.-B. II Hémery. 324. — C. Duval, X. 47. — L. Courel, XIV. 160, 302.

Clercs. — J. Pépin, XI. 91. — M. Quesney, XII. 545. — L.-C. Loutrel. XII. 515 ; XIV. 611. — J.-B. Boissière, XIV. 255. 659. — J.-F. Ledanois. X. 139. - E. Quesney, X. 166.

Patron de la 1ʳᵉ portion. — *Le chanoine de la 1ʳᵉ portion de Lieurey.* — S.-C. Boulduc. XIV. 160.

Seigneurs et notables. — L. Clouet, X. 139 ; XIV. 255. — N. Furet, IX. 324. — J.-B. de Garsault. XIV. 557. (C. Le Munier, XIV. 557). — S. Ledanois, XIV. 255. — A. Millet, IX. 324 ; XII. 512. — P.-N. du Moucel. XIV. 557. (M.-. F de Garsault, XIV. 557). — M. Quesney, IX. 324. — A. du

Ramier. XIV. 794. M.-A. Edeline. XIV. 794. — M. du Ramier. XIV. 794. F. Chouet. XIV. 794.

LIVET-SUR-AUTHOU (N.-D.)

Curés. — L. Haudard, XII. 27. 118. 129 ; XIV. 316. — G. Couture. XIV. 302. 316.

Vicaire. — G. Gondouin. XIV. 58.

Prêtre de la paroisse. — G. Gondouin. XIII. 559.

Clerc. — P. Rioult. XII. 118.

Patron. — L'évêque de Lx. XII. 27. XIV. 316.

Seigneurs et notables. — N. Rabeaux. XII. 118. — L. Hervieu. XIV. 316. — C.-C. de Bois-Thierry. XII. 141.

MORAINVILLE (Saint Ouen)

Curé. — M. Gondouin. XI. 104.

Vicaires. — Aussy. XI. 223. — Bazin. XII. 370. — Guillemin. XIV. 111.

Prêtres de la paroisse. — A. Pecqueult. IX. 231. — G. Devin. XII. 251.

Clercs. — F. Boulot. XI. 374. — M. Cauvin. XIV. 729. — G. Regnier. XIV. 712. — A. de Folleville. X. 123. 212. — B. Boudin. X. 123.

Seigneurs et notables. — C. de Pecqueult. XI. 223 (A. Delamare, XI. 223. — F. Ledevin. XIV. 565.

NEUVILLE-SUR-AUTHOU (N.-D.)

Curés. — F. Julien. IX. 276 ; X. 349. — Y. Huet. X. 349. — R. Vauquelin. X. 349 ; XII. 169.

Vicaire. — J. Racine. X. 349.

Prêtre de la paroisse. — J. de Montgoubert. X. 349.

Clercs. — F. Lecomte. IX. 104. — A. Racine. IX. 93. 131. 183.

Patron. — Litige entre l'abbé du Bec, R. de la Rochefoucauld, et le seigr de Neuville. F. Racine, X. 349. — L. de Bourbon, abbé du Bec, XII. 169.

Seigneurs et notables. — A. Barbot. X. 349. — M.-A. de Bellenare. X. 349. — I. Girard, XII. 29. A. M. Girard, XII. 29. — P. de la Lende. X. 349. — J.-G. Racine du Tremblé. X. 349. — M.-A. Racine. IX. 276. A. Girard, IX. 276. — P. Racine du Tremblé, IX. 93. 131. 276 (C.-P. de Chastoy, IX. 131. 276.

NOARDS (Saint Germain)

Curé. — J.-B. de Liée de Belleau. XI. 223.

Vicaire. — Bucailles. IX. 252.

Clercs. — C.-P. Pains, XI. 384 ; XII. 109. XIII. 67 ; XIV. 283.

Seigneurs et notables. — P. Pains. XIV. 383. M. de la Houssaye. XIV. 383. — J. de la Houssaye. X. 349. — J. de la Houssaye de la Mailladière, fils François, IX. 252. F. Lullier, IX. 252. — F. de la Houssaye. IX. 252. C. du Halley, IX. 252.

LA NOE (Saint Ouen)

Curés. — L. Aveline. IX. 114. — J.-C. Aveline. IX. 74. 114 ; X. 223. 231. — A. Lefort. X. 223. 231. XI. 408 ; XIV. 598.

Vicaire. — A. Lefort. X. 223. D. 231.

Prêtre desservant. — J. Desmares. IX. 114.

Clercs. — A. Mangard. IX. 114. X. 223 ; XII. 52. — G. Anfrie. XIV. 512.

Patron. — *L'abbé du Bec.* — R. de la Rochefoucauld. IX. 74.
Seigneurs. — J¹ de Livet. IX. 114 ; X. 123 ; XII. 52 ; XIII. 397 ; XIV. 970. *M. de Thirel.* XIII. 397. — B. Durand. IX. 114. — P. Maugard. X. 223.

N.-D.-D'ÉPINES

Curés. — N. Delamare. XII. 271 ; XIV. 920. — F.-A. Lefrançois de Billy. XIV. 920.
Patrons. — *Le seigneur du lieu.* XIV. 920. — *Le roy ob litem.* XIV. 920.
Seigneurs et notables. — A.-F. de Bernière. XIV. 920. — A. Lecomte. XIV. 920.

LA POTERIE-MATHIEU (Saint-Pierre)

Curé . . . .
Vicaires. — J. Dubreuil. X. 223 ; XI. 408 ; XIII. 321 ; XIV. 5. 409.
Clerc. — A. Le Boullenger. IX. 100.

SAINT-BENOIT-DES-OMBRES

Curés. — N. Jouette. IX. 353 ; X. 509 ; XI 71. — G. Derostes. X. 509 ; XI. 71. 449 ; XII. 5. — *B. Delamare,* XI. 449.—G. Deglos. XI. 449 ; XII. 5 ; XIII. 610.
Clerc. — Ph. Duclos, XIII. 197 ; XIV. 525.
Notable. — J.-B.-G. de Montgoubert. IX. 353.

SAINT-CHRISTOPHE-SUR-CONDÉ

Curé. — P. Biouquier, VII. 83.
Vicaire. — P. Aussy. XIII. 139.
Clercs. — G. Leclerc, XII. 544 ; XIV. 548. J. Rozer (?). XIV. 498.
Seigneurs et notables — C. de Pillon. XII. 83 (*M.-.*). *Ribault du Mesnil.* XII. 83. — C.-B. de Pillon, XII. 83. *M.-C. Absolu?* XII. 83.

SAINT-ETIENNE-L'ALLIER

Curés. — P. Letellier. X. 75. 112, 120. — P. Barbe, X. 75. 142, 160 ; XIII. 139. 235.
Vicaires. — P. Barbe, X. 75. 142. 160. — N. Lefebvre, VII. 20 ; XIII. 139. — G. Ollondes, XIV. 970.
Prêtres de la paroisse. — G. Gourd, X. 75, 164, 208. — P. Aussy, X. 6. 122, 176.
Clercs. — J. Aussy. XIV. 724. — P. Delabarre. XIV. 970.
Seigneurs et notables. J. Dufour, XII. 351 ; XIII. 396. *L. de Malleville.* XII. 351 ; XIII. 39. — G. Dufour, XIV. 1008. *F.-T. Le Patel.* XIV. 1008. — G.-A. Dufour. X. 75, 491 ; XIV. 970 1008. *C. Duquesnay,* XIV. 1008. — P. Dufour. XIV. 970. — R. Dufour XIV. 970. — L. Morin. XII. 351. *M. Dufour.* XII. 351. — R. De la Barre, XIII. 396. *E. Dufour.* XIII. 396.

SAINT-GEORGES-DU-MESNIL

Curés. — A. Dumaine. XII. 261. 265. 287. 319. 404. G. Perrot. XII. 261. — J.-F.-B. Laignel de la Vassière. XII. 265, 287 404. G.-R. Le Normand du Buschet. XII. 319. — L. Godfroy, II. 561. N. Fanouillère. XII. 281.
Vicaires. — P. Le Prévost. X. 223 ; XI. 271. 284. 309. D. Trousseauville. D. XIII. 11.
Patrons. — *Les seigneurs du lieu* .... — J.-F. de

Trousseauville. XII. 264, 349. — F.-P. Belin, XII 347. — L. de Caulincourt, XII. 281.

Seigneur. — J.-F. de Trousseauville. XII. 349. (N. *Deschamps*. XII. 349).

SAINT-GEORGES-DU-VIÈVRE

Curés. — Deschamps, XIII. 177. — L. de Hudebert, XIII. 177, 230. — L. Baslier, XIII. 230. 257, 474. — P.-F. Hesbert, XIII. 474.

Vicaire. — G. Derostes, X. 560.

Prêtres de la paroisse. — C. Monpellier, (D) XIII. 257. — J. Foutel. (D). XIII. 385. 474. — R. Cabaret, XIII. 474. — A. Lecordier, XIV. 923.

Clerc. — M. Guerrier, XIV. 511.

Patron. — *L'abbé du Bec.* — L. de Bourbon, XIII. 177, 230.

Seigneurs et notables. — L' du Valpoutrel, XIII. 385 ; XIV. 346. *(G. Allorge.* XIII. 385 : XIV. 346 . — J. du Valpoutrel, XIII. 257. 385. (A. *Vitrouil,* XIII. 385 ; J. *Laignel,* XIV. 346). — L. Baillehache, XIII. 257.

SAINT-GERVAIS-D'ASNIÈRES

Curés — A. Le Vellain du Marduval, X. 116 ; XI. 241. — A. Prévost, XI. 241.

Vicaires. — Vattier. X. 115. — A. Prévost, XI. 241. — Levillain, XI. 419. — R.-C. Pinel, XIII. 143.

Prêtre de la paroisse. — A. Asse. XI. 241.

Clerc. — F. Bellenger, IX. 352 ; X. 201, 262.

Patron. — *Le seigneur du lieu.* — F. de Carrey. XI. 241.

SAINT-GRÉGOIRE-DU-VIÈVRE

Curés. — J. Lecharpentier, XI. 71, 444. 458, 465 ; XII. 5. — G. Deroste, XI. 444. 458. 465 ; XII. 5, 16, 434.

Vicaires. — G. Deroste, XI. 71., 444 ; XII. 5. — J. Duval, XIII 433.

Patron. — *Le seigneur du lieu.* — M.-C. Voisin, XI. 444, 465.

Seigneur. — A.-C. de Bonnechose, XIII. 557. *(F. Du Quesney,* XIII. 557 .

SAINT-JEAN-D'ASNIÈRES (Prieuré-cure) et son annexe la chapelle Saint-Eustache

Curés. — U. Larquier, XII. 353. — C. Lehongre du Rocher, XII. 353 ; XIII. 172.

Vicaires. — L. Courel. IX. 279. — G. Madeline, XII. 369.

Patron. — *L'abbé de Belle-Etoile.* — P. de Villelongue, XII. 353.

Seigneur. — R. de Louis, IX. 84 ; XII. 369.

SAINT-PHILBERT-SUR-RISLE

Curés. — M. Grosse, X. 206. — J.-B. Martin ou de Saint-Martin, X. 206 ; XII. 434, 548.

Vicaires. — J. Rabasse, X. 206. — J. Poullain, XII. 548.

Clercs. — S. Delauney, XII. 133, 413, 434 ; XIII. 70. — J. Delabarre. XII. 546 ; XIV. 423. — F. Lisot, XIII. 389 ; XIV. 687. — C. Fouet, XIV. 960.

Patron. — *L'abbé du Bec.* — R. de la Rochefoucauld. X. 206.

Notable. — J. Lisot, X. 206.

Prieuré de Saint-Philbert. — PRIEURS COMMENDATAIRES. — J.-A de Roue de Tourouvre, XII. 548. — L.-G. Guéret, XII. 548. — PRÊTRES DESSERVANT LE PRIEURÉ. — J. Martin, X. 206. — J. Rabasse, XII. 548.

Chapelle Saint-Jean des Soliers du Manoir d'Avranches. — CHAPElains. — J. Lefebvre, XII. 26. — M. Dutertre, XII. 26, 336. — F. Pleuvry, XII. 336, 316 ; XIV. 923. — N.-G. Vaquet d'Hermilly, XIV. 923.

Patron. — *L'évêque d'Avranches*. — R.-F. de Querhoënt de Coëtanfao, XII. 26. — C. Le Blanc, XIV. 923.

SAINT-PIERRE-DES-IFS

Curés. — M. Marc, X. 78. — C. Pantin, X. 78 ; XI. 114.
Vicaire. — J. Pecqueult, X. 78.
Prêtre de la paroisse. — L. Haudard, XI. 373, 473.
Patron. — *L'abbé du Bec*. R. de la Rochefoucauld, X. 78.
Seigneurs. — R. Dupin, XI. 114 (*L. de Rupierre*, XI. 114). — P. Dupin, X. 78 ; XI. 114 (*M.-A. Le Grix*, XI. 114).

SAINT-VICTOR D'EPINE

Curés. — J. Renault, XIII. 559, 607 ; XIV. 58. — G. Condouin, XIII. 559, 607 ; XIV. 58.
Vicaire. — N. Amours, XIV. 58, 283.
Prêtre de la paroisse. — G. Deglos, XI. 449.

Doyenne de Moyaux

Doyen. — G. Champion, X. 564 ; XIII. 171, 525 ; XIV. 792.

BARVILLE (N.-D.)

Curés . . . .
Prêtre de la paroisse. — F. Dilloys, XII. 343, 382 ; XIII. 444 ; XIV. 240, 481.

BAZOQUES (Saint-Martin)

Curés . . . .
Clerc. — P. Boisney, IX. 389 ; XI. 384.
Seigneurs et notables. — E. Semiot, XII. 331 (*M. Le Prévost*, XII. 331). — J· Lefebvre, XIV. 174 (*C. Blondel*, XIV. 174).

BOURNAINVILLE (Saint-Rémy)

Curé. — G. Champion, X. 564 ; XIII. 171, 525 ; XIV. 792.
Vicaire. — J.-B. Graindorge, X. 564.
Notable. — J· Fourquemin, XIV. 803 (*F.-A. Morin*, XIV. 803).

CANTELOU (Saint-Hippolyte)

Curés. — G. Piel, IX. 129, 308. — F. de Piperey, IX. 308.
Vicaires. — G. H Piel, IX. 308. — G. Thillaye, XIV. 104.
Patron. — *Le seigneur du lieu*. — J. de Piperey, IX. 308.
Confrérie de la Charité, XII. 49.

CANTELOU (Saint-Pierre)

Curé. — J.-B. de Vanembras, IX. 417.

LA CHAPELLE-BARENG (Saint-Pierre)

Curés . . . .
Prêtre de la paroisse. — J. Vallée, X. 692.
Seigneur. — M· d'Imbleville, X. 692.

CIRFONTAINE (N.-D.)

Curés. — F. de Piperey, IX. 129, 177. — G. Piel. IX. 129, 177 ; XII. 555.
Prêtre desservant. — Thillaye. IX. 306.
Patronage *alternatif entre l'évêque de Lx et le seigneur de Courtonne*. IX. 129.
Seigneurs. — G. Desperroys. X. 237. J. *Thillaye*. X. 237. — G. Desperroys. fils. X. 237. *M. Mignot*. X. 237. — M.-A. de la Sauvagère. IX. 195. (*L. Bonnet*, IX. 195).

CORDEBUGLE (Saint-Pierre)

Curés. . . . .
Seigneurs. — J. de Bouffay. IX. 365. (*F. du Buisson*. IX. 365. — J. de Bouffay, fils. IX. 365. *J. Levavasseur*. IX. 365).

COURTONNE-LA-MEURDRAC (Saint-Ouen)
(Courtonne-Château. XII. 59.)

Curé de la 1re portion. — J. Butengs. XIV. 935.
Curés de la 2e portion. — J. Fougy. XIII. 158 ; XIV. 935. — R. Leroux, XIV. 935.
Prêtre de la paroisse. — Lachey. (D . XIV. 1026.
Clerc. — N. du Houlley. XII. 59.
Patron de la 1re portion. . . . .
Patron de la 2e portion. — *Le chanoine de semaine en la Cathédrale.* — C. Costard. XIV. 935.
Seigneurs et notables. — J. du Houlley, XI. 202. (*M. du Tellier*, XI. 202). — N. du Houlley. XI. 202. (*M.-L. de Giverville*. XI. 202). — G. de Parfouru, XIV. 1026. (*A. Vauquelin*, XIV. 1026). — J. de Parfouru. XIV. 1026. (*M.-M. Dauge*. XIV. 1026).

COURTONNE-LA-VILLE (Saint-Martin)

Curés. — C. de Montargis, X. 165 ; XIV. 487. — C.-J. Hayer. XIV. 487, 790. — C. du Rouvray. XIV. 790.
Vicaire. — R. Chéron, IX. 333 ; X. 165.
Prêtre desservant. — L. de Sevray. XIV. 487.
Patron. — *L'abbé de Bernay.* — Le cardinal de Gesvres. XIV. 487, 790.
Seigneurs et notables. — C. de Bouffay. XI. 407. (*M. de Piperey*. XI. 407). — N. Morel. XIV. 487. — P. Rabault. XIV. 487.

COURTONNELLE (N.-D.)

Curés. . . . .
Clercs. — C. de Montargis. XI. 365. — F. Salernes. XII. 543 ; XIV. 118. — J.-F. Le Mercier, XIV. 501.
Seigneurs et notables. — C. de Montargis, XI. 361. — J. Le Mercier, XIV. 321. (*A. de Croissy*, XIV. 321). — J. Le Mercier, fils. XIV. 321. (*F. Argot*, XIV. 321).

DRUCOURT

Curés. — J. Durozey, IX. 428 ; XII. 459 ; XIII. 303 ; XIV. 792. — L. Jouas. XIV. 792.
Vicaires. — Saussaye, IX. 337 ; J. Buisson, XI. 125 ; XII. 376 bis ; XIII. 38, 201, 406 ; XIV. 33, 83. — L. Thorel. XIV. 792.
Clercs. — J. Maurey. XIV. 713. — L. Jouas, XIV. 714.

Patron. — *L'abbé du Bec.* — L. de Bourbon, XIV. 792.
Seigneurs et notables. — G. du Rozey, X. 356. *(F. Desperrois.* X. 356*)*.
— A. Du Rozey, X. 287 ; XI. 125 ; XIV. 83. *(M.-M. de Lusson,* X. 287 ;
XI. 125 ; XIV. 83. — J.-B. du Rozey, XIV. 80, 83. *C. de Vallois,* XIV.
80, 83. — J.-B. Le Hure, XII. 459. *(C. de Mauvoisin,* XII. 459*)*. — J.-B.
Le Hure. fils, XII. 459. *(F. Caillet de Viviers,* XII. 459*)*. — M. Le Gros,
XIII. 306.

LE FAVRIL (Sainte-Geneviève)

Curés. — J. Hescamps, XIV. 867. — P. Selles, XIV. 867.
Vicaires. — M. Sency, X. 198. — L. Hue, XII. 309 ; XIV. 867, *(D)* 919.
Prêtres de la paroisse. — Ph. Boisney, IX. 326 ; X. 394. — G. Hue.
XII. 488.
Clercs. — G. Hue, X. 302, 478 ; XI. 387. — Ph. II Boisney, XII. 309.
Patron. — *Le seigneur du lieu.* — L. Bertout ou Berthoult, XIV. 867.
Seigneurs et notables. — E. Bucailles, XII. 309. — C. Lepainteur,
XIV. 919. *A. de Mézières*, XIV. 919. — J.-A. Lepainteur. XIV. 919.
(M.-M.-C. Du Mesnil, XIV. 919*)*.

FIRFOL (N.-D.)

Curés. — C. du Loir. XII. 342, 467, 474 ; XIV. 366. — J.-B. d'Osmont
de Malicorne, XII. 467, 527 ; XIV. 366. — M. Pastey. XII. 474, 527 ; XIV.
293. — G. Le Marchand, XIV. 293. 366.
Prêtres de la paroisse. — M. Le Brun. XI. 106. — J. de la Sauvagère.
XII. 456. — P.-A. de Trousseauville *(D)*. XII. 527.
Clerc. — J.-B. Le Brun. X. 175 ; XI. 106.
Patronage, en litige entre le prieur de Firfol et l'abbé de Cormeilles. —
Le prieur de Firfol: G Durozey. XII. 467. — *L'abbé de Cormeilles :* C.
de Pas Feuquières. XII. 474. 527. — J.-B. Moullin, vic. g*t*. XIV. 293. 366.
488. — Le roi *ob litem*, XIV. 366.
Seigneurs et notables. — A. de Grieu. XIV. 366. — L. Loir, XIV. 366.
Prieuré de Saint-Christophe de Firfol. — PRIEURS COMMENDATAIRES. —
R. de Girard, XII. 456. — G. Durozey, XII. 456.

FONTAINE-LA-LOUVET (Saint Arnoult)

Curé. — P. Levavasseur, IX. 197 ; X. 120, 151 ; XI. 433 ; XIV. 831. 909.
Vicaire. — J. I Dumoutier. X. 120 ; XI. 33.
Clercs. — L. Haudard, XI. 294. 373, 473. — N. Bullet, le jeune, X. 82.
— J.-B. Bullet, XIV. 343, 748. — F. Letellier. XIV. 507. — J. II Dumontier ou Dumoutier, X. 120. 253, 262. 328, 497. — L. Haudard, X. 299. —
F. Alleaume. X. 193.
Seigneurs et notables. — G.-J. de Bellemare. XIV. 921. *(M. Rousseau,*
XIV. 921*)*. — G.-F. de Bellemare. XIV. 921. *M.-A. Duhamel.* XIV. 921*)*.
— M. Haudard. X. 299. — J. Haudard, X. 299. — J. Richomme, X. 193. —
A. Odienne. X. 120.

FONTENELLE (N.-D.) (Saint Blaise, XI. 443).

Curés. — De Pierres, IX. 23. — J. de Mézières, IX. 23, 38, 93. — A.-A.
Racine du Tremblay, IX. 93, 183, 197 ; XI. 356. 443. — F. Halbout, XI.
356, 443 ; XIV. 909. — P. Deraux, XI. 443. — J.-J. Fouret. XIV. 909.
Prêtre desservant. — L. Bullet, IX. 184, 197. 326 ; XI. 433.

Patron. — *Le seigneur du lieu.* — F. de Grieu, IX. 23, 93 ; XI. 356 ; XIV. 909. — Litige, XI. 443.

Seigneurs et notables. — P. de Grieu, IX. 184 (C. de Paisant, IX. 184). — F. de Grieu, IX. 184 (M.-J. Heudière, IX. 184). — J. du Quesney, IX. 366 (M. Joas. IX. 366). — G. du Quesney, IX. 366 (M.-C. de Costard. IX. 366).

FUMICHON (Saint-Germain)

; **Curés.** . . . .
Vicaire. — Mahiette. XIII. 14.

GLOS (Saint-Sylvain)

Curé. — Loysel, XIV. 777.
Vicaire. — M. Poplu, XI. 222 ; XIII. 313.
Clerc. — A.-L. Duquesne, XI. 365 ; XII. 299 ; XIII. 32, 67.
Seigneurs. — L. Duquesne, XIII. 32 (L. de Franqueville. XIII. 32).

HERMIVAL (Saint-Germain)

Curés. — J. Lejuif, IX. 76 ; X. 339 ; XIII. 512. — G.-A. Laugeois, XIII. 512 ; XIV. 78, 161.

Prêtres de la paroisse. — Prévost (D.), XI. 419. — S. Aubert (D.), XIII. 512. — G. Deschamps, XIII. 512.

Patron. — *Le seigneur du lieu.* — F. Doisnel de la Morye. XIII. 512.

Seigneurs et notables. — F. du Bosch, X. 339 (A. Leduc, X. 339). — G. du Bosch, X. 339 (M. de Barville, X. 339). — E. Doisnel de Valhesbert, XIII. 512. — P. Lefebvre, XIII. 573.

Chapelle Saint-Laurent-du-Buisson. — Chapelains. — C. de Franqueville. XIII. 573. — A. Dubuisson, XIII. 573 ; XIV. 78. — G. Laugeois. XIV. 78. — Patron — Le roy (ob litem). XIII. 573.

L'HOTELLERIE (Saint Nicolas)

Curés. — F. Pouchin, X. 244. — N. Lefebvre, X. 244 ; XIII. 316 ; XIV. 318. — P. Delamare, XIV. 318.

Prêtre desservant. - Jouas. X. 276.
Clerc. — L. Asse, IX. 45 ; X. 269.
Patron. — L'évêque de Lisieux, X. 244.

Seigneurs et notables. — J.-F. du Houlley, XI. 435 (F. Lecavelier, XI. 435). — J. Combault. XIV. 318. — F. Basire. XIV. 318. — L. Asse, IX. 45.

MAROLLES (Saint-Martin)

Curé. — M. Hébert. X. 247 ; XI. 151 ; XIV. 318.
Vicaire. — P. Delamare. XIII. 19 ; XIV. 279, 318.
Prêtre de la paroisse. — T. Guerrier, X. 100 ; XIV. 318.
Clercs. — L. Piel, XII. 410, 555 ; XIII. 69. — N. Le Boctey. XIV. 395 — P. Guillebert. IX. 429 ; X. 33, 100.

Seigneurs et notables. — A.-G. Dunot. XI. 151 (M.-M. de la Fosse. XI. 151). — P. de Piperey. XIV. 279 (M.-R. de Guénet. XIV. 279). — N. Le Boctey, XIV. 395 (F.-M. Descorches, XIV. 395. — E. Lailler. X. 247.

MOYAUX (Saint-Germain)

Curés. — P. de Liberge, XIV. 81, 95, 126, 153. — C. Haymet du Homme, XIV. 81, 95. — J. Le Mire. XIV. 126, 153.

Vicaires. — Prevost, IX. 417; X. 277, 373. — J. Busquet, XI. 411 ; XII. 172. — Lesueur, XIII. 137. — Le Marchand, XIII. 306. — L. Arnoult, XIII. 617 ; XIV. 97, 153.
Prêtre de la paroisse. — G. Horslaville, XIV. 153.
Clercs. — M. Vallée, X. 151, 238. — J.-B. Seney, IX. 283. — P. Seney, X. 584. — P. Lhostelin, X. 456 — V.-F. Duhamel. XIV. 764.
Seigneurs et notables. — A. Auvray, pè.e, XI. 411. (J. *Le Goueslier*, XI. 411). — A. Auvray, fils, XI. 411. (A. *Gamare*, XI. 411). — F. de la Balle, XII. 260. (C. *Esmond*, XII. 260. — L. de la Balle, XII. 260. (A. *Gosset*, XII. 260). — J.-C. de Boctey, XIV. 833. (C.-M. *de Bocqueneé de la Touche*, XIV. 833). — R. de Carrey de Gouville, X. 456. — J. de Florence. XIV. 833. (A.-M. *de Rachon* (?), XIV. 833). — F. de Lempcrière, XIII. 306. (F. *Gravois*, XIII. 306). — G. de Lemperière, XIII. 306. (M.-C. *Legros*, XIII. 306). — G. Malerne, XII. 507. — A. Seney, IX. 283 ; X. 584 — J. Vallée, X 151.

NOTRE-DAME-DE-LIVET

Curés. — L. Fresnel, IX. 202, 464 ; X. 165. — Jq Masselin, X. 165.
Prêtre desservant. — Jq Masselin, IX. 464.
Patron. — *Le seigneur du lieu.* — E de Belleau, IX. 462.

PIENCOURT (Saint-Saturnin)

Curés de la 1re portion. — F. Formage, IX. 366, 378 ; XIII. 337. — P.-A Motaillé, XIII. 337, 338 ; XIV. 26. 1028.
Curés de la 2e portion. — F. Formage, XIII. 338. — L. Grieu, XIII. 337. 338 ; XIV. 26.
Provisions de cure unique. — J. *Caboulet*, XIV. 26. — P.-A. *Motaillé*, XIV. 1028.
Vicaire. — L. Bethen, XIII. 34. 121, 337, 338.
Prêtres de la paroisse. — J.-B. Lefrançois, XI. 469 — R. Mahlette, XIII. 337, 338. — L. Farain, X. 416.
Clercs. — L. Jacquet, IX 134. — J.-B. Lefrançois, IX. 156. 359. — L. Bethen, IX. 167 ; X. 301. — Jq Lefrançois, XIII. 232. 577 ; XIV. 670.
Patron. — *Le chanoine de semaine en la Cathédrale.* — J. Legros, XIII. 337. 338.
Seigneurs et notables. — J.-B. de Costard, IX 366 ; XIII. 34. 121. (M.-A. *Ricquier*, IX. 366 ; XIII. 34, 121). — Jq de Costard, fils, XIII. 34. M. *Lefebvre*, XIII. 34. — P. de Costard, XIII. 121. (A. *Lefebvre*, XIII. 121). — R. Jacquet, IX. 134.

LE PIN (N.-D.)

Curés. — J. Hagueron, IX. 104 ; XIII. 243. — G. Leteinturier, XIII. 243 ; XIV. 77.
Vicaire. — G. F. Hélix, XI.83.
Prêtres de la paroisse. — G.-A Laugeois, XI. 265. — G.-F. Hélix, X. 293. 477, 588. — J. de Boessey, X. 526.
Clercs. — G.-F. Hélix, X. 293 ; XI. 3. 11. — G.-A. Laugeois, X. 104. 262 ; XI. 269. — F.-L. Le Conte de Nonant, X. 333, 526.
Patron. — *Le seigneur du lieu.* — M.-A.-F. Achard, XIII. 243.
Seigneurs et notables. — C. Achard, IX. 104 ; XI. 204 ; XIV. 986. M.-A. *Lepetit*, IX. 104 ; XI. 204 ; XIV. 986. — L. Achard, IX. 104 ; XI.

204. (M.-F. Dufour. IX. 104 ; M.-M. de Giverville. XI. 204). — M.-A.-F. Achard, XIV. 313. (M.-R. Le Sevré, XIV. 313. — F. Achard. XIV. 313. (M.-A.-M. de Macé. XIV. 313 . — J. Delafosse. XIII. 243. — C. Hélix. X. 293. — C. Laugeois. X. 104. — J.-F. Le Conte de Nonant. XI 94.

Maitre d'école. — J. Delafosse. XIII. 243.

Prieuré de Saint-Eustache. — Voir la paroisse St Jean d'Asnières .

LES PLACES (N.-D.)

Curé. — P. Guermont. XI. 433.
Vicaire. — Mahiette. XIV. 831.
Prêtre de la paroisse. — F. Halbout. IX. 456

LE PLANQUAY

Curé. — P. Poutrel. IX. 357
Seigneurs. — R. de Laporte. XIV. 570. (M. de Morel. XIV. 570 .

SAINT-AUBIN-DE-SCELLON

Curés. — P. Pecqueult. XII. 289 ; XIV. 928. 1020. — L. Pecqueult. XIV. 928. 1020.
Vicaires. — J.-B. Castelain. IX. 197. — L. Pecqueult, XIII. 180 ; XIV. 5, 928.
Clercs. — R.-C. Pinel. XI. 185 ; XII. 289. — L. Pecqueult. XI. 389. 598 ; XII. 140. 208. 289. 302. — L. Morin. X. 474 ; XII. 298 ; XIII. 67. 466. — P. Aubert. XIV. 537.
Seigneurs et notables. — L. Blondel. XIII. 385. — M. Cabbaze, XIII. 388. C. Gallet. XIII. 388 . — L. de Saffrey. père, XI. 596 ; XIII. 388 ; XIV. 32. 216. (L. de Cabbaze. XIII. 388 ; XIV. 32. 216). — L. de Saffrey. fils, XIV. 216. (M. Lemonnier. XIV. 216 . — N. Saffrey, XIII. 180). C. de Maloisel. XIII. 180 . — J. de Varin, XIII. 388. (M. Germain. XIII. 388 . — J. de Varin. XIII. 388 (L. de Cabbaze. XIII. 388 .

SAINT-LÉGER-DE-GLATIGNY

Curés. — P. Daufresne. X. 446 ; L. Farain, X. 446 ; XII. 379.
Patron. — Le seigneur du lieu. — A.-F. de Carrey. X. 446.

SAINT-LÉGER-D'OUILLIE ou SAINT-LÉGER-DU-HOULLEY. (Vers 1320)

Curés. — G. Vivien. XII. 172. 507. — J. Busquet, XII. 172. 507.
Seigneur. — M. de Carrey. XIV. 342.

SAINT-MARTIN-D'OUILLIE, puis S-MARTIN-DU-HOULLEY. (Vers 1749)

Curés. — F. Ricquier. IX. 543. — A. Ricquier. IX. 543 ; X. 263 ; XII. 312. — L. Bourlet. XII. 312 ; XIII. 234. 290. — F. Maillet. XIII. 234, 290. 374. — J.-B. Lechantre, XIII. 374, 541. — J.-B Lebrun. XIII. 541.
Clercs. — J. Buquet. IX. 64, 109. 281. — J.-B Pastey. XIII. 234 ; XIV. 700. — R. Pastey. IX. 19.
Patron. — L'abbé de Saint-Laumer. IX. 543 ; XIII. 234. — J.-F.-P. Lefèvre de Caumartin XIII. 374, 541. L'évêque de Lx. sede vacante. XIII. 234. — Les religieux de Saint-Laumer. XIII. 290.
Notable. — L. Hébert. IX. 75.
Chapelle Saint-Jacques et Saint-Philippe. (Au château du Houlley) — Chapelains. - N. du Houll y. IX. 75, 213 .

SAINT-PAUL-DE-COURTONNE

Curé. — Le Prince, IX. 333.

Clerc. — F.-C. Levillain. IX. 47.
Seigneurs et notables. — Ji de Belleau, XIII. 519. *M.-C. de Belleau*. XIII. 519. — G. de Belleau. XIII. 519. *M. Le Prince*. XIII. 519. — C. de Belleau. XIV. 871. — *H. de Rivière*, XIV. 871. — G. de Belleau. XIV. 887. *M.-M. Le Gallois*. XIV. 887.

SAINT-VINCENT DU BOULAY

Curés. — J. Regnier. X. 87 ; XIII. 171. 289. — G. Regnier. XIII. 171. 289. 331.
Seigneurs et notables. — Ji Chrestien. XIII. 331. — D. Chrestien. XIII. 331.

THIBERVILLE (Saint Taurin)

Curé. — G. Paisant. XI. 86.
Vicaires. — Morand. X. 359. — Bayeux. XI. 358 ; XII. 379. — Lefebvre XIII. 15. — Buillet. XIII. 316.
Prêtre de la paroisse. — C. Simon. IX. 361.
Clercs. — C. Simon, IX. 355. — R. Boissière. XI. 322. — Ji Buillet. XII. 410. 539 ; XIII. 69. — P.-A. de Rivière de Baudrieux. XIV. 268.
Seigneurs et notables. — J° du Houlley. XI. 86. 435. *(E. Boucquet*. XI. 86. 435). — J°.-F. du Houlley. XI. 435. *(F. Lecavelier*. XI. 435. — J° de Pienne. XII. 67, 109. *J. de Bouquerey*. XI. 67. 109. — T. de Rivière de Baudrieux. XIV. 268. 887. *(T.-M. Lambert d'Argences*. XIV. 268. 887. — J.-B.-T. de Rivière. XIV. 887. — *M.-M.-C. de Belleau*, XIV. 887.

VILLERS-PRÈS-GLOS (N.-D.)

Curés. — N. Herrier. XIV. 798. — P. de Lesperon ou Lespron XIV. 798.
Clercs. — N. Desjardins, XII. 298. 457 ; XIII. 66. — N. Herrier, XIII. 298 ; XIV. 800. 930. 1607.
Patron. — L'évêque de Lx. XIV. 798.

Doyenné d'Orbec

Doyen. — C. de Monthuchon. XI. 195 ; XII. 333. 525 ; XIII. 28 ; XIV. 110

ABENON (Saint-Barthélemy) - Prieuré-cure.

Curé. — F. Capelle. X. 393.
Vicaire. — R. Fauquet, XII. 110.
Seigneurs. — J.-F. Dirlande, XIII. 552. *(M. Le Michel*. XIII. 552). — P. Dirlande. XIII. 552. *(M.-T. Le Fallout*. XIII. 552).

LE BÉNÉRÉ (Saint-Etienne)

Curé. — C. d'Assy. XI. 183.

BIENFAITE (Saint-Martin)

Curés. — L. Lecousturier. X. 163. — J. d'Anctoville. IX. 4. — J Duval. IX. 4 ; XII. 279 ; XIII. 31, 77 ; XIV. 968.
Vicaires. — P. Lefèvre. X. 119. 163. — R Fortin. XIII. 31.
Prêtres de la paroisse. — J. Buschard, D. IX. 20. 131. — J. Vigne. IX. 131.
Clerc. — S. Ricquier, XII. 515 ; XIV. 639.

Patron. — *Le seigneur du lieu.* — A. de Bernart, IX 4.
Seigneurs et notables. — G. de Chaumont, XII. 279 ; XIV. 968. (J. de Caumont la Force, XII. 279 ; XIV. 968). — J.-A. de Chaumont, XII. 279 ; XIII. 77 ; XIV. 968. (R.-F. de la Pallu, XII. 279. A. Dufay, XIV. 968). — R Bazin. XIII. 31. — L. Cogent, IX. 131. — E. Dufresne, X. 419. — L. Lepaige, X. 463 (C. Courtonne, X. 163).
Fondations en faveur de la charité, X. 449. 463.

BONNEVAL (Saint-Aubin ou Saint-Clair, X. 25).

Curés. — J. Le Signerre. XII. 126. — Jⁿ Thomas. XII. 126 ; XIII. 16.
Vicaires. — Sorel, XI. 177. — Duclos-Huet, XI. 510 ; XII. 238.
Clercs. — J. Charpentier. X. 25. — J.-A. du Houlley, XII. 543 ; XIII. 439 ; XIV. 417. — C. Motte. XIV. 696.
Patron. — *L'abbé de St André-en-Gouffern.* — C.-M. Colbert de Villacerf, XII. 126.
Seigneurs. — F. Barrey. XI. 510. (F. Chaulieu, XI. 510). — M. Barrey, XI. 510. (M. de Querrière, XI. 510). — I. Deshayes. XIII. 74. (R.-M. de St Martin, XIII. 74) — F. Deshayes. XIII. 74. (F. de Mailloc, XIII. 74). — A. du Houlley, XIV. 117. — F. du Houlley. XIII. 363 ; XIV. 93. (M. de Pillon. XIII. 363 ; XIV. 93. — Jⁿ du Houlley. XIII. 363. — P. Houlley, XIII. 281 ; (M.-M. de Morel, XIII. 281).

CAPELLES-LES-GRANDS. (N.-D.)

Curés de la 1re portion. — T. Lefranc. X. 520 ; XIII. 364 ; XIV. 504. 772. — N. Hébert. XIV. 772.
Curés de la 2e portion.
Vicaires. — Desmares, XI. 163 ; XII. 304. — J. Legras. XIII. 80. 192 ; XIV. 772.
Clercs. — L.-F.-A. de Bernières. XII. 321 — J. Desjardins. X. 102. 262 ; XIV. 578. — L. Bellenger, XIV. 976. — J. Legras. X. 364. — J. Hourdet, X. 520. — C. Haymet du Homme, X. 568.
Patron de la 1re portion. — *L'abbesse de St Sauveur d'Evreux.* — F.-H. de la Rochefoucauld de Saisac. XIV. 772.
Seigneurs et notables. — M. Bence. père, X. 550 ; XI. 463. (M. Perier, XI. 463). — M. Bence, fils, X. 550 ; XI. 463. (M.-M. de Fleury. X. 550 ; XI. 463). — Jⁿ Dossin. XIV. 147. (M. de Hally. XIV. 147). — L. Dossin, XIV. 147. (L. Gueroult. XIV. 147). — C. Haymet, XII. 304. (M. de Noyelle. XII. 304). — H. Haymet. XII. 304. (C. Dhommey, XII. 304). — J. Legras. X. 364. 520. — L.-C. de Querrière, XII. 78 (A.-D. du Merle, XII. 78).

CERNAY (Saint Aubin)

Curés. — C. Gueroult. XI. 139 ; XII. 525 ; XIII. 35 — C. Jean de Clopée. XII. 525 ; XIII. 35 ; XIV. 140.
Clerc. — F.-E. Villette. XII. 543 ; XIV. 585.
Notables. — Ph. Varin. XI. 139. (M. de la Londe, XI. 139). — P. Varin. XI. 139. (A.-B. de Bocquencey, XI. 139).

CERQUEUX (Saint Pierre). — Prieuré-cure.

Curé de la 1re portion. — J. Deschamps, X. 117 ; XI. 94.
Curé de la 2e portion. — J. Gallot, X. 117. — J.-B. Marie. X. 117. 393. 615 ; XI. 94 — N.-A. Piel. X. 615 ; XI. 94 ; XIV. 123. 327.
Clercs. — J.-B.-F. de Brucourt, XII. 214. — Jⁿ Jobey, XIV. 494.

Patron de la 1re portion. — Les religieux de Friardel, X. 117.
Seigneurs et notables. — L. de la Lande, IX. 208. (M. de la Lande, IX. 208). — A. Ferté. X. 117.

CHAMBRAIS (Saint Martin)

Curés. — L. Fourquemin, X. 68; XI. 84. — H. Bouis. XI. 84. 200. — E. Meslin, XI. 200.
Vicaire. — G. Meslin, XI. 84.
Prêtres de la paroisse. — E. Meslin, XI. 200. — P. Aubert, XI. 200. — G. Chignon, XI. 200. — N. de la Brosse, IX. 169.
Clercs. — Jq Laisney, XI. 200. — H. Ledanois, X. 475; XIII. 69. — L. Dutheil. XII. 43; XIII. 70.
Patron — *Le seigneur de Fresnay.* — H.-C.-A. de Pomponne. XI. 84, 200.
Seigneurs et notables. — L. Auzou. XI. 84. — Mr de Broglie, XII. 535; XIII. 564. — P. Capelet. XI. 84. — G. Desseaux. XI. 84. — M. Laisney, XI. 84. — G. Lecerf. XIV. 137. (M.-L. Durel, XIV. 137). — G. Lecerf, fils. XIV. 137. (M.-A. Delamare. XIV. 137). — R.-L. Ledanois, XI. 84. — J. Letournier. XI. 84 — L. Legay, XI. 84. 200. — J.-B. de la Rocque, père. XIV. 189. (C. Deshayes. XIV. 189). — J.-B. de la Rocque, fils. XIV. 189. (J.-F. Thoumin, XIV. 189).

LA CHAPELLE-GAUTIER

Curés. — F. Dornay. IX. 209; XII. 270. — J. Morand. XII. 270, 333. 535; XIII. 28. — C. Duhamel, XII. 535; XIII. 28. 514.
Vicaire. — G. Huet, XIV. 772.
Prêtres desservants. — J. Morand. X. 106. — J.-F. Charpentier. XII. 333.
Clercs. — J. Gasnier, X. 118. 257, 262. — G.-P. Milcent. XII. 321; XIV. 654.
Patron. - *Le seigneur du lieu.* — C.-A. Le Filleul. XII. 270. 333. 535.
Seigneurs et notables. — J.-B. Le Filleul, XII. 333. — C.-A. Le Filleul. XII. 125. 148; XIII. 514.
Ordination à la Chapelle-Gautier, XII. 148.

LA CHAPELLE-YVON (N-D).

Curé. — T. Dionis. XIII. 35.
Notables. — H. Foucques. X. 281 (E. de la Bove. X. 281).

LA CRESSONNIÈRE (N-D) (1)

Curés. — G. Deneuville. XIII. 217. — R. Fortin, XIV. 140.
Patron. — *Le seigneur du lieu.* — A. de Melun, X. 67. — G. de Melun, XIV. 140.
Seigneur. — N. de Toustain. XIII. 217 (R. de Mailloc. XIII. 217).

FAMILLY (Saint Jean-Baptiste)

Curés. — C. Gouin, XIII. 547. 601. — L. Louvet, XIII. 547. 601; XIV. 18.

---

(1) st Claude (XIV. 140) est indiqué comme patron principal, mais il n'est que second patron de la Cressonnière.

Clercs. — L. Arnoult. X. 307, 474. — J. Renoult. XII. 323. — C.-F. Mauré. XIII. 601.
Notable. —J. Després. XIII. 601.

FERRIÈRES (Saint-Hilaire)

Curés. — F. Cosnard. X. 32. — P. Rogère. X. 32 ; XIII. 5. 190.
Patron. — Le seigneur et le Chapitre de Lx. X. 32.
Seigneurs et notables. — J¹ Durand. IX. 373 (C. Guetté. IX. 373. — G. Durand. IX. 373 M.-C. Leprevost. IX. 373). — E. Quesnel. X. 32.
Chapelle N.-D. de la Petite-Couture. — CHAPELAINS. — J² Corset. XII. 466 ; XIII. 190. — P. de Monseillon. XIII. 190. — PATRON. — Le Chapitre de Lx et le baron de Ferrières. — F. de Broglio. XIII. 190.

FRIARDEL (Saint-Martin)

Curés. — R. Hébert. X. 521. — J. Fourésil. IX. 521 ; X. 393. — R. D. Moullin. X. 393 ; XI. 110, 137. — A. Balleur. XI. 110. — G. Tatlignon. XI. 137 ; XII. 458. — M. Legaigneur de Bourgogne. XII. 458 ; XIV. 96, 107. — P. Bertrand. XIV. 107. 123. 327. — F. Gouttard. XIV. 327.
Prêtres de la paroisse. — P. de Maillot. XIV. 327. — A. L. Duval. XIV. 327.
Clercs. — J.-B. Lefebvre. XI. 384 ; XII. 284. 393. — A.-L. Duval. XIII. 379 ; XIV. 684.
Patron. — Le prieur commendataire de Friardel. — C. Chastelain. XI. 137 ; XIV. 96. 107, 327.
Notable. — P. Houssaye. IX. 521 ; X. 393.

GRANDCAMP (Saint-Pierre)

Curé. — A. Couture. X. 61.
Vicaire. — Louvet. XIII. 5.
Clercs. — M. Le Mercier. XII. 546 ; XIV. 514. — P. Leprevost. IX. 231. 395.
Seigneurs et notables. — L. d'Argences. XI. 348 (M. Morin. XI. 348. — L. de Bonnechose. X. 61 ; XIV. 780 (A. Descorches. X. 61 ; XIV. 780 — P. de Bonnechose. XIV. 780 (H. Dirlande. XIV. 780). — N. de Bonnechose. X. 61 C. du Plessis. X. 61. — A. Leprévost. IX. 373 ; X. 16.

LA HALBOUDIÈRE (N.-D).

Curé. — P. Huet. IX. 327.
Clerc. — J. d'Aureville. X. 268.

LE MESNIL-GUILLAUME (N.-D)

Curés. — L. Moissard. X. 564. — J.-B. Graindorge. 564 ; XI. 222 ; XII. 367.
Clerc. — J. Thillaye. XIV. 158. 761.
Patron. — Le seigneur du lieu. — F. de Mailloc. X. 564.

MEULLES) Saint Pierre).

Curés. — J. Robine IX. 530) — J.-B. de Lange. IX. 530 ; X. 563 ; XI. 448 ; XIII. 310.
Vicaires. — L. Louvet. IX. 530 ; X. 32. 412. — J.-B Aubert. XIV. 1005.
Prêtres de la paroisse. — J¹ Dumont. IX. 530. — J¹ Denis. XI. 176.
Clercs — M. Dumont. XI. 345. — F. Dumont. XII. 36 ; XIV. 333. — J¹ Dumont. XIV. 351. — J.-B. Dumont, X. 539. — P. Fournet. XII. 412.

— R. Rosey. XII. 381 ; XIV. 688. — J. Dubosc. XIV. 538. — P. Pitard. IX. 530.
Patron. — *L'abbé de Saint-Pierre-sur-Dives*. — F. Blouet de Camilly IX. 530.
Seigneurs et notables. — G. Floriet. X. 512. — G. Leportier. XI. 448; XIV. 93. (*F. Le Bas*, XI. 448; XIV. 93. — P. Le Portier. XIV. 93. (*M. Pillon*, XIV. 93). — L. de Vauquelin, XIII. 310. (*L. de Brossard*. XIII. 310). — E. de Vauquelin. XIII 310. (*L. Le Michel*, XIII. 310. — P. Denis X. 599. (*M. Denis*. X. 599). — L. Denis. X. 599 (*G. Lecornu*. X. 599).

N.-D. D'AULNAY

Curés. — F. Rouvray. X. 391 ; XI. 448.
Clerc. — J.-R. Rouvray. X. 194.
Seigneurs et notables. — C. Desmollières. XI. 448. (*M. Paulmier*. XI. 448. — Jⁿ Desmollières, IX. 183; XI. 448. (*M.-F. Le Portier*. XI. 448. — Jⁿ.-G. de Malvoue. IX. 169 ; X. 391. *M. de Nocey*. X. 391. — G.-J. de Malvoue. X. 391. — (*M.-H. de Marguerie*, X. 391). — M. Rouvray, X. 194.

ORBEC (N.-D).

Curé. — C. de Monthuchon. X. 356; XI. 88. 195, 227, 318 ; XII. 333, 525 ; XIII. 28. 35 ; XIV. 140. 369.
Vicaires. — J. Bédouin, IX. 99 ; XI. 179. — P. Piperel. XIV. 57, 934.
Prêtres de la paroisse. — Y. Anquetil. XIII. 35. — F.-M. Etard, XIV. 858. — R. Fortin XIV. 140. — C. Jean. XII. 525. — P. Lange. XI. 18. 275. — F. Le Petit du Boullay, XI. 11. — J. Le Petit du Boullay. XIII. 35 ; XIV. 140. — J. Morel, XII. 39 ; XIII. 35. — G. Perrier. X. 3 ; XII. 39 ; XIII. 35. — P. Simon. XI. 281, 490 ; XII. 189. 377. 525 ; XIII. 35. 75. — J. Vitrouil de la Grandière. XI. 195.
Clercs. — C. Bourlet. XII. 543 ; XIII. 69. — F.-M. Etard, XII. 324. — R. Fortin, IX. 295 ; XIV. 312. — L. Giret, XIV. 590. — G. Hardy. XIV. 325. — P. Houlley. XII. 324. 542. — Y. Huet. IX. 279 ; X. 81. 349. — C. Jean, IX. 11. — J. Landry, XIII. 151. — J. Lechangeur, XIV. 914. — J_q Le Petit du Boullay, IX. 174. — J. Leprevost. XII. 546 ; XIV. 586. — J. Leseigneur. XI. 384 ; XII. 326 ; XIII. 69. — P. de Mailloc, IX. 216. 375; X. 226. 399. — P.-P. Piel, XIV. 739. — F. Piperel. XII. 322 ; XIII. 323. — M. Piperel, XII. 543. — P. Piperel, XII. 454. 525 ; XIII. 69. — P. Simon. IX. 110 ; XI. 30.
Seigneurs et notables. — L. d'Argences. XI. 318. (*M. Morin*. XI. 318). — J. Bourlet, XIII. 399. (*A. Collet*, XIII. 399). — M. Bourlet. XIII. 399. (*E. Périer*, XIII. 399). — J. Cantrel, XII. 39. — G. Coilet. XIII. 399. (*M. Le Charpentier*. XIII. 399). — J. de la Croix. XIV. 914. — J.-B. Dauge, IX. 110. — G. Deschamps, XII. 96 ; (*M. de Bonnet*. XII. 96). — M. Deschamps, X. 313. (*M. Fresnel*, X. 313). — L. Deshayes de la Radière. IX. 188 ; XII. 156. — P. Deshayes. X. 99 ; XII. 527 ; XIII. 630. — J.-B. Despériers. XI. 227. (*M.-M. Le Doulcet*, XI. 227). — M.-J. Despériers. XI. 227. (*C. Legras*, XI. 227). — An. Dillande de la Tétrardière. X. 216. (*E. de la Mondière*, X. 216). — Ant. Dillande de la Thillaye. X. 216. (*E. de Maillot*, X. 216). — F. Durand. XIV. 274. (*F. de la Mondière*. XIV. 274). — F. d'Espiney, père. XIV. 468. (*F. Lambert*. XIV. 468). — F. d'Espiney, fils. XIV. 468. (*B.-P. de Roussel*. XIV. 468). — P. de Foucques de la Pilette, XII. 156. 270. XIV. 102, 172. (*M.-A. Le Filleul*, XIV. 102, 172. — P.-L. de

Foucques, XIII. 514 ; XIV. 102, 369. (*M.-A. de Giverville*, XIV. 102). — C. Galopin, XII. 39. — J. Gueroult, XII 525. — C. Huet, XIV. 944. — M. Huet, X. 81. — R. Jean, IX. 11. (*M. Galopin*, IX. 11). — J. Landry, XIV. 944. — I. Langlois, X. 401. *H. Le Michel*, X. 401. — G. Le Bas du Mesnil, XIII. 218. (*C.-R. Trémollière*, XIII. 218). — J.-B. Le Bas du Mesnil, XIII. 218. *M. de Costentin*, XIII. 218. — P. Le Bugle, XIII. 35 ; XIV. 140. — A. Lechangeur, XIV. 944. — L. Lecouturier, XI. 88. — L. Ledanois, XII. 22. (*B. Dhommey*, XII. 22). — G¹ Le Normand, IX. 140. 158. 491 ; XI. 302. (*M. du Pommeret*, IX. 140. 158 ; XI. 302). — G¹ Le Normand, fils Pierre. XIV. 169. (*M. de Liée*, XIV. 169). — P. Le Normand, XIV. 169. 411. (*R. de Bonnet*, XIV. 169. 411). — P. Le Petit du Boullay, XII. 131. (*B. Le Prevost*, XII. 131). — J.-N Le Portier de Beauvais, XII. 131. C. Le Petit, XII. 131. — N. Le Portier de la Surière, XII. 131. *F. Lecomte*, XII. 131. — J. Le Prince, XIII. 549. *H. Pigault*, XIII. 549. — J.-B. Leseigneur, X. 191 ; XIII. 329. (*J. Caurin*, X. 191 ; XIII. 329 ; *J. Piperel*, X. 191). — J. Letourneur, XIV. 175. *E. Coupery*, XIV. 175. — G. Louchard de Montlion, IX. 99. (*M.-M.-L. Lefebvre de Graffard*, IX. 99). G. Louchard de la Vardière, IX. 99. (*L.-E. Deshayes*, IX. 99). — P. Louchard de la Vardière, XII. 156. — J.-G. de Mailloc, IX. 488. — J.-G. de Malvoue, XIV. 248. (*M. de Nocey*, XIV. 248). — C. du Merle du Plessis, XII. 243. *M.-A. Verzure*, XII. 213. — P. du Merle du Plessis, XII. 243. (*G. de Nocey*, XII. 243). — P. du Merle de Beauvilliers XIV., (825. (*A.-E. de Bellemare*, XIV. 825). — G. de la Mondière de Belleville, X. 216. (*F. d'Assy*, X. 216). — F. Morin du Bosc, X. 356. (*E. de Mailloc*, X. 356). — P. Motte, X. 99. — G. Périer, IX. 11. — C. Piperel, XII. 39, 454. — C. Piperel, XII. 454. (*M. Poplu*, XII. 454). — G. Piperel, XIII. 323. (*L. Advenel*, XIII. 323). — L.-C. de Querrière, XII. 78. (*A.-D. du Merle*, XII. 78). — F. de Rély, IX. 158. (*M. Auber*, IX. 158. — L. de Rély, IX. 158. (*R. Le Normand*, IX. 158). — P. de Roussel, XIV. 468. (*B. d'Auber*, XIV. 468. — C.-A. Simon de la Valèserie, IX. 110. 192. (*M.-M. de Mannoury*, IX. 192). — J.-B. Simon, IX. 192 ; X. 496. (*A. Estable*, IX. 192).

PRÉAUX (Saint Sébastien)

Curés . . . .
Vicaire. — N. Leguey, XIV. 575.
Seigneur. — G. des Hayes, XI. 176.

Chapelle Saint Gabriel, au château des Hayes. — CHAPELAINS. — J¹ Duval, XI. 176, 179. — J₁ Denis, XI. 176. — PATRON. — *Le seigneur du lieu.* — G. des Hayes, XI. 176, 179.

LE RONCERAY (Saint Cyr)

Curés. — N. Duval. XII. 532. — F. de Sevrey, XII. 532 ; XIII. 31, 77, 176.
Prêtre de la paroisse. — F. de Sevrey, XII. 228, 532.
Clercs. — F. de Sevrey, IX. 271. — L. Postel, IX. 65, 92.
Patron. — *Le seigneur du lieu, baron d'Orbec.* — J.-A. de Chaumont de Guitry, XII. 532 ; XIII. 31.
Seigneurs et notables.—A. de Sevrey, XIV. 195 ; (*M. A. de Courtonne* XIV. 195). — N. de Sevrey, IX. 271 ; XIV. 195 ; (*E. Delahaye*, XIV. 195). — R. Vimont des Vallées, IX. 271.

SAINT-AUBIN-DU-THENNEY

Curés. — J. Aupoix, IX 29 ; XIII. 173. — J. de Bose-Henry. XIII 173, 563 ; XIV. 108.
Vicaires. — Aubert. XIII. 156. — R. Busailles, XIII. 563. — F. Dumont. XIV. 280.
Clerc. — J. Legras. XI. 387.
Patron. — *Le baron de Ferrières.* — F. de Broglie, XIII 173.

SAINT-DENIS-DE-MAILLOC

Curés. — R. Le Michel. X. 692. — J. Vallée, X. 692.
Clercs. — R. Roquette. XI. 384. — J. Lefranc. XIV. 754. — P. Chemin. IX. 9. 91.
Patron. — *Le marquis de Mailloc.* — G.-R. de Mailloc. X 692.

SAINT-GERMAIN-LA-CAMPAGNE

Curés de la 1ʳᵉ et grande portion. — G. Anfrie. IX. 85 ; X. 447 ; XII. 52, 549 ; XIV. 91.
Curés de la 1ʳᵉ des trois portions, ou la 2ᵉ portion. — P. Donnet. X. 447 ; XII. 468, 549. — G.-A. Donnet. XII. 468. 549 ; XIV. 91.
Curés de la 2ᵉ des trois portions, ou la 3ᵉ portion. — A. Moëssard. X. 447. — C Bourlet. X. 447 ; XI. 466 ; XII. 549.
Curés de la 3ᵉ des trois portions, ou la 4ᵉ portion. — N. de Bernière. IX. 103 ; X. 447 ; XIV. 13. 86. — J.-F. de Bernière. XIV. 13, 86, 91, 369. — N. Pilet. XIV. 369.
Vicaire. — P. Saphare, XII. 520, 549.
Prêtres de la paroisse. — M. Visage. XII. 549. — P. Saphare, X. 447. (D . 547 ; XIII. 365. — A. Pivalle, X. 447.
Clercs. — C.-F. Bourlet du Buisson. X. 376, 377, 447, 457, 479 ; XI. 115. — L. Bourlet du Bosc, X. 376, 377 ; XI. 436, 466 ; XII. 88, 342, 411. — C. Bourlet de la Valéserie, XII. 517. — J. Charpentier. XIV. 91. — Jᵉ Guillemin, XIV. 945. — G. Trinité, X. 503, 558.
Patron de la 4ᵉ portion. — *Le Chapitre de Lx.* XIV. 91 ; par le chanoine de semaine. — L.-H. de Romé de Vernouillet, XIV. 369.
Seigneurs et notables. — G. de Bernière, XII. 329. A.-L. Dandel. XII. 329. — F. Bourlet. X. 447 ; XI. 405 ; XIV. 799 (F. Thillaye. XIV. 799). — J. Bourlet de la Valéserie. XIV. 369. — C. de Courteuvre. IX. 79. (G. de Tilly-Champion, IX. 79). — C. de Courteuvre, fils, IX. 79. (G. Gislain, IX. 79). — A.-F. Deshays, X. 447 ; XII. 549. — F. Deshays, X. 547. (C. de Sarcilly, X. 547). — L.-C. Deshays, X. 517. (E.-C. de Marguerie. X. 517). — A. Dubois. IX. 103 ; XII. 520. (C. Delaunay, IX. 103 ; XII. 520). — F. Dubois, X. 584. — J. Dubois, X. 447, 584 ; XII. 520. (C. Delaunay, XII. 520).

SAINT-JEAN-DU-THENNEY

Curés. — J.-B. Le Filleul, X. 384 ; XI. 139, 498. — J. Le Maistre, XI. 498 ; XII. 246. — J. Canu, XII. 246, 254, 333.
Vicaire. — F. Pellerin, XI. 498 ; XII. 254 ; XIII. 156.
Patron. — *Le seigneur du lieu.* — O. de Chardon, XI. 498 ; XII. 246.
Seigneurs et notables. — J. de Bauquemare. XI. 498. — G. de Bocquencé. X. 271 ; XI. 139. (C. de la Vallée, X. 271 ; XI. 139). — G.-C. de Bocquencé. X. 271 ; XII. 451. — R. Deschamps. XI. 498. — L. Gueroult, XI. 498. — J. Menard. XI. 498. — C. Piperel, XI. 498.

Hôtellerie des Trois Rois, XI. 468.

SAINT-JULIEN-DE-MAILLOC
Curés . . . .
Vicaire. — Chemin, XIII. 6.
Seigneur. — C. de Bonnet. XII. 95. F. de Carré. XII. 96.

SAINT-MARDS-DE-FRESNE
Curés — L. Simon. IX. 110; X. 313, 496, 593. — G. Trinité, X. 503.
— C. Morel. X. 496; XI. 445. XIV. 405. — F. Morel. XIV. 405.
Vicaires. — P. Simon. X. 496, 533; D., XI. 30, 73. — J. Jardin, XII. 374; XIV. 68, 406, 477.
Clercs. — N. Faucon. XII. 411. — J.-N. Herrier. XIV. 767.
Patron. — L'abbé de Bernay, X. 496. 593.
Seigneurs et notables. — G. d'Argences. XIV. 68. M. Morin. XIV. 68. — G. de la Balle. XII. 363. B. Delaunay. XII. 363. — G. de la Balle. XII. 374. A. de Varin. XII. 374. — J. de la Balle XII. 374.(A. de Lespinay. XII. 374). — J.-B. Despériers. IX. 596. M.-M. Doublet. IX. 596. — P. Frontin. X. 313. F. Lequillon. X. 313. — P. Frontin, fils. X. 313; M. Deschamps. X. 313.

SAINT-MARTIN-DE-MAILLOC
Curés . . . .
Clercs. — P. David. XII. 399, 449. — L. de Sevrey. XIII. 64; XIV. 68.
Seigneurs et notables. — F. Deshays de Fissemont. XIV. 871. M. Pitacher. XIV. 871. — A. Deshays. XII. 449; XIV. 871; A. E. de Belleau. XIV. 871. — J. Deshays. XII. 449.

SAINT-PIERRE-DE-MAILLOC
Curé. — J.-A. Armenoult de la Perdrielle. XII. 64; XIII. 6, 31, 77.
Vicaire. — C. Lefrançois, XII. 367; XIII. 31.
Clerc. — J. Rozey, XII. 546; XIV. 588.
Notable. — J. Leseigneur. XII 326.

SAINT-VINCENT-DE-LA-RIVIÈRE
Curés. — R. Salerne. IX. 33, 144. — N. de la Brosse, IX. 33, 144, 169; X. 135. — C. Lussot, X. 135; XIII. 28, 319.
Patron. — L'évêque de Lisieux, IX. 33; X. 135.
Notables. — C. Le Normand de Longpare. X. 135. — L. Anglement, X. 135.

LE SAP OU LE GRAND SAP (Saint-Pierre)
Curés. — G. Langlois, IX. 284. 304. — P. du Brunet, IX. 284; X. 80. — J. de Vauquelin, IX. 304. — A. Benoist. X. 80; XII. 455. — M. Féret. XII. 455; XIII. 529.
Vicaire. — L. Maignet. IX. 284. — F. Lecomte, XI. 400; XII. 75; XIII. 529.
Prêtres de la paroisse. — L. Maignet, IX. 302, 305, 409 (D); X. 80. — P. Tousey, X. 80, 152, 320, 416, 695; XI. 251, 327, 487; XII. 135. — F. Maignet. XII. 102, 155. — F. Lecomte, IX. 284. (D) 595; X. 80; XIII. 144. — C. Frémont. XIV. 188.
Clercs. — F. Berthelot. IX. 284, 285. — G. Coignard. X. 152. — P.-C. Frémont, XII. 382; XIII. 65; XIV. 631. — L. Girette, XII. 262, 299; XIII.

68 ; XIV. 590). — F. Maignet, X. 475 ; XI. 327 ; XII. 302 ; XIII. 151. 466. — C. Motte, XII. 543 ; XIV. 531.

Patron. — *L'abbé de Saint-Evroult*, IX. 304. — *Les religieux de Saint-Evroult*. — P. Chevillard, IX. 284. — J. Irrebert, X 80). — G. Dujardin, XII. 455.

Seigneurs et notables. — F. Boullaye, XIV. 170. (C. Faucon, XIV. 170. — L. Boullaye. XIV. 170. (J. Dérey, XIV. 170). — N. Dandeville XII. 75. (C. Roques, XII. 75). — P. Dandeville XII. 75. (M.-M. Bacheley, XII. 75). — N. Delafosse, XIII. 366. (*. Boullaye, XIII. 366. — F. Frère, IX. 284. — P. Girard, XIII. 7. (M. Legras, XIII. 7). — J. Gislain, X. 152. — J. Gislain de Beauparc. IX. 140. (A.-J. Le Normand, IX. 140. — N. Gislain des Longchamps, IX. 140. G. Goullard, IX. 140). — R. Gislain de Grennes, IX. 505. (A. des Boves. IX. 505). — P. de Témerel, XII. 136. (M. Gallière, XII. 136).

TORDOUET (Saint Michel)

Curé. — N. Lefront, IX. 131 ; XIII. 31, 353.
Vicaire. — P. Galopin, XIII. 31, 348, 353.
Clercs. — F. Hue, XII. 324. — N. Faguet, XIII. 64, 353.

LA VESPIÈRE (Saint-Ouen)

Curé. — F.-H. Geresme, X. 313.
Prêtre de la paroisse. — C. Jean, XIII. 35.
Seigneurs et notables. — F. Trinité, XIII. 369. (C. Deschamps, XIII. 369). — P. Trinité, XIII. 369. (A. Leseigneur, XIII. 369). — M. Deschamps, X. 313. (M. Fresnel, X. 313). — F. Aupoix, XIV. 825. (C. Lecanu, XIV. 825). — J.-F. Aupoix, XIV. 825. (A.-L. du Merle, XIV. 825). — N. Asselin, X. 315. (C. Petit, X. 315).

Prieuré de Mervilly, *alias* **Merviller.** (Saint-Christophe). — Prieurs. — J. Dubois, XIII. 45. — A. Thoumin, XIII. 45. — Patron. — Les Mathurins de Lx, XIII. 45.

ARCHIDIACONÉ DE PONTAUDEMER

Doyenné d'Honfleur

Doyens. . . . .

ABLEVILLE (Saint-Martin)

Curés. — P. Lambert, IX. 170, 179, 320, 422. — G. Le Gallois, IX. 320, 363, 422 ; 220 ; XI. 93 ; XIII. 193.

Patron. — *Le seigneur du lieu*. — C. de Fatouville, IX. 320. — L.-F.-N. Le Doyen, IX. 363.

Seigneurs et notables. — Jᵈ Deschamps, XI. 93 ; XII. 220 ; XIV. 829. (M. Le Grix, XI. 93 ; XII. 220) ; XIV. 829). — Jᵈ Deschamps, fils, XI. 93. (M.-C. Orieult, XI. 93). — T. Patin, XIII. 511 (M. Aubert, XIII. 511).

Chapelle Saint-Sauveur-des-Vases. — Chapelains. — Gᵗ de Giverville. XII. 127. — D.-F. Madeline, XII. 127 ; XIV. 776.

Prêtre desservant la chapelle. — R. Cœurdoux, X. 89.

ABLON (Saint-Pierre-ès-Liens)

Curés. — L. Angomare. X. 53, 76. — E. Commely, X. 53, 88, 89; XII. 250. — N. Mauger, XII. 250.
Vicaire. — T. Le Breton, XI. 446; XII. 162, 164, 250; XIII. 76.
Patron. — *Le Seigneur du Lieu.* — C. de Brunon, veuve Le Doyen, X. 53; XII. 250.
Seigneurs et notables. — S. Pilley, XII. 250. — F. Le Doyen, XII. 522. (C. de Brunon, XII. 523. — J⁺ de Thieuville, X. 465 (A. Eudes, X. 465. — E. de Thieuville, X. 389). (C. Thierry, X. 389).

BARNEVILLE-LA-BERTRAND (Saint-Jean-Baptiste)

Curés. — J⁺ de Montreuil, IX. 518. — A. Louvel, IX. 518. — M. A Estièvre, IX. 518; X. 273; XI. 359, 359. — P. Fourey, XI. 359, 359, 428. — M. Thorel, XI. 359.
Vicaires. — C. T. Moullin, XI. 68, 359. — Valsemey, XIII. 613.
Prêtres desservants. — Lion, IX. 540. — N. Havard, XI. 359, 359.
Patron. — *Le Seigneur du lieu.* — Litige entre J.-H. de Puccis et P.-L. Le Jumel, IX. 518. — P.-L. Le Jumel, XI. 359.
Seigneurs et notables. — L. Le Bourgeois, XI. 359. — L. Thouret, IX. 518; XI 359. — P.-L. Le Jumel, IX. 518. — J⁺ de Beautot de la Rivière, IX. 540. (A. Le Paulmier, IX. 540. — J⁺ de Beautot de Meautrix, IX. 518, 540. (C. Dubusc, IX. 540). — T. Liétout, IX. 518. — L. Lemonnier de la Croix, X. 273.

LE BOIS-HELLAIN (N.-D.)

Curé. — N. Duval, X. 233; XI. 153, 491.
Clerc. — F. Costard, XII. 543; XIV. 643.
Notables. — L. Le Baron, X. 323. — (M. du Moutier, X. 323). — J.-A. Le Baron, X. 323. (E. Louilé, X. 323. — R. Delamare, X. 275; XI. 153. — J. Gohard, XI. 457. (M. Letailleur, XI. 457).

BONNEVILLE-LA-LOUVET (N.-D.) - Prieuré
et son Annexe SAINT-MARTIN-DU-MONTFOUQUERAN

Curé. — J⁺ Le Bourg, XII. 523.
Seigneurs et notables. — H. de St-Pierre, XII. 523. (M.-M. de Boisseret, XII. 523). — H.-E. de St-Pierre, XII. 523. (M.-C.-C. Le Doyen, XII. 523). — J.-B. Durand, X. 597. (M.-M. de Bellemare, X. 597). — L. Durand, X. 597.
Chapelle Saint-Louis. — CHAPELAIN. — F. Bardel, IX. 410; X. 275. — J. Daufresne, IX. 84, 410; X. 97, 275; XIII. 343, 398; XIV. 370, 438. — PATRON. — Les religieux de Cormeilles, IX. 410.
Chapelle Saint-Jean-des-Tostes — CHAPELAINS. — G. Bayeux, XII. 79. — G. Thillaye, XII. 79, 101.

CRÉMANVILLE (N.-D. de Bonne-Nouvelle)

Curé. — J. Desperroys, XI. 446.
Seigneurs et notables. — F. de Chéron, XIII. 511. (M. Leloup, XIII. 511). — F. de Chéron, fils, XIII. 511. (F. Patin, XIII. 511. — H. Le Doyen, X. 430; XIV. 267. (M. Haguelon, XIV. 267).

CRIQUEBOEUF (Saint Martin).

Curés. — G. de Verdun, XIII. 157. — G. Lebachelier, XIII. 157 ; XIV. 776. — D.-F. Madeline, XIV. 776.
Prêtre desservant. — M. Lerat, XIV. 776.
Patron. — *Le seigneur du lieu.* — A.-T. de Thiville. XII 157 ; XIV. 776.
Seigneur et notable. — F. Becquemont, XIII. 157. — G. Le Bouteiller, XIV. 776.

EQUAINVILLE (Saint-Jean Baptiste).

Curé. — N. Odienne, IX. 510 ; X 234, 235.
Vicaire. — B. Cabart, IX. 422 ; X 48.
Clercs. — J. Rioult, XII. 320, 418 ; XII. 69. — B. Lebourgeois, XIII. 171.
Seigneurs. — G. Rebut, IX. 321. (C. Dubosc, IX. 321). — C. Le Terrier, XII. 306. M.-A. Lechantre. XII. 306,

EQUEMAUVILLE (Saint Pierre).

Curés. — F. Saintier, IX. 518 ; XII. 129. — R.-F. Fondimare, XII. 129 ; XIII. 258. — F. Guilmet des Fontaines. XII. 258 ; XIV. 1000. — J. Damemme. XIV. 1000.
Vicaires. — P. Fourey. XI. 359 ; XIII, 258 ; XIV. 1000.
Prêtres de la paroisse. — J. Cordoën, X. 101. — F. Fourey (D), XII. 129.
Clerc. — C.-J. Le Chevallier. XII. 322, 325.
Patron. — Le Chapitre de Cléry. XII. 129 ; XIII. 258 ; XIV. 1000.
Seigneurs et notable. — L.-P. Le Jumel, XI. 359 ; XIII. 692. (C.-L Le Musnier, XIII 692. — C.-J. Le Jumel. XIII, 692. (C. de Varin, XIII 692).

FIQUEFLEUR (Saint-Georges).

Curés. — G. Le Gallois. IX. 320, 422 ; X. 48, 95. — J.-B. Cabart, X. 48, 95, 220 ; XIII. 161, 259. — F. Halley, XIII. 161, 329. — G. Hélix, XIII. 256, 259, 265, 329. — P. de Mire, XII. 265, 329.
Prêtres desservants. — Halley, XIII. 185. — J.-F. Marie. XIII. 386.
Patron. — *Prétentions du prieur de Beaumont.* — D.-F. Bouthillier. XIII. 161.

FOURNEVILLE (Saint Pierre).

Curés. . . . .
Vicaire. — Courcy, XIII. 193.
Clerc. — G. Guilbert, X 248, 256, 262, 481.

GENNEVILLE (Saint Ouen).

Curés. — A. Morin, X. 236. — N. Jardin, X. 236 ; XII. 71, 529 ; XIII. 49. — L. Levavasseur, XII. 529 ; XIII, 49.
Vicaires. — Plouin, X. 64. — Le Merlier, XIII. 311, 368.
Prêtre de la paroisse. — Madelaine, (D), X. 411.
Patron. — *Le chanoine de semaine en la Cathédrale.* — J. de Setz. X. 236.
Seigneurs. — G. de Brèvedent de Valbrun, X. 418. (M. Duval, X. 418). — J.-B. de Brèvedent, fils G¹, X. 418. (F. Le Doyen, X. 418). — L. de Brèvedent du Plessis, X. 236.

GONNEVILLE-SUR-HONFLEUR (Saint-Martin)

Curé. — J. Letondelier, X. 314 ; XI. 338 ; XIV. 1023.— J.-E. Bourdon, XIV. 1023.

Vicaires. — Fizel. XI. 354. — Thillaye, XIII. 368.

Seigneurs. — A. de Varin de Prestreville, XI. 338 ; XIII. 602. (*F.-H. de Prélabbé*, XI. 338 ; XIII. 602. — R Cécire du Bocage. X. 314, 500. (*M. Hobey*, X. 314). — R. Cécire de Beaulieu, X. 177. (*M. Haguelon*. X. 177). — F. Cécire de Dézert, X. 311. (*E. Fresbert*, X. 314).

HERBIGNY, alias MONT-SAINT-JEAN (Saint-François)

Curés. — C. Boudin. XI. 131. — *H.-L. Muret*, XI. 131, 171. — C. Desmonts, XI. 171 ; XIII. 120. — M. De la Salle, XIII. 120.

Vicaire. — J. Butengs, IX. 82.

Prêtre de la paroisse. — D.-F. Madeline, XI. 171 ; XII. 127.

Patron. — *Le seigneur du lieu.* — P.-C. Lambert d'Herbigny, XI. 131, 171 ; XIII. 120.

Notable. — J. Morisse, XIII. 233.

Chapelle du château. — Chapelain. — D.-F. Madeline, XI. 171.

HONFLEUR (Saint-Etienne & Sainte-Catherine)

Curé. — G. Pépin, X. 272, 289 ; XI. 210, 403 ; XII. 20, 211 ; XIV. 584.

Vicaires. — Lemoine, IX. 19 ; X. 28 ; XI. 358 ; XII. 276. — Delasalle, XII. 356 ; XIII. 140. — T. Moullin, XIV. 185, 269. — Lechevalier, XIV. 562.

Prêtres de la paroisse. — G. Delasalle, IX. 135 ; XIV. 103. — M.-A. Estièvre, IX. 518. — P. Fouret, XI. 359 ; XII. 129. — J. Giffard, XIII. 258. — F. Langlois, X. 101. — H. Lechevalier, XIV. 584. — M. Leduc, XI. 833. — J. Letondelier, XIV. 1023. — J. Levavasseur de la Madeline, XIV. 864.

Clercs. — T. Baillet, XI. 380 ; XII. 409 ; XIII. 67 ; XIV. 392. — F. Duval, X. 249. — P. Fouret, IX. 379 ; XI. 319. — J.-F. de Fresnel, XIV. 473. J. Giffard, IX. 171. 325. — C. Havard, XII. 40, 411. — C.-F. Helliot, XII. 412. — P. Lecesne, IX. 487 ; X. 266. — C.-J. Lechevalier, XIII. 496, 516 ; XIV. 431, 519, 854. — H. Lechevalier, X. 372. — J. Lechevalier, IX. 536 ; X. 215, 262, 481. — M. Leduc, X. 266. — M. Lefebvre, X. 125. — J.-B. Lemoine, XII. 288. — J. Le Signerre, IX. 133. 291. — T. Liberge, X. 22, 261. — C.-F. Morin, XII. 323. — C.-T. Moullin, IX. 35. — M. Moullin, XII. 299 ; XIV. 644. — C. Pelcat, XII. 89, 411. — J. Pottier, IX. 536 ; X. 262. 289. — P.-F. Renout, XI. 312, 386. — A. Roussel, XII. 299. — O. Tirelet. IX. 279 ; X. 101.

Seigneurs et notables. — L. Barbel, XII. 505. (*C.-L. de Mire*, XII. 505).— R. du Cup d'Yssel, XII. 280 — E. Deucade, XIV. 1025 ; (*M. Vatel*, XIV. 1025). — G. Frémont, XIV. 103. (*C. Hébert*, XIV. 103). — J Frémont, XIV. 103. (*G. Cécire*, XIV. 103). — A Giffard, XIV. 269. (*A.-M. Thiron*, XIV. 269). A. Giffard, fils, XIV. 269. (*F. Lemercier*, XIV. 269). — J. Hatten, X. 273. (*M. Coulon*, X. 273). — L. Hébert, XII. 117. — F. Helliot, XII. 129. — C. de Lannoy, IX. 82. — O. Le Bouteiller, X. 389. — C. Lechevalier, X. 372. — E. Lechevalier, X. 372. (*M. Guerard*, X. 372). — E. Lecouteulx, XI. 79. — J. Legouis, XI. 228. (*J. Rioult*, XI. 228). — A. Le Grand, XI. 403. (*F. de la Houssaye*, XI. 403). — G. Le Grand, XI. 403. (*M. Regnoult*, XI. 403). — E. Lemoine, XII. 288. — L. Lemoine, XII. 288. — C. Lion, XIV. 287 ; (*A. Moullin*, XIV. 287). — J. Lion, XIV. 287. (*C.-E. Pellerin*, XIV. 287). — A.-A. de Matharel, XI. 210. (*M.-H. Armand*, XI. 210). — L. de Matharel, XI. 210 ; (*M. Le Seiq*, XI. 210). — G. Morel,

X. 22. — O. Moullin, XIV. 644. — T. Patin, X. 487. (*M. Aubert*, X. 487).
— M. Pellerin, XIV. 287. *F. le Ramé*, XIV. 287). — A. Pottier, X. 289. —
J. Pouchin, XI. 399. (*C. Desiles*, XI. 399). — R. Pouchin. XI. 399. (*F. de
Courcy*. XI. 399 . — P. Prémord, XI. 79; XII. 20, 361. *J. Aubert*, XII. 20,
361). — G. Quillet, IX. 319. — J. Regnoult, XI. 403. (*F. Pépin*, XI. 403). —
C. Thierry, XII. 433; XIV. 1017. (*M.-M. Estièvre*, XIV. 1017). — D. Tirelet,
X. 101. — A. Vaultier, XIII. 278. (*M.-H. de Francini*, XIII. 278). — L.
Vautier, XIII. 278. (*E.-A. Le Blanvillain*, XIII. 278). — G. Villon, XIV.
194. *J. Pelcat*, XIV. 194. — E. Viquelin, XII. 110. (*M. Beuzelin*, XII.
110).

Congrégation de N.-D. — DIRECTEUR DES RELIGIEUSES. — G. Leduc.
XI. 333.

HONFLEUR (N.-D. et Saint-Léonard)

Curés. — P. Maupoint, XI. 191, 333, 338, 426. — P.-J. Costil, XI. 191,
333 ; XII. 315

Prêtres de la paroisse. — E. Caresme, XI. 333. — C. Guerrier, XIV.
664. — N. Havard, XII. 40. — P. Lailler, X. 611 ; XI. 89. — Lebreton (D),
XII. 20. — J. Lebroc, XI. 333. — J. Leduc, IX. 256, 336, 422. — M. Lerat,
XIV. 692.

Clercs. — E. Caresme, IX. 48, 382. — M. Caresme, XII. 324. — P.-J.
Costil, IX. 471 ; X. 305. — G. Duhault, XIV. 623. — F. Duval, IX. 536 ;
X. 262. — C. Havard, XII. 40, 411. — G.-F. Helliot, XIII. 65 ; XIV. 626.
— T. de Laumosne, XIII. 64 ; XIV. 614. — B. Le Bourgeois, XII. 541. —
M. Leclerc, XI. 380. — J. Leduc, XIV. 744. — M. Leduc, IX. 319 ; X.
265. — J. Main, XII. 298 ; XIII. 68 ; XIV. 359.

Seigneurs et notables. — J.-B. de Brèvedent, XIII. 620 (*M. d'Eguillon*, VIII. 620). — D. Caresme, XI. 426. (*M Pennegon*, XI. 426). — A.
Cotton, XII. 361. (*M. Fresson*, XII. 361). — F. Cotton, XII. 361. (*J. Prémord*, XII. 361). — L. Cousin, XII. 315. (........ *Lejujeur*, XII. 315). —
L.-M. Cousin, XII. 315. (*A. du Buisson*, XII. 315). — A. Dubosc, XI.
338. (*M.-A. de Varin*, XI. 338. — C. Dubosc, XIV. 1017. (*L.-C. Thierry*,
XIV. 1017). — J. Dubosc, XIV. 1017. (*M. Chrestien*, XIV. 1017). — M.
Dubosc, XI. 338. (*C. de Beaumont*, XI. 338). — G. Durocher, XII. 418.—
J. Le Gallois, X. 89. — E. Lemercier, XIV. 269. (*C. Renout*, XIV. 269).
— G. Paulmier, XI. 426 ; XIII. 620. (*M. Girard*, XI. 426 ; XIII. 620). —
J. Paulmier, XI. 426 ; XIII. 620. (*M.-F. Caresme*, XI. 426 ; *M.-M. de
Brèvedent*, XIII. 620). — H. Vaquet, XII. 20. (*B.-M. Plaimpel*, XII. 20).
— O. Vaquet, XII. 20. (*M. Prémord*, XI. 20).

Chapelle Saint-Clair des Vases. — CHAPELAINS. — L. Angomare, X.
76. — C. Le Doyen, X. 76, 89 ; XIII. 296. — J. de Saint-Pierre, XIII. 296.
— PATRON. — C. de Brunon, Vve Le Doyen, X. 76 ; XIII. 296.

LA LANDE (Saint-Pierre)

. . . .

MANNEVILLE-LA-RAOULT (Saint-Germain)

Curés. — M. de Queudeville, XIV. 105. — N. Jullien. XIV. 105, 372.
Vicaires. — Présey, IX. 185. — F. Lescachey, XIV. 105.
Patron. — *Le seigneur du lieu*. — M.-C. de Malortie, XIV. 105. — Le
roy, (*ob tutelam*), XIV. 105.

Seigneurs. — J⁵ de Cécire, IX. 105 ; XIV. 105. S. du Val, IX. 105. — J⁵ de Cécire, fils, IX. 105. (M. Lambert, IX. 105. — C. de Pellegas, XIV. 495.

PENNEDEPIE (Saint-Georges)

Curé. — M. A. Audran, IX. 513, 546 ; XIII. 485, 515.

Vicaire. — H. Hennegué de Hardencourt, XIII. 485.

Prêtre de la paroisse. — Jean D , XIII. 613.

QUETTEVILLE (Saint-Laurent)

Curés. — J. Thommeret, IX. 112 ; XI. 93, 168, 190, 500 ; XII. 168. — J. Duhault, XI. 500 ; XII. 168. — J. Jeulin, XI. 190, 311 ; XII. 220 ; XIV. 103.

Prêtres de la paroisse. — Auzeraye D⁷, XI. 168. — J. Lecomte, XII. 521.

Clercs. — P. Le Nantier, XI. 381 ; XII. 616, XIII. 64. — J. Lecomte, XII. 63, 111. — G. Duhault, XIII. 64. — J. Madelaine, IX. 277, X. 265.

Patron. — L'abbé du Bec. — R. de la Rochefoucauld, XI. 190.

Seigneurs. — J. Cécire, XIV. 103. J.-G. Patry, XIV. 103. — F. Le Grand, IX. 112, 277 ; XIV. 1025. (M. Drahé, IX. 112 ; F. Deacade, XIV. 1025. — G. Le Grand, XI. 168. A. d'Assy, XI. 168. — J. Le Grand, XI. 168. M.-S. Philippes, XI. 168. — O. Le Grand, XIV. 1025. A. Taillefer, XIV. 1025. — F. Le Nantier, XI. 311 ; XII. 220. (C.-T. Deschamps, XII. 220. — L. Le Nantier, IX. 186 ; XI. 311 ; XII. 220. G. Desson, IX. 186; M. de Nollent, XII. 220. — F. Oricult, XI. 93 ; XII. 383. M. Duquesne, XI. 93 ; XII. 383. — R. Oricult, XII. 383. (B.-E. de Gouy, XII. 383.

SAINT-BENOIT-D'HÉBERTOT

Curés. — N. Liesse, IX. 97 ; XI. 165. — J.-B. Leduc, XI. 165 ; XIII. 269.

Clerc. — J. Letailleur, X. 266, 183.

Patron. — Le duc d'Orléans. — L. d'Orléans, XI. 165.

Seigneurs et notables. — L. du Barquet, IX. 185. (M. Le Filastre, IX. 185.) — L. du Barquet, fils, IX. 185. (M.-G. Le Nantier, IX. 185. — J⁵ de Sandret, XIV. 567. (M. Legrand, XIV. 567. H. de Sandret, XIV. 567. C. de Liesse, XIV. 567. — F. de Liesse, XIV. 567. A.-C. Tesson, XIV. 567.

SAINT-LÉGER-SUR-BONNEVILLE

Curés. — L. Betten, IX. 154. — E. Inger, IX. 154, 167 ; XII. 70 ; XIV. 896.

Prêtre desservant. — L. Farain, IX. 167.

Patron. — Le Chanoine de semaine en la Cathédrale. — C. Inger, IX. 154.

SAINT-MARTIN-LE-VIEIL-près-HONFLEUR

Curés. — R. Houvet, IX. 256. — J. Leduc, IX. 256, 336. — J⁵ Duhault, IX. 336 ; XI. 500 ; XII. 168 ; XIII. 311.

Patron. — Le Seigneur du lieu. — C. de Boislévesque, IX. 256, 336.

Seigneurs. — C. de Boislévesque, XI. 829. G. de Mire, XIV. 829. — B. de Boislévesque, XIV. 829. M. Deschamps, XIV. 829.

LE THEIL (Saint-Pierre)

Curés. — F. Binet, X. 500. — A. Morlet, X. 500 ; XII. 253, 521.

Prêtre de la paroisse. — G. Lethieu, X. 500.
Clerc. — L. Levavasseur, XII. 521.
Patron. — Le Chapitre de Cléry, X. 500.
Seigneurs. — F. Apparoë, X. 500. — P. Apparoë, XII. 110. M. Le Boitey, XII. 110. — G.-F. Apparoë, XII. 110. A.-M. Viquelin, XII. 110.
Chapelle N.-D. — CHAPELAINS. — G. Le Thieu, X. 500 ; XII. 169. — C.-T. Moullin, XII. 169. 202. 253. 521. — J. Lecomte, XII. 521. — PATRON. — Le Seigneur de Sainte-Marie. — G.-F. Apparoë, XII. 169, 253, 521.

TONNETUIT (Saint-Éloi)

Curés. — G. Fillion, X 323 ; XIII. 269. — L. Ernoult, XIII. 269.
Prêtre desservant. — J. Ernoult, XIII. 269.
Patron. — Le Seigneur du lieu. — J.-P Noel, XIII. 269.
Seigneur. — T. Athinas, XIII. 269. — G. Louidé, X. 323. E. Halbout, X. 323.

VASOUY (Saint-Germain)

Curé. — G. de Giverville, IX. 433.
Seigneur. — P. Bourgeot, IX. 433. J. Thierry, IX. 433.

LE VIEUXBOURG (N.-D.)

Curés. — L. Dubois, X. 381. — J. Delanney, X. 381, 500 ; XIII. 519.
Prêtre desservant. — J. Delanney, X. 500.
Patron. — Le duc d'Orléans, X. 381.
Seigneurs. — C. de Cormeilles, XIII. 519. M. Le Portier, XIII. 519. — C.-F. de Cormeilles, XIII. 519. M.-M. Lambert, XIII. 519.

VILLERVILLE (N.-D).

Curés. — C. de Saint Remy, IX. 152. — C. Hardy, IX. 152 — T. Moutier, IX. 152. 166 ; XIII. 157. 485.
Vicaire. — J. Fisel, XIII. 157.
Prêtre desservant. — P. Mabon, IX. 148.
Patron. — Le seigneur du lieu. — H.-P. de Oilliençon, IX. 152.
Notable. — J Duchemin, IX. 105.

Doyenné de Pontaudemer

Doyens. — M. Hubert, XI. 79. 205. — J. Pollin, XIII. 51, 469.

BERVILLE-SUR-MER (Saint-Melaine).

Curés. — R. Gosseaume, IX. 189 ; XI. 389, 404. — R. Bucailles, XI. 389, 404, 452 ; XII. 70. — M. Pastey, XI. 452 ; XII. 70, 474, 527 ; XIV. 290. — J. Daubin, XIV. 290, 998. — R. Mioque, XIV. 998.
Prêtre desservant. — J. Toustain, XII. 70.
Clerc. — J.-B.-J. Barbe, XII. 105.
Patron. — Le chanoine de semaine. — J. Legros, XI. 404. — C. Inger XI. 452. — C. Le Bas, XIV. 290.
Seigneurs et notables. — Ph. de Houel, IX. 189. F. de Préaux, IX. 189. — Ph. de Houel, fils Ph., IX. 189. M.-F. Dupuis, IX. 189. — E. de Houel, XII, 105 ; XIV. 982. — A. de Bersac, XIV. 194. — E. de Bosc.

XIV. 194. — P.-J. de Bersac, XIV. 194, 290. — J. Villon. XIV. 194. — R du Coudré, XIV. 932.

Chapelle S' Thomas de Cantorbery. — Chapelains. — P. Lailler, XIV. 932. — Patron. — *Le seigneur du lieu.* — E. de Houel, XIV. 932.

BEUZEVILLE (Saint Hellier).

Curés. — T. Legouez, XIV. 443. — P. Roussel, XIV. 443.

Vicaires. — H. Brière, X. 145 ; XI. 414. 470 ; XII. 82. — Fouquier, XII. 357. — Roussel, XIV. 94. 179.

Prêtre de la paroisse. — F. Trottin, X. 9.

Clercs. — J.-L. de Nollent, XII. 545 ; XIV. 522. — F. Dubosc, XIII. 381

Patron. — *L'abbé du Bec.* — L. de Bourbon, XIV. 443.

Seigneurs. — A.-A. Auber, XI. 90. (*A. de Calmesnil*, XI. 90). — G.-A. Auber. XI. 90 (*M.-F. de Parey*, XI. 90). — F. de Charlemayne. XIV. 386, 443. — C. de Livet, XIII. 329. — F. de Livet, XI. 394. (*A. Hamel*, XI. 394). — V. de Livet. XI. 394. (*C. Lestorey*, XI. 394. — J. de Nollent, XII. 545 ; XIV. 522. (*A. Desson*, XII. 545).

Chapelle S^u Marguerite de Neuilly. — Chapelains. — Balluet , X. 9. — M. Le Boucher X. 9. — Patron. — *Le seigneur du lieu.* — E. Fauche de Corday, X. 9.

BOULLEVILLE (Saint-Jean-Baptiste).

Curé. — F. Legras. XI. 438.

Prêtre de la paroisse. — J^t Frontin, X. 159, 699 ; XII. 516.

Clercs. — J^t Frontin. IX. 26. 88, 240. — F. Frontin, XII. 28, 323 ; XIII. 219 ; XIV. 699.

Notable. — M.-A. Frontin, X. 306.

CAMPIGNY (N.-D.)

Curé de la 1re portion. — L. Ricques, XII. 499 ; XIV. 156, 949, 972.

Curés de la 2e portion. — F. Dujardin, XII. 425, 484. — H. Allais, XII. 425, 484. 499 ; XIV. 156. — N. Le Flamant. 156.

Vicaire. — G. Deglos, XI. 449.

Clercs. — L. de Malortie, X. 303. — F. Furon, XI. 90 ; XIX. 972. — P. Ricques, XIV. 949.

Patron de la 2e portion. — *L'abbé de Préaux.* — U. Robinet, vic. g¹, XIV. 156.

Seigneurs et notables. — G.-C. de Malortie, X. 303. — J^t-J^t de Malortie, XII. 499. — L. Hais, XII. 499. — R. Accard, XII. 499. — G. Vattement. XII. 499. — C. Ricques. XII. 499.

CARBEC (Saint-Martin)

Curés. — N. Lefebvre, X. 89 ; XIII. 326. — P. Guillemin, XIII. 326 ; XIV. 998.

Patron. — *L'abbé de Grestain.* — C. de Lévis, XIII. 326.

EPAIGNE (Saint-Antonin)

Curés. — F. Desnos, XII. 512. — L. Gaultier, XII. 92. — G. Leroy, XII. 92. 222.

Vicaires. — Le Merlier, XI. 101. — N. Gibert, XII. 512. — C. Lepeltier, XIII. 486, 619 ; XIV. 36. 215, 404, 474. 840.

Prêtres de la paroisse. — L. Gibert, XII. 92. — C. Lepeltier. XII. 92. — N. Trouvé. XII. 512.

Clercs. — C. Lepeltier, IX. 279, 534 ; X 31, 155, 480. — J. Le Méry. XI. 386. — P.-B. Delamare, XIII. 513. — L. Gibert, IX. 484.

Seigneurs et notables. — J.-B. Delamare, XII. 92 : XIII. 469. — N. Desnos, XII. 512. — A. Lepeltier, XII. 512. — A. de Larcher, XIV. 32. (M.-A.-C. Derey de Bourgogne, XIV. 32. — A. de Larcher, fils, XIV. 32. (E. de Saffrey, XIV. 32).
Ecole et décors faits à l'église, XII. 512.

FATOUVILLE-SUR-LA-MER (Saint-Martin)

Curés. — C. Le Doyen du Boullay, X. 76. 88 : XIII. 296. 308. — P. Lambert, XIII. 308, 350, 469.
Vicaires. — N. Guerard, IX. 433. — J. Fossey, X. 80 ; XIII. 326, (D) 350, 386. — P. Vauviel, XIII. 585.
Patron. — *Le seigneur du lieu.* — H.-E. de Saint-Pierre et M.-C. Le Doyen, XIII. 308.
Seigneurs. - F. Descalles, IX. 433. (F. Bourgeot, IX. 433). — H. Descalles, IX. 433. (G. Lemaitre, IX. 433).

FORMOVILLE (Saint-Jean).

Curés. — J. Linel, IX. 170. — P. Lambert, IX. 170, 179 ; XIII. 349, 350, 400, 469. — A. Lambert, XIII. 349, 400, 469.
Vicaires. — F. Coustey, IX. 130, 179. — P. Vauviel, X. 69 ; XI. 138 ; XII. 92 ; XIII. 469. — Delarue, XIV. 894.
Prêtres de la paroisse. — C. Lebreton, IX. 130 : X. 31. — P. Vauviel, IX. 179.
Clercs. — T. Lebreton, IX. 130. 445. — J. Verger, XIV. 757. — P. Heudier, IX. 54.
Patron. — L'évêque de Lx, IX. 170)
Notables. — V. Gueroult, L. Coge, L. Heudier, L. Martel, J. Blondel, XIII. 469.

FOULBEC (Saint-Martin)

Curés. — R. Blanchet, X. 70. — J. Devaux, X. 70.
Vicaires. — J. Gueroult, X. 70. — Jⁿ Frontin, XII. 516.
Patron. — *L'abbesse de Caen.* — G.-F. de Froullay, X. 70.

GRAIMBOUVILLE (Saint-Sulpice)

Curés. — F.-J. Lechevalier, XIII. 87, 130. — C.-R. Saillard, XIII. 87, 130 ; XIV. 70, 143. — J. Dumont, XIV. 70, 143, 330, 399. — M. de Villers, XIV. 330, 399.
Prêtre desservant. — J.-B.-S. Durel, XIII. 395.
Patron. — *L'abbé de Préaux*, XIV. 70.
Notables. — G. Falaise, XIV. 143. — G. Jullain, XIV. 399.

GRESTAIN (Saint-Ouen)

Curés. — E. Commely, X. 53, 77, 88, 89. — G. Delasalle, X. 77, 321, 611 ; XI. 89. — P. Lailler, X. 611 ; XI. 89 ; XIII. 161 : XIV. 290, 801. 932.
Notables. — F. Descalles, XIII. 543. (E. Chuffe, XIII. 543). — C. Grandin, XIV. 498.

MARTAINVILLE (Saint-Pierre)

Curés des deux portions. — L. Pestel, XIII. 361 ; XIV. 817, 978. — P.-N. Le Bourg des Alleurs, XIII. 817, 978.
Vicaire. — M. Le Mercier, X. 69 ; XIV. 301, 978
Prêtres de la paroisse. — C. du Loir, XIV. 978. — F. Coustey, XIV. 978.

Clercs. — J.-D. Boitard, XIII. 64. 345 ; XIV. 622. — J. Cobert, XIV. 978.
Patron. — *Le seigneur du lieu.* — C. Deshommets. XIV. 817.

NOTRE-DAME DU VAL

Curés. — F. Postel. XIII. 585. — J. Blondel. XIII. 585.
Clerc. — L. Trémois, XII. 412.
Patron. — *L'abbé du Bec.* — L. de Bourbon. XIII. 585.
Seigneur. — C. Delahaye. XIII. 585.

Chapelle Saint-Jacques et Saint-Christophe du Lieu-Helley. — Chapelains. — P. Legras, XIV. 943. — J⁵ Legras. XIV. 943.

Chapelle Saint-Etienne du Mesnil-Ferry. — Chapelains. — L. du Cup, XIV. 584. — P. Descalles. XIV. 584. — G. Pépin. XIV. 584 — Patron. — *L'abbé de Grestain.* — C. de Lévis, XIV. 584.

PONTAUDEMER (N.-D. du Pré ou du Sépulcre)

Curés. — R. Laisney, X. 38 ; XI. 79 ; XIII. 150, 415. 470. — L. Delamare. XIII. 145. 470 ; XIV. 46, 202. 259, 851. — P. Deroste, XIV. 851. 1015. — J. Le Barbier, XIV. 1015.

Vicaires. — N. Deshayes. XIII. 470. — L. teinturier. XIV. 774.

Prêtres de la paroisse. — J⁵ Bunel, IX. 228. 136 ; X. 150. 400 ; XI. 46, 79, 283 ; XII. 464. — J. Delahaye. XIII. 470. — P. Crével. XIII. 470. — N. Marie, XIII. 470. — L.-B. Durand, XIV. 475. 900. — J. Le Barbier, XIV. 1015.

Clercs. — N.-R. Le Barbier. XI. 98 ; XII. 294. — J. Le Barbier, XII. 324 ; XIII. 64 ; XIV. 13. 624. — N. Marie. XII. 323 ; XIII. 64. 470 ; XIV. 627. — J. Cauvin, XII. 517. — L.-B. Durand. XII. 513 ; XIV. 663.

Patron. — *L'abbé de Préaux.* — T.-J.-F. de Strickland. XIII. 445. 470.

Seigneurs et notables. — C. Asire. XII. 464 ; XIII. 470 ; XIV. 27. (M. Avisse. XIV. 27). — E. Asire. XIV. 27. M.-R.-V. Dépaigne. XIV. 27. — E. de Bonnechose. XIII. 470. — P. Bosquet. XI. 464. — L. Bosquier. IX. 317 ; XI. 464. M. Durand, IX. 317. — A. Bunel. XII. 464. — E. Bunel, XII. 464. — N. Bunel. XII. 464. — C. de Conti. XIII. 154. (M. de la Roque XIII. 159). — J⁵ Delafontaine. XII. 464 — G. Deshayes. XIII. 470. — J. Dupont. XIII. 23. (A. Legras, XIII. 23). — C. Durand, XI. 420 ; XII. 464. — J⁵ Durand. XIII. 470. — J⁵ Durand, XI. 420. C. Lambert. XI. 420. — G. Duval, XI. 418 ; XIII. 470. (F. Langlois. XI. 418). — J. Duval. XI. 418 ; XII. 277. (M. de la Roque. XI. 418). — F. Gréaume. X. 598. (M.-A. Le Court, X. 598). — G. Gréaume, X. 598. (M. Thirel. X. 598). — F. Le Grix, XIV. 150. (A. de la Biche. XIV. 150). — P. Lemonnier. X. 454. (A. de Baillehache. X. 454). — F. Marie. XI. 149. M. Asire. XI. 149). — B. Prédelièvre. XII. 464. — N. de la Roque. XII. 364 ; XIV. 513. (M. Viquelin, XIV. 513). — P. Thibouvet. XII. 464. — Ch. Viquelin. XIV. 150. (A.-F. Le Grix, XIV. 150). — R. Viquelin. XIV. 150. (A. Legras. XIV. 150). — G. Varendes. XIV. 943.

Couvent des Cordeliers. — Fr. J.-B.-S. Durel. XIII. 395.

PONTAUDEMER (Saint-Germain).

Curés. . . . .
Vicaire. — Deroste, X. 94.
Prêtre de la paroisse. — R. Boissel. XIII. 241.
Clercs. — P. Legras, X. 396 ; XI. 196 ; XIII. 303. — R. de Malfrain, X. 26. 266. — J⁵ Lecarpentier. XII. 256, 399. 444. 470 ; XIII. 70. — J.-C. Le Boullenger du Tilleul. IX. 116.

Seigneurs et notables. — L. Le Boullenger. XII. 400. — J.-F. Le Boullenger, X. 303. — C. Lecarpentier, X. 94 ; XII. 414. — M.-M. Lecarbonnier. X. 94 ; XII. 414. — C. Lecarpentier, fils, XII. 414 — F. Lecarpentier. X. 94 ; XII. 414, 464. A.-M. Lineuville, X. 94. — P. Legras, XII. 464.

Hôtel-Dieu. — Prieurs. — J. Bunel. IX. 228 ; XI. 46 ; XII. 464. — J. Dehors. XII. 464. — Patron. — La ville de Pontaudemer. XII. 464.

Prieuré de S¹ Gilles. — Prieurs. — A. Bigot. XIV. 987. — P. Le Trécher de Rafouille. XIV. 987. — Patron. — Le seigneur de Pontaudemer et de Pontauthou. — J.-B Danycan. XIV. 987.

PONTAUDEMER (Saint-Ouen).
L'Église majeure de Pontaudemer, IX. 454.

Curé. — B. Hellouin. XI. 114, 147 ; XIII. 443.

Vicaires. — J. Thouas, X. 69. — J. Dehors. XI. 325. — J. Briet. XII. 395, 464 ; XIV. 394.

Prêtres de la paroisse. — N. Cornois. XII. 462. — J. Dehors. XII. 295, 464. — L. Delamare, XIII. 46, 240, 421, 445, 470. — F. Frontin. XIV. 39, 205, 209. — G. Ganelle. XII. 464. — J.-J. Lebourg des Alleurs. IX. 237, 454 ; X. 189. — P. Noël. XII. 54, 117, 130 ; XIV. 870. — C. Vitrel. IX. 227, 404, 447.

Clercs. — J.-A. Aubert de la Cardonnière. X. 177, 475. — F. de Beauvais, XII. 458, 512 ; XIII. 29 ; XIV. 693. — A. Boissel. IX. 70, 107. — J.-B-. Brunel, XII. 323 ; XIII. 65 ; XIV. 685. — G. du Buisson, X. 363. — J. Cavelier. XII. 414. — L. Delamare, XI. 515 ; XII. 1, 177, 256, 277, 393, 404. — N. Deshays, XI. 6, 157, 382 ; XII. 205, 391 ; XIII. 69. — N. Desjardins, XI. 386. — P. Eudes. X. 84. — F. Frontin. XIII. 249. — G. Ganael, X. 240, 255, 262, 484. — J.-B. de Grasses, XI. 381. — C.-B. Lebourg, XII. 174, 405 ; XIII. 58, 84 ; XIV. 694. — J.-A. Lebourg. XIV. 745. — P.-J. Lebourg de Montmorel. X. 604 ; XI. 190, 272, 501. — P.-N. Lebourg des Alleurs, XIV. 817. — J. Legras, XIV. 943. — N.-G. Le Grix. XIV. 388. — J.-J. Levavasseur, X. 567. — P. Noël. X 5, 316, 478 ; XI. 120, 261. — P. Pelgars, XII. 514 ; XIV. 406. — N.-G Pépin, XIII. 509 ; XIV. 545.

Seigneurs et notables. — B. Aubert de la Cardonnière. XIV. 253. (F. Dumoutier, XIV. 253. — P.-F. Aubert des Busquets, XIV. 253. A. Codebin, XIV. 253). — F. Avisse, IX. 289. (C. Ledanois. IX. 289. — P. Baudry, X. 464. B.-F. Lebourg. X. 464. — R. Baudry. X. 464. C. Vallon. X. 464. — R. Boursy. XII. 464. — N. du Buisson. IX. 317 ; X. 363 ; XII. 315. A. Le Grix. IX. 317 ; X. 363 ; X. 315. — N. du Buisson, fils, IX. 317 ; XII. 464. (E. Bosquier. IX. 317. — N ...... Canel. XIII. 503. M.-C. de Conti du Quesnoy. XIII. 503). E. Canel, XIII. 503. (M. Lucas, XIII. 503). — F. Cavelier, XIV. 285. (M. du Buisson, XIV. 285). — J¹ Cavelier, XII. 277 ; XIV. 299. — F. Dépaigne. IX. 298. (M. Véron, IX. 298. — J¹ Dépaigne. XII. 13. (M.-M.-L. de Crémanville. XII. 13). — J¹-Ph. Dépaigne. XIV. 943. — J.-B. Dépaigne. XII. 13 ; XIV. 27. (F. du Vicier, XII. 13 ; XIV. 27. — P.-F. Dépaigne. XII. 277. — R. Dépaigne, XII. 113 ; XIV. 943. — P. Deshayes. XII. 464 ; XIII. 418, 484 ; XIV. 987. (M.-R. Dumoutier. XIII. 484). — J.-B. Dessensaux, XIII. 133. (M. de Naguet, XIII 133. — J. Deuve, XII. 464 ; XIII. 470. — R. Dubosc. XII. 464. — N. Dupin. XII. 464. — J. Fautelin, XIII. 594. (F. Paris. XIII. 594. — P. de Formeville. IX. 515. (M. Levavasseur, IX. 515). — N. Frontin, XIII. 23.

(*M. Le Prevost*, XIII. 23). — N. Frontin, fils. XIII. 23. (*F.-L. Dupont*, XIII. 23). — J.-B. Gardin, XII. 464. — C. de Giverville, XI. 202, 204. (*F. d'Aubert*, XI. 202, 204). — N. Grandin, XII. 464. — J. Guérin, IX. 289. (*M. Avisse*, IX. 289). — T. Guérin, IX. 289. (*B. Lefebvre*, IX. 289). — P. Harou, XI. 149. (*M. Blin*, XI. 149). — P. Harou, fils, XI. 149. (*E. Marie*, XI. 149). — J. Hellouin, XII. 464; XIV. 943. — P. Hellouin, XI. 147. (*M. Gaudry*, XI. 147). — J. Hescamps, XIV. 173, 821. (*M.-E. Gohier*, XIV. 173, 821). — J.-F. Hescamps, XIV. 821. (*M.-A. Duquesne*, XIV. 821). — L.-J. Hescamps, XIV. 173. (*C. Lebailly*, XIV. 173). — B. Laisney de Trimetot, IX. 368. (*N....... Martel*, IX. 368). — J. Lebailly, XIV. 173. (*A.-C. Huguet*, XIV. 173). — A.-F. Lebourg, XI. 79; XIII. 443. (*M.-C. Collet*, XIII. 443). — P. Lebourg, IX. 454; X. 464; XIII. 443. (*B. Harou*, IX. 454; X. 464). — F. Lecerf, XIV. 817. — P. Lecomte de Montullé, IX. 179. — R. Lecourt, X. 598. (*M. Quesney*, X. 598). — N. Lefebvre, IX. 89. (*C. Parrin*, IX. 89). — N. Lefebvre, fils. IX. 89. (*C. Lemonnier*, IX. 89). — G. Legras, X. 79; XI. 79, 196; XII. 113, 117; XIV. 943. (*M.-M. Desmonts*, XIV. 943). — A. Le Grix de Neuville, XIV. 149. (*M. Dufour*, XIV. 149). — An. Le Grix, XIV. 338. (*E.-J. Delarue*, XIV. 338). — C.-A. Le Grix de la Fontelaye, XIV. 149. — G. Le Grix, XI. 114; XII. 419; XIV. 388. (*G. Guerard*, XI. 114; XII. 419). — H. Le Grix de Heurteauville, XI. 420. (*A. Le Bourgeois*, XI. 420). — J¹ Le Grix d'Epréville, XIV. 943. — J² Le Grix de Heurteauville, XI. 79; XII. 464; XIV. 338. (*P. de Paz*, XIV. 338). — O. Lehuen, XII. 464. — N. Lemonnier, XI. 117. (*C. Dépaigne*, XI. 147). — Ph. Lémonnier, XI. 147. (*M. Hellouin*, XI. 147). — P. Lemonnier, XIII. 427. — P. Lengeigneur, X. 363. — J¹ Lepeltier, XIV. 285. (*M. Le Prevost*, XIV. 285). — J.-B. Lepeltier, XIV. 285. (*F. Cavelier*, XIV. 285). — J. Lerat, X. 200. — L. Leroy, XII. 464; XIV. 931. (*A. Collet*, XIV. 931). — P. Leroy, XII. 464. — J.-A. Lesparey, X. 200. — M.-A. Letellier de Vaulibert, X. 84. — P.-C. Letellier, X. 38. — J²-B¹ Levavasseur, XII. 113. — R. Métays, XIII. 51. — J. Peine, XII. 464. — C.-J¹ Sebire, XIV. 513. (*M.-M. de la Roque*, XIV. 513. — J¹ Sebire, X. 84, 304; XIV. 513. (*F.-L. Denions*, XIV. 513). — N. Tallon, XII. 464, 499; XIV. 987. — O. Tirel, IX. 522. (*C. Tirel*, IX. 522). — J.-C. Tirel de Siglas, IX. 522. (*M.-M. Collet*, IX. 522). — H. Toustain, XIV. 960. — H. de la Vallée, XIII. 427. — L. du Valpoutrel, X. 335. (*E. de James*, X. 335). — J. Véron, IX. 298. — F. Viquelin, XII. 464.

PRÉAUX (N.-D.)

Curés. — F. Bardel, IX. 404. — C. Vitrel, IX. 404, 469; X. 167, 572, 581. — P. Deroste du Coudray, X. 581; XI. 62; XIV. 851, 1015.

Prêtre de la paroisse. — C. Vitrel, XI. 79.

Clercs. — P.-A. Le Noir, XII. 90. — L. Isaac, X. 310.

Patron. — Les religieux de Préaux, X. 572, 581.

Notable. — J. Dupont, XII. 268. (*A. Legras*, XII. 268).

PRÉAUX (Saint-Michel)

Curés de la 1ʳᵉ portion. — A. Saffrey, X. 2; XI. 79; XII. 117, 118, 120, 134, 219. — J.-I. Letellier, XII. 134, 219; XIII. 102; XIV. 876.

Curés de la 2ᵉ portion. — T. Chalot, X. 2; XII. 117, 118, 120, 219; XIV. 263, 864. — J.-J. Levavasseur de la Madelaine, XIV. 864, 876.

Curés de la 3ᵉ portion. — M. Hubert, IX. 189, 323; X. 2; XI. 79, 205;

XII. 50. — J₁ Lecomte, XII. 50, 113. — J. Thouas, XII. 113, 117, 119. 120 ; XIV. 187, 263, 873.
Prêtre de la paroisse. — N. de la Fontaine, XI. 79.
Patron. — *L'abbesse de Saint-Léger.* — A.-T. de Rohan, XII. 50, 113.
Seigneur. — A Dupuys, IX. 189. *(F. Moysant,* IX. 189.)
Ecole, XIV. 251.

SAINT-MACLOU-LA-CAMPAGNE

Curés. — G. Lechartier, XII. 516. — J. Frontin, XII. 516.
Vicaire. — Mercy, XI. 148.
Clerc. — F. Mercy, X. 306.
Seigneurs. — R.-F. de Giverville, XII. 516. — F.-F. de Giverville, XIV. 102. (*M. de Hardelay,* XIV. 102).

SAINT-MARTIN-DOULT et son annexe SAINT-FIRMIN, ou SAINT-MARTIN-LE-VIEIL-SUR-VÉRONNE, ou SAINT-MARTIN-SAINT-FIRMIN

Curés. — J. Lecordier, X. 208. — C. Vitrel, X. 208.
Vicaire. — J. Letellier, X. 208, 366.
Clercs. — P. Conard, X. 256, 366. — J. Heutte, XII. 84 ; XIV. 61, 412.
Patron. — Les religieux de Préaux, X. 208.
Notable. — J¹ Delahaye. X. 208.

SAINT-PAUL-SUR-RISLE (Prieuré-Cure)

Curés. — M.-A. de Morceng, IX. 10. — D.-F. Lesage, IX. 10, 188, 243. — C.-N. Mahault, IX. 243, 251 ; XIII. 51. — A.-P. Fleurisel, XIII. 51, 119 ; XIV. 895. — J.-B. Félix, XIV. 895.
Patron. — *Le prieur de Saint-Gilles à Pontaudemer.* — A. Bigot, IX. 243 ; XIII. 51. — *L'évêque de Lx (ob devolutum)* XIV. 895.
Seigneurs et notables. — N. Frontin, XIII. 119. (*M. Le Prévost*, XIII, 119.) — N..... Legras de Ruzé, IX. 188. (*M. de Hally*, IX. 188). — F. de Naguet du Gruchey, IX. 188. (*M.-M.-C. Legras,* IX. 188). — F. de Naguet de Lescallard, X. 303 ; XIII. 119, 133 ; (*A. Sebire,* XIII. 119, 133). — L. de Naguet de Lescallard, XIII. 119. (*A. Frontin,* XIII. 119). — T. de Naguet, XIII. 188. (*M. Guérin,* IX. 188). — R. Noel, XII. 32. (*M. Gillemard,* XII. 32). — C. de Pellegars, XIII. 51.

SAINT-PIERRE-DU-CHATEL

Curés. — N. Grandin, IX. 519 ; X. 58. — J. Lachaux, IX. 519 ; X. 58. — E. Robert, IX. 519 ; X. 58 ; XIII. 585.
Vicaires. — Haudard, X. 557. — C. Avisse, XIII. 585 ; XIV. 337, 910.
Patron. — *L'abbé de Grestain,* IX. 519.
Maître d'école. — J. Boudin, X. 58.

SAINT-SIMÉON

. . . .

SAINT-SYMPHORIEN

Curés. — C. Noel, X. 346 ; XI. 120 ; XIII. 587. — J¹ Leloup, XIII. 507, 587.
Patron. — Les religieux de Préaux, XIII. 507.
Fait divers. — Destruction de l'église. XIII. 587.

SELLES (N.-D.)

Curés. — A. Basire. X. 38. — N. Duval, X. 38, 612. — G.-H de la Pallu. X. 612 ; XI 76 ; XIII. 587.
Vicaires. — J. Fortin. X. 38. — J. Leloup, XIII 587.
Prêtre desservant — P. Deroste, XI. 62.
Clerc. — P. Adam. X. 38.
Patron. — *Les religieux de Préaux*, X. 38

LE TORPT (N.-D.)

Curé. — N. Osmont XIII. 469.
Vicaires. — Vacquet IX. 69. — Coustey. XIII. 18. — Parent. XIII. 364. — L. Bethen, XIV. 817.
Prêtres de la paroisse. — T. Lebreton. XII. 162. — F. Leroy, XIII. 346.
Clercs. — T. Lebreton, IX 66 — P. Roussel, XII. 82. 493 ; XIII. 68.— J.-D. Boittard, XIII. 315.
Seigneur et notables. — F. Desson, IX. 69 (M. *de Grieu*, IX. 69, — J² Desson, IX. 69. (M.-M. *Guérin*. IX. 69. — J² Gohard, XI. 457. (M. *Letailleur*, XII. 457).— L.-H. de Crémanville, XII. 13. (B. Guérin, XII. 13,. — F. Mérieult. X. 396.

TOURVILLE (Saint Pierre).

Curé. — P. Durand, X 498 ; XI. 62 ; XII. 219 ; XIII. 321.
Seigneurs. — J² de la Biche. XII. 268 *Guédier*, XII. 268. — J² de la Biche, fils, XII. 268. (C. *Dupont*. XII. 268). — B. Dufour, XIV. 149. (M.-M. *Harel*. XIV. 149. — P. de Guérin. X. 75. 393. 498.
Prieuré de S¹ᵉ Marie l'Egyptienne. — PRIEURS. — A. Hercent, IX. 270. 314. ; X. 326. — G.-F. Hercent. X. 326. — PATRON — *L'abbé de Cormeilles*. IX. 270.
Chapelle S¹ᵉ Catherine des Haistres. — CHAPELAINS. — J. Guérin, X. 498. — P. Durand. X. 498. — PATRON. — *Le seigneur de Tourville*. — P. de Guérin, X. 498.

TOUTAINVILLE (Saint Martin).

Curé. — J² Formeville, IX. 7.
Vicaire. — J² Lecarpentier. XIV. 399.
Seigneur. — P. Duquesne, XIV. 821. (M.-A. *de Villesoq*. XIV. 821.

TRIQUEVILLE (Saint Martin).

Curé. — N. Vitrel, IX. 179 ; XIII. 130. 494, 585 ; XIV. 263.
Vicaires — J. Blondel. IX. 49 ; X. 308 ; XIII. 399. 585. — Duhault, XIV. 372.
Clercs. — L. Delamare, XI. 226. — P. Foucquier, X. 304.

VANECROT (Saint-Denis).

Curé. — J² Pollin, XIII 51, 469.
Notable. — J² Vautier. XIV. 676.

Doyenné de Touques

Doyen . . . .

LES AUTHIEUX (Saint-Nicolas)

Curés. — R. Jouenne, IX 271 ; XII. 416.
Notable. — F. Pouyer. IX. 271.

LES AUTHIEUX (Saint-Pierre)

Curés. . . . .
Clerc. — C. Quesnel, XI 382.
Seigneurs et notables. — A. Lepeltier XIII. 269. (*C. de Semilly,* XIII. 269). — F. Lecordier. XIV. 924. (*M. Anglement*, XIV. 924).
Chapelle Saint-Jean des Gastines. — Chapelains. — G. Bayeux, X. 556. — J. Foucqu. X. 556. — Patron — *Le seigneur des Tostes* — J1.-J2. Vipart de Silly, X. 556.

BLANGY (N.-D.)

Curés. — A. Fontaine, XI. 60. — L.-C. Bocquet. X. 578. — E. Duchesne, X. 578 ; XIII. 155 ; XIV. 122, 558.
Vicaires. — O. Jumel. XI. 69. — Guillemin, XII. 359). — N. Bazin. XIII. 271, 357. — F. Halley, XIII 161, 438.
Prêtre de la paroisse. — R. Leudet. XIV. 898.
Clercs. — J.-F. Brasnu, XI. 380 ; XII. 293, 515 ; XIV. 357. — J² Brasnu. XII. 324 ; XIII. 65 ; XIV. 611. — H.-E.-F.-R. de Roquette, XII. 289. — J.J. De Manneville, XIV. 802. — R. Leudet, IX. 67. — F.-C. Leudet, XII. 31.
Patron. — *L'abbé du Bec.* — R. de la Rochefoucauld, X. 578.
Seigneurs et notables. — A. Tragin, XI. 69. — G. Tragin, X. 578 ; XI. 69. — J.-i. Hébert, XI. 101. — G Lefebvre, X. 578. — P. Le Garand, XII. 275. — P. Le Viconte, XII. 289 ; XIII. 510. (*M.-A. Le Valois,* XII. 289).

BONNEVILLE-SUR-TOUQUES (Saint-Germain)

Curés. — P. Le Normand, XIV. 99, 784. — J.-J. Damour, XIV. 784.
Vicaires. — S. Laisney, XIV. 322. — R. Letardif, XIV. 412, (D, 784.
Patron. — Le Chapitre de Cléry, XIV. 784.
Seigneurs. — J. de Nonant (?, XIV. 784. — F. de Nollent, XIV. 1021. (*M.-A. Carel*, XIV. 1021).
Chapelle Saint-Marc du château de Touques. — Chapelains. — R. Le Roux, XII. 105 ; XIII. 93. 275.
Chapelle Sainte-Geneviève (*au manoir de Tolleville*). — Sa fondation, X. 232. — Patron. — *Le seigneur du fief.* — G.-L. Coquet. X. 232.

BOUTTEMONT

. . . .

LE BREUIL (Saint-Germain)

Curés. — C. Paisant. XI. 422. — P. Bernière, XI. 422 ; XIV. 827. — P. Noncher. XIV. 827, 1009.
Vicaire. — S. Leprestre, XIV. 576 (D, 827, 808.
Prêtre de la paroisse. — P. Bernière. XI. 422.
Patron. — *Le Seigneur du lieu.* — P. Bence, XI. 422. — J.-Ph. Bence, Vᵉ de Lafond, XIV. 827, 1009.

Chapelle Saint-Pierre-des-Prés. -- CHAPELAINS.— P. Bernière, XI. 422; XIV. 866. — P. Jorron, XIV. 866.

LE BRÉVEDENT (Saint-Michel)

Curé. — J° Lefebvre, XI. 60; XII. 204.
Prêtre de la paroisse. — Montoure, XIV. 261.
Clerc. — P. Montoure. XII. 298.

CANAPVILLE (Saint-Sulpice)

Curé. — P. Levillain, X. 91, 351. 387; XI. 18. 66. 67; XII. 106; XIII. 126, 191; XIV. 784.
Clercs. — P. de Mire, XI. 382; XIII. 64, 265; XIV. 638. — J.-P. Valsemey. XI. 382; XII. 299; XIII. 68, 191. — P. Pigis, XII. 321. 542. — P. Goholin. X. 255, 351.
Seigneurs et notables. — R. Domin, XI. 66. — P. de Mire, X. 351; XI. 66, 67.; XIII. 191. — E. de Nollent, XI. 67. — F. Costard, XIII. 191. — A. Loisnel, XIII. 191. — P. Goholin, X. 351.

COUDRAY (Saint-Pierre)

Curé. — G. Louvet, X. 387; XIII. 150.
Seigneurs et notables. — A. de Launoy, XIII. 150. (A. Langineur. XIII. 150.) — J.-B. de Launoy, XIII. 150. (F.-T. de Conti, XIII. 150). — R. Marie, X. 369.

DAUBŒUF (Saint-Just)

Curés. — P. Chaulin, XIV. 839. — G. Guesnier, XIV. 839, 898.
Patron. — Les religieux de Fécamp, XIV. 839.

ECORCHEVILLE (Saint-Martin)

Curés. — G. Brasnu, XI. 83. — F. Hélix, XI. 83, 422; XIII. 168, 195, 274. — N. Bazin, XIII. 274; XIV. 898.
Patron. — *Le Vicomte de Fauguernon.* — J.-F. Le Conte de Nonant, XI. 83; XIII. 195, 274.

ENGLESQUEVILLE (Saint-Eloi)

Curés. — G. Renout, X. 589; XI. 180, 245. — P.-F. Renout, XI. 180, 245, 342; XIV. 371, 784.
Prêtre desservant. — J. Lemarchand, XI. 342.
Seigneurs. — F. de Courcy, XI. 342, 399; XII. 372. (C. du Votoir, XI. 399.

FAUGUERNON (Saint-Regnobert)

Curés. — P. Daufresne, XI. 60; XII. 94; XIII. 116. — N. Godillon, XIII. 116, 168. — F. Hélix, XIII. 168, 169, 273.
Vicaires. — J. Duval, IX. 76. — S. Aubert, XII. 94, 100; XIII. 168, 169. 273, 299.
Prêtres de la paroisse. — C.-F. de Parey, XIII. 275, 407; XIV. 120. — P. Noncher, XIV. 827. — J. Nicolle, IX. 309, 405.
Patron. — *Le seigneur du lieu.* — J.-F. Le Conte de Nonant, XIII. 116, 168.
Seigneurs. — C. de Parey, XI. 90; XIII. 262. (E.-M.-F. de Couvert,

XI. 91. — H. Brineaux, XIII. 168, 169, 273. — M. Le Boctey. XIII. 168, 169.

Chapelle N.-D. *en l'église paroissiale).* — CHAPELAINS. — P. Daufresne XIII. 122. — L.-F. Le Conte de Nonant, XIII. 122, 169 ; XIV. 303. — PATRON. — *Le seigneur de Fauguernon.* — J.-F. Le Conte de Nonant, XIII. 122.

Chapelle Saint-Renobert. — CHAPELAINS. — J. Lefebvre, XII. 91. — F.-L. Le Conte de Nonant, XII. 91 ; XIII. 169 ; XIV. 303. — PATRON. — *Le seigneur de Fauguernon.* — J.-F. Le Conte de Nonant, XIII. 91.

Chapelle Sainte-Trinité. *(au château de Fauguernon.)* — CHAPELAINS. P. de la Foye ou Faye, XIV. 303, 310. — L.-F. Le Conte de Nonant, XIV. 303, 310, 314. — PATRON. — *Le seigneur du lieu.* — J.-F. Le Conte de Nonant, XIV. 303.

LE FAULQ (Saint-Martin)

Curé. — C. Laugeois. XII. 25.
Vicaire. — F. Laugeois, XI. 123.
Clercs. — N. Lethiais. XII. 515 ; XIV. 666. — N. Roussel, XIV. 703.
Seigneur. — G. de Clinchamps, XII. 25. *E. Racine de Bocharville*, XII. 25.

FIERVILLE (Saint-Gervais & Saint-Protais). — (Prieuré-cure).

Curés. — J. Pasquet, IX. 514 ; XIV. 133. — J. Quintaine, XIV. 133, 171. 247. — D. Thorel. XIV. 171, 247.
Vicaire. — F. Bence. (D). XIV. 133. 247.
Clercs. — P. de Fréville, XII. 275, 538 ; XIII. 70. — H.-M. de Fréville, XIV. 630. — L.-F. Bernière. XII. 410.
Patron. — *L'abbé de Corneville.* — N. Gallot, vic. g¹. XIV. 133.
Seigneur. — C. de Fréville, XII. 275 ; XIV. 630.

HÉBERTOT (Saint-André). — (Prieuré-cure).

Curés. — G. Godefroy, XIII. 269 ; XIV. 163. — J. de Grey de la Jonchère, XIV. 163.
Vicaire. — G. Duhaut, IX. 97, 336 ; XIV. 163.
Prêtre de la paroisse. — P. Mabon, XIV. 163.
Clercs. — J² Ernoult. XI. 382 ; XII. 301, 481. — L. Ernoult, XI. 410 ; XIII. 269. — J. Letailleur, X. 206.

HENNEQUEVILLE (Saint-Michel). — (Exemption de Fécamp).

Curés. — P. Thierry. IX. 41, 82, 148. = N. Havard, IX. 41. — J. Butengs, IX. 82, 148, 406. — L. Le Baube, IX. 406 ; XIII. 485. — H. Hennegué de Hardencourt. XIII. 485, 515, 598. — P. Goujon, XIII. 572.
Patron et collateur ordinaire. — *L'abbé de Fécamp.* — P.-F. de Neufville, IX. 405. — P. Cordier. XIII. 485.
Seigneurs et notables. — A. Liébout, IX. 148. — J. Dabin, IX. 148. — L. de Nollent, IX. 148 ; XIII. 485. — J. de Nollent. XIII. 485.

Chapelle Notre-Dame de Pitié. — CHAPELAINS — L. Le Baube, XIII. 515. — H. Hennegué de Hardencourt. XIII. 515, 598. — PATRON. — *Les religieux de Fécamp.* XIII. 515.

LAUNEY (N.-D.)

Curés. — Pellerin, XIII. 387. — E. de Launoy des Barres, XIII. 387.
Vicaire. — Ameline. X. 455.

Prêtre desservant. — J. Daubin, XIII. 83. 205, (D) 387, 432.
Notable. — C. de la Houssaye, X. 455; XII. 31.

MANNEVILLE-LA-PIPARD (Saint-Pierre)

Curés. — J. Sorel, IX. 523. — A. Mollien, IX. 523.
Vicaires. — A Mollien, IX. 523. — J. Ferey, XI. 414 ; XII. 554; XI 155. — Pain, XIV. 330. — Adam, XIV. 828.
Prêtres de la paroisse. — Delauney, (D). X. 286. — G. Guesnier XIV. 839.
Clerc. — G. Guesnier, XIII. 65 ; XIV. 619.
Patrons. — *Le seigneur du lieu.* — C. du Val, IX. 523.
Seigneurs et notables. — R. Pouchin, XIV. 828. (*M. Maillère.* XI 828). — J.-P. Pouchin, XIV. 828. (*M.-C. du Mesnil*, XIV. 828). — R. Mesnil, XIV. 828. (*M. Volant*, XIV. 828. — R. Selot. IX. 523; X. 286. P. Selot, IX. 523. — P. Duhamel, IX. 523.

LE MESNIL-SUR-BLANGY (N.-D.)

Curés. — G. Desmarest. XIV. 842. — J.-J. Hesbert, XIV. 842, 868.
Vicaires. — G.-F. Hélix, XII. 93, 186, 191. — Leroy, XII. 550. — Guesnier, XIV. 924.
Clerc. — J.-J Hesbert. XIV. 706, 842.
Patron. — *Le seigneur du lieu.* — M.-A. du Houel. XIV. 842.
Notable. — Ph.-F. Le Cordier, XIV. 924. (*M.-A. Carel,* XIV. 924).

NOROLLES (Saint-Denis)

Curés. — G. Mallard, XI. 55. — J.-G. Brasau, XI. 55, 81. — H.-P.- de Corday, XI. 81, 198. — F. de Corday, XI. 198 ; XII. 520.
Prêtres de la paroisse. — M. Gueroult, XI. 55, 81. — R. Haguelo XI. 72.
Clercs. — M.-H. de Fréville, XII. 324 ; XIII. 65 ; XIV. 630. — C. de Foye, XIII. 510, 517. — J.-F. de la Foye, XIV. 331.
Patron. — *Le baron du Combray.* — C. de Parey, XI, 55, 81, 198.
Seigneurs. — M. Le Prévost, XI. 55, 198. — F.-E. de la Foye, XI. 5 81 ; XII. 204 ; XIV. 331. (*R. de Maquaire*, XIV. 331). — G.-F. de Pare XI, 81 ; XII. 100. — G. de Corday, XII. 520. (*M. Duval de Tiremoi* XII. 100, 520).

LES PARFONTAINES (Saint-Désir).

Curé. — N. Goubert, IX. 507 ; XIV. 217.
Seigneurs. — F.-N. de Cantel des Parfontaines, IX. 507. (*M.-M.* Bonnechose, IX. 507). — G. de Cantel, IX. 507. (*C. de Campion*, IV. 507

RABUT (Saint-Germain).

Curé. — M. d'Oisset. X. 387.
Patron. — *Le seigneur du lieu.* — A.-A. de Fresnoy, X. 387.
Notables. — J. Cordier, X. 387. — J. de la Reue. X. 387.

SAINT-GATIEN-DES-BOIS

Curés. — G. Jean de Bellengreville, XI. 18 ; XIII. 199. — F. Jouen, XI 199 ; XIV. 839, 1000.
Vicaires. — G. Lemarchand, XI. 18.
Prêtre desservant. — R. Le Tardif, XIII. 199.
Clerc. — J. Toustain, X. 256, 343, 478.

Chapelle S¹ Philbert. — Chapelains. — L. Gautier, XI. 18.— L. Godin XI. 18. — Patron. — Le Chapitre de Cléry, XI. 18.

SAINT-JULIEN-SUR-CALONNE.

Curé. — J. Lebailly, X. 37, 91 ; XI. 333 ; XII. 449.
Clerc. — P. Fontaine, XIV. 541.
Notables. — F. Lecordier, XII. 9 ; XIII. 606. (*M. Anglement*, XII. 9 ; XIII. 606). — V.-F. Lecordier, XIII. 606. (*C. de la Houssaye*, XIII. 606). — C. de la Houssaye, XIII. 606. (*M. Selot*, XIII. 606).

SAINT-MARTIN-AUX-CHARTRAINS

Curés. . . . .
Prêtre de la paroisse. — J.-P. De Laporte, XIV. 784.
Clercs. — J.-P. De Laporte, XII. 409 ; XIII. 66 ; XIV. 382. — P. David, XIII. 70. — F. Taillois, X. 311.
Seigneur et notable. — Jᵉ Horionney, X. 389. (*C. Lebouteiller*, X. 389).

SAINT-MELAINE

Curés. — C. Paon, XII. 207. — L. Lescallard, XII. 207.
Clercs. — J.-B. Lemoine, XII. 302. — J. Foucher, XIV. 610.
Patron. — *Le seigneur du lieu.* — L. Voisin, XII. 207.
Notables. — C. Dumoulin, XII. 207. — J. Lethieu, XII. 207.

SAINT-PHILBERT-DES-CHAMPS

Curés. — F. de Bailleul, X. 526 ; XI. 72. — J. de Boissey, X. 526 ; XII. 94, 201 ; XIII. 116, 168, 169, 262, 347 ; XIV. 120.
Vicaires. — E. Desvaux, IX. 455. — J. Pépin, XIII. 168, 169. — J. Rabot, XIV. 482.
Prêtres de la paroisse. — I. Férand, XI. 72. — J. Leclerc, X. 526. — A. Cantrel, X. 526.
Clercs. — S. Delauney, XII. 301. — J. Daubichon, IX. 288.
Patron. — *Le seigneur du lieu.* — J.-F. Le Conte de Nonant, X. 526.
Seigneurs et notables. —Jᵉ Lebourgeois, XI. 72. — C. David, XI. 72. — F. Haguelon, XI. 72. — Jᵉ Viquesnel, XI. 72. — J.-B. d'Epréville, XIV. 280. (*M.-A. Le Portier*, XIV. 280). — M. du Thiron, X. 595. (*F. de la Foye*, X. 595). — C. du Thiron, X. 595. (*J. Montaye*, X. 595).
Confrérie de la Charité, XI. 72.

SURVILLE

. . . .

TOUQUES (Saint-Pierre)

Curé. — L. Dunel, XI. 370.
Clerc. — E. Levillain, IX. 125 ; XI. 427.

TOUQUES (Saint-Thomas)

Curé. — G. Morin, IX. 268 ; XI. 75 ; XIII. 612.
Vicaires. — N. Duclos, IX. 125, 268 ; X. 308 ; XI. 370 ; XIII. 135 ; XIV. 222, 322, 784.
Prêtre de la paroisse. — P. Lévesque, XIV. 873.
Clercs. — P. Lévesque, XII. 84 ; XIV. 602. — J. du Mesnil, X. 308.
Seigneurs et notables. — F.-F. de Nollent, XI. 75. (*M.-F. Dauray*, XI. 75). — H. Le Barbier, XII. 449 ; XIV. 222. (*M. de Benoist de Blary*,

XIV. 222. — J. Le Barbier. XIV. 222. G. Le Paulmier. XIV. 222. — F. Surin. XIII. 135. — J. Bouchard, XIV. 371. — J. du Mesnil. IX. 268. — P.-A. du Mesnil. X. 308.

TOURVILLE-LA-FOREST (N.-D).

Curé. — S. de Courcy, XIV. 320.
Seigneurs. — F. Eudes. XIV. 267. (F. de Campain, XIV. 267. — L. Eudes, XIV. 267. (F. Le Doyen. XIV. 267. — A. Noel, XIV. 1021. (F.-J. de Nollent, XIV. 1021).

TROUVILLE (Saint-Jean)

Curé. — N. Odillon. XIII. 116. 157, 168.
Seigneurs. — G. du Mesnil, IX. 320. 321. C. Rebat. IX. 321. — R. du Mesnil, IX. 321. M. de Nollent. IX. 321.

ARCHIDIACONÉ D'AUGE

Doyenné de Beaumont

Doyens. — P. Gonard, XII. 106. — R. Levillain, XIV. 784.

ANGERVILLE (Saint-Léger)

Curé. — J. Perrée, IX. 424 ; X. 203 ; XII. 309.
Notables. — R. Dauge de Marimond. X. 203. (J. Boffard. X. 203. — — P. Fortin. XII. 309. — M. de la Reue. XII. 309.
Prieuré de Saint-Eutrope du Montbottin. — Prieurs. — G. de Grosourdy de Marimond, XII. 314, 355. — G.-F. Le Dorey. XII. 314, 355, 309.

ANGOVILLE

. . . .

ANNEBAULT (Saint-Rémy)

Curés. — J. Boudray. X. 383 ; XIV. 291. 905. — L. Nourry. XIV. 905.
Patron. — L'abbé de Troarn. — J.-L. de Bouschet de Sourches, XIV. 906.

AUBERVILLE-SUR-LA-MER

Curés. — P. Auvray. X. 331, 409. — R. du Mézerey. X. 331. 409 ; XIII. 175. 267. — R. Duhamel, XIII. 175, 267.
Prêtre desservant. — J. Noel, XIII. 267.
Patron. — L'abbesse de Caen. X. 409. — F.-G. de Froulay de Tessé, XIII. 175.

BEAUMONT-EN-AUGE (Saint-Sauveur)

Curés. — P. Gonard. XII. 106 ; XIII. 197. — P. Halley, XIII. 197.
Vicaire. — Halley, XII. 21.
Prêtre de la paroisse. — T. Halley. XII. 475 ; XIV. 265.
Clercs. — E. Joly. XI. 389 ; XII. 293 ; XIII. 67 ; XIV. 595. — A. Sandret. XI. 389 ; XII. 410. 475. — J.-P. Train, XI. 384 ; XII. 293, 410. — A. Lentrain, X. 255, 345 ; XI. 387. — J.-P. Héliot, X. 475 ; XI. 392. — J. Hopsore,

XIII. 67. — J¹ Alleaume. XIV. 954. — F. Halley. X. 541. — T. Halley, IX. 192.
Patron. — *Le prieur commendataire de Beaumont.*— D.-F. Bouthiller, XIII. 497.
Notables. — L. Héliot. XI. 392. — J¹ Train. XII. 290. — F. Isabel, X. 541 ; XII. 475. — R. Cudorge. 475.

BÉNERVILLE (Saint-Christophe)

Curés. — P. Simon, X. 593. — G. Bayeux, X. 593 ; XII. 476.
Patron. - *Le seigneur du lieu.* — A. de Madaillan. X. 593.

BEUZEVAL (Saint-Aubin)

Curés. — J. Malerne. XIV. 275. — C. Montfort, XIV. 275.
Vicaire. — A. Maugard. XII. 522 ; XIV. 275.
Prêtre desservant. — J. Auvray, IX. 496.
Notable. — R. Lechartier. XIV. 275.

BLONVILLE (N.-D.)

Curés. — C. Lestorey. XII. 234 — I. Cantel. XII. 234 ; XIV. 131.
Seigneurs et notables. — R. Lesueur, XIV. 131. (M.-A. *de Grieu.* XIV. 131). — A. Lesueur, XIV. 131. (C. *Isabel*, XIV. 131). — G. Isabel. XIV. 131. (M. *Leroy.* 131).

BOURGEAUVILLE (Saint-Martin)

Curé. — P. de Gémare. X. 352 ; XIII. 71 ; XIV. 445.
Vicaire. — R. Mioque. XIV. 998.
Prêtres de la paroisse. — J.-B. de Gémare. XIII. 71, 254, 419 ; XIV. 35, 206. 445 ; sa noblesse. XII. 372. — F. Halley, XIII. 161.
Clerc. — F. Halley. X. 258 ; XII. 152. 189.

BRANVILLE (Saint-Mathurin ou Saint-Germain)

Curés. — R. Mindorge, XII. 339 ; XIV. 10, 73. — G. Lallemant. XIV. 10. 73. 966.
Clercs. — P. Le Bard, X. 591 ; XIV. 73 — G. Lallemant, X. 291.
Seigneurs. — L. d'Angerville. XII. 339. (A. *Bellair*, XII. 339). — R. d'Angerville, XII. 339. (M.-G. *de Clacy*, XII. 339).

BRUCOURT (Saint-Vigor)

Curés. — G. des Buats. XII. 99. — E.-A. de Brébisson, XII. 99.
Vicaire. — Du Rouvray. XII. 524.
Patron. — *Le seigneur du lieu.* — J.-E. Turgot, XII. 99.

LA CHAPELLE-HAINFREY

Curés. — A. Mullot, XI. 366 ; XII. 58, 501. — J. de la Bertherie, XII. 501.
Vicaire. — P. Aubert. XII. 501.
Clerc. — J. Exmelin, XI. 171.
Patron. — *Le seigneur du lieu.* — J.-B. de Sabrevois. XI. 501
Seigneur. — J. Georges. XII. 58. 501.

CLARBEC (Saint-André).

Curés. — G. Crosnier des Brières IX. 16. 57. — A. Jouen des Marets XI. 16. 57 ; XI. 142 ; XIII. 497.
Vicaires. — R. Vauquelin. X. 349. — D. Larue. XII. 25. — F. Halley XII. 390 ; XIII. 39. — J.-P. Thillais. XIV. 24. 74. — Buisel. XIV. 409, 991.

Prêtres desservants. — F. Hémery, IX. 57. — Hurel, X. 62.
Clercs. — J.-B. Lemoinne, IX. 57. — J. Exmellin, X. 367.
Seigneurs et notables. — G. Cocquet de Genneville XII. 25. (J. Lecordier, XII. 25. — H.-G. Cocquet. XII. 25. (C. de Clinchamps, XII 25). — G. Crévin, XII. 364. G. Hamon, XII. 364. — A.-F. Crévin, XII. 364. (M. L. Viard, XII. 364. — F. de Borel, XII. 62. (A. de Valois, XII. 62). — P.-L. de Borel XII. 62. (M.-A. Blanchard, XII. 62).

COQUAINVILLIERS (Saint-Martin).

Curés. — J⁹ Gosset. XII. 473 ; XIV. 865. — P. Michel, XIV. 865.
Vicaires. — Cherfils, XI. 442. — F.-L. Gaugain du Mesnil, XI. 184, 807.
Clerc. — R.-E de Prye, XIII. 125.
Patron. — *Le chanoine de semaine en la Cathédrale.* — C. Le Bas, XIV. 865.
Seigneurs. — A. de Mauduit, XII. 473. (C. de Pardieu, XII. 473). — J⁹ de Mauduit, XII. 473. (M.-E. de Lautour, XII. 473). — R. Davy, XIV. 807. — (M.-A.-B. Pollin, XIV. 807. — A. de Prye, XIII. 125). (J. de Serres XIII. 125). — P. Chéron, XIX. 865.

CRIQUEVILLE (Saint-Germain).

Curé. — M. Bourse, XI. 150, 375, 454.
Prêtres de la paroisse. — C. Bertheaume, X. 22. — B. Langlois, X. 22. — F. Isabel, XIV. 89.
Seigneurs et notables. — J⁹ d'Espinay, XI. 150. (M. du Vernay. XI. 150). J⁹ d'Espinay, XI. 150. (M. Moullin, XI. 150). — J. de Mecflet, XI. 375 ; XIII. 359. (M. Cœurdoux, XI. 375 ; XIII. 359). — J⁹ de Mecflet, fils J⁹, XI. 375). (J. de la Fosse, XI. 375). — J.-P. Le Vellain XI. 454. (M.-M. Roussel, XI. 454).
Chapelles de Criqueville et école. — CHAPELAINS. — C. Bertheaume, X. 21. — B. Langlois, X. 21. — N.... David, XIV. 72. — L.-F. Hébert. XIV. 72. — PATRON. — *Le seigneur du lieu.* — J.-P. Bence. V⁹ De Lafond, XIV. 72.

DANESTAL (Saint-Germain)

Curé. — J⁹ Jouen de Bornainville. X. 383 ; XI. 173 ; XIII. 359.
Vicaire. — F. Halley, XII. 152, 189) ; XIII. 161.
Seigneurs. — R. de Tholmer, XI. 173. (A. Menard, XI. 173. — J⁹ de Tholmer, XIV. 135. (M.-A. Oignon. XIV. 135. — J⁹-J⁹ de Tholmer, XIV. 135. (A. Jacqueline, XIV. 135). — P. Romain, X. 375. (C. Férey, X. 375. — A. Mecflet, XIII. 359.

DEAUVILLE (Saint-Laurent)

Curés. — N. Levigneur, XIV. 322, 371. — S. Laisney. XIV. 322. 371, 914.
Seigneurs et notables. — A. du Mesnil. XIV. 371. — C.-P. du Perron. XIV. 371. — G. Lefaucheur. XIV. 371. — J. Mullot. XIV. 371.

DIVES (N.-D.)

Curés. — V. du Bourget, X. 65 ; XI. 377 ; XII. 237 ; XIII. 383. — P. Vicaire. XIII. 383, 593 ; XIV. 56. — A. Letouzé-Dubourg, XIII. 593 ; XIV. 56.

Vicaires. — G. Manchon, XI. 377 ; XII. 99, 493. – J.-B. Chipel, XIV. 56.
Prêtre desservant. — Denis, XIII. 416.
Clercs. — G. Hamelin, XII. 300, 452.
Patron. — *L'abbé de Troarn.* — J.-L. de Bouchet de Sourches, XIII. 383, 593.
Seigneurs et notables. — H. Vigneron, X 212. — F. de Grainville, XI. 377. — P. Le Cloustier, X. 65 ; XII. 227 ; XIII. 416. (*M.-A. Leduc*, X. 65 ; XII. 237 ; XIII. 416). — H. Hamelin, XII. 452. (*A. Varin*, XII. 452). — L. Buchard, XIV. 82. (*C. Montfils*, XIV. 82).
Prieuré de Saint-Sauveur. — Prieurs. — A. Antheaume, XI. 377. — J¹ Gastine, XI. 377. — Patron. — *L'abbé de Troarn.* — J.-L. de Bouchet de Sourches, XI. 377.

DOUVILLE (N.-D.)

Curés. — L. Blandin, IX. 142. — G. Ridel, IX. 142 ; XI. 447.
Vicaires. — P. Badin, IX. 142. — Laignel de la Londe, XIII. 22 ; XIV. 124. — Postel, XIV. 430, 832.
Prêtre de la paroisse. — P. Girot, IX. 142 ; XI. 447.
Clerc. — F.-G. Desson, XII. 324 ; XIII. 65 ; XIV. 609.
Patron. — *Le seigneur du lieu.* — M. Hélie, dame Desson, IX. 142.
Seigneurs. — G. Desson, IX. 142. (*M.-M. Hélie*, IX. 142). — M. Desson, XI. 407 ; XIV. 148. (*M.-M. Hélie*, XIV. 148). — M.-J² Desson, XIV. 148. (*M.-C. d'Abos*, XIV. 148).

DRUBEC (Saint-Germain)

Curés. — N. de la Tour, XI. 306 ; XIV. 1016. — P. Youf, XIV. 1016.
Patron. — Le chapitre de Cléry, XIV. 1016.

GLANVILLE (N.-D.)

Curé. — L. Dugué, XI. 156.
Vicaire. — Guénier, XIII. 588.

GONNEVILLE-SUR-DIVES (N.-D.)

Curés de la 1ʳᵉ portion. — A. de Guestier, XI. 447. — P. Girot, XI. 447.
Curé de la 2ᵉ portion. — F. Letellier, XI. 504.
Vicaire. — De la Tour, XIV. 832.
Clerc. — E.-A.-E. de Fréard, XIV. 758.
Patron de la 1ʳᵉ portion. — *Le seigneur du lieu.* — M.-A. d'Angerville, XI. 447.
Seigneur. — M.-A. de Saint-Laurens, XIV. 573. (*M.-A. de Séran*, XIV. 573).
Chapelle Sᵗᵉ-Marie-Magdeleine. — Chapelains. — G.-L. de Séran, IX. 176. — J. Auvray, IX. 176 ; XII. 522. — A. Maugard, XII. 522. — Patron. — *Le Seigneur d'Arhé.* — F. de Séran, IX. 476 ; XII. 522.

GRANGUES (N.-D.)

Curés. — J. de Cairon, XI. 504. — J. Pépin, XI. 504 ; XII. 106, 237.
Prêtre desservant. — J.-L. Hébert, XI. 504.
Patron. — *Le Seigneur du Lieu.* — Le roy sub tutelam XI. 504.
Seigneurs. — H. Daniel, XII. 237 ; XIV. 573. (*C. Le Maistre*, XII. 237 ; XIV. 573) — H.-J.-R. Daniel, XII. 237. (*L.-M. Le Cloustier*, XII. 237). — J¹-F. Daniel, XIV. 573. (*M.-A. de Saint-Laurens*, XIV. 573).

HEULLAND (N.-D.)

Curé. — J= du Lys, XI. 315.
Prêtres de la paroisse. — J.-B. de Gémare, XII. 372. — B¹ de Gémare. XIV. 35, 836.
Clerc. — J. de Gémare. IX. 427 ; X. 352.
Seigneurs. — L. d'Angerville. XI. 315. ,A. *Bellet*, XI. 315. — L.-T. d'Angerville. XI. 315 ; XIV. 148. (C.-M.-F. *Dabos* XI. 315 ; XIV. 148). — R.-B. de Gémare, X. 352 ; XI. 360 ; XII. 372. *A. de Cavelande*, X. 352 ; XI. 360 ; XII. 372). — G. de Gémare. X. 352 ; XI. 360). *J.-C.-V. Osmont*. XI. 360).

PÉRIERS (N.-D.)

Curé. — A. du Pissot. IX. 512 ; X. 65 ; XII. 29. 452 ; XIII. 297.
Seigneurs et notables. — T. Leduc. X. 65. *M. Lemière*. X. 65.) — T. Leduc. fils, X. 55. 65. (M. *Le Cloustier*. X. 55. 65. —J= du Pissot, fils Jérôme, XIII. 297. (*C. Girard*, XIII. 297).
Prieuré de Saint-Pierre-de-Rouville. — Prieurs. — P. Descalles. X. 105, 212. —J. Birée, X. 105, 212. — Prêtre desservant le prieuré. — N. Fouchet, XIV. 50).

PIERREFITTE (Saint-Denis)

Curé. L.-B. Lebourg. IX. 232 ; X. 593 ; XII. 554.
Vicaires. — Paulmier, IX. 513. — G. Bayeux, X. 556. 593.
Clercs. — J. De la Taille. X. 295. — F. Bloche. X. 298. — F. de la Taille. XI. 335 ; XII. 393. — J.-P. Defrance, XII. 410. 554.
Seigneurs et notables. — S. de Grieu de la Cour-du-Bosc. IX. 513. (M. *Racine*. IX. 513 — S. Deshayes de Pierrefitte, IX. 232.(*L. Le Gallois*. IX. 232). —P. Deshayes. IX. 232. (M.-A. *Onfray*. IX. 232). — R. Hervieu, XI. 335.

PONT-L'ÉVÊQUE (Saint-Michel)

Curés. — M. Lemarchand, IX. 263. 414 ; X. 59 ; XI. 316 ; XII. 106, 107. — R.-F. *Fondimare*, XII. 106, 107, 165. — R. Levillain. XII. 106. 165. 514 ; XIII. 126. 190 ; XIV. 222, 562. 784, 837, 919.
Vicaires. — Bellencontre. XII. 3, 588 — E. de Launoy. X. 37. 309 ; XII. 106.
Prêtres de la paroisse. — N. Bellencontre (D). IX. 157 ; XII. 207. — G.-F. Cambremer. XII. 106. — J. Daubin. XIV. 54, 210. — F. Dossin, XII. 106. — G. Formage. XII. 106. — D. Langlois. XIII. 183. 537. 538. — N..... Le Neveu (D). XII. 241.— L. Lescallard. XII. 207. —J.-B. Letaillois, X. 311. — C. de Louis. XIII. 212. 414, 446. — J¹ Train, XIII. 538.
Clercs. — J.-P. Adam. XI. 380 ; XIII. 64 ; XIV. 620. — G.-F. Cambremer. X. 258. 309. — F.-A. Collet, XI. 232, 244. — J. Foucher. XII. 324 ; XIV. 610. — J.-F. Fouet, XIV. 971. — P.-A. Hébert de Bailleul, XI. 380 ; XII. 300 ; XIII. 69 — J¹ Isabel, XIV. 953 — C.-N. Jullien. XIV. 738. — D. Langlois. XI. 381 ; XII. 409 ; XIII. 68 ; XIV. 386. — Z Lebailly. XII. 301. 419 ; XIII. 70, 206 —J.-B. Lemoine. XI 384 — P. Lestorey. XIV. 725). — E. Morel. XII. 47, 105. 202. — C Périer. XII 3*, 146 ; XII. 69 — J.-Ph. Train, XII 250). 410.
Patron. — Le chapitre de Cléry. XII, 106. 107, 165.
Seigneurs et notables. — J. Baudel. XII 106. — J= Bicherel. IX. 414

DOYENNÉ DE BEAUMONT

J. *Lecordier*. IX 414. — J.-P. Bicherel. IX. 414 ; XII. 433. M.-A. *de Semilly*. IX. 414). — G. de Brébau. XIII. 542. (J. *Renault*, XIII. 542. — J. de Brey, XIII. 111. (M. *Domin*. XIII. 111. — F. Chauffer. IX. 155, 518. (M.-A. *du Breuil*, IX. 157. — F Chauffer, IX. 157. R. *Fontaine*. IX. 157. — P. Collet. IX. 522. A. *Lecordier*, IX. 522. — G. Coquet de Genneville. XIII. 124 ; XIV. 193. J. *Lecordier*. XIII. 124 ; XIV. 193). — G. Coquet de Tolleville. X. 232. — C. Delaunay. XIV. 562. M. *Brochard*. XIV. 562. — C. Delaunay, fils. XIV. 562. (A. *Moullin*. XIV. 562. — F. Delaunay, XIII. 361. — G. Duchemin, XII. 337 ; XIV. 995. M. *Périer*. XII. 337 ; XIV. 995. — J.-A. Duchemin. XIV. 995. (J.-A. *Train*. XIV. 995. — J. Foisnard, XII. 419. — L. Gauzel. XIII. 542. (M. *Bréban*. XIII. 542). — S Gauzel, XIII. 542. (M. *Peugry*. XIII. 542. — J. Hamel. XIV. 286. (F. *Périer*, XIV. 286. — J. de Hébert de Bailleul, XIV. 493. (M.-A. *Coquet*, XIV. 493. — R. de Hébert, XIV. 493. — J.-B. Hervieu, XI. 350. — J. Horionney. X. 389. (C. Le *Bouteiller* X. 389. — G. Isabel. XI. 199. (M. *Lecoq*. XI 199. — J.-G. Isabel. XI. 199. (M.-M. *de Lannoy*. XI. 199. — G.-F. Jacquelot de Monel. X. 529. (L. *Tassier*. X. 529. — N. Jacquelot de St Firieux. X. 529. (A. *Le Dragin*. X. 529. — J. Lebailly. XII. 514. (M. *Leriche*. XII. 514. — Z. Lebailly. XII. 514. (M. *Quinette*. XII. 514. — H. Lebarbier. XIV. 222. (M.-M. *Benoist de Blary*. XIV. 222). — J. Lebarbier. XIV. 222. (G *Le Paulmier*, XIV, 222. — J. Leclerc. XI 351. (F. *Baudel*, XI. 351. — Ad.-L. Le Court, XII. 18. (J.-C. *Ruault*, XII. 18. — V.-L. Le Court de Noirval. IX. 263 ; XII. 18. (A. *Levavasseur*, IX. 263 ; XII. 18. — F.-J. Le Court, XII. 119. — G. Le Diacre de Martinbosq. IX. 57 ; XII. 314, 399. — G. Le Diacre de Martinbosq, fils, IX. 57. — J. Le Grix. XII. 554. — C. Lepecq. X. 593. — T. Lepeltier. XIII. 4. M. *Vandon*. XIII. 4 — T. Lepeltier, fils. XII. 106 ; XIII. 4. (C. *Le Proux*. XIII. 4. — J.-B. Lesueur. IX. 263 ; XII 241. (A. *de Lannoy*, IX. 263 ; XII. 241. — J.-B. Lesueur, fils. IX. 263. (M.-A.-J. *Le Court*. IX. 263). — G. Main, XIV. 359). — E. de Mannoury. XII. 241. (C. *Lefrançois*. XII. 241). — G. de Mannoury, XII. 241. (M.-T. *Lesueur*. XII. 241). — G. du Mesnil, X. 398 ; XIV. 919. (M.-A.-C. *Dumaine*. XIV. 919. — N. Ollivier. XIV. 398. (A. *Fleury*. XII. 398. — A. Porée, X 229. (M. *Renault*. X. 229. — M.-A. de Quintanadoine. XIV. 563. (M.-D. *Baudry*. XIV. 563. — L. de la Rouvraye XI. 351. (F. *des Castelets*. XI. 351. — N. de la Rouvraye. XI. 351. (M.-M. *Leclerc*, XI. 351. — R. Sebire, XII. 419. — J. Tillaut. XI. 392. — G. Train, X. 59. (M. *Hébert*. X. 59). — J. Train, XII. 337 ; XIV. 995. (E. *Hamon*, XII. 337 ; XIV. 995. — J.-Ph. Train, XII. 106. — J.-J. Train, XII. 337. (A.-A. *Duchemin*. XII. 337). — B. de Varin, X. 553. J. *Baril*. X. 553. — J. de Varin de Beauchamp, X 553 ; XII. 372. A -F. *de Vimont*. X. 553. — J.-B. Veron. XIV. 378. (M. *Hébert*. XIV. 398 — L. Véron. XIV. 398 C.-E. *Ollivier*. XIV. 398.

REUX (Saint-Étienne).

Curé. — J.-B Hurel. XIV. 924.
Clercs. — G.-F. Cambremer. X. 258, 399. — P Train. XIII. 70.
Notables. — J. Bougard. XI. 199. C. *Aubert*. XI. 199. — C. Bougard. XI. 199. (A. *de Borel*, XI. 199. — J.-B. Carel. XIV 924 A. *Chrestien*. XIV. 924. — N. Cambremer. X. 399.

RONCHEVILLE (Saint-Nicolas)

Curé. — C. Lelièvre, X. 455; XIV. 292, 784.
Notable. — P. De la Taille, X. 455. (*C. de la Houssaye*, X. 455).

SAINT-ARNOULT-SUR-TOUQUES

Curé. — F. de Lessard, IX. 268; X. 593; XII. 476, 515, 552; XIV. 914.
Notable. — L.-G. Galliot, XIII. 124; XIV. 291.
Prieuré de Saint-Arnoult. (Saint-Infort). — *Ordre de Cluny.* — Prieurs. — J. Dakins, IX. 268. — P. Brunet, IX. 268; XII. 476, 553. — F. de Lessard, XII. 476, 553. — M. Marins de Villeneuve, XII. 515, 553. — L. Jourdan, XII. 515, 553; XIV. 111, 291. — J^a de Coudrat, XIV. 111, 291, 295, 577. — F. de Chenedru, XIV. 295. — H.-L. Duval, XIV. 577. —
Patron. — *Le Prieur de Longpont.* — J^a-P. Bignon, IX. 268; XII. 476, 515, 553; XIV. 111, 295, 577.

SAINT-CLOUD-EN-AUGE

Curés. — P. Bellant, IX. 229, 452; XII. 163; XIII. 483, 491, 538; XIV. 191. — J^q Train, XIII. 538, 625; XIV. 191. — D. Langlois, XIII. 483, 491, 537, 538, 625; XIV. 191, 292.
Patron. — *Le prieur de Beaumont.* — D.-F. Bouthillier, XIII. 537, 538.
Seigneurs et notables. — C. d'Abos, XI. 315; XIV. 148. (*M. Bilault*, XI. 315; XIV. 148). — J^q Porée, XII. 9. (*M. Renault*, XII. 9). — J.-J. Porée, XII. 9. (*M.-T. Lecordier*, XII. 9).

SAINT-ETIENNE-LA-THILLAYE

Curé. — P. Lecordier, XII. 475; XIII. 497.
Vicaire. — Sandret, XIV. 99.
Prêtres de la paroisse. — G. Thillaye, XII. 475; XIII. 591. — F. Isabel, XIV. 89, 92.
Clercs. — P. Halley, IX. 189. — G. Thillaye, XII. 11, 79. — J.-P. Thillaye, XII. 298; XIII. 286, 401, 489; XIV. 634. — L.-P. Despériers, XII. 77. — J.-F. Isabel, XII. 300, 411; XIII. 70, 411. — G. Goguet, IX. 504; X. 266.
Seigneurs et notables. — J^a Galliot, X. 229; XIII. 124. (*M. Crévin*, X. 229; XIII. 124). — L.-G. Galliot, XI. 392; XIII. 124; XIV. 291. (*M.-M. Coquet*, XIII. 124). — J^q Galliot, X. 229. (*M,-C. Porée*, X. 229). — J^a Thillaye, X. 338; XII. 311; XIV. 634. (*M. Isabel*, XII. 311). — J^a Thillaye, fils, X. 338; XII. 311. (*M.-J.-C. Lormier*, XII. 311).

SAINT-HYMER (Saint-Blaise)

Curés. — L. Quesnel, XII. 204, 280; XIII. 581, 624. — J. de la Vigne de la Hogue, XII. 280, *en note* ; XIII. 581, 624; XIV. 1.
Vicaires. — J. Daubin, XII. 376, 397. — N. Vattier, XIII. 581; XIV. 1. — Noel, XIV. 988.
Prêtres de la paroisse. — J. Le Perchey, X. 295, 298; XI. 329, 335. — G.-F. Hélix, XIII. 80, 169, 243, 247, 256, 259.
Clercs. — J. Bloche, IX. 50; X. 138. — P. Leroy, XI. 385; XII. 287, 411. — G.-A. de Nocey, XIII. 179. — J.-B. Saussaye, XIV. 1440.
Seigneur. — S. Deshayes de Gassart, XII. 372.
Maître d'école. — N. Pottier, XIII. 581; XIV. 1.
Prieuré de Saint-Hymer. — Prieurs commendataires. — N.-F. Brion, XI. 190, 329; XII. 168. — F.-J. Quittet des Fontaines, XI. 190, 329; XII.

151. — H.-E. de Roquette, XII. 151. 204, 280. — J.-B. Moullin, XII. 204. — H.-E.-F.-R. de Roquette, XII. 280. — Prêtres desservant le prieuré. — J³ Le Perchey, XI. 329 ; XII. 151, 280. — G.-F. Hélix. XII. 337 ; XIII. 80, 169. — Patron. — L'abbé du Bec. — R. de la Rochefoucauld, XII. 151, 204.

SAINT-PIERRE-ADIFS ou AZIFS. — Vicairie perpétuelle

Curé. — P. Chambery, XIII. 538.
Clercs. — J.-J. Damour, XIII. 64. — C. Rouelle, XIII. 65, 354. — R. Igou, X. 348.
Seigneurs et notables. — J.-P. Viard, XII. 364. — J⁋ du Bouillonné, XIII. 354. — B. de Marguerie, XIII. 538. — Ch. Lepecq, XIII. 354. — J.-Cl. Lepecq, XIII. 354.

SAINT-VAAST

Curé. — R. Bosquier, IX. 419 ; XIII. 267 ; XIV. 279.
Seigneurs. — O. Dandel, XIV. 279. (C. d'Angerville, XIV. 279). — O. Dandel, fils, XIV. 279. (M.-R. de Piperey, XIV. 279.

LE TORQUESNE (N.-D.)

Curé. — L. du Houlley, IX. 75, 213 ; X. 589. — G. Renout, X. 589 ; XI. 180.
Vicaires. — Lemarchand, XII. 211. — Boissière, XIII. 13, 158.
Prêtre de la paroisse. — P. Ives, X. 360.
Clerc. — J³-P. Bazin, XII. 323 ; XIV. 605.
Patron. — Le seigneur du lieu. — G. de Nocey, X. 589.

TOURGÉVILLE (Saint-Pierre)

Curé. — L. Le Métayer, X. 593 ; XIV. 292, 564.
Vicaire. — Havren, IX. 15.
Clerc. — P.-A. de Hébert, XII. 433.
Seigneurs. — J. de Hébert, XII. 372. — T.-P. Labbey, XIV. 931 (S.-F. Dandel, XIV. 931). — J⁋ Labbey, XIV. 931. (A.-C. Leroy, XIV. 931. — G.-A. Guillemin, IX. 42.

TROUSSEAUVILLE

. . . .

VALSEMEY (Saint-Gabriel)

Curé. — F. Thouret, XII. 58.
Prêtre de la paroisse. — J⁋ Noel, XIV. 967.
Seigneurs. — G. de Borel, XI. 460. (A. Crévin, XI. 460). — J⁋ de Borel, XII. 58. (J. de Bordeaux, XII. 58). — G. de Borel, fils J⁋, XII. 58. (J. Georges, XII. 58.)

VAUVILLE (Saint-Martin)

Curés. — J. Dubois, IX. 539. — J.-B. Dumont, IX. 539.
Vicaire. = Rouelle, XIII. 612.
Prêtre de la paroisse. — F. Hémery. (D), IX. 539.
Patron. — Le chapitre de Cléry, IX. 539.
Seigneur. — G.-F. de Boitard de Prémagny, XIII. 612. (M.-M. de Brenou (?), XIII. 612.

VILLERS-SUR-MER (Saint-Martin)

Curés de la 1ʳᵉ portion. — L. Marette, IX. 61 ; XI. 111 ; XIII. 93 ; XIV. 564. — J.-B. Chippel, XIV. 564.

Curés de la 2ᵉ portion. — J. Lecoq. IX. 61 ; XI. 141. — M. Devé, XI. 441 ; XIII. 59, 93. — L. Canu. XIII. 59, 93 ; XIV. 564.

Prêtres de la paroisse. — R. Mézerey, XIII. 93 — F.-X. Hémery, (D'. XIII. 93.

Patron de la 1ʳᵉ portion. — Les Mathurins de Lx. IX. 61 ; XIV. 564.

Patron de la 2ᵉ portion. — *Le seigneur du lieu.* — C.-H. de Mallon, XI. 441 ; XIII. 59.

Doyenné de Beuvron

Doyen. — J.-J. Dancerville. IX. 381 ; XI. 192.

LES AUTHIEUX-SUR-CORBON (N.-D.)

Curés. — P. Lemonnier. IX. 37. 62. 354, 381 ; XIV. 261. — F. Burget. XIV. 261.

Prêtre desservant. — P. Montoure. XIV. 261.

Patron. — *Le seigneur du lieu.* — N. de Mannoury. XIV. 261.

Seigneurs et notables. — A. Estienne. IX. 354 (*M. Gonfrey*. IX. 354). N. Estienne de la Sauvagerie. IX. 354. (*M. Aubrée*. IX. 354). — L. Deshays, IX. 493 (*M. Dumoulin*. IX. 493). — N. de Mannoury. XIV. 261. (*M.-M. de Lespée*. XIV. 261). — A. de la Mondière, XIV. 261. — L. d'Avernes du Dézert. XIV. 261. — G. de Lespée, XIV. 834.

AUVILLERS (Saint-Germain)

Curés. — N. de la Porte. XII. 478. — J.-J.- Lechevalier, XII. 478.

Vicaires. — J. Pétout, XI. 320. — J. Bloche. XI. 320. — P. Collet. XII. 478. — Joily. XIII. 452. — Hain. XIII. 616. — Duval. XIV. 104.

Prêtres de la paroisse. — J. Pétout, XII. 133 ; XIII. 452. — F. Legrip. XIII. 56.

Clercs. — F. Legrip. XI. 309. — J. Hain. XI. 320 ; XII. 411. — N. Julienne, XIV. 6. 695, 985.

Patron. — *Le seigneur du lieu.* — J. Dauvet, XII. 478.

Notable. — J. Legrip, XI. 309 ; XII. 133 ; XIV. 975.

BARNEVILLE-EN-AUGE (N.-D.) auj. BASSENEVILLE

Curés de la 1ʳᵉ portion. — J. Maheut. XI. 112. — G. Collette ou Collet, XI. 112. 138. 423

Curés de la 2ᵉ portion. — L. Jean. XI. 366 ; XIV. 886. — G. Lebourguais, XIV. 886. 940.

Patron des deux portions. — *Le seigneur du lieu.* — R.-A. Aubry. XI. 112, 138 ; XIV. 886.

Seigneurs et notables. — A.-D. Aubry des Acres. XI. 138. — J. Cauvin des Londes. XI. 197. (*M.-M. Auzerais*. XI. 197). — J. Collet. XIV. 177. (*M. Laroche*. XIV. 177). — C. Le Court de Thimouville. XI. 197. *M.-A. Auzerais*, XI. 197). — J. Le Court. XI. 197. (*M. Laisney*, XI. 197). — A. Le Maistre de Vauvert. IX. 193. (*A. de Courseulles*. IX. 193). — J.-F. Le Maistre. IX. 193. (*C. Deshays*, IX. 193).

BEAUFOUR (N.-D.)

Curé. — G. Périer. XI. 69. 173. 214.

Vicaires. — M. Sonnet, IX, 440. — J. Bazin, XI. 214. — G. Lallemant, XII. 249. 352 ; XIII. 443 ; XIV. 10.
Notable.—Guill. Collet desCours, XIII. 443. (C. de Colmiche, XIII. 443).

BEUVRON (Saint-Martin)

Curé. — G. Hamel, IX. 193 ; X. 450 ; XII. 514, 519.
Vicaire. — Igou, XIII. 189.
Prêtre de la paroisse. — R. Igou, XIII. 167.
Seigneurs et notables. — J.-B. Delalande de Sainte-Croix. X. 450. — A. de Jaza (?) de Saint-Julien, XII. 519. (M. Le Breton, XII. 519). — J. de Jaza (?) de Saint-Pair, XII. 519. (L. Thevrenin (?). XII. 519) — C. Lechevalier, XIV. 155. (M. de Villers, XIV. 155. — J. Lechevalier, XIV. 155. (C. Le Bret, XIV. 155). — G. Leriche, XII. 514. (M. Martin, XII. 514). — F. Mignot, IX. 52. — J.-C. de Montjoie, XIII. 189. (M. Saffray, XIII. 189). — G. de Villers, XIII. 268. (C.-C. Lepeltier, XIII. 268). — O. de Villers, XIII. 268 ; XIV. 155. (M Delahaye, XIII. 268 ; XIV. 155).
Procession de Pâques et Confrérie des Saints-Anges, à Beuvron, X. 450.

BONNEBOSQ (Saint-Martin)

Curé. — J. de Pierres, IX. 139 ; XII. 234. 478.
Vicaires. — Guillemin. XI. 215. — P. Lécuyer, XIV. 967.
Clercs. — R. Letardif, IX. 52. — F. Mariolles, XIV. 967.
Seigneurs et notables. — G. Patry de Bordeaux, IX. 139. (M. Fabry, IX. 139). — J. Patry de Glanville, IX. 139. (M. Senoze, IX. 139). — P. Patry de Cricquebœuf, IX. 139. — F. Senoze. IX. 139) M. Le Manicher, IX 139.

BROCOTTES (Saint-Ouen) Prieuré-Cure

Curé. — N. Viel, IX. 424.
Vicaire. — Viel, IX. 146.
Seigneurs. — A. Durand. XIV. 146. (M. Morel, XIV 146. — A. Durand de Gaillon, fils, XIV. 146. (A.-M. de Cosselle, XIV. 146.

CAUDEMUCHE (Saint-Martin)

Curé. — (J.) Noncher, XII. 519.
Seigneur. — J. Le Breton du Moutier, XII. 519. (F. Le Gouez, XII. 519).

CLERMONT (Saint-Michel)

Curé. — Jº Fouqu ou Fouqueu, le jeune, X 556
Seigneur. — N.-M.-A. Le Pelley, XIV. 62.

CORBON (Saint-Martin)

Curé. — C. Maurey, XIV. 129.
Seigneurs. — F. Bénard. XIII. 318. (C. de Lespée. XIII. 318 . — A. de Bénard de la Morandière, XIII. 318. (F. de Bernière. XIII. 318 .
Chapelle Saint-Michel. — Chapelains. — J. Fourreau, XIV. 212, 251. — L.-P. Mirey. XIV. 212. — F. Dôme, XIV. 251.

CRESSEVEULLE (N.-D.)

Prêtres desservants. — N. Lefebvre, X. 10, 244. — Bouet. X. 383.
Seigneurs et notables. — L. de Baillehache. X. 10. (M.-M. de Mecflet, X. 10). — R. Baillehache, X. 10. (H. Patry, X. 10). — A. Combault. X. 244.

— J.-B. Combault. X. 244. — J. Halboui, X. 244. — G. Jacqueline, XIV. 135. (*B. Pillon*, XIV. 135).

DOZULÉ (St-Jean ou N.-D., X. 556). Prieuré-Cure

Curé. — Jⁿ de Montault de Brassac, X. 556.
Prêtre de la paroisse. — G. Thillaye, XII. 79.
Seigneurs. — A. Le Vellain, XIV. 214. (*B. Thiboult*, XIV. 214). — Jⁿ-F. Le Vellain, XIV. 214. (*F. Goupil*, XIV. 214).

DRUVAL (N.-D.)

Curés. — J. Lefebvre, IX. 356. — J. de Vaulegeard, IX. 356, 440 ; XII. 312 : XIII. 291. — P. *Guillemin*, XII. 266, 286, 312. — P. *Noncher*, XII. 312. — G. Tirard, XII. 332, 352 ; XIII. 291.
Vicaire. — Du Buisson, IX. 474.
Prêtre desservant. — R. Boissière, XII. 286, 312, 352.
Clerc. — C. Quesnel, XII. 286.
Patron. — *L'abbé du Bec.* — R. de la Rochefoucauld, IX. 356. — L'évêque de Lx (*ob devolutum*), XII. 266, 286. — Les religieux du Bec, *sede vacante*, XII. 312.
Seigneurs et notables. — G. Gamare, XIII. 291. — R. Gamare, XI. 411. (*M. Bordeaux*, XI. 411). — J. Mannoury, XIII. 286. — T. Mesnier, XII. 352. — P. de Semilly, IX. 414 ; XIII. 494. (*M. Collet*, IX. 414 ; *A. de Saint-Pierre*, XIII. 494).

ESTRÉES (N.-D.)

Curés de la 1re portion. — P. Le Belhomme, IX. 37, 62, 381 ; XI. 192 ; XII. 310 : XIII. 103, 336, 373. — F. Harel, XIII. 336, 373 ; XIV. 128, 129. — J. Harel, XIV. 128, 129, 834. — I. Michel, XIV. 834.
Curés de la 2e portion. — A. Boscage, XIII. 85, 103. — J. Pinel de la Forestrie, XIII. 85, 103, 336, 373 ; XIV. 128, 129, 834.
Vicaires. — J.-B. Chastan, XII. 310. — A. Lantrain, XIII. 103, 373. — R. Lefebvre, XIV. 129, 516, 834.
Clercs. — J.-L. Hébert, IX. 162, 381. — I. Michel, XII. 545 ; XIII. 336 ; XIV. 422.
Patron de la 1re portion. — *Le vicomte de Crèvecœur.* — P. Segouin, (*ob tutelam*), XIII. 336 ; XIV. 129, 834.
Patron de la 2e portion. — *L'abbé de Saint-Pierre-sur-Dives.* — F. Blouet de Camilly, XIII. 85.
Seigneurs et notable. — P. Dauverne du Désert, IX. 86. (*R. de Lespée* IX. 86). — P. Hubert, IX. 303. (*B. Dutheil*, IX. 303). — P. de Jort de Lespinay, XIV. 234. (*M. de la Rocque*, XIV. 234). — L.-C. Roussel, XIV. 234. (*M. de la Rocque*, XIV. 234). — G. de Lespée, XIV. 834.
Chapelle St Hermes, au *château de Brucourt*. — CHAPELAINS. — P. Le Belhomme, XIII. 373. — F. Harel, XIII. 373 ; XIV. 128. — J. Harel, XIV. 128. — PATRON. — *Le seigneur du lieu.* — J.-J. de Dreux de Nancré, XIII. 373 ; XIV. 122.

FORMENTIN (Saint-Martin).

Curé. — Levasseur, X. 59 ; XI. 156.

LE FOURNET.

. . . .

GERROTS (Saint-Martin).

Curés. — P. de Gémare, IX. 526. — N. de Boisard, IX. 526; XIII. 167. — F.-A. Collet, XIII. 167; XIV. 74. — J.-P. Thillaye, XIV. 74.
Vicaire. — (N.) Gauquelin, X. 62.
Prêtre desservant. — Sonnet, XIII. 297.
Clerc. — G. Dumoulin, XI. 385; XII. 302.
Patron. — *Le seigneur du lieu.* — L.-E. Le Gouez, IX. 526; XIII. 167; XIV. 74.
Seigneurs. — L.-F. Le Gouez de Gerrots, IX. 526; XIII. 167; XIV. 74. —J.-F. Le Gouez d'Amanville, XIII. 167; XIV. 74. — G. Lormier de Gemeauville, XIV. 74. — A. Lormier de Moncour, XIV. 74.

GOUSTRANVILLE (N.-D).
alias COUTRANVILLE ou GOUTRANVILLE.

Curé. — R. Aubry, XIII. 301.

LES GROSELLIERS, alias LES CROISELLIERS (N.-D.) – Prieuré-cure

Curés. — L. Barbey, X. 610; XI. 126. — J.-B.-T. Perrée, X. 610, XI. 126.
Clerc. — G. Dumoulin, XI. 126; XII. 295.
Patron. — L'abbé de Lisle-Dieu, X. 610.
Seigneur. — H. de Cœuret de Colombiers, IX. 42.

LE HAM (Saint-Martin).

Curés. — P. Samin. IX. 280, 398. — J. Naude, IX. 280, 290, 398; XII. 358, 389, 623; XIV. 164. — J.-P. Hain, XIV. 164, 347, 559. — P. Denis, XIV. 347, 559.
Patron. — *L'abbé de Troarn.* —J.-L. Bouchet de Sourches, IX. 280.
Seigneur et notable. — G. de Borel de la Pommeraye, XIII. 358. (H. Patry, XIII. 358). — M.-C. Piédoue des Capelles, XIV. 559.

HOTOT (Saint-Georges).

Curé. — (T.-L.) de la Garde, XII. 317.
Vicaires. — G. Tirard, IX. 424. — Halley, XIV. 110, 286.
Prêtre de la paroisse. — G. Tirard, XII. 352.
Clercs. — P. Delarue, X. 73. — N. Delarue, XIV. 965. — F.-A. Collet, X. 492; XI. 126. — J.-B. Hoisbel, XIV. 535. — J.-B. Doublet, XIV. 746.
Seigneurs et notables. — J.-A. Collet, X. 492. (M. de Montjoie, X. 492). — C. Gosse des Casteaux, X. 492. (M. de Montjoie, X. 492). — C.-H. Le Gentil d'Estouteville, X. 587; XII. 317. (B. de Cavelande, X. 587; XII. 317). — C.-H. Le Gentil d'Estouteville, fils, XII. 317. (M.-L. de Marguerie, XII. 317). — J. de Montjoie du Bosc, XIV. 110. (J.-C. de Boissey, XIV. 110). — J. de Montjoie, XIV. 110. — L.-F. Patry, XIV. 286. (F. Hamel, XIV. 286). — P. Patry, XIV. 286. (G. d'Osmont, XIV. 286). — F.-A.-A. Turpin de Morel, XII. 335. (M.-F.-D. Turpin, XIII. 335). — G. Turpin de Caillouet, XIII. 335.

LÉAUPARTIE (Saint-Germain)

Curés. — J.-J. Le Vaillant, XI. 59; XII. 133, 478.
Chapelle de Léaupartie. — CHAPELAINS. — J. Mignon, X. 544; XI. 59. — J. Cousin, X. 544; XI. 59. — R. Bouet, XI. 59; XIV. 266. — T. Halley, XIV. 266. — PATRON. — *Le seigneur du lieu.* — C. Maillard, Vᵛᵉ Le Vaillant, X. 544; XI. 59.

LIVET (Saint-Gilles)

Curés. — J.-J. Dancerville. IX. 381 ; XI. 192 ; XIV. 467, 514. — *L. Briand*, XIV. 467. — J. Bullot. XIV. 514.
Prêtre de la paroisse. — N. Julienne. XIV. 985.
Patron. — *L'abbé du Val-Richer.* — J.-G. de Chabannes, XIV. 514.
Seigneur. — J.-F. Dubois. XIV. 514.

PONTFOL (Saint-Martin)

Curés — P. Rivière, IX. 62. — A. Brunet. IX. 62.
Prêtres de la paroisse. — De Bonnechose. XI. 75. — G. Dumoulin, XI. 129.
Clercs. — J. Legrip. XII. 111. — F. Legrip, XIII. 30, 56, 97.

PUTOT (Saint-Pierre)

Curés de la 1ʳᵉ portion. — G. Parquet. IX. 315. — F. de Corday. IX. 315, 424 ; XI. 423. — F. Laugeois, XI. 423 ; XII. 172. — J.-B. Lefrançois, XII. 472 ; XIV. 165.
Curés de la 2ᵉ portion. — F. de Corday, IX. 315, 424 ; XI. 138, 193, 430. — A.-G. Laugeois, XI. 430 ; XII. 11, 354, 485, 495. — G. Després, XII. 485. — N. Leharivel. XII. 495 ; XIII. 577, 591. — G. Thillaye, XIII. 591 ; XIV. 62.
Vicaires. — G. Collette, XI. 112. — J.-B. Seney. XI. 423.
Prêtres desservants. — J.-J. de Quetteville, XI. 423 ; XII. 11. — E. Gueroult, XIII. 577.
Clerc. — T.-A. Laumosnier. X. 21.
Patron de la 1ʳᵉ portion. — Le Chapitre de Cléry, IX. 315 ; XIII. 172.
Patronage de la 2ᵉ portion, *alternatif entre les seigneurs du lieu.* — J.-B. de Bauquemare, XI. 430. — J. Lezouez, XII. 485. — F. de Montreuil, XII. 495. — P. Lebrun. XIII. 591 ; XIV. 62.
Seigneurs. — J.-B. de Bauquemare, XII. 11 ; XIII. 314, 699. *(C. d'Aché,* XIII. 314. — Ph. Lebrun de Farguette, XII. 11.

REPENTIGNY

Curés. — R. Lecomte. XII. 133. — J.-B. Pétout, XII. 133, 478 ; XIII. 452.
Prêtre desservant. — L. Barbey. XII. 133.
Clerc. — G. Thierry. XIV. 963.
Patron. — *Le seigneur d'Auvillars.* — J. Dauvet, XII. 133.
Notable. — P. Thierry des Chesnées, XIV. 963.

LA ROQUE-BAIGNARD (Saint-Martin)

Curés. — M. Lebienvenu, X. 458 ; XII. 146, 242, 252. — J. Daubin. XII. 146, 376. — J. Crochon. XII. 242, 252, 376.
Patron, — L'évêque de Lx, XII. 146, 242.
Seigneurs et notables. — C. Hain. XII. 252. — Jᵉ Labbey de la Roque. XII. 252. — J. de Malfilastre, X. 458. — P. de Malfilastre, X. 458. *(F. Lecavellier,* X. 458. — G. Montaye. X. 595. *(C. Potier,* X. 595. — J. de la Roque, XII. 252.

RUMESNIL (Saint-Pierre)

Curés. — J. Barazin. IX. 155. — C.-A. Delauney. IX. 155, 173 ; XIII. 113. — P. Largillier, ou Larguillier. XIII. 106, 113.
Prêtre desservant. — T. Halley, XIII. 106.

Patron. — *L'abbé du Val-Richer.* — F. Blouet de Camilly, IX. 155 ; XIII. 113.

SAINT-AUBIN-LÉBIZAY

Curés. — C. Gost, X. 565 ; XI. 69. — J.-C. Lemarquier, XI. 69, 214. — J. Bazin, XI. 214 ; XII. 244. — H. Lemière, XII. 244. 251.
Prêtres desservants. — J. Faumebrèche, XI. 69. — L. Barbey, XII. 219.
Clercs. — J.-F. Legrip, XII. 323 ; XIV. 659. — G. Tirard, XIV. 975.
Patron. — *Le marquis de Beuvron.* — H. de Harcourt, X. 565 ; XI. 69, 214 ; XII. 244.
Seigneurs et notables. — J. Chauffer, XI. 75. (R. Fontaine, XI. 75). — I.-J. Chauffer de Saint-Martin, XI. 75. (C. de Nollent, XI. 75). — G. Legrip de la Grésillière, XIII. 391. (A. de Montjoie, XIII. 391). — J.-F. Legrip des Costils, XIII. 391. (A.-C. Guérin, XIII. 391). — L. Legrip, XIII. 391. (J. Legrip, XIII. 391). — L. Le Mancel de Secqueville, XII. 251. — L. Lormier, XII. 311. (G.-C. de Semilly, XII. 311).

SAINT-CLAIR-DE-BARNEVILLE

Curés. — J. Allaire, X. 10 ; XIII. 301, 309. — F. Defrance, XIII. 301, 309. — G. Manchon, XIII. 309, 383.
Prêtres de la paroisse. — M. Verdelet, X. 606. — J. Senoze, X. 606. — E. Gueroult, (D) XIII. 309.
Patron. — *L'abbé du Bec.* — L. de Bourbon, XIII. 309.
Chapelle de la Trinité de Bréholles ou Brézolles. — CHAPELAINS. — F. Defrance, IX. 250. — M. Verdelet, IX. 250, 258 ; X. 606. — J. Senoze, X. 606 ; XII. 263. — P. Golley, XII. 263 — PATRON. — *Le seigneur du lieu.* — G. Desprez, IX. 250. — M. Desprez, X. 606 ; XII. 263.

SAINT-EUGÈNE

Curé. — (J.) Seney, X. 458 ; XI. 215.
Clercs. — P. Guillemin, IX. 42 ; XII. 487. — R. Mioque, IX. 224.
Notables. — G. Hain, X. 458. (M. Bloche, X. 458). — R. Hain, X. 458 ; (C. de Malfilastre, X. 458).

SAINT-JOUIN-EN-AUGE

Curés. — L. Descalles, IX. 330, 526 ; XIII. 359 ; XIV. 988, 1007. — J.-N. Herrier, XIV. 1007.
Patron. — *Les jésuites de Caen, comme prieurs commendataires de Sainte-Barbe.* — P. Frogerais, XIV. 1007.
Seigneurs. — E. Descalles, XIII. 359. (G. Le Maistre, XIII. 359). — C. Descalles, IX. 526 ; XIII. 359. (A. de Mecflet, XIII. 359). — J. Labbey de Héroussard, XIII. 568. (B. Thibout, XIII. 568). — F. Labbey, XIII. 568. (M.-M. de la Fosse, XIII. 568).

SAINT-LÉGER-DU-BOSC

Curé. — F. Duchemin, IX. 330 ; XII. 431.
Prêtre de la paroisse. — J. Senoze, X. 605.
Seigneurs et notables. — C. Fleury, XII. 312. — A. Le Vellain de la Fagère, XI. 454 ; XIV. 214. (B. Thibout, XI. 454 ; XIV. 214). — J.-F. Le Vellain de Ranville, XI. 454. (M.-M. Roussel, XI. 454). — L. Le Vellain, IX. 408. (G. Labbey, IX. 408).

SAINT-SAMSON-EN-AUGE

Curés. — F. Morel, X. 382, 485. — J. Sicot, X. 382. — T. Quesnel, X. 429, 485 ; XIII. 94, 389. — J. Naude, XIII. 389, 520, 597. — N. Le Mazurier, XIII. 597.

Vicaire. — F. Bobehier, X. 336.

Prêtres de la paroisse. — J.-B. Huc, XIII. 94. — F. Lemercier, (D), XIII. 520.

Clerc. — L. de Vauquelin, XI. 382 ; XII. 298 ; XIII. 66.

Patron. — *L'abbé de Troarn*, X. 382, 429 ; XIII. 389.

Notable. — P. Onfray, IX. 232. (*G. Lorphelin*, IX. 232).

Prieuré-Hopital de Sainte-Marie-Magdeleine. — PRIEURS. — P. Moreau de Marnay, XII. 282 ; XIII. 36. — P.-N. Duval, XIII. 36. — PATRON. — *Le seigneur de Barneville-en-Auge.* — A.-R. Aubry, XII. 282.

VICTOT (Saint-Denis)

Curés. — R. Louvel, X. 239. — J. Burnel, X. 239.

Vicaire. — Demouceaux, IX. 193.

Patron. — *Le seigneur du lieu.* — T. Le Normand, X. 239.

Seigneurs et notables. — T. Le Normand du Val, XII. 503. (*J. Du Lys*, XII. 503). — C. Martin des Costils, IX. 303. (*C. Hubert*, IX. 303). — F. Martin, IX. 303. (*G. Fergant*, IX. 303).

Doyenné de Mesnil-Mauger

Doyens. — E. Daguin, X. 402. — R. Paisant, XIV. 572.

AMMEVILLE (Sainte-Honorine)

Clercs. — L^c de Bernière, XI. 380 ; XII. 409 ; XIV. 378. — L^s-F-A-Ld de Bernière, XIV. 108. — G. Le Court, XII. 103, 410, 413, 430. — J. Le Court, XI. 381.

Seigneurs. — P. de Bernière de Sainte-Honorine, XIII. 318 ; XIV. 71, 378. (*F. de la Bove*, XIII. 318 ; XIV. 71, 378). — P. de Bernière de Sainte-Honorine, fils, XIV. 371. (*M.-A.-T. de Longchamps-Cauvin*, XIV. 71). — A.-S. de Bernière, XIV. 273.

LES AUTHIEUX-PAPION (Saint-Philbert)

Curés. — G. Bassières, XII. 17 ; XIII. 170 ; XIV. 815. — P. Leroy, XIV. 815, 875.

Patron. — *Le seigneur de la Varende.* — L. Malard, XIV. 815.

BIÉVILLE (Saint-Germain)

Curés de la 1re portion. — J.-F. Ameline, X. 574. — J. Pottier de la Londe, X. 574 ; XII. 496 ; XIII. 179. — G. Moullin, XIII. 179.

Curé de la 2e portion. — J. Chasot, IX. 354 ; X. 535, 574 ; XI. 237 ; XII. 500 ; XIII. 179

Prêtre desservant. — N. Passey, X. 555, 574.

Patron de la 1re portion. — *Le seigneur du lieu* — A.-J. de Bullion, XIII. 179.

Seigneurs et notables. — N. Aubrée, IX. 354. (*M. Boger*, IX. 354). — R. Béquet, XII. 500. (*J. Larue*, XII. 500). — T. Béquet de la Brière, XII.

500 ; XIII. 179. (*M. Roussel*, XII. 500). — M. Lemonnier, IX. 89, 524 ; X. 454, 518, 555 ; X. 496. (*F. Le Normand*, IX. 89, 524 ; X. 454, 548, 555 ; X. 496). — P. Lemonnier, X. 454. — R. Lemonnier, XIV. 114. (*M. Doublet*, XIV. 114). — A. Simon de Grandchamp, XI. 237. (*A.-C. Jean*, XI. 237).

BOISSEY (Saint-Julien)

Curés. — N. Germain, XIV. 848. — A. Germain, XIV. 848, 889.
Patron. — *L'abbé de Saint-Pierre-sur-Dives.* — I.-J. de Simiane, XIV. 848.
Seigneur. — N. de Macaire, XIV. 889.

LA BOISSIÈRE (N.-D. - et Saint-Jean, XII. 14).

Curés. — E. Daguin, IX. 62 ; X. 322 ; XII. 14. — J. Ridé, XII. 14 ; XIII. 104, 117, 163. — J. de Laumaillé, XIII. 162, 504 ; XIV. 198.
Prêtre de la paroisse. — J.-F. Daubin, XIV. 874, 993.
Patron. — *Le prieur de Sainte-Barbe.* — G. Mignot, XII. 14 ; XIII. 163.
Seigneurs et notables. — N. Cocagne, XIII. 163. — L.-V. Costard de la Boissière, XII. 14. — J. de Grieu, XIV. 570. (*M. Lambert*, XIV. 570). — N. de Grieu d'Estimauville, XII. 14 ; XIII. 163. — P. de Grieu d'Estimauville, XIII. 504 ; XIV. 570. (*M. de Graindorge*, XIII. 504. *M. de la Porte du Castellier*, XIV. 570.

CASTILLON (N.-D.)

Curés. — J. Soyer, XIV. 296, 401. — G. Véron, XIV. 296, 816. — J. Goubert, XIV. 401, 457, 812. — C. Le Maignen d'Houlbec, XIV. 816.
Vicaires. — G. Bazire, XIII. 118, 173. — G. Le Court, XIV. 296.
Prêtres de la paroisse. — J.-G. Bosné, XIV. 296. — G. Leroy, XIV. 816.
Patron. — L'évêque de Lx, XIV. 296, 816. — Le chapitre du Saint-Sépulcre de Caen, XIV. 401.
Notable. — F.-E. Leboucher, X. 209.

CERQUEUX-EN-AUGE

. . . .

LE CHESNE (Saint-Pierre)

Curés. — P. Maillet, XIII. 330. — J. Buchard, XIII. 330.
Clercs. — P. Froudière, XIV. 1013.
Patron. — *Le seigneur du lieu.* — J. de Serres, V^{re} de Prye, XIII. 330.
Seigneurs et notables. — Jⁿ de Corday, XII. 143. (*F. de Margeot*, XII. 143). — C. Gamare, XIII. 330. — G. Lambert de Saint-Mars d'Herbigny, XII. 295. (*F. de Borel*, XIII. 295). — J.-B.-M. Pollin, XIV. 305. (*E. de Tiremois*, XIV. 305). — R. Vaboy des Grandchamps, XIV. 182. (*M. Le Filleul*, XIV. 182).

COUPESARTE (Saint-Cyr et Sainte-Julitte)

Curés. — N. Lefebvre, XII. 15. — F. Le Camus, XII. 15, 33 ; XIII. 579.
Patron. — Les Mathurins de Lx, XII. 15.
Seigneur. — A. Le Prévost, XII. 33.

LE DOUX-MARAIS (N.-D.)

Curés. — J. Héroult, X. 322, 402. — V. Le Boullenger, X. 322, 402.
Prêtre de la paroisse. — L. Féron, X. 402, (D) 151.
Notables. — F. Auger, X. 52. — N. Lemarinier, X. 454. (*A. Collibœuf*, X. 454).

ECAJEUL (Saint-Pierre)

Curés. — M. Gallard, XI. 503. — C. Duval, XI. 503 ; XII. 17.
Vicaires. — C. Duval, XI. 503. — Leroy, XIII. 614.
Prêtre desservant. — C. Duval, XII. 17.
Clerc. — Ph. Lecherpin, XI. 382 ; XII. 408; XIII. 589; XIV. 389.
Patron. — *Le seigneur de l'Honneur d'Ecajeul.* — G.-F. de Montecler, XI. 503.
Chapelle Sainte-Marguerite. — CHAPELAINS. — M. Gallard, XI. 503. — C. Duval, XI. 503. — PATRON. = *Le seigneur de l'Honneur d'Ecajeul,* — G.-F. de Montecler, XI. 503.

GARNETOT (Saint-Denis)

Prêtre de la paroisse. — P. Questier ou Quettier, XI. 187.
Seigneurs. — F-P. du Buat, XIV. 305. (*A.-E. de Cherville,* XIV. 305). — E.-F.-P. du Buat, XIV. 305. (*H.-A. Pollin,* XIV. 305).

GRANDCHAMP (Saint-André)

Curés — E. Le Camus, XIII. 170. — J. Fleuriot, XIII. 170 ; XIV. 571.
Prêtre de la paroisse. — G. Delauney, XI. 439.
Patron. — *Le seigneur du lieu.* — R.-T. Le Prevost, XIII. 170.
Notables. — N. Bardel, XIII. 170. — G. Fleuriot, XIII. 170.

LA GRAVELLE (Saint-Pierre)

Prêtres de la paroisse. — J. Lerat, XIV. 229, 465, 882. — J. Roussel, XIV. 907, 911.
Clercs. — J. Dupont, XII. 408 ; XIII. 68 ; XIV. 389. — J. Lerat, XIV. 20, 37, 465. — P. Leroy, XIV. 735, 815. — J. Roussel, XII. 300, 443 ; XIII. 70.
Seigneurs et notables. — J² de Malherbe de Grandchamp, XI. 459. (*M. de Margeot,* XI. 459). — J₁ de Malherbe, XI. 459. (*L.-A. d'Arclais,* XI. 459) — J. Roussel, XII. 443; XIV. 88. (*N......Herfort,* XIV. 88).

HEURTEVENT (Saint-Jacques)

Curé. — C. de Mannoury, X. 112, 210, 359 ; XII. 490.
Vicaire. — Roussel, XIII. 393 ; XIV. 407.
Prêtre de la paroisse. — F. Aubin, XIV. 574.
Clercs. — F. Aubin, X. 30, 240. — F. Besley, X. 114. — J.-C. Gondouin, X. 258, 359 ; XI. 387. — L. Gondouin, XIII. 560 ; XIV. 740. — N. Jeannequin, XIV. 721. — J. Thomas, IX. 104 ; X. 185, 210.
Seigneurs et notables. — L.-F. de la Houssaye du Plessis. XII. 490. (*M.-A. de Mannoury,* XII. 490). — C. de Mannoury de Riviers. X. 112. (*M.-A. de Collibœuf,* X. 112). — D. de Mannoury de Saint-Louis, XII. 490. (*A. Le Métayer,* XII. 490). — J. de Mannoury de Bocquemare, IX. 101 ; XIV. 407. (*J. Bertheaume,* XIV. 407). — P. de Mannoury de Valingou, X. 112. (*G. de Morel,* X. 112). — F. de Montreuil de la Barbottière, X. 359. — C. Moullin des Vaux, XIV. 407. (*M.-A. de Mannoury,* XIV. 407). — G. Moullin, XIV. 407. (*A. Dubois,* XIV. 407).

LA HOUBLONNIÈRE (N.-D.)

Curé. — F. Du Lys, XII. 14.
Vicaires. — Périer, X. 562. — N. Greslebin, XIV. 130.
Clerc. — P. Bellière, XIV. 165.

Seigneur et notable. G. du Val de Bonneval, XIV. 582. (*M.-C.-G. de Morel de Putanges*, XIV. 582). — G. Capelle, XIV. 165.
Les deux chapelles Saint-André et Saint-Fiacre. — Chapelains. — E. Daguin, XII. 112. — J. Héroult, XII. 112 ; XIII. 592. — J.-B. Lefrançois, XIII. 592. — Patron. — *Le seigneur du lieu.* — G. du Val de Bonneval, XII. 112 ; XIII. 592.

LÉCAUDE (N.-D.) – Prieuré-cure

Vicaire. — Aubert, IX. 113.
Prêtre de la paroisse. — H. Tabarie, IX. 541.
Clerc. — F. Morand, XII. 321.

LESSARD (N.-D.)

Curés. — F. de Vigan, IX. 499 ; XI. 187, 258. — P. Quettier ou Questier, XI. 187, 258, 456 ; XIV. 875.
Prêtres de la paroisse. — J. Formage, IX. 378. — P. Quettier, (D) X. 258.
Clercs. — R. Letellier, X. 13. — P. Letellier, XII. 324 ; XIV. 599.
Seigneurs. — T. de Bonnechose de Vaucourt, XI. 456. (*E. Lebourgeois*, XI. 456). — L. de Bonnechose de Monteston, XI. 456. (*M.-A. Tolley*, XI. 456).

LE MESNIL-BACLEY (Saint-Pierre)

Curés. — L. Lecoq, X. 210 ; XII. 491 ; XIII. 207, 211. — G. Couture, XIII. 207. — C. Corbin, XIII. 207.
Vicaire. — P. Costard, XI. 340 ; XII. 225.
Prêtre desservant. — G. Hue, XIII. 211.
Clercs. — E. Duchesne, X. 267. — G. Duchesne, XII. 545. — A. Lecomte, X. 475 ; XI. 384 ; XII. 411, 416. — H. Pinel, XIII. 382 ; XIV. 587. — J. Thomas, IX. 146, 533 ; X. 269.
Patrons. — *Le prieur du Valboutry.* — J.-J^h Le Paulmier, XIII. 207. — *L'abbé de Saint-Pierre-sur-Dives* — F. Blouet de Camilly, XIII. 211.
Seigneurs et notables. — F.-C.-D. Le Comte du Rouil, XII. 416, 552. — G. Le Menout, XII. 491. (*C. Veron*, XII. 491). — P. Le Menant de Grandval, XII. 491. (*F.-C. Le Vaillant*, XII. 491). — J. Noel, XII. 55. (*M. Frontin*, XII. 55. — R. Samin, XI. 340. (*M. Noel*, XI. 340). — S. Sauvage de Bellecourt, X. 210.
Prieuré simple de Notre-Dame du Valboutry. — Prieurs. — J. Edeline, XI. 269. — A. Alleaume, XI. 269, 395. — Patron. — L'abbé de Saint-Pierre-sur-Dives, XI. 269.

MESNIL-DURAND (Saint-André)

Curé. — N. Goss t, IX. 453 ; X. 182, 415, 436 ; XI. 44, 282, 439 ; XII. 194, 398 ; XIII. 91, 134.
Seigneurs et notables. — F. de Graindorge du Theil, XII. 224 ; XIII. 490. (*C. Pollin*, XII. 224 ; XIII. 490). — P. de Graindorge du Mesnil-Durand, XIII. 490 ; (*C.-M. de Collas*, XIII. 490). — J. de Cintray des Essarts, XIV. 182. (*G Le Michel*, XIV. 182). — T. de Cintray des Essarts, XIV. 182. (*L. Vaboy*, XIV. 182). — P. Bonnissent, XI. 395.

MESNIL-MAUGER (Saint-Etienne)

Curés de la 1re portion. — F. Formage, IX. 378. — J. Le Prèvost, IX. 378 ; XII 17.

Curé de la 2ᵉ portion. — J. Formage, IX. 378, 4:3 ; X. 438 ; XI. 37, 127, 289 ; XII. 17, 33 ; XIV. 492.
Clerc. — C. Monpellier. XI. 127 ; XIV 349.
Patron de la 1ʳᵉ portion. — *Le chanoine de semaine en la Cathédrale.* — Le Chapitre, IX. 378.
Seigneurs et notables. — G. de la Roque, IX. 381 ; XIII. 114 ; XIV. 492. (*C. de Jort*, XIII. 114 ; XIV. 492). — G.-G. de la Roque, IX. 381 ; XIII. 114 ; XIV. 492. (*C. Soret*, XIII. 114). — Guill. de la Roque, XIV. 492. (*C. Duval-Le Normand*, XIV. 492).

MESNIL-OURY (La Trinité)

Curés. — P. Viquesnel, XI. 434, 439. — *J. Duthrosne*, XI. 434 ; XIII. 98. — G. Delauney, XI. 439 ; XII. 348, 371. — N. Dupendant, XII. 348, 371 ; XIII. 98.
Patron. — *Prétentions de l'abbé de Saint-Pierre-sur-Dives*, XI. 434. — Il est débouté, XIII. 98. — *Le seigneur du Rouil.* — F.-C.-D. Le Comte, XI. 439 ; XII. 348, 371 ; XIII. 98.
Seigneurs et notables. — J. Prévost, XI. 431. (*J. Vattier*, XI. 431). — J. Prévost, fils. XI. 431. (*M. Lambert*, XI. 431). — F. de Bonnefonds, XI. 451. (*C. Vattier*, XI. 451). — A.-A. de Bonnefonds, XI. 439, 451. (*A. Paillot*, XI. 451).

MESNIL-SIMON (N.-D.)

Curé. — (F.) Huc, IX. 338.
Clercs. — A. de Lespiney, XI. 176. — G. Hurel, XII. 167, 182, 221, 278, 303. — N. Hurel, XII. 233.
Seigneurs. — J.-B.-A. Mallet, IX. 339. (*L.-E. du Fay*, IX. 338). — R.-L. Mallet de la Pennetière des Douaires, IX. 338. (*M.-A.-T. Cauvin*, IX. 338). — R. de Lespinay, XI. 176. (*M. Le Cavelier*, XI. 176). — C. de Margeot de Saint-Ouen, XI. 302. (*M. des Acres*, XI. 302). — C. de Margeot de Saint-Ouen, fils, XI. 302. (*F. Le Normand*, XI. 302).

MÉZIDON (N.-D.) Prieuré-cure.

Curés. — L. Davy, XII. 122. — F.-G. Mignot, XII. 122.
Patrons. — Les religieux de Sainte-Barbe, XII. 122.

MIRBEL (Saint-Pierre)

Curé. — N. de Bodinet, IX. 37 ; XII. 17, 365.
Notables. — L.-F. Groscol de la Chapelle, XII. 365. (*C. Le Barbier*, XII. 365). — M. Le Barbier, XII. 365. (*M. Leroy*, XII. 365).

MITTOIS (Saint Gervais et Saint Protais).

Curés. — Levallet, X. 47 ; XIII. 194, 264. — P. Vannier, XIII. 194, 264 ; XIV. 889.
Vicaires. — C. Duval, XII. 42, 47. — P. Vannier, XII. 194, 264.
Patron. — L'abbé de Sᵗ Pierre, XIII. 194. — Protestation du seigneur du lieu, XIII. 194.
Seigneurs et notable. — H. Georges, XIII. 194. — J. Doucet de Butenval, XIII. 194. — G. de Rozée de Courteilles, XIV. 364.

LES MONCEAUX (Saint-Michel). Prieuré-cure.

Curés. — L. Tangin, XIV. 130, 165, 193, 198. — N. Greslebin, XIV. 130, 165, 193, 989. — J. Ridé, XIV. 198.
Clerc. — J. Quesnel, XII. 210.

MONTPINÇON (Sainte-Croix).

Curés. — (J.) de Marguerie, XI. 168, 201.
Clerc. — F. Belley, XIV. 980.
Seigneurs et notables. — R. de Marguerie Valambois, IX. 115. — P. de Marguerie de la Vallée, XIV. 88. *(N.... Herfort, XIV)*. — J. Philippes de Beaumont, XI. 168, 201. *(M.-R. Leboucher*, XI. 168, 201. — G.-A. Philipes de Beaumont, XI. 201. *(M. Madelaine de la Bunellière*, XI. 201). — Y. Belley, XIV. 980.

MONTVIETTE (N.-D).

Curé. — N. Brunet, X. 578 ; XIII. 595.
Vicaire. — P. Costard, XIII. 545.

LA MOTTE (Saint-Michel).

Curés. — B. de Succa, IX. 402. — E. Gond, IX. 402 ; XIV. 775. — F. Chaillou, XIV. 775.
Vicaires. — Besley, XI. 146, — Hervé, XIV. 118. — F. Lecomte, XIV. 775.
Prêtres de la paroisse. — N. de la Bécardune (D), IX. 402. — J.-B. Conard, XIV. 198.
Patron. — *Le prieur de Sainte-Barbe.* — L. Davy, IX. 402. — F.-G. Mignot. XIV. 775.

MOUTEILLES (Saint-Ouen).

Curé. — R. Paisant, X. 488 ; XIV. 571.
Seigneur. — C. du Vey, X. 488. *(M. Durozey*, X. 488).

N.-D.-DE-FRESNAY.

Curés. — J. Surlemont, X. 245, 388, 552 ; XIII. 622. — E. Lefortier, X. 388, 552.
Seigneurs. — N. de Malherbe de Beauval, X. 245. — *(A. Parent*, X. 245). — P. de Malherbe, X. 245. *(M. Goupil*, X. 245). — F. de Gautier, XIV. 916. *(M.-A. de Malherbe*, X. 916).

N.-D.-DE-LIVAYE.

Curés. — P. Surirey, X. 386 ; XIV. 271. — J. Lefrançois, XIV. 271.
Prêtre de la paroisse. — L. Thorel, XIV. 792.
Clerc. — L. Thorel, XIV. 701.
Patron. — *Le vicomte de Crèvecœur.* — P. Segouin *(ob tutelam)*, XIV. 271.
Seigneurs. — R. de Livre de Villeneuve, X. 386. F. Le Musnier, X. 386). — E. de Livre, X. 386. *(M. Ferga..*, X. 381).

OUVILLE-LA-BIEN-TOURNÉE (N.-D).

Curés. — J.-J. Dutaillis, X. 331 ; XI. 109 ; XII. 508. — J. Ridé, XII. 508 ; XIII. 104. — L. Letiche, XIII. 104, 299, 303.
Patron. — *Le prieur de Sainte-Barbe.* — F.-G. Mignot, XII. 508 ; XIII. 104.
Seigneurs et notables. — P. Le Valois des Barres, IX. 286. — A. Le Valois des Monceaux, XI. 107, 109. *(M. Petitcœur*, XI. 107, 109). — J. Le Valois des Monceaux, XI. 109. — *(S. Fourneaux*, XI. 109). — M. Manchon, XI. 107. *(F. Le Valois*, XI. 107). — M. Douville, XI. 331. — E. de Paisant, XIII. 303. — *(N..... Fouques*, XIII. 303). — J. de Paisant de Barreville, XIII. 303. *(M. Massot*, XIII. 303.

QUERVILLE (Saint-Pierre).

Curés. — T Guilloche, IX. 515 ; X. 446. 535. — G. Labbey, X. 535 ; XII. 528.
Prêtre desservant. — J.-B. Gautier. X. 535 ; XI. 192.
Patron. — Le roy sub tutelam. X. 535.
Seigneurs et notables. — G. de Paisant de la Louterie, IX. 515 ; X. 113. M. de Romé, IX. 515; X. 113. — J.-G. de Paisant de la Louterie, IX. 115. A.-F. de Formeville, IX. 515. — H. Roger, X. 113. (M.-A. de Paisant, X. 113.

QUETIÉVILLE (Saint-Martin).

Curé. — N. Turqutil, IX. 37 ; XIII. 170.
Vicaire. — Massue (1), XIV. 414.
Clercs. — M. Hue, IX. 37. — L. Hue, XII. 543 ; XIII. 628.

SAINT-AUBIN-SUR-ALGOT

Curés. — N. Chesnot, XII. 269. — J.-D. Bellenger, XII. 269, 292.
Patron. — L'abbé de Saint-Pierre-sur-Dives. — F. Pinel, vic. g¹, XII. 269.

SAINT-CRESPIN

. . . .

SAINT-GEORGES-EN-AUGE

Curés. — J. Fouquet, XIII. 181, 200. — M. de la Porte, XIII. 181 — G. Aubert, XIII. 200.
Vicaire. — P. Quettier, XI. 125, 187.
Prêtre desservant. — P. Desloges, XIII. 200.
Patron. — L'abbé de Saint-Pierre-sur-Dives. — F. Blouet de Camilly, XIII. 200.
Seigneurs. — J. de Voyre, XI. 125. (A. Le Dorey, XI. 125. — J.-B. de Voyne, XI. 125. (M.-F. du Rozey, XI. 125).

SAINT-JULIEN-DE-FOULCON, auj. LE FAUCON

Curés. — J. Gervais, XII. 278; XIV. 571. — J.-B. Lecomte, XIV. 571.
Prêtre desservant. — J. Bouvet, XIV. 571.
Patron. — Le seigneur du lieu. — R.-T. Le Prevost, XIV. 571.
Notables. — N. Formage, XII. 278. — A. Formage, XIV. 571.

SAINT-LOUP-DE-FRIBOIS

Curé. — J. Hubert, IX. 37.
Vicaires. — M. Bouquier, IX. 37, 520. — J.-B. Lecomte, X. 386, 536 ; XI. 312 ; XII. 230. — Desloges, XIV. 516.
Prêtres de la paroisse. — T. Manchon, X. 536 ; XIII. 628. — P. Desloges, XIII. 628.
Clercs. — P. Manchon, X. 258, 536. — P.-R. Boullement, XIII. 531.
Seigneurs et notables. — L. Aubert de Boistonnet, XI. 312. (C. Maloisel, XI. 312. — P. Fergant des Parcs, X. 386, 555. M. Coquet, X. 386, 555. — Ch. Fergant des Parcs, X. 548, 555. E. Lemonnier, X. 548, 555. — G. Manchon des Parcs, IX. 520 ; XI. 312. (M.-A. Aubert, XI. 312). —

---

(1) Après vérification sur d'autres manuscrits, c'est bien « Massue » qu'il faut lire, malgré le signe d'hésitation que nous avons mis dans le texte. XIV. 414

T. Manchon de Cournay. X. 258, 536 ; XI. 312 ; XII. 230. *J. Renault*, X. 258 ; XII. 230. — J. Pecquet, XII. 230. (M. *Lemarchand*, XII. 230 . — J. Pecquet des Champs, fils, XII. 230. (M.-A. *Manchon*, XII. 230.

Prieuré de N.-D. de Fribois. — CHAPELAINS. — B. d'Angennes, IX. 413. — M. Chaillou. IX. 413. 520. — PRÊTRE DESSERVANT LE PRIEURÉ. — M. Bouquier, IX. 520. — PATRONS. — Les religieux de Sainte-Barbe et le seigneur de Fribois, IX. 413. 520.

SAINT-MACLOU-EN-AUGE

Curés. — N. Accard, XIV. 901. — J.-A. Ledain. XIV. 901.
Patron. — *Le seigneur du lieu.* — C. de Mathan, XIV. 901.
Seigneurs. — J*-J* de Mathan, XIV. 991. — P. Dunot de la Dannerye, X. 52. (A. *Auger*, X. 52 .

SAINTE-MARGUERITE-DE-VIETTE

Curé — P. Herquier, X. 415, 585.

SAINTE-MARIE-AUX-ANGLAIS

Curés. — J Accard, XIII. 271. — P. Manchon de Gournay, XIII. 271, 303 ; XIV. 571, 991.
Clercs. — G. Hurel, XI. 339, 354 ; XII. 221, 303. — N. Hurel, XII. 233, 410 ; XIII. 79.
Patron. — *Le seigneur du lieu.* — C. de Mathan, XIII. 271.
Notable. — C. Massot. XIII. 303.

SAINT-MARTIN-DE-FRESNAY

Curé de la 1ᵉ portion. — P. Morel, X. 74 ; XIV. 464.
Curés de la 2ᵉ portion. — P. Sceltes, IX. 274 ; X. 60. — J. Jollain, X. 60, 74, 169 ; XIII. 264 ; XIV. 457.
Clerc. — N.-J. de Fresné, XIV. 966.
Patron de la 2ᵉ portion. — *Le seigneur d'Argentan.* — Le duc de Vendôme, X. 69.
Seigneurs et notables. — F. Vigan de Sainte-Croix, IX. 274. C. *Lévesque*, IX. 274. — M. Vigan, X. 169. E. *Le Hure*, X. 169. — F. de Vigan de la Boullaye, X. 169. M.-J. *Le Cornu*, X. 169. — F. Vigan de Puleney, XI. 187 — J. de Courquin, XIV. 464. (M. *Avenel*, XIV. 464. — F. de Fresné, XIV. 966. — J. Barbedienne. X. 74.

SAINT-MARTIN-DES-NOYERS

Curés. — M. Picquot, IX. 103 ; X. 137, 288, 354, 415. — H. Daubichon, X. 354, 415 ; XII. 55, 463. — R. Le Noir, XII. 463.
Prêtre de la paroisse. — G. Bazire, XII. 463.
Patron. — *L'abbé de Saint-Pierre-sur-Dives.* — F. Blouet de Camilly, XII. 463.
Seigneurs et notable. — C. de Martainville, IX. 103. (B. *Bonnet*, IX. 103. — J. de Martainville de Bois-Hébert, IX. 103 (C. *de Launey*, IX. 103 . — Ph. de Martainville, XII. 55. (A.-B.-B. *Bonnet*. XII. 55 . — F.-Jᵉ de Martainville, XII. 55. (A.-M. *Noel*, XII 55. — G. Gallières, X. 415.

SAINT-MICHEL-DE-LIVET

Curés. — E. Lemercier. X. 585 ; XI. 188. — G. Foucher, X. 585 ; XI. 340.
Vicaires. — P. Daubichon. IX. 63 ; X. 354 — J. Toutrel, X. 585. — J. Leprevost. XII. 30.

Prêtre de la paroisse. — J. Leprevost, XI. 188.
Clerc. — M. Belœil, XIII. 381.
Patrons. — Les religieux de Saint-Pierre-sur-Dives, X. 585.
Seigneurs et notables. — G. de Bonenfant, IX. 203 (A. de Neuville, IX. 203 — H. de Bonenfant de Carel, X. 585 ; XI. 340. B. de Vaumesle, XI. 340. — C. de Bonenfant de Chiffreville, XI. 340. (A. Savain, XI. 340. — L.-F. Pigis, X. 93. (A. de Louis, X. 93.

SAINT-PIERRE-DES-IFS

Curé. — (P.) Patin, XII. 374.
Clerc. — N. Patin, XII. 515 ; XIV. 426.
Seigneurs. — G. Lambert de St Mars, XI. 431. — F. de Borel, XI. 431. — R. de Lespiney des Pommerets, XI. 406. — C. Pierres, XI. 406. — J. de Lespiney des Pommerets, XI. 406 ; XII. 374. (M.-A. Le Prévost, XI. 406 A. de Morel, XII. 372).

SOQUENCE

. . . .

LE TILLEUL-EN-AUGE (Saint-Aubin)

Curé. — Picard, XIV. 464.
Seigneurs. — J. de St Clair, XIV. 464. (M. Erard, XIV. 464). — J. de St Clair, fils, XIV. 464. (F. de Courquin, XII. 464.

TORTISAMBERT (Sainte-Trinité).

Curés. — H. de Maulion, IX. 334. — C. Dubusc, IX. 334.
Vicaires — J.-L. Desmares, IX. 334. — (F.) Besley, XIII. 27.
Patron. — Le seigneur d'Argentan. — L. de Vendôme, IX. 334.
Seigneur et notable. — N. Gislain, IX. 79. (G. Goulard, IX. 79. — J.-C. de Brossard, IX. 334.

VIEUX PONT (Saint-Aubin).

Curés de la 1re portion. — L. Lecoq, X. 124 ; XIII. 437 ; XIV. 556, 769. — J.-G. Bazire, 556, 769, 816.
Curés de la 2e portion. — F. Cappelain, IX. 275. — F. Duthrosne, IX. 275 ; X. 451 ; XIII. 437. — P.-N. Dufour, XIII. 437.
Prêtre de la paroisse. — J. Fleuriot, XIII. 170.
Clercs. — J. Fleuriot, X. 124, 256, 262, 481. — C. Le Maignen, XIII. 380 ; XIV. 520, 816.
Patron de la 2e portion. — L'abbé de Saint-Pierre-sur-Dives. — F. Blouet de Camilly, IX. 275 ; XIII. 437.
Seigneurs et notables. — F. de Clérel de Rampan, XI. 467. (M. du Rouil, XI. 467). — G.-A. de Clérel de la Roulière, XI. 467 ; XIV. 71. (M.-A.-T. Cauvin des Longchamps, XI. 467 ; XIV. 71. — C. Dunot, XIV. 328. — A. Le Maignen de Houlbec, XIII. 380 ; XIV. 520, 769. (F. de Collibœuf, XIII. 380. — L.-G. Le Maignen de Houlbec, XIV. 769. — F. Le Valois, X. 451. (M. Lemarinier, X. 451). — R. Le Valois de Coconville, X. 451. (L. de Picquot, X. 451).

ARCHIDIACONÉ DE GACÉ

Doyenné de Gacé

Doyen. — '. Le Courtois, XIV. 272.

LES AUTHIEUX-DU-PUITS (Saint-Martin)

Curés. — P.-F. Guérin, IX. 272 ; X. 522. — J. Bence, IX. 272.
Prêtre de la paroisse. — C. Lemarchand, XIV. 272.
Clerc. — F. Turpin, XII. 301, 391 ; XIII. 69.
Patron. — *Le seigneur du lieu.* — C. Labbey, IX. 272.
Seigneur et notable. — C. Labbey, XIV. 272. — J. Bence, XIV. 272.

BEAUFAY (N.-D.)

Curés. — A. Trassard, IX. 499 ; X. 3. — G. Périer, IX. 499 ; X. 3. — C. Le Broussois, X. 3.
Prêtre desservant. — R. Lehoult, X. 3.
Clercs. — J. Roger, IX. 344. — J. Houdon, XI. 381 ; XII. 301, 442.
Patron. — *Le seigneur du lieu.* — T. de Saint-Aignan, IX. 499 ; X. 3.

CANETTE (N.-D.)

Curés. — F. Desdouits, IX. 332, 509 ; X. 49. — G. Jehenne, IX. 509 ; X. 49 ; XIII. 492, 554 ; XIV. 226, 227. — P. Gouet, XIV. 226, 227.
Prêtre de la paroisse. — F. Lemonnier, X. 49.
Seigneur et notables. — J de Mésange, IX. 332 ; X. 49. (A. Bigot, IX. 332. — P. Doisy de la Couture, XIV. 226. — P. Rombault, X. 49.

CHAMP-HAUT (Saint-Martin)

Curés. — F. Durand, IX. 476. — J. Grillon, IX. 476, 486, 497.
Prêtre de la paroisse. — R. Le Bret, XIII. 266.
Clerc. — J.-J. Fleury, X. 537.
Patron. — *Le seigneur du lieu.* — J. Patry, IX. 476.

LA CHAPELLE-MONTGENOUIL (Saint-Martin)

Curés. — P. Férey, X. 46, 371. — T. Deschamps, X. 371 ; XI. 174 ; XII. 534.
Patron. — L'évêque de Lx, X. 46, 371
Notables. — J. D. Beaumont, X. 371. — P. Tricquart, X. 371.

CHAUMONT (Saint-Pierre)

Curés. — F. Pierres de la Boullaye, IX. 528 ; X. 42, 47, 445, 515. — C. Duval, X. 42, 47. — G. Moisy des Cailloires, X. 445, 515, 579 ; XIII. 315, 339.
Vicaires. — L. Morard, X. 579 ; XI. 330. — G. Boscher, XIII 315. — P. Fleuriel, XIV. 896.
Prêtres de la paroisse. — J. de Soubzlebieu, (D) IX. 528. — J. Daubin, XI. 334, 485.
Ecole. — R. Rousselais, IX. 497.

CIZAY (N.-D.)

Curés. — L. de Bonnechose, XIII. 108. — J.-B. Desplanches, XIII. 108 ; XIV. 228. — J. Leprevost, XIV. 227, 228. — G. Jehenne, XIV. 227.

Vicaires. — F. Dutocq, XIII. 10, 108, 132 — G. Boscher, XIV. 228.

Clerc. — G. Boscher, X. 538.

Patron. — L'Évêque de Lx, XIV. 228.

Seigneur et notable. — M. de Roncherolles de Pont-Saint-Pierre, X. 379. — P. Chappey XIII. 108.

COULMER (Saint-Martin)

Curés. — M. Lemoinne, IX. 141, 204. — F. Mallet, IX. 141, 204 ; X. 324, 489, 545, 554 ; XI. 87, 170. — F. Tiphaine, XI. 87, 170, 507. — J. Fossard, XI. 507.

Prêtres de la paroisse. — M. Lemoinne, X. 575. — G. de la Mondière, XIII. 95, 204.

Clercs. — G. de la Mondière, X. 474 ; XI. 321 ; XII. 185, 303, 424.

Patron. — Les jésuites de Caen, comme prieurs commendataires de Sainte-Barbe, XI. 507.

Notables. — F. Lecointe ou Lecomte, IX. 31 ; X. 324. F. Le Broussois, X. 324. — J. Lecomte ou Lecointe de la Chapelle, IX. 204. — C. Lecomte ou Lecointe de la Chapelle, XI. 507. — A. Lecomte ou Lecointe du Hamel, IX. 204. — C. Leroy, XI. 170.

CROISILLES (Saint-Marcel)

Curés. — P. de la Bisse, X. 586 ; XI. 348 ; XIII. 147, 153, 204, 344. — A. Jouen, XIII. 147, 153, 204, 325. — G. de la Mondière, XIII. 204. — G. de la Couture, XIII. 229, 325. — J. Hébert, XIII. 344.

Prêtres de la paroisse. — A. Le Hantier, XIII. 145, 153. — J. Le Hantier, XIII. 153.

Clercs. — F. Tiphaine, IX. 164, 351. — A. Jouen, X. 586. — P. Gorge, XIII. 325.

Patron. — L'Évêque de Lx, XIII. 153. — Les religieux de S'-Evroult, XIII. 229. — Le roy (ob litem), XIII. 204.

Seigneurs. — C. de Maurey des Ligneries, XI. 306. (A.-M. Colleson, XI. 306). — F. de Maurey des Ligneries, XI. 306. (M. de Fontaine, XI. 306). — E. de Vauquelin, XI. 348. (A. de Maurey, XI. 348). — S. de Vauquelin de Boisroger, XI. 348. (M. d'Argence, XI. 348).

ECHAUFFOUR (Saint-André)

Curés. — L. David, IX. 17, 136 ; X. 8, 41. — P. Delaire, X. 8, 41 ; XII. 61, 63, 209 ; XIII. 468, 527.

Vicaires. — J. Lemaire, IX. 517 ; X. 126. — G. Mesnil, XII. 61, 209.

Prêtres de la paroisse. — J. Dubosc, IX. 137. — L. Gérard, X. 379. — C. Gaubert, XI. 274. — F. Turpin, XIII. 565, 589 ; XIV. 49, 241, 326, 453, 849. — M. Turpin, XIII. 61, 235, 400, 554. — N. Turpin, XII. 157, 394 ; XII. 62, 224, 423, 467, 492, 518, 570. — G. Mesnil, XIII. 554.

Clercs. — P. Bazire, IX. 390 ; X. 131 ; XI. 387. — N. Coupey, XIV. 743. — A. Couture, IX. 137. — M. Delaporte, XII. 63, 411 ; XIV. 324. — L.-P. Duval, XII. 16, 411. — P. Gastéclou, XIII. 65 ; XIV. 374. — C. Gaubert, IX. 98, 136 ; X. 158, 264, 318. — J. Lemaire, IX. 17. — G. Mesnil, IX. 137. — A. Roussel, XIII. 67 ; XIV. 358. — G. Turpin, IX. 317 ; X. 83, 241. — M. Turpin, XI. 225, 249, 317, 490 ; XII. 61, 158, 393, 411. — N. Turpin, IX. 479 ; X. 41, 126, 157, 317, 319, 425 ; XI. 59, 292, 318, 500.

Patron. — L'abbé de Saint-Evroult, X. 8, 41.

Seigneurs et notables. — Ph.-J. de Billard, XIV. 410. (E. de Marthéry,

XIX. 410 . — G. Boutelet, X. 110 ; XIII. 370. (L. *Flambart*, X. 110 ; *B. Blondel*, XIII. 370. — G. Boutelet de la Boissière, fils, XIII. 370. *R. Dumesnil*, XIII. 370 . — S. Boutelet du Tremblay. X. 41. — G. Erard-Legrix, X. 551. *M. Le Prévost*, X. 551). — J. Roussel, X. 110. (L. *Le Berseur*, X. 110 . — L. Roussel de Mézerville, X. 110. (L. *Boutelet de la Boissière*, X. 110 — J. Turpin de la Motellerie, XIV. 368. (*A. de Boyseille*, XIV. 368 . — N. Turpin de la Louterie, IX. 479. 517 ; X. 126 ; XIII. 492 ; XIV. 368. (*A. Doisy*, IX. 479. 517 ; X. 126 ; XIII. 368 . — N. Turpin du Tertre X. 41, 126 ; XII. 209, 391. (*M.-A. Froudière*, XII. 391 .

Chapelle Saint-Laurent-des-Planches. — Chapelains. — J.-B Héroult, IX. 297. — A. Lemoyne, IX. 297, 305 ; XI. 336. — N. Turpin, XI. 336, 500 ; XII. 157 ; XIII. 62. — Patron. — *L'abbé de Saint-Evroult*. — C. de Reckeim. IX. 297,

ECHAUFFOUR (Saint-Germain)

Curé. — P.-C. Lefrançois, XIII. 554.
Chapelle Sainte-Marguerite-des-Loges. — Chapelain. — M. Selles, XII. 142. — Patron. — *L'abbé de Saint-Evroult*. L. de la Motte-Angot, vic. g¹, XII. 142.

ECHAUMESNIL (Saint-Martin)

Curés. — J. Bunel, XIII. 132, 159. — F. Dutocq, XIII. 132, 231. 159.
Vicaire. — G. Hurel, XIII. 231.
Clerc. — P. Letellier, XI. 384 ; XII. 69, 87, 302, 305.
Patron. — *Le Seigneur du lieu*. — M. de Roncherolles, XIII. 132, 159.

GACÉ (Saint-Pierre)

Curés. — P. Férey, IX. 141, 201 ; X. 16, 516 ; XI. 141, 174. — N. Bellière, XI. 141. 174, 178 ; XII. 534. — M. Motte, XII. 534 ; XIV. 8.
Vicaires. — Coispel, XI. 154. — A. Laisney, XIV. 8, 896.
Prêtres de la paroisse. — J. Blot, XI. 174 ; XII. 534. — F. Chéron, XI. 174. — P. Chéron, XII. 534. — T. Deschamps, X. 371. — P. Hardrey, XIV. 228, 319, 490. — A. Laisney, XIV. 402.— J.-B. Lesieur des Mollières, XIII. 417, 430, 440, 584 ; XIV. 8, 53, 233, 440, 868. — F. Mallet, IX. 141. — J. Pinel, XII. 534.
Clercs. — J. Brière, XII. 111. — T. Deschamps, IX. 55. — P. Fleuriel, XI. 305 ; XII. 542 ; XIV. 657. — P. Hardrey, XIV. 8, 228, 615. — A. Laisney, X. 371 ; XI. 174 ; XII. 410, 540 ; XIII. 69. — J.-L. Lecomte, IX. 68 ; X. 96. — J. Legendre, XIV. 697. — F.-A. Lesieur des Terriers, XIV. 136, 223, 750, 872. — J.-B. Lesieur, XII. 116, 293 ; XIII. 67, 115, 228, 117, 177. — F. Levavasseur, X. 371. — J.-G. Maignet, XIV. 569. — C. Marie, XIV. 500, 950. — F. Marie, XI. 174 ; XII. 480, 534 ; XIII. 66. — J. Mauger, XI. 313 ; XII. 229, 411.— L. Maurey, XI. 174. — L. Morard, XII. 544 ; XIV. 652.
Patron. — L'évêque de Lx, XII. 534.
Seigneurs et notables. — F. Alizel de Beauplant. XIII. 584. — J. Burgault, XIV. 807. — M.-M. Burgault, XIV. 826. — F. Deshayes, XIII. 584. — A. Laisney, IX. 372. (*M. Halley*, IX. 372) — J. Laisney. XIII. 394. (*J. Lecesne*, XIII. 394). — F. Lesieur, XII. 534. — J.-B. Lesieur, XIII. 477. — C. Maignet, XIII. 394. (*F. Laisney*, XIII. 394). — G. Maignet, XII. 200 ; XIII.394 ; XIV. 151,807, 913. (*F. Cloustier*, XIII. 394). E. Marette, XIII. 584.

LA GENEVRAYE (Saint-Laurent).

Curés. — J. Philippes, X. 154; XIII. 554. — M. Turpin, XIII. 554.
Prêtres de la paroisse. — C. Lemarchand, IX. 500; X. 154. — J. Letellier, XIV. 226.
Patron. — L'évêque de Lx, XIII. 554.
Notables. — A. de Cardonné de Longaune, X. 49. — G. Lemarchand, XIII. 554. — R. Périer, XIII. 554.
Prieuré de N.-D. de la Genevraye. — (*Ordre de Saint-Benoist.* — Prieurs. — C.-H. des Acres de Laigle, IX 500. — C.-A. Mégret de la Ferrière, IX. 500; X. 154 — N. Philippes, X. 154. — Prêtre desservant le prieuré. — O. Lemarchand, IX. 500; X. 154.

GODISSON (Saint-Georges).

Vicaire. — G. De Macey, IX. 397.
Prêtre de la paroisse. — J. Bonneville, XIV. 731.

GRANDVAL (Saint-Pierre).

Curés. — F. Regnouard, IX. 312. — C. de la Bove, IX. 312, 412, 415.
Prêtre desservant. — J. Lecordier, IX. 415.
Clerc. — P. Hédiard, IX. 21, 123, 415.
Patron. — *Le chanoine de semaine à la Cathédrale.* — C.-F. de Montaing, IX. 312.
Notable. — P.-J. Prouverre, XIV. 168. (M. Delarue, XIV. 168).

LIGNÈRES (Saint-Pierre).

Notables. — L. Morand de la Chesnée, XIV. 996. (J. Tiger, XIV. 996). — F.-N. Morand de la Pipardière, XIV. 996. (S. de la Loë, XIV. 996). — (*Les Morand sont indiqués par erreur comme étant de Lignères. Ils habitaient les Ligneries, diocèse de Séez*).

MARDILLY (N.-D.)

Curés. — C. Lefebvre, IX. 291, 312, 399. — C. de la Boce, IX. 291, 312. — S. Ledagu, IX. 399.
Vicaires. — F. Pellerin (D), IX. 399. — J. Galles, XIV. 896.
Clercs. — J. Leloup, X. 217. — F. Fournier, XII. 324; XIII. 65, 342. — A. Postel, XIV. 500.
Patron. — *Le chanoine de semaine en la Cathédrale.* — F. Daubin, IX. 291, 312, 399.

MARMOUILLÉ (Saint-Pierre-ès-Liens).

Curés. — M. Bubot, XI. 512. — N. Bellenger, XI. 512; XII. 7, 447.
Prêtres de la paroisse. — G. De Macé, IX. 501. — J. de la Bertherie, XII. 581. — C. Trouillière, XII. 8.
Clerc. — G. de la Bertherie, IX. 58. — J. de la Bertherie, IX, 201; XII. 256. — F. De Macé, XIII. 526; XIV. 974. — J. Loisel, XIV. 813. — F. Desvaux, XIV. 167.
Patron. — *Le prieur de Sainte-Barbe.* — F.-G. Mignot, XI. 512.
Notables. — F. De Macé, XIV. 974. (P. Vaillant, XIV. 974). — G. De Macé, XIV. 904.

LE MERLERAULT (Saint-Martin).

Curé. — G. Le Courtois, IX. 272; X. 175; XIII. 132; XIV. 272.
Vicaires. — T. Duguey ou Leguey, X. 282, 522; XIV. 272. — Turpin, XIV. 936.

Prêtre de la paroisse. — L. Voisin, X. 175.
Clerc. — A. Lefebvre, XIV. 167.
Seigneurs et notables. — P. de Saint-Denis, XIV. 288. L. Fretel, XIV. 288. — N. Alisot, XIV. 282. (M. Fournier, XIV. 282). — J. Legrand XIV. 936. (S. Dumesnil, XIV. 936).
La Collégiale. — (Voir page 684).

LE MESNIL-FROGER.

. . . .

LE MESNIL-VICOMTE.

. . . .

MONTMARCÉ (Saint-Pierre-ès-Liens).

Curé. — L. Durand, IX. 384, 501, 502.
Notables. — L. du Mesnil, XIV. 116. (C. Duval, XIV. 116. — L. du Mesnil, fils, XIV. 116. (M.-L. de Brossard, XIV. 116).

NONANT (Saint-Cyr)

Curé. — N. Corbelin, XI. 159.
Vicaire. — P. Lecomte, XI. 159, 506; XII. 504, 510; XIII. 305; XIV. 282, 852.
Prêtre de la paroisse. — A.-J. Eudes de Mézeray, XI. 159; XII. 504.
Seigneurs et notables. — J. Fournier, XIV. 282, 984. (M.-M. Trolley, XIV. 282, 984) — J. Bigot, XIV. 315. (B. Vincent, XIV. 315). — H. Bigot, XIV. 315. (F. de Brossard, XIV. 315). — F. Lesage, XIV. 984. (B. Broussois, XIV. 984). — M. Lesage des Longchamps, XIV. 984. (M. Fournier, XIV. 984). — S. de Maurey, XIV. 1003. (M. Turpin, XIV. 1003). — C. de Maurey du Plessis, XIV. 1003. (C.-C. de Maurey, XIV. 1003). — G. de Maurey, XIV. 1003. (C. du Buisson, XIV. 1003).
Chapelle Saint-Jacques (au château de Nonant) **et son annexe la chapelle Saint-Eustache.** — Chapelains. — M. Amellant, XI. 40. = A.-J. Eudes de Mézeray, XI. 40, 159. — Patron. — Le marquis de Nonant. — L. du Plessis-Chastillon, XI. 40.

LE NOYER-MENARD (Saint-Symphorien)

Curés. — P. de Baudemont, XI. 236. — M. Féret, XI. 236, 347; XII. 536; XIII. 500. L. Morard, XII. 536; XIV. 1019. — J. Brière, XIV. 1019. L. Chauvel, XII. 536.
Vicaire. — N. Puel, XI. 131, 335, (D) 347.
Prêtres de la paroisse. — L. Morard, XI. 330. — Touret, XIV. 77.
Clerc. — L. Morard, IX. 293.
Patrons. — Les religieux de Saint-Evroult. — J. Irebert, XI. 236. — C. Dujardin, XII. 536; XIII. 500. — L'abbé de Saint-Evroult, XI. 330.
Notables. — Jq Morard, IX. 293. — J.-B. Morard, IX. 293. — T. Valléo, XI. 330.

ORGÈRES (Saint-Georges)

Curé. — C. Delauney, XI. 154; XII. 61, 63; XIII. 10,445; XIV. 77.
Clerc. — M. Langlois, X. 19, 266; XII. 307.
Seigneurs et notables. — R. Turbot, XI. 211. — C. Daupley, XIII. 288. (R. Dupuis, XIII. 288). — L. Daupley du Coudray, XIII. 288. (M. Chevallier, XIII. 288).

POMONT (Saint-Samson)

Curés. — J. Grillon, X. 379. — L. Gérard, X. 379 ; XII. 536 ; XIII. 292.
Prêtre de la paroisse. — L. Gérard, X. 379.
Clercs. — J. Charpentier, XIV. 977. — A. Amelin, XIV. 559.
Patron. — *Le seigneur du lieu.* — M. de Roncherolles, X. 379.

RÉSENLIEU (N.-D.)

Curés. — P. Teustain, X. 489, 545. 554. — F. Mallet, X. 489, 545. 554 ; XI. 87, 170.
Vicaires. — J.-L. Lecomte, X. 384. — F. Matrot, XI. 170.
Prêtres de la paroisse. — F. Mallet, IX. 34. — P. Lecomte, XII. 441, 510 ; XIII. 305.
Clercs. — J.-L. Lecomte, IX. 34, 204. — L.-C. Lecomte, XII. 410, 441. P. Lecomte, IX. 141, 351 ; X. 45 ; XII. 298 ; XIII. 67 ; XIV. 363. — F. Maurey, XI. 381 ; XIII. 65 ; XIV. 624. — L. Maurey, X. 362.
Patron. — *Le seigneur du lieu.* — E. Fousteau, Vte de Nollent, X. 489.
Notables. — J. Lecomte, IX. 34, 141. — R. Lecomte, IX. 34.

LA ROCHE-NONANT (Saint-Pierre)

Curés. — J. Des Ramé, IX. 357 ; XIV. 151. — N.-C. Legros de la Varenne, IX. 357, 362, 374. — R. Rangeard, IX. 374, 477 ; X. 175, 196. — C. du Buat, X. 196, 221 ; XIV. 151. — J. Guillemin du Roucray, XIV. 151.
Prêtre desservant. — Ph.-A. Hauton, IX. 503.
Patron. — *Le prieur de Sainte-Barbe.* — L. Davy, IX. 357 ; X. 196, 220.
Seigneurs. — P.-F. de Brossard des Landes, XIII. 434. *(S. Ardange, XIII. 434).* — P. de Brossard, XIV. 116. *(M.-F. Lemière, XIV. 116).* — F. de Brossard, XIV. 315. *(Magd. Lemière, XIV. 315).*

SAINT-AUBIN-DE-CIZAY

. . . .

SAINT-EVROULT-DE-MONTFORT (Prieuré-cure)

Curés. — A.-J. Girardin, XIV. 793, 800, 890, 897, 913. — N. Godey, XIV. 793, 805. — J.-F. Le Poutrel de Pertheville, XIV. 800, 805, 897. — J.-B. Bourbet, XIV. 890, 713. — J. Daubichon, XIV. 897, 913. — C. Torant, XIV. 897, 913.
Vicaires. — G. de la Couture, X. 132, 390, 608 ; XI. 257, 472 ; XII. 200, 401 ; XIII. 60, 252, 325, 436, 456 ; XIV. 19, 31, 218, 472. — G. Parent, IX. 269 ; XIV. 265, 191, 793, 897, 977.
Clercs. — P. Ferey, IX. 55. — P. Georges, XI. 385 ; XII. 327 ; XIV. 793.
Patron. — *Le prieur de Sainte-Barbe.* — F.-G. Mignot, XIV. 793, 897.
Seigneur et notable. — A. de Hudebert, XIV. 897. — R. Lecomte, XIV. 977. — C.-A. Chastelain, IX. 293.
Chapelle Saint-Eustache du Noyer-Besion. — CHAPELAINS. — J. Desmoulins-Leboucher, XII. 130, 229 ; XIV. 8. — P. Hardrey, XIV. 8, 490. — PATRON. — *Le seigneur du lieu.* — A. de Bernart, XIV. 8.

SAINT-GERMAIN-DE-CLERFEUILLE

Curés. — G. Chausson, IX. 90. — A. Letourneur, IX. 90 ; XI. 213.
Prêtres de la paroisse. — L. Gérard, (D) IX. 90. — F. Regnault, IX. 126, 498 ; X. 181, 428.

Patron. — La collégiale de Mortagne, IX. 90).
Seigneurs. — J. Chausson des Orgeries, XI. 213 (*F. Gravelle*, XI. 213).
— P. Chausson des Orgeries, XI. 213. (*M.-M. Hébert*, XI. 213).
Chapelle Saint-Jacques de la Boutonnière. — CHAPELAINS. — G. Chausson, IX. 180. — L. Le Petit du Castillon, IX. 180. — PATRON. — *Le seigneur du lieu*. — H. du Bouillonney, IX. 180.

SAINT-PIERRE-DES-LOGES

Curés. — C. Bardel, X. 409; XIII. 231, 292. — G. Hurel, XI. 231, 292.

TALONNEY (N.-D.)

Curés. — R. Rungeard, IX. 374, 477, 501, 503; X. 175, 282. — G. De Macey, X. 175, 282; XI. 242; XIV. 272, 974.
Prêtre de la paroisse. — G. De Macé, IX. 501.
Clerc. — P. Panthou, X. 256, 357.
Patronage *alternatif entre le seigneur du lieu et le prieur de la Genevraye*, X. 175.
Seigneurs. — C. Ragaine de la Hutellière, IX. 175, 397; X. 282; XII. 115 (*S.-C. Buquet*, XII. 115). — C. de Ragaine de Fresneaux, XIV. 272.
Chapelle de la Sainte-Trinité. — CHAPELAINS. — T. Ragaine, IX. 397. — G. De Macey, IX. 397; X 175. — R. Rungeard, X. 175, 282. — T. Duguey, X. 282; XI. 242. — C. Outin, XI. 242, 352; XIV. 272. — O. Le Marchand, XIV. 272. — PATRON. — *Le seigneur du lieu*. — C. Ragaine de la Hutellière, IX. 397; X. 175, 282; XI. 242. — C. de Ragaine de Fresneaux, XIV. 272.

LE TILLEUL (N.-D.)

Curés. — C. Gondouin, X. 15, 575. — M. Lemoine, X. 575; XI. 507; XIII. 584. — J. Pinel, XIII. 584.
Prêtre desservant. — A. Cousture, (D) X. 575.
Patron. — *Le seigneur du lieu*. — C.-A. de Matignon, X. 575. — L'évêque de Lx (*ob devolutum*), X. 575. — L.-J.-B. de Matignon, XIII. 584.
Seigneur. — De la Mondière, XIV. 489. (*J. Bernart*, XIV. 489).

TOUQUETTE (N.-D.)

Prêtre de la paroisse. — J. de la Rouvraye, XIV. 134.
Clerc. — J. Brière, XIV. 517.
Seigneurs et notables. — L. de la Rouvraye, X. 601. (*S. Girard*, X. 601). — F. Boulley, XIV. 278. (*J. Jeard*, XIV. 278). — A. Boulley de la Grullière, XIV. 278. (*A.-T. du Chapelet*, XIV. 278).

LA TRINITÉ-DES-LETTIERS

Curé. — J. Son, XIII. 492, 518.
Vicaire. — L. Chauvel, XIV. 228.

Doyenné de Livarot

Doyen. — J. Caboulet, XIII. 31.

AUQUAINVILLE (N.-D.)

Curés. — A. Guéret, XIV. 773. — J. Graffard, XIV. 773.

Vicaires. — P. Mézière, XI 158. — Loutrel, XII. 8. — Levon, XIII. 134, 176. — N. Le Dorey, XIV. 773.

Clerc. — L. Jourdain, le jeune, XIII. 521; XIV. 824.

Patron. — Le Chapitre de la Cathédrale et son sénéchal, XIV. 773.

LES AUTHIEUX-EN-AUGE ou SOUS-LE-REGNOUARD (Saint-Georges)

Curés. — M. Morin, IX. 405. — J. Nicolle, IX. 309, 405; XI. 158, 208. — P. Mézière, XI. 158, 208, 396.

Prêtre de la paroisse. P. Mézière, XI. 208.

Clerc. — R.-F. Gautier, IX. 300.

Patron. — *L'abbé de Saint-Ouen de Rouen.* — Le cardinal de Bouillon, IX. 309.

BELLOU (N.-D.)

Curé. — G. Le Michel, XII. 33.

Vicaire. — Lechangeur, IX. 416.

Prêtres de la paroisse. — F. Le Camus, XI. 478; XII. 15, 33. — J. Guillemin, XIV. 151.

Clercs. — J. Guillemin, IX. 162, 307; XIV. 151. — F. Le Camus, X. 258, 361, 478, 505; XI. 266, 284, 387, 478. — F. Le Michel, XIV. 270. — F. Levavasseur, XI. 324; XII. 303. — J. Manson, XII. 544; XIV. 8, 645. — L. Meslin, XII. 298, 403; XIII. 66, 183.

Seigneurs et notables. — L. Le Michel de la Pabouelle, X. 361. — I. Le Michel de la Varende, X. 361. — A. Guillemin du Duronglais, IX. 307. — M. Guillemin du Rouvray, IX. 307. — J⁴ Guillemin du Rouvray, IX. 307.

BELLOUET (Saint-Pierre)

Curés. — G. Buisson, XII. 232, 310. — J.-B. Chastan, XII. 232, 310; XIII. 26; XIV. 969.

Vicaire. — De la Chapelle, X. 310.

Prêtre desservant. — P. Mourier, XII. 310.

Clercs. — G. Cordier, IX. 151, 310. — L. Meslin, XIII. 183. — J.-B. Pépin, IX. 969.

Patron. — *L'évêque de Lx*, XII. 232.

Seigneur et notable. — C. de Bonnechose de Bellouet, XIII. 508; XIV. 169. (*M. de Liée*, XIV. 169). — J. Buisson des Acres, XIV. 969.

LA BREVIÈRE (Saint-Pardoul)

Curés. — T. Regnoult, IX. 79. — T. Bellière, IX. 73, 78; XI. 470; XIII. 48, 621.

Clercs. — A. Berard, XI. 381; XII. 408; XIII. 68; XIV. 387. — A. Lautour, XII. 546.

Seigneur et notable. — D.-F. de Saint-Denis, X. 188. (*L.-J. de Saint-Denis*, X. 188. — P Lautour, XII. 473. (*M. Chapelle*, XII. 473).

LA CHAPELLE-HAUTE-GRUE (Saint-Pierre)

Curés. — N. de Droullin, IX. 222. — R.-F. de Gautier, IX. 222, 300; XIV. 154, 835. — T. Bellière, XIV. 835.

Prêtres de la paroisse. — M. Billon, (D) IX. 300. — J.-G. Bazire, XIV. 556.

Clercs. — G. Gondouin, IX. 300; X. 479. — F. Gondouin, X. 15, 266. — J.-G. Bazire, XI. 323; XII. 302.

Patron. — *Le seigneur du lieu et le seigneur de Caudemonne alternativement.* — G. Dufour de Caudemonne, IX. 222 — J. Gautier de la Chapelle, XIV. 835.

CHEFFREVILLE (N.-D).

Curé. — T. Delamare, XIII. 627; XIV. 9.
Vicaire. — J. Dumont, X. 57; XIII. 21, 185; XIV. 70, 143.
Prêtres de la paroisse. — J. Vigné, XI. 181, 390. — J. Dumont, XII. 225.
Clercs. — J. Vigné, XI. 181, 350. — J Chéradame, XII. 412; XIV. 680.

COURSON (N.-D.)

Curés. — J. de Liée, X. 501, 549, 613; XI. 1, 178. — G. Vattier, X. 178, 169 (bis); XIII. 312, 343, 393. — C. Vattier, XI. 469 (bis); XII. 10. — J. Seney, XII. 10. — F. Levavasseur, XIII. 312. — J. Daufresne, XIII. 343, 393.
Vicaires. — N. Bellière, IX. 307, 310; X. 402; XI 141, 174. — N. Le Dorey, XII. 316; XIII. 393.
Prêtres de la paroisse. — J. Lechangeur, IX. 310. — J. Buisson, XII. 154, 376 (bis); XIII. 38; XIV. 231, 479, 857. — P^{re} Mourier, XIV. 162. — Ph. Mourier, XIV. 162.
Clercs. — A. Buisson, XIV. 446, 452 — J. Buisson, IX. 219, 351. — J.-B. Dutacq, XIII. 312. — P. Gueroult, XI. 382; XIII. 65; XIV. 617. — V. Leboulenger, IX. 119, 322, 402. — N. Lemarchand, XII. 323. — J. Le Michel, X. 301; XI. 387. — S. Leprestre, XIV. 592. — Ph. Mourier, XII. 412; XIII. 285; XIV. 594. — P^{re} Mourier, X. 353.
Patron. — *Le Chanoine de semaine en la Cathédrale.* — F.-N. Caboulet, XI. 178. — J. de Vimont, XII. 10. — Tout le Chapitre réuni, XIII. 312.
Seigneurs et notables. — O. de Bonnechose de Bonneville, X. 315. (C. de Bocquencey, X. 315). — T. de Bonnechose de Bonneville, X. 315. (P. Asselin, X. 315). — J^h de Collet, X. 378. (M. Bunel, X. 378). — J.-B. Deshays du Mesnil, X. 353; XIV. 341. (M. Troterel, XIV. 341). — A. du Houlley de Courtonne, X. 593. (A. Le Metais, X. 593). — J.-G. Le Michel de la Chapelle, X. 301, 361. — O.-G. de Liée, XIV. 778. (A.-E. Tirey, XIV. 778. — G. de Liée, XIV. 778. (G. de Droulin, XIV. 778). — Jⁿ Ricquier de la Cauvinière est autorisé à faire célébrer la messe dans son manoir, XIII. 522.

Chapelle Saint-Hubert (au manoir de Belleau). — CHAPELAINS. — J. de Liée, X. 549. — G.-F. de Montaing, X. 549; XIII. 408, 499, 530. — C.-J. Morin, XIII. 408, 499, 530. — PATRON. — *Le Seigneur du lieu.* — F.-D. de Belleau, X. 549; XIII. 530. — N. de Belleau, XIII. 408.

COURSON (Saint-Pierre)

Curés. — J. Asselin, XIV. 515, 575. — S. Mannoury, XIV. 515, 575.
Vicaire. — Mannoury, XIII. 384.
Prêtre de la paroisse. — S. Mannoury, XIV. 451.
Clercs. — N. Le Dorey, XI. 74. — P. Le Michel, XIV. 796. — S. Mannoury, XI. 217, 267, 285; XII. 57, 187, 389; XIII. 69.
Seigneurs. — L. Le Michel de la Babouelle, XII. 33.

LA CROUPTE (Saint-Martin)

Curé. — J.-B. de Bonnechose, IX. 203; XIII. 31.

Vicaire. — Levavasseur, XIII. 578.
Notabilité. — M. de Bonenfant, IX. 203.

FERVAQUES (Saint-Germain)

Curés. — P. Rioult, IX. 96 ; X. 516. — P. Férey, X. 516 ; XIV. 1005.
Vicaires. — J. Potier, IX. 96 ; X. 516, 574. — J. Martin, IX. 96, 420 ; XIII. 26. — J. Bence, XIII. 127.
Prêtre de la paroisse. — G Moullin, X. 516 ; XIII. 179.
Clercs. — G. Moullin, IX. 96. — J. Bence, X. 269, 342. — C. Dubusc le jeune, XI. 380 ; XII. 169 ; XIII. 66 ; XIV. 376. — F.-A. Germaine, XIV. 763. — F. Potier, XIII. 380 ; XIV. 526.
Patron. — *Le Seigneur du lieu.* — C.-D de Bullion, X. 516.
Seigneur et notables. — M. Bardel, X. 342, 516. — J Bence, X. 516. — A.-L. de Bullion de Bonnelles, XIV. 9. — C. Dubusc, X. 516 — M. Germaine, X. 516 ; XIII. 179 ; XIV. 763. — G. Trenchant, X. 516.

LISORES (Saint-Vigor)

Curés. — F. Leprevost, X. 252 ; XIV. 490, 814. — P. Hardrey, XIV. 490. — *A. Belley*, XIV. 490. — *J.-B. de Bourzès de la Casole*, XIV 814.
Vicaire. — Du Migneray, XIII. 624 ; XIV. 777.
Prêtres de la paroisse. — C. Fortin, X. 252 ; XI. 470. — J. Thomas, XII. 126. — M. Billot, XIV. 319.
Clerc. — F. Bove, XIV. 658.
Patron. — *Le Seigneur du lieu.* — N.-F. Marescal, XIV. 490. — J. Bonnet de la Tour, XIV. 490, 814. — Le roy (*ob litem*), XIV. 813.
Seigneurs et notables. — J. de Bonnet de la Tour de Montgommery, XIV. 777, 814. (*M.-L.-E. Godard*, XIV. 777). — L. de la Houssaye de la Motte, IX. 108 ; XII. 490. (*M.-G. Pépin*, XII. 490). — L.-F. de la Houssaye du Plessis, XII. 490. (*M.-A. de Mannoury*, XII. 490.) — P. de Marescot, X. 252. (*M. Desjardins*, X. 252.) — P. de Monteilles, XIV. 490. — J. Vasse, X. 252.

LIVAROT (Saint-Ouen)

Curés. — J. de Mannoury, IX. 495, 542 ; X. 99, 251. — F. Legrip, IX. 542 ; X. 99, 251, 178 ; XI. 13, 123. — P. Morand, XI. 13, 123 ; XIII. 27 ; XIV. 302, 316. — *P. Costard*, XI. 58.
Vicaires. — P. Costard, (D) 99, 129, 210, 251, 301, 337. — G. Couture, XIII. 207.
Prêtres de la paroisse. — M. Samin, X. 251. — P. Lescuier, XIV. 356, 967.
Clercs. — G. Couture, X. 136, 256, 262. — C. Camus, X. 251, 301 ; XIII. 211, 264. — R. Gaultier, XII. 421. — M. Le Gallois du Vivier, XIV. 693, 951. — F. Legrand, XIV. 122. — P. Lescuier, XI. 381 ; XII. 299 ; XIII. 67, 211 ; XIV. 356. — I. Puchot, XIII. 380.
Patron. — L'abbé du Bec, IX. 542 ; X. 99, 251.
Seigneurs et notables. — Ph. Cocquerel, XIII. 505. (*G. de Montreuil*, XIII. 505). — P^{re} Cocquerel, XIII. 505. (*J. Rioult*, XIII. 505). — J.-A. de Fresnel de la Pipardière, XII. 17. — R. Gaultier, XII. 421. — G. de Montreuil, X. 337 ; XIII. 505. (*A. Le Bourgeois*, X. 337 ; XIII 505). — N. Potier, IX. 310 ; X. 99 ; XI. 123. — R. Puchot, XIII. 380. (*M.-M. de Montreuil*, XIII. 380). — M. Regnoult, XI. 395. — J.-L. Rioult de Marencourt, X. 337.

(*A. de Montreuil*, X 337). — P. Rioult. X. 337. (*J. Pollin*, X. 337). — J¹ Rioult de Douilly, X. 590 (*M. de Frémont*, X. 590. — N, Rioult de Neuville, X 590. ,*C.-A. du Houlley*, X. 500). — F. Toucquet-Mannoury, XIV. 252. (*M.-M. Vattier*, XIV. 252 .

LE MESNIL-EUDES (N.-D.)

Curés. — G. Delaplanche, X. 137. — M. Picquot, X. 137, 283, 354, 415.
Vicaires. — T. Letestu, X. 283. — G. Leriche, XII. 5`` — Beuzelin, XIII. 579.
Clercs. — C. Montfort, IX. 531 ; XI. 128, 262 ; XIV. 275. — P. Bellière, XII. 546.
Patron. — *Le seigneur du lieu.* — P. Tournebu, X 137, 283.
Seigneurs et notables. — M. Gouhier, X. 272. (*M. Benoiste*, X. 272). = J.-M. Gouhier de Roiville, X. 272, 283. (*C. Le Prevost*, X. 272). — R. Morel, X. 283. — F. Le Cavelier du Breuil, X¹ 435. (*B -M. Lesueur*, XI. 435).

LE MESNIL-JERMAIN (Saint-Jean-Baptiste)

Curés de la 1ʳᵉ portion. — H. Fergant, IX. 190 ; XIII. 545, 595. — P. Costard, 545, 595.
Curés de la 2ᵉ portion. — J. Lepetit, IX. 190. — F. Vaumeslo, IX. 190 ; XIII. 545, 595.
Clerc. — C. de Corday, XI. 381.
Patron de la 2ᵉ portion. — *Le seigneur du lieu.* — R. de Bonnechose, IX. 190.
Seigneurs et notables. — L. Agis de Mélicourt, XII. 53. (*R. de Bonnechose*, XII. 53). — J. d'Anfrey XIII. 481. (*E. de Mailloc*, XIII. 481). — J. - R d'Anfrey, XIII. 595. — P.-J. d'Anfrey, XIII. 481, 595. (*M. des Barres*, XIII 481 — Jq-C.-H.-G. de Bonnechose, XII. 224. (*C. de Graindorge*, XII 224). — J. Fergant, IX. 190. — D. Lemonnier, XIV. 216. (*A.-T. de Montargis*, XIV. 216). — J. Petit, IX. 190.

LE MESNIL-IMBERT

. . . .

LES MOUTIERS-HUBERT (Saint-Martin)

Curé de la 1ʳᵉ portion. — R.-F. *de Gautier*, IX. 154, 835.
Curé de la 2ᵉ portion. — R.-F. *de Gautier*, IX. 154, 835.
Vicaires. — T. Letestu, X. 528. — P. Delamort, XIV. 154. — Lefront, XIV. 281.
Prêtre de la paroisse. — N. Leguey, X. 225, 528.
Clercs. — T. Bellière, XII. 301 ; XIII. 69. — N. Bellière, XII. 545 ; XIV. 589. — P. Lefront, XII. 412 ; XIII. 64 ; XIV. 613.
Patron. — *Le seigneur du lieu.* — L. Deshays de la Cauvinière, XIV. 154.
Seigneurs. — J.-B. Deshays de la Cauvinière, X. 225.—J.-B. Deshayes de Launey-Gassard, XIV. 281. (*B. Bonnet*, XIV. 281). — J.-B. Deshayes de Launey-Gassard. fils, XIV. 281. (*A.-B.-F. Gouhier*, XIV. 281). — T. Le Secq de Launey, XII. 76. (*M. Marie*, XII. 76).
Chapelle Sᵗᵉ Marie ou Sᵗᵉ Margueritte des Houlettes. — Chapelains. — T. Baudouin, X. 225. — L. Deshays de la Cauvinière, X. 225, 558. — Gilb. Hébert, X. 528. — Patron. — *Le baron des Moutiers-Hubert.* — J.-B. Deshays, X. 225, 528.

PONTALERY (Saint-Vigor).

Curés. — F..de Vaumesle, IX. 190, 273, 465. — J.-R. Tabar, IX. 465, 495.
Clercs — J. Gautier, IX. 273, 495. — L. Jourdain, XII. 546 ; XIII. 521 ; XIV. 637.
Patron. — *Le seigneur du lieu.* — F.-E. d'Oraison, Vte Nicolle, XI. 465.

PRÊTREVILLE (Saint-Pierre).

Curés. — E. Le Bas, IX. 3, 6, 80, 81. 83. — F. Cousin, IX. 3, 6, 80, 81, 83, 147 ; XIII. 627 ; XIV. 9. — T. Delamare, XIV. 9.
Vicaire. — (A.) Nicolle, IX. 27.
Prêtre de la paroisse. — J. Poplu, XI. 363, 405.
Clercs. — E. Borains, XII. 462. — J.-B.-F. Lefebvre, XIII. 575 ; XIV. 439, 442, 747.
Patron. — *Le seigneur du lieu.* — C.-D. de Bullion, IX. 3. — A.-L. de Bullion, XIV. 9.
Seigneurs et notables. — L. de Fautereau, IX. 27. (*M. de Mauduit*, IX. 27). — F. Rioult, IX. 81. — P. Lefebvre, IX. 81. — N. Le Dorey, X. 378. (*F. de Mannoury*, X. 378). — N. Le Dorey, X. 378. (*M. de Collet*, X. 378).

SAINT-AUBIN-SUR-AUQUAINVILLE.

Curé. — J. Caboulet, IX. 251, 257, 480 ; X. 192, 431 ; XI. 51, 290, 496 ; XII. 2, 239 ; XIII. 31 ; XIV. 26.
Clerc. — J. Caboulet, IX. 467.

SAINT BAZILE.

Curés. — C. Gautier, IX. 44 ; XI. 396 ; XIII. 118. — G. Bazire, XIII. 118, 173.
Prêtre desservant. — Bazire, XIII. 144.
Patron. — *Le seigneur du lieu.* — P. Gautier, XIII. 118.
Seigneurs. — J. d'Arclais, XI. 459 ; XIV. 183. (*M. de Bernière*, XI. 459 ; XIV. 183). — P. Gautier de Saint-Bazile, XIV. 769. — L^t. de Gautier, XIV. 797. (*M. de Saint-Laurens*, XIV. 797). — Lt de Gautier, XIV. 797. (*A. de Maquaire*, XIV. 797).

SAINTE-FOY-DE-MONTGOMMERY

Vicaires. — Leblanc, IX. 421 ; XIII, 48. — P. Aubert, XIV. 835.
Prêtre de la paroisse. — G. Moullin, XI. 395.
Clercs. — P. Aubert, XI. 381 ; XIII. 65 ; XIV. 612. — A. Belley XII. 84. — F. Besley, X 256 — P.-A Letourneur, XII. 545 ; XIV. 647. — J.-M. Lincel, XIV. 955.

SAINT-GERMAIN-DE-MONTGOMMERY.

Curé. — (G.) Goupil de la Porte, XIII. 282.
Vicaires. — Joncquet, IX. 421. — Levon, X. 63 ; XI. 397. — F.-R. Lebis, XIII. 425, 429.
Clerc. — F. Moisy, XIV. 726.
Seigneurs et notables. — R. de Billard de Champeaux, IX. 11. — J. de Billard de Vaux, X. 63. (*G. de la Houssaye*, X. 63). — G. de Mannoury de Fontigny, XIV. 835. — J. Peulvey de la Chapelle, XI. 397. (*F. Crosnier* XI 397).

SAINT-JEAN-DE-LIVET

Curés. — L. Gaillard, IX. 87. — L. Pollin, IX. 87, 432; X. 153, 439; XI. 52, 293, 495; XII. 198; XIII. 90, 412, 461; XIV. 55, 235, 447, 877.

Prêtre de la paroisse. — G. Gondouin (D), IX. 87.

Seigneurs et notables. — G. de Beaurepos, IX. 87. — A. de Coustin, XI. 432. (J. de Coste, XI. 432). — P. de Livet, XIV. 341. (A. Buisson, XIV. 341). — P. de Livet, fils, XIV. 341. (A.-M. Deshayes, XIV. 341).

Chapelle Ste Barbe-des-Brières. — CHAPELAIN. — G. Gondouin, IX. 24, 87.

SAINTE-MARGUERITE-DES-LOGES.

Curés. — O. Lelasseur, IX. 78, 378; X. 210, 559. — J. Thomas, X. 210.

Vicaire. — N. Réautey, X. 559; XI. 369.

Clercs. — J. Prevost, XII. 323. — H. Jouenne, XIII. 380. — A. Lautour, XIV. 512. — P. Daufresne, XIII. 595; XIV. 503.

Patron. — *Le chanoine de semaine en la Cathédrale.* — L.-H. de Romé, X. 210.

Seigneurs et notables. — G. de Guyon, XI. 369. (A. de Piquot, XI. 369). — F. de Guyon, X. 210; XI. 369; XIV. 739. (J.-C. Hommey, XI. 369). — J. Dallençon, X. 559.

Fondation de messes, X. 559.

SAINT-OUEN-LE-HOULT

Curés. — C. Vattier, IX. 63, 78; XI. 470; XII. 80, 231. — G. Vattier, XI. 470; XII. 272; XIII. 21, 312, 343. — J.-H. Estève, XII. 80, 231. — C. de Crény, — XII. 231, 272.

Vicaire desservant. — N. Vattier, XII. 33.

Prêtre de la paroisse. — C. Prevost, XI. 470.

Clercs. — J. Prevost, IX. 162, 282. — C.-A. Lesueur, IX. 311; XI. 387. — J.-B. Lesueur, XII. 323; XIV. 661 — P. Lamort, XII. 302. — F.-P.-R. Le Normand du Buschet, XIII. 244.

Patron. — *Le roy,* XI. 470. — *Le comte d'Orbec, comme engagiste.* — A. de Bernart, XII. 80, 231.

Seigneurs et notables. — N. de Brossard du Mesnil. X. 284. (C. de Mannoury, X. 284). — A. de Brossard du Mesnil du Rondval, X. 284. (A. Foucques, X. 284). — G. Deuvre, XI. 489 (bis). — O. Lesueur, XIII. 21. (M. de Corday, XIII. 21). — G. Le Normand du Buschet, XIII. 244. (M du Pommerel, XIII. 244).

TONNENCOURT (Saint-Pierre).

Curés. — J. Delamare, XI. 233; XIV. 437. — N. Réautey, XIV. 437.

Prêtres de la paroisse. — A. Lesculer, XIV. 437.

Clercs. — C. Lefrançois, XII. 225, 302. — N. Féron, XII. 209, 527; XIV. 362.

Patron. — *Le seigneur du lieu.* — L. de Liée. XIV. 437.

Seigneurs. — J. de Liée de Tonnencourt, XI. 233. (L.-L. de Belleau, XI. 233). — P.-L. Morin de la Rocque, XII. 530. (A.-F. de Boisdecerf, XII. 530).

Doyenné de Montreuil

Doyen. — A. Pigache, XI. 471.

BOCQUENCEY (Saint-Martin).

Curés. — E. Restout, XIII. 518 ; XIV. 804. — Bessin, XIV. 804
Prêtres de la paroisse. — F. Godin (D), XIV. 804. — J. Bourgez, XIV. 1002.
Patrons. — *Les religieux de Saint-Evroult.* — J. de Proussac, XIV. 804.
Seigneur. — G.-A. de la Touche, XIV. 1002.

LE DOUET-ARTHUS (Saint-Pierre).

Curés. — J. Daubichon, l'ainé, X. 80 ; XII. 23, 135, — J. Daubichon, le jeune, XII. 23. — P. Touzey, XII. 135, 267.
Patrons. — Les religieux de Saint-Evroult, XII. 135,

LES ESSARTS (Saint-Pierre).

Curé. — J. Lecesne, IX. 181.
Prêtre de la paroisse. — J. Richard, XIV. 957.
Clerc. — J. Richard, IX. 71. — P. Richard, XIV. 957.
Seigneurs. — A. Richard de la Bédinière, XIV. 957. (C. Lemercier, XIV. 957.

LA FOLTIÈRE (N.-D.)

Curés. — Gosset, XIV. 64. — P.-H. de Guetpel, XIV. 64.
Patron. — *Le seigneur du lieu.* — Le roy (*ob tutelam*), XIV. 64.
Seigneur. — G. Le Filleul, XIII. 552. — (M. Barrey, XIII. 552).

LA GOULAFRIÈRE (Saint-Sulpice).

Curé. — J.-B. Thibout, IX. 99, 181 ; X. 169 ; XI. 85, 415.
Vicaire. — N. Routtier, IX. 181, 301 ; XII. 306 ; XIII. 136.
Clerc. — J. Masson, XII. 324.
Seigneurs. — P. Deshayes des Orgeries et du Tremblé, IX. 99 ; XI. 445 ; XII. 98 ; XIII. 181 (*F. de Bosc-Henry*, IX. 99 ; XI. 445 ; XII. 98 ;XIII. 181). — J.-F.-A. Deshayes du Tremblé, XIII. 181. (*C.-A. de la Rivière*, XIII. 181). — L. de la Rouvraye du Hamel, IX. 301. (*M. de Lannoy*, IX. 301). — J. de la Rouvraye du Moutier, IX. 301. (*M. du Chapelet*, IX. 301). — I. du Chapelet de la Chaisnaye, IX. 301. (*M. de Bardouil*, IX. 301). — G.-F. Le Cornu de la Tellière, X. 169 ; XII. 306. (*J. Lemoine*, X. 169 ; XII. 306).

HEUGON (Saint-Martin)

Curés. — J. Urset, IX. 25 ; XII. 267 ; XIII. 121 ; XIV. 307. — R. Ragaine, XIV. 307.
Patron. — *L'abbé de Saint-Evroult.* — J.-B. Moullin, vic. g¹, XIV. 307.
Seigneurs et notables. — J⁴ de Bocquencé du Chesney, IX. 403 ; X. 44 ; XII. 465. (*M. de Giroult d'Aspremont*, IX. 403 ; X. 44; XII. 465). — C.-G. de Bocquencé du Chesney, X. 44. (*M.-A. Haymet*, X. 44). — J⁴.-F. de Bocquencé, XII. 465 ; XIV. 345. (*C. du Crocq*, XII. 465 ; *J.-T.-M. Descorches*, XIV. 345). — G. de Giroult d'Apremont, IX. 403. (*C. Caval*, IX. 403). — J. Landon, IX. 25. (*I. Vattier*, IX. 25). — J. Landon, fils, IX. 25. (*A. Bisson*, IX. 25.) — A. Lefebvre, XIII. 121. (*F. de Forests*, XIII. 121).

LE MESNIL-ROUSSET (Saint-Jean)

Curé. — (L') Lemarchand. XI. 118.
Clercs. — D. Morin, XII. 322. — P. Binet, XIV. 761.
Seigneurs. — F. du Boisdelaville, XI. 118. — P. du Boisdelaville, XI. 118. (J.-A. de Brague, XI. 118).

MONNAY (N.-D.)

Curé de la 1ʳᵉ portion. — M. Desprès, XIV. 188.
Curés de la 2ᵉ portion. — R. Despériers, XI. 229. — L. Isaac du Bocage, XI. 229; XIV. 188.
Clerc. — P. Cally, IX. 107.
Patron de la 2ᵉ portion. — L'Evéque de Lx. — Le Chapitre de la Cathédrale, *sede vacante*, XI. 229.
Seigneur. — F. de Droullin, IX. 161.
Chapelle du Vallet. (N.-D. et *Saint-Antoine*). — CHAPELAINS. — F. Duval, IX. 161. — J. Frère, IX. 161; XII. 169. — R. d'Aché, XII. 169, 203; XIV. 188. — L. Isaac du Bocage, XIV. 188. — PATRONAGE *alternatif*. — E.-M.-F. de Droullin, IX 161. — C. de Miffault, XII. 169, 203. — P.-A. de Fontenay, XIV. 188.

MONTREUIL-L'ARGILLÉ (Saint-Georges)

Curés de la 1ʳᵉ portion. — J.-B. de Bosc-Henry, X. 271, 491; XI. 17, 28, 88; XIII. 473; XIV. 108, 159. — L.-F.-A.-L. *de Bernière*, XIV. 108, 289, 333. — J. Housset, XIV. 159, 333. — F. Dumont, XIV. 289, 333.
Curés de la 2ᵉ portion. — J.-T. de la Rouvraye, X. 603; XI. 28. — T Duval, X. 603; XI. 28, 510; XII. 366; XIV. 68, 159, 333, 578, 581.
Vicaires. — J. Hamel, XI. 28. — J. Housset, XIV. 159.
Clercs. — J. Frère, IX. 161. — P. Rouvin, IX. 349. — J. Housset, XI 385; XII. 303, 418; XIV. 159. — M. Lecourt, XII. 545.
Patron de la 1ʳᵉ portion. — L'abbé de *Saint-Evroult* — C. de Saint-Albin, XIV. 159.
Patron de la 2ᵉ portion. — L'abbé de Saint-Evroult, XI. 28.
Seigneurs et notables. — F. de Billard de la Motte, XII. 471; XIV. 68. (J.-M. *de Faguet*, XII. 471; XIV. 68). — J.-F. de la Chapelle, XIV. 159.— C. Delahaye de la Londe, XI. 510. (F. *de Chaulieu*, XI. 510). — J. Delamare, XIV. 137. (A. *Morain*, XIV. 137). — G. Dauge, XIV. 333. — F. Flambard de la Chapelle, XI 88. (F. *de Joffre*, XI. 88). — N. Gislain des Longchamps, IX. 79. (G. *Gaulard*, IX. 79). — Jᵃ Le Berseur, X. 271; XI. 17; XII. 471. (C. *Leroux*, X. 271; XI. 17; XII. 471). — Jᵇ Le Berseur de Boucheville, XII. 471; XIV. 957. (M. *de Billard*, XII. 471). — B. Le Boucher, XIV. 159. — F. Morain, X 494; XIV. 957. — C. de Saint-Etienne, XI. 17. (M. *Le Berseur*, XI. 17.) — M. de Saint-Etienne, XI. 17. (C. *Morain*, XI. 17). — J. Sorel, X. 494; XII. 366. (A. *Leroux*, XII. 366.) — P. Vilette, XI. 28.

N.-D.-du-HAMEL

Curés. — Ant. d'Espiney, IX. 59, 178; XI. 161; XIII. 404, 467, 468, 527. — Adr. d'Espiney, XIII. 404. — P. Delaire, XIII. 468, 527. — N. Turpin, XIII. 467, 492, 527, 590. — J.-L. de Keremar, XIII. 590.
Vicaire. — G. Hurel, XIII. 404, 590.
Prêtres de la paroisse. — G. Hurel, XI. 421. — L. Duthoy, XIII. 319. — J. Eudes, XIII, 590.

Clercs. — J. Lussot, X. 85, 135. — F. du Vallet, X. 55, 369, 478.
Patron. — *L'abbé de Saint-Evroult.* — Prétentions des religieux, *sede vacante*, XIII. 468, 527.
Seigneurs et notables. — G. Chagrin du Miqueray, IX. 178. (*R. Baudrais*, IX. 178). — L. Desfontaines, XIII 492. — C. Eudes de la Londe, X. 369. — N. Massé, X. 421. — C. de Nicolle de Maupertuis, X. 369 ; XII. 313. — G.-F. de Rély de Gournay, X 234. — Cl. du Vallet des Dézerts, X. 369 ; XI. 164. (*F. Dupuis*, X. 369 ; XI. 164). — Cl. du Vallet de la Hogue, X. 369. — P. du Vallet de Chauvallon, XI. 164. (*M.-D. Fortin*, XI. 164).
Ecole, XI. 421.

N.-D.-DES-PRÉS

Curé. — J. Gazon, XIII. 590.
Clerc. — P. Godin, XIII. 527.

RÉVILLE (Saint-Léger)

Curés. — G. Delafosse, X. 551 ; XI. 29, 271 ; XII. 6, 395 ; XIII. 72, 237, 319 — J. Barrey, XIII. 319, 374.
Clercs. — L. Boivin, XI. 128. — G. Hurel, XIII. 402.
Patron. — *Le chanoine de semaine en la Cathédrale.* — F. Le Bas, XIII. 319.
Seigneurs et notables. — J. Lecollier, X. 55. — M. Boivin, XI. 128. — J.-P. du Buat, XIV. 306. (*M.-U. Erard-Le Grix*, XIV. 306). — A. Dirlande, XIV. 780. (*M. Despériers*, XIV. 780).
Fondation de messes, X. 551.

SAINT-AQUILIN-D'AUGERONS

Curé. — (J.) de la Chapelle, XIII. 136, 310.
Seigneur. — A. Le Michel d'Aurigny XIII. 310. (*L.-M. de Romé*, XIII. 310).

SAINT-DENIS-D'AUGERONS

Curés. — S. Laisney, X. 35. — G. Duval, X. 35, 194. — J.-B. Hamon, X. 194, 234, 486.
Clercs. — L. Aubert, XI. 65. — L. Agis, XI. 365.
Patron. — *L'évêque de Lisieux*, X. 35, 194.
Seigneurs. — I. du Chapelet de la Chainaye, IX. 301. (*M. de Bardouil*, IX. 301). — L. Agis de Saint-Denis de Mélicourt, X. 234, 486 ; XII. 53, 98. (*R. de Bonnechose*, XII. 53, 98). — G. Agis de Saint-Denis de Mélicourt, X. 234 ; XII. 98. (*C.-E. Deshayes*, XII. 98). — L. Agis de Saint-Denis de Mélicourt, X. 486. (*C. Leroux*, X. 486). — J. de la Rouvraye du Moutier, X. 234 — F. Saint-Denis, XII. 366 (*A. Sorel*, XII. 366).

SAINT-GERMAIN-D'AULNAY

Curés. — F. Duval, IX. 161, 169. — A. Pigace, IX. 169, 181 ; XI. 181.
Vicaires. — J. Lehoult, IX. 181. — G. Farain, X. 563 ; XI. 425, 181.
Patron. — *Le seigneur du lieu.* — J.-G. de Malvoue, IX. 169.
Seigneurs. — F.-J. de Guerpel, XII. 126 ; XIV. 580. (*C. de Berville*, XIV. 580). — J.-B. de Guerpel, X. 234 ; XIV. 580. (*S. de Saint-Denis*, XIV. 580). — M. Legros du Mesnil-Houlley, XIII. 306. (*C. Jouenne*, XIII. 306).

SAINT-LAURENT-DES-GRÉS

Curés. — P d'Aureville, IX. 358; XIII. 495. — J. Rassent, XIII. 495.
Vicaires. — N. Pains, IX. 358. — Boivin, XII. 494; XIII. 399.
Clerc. — P. Rouvin, IX. 349, 358.
Patron. — *Le seigneur du lieu.* — J.-B. de Tiesse, XIII. 495.
Seigneur. — M. de Glatigny de la Plainvinière, XII. 494. (M. Lepaignier, XII. 494).

SAINT-LAURENT-DU-TENCEMENT

Curés. — G. Duval, X. 35. — S. Laisney, X. 35; XIV. 276, 581.
Patron. — L'évêque de Lx, X. 35.
Seigneurs. — J.-L. de Moucheron de la Roche, XIV. 581. — O. de la Vallée, XIV. 581.

SAINT-NICOLAS-DES-LETTIERS

Curés. — R. Morard, XI. 421, 425, 462, 481. — G. Hurel, XI. 421. — G. Farain, XI. 425, 481; XIII. 518; XIV. 307. — F. Coispel, XI. 462; XIII. 253.
Prêtres de la paroisse. — F. Coispel, XI. 462; XIII. 253, 465. — M. Motte, XII. 534.
Seigneur. — J.-F. du Houlley du Verbois, XIV. 134, 402.
Chapelle du Verbois. — CHAPELAINS. — J. de la Rouvraye, XIV. 134, 402. — A. Laisney, XIV. 402. — PATRON. — *Le seigneur du lieu.* — J.-F. du Houlley, XIV. 134, 402.

LE SAPANDRÉ (Saint-Aubin)

Curés. — J° Chéradame, IX. 302, 827. — J° Chéradame, jeune, IX. 243. — M. Chéradame, X. 243, 246. — L. Maignet, IX. 302, 328; XI. 327; XII. 455, 534; XIII. 492. — C. Morel, IX. 387, 528.
Vicaire. — N. Puel, IX. 387; X. 39.
Prêtre desservant. — N. Puel, IX. 328.
Clerc. — J. Hain, IX. 293, 328; X. 471; XI. 131.
Patrons. — *Les religieux de Saint-Evroult.* — P. Chevillard, IX. 302, 387.
Seigneurs. — G. du Chapelet, IX. 328; XIV. 278. (F. Séjourné, XIV. 278). — H. de la Rouvraye, X. 601. (M.-J. Jacquet de Heurtevent, X. 601). — J. Descorches, XIV. 345. (D. Delauney, XIV. 345).

TERNANT (N.-D.)

Curés. — Mauduit, IX. 411. — J. de Soubzlebieu, IX. 411, 528; X. 310; XI. 229; XII. 81. — J. Loutreul, XII. 81.
Prêtres de la paroisse. — C. Morel, IX. 528. — J. Loutreul (D), XII. 81.
Patron. — L'évêque de Lx, IX. 411; XII. 81.
Notables. — M. Chagrin de Chaulieu, IX. 528. — J. Lecharpentier, XII. 81.

VERNEUSSES (N.-D.)

Curés. — F. Dutertre, IX. 181; XIV. 276. — F. Morel, XIV. 276, 478, 578. — J. Desjardins, XIV. 478, 578, 581.
Patron. — *L'abbé de Saint-Evroult.* — J.-B. Moullin, vic. g¹, XIV. 276.
Notables. — G. Paulmier, XII. 344; XIII. 174. (F. de la Morillière, XII. 344; XIII. 174). — R.-A Paulmier, XIII. 174. (M. Senée, XIII. 174).

— J.-B. Lennegel (?) de Tournay, XIV. 276. — J. Duval, XIV 578. 581.

VILLERS-EN-OUCHE (Saint-Pierre)

Curés. — F. Miard, IX. 5. — J. Eudes, IX. 5, 59. — F. Morel, IX. 59 ; XI 54, 287, 491 ; XII. 190, 392 ; XIII. 48, 208, 441 ; XIV. 21, 190, 276, 466. — C. Morel, XIV. 466, 477, 581. — F. Matrot, XIV. 477, 578, 581.
Vicaires. — C. Morel, X. 496. — F. Matrot, XIV. 276, 446, 477.
Prêtre de la paroisse. — C. Morel, X. 188, 430.
Seigneur. — F. de Flambard de la Chapelle, XI. 88. (F. de Joffre, XI. 88).

Doyenné de Vimoutiers

Doyen. — C.-A. Périer, XIV. 60, 484.

LES ASTELLES (Saint-Martin)

Curés. — J. de Parfouru de Tilly, IX. 145. — J. Laffilay, IX. 145. — J. Chéron, IX. 145, 210 ; XII. 308.
Clercs. — J. Marais, XI. 391 ; XII. 302, 308. — J. Chausson, XIV. 749.
Patron. — Le seigneur du lieu. — A Bernart, IX. 145.
Prieuré de Saint-Eloi. — Prieurs. — F. Lehoult, X. 98. — J. Vauquelin, X. 98.

AUBRY-LE-PANTHOU (Saint-Germain)

Curé. — J. Poëttevin, X. 516 ; XIII. 608 ; XIV. 484.
Prêtres de la paroisse. — J. Fortin, IX. 159. — J. de Soubzlebieu, IX. 248, 261, 411. — P. Gravelle, XIII. 608.
Clercs. — J. Galles, IX. 124 — P. Gravelle, XII. 362 ; XIII. 65 ; XIV. 618.
Seigneur et notable. — R.-H. Osmont, XIII. 608. — M. Lesage, XIV. 984 (M. Fournier, XIV. 984).
Chapelle Saint-Agapit (au château d'Aubry-le-Panthou).— Chapelains. — F. Osmont, IX. 159. — J. Fortin, IX. 159. — Patron. — Le seigneur du lieu — R.-H. Osmont, IX. 159.

AVERNES (N.-D. et Saint-Gourgon)

Curés de la 1re portion. — R. de la Rivière des Allais, IX. 154. — J. Landry, XIII. 154 ; XIV 922.
Curé de la 3e portion. — A. Doisnel, XIII. 154.
Patron de la 1re portion. — L'abbé de Saint-Vandrille. — B.-H. de Fourcy, XIII. 154.
Notable. — A. Chéron, XIII. 154.

LE BOSC-RENOULT (Saint-Pierre)

Curés. — H. Lecharpentier, IX. 318, 448. — C. Buissot, IX. 318, 327 ; X 99 ; XIV. 1001. — G. Dorbec, XIV. 1001. — F. Legrip, IX. 401, 448, 509.
Vicaire. — Lehoult, XI. 402 ; XIII. 16.
Prêtre de la paroisse. — J. Lehoult, XIV. 1001.
Clercs. — J. Beuzelin, IX. 264. — F. Berthlot, IX. 327, 369. — G. Lefèvre, XIV. 530. — J. Briant, XIV. 638. — R. Sonneray, XIV. 755.

Patron. — *L'abbé du Bec.* — R. de la Rochefoucauld, IX. 318. — L. de Bourbon, XIV. 1001.
Notable. — P. Beuzelin, IX. 327.

CAMEMBERT (Sainte-Anne)

Curés. — A. Brière, XI. 470; XII. 82. — H. Brière, XI. 470; XII. 82 ; XIII. 73. — L.-P. Dubois de Boisvallée, XIII. 546, 582.
Vicaire. — Louvet, XI. 216, 402.
Prêtre de la paroisse. — O. Brunet, XII. 82 ; XIII 582.
Clercs. — C. Malherbe, XI. 382 ; XIV. 529. — J. Rivière, XII. 544 ; XIII. 582 ; XIV. 671. — F. Dumont, XII. 546.
Patron. — *L'abbesse d'Almenesche*, XII. 81 ; XIII. 546. — M.-M. Rouxel de Médavy, XIII. 582.
Seigneur et notable. — P. de Calmesnil, XIV. 397. (*A.-D. de Croucy*, XIV. 397). — P. Quesnel, XIII. 294. (*C. Rivière*, XIII. 294).

CANAPVILLE (Saint-Aubin)

Curés. — N. Cantel, IX. 371 ; X. 36 ; XIII. 446. — C. de Louis, XIII. 446, 502. — M. Jehenne, XIII. 502.
Vicaire. — R. Lehoult, XIII. 482, (D) 502 ; XIV. 166.
Prêtres de la paroisse. — C. de Louis, X. 437 ; XII. 328. — N. Leguey, (D) XIII. 446.
Clercs. — M. Surlemont, IX. 13. — C. de Louis, XIII. 210, 212, 414, 446. — G. Dubosc, XIII. 446, 502.
Patron. — L'évêque de Lx, XIII. 446, 502.
Seigneurs et notables. — G. Deshayes de Belfond, X. 350. (*N...... Denys*, X. 350). — G. Hardy, IX. 339. (*F. Flambart*, IX. 339). — Ph. Hardy de la Roche, IX. 339. (*F. Poësson*, IX. 339). — C. Hardy, XIII. 446. — C. Lehoux ou Lehoult, X. 350 ; XIV. 166. (*F. Deshayes*, X. 350). — N. Lehoux, X. 350. (*L. Dubosc*, X. 350). — Ph. Lehoult, XIV. 166. (*M. Rozey*, XIV. 166). — P. de Louis de Livet, IX. 371 ; X. 93. (*M. de Sallen*, X. 93 ; *S. Allard*, IX. 371). — Cl. de Nollent, XIII. 446. — E. de Nollent, XIII. 446. — F. de Nollent des Aulnez, XIII. 446. — L. de la Thillaye, XIV. 183. (*A. Roussel*, XIV. 183). — J. de la Thillaye, XIV 183. (*M. d'Arclais*, XIV. 183).
Chapelle Saint-Valentin. — CHAPELAINS — J. Legrand, XII. 150. — P. Fouet, XII. 150.

LES CHAMPEAUX (Saint-Pierre)

Clercs. — A. Bourde, IX. 380. — T. Noel, XIV. 521. — G. Hébert, XIV. 521.
Seigneurs. — D. Gouhier, IX. 380 ; XIV. 317. (*A. Noel*, XIV. 317). — L. Hauvel, IX. 380. — F. de la Loë, XIV. 996. (*S. Morel*, XIV. 996). — F. de Mannoury, IX. 380.

CROUTTES (Saint-Michel)

Curés. — D. Delisle, IX. 517 ; XII. 533. — G. Leriche, XII. 533 ; XIII. 104, 299, 351. — S. Aubert, XIII. 299, 351 ; XIV. 309, 311. — N. Lallemant, XIV. 309. — R. Ridel, XIV. 311.
Vicaire. — G. Grigy, XI. 163, 164 ; (D), XII. 530, 533.
Prêtres de la paroisse. — G. Leriche, XII. 533. — J. Grigy, (D) XIII.

17, 351. — F. Gravelle, XIII. 78, 250. — J. Routier, XIII. 351.—G. Routier, (D) XIV. 309. 311.

Clercs. — F. Gravelle, IX. 44; XII. 166, 386 , XIV. 42. — A. Hauton, IX. 128. — R. Ridel. IX. 172. — C. Ridel, XIV. 709.

Patron. — *L'abbé de Jumièges.* — L'évêque de Lx (*sede vacante*), XII. 533. — Les religieux de Jumièges, XII. 533. — C. de Saint-Simon, XIV. 309. — *Le prieur conventuel de Jumièges.* — C. Dujardin, XIV. 311.

Seigneurs et notables. — F. Denis, XIV. 178. (*A.-F. de Brasdefer*, XIV. 178). — G. Duroy, XII 533; XIII. 351. — Ch. Fortin de Dauqueux (?), XI. 164. (*M.-M. Gaultier*, XI. 164). — R. Gravelle, IX. 44. — P. de Macquaire, XIV. 797. (*E. Le Marchand*, XIV. 797). — C. de Morel, XI. 163. (*M.-D. Fortin*, XI. 163). — J. Pellerin des Fondis, IX. 517. (*M. Duchesne*, IX. 517). — P. Pellerin des Fondis, IX. 517 ; XII. 533 ; XIV. 309. (*A. Turpin*, IX. 517). — P. Pollin, XII. 223. — P.-L. de Venoys, XII. 530. (*A.-F.-M. Morin*, XII. 530).

Maître d'école. — G. Duroy, XII. 533 ; XIII. 351.

Prieuré de Saint-Michel. — Prieurs. — C. de Parde, XII. 223. — D Lesueur, XII. 223.

LA FRESNAYE-FAYEL (Saint-Ouen)

Curés. — J. Dumoutier, IX. 145; XIII. 608. — P. Regnoult, XIII. 608.

Vicaire. — Dumoutier, X. 365.

Clerc. — P. Hardrey. XIII. 64 ; XIV. 8.

Patron. — *Le seigneur du lieu.* — R.-H. Osmont, XIII. 608.

Seigneurs et notables. — P. Leloup, X. 297. — P. Frémont, X. 365. (*F.-G. de Putecotte*, X. 365). — P. de Putecotte, X. 365. (*C. Lesecq*, X. 365).

GUERQUESALLES

Curés. — Gouhier, IX. 513. XIII. 282. 480. — F.-M. Estard, XIII. 480, 501. — N Corneville, XIII. 501, 506, 583.

Vicaire. — Guerrier, IX. 331.

Prêtres de la paroisse. — E. Desvaux, XI. 36, 250; XIV. 34, 212, 480, 881. — N. Dupendant, XII. 347. -- C. Duval-Farain, XIII. 583. — D. Guerrier (D), XIII. 583.

Clercs. — M. Desvaux, X 355, 412; XI. 96. — F. Dumont, XIV. 708. — N. Dupendant, X. 567. — J.-J. de Nollet, X 556.

Patron. — *Le seigneur du lieu.* — L. Dubosc, XIII. 480, 501.

Seigneurs. — J.-B. de Nollet. IX. 513. (*M.-F. Deshayes*, IX. 513). — L.-F. de Nollet de Vimer, IX. 513 ; XIII. 583. (*M.-M.-F. de Grieu*, IX. 513). — F. de Nollet de la Londe-Malvoue, XIII. 282, 555 ; XIV. 656. (*M. Deslondes*, XIII. 282, 555 ; XIV. 656). — G. de Nollet de Malvoue de Boisguillaume, XII. 282. (*C. du Buat*, XII. 282). — F. de Thieulin, XIII 583. — E. Desvaux, X. 355.

LE MESNIL-GONFREY (Sainte-Croix). Prieuré-cure.

Curé. — J.-A. Aubert. XII. 492 ; XIII. 608.

Clercs. — J. Landon, X. 211, 263, 263, 481, 484. — J. Guillemin, XI. 384 ; XII. 285, 303.

LE MESNIL-HUBERT (Saint-Denis).

Curés. — S. de la Londe, IX. 145; X. 296, 316. — J. de Soubzlebieu, X. 296, 316. 380 ; XIV. 560.

Prêtres de la paroisse. — C. de la Bove, IX. 145. — N Dutac, X. 224,

316. — M. Lehérissy, (D) X. 316. — L. Cally, X. 368. — J. Cally, XII. 218, 267, 370 ; XIII. 40.

Clercs. — J. Cally, X. 256, 368, 580. — R. Lebret, XII. 84, 409 ; XIII. 66, 248, 266. — F. Lecomte, XII. 403 ; XIII. 66 ; XIV. 393. — J. de Soubzlebieu, XII. 544 ; XIV. 424.

Patron. — L'évêque de Lx. X. 296.

Seigneurs. — C. de la Pallu, IX. 194, 412 ; X. 316 ; XII. 279. (*M.-H -F. de Graves*, XII. 279). — A. de la Londe, X. 316.

Chapelle de Saint-Joseph de la Roche. — Chapelains. — J. Chéron, IX. 145, 194. — C. de la Bove, IX. 194, 209. — N. Dufac. X. 227, 316. — Patron. — *Le seigneur du lieu.* — C. de la Pallu, IX. 194.

NEUVILLE-SUR-TOUQUES (Saint-Germain).

Curés. — R. Prouverre, X. 111, 384. — J.-L. Lecomte, X. 384 ; XIV. 942.

Vicaires. — J. Louvet, IX. 106 ; X. 66, 384. — R. Ridel, XIV. 311.

Prêtre de la paroisse. — G. de la Couture, IX. 485 ; XIII. 325 ; XIV. 31, 472, 793, 1001.

Clercs. — F. Matrot, X. 213. — L. Lecomte, X. 297. — H.-P. de Saint-Clair, XII. 144 ; XIII. 69 ; XIV. 484.

Patrons. — *Les religieux de Saint-Pierre-sur-Dives.* — P. Eudes, X. 384.

Seigneurs et notables. — J. Charpentier, XI. 144. — J. Choisne, X. 384. — M. Estard, X. 111. (*C. Guilbert*, X. 111). — J. Havette, X. 111. (*B. Estard*, X. 111). — G. de Saint-Clair, X. 384 ; XI. 144. — H. de Saint-Clair de Lusinel, XI. 144. (*A. Dubois*, XI. 144). — R. de Saint-Clair, XI. 144.

ORVILLE (Saint-Brice).

Curés. — C.-A. Périer, X. 392 ; XIV. 60, 484, 836. — B. de Gyemare, XIV. 836, 1001.

Vicaires. — J. Daubin, XI. 485 ; XII. 146. — N. Puel, XIII. 348.

Prêtre de la paroisse. — G. Dorbec, XIV. 236. 942, 1001.

Patron. — *Le seigneur du lieu.* — F. Delahaye, Vte de Gyemare, XIV. 836.

Seigneurs et notables. — C.-F. d'Espiney, XIII. 348. (*M.-L. Deshayes* XIII. 348). — L.-F. d'Espiney, XIII. 348. — F. de Gyemare, XIV. 836. (*F. Delahaye*, XIV. 836). — J.-G. Le Maignen de Bricqueville ou Brédeville, X. 392 ; XIV. 836. (*F. de la Rivière*, X. 392). — M.-A. Le Maignen, X. 392. (*S. Bassière*, X. 392). — J. Périer d'Orville, IX. 399 ; XIV, 141, 908, (*C.-F. de Guerpel*, XIV. 141).

Chapelle Saint-François de Campigny. — Chapelains. — J. Gallopin, XIII. 348. — P. Gallopin, XIII. 348. — Patron. — *Le seigneur du lieu.* — M.-L. Deshayes, Vte d'Espiney, XIII. 348.

PONTCHARDON (Saint-Georges)

Clerc. — E. Lelasseur, IX. 340.

PONTCHARDON (Saint-Martin)

Curés. — P. Le Portier, XI 111. 429, 440. — P.-P. Burget, XI. 111, 429, 440 ; XIV. 834.

Prêtres de la paroisse. — F. Burget, XIV. 261. — S. Mannoury, XIV. 451.

Clerc. — F. Leroux, IX. 43.

PONT-DE-VIE (Saint-Denis)

Curés. — P.-E. Gallois, X. 412. — L. Louvet, X. 412; XIII. 547, 601, 618; XIV. 18, 39, 85. — F. *Louvet*, XIII. 618; XIV. 39. — C.-F. Lefebvre, XIV. 18, 85, 90.

Prêtre de la paroisse. — C. Rozey, XIV. 695.

Clercs. — P. Rozey, XIII. 560; XIV. 560.

Patron. — *L'abbesse d'Almenesche.* — M.-M. Rouxel de Médavy, X. 412.

Seigneurs et notables. — J. Bodeau, IX. 128 — J. Dufour, XIV. 90, — L. Leblanc de Beaupas, XIV. 992. (*A. Billard*, XIV. 992). — M.-L. Leblanc de Folval, XIV. 992. (*G. Gravelle*, XIV. 992).

LE RENOUARD (Saint-Pierre)

Curé. — (L.) d'Orville, XI. 172, 221, 455; XII. 306.

Vicaire. — Fortin, XIII. 138.

Clercs. — R.-N. Dubosc, XII. 323. — G. Ridel, XIV. 707.

Seigneurs et notables. — C. de Bailleul XI. 469. (*M. de Graindorge*, XI. 469). — C. de Bailleul des Bordeaux, XI. 469. (*C. Lacuisse*, XI. 469). — C. Bailleul des Ventes, XI. 221. (*C. Le Patin*, XI. 221). — .... de Bardoul, XIV. 75. (*C. Thieulin*, XIV. 75). — J. de Bardoul, XIV. 75. (*F.-M.-J. de Blanchard*, XIV. 75). — P. Le Hayer de la Violière, XI. 221. (*C. Le Patin*, XI. 221). — A. Leroy, XI. 203. — J.-A. du Merle, XI. 172. (*M. de Bernière*, XI. 172). — J.-A. du Merle de Grandcamp, XI. 172. (*M. Ridoult*, XI. 172). — P. d'Orville de Villiers, XII. 306. (*M.-J. Le Cornu*, XII. 306).

ROIVILLE (Saint-Saturnin)

Curés. — J. Huet, XI. 496; XII. 2. — J. Caboulet, XI. 496; XII. 2, 339. — L. Decaux, XII. 339; XIII. 583; XIV. 820.

Prêtres de la paroisse. — G. Huet, (D) XII. 2. — J. Lecordier, XII. 2.

Clercs. — G. Hurel, X. 508; XI. 417, 421. — R. Delafosse, XII. 2.

Patron. — *Le chanoine de semaine en la Cathédrale.* — E. Le Bas, XI. 496.

SAINT-CYR-D'ESTRANCOURT

Curé. — (C.) Hérault, XI. 177; XIII. 531.

Seigneurs. — C.-A. de Jambon, XII. 313. (*M.-A. de Nicolle*, XII. 313). — C. de Jambon, XIII. 531. (*M.-E. d'Avesgo*, XIII. 531). — C.-Y. de Jambon, XIII. 529, 531. (*M.-L. de la Haye*, XIII. 531). — P. de Jambon, XIII. 529; XIV. 836.

SAINT-PIERRE-LA-RIVIÈRE

Curés. — A. Descorches, X. 67, 227. — J. Farain, X. 67, 224, 227; XI. 183. — H.-P.-L. de Corday, XI. 183, 314; XIV. 484. — H.-P. de Saint-Clair du Lucinel, XIV. 484, 820. — J. de Saint-Clair du Lucinel, XIV. 820.

Vicaire. — F. Hédiard, X. 224; XI. 314; XIV. 820.

Prêtres de la paroisse. — N. Dutac, IX. 412; X. 224. — L. Chauvel, XII. 536; XIII. 1. — T. Letestu (D), XIV. 820.

Clercs. — F. Lecomte, XI. 314 — C. Farain, XII. 293; XIII. 67; XIV. 365. — L. Chauvel, XIV. 361.

Patron. — *Le seigneur du lieu.* — A. de Melun, X. 67. — G. de Melun, XI. 183; XIV. 484, 820.

Seigneurs et notables. — J.-B. du Bouillonney, X. 227. — L. Edouard

de la Douvillière, X. 227 ; XI. 314 ; XII. 137. (*M. de Rupière*, XII. 137). —
F. Farain de la Brière, XI. 314. — J.-H. Farain, XI. 314. — C.-F. de
Guerpel, XIV. 141. — J. de Guerpel, XIV. 484. — N. de Guerpel, XI. 314.
— F. Lesage, XIV. 984. (*B. Broussois*, XIV. 984). — M. Lesage, XIV.
984. — C. de Rupière du Buisson, XIV. 484. — J. de Rupière, XIV. 484.

SAMESLE (Saint-Martin)

Curés. — F. Paisnel, XIII. 529 — F. Lecomte, XIII. 529 ; XIV. 1001.
Prêtre desservant. — Lecomte, XIII. 531.
Patron. — *Le seigneur du lieu.* — Le roy (*ob tutelam*). XIII. 529.
Seigneurs et notables. — F. de Gyemare, XIV. 836. (*F. de la Haye*,
XIV. 836. — C. de la Haye, XIV. 195. (*L. de Bocquencé*, XIV. 195). —
C. Haymet du Homme, X. 44. (*C. Le Portier*, X. 44). — R. de Mannoury
de Bellemare, XIII. 281 ; XIV. 188. — J. de Morel de Saint-Aubin, XIII.
281. (*L. de Mannoury*, XIII. 281).

TICHEVILLE (Saint-Pierre)

Curés. — F. Déchauffour, l'ainé, XIV. 60, 908, 942. — *F. Déchauffour,
le jeune*, XIV. 908, 942.
Prêtre de la paroisse. — F. Déchauffour, XIV. 908.
Clercs. — F. Déchauffour, XI. 461, 483 ; XII. 72, 411. — M. Déchauf-
four, XIII. 375 ; XIV. 642. — L.-D. Berthelot, X. 312. — P.-P. Berthelot,
X. 312.
Seigneurs et notables. — J.-B. de Nollent de Bouchaille. XIII. 352.
(*M. La Morlière*, XIII. 352). — J. Déchauffour ou Deschauffour, XII. 72.
Prieuré simple de Saint-Pierre (1) de Ticheville. — Prieurs. — G.
Defours. XIV. 60, 79. — C.-A de Choiseul-Beaupré, XIV. 60, 89. — Patron.
— *L'abbé de Saint-Vandrille.* — B.-H. de Fourcy, XIV. 60, 79.

VIMOUTIERS (N.-D.)

Curé. — (J.) Ruffy, XI. 122 ; XIII. 144, 282.
Prêtres de la paroisse. — P. Vicaire, X. 159. — J. Delisle, X. 355. —
J. Sauvalle, X. 355. — N. Lallemant, XIV. 309, 312.
Clercs. — P. Berthelot, XIV. 674. — F. Bisey, XIV. 952. — R. Briant,
X. 14. — E. Desvaux, IX. 437, 455. — P. Dufour, XII. 369. — D. Fortin,
X. 11. — N. Lallemant, XII. 409 ; XIV. 381. — B. Lautour, XI. 105. — C.
Loutreul, IX. 40, 322. — E. Lucas, XIV. 812. — C. Malherbe, XIV. 529.
— P. Rogère, IX. 105, 175. — P. Sauvalle, XI. 380 ; XIII. 283 ; XIV. 591.
— R. de Venois, XIV. 753.
Seigneurs et notables. — A. de Bernart de Courmesnil, IX. 265. (*M.-A.
Guénet*, IX. 265). — F. de Bernart, IX. 265. (*C. Moreau*, IX. 265). — P.
Berthelot, XIV. 674. — J.-B. Coqueterre, XIII. 555. (*A. de Nollet*, XIII.
555. — L. Coqueterre. XIII. 555. (*C. Bacheley*, XIII. 555). — J. Devaux,
XI. 122. (*M. Blanchard*, XI. 122. — M. Devaux. XI. 122. (*S. Fuselier*, XI.
122). — P. Dufour, IX. 128. — J.-B. Fleury, XI. 140. (*A.-N. Trémisol*,
XI. 140). — Q. Fleury, XI. 140. (*M.-M. Dufour*, XI. 140) — J. Gontier,

---

(1) Dans tous les actes des Insinuations où il est question de ce prieuré, il est constamment appelé le prieuré de Saint-Pierre de Ticheville. Cependant dans le pouillé publié par
M. Aug. Le Prevost, il est désigné sous le vocable de N.-D.

XI. 469 (bis). — A. Guénet, IX. 265. (N.... des Moulins, IX. 265). — F. Lebis, XII. 513. (L. Le Normand, XII. 513). — R. Lebis, XII. 513. (P. Pasqueraye, XII. 513). — E. Leroux, XI. 205. (M. Denis, XI. 206). — J. Loiseau, XI. 469 (bis). — C. de Mannoury, XI. 206. (M. Leroux, XI. 206). — G. de Mannoury, XI. 206. (M. de Bailleul, XI. 206). — M. de Marescot de la Bouverie, XIII. 352. (M. de Nollent, XIII. 352). — R. de Marescot de Bellozier, X. 129 ; XIII. 352. (P. Gouhier, XIII. 352). — L. de Venoys, XII. 530. (A. de la Mondière, XII. 530). — P.-L. de Venoys, XII. 530. (A.-F.-M. Morin, XII. 530). — J. Vicaire de Bellecourt, XIII. 367. (M. Boëssel, XIII. 367).

Couvent des Bénédictines, XIII. 282. — Chapelain. — F. Louvet, XIII. 618 ; XIV. 39.

ECCLÉSIASTIQUES ÉTRANGERS

ordonnés dans le diocèse de Lisieux ou y ayant fait signifier leurs grades ; etc.

DIOCÈSE DE ROUEN

B. Baudry de la Pescherie, XIV. 979. — C. de Carron, XIV. 12. — D. Delaporte, X. 453 ; XI. 78, 295, 482. — L. d'Hostel, IX. 223, 468. — N.-F. Lecerf, XII. 188. — J.-D. Plaimpel, XIV. 277. — F.-E.-T. de Vigneral, XIV. 916.

DIOCÈSE D'AVRANCHES

J. Gérard, XII. 502 ; XIII. 84. — E. Menour, XIV. 1012. — B. Plaine, XIV. 861. — J. Thoumin, XIII. 629.

DIOCÈSE DE BAYEUX

P. Baudouin, XIV. 555. — J.-B. Bourbet, XIII. 566 ; XIV. 51, 428, 855, 913. — F. Daubin, XIV. 874. — F. Defrance, XIII. 307. — J. Delatroëtte, IX. 396. — R. Delisle, X. 146, 422. — J. Féron, XIII. 213, 226 ; XIV. 7, 200, 445. — J. Fossard, X. 204, 417 ; XI. 10, 70, 235, 474. — P. Fouet des Crottes, X. 51, 172 ; XI. 42, 296. — G. Gallot, IX. 202. — G.-C. Goujet, XII. 248. — J. Halbout, XIV. 892, 904. — J. Harel, IX. 527 ; X. 161, 426. — M.-A. Héribel, XII. 227. — J. Le Bastard, X. 147, 419 ; XI. 32, 252, 488 ; XII. 176, 388 ; XIII. 53. — N. Le Bellenger, IX. 51, 238 ; X. 164, 398 ; XI. 20, 259, 486, 512 ; XII. 7, 447. — J. Lechartier, IX. 396, 450 ; X. 133, 184, 421 ; XI. 24. — J.-N. Le Court, XI. 253. — J. Le Doulcet de Belleville, XI. 116, 240, 502. — H. Ledresseur, XIV. 891. — P. Lefort, XII. 447. — F. Legrip, IX. 225, 401 ; X. 99, 178, 251. — J. Lelièvre, XIII. 333 ; XIV. 3, 201, 419, 856. — N. Lemarinier, XII. 447. — J.-F. Lepoutrel, XIV. 463. — R. Louet, XIII. 109. — F. Michel de Saint-Michel, XIV. 50, 196, 427, 853. — J. Montenbault ou Montambaux, XIV. 59. — J. Naude, IX. 393. — J. Poisson, XI. 25. — T. Quesnel, X. 185. — G. Rosée, XI. 514. — N. de Sallen, IX. 245, 472 ; X. 166, 404 ; XI. 38, 288, 475 ; XII. 183. — N. du

Trou de la Bénardière, XII. 171, 406, 528 ; XIII. 86. — J.-B. Varin, XII. 375. — A. Viel, XIV. 461, 863. — P.-S. Viel de la Grande-Rue, XI. 279, 493 ; XII. 145. 383 bis ; XIII. 33, 220 ; XIV. 50, 196, 211.

DIOCÈSE DE COUTANCES

N..... Asselin, XIV. 11. — C. Dairon, XII. 410. — J. Duhamel-Ripault, XIII. 586. — P.-T. Duhamel, XIV. 1011. — P. Le Contour, XIII. 129. — F. Le Crosnier, XI. 386 : XII. 408. — F. Leture, IX. 120, 122, 149, 230, 385, 449 ; X. 134, 440, 517 ; XI. 57. — L. Madeline, XI. 379, 384 ; XII. 303. — L. Pouchin, XII. 197. — J. Tostain, XIII. 141. — P. Travers, XII. 409. — Ordination générale des clercs du diocèse de Coutances faite à Lx, XIII. 55, 166, 245.

DIOCÈSE D'ÉVREUX

C. Billard, IX. 259 ; X. 433 ; XI. 77, 511 ; XII. 217, 438 ; XIII. 100. — L. Guilbert, IX. 478 ; X. 170, 423 ; XI. 489 ; XII. 378 ; XIII. 41. — J. Marais, XIII. 332 ; XIV. 3, 201, 449, 856. — C. Morel, IX. 235, 387, 470 ; X. 183, 430, 496. — F. Morel, XI. 54, 287, 400 ; XII. 392 ; XIII. 88, 208 ; XIV. 276. — J. Moullin, IX. 529. — P.-J Papavoine, IX. 348. — J. Robequin, IX. 493 ; X. 193, 443.

DIOCÈSE DE SÉEZ

J. Bayard, XI. 328. — M. Billon, XII. 33. — P. Blanchet, XIII. 304, 426 ; XIV. 80, 173. — J. Delahaye, IX. 461. — T. Delahaye, XII. 497. — A. Ducoudray, XI. 166, 230, 477 ; XII. 190, 396 ; XIII. 52, 239 ; XIV. 40, 471, 804, 844. — J. Duthrosne, XIV. 431, 441, 838. — G.-P.-A. de la Fontaine, XII. 74, 417. — M. Fourrier de Lisle, XIV. 17. — N. de la Gohière de Gueroult, IX. 462. — G. Hovey, IX. 253. — A. Jéhan, IX. 466 ; X. 176 ; XI. 27, 276 ; XII. 178, 373 ; XIII. 41. — P de Jouis, IX. 286. — J.-B. de Lange, IX. 530. — E.-J.-B. Le Prevost de Miette, XIII. 272. — A.-F. Lerouillé, XIV. 2. — J. Loriot, IX. 444. — A.-J. Ruel, XIV. 103. — Ordination générale des clercs du diocèse de Séez, faite à Lisieux, XI. 391.

DIOCÈSES DIVERS

Amiens. — P. Soucanyer, XIV. 332:
Carpentras. — J.-B. de Nobilé, X. 233.
Chartres. — N. Guillain, XII. 193.
Dol. — J. Bénard, XII. 455. — P. Lecarpentier, XIV. 681.
Langres. — F. Girardin, XI. 297.
Le Mans. — L. Delaplanche de Ruillé, XII. 104.
Meaux. — A.-G. Lamperière, XII. 506.
Paris. — G. Gousseau, XIII. 605. — J.-C. Martin, IX. 211. — F.-J. Quittet ou Quillet des Fontaines, XI 329. — J.-B. Roblastre, XIV. 4, 207. — H. Simon, XII. 321.
Rennes. — J. Dumans, XIII. 105.
Saintes. — J. de Coybo-Bourgeois, X. 72.
Saint-Malo. — F.-C. Torant, XIV. 568.
Sarlat. — M. de Fayol, XIV. 932.
Toulouse. — F.-Ph. Millet, X. 27.
Verdun. — E. Capelle, XIV. 860.

LISTE DES PAROISSES

DU DIOCÈSE DE LISIEUX

par ordre alphabétique avec renvois à la table générale.

	Pages		Pages		Pages
Abenon	713	Bretigny	689	La Cressonnière	715
Ableville	721	Le Breuil	735	Criquebœuf	723
Ablon	723	Le Brevedent	735	Criqueville	712
Aclou	683	La Brevière	770	Croisilles	704
Ammeville	754	Brocottes	749	La Croupte	771
Angerville	710	Brucourt	741	Crouttes	751
Angoville	743	Camembert	781	Danestal	742
Annebault	743	Campfleur	683	Daubœuf	736
Les Atelles	751	Campigny	728	Deauville	742
Auberville	740	Canapville (Touques)	746	Dives	742
Aubry-le-Panthou	750	Canapville (Vim.)	751	Le Douet-Arthus	776
Auquainville	769	Cacteloup (St Hipp.)	707	Le Doux-Marais	755
Les Authieux-s-Cal. (S.P.)	735	Cantelou (St Pierre)	707	Douville	743
Les Authieux-s-Cal. (B.P.)	735	Caorches	693	Dozulé	750
Les Authieux-s-Corbon	748	Capelles	714	Drabec	713
Les Authieux-Papion	751	Carbec	723	Drucourt	708
Les Authieux-du-Puits	763	Carnetle	763	Druval	750
Les Authieux-s-Renouard	770	Corsix	683	Duranville	694
Authou	700	Castillon	755	Esajeul	756
Aurillars	743	Caudemucke	749	Echaumesnil	765
Avernes	700	Cauverville	700	Ecorcheville	735
Bailleul	760	Cernay	714	Ellon	685
Barneville-en-Auge	743	Cerqueux (Mesnil-M.)	755	Englesqueville	735
Barneville-la-Bertrand	722	Cerjueux (Orbec)	714	Epaigne	725
Barville	707	Cerquigny	689	Epréville	701
Bazoque	707	Champeaux	715	Equainville	721
Beaufay	763	Champeaux	751	Equemauville	723
Beaufour	748	Champ-Haut	763	Les Essarts	776
Beaumont	743	La Chapelle-Bayvel	700	Estrées	730
Bellou	770	La Chapelle-Bequet	700	Etrepagny	685
Bellouet	770	La Chapelle-Gautier	715	Familly	715
Le Bénerey	713	La Chapelle-Hainfrey	741	Fatouville	723
Bénerville	741	La Chapelle-Hareng	707	Fauguernon	734
Bernay (La Couture)	686	La Chapelle-Hte-Grue	770	Le Faulq	737
Bernay (Ste Croix)	687	La Chapelle-Yvon	715	Faverolles	694
Berthouville	692	Chaumont	763	Le Favril	700
Berville-sur-Mer	727	Cheffreville	770	La Ferrière-St-Hil.	716
Beuvillers	684	Le Chesne	755	Fervaques	771
Beuvron	749	Cirfontaine	708	Fierville	737
Beuzeval	741	Clay	761	Fiquefleur	723
Beuzeville	723	Clarbec	741	Firfol	719
Bienfaite	713	Clermont	749	La Foltière	776
Bieville	754	Condé-sur-Risle	701	Folleville	694
Bihagy	735	Coquainvilliers	742	Fontaine-la-Louvet	709
Blonville	741	Corbon	749	Fontaine-la-Soret	694
Bocquence	776	Cordebugle	704	Fontenelle	700
Boessey	755	Cormeilles (Ste Croix)	701	Formentin	750
Le Bois-Hellain	722	Cormeilles (St Pierre)	701	Formoville	729
Boisney	692	Cormeilles (St Sylvestre)	701	Foulbec	729
La Boissière	756	Coudray	736	Le Fournet	750
Boissy-Lamberville	692	Coulmer	764	Fourneville	723
Bonnebosq	749	Coupesarte	755	Franqueville	694
Bonneval	714	Courbépine	693	La Fresnaye-Fayel	782
Bonneville-la-Louvet	722	Courcelles	686	Fresne (N.-D.)	702
Bonneville-s Touques	735	Courson (N.-D.)	771	Fresneuse	702
Le Bosc-Renoult	780	Courson (St Pierre)	771	Friardel	716
Boulleville	723	Courtonne-la-M.	703	Fumichon	710
Bourgeauville	741	Courtonne-la-Ville	708	Gacé	729
Bournainville	707	Courtonnelle	708	Garnetot	756
Bouttemont	735	Crémanville	722	La Genevraye	766
Branville	741	Cresseveuille	749	Genneville	723

LISTE DES PAROISSES

Paroisse	Page	Paroisse	Page	Paroisse	Page
Gerrots	751	Montmarcé	767	St-André-d'Echauffour	781
Giverville	762	Montpinçon	759	St-Aquilin-d'Augerons	778
Glanville	745	Montreuil-Argillé	777	St-Arnoult	745
Glos	710	Le Mont-Saint-Jean	721	St-Aubin-sur-Algot	703
Godisson	765	Montviette	759	St-Aubin-s-Auquainville	774
Gonneville-sur-Dives	743	Morainville	701	St-Aubin-de-Cizay	765
Gonneville-sur-Honfl.	721	Morsan	635	St-Aubin-Lebizay	753
La Goulafrière	776	La Motte	759	St-Aubin-de-Scellon	718
Goustranville	751	Moutelles	759	St-Aubin-le-Thenney	719
Graimbouville	729	Les Moutiers-Hubert	773	St-Bazile	774
Grandcamp	716	Moyaux	710	St-Benoit-les-Ombres	705
Granchamp	756	Neuville-sur-Authou	704	St-Cande-le-Vieil	685
Granval	766	Neuvillette-sur-Touques	781	St-Christophe-sur-C.	705
Grangues	743	Noards	704	St-Clair-de-Barneville	753
La Gravelle	716	La Noë	704	St-Clou-en-Auge	746
Grestain	729	Nonant (Exception)	686	St-Crespin	760
Les Grosellières	751	Nonant (St Cyr)	767	St-Cyr-d'Estrancourt	784
Guerquesalles	782	Norolles	738	St-Denis-d'Augerons	778
La Halbouttière	716	N.-D.-d'Aunay	717	St-Denis-de-Mailloc	719
Le Ham	751	N.-D.-d'Épines	705	St-Désir de Lx	690
Hébertot (St André)	737	N.-D.-de-Fresnay	759	St-Etienne-Lallier	703
Hébertot (St Benoit)	735	N.-D.-du-Hamel	777	St-Etienne-du-Rouvray	685
Hecquemanville	691	N.-D.-de-Livaye	759	St-Etienne-la-Thillaye	746
Hennequeville	737	N.-D.-de-Livet	711	St-Eugène	753
Herm val	710	N.-D.-des-Pres	778	St-Evroult-de-Montfort	763
Heudreville	762	N.-D.-du-Val	783	Ste-Foy-d-Montgom.	774
Heugon	776	Le Noyer-Ménard	57	St-Gatien-des-Bois	735
Heuland	744	Orbec	717	St-Georges-en-Auge	760
Heurtevent	776	Orgères	767	St-Georges-du-Mesnil	705
Honfleur (N.-D. — St L.)	725	Orville	783	St-Georges-du-Vièvre	705
Honfleur (St E.— Ste C.)	721	Ouilly-du-Houlley	712	St-Germain-d'Aunay	778
L'Hôtellerie	710	Ouilly-le-Vicomte	691	St-Germ.-la-Campagne	719
Hotot-en-Auge	751	Ouville-la-Bien-Tournée	759	St-Germ.-de-Clerfeuille	763
La Houblonnière	756	Les Parfontaines	733	St-Germ.-d'Echauffour	765
Jouveaux	703	Pennedepie	726	St-Germain de Lx	696
Juaye	696	Périers	711	St-Germain-de-Livet	691
La Lande	725	Petit-Couronne	685	St-Germ.-de-Montgom.	774
Launey	737	Piencourt	711	St-Gervais-d'Asnières	703
Leaupartie	751	Pierrefitte	744	St-Grégoire-du-Vièvre	703
Lécaude	757	Le Pin	711	St-Laph teds kat-ds-fris	691
Lessard	757	Les Places	712	St-Hymer	746
Lieurey	703	Plainville	696	St-Jacques de Lx	688
Lignères	765	Le Planquay	712	St-Jean d'Asnières	703
Lisores	772	Plasnes	696	St-J.-de-la-Lecqueraye	703
Livarot	772	La Pommeraye	691	St-Jean-de-Livet	775
Livet (St Gilles)	762	Pomont	768	St-Jean-de-Thenney	719
Livet-sur-Authou	704	Pontalery	774	St-Jouin	753
Malouy	6G	Pont-au-demer (N.-D.)	733	St-Julien-sur-Calonne	739
Manneville-la-Pipard	738	Pont-au-demer (St Germ.)	730	St-Julien-le-Faucon	760
Manneville-la-Raoult	725	Pont-au-demer (St O.)	731	St-Julien-de-Mailloc	720
Mardilly	765	Pont-chardon (St Georg.)	783	St-Laurent-des-Gres	779
Marmouillé	765	Pont-chardon St Martin).	783	St-Laurent-du-Tencem'	779
Marolles	710	Pont-de-Vie	784	St-Léger-s-Bonneville	726
Martainville	729	Pontfol	752	St-Léger-du-Bosc	753
Menneval	696	Pont-l'Evêque	744	St-Léger-du-Bosc fel	608
Le Merlerault	765	La Poterie-Mathieu	705	St-Léger-de-Glatigny	712
Le Mesnil-Bacley	757	Préaux (N.-D.)	732	St-Léger-d'Ouilly	712
Le Mesnil-sur-Blangy	738	Préaux (St-Mich.)	782	St-Loup-de-Frabois	760
Le Mesnil-Durand	757	Préaux (St-Sébastien).	718	St-Maclou-en-Auge	762
Le Mesnil-Eudes	773	Prêtreville	774	St-Maclou-'a-c'amp.	735
Le Mesnil-Froger	767	Putot	752	St-Maris-de-Fresne	720
Le Mesnil-Germain	773	Querville	700	Ste-Marguer.-des-Loges	775
Le Mesnil-Gonfrey	782	Quetiéville	700	Ste-Marguer.-de-Vielle	761
Le Mesnil-Guillaume	716	Quetteville	726	Ste-Marie-aux-Anglais	761
Le Mesnil-Hubert	782	Rabut	733	St-Martin-aux-Charte.	739
Le Mesnil-Imbert	773	Le Regnouard	781	St-Martin-de-Fresnay	761
Le Mesnil-Mauger	757	Repentigny	752	St-Martin-de-la-Lieue	691
Le Mesnil-Oury	758	Resenlieu	763	St-Martin-de-Mailloc	720
Le Mesnil-Rousset	777	Reux	745	St-Martin-des-Noyers	761
Le Mesnil-Simon	758	Réville	778	St-Martin-St-Firmin	753
Le Mesnil-Vicomte	767	La Roche-Nonant	763	St-Martin-du-Tilleul	696
Meultes	716	Le Roncoray	718	St-Martin-le-Vieil	725
Mézidon	758	Roncheville	746	St-Melaine	739
Mirbel	758	Roques	691	St-Michel-de-Livet	761
Mittois	758	La Roque-Baignard	752	St-Nicolas-des-lades	078
Les Monceaux	758	Rostes	697	St-Nicolas-des-Lettiers	779
Monnay	777	Royville	784	St-Ouen-le-Hoult	775
Mongenouil	763	Rumesnil	752	St-Paul-de-Courtonne	712

	pages		pages		pages
St-Paul-sur-Risle	733	Selles	734	Tourville-la-Camp.	734
St-Philbert-des-Champs	734	Sorquence	762	Tourville-la-Forêt	740
St-Philbert-sur-Risle	706	Sotteville-les-Rouen	685	Toutainvilla	734
St-Pierre-Azif	747	Surville	733	Triqueville	734
St-Pierre-du-Châtel	733	Tabonney	769	Trousseauville	747
St-Pierre-des-Ifs (Corm.)	707	Ternant	779	Trouville-sur-Mer	740
St-Pierre-des-Ifs (N.-M.)	782	Le Theil	725	Valailles	709
St-Pierre-des-Loges	769	Le Theil-Nollent	689	Valsemé	747
St-Pierre-de-Mailloc	729	Thiberville	713	Vannecrocq	734
St-Pierre-la-Rivière	781	Ticheville	785	Vasouy	727
St-Samson-en-Auge	734	Le Tilleul (St Aubin)	762	Vauville	747
St-Siméon	733	Le Tilleul (N.-D.)	769	Les Vaux	692
St-Symphorien	733	Le Tilleul-Fol-Enfant	700	Verneusses	779
Ste-Trinité-des-Lettiers	769	Tonnencourt	775	Verson	686
St-Vaast	747	Tonneluit	727	La Vespière	721
St-Victor-de-Chrétien.	693	Tordouet	721	Victot	754
St-Victor-d'Epine	707	Le Torpt	734	Le Vieux-Bourg	727
St-Vincent-du-Boulay	713	Le Torquesne	747	Vieux-Pont	762
St-Vincent-de-la-Rivière	720	Tortisambert	762	Villers (N.-D.)	713
Salerne (St-Cyr)	689	Touques (St-Pierre)	739	Villers-sur-Mer	747
Salerne (St-Pierre)	689	Touques (St-Thomas)	733	Villers-en-Ouche	731
Samesle	785	Touquette	769	Villerville	727
Le Sap	779	Tourgéville	747	Vimoutiers	785
Le Sapandré	779				

	Pages
La Cathédrale	676
Les abbayes	681

www.ingramcontent.com/pod-product-compliance
Lightning Source LLC
Chambersburg PA
CBHW061728300426
44115CB00009B/1134